王阳明全集

【壹】

语录·文录

【明】王守仁 著
陈 恕 编校

中国书店

图书在版编目（CIP）数据

王阳明全集 /（明）王守仁著；陈恕编校 . — 北京：中国书店，2014.1（2024.6重印）

ISBN 978-7-5149-0877-0

Ⅰ. ①王… Ⅱ. ①王… ②陈… Ⅲ. ①王守仁（1472～1528）—文集 Ⅳ. ①B248.2-53

中国版本图书馆 CIP 数据核字 (2013) 第 309759 号

王阳明全集

作　　者：【明】王守仁　　陈　恕 编校
责任编辑：钟　书
策　　划：毛立斌
特约编辑：杨春秀
封面制作：嫁衣工舍
装帧排版：徐小柠
出　　版：中国书店
地　　址：北京市西城区琉璃厂东街 115 号
邮　　编：100050
发　　行：全国新华书店经销
印　　刷：大厂回族自治县彩虹印刷有限公司
开　　本：787 × 1092　1/16
版　　次：2014 年 1 月第 1 版
印　　次：2024 年 6 月第 5 次印刷
印　　张：91.5
字　　数：1200 千字
书　　号：ISBN 978-7-5149-0877-0
定　　价：195.00 元（全五册）

出版前言

王守仁（1472 － 1529），幼名云，字伯安，号阳明子，谥文成，人称王阳明，浙江余姚人。明代最著名的思想家、哲学家、书法家兼军事家、教育家，官至南京兵部尚书、都察院左都御史，因平定宸濠之乱等军功而封爵新建伯。

王守仁是“陆王心学”之集大成者，非但精通儒、释、道，而且能够统军征战，是中国历史上罕见的全能大儒。因他曾在余姚阳明洞天结庐，自号阳明子，故被后人称为阳明先生，现在一般都称他为王阳明，其学说世称“阳明学”，在中国、日本、朝鲜半岛都有重要而深远的影响。王守仁（心学集大成者）和孔子（儒学创始人）、孟子（儒学集大成者）、朱熹（理学集大成者）并称为孔、孟、朱、王。

王阳明出生于一个书香门第、官宦世家，其父王华是明成化十七年状元，为官颇有情操，为明孝宗器用，历任礼部侍郎。正德年间因得罪刘瑾，被外派南京吏部尚书，又被贬职，之后被罢免。据《年谱》记载，王守仁出生前夕，祖母梦见有人从云中送子来，梦醒时他刚好出生，祖父王伦便为他起名王云。然而，他到了五岁还不会说话。一天，一位奇特的僧人经过，抚摸他的头说“是非凡儿，奈何名泄之耶”，意指他的名字“云”道破了他出生的秘密。祖父恍然醒悟，于是更其名为守仁，此后他便开口说话了。和通常的书香门第不同，年轻的王守仁经常跟从父亲出游居庸关、山海关，并时常出塞外与诸国夷角射，纵览山川地理。

十八岁时王阳明便遍读了朱熹的著作，思考宋儒所谓“物有表里精粗，一草一木皆具至理”的学说。为了实践朱熹的“格物致知”，有一次他下决心穷竹之理，“格”了七天七夜的竹子，什么都没有发现，人却因此病倒了。从此，王阳明对“格物”学说产生了极大的怀疑，这就是中国哲学史上著名的“守仁格竹”。

二十岁时，王守仁第一次参加乡试，中举人。弘治十二年（1499 年），二十八岁的他参加礼部会试，因考试出色，举南宫第二人，赐二甲进士第七人，观政工部。

明武宗正德元年（1506 年）冬，宦官刘瑾弄权，逮捕南京给事中御史戴铣等二十余人。时任兵部主事的王守仁上疏论救触怒刘瑾，被施廷杖四十，谪贬至贵州龙场当驿丞。在前往龙场的途中，王阳明历经波折，才逃脱刘瑾派出的杀手的追杀。龙场万山丛勃，苗、僚杂居，王守仁亲自劝导当地民众学习，受到民众爱戴。在这个时期，他对《大学》的中心思想有了新的领悟。王守仁认为，心是万事万物的根本，世界上的一切都是心的产物，认识到“圣人之道，吾性自足，向之求理于事物者误也”。他在这段时期写了《教条示龙场诸生》，史称“龙场悟道”。

不久，刘瑾被诛杀，王守仁升为庐陵县令，后升为南京刑部主事，后又为吏部验封司主事。此后他屡次升迁，历任考功司郎中。正德七年，再升南京太仆寺少卿。正德九年，改鸿胪寺卿。

王守仁一生军功卓越。正德十一年（1516 年），王守仁被举荐为右佥都御史，巡抚南、赣。时值江西南部以及江西、福建、广东交界的山区爆发民变。正德十三年（1518 年）正月，王守仁平定池大鬓部，以及信丰等地的民变。七月，王守仁念战争破坏巨大，上奏朝廷请求允准招安。十月，王守仁率兵攻破实力最强的江西崇义县左溪蓝天凤、谢志山军寨，并会师于左溪。王守仁亲自前往劝降。十一月，王守仁遣使招安，并攻破蓝天凤部。

王守仁一生最大的军事功绩，是平定南昌的宁王宸濠之乱。王守仁将去福建平乱时，所率部队行军刚到丰城，宁王朱宸濠突然举兵叛变，迅速占领南康、九江，并计划兵取南京，进而北上。时任南赣巡抚王守仁用巧计迷惑叛军，并趁宁王后方空虚攻占南昌，最终在鄱阳湖决战中效仿“赤壁之战”击败叛军，擒获朱宸濠父子及李士实、刘养正、王纶等人，战争为期仅四十三天。

正德十六年（1521年），正德皇帝去世，新皇帝继帝位，因念王守仁平定宁王之乱，特敕封其为新建伯，并于嘉靖二年（1523年）在绍兴开建新建伯府。明朝文官封爵屈指可数，无军功不得封爵，王阳明是明朝开国以来第二位因军功封爵的文官，南京兵部尚书挂参赞机务衔与镇守太监、南京守备共同负责南京军务。

王守仁于五十四岁时，辞官回乡讲学，在绍兴、余姚一带创建书院，宣讲“王学”。嘉靖六年（1527年）复被派总督两广军事，后因肺病加疾，上疏乞归。嘉靖七年（1529年）十一月二十九日，阳明病逝于江西省南安舟中。在临终之际，他身边学生问他有何遗言，他说：“此心光明，亦复何言！”卒后，朝廷予谥文成，赠光禄大夫、柱国、新建伯，隆庆时追封侯爵，称新建侯。

王守仁有三部传世之作《传习录》、《王阳明全集》（即《王文成公全书》三十八卷）、《大学问》。《大学问》被认为是王阳明最重要的哲学著作。在知与行的关系上，王守仁从“天地万物本吾一体”出发，他反对朱熹的“先知后行”之说。王守仁认为既然知道这个道理，就要去实行这个道理。如果只是自称为知道，而不去实行，那就不能称之为真正的知道，真正的知识是离不开实践的。

阳明思想体系的核心是“致良知”。它包括心即理、知行合一致良知，以及万物一体之仁等几个方面。

1．对格物致知说的批判。《传习录》下说：“先儒解格物为格天下之物。

天下之物如何格得？且谓一草一木亦皆有理，今如何去格？纵格得草木来，如何反来诚得自家意？”在他看来，朱子训格物致知为即物穷理。欲以格天下之物而达诚自家意的目的，显然是徒劳的。另外，王阳明认为，朱熹主张问学致知而不注重身心修养，造成其后学在道德修养方面的知行脱离。这种支离割裂的学术之弊会给社会秩序带来危害，有以学术杀天下的危险。

2．心即理。鉴于朱学格物致知的教训，王阳明主张心即理，并据此提出知行合一的口号，决心创立良知之学，从而用一种注重身心修养的学说来取代朱熹沉溺词章、务外遗内、博而寡要、支离决裂的格物致知说。所谓心即理，在王阳明看来，就是不能像朱熹那样将心与理分而为二，从而导致知与行、学问与修养的分离。为此，他继承和发挥了陆九渊的心即理的思想，以为宇宙万物的规严皆归于吾心判断的范畴，并由此说明进行道德修养只要求之于心，于心上下功夫就够了。

3．知行合一。他认为，知则必行，不行不足谓之知；真知则必行，不行终非真知；知不限于思想，行不限于行动，知行同是心的两个方面，即知即行。知行合一说的核心内容是知行本体合一，重点在于强调行。知是行的主意，行是知的功夫；知是行之始，行是知之成。在他看来，学问思辨都是行，不徒朱熹所说的由问学而达到致知的一条途径，而应该包括陆九渊所强调的尊德性、重实行的修养方法。

4．致良知。王阳明认为良知即是天理，在他看来，良知是是非之心、好恶之心，是判断是非的唯一标准；良知人人俱在，自圣人以至愚人，无不相同；人人同具良知，人人有个判断是非善恶的自家标准。因此，他强调，良知就是人人所具有的“心之本体”，它先验地存在于人们的心中，人们依良知而行便会产生正确的道德行为，故而无需向外寻求道德行为的来源。

5．万物一体之仁。万物一体之仁说，是与王阳明的“明德、亲民”说相联系和相贯通的；是他把致良知的哲学扩展到社会政治层面，并与《大学》的政治伦理学说结合在一起而成的。他的万物一体之仁说的意义，在于强调天地万物以人为中心，人心便是天地鬼神的主宰，人的良知也是草木瓦有的良知。

王阳明先生受到很多人的崇拜。清末时期，维新变法的康有为、梁启超，以及为探索救国之路的孙中山都曾潜心研究过王阳明的著作。著名的教育家陶行知、徐特立也大加赞赏王阳明的教育思想。毛泽东少年时就曾读过《王阳明全集》、《传习录》，并逐句逐字做了批注，后来对王阳明的思想更是有所批判与创新。蒋介石也很崇拜王阳明，败退台湾时他把台湾草山改为阳明山。日本一位八十三岁的高僧拄着拐杖颤悠悠地把阳明学说带回日本，没想到竟风靡一时，学者云集，还分成了不同的学派，阳明学说更是间接地为日本明治维新起了思想上的铺垫作用。在日俄战争中击败俄国海军的日本海军大将东乡平八郎随身携带的一颗印章上刻着“一生俯首拜阳明”七字。

《王阳明全集》是研究王阳明一生最基本的著作，同时也是一部现代人修身养性、强大个人内心、了解明朝历史的作品。《王阳明全集》共三十八卷，首编语录三卷，为《传习录》上中下卷，附《朱子晚年定论》；其次为《文录》五卷、《别录》十卷、《外集》七卷、《续编》六卷、《年谱》五卷、《世德纪》二卷。此部《王阳明全集》以民国二十三年（1934年）商务印务馆出版的《王文成公全书》为底本（即民国二十二年（1933年）商务印书馆万有文库版本之合订本），足本总卷三十八卷，同时参考了清末、民国以及近年出版的多部《王阳明全集》版本，新版全集在尽量保留原版面貌的基础上，根据现代人的阅读习惯，对全书做了一些修编以及编排顺序上的调整，同时增加了第三十九卷，收录原三十八卷本没有收录的以及后世学者中出现的研究王阳明的新内容，作为辅录卷，以供读者参考阅读。由于时间仓促，编校能力亦有限，文中出现的个别差错在所难免，敬请读者斧正。

目 录

卷三　语录三

卷四　文录一

卷五　文录二

卷八 文录五

王文成公全书序

徐　阶

《王文成公全书》三十八卷，其首三卷为《语录》，公存时徐子曰仁辑；次二十八卷为《文录》，为《别录》，为《外集》，为《续编》，皆公薨后钱子洪甫辑；最后七卷为《年谱》，为《世德纪》，则近时洪甫与汝中王子辑而附焉者也。

隆庆壬申，侍御新建谢君奉命按浙，首修公祠，置田以供岁祀。已而阅公文，见所谓录若集各自为书，惧夫四方正学者或弗克尽读也，遂汇而寿诸梓，名曰《全书》，属阶序。

阶闻之，道无隐显，无小大。隐也者，其精微之蕴于心者也，体也；显也者，其光华之著于外者也，用也；小也者，其用之散而为川流者也；大也者，其体之敛而为敦化者也。譬之天然不已之妙，默运于于穆之中，而日月星辰之丽，四时之行，百物之生，灿然呈露而不可掩，是道之全也。古昔圣人具是道于心而以时出之，或为文章，或为勋业。至其所谓文者，或施之朝廷，或用之邦国，或形诸家庭，或见诸师弟子之问答，与其日用应酬之常，虽制以事殊，语因人异，然莫非道之用也。故在言道者必该体用之全，斯谓之善言；在学道者亦必得体用之全，斯谓之善学。尝观《论语》述孔子心法之传，曰“一贯”。既已一言尽之，而其纪孔子之文，则自告时君，告列国之卿大夫，告诸弟子，告避世之徒，以及对阳货询厩人，答问馈之使，无一弗录，将使学者由显与小以得其隐与大焉；是善言道者之准也，而其为学固亦可以见矣。唯文成公奋起圣远之后，慨世之言致知者求知于见闻。而不可与酬酢、不可与佑神，于是取《孟子》所谓“良知”合诸《大学》，以为“致良知”之说。其大要以谓人心虚灵莫不有知，唯不以私欲蔽塞其虚灵者，则不假外索，而于天下之事自无所感而不通，无所措而不当。盖诚意、正心、修身、齐家、治国、平天下必先致知之本旨，而千变万化，一以贯之之道也。故尝语门人云：“良知之外更无知，致知之外更无学。”于时曰仁最称高第弟子，其录《传习》，公微言精义率已具其中。乃若公他所为文，则是所谓制殊语异莫非道之用者，汇而梓之，岂唯公之书于是乎全，固读焉者所由以睹道之全也。谢君之为此，其嘉惠后学不已至欤？虽然，谢君所望于后学非徒读其书已也。凡读书者以身践之，则书与我为一；以言视之，则判然二耳。《论语》之为书，世未尝有不读，然而一贯之，唯自曾子以后无闻焉。岂以言视之之过乎？自公“致良知”之说兴，士之获闻者众矣，其果能自致其良知，卓然践之以身否也？夫能践之以身，则于公所垂训，诵其一言而已足，参诸《传习录》而已繁；否则虽尽读公之书无益也。阶不敏，愿相与戒之。

谢君名廷杰，字宗圣。其为政崇节义，育人才，立保甲，厚风俗，动以公为师，盖非徒读公书者也。

赐进士及第、特进光禄大夫、柱国、少师兼太子太师、吏部尚书、建极殿大学士、知制诰、知经筵事、国史总裁致仕，后学华亭徐阶序。

明史王守仁传

张廷玉

王守仁，字伯安，余姚人。父华，字德辉，成化十七年进士第一，授修撰。弘治中，累官学士、少詹事。华有器度，在讲幄最久，孝宗甚眷之。李广贵幸，华讲大学衍义，至唐李辅国与张后表里用事，指陈甚切。帝命中官赐食劳焉，正德初，进礼部左侍郎。以守仁忤刘瑾，出为南京吏部尚书，坐事罢。旋以会典小误，降右侍郎。瑾败，乃复故，无何，卒。华性孝，母岑年逾百岁卒。华已年七十余，犹寝苫蔬食，士论多之。

守仁娠十四月而生。祖母梦神人自云中送儿下，因名云。五岁不能言，异人拊之，更名守仁，乃言。年十五，访客居庸、山海关。时阑出塞，纵观山川形胜。弱冠举乡试，学大进。顾益好言兵，且善射。登弘治十二年进士。使治前威宁伯王越葬，还而朝议方急西北边，守仁条八事上之。寻授刑部主事。决囚江北，引疾归。起补兵部主事。

正德元年冬，刘瑾逮南京给事中御史戴铣等二十余人。守仁抗章救，瑾怒，廷杖四十，谪贵州龙场驿丞。龙场万山业薄，苗、僚杂居。守仁因俗化道，夷人喜，相率伐木为屋，以栖守仁。瑾诛，量移庐陵知县。入觐，迁南京刑部主事，吏部尚书杨一清改之验封。屡迁考功郎中，擢南京太仆少卿，就迁鸿胪卿。

兵部尚书王琼素奇守仁才。十一年八月擢右佥都御史，巡抚南、赣。当是时，南中盗贼蜂起。谢志山据横水、左溪、桶冈，池仲容据浰头，皆称王，与大庾陈曰能、乐昌高快马、郴州龚福全等攻剽府县。而福建大帽山贼詹师富等又起。前巡抚文森托疾避去。志山合乐昌贼掠大庾，攻南康、赣州，赣县主簿吴玭战死。守仁至，知左右多贼耳目，乃呼老黠隶诘之。隶战栗不敢隐，因贳其罪，令诇贼，贼动静无勿知。于是檄福建、广东会兵，先讨大帽山贼。

明年正月，督副使杨璋等破贼长富村，逼之象湖山，指挥覃桓、县丞纪镛战死。守仁亲率锐卒屯于上杭。佯退师，出不意捣之，连破四十余寨，俘斩七千有奇，指挥王铠等擒师富。疏言权轻，无以令将士，请给旗牌，提督军务，得便宜从事。尚书王琼奏从其请。乃更兵制：二十五人为伍，伍有小甲；二伍为队，队有总甲；四队为哨，哨有长，协哨二佐之；二哨为营，营有官，参谋二佐之；三营为阵，阵有偏将；二阵为军，军有副将。皆临事委，不命于朝；副将以下，得递相罚治。

其年七月，进兵大庾。志山乘间急攻南安，知府季敩击败之。副使杨璋等亦生絷曰能以归。遂议讨横水、左溪。十月，都指挥许清、赣州知府邢珣、宁都知县王天与各一军会横水，敩及守备郏文、汀州知府唐淳、县丞舒富各一军会左溪，吉安知府伍文定、程乡知县张戬遏其奔轶。守仁自驻南康，去横水三十里，先遣四百人伏贼巢左右，进军逼之。贼方迎战，两山举帜。贼大惊，谓官军已尽犁其巢，遂溃。乘胜克横水，志山及其党萧贵模等皆走桶冈。左溪亦破。守仁以桶冈险固，移营近地，谕以祸福。贼首蓝廷凤等方震恐，见使至大喜，期仲冬朔降，而珣、文定已冒雨夺险入。贼阻水阵，珣直前搏战，文定与戬自右出，贼仓卒败走，遇淳兵又败。诸军破桶冈，志山、贵模、廷凤面缚降。凡破巢八十有四，俘斩六千有奇。时湖广巡抚秦金亦破福全。其党千人突至，诸将擒斩之。乃设崇义县于横水，控诸瑶。还至赣州，议讨浰头贼。

初，守仁之平师富也，龙川贼卢珂、郑志高、陈英咸请降。及征横水，浰头贼黄金巢亦以五百人降，独仲容未下。横水破，仲容始遣弟仲安来归，而严为战守备。诡言珂、志高，仇也，将袭我，故为备。守仁佯杖击珂等，而阴使珂弟集兵待，遂下令散兵。岁首大张灯乐，仲容信且疑。守仁赐以节物，诱入谢。仲容率九十三人营教场，而自以数人人谒。守仁呵之曰：“若皆吾民，屯于外，疑我乎？”悉引入祥符宫，厚饮食之。贼大喜过望，益自安。守仁留仲容观灯乐。正月三日大享，伏甲士于门，诸贼入，以次悉擒戮之。自将抵贼巢，连破上、中、下三浰，斩馘二千有奇。余贼奔九连山。山横亘数百里，陡绝不可攻。乃简壮士七百人衣贼衣，奔崖下，贼招之上。官军进攻，内外合击，擒斩无遗。乃于下浰立和平县，置戍而归。自是境内大定。

初，朝议贼势强，发广东、湖广兵合剿。守仁上疏止之，不及。桶冈既灭，湖广兵始至。及平浰头，广东尚未承檄。守仁所将皆文吏及偏裨小校，平数十年巨寇，远近惊为神。进右副都御史，予世袭锦衣卫百户，再进副千户。

十四年六月，命勘福建叛军。行至丰城而宁王宸濠反，知县顾佖以告。守仁急趋吉安，与伍文定征调兵食，治器械舟楫，传檄暴宸濠罪，俾守令各率吏士勤王。都御史王懋中，编修邹守益，副使罗循、罗钦德，郎中曾直，御史张鳌山、周鲁，评事罗侨，同知郭祥鹏，进士郭持平，降谪驿丞王思、李中，咸赴守仁军。御史谢源、伍希儒自广东还，守仁留之纪功。因集众议曰：“贼若出长江顺流东下，则南都不可保。吾欲以计挠之，少迟旬日无患矣。”乃多遣间谍，檄府县言：“都督许泰、郤永将边兵，都督刘晖、桂勇将京兵，各四万，水陆并进。南赣王守仁、湖广秦金、两广杨旦各率所部合十六万，直捣南昌，所至有司缺供者，以军法论。”又为蜡书遗伪相李士实、刘养正，叙其归国之诚，令从臾早发兵东下，而纵谍泄之。宸濠果疑。与士实、养正谋，则皆劝之疾趋南京即大位，宸濠益大疑。十余日诇知中外兵不至，乃悟守仁绐之。七月壬辰朔，留宜春王拱樤居守，而劫其众六万人，袭下九江、南康，出大江，薄安庆。

守仁闻南昌兵少则大喜，趋樟树镇。知府临江戴德孺、袁州徐琏、赣州邢珣，都指挥余恩，通判瑞州胡尧元、童琦、抚州邹琥、安吉谈储，推官王暐、徐文英，知县新淦李美、泰和李楫、万安王冕、宁都王天与，各以兵来会，合八万人，号三十万。或请救安庆，守仁曰："不然。今九江、南康已为贼守，我越南昌与相持江上，二郡兵绝我后，是腹背受敌也。不如直捣南昌。贼精锐悉出，守备虚。我军新集气锐，攻必破。贼闻南昌破，必解围自救。逆击之湖中，蔑不胜矣。"众曰："善。"己酉次丰城，以文定为前锋，先遣奉新知县刘守绪袭其伏兵。庚戌夜半，文定兵抵广润门，守兵骇散。辛亥黎明，诸军梯絙登，缚拱樤等，宫人多焚死。军士颇杀掠，守仁戮犯令者十余人，宥胁从，安士民，慰谕宗室，人心乃悦。

居二日，遣文定、珣、琏、德孺各将精兵分道进，而使尧元等设伏。宸濠果自安庆还兵。乙卯遇于黄家渡。文定当其前锋，贼趋利。珣绕出贼背贯其中，文定、恩乘之，琏、德孺张两翼分贼势，尧元等伏发，贼大溃，退保八字脑。宸濠惧，尽发南康、九江兵。守仁遣知府抚州陈槐、饶州林瑊取九江，建昌曾玙、广信周朝佐取南康。丙辰复战，官军却，守仁斩先却者。诸军殊死战，贼复大败，退保樵舍，联舟为方阵，尽出金宝犒士。明日，宸濠方晨朝其群臣，官军奄至。以小舟载薪，乘风纵火，焚其副舟，妃娄氏以下皆投水死。宸濠舟胶浅，仓卒易舟遁，王冕所部兵追执之。士实、养正及降贼按察使杨璋等皆就擒。南康、九江亦下。凡三十五日而贼平。京师闻变，诸大臣震惧。王琼大言曰："王伯安居南昌上游，必擒贼。"至是，果奏捷。

帝时已亲征，自称威武大将军，率京边骁卒数万南下。命安边伯许泰为副将军，偕提督军务太监张忠、平贼将军左都督刘晖将京军数千，溯江而上，抵南昌。诸嬖幸故与宸濠通，守仁初上宸濠反书，因言："觊觎者非特一宁王，请黜奸谀以回天下豪杰心。"诸嬖幸皆恨。宸濠既平，则相与媢功。且惧守仁见天子发其罪，竞为蜚语，谓守仁先与通谋，虑事不成，乃起兵。又欲令纵宸濠湖中，待帝自擒。

守仁乘忠、泰未至，先俘宸濠，发南昌。忠、泰以威武大将军檄邀之广信。守仁不与，间道趋玉山，上书请献俘，止帝南征。帝不许。至钱塘遇太监张永。永提督赞画机密军务，在忠、泰辈上，而故与杨一清善，除刘瑾，天下称之。守仁夜见永，颂其贤，因极言江西困敝，不堪六师扰。永深然之，曰：“永此来，为调护圣躬，非邀功也。公大勋，永知之，但事不可直情耳。”守仁乃以宸濠付永，而身至京口，欲朝行在。闻巡抚江西命，乃还南昌。忠、泰已先至，恨失宸濠。故纵京军犯守仁，或呼名谩骂。守仁不为动，抚之愈厚。病予药，死予棺，遭丧于道，必停车慰问良久始去。京军谓王都堂爱我，无复犯者。忠、泰言：“宁府富厚甲天下，今所蓄安在？”守仁曰：“宸濠异时尽以输京师要人，约内应，籍可按也。”忠、泰故尝纳宸濠贿者，气慑不敢复言。已，轻守仁文士，强之射。徐起，三发三中。京军皆欢呼，忠、泰益沮。会冬至，守仁命居民巷祭，已，上冢哭。时新丧乱，悲号震野。京军离家久，闻之无不泣下思归者。忠、泰不得已班师。比见帝，与纪功给事中祝续、御史章纶谗毁百端，独永时时左右之。忠扬言帝前曰：“守仁必反，试召之，必不至。”忠、泰屡矫旨召守仁。守仁得永密信，不赴。及是知出帝意，立驰至。忠、泰计沮，不令见帝。守仁乃入九华山，日晏坐僧寺。帝觇知之，曰：“王守仁学道人，闻召即至，何谓反？”乃遣还镇，令更上捷音。守仁乃易前奏，言奉威武大将军方略讨平叛乱，而尽入诸嬖幸名，江彬等乃无言。

当是时，谗邪构煽，祸变叵测，微守仁，东南事几殆。世宗深知之。甫即位，趣召入朝受封。而大学士杨廷和与王琼不相能。守仁前后平贼，率归功琼，廷和不喜，大臣亦多忌其功。会有言国哀未毕，不宜举宴行赏者，因拜守仁南京兵部尚书。守仁不赴，请归省。已，论功封特进光禄大夫、柱国、新建伯，世袭，岁一千石。然不予铁券，岁禄亦不给。诸同事有功者，惟吉安守伍文定至大官，当上赏。其他皆名示迁，而阴绌之，废斥无存者。守仁愤甚。时已丁父忧，屡疏辞爵，乞录诸臣功，咸报寝。免丧，亦不召。久之，所善席书及门人方献夫、黄绾以议礼得幸，言于张璁、桂萼，将召用，而费宏故衔守仁，复沮之。屡推兵部尚书，三边总督，提督团营，皆弗果用。

嘉靖六年，思恩、田州土酋卢苏、王受反。总督姚镆不能定，乃诏守仁以原官兼左都御史，总督两广兼巡抚。绾因上书讼守仁功，请赐铁券岁禄，并叙讨贼诸臣，帝咸报可。守仁在道，疏陈用兵之非，且言："思恩未设流官，土酋岁出兵三千，听官征调。既设流官，我反岁遣兵数千防戍。是流官之设，无益可知。且田州邻交阯，深山绝谷，悉瑶、僮盘据，必仍设土官，斯可藉其兵力为屏蔽。若改土为流，则边鄙之患，我自当之，后必有悔。"章下兵部，尚书王时中条其不合者五，帝令守仁更议。十二月，守仁抵浔州，会巡按御史石金定计招抚。悉散遣诸军，留永顺、保靖土兵数千，解甲休息。苏、受初求抚不得，闻守仁至益惧，至是则大喜。守仁赴南宁，二人遣使乞降，守仁令诣军门。二人窃议曰："王公素多诈，恐绐我。"陈兵入见。守仁数二人罪，杖而释之。亲入营，抚其众七万。奏闻于朝，陈用兵十害，招抚十善。因请复设流官，量割田州地，别立一州，以岑猛次子邦相为吏目，署州事，俟有功擢知州。而于田州置十九巡检司，以苏、受等任之，并受约束于流官知府。帝皆从之。

断藤峡瑶贼，上连八寨，下通仙台、花相诸洞蛮，盘亘三百余里，郡邑罹害者数十年。守仁欲讨之，故留南宁。罢湖广兵，示不再用。伺贼不备，进破牛肠、六寺等十余寨，峡贼悉平。遂循横石江而下，攻克仙台、花相、白竹、古陶、罗凤诸贼。令布政使林富率苏、受兵直抵八寨，破石门，副将沈希仪邀斩轶贼，尽平八寨。

始，帝以苏、受之抚，遣行人奉玺书奖谕。及奏断藤峡捷，则以手诏问阁臣杨一清等，谓守仁自夸大，且及其生平学术。一清等不知所对。守仁之起由璁、萼荐，萼故不善守仁，以璁强之。后萼长吏部，璁入内阁，积不相下。萼暴贵喜功名，风守仁取交阯，守仁辞不应。一清雅知守仁，而黄绾尝上疏欲令守仁入辅，毁一清，一清亦不能无遗憾。萼遂显诋守仁征抚交失，赏格不行。献夫及霍韬不平，上疏争之，言："诸瑶为患积年，初尝用兵数十万，仅得一田州，旋复召寇。守仁片言驰谕，思、田稽首。至八寨、断藤峡贼，阻深岩绝冈，国初以来未有轻议剿者，今一举荡平，若拉枯朽。议者乃言守仁受命征思、田，不受命征八寨。夫大夫出疆，有可以安国家，利社稷，专之可也。况守仁固承诏得便宜从事者乎？守仁讨平叛藩，忌者诬以初同贼谋，又诬其辇载金帛。当时大臣杨廷和、乔宇饰成其事，至今未白。夫忠如守仁，有功如守仁，一屈于江西，再屈于两广。臣恐劳臣灰心，将士解体，后此疆圉有事，谁复为陛下任之！"帝报闻而已。

守仁已病甚，疏乞骸骨，举郧阳巡抚林富自代，不俟命竟归。行至南安卒，年五十七。丧过江西，军民无不缟素哭送者。

守仁天姿异敏。年十七谒上饶娄谅，与论朱子格物大指。还家，日端坐，讲读《五经》，不苟言笑。游九华归，筑室阳明洞中。泛滥二氏学，数年无所得。谪龙场，穷荒无书，日绎旧闻。忽悟格物致知，当自求诸心，不当求诸事物，喟然曰："道在是矣。"遂笃信不疑。其为教，专以致良知为主。谓宋周、程二子后，惟象山陆氏简易直捷，有以接孟氏之传。而朱子《集注》、《或问》之类，乃中年未定之说。学者翕然从之，世遂有"阳明学"云。

守仁既卒，桂萼奏其擅离职守。帝大怒，下廷臣议。萼等言："守仁事不师古，言不称师。欲立异以为高，则非朱熹格物致知之论；知众论之不予，则为《朱熹晚年定论》之书。号召门徒，互相倡和。才美者乐其任意，庸鄙者借其虚声。传习转讹，背谬弥甚。但讨捕輋贼，擒获叛藩，功有足录，宜免追夺伯爵以章大信，禁邪说以正人心。"帝乃下诏停世袭，恤典俱不行。隆庆初，廷臣多颂其功。诏赠新建侯，谥文成。二年，予世袭伯爵。既又有请以守仁与薛瑄、陈献章同从祀文庙者。帝独允礼臣议，以瑄配。及万历十二年，御史詹事讲申前请。大学士申时行等言："守仁言致知出《大学》，良知出《孟子》。陈献章主静，沿宋儒周敦颐、程颢。且孝友出处如献章，气节文章功业如守仁，不可谓禅，诚宜崇祀。”且言胡居仁纯心笃行，众论所归，亦宜并祀。帝皆从之。终明之世，从祀者止守仁等四人。

始守仁无子，育弟子正宪为后。晚年，生子正亿，二岁而孤。既长，袭锦衣副千户。隆庆初，袭新建伯。万历五年卒。子承勋嗣，督漕运二十年。子先进，无子，将以弟先达子业弘继。先达妻曰：“伯无子，爵自传吾夫。由父及子，爵安往？”先进怒，因育族子业洵为后。及承勋卒，先进未袭死。业洵自以非嫡嗣，终当归爵先达，且虞其争，乃谤先达为乞养，而别推承勋弟子先通当嗣，屡争于朝，数十年不决。崇祯时，先达子业弘复与先通疏辨。而业洵兄业浩时为总督，所司惧忤业浩，竟以先通嗣。业弘愤，持疏入禁门诉。自刎不殊，执下狱，寻释。先通袭伯四年，流贼陷京师，被杀。

赞曰：王守仁始以直节著。比任疆事，提弱卒，从诸书生扫积年逋寇，平定孽藩。终明之世，文臣用兵制胜，未有如守仁者也。当危疑之际，神明愈定，智虑无遗，虽由天资高，其亦有得于中者欤。矜其创获，标异儒先，卒为学者讥。守仁尝谓胡世宁少讲学，世宁曰：“某恨公多讲学耳。”桂萼之议虽出于娼忌之私，抑流弊实然，固不能以功多为讳矣。

卷一　语录一

传习录上

徐爱录

先生于《大学》“格物”诸说，悉以旧本为正，盖先儒所谓误本者也。爱始闻而骇，既而疑，已而殚精竭思，参互错综，以质于先生，然后知先生之说，若水之寒，若火之热，断断乎百世以俟圣人而不惑者也。先生明睿天授，然和乐坦易，不事边幅。人见其少时豪迈不羁，又尝泛滥于词章，出入二氏之学，骤闻是说，皆目以为立异好奇，漫不省究。不知先生居夷三载，处困养静，精一之功，固已超入圣域，粹然大中至正之归矣。

爱朝夕炙门下，但见先生之道，即之若易，而仰之愈高；见之若粗，而探之愈精，就之若近，而造之愈益无穷。十余年来，竟未能窥其藩篱。世之君子，或与先生仅交一面，或犹未闻其謦欬，或先怀忽易愤激之心，而遽欲于立谈之间，传闻之说，臆断悬度。如之何其可得也？从游之士，闻先生之教，往往得一而遗二。见其牝牡骊黄而弃其所谓千里者。故爱备录平日之所闻，私以示夫同志，相与考而正之，庶无负先生之教云。门人徐爱书。

爱问："'在亲民'，朱子谓当作'新民'。后章'作新民'之文似亦有据。先生以为宜从旧本作'亲民'，亦有所据否？"

先生曰："'作新民'之'新'是自新之民，与'在新民'之'新'不同，此岂足为据？'作'字却与'亲'字相对，然非'新'字义。下面'治国平天下'处，皆于'新'字无发明，如云'君子贤其贤而亲其亲，小人乐其乐而利其利'；'如保赤子'；'民之所好好之，民之所恶恶之，此之谓民之父母'之类，皆是'亲'字意。'亲民'犹如《孟子》'亲亲仁民'之谓，'亲之'即'仁之'也。'百姓不亲'，舜使契为司徒，'敬敷五教'，所以亲之也。《尧典》'克明峻德'便是'明明德'。'以亲九族'至'平章'、'协和'，便是'亲民'，便是'明明德于天下'。又如孔子言'修己以安百姓'，'修己'便是'明明德'，'安百姓'便是'亲民'。说'亲民'便是兼教养意，说'新民'便觉偏了。"

爱问："'知止而后有定'，朱子以为'事事物物皆有定理'，似与先生之说相戾。"

先生曰："于事事物物上求至善，却是义外也。至善是心之本体，只是'明明德'到'至精至一'处便是，然亦未尝离却事物，本注所谓'尽夫天理之极，而无一毫人欲之私'者得之。"

爱问："至善只求诸心，恐于天下事理，有不能尽。"

先生曰："心即理也。天下又有心外之事，心外之理乎？"

爱曰："如事父之孝，事君之忠，交友之信，治民之仁，其间有许多理在，恐亦不可不察。"

先生叹曰："此说之蔽久矣，岂一语所能悟？今姑就所问者言之。且如事父，不成去父上求个孝的理；事君，不成去君上求个忠的理；交友、治民，不成去友上、民上求个信与仁的理。都只在此心。心即理也。此心无私欲之蔽，即是天理，不须外面添一分。以此纯乎天理之心，发之事父便是孝，发之事君便是忠，发之交友、治民便是信与仁。只在此心去人欲、存天理上用功便是。"

爱曰:“闻先生如此说，爱已觉有省悟处。但旧说缠于胸中，尚有未脱然者。如事父一事,其间温清定省之类,有许多节目,不亦须请求否?”

先生曰:“如何不请求?只是有个头脑，只是就此心去人欲、存天理上请求。就如讲求冬温，也只是要尽此心之孝，恐怕有一毫人欲间杂;讲求夏清，也只是要尽此心之孝，恐怕有一毫人欲间杂;只是讲求得此心。此心若无人欲，纯是天理，是个诚于孝亲的心，冬时自然思量父母的寒，便自要去求个温的道理;夏时自然思量父母的热，便自要去求个清的道理。这都是那诚孝的心发出来的条件。却是须有这诚孝的心，然后有这条件发出来。譬之树木，这诚孝的心便是根，许多条件便是枝叶，须先有根，然后有枝叶，不是先寻了枝叶，然后去种根。《礼记》言:‘孝子之有深爱者，必有和气;有和气者，必有愉色;有愉色者，必有婉容。’须是有个深爱做根，便自然如此。”

郑朝朔问:“至善亦须有从事物上求者?”

先生曰:“至善只是此心纯乎天理之极便是，更于事物上怎生求?且试说几件看。”

朝朔曰:“且如事亲，如何而为温清之节，如何而为奉养之宜，须求个是当，方是至善。所以有学问思辩之功。”

先生曰:“若只是温清之节、奉养之宜，可一日二日讲之而尽，用得甚学问思辩?惟于温清时也只要此心纯乎天理之极;奉养时也只要此心纯乎天理之极，此则非有学问思辩之功，将不免于毫厘千里之谬。所以虽在圣人，犹加‘精一’之训。若只是那些仪节求得是当，便谓至善，即如今扮戏子，扮得许多温清奉养的仪节是当，亦可谓之至善矣。”

爱于是日又有省。

爱因未会先生“知行合一”之训，与宗贤、惟贤往复辩论，未能决，以问于先生。先生曰:“试举看。”

爱曰:“如今人尽有知得父当孝、兄当弟者，却不能孝、不能弟，便是知与行分明是两件。”

先生曰：“此已被私欲隔断，不是知行的本体了。未有知而不行者。知而不行，只是未知。圣贤教人知行，正是要复那本体，不是着你只恁的便罢。故《大学》指个真知行与人看，说‘如好好色，如恶恶臭’。见好色属知，好好色属行。只见那好色时已自好了，不是见了后又立个心去好。闻恶臭属知，恶恶臭属行。只闻那恶臭时已自恶了，不是闻了后别立个心去恶。如鼻塞人虽见恶臭在前，鼻中不曾闻得，便亦不甚恶，亦只是不曾知臭。就如称某人知孝、某人知弟，必是其人已曾行孝行弟，方可称他知孝知弟，不成只是晓得说些孝弟的话，便可称为知孝弟。又如知痛，必已自痛了方知痛；知寒，必已自寒了；知饥，必已自饥了。知行如何分得开？此便是知行的本体，不曾有私意隔断的。圣人教人，必要是如此，方可谓之知。不然，只是不曾知。此却是何等紧切着实的功夫！如今苦苦定要说知行做两个，是甚么意？某要说做一个，是甚么意？若不知立言宗旨，只管说一个两个，亦有甚用？”

爱曰：“古人说知行做两个，亦是要人见个分晓，一行做知的功夫，一行做行的功夫，即功夫始有下落。”

先生曰：“此却失了古人宗旨也。某尝说知是行的主意，行是知的功夫；知是行之始，行是知之成。若会得时，只说一个知，已自有行在；只说一个行，已自有知在。古人所以既说一个知又说一个行者，只为世间有一种人，懵懵懂懂的任意去做，全不解思惟省察，也只是个冥行妄作，所以必说个知，方才行得是。又有一种人，茫茫荡荡悬空去思索，全不肯着实躬行，也只是个揣摸影响，所以必说一个行，方才知得真。此是古人不得已补偏救弊的说话，若见得这个意时，即一言而足，今人却就将知行分作两件去做，以为必先知了，然后能行。我如今且去讲习讨论做知的功夫，待知得真了，方去做行的功夫。故遂终身不行，亦遂终身不知。此不是小病痛，其来已非一日矣。某今说个知行合一，正是对病的药。又不是某凿空杜撰，知行本体原是如此。今若知得宗旨时，即说两个亦不妨，亦只是一个。若不会宗旨，便说一个，亦济得甚事？只是闲说话。”

爱问:“昨闻先生‘止至善’之教,已觉功夫有用力处。但与朱子‘格物’之训,思之终不能合。”

先生曰:“‘格物’是‘止至善’之功,即知‘至善’即知‘格物’矣。”

爱曰:“昨以先生之教推之格物之说,似亦见得大略。但朱子之训,其于《书》之‘精一’,《论语》之‘博约’,《孟子》之‘尽心知性’,皆有所证据,以是未能释然。”

先生曰:“子夏笃信圣人,曾子反求诸己。笃信固亦是,然不如反求之切。今既不得于心,安可狃于旧闻,不求是当?就如朱子,亦尊信程子,至其不得于心处,亦何尝苟从?‘精一’、‘博约’、‘尽心’本自与吾说吻合,但未之思耳。朱子‘格物’之训,未免牵合附会,非其本旨。精是一之功,博是约之功。曰仁既明知行合一之说,此可一言而喻。‘尽心、知性、知天’是‘生知安行’事;‘存心、养性、事天’是‘学知利行’事。‘夭寿不贰,修身以俟’是‘困知勉行’事。朱子错训‘格物’,只为倒看了此意,以‘尽心知性’为‘物格知至’,要初学便去做‘生知安行’事,如何做得?”

爱问:“‘尽心知性’何以为‘生知安行’?”

先生曰:“性是心之体,天是性之原,尽心即是尽性。‘惟天下至诚为能尽其性,知天地之化育’,存心者,心有未尽也。知天,如知州、知县之‘知’,是自己分上事,已与天为一;事天,如子之事父,臣之事君,须是恭敬奉承,然后能无失,尚与天为二,此便是圣贤之别。至于‘夭寿不贰’其心,乃是教学者一心为善,不可以穷通夭寿之故,便把为善的心变动了。只去修身以俟命,见得穷通寿夭有个命在,我亦不必以此动心。‘事天’虽与天为二,已自见得个天在面前;‘俟命’便是未曾见面,在此等候相似。此便是初学立心之始,有个困勉的意在。今却倒做了,所以使学者无下手处。”

爱曰:“昨闻先生之教,亦影影见得功夫须是如此。今闻此说,益无可疑。爱昨晚思‘格物’的‘物’字即是‘事’字,皆从心上说。”

先生曰："然。身之主宰便是心，心之所发便是意，意之本体便是知，意之所在便是物。如意在于事亲，即事亲便是一物；意在于事君，即事君便是一物；意在于仁民爱物，即仁民爱物便是一物；意在于视听言动，即视听言动便是一物。所以某说无心外之理，无心外之物。《中庸》言'不诚无物'，《大学》'明明德'之功，只是个诚意，诚意之功，只是个格物。"

先生又曰："'格物'如《孟子》'大人格君心'之'格'，是去其心之不正，以全其本体之正。但意念所在，即要去其不正以全其正，即无时无处不是存天理，即是穷理。'天理'即是'明德'，穷理即是'明明德'。"

又曰："知是心之本体，心自然会知。见父自然知孝，见兄自然知弟，见孺子入井自然知恻隐，此便是良知，不假外求。若良知之发，更无私意障碍，即所谓'充其恻隐之心，而仁不可胜用矣'。然在常人，不能无私意障碍，所以须用'致知''格物'之功。胜私复理，即心之良知更无障碍，得以充塞流行，便是致其知。知致则意诚。"

爱问："先生以'博文'为'约礼'功夫，深思之未能得，略请开示。"

先生曰："'礼'字即是'理'字。'理'之发见可见者谓之'文'；'文'之隐微不可见者谓之'理'，只是一物。'约礼'只是要此心纯是一个天理。要此心纯是天理，须就'理'之发见处用功。如发见于事亲时，就在事亲上学存此天理；发现于事君时，就在事君上学存此天理；发见于处富贵、贫贱时，就在处富贵、贫贱上学存此天理；发见于处患难、夷狄时，就在处患难、夷狄上学存此天理。至于作止语默，无处不然，随他发见处，即就那上面学个存天理。这便是'博学之于文'，便是'约礼'的功夫。'博文'即是'惟精'，'约礼'即是'惟一'。"

爱问："'道心常为一身之主，而人心每听命。'以先生'精一'之训推之，此语似有弊。"

先生曰："然。心一也，未杂于人谓之道心，杂以人伪谓之人心。人心之得其正者即道心，道心之失其正者即人心，初非有二心也。程子谓'人心即人欲，道心即天理'，语若分析而意实得之。今曰'道心为主，而人心听命'，是二心也。天理人欲不并立，安有天理为主，人欲又从而听命者？"

爱问文中子、韩退之。先生曰："退之，文人之雄耳。文中子，贤儒也。后人徒以文词之故，推尊退之，其实退之去文中子远甚。"

爱问："何以有拟经之失？"

先生曰："拟经恐未可尽非。且说后世儒者著述之意，与拟经如何？"

爱曰："世儒著述，近名之意不无，然期以明道。拟经纯若为名。"

先生曰："著述以明道，亦何所效法？"

曰："孔子删述'六经'，以明道也。"

先生曰："然则拟经独非效法孔子乎？"

爱曰："著述，即于道有所发明。拟经，似徒拟其迹，恐于道无补。"

先生曰："子以明道者，使其反朴还淳而见诸行事之实乎？抑将美其言辞而徒以䛏䛏于世也？天下之大乱，由虚文胜而实行衰也。使道明于天下，则'六经'不必述。删述'六经'，孔子不得已也。自伏羲画卦，至于文王、周公，其间言《易》，如《连山》、《归藏》之属，纷纷籍籍，不知其几，《易》道大乱。孔子以天下好文之风日盛，知其说之将无纪极，于是取文王、周公之说而赞之，以为惟此为得其宗。于是纷纷之说尽废，而天下之言《易》者始一。《书》、《诗》、《礼》、《乐》、《春秋》皆然。《书》自《典》、《谟》以后，《诗》自《二南》以降，如《九丘》、《八索》，一切淫哇逸荡之词，盖不知其几千百篇；《礼》、《乐》之名物度数，至是亦不可胜穷。孔子皆删削而述正之，然后其说始废。如《书》、《诗》、《礼》、《乐》中，孔子何尝加一语？今之《礼记》诸说，皆后儒附会而成，已非孔子之旧。至于《春秋》，虽称孔子作之，其实皆鲁史旧文。所谓'笔'者，笔其旧；所谓'削'者，削其繁，是有减无增。孔子述'六经'，惧繁文之乱天下，惟简之而不得，使天下务去其文以求其实，非以文教之也。《春秋》以后，繁文益盛，天下益乱。始皇焚书得罪，是出于私意，又不合焚'六经'。若当时志在明道，其诸反经叛理之说，悉取而焚之，亦正暗合删述之意。自秦、汉以降，文又日盛，若欲尽去之，断不能去。只宜取法孔子，录其近是者而表章之，则其诸怪悖之说，亦宜渐渐自废。不知文中子当时拟经之意如何？某切深有取于其事，以为圣人复起，不能易也。天下所以不治，只因文盛实衰。人出己见，新奇相高，以眩俗取誉，徒以乱天下之聪明，涂天下之耳目，使天下靡然争务修饰文词，以求知于世，而不复知有敦本尚实、反朴还淳之行，是皆著述者有以启之。”

爱曰：“著述亦有不可缺者，如《春秋》一经，若无《左传》，恐亦难晓。”

先生曰：“《春秋》必待《传》而后明，是歇后谜语矣。圣人何苦为此艰深隐晦之词？《左传》多是《鲁史》旧文，若《春秋》须此而后明，孔子何必削之？”

爱曰：“伊川亦云‘传是案，经是断’。如书弑某君、伐某国，若不明其事，恐亦难断。”

先生曰：“伊川此言，恐亦是相沿世儒之说，未得圣人作经之意。如书‘弑君’，即弑君便是罪，何必更问其弑君之详？征伐当自天子出，书‘伐国’，即伐国便是罪，何必更问其伐国之详？圣人述‘六经’，只是要正人心，只是要存天理、去人欲，于存天理、去人欲之事，则尝言之。或因人请问，各随分量而说，亦不肯多道，恐人专求之言语，故曰‘予欲无言’。若是一切纵人欲、灭天理的事，又安肯详以示人？是长乱导奸也。故孟子云：‘仲尼之门，无道桓、文之事者，是以后世无传焉。’此便是孔门家法。世儒只讲得一个伯者的学问，所以要知得许多阴谋诡计，纯是一片功利的心，与圣人作经的意思正相反，如何思量得通？”因叹曰：“此非达天德者，未易与言此也。”

又曰：“孔子云‘吾犹及史之阙文也’；孟子云‘尽信《书》不如无《书》，吾于《武成》取二三策而已’。孔子删《书》，于唐、虞、夏四五百年间不过数篇，岂更无一事？而所述止此，圣人之意可知矣。圣人只是要删去繁文，后儒却只要添上。”

爱曰："圣人作经，只是要去人欲、存天理。如五伯以下事，圣人不欲详以示人，则诚然矣。至如尧、舜以前事，如何略不少见？"

先生曰："羲、黄之世，其事阔疏，传之者鲜矣。此亦可以想见。其时全是淳庞朴素，略无文采的气象。此便是太古之治，非后世可及。"

爱曰："如《三坟》之类，亦有传者，孔子何以删之？"

先生曰："纵有传者，亦于世变渐非所宜。风气益开，文采日胜，至于周末，虽欲变以夏、商之俗，已不可挽，况唐、虞乎！又况羲、黄之世乎！然其治不同，其道则一。孔子于尧、舜则祖述之，于文、武则宪章之。文、武之法，即是尧、舜之道。但因时致治，其设施政令，已自不同。即夏、商事业施之于周，已有不合，故周公思兼三王，其有不合，仰而思之，夜以继日。况太古之治，岂复能行？斯固圣人之所可略也。"

又曰："专事无为，不能如三王之因时致治，而必欲行以太古之俗，即是佛、老的学术。因时致治，不能如三王之一本于道，而以功利之心行之，即是伯者以下事业。后世儒者许多讲来讲去，只是讲得个伯术。"

又曰："唐、虞以上之治，后世不可复也，略之可也；三代以下之治，后世不可法也，削之可也。惟三代之治可行。然而世之论三代者，不明其本，而徒事其末，则亦不可复矣！"

爱曰："先儒论'六经'，以《春秋》为史。史专记事，恐与'五经'事体终或稍异。"

先生曰："以事言谓之史，以道言谓之经。事即道，道即事。《春秋》亦经，'五经'亦史。《易》是庖牺氏之史，《书》是尧、舜以下史，《礼》、《乐》是三代史。其事同，其道同，安有所谓异？"

又曰："'五经'亦只是史。史以明善恶，示训戒。善可为训者，时存其迹以示法；恶可为戒者，存其戒而削其事以杜奸。"

爱曰："存其迹以示法，亦是存天理之本然。削其事以杜奸，亦是遏人欲于将萌否？"

先生曰："圣人作经，固无非是此意，然又不必泥着文句。"

爱又问："恶可为戒者，存其戒而削其事以杜奸，何独于《诗》而不删郑、卫？先儒谓'恶者可以惩创人之逸志'，然否？"

先生曰："《诗》非孔门之旧本矣。孔子云'放郑声，郑声淫'。又曰'恶郑声之乱雅乐也'。'郑卫之音，亡国之音也'。此本是孔门家法。孔子所定三百篇，皆所谓雅乐，皆可奏之郊庙，奏之乡党，皆所以宣畅和平，涵泳德性，移风易俗，安得有此？是长淫导奸矣。此必秦火之后，世儒附会，以足三百篇之数。盖淫泆之词，世俗多所喜传，如今闾巷皆然。'恶者可以惩创人之逸志'，是求其说而不得，从而为之辞。"

徐爱跋

爱因旧说汩没，始闻先生之教，实是骇愕不定，无入头处。其后闻之既久，渐知反身实践，然后始信先生之学为孔门嫡传，舍是皆傍蹊小径、断港绝河矣！如说"格物"是"诚意"的功夫，"明善"是"诚身"的功夫，"穷理"是"尽性"的功夫，"道问学"是"尊德性"的功夫，"博文"是"约礼"的功夫，"惟精"是"惟一"的功夫。诸如此类，始皆落落难合，其后思之既久，不觉手舞足蹈。

右曰仁所录。

陆澄录

陆澄问："主一之功，如读书则一心在读书上，接客则一心在接客上，可以为主一乎？"

先生曰："好色则一心在好色上，好货则一心在好货上，可以为主一乎？是所谓逐物，非主一也。主一是专主一个天理。"

问立志。先生曰："只念念要存天理，即是立志。能不忘乎此，久则自然心中凝聚，犹道家所谓'结圣胎'也。此天理之念常存，驯至于美大圣神，亦只从此一念存养扩充去耳。"

"日间功夫，觉纷扰则静坐，觉懒看书则且看书。是亦因病而药。"

“处朋友，务相下则得益，相上则损。”

孟源有自是好名之病，先生屡责之。一日，警责方已，一友自陈日来功夫请正。源从旁曰：“此方是寻着源旧时家当。”

先生曰：“尔病又发。”

源色变，议拟欲有所辨，先生曰：“尔病又发。”因喻之曰：“此是汝一生大病根。譬如方丈地内，种此一大树，雨露之滋，土脉之力，只滋养得这个大根。四傍纵要种些嘉谷，上面被此树叶遮覆，下面被此树根盘结，如何生长得成？须用伐去此树，纤根勿留，方可种植嘉种。不然，任汝耕耘培壅，只是滋养得此根。”

问：“后世著述之多，恐亦有乱正学？”

先生曰：“人心天理浑然，圣贤笔之书，如写真传神，不过示人以形状大略，使之因此而讨求其真耳。其精神意气，言笑动止，固有所不能传也。后世著述，是又将圣人所画，摹仿誊写，而妄自分析加增，以逞其技，其失真愈远矣。”

问：“圣人应变不穷，莫亦是预先讲求否？”

先生曰：“如何讲求得许多？圣人之心如明镜，只是一个明，则随感而应，无物不照，未有已往之形尚在，未照之形先具者。若后世所讲，却是如此，是以与圣人之学大背。周公制礼作乐以示天下，皆圣人所能为，尧、舜何不尽为之而待于周公？孔子删述‘六经’以诏万世，亦圣人所能为，周公何不先为之而有待于孔子？是知圣人遇此时，方有此事。只怕镜不明，不怕物来不能照。讲求事变，亦是照时事，然学者却须先有个明的功夫。学者惟患此心之未能明，不患事变之不能尽。”

曰：“然则所谓‘冲漠无朕，而万象森然已具’者，其言如何？”

曰：“是说本自好，只不善看，亦便有病痛。”

“义理无定在，无穷尽。吾与子言，不可以少有所得而遂谓止此也。再言之十年、二十年、五十年，未有止也。”他日又曰：“圣如尧、舜，然尧、舜之上，善无尽；恶如桀、纣，然桀、纣之下，恶无尽。使桀、纣未死，恶宁止此乎？使善有尽时，文王何以‘望道而未之见’？”

问：“静时亦觉意思好，才遇事便不同，如何？”

先生曰：“是徒知静养而不用克己功夫也。如此，临事便要倾倒。人须在事上磨，方能立得住；方能‘静亦定、动亦定’。”

问上达功夫。先生曰：“后儒教人，才涉精微，便谓‘上达’，未当学，且说‘下学’。是分‘下学’、‘上达’为二也。夫目可得见，耳可得闻，口可得言，心可得思者，皆‘下学’也。目不可得见，耳不可得闻，口不可得言，心不可得思者，‘上达’也。如木之栽培灌溉，是‘下学’也；至于日夜之所息，条达畅茂，乃是‘上达’，人安能预其力哉？故凡可用功、可告语者，皆‘下学’，‘上达’只在‘下学’里。凡圣人所说，虽极精微，俱是‘下学’。学者只从‘下学’里用功，自然‘上达’去，不必别寻个‘上达’的功夫。”

“持志如心痛。一心在痛上，岂有功夫说闲话、管闲事。”

问：“‘惟精’、‘惟一’是如何用功？”

先生曰：“‘惟一’是‘惟精’主意，‘惟精’是‘惟一’功夫，非‘惟精’之外复有‘惟一’也。‘精’字从‘米’，姑以‘米’譬之。要得此米纯然洁白，便是‘惟一’意；然非加舂簸筛拣‘惟精’之功，则不能纯然洁白也。舂簸筛拣是‘惟精’之功，然亦不过要此米到纯然洁白而已。博学、审问、慎思、明辨、笃行者，皆所以为‘惟精’而求‘惟一’也。他如‘博文’者，即‘约礼’之功；‘格物致’知者，即‘诚意’之功；‘道问学’即‘尊德性’之功；‘明善’即‘诚身’之功。无二说也。”

“知者行之始，行者知之成。圣学只一个功夫，知行不可分作两事。”

“漆雕开曰：‘吾斯之未能信。’夫子说之。子路使子羔为费宰。子曰：‘贼夫人之子’。曾点言志，夫子许之。圣人之意可见矣。”

问：“宁静存心时，可为‘未发之中’否？”

先生曰：“今人存心，只定得气。当其宁静时，亦只是气宁静，不可以为‘未发之中’。”

曰："'未'便是'中'，莫亦是求'中'功夫？"

曰："只要去人欲、存天理，方是功夫。静时念念去人欲、存天理，动时念念去人欲、存天理，不管宁静不宁静。若靠那宁静，不惟渐有喜静厌动之弊，中间许多病痛，只是潜伏在，终不能绝去，遇事依旧滋长。以循理为主，何尝不宁静？以宁静为主，未必能循理。"

问："孔门言志，由、求任政事，公西赤任礼乐，多少实用。及曾皙说来，却似要的事，圣人却许他，是意何如？"

曰："三子是有意必，有意必便偏着一边，能此未必能彼。曾点这意思却无意必，便是'素其位而行，不愿乎其外'、'素夷狄行乎夷狄，素患难行乎患难，无入而不自得'矣。三子所谓'汝器也'，曾点便有'不器'意。然三子之才，各卓然成章，非若世之空言无实者，故夫子亦皆许之。"

问："知识不长进，如何？"

先生曰："为学须有本原，须从本原上用力，渐渐'盈科而进'。仙家说婴儿，亦善譬。婴儿在母腹时，只是纯气，有何知识？出胎后方始能啼，既而后能笑，又既而后能识认其父母兄弟，又既而后能立、能行、能持、能负，卒乃天下之事无不可能。皆是精气日足，则筋力日强，聪明日开，不是出胎日便讲求推寻得来。故须有个本原。圣人到'位天地，育万物'，也只从'喜怒哀乐未发之中'上养来。后儒不明格物之说，见圣人无不知、无不能，便欲于初下手时讲求得尽，岂有此理？"

又曰："立志用功，如种树然。方其根芽，犹未有干；及其有干，尚未有枝；枝而后叶，叶而后花、实。初种根时，只管栽培灌溉，勿作枝想，勿作叶想，勿作花想，勿作实想。悬想何益！但不忘栽培之功，怕没有枝叶花实？"

问："看书不能明，如何？"

先生曰："此只是在文义上穿求，故不明。如此，又不如为旧时学问，他到看得多，解得去。只是他为学虽极解得明晓，亦终身无得，须于心体上用功。凡明不得，行不去，须反在自心上体当，即可通。盖《四书》、《五经》不过说这心体，这心体即所谓道心。体明即是道明，更无二。此是为学头脑处。"

"'虚灵不昧，众理具而万事出。'心外无理，心外无事。"

或问："晦庵先生曰：'人之所以为学者，心与理而已。'此语如何？"

曰："心即性，性即理，下一'与'字，恐未免为二。此在学者善观之。"

或曰："人皆有是心。心即理，何以有为善，有为不善？"

先生曰："恶人之心，失其本体。"

问："'析之有以极其精而不乱，然后合之有以尽其大而无余'，此言如何？"

先生曰："恐亦未尽。此理岂容分析，又何须凑合得？圣人说'精一'自是尽。"

"省察是有事时存养，存养是无事时省察。"

澄尝问象山在人情事变上做功夫之说。先生曰："除了人情事变，则无事矣。喜怒哀乐非人情乎？自视听言动，以至富贵、贫贱、患难、死生，皆事变也。事变亦只在人情里。其要只在'致中和'；'致中和'只在'谨独'。"

澄问："仁、义、礼、智之名，因已发而有？"

曰："然。"

他日，澄曰："恻隐、羞恶、辞让、是非，是性之表德邪？"

曰："仁、义、礼、智也是表德。性一而已，自其形体也谓之天，主宰也谓之帝，流行也谓之命，赋于人也谓之性，主于身也谓之心。心之发也，遇父便谓之孝，遇君便谓之忠，自此以往，名至于无穷，只一性而已。犹人一而已，对父谓之子，对子谓之父，自此以往，至于无穷，只一人而已。人只要在性上用功，看得一性字分明，即万理灿然。"

一日，论为学功夫。先生曰："教人为学，不可执一偏。初学时心猿意马，拴缚不定，其所思虑，多是人欲一边，故且教之静坐、息思虑。久之，俟其心意稍定，只悬空静守，如槁木死灰，亦无用，须教他省察克治。

省察克治之功，则无时而可间，如去盗贼，须有个扫除廓清之意。无事时，将好色、好货、好名等私逐一追究搜寻出来，定要拔去病根，永不复起，方始为快。常如猫之捕鼠，一眼看着，一耳听着，才有一念萌动，即与克去，斩钉截铁，不可姑容与他方便，不可窝藏，不可放他出路，方是真实用功，方能扫除廓清。到得无私可克，自有端拱时在。虽曰'何思何虑'，非初学时事。初学必须思省察克治，即是思诚，只思一个天理，到得天理纯全，便是'何思何虑'矣。"

澄问："有人夜怕鬼者，奈何？"

先生曰："只是平时不能'集义'，而心有所慊，故怕。若素行合于神明，何怕之有？"

子莘曰："正直之鬼，不须怕；恐邪鬼不管人善恶，故未免怕。"

先生曰："岂有邪鬼能迷正人乎？只此一怕，即是心邪，故有迷之者，非鬼迷也，心自迷耳。如人好色，即是色鬼迷；好货，即是货鬼迷；怒所不当怒，是怒鬼迷；惧所不当惧，是惧鬼迷也。"

"定者，心之本体，天理也。动静，所遇之时也。"

澄问《学》、《庸》同异。先生曰："子思括《大学》一书之义为《中庸》首章。"

问："孔子正名，先儒说'上告天子，下告方伯，废辄立郢'。此意如何？"

先生曰："恐难如此。岂有一人致敬尽礼待我而为政，我就先去废他？岂人情天理？孔子既肯与辄为政，必已是他能倾心委国而听。圣人盛德至诚，必已感化卫辄，使知无父之不可以为人，必将痛哭奔走，往迎其父。父子之爱，本于天性，辄能悔痛真切如此，蒯聩岂不感动底豫。蒯聩既还，辄乃致国请戮，聩已见化于子，又有夫子至诚调和其间，当亦决不肯受，仍以命辄。群臣百姓又必欲得辄为君，辄乃自暴其罪恶，请于天子，告于方伯诸侯，而必欲致国于父。聩与群臣百姓亦皆表辄悔悟仁孝之美，请于天子，告于方伯诸侯，必欲得辄而为之君。于是集命于辄，使之复君卫国。辄不得已，乃如后世上皇故事，率群臣百姓尊聩为太公，备物致养，而始退复其位焉。则君君、臣臣、父父、子子，名正言顺，一举而可为政于天下矣！孔子正名，或是如此。”

澄在鸿胪寺仓居，忽家信至，言儿病危。澄心甚忧闷，不能堪。先生曰：“此时正宜用功。若此时放过，闲时讲学何用？人正要在此等时磨炼。父之爱子，自是至情。然天理亦自有个中和处，过即是私意。人于此处多认做天理当忧，则一向忧苦，不知已是‘有所忧患，不得其正’。大抵七情所感，多只是过，少不及者。才过，便非心之本体，必须调停适中始得。就如父母之丧，人子岂不欲一哭便死，方快于心？然却曰‘毁不灭性’，非圣人强制之也，天理本体自有分限，不可过也。人但要识得心体，自然增减分毫不得。”

“不可谓‘未发之中’常人俱有。盖‘体用一源’，有是体即有是用，有‘未发之中’，即有‘发而皆中节之和’。今人未能有‘发而皆中节之和’，须知是他‘未发之中’亦未能全得。”

“《易》之辞，是‘初九，潜龙勿用’六字；《易》之象，是初书画；《易》之变，是值其画；《易》之占，是用其辞。”

“夜气，是就常人说。学者能用功，则日间有事无事，皆是此气翕聚发生处。圣人则不消说夜气。”

澄问“操存舍亡”章。曰：“‘出入无时，莫知其乡’。此虽就常人心说，学者亦须是知得心之本体亦元是如此，则操存功夫，始没病痛。不可便谓出为亡，入为存。若论本体，元是无出入的。若论出入，则其思虑运用是出。然主宰常昭昭在此，何出之有？既无所出，何入之有？程子所谓‘腔子’，亦只是天理而已。虽终日应酬而不出天理，即是在腔子里。若出天理，斯谓之放，斯谓之亡。”

又曰：“出入亦只是动静，动静无端，岂有乡邪？”

王嘉秀问：“佛以出离生死诱人入道，仙以长生久视诱人入道，其心亦不是要人做不好，究其极至，亦是见得圣人上一截，然非入道正路。

如今仕者，有由科，有由贡，有由传奉，一般做到大官，毕竟非入仕正路，君子不由也。仙、佛到极处，与儒者略同，但有了上一截，遗了下一截，终不似圣人之全；然其上一截同者，不可诬也。后世儒者，又只得圣人下一截，分裂失真，流而为记诵词章，功利训诂，亦卒不免为异端。是四家者终身劳苦，于身心无分毫益。视彼仙、佛之徒，清心寡欲，超然于世累之外者，反若有所不及矣。今学者不必先排仙、佛，且当笃志为圣人之学。圣人之学明，则仙、佛自泯。不然，则此之所学，恐彼或有不屑，而反欲其俯就，不亦难乎？鄙见如此，先生以为何如？”

先生曰：“所论大略亦是。但谓上一截、下一截，亦是人见偏了如此。若论圣人大中至正之道，彻上彻下，只是一贯，更有甚上一截、下一截？‘一阴一阳之谓道’，但‘仁者见之便谓之仁，智者见之便谓之智，百姓又日用而不知，故君子之道鲜矣’。仁、智可岂不谓之道？但见得偏了，便有弊病。”

“蓍固是《易》，龟亦是《易》。”

问：“孔子谓武王未尽善，恐亦有不满意？”

先生曰：“在武王自合如此。”

曰：“使文王未没，毕竟如何？”

曰：“文王在时，天下三分已有其二。若到武王伐商之时，文王若在，或者不致兴兵，必然这一分亦来归了。文王只善处纣，使不得纵恶而已。”

问：孟子言“执中无权犹执一”。

先生曰：“中只是天理，只是易。随时变易，如何执得？须是因时制宜，难预先定一个规矩在。如后世儒者要将道理一一说得无罅漏，立定个格式，此正是执一。”

唐诩问：“立志是常存个善念，要为善去恶否？”

曰：“善念存时，即是天理。此念即善，更思何善？此念非恶，更去何恶？此念如树之根芽，立志者长立此善念而已。‘从心所欲，不逾矩’，只是志到熟处。”

"精神、道德、言动，大率收敛为主，发散是不得已。天地人物皆然。"

问："文中子是如何人？"

先生曰："文中子庶几'具体而微'，惜其蚤死！"

问："如何却有'续经'之非？"

曰："'续经'亦未可尽非。"

请问。良久，曰："更觉'良工心独苦'。"

"许鲁齐谓儒者以治生为先之说，亦误人。"

问仙家元气、元神、元精。先生曰："只是一件。流行为气，凝聚为精，妙用为神。"

"喜怒哀乐，本体自是中和的。才自家着些意思，便过不及，便是私。"

问"哭则不歌"。先生曰："圣人心体自然如此。"

"克己须要扫除廓清，一毫不存，方是。有一毫在，则众恶相引而来。"

问《律吕新书》。先生曰："学者当务为急。算得此数熟亦恐未有用，必须心中先具礼乐之本方可。且如其书说，多用管以候气，然至冬至那一刻时，管灰之飞，或有先后，须臾之间，焉知那管正值冬至之刻？须自中心先晓得冬至之刻始得。此便有不通处。学者须先后礼乐本原上用功。"

曰仁云："心犹镜也。圣人心如明镜，常人心如昏镜。近世格物之说，如以镜照物，照上用功，不知镜尚昏在，何能照！先生之格物，如磨镜而使之明，磨上用功，明了后亦未尝废照。"

问道之精粗。先生曰："道无精粗，人之所见有精粗。如这一间房，人初进来，只见一个大规模如此。处久，便柱壁之类，一一看得明白。再久，如柱上有些文藻，细细都看出来。然只是一间房。"

先生曰："诸公近见时，少疑问，何也？人不用功，莫不自以为已知为学，只循而行之是矣。殊不知私欲日生，如地上尘，一日不扫，便又有一层。着实用功，便见道无终穷，愈探愈深，必使精白无一毫不彻方可。"

问："知至然后可以言诚意。今天理人欲，知之未尽，如何用得克己功夫？"

先生曰:“人若真实切己用功不已，则于此心天理之精微，日见一日，私欲之细微，亦日见一日。若不用克己功夫，终日只是说话而已，天理终不自见，私欲亦终不自见。如人走路一般，走得一段，方认得一段；走到歧路处，有疑便问，问了又走，方渐能到得欲到之处。今人于已知之天理不肯存，已知之人欲不肯去，且只管愁不能尽知。只管闲讲，何益之有？且待克得自己无私可克，方愁不能尽知，亦未迟在。”

问:“道一而已。古人论道往往不同，求之亦有要乎？”

先生曰:“道无方体，不可执著。却拘滞于文义上求道，远矣。如今人只说天，其实何尝见天？谓日月风雷即天，不可；谓人物草木不是天，亦不可。道即是天。若识得时，何莫而非道？人但各以其一隅之见认定，以为道止如此，所以不同。若解向里寻求，见得自己心体，即无时无处不是此道。亘古亘今，无终无始，更有甚同异？心即道，道即天。知心则知道、知天。”

又曰:“诸君要实见此道，须从自己心上体认，不假外求，始得。”

问:“名物度数，亦须先讲求否？”

先生曰:“人只要成就自家心体，则用在其中。如养得心体，果有未发之中，自然有发而中节之和，自然无施不可。苟无是心，虽预先讲得世上许多名物度数，与己原不相干，只是装缀，临时自行不去，亦不是将名物度数全然不理，只要‘知所先后，则近道’。”

又曰:“人要随才成就，才是其所能为。如夔之乐，稷之种，是他资性合下便如此。成就之者，亦只是要他心体纯乎天理。其运用处，皆从天理上发来，然后谓之才。到得纯乎天理处，亦能‘不器’。使夔、稷易艺而为，当亦能之。”

又曰:“如‘素富贵，行乎富贵。素患难，行乎患难’，皆是‘不器’，此惟养得心体正者能之。”

“与其为数顷无源之塘水，不若为数尺有源之井水，生意不穷。”时先生在塘边坐，傍有井，故以之喻学云。

问："世道日降，太古时气象，如何复见得？"

先生曰："一日便是一元。人平旦时起坐。未与物接，此心清明景象，便如在伏羲时游一般。"

问："心要逐物，如何则可？"

先生曰："人君端拱清穆，六卿分职，天下乃治。心统五官，亦要如此。今眼要视时，心便逐在色上；耳要听时，心便逐在声上。如人君要选官时，便自去坐在吏部；要调军时，便自去坐在兵部。如此岂惟失却君体，六卿亦皆不得其职。"

"善念发而知之，而充之；恶念发而知之，而遏之。知与充与遏者，志也，天聪明也。圣人只有此，学者当存此。"

澄曰："好色、好利、好名等心，固是私欲。如闲思杂虑，如何亦谓之私欲？"

先生曰："毕竟从好色、好利、好名等根上起，自寻其根便见。如汝心中决知是无有做劫盗的思虑，何也？以汝元无是心也。汝若于货色名利等心，一切皆如不做劫盗之心一般，都消灭了，光光只是心之本体，看有甚闲思虑？此便是'寂然不动'，便是'未发之中'，便是'廓然大公'。自然'感而遂通'，自然'发而中节'，自然'物来顺应'。"

问"志至气次"。先生曰："'志之所至，气亦至焉'之谓，非极至、次贰之谓。'持其志'，则养气在其中，'无暴其气'，则亦持其志矣。孟子救告子之偏，故如此夹持说。"

问："先儒曰：'圣人之道，必降而自卑；贤人之言，则引而自高。'如何？"

先生曰："不然。如此却乃伪也。圣人如天，无往而非天，三光之上天也，九地之下亦天也，天何尝有降而自卑？此所谓'大而化之'也。贤人如山岳，守其高而已。然百仞者不能引而为千仞，千仞者不能引而为万仞。是贤人未尝引而自高也，引而自高则伪矣。"

问："伊川谓'不当于喜怒哀乐未发之前求中'，延平却教学者'看未发之前气象’，何如？”

先生曰：“皆是也。伊川恐人于未发前讨个中，把中做一物看，如吾所谓认气定时做中，故令只于涵养省察上用功。延平恐人未便有下手处，故令人时时刻刻求未发前气象，使人正目而视惟此，倾耳而听惟此，即是‘戒慎不睹，恐惧不闻’的功夫。皆古人不得已诱人之言也。”

澄问：“喜怒哀乐之中和，其全体常人固不能有。如一件小事当喜怒者，平时无有喜怒之心，至其临时，亦能中节，亦可谓之中和乎？”

先生曰：“在一时一事，固亦可谓之中和，然未可谓之‘大本’、‘达道’。人性皆善，中和是人人原有的，岂可谓无？但常人之心既有所昏蔽，则其本体虽亦时时发见，终是暂明暂灭，非其全体大用矣。无所不中，然后谓之‘大本’；无所不和，然后谓之‘达道’。惟天下之至诚，然后能立天下之‘大本’。”

曰：“澄于‘中’字之义尚未明。”

曰：“此须自心体认出来，非言语所能喻。中只是天理。”

曰：“何者为天理？”

曰：“去得人欲，便识天理。”

曰：“天理何以谓之中？”

曰：“无所偏倚。”

曰：“无所偏倚是何等气象？”

曰：“如明镜然，全体莹彻，略无纤尘染着。”

曰：“偏倚是有所染着。如着在好色、好利、好名等项上，方见得偏倚；若未发时，美色名利皆未相着，何以便知其有所偏倚？”

曰：“虽未相着，然平日好色、好利、好名之心，原未尝无。既未尝无，即谓之有；既谓之有，则亦不可谓无偏倚。譬之病疟之人，虽有时不发，而病根原不曾除，则亦不得谓之无病之人矣。须是平日好色、好利、好名等项一应私心扫除荡涤，无复纤毫留滞，而此心全体廓然，纯是天理，方可谓之喜怒哀乐‘未发之中’，方是天下之‘大本’。”

问:"'颜子没而圣学亡',此语不能无疑。"

先生曰:"见圣道之全者惟颜子。观'喟然一叹'可见,其谓'夫子循循然善诱人,博我以文,约我以礼',是见破后如此说。博文、约礼,如何是善诱人?学者须思之。道之全体,圣人亦难以语人,须是学者自修自悟。颜子'虽欲从之,未由也已',即文王'望道未见'意。望道未见,乃是真见。颜子没而圣学之正派遂不尽传矣。"

问:"身之主为心,心之灵明是知,知之发动是意,意之所着为物,是如此否?"

先生曰:"亦是。"

"只存得此心常见在,便是学。过去未来事,思之何益?徒放心耳!"

"言语无序,亦足以见心之不存。"

尚谦问孟子之"不动心"与告子异。先生曰:"告子是硬把捉着此心,要他不动;孟子却是集义到自然不动。"

又曰:"心之本体原自不动。心之本体即是性,性即是理,性元不动,理元不动。集义是复其心之本体。"

"'万象森然'时,亦冲漠无朕;冲漠无朕,即万象森然。冲漠无朕者,'一'之父,万象森然者,'精'之母。'一'中有'精','精'中有'一'。"

"心外无物。如吾心发一念孝亲,即孝亲便是物。"

先生曰:"今为吾所谓格物之学者,尚多流于口耳。况为口耳之学者,能反于此乎?天理人欲,其精微必时时用力省察克治,方日渐有见。如今一说话之间,虽只讲天理,不知心中倏忽之间已有其多少私欲。盖有窃发而不知者,虽用力察之,尚不易见,况徒口讲而可得尽知乎?今只管讲天理来顿放着不循;讲人欲来顿放着不去。岂格物致知之学?后世之学,其极至,只做得个'义袭而取'的功夫。"

问格物。先生曰:"格者,正也。正其不正以归于正也。"

问:"知止者,知至善只在吾心,元不在外也,而后志定?"

曰:"然。"

问:“格物于动处用功否?”

先生曰:“格物无间动静,静亦物也。孟子谓‘必有事焉’,是动静皆有事。”

“功夫难处,全在格物致知上,此即诚意之事。意既诚,大段心亦自正,身亦自修。但正心、修身功夫,亦各有用力处,修身是已发边,正心是未发边。心正则中,身修则和。”

“自‘格物’‘致知’至‘平天下’,只是一个‘明明德’。虽‘亲民’,亦‘明德’事也。‘明德’是此心之德,即是仁。‘仁者以天地万物为一体’,使有一物失所,便是吾仁有未尽处。”

“只说‘明明德’而不说‘亲民’,便似老、佛。”

“至善者性也,性元无一毫之恶,故曰‘至善’。止之,是复其本然而已。”

问:“知至善即吾性,吾性具吾心,吾心乃至善所止之地,则不为向时之纷然外求,而志定矣。定则不扰扰而静,静而不妄动则安,安则一心一意只在此处。千思万想,务求必得此至善,是能虑而得矣。如此说是否?”

先生曰:“大略亦是。”

问:“程子云‘仁者以天地万物为一体’,何墨氏‘兼爱’反不得谓之仁?”

先生曰:“此亦甚难言,须是诸君自体认出来始得。仁是造化生生不息之理,虽弥漫周遍,无处不是,然其流行发生,亦只有个渐,所以生生不息。如冬至一阳生,必自一阳生而后渐渐至于六阳。若无一阳之生,岂有六阳?阴亦然。惟其渐,所以便有个发端处;惟其有个发端处,所以生;惟其生,所以不息。譬之木,其始抽芽,便是木之生意发端处;抽芽然后发干,发干然后生枝生叶,然后是生生不息。若无芽,何以有干有枝叶?能抽芽,必是下面有个根在。有根方生,无根便死。无根何从抽芽?父子、兄弟之爱,便是人心生意发端处,如木之抽芽。自此而仁民，而爱物，便是发干生枝生叶。墨氏兼爱无差等，将自家父子、兄弟与途人一般看，便自没了发端处。不抽芽便知得他无根，便不是生生不息，安得谓之仁？孝弟为仁之本，却是仁理从里面发生出来。”

问:“延平云:‘当理而无私心。’‘当理’与‘无私心’如何分别？”

先生曰:“心即理也,‘无私心’即是‘当理’,未‘当理’便是私心。若析心与理言之，恐亦未善。”

又问:“释氏于世间一切情欲之私都不染着,似无私心。但外弃人伦，却似未‘当理’。”

曰:“亦只是一统事，都只是成就他一个私己的心。”

薛侃录

侃问:“持志如心痛，一心在痛上，安有功夫说闲语，管闲事？”

先生曰:“初学功夫,如此用亦好,但要使知‘出入无时,莫知其向’。心之神明,原是如此,功夫方有着落。若只死死守着,恐于功夫上又发病。”

侃问:“专涵养而不务讲求，将认欲作理，则如之何？”

先生曰:“人须是知学,讲求亦只是涵养,不讲求只是涵养之志不切。”

曰:“何谓知学？”

曰:“且道为何而学？学个甚？”

曰:“尝闻先生教，学是学存天理。心之本体即是天理，体认天理只要自心地无私意。”

曰:“如此则只须克去私意便是，又愁甚理欲不明？”

曰:“正恐这些私意认不真。”

曰:“总是志未切。志切,目视耳听皆在此,安有认不真的道理？‘是非之心，人皆有之’，不假外求。请求亦只是体当自心所见，不成去心外别有个见。”

先生问在坐之友:“比来功夫何似？”

一友举虚明意思。先生曰:“此是说光景。”

一友叙今昔异同。先生曰:“此是说效验。”

二友惘然，请是。先生曰：“吾辈今日用功，只是要为善之心真切。此心真切，见善即迁，有过即改，方是真切功夫。如此，则人欲日消，天理日明。若只管求光景，说效验，却是助长外驰病痛，不是功夫。”

朋友观书，多有摘议晦庵者。先生曰:“是有心求异，即不是。吾说与晦庵时有不同者，为入门下手处有毫厘千里之分，不得不辩。然吾之心与晦庵之心未尝异也。若其余文义解得明当处，如何动得一字？”

希渊问:“圣人可学而至。然伯夷、伊尹于孔子才力终不同，其同谓之圣者安在？”

先生曰:“圣人之所以为圣，只是其心纯乎天理，而无人欲之杂。犹精金之所以为精，但以其成色足而无铜铅之杂也。人到纯乎天理方是圣，金到足色方是精。然圣人之才力亦是大小不同，犹金之分两有轻重。尧、舜犹万镒，文王、孔子有九千镒，禹、汤、武王犹七八千镒，伯夷、伊尹犹四五千镒。才力不同而纯乎天理则同，皆可谓之圣人。犹分两虽不同，而足色则同，皆可谓之精金。以五千镒者而入于万镒之中，其足色同也；以夷、尹而厕之尧、孔之间，其纯乎天理同也。盖所以为精金者，在足色而不在分两；所以为圣者，在纯乎天理而不在才力也。故虽凡人而肯为学，使此心纯乎天理，则亦可为圣人。犹一两之金比之万镒，分两虽悬绝，而其到足色处，可以无愧。故曰‘人皆可以为尧舜’者以此。学者学圣人，不过是去人欲而存天理耳，犹炼金而求其足色。金之成色所争不多，则锻炼之工省而功易成，成色愈下则锻炼愈难。人之气质清浊粹驳，有中人以上、中人以下，其于道有生知安行、学知利行，其下者必须人一己百，人十己千，及其成功则一。后世不知作圣之本是纯乎天理，却专去知识才能上求圣人，以为圣人无所不知，无所不能，我须是将圣人许多知识才能逐一理会始得。故不务去天理上着功夫，徒弊精竭力，从册子上钻研，名物上考索，形迹上比拟，知识愈广而人欲愈滋，才力愈多而天理愈蔽。正如见人有万镒精金，不务锻炼成色，求无愧于彼之精纯，而乃妄希分两，务同彼之万镒，锡、铅、铜、铁杂然而投，分两愈增而成色愈下，既其梢末，无复有金矣。”

时曰仁在旁，曰：“先生此喻足以破世儒支离之惑，大有功于后学。”

先生又曰：“吾辈用功只求日减，不求日增。减得一分人欲，便是复得一分天理。何等轻快脱洒！何等简易！”

士德问曰：“格物之说如先生所教，明白简易，人人见得。文公聪明绝世，于此反有未审，何也？”

先生曰：“文公精神气魄大，是他早年合下便要继往开来，故一向只就考索著述上用功。若先切己自修，自然不暇及此。到得德盛后，果忧道之不明。如孔子退修六籍，删繁就简，开示来学，亦大段不费甚考索。文公早岁便著许多书，晚年方悔，是倒做了。”

士德曰：“晚年之悔，如谓‘向来定本之悟’，又谓‘虽读得书，何益于吾事’，又谓‘此与守书籍，泥言语，全无交涉’，是他到此方悔从前用功之错，方去切己自修矣。”

曰：“然。此是文公不可及处。他力量大，一悔便转，可惜不久即去世，平日许多错处，皆不及改正。”

侃去花间草，因曰：“天地间何善难培，恶难去？”

先生曰：“未培未去耳。”

少间，曰：“此等看善恶，皆从躯壳起念，便会错。”

侃未达。

曰：“天地生意，花草一般，何曾有善恶之分？子欲观花，则以花为善，以草为恶；如欲用草时，复以草为善矣。此等善恶，皆由汝心好恶所生，故知是错。”

曰：“然则无善无恶乎？”

曰：“无善无恶者理之静，有善有恶者气之动。不动于气，即无善无恶，是谓至善。”

曰：“佛氏亦无善无恶，何以异？”

曰:“佛氏着在无善无恶上，便一切都不管，不可以治天下。圣人无善无恶，只是‘无有作好’,‘无有作恶’,不动于气。然‘遵王之道’,‘会其有极’，便自‘一循天理’，便有个‘裁成辅相’。”

曰:“草既非恶，即草不宜去矣。”

曰:“如此却是佛、老意见。草若有碍，何妨汝去？”

曰:“如此又是作好作恶？”

曰:“不作好恶，非是全无好恶，却是无知觉的人。谓之不作者，只是好恶一循于理，不去又着一分意思。如此，即是不曾好恶一般。”

曰:“去草如何是一循于理，不着意思？”

曰:“草有妨碍，理亦宜去，去之而已。偶未即去，亦不累心。若着了一分意思，即心体便有贻累，便有许多动气处。”

曰:“然则善恶全不在物？”

曰:“只在汝心。循理便是善，动气便是恶。”

曰:“毕竟物无善恶。”

曰:“在心如此，在物亦然。世儒惟不知此，舍心逐物，将格物之学错看了，终日驰求于外，只做得个‘义袭而取’,终身行不著，习不察。”

曰“‘如好好色，如恶恶臭’，则如何？”

曰:“此正是一循于理。是天理合如此，本无私意作好作恶。”

曰:“‘如好好色，如恶恶臭’，安得非意？”

曰:“却是诚意，不是私意。诚意只是循天理。虽是循天理，亦着不得一分意，故有所忿懥好乐则不得其正，须是廓然大公，方是心之本体。知此即知未发之中。”

伯生曰:“先生云:‘草有妨碍，理亦宜去。’缘何又是躯壳起念？”

曰：“此须汝心自体当。汝要去草，是甚么心？周茂叔窗前草不除，是甚么心？”

先生谓学者曰:“为学须得个头脑，功夫方有着落。纵未能无间，如舟之有舵，一提便醒。不然，虽从事于学，只做个‘义袭而取’，只是行不著，习不察，非大本达道也。”又曰：“见得时，横说竖说皆是。若此处通，彼处不通，只是未见得。”

或问为学以亲故，不免业举之累。先生曰：“以亲之故而业举，为累于学，则治田以养其亲者，亦有累于学乎？先正云：‘惟患夺志’，但恐为学之志不真切耳。”

崇一问：“寻常意思多忙，有事固忙。无事亦忙，何也？”

先生曰：“天地气机，元无一息之停。然有个主宰，故不先不后，不急不缓，虽千变万化，而主宰常定，人得此而生。若主宰定时，与天运一般不息，虽酬酢万变，常是从容自在，所谓‘天君泰然，百体从令’。若无主宰，便只是这气奔放，如何不忙？”

先生曰：“为学大病在好名。”

侃曰：“从前岁，自谓此病已轻，比来精察，乃知全未，岂必务外为人？只闻誉而喜，闻毁而闷，即是此病发来。”

曰：“最是。名与实对，务实之心重一分，则务名之心轻一分；全是务实之心，即全无务名之心；若务实之心如饥之求食，渴之求饮，安得更有功夫好名？”

又曰：“‘疾没世而名不称’，‘称’字去声读，亦‘声闻过情，君子耻之’之意。实不称名，生犹可补，没则无及矣。‘四十五十而无闻’，是不闻道，非无声闻也。孔子云：‘是闻也，非达也。’安肯以此望人？”

侃多悔。先生曰：“悔悟是去病之药，然以改之为贵。若留滞于中，则又因药发病。”

德章曰：“闻先生以精金喻圣，以分两喻圣人之分量，以锻炼喻学者之功夫，最为深切。惟谓尧、舜为万镒，孔子为九千镒，疑未安。”

先生曰：“此又是躯壳上起念，故替圣人争分两。若不从躯壳上起念，即尧、舜万镒不为多，孔子九千镒不为少。尧、舜万镒只是孔子的，孔子九千镒只是尧、舜的，原无彼我。所以谓之圣，只论精一，不论多寡。只要此心纯乎天理处同，便同谓之圣。若是力量气魄，如何尽同得？后儒只在分两上较量，所以流入功利。若除去了比较分两的心，各人尽着自己力量精神，只在此心纯天理上用功，即人人自有，个个圆成，便能大以成大，小以成小，不假外慕，无不具足。此便是实实落落明善诚身的事。后儒不明圣学，不知就自己心地良知良能上体认扩充，却去求知其所不知，求能其所不能，一味只是希高慕大，不知自己是桀、纣心地，动辄要做尧、舜事业，如何做得？终年碌碌，至于老死，竟不知成就了个甚么，可哀也已！”

侃问："先儒以心之静为体，心之动为用，如何？"

先生曰："心不可以动静为体用。动静，时也。即体而言，用在体，即用而言，体在用，是谓'体用一源'。若说静可以见其体，动可以见其用，却不妨。"

问："上智、下愚如何不可移？"

先生曰："不是不可移，只是不肯移。"

问"子夏门人问交"章。先生曰："子夏是言小子之交，子张是言成人之交。若善用之，亦俱是。"

子仁问："'学而时习之，不亦说乎'，先儒以学为效先觉之所为，如何？"

先生曰："学是学去人欲，存天理。从事于去人欲，存天理，则自正。诸先觉考诸古训，自下许多问辨、思索、存省、克治功夫。然不过欲去此心之人欲，存吾心之天理耳。若曰效先觉之所为，则只说得学中一件事，亦似专求诸外了。'时习'者，'坐如尸'，非专习坐也，坐时习此心也；'立如斋'，非专习立也，立时习此心也。'说'是'理义之说我心'之'说'，人心本自说理义，如目本说色，耳本说声。惟为人欲所蔽所累，始有不说。今人欲日去，则理义日洽浃，安得不说？"

国英问："曾子'三省'虽切，恐是未闻'一贯'时功夫？"

先生曰："'一贯'是夫子见曾子未得用功之要，故告之。学者果能忠恕上用功，岂不是'一贯'？'一'如树之根本，'贯'如树之枝叶。

未种根，何枝叶之可得？‘体用一源’，体未立，用安从生？谓‘曾子于其用处，盖已随事精察而力行之。但未知其体之一’。此恐未尽。”

黄诚甫问“汝与回也，孰愈”章。先生曰：“子贡多学而识，在闻见上用功，颜子在心地上用功。故圣人问以启之。而子贡所对又只在知见上，故圣人叹惜之，非许之也。”

“颜子不迁怒，不贰过，亦是有未发之中始能。”

“种树者必培其根，种德者必养其心。欲树之长，必于始生时删其繁枝；欲德之盛，必于始学时去夫外好。如外好诗文，则精神日渐漏泄在诗文上去。凡百外好皆然。”

又曰：“我此论学是无中生有的功夫，诸公须要信得及，只是立志。学者一念为善之志，如树之种，但勿助勿忘，只管培植将去，自然日夜滋长，生气日完，枝叶日茂。树初生时，便抽繁枝，亦须刊落，然后根干能大。初学时亦然。故立志贵专一。”

因论先生之门，某人在涵养上用功，某人在识见上用功。先生曰：“专涵养者，日见其不足；专识见者，见其有余。日不足者，日有余矣；日有余者，日不足矣。”

梁日孚问：“居敬穷理是两事，先生以为一事，何如？”

先生曰：“天地间只有此一事，安有两事？若论万殊，礼仪三百，威仪三千，又何止两？公且道居敬是如何？穷理是如何？”

曰：“居敬是存养功夫，穷理是穷事物之理。”

曰：“存养个甚？”

曰：“是存养此心之天理。”

曰：“如此，亦只是穷理矣。”

曰：“且道如何穷事物之理？”

曰：“如事亲，便要穷孝之理，事君，便要穷忠之理。”

曰：“忠与孝之理，在君亲身上？在自己心上？若在自己心上，亦只是穷此心之理矣。且道如何是敬？”

曰:“只是主一。”

“如何是主一?”

曰:“如读书，便一心在读书上;接事，便一心在接事上。”

曰:“如此，则饮酒，便一心在饮酒上;好色，便一心在好色上。却是逐物，成甚居敬功夫?”

日孚请问。曰:“一者，天理，主一是一心在天理上。若只知主一，不知一即是理，有事时便是逐物，无事时便是着空。惟其有事无事，一心皆在天理上用功，所以居敬亦即是穷理。就穷理专一处说，便谓之居敬;就居敬精密处说，便谓之穷理。却不是居敬了，别有个心穷理;穷理时别有个心居敬。名虽不同,功夫只是一事。就如《易》言‘敬以直内，义以方外’。敬即是无事时义，义即是有事时敬，两句合说一件。如孔子言‘修己以敬’，即不须言义。孟子言‘集义’即不须言敬，会得时，横说竖说，功夫总是一般。若泥文逐句，不识本领，即支离决裂，功夫都无下落。”

问:“穷理何以即是尽性?”

曰:“心之体，性也，性即理也。穷仁之理，真要仁极仁，穷义之理，真要义极义。仁、义只是吾性,故穷理即是尽性。如孟子说‘充其恻隐之心，至仁不可胜用’，这便是穷理功夫。”

日孚曰:“先儒谓‘一草一木亦皆有理，不可不察’，如何?”

先生曰:“夫我则不暇。公且先去理会自己性情，须能尽人之性，然后能尽物之性。”

日孚悚然有悟。

惟乾问:“知如何是心之本体?”

先生曰:“知是理之灵处。就其主宰处说，便谓之心;就其禀赋处说，便谓之性。孩提之童，无不知爱其亲，无不知敬其兄。只是这个灵能不为私欲遮隔,充拓得尽,便完;完是他本体,便与天地合德。自圣人以下，不能无蔽，故须格物以致其知。”

守衡问:“《大学》功夫只是诚意,诚意功夫只是格物。修、齐、治、平,只诚意尽矣。又有‘正心之功,有所忿懥好乐则不得其正’,何也?”

先生曰:“此要自思得之,知此则知未发之中矣。”

守衡再三请。曰:“为学功夫有浅深。初时若不着实用意去好善恶恶,如何能为善去恶?这着实用意便是诚意。然不知心之本体原无一物,一向着意去好善恶恶,便又多了这分意思,便不是廓然大公。《书》所谓‘无有作好作恶’,方是本体。所以说‘有所忿懥好乐,则不得其正’。正心只是诚意功夫。里面体当自家心体,常要鉴空衡平,这便是未发之中。”

正之问:“‘戒惧是己所不知时功夫,慎独是己所独知时功夫’,此说如何?”

先生曰:“只是一个功夫,无事时固是独知,有事时亦是独知。人若不知于此独知之地用力,只在人所共知处用功,便是作伪,便是‘见君子而后厌然’。此独知处便是诚的萌芽,此处不论善念恶念,更无虚假,一是百是,一错百错,正是王霸、义利、诚伪、善恶界头。于此一立立定,便是端本澄源,便是立诚。古人许多诚身的功夫,精神命脉,全体只在此处。真是莫见莫显,无时无处,无终无始,只是此个功夫。今若又分戒惧为己所不知,即功夫便支离,亦有间断。既戒惧即是知,己若不知,是谁戒惧?如此见解,便要流入断灭禅定。”

曰:“不论善念恶念,更无虚假,则独知之地,更无无念时邪?”

曰:“戒惧亦是念。戒惧之念,无时可息。若戒惧之心稍有不存,不是昏聩,更已流入恶念。自朝至暮,自少至老,若要无念,即是已不知,此除是昏睡,除是槁木死灰。”

志道问:“荀子云‘养心莫善于诚’,先儒非之,何也?”

先生曰:“此亦未可便以为非。诚字有以功夫说者。‘诚’是心之本体,求复其本体,便是思诚的功夫。明道说‘以诚敬存之’,亦是此意。《大学》‘欲正其心,先诚其意’。荀子之言固多病,然不可一例吹毛求疵。大凡看人言语,若先有个意见,便有过当处。‘为富不仁’之言,孟子有取于阳虎，此便见圣贤大公之心。”

萧惠问：“己私难克，奈何？”

先生曰：“将汝己私来，替汝克。”

先生曰：“人须有为己之心，方能克己；能克己，方能成己。”

萧惠曰：“惠亦颇有为己之心，不知缘何不能克己？”

先生曰：“且说汝有为己之心是如何？”

惠良久曰：“惠亦一心要做好人，便自谓颇有为己之心。今思之，看来亦只是为得个躯壳的己，不曾为个真己。”

先生曰：“真己何曾离着躯壳？恐汝连那躯壳的己也不曾为。且道汝所谓躯壳的己，岂不是耳目口鼻四肢？”

惠曰：“正是。为此，目便要色，耳便要声，口便要味，四肢便要逸乐，所以不能克。”

先生曰：“‘美色令人目盲，美声令人耳聋，美味令人口爽，驰骋田猎令人发狂’，这都是害汝耳目口鼻四肢的，岂得是为汝耳目口鼻四肢？若为着耳目口鼻四肢时，便须思量耳如何听，目如何视，口如何言，四肢如何动。必须非礼勿视听言动，方才成得个耳目口鼻四肢，这个才是为着耳目口鼻四肢。汝今终日向外驰求，为名为利，这都是为着躯壳外面的物事。汝若为着耳目口鼻四肢，要非礼勿视听言动时，岂是汝之耳目口鼻四肢自能勿视听言动，须由汝心。这视听言动皆是汝心。汝心之视，发窍于目；汝心之听，发窍于耳；汝心之言，发窍于口；汝心之动，发窍于四肢。若无汝心，便无耳目口鼻。所谓汝心，亦不专是那一团血肉。若是那一团血肉，如今已死的人，那一团血肉还在，缘何不能视听言动？所谓汝心，却是那能视听言动的，这个便是性，便是天理。有这个性，才能生这性之生理，便谓之仁。这性之生理，发在目便会视，发在耳便会听，发在口便会言，发在四肢便会动，都只是那天理发生，以其主宰一身，故谓之心。这心之本体，原只是个天理，原无非礼，这个便是汝之真己。这个真己，是躯壳的主宰。若无真己，便无躯壳，真是有之即生，无之即死。汝若真为那个躯壳的己，必须用着这个真己，便须常常保守着这个真己的本体。戒慎不睹，恐惧不闻，惟恐亏损了他一些，才有一毫非礼萌动，便如刀割，如针刺，忍耐不过，必须去了刀，拔了针，这才是有为己之心，方能克己。汝今正是认贼作子，缘何却说有为己之心，不能克己？”

有一学者病目，戚戚甚忧。先生曰：“尔乃贵目贱心。”

萧惠好仙、释。先生警之曰：“吾亦自幼笃志二氏，自谓既有所得，谓儒者为不足学。其后居夷三载，见得圣人之学若是其简易广大，始自叹悔错用了三十年气力。大抵二氏之学，其妙与圣人只有毫厘之间。汝今所学，乃其土苴，辄自信自好若此，真鸱鸮窃腐鼠耳！”

惠请问二氏之妙。先生曰：“向汝说圣人之学简易广大，汝却不问我悟的，只问我悔的！”

惠惭谢，请问圣人之学。

先生曰：“汝今只是了人事问，待汝办个真要求为圣人的心，来与汝说。”惠再三请。先生曰：“已与汝一句道尽，汝尚自不会。”

刘观时问：“‘未发之中’是如何？”

先生曰：“汝但戒慎不睹，恐惧不闻，养得此心纯是天理，便自然见。”

观时请略示气象。先生曰：“哑子吃苦瓜，与你说不得。你要知此苦，还须你自吃。”

时曰仁在傍，曰：“如此才是真知即是行矣。”一时在座诸友皆有省。

萧惠问死生之道。先生曰：“知昼夜即知死生。”

问昼夜之道。曰：“知昼则知夜。”

曰：“昼亦有所不知乎？”

先生曰：“汝能知昼？懵懵而兴，蠢蠢而食，行不著，习不察，终日昏昏，只是梦昼。惟‘息有养，瞬有存’，此心惺惺明明，天理无一息间断，才是能知昼。这便是天德，便是通乎昼夜之道，而知更有甚么死生？”

马子莘问：“‘修道之教’，旧说谓‘圣人品节，吾性之固有，以为法于天下，若礼、乐、刑、政之属’。此意如何？”

先生曰："道即性即命，本是完完全全，增减不得，不假修饰的，何须要圣人品节？却是不完全的物件。礼、乐、刑、政是治天下之法，固亦可谓之教，但不是子思本旨。若如先儒之说，下面由教入道的，缘何舍了圣人礼、乐、刑、政之教，别说出一段戒慎恐惧功夫？却是圣人之教为虚设矣。"

子莘请问。先生曰："子思性、道、教，皆从本原上说。天命于人，则命便谓之性；率性而行，则性便谓之道；修道而学，则道便谓之教。率性是诚者事，所谓'自诚明，谓之性'也。修道是诚之者事，所谓'自明诚，谓之教'也。圣人率性而行，即是道。圣人以下，未能率性，于道未免有过不及，故须修道。修道则贤知者不得而过，愚不肖者不得而不及，都要循着这个道，则道便是个教。此'教'字与'天道至教'、'风雨霜露无非教也'之'教'同。'修道'字与'修道以仁'同。人能修道，然后能不违于道，以复其性之本体，则亦是圣人率性之道矣。下面'戒慎恐惧'便是修道的功夫，'中和'便是复其性之本体，如《易》所谓'穷理尽性，以至于命'，'中和'、'位育'便是尽性至命。"

黄诚甫问："先儒以孔子告颜渊为邦之问，是立万世常行之道，如何？"

先生曰："颜子具体圣人，其于为邦的大本大原都已完备。夫子平日知之已深，到此都不必言，只就制度文为上说。此等处亦不可忽略，须要是如此方尽善。又不可因自己本领是当了，便于防范上疏阔，须是要'放郑声，远佞人'。盖颜子是个克己向里、德上用心的人，孔子恐其外面末节或有疏略，故就他不足处帮补说。若在他人，须告以'为政在人，取人以身，修身以道，修道以仁'，'达道'，'九经'及'诚身'许多功夫，方始做得。这个方是万世常行之道。不然，只去行了夏时，乘了殷辂，服了周冕，作了《韶》舞，天下便治得？后人但见颜子是孔门第一人，又问个'为邦'，便把做天下事看了。"

蔡希渊问："文公《大学》新本，先格致而后诚意功夫，似与首章次第相合。若如先生从旧本之说，即诚意反在格致之前，于此尚未释然。"

先生曰:“《大学》功夫即是‘明明德’,‘明明德’只是个‘诚意’,‘诚意’的功夫只是‘格物’‘致知’。若以‘诚意为’主,去用‘格物’‘致知’的功夫,即功夫始有下落,即为善去恶无非是‘诚意’的事。如新本先去穷格事物之理,即茫茫荡荡,都无着落处,须用添个‘敬’字方才牵扯得向身心上来。然终是没根源。若须用添个‘敬’字,缘何孔门倒将一个最紧要的字落了,直待千余年后要人来补出?正谓以‘诚意’为主,即不须添‘敬’字,所以提出个‘诚意’来说,正是学问的大头脑处。于此不察,直所谓毫厘之差,千里之谬。大抵《中庸》功夫只是‘诚身’,‘诚身’之极便是‘至诚’。《大学》功夫只是‘诚意’,‘诚意’之极便是‘至善’。功夫总是一般。今说这里补个‘敬’字,那里补个‘诚’字,未免画蛇添足。”

卷二　语录二

传习录中

德洪曰：昔南元善刻《传习录》于越，凡二册。下册摘录先师手书，凡八篇。其《答徐成之》二书，吾师自谓："天下是朱非陆，论定既久，一旦反之为难。"二书姑为调停两可之说，使人自思得之。故元善录为下册之首者，意亦以是欤？今朱、陆之辩明于天下久矣。洪刻先师《文录》，置二书于《外集》者，示未全也，故今不复录。

其余指"知行之本体"，莫详于《答人论学》与答周道通、陆清伯、欧阳崇一四书；而谓"格物为学者用力日可见之地"，莫详于《答罗整庵》一书。平生冒天下之非诋推陷，万死一生，遑遑然不忘讲学，惟恐吾人不闻斯道，流于功利机智，以日堕于夷狄禽兽而不觉。其一体同物之心，谆谆终身，至于毙而后已。此孔孟以来贤圣苦心，虽门人子弟未足以慰其情也。是情也，莫详于《答聂文蔚》之第一书。此皆仍元善所录之旧。而揭"必有事焉"即"致良知"功夫，明白简切，使人言下即得入手，此又莫详于答文蔚之第二书，故增录之。

元善当时汹汹，乃能以身明斯道，卒至遭奸被斥，油油然惟以此生得闻斯学为庆，而绝无有纤芥愤郁不平之气。斯录之刻，人见其有功于同志甚大，而不知其处时之甚艰也。今所去取，裁之时义则然，非忍有所加损于其间也。

答顾东桥书

来书云："近时学者，务外遗内，博而寡要，故先生特倡'诚意'一义，针砭膏肓，诚大惠也。"

吾子洞见时弊如此矣，亦将何以救之乎？然则鄙人之心，吾子固已一句道尽，复何言哉！复何言哉！若"诚意"之说，自是圣门教人用功第一义。但近世学者乃作第二义看，故稍与提掇紧要出来，非鄙人所能特倡也。

来书云："但恐立说太高，用功太捷，后生师传，影响谬误，未免坠于佛氏明心见性、定慧顿悟之机，无怪闻者见疑。"

区区"格致诚正"之说，是就学者本心日用事为间，体究践履，实地用功，是多少次第、多少积累在，正与空虚顿悟之说相反。闻者本无求为圣人之志，又未尝讲究其详，遂以见疑，亦无足怪。若吾子之高明，自当一语之下便了然矣，乃亦谓"立说太高，用功太捷"，何邪？

来书云："所喻知行并进，不宜分别前后，即《中庸》'尊德性而道问学'之功，交养互发，内外本末，一以贯之之道。然功夫次第，不能无先后之差，如知食乃食，知汤乃饮，知衣乃服，知路乃行，未有不见是物，先有是事。此亦毫厘倏忽之间，非谓有等今日知之，而明日乃行也。"

既云"交养互发，内外本末，一以贯之"，则知行并进之说无复可疑矣。又云"功夫次第不能不无先后之差"，无乃自相矛盾已乎？"知食乃食"等说，此尤明白易见，但吾子为近闻障蔽，自不察耳。夫人必有欲食之心，然后知食。欲食之心即是意，即是行之始矣。食味之美恶必待入口而后知，岂有不待入口而已先知食味之美恶者邪？必有欲行之心，然后知路。欲行之心即是意，即是行之始矣。路歧之险夷，必待身亲履历而后知，岂有不待身亲履历而已先知路歧之险夷者邪？"知汤乃饮"，"知衣乃服"，以此例之，皆无可疑。若如吾子之喻，是乃所谓不见是物而先有是事者矣。吾子又谓“此亦毫厘倏忽之间，非谓截然有等今日知之，而明日乃行也”，是亦察之尚有未精。然就如吾子之说，则知行之为合一并进，亦自断无可疑矣。

来书云：“真知即所以为行，不行不足谓之知，此为学者吃紧立教，俾务躬行则可。若真谓行即是知，恐其专求本心，遂遗物理，必有暗而不达之处。抑岂圣门知行并进之成法哉？”

知之真切笃实处，即是行；行之明觉精察处，即是知。知行功夫本不可离。只为后世学者分作两截用功，失却知行本体，故有合一并进之说。“真知即所以为行，不行不足谓之知”，即如来书所云“知食乃食”等说可见，前已略言之矣。此虽吃紧救弊而发，然知行之体本来如是，非以己意抑扬其间，姑为是说以苟一时之效者也。“专求本心，遂遗物理”，此盖失其本心者也。夫物理不外于吾心，外吾心而求物理，无物理矣；遗物理而求吾心，吾心又何物邪？心之体，性也，性即理也。故有孝亲之心，即有孝之理；无孝亲之心，即无孝之理矣。有忠君之心，即有忠之理；无忠君之心，即无忠之理矣。理岂外于吾心邪？晦庵谓：“人之所以为学者，心与理而已。心虽主乎一身，而实管乎天下之理，理虽散在万事，而实不外乎一人之心。”是其一分一合之间，而未免已启学者心理为二之弊。此后世所以有“专求本心，遂遗物理”之患，正由不知心即理耳。夫外心以求物理，是以有暗而不达之处，此告子“义外”之说，孟子所以谓之不知义也。心一而已。以其全体恻怛而言谓之仁，以其得宜而言谓之义，以其条理而言谓之理。不可外心以求仁，不可外心以求义，独可外心以求理乎？外心以求理，此知行之所以二也。求理于吾心，此圣门知行合一之教，吾子又何疑乎？

来书云：“所释《大学》古本，谓‘致其本体之知’，此固孟子尽心之旨。朱子亦以虚灵知觉为此心之量。然尽心由于知性，致知在于格物。”

“尽心由于知性，致知在于格物”，此语然矣。然而推本吾子之意，则其所以为是语者，尚有未明也。朱子以“尽心、知性、知天”为物格、知致，以“存心、养性、事天”为诚意、正心、修身，以“夭寿不贰、修身以俟”为知至仁尽、圣人之事。若鄙人之见，则与朱子正相反矣。夫“尽心、知性、知天”者，生知安行，圣人之事也；“存心、养性、事天”者，学知利行，贤人之事也；“夭寿不贰，修身以俟”者，困知勉行，学者之事也。岂可专以尽心、知性为知，存心、养性为行乎？吾子骤闻此言，必又以为大骇矣。然其间实无可疑者，一为吾子言之。夫心之体，性也；性之原，天也。能尽其心，是能尽其性矣。《中庸》云：“惟天下至诚能尽其性。”又云：“知天地之化育，质诸鬼神而无疑，知天也。”此惟圣人而后能然，故曰“此生知安行，圣人之事也”。存其心者，未能尽其心者也，故须加存之之功。必存之既久，不待于存而自无不存，然后可以进而言尽。盖“知天”之“知”，如“知州”、“知县”之“知”，知州则一州之事皆己事也，知县则一县之事皆己事也，是与天为一者也。事天则如子之事父，臣之事君，犹与天为二也。天之所以命于我者，心也，性也，吾但存之而不敢失，养之而不敢害，如“父母全而生之，子全而归之”者也。故曰“此学知利行，贤人之事也”。至于“夭寿不贰”，则与存其心者又有间矣。存其心者虽未能尽其心，固已一心于为善，时有不存，则存之而已。今使之“夭寿不贰”，是犹以夭寿贰其心者也。犹以夭寿贰其心，是其为善之心犹未能一也，存之尚有所未可，而何尽之可云乎？今且使之不以夭寿贰其为善之心，若曰死生夭寿皆有定命，吾但一心于为善，修吾之身以俟天命而已，是其平日尚未知有天命也。“事天”虽与天为二，然已真知天命之所在，但惟恭敬奉承之而已耳。若俟之云者，则尚未能真知天命之所在，犹有所俟者也，故曰“所以立命”。“立”者“创立”之“立”，如“立德”、“立言”、“立功”、“立名”之类。凡言“立”者，皆是昔未尝有而本始建立之谓，孔子所谓“不知命，无以为君子”者也，故曰“此困知勉行，学者之事也”。今以“尽心、知性、知天”为格物致知，使初学之士尚未能不贰其心者，而遽责之以圣人生知安行之事，如捕风捉影，茫然莫知所措其心，几何而不至于“率天下而路”也！今世致知格物之弊，亦居然可见矣。吾子所谓“务外遗内，博而寡要”者，无乃亦是过欤？此学问最紧要处，于此而差，将无往而不差矣！此鄙人之所以冒天下之非笑，忘其身之陷于罪戮，呶呶其言，其不容已者也。

来书云：“闻语学者乃谓即物穷理之说，亦是玩物丧志，又取其厌繁就约，涵养本原数说，标示学者，指为晚年定论，此亦恐非。”

朱子所谓“格物”云者，在即物而穷其理也。即物穷理，是就事事物物上求其所谓定理者也，是以吾心而求理于事事物物之中，析“心”与“理”而为二矣。夫求理于事事物物者，如求孝之理于其亲之谓也。求孝之理于其亲，则孝之理其果在于吾之心邪？抑果在于亲之身邪？假而果在于亲之身，则亲没之后，吾心遂无孝之理欤？见孺子之入井，必有恻隐之理，是恻隐之理果在于孺子之身欤？抑在于吾心之良知欤？其或不可以从之于井欤？其或可以手而援之欤？是皆所谓理也，是果在于孺子之身欤？抑果出于吾心之良知欤？以是例之，万事万物之理，莫不皆然。是可以知析心与理为二之非矣。夫析心与理而为二，此告子“义外”之说，孟子之所深辟也。“务外遗内，博而寡要”，吾子既已知之矣。是果何谓而然哉？谓之玩物丧志，尚犹以为不可欤？若鄙人所谓致知格物者，致吾心之良知于事事物物也。吾心之良知，即所谓天理也。致吾心良知之天理于事事物物，则事事物物皆得其理矣。致吾心之良知者，致知也。事事物物皆得其理者，格物也。是合心与理而为一者也。合心与理而为一，则凡区区前之所云，与朱子晚年之论，皆可以不言而喻矣！

来书云：“人之心体本无不明，而气拘物蔽鲜有不昏，非学、问、思、辩以明天下之理，则善恶之机，真妄之辨，不能自觉；任情恣意，其害有不可胜言者矣。”

此段大略似是而非，盖承沿旧说之弊，不可以不辨也。夫学、问、思、辨、行，皆所以为学，未有学而不行者也。如言学孝，则必服劳奉养，躬行孝道，然后谓之学，岂徒悬空口耳讲说，而遂可以谓之学孝乎？学射则必张弓挟矢，引满中的；学书则必伸纸执笔，操觚染翰；尽天下之学，无有不行而可以言学者，则学之始固已即是行矣。笃者，敦实笃厚之意。已行矣，而敦笃其行，不息其功之谓尔。盖学之不能以无疑，则有问，问即学也，即行也；又不能无疑，则有思，思即学也，即行也；又不能无疑，则有辨，辨即学也，即行也。辨既明矣，思既慎矣，问既审矣，学既能矣，又从而不息其功焉，斯之谓笃行，非谓学、问、思、辨之后而始措之于行也。是故以求能其事而言谓之学；以求解其惑而言谓之问；以求通其说而言谓之思；以求精其察而言谓之辩；以求履其实而言谓之行。盖析其功而言则有五，合其事而言则一而已。此区区心理合一之体，知行并进之功，所以异于后世之说者，正在于是。今吾子特举学、问、思、辨以穷天下之理，而不及笃行，是专以学、问、思、辨为知，而谓穷理为无行也已。天下岂有不行而学者邪？岂有不行而遂可谓之穷理者邪？明道云："只穷理，便尽性至命。"故必仁极仁，而后谓之能穷仁之理；义极义，而后谓之能穷义之理。仁极仁则尽仁之性矣，义极义则尽义之性矣。学至于穷理至矣，而尚未措之于行，天下宁有是邪？是故知不行之不可以为学，则知不行之不可以为穷理矣；知不行之不可以为穷理，则知知行之合一并进而不可以分为两节事矣。夫万事万物之理，不外于吾心，而必曰穷天下之理，是殆以吾心之良知为未足，而必外求于天下之广，以裨补增益之，是犹析心与理而为二也。夫学、问、思、辨、笃行之功，虽其困勉至于人一己百，而扩充之极，至于尽性知天，亦不过致吾心之良知而已。良知之外，岂复有加于毫末乎？今必曰穷天下之理，而不知反求诸其心，则凡所谓善恶之机，真妄之辨者，舍吾心之良知，亦将何所致其体察乎？吾子所谓"气拘物蔽"者，拘此蔽此而已。今欲去此之蔽，不知致力于此，而欲以外求，是犹目之不明者，不务服药调理以治其目，而徒伥伥然求明于其外，明岂可以自外而得哉？任情恣意之害，亦以不能精察天理于此心之良知而已。此诚毫厘千里之谬者，不容于不辨，吾子毋谓其论之太刻也。

来书云:“教人以致知、明德，而戒其即物穷理，诚使昏暗之士深居端坐，不闻教告，遂能至于知致而德明乎？纵令静而有觉，稍悟本性，则亦定慧无用之见，果能知古今，达事变，而致用于天下国家之实否乎？其曰‘知者意之体，物者意之用’，‘格物如格君心之非之格’，语虽超悟，独得不踵陈见，抑恐于道未相吻合。”

区区论致知格物，正所以穷理，未尝戒人穷理，使之深居端坐而一无所事也。若谓即物穷理，如前所云务外而遗内者，则有所不可耳。昏暗之士，果能随事随物精察此心之天理，以致其本然之良知，则虽愚必明，虽柔必强。大本立而达道行，九经之属，可一以贯之而无遗矣。尚何患其无致用之实乎？彼顽空虚静之徒，正惟不能随事随物精察此心之天理，以致其本然之良知，而遗弃伦理，寂灭虚无以为常，是以要之不可以治家国天下。孰谓圣人穷理尽性之学而亦有是弊哉？心者，身之主也，而心之虚灵明觉，即所谓本然之良知也。其虚灵明觉之良知，应感而动者谓之意。有知而后有意，无知则无意矣。知非意之体乎？意之所用，必有其物，物即事也。如意用于事亲，即事亲为一物；意用于治民，即治民为一物；意用于读书，即读书为一物；意用于听讼，即听讼为一物。凡意之所用无有无物者，有是意即有是物，无是意即无是物矣。物非意之用乎？“格”字之义，有以“至”字训者，如“格于文祖”、“有苗来格”，是以“至”训者也。然“格于文祖”，必纯孝诚敬，幽明之间，无一不得其理，而后谓之“格”。有苗之顽，实以文德诞敷而后格，则亦兼有“正”字之义在其间，未可专以“至”字尽之也。如“格其非心”、“大臣格君心之非”之类，是则一皆“正其不正以归于正”之义，而不可以“至”字为训矣。且《大学》“格物”之训，又安知其不以“正”字为训，而必以“至”字为义乎？如以“至”字为义者，必曰“穷至事物之理”，而后其说始通。是其用功之要全在一“穷”字，用力之地全在一“理”字也。若上去一“穷”，下去一“理”字，而直曰“致知在至物”，其可通乎？夫穷理尽性，圣人之成训，见于《系辞》者也。苟格物之说而果即穷理之议，则圣人何不直曰“致知在穷理”，而必为此转折不完之语，以启后世之弊邪？盖《大学》“格物”之说，自与《系辞》“穷理”大旨虽同，而微有分辨。穷理者，兼格、致、诚、正而为功也。故言穷理，则格、致、诚、正之功皆在其中；言格物，则必兼举致知、诚意、正心，而后其功始备而密。今偏举格物而遂谓之穷理，此所以专以穷理属知，而谓格物未常有行，非惟不得格物之旨，并穷理之义而失之矣。此后世之学所以析知行为先后两截，日以支离决裂，而圣学益以残晦者，其端实始于此。吾子盖亦未免承沿积习见，则以为“于道未相吻合”不为过矣。

来书云：“谓致知之功，将如何为温凊？如何为奉养？即是诚意，非别有所谓格物，此亦恐非。”

此乃吾子自以己意揣度鄙见而为是说，非鄙人之所以告吾子者矣。若果如吾子之言，宁复有可通乎？盖鄙人之见，则谓意欲温凊，意欲奉养者，所谓意也，而未可谓之诚意。必实行其温凊奉养之意，务求自慊而无自欺，然后谓之诚意。知如何而为温凊之节，知如何而为奉养之宜者，所谓“知”也，而未可谓之“致知”。必致其知如何为温凊之节者之知，而实以之温凊；致其知如何为奉养之宜者之知，而实以之奉养，然后谓之“致知”。温凊之事，奉养之事，所谓“物”也，而未可谓之“格物”。必其于温凊之事也，一如其良知之所知，当如何为温凊之节者而为之，无一毫之不尽；于奉养之事也，一如其良知之所知，当如何为奉养之宜者而为之，无一毫之不尽，然后谓之“格物”。温凊之物格，然后知温凊之良知始致；奉养之物格，然后知奉养之良知始致，故曰“物格而后知至”。致其知温凊之良知，而后温凊之意始诚；致其知奉养之良知，而后奉养之意始诚。故曰“知至而后意诚”。此区区诚意、致知、格物之说盖如此。吾子更熟思之，将亦无可疑者矣。

来书云：“道之大端易于明白，所谓良知良能，愚夫愚妇可与及者。至于节目时变之详，毫厘千里之谬，必待学而后知。今语孝于温凊定省，孰不知之？至于舜之不告而娶，武之不葬而兴师，养志、养口，小杖、大杖，割股，庐墓等事，处常处变，过与不及之间，必须讨论是非，以为制事之本，然后心体无蔽，临事无失。”

“道之大端易于明白”，此语诚然。顾后之学者，忽其易于明白者而弗由，而求其难于明白者以为学，此其所以“道在迩而求诸远，事在易而求诸难”也。孟子云:“夫道若大路然，岂难知哉？人病不由耳！”良知良能，愚夫愚妇与圣人同。但惟圣人能致其良知，而愚夫愚妇不能致，此圣愚之所由分也。“节目时变”，圣人夫岂不知？但不专以此为学。而其所谓学者，正惟致其良知，以精察此心之天理，而与后世之学不同耳。吾子未暇良知之致，而汲汲焉顾是之忧，此正求其难于明白者以为学之弊也。夫良知之于节目时变，犹规矩尺度之于方圆长短也。节目时变之不可预定，犹方圆长短之不可胜穷也。故规矩诚立，则不可欺以方圆，而天下之方圆不可胜用矣；尺度诚陈，则不可欺以长短，而天下之长短不可胜用矣；良知诚致，则不可欺以节目时变，而天下之节目时变不可胜应矣。毫厘千里之谬，不于吾心良知一念之微而察之，亦将何所用其学乎？是不以规矩而欲定天下之方圆，不以尺度而欲尽天下之长短。吾见其乖张谬戾，日劳而无成也已。吾子谓:“语孝于温凊定省，孰不知之”，然而能致其知者鲜矣。若谓粗知温凊定省之仪节，而遂谓之能致其知，则凡知君之当仁者，皆可谓之能致其仁之知，知臣之当忠者皆可谓之能致其忠之知，则天下孰非致知者邪？以是而言，可以知“致知”之必在于行，而不行之不可以为“致知”也明矣。知行合一之体，不益较然矣乎？夫舜之不告而娶，岂舜之前已有不告而娶者为之准则，故舜得以考之何典，问诸何人而为此邪？抑亦求诸其心一念之良知，权轻重之宜，不得已而为此邪？武之不葬而兴师，岂武之前已有不葬而兴师者为之准则，故武得以考之何典，问诸何人而为此邪？抑亦求诸其心一念之良知，权轻重之宜，不得已而为此邪？使舜之心而非诚于为无后，武之心而非诚于为救民，则其不告而娶与不葬而兴师，乃不孝不忠之大者。而后之人不务致其良知，以精察义理于此心感应酬酢之间，顾欲悬空讨论此等变常之事，执之以为制事之本，以求临事之无失，其亦远矣！其余数端，皆可类推，则古人致知之学，从可知矣。

来书云："谓《大学》格物之说专求本心，犹可牵合。至于《六经》、《四书》所载'多闻多见'，'前言往行'，'好古敏求'，'博学审问'，'温故知新'，'博学详说'，'好问好察'，是皆明白求于事为之际，资于论说之间者，用功节目固不容紊矣。"

格物之义，前已详悉，牵合之疑，想已不俟复解矣。至于"多闻多见"，乃孔子因子张之务外好高，徒欲以多闻多见为学，而不能求诸其心，以阙疑殆，此其言行所以不免于尤悔，而所谓见闻者，适以资其务外好高而已。盖所以救子张多闻多见之病，而非以是教之为学也。夫子尝曰"盖有不知而作之者，我无是也"，是犹孟子"是非之心，人皆有之"之义也。此言正所以明德性之良知，非由于闻见耳。若曰"多闻择其善者而从之，多见而识之"，则是专求诸见闻之末，而已落在第二义矣，故曰"知之次也"。夫以见闻之知为次，则所谓知之上者果安所指乎？是可以窥圣门致知用力之地矣。夫子谓子贡曰："赐也，汝以予为多学而识之者欤？非也，予一以贯之。"使诚在于"多学而识"，则夫子胡乃谬为是说以欺子贡者邪？"一以贯之"，非致其良知而何？《易》曰："君子多识前言往行，以畜其德。"夫以畜其德为心，则凡多识前言往行者，孰非畜德之事？此正知行合一之功矣。"好古敏求"者，好古人之学而敏求此心之理耳。心即理也。学者，学此心也；求者，求此心也。孟子云："学问之道无他，求其放心而已矣。"非若后世广记博诵古人之言词，以为好古，而汲汲然惟以求功名利达之具于其外者也。"博学审问"，前言已尽。"温故知新"，朱子亦以"温故"属之"尊德性"矣。德性岂可以外求哉？惟夫"知新"必由于"温故"，而"温故"乃所以"知新"，则亦可以验知行之非两节矣。"博学而详说之"者，将以反说约也，若无反约之云，则"博学详说"者果何事邪？舜之"好问好察"，惟以用中而致其精一于道心耳。道心者，良知之谓也。君子之学，何尝离去事为而废论说？但其从事于事为论说者，要皆知行合一之功，正所以致其本心之良知，而非若世之徒事口耳谈说以为知者，分知行为两事，而果有节目先后之可言也。

来书云："杨、墨之为仁义，乡愿之辞忠信，尧、舜、子之之禅让，汤、武、楚项之放伐，周公、莽、操之摄辅，谩无印正，又焉适从？且于古今事变、礼乐名物，未尝考识，使国家欲兴明堂，建辟雍，制历律，草封禅，又将何所致其用乎？故《论语》曰'生而知之'者，义理耳。若夫礼乐名物，古今事变，亦必待学而后有以验其行事之实。此则可谓定论矣。"

所喻杨、墨、乡愿、尧、舜、子之、汤、武、楚项、周公、莽、操之辨，与前舜、武之论，大略可以类推。古今事变之疑，前于良知之说，已有规矩尺度之喻，当亦无俟多赘矣。至于明堂、辟雍诸事，似尚未容于无言者。然其说甚长，姑就吾子之言而取正焉，则吾子之惑将亦可以少释矣。夫明堂、辟雍之制，始见于吕氏之《月令》，汉儒之训疏，《六经》、《四书》之中未尝详及也。岂吕氏、汉儒之知，乃贤于三代之贤圣乎？齐宣之时，明堂尚有未毁，则幽、厉之世，周之明堂皆无恙也。尧、舜茅茨土阶，明堂之制未必备，而不害其为治；幽、厉之明堂，固犹文、武、成、康之旧，而无救于其乱。何邪？岂能以不忍人之心而行不忍人之政，则虽茅茨土阶，固亦明堂也；以幽、厉之心而行幽、厉之政，则虽明堂，亦暴政所自出之地邪？武帝肇讲于汉，而武后盛作于唐，其治乱何如邪？天子之学曰辟雍，诸侯之学曰泮宫，皆象地形而为之名耳。然三代之学，其要皆所以明人伦，非以辟不辟、泮不泮为重轻也。

孔子云："人而不仁，如礼何！人而不仁，如乐何！"制礼作乐，必具中和之德，声为律而身为度者，然后可以语此。若夫器数之末，乐工之事，祝史之守。故曾子曰"君子所贵乎道者三"，"笾豆之事，则有司存也"。尧命羲、和，"钦若昊天，历象日月星辰"，其重在于"敬授人时"也。舜在璿玑玉衡，其重在于"以齐七政"也。是皆汲汲然以仁民之心，而行其养民之政，治历明时之本，固在于此也。羲、和历数之学，皋、契未必能之也，禹、稷未必能之也；尧、舜之知而不偏物，虽尧、舜亦未必能之也。然至于今，循羲、和之法而世修之，虽曲知小慧之人、星术浅陋之士，亦能推步占候而无所忒，则是后世曲知小慧之人，反贤于禹、稷、尧、舜者邪？

“封禅”之说，尤为不经，是乃后世佞人谀士，所以求媚于其上，倡为夸侈，以荡君心，而靡国费。盖欺天罔人，无耻之大者，君子之所不道，司马相如之所以见讥于天下后世也。吾子乃以是为儒者所宜学，殆亦未之思邪？夫圣人之所以为圣者，以其生而知之也。而释《论语》者曰：“生而知之者，义理耳。若夫礼乐名物，古今事变，亦必待学而后有以验其行事之实。”夫礼乐名物之类，果有关于作圣之功也，而圣人亦必待学而后能知焉，则是圣人亦不可以谓之生知矣！谓圣人为生知者，专指义理而言，而不以礼乐名物之类，则是礼乐名物之类无关于作圣之功矣。

圣人之所以谓之生知者，专指义理，而不以礼乐名物之类，则是学而知之者，亦惟当学知此义理而已。困而知之者，亦惟当困知此义理而已。今学者之学圣人，于圣人之所能知者，未能学而知之，而顾汲汲焉求知圣人之所不能知者以为学，无乃失其所以希圣之方欤？凡此皆就吾子之所惑者而稍为之分释，未及乎“拔本塞源”之论也。

夫“拔本塞源”之论不明于天下，则天下之学圣人者将日繁日难，斯人沦于禽兽夷狄，而犹自以为圣人之学。吾之说虽或暂明于一时，终将冻解于西而冰坚于东，雾释于前而云滃于后，呶呶焉危困以死，而卒无救于天下之分毫也已！

夫圣人之心，以天地万物为一体，其视天下之人，无外内远近，凡有血气，皆其昆弟赤子之亲，莫不欲安全而教养之，以遂其万物一体之念。天下之人心，其始亦非有异于圣人也，特其间于有我之私，隔于物欲之蔽，大者以小，通者以塞。人各有心，至有视其父子兄弟如仇雠者。圣人有忧之，是以推其天地万物一体之仁以教天下，使之皆有以克其私，去其蔽，以复其心体之同然。其教之大端，则尧、舜、禹之相授受，所谓“道心惟微，惟精惟一，允执厥中”。而其节目，则舜之命契，所谓“父子有亲，君臣有义，夫妇有别，长幼有序，朋友有信”五者而已。唐、虞、三代之世，教者惟以此为教，而学者惟以此为学。当是之时，人无异见，家无异习，安此者谓之圣，勉此者谓之贤，而背此者，虽其启明如朱，亦谓之不肖。下至闾井、田野，农、工、商、贾之贱，莫不皆有是学，而惟以成其德行为务。何者？无有闻见之杂，记诵之烦，辞章之靡滥，功利之驰逐，而但使之孝其亲，弟其长，信其朋友，以复其心体之同然。是盖性分之所固有，而非有假于外者，则人亦孰不能之乎？

学校之中，惟以成德为事。而才能之异或有长于礼乐，长于政教，长于水土播植者，则就其成德，而因使益精其能于学校之中。迨夫举德而任，则使之终身居其职而不易。用之者惟知同心一德，以共安天下之民，视才之称否，而不以崇卑为轻重，劳逸为美恶。效用者亦惟知同心一德，以共安天下之民，苟当其能，则终身处于烦剧而不以为劳，安于卑琐而不以为贱。当是之时，天下之人熙熙皞皞，皆相视如一家之亲。其才质之下者，则安其农、工、商、贾之分，各勤其业以相生相养，而无有乎希高慕外之心。其才能之异，若皋、夔、稷、契者，则出而各效其能，若一家之务，或营其衣食，或通其有无，或备其器用，集谋并力，以求遂其仰事俯育之愿，惟恐当其事者之或怠而重己之累也。故稷勤其稼，而不耻其不知教，视契之善教，即己之善教也；夔司其乐，而不耻于不明礼，视夷之通礼，即己之通礼也。盖其心学纯明，而有以全其万物一体之仁，故其精神流贯，志气通达，而无有乎人己之分，物我之间。譬之一人之身，目视、耳听、手持、足行，以济一身之用。目不耻其无聪，而耳之所涉，目必营焉；足不耻其无执，而手之所探，足必前焉。盖其元气充周，血脉条畅，是以痒疴呼吸，感触神应，有不言而喻之妙。此圣人之学所以至易至简，易知易从，学易能而才易成者，正以大端惟在复心体之同然，而知识技能非所与论也。

三代之衰，王道熄而霸术焻。孔、孟既没，圣学晦而邪说横。教者不复以此为教，而学者不复以此为学。霸者之徒，窃取先王之近似者，假之于外，以内济其私己之欲，天下靡然而宗之，圣人之道遂以芜塞。相仿相效，日求所以富强之说，倾诈之谋，攻伐之计。一切欺天罔人，苟一时之得，以猎取声利之术，若管、商、苏、张之属者，至不可名数。既其久也，斗争劫夺，不胜其祸，斯人沦于禽兽夷狄，而霸术亦有所不能行矣。

世之儒者，慨然悲伤，蒐猎先圣王之典章法制，而掇拾修补于煨烬之余，盖其为心，良亦欲以挽回先王之道。圣学既远，霸术之传积渍已深，虽在贤知，皆不免于习染，其所以讲明修饰，以求宣畅光复于世者，仅足以增霸者之藩篱，而圣学之门墙，遂不复可睹。于是乎有训诂之学，而传之以为名；有记诵之学，而言之以为博；有词章之学，而侈之以为丽。若是者纷纷籍籍，群起角立于天下，又不知其几家。万径千蹊，莫知所适。世之学者，如入百戏之场，欢谑跳踉，骋奇斗巧，献笑争妍者，四面而竞出，前瞻后盼，应接不遑，而耳目眩瞀，精神恍惑，日夜遨游淹息其间，如病狂丧心之人，莫自知其家业之所归。时君世主亦皆昏迷颠倒于其说，而终身从事于无用之虚文，莫自知其所谓。间有觉其空疏谬妄，支离牵滞，而卓然自奋，欲以见诸行事之实者，极其所抵，亦不过为富强功利五霸之事业而止。

圣人之学日远日晦，而功利之习愈趣愈下。其间虽尝瞽惑于佛老，而佛老之说卒亦未能有以胜其功利之心。虽又尝折衷于群儒，而群儒之论终亦未能有以破其功利之见。盖至于今，功利之毒沦浃于人之心髓而习以成性也，几千年矣。相矜以知，相轧以势，相争以利，相高以技能，相取以声誉。其出而仕也，理钱谷者则欲兼夫兵刑，典礼乐者又欲与于铨轴，处郡县则思藩臬之高，居台谏则望宰执之要。故不能其事，则不得以兼其官；不通其说，则不可以要其誉。记诵之广，适以长其敖也；知识之多，适以行其恶也；闻见之博，适以肆其辨也；辞章之富，适以饰其伪也。是以皋、夔、稷、契所不能兼之事，而今之初学小生皆欲通其说，究其术。其称名僭号，未尝不曰“吾欲以共成天下之务”，而其诚心实意之所在，以为不如是则无以济其私而满其欲也。

呜呼！以若是之积染，以若是之心志，而又讲之以若是之学术，宜其闻吾圣人之教，而视之以为赘疣枘凿，则其以良知为未足，而谓圣人之学为无所用，亦其势有所必至矣！

呜呼，士生斯世，而尚何以求圣人之学乎！尚何以论圣人之学乎！士生斯世而欲以为学者，不亦劳苦而繁难乎？不亦拘滞而险艰乎？呜乎！可悲也已！所幸天理之在人心，终有所不可泯，而良知之明，万古一日，则其闻吾“拔本塞源”之论，必有恻然而悲，戚然而痛，愤然而起，沛然若决江河而有所不可御者矣！非夫豪杰之士，无所待而兴起者，吾谁与望乎？

启问道通书

吴、曾两生至，备道道通恳切为道之意，殊慰相念。若道通，真可谓笃信好学者矣。忧病中会，不能与两生细论，然两生亦自有志向肯用功者，每见辄觉有进，在区区诚不能无负于两生之远来，在两生则亦庶几无负其远来之意矣。临别以此册致道通意，请书数语，荒愦无可言者，辄以道通来书中所问数节，略下转语。奉酬草草，殊不详细，两生当亦自能口悉也。

来书云:“日用功夫只是立志。近来以先生诲言时时体验,愈益明白。然于朋友不能一时相离。若得朋友讲习，则此志才精健阔大，才有生意。若三五日不得朋友相讲，便觉微弱，遇事便会困，亦时会忘。乃今无朋友相讲之日，还只静坐，或看书，或游衍经行。凡寓目措身，悉取以培养此志，颇觉意思和适。然终不如朋友讲聚，精神流动，生意更多也。离群索居之人，当更有何法以处之？”

此段足验道通日用功夫所得。功夫大略亦只是如此用，只要无间断，到得纯熟后，意思又自不同矣。大抵吾人为学，紧要大头脑，只是立志，所谓困忘之病，亦只是志欠真切。今好色之人，未尝病于困忘，只是一真切耳。自家痛痒，自家须会知得，自家须会搔摩得。既自知得痛痒，自家须不能不搔摩得。佛家谓之“方便法门”，须是自家调停斟酌，他人总难与力，亦更无别法可设也。

来书云：“上蔡尝问天下何思何虑。伊川云：‘有此理，只是发得太早。’在学者功夫，固是‘必有事焉而勿忘’，然亦须识得‘何思何虑’的气象，一并看为是。若不识得这气象，便有‘正’与‘助长’之病。若认得‘何思何虑’而忘‘必有事焉’功夫，恐又堕于无也。须是不滞于有，不堕于无。然乎否也？”

所论亦相去不远矣，只是契悟未尽。上蔡之问与伊川之答，亦只是上蔡、伊川之意，与孔子《系辞》原旨稍有不同。《系》言“何思何虑”，是言所思所虑只是一个天理，更无别思别虑耳，非谓无思无虑也。故曰：“同归而殊途，一致而百虑，天下何思何虑。”云“殊途”，云“百虑”，则岂谓无思无虑岂邪？心这本体即是天理，天理只是一个，更有何可思虑得？天理原自寂然不动，原自感而遂通。学者用功，虽千思万虑，只是要复他本来体用而已，不是以私意去安排思索出来。故明道云：“君子之学，莫若廓然而大公，物来而顺应。”若以私意去安排思索，便是用智自私矣。“何思何虑”正是功夫，在圣人分上便是自然的，在学者分上便是勉然的。伊川却是把作效验看了，所以有“发得太早”之说。既而云“欲好用功”，则已自觉其前言之有未尽矣。濂溪“主静”之论，亦是此意。今道通之言，虽已不为无见，然亦未免尚有两事也。

来书云：“凡学者才晓得做功夫，便要识认得圣人气象。盖认得圣人气象，把做准的，乃就实地做功夫去，才不会差，才是作圣功夫。未知是否？”

“先认圣人气象”，昔人尝有是言矣，然亦欠有头脑。圣人气象自是圣人的，我从何处识认？若不就自己良知上真切体认，如以无星之称而权轻重，未开之镜而照妍媸，真所谓以小人之腹而度君子之心矣。圣人气象何由认得？自己良知原与圣人一般，若体认得自己良知明白，即圣人气象不在圣人而在我矣。程子尝云："觑著尧，学他行事，无他许多聪明睿智，安能如彼之动容周旋中礼？"又云："心通于道，然后能辨是非。"今且说通于道在何处？聪明睿智从何处出来？

来书云："事上磨炼，一日之内不管有事无事，只一意培养本原。若遇事来感，或自己有感，心上既有觉，安可谓无事？但因事凝心一会，大段觉得事理当如此，只如无事处之，尽吾心而已。然乃有处得善与未善，何也？又或事来得多，须要次第与处，每因才力不足，辄为所困，虽极力扶起，而精神已觉衰弱。遇此未免要十分退省，宁不了事，不可不加培养。如何？

所说功夫，就道通分上也只是如此用，然未免有出入在。凡人为学，终身只为这一事，自少至老，自朝至暮，不论有事无事，只是做得这一件，所谓"必有事焉"者也。若说"宁不了事，不可不加培养"，却是尚为两事也。"必有事焉而勿忘勿助"，事物之来，但尽吾心之良知以应之，所谓"忠恕违道不远"矣。凡处得有善有未善，及有困顿失次之患者，皆是牵于毁誉得丧，不能实致其良知耳。若能实致其良知，然后见得平日所谓善者未必是善，所谓未善者，却恐正是牵于毁誉得丧，自贼其良知者也。

来书云："致知之说，春间再承诲益，已颇知用力，觉得比旧尤为简易。但鄙心则谓与初学言之，还须带格物意思，使之知下手处。本来致知格物一并下，但在初学，未知下手用功，还说与格物，方晓得致知。"云云。

格物是致知功夫，知得致知，便已知得格物。若是未知格物，则是致知功夫亦未尝知也。近有一书与友人论此颇悉，今往一通细观之，当自见矣。

来书云："今之为朱、陆之辨者尚未已。每对朋友言正学不明已久，且不须枉费心力为朱、陆争是非。只依先生'立志'二字点化人，若其人果能辨得此志来，决意要知此学，已是大段明白了，朱、陆虽不辨，彼自能觉得。又尝见朋友中见有人议先生之言者，辄为动气。昔在朱、陆二先生所以遗后世纷纷之议者，亦见二先生功夫有未纯熟，分明亦有动气之病，若明道则无此矣。观其与吴涉礼论介甫之学，云：‘为我尽达诸介甫，不有益于他，必有益于我也。’气象何等从容！尝见先生与人书中亦引此言，愿朋友皆如此。如何？”

此节议论得极是极是，愿道通遍以告于同志，各自且论自己是非，莫论朱、陆是非也。以言语谤人，其谤浅。若自己不能身体实践，而徒入耳出口，呶呶度日，是以身谤也，其谤深矣。凡今天下之论议我者，苟能取以为善，皆是砥砺切磋我也，则在我无非警惕修省进德之地矣。昔人谓“攻吾之短者是吾师”，师又可恶乎？

来书云：“有引程子‘人生而静，以上不容说，才说性，便已不是性’，何故不容说？何故不是性？晦庵答云：‘不容说者，未有性之可言；不是性者，已不能无气质之杂矣。’二先生之言皆未能晓，每看书至此，辄为一惑，请问。”

“生之谓性”，“生”字即是“气”字，犹言气即是性也。气即是性。“人生而静，以上不容说”，才说“气即是性”，即已落在一边，不是性之本原矣。孟子“性善”，是从本原上说。然性善之端，须在气上始见得，若无气亦无可见矣。恻隐、羞恶、辞让、是非即是气。程子谓“论性不论气，不备；论气不论性，不明”，亦是为学者各认一边，只得如此说。若如得自性明白时，气即是性，性即是气，原无性气之可分也。

答陆原静书

来书云：“下手功夫，觉此心无时宁静。妄心固动也，照心亦动也。心既恒动，则无刻暂停也。”

是有意于求宁静，是以愈不宁静耳。夫妄心则动也，照心非动也。恒照则恒动恒静，天地之所以恒久而不已也。照心固照也，妄心亦照也。其为物不贰，则其生物不息，有刻暂停则息矣，非至诚无息之学矣。

来书云:“良知亦有起处。”云云。

此或听之未审。良知者，心之本体，即前所谓恒照者也。心之本体，无起无不起，虽妄念之发，而良知未尝不在，但人不知存，则有时而或放耳。虽昏塞之极，而良知未尝不明，但人不知察，则有时而或蔽耳。虽有时而或放，其体实未尝不在也，存之而已耳；虽有时而或蔽，其体实未尝不明也，察之而已耳。若谓良知亦有起处，则是有时而不在也，非其本体之谓矣。

来书云:“前日’精一‘之论，即作圣之功否？”

“精一”之“精”以理言,“精神”之“精”以气言。理者,气之条理，气者,理之运用。无条理则不能运用,无运用则亦无以见其所谓条理者矣。精则精，精则明，精则一，精则神，精则诚；一则精，一则明，一则神，一则诚，原非有二事也。后世儒者之说与养生之说各滞于一偏，是以不相为用。前日“精一”之论，虽为原静爱养精神而发，然而作圣之功实亦不外是矣。

来书云:“元神、元气、元精，必各有寄藏发生之处，又有真阴之精、真阳之气”云云。

夫良知，一也，以其妙用而言谓之神，以其流行而言谓之气，以其凝聚而言谓之精，安可以形象方所求哉？真阴之精，即真阳之气之母；真阳之气，即真阴之精之父。阴根阳，阳根阴，亦非有二也。苟吾良知之说明，则凡若此类，皆可以不言而喻。不然，则如来书所云“三关、七返、九还”之属，尚有无穷可疑者也。

又

来书云:“良知，心之本体，即所谓性善也，未发之中也，寂然不动之体也，廓然大公也。何常人皆不能而必待于学邪？中也，寂也，公也，既以属心之体，则良知是矣。今验之于心，知无不良，而中、寂、大公实未有也。岂良知复超然于体用之外乎？”

性无不善，故知无不良。良知即是未发之中，即是廓然大公，寂然不动之本体，人人之所同具者也。但不能不昏蔽于物欲，故须学以去其昏蔽。然于良知之本体，初不能有加损于毫末也。知无不良，而中、寂、大公未能全者，是昏蔽之未尽去，而存之未纯耳。体即良知之体，用即良知之用，宁复有超然于体用之外者乎？

来书云："周子曰'主静'，程子曰'动亦定，静亦定'，先生曰'定者，心之本体'，是静定也，决非不睹不闻、无思无为之谓。必常知、常存、常主于理之谓也。夫常知、常存、常主于理，明是动也，已发也，何以谓之静？何以谓之本体？岂是静定也，又有以贯乎心之动静者邪？"

理无动者也。常知、常存、常主于理，即"不睹不闻、无思无为"之谓也。"不睹不闻、无思无为"，非槁木死灰之谓也，睹、闻、思、为一于理，而未尝有所睹、闻、思、为，即是动而未尝动也。所谓"动亦定，静亦定"、"体用一原"者也。

来书云："此心未发之体，其在已发之前乎？其在已发之中而为之主乎？其无前后内外而浑然之体者乎？今谓心之动静者，其主有事无事而言乎？其主寂然、感通而言乎？其主循理、从欲而言乎？若以循理为静，从欲为动，则于所谓'动中有静，静中有动，动极而静，静极而动'者，不可通矣。若以有事而感通为动，无事而寂然为静，则于所谓'动而无动，静而无静'者，不可通矣。若谓未发在已发之先，静而生动，是至诚有息也，圣人有复也，又不可矣。若谓未发在已发之中，则不知未发、已发俱当主静乎？抑未发为静，而已发为动乎？抑未发、已发俱无动无静乎？俱有动有静乎？幸教。"

"未发之中"即良知也，无前后内外而浑然一体者也。有事、无事，可以言动静，而良知无分于有事、无事也。寂然、感通，可以言动静，而良知无分于寂然、感通也。动静者，所遇之时，心之本体固无分于动静也。理无动者也，动即为欲，循理则虽酬酢万变而未尝动也；从欲则虽槁心一念而未尝静也。"动中有静，静中有动"，又何疑乎？有事而感通，固可以言动，然而寂然者未尝有增也。无事而寂然，固可以言静，然而感通者未尝有减也。“动而无动，静而无静”，又何疑乎？无前后内外而浑然一体，则至诚有息之疑，不待解矣。未发在已发之中，而已发之中未尝别有未发者在；已发在未发之中，而未发之中未尝别有已发者存。是未尝无动静，而不可以动静分者也。凡观古人言语，在以意逆志而得其大旨，若必拘滞于文义，则“靡有孑遗”者，是周果无遗民也。周子“静极而动”之说，苟不善观，亦未免有病。盖其意从“太极动而生阳，静而生阴”说来。太极生生之理，妙用无息，而常体不易。太极之生生，即阴阳之生生。就其生生之中，指其妙用无息者而谓之动，谓之阳之生，非谓动而后生阳也。就其生生之中，指其常体不易者而谓之静，谓之阴之生，非谓静而从生阴也。若果静而后生阴，动而后生阳，则是阴阳动静截然各自为一物矣。阴阳一气也，一气屈伸而为阴阳；动静一理也，一理隐显而为动静。春夏可以为阳为动，而未尝无阴与静也；秋冬可以为阴为静，而未尝无阳与动也。春夏此不息，秋冬此不息，皆可谓之阳、谓之动也。春夏此常体，秋冬此常体，皆可谓之阴、谓之静也。自元、会、运、世、岁、月、日、时，以至刻、杪、忽、微，莫不皆然，所谓动静无端，阴阳无始，在知道者默而识之，非可以言语穷也。若只牵文泥句，比拟仿像，则所谓心从《法华》转，非是转《法华》矣。

来书云：“尝试于心，喜、怒、忧、惧之感发也，虽动气之极，而吾心良知一觉，即罔然消阻，或遏于初，或制于中，或悔于后。然则良知常若居优闲无事之地而为之主，于喜、怒、忧、惧若不与焉者，何欤？”

知此，则知“未发之中”、“寂然不动”之体，而有“发而中节”之和、“感而遂通”之妙矣。然谓“良知常若居于优闲无事之地”，语尚有病。盖良知虽不滞于喜、怒、忧、惧，而喜、怒、忧、惧亦不外于良知也。

来书云：“夫子昨以良知为照心。窃谓良知，心之本体也；照心，人所用功，乃戒慎恐惧之心也，犹思也。而遂以戒慎恐惧为良知，何欤？”

能戒慎恐惧者，是良知也。

来书云：“先生又曰‘照心非动也’，岂以其循理而谓之静欤？‘妄心亦照也’，岂以其良知未尝不在于其中，未尝不明于其中，而视听言动之不过则者皆天理欤？且既曰妄心，则在妄心可谓之照，而在照心则谓之妄矣。妄与息何异？今假妄之照以续至诚之无息，窃所未明，幸再启蒙。”

“照心非动”者，以其发于本体明觉之自然，而未尝有所动也。有所动即妄矣。“妄心亦照”者，以其本体明觉之自然者，未尝不在于其中，但有所动耳。无所动即照矣。无妄、无照，非以妄为照，以照为妄也。照心为照，妄心为妄，是犹有妄、有照也。有妄、有照则犹贰也，贰则息矣。无妄、无照则不贰，不贰则不息矣。

来书云：“养生以清心寡欲为要。夫清心寡欲，作圣之功毕矣。然欲寡则心自清，清心非舍弃人事而独居求静之谓也。盖欲使此心纯乎天理，而无一毫人欲之私耳。今欲为此之功，而随人欲生而克之，则病根常在，未免灭于东而生于西。若欲刊剥洗荡于众欲未萌之先，则又无所用其力，徒使此心之不清。且欲未萌而搜剔以求去之，是犹引犬上堂而逐之也，愈不可矣。”

必欲此心纯乎天理，而无一毫人欲之私，此作圣之功也。必欲此心纯乎天理，而无一毫人欲之私，非防于未萌之先，而克于方萌之际不能也。防于未萌之先，而克于方萌之际，此正《中庸》“戒慎恐惧”、《大学》“致知格物”之功，舍此之外，无别功矣。夫谓“灭于东而生于西”，“引犬上堂而逐之”者，是自私自利，将迎意必之为累，而非克治洗荡之为患也。今曰“养生以清心寡欲为要”，只“养生”二字，便是自私自利，将迎意必之根。有此病根潜伏于中，宜其有“灭于东而生于西”，“引犬上堂而逐之”之患也。

来书云：“佛氏于‘不思善不思恶时，认本来面目’，与吾儒‘随物而格’之功不同。吾若于不思善不思恶时用致知之功，则已涉于思善矣。欲善恶不思，而心之良知清静自在，惟有寐而方醒之时耳。斯正孟子‘夜气’

之说。但于斯光景不能久，倏忽之际，思虑已生。不知用功久者，其常寐初醒而思未起之时否乎？今澄欲求宁静，愈不宁静，欲念无生，则念愈生，如之何而能使此心前念易灭，后念不生，良知独显，而与造物者游乎？”

“不思善不思恶时，认本来面目”，此佛氏为未识本来面目者设此方便。“本来面目”即吾圣门所谓“良知”。今既认得良知明白，即已不消如此说矣。“随物而格”，是“致知”之功，即佛氏之“常惺惺”，亦是常存他本来面目耳。体段功夫，大略相似。但佛氏有个自私自利之心，所以便有不同耳。今欲“善恶不思，而心之良知清静自在”，此便有自私自利，将迎意必之心，所以有“不思善不思恶时用致知之功，则已涉于思善”之患。孟子说“夜气”，亦只是为失其良心之人指出个良心萌动处，使他从此培养将去。今已知得良知明白，常用致知之功，即已不消说夜气。却是得兔后不知守兔，而仍去守株，兔将复失之矣。欲求宁静，欲念无生，此正是自私自利，将迎意必之病，是以念愈生而愈不宁静。良知只是一个良知，而善恶自辨，更有何善何恶可思？良知之体本自宁静，今却又添一个求宁静；本自生生，今却又添一个欲无生；非独圣门致知之功不如此，虽佛氏之学亦未如此将迎意必也。只是一念良知，彻头彻尾，无始无终，即是前念不灭，后念不生。今却欲前念易灭，而后念不生，是佛氏所谓“断灭种性”，入于槁木死灰之谓矣。

来书云：“佛氏又有‘常提念头’之说，其犹孟子所谓‘必有事’，夫子所谓‘致良知’之说乎？其即‘常惺惺，常记得，常知得，常存得’者乎？于此念头提在之时，而事至物来，应之必有其道。但恐此念头提起时少，放下时多，则功夫间断耳。且念头放失，多因私欲客气之动而始，忽然惊醒而后提。其放而未提之间，心之昏杂多不自觉。今欲日精日明，常提不放，以何道乎？只此常提不放，即全功乎？抑于常提不放之中，更宜加省克之功乎？虽曰常提不放，而不加戒惧克治之功，恐私欲不去；若加戒惧克治之功焉，又为‘思善’之事，而于‘本来面目’又未达一间也。如之何则可？”

“戒惧克治”即是“常提不放”之功，即是“必有事焉”，岂有两事邪？此节所问，前一段已自说得分晓，末后却是自生迷惑，说得支离，及有“本来面目，未达一间”之疑，都是自私自利、将迎意必之为病。去此病，自无此疑矣。

来书云：“质美者明得尽，渣滓便浑化。如何谓‘明得尽’？如何而能‘便浑化’？”

良知本来自明。气质不美者，渣滓多，障蔽厚，不易开明。质美者，渣滓原少，无多障蔽，略加致知之功，此良知便自莹彻，些少渣滓，如汤中浮雪，如何能作障蔽？此本不甚难晓。原静所以致疑于此，想是因一“明”字不明白，亦是稍有欲速之心。向曾面论“明善”之义，明则诚矣，非若后儒所谓明善之浅也。

来书云：“聪明睿知，果质乎？仁义礼智，果性乎？喜怒哀乐，果情乎？私欲客气，果一物乎？二物乎？古之英才若子房、仲舒、叔度、孔明、文仲、韩、范诸公，德业表著，皆良知中所发也，而不得谓之闻道者，果何在乎？苟曰此特生质之美耳，则生知安行者，不愈于学知、困勉者乎？愚意窃云，谓诸公见道偏则可，谓全无闻，则恐后儒崇尚记诵训诂之过也。然乎？否乎？”

性一而已，仁、义、礼、智，性之性也；聪、明、睿、知，性之质也；喜、怒、哀、乐，性之情也；私欲、客气，性之蔽也。质有清浊，故情有过不及，而蔽有浅深也。私欲、客气，一病两痛，非二物也。张、黄、诸葛及韩、范诸公，皆天质之美，自多暗合道妙，虽未可尽谓之知学，尽谓之闻道，然亦自其有学，违道不远者也。使其闻学知道，即伊、傅、周、召矣。若文中子则又不可谓之不知学者，其书虽多出于其徒。亦多有未是处，然其大略则亦居然可见，但今相去辽远，无有的然凭证，不可悬断其所至矣。夫良知即是道，良知之在人心，不但圣贤，虽常人亦无不如此。若无有物欲牵蔽，但循著良知发用流行将去，即无不是道。但在常人多为物欲牵蔽，不能循得良知。如数公者，天质既自清明，自少物欲为之牵蔽，则其良知之发用流行处，自然是多，自然违道不远。学者学循此良知而已，谓之知学，只是知得专在学循良知。数公虽未知专在良知上用功，而或泛滥于多岐，疑迷于影响，是以或离或合而未纯。若知得时，便是圣人矣。后儒尝以数子者尚皆是气质用事，未免于行不著，习不察，此亦未为过论。但后儒之所谓著、察者，亦是狃于闻见之狭，蔽于沿习之非，而依拟仿象于影响形迹之间，尚非圣门之所谓著、察者也，则亦安得以已之昏昏，而求人之昭昭也乎？所谓"生知安行"，"知行"二字亦是就用功上说。若是知行本体,即是良知良能,虽在困勉之人，亦皆可谓之"生知安行"矣。"知行"二字更宜精察。

来书云:"昔周茂叔每令伯淳寻仲尼、颜子乐处。敢问是乐也，与七情之乐，同乎？否乎？若同，则常人之一遂所欲，皆能乐矣，何必圣贤？若别有真乐，则圣贤之遇大忧、大怒、大惊、大惧之事，此乐亦在否乎？且君子之心常存戒惧，是盖终身之忧也，恶得乐？澄平生多闷，未尝见真乐之趣，今切愿寻之。"

乐是心之本体，虽不同于七情之乐，而亦不外于七情之乐。虽则圣贤别有真乐,而亦常人之所同有。但常人有之而不自知,反自求许多忧苦，自加迷弃。虽在忧苦迷弃之中，而此乐又未尝不存。但一念开明，反身而诚，则即此而在矣。每与原静论，无非此意。而原静尚有"何道可得"之问，是犹未免于"骑驴觅驴"之蔽也。

来书云:"《大学》以'心有好乐、忿懥、忧患、恐惧'为'不得其正'，而程子亦谓'圣人情顺万事而无情'。所谓有者，《传习录》中以病疟譬之，极精切矣。若程子之言，则是圣人之情不生于心而生于物也，何谓耶？且事感而情应,则是是非非可以就格。事或未感时,谓之有则未形也，谓之无则病根在有无之间，何以致吾知乎？学务无情，累虽轻而出儒入佛矣，可乎？"

圣人致知之功，至诚无息。其良知之体，皦如明镜，略无纤翳。妍媸之来，随物见形，而明镜曾无留染。所谓“情顺万事而无情”也。“无所住而生其心”，佛氏曾有是言，未为非也。明镜之应物，妍者妍，媸者媸，一照而皆真，即是生其心处。妍者妍，媸者媸，一过而不留，即是无所住处。病疟之喻，既已见其精切，则此节所问可以释然。病疟之人，疟虽未发，而病根自在，则亦安可以其疟之未发而遂忘其服药调理之功乎？若必待疟发而后服药调理，则既晚矣。致知之功无间于有事无事，而岂论于病之已发、未发邪？大抵原静所疑，前后虽若不一，然皆起于自私自利，将迎意必之为祟。此根一去，则前后所疑自将冰消雾释，有不待于问辨者矣。

《答原静书》出，读者皆喜。澄善问，师善答，皆得闻所未闻。师曰：“原静所问，只是知解上转，不得已与之逐节分疏。若信得良知，只在良知上用功，虽千经万典无不吻合，异端曲学一勘尽破矣。何必如此节节分解？佛家有‘扑人逐块’之喻，见块扑人，则得人矣，见块逐块，于块奚得哉？”在座诸友闻之，惕然皆有惺悟。此学贵反求，非知解可入也。

答欧阳崇一

崇一来书云：“师云：‘德性之良知，非由于闻见。若曰多闻择其善者而从之，多见而识之，则是专求之见闻之末，而已落在第二义。’窃意良知虽不由见闻而有，然学者之知未尝不由见闻而发。滞于见闻固非，而见闻亦良知之用也。今日落在第二义，恐为专以见闻为学者而言。若致其良知而求之见闻，似亦知行合一之功矣。如何？”

良知不由见闻而有，而见闻莫非良知之用，故良知不滞于见闻，而亦不离于见闻。孔子云：“吾有知乎哉？无知也。”良知之外，别无知矣。故“致良知”是学问大头脑，是圣人教人第一义。今云专求之见闻之末，则是失却头脑，而已落在第二义矣。近时同志中盖已莫不知有致良知之说，然其功夫尚多鹘突者，正是欠此一问。大抵学问功夫只要主意头脑是当，若主意头脑专以致良知为事，则凡多闻多见，莫非致良知之功。盖日用之间，见闻酬酢，虽千头万绪，莫非良知之发用流行。除却见闻酬酢，亦无良知可致矣。故只是一事。若曰致其良知而求之见闻，则语意之间未免为二。此与专求之见闻之末者虽稍不同，其为未得精一之旨，则一而已。“多闻，择其善者而从之，多见而识之。”既云“择”，又云“识”，其良知亦未尝不行于其间。但其用意乃专在多闻多见上去择识，则已失却头脑矣。崇一于此等处见得当已分晓，今日之问，正为发明此学，于同志中极有益。但语意未莹，则毫厘千里，亦不容不精察之也。

来书云：“师云：‘《系》言“何思何虑”，是言所思所虑只是天理，更无别思别虑耳，非谓无思无虑也。心之本体即是天理，有何可思虑得？学者用功，虽千思万虑，只是要复他本体，不是以私意去安排思索出来。若安排思索，便是自私用智矣。’学者之敝，大率非沉空守寂，则安排思索。德辛壬之岁著前一病，近又著后一病。但思索亦是良知发用，其与私意安排者何所取别？恐认贼作子，惑而不知也。”

“思曰睿，睿作圣。”“心之官则思，思则得之。”思其可少乎？沉空守寂与安排思索，正是自私用智，其为丧失良知，一也。良知是天理之昭明灵觉处，故良知即是天理。思是良知之发用。若是良知发用之思，则所思莫非天理矣。良知发用之思，自然明白简易，良知亦自能知得。若是私意安排之思，自是纷纭劳扰，良知亦自会分别得。盖思之是非邪正，良知无有不自知者。所以认贼作子，正为致知之学不明，不知在良知上体认之耳。

来书又云：“师云：‘为学终身只是一事，不论有事无事，只是这一件。若说宁不了事，不可不加培养，却是分为两事也。’窃意觉精力衰弱，不足以终事者，良知也。宁不了事，且加休养，致知也。如何却为两事？若事变之来，有事势不容不了，而精力虽衰，稍鼓舞亦能支持，则持志以帅气可矣。然言动终无气力，毕事则困惫已甚，不几于暴其气已乎？此其轻重缓急，良知固未尝不知，然或迫于事势，安能顾精力？或困于精力，安能顾事势？如之何则可？”

“宁不了事，不可不加培养”之意，且与初学如此说，亦不为无益。但作两事看了，便有病痛。在孟子言“必有事焉”，则君子之学终身只是“集义”一事。义者，宜也，心得其宜之谓义。能致良知，则心得其宜矣，故“集义”亦只是致良知。君子之酬酢万变，当行则行，当止则止，当生则生，当死则死，斟酌调停，无非是致其良知，以求自慊而已。故“君子素其位而行”，“思不出其位”，凡谋其力之所不及而强其知之所不能者，皆不得为致良知；而凡“劳其筋骨，饿其体肤，空乏其身，行拂乱其所为，动心忍性以增益其所不能”者，皆所以致其良知也。若云“宁不了事，不可不加培养”者，亦是先有功利之心，较计成败利钝而爱憎取舍于其间，是以将了事自作一事，而培养又别作一事，此便有是内非外之意，便是自私用智，便是“义外”，便有“不得于心，勿求于气”之病，便不是致良知以求自慊之功矣。所云“鼓舞支持，毕事困惫已甚”，又云“迫于事势，困于精力”，皆是把作两事做了，所以有此。凡学问之功，一则诚，二则伪。凡此皆是致良知之意欠诚一真切之故。《大学》言：“诚其意者，如恶恶臭，如好好色，此之谓自慊。”曾见有恶恶臭，好好色，而须鼓舞支持者乎？曾见毕事则困惫已甚者乎？曾有迫于事势，困于精力者乎？此可以知其受病之所从来矣。

来书又有云：“人情机诈百出，御之以不疑，往往为所欺。觉则自入于逆億。夫逆诈即诈也，億不信即非信也，为人欺又非觉也。不逆不億而常先觉，其惟良知莹彻乎？然而出入毫忽之间，背觉合诈者多矣。”

“不逆不億而先觉”，此孔子因当时人专以逆诈億不信为心，而自陷于诈与不信，又有不逆不億者，然不知致良知之功，而往往又为人所欺诈，故有是言。非教人以是存心而专欲先觉人之诈与不信也。以是存心，即是后世猜忌险薄者之事。而只此一念，已不可与入尧、舜之道矣。不逆不億而为人所欺者，尚亦不失为善，但不如能致其良知而自然先觉者之尤为贤耳。崇一谓其惟良知莹彻者，盖已得其旨矣。然亦颖悟所及，恐未实际也。盖良知之在人心，亘万古，塞宇宙，而无不同。“不虑而知”，“恒易以知险”，“不学而能”，“恒简以知阻”，“先天而天不违”，“天且不违，而况于人乎？况于鬼神乎？”夫谓背觉合诈者，是虽不逆人，而或未能无自欺也；虽不亿人，而或未能果自信也。是或常有求先觉之心，而未能常自觉也。常有求先觉之心，即已流于逆、億，而足以自蔽其良知矣。此背觉合诈之所以未免也。君子学以为己，未尝虞人之欺己也，恒不自欺其良知而已；未尝虞人之不信己也，恒自信其良知而已；未尝求先觉人之诈与不信也，恒务自觉其良知而已。是故不欺则良知无所伪而诚，诚则明矣；自信则良知无所惑而明，明则诚矣。明诚相生，是故良知常觉常照。常觉常照，则如明镜之悬，而物之来者自不能遁其妍媸矣。何者？不欺而诚则无所容其欺，苟有欺焉，而觉矣。自信而明则无所容其不信，苟不信焉而觉矣。是谓易以知险，简以知阻，子思所谓“至诚如神，可以前知”者也。然子思谓“如神”，谓“可以前知”，犹二而言之。是盖推言思诚者之功效，是犹为不能先觉者说也。若就至诚而言，则至诚之妙用即谓之“神”，不必言“如神”。至诚则“无知而无不知”，不必言“可以前知”矣。

答罗整庵少宰书

某顿首启：昨承教及《大学》，发舟匆匆，未能奉答。晓来江行稍暇，复取手教而读之。恐至赣后人事复纷沓，先具其略以请。

来教云：“见道固难，而体道尤难。道诚未易明，而学诚不可不讲。恐未可安于所见而遂以为极则也。”

幸甚幸甚！何以得闻斯言乎？其敢自以为极则而安之乎？正思就天下之有道以讲明之耳。而数年以来，闻其说而非笑之者有矣，诟訾之者有矣，置之不足较量辨议之者有矣，其肯遂以教我乎？其肯遂以教我，而反复晓谕，恻然惟恐不及救正之乎？然则天下之爱我者，固莫有如执事之心深且至矣！感激当何如哉！ 夫“德之不修，学之不讲”，孔子以为忧。而世之学者稍能传习训诂，即皆自以为知学，不复有所谓讲学之求，可悲矣！夫道必体而后见，非已见道而后加体道之功也。道必学而后明，非外讲学而复有所谓明道之事也。然世之讲学者有二，有讲之以身心者，有讲之以口耳者。讲之以口耳，揣摸测度，求之影响者也；讲之以身心，行著习察，实有诸已者也。知此，则知孔门之学矣。

来教谓某"《大学》古本之复，以人之为学但当求之于内，而程、朱格物之说不免求之于外，遂去朱子之分章而削其所补之传"。

非敢然也。学岂有内外乎？《大学》古本乃孔门相传旧本耳。朱子疑其有所脱误而改正补缉之。在某则谓其本无脱误，悉从其旧而已矣。失在于过信孔子则有之，非故去朱子之分章而削其传也。夫学贵得之心，求之于心而非也，虽其言之出于孔子，不敢以为是也，而况其未及孔子者乎？求之于心而是也，虽其言之出于庸常，不敢以为非也，而况其出于孔子者乎！且旧本之传数千载矣，今读及文词，既明白而可通；论其功夫，又易简而可入。亦何所按据而断其此段之必在于彼，彼段之必在于此，与此之如何而缺，彼之如何而补？而遂改正补缉之，无乃重于背朱而轻于叛孔已乎？

来教谓："如必以学不资于外求，但当反观内省以为务，则'正心诚意'四字亦何不尽之有？何必于入门之际，便困以格物一段功夫也？"

诚然诚然。若语其要，则"修身"二字亦足矣，何必又言"正心"？"正心"二字亦足矣，何必又言"诚意"？"诚意"二字亦足矣，何必又言"致知"，又言"格物"？惟其功夫之详密，而要之只是一事，此所以为精一之学，此正不可不思者也。夫理无内外，性无内外，故学无内外。讲习讨论，未尝非内也；反观内省，未尝遗外也。夫谓学必资于外求，是以已性为有外也，是"义外"也，"用智"者也；谓反观内省为求之于内，是以已性为有内也，是有我也，自私者也。是皆不知性之无内外也。故曰："精义入神，以致用也；利用安身，以崇德也。""性之德也。合内外之道也。"此可以知格物之学矣。格物者，《大学》之实下手处，彻首彻尾，自始学至圣人，只此功夫而已，非但入门之际有此一段也。夫正心、诚意、致知、格物，皆所以修身而格物者，其所用力，日可见之地。故格物者，格其心之物也，格其意之物也，格其知之物也；正心者，正其物之心也；诚意者，诚其物之意也；致知者，致其物之知也。此岂有内外彼此之分哉？理一而已。以其理之凝聚而言，则谓之性；以其凝聚之主宰而言，则谓之心；以其主宰之发动而言，则谓之意；以其发动之明觉而言，则谓之知；以其明觉之感应而言，则谓之物。故就物而言谓之格；就知而言谓之致；就意而言谓之诚；就心而言谓之正。正者，正此也；诚者，诚此也；致者，致此也；格者，格此也。皆所谓穷理以尽性也。天下无性外之理，无性外之物。学之不明，皆由世之儒者认理为外，认物为外，而不知义外之说，孟子盖尝辟之，乃至袭陷其内而不觉，岂非亦有似是而难明者欤？不可以不察也。

凡执事所以致疑于格物之说者，必谓其是内而非外也；必谓其专事于反观内省之为，而遗弃其讲习讨论之功也；必谓其一意于纲领本原之约，而脱略于支条节目之详也；必谓其沉溺于枯槁虚寂之偏，而不尽于物理人事之变也。审如是，岂但获罪于圣门，获罪于朱子？是邪说诬民，叛道乱正，人得而诛之也。而况于执事之正直哉？审如是，世之稍明训诂，闻先哲之绪论者，皆知其非也。而况执事之高明哉？凡某之所谓格物，其于朱子"九条"之说，皆包罗统括于其中。但为之有要，作用不同，正所谓毫厘之差耳。然毫厘之差而千里之谬实起于此，不可不辨。

孟子辟杨、墨，至于"无父，无君"。二子亦当时之贤者，使与孟子并世而生，未必不以之为贤。墨子"兼爱"，行仁而过耳；杨子"为我"，行义而过耳。此其为说，亦岂灭理乱常之甚，而足以眩天下哉？而其流之弊，孟子至比于禽兽、夷狄，所谓"以学术杀天下后世"也。今世学术之弊，其谓之学仁而过者乎？谓之学义而过者乎？抑谓之学不仁不义而过者乎？吾不知其于洪水猛兽何如也！孟子云："予岂好辨哉？予不得已也！"杨、墨之道塞天下。孟子之时，天下之尊信杨、墨，当不下于今日之崇尚朱说。而孟子独以一人呶呶于其间，噫，可哀矣！韩氏云："佛、老之害甚于杨、墨。"韩愈之贤不及孟子，孟子不能救之于未坏之先，而韩愈乃欲全之于已坏之后，其亦不量其力，且见其身之危，莫之救以死也矣！呜呼！若某者其尤不量其力，果见其身之危，莫之救以死也矣。夫众方嘻嘻之中，而独出涕嗟，若举世恬然以趋，而独疾首蹙额以为忧，此其非病狂丧心，殆必诚有大苦者隐于其中，而非天下之至仁，其孰能察之？其为《朱子晚年定论》，盖亦不得已而然。中间年岁早晚，诚有所未考，虽不必尽出于晚年，固多出于晚年者矣。然大意在委曲调停，以明此学为重。平生于朱子之说，如神明蓍龟，一旦与之背驰，心诚有所未忍，故不得已而为此。"知我者谓我心忧，不知我者谓我何求。"盖不忍牴牾朱子者，其本心也。不得已而与之牴牾者，道固如是，不直则道不见也。执事所谓决与朱子异者，仆敢自欺其心哉？夫道，天下之公道也；学，天下之公学也。非朱子可得而私也，非孔子可得而私也。天下之公也，公言之而已矣。故言之而是，虽异于己，乃益于己也；言之而非，虽同于己，适损于己也。益于己者，己必喜之；损于己者，己必恶之。然则某今日之论，虽或于朱子异，未必非其所喜也。"君子之过，如日月之食，其更也，人皆仰之"，而"小人之过也必文"。某虽不肖，固不敢以小人之心事朱子也。

执事所以教，反复数百言，皆以未悉鄙人格物之说。若鄙说一明，则此数百言皆可以不待辨说而释然无滞。故今不敢缕缕以滋琐屑之渎。然鄙说非面陈口析，断亦未能了了于纸笔间也。嗟呼！执事所以开导启迪于我者，可谓恳到详切矣！人之爱我，宁有如执事者乎？仆虽甚愚下，宁不知所感刻佩服？然而不敢遽舍其中心之诚然而姑以听受云者，正不敢有负于深爱，亦思有以报之耳。秋尽东还，必求一面，以卒所请，千万终教！

答聂文蔚

春间远劳迂途枉顾，问证惓惓，此情何可当也！已期二三同志，更处静地，扳留旬日，少效其鄙见，以求切劘之益。而公期俗绊，势有不能，别去极怏怏，如有所失。忽承笺惠，反复千余言，读之无甚浣慰。中间推许太过，盖亦奖掖之盛心。而规砺真切，思欲纳之于贤圣之域。又托诸崇一以致其勤勤恳恳之怀，此非深交笃爱何以及是！知感知愧，且惧其无以堪之也。虽然，仆亦何敢不自鞭勉，而徒以感愧辞让为乎哉？其谓“思、孟、周、程无意相遭于千载之下，与其尽信于天下，不若真信于一人。道固自在，学亦自在，天下信之不为多，一人信之不为少”者，斯固君子“不见是而无闷”之心，岂世之谫谫屑屑者知足以及之乎？乃仆之情则有大不得已者存乎其间，而非以计人之信与不信也。

夫人者，天地之心。天地万物，本吾一体者也。生民之困苦荼毒，孰非疾痛之切于吾身者乎？不知吾身之疾痛，无是非之心者也。是非之心，不虑而知，不学而能，所谓良知也。良知之在人心，无间于圣愚，天下古今之所同也。世之君子惟务致其良知，则自能公是非，同好恶，视人犹己，视国犹家，而以天地万物为一体，求天下无治，不可得矣。古之人所以能见善不啻若己出，见恶不啻若己入，视民之饥溺犹己之饥溺，而一夫不获，若己推而纳诸沟中者，非故为是而以蕲天下之信己也，务致其良知，求自慊而已矣。尧、舜、三王之圣，言而民莫不信者，致其良知而言之也；行而民莫不说者，致其良知而行之也。是以其民熙熙皞皞，杀之不怨，利之不庸，施及蛮貊，而凡有血气者莫不尊亲，为其良知之同也。呜呼！圣人之治天下，何其简且易哉！

后世良知之学不明，天下之人用其私智以相比轧，是以人各有心，而偏琐僻陋之见，狡伪阴邪之术，至于不可胜说。外假仁义之名，而内以行其自私自利之实，诡辞以阿俗，矫行以干誉，掩人之善而袭以为己长，讦人之私而窃以为己直，忿以相胜而犹谓之徇义，险以相倾而犹谓之疾恶，妒贤忌能而犹自以为公是非，恣情纵欲而犹自以为同好恶，相陵相贼，自其一家骨肉之亲，已不能无尔我胜负之意，彼此藩篱之形，而况于天下之大，民物之众，又何能一体而视之？则无怪于纷纷籍籍，而祸乱相寻于无穷矣！

仆诚赖天之灵，偶有见于良知之学，以为必由此而后天下可得而治。是以每念斯民之陷溺，则为戚然痛心，忘其身之不肖，而思以此救之，亦不自知其量者。天下之人见其若是，遂相与非笑而诋斥之，以为是病狂丧心之人耳。呜呼！是奚足恤哉？吾方疾痛之切体，而暇计人之非笑乎！人固有见其父子兄弟之坠溺于深渊者，呼号匍匐，裸跣颠顿，扳悬崖壁而下拯之。士之见者，方相与揖让谈笑于其旁，以为是弃其礼貌衣冠而呼号颠顿若此，是病狂丧心者也。故夫揖让谈笑于溺人之旁而不知救，此惟行路之人，无亲戚骨肉之情者能之，然已谓之无恻隐之心，非人矣。若夫在父子兄弟之爱者，则固未有不痛心疾首，狂奔尽气，匍匐而拯之。彼将陷溺之祸有不顾，而况于病狂丧心之讥乎？而又况于蕲人之信与不信乎？

呜呼！今之人虽谓仆为病狂丧心之人，亦无不可矣。天下之人心皆吾之心也，天下之人犹有病狂者矣，吾安得而非病狂乎？犹有丧心者矣，吾安得而非丧心乎？

昔者孔子之在当时，有议其为谄者，有讥其为佞者，有毁其未贤，诋其为不知礼，而侮之以为"东家丘"者，有嫉而沮之者，有恶而欲杀之者；晨门、荷蒉之徒，皆当时之贤士，且曰"是知其不可而为之者欤"！"鄙哉！硁硁乎，莫己知也，斯已而已矣。"虽子路在升堂之列，尚不能无疑于其所见，不悦于其所欲往，而且以之为迂，则当时之不信夫子者，岂特十之二三而已乎？然而夫子汲汲遑遑，若求亡子于道路，而不暇于暖席者，宁以蕲人之知我、信我而已哉？盖其天地万物一体之仁，疾痛迫切，虽欲已之，而自有所不容已。故其言曰："吾非斯人之徒与而谁与！""欲洁其身而乱大伦。""果哉，末之难矣！"呜呼！此非诚以天地万物为一体者，孰能以知夫子之心乎？若其"遁世无闷"，"乐天知命"者，则固"无入而不自得"，"道并行而不相悖"也。

仆之不肖，何敢以夫子之道为己任？顾其心亦已稍知疾痛之在身，是以徬徨四顾，将求其有助于我者，相与讲去其病耳。今诚得豪杰同志之士，扶持匡翼，共明良知之学于天下，使天下之人皆知自致其良知，以相安相养，去其自私自利之蔽，一洗谗妒胜忿之习，以济于大同，则仆之狂病，固将脱然以愈，而终免于丧心之患矣，岂不快哉！

嗟乎！今诚欲求豪杰同志之士于天下，非如吾文蔚者而谁望之乎？如吾文蔚才与志，诚足以援天下之溺者。今又既知其具之在我而无假于外求矣，循是而充，若决河注海，孰得而御哉？文蔚所谓“一人信之不为少”，其又能逊以委之何人乎？

会稽素号山水之区，深林长谷，信步皆是，寒暑晦明，无时不宜，安居饱食，尘嚣无扰，良朋四集，道义日新，优哉游哉，天地之间宁复有乐于是者！孔子云：“不怨天，不尤人，下学而上达。”仆与二三同志方将请事斯语，奚暇外慕？独其切肤之痛，乃有未能恝然者，辄复云云尔。

咳疾暑毒，书札绝懒。盛使远来，迟留经月，临岐执笔，又不觉累纸。盖于相知之深，虽已缕缕至此，殊觉有所未能尽也。

二

得书，见近来所学之骤进，喜慰不可言。谛视数过，其间虽亦有一二未莹彻处，却是致良知之功尚未纯熟。到纯熟时，自无此矣。譬之驱车，既已由于康庄大道之中，或时横斜迂曲者，乃马性未调，衔勒不齐之故，然已只在康庄大道中，决不赚入傍蹊曲径矣。近时海内同志，到此地位者曾未多见，喜慰不可言，斯道之幸也！

贱躯旧有咳嗽畏热之病，近入炎方，辄复大作。主上圣明洞察，责付甚重，不敢遽辞。地方军务冗沓，皆与疾从事。今却幸已平定，已具本乞回养病。得在林下稍就清凉，或可瘳耳。人还，伏枕草草，不尽倾企。外惟浚一简，幸达致之！

来书所询，草草奉复一二。近岁来山中讲学者，往往多说“勿忘勿助”功夫甚难，问之则云：“才著意便是助，才不著意便是忘，所以甚难。”

区区因问之云:“忘是忘个甚么?助是助个甚么?”其人默然无对。始请问。区区因与说我此间讲学，却只说个“必有事焉”，不说“勿忘勿助”。必有事焉者，只是时时去集义。若时时去用“必有事”的功夫，而或有时间断，此便是忘了，即须“勿忘”。时时去用“必有事”的功夫，而或有时欲速求效，此便是助了，即须“勿助”。其功夫全在“必有事焉”上用，“勿忘勿助”只就其间提撕警觉而已。若是功夫原不间断，即不须更说“勿忘”；原不欲速求效，即不须更说“勿助”。此其功夫何等明白简易，何等洒脱自在！今却不去“必有事”上用功，而乃悬空守著一个“勿忘勿助”,此正如烧锅煮饭,锅内不曾渍水下米,而乃专去添柴放火，不知毕竟煮出个甚么物来。吾恐火候未及调停，而锅已先破裂矣。近日一种专在“勿忘勿助”上用功者,其病正是如此。终日悬空去做个“勿忘”，又悬空去做个“勿助”，漭漭荡荡，全无实落下手处；究竟功夫只做得个沉空守寂，学成一个痴呆汉，才遇些子事来，即便牵滞纷扰，不复能经纶宰制。此皆有志之士，而乃使之劳苦缠缚，担阁一生，皆由学术误人之故，甚可悯矣！

夫“必有事焉”只是“集义”。“集义”只是“致良知”。说“集义”则一时未见头脑，说“致良知”即当下便有实地步可用功。故区区专说致良知，随时就事上致其良知，便是“格物”；著实去致良知，便是“诚意”；著实致其良知而无一毫意必固我，便是“正心”；著实致良知，则自无忘之病；无一毫意必固我，则自无助之病。故说格致诚正则不必更说个忘助。孟子说忘助，亦就告子得病处立方。告子强制其心，是助的病痛，故孟子专说助长之害。告子助长，亦是他以义为外，不知就自心上“集义”,在“必有事焉”上用功,是以如此。若时时刻刻就自心上“集义”，则良知之体洞然明白，自然是是非非纤毫莫遁，又焉有“不得于言，勿求于心；不得于心，勿求于气”之弊乎？孟子“集义”、“养气”之说，固大有功于后学。然亦是因病立方，说得大段，不若《大学》格致诚正之功，尤极精一简易，为彻上彻下，万世无弊者也。

圣贤论学，多是随时就事，虽言若人殊，而要其功夫头脑若合符节。缘天地之间，原只有此性，只有此理，只有此良知，只有此一件事耳。故凡就古人论学处说功夫，更不必搀和兼搭而说，自然无不吻合贯通者。才须搀和兼搭而说，即是自己功夫未明彻也。近时有谓“集义”之功，必须兼搭个致良知而后备者，则是“集义”之功尚未了彻也。“集义”之功尚未了彻，适足以为致良知之累而已矣。谓致良知之功必须兼搭一个“勿忘勿助”而后明者，则是致良知之功尚未了彻也。致良知之功尚未了彻，适足以为“勿忘勿助”之累而已矣。若此者，皆是就文义上解释牵附，以求混融凑泊，而不曾就自己实功夫上体验，是以论之愈精，而去之愈远。文蔚之论，其于大本达道既已沛然无疑，至于“致知”、“穷理”及“忘助”等说，时亦有搀和兼搭处，却是区区所谓康庄大道之中，或时横斜迂曲者。到得功夫熟后，自将释然矣。

文蔚谓“致知之说，求之事亲从兄之间，便觉有所持循”者，此段最见近来真切笃实之功。但以此自为不妨，自有得力处。以此遂为定说教人，却未免又有因药发病之患，亦不可不一讲也。

盖良知只是一个天理，自然明觉发见处，只是一个真诚恻怛，便是他本体。故致此良知之真诚恻怛，以事亲便是孝；致此良知真诚恻怛，以从兄便是弟；致此良知之真诚恻怛，以事君便是忠。只是一个良知，一个真诚恻怛。若是从兄的良知不能致其真诚恻怛，即是事亲的良知不能致其真诚恻怛矣；事君的良知不能致其真诚恻怛，即是从兄的良知不能致其真诚恻怛矣。故致得事君的良知，便是致却从兄的良知；致得从兄的良知，便是致却事亲的良知。不是事君的良知不能致，却须又从事亲的良知上去扩充将来，如此，又是脱却本原，著在支节上求了。良知只是一个，随他发见流行处，当下具足，更无去来，不须假借。然其发见流行处，却自有轻重厚薄，毫发不容增减者，所谓天然自有之中也。虽则轻重厚薄毫发不容增减，而原又只是一个；虽则只是一个，而其间轻重厚薄又毫发不容增减。若可得增减，若须假借，即已非其真诚恻怛之本体矣。此良知之妙用，所以无方体，无穷尽，“语大天下莫能载，语小天下莫能破”者也。

孟氏“尧、舜之道，孝弟而已”者，是就人之良知发见得最真切笃厚、不容蔽昧处提省人，使人于事君、处友、仁民、爱物，与凡动静语默间，皆只是致他那一念事亲从兄真诚恻怛的良知，即自然无不是道。盖天下之事虽千变万化，至于不可穷诘，而但惟致此事亲从兄、一念真诚恻怛之良知以应之，则更无有遗缺渗漏者，正谓其只有此一个良知故也。事亲从兄一念良知之外，更无有良知可致得者，故曰：“尧、舜之道，孝弟而已矣。”此所以为“惟精惟一”之学，放之四海而皆准，施诸后世而无朝夕者也。

文蔚云：“欲于事亲从兄之间，而求所谓良知之学。”就自己用功得力处如此说，亦无不可。若曰“致其良知之真诚恻怛，以求尽夫事亲从兄之道焉”，亦无不可也。明道云：“行仁自孝弟始。孝弟是仁之一事，谓之行仁之本则可，谓是仁之本则不可。”其说是矣。

“亿”、“逆”、“先觉”之说，文蔚谓“诚则旁行曲防，皆良知之用”。甚善甚善！间有搀搭处，则前已言之矣。惟浚之言亦未为不是，在文蔚须有取于惟浚之言而后尽，在惟浚又须有取于文蔚之言而后明。不然，则亦未免各有倚著之病也。“舜察迩言而询刍荛”，非是以迩言当察，刍荛当询，而后如此。乃良知之发见流行，光明圆莹，更无挂碍遮隔处，此所以谓之大知。才有执著意必，其知便小矣。讲学中自有去取分辨，然就心地上著实用功夫，却须如此方是。

“尽心”三节，区区曾有生知、学知、困知之说，颇已明白，无可疑者。盖尽心、知性、知天者，不必说存心、养性、事天，不必说“夭寿不贰、修身以俟”，而“存心养性”与“修身以俟”之功已在其中矣。存心、养性、事天者，虽未到得尽心知天的地位，然已是在那里做个求到尽心知天的功夫，更不必说“夭寿不贰，修身以俟”，而“夭寿不贰，修身以俟”之功已在其中矣。譬之行路，尽心知天者，如年力壮健之人，既能奔走往来于数千百里之间者也；存心事天者，如童稚之年，使之学习步趋于庭除之间者也；“夭寿不贰，修身以俟”者，如襁褓之孩，方使之扶墙傍壁而渐学起立移步者也。既已能奔走往来于数千里之间者，则不必更使之于庭除之间而学步趋，而步趋于庭除之间自无弗能矣；既已能步趋于庭除之间，则不必更使之扶墙傍壁而学起立移步，而起立移步自无弗能矣。然学起立移步，便是学步趋庭除之始；学步趋庭除，便是学奔走往来于数千里之基，固非有二事。但其功夫之难易，则相去悬绝矣。

心也，性也，天也，一也，故及其知之成功则一。然而三者人品力量自有阶级，不可躐等而能也。细观文蔚之论，其意以恐尽心知天者废却存心修身之功，而反为尽心知天之病。是盖为圣人忧功夫之或间断，而不知为自己忧功夫之未真切也。吾侪用功，却须专心致志在“夭寿不贰，修身以俟”上做，只此便是做尽心知天功夫之始。正如学起立移步，便是学奔走千里之始。吾方自虑其不能起立移步，而岂遽虑其不能奔走千里，又况为奔走千里者而虑其或遗忘于起立移步之习哉？

文蔚识见，本自超绝迈往，而所论云然者，亦是未能脱去旧时解说文义之习。是为此三段书分疏比合，以求融会贯通，而自添许多意见缠绕，反使用功不专一也。近时悬空去做“勿忘勿助”者，其意见正有此病，最能耽误人，不可不涤除耳。

所谓“尊德性而道问学”一节，至当归一，更无可疑。此便是文蔚曾著实用功，然后能为此言。此本不是险僻难见的道理，人或意见不同者，还是良知尚有纤翳潜伏。若除去此纤翳，即自无不洞然矣。

已作书后，移卧檐间，偶遇无事，遂复答此。文蔚之学既已得其大者，此等处久当释然自解，本不必屑屑如此分疏。但承相爱之厚，千里差人远及，谆谆下问，而竟虚来意，又自不能已于言也。然直戆烦缕已甚，恃在信爱，当不为罪。惟浚及谦之、崇一处，各得转录一通寄视之，尤承一体之好也。

右南大吉录。

训蒙大意示教读刘伯颂等

古之教者，教以人伦。后世记诵词章之习起，而先王之教亡。今教童子，惟当以孝、弟、忠、信、礼、义、廉、耻为专务。其栽培涵养之方，则宜诱之歌诗以发其志意，导之习礼以肃其威仪，讽之读书以开其知觉。今人往往以歌诗习礼为不切时务，此皆末俗庸鄙之见，乌足以知古人立教之意哉！

大抵童子之情，乐嬉游而惮拘检，如草木之始萌芽，舒畅之则条达，摧挠之则衰痿。今教童子，必使其趋向鼓舞，中心喜悦，则其进自不能已。譬之时雨春风，霑被卉木，莫不萌动发越，自然日长月化。若冰霜剥落，则生意萧索，日就枯槁矣。故凡诱之歌诗者，非但发其志意而已，亦以泄其跳号呼啸于咏歌，宣其幽抑结滞于音节也；导之习礼者，非但肃其威仪而已，亦所以周旋揖让而动荡其血脉，拜起屈伸而固束其筋骸也；讽之读书者，非但开其知觉而已，亦所以沉潜反复而存其心，抑扬讽诵以宣其志也。凡此皆所以顺导其志意，调理其性情，潜消其鄙吝，默化其粗顽，日使之渐于礼义而不苦其难，入于中和而不知其故。是盖先王立教之微意也。

若近世之训蒙稚者，日惟督以句读课仿，责其检束，而不知导之以礼；求其聪明，而不知养之以善；鞭挞绳缚，若持拘囚。彼视学舍如囹狱而不肯入，视师长如寇仇而不欲见，窥避掩覆以遂其嬉游，设诈饰诡以肆其顽鄙，偷薄庸劣，日趋下流。是盖驱之于恶而求其为善也，何可得乎？

凡吾所以教，其意实在于此。恐时俗不察，视以为迂，且吾亦将去，故特叮咛以告。尔诸教读，其务体吾意，永以为训，毋辄因时俗之言，改废其绳墨，庶成“蒙以养正”之功矣。念之念之！

教　约

每日清晨，诸生参揖毕，教读以次遍询诸生：在家所以爱亲敬长之心，得无懈忽，未能真切否？温清定省之仪，得无亏缺，未能实践否？往来街衢，步趋礼节，得无放荡，未能谨饬否？一应言行心术，得无欺妄非僻，未能忠信笃敬否？诸童子务要各以实对，有则改之，无则加勉。教读复随时就事，曲加诲谕开发，然后各退就席肄业。

凡歌《诗》，须要整容定气，清朗其声音，均审其节调，毋躁而急，毋荡而嚣，毋馁而慑。久则精神宣畅，心气和平矣。每学量童生多寡，分为四班，每日轮一班歌《诗》，其余皆就席，敛容肃听。每五日则总四班递歌于本学。每朔望集各学会歌于书院。

凡习礼，须要澄心肃虑，审其仪节，度其容止，毋忽而惰，毋沮而怍，毋径而野，从容而不失之迂缓，修谨不失之拘局。久则体貌习熟，德性坚定矣。童生班次皆如歌《诗》。每间一日则轮一班习礼。其余皆就席，敛容肃观。习礼之日，免其课仿。每十日则总四班递习于本学。每朔望则集各学会习于书院。

凡授书不在徒多，但贵精熟。量其资禀，能二百字者，止可授以一百字。常使精神力量有余，则无厌苦之患，而有自得之美。讽诵之际，务令专心一志，口诵心惟，字字句句紬绎反复，抑扬其音节，宽虚其心意。久则义礼浃洽，聪明日开矣。

每日功夫，先考德，次背书诵书，次习礼，或作课仿，次复诵书讲书，次歌《诗》。凡习礼歌《诗》之类，皆所以常存童子之心，使其乐习不倦，而无暇及于邪僻。教者知此，则知所施矣。虽然，此其大略也。神而明之，则存乎其人。

卷三　语录三

传习录下 附朱子晚年定论

陈九川录

正德乙亥，九川初见先生于龙江，先生与甘泉先生论格物之说。甘泉持旧说。先生曰："是求之于外了。"甘泉曰："若以格物理为外，是自小其心也。"九川甚喜旧说之是。先生又论《尽心》一章，九川一闻，却遂无疑。

后家居，复以格物遗质。先生答云："但能实地用功，久当自释。"山间乃自录《大学》旧本读之，觉朱子格物之说非是。然亦疑先生以意之所在为物，物字未明。

己卯，归自京师，再见先生于洪都。先生兵务倥偬，乘隙讲授，首问近年用功何如?

九川曰："近年体验得'明明德'功夫只是'诚意'。自'明明德于天下'，步步推入根源，到'诚意'上再去不得，如何以前又有格致功夫?后又体验，觉得意之诚伪，必先知觉乃可，以颜子有'不善未尝不知，知之未尝复行'为证，豁然若无疑。却又多了格物功夫。又思来，吾心之灵，何有不知意之善恶?只是物欲蔽了。须格去物欲，始能如颜子未尝不知耳。又自疑功夫颠倒，与‘诚意’不成片段。后问希颜。希颜曰：‘先生谓格物致知是诚意功夫，极好。’九川曰：‘如何是诚意功夫？’希颜令再思体看，九川终不悟，请问。”

先生曰：“惜哉！此可一言而悟！惟浚所举颜子事便是了，只要知身、心、意、知、物是一件。”

九川疑曰：“物在外，如何与身、心、意、知是一件？”

先生曰：“耳、目、口、鼻、四肢，身也，非心安能视、听、言、动？心欲视、听、言、动，无耳、目、口、鼻、四肢亦不能，故无心则无身，无身则无心。但指其充塞处言之谓之身，指其主宰处言之谓之心，指心之发动处谓之意，指意之灵明处谓之知，指意之涉着处谓之物，只是一件。意未有悬空的，必着事物。故欲诚意则随意所在某事而格之，去其人欲而归于天理，则良知之在此事者，无蔽而得致矣。此便是诚意的功夫。”

九川乃释然，破数年之疑。又问：“甘泉近亦信用《大学》古本，谓格物犹言造道。又谓穷理如穷其巢穴之穷，以身至之也。故格物亦只是随处体认天理，似与先生之说渐同。”

先生曰：“甘泉用功，所以转得来。当时与说‘亲民’字不须改，他亦不信，今论‘格物’亦近，但不须换‘物’字作‘理’字，只还他一‘物’字便是。”

后有人问九川曰：“今何不疑‘物’字？”曰：“《中庸》曰‘不诚无物’，程子曰‘物来顺应’，又如‘物各付物’、‘胸中无物’之类，皆古人常用字也。”他日先生亦云然。

九川问：“近年因厌泛滥之学，每要静坐，求屏息念虑，非惟不能，愈觉扰扰，如何？”

先生曰：“念如何可息？只是要正。”

曰：“当自有无念时否？”

先生曰：“实无无念时。”

曰：“如此却如何言静？”

曰:“静未尝不动，动未尝不静。戒谨恐惧即是念，何分动静?”

曰:“周子何以言‘定之以中正仁义而主静’?”

曰:“无欲故静，是‘静亦定，动亦定’的‘定’字，主其本体也。戒惧之念是活泼泼地。此是天机不息处，所谓‘维天之命，于穆不已’，一息便是死。非本体之念，即是私念。”

又问:“用功收心时，有声有色在前，如常闻见，恐不是专一。”

曰:“如何欲不闻见?除是槁木死灰，耳聋目盲则可。只是虽闻见而不流去便是。”

曰:“昔有人静坐,其子隔壁读书,不知其勤惰,程子称其甚敬。何如?”

曰:“伊川恐亦是讥他。”

又问:“静坐用功，颇觉此心收敛，遇事又断了。旋起个念头，去事上省察。事过又寻旧功，还觉有内外，打不作一片。”

先生曰:“此格物之说未透。心何尝有内外?即如惟浚,今在此讲论，又岂有一心在内照管?这听讲说时专敬，即是那静坐时心，功夫一贯，何须更起念头?人须在事上磨炼做功夫，乃有益。若只好静，遇事便乱，终无长进。那静时功夫亦差，似收敛而实放溺也。”

后在洪都，复与于中、国裳论内外之说。渠皆云:“物自有内外，但要内外并着功夫，不可有间耳!”以质先生。

曰:“功夫不离本体;本体原无内外。只为后来做功夫的分了内外，失其本体了。如今正要讲明功夫不要有内外，乃是本体功夫。”是日俱有省。

又问:“陆子之学何如?”

先生曰:“濂溪、明道之后，还是象山，只是粗些。”

九川曰:“看他论学，篇篇说出骨髓，句句似针膏肓，却不见他粗。”

先生曰:“然。他心上用过功夫，与揣摹依仿，求之文义，自不同。但细看有粗处。用功久，当见之。”

庚辰往虔州，再见先生，问:“近来功夫虽若稍知头脑，然难寻个稳当快乐处。”

先生曰：“尔却去心上寻个天理，此正所谓理障。此间有个诀窍。”

曰：“请问如何？”

曰：“只是致知。”

曰：“如何致知？”

曰：“尔那一点良知，是尔自家的准则。尔意念着处，他是便知是，非便知非，更瞒他一些不得。尔只不要欺他，实实落落依着他做去，善便存，恶便去。他这里何等稳当快乐。此便是格物的真诀，致知的实功。若不靠着这些真机，如何去格物？我亦近年体贴出来如此分明，初犹疑只依他恐有不足，精细看无些小欠阙。”

在虔，与于中、谦之同侍。先生曰：“人胸中各有个圣人，只自信不及，都自埋倒了。”因顾于中曰：“尔胸中原是圣人。”

于中起不敢当。

先生曰：“此是尔自家有的，如何要推？”

于中又曰：“不敢。”

先生曰：“众人皆有之，况在于中，却何故谦起来？谦亦不得。”

于中乃笑受。

又论：“良知在人，随你如何，不能泯灭，虽盗贼亦自知不当为盗，唤他作贼，他还忸怩。”

于中曰：“只是物欲遮蔽，良心在内，自不会失；如云自蔽日，日何尝失了！”

先生曰：“于中如此聪明，他人见不及此。”

先生曰：“这些子看得透彻，随他千言万语，是非诚伪，到前便明。合得的便是，合不得的便非。如佛家说心印相似，真是个试金石、指南针。”

先生曰：“人若知这良知诀窍，随他多少邪思枉念，这里一觉，都自消融。真个是灵丹一粒，点铁成金。”

崇一曰：“先生致知之旨，发尽精蕴，看来这里再去不得。”

先生曰："何言之易也？再用功半年看如何？又用功一年看如何？功夫愈久，愈觉不同，此难口说。"

先生问九川："于'致知'之说体验如何？"

九川曰："自觉不同。往时操持常不得个恰好处，此乃是恰好处。"先生曰："可知是体来与听讲不同。我初与讲时，知尔只是忽易，未有滋味。只这个要妙，再体到深处，日见不同，是无穷尽的。"

又曰："此'致知'二字，真是个千古圣传之秘，见到这里，百世以俟圣人而不惑！"

九川问曰："伊川说到'体用一原，显微无间'处，门人已说是泄天机。先生致知之说，莫亦泄天机太甚否？"

先生曰："圣人已指以示人，只为后人掩匿，我发明耳，何故说泄？此是人人自有的，觉来甚不打紧一般。然与不用实功人说，亦甚轻忽可惜，彼此无益。与实用功而不得其要者提撕之，甚沛然得力。"

又曰："知来本无知，觉来本无觉，然不知则遂沦埋。"

先生曰："大凡朋友，须箴规指摘处少，诱掖将劝意多，方是。"后又戒九川云："与朋友论学，须委曲谦下，宽以居之。"

九川卧病虔州。先生云："病物亦难格，觉得如何？"

对曰："功夫甚难。"

先生曰："常快活便是功夫。"

九川问："自省念虑，或涉邪妄，或预料理天下事，思到极处，井井有味，便缱绻难屏。觉得早则易，觉迟则难。用力克治，愈觉扞格。惟稍迁念他事，则随两忘。如此廓清，亦似无害。"

先生曰："何须如此！只要在良知上着功夫。"

九川曰："正谓那一时不知。"

先生曰："我这里自有功夫，何缘得他来？只为尔功夫断了，便蔽其知。既断了则继续旧功便是，何必如此。"

九川曰："真是难鏖，虽知丢他不去。"

先生曰："须是勇。用功久，自有勇。故曰'是集义所生者'，胜得容易，便是大贤。"

九川问："此功夫却于心上体验明白，只解书不通。"

先生曰："只要解心。心明白，书自然融会。若心上不通，只要书上文义通，却自生意见。"

有一属官，因久听讲先生之学，曰："此学甚好。只是薄书讼狱繁难，不得为学。"

先生闻之，曰："我何尝教尔离了薄书讼狱，悬空去讲学？尔既有官司之事，便从官司的事上为学，才是真格物。如问一词讼，不可因其应对无状，起个怒心；不可因他言语圆转，生个喜心；不可恶其嘱托，加意治之；不可因其请求，屈意从之；不可因自己事务烦冗，随意苟且断之；不可因旁人谮毁罗织，随人意思处之。这许多意思皆私，只尔自知，须精细省察克治，惟恐此心有一毫偏倚，杜人是非，这便是格物致知。薄书讼狱之间，无非实学。若离了事物为学，却是著空。"

虔州将归，有诗别先生云："良知何事系多闻，妙合当时已种根，好恶从之为圣学，将迎无处是乾元。"

先生曰："若未来讲此学，不知说'好恶从之'从个甚么？"敷英在座，曰："诚然。尝读先生《大学古本序》，不知所说何事。及来听讲许时，乃稍知大意。"

于中、国裳辈同侍食。先生曰："凡饮食只是要养我身，食了要消化。若徒蓄积在肚里，便成痞了，如何长得肌肤？后世学者博闻多识，留滞胸中，皆伤食之病也。"

先生曰："圣人亦是'学知'，众人亦是'生知'。"

问曰："何如？"

曰："这良知人人皆有，圣人只是保全，无些障蔽，兢兢业业，亹亹翼翼，自然不息，便也是学。只是生的分数多，所以谓之'生知安行'。众人自孩提之童，莫不完具此知，只是障蔽多，然本体之知自难泯息，虽问学克治也只凭他。只是学的分数多，所以谓之‘学知利行’。”

黄直录

黄以方问：“先生格致之说，随时格物以致其知，则知是一节之知，非全体之知也。何以到得‘溥博如天，渊泉如渊’地位？”

先生曰：“人心是天、渊。心之本体无所不该，原是一个天，只为私欲障碍，则天之本体失了。心之理无穷尽，原是一个渊，只为私欲窒塞，则渊之本体失了。如今念念致良知，将此障碍窒塞一齐去尽，则本体已复，便是天、渊了。”乃指天以示之曰：“比如面前见天，是昭昭之天；四外见天，也只是昭昭之天。只为许多房子墙壁遮蔽，便不见天之全体。若撤去房子墙壁，总是一个天矣。不可道眼前天是昭昭之天，外面又不是昭昭之天也。于此便见一节之知，即全体之知；全体之知，即一节之知。总是一个本体。”

先生曰：“圣贤非无功业气节，但其循著这天理，则便是道，不可以事功气节名矣。”

“‘发愤忘食’，是圣人之志，如此真无有已时；‘乐以忘忧’，是圣人之道，如此真无有戚时。恐不必云得不得也。”

先生曰：“我辈致知，只是各随分限所及。今日良知见在如此，只随今日所知扩充到底。明日良知又有开悟，便从明日所知扩充到底。如此方是精一功夫。与人论学，亦须随人分限所及。如树有这些萌芽，只把这些水去灌溉。萌芽再长，便又加水。自拱把以至合抱，灌溉之功皆是随其分限所及。若些小萌芽，有一桶水在，尽要倾上，便浸坏他了。”

问“知行合一”。先生曰：“此须识我立言宗旨。今人学问，只因知行分作两件，故有一念发动，虽是不善，然却未曾行，便不去禁止。我今说个‘知行合一’，正要人晓得一念发动处，便即是行了。发动处有不善，就将这不善的念克倒了。须要彻根彻底，不使那一念不善潜伏在胸中。此是我立言宗旨。”

"圣人无所不知，只是知个天理；无所不能，只是能个天理。圣人本体明白，故事事知个天理所在，便去尽个天理。不是本体明后，却于天下事物都便知得，便做得来也。天下事物，如名物度数、草木鸟兽之类，不胜其烦。圣人须是本体明了，亦何缘能尽知得？但不必知的，圣人自不消求知；其所当知的，圣人自能问人，如'子入太庙，每事问'之类。先儒谓'虽知亦问,敬谨之至',此说不可通。圣人于礼乐名物,不必尽知。然他知得一个天理，便自有许多节文度数出来。不知能问，亦即是天理节文所在。"

问："先生尝谓'善恶只是一物'。善恶两端，如冰炭相反，如何谓只一物？"

先生曰："至善者，心之本体。本体上才过当些子，便是恶了。不是有一个善，却又有一个恶来相对也。故善恶只是一物。"

直因闻先生之说，则知程子所谓"善固性也，恶亦不可不谓之性"。又曰："善恶皆天理。谓之恶者本非恶，但于本性上过与不及之间耳。"其说皆无可疑。

先生尝谓："人但得好善如好好色，恶恶如恶恶臭，便是圣人。"

直初时闻之觉甚易，后体验得来，此个功夫著实是难。如一念虽知好善恶恶，然不知不觉，又夹杂去了。才有夹杂，便不是好善如好好色、恶恶如恶恶臭的心。善能实实的好，是无念不善矣；恶能实实的恶，是无念及恶矣。如何不是圣人？故圣人之学，只是一诚而已。

问："《修道说》言：'率性之谓道'，属圣人分上事；'修道之谓教'，属贤人分上事。"

先生曰："众人亦率性也。但率性在圣人分上较多,故'率性之谓道'属圣人事。圣人亦修道也，但修道在贤人分上多，故'修道之谓教'属贤人事。"

又曰："《中庸》一书,大抵皆是说修道的事。故后面凡说君子,说颜渊，说子路，皆是能修道的。说小人，说贤、知、愚、不肖，说庶民，皆是不能修道的。其他言舜、文、周公、仲尼至诚至圣之类，则又圣人之自能修道者也。”

问：“儒者到三更时分，扫荡胸中思虑，空空静静，与释氏之静只一般，两下皆不用，此时何所分别？”

先生曰：“动静只是一个。那三更时分空空静静的，只是存天理，即是如今应事接物的心。如今应事接物的心，亦是循此天理，便是那三更时分空空静静的心。故动静只是一个，分别不得。知得动静合一，释氏毫厘差处亦自莫揜矣。”

门人在座，有动止甚矜持者。先生曰：“人若矜持太过，终是有弊。”

曰：“矜持太过，如何有弊？”

曰：“人只有许多精神，若专在容貌上用功，则于中心照管不及者多矣。”

有太直率者。先生曰：“如今讲此学，却外面全不检束，又分心与事为二矣。”

门人作文送友行，问先生曰：“作文字不免费思，作了后又一二日，常记在怀。”

曰：“文字思索亦无害。但作了常记在怀，则为文所累，心中有一物矣，此则未可也。”

又作诗送人，先生看诗毕，谓曰：“凡作文字要随我分限所及。若说得太过了，亦非修辞立诚矣。”

“文公格物之说，只是少头脑，如所谓‘察之于念虑之微’，此一句不该与‘求之文字之中，验之于事为之著，索之讲论之际’混作一例看，是无轻重也。”

问有所忿懥一条。先生曰：“忿懥几件，人心怎能无得？只是不可有耳！凡人忿懥著了一分意思，便怒得过当，非廓然大公之体了。故有所忿懥，便不得其正也。如今于凡忿懥等件，只是个物来顺应，不要着一分意思，便心体廓然大公，得其本体之正了。且如出外见人相斗，其不是的，我心亦怒。然虽怒，却此心廓然，不曾动些子气。如今怒人，亦得如此，方才是正。”

先生尝言：“佛氏不著相，其实著了相。吾儒著相，其实不著相。”

请问。

曰：“佛怕父子累，却逃了父子；怕君臣累，却逃了君臣；怕夫妇累，却逃了夫妇。都是为个君臣、父子、夫妇著了相，便须逃避。如吾儒有个父子，还他以仁；有个君臣，还他以义；有个夫妇，还他以别：何曾著父子、君臣、夫妇的相？”

黄修易录

黄勉叔问：“心无恶念时，此心空空荡荡的，不知亦须存个善念否？”

先生曰：“既去恶念，便是善念，便复心之本体矣。譬如日光，被云来遮蔽，云去，光已复矣。若恶念既去，又要存个善念，即是日光之中添燃一灯。”

问：“近来用功，亦颇觉妄念不生。但腔子里黑窣窣的，不知如何打得光明。”

先生曰：“初下手用功，如何腔子里便得光明？譬如奔流浊水，才贮在缸里。初然虽定，也只是昏浊的。须俟澄定既久，自然渣滓尽去，复得清来。汝只要在良知上用功。良知存久，黑窣窣自能光明矣。今便要责效，却是助长，不成功夫。”

先生曰：“吾教人致良知，在格物上用功，却是有根本的学问。日长进一日，愈久愈觉精明。世儒教人事事物物上去寻讨，却是无根本的学问。方其壮时，虽暂能外面修饰，不见有过，老则精神衰迈，终须放倒。譬如无根之树，移栽水边，虽暂时鲜好，终久要憔悴。”

问“志于道”一章。先生曰：“只‘志道’一句，便含下面数句功夫，自住不得。譬如做此屋，‘志于道’是念念要去择地鸠材，经营成个区宅。‘据德’却是经画已成，有可据矣。‘依仁’却是常常住在区宅内，更不离去。‘游艺’却是加些画采，美此区宅。艺者，义也，理之所宜者也，如诵诗、读书、弹琴、习射之类，皆所以调习此心，使之熟于道也。苟不‘志道’而‘游艺’，却如无状小子，不先去置造区宅，只管要去买画挂做门面，不知将挂在何处？”

问：“读书所以调摄此心，不可缺的。但读之时，一种科目意思牵引而来，不知何以免此？”

先生曰：“只要良知真切，虽做举业，不为心累。总有累亦易觉，克之而已。且如读书时，良知知得强记之心不是，即克去之；有欲速之心不是，即克去之；有夸多斗靡之心不是，即克去之。如此，亦只是终日与圣贤印对，是个纯乎天理之心。任他读书，亦只是调摄此心而已，何累之有？”

曰：“虽蒙开示，奈资质庸下，实难免累。窃闻穷通有命，上智之人恐不屑此。不肖为声利牵缠，甘心为此，徒自苦耳。欲屏弃之，又制于亲，不能舍去，奈何？”

先生曰：“此事归辞于亲者多矣，其实只是无志。志立得时，良知千事万为只是一事。读书作文安能累人？人自累于得失耳。”因叹曰：“此学不明，不知此处担阁了几多英雄汉！”

问：“‘生之谓性’，告子亦说得是，孟子如何非之？”

先生曰：“固是性，但告子认得一边去了，不晓得头脑，若晓得头脑，如此说亦是。孟子亦曰‘形色天性也’，这也是指气说。”又曰：“凡人信口说，任意行，皆说‘此是依我心性出来’，此是所谓‘生之谓性’，然却要有过差。若晓得头脑，依吾良知上说出来，行将去，便自是停当。然良知亦只是这口说，这身行，岂能外得气，别有个去行去说？故曰‘论性不论气，不备；论气不论性，不明’。气亦性也，性亦气也，但须认得头脑是当。”

又曰：“诸君功夫最不可助长。上智绝少，学者无超入圣人之理。一起一伏，一进一退，自是功夫节次。不可以我前日用得功夫了，今却不济，便要矫强，做出一个没破绽的模样，这便是助长，连前些子功夫都坏了。此非小过，譬如行路的人，遭一蹶跌，起来便走，不要欺人做那不曾跌倒的样子出来。诸君只要常常怀个‘遁世无闷，不见是而无闷’之心，依此良知，忍耐做去，不管人非笑，不管人毁谤，不管人荣辱，任他功夫有进有退，我只是这致良知的主宰不息，久久自然有得力处，一切外事亦自能不动。”

又曰：“人若著实用功，随人毁谤，随人欺慢，处处得益，处处是进德之资。若不用功，只是魔也，终被累倒。”

先生一日出游禹穴，顾田间禾曰：“能几何时，又如此长了。”

范兆期在傍曰：“此只是有根。学问能自植根，亦不患无长。”

先生曰：“人孰无根？良知即是天植灵根，自生生不息。但著了私累，把此根戕贼蔽塞，不得发生耳。”

一友常易动气责人，先生警之曰：“学须反己。若徒责人，只见得人不是，不见自己非。若能反己，方见自己有许多未尽处，奚暇责人？舜能化得象的傲，其机括只是不见象的不是。若舜只要正他的奸恶，就见得象的不是矣。象是傲人，必不肯相下，如何感化得他？”

是友感悔。

曰：“你今后只不要去论人之是非，凡当责辨人时，就把做一件大己私克去，方可。”

先生曰：“凡朋友问难，纵有浅近粗疏，或露才扬己，皆是病发。当因其病而药之可也，不可便怀鄙薄之心，非君子与人为善之心矣。”

问：“《易》，朱子主卜筮，程传主理，何如？”

先生曰：“卜筮是理，理亦是卜筮。天下之理孰有大于卜筮者乎？只为后世将卜筮专主在占卦上看了，所以看得卜筮似小艺。不知今之师友问答，博学、审问、慎思、明辨、笃行之类，皆是卜筮。卜筮者，不过求决狐疑，神明吾心而已。《易》是问诸天，人有疑，自信不及，故以《易》问天。谓人心尚有所涉，惟天不容伪耳。”

黄省曾录

黄勉之问：“‘无适也，无莫也，义之与比’，事事要如此否？”

先生曰:“固是事事要如此,须是识得个头脑乃可。义即是良知,晓得良知是个头脑,方无执著。且如受人馈送,也有今日当受的,他日不当受的,也有今日不当受的,他日当受的。你若执著了今日当受的,便一切受去,执著了今日不当受的,便一切不受去,便是‘适’、‘莫’,便不是良知的本体,如何唤得做义?”

问:“‘思无邪’一言,如何便盖得三百篇之义?”

先生曰:“岂特三百篇,‘六经’只此一言便可该贯,以至穷古今天下圣贤的话,‘思无邪’一言也可该贯。此外更有何说?此是一了百当的功夫。”

问“道心”、“人心”。先生曰:“‘率性之谓道’便是‘道心’。但着些人的意思在,便是‘人心’。‘道心’本是无声无臭,故曰‘微’。依著‘人心’行去,便有许多不安稳处,故曰‘惟危’。”

问:“‘中人以下,不可以语上’,愚的人,与之语上尚且不进,况不与之语,可乎?”

先生曰:“不是圣人终不与语。圣人的心,忧不得人人都做圣人。只是人的资质不同,施教不可躐等。中人以下的人,便与他说性、说命,他也不省得,也须慢慢琢磨他起来。”

一友问:“读书不记得如何?”

先生曰:“只要晓得,如何要记得?要晓得已是落第二义了,只要明得自家本体。若徒要记得,便不晓得;若徒要晓得,便明不得自家的本体。”

问:“‘逝者如斯’,是说自家心性活泼泼地否?”

先生曰:“然。须要时时用致良知的功夫,方才活泼泼地,方才与他川水一般。若须臾间断,便与天地不相似。此是学问极至处,圣人也只如此。”

问“志士仁人”章。先生曰:“只为世上人都把生身命子看得来太重,不问当死不当死,定要宛转委曲保全,以此把天理却丢去了。忍心害理,何者不为?若违了天理,便与禽兽无异,便偷生在世上百千年,也不过做了千百年的禽兽。学者要于此等处看得明白。比干、龙逢只为他看得分明，所以能成就他的仁。”

问：“叔孙、武叔毁仲尼，大圣人如何犹不免于毁谤？”

先生曰：“毁谤自外来的，虽圣人如何免得？人只贵于自修，若自己实实落落是个圣贤，纵然人都毁他，也说他不著。却若浮云掩日，如何损得日的光明？若自己是个象恭色庄、不坚不介的，纵然没一个人说他，他的恶慝终须一日发露。所以孟子说‘有求全之毁，有不虞之誉’。毁誉在外的，安能避得？只要自修何如尔！”

刘君亮要在山中静坐。先生曰：“汝若以厌外物之心去求之静，是反养成一个骄惰之气了。汝若不厌外物，复于静处涵养，却好。”

王汝中、省曾侍坐。先生握扇命曰：“你们用扇。”

省曾起对曰：“不敢。”

先生曰：“圣人之学，不是这等捆缚苦楚的，不是装做道学的模样。”

汝中曰：“观‘仲尼与曾点言志’一章略见。”

先生曰：“然。以此章观之，圣人何等宽洪包含气象！且为师者问志于群弟子，三子皆整顿以对。至于曾点，飘飘然不看那三字在眼，自去鼓起瑟来，何等狂态。及至言志，又不对师之问目，都是狂言。设在伊川，或斥骂起来了。圣人乃复称许他，何等气象！圣人教人，不是个束缚他通做一般。只如狂者便从狂处成就他，狷者便从狷处成就他。人之才气如何同得？”

先生语陆元静曰：“元静少年亦要解‘五经’，志亦好博。但圣人教人，只怕人不简易，他说的皆是简易之规。以今人好博之心观之，却似圣人教人差了。”

先生曰：“孔子无不知而作；颜子有不善，未尝不知。此是圣学真血脉路。”

钱德洪录

何廷仁、黄正之、李候璧、汝中、德洪侍坐，先生顾而言曰：“汝辈学问不得长进，只是未立志。”

侯璧起而对曰：“珙亦愿立志。”

先生曰：“难说不立，未是必为圣人之志耳。”

对曰：“愿立必为圣人之志。”

先生曰：“你真有圣人之志，良知上更无不尽。良知上留得些子别念挂带，便非必为圣人之志矣。”洪初闻时，心若未服，听说到此，不觉悚汗。

先生曰：“良知是造化的精灵。这些精灵，生天生地，成鬼成帝，皆从此出，真是与物无对。人若复得他完完全全，无少亏欠，自不觉手舞足蹈，不知天地间更有何乐可代。”

一友静坐有见，驰问先生。答曰：“吾昔居滁时，见诸生多务知解，口耳异同，无益于得，姑教之静坐。一时窥见光景，颇收近效。久之，渐有喜静厌动，流入枯槁之病，或务为玄解妙觉，动人听闻，故迩来只说致良知。良知明白，随你去静处体悟也好，随你去事上磨炼也好，良知本体原是无动无静的。此便是学问头脑。我这个话头，自滁州到今，亦较过几番，只是‘致良知’三字无病。医经折肱，方能察人病理。”

一友问：“功夫欲得此知时时接续，一切应感处反觉照管不及。若去事上周旋，又觉不见了。如何则可？”

先生曰：“此只认良知未真，尚有内外之间。我这里功夫，不由人急心。认得良知头脑是当，去朴实用功，自会透彻。到此便是内外两忘，又何心事不合一？”

又曰：“功夫不是透得这个真机，如何得他充实光辉？若能透得时，不由你聪明知解接得来。须胸中渣滓浑化，不使有毫发沾带，始得。”

先生曰：“‘天命之谓性’，命即是性。‘率性之谓道’，性即是道。‘修道之谓教’，道即是教。”

问：“如何道即是教？”

曰:“道即是良知。良知原是完完全全，是的还他是，非的还他非，是非只依着他，更无有不是处。这良知还是你的明师。”

问:“‘不睹不闻’是说本体，‘戒慎恐惧’是说功夫否？”

先生曰:“此处须信得本体原是‘不睹不闻’的,亦原是‘戒慎恐惧’的。‘戒慎恐惧’不曾在‘不睹不闻’上加得些子。见得真时,便谓‘戒慎恐惧’是本体，‘不睹不闻’是功夫亦得。”

问:“通乎昼夜之道而知”。

先生曰:“良知原是知昼知夜的。”

又问:“人睡熟时，良知亦不知了。”

曰:“不知何以一叫便应？”

曰:“良知常知，如何有睡熟时？”

曰:“向晦宴息，此亦造化常理。夜来天地混沌，形象俱泯，人亦耳目无所睹闻，众窍俱翕，此即良知收敛凝一时。天地既开，庶物露生，人亦耳目有所睹闻，众窍俱翕，此即良知妙用发生时。可见人心与天地一体，故‘上下与天地同流’。今人不会宴息，夜来不是昏睡，即是忘思魇寐。”

曰:“睡时功夫如何用？”

先生曰:“知昼即知夜矣。日间良知是顺应无滞的，夜间良知即是收敛凝一的，有梦即先兆。”

又曰:“良知在夜气发的，方是本体，以其无物欲之杂也。学者要使事物纷扰之时，常如夜气一般，就是‘通乎昼夜之道而知’。”

先生曰:“仙家说到虚，圣人岂能虚上加得一毫实？佛氏说到无，圣人岂能无上加得一毫有？但仙家说虚，从养生上来；佛氏说无，从出离生死苦海上来。却于本体上加却这些子意思在，便不是他虚无的本色了，便于本体有障碍。圣人只是还他良知的本色,更不着些子意在。良知之虚，便是天之太虚；良知之无，便是太虚之无形。日、月、风、雷、山、川、民、物，凡有貌象形色，皆在太虚无形中发用流行，未尝作得天的障碍。

圣人只是顺其良知之发用，天地万物俱在我良知的发用流行中，何尝又有一物超于良知之外，能作得障碍？”

或问：“释氏亦务养心，然要之不可以治天下，何也？”

先生曰：“吾儒养心，未尝离却事物，只顺其天则自然，就是功夫。释氏却要尽绝事物，把心看做幻相，渐入虚寂去了。与世间若无些子交涉，所以不可治天下。”

或问异端。先生曰：“与愚夫愚妇同的，是谓同德。与愚夫愚妇异的，是谓异端。”

先生曰：“孟子不动心与告子不动心，所异只在毫厘间。告子只在不动心上着功，孟子便直从此心原不动处分晓。心之本体原是不动的，只为所行有不合义，便动了。孟子不论心之动与不动，只是‘集义’，所行无不是义，此心自然无可动处。若告子只要此心不动，便是把捉此心，将他生生不息之根反阻挠了。此非徒无益，而又害之。孟子‘集义’功夫，自是养得充满，并无馁歉，自是纵横自在，活泼泼地。此便是浩然之气。”

又曰：“告子病源从‘性无善无不善’上见来。性无善无不善，虽如此说，亦无大差。但告子执定看了，便有个无善无不善的性在内。有善有恶，又在物感上看，便有个物在外。却做两边看了，便会差。无善无不善，性原是如此，悟得及时，只此一句便尽了，更无有内外之间。告子见一个性在内，见一个物在外，便见他于性有未透彻处。”

朱本思问：“人有虚灵，方有良知。若草木瓦石之类，亦有良知否？”

先生曰：“人的良知，就是草木瓦石的良知。若草木瓦石无人的良知，不可以为草木瓦石矣。岂惟草木瓦石为然？天地无人的良知，亦不可为天地矣。盖天地万物与人原是一体，其发窍之最精处，是人心一点灵明。风雨露雷、日月星辰、禽兽草木、山川土石，与人原只一体。故五谷禽兽之类，皆可以养人；药石之类，皆可以疗疾。只为同此一气，故能相通耳。”

先生游南镇，一友指岩中花树问曰：“天下无心外之物，如此花树，在深山中自开自落，于我心亦何相关？”

先生曰：“你未看此花时，此花与汝心同归于寂。你来看此花时，则此花颜色一时明白起来。便知此花不在你的心外。”

问：“大人与物同体，如何《大学》又说个厚薄？”

先生曰：“惟是道理，自有厚薄。此如身是一体，把手足捍头目，岂是偏要薄手足，其道理合如此。禽兽与草木同是爱的，把草木去养禽兽，又忍得？人与禽兽同是爱的，宰禽兽以养亲，与供祭祀，燕宾客，心又忍得？至亲与路人同是爱的，如箪食豆羹，得则生，不得则死，不能两全，宁救至亲，不救路人，心又忍得。这是道理合该如此。及至吾身与至亲，更不得分别彼此厚薄。盖以仁民爱物皆从此出，此处可忍，更无所不忍矣。《大学》所谓厚薄，是良知上自然的条理，不可逾越，此便谓之义；顺这个条理，便谓之礼；知此条理，便谓之智；终始是这条理，便谓之信。”

又曰：“目无体，以万物之色为体；耳无体，以万物之声为体；鼻无体，以万物之臭为体；口无体，以万物之味为体；心无体，以天地万物感应之是非为体。”

问“夭寿不贰”。先生曰：“学问功夫，于一切声利嗜好俱能脱落殆尽，尚有一种生死念头毫发挂带，便于全体有未融释处。人于生死念头，本从生身命根上带来，故不易去。若于此处见得破，透得过，此心全体方是流行无碍，方是尽性至命之学。”

一友问：“欲于静坐时，将好名、好色、好货等根逐一搜寻，扫除廓清，恐是剜肉做疮否？”

先生正色曰：“这是我医人的方子，真是去得人病根。更有大本事人，过了十数年，亦还用得著。你如不用，且放起，不要作坏我的方子。”

是友愧谢。

少间曰：“此量非你事，必吾门稍知意思者为此说以误汝。”在坐者皆悚然。

一友问功夫不切。先生曰：“学问功夫，我已曾一句道尽，如何今日转说转远，都不着根？”

对曰：“致良知盖闻教矣，然亦须讲明。”

先生曰：“既知致良知，又何可讲明？良知本是明白，实落用功便是。不肯用功，只在语言上转说转糊涂。”

曰：“正求讲明致之之功。”

先生曰：“此亦须你自家求，我亦无别法可道。昔有禅师，人来问法，只把麈尾提起。一日，其徒将麈尾藏过，试他如何设法。禅师寻麈尾不见，又只空手提起。我这个良知就是设法的麈尾。舍了这个，有何可提得？”

少间，又一友请问功夫切要。先生旁顾曰：“我麈尾安在？”一时在坐者皆跃然。

或问“至诚”、“前知”。先生曰：“诚是实理，只是一个良知。实理之妙用流行就是神，其萌动处就是几，诚神几曰圣人。圣人不贵前知。祸福之来，虽圣人有所不免。圣人只是知几，遇变而通耳。良知无前后，只知得见在的几，便是一了百了。若有个‘前知’的心，就是私心，就有趋避利害的意。邵子必于前知，终是利害心未尽处。”

先生曰：“无知无不知，本体原是如此。譬如日未尝有心照物，而自无物不照。无照无不照，原是日的本体。良知本无知，今却要有知。本无不知，今却疑有不知，只是信不及耳！”

先生曰：“‘惟天下至圣为能聪明睿智’，旧看何等玄妙，今看来原是人人自有的。耳原是聪，目原是明，心思原是睿智，圣人只是一能之尔。能处正是良知，众人不能，只是个不致知，何等明白简易！”

问：“孔子所谓‘远虑’，周公‘夜以继日’，与‘将迎’不同。何如？”

先生曰：“‘远虑’不是茫茫荡荡去思虑，只是要存这天理。天理在人心，亘古亘今，无有终始。天理即是良知，千思万虑，只是要致良知。良知愈思愈精明，若不精思，漫然随事应去，良知便粗了。若只着在事上茫茫荡荡去思，教做‘远虑’，便不免有毁誉、得丧、人欲搀入其中，就是‘将迎’了。周公终夜以思，只是‘戒慎不睹、恐惧不闻’的功夫，见得时，其气象与‘将迎’自别。”

问：“‘一日克己复礼，天下归仁。’朱子作效验说，如何？”

先生曰：“圣贤只是为己之学，重功夫不重效验。仁者以万物为体，不能一体，只是己私未忘。全得仁体，则天下皆归于吾仁。就是‘八荒皆在我闼’意。天下皆与，其仁亦在其中。如‘在邦无怨，在家无怨’，亦只是自家不怨，如‘不怨天，不尤人’之意。然家邦无怨，于我亦在其中，但所重不在此。”

问：“孟子‘巧、力、圣、智’之说，朱子云：‘三子力有余而巧不足。’何如？”

先生曰：“三子固有力，亦有巧。巧、力实非两事，巧亦只在用力处，力而不巧，亦是徒力。三子譬如射，一能步箭，一能马箭，一能远箭；他射得到，俱谓之力，中处俱可谓之巧。但步不能马，马不能远，各有所长，便是才力分限有不同处。孔子则三者皆长。然孔子之和，只到得柳下惠而极；清，只到得伯夷而极；任，只到得伊尹而极。何曾加得些子？若谓‘三子力有余而巧不足’，则其力反过孔子了。巧、力只是发明圣知之义，若识得圣、知本体是何物，便自了然。”

先生曰：“‘先天而天弗违’，天即良知也；‘后天而奉天时’，良知即天也。”

“良知只是个是非之心，是非只是个好恶，只好恶就尽了是非，只是非就尽了万事万变。”

又曰：“是非两字，是个大规矩，巧处则存乎其人。”

“圣人之知如青天之日；贤人如浮云天日；愚人如阴霾天日。虽有昏明不同，其能辨黑白则一。虽昏黑夜里，亦影影见得黑白，就是日之余光未尽处。困学功夫，亦只从这点明处精察去耳！”

问：“知譬日，欲譬云，云虽能蔽日，亦是天之一气合有的，欲亦莫非人心合有否？”

先生曰：“喜怒哀惧爱恶欲，谓之七情。七者俱是人心合有的，但要认得良知明白。比如日光，亦不可指着方所。一隙通明，皆是日光所在，虽云雾四塞，太虚中色象可辨，亦是日光不灭处，不可以云能蔽日，教天不要生云。七情顺其自然之流行，皆是良知之用，不可分别善恶，但不可有所着。七情有着，俱谓之欲，俱为良知之蔽。然才有着时，良知亦自会觉，觉即蔽去，复其体矣！此处能勘得破，方是简易透彻功夫。”

问：“圣人生知安行是自然的，如何有甚功夫？”

先生曰：“知行二字即是功夫，但有浅深难易之殊耳。良知原是精精明明的，如欲孝亲，生知安行的，只是依此良知实落尽孝而已；学知利行者，只是时时省觉，务要依此良知尽孝而已；至于困知勉行者，蔽锢已深，虽要依此良知去孝，又为私欲所阻，是以不能，必须加人一己百、人十己千之功，方能依此良知以尽其孝。圣人虽是生知安行，然其心不敢自是，肯做困知勉行的功夫。困知勉行的，却要思量做生知安行的事，怎生成得！”

问：“乐是心之本体，不知遇大故于哀哭时，此乐还在否？”

先生曰：“须是大哭一番方乐，不哭便不乐矣。虽哭，此心安处，即是乐也。本体未尝有动。”

问：“良知一而已。文王作《彖》，周公系《爻》，孔子赞《易》，何以各自看理不同？”

先生曰：“圣人何能拘得死格？大要出于良知同，便各为说何害？且如一园竹，只要同此枝节，便是大同。若拘定枝枝节节，都要高下大小一样，便非造化妙手矣。汝辈只要去培养良知。良知同，更不妨有异处。汝辈若不肯用功，连笋也不曾抽得，何处去论枝节？”

乡人有父子讼狱，请诉于先生，侍者欲阻之。先生听之，言不终辞，其父子相抱恸哭而去。

柴鸣治入问曰：“先生何言，致伊感悔之速？”

先生曰：“我言舜是世间大不孝的子，瞽瞍是世间大慈的父。”

鸣治愕然请问。

先生曰："舜常自以为大不孝，所以能孝。瞽瞍常自以为大慈，所以不能慈。瞽瞍只记得舜是我提孩长的，今何不曾豫悦我，不知自心已为后妻所移了，尚谓自家能慈，所以愈不能慈。舜只思父提孩我时如何爱我，今日不爱，只是我不能尽孝，日思所以不能尽孝处，所以愈能孝。及至瞽瞍底豫时，又不过复得此心原慈的本体。所以后世称舜是个古今大孝的子，瞽瞍亦做成个慈父。"

先生曰："孔子有鄙夫来问，未尝先有知识以应之，其心只空空而已。但叩他自知的是非两端，与之一剖决，鄙夫之心便已了然。鄙夫自知的是非，便是他本来天则。虽圣人聪明，如何可与增减得一毫？他只不能自信。夫子与之一剖决，便已竭尽无余了。若夫子与鄙夫言时，留得些子知识在，便是不能竭他的良知，道体即有二了。"

先生曰："'烝烝乂，不格奸'，本注说象已进进于义，不至大为奸恶。舜征庸后，象犹日以杀舜为事，何大奸恶如之。舜只是自进于乂，以乂薰烝，不去正他奸恶。凡文过掩慝，此是恶人常态，若要指摘他是非，反去激他恶性。舜初时致得象要杀己，亦是要象好的心太急，此就是舜之过处。经过来，乃知功夫只在自己，不去责人，所以致得'克谐'。此是舜'动心忍性，增益不能'处。古人言语，俱是自家经历过来，所以说得亲切，遗之后世，曲当人情。若非自家经过，如何得他许多苦心处？"

先生曰："古乐不作久矣。今之戏子，尚与古乐意思相近。"

未达，请问。先生曰："《韶》之九成，便是舜的一本戏子。《武》之九变，便是武王的一本戏子。圣人一生实事，俱播在乐中。所以有德者闻之，便知他尽善尽美与尽美未尽善处。若后世作乐，只是做些词调，于民俗风化绝无关涉，何以化民善俗？今要民俗反朴还淳，取今之戏子，将妖淫词调俱去了，只取忠臣孝子故事，使愚俗百姓人人易晓，无意中感激他良知起来，却于风化有益。然后古乐渐次可复矣。"

曰："洪要求元声不可得，恐于古乐亦难复。"

先生曰："你说元声在何处求？"

对曰:“古人制管候气，恐是求元声之法。”

先生曰:“若要去葭灰黍粒中求元声，却如水底捞月，如何可得？元声只在你心上求。”

曰:“心如何求？”

先生曰:“古人为治，先养得人心和平，然后作乐。比如在此歌诗，你的心气和平,听者自然悦怿兴起,只此便是元声之始。《书》云‘诗言志’，志便是乐的本。‘歌永言’，歌便是作乐的本。‘声依永，律和声’，律只要和声，和声便是制律的本。何尝求之于外？”

曰:“古人制候气法，是意何取？”

先生曰:“古人具中和之体以作乐。我的中和原与天地之气相应。候天地之气，协凤凰之音，不过去验我的气果和否。此是成律已后事，非必待此以成律也。今要候灰管，先须定至日。然至日子时，恐又不准，又何处取得准来？”

先生曰:“学问也要点化，但不如自家解化者，自一了百当。不然，亦点化许多不得。”

“孔子气魄极大，凡帝王事业，无不一一理会，也只从那心上来。譬如大树，有多少枝叶，也只是根本上用得培养功夫，故自然能如此，非是从枝叶上用功做得根本也。学者学孔子，不在心上用功，汲汲然去学那气魄，却倒做了。”

“人有过，多于过上用功，就是补甑，其流必归于文过。”

“今人于吃饭时，虽然一事在前，其心常役役不宁，只缘此心忙惯了所以收摄不住。”

“琴瑟简编，学者不可无。盖有业以居之，心就不放。”

先生叹曰:“世间知学的人,只有这些病痛打不破,就不是善与人同。”

崇一曰:“这病痛只是个好高不能忘己尔。”

问:“良知原是中和的，如何却有过、不及？”

先生曰:“知得过、不及处，就是中和。”

"'所恶于上'是良知；'毋以使下'即是致知。"

先生曰："苏秦、张仪之智也，是圣人之资。后世事业文章，许多豪杰名家，只是学得仪、秦故智。仪、秦学术善揣摸人情，无一些不中人肯綮，故其说不能穷。仪、秦亦是窥见得良知妙用处，但用之于不善尔。"

或问"未发"、"已发"。先生曰："只缘后儒将'未发'、'已发'分说了，只得劈头说个无'未发'、'已发'，使人自思得之。若说有个'已发'、'未发'，听者依旧落在后儒见解。若真见得无'未发'、'已发'，说个有'未发'、'已发'，原不妨，原有个'未发'、'已发'在。"

问曰："'未发'未尝不和，'已发'未尝不中。譬如钟声，未扣不可谓无，既扣不可谓有，毕竟有个扣与不扣，何如？"

先生曰："未扣时原是惊天动地，既扣时也只是寂天寞地。"

问："古人论性，各有异同，何者乃为定论？"

先生曰："性无定体，论亦无定体，有自本体上说者，有自发用上说者，有自源头上说者，有自流弊处说者。总而言知，只是一个性，但所见有浅深尔。若执定一边，便不是了。性之本体原是无善无恶的，发用上也原是可以为善、可以为不善的，其流弊也原是一定善、一定恶的。譬如眼，有喜时的眼，有怒时的眼。直视就是看的眼，微视就是觑的眼。总而言之，只是这个眼。若见得怒时眼，就说未尝有喜的眼，见得看时眼，就说未尝有觑的眼，皆是执定，就知是错。孟子说性，直从源头上说来，亦是说个大概如此。荀子性恶之说，是从流弊上说来，也未可尽说他不是，只是见得未精耳。众人则失了心之本体。"

问："孟子从源头上说性，要人用功在源头上明彻；荀子从流弊说性，功夫只在末流上救正，便费力了。"

先生曰："然。"

先生曰："用功到精处，愈着不得言语，说理愈难。若着意在精微上，全体功夫反蔽泥了。"

"杨慈湖不为无见，又着在无声无臭上见了。"

"人一日间，古今世界都经过一番，只是人不见耳。夜气清明时，无视无听，无思无作，淡然平怀，就是羲皇世界。平旦时，神清气朗，雍雍穆穆，就是尧舜世界。日中以前，礼仪交会，气象秩然，就是三代世界。日中以后，神气渐昏，往来杂扰，就是春秋、战国世界。渐渐昏夜，万物寝息，景象寂寥，就是人消物尽世界。学者信得良知过，不为气所乱，便常做个羲皇已上人。"

薛尚谦、邹谦之、马子辛、王汝止侍坐，因叹先生自征宁藩以来，天下谤议益众，请各言其故。有言先生功业势位日隆，天下忌之者日众；有言先生之学日明，故为宋儒争是非者亦日博；有言先生自南都以后，同志信从者日众，而四方排阻者日益力。

先生曰："诸君之言，信皆有之，但吾一段自知处，诸君俱未道及耳。"

诸友请问。先生曰："我在南都以前，尚有些子乡愿的意思在。我今信得这良知真是真非，信手行去，更不着些覆藏。我今才做得个狂者的胸次，使天下之人都说我行不掩言也罢。"

尚谦出，曰："信得此过，方是圣人的真血脉。"

先生锻炼人处，一言之下，感人最深。

一日，王汝止出游归，先生问曰："游何见？"

对曰："见满街人都是圣人。"

先生曰："你看满街人是圣人，满街人到看你是圣人在。"

又一日，董萝石出游而归，见先生曰："今日见一异事。"

先生曰："何异？"

对曰："见满街人都是圣人。"

先生曰："此亦常事耳，何足为异？"

盖汝止圭角未融，萝石恍见有悟，故问同答异，皆反其言而进之。

洪与黄正之、张叔谦、汝中丙戌会试归，为先生道途中讲学，有信有不信。先生曰："你们拿一个圣人去与人讲学，人见圣人来，都怕走了，如何讲得行？须做得个愚夫愚妇，方可与人讲学。"

洪又言:“今日要见人品高下最易。”

先生曰:“何以见之?”

对曰:“先生譬如泰山在前，有不知仰者，须是无目人。”

先生曰:“泰山不如平地大，平地有何可见?”先生一言剪裁，剖破终年为外好高之病，在座者莫不悚惧。

癸未春，邹谦之来越问学，居数日，先生送别于浮峰。是夕，与希渊诸友移舟宿延寿寺，秉烛夜坐。先生慨怅不已，曰:“江涛烟柳，故人倏在百里外矣!”

一友问曰:“先生何念谦之之深也?”

先生曰:“曾子所谓‘以能问于不能，以多问于寡，有若无，实若虚，犯而不较’，若谦之者，良近之矣!”

丁亥年九月，先生起复，征思、田。将命行时，德洪与汝中论学。汝中举先生教言，曰:“无善无恶是心之体，有善有恶是意之动，知善知恶是良知，为善去恶是格物。”

德洪曰:“此意如何?”

汝中曰:“此恐未是究竟话头。若说心体是无善无恶，意亦是无善无恶的意，知亦是无善无恶的知，物是无善无恶的物矣。若说意有善恶，毕竟心体还有善恶在。”

德洪曰:“心体是天命之性，原是无善无恶的。但人有习心，意念上见有善恶在。格、致、诚、正、修，此正是复那性体功夫。若原无善恶，功夫亦不消说矣。”

是夕侍坐天泉桥，各举请正。先生曰:“我今将行，正要你们来讲破此意。二君之见，正好相资为用，不可各执一边。我这里接人原有此二种。利根之人，直从本源上悟入。人心本体原是明莹无滞的，原是个未发之中。利根之人，一悟本体，即是功夫，人己内外，一齐俱透了。其次不免有习心在，本体受蔽，故且教在意念上实落为善去恶。功夫熟后，渣滓去得尽时，本体亦明尽了。汝中之见，是我这里接利根人的；德洪之见，是我这里为其次立法的。二君相取为用，则中人上下皆可引入于道。若各执一边，眼前便有失人，便于道体各有未尽。”

既而曰：“已后与朋友讲学，切不可失了我的宗旨：‘无善无恶是心之体，有善有恶是意之动，知善知恶的是良知，为善去恶是格物。’只依我这话头随人指点，自没病痛。此原是彻上彻下功夫。利根之人，世亦难遇，本体功夫，一悟尽透。此颜子、明道所不敢承当，岂可轻易望人！人有习心，不教他在良知上实用为善去恶功夫，只去悬空想个本体，一切事为俱不着实，不过养成一个虚寂。此个病痛不是小小，不可不早说破。”是日德洪、汝中俱有省。

先生初归越时，朋友踪迹尚寥落。既后四方来游者日进。癸未年已后，环先生而居者比屋，如天妃、光相诸刹，每当一室，常合食者数十人，夜无卧处，更相就席，歌声彻昏旦。南镇、禹穴、阳明洞诸山，远近寺刹，徙足所到，无非同志游寓所在。先生每临讲座，前后左右环坐而听者，常不下数百人，送往迎来，月无虚日。至有在侍更岁，不能遍记其姓名者。每临前，先生常叹曰：“君等离别，不出在天地间，苟同此志，吾亦可以忘形似矣！”诸生每听讲出门，未尝不跳跃称快。尝闻之同门先辈曰：“南都以前，朋友从游者虽众，未有如在越之盛者。此虽讲学日久，孚信渐博，要亦先生之学日进，感召之机，申变无方，亦自有不同也。”

黄以方录

黄以方问：“‘博学于文’，为随事学存此天理，然则谓‘行有余力，则以学文’，其说似不相合。”

先生曰：“《诗》、《书》、六艺皆是天理之发见，文字都包在其中。考之《诗》、《书》、六艺，皆所以学存此天理也。不特发见于事为者方为文耳。‘余力学文’，亦只‘博学于文’中事。”

或问“学而不思”二句。曰：“此亦有为而言，其实思即学也。学有所疑，便须思之，思而不学者，盖有此等人，只悬空去思，要想出一个道理，却不在身心上实用其力，以学存此天理。思与学作两事做，故有‘罔’与‘殆’之病。其实思只是思其所学，原非两事也。”

先生曰：“先儒解‘格物’为格天下之物，天下之物如何格得？且谓‘一草一木亦皆有理’，今如何去格？纵格得草木来，如何反来诚得自家意？我解‘格’作‘正’字义，‘物’作‘事’字义，《大学》之所谓‘身’，即耳、目、口、鼻、四肢是也。欲修身，便是要目非礼勿视，耳非礼勿听，口非礼勿言，四肢非礼勿动。要修这个身，身上如何用得功夫？心者身之主宰，目虽视而所以视者心也，耳虽听而所以听者心也，口与四肢虽言动而所以言动者心也。故欲修身在于体当自家心体，常令廓然太公，无有些子不正处。主宰一正，则发窍于目，自无非礼之视；发窍于耳，自无非礼之听；发窍于口与四肢，自无非礼之言动。此便是修身在正其心。然至善者，心之本体也。心之本体，那有不善？如今要‘正心’，本体上何处用得功？必就心之发动处才可着力也。心之发动不能无不善，故须就此处着力，便是在‘诚意’。如一念发在好善上，便实实落落去好善；一念发在恶恶上，便实实落落去恶恶。意之所发，既无不诚，则其本体如何有不正的？故欲正其心在‘诚意’。功夫到，‘诚意’始有着落处。然‘诚意’之本，又在于‘致知’也。所谓‘人虽不知，而已所独知’者，此正是吾心良知处。然知得善，却不依这个良知便做去，知得不善，却不依这个良知便不去做，则这个良知便遮蔽了，是不能致知也。吾心良知既不能扩充到底，则善虽知好，不能着实好了；恶虽知恶，不能着实恶了，如何得意诚？故‘致知’者，意诚之本也。然亦不是悬空的‘致知’，‘致知’在实事上格。如意在于为善，便就这件事上去为；意在于去恶，便就这件事上去不为。去恶，固是格不正以归于正。为善，则不善正了，亦是格不正以归于正也。如此，则吾心良知无私欲蔽了，得以致其极，而意之所发，好善去恶，无有不诚矣！诚意功夫，实下手处在格物也。若如此格物，人人便做得，‘人皆可以为尧舜’，正在此也。”

先生曰：“众人只说格物要依晦翁，何曾把他的说去用？我着实曾用来。初年与钱友同论做圣贤要格天下之物，如今安得这等大的力量？因指亭前竹子，令去格看。钱子早夜去穷格竹子的道理，竭其心思，至于三日，便致劳神成疾。当初说他这是精力不足，某因自去穷格，早夜不得其理，到七日，亦以劳思致疾。遂相与叹圣贤是做不得的，无他大力量去格物了。及在夷中三年，颇见得此意思，乃知天下之物本无可格者。其格物之功，只在身心上做，决然以圣人为人人可到，便自有担当了。这里意思，却要说与诸公知道。”

门人有言邵端峰论童子不能格物，只教以洒扫应对之说。先生曰：“洒扫应对就是一件物，童子良知只到此，便教去洒扫应对，就是致他这一点良知了。又如童子知畏先生长者，此亦是他良知处。故虽嬉戏中见了先生长者，便去作揖恭敬，是他能格物以致敬师长之良知了。童子自有童子的格物致知。”

又曰：“我这里言格物，自童子以至圣人，皆是此等功夫。但圣人格物，便更熟得些子，不消费力。如此格物，虽卖柴人亦是做得，虽公卿大夫以至天子，皆是如此做。”

或疑知行不合一，以“知之匪艰”二句为问。先生曰：“良知自知，原是容易的。只是不能致那良知，便是‘知之匪艰，行之惟艰’。”

门人问曰：“知行如何得合一？且如《中庸》，言‘博学之’，又说个‘笃行之’，分明知行是两件。”

先生曰：“博学只是事事学存此天理，笃行只是学之不已之意。”

又问：“《易》‘学以聚之’，又言‘仁以行之’，此是如何？”

先生曰：“也是如此。事事去学存此天理，则此心更无放失时，故曰‘学以聚之’。然常常学存此天理，更无私欲间断，此即是此心不息处，故曰‘仁以行之’。”

又问：“孔子言‘知及之，仁不能守之’，知行却是两个了。”

先生曰：“说‘及之’已是行了，但不能常常行，已为私欲间断，便是‘仁不能守’。”

又问：“心即理之说，程子云‘在物为理’，如何谓心即理？”

先生曰：“‘在物为理’，‘在’字上当添一‘心’字，此心在物则为理。如此心在事父则为孝，在事君则为忠之类。”

先生因谓之曰：“诸君要识得我立言宗旨。我如今说个心即理是如何，只为世人分心与理为二，故便有许多病痛。如五伯攘夷狄，尊周室，都是一个私心，便不当理。人却说他做得当理，只心有未纯，往往悦慕其所为，要来外面做得好看，却与心全不相干。分心与理为二，其流至于伯道之伪而不自知。故我说个心即理，要使知心理是一个，便来心上做功夫，不去袭义于义，便是王道之真。此我立言宗旨。”

又问：“圣贤言语许多，如何却要打做一个？”

曰：“我不是要打做一个，如曰‘夫道，一而已矣’，又曰‘其为物不二，则其生物不测’。天地圣人皆是一个，如何二得？”

“心不是一块血肉，凡知觉处便是心，如耳目之知视听，手足之知痛痒，此知觉便是心也。”

以方问曰：“先生之说‘格物’，凡《中庸》之‘慎独’及‘集义’、‘博约’等说，皆为‘格物’之事？”

先生曰：“非也。‘格物’即‘慎独’，即‘戒惧’。至于‘集义’、‘博约’，功夫只一般，不是以那数件都做‘格物’底事。”

以方问‘尊德性’一条。先生曰：“‘道问学’即所以‘尊德性’也。晦翁言‘子静以尊德性诲人，某教人岂不是道问学处多了些子’，是分尊德性、道问学作两件。且如今讲习讨论，下许多功夫，无非只是存此心，不失其德性而已。岂有尊德性只空空去尊，更不去问学？问学只是空空去问学，更与德性无关涉？如此，则不知今之所以讲习讨论者，更学何事！”

问“致广大”二句。曰：“‘尽精微’即所以‘致广大’也。‘道中庸’即所以‘极高明’也。盖心之本体自是广大底，人不能‘尽精微’，则便为私欲所蔽，有不胜其小者矣。故能细微曲折，无所不尽，则私意不足以蔽之，自无许多障碍遮隔处，如何广大不致？”

又问:“精微还是念虑之精微，是事理之精微？”

曰:“念虑之精微即事理之精微也。”

先生曰:“今之论性者纷纷异同，皆是说性，非见性也。见性者无异同之可言矣。”

问:“声、色、货、利，恐良知亦不能无。”

先生曰:“固然。但初学用功,却须扫除荡涤,勿使留积,则适然来遇,始不为累,自然顺而应之。良知只在声、色、货、利上用功，能致得良知，精精明明，毫发无蔽，则声、色、货、利之交，无非天则流行矣。”

先生曰:“吾与诸公讲致知格物，日日是此，讲一二十年俱是如此。诸君听吾言,实去用功,见吾讲一番,自觉长进一番。否则,只作一场话说，虽听之亦何用？”

先生曰:“人之本体常常是寂然不动的，常常是感而逐通的。未应不是先，已应不是后。”

一友举:“佛家以手指显出，问曰:‘众曾见否？’众曰:‘见之。’复以手指入袖，问曰:‘众还见否？’众曰:‘不见。’佛说还未见性。此义未明。”

先生曰:“手指有见有不见，尔之见性常在。人之心神只在有睹有闻上驰骛，不在不睹不闻上着实用功。盖不睹不闻是良知本体。戒慎恐惧是治良知的功夫。学者时时刻刻常睹其所不睹，常闻其所不闻，功夫方有个实落处。久久成熟后，则不须着力，不待防检，而真性自不息矣。岂以在外者之闻见为累哉！”

问:“先儒谓‘鸢飞鱼跃’，与‘必有事焉’同一活泼泼地。”

先生曰:“亦是。天地间活泼泼地，无非此理，便是吾良知的流行不息。致良知便是‘必有事’的功夫。此理非惟不可离，实亦不得而离也。无往而非道，无往而非功夫。”

先生曰:“诸公在此，务要立个必为圣人之心，时时刻刻须是一棒一条痕，一掴一掌血，方能听吾说话，句句得力。若茫茫荡荡度日，譬如一块死肉，打也不知得痛痒，恐终不济事。回家只寻得旧时伎俩而已，岂不惜哉！”

问：“近来妄念也觉少，亦觉不曾着想定要如何用功，不知此是功夫否？”

先生曰：“汝且去着实用功，便多这些着想也不妨，久久自会妥帖。若才下得些功，便说效验，何足为恃？”

一友自叹：“私意萌时，分明自心知得，只是不能使他即去。”

先生曰：“你萌时，这一知处便是你的命根。当下即去消磨，便是立命功夫。”

“夫子说‘性相近’，即孟子说‘性善’，不可专在气质上说。若说气质，如刚与柔对，如何相近得？惟性善则同耳。人生初时，善原是同的。但刚的习于善则为刚善，习于恶则为刚恶；柔的习于善则为柔善，习于恶则为柔恶，便日相远了。”

先生尝语学者曰：“心体上着不得一念留滞，就如眼着不得些子尘沙。些子能得几多？满眼便昏天黑地了。”

又曰：“这一念不但是私念，便好的念头亦着不得些子。如眼中放些金玉屑，眼亦开不得了。”

问：“人心与物同体，如吾身原是血气流通的，所以谓之同体。若于人便异体了。禽兽草木益远矣，而何谓之同体？”

先生曰：“你只在感应之几上看，岂但禽兽草木，虽天地也与我同体的，鬼神也与我同体的。”

请问。先生曰：“你看这个天地中间，甚么是天地的心？”

对曰：“尝闻人是天地的心。”

曰：“人又甚么教做心？”

对曰：“只是一个灵明。”

“可知充天塞地中间，只有这个灵明，人只为形体自间隔了。我的灵明，便是天地鬼神的主宰。天没有我的灵明，谁去仰他高？地没有我的灵明，谁去俯他深？鬼神没有我的灵明，谁去辨他吉凶灾祥？天地鬼神万物，离却我的灵明，便没有天地鬼神万物了。我的灵明离却天地鬼神万物，亦没有我的灵明。如此，便是一气流通的，如何与他间隔得？”

又问：“天地鬼神万物，千古见在，何没了我的灵明，便俱无了？”

曰：“今看死的人，他这些精灵游散了，他的天地万物尚在何处？”

先生起行征思、田，德洪与汝中追送严滩，汝中举佛家实相、幻相之说。先生曰：“有心俱是实，无心俱是幻；无心俱是实，有心俱是幻。”

汝中曰：“有心俱是实，无心俱是幻，是本体上说功夫。无心俱是实，有心俱是幻，是功夫上说本体。”

先生然其言。洪于是时尚未了达，数年用功，始信本体功夫合一。但先生是时因问偶谈，若吾儒指点人处，不必借此立言耳！

尝见先生送二三耆宿出门，退坐于中轩，若有忧色。德洪趋进请问。先生曰：“顷与诸老论及此学，真圆凿方枘。此道坦如道路，世儒往往自加荒塞，终身陷荆棘之场而不悔，吾不知其何说也！”

德洪退，谓朋友曰：“先生诲人，不择衰朽，仁人悯物之心也。”

先生曰：“人生大病，只是一傲字。为子而傲必不孝，为臣而傲必不忠，为父而傲必不慈，为友而傲必不信。故象与丹朱俱不肖，亦只一傲字，便结果了此生。诸君常要体此人心本是天然之理，精精明明，无纤介染着，只是一无我而已。胸中切不可有，有即傲也。古先圣人许多好处，也只是无我而已。无我自能谦，谦者众善之基，傲者众恶之魁。”

又曰：“此道至简至易的，亦至精至微的。孔子曰：‘其如示诸掌乎！’且人于掌，何日不见？及至问他掌中多少文理，却便不知。即如我良知二字，一讲便明，谁不知得？若欲的见良知，却谁能见得？”

问曰：“此知恐是无方体的，最难捉摸。”

先生曰：“良知即是《易》，‘其为道也屡迁，变动不居，周流六虚，上下无常，刚柔相易，不可为典要，惟变所适’。此知如何捉摸得？见得透时便是圣人。”

问:“孔子曰:‘回也，非助我者也。’是圣人果以相助望门弟子否?”

先生曰:“亦是实话。此道本无穷尽，问难愈多，则精微愈显。圣人之言，本自周遍，但有问难的人胸中窒碍，圣人被他一难，发挥得越加精神，若颜子闻一知十，胸中了然，如何得问难?故圣人亦寂然不动，无所发挥，故曰‘非助’。”

邹谦之尝语德洪曰:“舒国裳曾持一张纸，请先生写‘拱把之桐梓’一章。先生悬笔为书，到‘至于身而不知所以养之者‘，顾而笑曰:‘国裳读书中过状元来，岂诚不知身之所以当养?还须诵此以求警?’一时在侍诸友皆惕然。”

钱德洪跋

嘉靖戊子冬，德洪与王汝中奔师丧，至广信，讣告同门，约三年收录遗言。

继后同门各以所记见遗。洪择其切于问正者，合所私录，得若干条。居吴时，将与《文录》并刻矣，适以忧去，未遂。当是时也，四方讲学日众，师门宗旨既明，若无事于赘刻者，故不复萦念。

去年，同门曾子才汉得洪手抄，复傍为采辑，名曰《遗言》，以刻行于荆。洪读之，觉当时采录未精，乃为删其重复，消去芜蔓，存其三之一，命曰《传习续录》，复刻于宁国之水西精舍。

今年夏，洪来游蕲，沈君思畏曰:“师门之教久行于四方，而独未及于蕲。蕲之士得读《遗言》，若亲炙夫子之教。指见良知，若重睹日月之光。惟恐传习之不博，而未以重复之为繁也。请裒其所逸者增刻之，若何?”洪曰:“然。”师门“致知格物”之旨，开示来学，学者躬修默悟，不敢以知解承，而惟以实体得。故吾师终日言是，而不惮其烦;学者终日听是，而不厌其数。益指示专一则体悟日精，几迎于言前，神发于言外，感遇诚也。

今吾师之殁，未及三纪，而格言微旨，渐觉沦晦，岂非吾党身践之不力，多言有以病之耶？学者之趋不一，师门之教不宣也。乃复取逸稿，采其语之不背者，得一卷。其余影响不真，与《文录》既载者，皆削之，并易中卷为问答语，以付黄梅尹张君增刻之。庶几读者不以知解承，而惟以实体得，则无疑于是录矣！

嘉靖丙辰夏四月，门人钱德洪拜书于蕲之崇正书院。

附录朱子晚年定论

《定论》首刻于南赣。朱子病目静久，忽悟圣学之渊薮，乃大悔中年注述，误己误人，遍告同志。师阅之，喜已学与晦翁同，手录一卷，门人刻行之。自是为朱子论异同者寡矣。师曰："无意中得此一助！"隆庆壬申，虬峰谢君廷杰刻师《全书》，命刻《定论》附《语录》后，见师之学与朱子无相谬戾，则千古正学同一源矣。并师首叙与袁庆麟跋凡若干条，洪僭引其说。

朱子晚年定论

阳明子序曰：洙、泗之传，至孟氏而息。千五百余年，濂溪、明道始复追寻其绪。自后辨析日祥，然亦日就支离决裂，旋复湮晦。吾尝深求其故，大抵皆世儒之多言有以乱之。

守仁早岁业举，溺志词章之习，既乃稍知从事正学，而苦于众说之纷扰疲疢，茫无可入，因求诸老、释，欣然有会于心，以为圣人之学在此矣！然于孔子之教，间相出入，而措之日用，往往缺漏无归，依违往返，且信且疑。其后谪官龙场，居夷处困，动心忍性之余，恍若有悟，体念探求，再更寒暑，证诸《五经》、《四子》，沛然若决江河而放诸海也。然后叹圣人之道坦如大路，而世之儒者妄开窦迳，蹈荆棘，堕坑堑，究其为说，反出二氏之下。宜乎世之高明之士厌此而趋彼也！此岂二氏之罪哉！间尝以语同志，而闻者竞相非议，目以为立异好奇。虽每痛反深抑，务自搜剔斑瑕，而愈益精明，的确洞然，无复可疑。独于朱子之说有相牴牾，恒疚于心，切疑朱子之贤，而岂其于此尚有未察？及官留都，复取朱子之书而检求之，然后知其晚岁固已大悟旧说之非，痛悔极艾，至以为自诳诳人之罪，不可胜赎。世之所传《集注》、《或问》之类，乃其中年未定之说，自咎以为旧本之误，思改正而未及，而其诸《语类》之属，又其门人挟胜心以附己见，固于朱子平日之说犹有大相谬戾者，而世之学者，局于见闻，不过持循讲习于此。其余悟后之论，概乎其未有闻，则亦何怪乎予言之不信，而朱子之心无以自暴于后事也乎？

予既自幸其说之不谬于朱子，又喜朱子之先得我心之同然，且慨夫世之学者，徒守朱子中年未定之说，而不复知求其晚岁既悟之论，竞相呶呶，以乱正学，不自知其已入于异端。辄采录而裒集之，私以示夫同志，庶几无疑于吾说，而圣学之明可冀矣！

正德乙亥冬十一月朔，后学余姚王守仁序。

答黄直卿书

为学直是先要立本。文义却可且与说出，正意令其宽心玩味。未可便令考校同异，研究纤密，恐其意思促迫，难得长进。将来见得大意，略举一二节目，渐次理会，盖未晚也。此是向来定本之误。今幸见得，却烦勇革。不可苟避讥笑，却误人也。

答吕子约

日用功夫，比复何如？文字虽不可废，然涵养本原，而察于天理人欲之判，此是日用动静之间，不可顷刻间段底事。若于此处见得分明，自然不到得流入世俗功利权谋里去矣。熹亦近日方实见得向日支离之病，虽与彼中证候不同，然忘己逐物，贪外虚内之失，则一而已。程子说“不得以天下万物挠己，己立后自能了得天下万物”，今自家一个身心，不知安顿去处，而谈王说伯，将经世事业，别作一个伎俩，商量讲究，不亦误乎！相去远，不得面论。书问终说不尽，临风叹息而已。

答何叔京

前此僭易拜禀，博观之蔽，诚不自揆。乃蒙见是，何幸如此！然观来谕，似有未能遽舍之意，何邪？此理甚明，何疑之有？若使道可以多闻博观而得，则世之知道者为不少矣。熹近日因事方有少省发处，如“鸢飞鱼跃”，明道以为与“必有事焉勿正”之意同者，乃今晓然无疑。日用之间，观此流行之体，初无间段处，有下功夫处。乃知日前自诳诳人之罪，盖不可胜赎也。此与守书册，泥言语，全无交涉。幸于日用间察之，知此则知仁矣。

答潘叔昌

示喻“天上无不识字的神仙”，此论甚中一偏之弊。然亦恐只学得识字，却不曾学得上天，即不如且学上天耳。上得天了，却旋学上天人，亦不妨也。中年以后，气血精神能有几何？不是记故事时节。熹以目昏，不敢着力读书。闲中静坐，收敛身心，颇觉得力。间起看书，聊复遮眼，遇有会心处，时一喟然耳！

答潘叔度

熹衰病，今岁幸不至剧，但精力益衰，目力全短，看文字不得。冥目静坐，却得收拾放心，觉得日前外面走作不少，颇恨盲废之不早也。看书鲜识之喻，诚然。然严霜大冻之中，岂无些小风和日暖意思？要是多者胜耳！

与吕子约

孟子言“学问之道，惟在求其放心”，而程子亦言“心要在腔子里”。今一向耽着文字，令此心全体都奔在册子上，更不知有己。便是个无知觉，不识痛痒之人，虽读得书，亦何益于吾事邪?

与周叔谨

应之，甚恨未得相见，其为学，规模次第如何？近来吕、陆门人，互相排斥，此由各徇所见之偏，而不能公天下之心，以观天下之理，甚觉不满人意。应之盖尝学于两家，未知其于此看得果如何？因话扣之，因书谕及为幸也。熹近日亦觉向来说话有大支离处，反身以求，正坐自己用功亦未切耳。因此减去文字功夫，觉得闲中气象甚适。每劝学者且亦看《孟子》“道性善”、“求放心”两章，着实体察收拾为要。其余文字，且大概讽诵涵养，未须大段着力考索也。

答陆象山

熹衰病日侵，去年灾患亦不少，比来病躯方似略可支吾。然精神耗减，日甚一日，恐终非能久于世者。所幸迩来日用功夫，颇觉有力，无复向来支离之病。甚恨未得从容面论。未知异时相见，尚复有异同否耳?

答符复仲

闻向道之意甚勤。向所喻义利之间，诚有难择者。但意所疑，以为近利者，即便舍去可也。向后见得亲切，却看旧事，又有见未尽舍未尽者，不解有过当也。见陆丈回书，其言明当，且就此持守，自见功效，不须多疑外问，却转迷惑也。

答吕子约

日用功夫，不敢以老病而自懈。觉得此心操存舍亡，只在反掌之间。向来诚是太涉支离。盖无本以自立，则事事皆病而。又闻讲授亦颇勤劳，此恐或有未便。今日正要清源正本，以察事变之几微，岂可一向汩溺于故纸堆中，使精神昏弊，失后忘前，而可以谓之学乎?

与吴茂实

近来自觉向时功夫止讲论文义，以为积集义理久，当自有得力处，却于日用功夫全少检点。诸朋友往往亦只如此做功夫，所以多不得力。今方深省而痛惩之，亦欲与诸同志勉焉。幸老兄遍以告之也。

答张敬夫

熹穷居如昨，无足言者。自远去师友之益，兀兀度日。读书反己，固不无警省处，终是旁无强辅，因循汩没，寻复失之。近日一种向外走作，心悦之而不能自已者，皆准止酒例，戒而绝之，似觉省事。此前辈所谓“下士晚闻道，聊以拙自修”者，若扩充不已，补复前非，庶其有日。旧读《中庸》“慎读”、《大学》“诚意”、“毋自欺”处，常苦求之太过，措词烦猥。近日乃觉其非，此正是最切近处，最分明处。乃舍之而谈空于冥漠之间，其亦误矣。方窃以此意痛自检勒，懔然度日，惟恐有怠而失之也。至于文字之间，亦觉向来病痛不少。盖平日解经最为守章句者，然亦多是推衍文义，自做一片文字。非惟屋下架屋，说得意味淡薄，且是使人看者将注与经作两项，功夫做了下梢，看得支离，至于本旨，全不相照。以此方知汉儒可谓善说经者，不过只说训诂，使人以此训诂玩索经文。训诂经文，不相离异，只做一道看了，直是意味深长也。

答吕伯恭

道间与季通讲论，因悟向来涵养功夫全少，而讲说又多强探，必取寻流逐末之弊。推类以求，众病非一，而其源皆在此，恍然自失，似有顿进之功。若保此不懈，庶有望于将来。然非如近日诸贤所谓顿悟之机也。向来所闻诲谕诸说之未契者，今日细思，吻合无疑。大抵前日之病，皆是气质躁妄之偏，不曾涵养克治，任意直前之弊耳。

答周纯仁

闲中无事，固宜谨出，然想亦不能一并读得许多。似此专人来往劳费，亦是未能省事，随寓而安之病。又如多服燥热药，亦使人血气偏胜，不得和平，不但非所以卫生，亦非所以养心。窃恐更须深自思省，收拾身心，渐令向里，令宁静闲退之意胜，而飞扬燥扰之气消，则治心养气，处事接物，自然安稳，一时长进，无复前日内外之患矣。

答窦文卿

为学之要，只在着实操存，密切体认，自己身心上理会。切忌轻自表襮，引惹外人辩论，枉费酬应，分却向里功夫。

答吕子约

闻欲与二友俱来而复不果，深以为恨。年来觉得日前为学不得要领，自做身主不起，反为文字夺却精神，不是小病。每一念之，惕然自惧，且为朋友忧之。而每得子约书，辄复恍然，尤不知所以为贤者谋也。且如临事迟回，瞻前顾后，只此亦可见得心术影子。当时若得相聚一番，彼此极论，庶几或有剖决之助。今又失此机会，极令人恨怅也！训导后生，若说得是当，极有可自警省处，不会减人气力。若只如此支离，漫无统纪，则虽不教后生，亦只见得展转迷惑，无出头处也。

答林择之

熹哀苦之余，无他外诱，日用之间，痛自敛饬，乃知敬字之功亲切要妙乃如此。而前日不知于此用力，徒以口耳浪费光阴，人欲横流，天理几灭。今而思之，怛然震悚，盖不知所以措其躬也。

又

此中见有朋友数人讲学，其间亦难得朴实头负荷得者。因思日前讲论，只是口说，不曾实体于身，故在己在人，都不得力。今方欲与朋友说，日用之间，常切点检气习偏处、意欲萌处，与平日所讲相似与不相似，就此痛着功夫，庶几有益。陆子寿兄弟，近日议论，却肯向讲学上理会。其门人有相访者，气象皆好。但其间亦有旧病。此间学者却是与渠相反，初谓只如此讲学，渐涵自能入德。不谓末流之弊只成说话，至于人伦日用最切近处，亦都不得毫毛气力。此不可不深惩而痛警也！

答梁文叔

近看《孟子》见人即道性善，称尧、舜，此是第一义。若于此看得透，信得及，直下便是圣贤，便无一毫人欲之私做得病痛。若信不及，孟子又说个第二节功夫，又只引成覸、颜渊、公明仪三段说话，教人如此发愤勇猛向前，日用之间，不得存留一毫人欲之私在这里，此外更无别法。若于此有个奋迅兴起处，方有田地可下功夫。不然，即是画脂镂冰，无真实得力处也。近日见得如此，自觉颇得力，与前日不同，故此奉报。

答潘叔恭

学问根本，在日用间持敬集义功夫，直是要得念念省察。读书求义，乃其间之一事耳。旧来虽知此意，然于缓急之间，终是不觉有倒置处，误人不少。今方自悔耳！

答林充之

充之近读何书？恐更当于日用之间，为仁之本者，深加省察，而去其有害于此者为佳。不然，诵说虽精，而不践其实，君子盖深耻之。此固充之平日所讲闻也。

答何叔景

李先生教人，大抵令于静中体认，大本未发时，气象分明，即处事应物，自然中节。此乃龟山门下相传指诀。然当时亲炙之时，贪听讲论，又方窃好章句训诂之习，不得尽心于此。至今若存若亡，无一的实见处，辜负教育之意。每一念此，未尝不愧汗沾衣也。

又

熹近来尤觉昏愦无进步处。盖缘日前偷堕苟简，无深探力行之志，凡所论说，皆出入口耳之余，以故全不得力。今方觉悟，欲勇革旧习，而血气已衰，心志亦不复强，不知终能有所济否？

又

向来妄论“持敬”之说，亦不自记其云何。但因其良心发见之微，猛省提撕，使心不昧，则是做功夫底本领。本领既立，自然下学而上达矣。若不察良心发见处，即渺渺茫茫，恐无下手处也。中间一书，论“必有事焉”之说，却尽有病。殊不蒙辨诘，何邪？所喻多识前言往行，固君子之所急。熹自来所见亦是如此。近因反求，未得个安稳处，却始知此未免支离，如所谓因诸公以求程氏，因程氏以求圣人，是隔几重公案，曷若默会诸心，以立其本，而其言之得失，自不能逃吾之鉴邪？钦夫之学，所以超脱自在，见得分明，不为言句所桎梏，只为合下入处亲切。今日说话，虽未能绝无渗漏，终是本领是当，非吾辈所及，但详观所论，自可见矣。

答林择之

所论颜、孟不同处，极善极善！正要见此曲折，始无窒碍耳。比来想亦只如此用功。熹近只就此处见得向来未见底意思，乃知“存久自明，何待穷索”之语，是真实不诳语。今未能久，已有此验，况真能久邪？但当益加勉励，不敢少弛其劳耳！

答杨子直

学者堕在语言，心实无得，固为大病。然于语言中，罕见有究竟得彻头彻尾者。盖资质已是不及古人，而功夫又草草，所以终身于此，若存若亡，未有卓然可恃之实。近因病后，不敢极力读书，闲中却觉有进步处。大抵孟子所论求其放心，是要诀尔！

与田侍郎子真

吾辈今日事事做不得，只有向里存心穷理，外人无交涉。然亦不免违条碍贯，看来无着力处，只有更攒近里面安身立命尔。不审比日何所用心？因书反之，深所欲闻也。

答陈才卿

详来示，知日用功夫精进如此，尤以为喜。若知此心理端的在我，则参前倚衡，自有不容舍者，亦不待求而得，不待操而存矣。格物致知，亦是因其所已知者，推之以及其所未知，只是一本，原无两样功夫也。

与刘子澄

“居官无修业之益”，若以俗学言之，诚是如此。若论圣门所谓德业者，却初不在日用之外，只押文字，便是进德修业地头，不必编缀异闻乃为修业也。近觉向来为学，实有向外浮泛之弊，不惟自误，而误人亦不少。方别寻得一头绪，似差简约端的，始知文字言语之外，真别有用心处，恨未得面论也。浙中后来事体，大段支离乖僻，恐不止似正似邪而已，极令人难说，只得惶恐痛自警省！恐未可专执旧说以为取舍也。

与林择之

熹近觉向来乖谬处不可缕数，方惕然思所以自新者，而日用之间，悔吝潜积，又已甚多。朝夕惴惧，不知所以为计。若择之能一来，辅此不逮，幸甚！然讲学之功，比旧却觉稍有寸进。以此知初学得些静中功夫，亦为助不小。

答吕子约

示喻日用功夫如此，甚善！然亦且要见一大头脑分明，便于操舍之间，有用力处。如实有一物把住放行在自家手里，不是谩说求其放心，实却茫茫无把捉处也。

子约复书云："某盖尝深体之，此个大头脑，本非外面物事，是我元初本有底。其曰'人生而静'，其曰'喜怒哀乐之未发'，其曰'寂然不动'，人汩汩地过了日月，不曾存息，不曾实现此体段，如何会有用力处？程子谓'这个义理，仁者又看做仁了，智者又看做智了，百姓日用不知，此所以君子之道鲜'。此个亦不少，亦不剩，只是人看他不见，不大段信得此话。及其言于勿忘勿助长间认取者，认乎此也。认得此，则一动一静皆不昧矣！恻隐、羞恶、辞让、是非，四端之著也，操存久则发现多；忿懥、忧患、好乐、恐惧，不得其正也，放舍甚则日滋长。记得南轩先生谓'验厥操舍，乃知出入'，乃是见得主脑于操舍间有用力处之实话。盖苟知主脑不放下，虽是未能常常操存，然语默应酬间，历历能自省验，虽其实有一物在我手里，然可欲者，是我底物，不可放失；不可欲者，非是我物，不可留藏。虽谓之实有一物在我手里，亦可也。若是谩说，既无归宿，亦无依据，纵使强把捉得住，亦止是袭取，夫岂是我元有底邪？愚见如此，敢望指教。"朱子答书云："此段大概，甚正当亲切。"

答吴德夫

承喻仁字之说，足见用力之深。熹意不欲如此坐谈，但直以孔子、程子所示求仁之方，择其一二切于吾身者，笃志而力行之，于动静语默间，勿令间断，则久久自当知味矣。去人欲，存天理，且据所见去之存之。

功夫既深，则所谓似天理而实人欲者，次第可见。今大体未正，而便察及细微，恐有“放饭流啜而问无齿决”之讥也。如何如何？

答或人

“中和”二字，皆道之体用。旧闻李先生论此最详，后来所见不同，遂不复致思。今乃知其为人深切，然恨已不能尽记其曲折矣。如云“人固有无所喜怒哀乐之时，然谓之未发，则不可，言无正也”，又如先言“慎独”，然后及“中和”，此亦尝言之。但当时既不领略，后来又不深思，遂成蹉过，孤负此翁耳！

答刘子澄

日前为学，缓于反己。追思凡百，多可悔者。所论注文字，亦坐此病，多无着实处。回首茫然，计非岁月功夫所能救治，以此愈不自快。前时犹得敬夫、伯恭时惠规益，得以自警省。二友云亡，耳中绝不闻此等语。今乃深有望于吾子澄。自此惠书，痛加镌诲，乃君子爱人之意也。

朱子之后，如真西山、许鲁斋、吴草庐亦皆有见于此，而草庐见之尤真，悔之尤切。今不能备录，取草庐一说附于后。

临川吴氏曰：“天之所以生人，人之所以为人，以此德性也。然自圣传不嗣，士学靡宗，汉、唐千余年间，董、韩二子，依稀数语近之，而原本竟昧昧也。逮夫周、程、张、邵兴，始能上通孟氏而为一。程氏四传而至朱，文义之精密，又孟氏以来所未有者。其学徒往往滞于此而溺其心。夫既以世儒记诵词章为俗学矣，而其为学亦未离乎言语文字之末。此则嘉定以后朱门末学之敝，而未有能救之者也。夫所贵乎圣人之学，以能全天之所以与我者尔。天之与我，德性是也，是为仁义礼智之根株，是为形质血气之主宰。舍此而他求，所学何学哉？假而行如司马文正公，才如诸葛忠武侯，亦不免为习不著，行不察，亦不过为资器之超于人，而谓有得于圣学则未也。况止于训诂之精，讲说之密，如北溪之陈，双峰之饶，则与彼记诵词章之俗学，相去何能以寸哉？圣学大明于宋代，而踵其后者如此，可叹已！澄也钻研于文义，毫分缕析，每以陈为未精，饶为未密也。堕此科臼中垂四十年，而始觉其非。自今以往，一日之内而亥，一月之内朔而晦，一岁之内春而冬，常见吾德性之昭昭，如天之运转，如日月之往来，不使有须臾之间断，则于尊之之道，殆庶几乎？于此有未能，则问于人，学于己，而必欲其至。若其用力之方，非言之可喻，亦味于《中庸》首章、《订顽》终篇而自悟可也。"

《朱子晚年定论》，我阳明先生在留都时所采集者也。揭阳薛君尚谦旧录一本，同志见之，至有不及抄写，袖之而去者。众皆惮于翻录，乃谋而寿诸梓。谓"子以齿，当志一言"。惟朱子一生勤苦，以惠来学，凡一言一字，皆所当守。而独表章是、尊崇乎此者，盖以为朱子之定见也。今学者不求诸此，而犹踵其所悔，是蹈舛也，岂善学朱子者哉？麟无似，从事于朱子之训余三十年，非不专且笃，而竟亦未有居安资深之地，则犹以为知之未详，而览之未博也。戊寅夏，持所著论若干卷来见先生。闻其言，如日中天，睹之即见；象五谷之艺地，种之即生；不假外求，而真切简易，恍然有悟。退求其故而不合，则又不免迟疑于其间。及读是编，始释然，尽投其所业，假馆而受学，盖三月而若将有闻焉。然后知向之所学，乃朱子中年未定之论，是故三十年而无获。今赖天之灵，始克从事于其所谓定见者，故能三月而若将有闻也。非吾先生，几乎已矣！敢以告夫同志，使无若麟之晚而后悔也。若夫直求本原于言于之外，真有以验其必然而无疑者，则存乎其人之自力，是编特为之指迷耳。

正德戊寅六月望，门人雩都袁庆麟谨识。

卷四　文录一

书一始正德己巳至庚辰

与辰中诸生己巳

谪居两年，无可与语者。归途乃得诸友，何幸何幸！方以为喜，又遽尔别去，极怏怏也。绝学之余，求道者少；一齐众楚，最易摇夺。自非豪杰鲜有卓然不变者。诸友宜相砥砺夹持，务期有成。近世士夫亦有稍知求道者，皆因实德未成而先揭标榜，以来世俗之谤，是以往往隳堕无立，反为斯道之梗。诸友宜以是为鉴，刊落声华，务于件己处着实用力。

前在寺中所云静坐事，非欲坐禅入定。盖因吾辈平日为事物纷拏，未知为己，欲以此补小学收放心一段功夫耳。明道云："才学便须知有着方处，既学便须知有得力处。"诸友宜于此处着力，方有进步，异时始有得力处也。"学要鞭辟近里着已"、"君子之道，暗然而日章"、"为名与为利，虽清浊不同，在其利心则一"、"谦受益"、"不求异于人，而求同于理"，此数语，宜书之壁间，常目在之。举业不患妨功，惟患夺志。只如前日所约，循循为之，亦自两无相碍。所谓知得洒扫应对，便是精义入神也。

答徐成之 辛未

汝华相见于逆旅，闻成之启居甚悉，然无因一面，徒增悒怏。吾乡学者几人，求其笃信好学如吾成之者谁欤？求其喜闻过，忠告善道如吾成之者谁欤？过而莫吾告也，学而莫吾与者，非吾成之之思而谁思欤？嗟吾成之，幸自爱重！

自人之失其所好，仁之难成也久矣。向吾成之在乡党中，刻厉自立，众皆非笑，以为迂腐，成之不为少变。仆时虽稍知爱敬，不从众非笑，然尚未知成之之难得如此也。今知成之之难得，则又不获朝夕相与，岂非大可憾欤！修己治人，本无二道。政事虽剧，亦皆学问之地，谅吾成之随在有得。然何从一闻至论，以洗凡近之见乎！爱莫为助。近为成之思进学之功，微觉过苦。先儒所谓志道恳切，固是诚意，然急迫求之，则反为私已，不可不察也。日用间何莫非天理流行，但此心常存而不放，则义理自熟。孟子所谓“勿忘勿助，深造自得”者矣。学问之功何可缓，但恐着意把持振作，纵复有得，居之恐不能安耳。成之之学，想亦正不如此。以仆所见，微觉其有近似者，是以不敢不尽。亦以成之平时之乐闻，且欲以是求教也。

答黄宗贤应原忠 辛未

昨晚言似太多，然遇二君，亦不得不多耳。其间以造诣未熟，言之未莹则有之，然却自是吾侪一段的实功夫思之未合，请勿轻放过，当有豁然处也。圣人之心，纤翳自无所容，自不消磨刮。若常人之心，如斑垢驳杂之镜，须痛加刮磨一番，尽去其驳蚀，然后纤尘即见，才拂便去，亦自不消费力。到此已是识得仁体矣。若驳杂未去，其间固自有一点明处，尘埃之落，固亦见得，亦才拂便去。至于堆积于驳蚀之上，终弗之能见也。此学利困勉之所由异，幸弗以为烦难而疑之也。凡人情好易而恶难，其间亦自有私意气习缠蔽在，识破后，自然不见其难矣。古之人至有出万死而乐为之者，亦见得耳。向时未见得向里面意思，此功夫自无可讲处。

今已见此一层，却恐好易恶难，便流入禅释去也。昨论儒释之异，明道所谓“敬以直内”则有之，“义以方外”则未。毕竟连“敬以直内”亦不是者，已说到八九分矣。

答汪石潭内翰 辛未

承批教。连日疮甚，不能书，未暇请益。来教云：“昨日所论，乃是一大疑难。”又云：“此事关系颇大，不敢不言。”仆意亦以为然，是以不能遽已。夫喜怒哀乐，情也。既曰不可，谓未发矣。喜怒哀乐之未发，则是指其本体而言性也。斯言自子思，非程子而始有。执事既不以为然，则当自子思《中庸》始矣。喜怒哀乐之与思与知觉，皆心之所发。心统性情。性，心体也；情，心用也。程子云“心，一也。有指体而言者，寂然不动是也；有指用而言者，感而遂通是也。”斯言既无以加矣，执事姑求之体用之说。夫体用一源也，知体之所以为用，则知用之所以为体者矣。虽然，体微而难知也，用显而易见也。执事之云不亦宜乎？夫谓“自朝至暮，未尝有寂然不动之时”者，是见其用而不得其所谓体也。君子之于学也，因用以求其体。凡程子所谓“既思，即是已发；既有知觉，即是动”者。皆为求中于喜怒哀乐未发之时者言也，非谓其无未发者也。朱子于未发之说，其始亦尝疑之，今其集中所与南轩论难辩析者，盖往复数十，而后决其说，则今之《中庸注疏》是也。其于此亦非苟矣。独其所谓“自戒惧而约之，以至于至静之中；自谨独而精之，以至于应物之处”者，亦若过于剖析。而后之读者遂以分为两节，而疑其别有寂然不动、静而存养之时，不知常存戒慎恐惧之心，则其功夫未始有一息之间，非必自其不睹不闻而存养也。吾兄且于动处加工，勿使间断。动无不知，即静无不中。而所谓寂然不动之体，当自知之矣。未至而揣度之，终不免于对答说相轮耳。然朱子但有知觉者在，而未有知觉之说，则亦未莹。吾兄疑之，盖亦有见。但其所以疑之者，则有因噎废食之过，不可以不审也。君子之论，苟有以异于古，姑毋以为决然，宜且循其说而究之，极其说而果有不达也，然后从而断之，是以其辩之也明，而析之也当。盖在我者，有以得其情也。今学如吾兄，聪明超特如吾兄，深潜缜密如吾兄，而犹有未悉如此，何邪？吾兄之心，非若世之立异自高者，要在求其是而已，故敢言之无讳。有所未尽，不惜教论；不有益于兄，必有益于我也。

寄诸用明 辛未

得书，足知迩来学力之长，甚喜！君子惟患学业之不修，科第迟速，所不论也。况吾平日所望于贤弟，固有大于此者，不识亦尝有意于此否耶？便中时报知之。

阶阳诸侄，闻去岁皆出投试，非不喜其年少有志，然私心切不以为然。不幸遂至于得志，岂不误却此生耶！凡后生美质，须令晦养厚积。天道不翕聚，则不能发散，况人乎？花之千叶者无实，为其华美太发露耳。诸贤侄不以吾言为迂，便当有进步处矣。

书来劝吾仕，吾亦非洁身者，所以汲汲于是，非独以时当敛晦，亦以吾学未成。岁月不待，再过数年，精神益弊，虽欲勉进而有所不能，则将终于无成。皆吾所以势有不容已也。但老祖而下，意皆不悦，今亦岂能决然行之？徒付之浩叹而已！

答王虎谷 辛未

承示：别后看得一“性”字亲切。孟子云：“尽其心者，知其性也；知其性，则知天矣。”此吾道之幸也，喜慰何可言！“弘毅”之说极是。但云“既不可以弃去，又不可以减轻；既不可以住歇，又不可以不至”，则是犹有不得已之意也。不得已之意与自有不能已者，尚隔一层。程子云：“知之而至，则循理为乐，不循理为不乐。”自有不能已者，循理为乐者也，非真能知性者，未易及此。知性则知仁矣。仁，人心也。心体本自弘毅，不弘者蔽之也，不毅者累之也。故烛理明则私欲自不能蔽累；

私欲不能蔽累，则自无不弘毅矣。弘非有所扩而大之也，毅非有所作而强之也，盖本分之内，不加毫末焉。曾子“弘毅”之说，为学者言，故曰“不可以不弘毅”，此曾子穷理之本，真见仁体而后有是言。学者徒知不可不弘毅，不知穷理，而惟扩而大之以为弘，作而强之以为毅，是亦出于一时意气之私，其去仁道尚远也。此实公私义利之辩，因执事之诲，而并以请正。

与黄宗贤 辛未

所喻皆近思切问，足知为功之密也，甚慰！夫加诸我者，我所不欲也，无加诸人，我所欲也，出乎其心之所欲，皆自然而然，非有所强，勿施于人，则勉而后能。此仁恕之别也。然恕求仁之方，正吾侪之所有事也。子路之勇，而夫子未许其仁者，好勇而无所取裁，所勇未必皆出天理之公也。事君而不避其难，仁者不过如是。然而不知食辄之禄为非义，则勇非其所宜，勇不得为仁矣。然勇为仁之资，正吾侪之所尚欠也。鄙见如此，明者以为何如？未尽，望便示。

二 壬申

使至，知近来有如许忙，想亦因是大有得力处也。仆到家，即欲与曰仁成雁荡之约，宗族亲友相牵绊，时刻弗能自由。五月终，决意往；值烈暑，阻者益众且坚，复不果。时与曰仁稍寻傍近诸小山，其东南林壑最胜绝处，与数友相期，俟宗贤一至即往。又月余，曰仁凭限过甚，乃翁督促，势不可复待，乃从上虞人四明，观白水，寻龙溪之源；登杖锡，至于雪窦；上千丈岩以望天姥、华顶，若可睹焉。欲遂从奉化取道至赤城，适彼中多旱，山田尽龟裂，道傍人家徬徨望雨，意惨然不乐，遂自宁波买舟还余姚。往返亦半月余，相从诸友亦微有所得，然无大发明。其最所歉然，宗贤不同兹行耳！归又半月，曰仁行，去使来时已十余日。思往时在京，每恨不得还，故山往返当益易，乃今益难。自后精神意气，当日不逮前，不知回视今日，又何如也！念之可叹可惧！留居之说，竟成虚约。亲友以曰仁既往，催促日至，滁阳之行，难更迟迟，亦不能出是月。闻彼中山水颇佳胜，事亦闲散。宗贤有惜阴之念，明春之期，亦既后矣。此间同往者，后辈中亦三四人，习气已深，虽有美质，亦消化渐尽。此事正如淘沙，会有见金时，但目下未可必得耳。

三 癸酉

滁阳之行，相从者亦二三子，兼复山水清远，胜事闲旷，详有足乐者。故人不忘久要，果能乘兴一来耶？

得应原忠书，诚如其言，亦大可喜。牵制文义，自宋儒已然，不独今时学者。遂求脱然洗涤，恐亦甚难，但得渐能疑辩，当亦终有觉悟矣。自归越后，时时默念年来交游，益觉人才难得，如原忠者，岂易得哉！

京师诸友，迩来略无消息。每因已私难克，辄为诸友忧虑一番。诚得相聚一堂，早晚当有多少砥砺切磋之益！然此在各人，非可愿望得。

四 癸酉

春初，姜翁自天台来，得书，闻山间况味，悬企之极；且承结亭相待，既感深谊，复愧其未有以副也。甘泉丁乃堂夫人忧，近有书来索铭，不久且还增城。道途邈绝，草亭席虚，相聚尚未有日。仆虽相去伊迩，而家累所牵，迟迟未决，所举遂成北山之移文矣。应原忠久不得音问，想数会聚？闻亦北上，果然否？此间往来极多，友道则实寥落。敦夫虽住近，不甚讲学；纯甫近改北验封且行；曰仁又公差未还；宗贤之思，靡日不切！又得草堂报，益使人神魂飞越，若不能一日留此也，如何如何！去冬解册吏到，承欲与原忠来访，此诚千里命驾矣，喜慰之极！日切瞻望，然又自度鄙劣，不足以承此。曰仁入夏当道越中来此，其时得与共载，何乐如之！

五 癸酉

书来，及纯甫事，恳恳不一而足，足知朋友忠爱之至。世衰俗降，友朋中虽平日最所爱敬者，亦多改头换面，持两端之说，以希俗取容，意思殊为衰飒可悯。若吾兄真可谓信道之笃而执德之弘矣，何幸何幸！仆在留都，与纯甫住密迩，或一月一见，或间月不一见，辄有所规切，皆发于诚爱恳恻，中心未尝怀纤毫较计。纯甫或有所疏外，此心直可质诸鬼神。其后纯甫转官北上，始觉其有恝然者。寻亦痛自悔责，以为吾人相与，岂宜有如此芥蒂，却有堕入世间较计坑陷中，亦成何等胸次！当下冰消雾释矣。其后人言屡屡而至，至有为我愤辞厉色者。仆皆惟以前意处之，实是未忍一日而忘纯甫。盖平日相爱之极，情之所钟，自如此也。旬日间，复有相知自北京来，备传纯甫所论。仆窃疑有浮薄之徒，幸吾党间隙，鼓弄交构，增饰其间，未必尽出于纯甫之口。仆非矫为此说，实是故人情厚，不忍以此相疑耳。仆平日之厚纯甫，本非私厚；纵纯甫今日薄我，当亦非私薄。然则仆未尝厚纯甫，纯甫未尝薄仆也，亦何所容心于其间哉！往往见世俗朋友易生嫌隙，以为彼盖苟合于外，而非有性分之契，是以如此，私窃叹悯。自谓吾党数人，纵使散处敌国仇家，当亦断不至是。不谓今日亦有此等议论，此亦惟宜自反自责而已。孟子云："爱人不亲反其仁，行有不得者，皆反求诸己。"自非履涉亲切，应未识斯言味永而意恳也。

仆近时与朋友论学，惟说'立诚'二字。杀人须就咽喉上着刀，吾人为学当从心髓入微处用力，自然笃实光辉。虽私欲之萌，真是洪炉点雪，天下之大本立矣。若就标末妆缀比拟，凡平日所谓学问思辩者，适足以为长傲遂非之资，自以为进于高明光大，而不知陷于狠戾险嫉，亦诚可哀也已！以近事观之，益见得吾侪往时所论，自是向里。此盖圣学的传，惜乎沦落湮埋已久，往时见得，犹自恍惚，仆近来无所进，只于此处看较分晓，直是痛快，无复可疑。但与吾兄别久，无告语处耳。原忠数聚论否？近尝得渠一书，所见迥然与旧不同，殊慰殊慰！今亦寄一简，不能详细，见时望并出此。归计尚未遂，旬月后且图再举。会期未定，临楮耿耿。

六丙子

宅老，数承远来，重以嘉贶，相念之厚，愧何以堪！令兄又辱书惠，礼恭而意笃，意家庭旦夕之论，必于此学有相发明者，是以波及于仆。喜幸之余，愧何以堪！别后功夫，无因一扣，如书中所云，大略知之。“用力习熟，然后居山”之说，昔人尝有此，然亦须得其源。吾辈通患，正如池面浮萍，随开随蔽。未论江海，但在活水，浮萍即不能蔽。何者？活水有源，池水无源；有源者由己，无源者从物。故凡不息者有源，作辍者皆无源故耳。

七戊寅

得书，见相念之厚，所引一诗，尤恳恻至情，读之，既感且愧，几欲涕下。人生动多牵滞，反不若他流外道之脱然也，奈何奈何！近收甘泉书，颇同此憾。士风日偷，素所目为善类者，亦皆雷同附和，以学为讳。吾人尚栖栖未即逃避，真处堂之燕雀耳。原忠闻且北上，恐亦非其本心。仕途如烂泥坑，勿入其中，鲜易复出。吾人便是失脚样子，不可不鉴也。承欲枉顾，幸甚幸甚！好事多阻，恐亦未易如愿，努力图之！笼中病翼，或能附冥鸿之末而归，未可知也。

与王纯甫 壬申

别后，有人自武城来云，纯甫始到家，尊翁颇不喜，归计尚多牴牾。始闻而惋然，已而复大喜。久之，又有人自南都来者云，“纯甫已莅任，上下多不相能”。始闻而惋然，已而复大喜。吾之惋然者，世俗之私情；所为大喜者，纯甫当自知之，吾安能小不忍于纯甫，不使动心忍性，以大其所就乎？譬之金之在冶，经烈焰，受钳锤，当此之时，为金者甚苦；

然自他人视之，方喜金之益精炼，而惟恐火力锤煅之不至。既其出冶，金亦自喜其挫折煅炼之有成矣。某平日亦每有傲视行辈、轻忽世故之心，后虽稍知惩创，亦惟支持抵塞于外而已。及谪贵州三年，百难备尝，然后能有所见，始信孟氏“生于忧患”之言，非欺我也。尝以为“君子素其位而行，不愿乎其外。素富贵，行乎富贵；素贫贱，行乎贫贱；素患难，行乎患难。故无入而不自得。”后之君子，亦当素其位而学，不愿乎其外。素富贵，学处乎富贵；素贫贱患难，学处乎贫贱患难。则亦可以无入而不自得。向尝为纯甫言之，纯甫深以为然，不番迩来用力却如何耳。

近日相与讲学者，宗贤之外，亦复数人，每相聚，辄叹纯甫之高明。今复遭时磨励若此，其进益不可量，纯甫勉之！

汪景颜近亦出宰大名，临行请益，某告以变化气质。居常无所见，惟当利害，经变故，遭屈辱，平时愤怒者，到此能不愤怒，忧惶失措者，到此能不忧惶失措，始是能有得力处，亦便是用力处。天下事虽万变，吾所以应之不出乎喜怒哀乐四者。此为学之要，而为政亦在其中矣。景颜闻之，跃然如有所得也。甘泉近有书来，已卜居萧山之湘湖，去阳明洞方数十里耳。书屋亦将落成，闻之喜极。诚得良友相聚会，共进此道，人间更复有何乐！区区在外之荣辱得丧，又足挂之齿牙间哉？

二 癸酉

纯甫所问，辞则谦下，而语意之间，实自以为是矣。夫既自以为是，则非求益之心矣。吾初不欲答，恐答之亦无所入也。故前书因发其端，以俟明春渡江而悉。既而思之，人生聚散无常，纯甫之自是，盖其心尚有所惑而然，亦非自知其非而又故为自是以要我者，吾何可以遂已？故复备举其说以告纯甫。

来书云：“学以明善诚身，固也。但不知何者谓之善？原从何处得来？今在何处？其明之之功当何如？入头当何如？与诚身有先后次第否？诚是诚个甚的？此等处细微曲折，尽欲扣求启发，而因献所疑，以自附于助我者。”反覆此语，则纯甫近来得力处在此，其受病处亦在此矣。纯甫平日徒知存心之说，而未尝实加克治之功，故未能动静合一，而遇事辄有纷扰之患。今乃能推究若此，必以渐悟往日之堕空虚矣。故曰纯甫近来用功得力处在此。然已失之支离外驰而不觉矣。夫心主于身，性具于心，善原于性，孟子之言性善是也。善即吾之性，无形体可指，无方所可定，无岂自为一物，可从何处得来者乎？故曰受病处亦在此。纯甫之意，盖未察夫圣门之实学，而尚狃于后世之训诂，以为事事物物，各有至善，必须从事事物物求个至善，而后谓之明善，故有“原从何处得来，今在何处”之语。纯甫之心，殆亦疑我之或堕于空虚也，故假是说以发我之蔽。吾亦非不知感纯甫此意，其实不然也。夫在物为理，处物为义，在性为善，因所指而异其名，实皆吾之心也。心外无物，心外无事，心外无理，心外无义，心外无善。吾心之处事物，纯乎理而无人伪之杂，谓之善，非在事物有定所之可求也。处物为义，是吾心之得其宜也，义非在外可袭而取也。格者，格此也；致者，致此也，必曰事事物物上求个至善，是离而二之也。伊川所云“才用彼即晓”，此是犹谓之二。性无彼此，理无彼此，善无彼此也。纯甫所谓“明之之功当何如？入头处当何如？与诚身有先后次第否？诚是诚个甚的？”且纯甫之意，必以明善自有明善之功，诚身又有诚身之功也。若区区之意，则以明善为诚身之功也。夫诚者，无妄之谓。诚身之诚，则欲其无妄之谓。诚之之功，则明善是也。故博学者，学此也；审问者，问此也；慎思者，思此也；明辩者，辩此也；笃行者，行此也。皆所以明善而为诚之之功也。故诚身有道，明善者，诚身之道也；不明乎善，不诚乎身矣。非明善之外，别有所谓诚身之功也。诚身之始，身犹未诚也，故谓之明善；明善之极，则身诚矣。若谓自有明善之功，又有诚身之功，是离而二之也，难乎免于毫厘千里之谬矣。其间欲为纯甫言者尚多，纸笔未能详悉。尚有未合，不妨往复。

三甲戌

得曰仁书，知纯甫近来用功甚力，可喜可喜！学以明善诚身，只兀兀守此昏昧杂扰之心，却是坐禅入定，非所谓“必有事焉”者矣。圣门宁有是哉？但其毫厘之差，千里之谬，非实地用功，则亦未易辩别。后世之学，琐屑支离，正所谓采摘汲引，其间亦宁无小补？然终非积本求原之学。句句是，字字合，然而终不可入尧舜之道也。

四甲戌

屡得汪叔宪书，又两得纯甫书，备悉相念之厚，感愧多矣！近又见与曰仁书，贬损益至，三复赧然。夫趋向同而论学或异，不害其为同也；论学同而趋向或异，不害其为异也。不能积城反躬而徒腾口说，此仆往年之罪，纯甫何尤乎？因便布此区区，临楮倾念无已。

寄希渊壬申

所遇如此，希渊归计良是，但稍伤急迫。若再迟二三月，托疾而行，彼此形迹泯然，既不激怒于人，亦不失己之介矣。圣贤处末世，待人应物，有时而委曲，其道未尝不直也。若已为君子，而使人为小人，亦非仁人忠恕恻怛之心。希渊必以区区此说为大周旋，然道理实如此也。区区叨厚禄，有地方之责，欲脱身潜逃固难。若希渊所处，自宜进退绰然，今亦牵制若此，乃知古人挂冠解绶，其时亦不易值也。

二壬申

向得林苏州书，知希颜在苏州，其时守忠在山阴矣。近张山阴来，知希颜已还山阴矣，而守忠又有金华之出。往岁希颜居乡，而守忠客祁，今兹复尔，二友之每每相违，岂亦有数存焉邪！为仁由己，固非他人所能与。而相观砥砺之益，则友诚不可一日无者。外是，子雍、明德辈相去数十里，决不能朝夕继见，希颜无亦有独立无与无叹欤？曩评半圭，诚然诚然。方今山林枯槁之士，要亦未可多得，去之奔走声利之场者则远矣。人品不齐，圣贤亦因材成就。孔门之教，言人人殊，后世儒者，始有归一之论，然而成德达材者鲜，又何居乎？希颜试于此思之，定以为何如也？

三 癸酉

希颜茕然在疚，道远因一慰。闻友朋中多言希颜孝心纯笃，哀伤过节，其素知希颜者，宜为终身之慕。毋徒毁伤为也！

守忠来，承手札喻及出处，此见希颜爱我之深，他人无此也。然此义亦惟希颜有之，他人无此也。牵于世故，未能即日引决，为愧为怍，然亦终须如希颜所示耳。患难忧苦，莫非实学。今虽倚庐，意思亦须有进。向见季明德书，观其意向甚正，但未及与之细讲耳。“学问之道无他，求其放心而已”，盖一言而足。至其功夫节目，则愈讲而愈无穷者。孔子犹曰“学之不讲，是吾忧也”，今世无志于学者，无足言，幸有一二笃志之士，又为无师友之讲明，认气作理，冥悍自信，终身勤苦而卒无所得，斯诚可哀矣。

读《礼》之余，与明德相论否？幸以其所造者示知。某无大知识，亦非好为人言者。顾今之时，人心陷溺已久，得一善人，惟恐其无成。期与诸君共明此学，固不以自任为嫌而避之。譬之婚姻，聊为诸君之媒妁而已。乡里后进中有可言者，即与接引，此本分内事，勿谓不暇也。

楼居已完否？胡口之出非得已，然其间亦有说。闻朋友中多欲希颜高尚不出，就中亦须权其轻重。使亲老饘粥稍可继，则不必言高尚，自不宜出。不然，却恐正其私心，不可不察也。

四 己卯

正月初二得家信，祖母于去冬十月背弃，痛割之极！縻于职守，无由归遁。今复恳疏，若终不可得，将遂为径往之图矣。

近得郑子冲书，闻与当事者颇相抵牾。希渊德性谦厚和平，其于世间荣辱炎凉之故，视之何异飘风浮霭，岂得尚有芥蒂于其中耶！即而询之，果然出于意料之外，非贤者之所自取也。虽然，有人于此，其待我以横逆，则君子必自反曰："我必无礼。"自反而有礼，又自反曰："我必不忠"希渊克己之功日精日切，其肯遂自以为忠乎？往年区区谪官贵州，横逆之加，无月无有。迄今思之，最是动心忍性砥砺切磋之地。当时亦止搪塞排遣，竟成空过，甚可惜也。

闻教下士，甚有兴起者，莆故文献之区，其士人素多根器。今得希渊为之师，真如时雨化之而已，吾道幸甚！近有责委，不得已，不久且入闽。苟求了事，或能乘便至莆一间语，不尽不尽。

与戴子良 癸酉

汝成相见于滁，知吾兄之质，温然纯粹者也。今兹乃得其为志，盖将从事于圣人之学，不安于善人而已也，何幸何幸！有志者事竟成，吾兄勉之！学之不明，已非一日，皆由有志者少。好德，民之秉彝，可谓尽无其人乎？然不能胜其私欲，竟沦陷于习俗，则亦无志而已。故朋友之间有志者，甚可喜；然志之难立而易坠也，则亦深可惧也。吾兄以为何如？宗贤已南还，相见且未有日。京师友朋，如贵同年陈佑卿、顾惟贤，其他如汪汝成、梁仲用、王舜卿、苏天秀，皆尝相见。从事于此者，其余尚三四人，吾见与诸友当自识之。自古有志之士，未有不求助于师友。匆匆别来，所欲与吾兄言者百未及一。沿途歆叹雅意诚切。怏怏相会未卜，惟勇往直前，以遂成此志是望。

与胡伯忠 癸酉

某往在京，虽极歆慕，彼此以事未及从容一叙，别去以为憾。期异时相遇，决当尽意剧谈一番耳。昨未出京师，即已预期彭城之会，谓所未决于心，在兹行矣。及相见又复匆匆而别，别又复以为恨。不知执事之心亦何如也?

君子与小人居，决无苟同之理，不幸势穷理极而为彼所中伤，则安之而已。处之未尽于道，或过于疾恶，或伤于愤激，无益于事，而致彼之怨恨仇毒,则皆君子之过也。昔人有言:“事之无害于义者,从俗可也。”君子岂轻于从俗，独不以异俗笃心耳。“与恶人居，如以朝衣朝冠坐于涂炭者”，伯夷之清也。“虽袒裼裸裎于我侧，彼焉能浼我哉？”柳下惠之和也。君子以变化气质为学，则惠之和，似亦执事之所宜从者。不以三公易其介，彼固未尝无伯夷之清也。“德輶如毛，民鲜克举之。”“我仪图之，惟仲山甫举之。”爱莫助之，仆于执事之谓矣。正人难得，正学难明，流俗难变，直道难容。临笔惘然，如有所失。言不尽意，惟心亮。

与黄诚甫 癸酉

立志之说，已近烦渎，然为知己言，竟亦不能舍是也。志于道德者，功名不足累其心；志于功名者，富贵不足以累其心。但近世所谓道德，功名而已；所谓功名，富贵而已。“仁人者，正其谊，不谋其利，明其道，不计其功。”一有谋计之心，则虽正谊明道，亦功利耳。诸友即索居，曰仁又将远别，会中须时相警发，庶不就弛靡。诚甫之足，自当一日千里，任重道远，吾非诚甫谁望邪！临别数语，彼此暗然，终能不忘，乃为深爱。

二 丁丑

区区正月十八日始抵赣，即兵事纷纷。二月往征漳寇，四月班师。中间曾无一日之暇，故音问缺然。然虽扰扰中，意念所在，未尝不在诸友也。养病之举，恐已暂停，此亦顺亲之心，未为不是。不得以此日萦于怀，无益于事，徒使为善之念不专。何处非道，何处非学，岂必山林中耶？希颜、尚谦、清伯登第，闻之喜而不寐。近尝寄书云:“非为今日诸君喜，为阳明山中异日得良伴喜也。”吾于诚甫之未归亦然。

答王天宇 甲戌

书来，见平日为学用功之概，深用喜慰！今之时，能稍有志圣贤之学，已不可多见，况又果能实用其力者，是岂易得哉！辱推拟过当，诚有所不敢居。然求善自辅，则鄙心实亦未尝不切切也。今乃又得吾天宇，其为喜幸可腾言哉！厚意之及，良不敢虚，然又自叹爱莫为助，聊就来谕商榷一二。

天宇自谓“有志而不能笃”，不知所谓志者果何如？其不能笃者又谁也？谓“圣贤之学能静，可以制动”，不知若何而能静？静与动有二心乎？谓“临政行事之际，把捉摸拟，强之使归于道，固亦卒有所未能，然造次颠沛必于是”者，不知如何其为功？谓“开卷有得，接贤人君子，便自触发”，不知所触发者何物？又“赖二事而后触发”，则二事之外，所作何务？当是之时，所谓志者果何在也？凡此数语，非天宇实用其力不能有。然亦足以见讲学之未明，故尚有此耳。或思之有得，不厌寄示。

二 甲戌

承书惠，感感。中间问学之意，恳切有加于旧，足知进于斯道也。喜幸何如！但其间犹有未尽区区之意者。既承不鄙，何敢不竭！然望详察，庶于斯道有所发明耳。

来书云：“诚身以格物，乍读不能无疑，既而细询之希颜，始悉其说。”

区区未尝有“诚身格物”之说，岂出于希颜邪？鄙意但谓君子之学，以诚意为主，格物致知者，诚意之功也。犹饥者以求饱为事，饮食者，求饱之事也。希颜颇悉鄙意，不应有此。或恐一时言之未莹耳。幸更细讲之。

又云：“《大学》一书，古人为学次第。朱先生谓‘穷理之极而后意诚’，其与所谓‘居敬穷理’、‘非存心无以致知’者，固相为矛盾矣。盖居敬存心之说，补于传文，而圣经所指，直谓其穷理而后心正。初学之士，执经而不考传，其流之弊，安得不至于支离邪！”

《大学》次第，但言物格而后知至，知至而后意诚。若“穷理之极而后意诚”，此则朱先生之说如此。其间亦自无大相矛盾。但于《大学》本旨，却恐未尽合耳。“非存心无以致知”，此语不独于《大学》未尽，就于《中庸》“尊德性而道问学”之旨，亦或有未尽。然此等处言之甚长，非面悉不可。后之学者，附会于《补传》而不深考于经旨，牵制于文义而不体认于身心，是以往往失之支离而卒无所得，恐非执经而不考传之过也。

又云：“不由穷理而遽加诚身之功，恐诚非所诚，适足以为伪而已矣。”

此言甚善。但不知诚身之功又何如作用耳，幸体认之！

又言：“譬之行道者，如大都为所归宿之地，犹所谓至善也。行道者不辞险阻艰难，决意向前，犹存心也。如使斯人不识大都所在，而泛焉欲往，其不南走越而北走吴几希矣。”

此譬大略皆是，但以不辞险阻艰难，决意向前，别为存心，未免牵合之苦，而不得其要耳。夫不辞险阻艰难，决意向前，此正是诚意之意。审如是，则其所以问道途，具资斧，戒舟车，皆有不容已者。不然，又安在其为决意向前，而亦安所前乎？夫不识大都所在而泛焉欲往，则亦欲往而已，未尝真往也。惟其欲往而未尝真往，是以道途之不问，资斧之不具，舟车之不戒。若决意向前，则真往矣。真往者，能如是乎？此最功夫切要者，以天宇之高明笃实而反求之，自当不言而喻矣。

又云：“格物之说，昔人以扞去外物为言矣。扞去外物则此心存矣。心存，则所以致知者，皆是为己。”

如此说，却是“扞去外物”为一事，“致知”又为一事。“扞去外物”之说，亦未为甚害，然止扞御于其外，则亦未有拔去病根之意，非所谓“克己求仁”之功矣。区区格物之说亦不如此。《大学》之所谓“诚意”，即《中庸》之所谓“诚身”也。《大学》之所谓“格物致知”，即《中庸》之所谓“明善”也。博学、审问、慎思、明辩、笃行，皆所谓明善而为诚身之功也，非明善之外别有所谓诚身之功也。格物致知之外，又岂别有所谓诚意之功乎？《书》之所谓“精一”，《语》之所谓“博文约礼”，《中庸》之所谓“尊德性而道问学”，皆若此而已。是乃学问用功之要，所谓毫厘之差，千里之谬者也。

心之精微，口莫能述，亦岂笔端所能尽已！喜荣擢北上有期矣，倘能迂道江滨，谋一夕之话，庶几能有所发明。冗遽中，不悉。

寄李道夫 乙亥

此学不讲久矣。鄙人之见，自谓于此颇有发明。而闻者往往诋以为异，独执事倾心相信，确然不疑，其为喜慰，何啻空谷之足音！

别后时闻士夫传说，近又徐曰仁自西江还，益得备闻执事任道之勇、执德之坚，令人起跃奋迅。“士不可以不弘毅，任重而道远”，诚得弘毅如执事者二三人，自足以为天下倡。彼依阿偻儞之徒虽多，亦奚以为哉？幸甚幸甚！

比闻列郡之始，即欲以此学为教，仁者之心，自然若此，仆诚甚为执事喜，然又甚为执事忧也。学绝道丧，俗之陷溺，如人在大海波涛中，且须援之登岸，然后可授之衣而与之食。若以衣食投之波涛中，是适重其溺，彼将不以为德而反以为尤矣。故凡居今之时，且须随机导引，因事启沃，宽心平气以薰陶之，俟其感发兴起，而后开之以其说，是故为力易而收效溥。不然，将有扞格不胜之患，而且为君子爱人之累，不知尊意以为何如耶？

病疏已再上，尚未得报。果遂此图，舟过嘉禾，面话有日。

与陆原静 丙子

书来，知贵恙已平复，甚喜！书中勤勤问学，惟恐失坠，足知进修之志不怠，又甚喜！异时发挥斯道，使来者有所兴起，非吾子谁望乎？所问《大学》、《中庸》注，向尝略具草稿，自以所养未纯，未免务外欲速之病，寻已焚毁。近虽觉稍进，意亦未敢便以为至，姑俟异日山中，与诸贤商量共成之，故皆未有书。其意旨大略，则固平日已为清伯言之矣。因是益加体认研究，当自有见；汲汲求此，恐犹未免旧日之病也。

“博学”之说，向已详论。今犹牵制若此，何邪？此亦恐是志不坚定，为世习所挠之故。使在我果无功利之心，虽钱谷兵甲，搬柴运水，何往而非实学？何事而非天理？况子、史、诗、文之类乎？使在我尚存功利之心，则虽日谈道德仁义，亦只是功利之事，况子、史、诗、文之类乎？“一切屏绝”之说，是犹泥于旧习，平日用功未有得力处，故云尔。请一洗俗见，还复初志，更思平日饮食养身之喻，种树栽培灌溉之喻，自当释然融解矣。“物有本末，事有终始，知所先后，则近道矣。”吾子之言，是犹未是终始本末之一致也，是不循本末终始天然之序，而欲以私意速成之也。

二 戊寅

尚谦至，闻原静志坚信笃，喜慰莫逾！人在仕途，如马行淖田中，纵复驰逸，足起足陷，其在驽下，坐见沦没耳。乃今得还故乡，此亦譬之小歇田塍。若自此急寻平路，可以直去康庄，驰骋万里。不知到家功夫却如何也。自曰仁没后，吾道益孤，致望原静者亦不浅。子夏，圣门高弟，曾子数其失，则曰：“吾过矣！吾离群而索居，亦已久矣！”夫离群索居之在昔贤，已不能无过，况吾侪乎？以原静之英敏，自应未即摧堕山间。切磋砥砺，还复几人？深造自得，便间亦可为写寄否？

尚谦至此，日有所进。自去年十二月到今已八逾月，尚未肯归视其室。非其志有所专，宜不能声音笑貌及此也。区区两疏辞乞，尚未得报。决意两不允则三，三不允则五则六，必得而后已。若再一举，辄须三月，二举则又六七月矣。计吾舟东抵吴越，原静之旆当已北指幽、冀；会晤未期，如之何则可！

与希颜台仲明德尚谦原静 丁丑

闻诸友皆登第，喜不自胜。非为诸友今日喜，为野夫异日山中得良伴喜也。入仕之始，意况未免摇动。如絮在风中，若非粘泥贴网，恐自张主未得。不知诸友却何如想？平时功夫，亦须有得力处耳。野夫失脚落渡船，未知何时得到彼岸。且南赣事极多掣肘，缘地连四省，各有抚镇，乃今亦不过因仍度日，自古未有事权不一而能有成者。告病之兴虽动，恐成虚文，未敢轻举，欲俟地方稍靖。今又得诸友在，吾终有望矣。曰仁春来颇病，闻之极忧。念昨书来，欲与二三友去田雪上，因寄一诗。今录去，聊同此怀也。

与杨仕德薛尚谦 丁丑

即日已抵龙南，明日入巢，四路兵皆已如期并进，贼有必破之势。某向在横水,尝寄书仕德云:“破山中贼易,破心中贼难。”区区剪除鼠窃，何足为异？若诸贤扫荡心腹之寇，以收廓清平定之功，此诚大丈夫不世之伟绩。数日来谅已得必胜之策，捷奏有期矣。何喜如之！

日孚美质，诚可与共学，此时计已发舟。倘未行，出此同致意。廨中事以累尚谦，想不厌烦琐。小儿正宪，犹望时赐督责。

寄闻人邦英邦正 戊寅

昆季敏而好学，吾家两弟得以朝夕亲资磨励，闻之甚喜。得书，备见向往之诚，尤极浣慰。家贫亲老，岂可不求禄仕？求禄仕而不工举业，却是不尽人事而徒责天命，无是理矣。但能立志坚定，随事尽道，不以得失动念，则虽勉习举业，亦自无妨圣贤之学。若是原无求为圣贤之志，虽不业举，日谈道德，亦只成就得务外好高之病而已。此昔人所以有“不患妨功，惟患夺志”之说也。夫谓之夺志，则已有志可夺；倘若未有可夺之志，却又不可以不深思疑省而早图之。每念贤弟资质之美，未尝不切拳拳。夫美质难得而易坏，至道难闻而易失，盛年难遇而易过，习俗难革而易流。昆玉勉之！

二戊寅

得书，见昆季用志之不凡，此固区区所深望者，何幸何幸！世俗之见，岂足与论？君子惟求其是而已。“仕非为贫也，而有时乎为贫”，古之人皆用之，吾何为独不然？然谓举业与圣人之学相戾者，非也。程子云：“心苟不忘，则虽应接俗事，莫非实学，无非道也。”而况于举业乎？谓举业与圣人之学不相戾者，亦非也，程子云：“心苟忘之，则虽终身由之，只是俗事。”而况于举业乎？忘与不忘之间，不能以发，要在深思默识所指谓不忘者果何事耶，知此则知学矣。贤弟精之熟之，不使有毫厘之差，千里之谬，可也。

三庚辰

书来，意思甚恳切，足慰远怀。持此不解，即吾立志之说矣。“源泉混混，不舍昼夜，盈科而后进。放乎四海，有本者如是。”立志者，其本也。有有志而无成者矣，未有无志而能有成者也。贤弟勉之！色养之暇，怡怡切切，可想而知，交修罔怠，庶吾望之不孤矣。地方稍平，退休有日，预想山间讲习之乐，不觉先已欣然。

与薛尚谦戊寅

沿途意思如何？得无亦有走作否？数年切磋，只得立志辩义利。若于此未有得力处，却是平日所讲，尽成虚语，平日所见，皆非实得，不可以不猛省也！经一蹶者长一智，今日之失，未必不为后日之得，但已落第二义。须从第一义上着力，一真，一切真。若这些子既是，更无讨不是处矣。

此间朋友聚集渐众，比旧颇觉兴起。尚谦既去，仕德又往，欧阳崇一病归，独惟乾留此，精神亦不足。诸友中未有倚靠得者，苦于接济乏人耳。

乞休本至今未回，未免坐待。尚谦更静养几月，若进步欠力，更来火坑中乘凉如何？

二

得书，知日孚停舟郁孤，迟迟未发，此诚出于意望之外。日孚好学如此，豪杰之士必有闻风而起者矣。何喜如之！何喜如之！

昨见太和报效人，知欧、王二生者至，不识曾与一言否？欧生有一书，可谓有志。中间述子晦语颇失真，恐亦子晦一时言之未莹尔。大抵功夫须实落做去，始能有见，料想臆度，未有不自误误人者矣。

此间贼巢乃与广东山后诸贼相连，余党往往有从遁者，若非斩绝根株，意恐日后必相联而起，重为两省之患。故须更迟迟旬日，与之剪除。兵难遥度，不可预料，大抵如此。

小儿劳诸公勤开诲，多感多感！昔人谓教小儿有四益，验之果何如耶？正之闻已到，何因复归？区区欠顿于外，徒劳诸友往返，念之极切悬悬。今后但有至者，须诸君为我尽意吐露，纵彼不久留，亦无负其来可也。

三

日来因兵事纷扰，贱躯怯弱，以此益见得功夫有得力处。只是从前大段未曾实落用力，虚度虚说过了。自今当与诸君努力鞭策，誓死进步，庶亦收之桑榆耳。

日孚停馆郁孤，恐风气太高，数日之留则可，倘更稍久，终恐早晚寒暖欠适。区区初拟日下即回，因从前征剿，撤兵太速，致遗今日之患。故且示以久屯之形，正恐后之罪今，亦犹今之罪昔耳。但从征官属已萌归心，更相倡和，已有不必久屯之说。天下事不能尽如人意。大抵皆坐此辈，可叹可叹！

闻仕德失调，意思何如？大抵心病愈则身病亦自易去。纵血气衰弱，未便即除，亦自不能为心患也。

小儿劳开教，驽骀之质，无复望其千里，但得帖然于皂枥之间，斯已矣。门户勤早晚，得无亦厌琐屑否？不一。

寄诸弟 戊寅

屡得弟辈书，皆有悔悟奋发之意，喜慰无尽！但不知弟辈果出于诚心乎？亦谩为之说云尔。

本心之明，皎如白日，无有有过而不自知者，但患不能改耳。一念改过，当时即得本心。人孰无过？改之为贵。蘧伯玉，大贤也，惟曰“欲寡其过而未能”。成汤、孔子，大圣也，亦惟曰“改过不吝，可以无大过”而已。人皆曰人非尧舜，安能无过？此亦相沿之说，未足以知尧舜之心。若尧舜之心而自以为无过，即非所以为圣人矣。其相授受之言曰：“人心惟危，道心惟微，惟精惟一，允执厥中。”彼其自以为人心之惟危也，则其心亦与人同耳。危即过也，惟其兢兢业业，尝加“精一”之功，是以能“允执厥中”而免于过。古之圣贤，时时自见己过而改之，是以能无过，非其心果与人异也。“戒慎不睹，恐惧不闻”者，时时自见己过之功。吾近来实见此学有用力处，但为平日习染深痼，克治欠勇，故切切预为弟辈言之。毋使亦如吾之习染即深，而后克治之难也。

人方少时，精神意气既足鼓舞，而身家之累尚未切心，故用力颇易。迨其渐长，世累日深，而精神意气亦日渐以减，然能汲汲奋志于学，则犹尚可有为。至于四十五十，即如下山之日，渐以微灭，不复可挽矣。故孔子云：“四十五十而无闻焉，斯亦不足畏也已。”又曰：“及其老也，血气既衰，戒之在得。”吾亦近来实见此病，故亦切切预为弟辈言之。宜及时勉力，毋使过时而徒悔也。

与安之 己卯

闻安之肯向学，不胜欣愿！得奋励如此，庶不负彼此相爱之情也。留都时，偶因饶舌，遂致多口攻之者环四面。取朱子晚年悔悟之说，集为定论，聊藉以解纷耳。门人辈近刻之雩都，初闻甚不喜，然士夫见之，乃往往遂有开发者，无意中得此一助，亦颇省颊舌之劳。近年篁墩诸公，尝有《道一》等编见者，先怀党同伐异之念，故卒不能有入，反激而怒。

今但取朱子所自言者表章之，不加一辞，虽有褊心，将无所施其怒矣。尊意以为何如耶？聊往数册，有志向者一出指示之。所须文字，非不欲承命，荒疏既久，无下笔处耳。贫汉作事大难，富人岂知之！

答甘泉 己卯

旬日前，杨仕德人来，领手教及《答子莘书》，具悉造诣用功之详。喜跃何可言！盖自是而吾党之学归一矣。此某之幸！后学之幸也！

来简勤勤训责，仆以久无请益，此吾兄爱仆之厚，仆之罪也。此心同，此理同，苟知用力于此，虽百虑殊途，同归一致。不然，虽字字而证，句句而求，其始也毫厘，其末也千里。老兄造诣之深，涵养之久，仆何敢望？至其向往直前，以求必得乎此之志，则有不约而契、不求而合者。其间所见，时或不能无小异，然吾兄既不屑屑于仆，而仆亦不以汲汲于兄者。正以志向既同，如两人同适京都，虽所由之途，间有迂直，知其异日之归终同耳。向在龙江舟次，亦尝进其《大学》旧本及格物诸说，兄时未以为然，而仆亦遂置不复强聒者，知兄之不久自当释然于此也。乃今果获所愿，喜跃何可言！昆仑之源，有时而伏流，终必达于海也。仆窭人也，虽获夜光之璧，人将不信，必且以谓其为妄为伪。金璧入于猗顿之室，自此至宝得以昭明天下，仅亦免于遗璧之罪矣。虽然，是喻犹二也。夜光之璧，外求而得也。此则于吾所固有，无待于外也，偶遗忘之耳；未尝遗忘也，偶蒙翳之耳。

叔贤所进超卓，海内诸友实罕其俦。同处西樵，又资丽泽，所造可量乎！仆年未半百，而衰疾已如六七十翁，日夜思归阳明，为夕死之图，疏三上而未遂。欲弃印长往，以从大夫之后，恐形迹大骇，必俟允报，则须冬尽春初乃可遂也。一一世事，如狂风骤雨中落叶，倏忽之间，宁复可定所耶！两承楚人之诲，此非骨肉，念不及此，感刻！祖母益耄，思一见，老父亦书来促归，于是情思愈恶。所幸吾兄道明德立，宗盟有人，用此可以自慰。其诸所欲请，仕德能有述。有所未当，便间不惜指示。

二 庚辰

得正月书，知大事已毕，当亦稍慰纯孝之思矣。近承避地发履冢下，进德修业，善类幸甚。传闻贵邑盗势方张，果尔，则远去家室，独留旷寂之野，恐亦未可长也。某告病未遂，今且蹙告归省，去住亦未可必。悠悠尘世，毕竟作何税驾？当亦时时念及，幸以教之！

叔贤志节，远出流俗。渭先虽未久处，一见知为忠信之士。乃闻不时一相见，何耶？英贤之生，何幸同时共地，又可虚度光阴，容易失却此大机会，是使后人而复惜后人也！二君曾各寄一书，托宋以道转致，相见幸问之。

答方叔贤 己卯

近得手教及与甘泉往复两书，快读一过，洒然如热者之濯清风，何子之见超卓而速也！真可谓一日千里矣。《大学》旧本之复，功尤不小，幸甚幸甚！其论象山处，举孟子“放心”数条，而甘泉以为未足，复举“东西南北海有圣人出，此心此理同”，及“宇宙内事皆己分内事”数语。甘泉所举，诚得其大，然吾独爱西樵子之近而切也。见其大者，则其功不得不近而切，然非实加切近之功，则所谓大者，亦虚见而已耳。自孟子道性善，心性之原，世儒往往能言，然其学卒入于支离外索而不自觉者，正以其功之未切耳。此吾所以独有喜于西樵之言，固今时对证之药也。古人之学，切实为己，不徒事于讲说。书札往来，终不若面语之能尽，且易使人溺情于文辞，崇浮气而长胜心。求其说之无病，而不知其心病之已多矣。此近世之通患，贤知者不免焉，不可以不察也。

杨仕德去，草草复此，诸所欲言，仕德能悉。

与陈国英 庚辰

别久矣。虽彼此音问阔疏，而消息动静时时及闻。国英天资笃厚，加以静养日久，其所造，当必大异于畴昔，惜无因一面叩之耳。凡人之学，不日进者必日退。譬诸草木，生意日滋，则日益畅茂；苟生意日息，则亦日就衰落矣。国英之于此学，且十余年矣，其日益畅茂者乎？其日就衰落者乎？君子之学，非有同志之友日相规切，则亦易以悠悠度日，而无有乎激励警发之益。山中友朋，亦有以此学日相讲求者乎？孔子云:“德之不修，学之不讲，是吾忧也。”而况于吾侪乎哉？

复唐虞佐 庚辰

承示诗二韵五章，语益工，兴寄益无尽，深叹多才，但不欲以是为有道者称颂耳。“撤讲慎择”之喻，爱我良多，深知感怍。但区区之心，亦自有不容已者。圣贤之道，坦若大路，夫妇之愚，可以与知。而后之论者，忽近求远，舍易图难，遂使老师宿儒皆不敢轻议。故在今时，非独其庸下者自分以为不可为，虽高者特达，皆以此学为长物，视之为虚谈赘说，亦许时矣。当此之时，苟有一念相寻于此，真所谓“空谷足音，见似人者喜矣”。况其章缝而来者，宁不忻忻然以接之乎？然要其间，亦岂无滥竽假道之弊！但在我不可以此意逆之，亦将于此以求其真者耳。正如淘金于沙，非不知沙之汰而去者且十九，然亦未能即舍沙而别以淘金为也。孔子云:“与其进也，不与其退也，唯何甚。”孟子云:“君子之设科也，来者不拒，往者不追。”苟以是心至，斯受之而已矣。盖“不愤不启”者，君子施教之方；“有教无类”，则其本心焉耳。多病之躯，重为知己忧，惓惓惠喻及此，感爱何有穷已。然区区之心，亦不敢不为知己一倾倒也。行且会面，悉所未尽。

卷五　文录二

书二 始正德辛巳至嘉靖乙酉

与邹谦之 辛巳

别后德闻日至，虽不相面，嘉慰殊深。近来此意见得益亲切，国裳亦已笃信得，谦之更一来，愈当沛然矣。适吴守欲以府志奉渎，同事者于中、国裳、汝信、惟浚，遂令开馆于白鹿。醉翁之意盖有在，不专以此烦劳也。区区归遁有日，圣天子新政英明，如谦之亦宜束装北上，此会宜急图之，不当徐徐而来也。蔡希渊近已主白鹿，诸同志须仆已到山，却来相讲，尤妙。此时却匆匆不能尽意也，幸以语之！

二 乙酉

乡人自广德来，时常得闻动履，兼悉政教之善，殊慰。倾想远使吊赙，尤感忧念之深。所喻“猝临盘错，盖非独以别利器，正以精吾格致之功耳”，又能以怠荒自惧，其进可知矣。近时四方来游之士颇众，其间虽甚鲁钝，但以良知之说略加点掇，无不即有开悟，以是益信得此二字真吾圣门正法眼藏。谦之近来所见，不审又如何矣？南元善益信此学，日觉有进，其见诸施设，亦大非其旧。便间更相奖掖之，固朋友切磋之心也。方治葬事，使还，草草疏谢不尽。

与夏敦夫 辛巳

不相见者几时，每念吾兄忠信笃厚之资，学得其要，断能一日千里。惜无因亟会，亲睹其所谓历块过都者以为快耳。

昔夫子谓子贡曰："赐也，汝以予为多学而识之者与？"对曰："然。非与？"子曰："非也。予一以贯之。"然则圣人之学，乃不有要乎！彼释氏之外人伦，遗物理，而堕于空寂者，固不得谓之明其心矣；若世儒之外务讲求考索，而不知本诸其心者，其亦可以谓穷理乎？此区区之心，深欲就正于有道者。因便辄及之，幸有以教我也。

区区两年来血气亦渐衰，无复用世之志。近始奉敕北上，将遂便道归省老亲，为终养之图矣。冗次不尽所怀。

与朱守忠 辛巳

乍别忽旬余。沿途人事扰扰，每得稍暇，或遇景感触，辄复兴怀。赍诏官来，承手札，知警省不懈，幸甚幸甚！此意不忘，即是时时相见，虽别非别矣。道之不明，皆由吾辈明之于口而不明之于身，是以徒腾颊舌，未能不言而信。要在立诚而已。向日谦虚之说，其病端亦起于不诚。使能如好好色，如恶恶臭，亦安有不谦不虚时邪？虞佐相爱之情甚厚，别后益见其真切，所恨爱莫为助。但愿渠实落做个圣贤，以此为报而已。相见时，以此意规之。谦之当已不可留，国裳亦时时相见否？学问之益，莫大于朋友切磋，聚会不厌频数也。明日当发玉山，到家渐可计日，但与守忠相去益远，临纸怅然！

与席元山 辛巳

向承教札及《鸣冤录》，读之见别后学力所到卓然，斯道之任庶几。

乎天下非之而不顾，非独与世之附和雷同，从人非笑者，相去万万而已。喜幸何极！中间乃有须面论者，但恨无因一会。近闻内台之擢，决知必从铅山取道，而仆亦有归省之便，庶得停舟途次，为信宿之谈，使人候于分水，乃未有前驱之报。驻信城者五日，怅怏而去。天之不假缘也，可如何哉！

大抵此学之不明，皆由吾人入耳出口，未尝诚诸其心身。譬之谈饮说食，何由得见醉饱之实乎？仆自近年来，始实见得此学，真有百世以俟圣人而不惑者。朋友之中，亦渐有三数辈笃信不回。其疑信相半，顾瞻不定者，多以旧说沉痼，且有得失毁誉之虞，未能专心致志以听，亦坐相处不久，或交臂而别，无从与之细说耳。象山之学，简易直截，孟子之后一人。其学问思辨、致知格物之说，虽亦未免沿袭之累，然其大本大原，断非余子所及也。执事素能深信其学，此亦不可不察。正如求精金者必务煅炼足色，勿使有纤毫之杂，然后可无亏损变动。盖是非之悬绝，所争毫厘耳。

用熙近闻已赴京，知公故旧之情极厚，倘犹未出，亦劝之学问而已。存心养性之外，无别学也。相见时，亦望遂以此言致之。

答甘泉 辛巳

世杰来，承示《学庸测》，喜幸喜幸！中间极有发明处，但于鄙见尚大同小异耳。“随处体认天理”是真实不诳语，鄙说初亦如是，及根究老兄命意发端处，却似有毫厘未协，然亦终当殊途同归也。修齐治平，总是格物，但欲如此节节分疏，亦觉说话太多。且语意务为简古，比之本文反更深晦，读者愈难寻求，此中不无亦有心病？莫若明白浅易其词，略指路径，使人自思得之，更觉意味深长也。高明以为何如？致知之说，鄙见恐不可易，亦望老兄更一致意，便间示知之。此是圣学传心之要，于此既明，其余皆洞然矣。意到恳切处，不得不直，幸不罪其僭妄也！

叔贤《大学》、《洪范》之说，其用力已深，一时恐难转移，此须面论，始有可辩正耳，会间先一及之。去冬有方叟者过此，传示高文，其人习于神仙之说，谓之志于圣贤之学，恐非其本心。人便草草不尽。

答伦彦式 辛巳

往岁仙舟过赣，承不自满足，执礼谦而下问恳，古所谓“敏而好学”，于吾彦式见之。别后连冗，不及以时奉问，极切驰想！近令弟过省，复承惠教，志道之笃，趋向之正，学惓有加，浅薄何以当此？悚息悚息！

谕及“学无静根，感物易动，处事多悔”，即是三言，尤是近时用功之实。仆罔所知识，何足以辱贤者之问！大抵三言者，病亦相因。惟学而别求静根，故感物而惧其易动；感物而惧其易动，是故处事而多悔也。心，无动静者也。其静也者，以言其体也；其动也者，以言其用也。故君子之学，无间于动静。其静也，常觉而未尝无也，故常应；其动也，常定而未尝有也，故常寂；常应常寂，动静皆有事焉，是之谓集义。集义故能无祇悔，所谓动亦定，静亦定者也，心一而已。静，其体也，而复求静根焉，是挠其体也；动，其用也，而惧其易动焉，是废其用也。故求静之心即动也，恶动之心非静也，是之谓动亦动，静亦动，将迎起伏，相寻于无穷矣。故循理之谓静，从欲之谓动。欲也者，非必声色货利外诱也，有心之私皆欲也。故循理焉，虽酬酢万变，皆静也。濂溪所谓“主静”，无欲之谓也，是谓集义者也。从欲焉，虽心斋坐忘，亦动也。告子之强制，正助之谓也，是外义者也。虽然，仆盖从事于此而未之能焉，聊为贤者陈其所见云尔。以为何如？便间示知之。

与唐虞佐侍御 辛巳

相与两年，情日益厚，意日益真，此皆彼此所心喻，不以言谢者。别后又承雄文追送，称许过情，末又重以传说之事，所拟益非其伦，感怍何既！虽然，故人之赐也，敢不拜受！果如是，非独进以有为，将退而隐于岩穴之下，要亦不失其为贤也已，敢不拜赐！昔人有言：“投我以木桃，报之以琼瑶。”今投我以琼瑶矣，我又何以报之？报之以其所赐，可乎？

说之言曰：“学于古训乃有获。”夫谓学于古训者，非谓其通于文辞，讲说于口耳之间，义袭而取诸其外也。获也者，得之于心之谓，非外铄也。必如古训，而学其所学焉，诚诸其身，所谓“默而成之”，“不言而信”，乃为有得也。夫谓逊志务时敏者，非谓其饰情卑礼于其外，汲汲于事功声誉之间也。其逊志也，如地之下而无所不承也，如海之虚而无所不纳也；其时敏也，一于天德，戒惧于不睹不闻，如太和之运而不息也。夫然，百世以俟圣人而不惑，溥博渊泉而时出之，言而民莫不信，行而民莫不悦，施及蛮貊，而道德流于无穷，斯固说之所以为说也。以是为报，虞佐其能以却我乎？孟氏云：“责难之谓恭”。吾其敢以后世文章之士期虞佐乎？颜氏云：“舜，何人也？予，何人也？”虞佐其能不以说自期乎？人还，灯下草草为谢。相去益远，临楮怏悒！

答方叔贤 辛巳

承示《大学原》，知用心于此深密矣。道一而已，论其大本大原，则《六经》、《四书》无不可推之而同者，又不特《洪范》之于《大学》而已。此意亦仆平日于朋友中所常言者。譬之草木，其同者，生意也；其花实之疏密，枝叶之高下，亦欲尽比而同之，吾恐化工不如是之雕刻也。今吾兄方自喜以为独见新得，锐意主张是说，虽素蒙信爱如鄙人者，一时论说，当亦未能遽入。且愿吾兄以所见者实体诸身，必将有疑；果无疑，必将有得；果无得，又必有见。然后鄙说可得而进也，学之不明几百年矣。近幸同志如甘泉、如吾兄者，相与切磋讲求，颇有端绪。而吾兄忽复牵滞文义若此，吾又将谁望乎？君子论学，固惟是之从，非以必同为贵。至于入门下手处，则有不容于不辩者，所谓毫厘之差，千里之谬矣。致知格物，甘泉之说与仆尚微有异，然不害其为大同。若吾兄之说，似又与甘泉异矣。相去远，恐辞不足以达意，故言语直冒，不复有所逊让。

近与甘泉书亦道此，当不以为罪也。

二 癸未

此学蓁芜，今幸吾侪复知讲求于此，固宜急急遑遑，并心同志，务求其实，以身明道学。虽所入之途稍异，要其所志而同，斯可矣。不肖之谬劣，已无足论。若叔贤之于甘泉，亦乃牵制于文义，纷争于辩说，益重世人之惑，以启呶呶者之口，斯诚不能无憾焉！忧病中不能数奉问，偶有所闻，因谦之去，辄附此言，无伦次。渭先相见，望并出此。

与杨仕鸣 辛巳

差人来，知令兄已于去冬安厝，墓有宿草矣，无由一哭，伤哉！所委志铭，既病且冗，须朋友中相知深者一为之，始能有发耳。

喻及“日用讲求功夫，只是各依自家良知所及，自去其障，扩充以尽其本体，不可迁就气习以趋时好。”幸甚幸甚！果如是，方是致知格物，方是明善诚身。果如是，德安得而不日新！业安得而不富！有谓“每日自检，未有终日浑成片段”者，亦只是致知功夫间断。夫仁，亦在乎熟之而已。又云：“以此磨勘先辈文字同异，功夫不合，常生疑虑。”又何为其然哉？区区所论致知二字，乃是孔门正法眼藏，于此见得真的，直是建诸天地而不悖，质诸鬼神而无疑，考诸三王而不谬，百世以俟圣人而不惑！知此者，方谓之知道；得此者，方谓之有德。异此而学，即谓之异端；离此而说，即谓之邪说；迷此而行，即谓之冥行。虽千魔万怪，眩瞀变幻于前，自当触之而碎，迎之而解，如太阳一出，而鬼魅魍魉自无所逃其形矣。尚何疑虑之有，而何异同之足惑乎！所谓“此学如立在空中，四面皆无倚靠，万事不容染着，色色信他本来，不容一毫增减。若涉些安排，着些意思，便不是合一功夫”，虽言句时有未莹，亦是仕鸣见得处，足可喜矣。但须切实用力，始不落空。若只如此说，未免亦是议拟仿象，已后只做得一个弄精魄的汉，虽与近世格物者症候稍有不同，其为病痛，一而已矣。诗文之习，儒者虽亦不废，孔子所谓“有德者必有言”也。若着意安排组织，未有不起于胜心者，先辈号为有志斯道，而亦复如是，亦只是习心未除耳。仕鸣既知致知之说，此等处自当一勘而破，瞒他些子不得也。

二 癸未

别后极想念，向得尚谦书，知仕鸣功夫日有所进，殊慰所期。大抵吾党既知学问头脑，已不虑无下手处，只恐客气为患，不肯实致其良知耳。后进中如柯生辈，亦颇有力量可进，只是客气为害亦不小。行时尝与痛说一番，不知近来果能克去否？书至，来相见，出此共勉之。前辈之于后进，无不欲其入于善，则其规切砥励之间，亦容有直情过当者，却恐后学未易承当得起。既不我德，反以我为仇者，有矣，往往无益而有损。故莫若且就其力量之所可及者，诱掖奖劝之。往时亦尝与仕鸣论及此，想能不忘也。

三 癸未

前者是备录区区之语，或未尽区区之心，此册乃直述仕鸣所得，反不失区区之见，可见学贵乎自得也。古人谓“得意忘言”，学苟自得，何以言为乎？若欲有所记札，以为日后印证之资，则直以己意之所得者书之而已，不必一一拘其言辞，反有所不达也。中间词语，时有未莹，病中不暇细为点检。

与陆原静 辛巳

赍奏人回，得佳稿及手札，殊慰。闻以多病之故，将从事于养生，区区往年盖尝弊力于此矣。后乃知其不必如是，始复一意于圣贤之学。大抵养德养身只是一事。原静所云“真我”者，果能戒谨不睹，恐惧不闻，而专志于是，则神住气住精住，而仙家所谓长生久视之说，亦在其中矣。神仙之学与圣人异，然其造端托始，亦惟欲引人于道，《悟真篇后序》中所谓“黄老悲其贪着，乃以神仙之术渐次导之”者。原静试取而观之，其微旨亦自可识。自尧、舜、禹、汤、文、武，至于周公、孔子，其仁民爱物之心，盖无所不至，苟有可以长生不死者，亦何惜以示人？如老子、彭篯之徒，乃其禀赋有若此者，非可以学而至。后世如白玉蟾、丘长春之属，皆是彼学中所称述以为祖师者，其得寿皆不过五六十，则所谓长生之说，当必有所指矣。原静气弱多病，但遗弃声名，清心寡欲，一意圣贤，如前所谓“真我”之说。不宜轻信异道，徒自惑乱聪明，弊精劳神，废靡岁月。久而不返，将遂为病狂丧心之人不难矣。昔人谓“三折肱为良医”，区区非良医，盖尝“三折肱”者。原静其慎听毋忽！

区区省亲，本闻部中已准覆，但得旨，即当长遁山泽。不久朝廷且大赉，则原静推封亦有日。果能访我于阳明之麓，当能为原静决此大疑也。

二 壬午

某不孝不忠，延祸先人，酷罚未敷，致兹多口，亦其宜然。乃劳贤者触冒忌讳，为之辩雪，雅承道谊之爱，深切恳至，甚非不肖孤之所敢望也。“无辩止谤”，尝闻昔人之教矣，况今何止于是！四方英杰以讲学异同之故，议论方兴，吾侪可胜辩乎？惟当反求诸己，苟其言而是欤，吾斯尚有所未信欤，则当务求其是，不得辄是已而非人也。使其言而非欤，吾斯既已自信欤，则当益致其践履之实，以务求于自谦，所谓“默而成之，不言而信”者也。然则今日之多口，孰非吾侪动心忍性，砥砺切磋之地乎！且彼议论之兴，非必有所私怨于我，彼其为说，亦将自以为卫夫道也。况其说本自出于先儒之绪论，固各有所凭据，而吾侪之言骤异于昔，反若凿空杜撰者。乃不知圣人之学本来如是，而流传失真，先儒之论，所以日益支离，则亦由后学沿习乖谬积渐所致。彼既先横不信之念，莫肯虚心讲究，加以吾侪议论之间，或为胜心浮气所乘，未免过为矫激，则固宜其非笑而骇惑矣。此吾侪之责，未可专以罪彼为也。

嗟乎！吾侪今日之讲学，将求异其说于人邪？亦求同其学于人邪？

将求以善而胜人邪？亦求以善而养人邪？知行合一之学，吾侪但口说耳，何尝知行合一邪？推寻所自，则如不肖者为罪尤重。盖在平时徒以口舌讲解，而未尝体诸其身，名浮于实，行不掩言，己未尝实致其知，而谓昔人致知之说未有尽。如贫子之说金，乃未免从人乞食。诸君病于相信相爱之过，好而不知其恶，遂乃共成今日纷纷之议，皆不肖之罪也。虽然，昔之君子，盖有举世非之而不顾，千百世非之而不顾者，亦求其是而已矣。岂以一时毁誉而动其心邪！惟其在我者有未尽，则亦安可遂以人言为尽非？伊川、晦庵之在当时，尚不免于诋毁斥逐，况在吾辈行有所未至，则夫人之诋毁斥逐，正其宜耳。凡今争辩学术之士，亦必有志于学者也，未可以其异己而遂有所疏外。是非之心，人皆有之，彼其但蔽于积习，故于吾说卒未易解。就如诸君初闻鄙说时，其间宁无非笑诋毁之者？久而释然以悟，甚至反有激为过当之论者矣。又安知今日相诋之力，不为异时相信之深者乎！

衰绖哀苦中，非论学时，而道之兴废，乃有不容于泯默者，不觉叨叨至此。言无伦次，幸亮其心也！

致知之说，向与惟浚及崇一诸友极论于江西，近日杨仕鸣来过，亦尝一及，颇为详悉。今原忠、宗贤二君复往，诸君更相与细心体究一番，当无余蕴矣。孟子云："是非之心，知也。""是非之心，人皆有之"，即所谓良知也。孰无是良知乎？但不能致之耳。《易》谓"知至，至之"，知至者，知也；至之者，致知也。此知行之所以一也。近世格物致知之说，只一知字尚未有下落，若致字功夫，全不曾道著矣。此知行之所以二也。

答舒国用 癸未

来书足见为学笃切之志。学患不知要，知要矣，患无笃切之志。国用既知其要，又能立志笃切如此，其进也，孰御！中间所疑一二节，皆功夫未熟，而欲速助长之为病耳。以国用之所志向而去其欲速助长之心，循循日进，自当有至。前所疑一二节，自将涣然冰释矣，何俟于予言？

譬之饮食，其味之美恶，食者自当知之，非人之能以其美恶告之也。虽然，国用所疑一二节者，近时同志中往往皆有之，然吾未尝以告也，今且姑为国用一言之。

夫谓“敬畏之增，不能不为洒落之累”，又谓“敬畏为有心，如何可以无心？而出于自然，不疑其所行”。凡此皆吾所谓欲速助长之为病也。夫君子之所谓敬畏者，非有所恐惧忧患之谓也，乃戒慎不睹，恐惧不闻之谓耳。君子之所谓洒落者，非旷荡放逸，纵情肆意之谓也，乃其心体不累于欲，无入而不自得之谓耳。夫心之本体，即天理也。天理之昭明灵觉，所谓良知也。君子之戒慎恐惧，惟恐其昭明灵觉者或有所昏昧放逸，流于非僻邪妄而失其本体之正耳。戒慎恐惧之功，无时或间，则天理常存，而其昭明灵觉之本体，无所亏蔽，无所牵扰，无所恐惧忧患，无所好乐忿懥，无所意必固我，无所歉馁愧怍。和融莹彻，充塞流行，动容周旋而中礼，从心所欲而不逾，斯乃所谓真洒落矣。是洒落生于天理之常存，天理常存生于戒慎恐惧之无间。孰谓“敬畏之增，乃反为洒落之累”耶？惟夫不知洒落为吾心之体，敬畏为洒落之功，歧为二物而分用其心，是以互相牴牾，动多拂戾而流于欲速助长。是国用之所谓“敬畏”者，乃《大学》之“恐惧忧患”，非《中庸》“戒慎恐惧”之谓矣。程子常言：“人言无心，只可言无私心，不可言无心。”戒慎不睹，恐惧不闻，是心，不可无也。有所恐惧，有所忧患，是私心，不可有也。尧舜之兢兢业业，文王之小心翼翼，皆敬畏之谓也，皆出乎其心体之自然也。出乎心体，非有所为而为之者，自然之谓也。敬畏之功无间于动静，是所谓“敬以直内，义以方外”也。敬义立而天道达，则不疑其所行矣。

所寄《作说》，大意亦好。以此自励可矣，不必以责人也。君子不蕲人之信也，自信而已；不蕲人之知也，自知而已。因先茔未毕功，人事纷沓，来使立候，冻笔潦草无次。

与刘元道癸未

来喻："欲入坐穷山，绝世故，屏思虑，养吾灵明。必自验至于通昼夜而不息，然后以无情应世故。"且云："于静求之，似为径直，但勿流于空寂而已。"观此足见任道之刚毅，立志之不凡。且前后所论，皆不为无见者矣。可喜可喜！夫良医之治病，随其疾之虚实、强弱、寒热、内外，而斟酌加减。调理补泄之要，在去病而已。初无一定之方，不问证候之如何，而必使人人服之也。君子养心之学，亦何以异于是！元道自量其受病之深浅，气血之强弱，自可如其所云者而斟酌为之，亦自无伤。但专欲绝世故，屏思虑，偏于虚静，则恐既已养成空寂之性，虽欲勿流于空寂，不可得矣。大抵治病虽无一定之方，而以去病为主，则是一定之法。若但知随病用药，而不知因药发病，其失一而已矣。闲中且将明道《定性书》熟味，意况当又不同。忧病不能一一，信笔草草无次。

答路宾阳癸未

忧病中，远使惠问，哀感何已！守忠之讣，方尔痛心，而复不起，惨割如何可言！死者已矣，生者益孑立寡助。不及今奋发砥砺，坐待澌尽灯灭，固将抱恨无穷。自来山间，朋友远近至者百余人，因此颇有警发，见得此学益的确简易，真是考诸三王而不谬，百世以俟圣人而不惑者。惜无因复与宾阳一面语耳。郡务虽繁，然民人社稷，莫非实学。以宾阳才质之美，行之以忠信，坚其必为圣人之志，勿为时议所摇，近名所动，吾见其德日近而业日广矣。荒愦不能多及，心亮！

与黄勉之甲申

屡承书惠，兼示述作，足知才识之迈，向道恳切之难得也。何幸何幸！然未由一面，鄙心之所欲效者，尚尔郁而未申，有负盛情多矣！

君子学以为己。成己成物，虽本一事，而先后之序有不容紊。孟子云："学问之道无他，求其放心而已矣。"诵习经史，本亦学问之事，不可废者。而忘本逐末，明道尚有玩物丧志之戒，若立言垂训，尤非学者所宜汲汲矣。所示《格物说》、《修道注》，诚荷不鄙之盛，切深惭悚，然非浅劣之所敢望于足下者也。且其为说，亦于鄙见微有未尽。何为合并当悉其义，愿且勿以示人。孔子云："五十以学《易》，可以无大过矣。"充足下之才志，当一日千里，何所不可到？而不胜骏逸之气。急于驰骤奔放，抵突若此，将恐自蹶其足，非任重致远之道也。古本之释，不得已也。然不敢多为辞说，正恐葛藤缠绕，则枝干反为蒙翳耳。短序亦尝三易稿，石刻其最后者，今各往一本，亦足以知初年之见，未可据以为定也。

二 甲申

勉之别去后，家人病益狼狈，贱躯亦咳逆泄泻相仍，曾无间日，人事纷沓未论也。用是《大学》古本，曾无下笔处，有辜勤勤之意。然此亦自可徐徐图之，但古本白文之在吾心者，未能时时发明，却有可忧耳。来问数条，实亦无暇作答，缔观简末恳恳之诚，又自不容已于言也。

来书云："以良知之教涵泳之，觉其彻动彻静，彻昼彻夜，彻古彻今，彻生彻死，无非此物。不假纤毫思索，不得纤毫助长，亭亭当当，灵灵明明，触而应，感而通，无所不照，无所不觉，无所不达，千圣同途，万贤合辙。无他如神，此即为神；无他希天，此即为天；无他顺帝，此即为帝。本无不中，本无不公。终日酬酢，不见其有动；终日闲居，不见其有静。真乾坤之灵体，吾人之妙用也。窃又以为《中庸》诚者之明，即此良知为明；诚之者之戒慎恐惧，即此良知为戒慎恐惧。当与恻隐羞恶一般，俱是良知条件。知戒慎恐惧，知恻隐，知羞恶，通是良知，亦即是明。"云云。

此节论得已甚分晓。知此，则知致知之外无余功矣。知此，则知所谓建诸天地而不悖，质诸鬼神而无疑，百世以俟圣人而不惑者，非虚语矣。诚明戒惧，效验功夫，本非两义。即知彻动彻静，彻死彻生，无非此物，则诚明戒惧与恻隐羞恶，又安得别有一物为之欤？

来书云:“阴阳之气,䜣合和畅而生万物。物之有生,皆得此和畅之故。故人之生理,本自和畅,本无不乐。观之鸢飞鱼跃,鸟鸣兽舞,草木欣欣向荣,皆同此乐。但为客气物欲搅此和畅之气,始有间断不乐。孔子曰‘学而时习之’,便立个无间断功夫,悦则乐之萌矣。朋来则学成,而吾性本体之乐复矣。故曰‘不亦乐乎’。在人虽不我知,吾无一毫愠怒以间断吾性之乐,圣人恐学者乐之有息也,故又言此。所谓‘不怨’‘不尤’,与夫‘乐在其中’,‘不改其乐’,皆是乐无间断否。”云云。

乐是心之本体。仁人之心,以天地万物为一体,䜣合和畅,厚无间隔。来书谓“人之生理,本自和畅,本无不乐,但为客气物欲搅此和畅之气,始有间断不乐”是也。时习者,求复此心之本体也。悦,则本体渐复矣。朋来,则本体之䜣合和畅,充周无间。本体之䜣合和畅,本来如是,初未尝有所增也。就使无朋来,而天下莫我知焉,亦未尝有所减也。来书云“无间断”意思亦是。圣人亦只是至诚无息而已,其功夫只是时习。时习之要,只是谨独。谨独即是致良知。良知即是乐之本体。此节论得大意亦皆是,但不宜便有所执著。

来书云:“韩昌黎‘博爱之谓仁’一句,看来大段不错,不知宋儒何故非之?以为爱自是情,仁自是性,岂可以爱为仁?愚意则曰:性即未发之情,情即已发之性,仁即未发之爱,爱即已发之仁。如何唤爱作仁,不得言爱则仁在其中矣。孟子曰:‘恻隐之心,仁也。’周子曰:‘爱曰仁。’昌黎此言,与孟、周之旨无甚差别,不可以其文人而忽之也。”云云。

博爱之说,本与周子之旨无大相远。樊迟问仁,子曰:“爱人。”爱字何尝不可谓之仁欤?昔儒看古人言语,亦多有因人重轻之病,正是此等处耳。然爱之本体,固可谓之仁,但亦有爱得是与不是者,须爱得是,方是爱之本体,方可谓之仁。若只知博爱而不论是与不是,亦便有差处。吾尝谓博字不若公字为尽。大抵训释字义,亦只是得其大概,若其精微奥蕴,在人思而自得,非言语所能喻。后人多有泥文著相,专在字眼上穿求,却是心从法华转也。

来书云:“《大学》云:‘如好好色,如恶恶臭。’所谓恶之云者,凡见恶臭,无处不恶,固无妨碍。至于好色,无处不好,则将凡美色之经于目也,亦尽好之乎?《大学》之训,当是借流俗好恶之常情,以喻圣贤好善恶恶之诚耳。抑将好色亦为圣贤之所同好,经于目,虽知其姣,而思则无邪,未尝少累其心体否乎?《诗》云‘有女如云’,未尝不知其姣也。其姣也,‘匪我思存’,言匪我见存,则思无邪而不累其心体矣。如见轩冕金玉,亦知其为轩冕金玉也,但无歆羡希觊之心,则可矣。如此看,不知通否。”云云。

人于寻常好恶,或亦有不真切处,惟是好好色,恶恶臭,则皆是发于真心,自求快足,曾无纤假者。《大学》是就人人好恶真切易见处,指示人以好善恶恶之诚当如是耳,亦只是形容一诚字。今若又于好色字上生如许意见,却未免有执指为月之病。昔人多有为一字一句所牵蔽,遂致错解圣经者,正是此症候耳,不可不察也。中间云“无处不恶,固无妨碍”,亦便有受病处,更详之。

来书云:“有人因薛文清‘过思亦是暴气’之说,乃欲截然不思者。窃以孔子曰:‘吾尝终日不食,终夜不寝以思’,亦将谓孔子过而暴其气乎?以愚推之,惟思而外于良知,乃谓之过。若念念在良知上体认,即如孔子终日终夜以思,亦不为过。不外良知,即是何思何虑,尚何过哉。”云云。

“过思亦是暴气”,此语说得亦是。若遂欲截然不思,却是因噎而废食者也。来书谓“思而外于良知,乃谓之过,若念念在良知上体认,即终日终夜以思,亦不为过。不外良知,即是何思何虑”,此语甚得鄙意。孔子所谓“吾尝终日不食,终夜不寝以思,无益,不如学也”者,圣人未必然,乃是指出徒思而不学之病以诲人耳。若徒思而不学,安得不谓之过思与!

答刘内重 乙酉

书来警发良多，知感知感！腹疾，不欲作答，但内重为学功夫，尚有可商量者，不可以虚来意之辱，辄复书此耳。

程子云:“所见所期，不可不远且大。然而为之亦须量力有渐，志大心劳，力小任重，恐终败事。”夫学者既立有必为圣人之志，只消就自己良知明觉处朴实头致了去，自然循循日有所至，原无许多门面折数也。外面是非毁誉，亦好资之以为警切砥砺之地，却不得以此稍动其心，便将流于心劳日拙而不自知矣。内重强刚笃实，自是任道之器，然于此等处尚须与谦之从容一商量，又当有见也。眼前路径须放开阔，才好容人来往，若太拘窄，恐自己亦无展足之地矣。圣人之行，初不远于人情。鲁人猎较，孔子亦猎较。乡人傩，朝服而立于阼阶。难言之互乡，亦与进其童子。在当时固不能无惑之者矣。子见南子，子路且有不悦。夫子到此如何更与子路说得是非?只好矢之而已。何也?若要说见南子是，得多少气力来说?且若依着子路认个不是，则子路终身不识圣人之心，此学终将不明矣。此等苦心处，惟颜子便能识得，故曰“于吾言无所不悦”。此正是大头脑处，区区举似内重，亦欲内重谦虚其心，宏大其量，去人我之见，绝意必之私，则此大头脑处，自将卓尔有见，当有“虽欲从之，末由也已”之叹矣！大抵奇特斩绝之行，多后世希高慕大者之所喜，圣贤不以是为贵也。故索隐行怪，则后世有述焉，依乎中庸，固有遯世不见知者矣。学绝道丧之余，苟有以讲学来者，所谓空谷之足音，得似人者可矣。必如内重所云，则今之可讲学者，止可如内重辈二三人而止矣。然如内重者，亦不能时时来讲也，则法堂前草深一丈矣。内重有进道之资，而微失之于隘。吾固不敢避饰非自是之嫌而叨叨至此。内重宜悉此意，弗徒求之言语之间可也。

与王公弼 乙酉

前王汝止家人去，因在妻丧中，草草未能作书。人来，远承问惠，得闻动履，殊慰殊慰！书中所云“斯道广大，无处欠缺，动静穷达，无往非学。自到任以来，钱谷狱讼，事上接下，皆不敢放过。但反观于独，犹未是夭寿不贰根基，毁誉得丧之间，未能脱然”。足知用功之密。只此自知之明，便是良知。致此良知以求自慊，便是致知矣。殊慰殊慰！师伊、师颜兄弟，久居于此。黄正之来此亦已两月余。何廷仁到亦数日。朋友聚此，颇觉有益。惟齐不得力而归。此友性气殊别，变化甚难，殊为可忧尔。闲及之。

答董沄萝石 乙酉

问：“某赋性平直守分，每遇能言之士，则以己之迟钝为惭，恐是根器弱甚。”

此皆未免有外重内轻之患。若平日能集义，则浩然之气至大至公，充塞天地，自然富贵不能淫，贫贱不能移，威武不能屈；自然能知人之言，而凡诐淫邪遁之词，皆无所施于前矣。况肯自以为惭乎！集义，只是致良知。心得其宜为义，致良知，则心得其宜矣。

问：“某因亲弟粮役，与之谋，败，致累多人。因思皆不老实之过也。如何？”

谓之老实，须是实致其良知始得，不然却恐所谓老实者，正是老实不好也。昔人亦有为手足之情受污辱者，然不致知，此等事于良知亦自有不安。

问：“某因海宁县丞卢珂居官廉甚而极贫，饥寒饿死，遂走拜之，赠以诗、袜，归而胸次帖帖然，自以为得也。只此自以为得也，恐亦不宜。”

知得自以为得之非宜，只此便是良知矣。民之秉彝也，故好是懿德。又多着一分意思。不得多着一分意思，便是私矣。

问：“某见人有善行，每好录之，时以展阅。常见二医，一姓韩一姓郭者，以利相让，亦必录之。”

录善人以自勉，此亦多闻多见而识，乃是致良知之功。此等人只是欠学问，恐不能到头如此。吾辈中亦未易得也。

与黄宗贤 癸未

南行想亦从心所欲，职守闲静，益得专志于学，闻之殊慰！贱躯入夏来山中感暑痢，归卧两月余，变成痰咳。今虽稍平，然咳尚未已也。四方朋友来去无定，中间不无切磋砥砺之益，但真有力量能担荷得，亦自少见。大抵近世学者，只是无有必为圣人之志。近与尚谦、子莘、诚甫讲《孟子》“乡愿狂狷”一章，颇觉有所省发，相见时试更一论如何？闻接引同志孜孜不怠，甚善甚善！但论议之际，必须谦虚简明为佳。若自处过任而词意重复，却恐无益有损。在高明断无此。因见旧时友朋往往不免斯病，谩一言之。

寄薛尚谦 癸未

承喻：“自咎罪疾，只缘轻傲二字累倒。”足知用力恳切。但知得轻傲处，便是良知；致此良知，除却轻傲，便是格物。致知二字，是千古圣学之秘，向在虔时终日论此，同志中尚多有未彻。近于古本序中改数语，颇发此意，然见者往往亦不能察。今寄一纸，幸熟味！此是孔门正法眼藏，从前儒者多不曾悟到，故其说卒入于支离。仕鸣过虔，常与细说，不审闲中曾论及否？谕及甘泉论仕德处，殆一时意有所向而云，益亦未见其止之叹耳。仕德之学，未敢便以为至，即其信道之笃，临死不贰，眼前曾有几人？所云“心心相持，如髡如钳”，正恐同辈中亦未见有能如此者也。书来，谓仕鸣、海崖大进此学，近得数友，皆有根力，处久当能发挥。幸甚！闻之喜而不寐也。海崖为谁氏？便中寄知之。

卷六　文录三

书三始嘉靖丙戌至戊子

寄邹谦之丙戌

比遭家多难，功夫极费力，因见得良知两字，比旧愈加亲切。真所谓大本达道，舍此更无学问可讲矣。“随处体认天理”之说，大约未尝不是，只要根究下落，即未免捕风捉影，纵令鞭辟向里，亦与圣门致良知之功尚隔一尘。若复失之毫厘，便有千里之谬矣。四方同志之至此者，但以此意提掇之，无不即有省发，只是着实能透彻者甚，亦不易得也。世间无志之人，既已见驱于声利词章之习，间有知得自己性分当求者，又被一种似是而非之学兜绊羁縻，终身不得出头。缘人未有真为圣人之志，未免挟有见小欲速之私，则此种学问，极足支吾眼前得过。是以虽在豪杰之士，而任重道远，志稍不力，即且安顿其中者多矣。谦之之学，既以得其大原，近想涉历弥久，则功夫当益精明矣。无因接席一论，以资切劘，倾企如何！范祠之建，实亦有裨风教。仆于大字，本非所长，况已久不作，所须祠扁，必大笔自挥之，乃佳也。使还，值岁冗，不欲尽言。

二丙戌

承示谕《俗礼要》，大抵一宗《文公家礼》而简约之，切近人情，甚善甚善！非吾谦之诚有意于化民成俗，未肯汲汲为此也！古礼之存于世者，老师宿儒，当年不能穷其说，世之人苦其烦且难，遂皆废置而不行。故今之为人上而欲导民于礼者，非详且备之为难，惟简切明白而使人易行之为贵耳。中间如四代位次及袝祭之类，固区区向时欲稍改以从俗者，今皆斟酌为之，于人情甚协。

盖天下古今之人，其情一而已矣。先王制礼，皆因人情而为之节文，是以行之万世而皆准。其或反之吾心而有所未安者，非其传记之讹阙，则必古今风气习俗之异宜者矣。此虽先王未之有，亦可以义起，三王之所以不相袭礼也。若徒拘泥于古，不得于心，而冥行焉，是乃非礼之礼，行不著而习不察者矣。后世心学不讲，人失其情，难乎与之言礼！然良知之在人心，则万古如一日。苟顺吾心之良知以致之，则所谓不知足而为屦，我知其不为蒉矣。非天子不议礼制度，今之为此，非以议礼为也，徒以末世废礼之极，聊为之兆以兴起之。故特为此简易之说，欲使之易知易从焉耳。冠、婚、丧、祭之外，附以乡约，其于民俗，亦甚有补。至于射礼，似宜别为一书以教学者，而非所以求谕于俗。今以附于其间，却恐民间以非所常行，视为不切，又见其说之难晓，遂并其冠、婚、丧、祭之易晓者而弃之也。《文公家礼》所以不及于射，或亦此意也欤？幸更裁之！

令先公墓表，决不负约，但向在纷冗忧病中，近复咳患盛作，更求假以日月耳。施、濮两生知解甚利，但已经炉鞴，则煅炼为易，自此益淬砺之，吾见其成之速也。书院新成，欲为诸生择师，此诚盛德之事。但刘伯光以家事促归，魏师伊乃兄适有官务，仓卒往视，何廷仁近亦归省，惟黄正之尚留。彼意以登坛说法，非吾谦之身自任之不可。须事定后，却与二三同志造访，因而连留旬月，相与砥砺开发，效匡翼之劳，亦所不辞也。祠堂位次袝祭之义，往年曾与徐曰仁备论。曰仁尝记其略，今使录一通奉览，以备采择。

或问:“《文公家礼》，高、曾、祖、祢之位皆西上，以次而东。于心切有未安。”阳明子曰:“古者庙门皆南向，主皆东向。合祭之时，昭之迁主列于北牖，穆之迁主列于南牖，皆统于太祖东向之尊。是故西上，以次而东。今祠堂之制，既异于古，而又无太祖东向之统，则西上之说，诚有所未安。”曰:“然则今当何如？”曰:“礼以时为大，若事死如事生，则宜以高祖南向，而曾、祖、祢东西分列，席皆稍降而弗正对，似于人心为安。曾见浦江郑氏之祭，四代考妣，皆异席。高考妣南向，曾、祖、祢考皆西向，妣皆东向，名依世次，稍退半席。其于男女之列，尊卑之等，两得其宜。今吾家亦如此行。但恐民间厅事多浅隘，而器物亦有所不备，则不能以通行耳。”又问:“无后者之祔，于己之子侄，固可下列矣。若在祖宗之行，宜何如祔？”阳明子曰:“古者大夫三庙，不及其高矣；适士二庙，不及其曾矣。今民间得祀高、曾，盖亦体顺人情之至，例以古制，则既为僭，况在其行之无后者乎！古者士大夫无子，则为之置后，无后者鲜矣。后世人情偷薄，始有弃贫贱而不问者。古所为无后，皆殇子之类耳。《祭法》:‘王下祭殇五:適子、適孙、適曾孙、適玄孙、適来孙。诸侯下祭三，大夫二，適士及庶人祭子而止。’则无后之祔，皆子孙属也。今民间既得假四代之祀，以义起之，虽及弟侄可矣。往年湖湘一士人家，有曾伯祖与堂叔祖皆贤而无后者，欲为立嗣，则族众不可；欲弗祀，则思其贤，有所不忍也。以问于某，某曰:不祀二三十年矣，而追为之嗣，势人所不行矣。若在士大夫家，自可依古族属之义，于春、秋二社之次，特设一祭:凡族之无后而亲者，各以昭穆之次配祔之，于义亦可也。”

三丙戌

教札时及，足慰离索。兼示《论语讲章》，明白痛快，足以发朱注之所未及。诸生听之，当有油然而兴者矣。后世人心陷溺，祸乱相寻，皆由此学不明之故。只将此学字头脑处指掇得透彻，使人洞然知得是自己生身立命之原，不假外求，如木之有根，畅茂条达，自有所不容已，则所谓悦乐不愠者，皆不待言而喻。书院记文，整严精确，迥尔不群，皆是直写胸中实见，一洗近儒影响雕饰之习，不徒作矣。

某近来却见得良知两字日益真切简易。朝夕与朋辈讲习，只是发挥此两字不出。缘此两字，人人所自有，故虽至愚下品，一提便省觉。若致其极，虽圣人天地不能无憾，故说此两字，穷劫不能尽。世儒尚有致疑于此，谓未足以尽道者，只是未尝实见得耳。近有乡大夫请某讲学者云：“除却良知，还有甚么说得？”某答云：“除却良知，还有甚么说得！”不审迩来谦之于此两字，见得比旧又如何矣？无因一面，扣之以快倾渴。正之去，当能略尽鄙怀，不能一一。

后世大患，全是士夫以虚文相诳，略不知有诚心实意。流积成风，虽有忠信之质，亦且迷溺其间，不自知觉。是故以之为子则非孝；以之为臣则非忠。流毒扇祸，生民之乱，尚未知所抵极。今欲救之，惟有返朴还淳，是对症之剂。故吾侪今日用功，务在鞭辟近里，删削繁文始得。然鞭辟近里，删削繁文，亦非草率可能，必须讲明致良知之学。每以言于同志，不识谦之亦以为何如也？讲学之后，望时及之。

四 丙戌

正之归，备谈政教之善，勤勤恳恳，开诱来学，毅然以斯道为己任，其为喜幸，如何可言！前书“虚文相诳”之说，独以慨夫后儒之没溺词章、雕镂文字，以希世盗名，虽贤知有所不免，而其流毒之深，非得根器力量如吾谦之者，莫能挽而回之也！而谦之顾犹歉然，欲以猛省寡过，此正吾谦之之所以为不可及也。欣叹欣叹！

学绝道丧之余，苟有兴起向慕于是学者，皆可以为同志，不必铢称寸度而求其尽合，于此以之待人可也。若在我之所以为造端立命者，则不容有毫发之或爽矣。道一而已，仁者见之谓之仁，知者见之谓之知。释氏之所以为释，老氏之所以为老，百姓日用而不知，皆是道也，宁有二乎？今古学术之诚伪邪正，何啻碔砆美玉！然有眩惑终身而不能辩者，正以此道之无二，而其变动不拘，充塞无间，纵横颠倒，皆可推之而通。世之儒者，各就其一偏之见，而又饰之以比拟仿像之功，文之以章句假借之训，其为习熟既足以自信，而条目又足以自安，此其所以诳己诳人，终身没溺而不悟焉耳！然其毫厘之差，而乃致千里之谬。非诚有求为圣人之志，而从事于惟精惟一之学者，莫能得其受病之源，而发其神奸之所由伏也。若某之不肖，盖亦尝隐陷于其间者几年，伥伥然既自以为是矣。赖天之灵，偶有悟于良知之学，然后悔其向之所为者，固包藏祸机，作伪于外，而心劳日拙者也。十余年来，虽痛自洗剔创艾，而病根深痼，萌蘖时生。所幸良知在我，操得其要，譬犹舟之得舵，虽惊风巨浪颠沛不无，尚犹得免于倾覆者也。夫旧习之溺人，虽已觉悔悟，而其克治之功，尚且其难若此，又况溺而不悟，日益以深者，亦将何所抵极乎！以谦之精神力量，又以有觉于良如，自当如江河之注海，沛然无复能有为之障碍者矣！默成深造之余，必有日新之得，可以警发昏惰者，便间不惜款款示及之。

五 丙戌

张、陈二生来，适归余姚祭扫，遂不及相见，重负深情也。随事体认天理，即戒慎恐惧功夫，以为尚隔一尘，为世之所谓事事物物皆有定理而求之于外者言之耳。若致良知之功明，则此语亦自无害，不然，即犹未免于毫厘千里也。来喻以为恐主于事者，盖已深烛其弊矣。寄示甘泉《尊经阁记》，甚善甚善！其间大意亦与区区《稽山书院》之作相同。《稽山》之作，向尝以寄甘泉，自谓于此学颇有分毫发明。今甘泉乃谓“今之谓聪明知觉，不必外求诸经者，不必呼而能觉”之类，则似急于立言，而未暇细察鄙人之意矣。后世学术之不明，非为后人聪明识见之不及古人，大抵多由胜心为患，不能取善相下。明明其说之已是矣，而又务为一说以高之，是以其说愈多而惑人愈甚。凡今学术之不明，使后学无所适从，徒以致人之多言者，皆吾党自相求胜之罪也。今良知之说，已将学问头脑说得十分下落，只是各去胜心，务在共明此学，随人分限，以此循循善诱之，自当各有所至。若只要自立门户，外假卫道之名，而内行求胜之实，不顾正学之因此而益荒，人心之因此而愈悍，党同伐异，覆短争长，而惟以成其自私自利之谋，仁者之心有所不忍也！甘泉之意，未必由此，因事感触，辄漫及之。盖今时讲学者，大抵多犯此症，在鄙人亦或有所未免，然不敢不痛自克治也。如何如何？

答友人 丙戌

君子之学，务求在己而已。毁誉荣辱之来，非独不以动其心，且资之以为切磋砥砺之地。故君子无入而不自得，正以其无入而非学也。若夫闻誉而喜，闻毁而戚，则将惶惶于外，惟日之不足矣，其何以为君子！

往年驾在留都，左右交谗某于武庙。当时祸且不测，僚属咸危惧，谓群疑若此，宜图所以自解者。某曰："君子不求天下之信己也，自信而已。吾方求以自信之不暇，而暇求人之信己乎？"某于执事为世交，执事之心，某素能信之，而顾以相讯若此，岂亦犹有未能自信也乎？虽然，执事之心，又焉有所不自信者！至于洪范之外，意料所不及，若校人之于子产者，亦安能保其必无。则执事之恳恳以询于仆，固君子之严于自治，宜如此也。昔楚人有宿于其友之家者，其仆窃友人之履以归，楚人不知也。适使其仆市履于肆，仆私其直而以窃履进，楚人不知也。他日，友人来过，见其履在楚人之足，大骇曰："吾固疑之，果然窃吾履。"遂与之绝。逾年而事暴，友人踵楚人之门而悔谢曰："吾不能知子，而缪以疑子，吾之罪也。请为友如初。"今执事之见疑于人，其有其无，某皆不得而知。纵或有之，亦何伤于执事之自信乎？不俟逾年，吾见有踵执事之门而悔谢者矣。执事其益自信无怠，固将无入而非学，亦无入而不自得也矣！

答友人问 丙戌

问：自来先儒皆以学问思辨属知，而以笃行属行，分明是两截事。今先生独谓知行合一，不能无疑。

曰：此事吾已言之屡屡。凡谓之行者，只是着实去做这件事。若着实做学问思辨的功夫，则学问思辨亦便是行矣。学是学做这件事，问是问做这件事，思辨是思辨做这件事，则行亦便是学问思辨矣。若谓学问思辨之，然后去行，却如何悬空先去学问思辨得？行时又如何去得个学问思辨的事？行之明觉精察处，便是知；知之真切笃实处，便是行。若行而不能精察明觉，便是冥行，便是“学而不思则罔”，所以必须说个知；知而不能真切笃实，便是妄想，便是“思而不学则殆”，所以必须说个行。元来只是一个功夫。凡古人说知行，皆是就一个功夫上补偏救弊说，不似今人截然分作两件事做。某今说知行合一，虽亦是就今时补偏救弊说，然知行体段亦本来如是。吾契但着实就身心上体履，当下便自知得。今却只从言语文义上窥测，所以牵制支离，转说转糊涂，正是不能知行合一之弊耳。

问：象山论学与晦庵大有同异，先生尝称象山“于学问头脑处见得直截分明”。今观象山之论，却有谓学有讲明，有践履，及以致知格物为履明之事，乃与晦庵之说无异，而与先生知行合一之说，反有不同。何也？

曰：君子之学，岂有心于同异？惟其是而已。吾于象山之学有同者，非是苟同；其异者，自不掩其为异也。吾于晦庵之论有异者，非是求异；其同者，自不害其为同也。假使伯夷、柳下惠与孔、孟同处一堂之上，就其所见之偏，全其议论，断亦不能皆合，然要之不害其同为圣贤也。若后世论学之士，则全是党同伐异，私心浮气所使，将圣贤事业作一场儿戏看了也。

又问：知行合一之说，是先生论学最要紧处。今既与象山之说异矣，敢问其所以同。

曰：知行原是两个字说一个功夫，这一个功夫，须著此两个字方说得完全无弊病。若头脑处见得分明，见得原是一个头脑，则虽把知行分作两个说，毕竟将来做那一个功夫，则始或未便融会，终所谓百虑而一致矣。若头脑见得不分明，原看做两个字，则虽把知行合作一个说，亦恐终未有凑泊处，况又分作两截去做，则是从头至尾更没讨下落处也。

又问：致良知之说，真是百世以俟圣人而不惑者。象山已于头脑上见得分明，如何于此尚有不同？”

曰：致知格物，自来儒者皆相沿如此说，故象山亦遂相沿得来，不复致疑耳。然此毕竟亦是象山见得未精一处，不可掩也。

又曰：知之真切笃实处，便是行；行之明觉精察处，便是知。若知时，其心不能真切笃实，则其知便不能明觉精察；不是知之时只要明觉精察，更不要真切笃实也。行之时，其心不能明觉精察，则其行便不能真切笃实；不是行之时只要真切笃实，更不要明觉精察也。知天地之化育，心体原是如此。乾知大始，心体亦原是如此。

答南元善 丙戌

别去忽逾三月，居尝思念，辄与诸生私相慨叹。计归程之所及，此时当到家久矣。太夫人康强，贵眷无恙，渭南风景，当与柴桑无异，而元善之识见兴趣，则又有出于元亮之上者矣。近得中途寄来书，读之恍然如接颜色。勤勤恳恳，惟以得闻道为喜，急问学为事，恐卒不得为圣人为忧，亹亹千数百言，略无一字及于得丧荣辱之间，此非真有朝闻夕死之志者，未易以涉斯境也。浣慰何如！诸生递观传诵，相与叹仰歆服，因而兴起者多矣。

世之高抗通脱之士，捐富贵，轻利害，弃爵禄，决然长往而不顾者，亦皆有之。彼其或从好于外道诡异之说，投情于诗酒山水技艺之乐，又或奋发于意气，感激于愤悱，牵溺于嗜好，有待于物以相胜，是以去彼取此，而后能及其所之。既倦，意衡心郁，情随事移，则忧愁悲苦随之而作。果能捐富贵，轻利害，弃爵禄，快然终身，无入而不自得已乎？夫惟有道之士，真有以见其良知之昭明灵觉，圆融洞澈，廓然与太虚而同体。太虚之中，何物不有？而无一物能为太虚之障碍。盖吾良知之体，本自聪明睿知，本自宽裕温柔，本自发强刚毅，本自斋庄中正、文理密察，本自溥博渊泉而时出之，本无富贵之可慕，本无贫贱之可忧，本无得丧之可欣戚，爱憎之可取舍。盖吾之耳而非良知，则不能以听矣，又何有于聪？目而非良知，则不能以视矣，又何有于明？心而非良知，则不能以思与觉矣，又何有于睿知？然则又何有于宽裕温柔乎？又何有于发强刚毅乎？又何有于斋庄中正、文理密察乎？又何有于溥博渊泉而时出之乎？故凡慕富贵，忧贫贱，欣戚得丧，爱憎取舍之类，皆足以蔽吾聪明睿知之体，而窒吾渊泉时出之用。若此者，如明目之中而翳之以尘沙，聪耳之中而塞之以木楔也。其疾痛郁逆，将必速去之为快，而何能忍于时刻乎？故凡有道之士，其于慕富贵，忧贫贱，欣戚得丧而取舍爱憎也，若洗目中之尘而拔耳中之楔。其于富贵、贫贱、得丧、爱憎之相值，若飘风浮霭之往来变化于太虚，而太虚之动，固常廓然其无碍也。元善今日之所造，其殆庶几于是矣乎！是岂有待于物以相胜而去彼取此，激昂于一时之意气者所能强而声音笑貌以为之乎？元善自爱！元善自爱！

关中自古多豪杰，其忠信沈毅之质，明达英伟之器，四方之士，吾见亦多矣，未有如关中之盛者也。然自横渠之后，此学不讲，或亦与四方无异矣。自此关中之士，有所振发兴起，进其文艺于道德之归，变其气节为圣贤之学，将必自吾元善昆季始也。今日之归，谓天为无意乎？谓天为无意乎？

元贞以病，不及别简，盖心同道同而学同，吾所以告之亦不能有他说也。亮之亮之！

二 丙戌

五月初，得苏州书，后月，适遇王驿丞去，草草曾附短启。其时私计行旆，到家必已久矣。是月三日，余门子回，复领手教，始知六月尚留汴城。世途之险涩难料，每每若此也。贱躯入夏咳作，兼以毒暑大旱，舟楫无所往，日与二三子讲息池傍小阁中。每及贤昆玉，则喟然兴叹而已！郡中今岁之旱，比往年尤甚。河渠曾蒙开浚者，百姓皆得资灌溉之利，相与啧啧追颂功德，然已控吁无及矣。彼奸妒险人，号称士类者，乃独谗疾排构，无所不至，曾细民之不若，亦独何哉！亦独何哉！色养之暇，埙篪协奏，切磋讲习，当日益深造矣。里中英俊相从论学者几人？学绝道丧且几百年，居今之时，而苟知趋向于是，正所谓空谷之足音，皆今之豪杰矣。便中示知之。

窃尝喜晦翁涵育薰陶之说，以为今时朋友相与必有此意，而后彼此交益。近来一二同志与人讲学，乃有规砺太刻，遂相愤戾而去者，大抵皆不免于以善服人之病耳。楚国实又尔忧去，子京诸友亦不能亟相会，一齐众楚。"道之不明也，我知之矣。"虽然，"风雨如晦，鸡鸣不已"，"至诚而不动者，未之有也"。非贤昆玉，畴足以语于斯乎！其余世情，真若浮虚之变态，亮非元善之所屑闻者也，遂不一一及。

答季明德 丙戌

书惠远及，以咳恙未平，忧念备至，感愧良深！食姜太多，非东南所宜。诚然，此亦不过暂时劫剂耳。近有一友，为易"贝母丸"服之，颇亦有效，乃终不若来谕"用养生之法拔去病根"者，为得本源之论。然此又不但治病为然，学问之功亦当如是矣。

承示："立志益坚，谓圣人必可以学而至。兢兢焉，常磨炼于事，为朋友之间，而厌烦之心，比前差少。"喜幸殊极！又谓："圣人之学，不能无积累之渐。"意亦切实。中间以尧、舜、文王、孔、老诸说，发明"志学"一章之意，足知近来进修不懈。居有司之烦而能精思力究若此，非朋辈所及。然此在吾明德自以此意奋起其精神，砥切其志意，则可矣。必欲如此节节分疏引证，以为圣人进道一定之阶级，又连掇数圣人纸上之陈迹，而入之以此一款条例之中，如以尧之试鲧为未能不惑，子夏之“启予”为未能耳顺之类，则是尚有比拟牵滞之累。以此论圣人之亦必由学而至，则虽有所发明，然其阶级悬难，反觉高远深奥，而未见其为人皆可学。乃不如末后一节，谓：“至其极而矩之不逾，亦不过自此志之不已所积。而‘不逾’之上，亦必有学可进，圣人岂绝然与人异哉！”又云：“善者，圣之体也。害此善者，人欲而已。人欲，吾之所本无。去其本无之人欲，则善在我而圣体全。圣无有余，我无不足，此以知圣人之必可学也。然非有求为圣人之志，则亦不能以有成。”只如此论，自是亲切简易。以此开喻来学，足以兴起之矣。若如前说，未免使柔怯者畏缩而不敢当，高明者希高而外逐，不能无弊也。圣贤垂训，固有书不尽言、言不尽意者。凡看经书，要在致吾之良知，取其有益于学而已。则千经万典，颠倒纵横，皆为我之所用。一涉拘执比拟，则反为所缚。虽或特见妙诣，开发之益，一时不无，而意必之见，流注潜伏，盖有反为良知之障蔽，而不自知觉者矣。其云“善者圣之体”，意固已好，善即良知，言良知则使人尤为易晓。故区区近有“心之良知是谓圣”之说。其间又云：“人之为学，求尽乎天而已。”此明德之意，本欲合天人而为一，而未免反离而二之也。人者，天地万物之心也；心者，天地万物之主也。心即天，言心，则天地万物皆举之矣，而又亲切简易。故不若言：“人之为学，求尽乎心而已。”

知行之答，大段切实明白，词气亦平和，有足启发人者。惟贤一书，识见甚进，间有语疵，则前所谓“意必之见流注潜伏”者之为病。今既照破，久当自融释矣。

以“效”训“学”之说，凡字义之难通者，则以一字之相类而易晓者释之。若今学字之义，本自明白，不必训释。今遂以效训学，以学训效，皆无不可，不必有所拘执。但效字终不若学字之混成耳。率性而行，则性谓之道；修道而学，则道谓之教。谓修道之为教可也；谓修道之为学亦可也。自其道之示人无隐者而言，则道谓之教；自其功夫之修习无违者而言，则道谓之学。教也，学也，皆道也，非人之所能为也。知此，则又何训释之有！所须《学记》，因病未能著笔，俟后便为之。

与王公弼 丙戌

来书比旧所见益进，可喜可喜！中间谓"弃置富贵，与轻于方父兄之命，只是一事。"当弃富贵，即弃富贵，只是致良知；当从父兄之命，即从父兄之命，亦只是致良知。其间权量轻重，稍有私意，于良知便自不安。凡认贼作子者，缘不知在良知上用功，是以有此。若只在良知上体认，所谓"虽不中，不远矣"。

二 丁亥

老年得子，实出望外。承相知爱念，勤惓若此，又重之以厚仪，感愧何可当也！两广之役，积衰久病之余，何能堪此！已具本辞免，但未知遂能得允否耳。

来书"提醒良知"之说，甚善甚善！所云"困勉之功"，亦只是提醒功夫未能纯熟，须加人一己百之力，然后能无间断，非是提醒之外，别有一段困勉之事也。

与欧阳崇一 丙戌

正之诸友下第归，备谈在京相与之详，近虽仕途纷扰中，而功力略无退转，甚难甚难！得来书，自咎真切，论学数条，卓有定见，非独无退转，且大有所进矣。文蔚所疑，良不为过。孟子谓"有诸己之谓信"，今吾未能有诸己，是未能自信也，宜乎文蔚之未能信我矣。乃劳崇一逐一为我解嘲，然又不敢尽谓崇一解嘲之言为口给。但在区区，则亦未能一一尽如崇一之所解者，为不能无愧耳！固不敢不勉力也！

寄陆原静 丙戌

原静虽在忧苦中，其学问功夫，所谓"颠沛必于是"者，不言可知矣，奚必论说讲究而后可以为学乎？南元善曾将原静后来论学数条刊入《后录》中，初心甚不欲渠如此，近日朋辈见之，却因此多有省悟。始知古人相与辩论穷诘，亦不独要自己明白，直欲共明此学于天下耳。盖此数条，同志中肯用功者，亦时有疑及之，然非原静，则亦莫肯如此披豁吐露。就欲如此披豁吐露，亦不能如此曲折详尽。故此原静一问，其有益于同志良不浅浅也。自后但有可相启发者，不惜时寄及之，幸甚幸甚！

近得施聘之书，意向卓然，出于流辈。往年尝窃异其人，今果与俗不同也。闲中曾相往复否？大事今冬能举得，便可无他绊系，如聘之者，不妨时时一会。穷居独处，无朋友相砥切，最是一大患也。贵乡有韦友名商臣者，闻其用功笃实，尤为难得，亦曾一相讲否？

答甘泉 丙戌

音问虽疏，道德之声无日不闻于耳，所以启瞶消鄙者多矣。向承狂生之谕，初闻极骇，彼虽愚悖之甚，不应遽至于尔。既而细询其故，良亦有因。近复来此，始得其实。盖此生素有老佛之溺，为朋辈所攻激，遂高自矜大，以夸愚泄愤。盖亦不过怪诞妖妄，如近世方士呼雷斩蛟之说之类，而闻者不察，又从而增饰之耳。近已与之痛绝，而此生深自悔责，若无所措其躬。赖其资性颇可，或自此遂能改创，未可知也。学绝道丧之余，苟以是心至，斯受之矣。忠信明敏之资，绝不可得。如生者，良亦千百中之一二，而又复不免于陷溺若此，可如何哉！可如何哉！龚生来访，自言素沐教极深，其资性甚纯谨，惜无可以进之者。今复远求陶铸，自此当见其有成也。

答魏师说 丁亥

师伊至，备闻日新之功，兼得来书，志意恳切，喜慰无尽！所云“任情任意，认作良知，及作意为之，不依本来良知，而自谓良知者，既已察识其病矣。”意与良知，当分别明白。凡应物起念处，皆谓之意。意则有是有非，能知得意之是与非者，则谓之良知。依得良知，即无有不是矣。所疑拘于体面，格于事势等患，皆是致良知之心未能诚切专一。若能诚切专一，自无此也。凡作事不能谋始与有轻忽苟且之弊者，亦皆致知之心未能诚一，亦是见得良知未透彻。若见得透彻，即体面事势中，莫非良知之妙用。除却体面事势之外，亦别无良知矣。岂得又为体面所局，事势所格？即已动于私意，非复良知之本然矣。今时同志中，虽皆知得良知无所不在，一涉酬应，便又将人情物理与良知看作两事，此诚不可以不察也。

与马子莘 丁亥

连得所寄书，诚慰倾渴！绵观来书，其字画文彩，皆有加于畴昔，根本盛而枝叶茂，理固宜然。然草木之花，千叶者无实，其花繁者，其实鲜矣。迩来子莘之志，得无微有所溺乎？是亦不可以不省也！良知之说，往时亦尝备讲，不审迩来能益莹彻否？明道云：“吾学虽有所受，然天理二字，却是自家体认出来。”良知即是天理。体认者，实有诸己之谓耳。非若世之想像讲说者之为也。近时同志，莫不知以良知为说，然亦未见有能实体认之者，是以尚未免于疑惑。盖有谓良知不足以尽天下之理，而必假于穷索以增益之者，又以为徒致良知，未必能合于天理，须以良知讲求其所谓天理者，而执之以为一定之则，然后可以率由而无弊。是其为说，非实加体认之功而真有以见夫良知者，则亦莫能辩其言之似是而非也。莆中故多贤，国英及志道二三同志之外，相与切磋砥砺者，亦复几人？良知之外，更无知；致知之外，更无学。外良知以求知者，邪妄之知矣；外致知以为学者，异端之学矣。道丧千载，良知之学久为赘疣，今之友朋知以此事日相讲求者，殆空谷之足音欤！想念虽切，无因面会一罄此怀，临书惘惘不尽。

与毛古庵宪副 丁亥

亟承书惠，既荷不遗，中间歉然下问之意，尤足以仰见贤者进修之功勤勤不懈，喜幸何可言也！无因促膝一陈鄙见，以求是正，可胜瞻驰！

凡鄙人所谓致良知之说，与今之所谓体认天理之说，本亦无大相远，但微有直截迂曲之差耳。譬之种植，致良知者，是培其根本之生意，而达之枝叶者也；体认天理者，是茂其枝叶之生意而求以复之根本者也。然培其根本之生意，固自有以达之枝叶矣；欲茂其枝叶之生意，亦安能舍根本而别有生意可以茂之枝叶之间者乎？吾兄忠信近道之资，既自出于侪辈之上，近见胡正人，备谈吾兄平日功夫，又皆笃实恳切，非若世之徇名远迹，而徒以支离于其外者。只如此用力不已，自当循循有至，所谓殊途而同归者也。亦奚必改途易业，而别求所谓为学之方乎！惟吾兄益就平日用功得力处进步不息，譬之适京都者，始在偏州僻壤，未免经历于傍蹊曲径之中，苟志往不懈，未有不达于通衢大路者也。病躯咳作，不能多及，寄去鄙录末后论学一书，亦颇发明鄙见，暇中幸示及之！

与黄宗贤 丁亥

人在仕途，比之退处山林时，其功夫之难十倍，非得良友时时警发砥砺，则其平日之所志向，鲜有不潜移默夺，驰然日就于颓靡者。近与诚甫言，在京师相与者少，二君必须预先相约定，彼此但见微有动气处，即须提起致良知话头，互相规切。凡人言语正到快意时，便截然能忍默得；意气正到发扬时，便翕然能收敛得；愤怒嗜欲正到腾沸时，便廓然能消化得。此非天下之大勇者不能也。然见得良知亲切时，其功夫又自不难。缘此数病，良知之所本无，只因良知昏昧蔽塞而后有，若良知一提醒时，即如白日一出，而魍魉自消矣。《中庸》谓“知耻近乎勇”。所谓知耻，只是耻其不能致得自己良知耳。今人多以言语不能屈服得人为耻，意气不能陵轧得人为耻，愤怒嗜欲不能直意任情得为耻，殊不知此数病者，皆是蔽塞自己良知之事，正君子之所宜深耻者。今乃反以不能蔽塞自己良知为耻，正是耻非其所当耻，而不知耻其所当耻也。可不大哀乎！诸君皆平日所知厚者，区区之心，爱莫为助，只愿诸君都做个古之大臣。古之所谓大臣者，更不称他有甚知谋才略，只是一个断断无他技，休休如有容而已。诸君知谋才略，自是超然出于众人之上，所未能自信者，只是未能致得自己良知，未全得断断休休体段耳。今天下事势，如沉痾积痿，所望以起死回生者，实有在于诸君子。若自己病痛未能除得，何以能疗得天下之病！此区区一念之诚，所以不能不为诸君一竭尽者也。诸君每相见时，幸默以此意相规切之，须是克去己私，真能以天地万物为一体，实康济得天下，挽回三代之治，方是不负如此圣明之君，方能报得如此知遇，不枉了因此一大事来出世一遭也。病卧山林，只好修药饵，苟延喘息。但于诸君出处，亦有痛痒相关者，不觉缕缕至此。幸亮此情也！

答以乘宪副 丁亥

此学不明于世久矣，而旧闻旧习，障蔽缠绕，一旦骤闻吾说，未有不非诋疑议者。然此心之良知，昭然不昧，万古一日。但肯平心易气，而以吾说反之于心，亦未有不洞然明白者。然不能即此奋志进步，勇脱窠臼，而犹依违观望于其间，则旧闻旧习，又从而牵滞蔽塞之矣。此近时同志中，往往皆有是病，不识以乘别后意思却如何耳。昔有十家之村，皆荒其百亩，而日惟转粜于市，取其赢余以赡朝夕者。邻村之农劝之曰："尔朝夕转粜，劳费无期，曷若三年耕，则余一年之食，数年耕可积而富矣。"其二人听之，舍粜而田。八家之人竞相非沮遏，室人老幼亦交遍归谪曰："我朝不粜，则无以为饔；暮不粜，则无以为餐。朝夕不保，安能待秋而食乎？"其一人力田不顾，卒成富家；其一人不得已，复弃田而粜，竟贫馁终身焉。今天下之人，方皆转粜于市，忽有舍粜而田者，宁能免于非谪乎！要在深信弗疑，力田而不顾，乃克有成耳。两承书来，皆有迈往直进相信不疑之志，殊为浣慰！人还，附知，少致切劘之诚，当不以为迂也。

与戚秀夫 丁亥

德洪诸友，时时谈及盛德深情，追忆留都之会，恍若梦寐中矣。盛使远辱，兼以书仪，感怍何既！此道之在人心，皎如白日，虽阴晴晦明，千态万状，而白日之光，未尝增减变动。足下以迈特之资，而能笃志问学，勤勤若是，其于此道真如扫云雾而睹者白日耳。奚假于区区之为问乎？

病废既久，偶承两广之命，方具辞疏。使还，正当纷沓，草草不尽鄙怀。

与陈惟浚 丁亥

江西之会，极草草，尚意得同舟旬日，从容一谈，不谓既入省城，人事纷沓，及登舟时，惟浚已行矣。沿途甚怏怏。抵梧后，即赴南宁，日不暇给，亦欲遣人相期来此，早晚略暇时可闲话。而此中风土绝异，炎瘴尤不可当，家人辈到此，无不病者。区区咳患，亦因热大作，痰痢肿毒交攻。度惟浚断亦不可以居此，又复已之。

近得聂文蔚书，知已入漳。患难困苦之余，所以动心忍性，增益其所不能者，宜必日有所进。养之以福，正在此时，不得空放过也。

圣贤论学，无不可用之功，只是致良知三字，尤简易明白，有实下手处，更无走失。近时同志亦已无不知有致良知之说，然能于此实用功者绝少，皆缘见得良知未真，又将致字看太易了，是以多未有得力处。虽比往时支离之说稍有头绪，然亦只是五十步百步之间耳。就中亦有肯精心体究者，不觉又转入旧时窠臼中，反为文义所牵滞，功夫不得洒脱精一，此君子之道所以鲜也。此事必须得师友时时相讲习切劘，自然意思日新。

自出山来，不觉便是一年。山中同志结庐相待者，尚数十人，时有书来，尽令人感动。而地方重务，势难轻脱，病躯又日狼狈若此，不知天意竟如何也！文蔚书中所论，迥然大进，真有一日千里之势，可喜可喜！颇有所询，病中草草答大略。见时可取视之，亦有所发也。

寄安福诸同志 丁亥

诸友始为惜阴之会，当时惟恐只成虚语。迩来乃闻远近豪杰，闻风而至者，以百数，此可以见良知之同然，而斯道大明之几，于此亦可以卜之矣。喜慰可胜言耶！

得虞卿及诸同志寄来书，所见比旧又加亲切，足验功夫之进，可喜可喜！只如此用功去，当不能有他歧之惑矣。明道有云："宁学圣人而不至，不以一善而成名。"此为有志圣人而未能真得圣人之学者，则可如此说。若今日所讲良知之说，乃真是圣学之的传，但从此学圣人，却无有不至者。惟恐吾侪尚有一善成名之意，未肯专心致志于此耳。在会诸同志，虽未及一一面见，固已神交于千里之外。相见时，幸出此共勉之。

王子茂寄问数条，亦皆明切。中间所疑，在子茂亦是更须诚切用功。到融化时，并其所疑亦皆释然沛然，不复有相阻碍，然后为真得也。凡功夫只是要简易真切。愈真切，愈简易；愈简易，愈真切。病咳中不能多及，亦不能一一备列姓字，幸以意亮之而已！

与钱德洪、王汝中 丁亥

家事赖廷豹纠正，而德洪、汝中又相与薰陶切劘于其间，吾可以无内顾矣。绍兴书院中同志，不审近来意向如何？德洪、汝中既任其责，当能振作接引，有所兴起。会讲之约，但得不废，其间纵有一二懈驰，亦可因此夹持，不致遂有倾倒。余姚又得应元诸友作兴鼓舞，想益日异而月不同。老夫虽出山林，亦每以自慰。诸贤皆一日千里之足，岂俟区区有所警策？聊亦以此示鞭影耳。即日已抵肇庆，去梧不三四日可到。方入冗场，未能多及，千万心亮！绍兴书院及余姚各会同志诸贤，不能一一列名字，幸亮！

二 戊子

地方事幸遂平息，相见渐可期矣。近来不审同志叙会如何？得无法堂前今已草深一丈否？想卧龙之会，虽不能大有所益，亦不宜遂致荒落。且存饩羊后，或兴起亦未可知。余姚得应元诸友相与倡率，为益不小。近有人自家乡来，闻龙山之讲，至今不废，亦殊可喜。书到，望为寄声，益相与勉之。九、十弟与正宪辈，不审早晚能来亲近否？或彼自勉望，且诱掖接引之。谅与人为善之心，当不俟多喋也。魏廷豹决能不负所托，儿辈或不能率教，亦望相与夹持之。人行匆匆，百不一及。诸同志不能尽列姓字，均致此意。

三 戊子

德洪、汝中书来，见近日功夫之有进，足为喜慰！而余姚、绍兴诸同志，又能相聚会讲切，奋发兴起，日勤不懈。吾道之昌，真有火然泉达之机矣。喜幸当何如哉！喜幸当何如哉！此间地方悉已平靖，只因二三大贼巢，为两省盗贼之根株渊薮，积为民患者，心亦不忍不为一除剪，又复迟留二三月。今亦了事矣，旬月间，便当就归途也。守俭、守文二弟，近承夹持启迪，想亦渐有所进。正宪尤极懒惰，若不痛加针砭，其病未易能去。父子兄弟之间，情既迫切，责善反难，其任乃在师友之间。想平日骨肉道义之爱，当不俟于多嘱也。书院规制，近闻颇加修葺，是亦可喜。寄去银二千两，稍助工费。墙垣之未坚完，及一应合整备者，酌量为之。余情面话不久。

答何廷仁 戊子

区区病势日狼狈，自至广城，又增水泻，日夜数行不得止，今遂两足不能坐立。须稍定，即逾岭而东矣。诸友皆不必相候。果有山阴之兴，即须早鼓钱塘之舵，得与德洪、汝中辈一会聚，彼此当必有益。区区养病本去已三月，旬日后必得旨，亦遂发舟而东。纵未能遂归田之愿，亦必得一还阳明，与诸友一面而别，且后会又有可期也。千万勿复迟疑，徒耽误日月。总及随舟而行，沿途官吏送迎请谒，断亦不能有须臾之暇，宜悉此意。书至，即拨冗。德洪、汝中辈亦可促之早为北上之图。伏枕潦草。

卷七　文录四

序记说

别三子序 丁卯

自程、朱诸大儒没，而师友之道遂亡。“六经”分裂于训诂，支离芜蔓于辞章业举之习，圣学几于息矣。有志之士思起而兴之，然卒徘徊嗟咨，逡巡而不振。因弛然自废者，亦志之弗立，弗讲于师友之道也。夫一人为之，二人从而翼之，已而翼之者益众焉，虽有难为之事，其弗成者鲜矣。一人为之，二人从而危之，已而危之者益众焉，虽有易成之功，其克济者亦鲜矣。故凡有志之士，必求助于师友。无师友之助者，志之弗立弗求者也。自予始知学，即求师于天下，而莫予诲也；求友于天下，而与予者寡矣；又求同志之士，二三子之外，邈乎其寥寥也。殆予之志有未立邪？盖自近年而又得蔡希颜、朱守忠于山阴之白洋，得徐曰仁于余姚之马堰。曰仁，予妹婿也。希颜之深潜，守忠之明敏，曰仁之温恭，皆予所不逮。三子者，徒以一日之长视予以先辈，予亦居之而弗辞。非能有加也，姑欲假三子者而为之证，遂忘其非有也。而三子者，亦姑欲假予而存师友之饩羊，不谓其不可也。当是之时，其相与也，亦渺乎难哉！予有归隐之图，方将与三子就云霞，依泉石，追濂、洛之遗风，求孔、颜之真趣。洒然而乐，超然而游，忽焉而忘吾之老也。

今年三子者为有司所选，一举而尽之。何予得之之难，而有司者袭取之之易也！予未暇以得举为三子喜，而先以失助为予憾；三子亦无喜于其得举，而方且戚于其去予也。漆雕开有言：“吾斯之未能信。”斯三子之心欤？曾点志于咏歌浴沂，而夫子喟然与之，斯予与三子之冥然而契，不言而得之者欤？三子行矣，遂使举进士，任职就列，吾知其能也，然而非所欲也。使遂不进而归，咏歌优游有日，吾知其乐也，然而未可必也。天将降大任于是人，必先违其所乐而投之于其所不欲，所以衡心拂虑而增其所不能。是玉之成也，其在兹行欤！三子则焉往而非学矣，而予终寡于同志之助也！三子行矣。“深潜刚克，高明柔克”，非箕子之言乎？温恭，亦沉潜也，三子识之，焉往而非学矣。苟三子之学成，虽不吾迩，其为同志之助也，不多乎哉！

增城湛原明宦于京师，吾之同道友也，三子往见焉，犹吾见也已。

赠林以吉归省序 辛未

阳明子曰：求圣人之学而弗成者，殆以志之弗立欤！天下之人，志轮而轮焉，志裘而裘焉，志巫医而巫医焉，志其事而弗成者，吾未之见也。轮、裘、巫医遍天下，求圣人之学者，间数百年而弗一二见，为其事之难欤？亦其志之难欤？弗志其事而能有成者，吾亦未之见也。

林以吉将求圣人之事，过予而论学。予曰：“子盍论子之志乎？志定矣，而后学可得而论。子闽也，将闽是求，而予言子以越之道路，弗之听也。予越也，将越是求，而子言予以闽之道路，弗之听也。夫久溺于流俗，而骤语以求圣人之事，其始也，必将有自馁而不敢当；已而旧习牵焉，又必有自眩而不能决；已而外议夺焉，又必有自沮而或以懈。夫馁而求有以胜之，眩而求有以信之，沮而求有以进之，吾见立志之难能也已。志立而学半，四子之言，圣人之学备矣。苟志立而于是乎求焉，其切磋讲明之益，以吉自取之，尚其有穷也哉？见素先生，子诸父也，子归而以予言正之，且以为何如？”

送宗伯乔白岩序 辛未

大宗伯白岩乔先生将之南都，过阳明子而论学。阳明子曰：“学贵专。”先生曰：“然。予少而好弈，食忘味，寝忘寐，目无改观，耳无改听。盖一年而诎乡之人，三年而国中莫有予当者。学贵专哉！”阳明子曰：“学贵精。”先生曰：“然。予长而好文词，字字而求焉，句句而鸠焉，研众史，核百氏。盖始而希迹于宋、唐，终焉浸入于汉、魏。学贵精哉！”阳明子曰：“学贵正。”先生曰：“然。予中年而好圣贤之道。弈吾悔焉，文词吾愧焉，吾无所容心矣。子以为奚若？”阳明子曰：“可哉！学弈则谓之学，学文词则谓之学，学道则谓之学，然而其归远也。道，大路也。外是荆棘之蹊，鲜克达矣。是故专于道，斯谓之专；精于道，斯谓之精。专于弈而不专于道，其专溺也；精于文词而不精于道，其精僻也。夫道广矣大矣，文词技能于是乎出。而以文词技能为者，去道远矣。是故非专则不能以精；非精则不能以明；非明则不能以诚。故曰‘惟精惟一’。精，精也，专一也。精则明矣，明则诚矣。是故明，精之为也，诚，一之基也。一，天下之大本也；精，天下之大用也。知天地之化育，而况于文词技能之末乎？”先生曰：“然哉！予将终身焉，而悔其晚也。”阳明子曰：“岂易哉？公卿之不讲学也久矣。昔者卫武公年九十，而犹诏于国人曰：‘毋以老耄而弃予。’先生之年半于武公，而功可倍之也。先生其不愧于武公哉？某也敢忘国士之交警！”

赠王尧卿序 辛未

终南王尧卿，为谏官三月，以病致其事而去，交游之赠言者以十数，而犹乞言于予。甚哉，吾党之多言也！夫言日茂而行益荒，吾欲无言也久矣。自学术之不明，世之君子以名为实。凡今之所谓务乎其实，皆其务乎其名者也，可无察乎！尧卿之行，人皆以为高矣；才，人皆以为美矣；

学，人皆以为博矣。是可以无察乎！自喜于一节者，不足与进于全德之地；求免于乡人者，不可以语于圣贤之途。气浮者，其志不确；心粗者，其造不深；外夸者，其中日陋。已矣，吾恶夫言之多也！虎谷有君子类无言者。尧卿过焉，其以予言质之。

别张常甫序 辛未

太史张常甫将归省，告别于司封王某曰：“期之别也，何以赠我乎？”某曰：“处九月矣，未尝有言焉，期之别，又多乎哉？”常甫曰：“斯邦，期之过也。虽然，必有以赠我。”某曰：“工文词，多论说，广探极览以为博也，可以为学乎？”常甫曰：“知之。”“辩名物，考度数，释经正史以为密也，可以为学乎？”常甫曰：“知之。”“整容色，修辞气，言必信，动必果，谈说仁义以为行也，可以为学乎？”常甫曰：“知之。”曰：“去是三者，而恬淡其心，专一其气，廓然而虚，湛然而定，以为静也，可以为学乎？”常甫默然良久，曰：“亦知之。”某曰：“然知之。古之君子惟有所不知也，而后能知之；后之君子惟无所不知，是以容有不知也。夫道有本而学有要。是非之辩精矣，义利之间微矣，斯吾未之能信焉。曷亦姑无以为知之也，而姑疑之，而姑思之乎？”常甫曰：“唯。吾姑无以为知之，而姑疑之，而姑思之。期而见，吾有以复于子。”

别湛甘泉序 壬申

颜子没而圣人之学亡。曾子唯一贯之旨，传之孟轲，终又二千余年而周、程续。自是而后，言益详，道益晦，析理益精，学益支离无本，而事于外者，益繁以难。盖孟氏患杨、墨，周、程之际，释、老大行。今世学者，皆知宗孔、孟，贱杨、墨，摈释、老，圣人之道，若大明于世。然吾从而求之，圣人不得而见之矣。其能有若墨氏之兼爱者乎？其能有若杨氏之为我者乎？其能有若老氏之清净自守、释氏之究心性命者乎？吾何以杨、墨、老、释之思哉？彼于圣人之道异，然犹有自得也。而世之学者，章绘句琢以夸俗，诡心色取，相饰以伪，谓圣人之道劳苦无功，非复人之所可为，而徒取辩于言词之间。古之人有终身不能究者，今吾皆能言其略，自以为若是亦足矣，而圣人之学遂废。则今之所大患者，岂非记诵词章之习！而弊之所从来，无亦言之太详、析之太精者之过欤！夫杨、墨、老、释，学仁义，求性命，不得其道而偏焉，固非若今之学者，以仁义为不可学，性命之为无益也。居今之时，而有学仁义，求性命，外记诵辞章而不为者，虽其陷于杨、墨、老、释之偏，吾犹且以为贤，彼其心犹求以自得也。夫求以自得，而后可与之言学圣人之道。某幼不问学，陷溺于邪僻者二十年，而始究心于老、释。赖天之灵，因有所觉，始乃沿周、程之说求之，而若有得焉。顾一二同志之外，莫予翼也，岌岌乎仆而后兴。晚得友于甘泉湛子，而后吾之志益坚，毅然若不可遏，则予之资于甘泉多矣。甘泉之学，务求自得者也。世未之能知，其知者且疑其为禅。诚禅也，吾犹未得而见，而况其所志卓尔若此。则如甘泉者，非圣人之徒欤！多言又乌足病也！夫多言不足以病甘泉，与甘泉之不为多言病也，吾信之。吾与甘泉友，意之所在，不言而会；论之所及，不约而同；期于斯道，毙而后已者。今日之别，吾容无言。夫惟圣人之学，难明而易惑，习俗之降，愈下而益不可回，任重道远，虽已无俟于言，顾复于吾心，若有不容已也。则甘泉亦岂以予言为缀乎？

别方叔贤序 辛未

予与叔贤处二年，见叔贤之学凡三变，始而尚辞，再变而讲说，又再变而慨然有志圣人之道。方其辞章之尚，于予若冰炭焉；讲说矣，则违合者半；及其有志圣人之道，而沛然于予同趣。将遂去之西樵山中，以成其志，叔贤亦可谓善变矣。圣人之学，以无我为本，而勇以成之。予始与叔贤为僚，叔贤以郎中，故事位吾上。及其学之每变，而礼予日恭，卒乃自称门生，而待予以先觉。此非脱去世俗之见，超然于无我者，不能也。虽横渠子之勇撤皋比，亦何以加于此！独愧予之非其人，而何以当之！夫以叔贤之善变，而进之以无我之勇，其于圣人之道也何有。斯道也，绝响于世，余三百年矣。叔贤之美有若是，是以乐为吾党道之。

别王纯甫序 辛未

王纯甫之掌教应天也，阳明子既勉之以孟氏之言。纯甫谓“未尽也”，请益曰：“道未之尝学，而以教为职，鳏官其罪矣。敢问教何以哉？”阳明子曰：“其学乎！尽吾之所以学者而教行焉耳。”曰：“学何以哉？”曰：“其教乎！尽吾之所以教者而学成焉耳。古子君之，有诸己而后求诸人也。”曰：“刚柔淳漓之异质矣，而尽之我，教其可一乎？”曰：“不一，所以一之也。天之于物也，巨微修短之殊位，而生成之，一也。惟技也亦然，弓冶不相为能，而其足于用，亦一也。匠斫也，陶埴也，圬墁也，其足以成室，亦一也。是故立法而考之，技也。各诣其巧矣，而同足于用。因人而施之，教也。各成其材矣，而同归于善。仲尼之答仁孝也，孟氏之论货色也，可以观教矣。”曰：“然则教无定法乎？昔之辩者则何严也？”曰：“无定矣。而以之必天下，则弓焉而冶废，匠焉而陶圬废。圣人不欲人人而圣之乎？然而质人人殊。故辩之严者，曲之致也。是故或失则隘，或失则支，或失则流矣。是故因人而施者，定法矣；同归于善者，定法矣。因人而施，质异也；同归于善，性同也。夫教，以复其性而已。自尧、舜而来未之有改，而谓无定乎？”

别黄宗贤归天台序 壬申

君子之学，以明其心。其心本无昧也，而欲为之蔽，习为之害。故去蔽与害而明复，匪自外得也。心犹水也，污入之而流浊，犹鉴也，垢积之而光昧。孔子告颜渊“克己复礼为仁”，孟轲氏谓“万物皆备于我”、“反身而诚”。夫己克而诚，固无待乎其外也。世儒既叛孔孟之说，昧于《大学》“格致”之训，而徒务博乎其外，以求益乎其内，皆入污以求清，积垢以求明者也，弗可得已。守仁幼不知学，陷溺于邪僻者二十年。疾疚之余，求诸孔子、子思、孟轲之言，而恍若有见，其非守仁之能也。宗贤于我，自为童子，即知弃去举业，励志圣贤之学。循世儒之说，而穷之愈勤而益难，非宗贤之罪也。学之难易失得也有原，吾尝为宗贤言之。宗贤于吾言，犹渴而饮，无弗入也，每见其溢于面。今既豁然，吾党之良，莫有及者。谢病去，不忍予别而需予言。夫言之而莫予听，倡之而莫予和，自今失吾助矣！吾则忍于宗贤之别而容无言乎？宗贤归矣，为我结庐天台雁荡之间，吾将老焉。终不使宗贤之独往也！

赠周莹归省序 乙亥

永康周莹德纯，尝学于应子元忠，既乃复见阳明子而请益。阳明子曰："子从应子之所来乎？"曰："然。""应子则何以教子？"曰："无他言也，惟日诲之以希圣、希贤之学，毋溺于流俗。且曰：'斯吾所尝就正于阳明子者也。子而不吾信，则盍亲往焉。'莹是以不远千里而来谒。"曰："子之来也，犹有所未信乎？"曰："信之。"曰："信之而又来，何也？"曰："未得其方也。"阳明子曰："子既得其方矣。无所事于吾。"周生悚然有间，曰："先生以应子之故，望卒赐之教。"阳明子曰："子既得之矣。无所事于吾。"周生悚然而起，茫然有间，曰："莹愚，不得其方。先生毋乃以莹为戏，幸卒赐之教！"阳明子曰："子之自永康而来也，程几何？"曰："千里而遥。"曰："远矣。从舟乎？"曰："从舟，而又登陆也。"曰："劳矣。当兹六月，亦暑乎？"曰："途之暑特甚也。"曰："难矣。具资粮、从童仆乎？"曰："中途而仆病，乃舍贷而行。"曰："兹益难矣。"曰："子之来既远且劳，其难若此也，何不遂返，而必来乎？将亦无有强子者乎？"曰："莹至于夫子之门，劳苦艰难，诚乐之。宁以是而遂返，又俟乎人之强之也乎？"曰："斯吾之所谓子之既得其方也。子之志，欲至于吾门也，则遂至于吾门，无假于人。子而志于圣贤之学，有不至于圣贤者乎？而假于人乎？子之舍舟从陆，捐仆贷粮，冒毒暑而来也，则又安所从受之方也？"生跃然起拜曰："兹乃命之方也已！抑莹由于其方而迷于其说，必俟夫子之言而后跃如也，则何居？”阳明子曰：“子未睹乎热石以求灰者乎？火力具足矣，乃得水而遂化。子归，就应子而足其火力焉，吾将储担石之水，以俟子之再见。”

赠林典卿归省序 乙亥

林典卿与其弟游于大学，且归，辞于阳明子曰：“元叙尝闻立诚于夫子矣。今兹归，敢请益。”阳明子曰：“立诚。”典卿曰：“学固此乎？天地之大也，而星辰丽焉，日月明焉，四时行焉；引类而言之，不可穷也。人物之富也，而草木蕃焉，禽兽群焉，中国夷狄分焉，引类而言之，不可尽也。夫古之学者，殚智虑，弊精力，而莫究其绪焉；靡昼夜，极年岁，而莫竟其说焉；析蚕丝，擢牛尾，而莫既其奥焉。而曰立诚，立诚尽之矣乎？”阳明子曰：“立诚尽之矣。夫诚，实理也。其在天地，则其丽焉者，则其明焉者，则其行焉者，则其引类而言之不可穷焉者，皆诚也；其在人物，则其蕃焉者，则其群焉者，则其分焉者，则其引类而言之不可尽焉者，皆诚也。是故殚智诚，弊精力，而莫究其绪也；靡昼夜，极年岁，而莫竟其说也；析蚕丝，擢牛尾，而莫既其奥也。夫诚，一而已矣，故不可复有所益。益之是为二也，二则伪，故诚不可益。不可益，故至诚无息。”典卿起拜曰：“吾今乃知夫子之教若是其要也！请终身事之，不敢复有所疑。”阳明子曰：“子归，有黄宗贤氏者，应元忠氏者，方与讲学于天台、雁荡之间，倘遇焉，其遂以吾言谂之。”

赠陆清伯归省序 乙亥

陆清伯澄归归安，与其友二三子论绎所学赠处焉。二三子或曰：“清伯之学日进矣。始吾见清伯，其气扬扬然若浮云，其言滔滔然若流波。今而日默默尔，日慊慊尔，日雍雍尔，日休休尔，有大径庭焉。以是知其进也。”或曰：“清伯始见夫子，一月一至；既而旬一至；又既而五六日三四日而一至；又既而迁居于夫子之傍，后乃请于夫子扫庾下之室而旦暮侍焉。夫德莫淑于尊贤，学莫遄于亲师。故趋权门者日进于势，游市肆者日进于利。清伯于夫子之道，日加亲附焉。吾未遑其他，即是可以知其学之进也矣。”清伯曰：“有是哉？澄则以为日退也。澄闻夫子之教而茫然，已而歆然，忽耿然而疑，已而大疑焉，又闪然大骇，乃忽闯然若有睹也。当是时，则亦几有所益矣。自是且数月，盖悠焉游焉，业不加修焉，反而求焉，依依然，颓颓然，昏蔽扩而愈进，私累息而愈兴，众妄攻而愈固，如上滩之舟，屡失屡下，力挽而不能前，以为日退也。”明日，又辞于阳明子，二三子偕焉，各言其所以。阳明子曰：“其然乎！其然乎！谓己为日退者，进修之励，善日进矣。谓人为日进者，与人为善者，其善亦日进矣。虽然，谓己为日退也，而意阻焉，能无日退乎？谓人为日进也，而气歉焉，亦能无日退乎？斯又进退之机，吉凶之所由分也，可无慎乎！”

赠周以善归省序 乙亥

江山周以善，究心格物致知之学有年矣，苦其难而不能有所进也。闻阳明子之说而异之，意其或有见也，就而问之。闻其说，戚然若有所省；归，求其故而不合，则迟疑旬日。又往闻其说，则又戚然若有所省。归，求其故而不合，则又迟疑者旬日。如是往复数月，求之既无所获，去之又弗能也，乃往告之以其故。阳明子曰：“子未闻昔人之论弈乎？‘弈之为数，小数也，不专心致志，则亦不可以得也。’今子入而闻吾之说，出而有鸿鹄之思焉，亦何怪乎勤而弗获矣？”于是退而斋洁，而以弟子之礼请。阳明子与之坐。盖默然良久，乃告之以立诚之说，耸然若仆而兴也。明日，又言之加密焉，证之以《大学》。明日，又言之加密焉，证之以《论》、《孟》。明日，又言之加密焉，证之以《中庸》。乃跃然喜，避席而言曰：“积今而后，无疑于夫子之言；而后知圣贤之教若是其深切简易也；而后知所以格物致知以诚吾之身。吾喜焉，吾悔焉，十年之攻，徒以毙精神而乱吾之心术也，悲夫！积将以夫子之言告同志，俾及时从事于此，无若积之底于悔也。庶以报夫子之德，而无负于夫子之教！”居月余，告归。阳明子叙其言以遣之，使无忘于得之之难也。

赠郭善甫归省序 乙亥

郭子自黄来学，逾年而告归，曰：“庆闻夫子立志之说，亦既知所从事矣。今兹将远去，敢请一言以为夙夜勖。”阳明子曰：“君子之于学也，犹农夫之于田也，既善其嘉种矣，又深耕易耨，去其蝥莠，时其灌溉，早作而夜思，皇皇惟嘉种之是忧也，而后可望于有秋。夫志犹种也，学问思辩而笃行之，是耕耨灌溉以求于有秋也。志之弗端，是荑稗也。志端矣，而功之弗继，是五谷之弗熟，弗如荑稗也。吾尝见子之求嘉种矣，然犹惧其或荑稗也，见子之勤耕耨矣，然犹惧其荑稗之弗如也。夫农，春种而秋成，时也。由志学而至于立，自春而徂夏也；由立而至于不惑，去夏而秋矣。已过其时，犹种之未定，不亦大可惧乎？过时之学，非人一己百，未之敢望，而犹或作辍焉，不亦大可哀乎？从吾游者众矣，虽开说之多，未有出于立志者。故吾于子之行，卒不能舍是而别有所说。子亦可以无疑于用力之方矣。”

赠郑德夫归省序 乙亥

西安郑德夫将学于阳明子，闻士大夫之议者，以为禅学也，复已之，则与江山周以善者，姑就阳明子之门人而考其说。若非禅者也则又姑与就阳明子亲听其说焉。盖旬有九日，而后释然于阳明子之学非禅也，始具弟子之礼师事之。问于阳明子曰：“释与儒孰异乎？”阳明子曰：“子无求其异同于儒、释，求其是者而学焉可矣。”曰：“是与非孰辨乎？”曰：“子无求其是非于讲说，求诸心而安焉者是矣。”曰：“心又何以能定是非乎？”曰：“无是非之心，非人也。口之于甘苦也，与易牙同；目之于妍媸也，与离娄同；心之于是非也，与圣人同。其有昧焉者，其心之于道，不能如口之于味、目之于色之诚切也，然后私得而蔽之。子务立其诚而已。子惟虑夫心之于道，不能如口之于味、目之于色之诚切也，而何虑夫甘苦妍媸之无辩也乎？”曰：“然则《五经》之所载、《四书》之所传，其皆无所用乎？”曰：“孰为而无所用乎？是甘苦妍媸之所在也。使无诚心以求之，是谈味论色而已也，又孰从而得甘苦妍媸之真乎？”既而告归，请阳明子为书其说，遂书之。

紫阳书院集序 乙亥

豫章熊侯世芳之守徽也，既敷政其境内，乃大新紫阳书院，以明朱子之学，萃七校之秀而躬教之。于是校士程曾氏采摭书院之兴废为集，而弁以白鹿之规，明政教也。来请予言，以谂多士。

夫为学之方，白鹿之规尽矣；警劝之道，熊侯之意勤矣；兴废之故，程生之集备矣。又奚以予言为乎？然予闻之，德有本而学有要，不于其本，而泛焉以从事，高之而虚无，卑之而支离，终亦流荡失宗，劳而无得矣。是故君子之学，惟求得其心。虽至于位天地，育万物，未有出于吾心之外也。孟氏所谓“学问之道无他，求其放心而已矣”者，一言以蔽之。故博学者，学此者也；审问者，问此者也；慎思者，思此者也；明辩者，辩此者也；笃行者，行此者也。心外无事，心外无理，故心外无学。是故于父子尽吾心之仁；于君臣尽吾心之义；言吾心之忠信，行吾心之笃敬。惩心忿，窒心欲，迁心善，改心过，处事接物，无所往而非求尽吾心以自慊也。譬之植焉，心其根也，学也者，其培拥之者也，灌溉之者也，扶植而删锄之者也，无非有事于根焉耳矣。朱子白鹿之规，首之以五教之目，次之以为学之方，又次之以处事接物之要，若各为一事而不相蒙者。斯殆朱子平日之意，所谓“随事精察而力行之”，庶几一旦贯通之妙也欤？然而世之学者，往往遂失之支离琐屑，色庄外驰，而流入于口耳声利之习。岂朱子之教使然哉？故吾因诸士之请，而特原其本以相勖。庶几乎操存讲习之有要，亦所以发明朱子未尽之意也。

朱子晚年定论序 戊寅

洙泗之传，至孟子而息。千五百余年，濂溪、明道始复追寻其绪。自后辩析日详，然亦日就支离决裂，旋复湮晦。吾尝深求其故，大抵皆世儒之多言有以乱之。

守仁蚤岁业举，溺志辞章之习，既乃稍知从事正学，而苦于众说之纷挠疲疢，茫无可入，因求诸老、释，欣然有会于心，以为圣人之学在此矣。然于孔子之教，间相出入，而措之日用，往往阙漏无归。依违往返，且信且疑。其后谪官龙场，居夷处困，动心忍性之余，恍若有悟。体验探求，再更寒暑，证诸《六经》、《四子》，沛然若决江河而放之海也。然后叹圣人之道坦如大路，而世之儒者妄开窦径，蹈荆棘，堕坑堑，究其为说，反出二氏之下。宜乎世之高明之士，厌此而超彼也！此岂二氏之罪哉？间尝以此语同志，而闻者竞相非议，自以为立异好奇，虽每痛反深抑，务自搜剔斑瑕，而愈益精明的确，洞然无复可疑，独于朱子之说，有相牴牾，恒疚于心。切疑朱子之贤，而岂其于此尚有未察？及官留都，复取朱子之书而检求之，然后知其晚岁固已大悟旧说之非，痛悔极艾，至以为自诳诳人之罪不可胜赎。世之所传《集注》、《或问》之类，乃其中年未定之说，自咎以为旧本之误，思改正而未及。而其诸《语类》之属，又其门人挟胜心以附己见，固于朱子平日之说犹有大相缪戾者。而世之学者局于见闻，不过持循讲习于此，其于悟后之论，概乎其未有闻。则亦何怪乎予言之不信，而朱子之心无以自暴于后世也乎？

予既自幸其说之不缪于朱子，又喜朱子之先得我心之同然，且慨夫世之学者徒守朱子中年未定之说，而不复知求其晚岁既悟之论，竞相呶呶，以乱正学，不自知其已入于异端。辄采录而裒集之，私以示夫同志。庶几无疑于吾说，而圣学之明可冀矣。

别梁日孚序 戊寅

圣人之道若大路，虽有跛鳖，行而不已，未有不至。而世之君子，顾以为圣人之异于人，若彼其甚远也，其为功，亦必若彼其甚难也，而浅易若此，岂其可及乎！则从而求之艰深恍惚，溺于支离，骛于虚高，率以为圣人之道必不可至，而甘于其质之所便，日以沦于污下。有从而求之者，竞相嗤讪，曰狂诞不自量者也。呜呼！其弊也，亦岂一朝一夕之故哉！孟子云："徐行后长者谓之弟，疾行先长者谓之不弟。"夫徐行者，岂人所不能哉？所不为也。世之人不知咎其不为，而归咎其不能，其亦不思而已矣。

进士梁日孚携家谒选于京，过赣，停舟见予。始与之语，移时而别。明日又来，与之语，日昃而别。又明日又来，日入而未忍去。又明日，则假馆而请受业焉。同舟之人强之北者，开譬百端，日孚皆笑而不应。莫不嚣且异。其最亲爱者曰："子有万里之行，戒僮仆，聚资斧，具舟楫，又挈其家室，经营阅岁而始就道。行未数百里而中止，此不有大苦，必有大乐者乎？子亦可以语我乎？"日孚笑曰："吾今则有大苦，亦诚有大乐者，然未易以语子也。子见病狂丧心者乎？方其昏逸瞶乱，赴汤火，蹈荆棘，莫不恬然自信，以为是也。比遇良医，沃之以清冷之浆，而投之以神明之剂，始苏然以醒。告之以其向之所为，又始骇然发苦；示之以其所从归之途，又始欣然以喜，且恨遇斯人之晚也。彼病狂不复者，反从而哂唁之，以为是变其常。今吾与子之事，亦何以异于此矣！"居无何，予以军旅之役出，而远日孚者且两月，谓日孚既去矣。及旋，而日孚居然以待！既以委其资斧于逆旅，归其家室于故乡，泊然而乐，若将终身焉。扣其学，日有所明而月有所异矣。然后益叹圣人之学，非夫自暴自弃，未有不可由之而至。而日孚出于流俗，殆孟子所谓"豪杰之士"者矣。复留余三月，其母使人来谓曰："姑北行，以毕吾愿，然后从尔所好。"知日孚者亦交以是劝。日孚请曰："焯焉能一日而去夫子！将复赴汤火，蹈荆棘矣！"予曰："其然哉？子以圣人之道为有方体乎？为可拘之以时，限之以地乎？世未有即醒之人而复赴汤火，蹈荆棘者。子务醒其心，毋徒汤火荆棘之为惧！"日孚良久曰："焯近之矣。圣人之道，求之于心，故不滞于事；出之以理，故不泥于物；根之以性，故不拘以时；

动之以神，故不限以地。苟知此矣，焉往而非学也！奚必恒于夫子之门乎？焯请暂辞而北，疑而复求正。”予莞尔而笑曰：“近之矣！近之矣！”

大学古本序 戊寅

《大学》之要，诚意而已矣。诚意之功，格物而已矣。诚意之极，止至善而已矣。止至善之则，致知而已矣。正心，复其体也；修身，著其用也。以言乎已，谓之明德；以言乎人，谓之亲民；以言乎天地之间，则备矣。是故至善也者，心之本体也。动而后有不善，而本体之知，未尝不知也。意者，其动也。物者，其事也。至其本体之知，而动无不善。然非即其事而格之，则亦无以致其知。故致知者，诚意之本也。格物者，致知之实也。物格则知致意诚，而有以复其本体，是之谓止至善。圣人惧人之求之于外也，而反覆其辞。旧本析而圣人之意亡矣。是故不务于诚意而徒以格物者，谓之支；不事于格物而徒以诚意者，谓之虚；不本于致知而徒以格物诚意者，谓之妄。支与虚与妄，其于至善也远矣。合之以敬而益缀，补之以传而益离。吾惧学之日远于至善也，去分章而复旧本，傍为之什，以引其义。庶几复见圣人之心，而求之者有其要。噫！乃若致知，则存乎心悟；致知焉，尽矣。

礼记纂言序 庚辰

礼也者，理也；理也者，性也；性也者，命也。“维天之命，于穆不已”，而其在于人也，谓之性，其粲然而条理也，谓之礼，其纯然而粹善也，谓之仁，其截然而裁制也，谓之义，其昭然而明觉也，谓之知，其浑然于其性也，则理一而已矣。故仁也者，礼之体也；义也者，礼之宜也；知也者，礼之通也。经礼三百，曲礼三千，无一而非仁也，无一而非性也。天叙天秩，圣人何心焉？盖无一而非命也。故克己复礼，则谓之仁，穷理，则尽性以至于命，尽性，则动容周旋中礼矣。后之言礼者，吾惑矣。纷纭器数之争，而牵制刑名之末；穷年矻矻，弊精于祝吏之糟粕，而忘其所谓“经纶天下之大经，立天下之大本”者。“礼云礼云，玉帛云乎！”而人之不仁也，其如礼何哉？故老庄之徒，外礼以言性，而谓礼为道德之衰，仁义之失，既已坠于空虚漭荡。而世儒之说，复外性以求礼，遂谓礼止于器数制度之间，而议拟仿像于影响形迹，以为天下之礼尽在是矣。故凡先王之礼，烟蒙灰散，而卒以煨烬于天下，要亦未可专委罪于秦火者。僭不自度，尝欲取《礼记》之所载，揭其大经大本，而疏其条理节目，庶几器道本末之一致。又惧其德之弗任，而时亦有所未及也。间尝为之说，曰：“礼之于节文也，犹规矩之于方圆也。非方圆无以见规矩之用，非节文则亦无从而睹所谓礼矣。然方圆者，规矩之所出，而不可遂以方圆为规矩。故执规矩以为方圆，则方圆不可胜用。舍规矩以为方圆，而遂以方圆为之规矩，则规矩之用息矣。故规矩者，无一定之方圆；而方圆者，有一定之规矩。此学礼之要，盛德者之所以动容周旋而中也。”

宋儒朱仲晦氏，慨《礼经》之芜乱，尝欲考正而删定之，以《仪礼》为之经，《礼记》为之传，而其志竟亦弗就。其后吴幼清氏因而为《纂言》，亦不数数于朱说，而于先后轻重之间，固已多所发明。二子之见，其规条指画，则既出于汉儒矣，其所谓“观其会通，以行其典礼之原”，则尚恨吾生之晚，而未及与闻之也。虽然，后圣而有作，则无所容言矣；后圣而未有作也，则如《纂言》者，固学礼者之箕裘筌蹄，而可以少之乎？姻友胡汝登，忠信而好礼，其为宁国也，将以是而施之。刻《纂言》以敷其说，而属序于予。予将进汝登之道而推之于其本也，故为序之若此云。

象山文集序 *庚辰*

圣人之学，心学也。尧、舜、禹之相授受曰：“人心惟危，道心惟微，惟精惟一，允执厥中。”此心学之源也。中也者，道心之谓也；道心精一之谓仁，所谓中也。孔孟之学，惟务求仁，盖精一之传也。而当时之弊，固已有外求之者，故子贡致疑于多学而识，而以博施济众为仁。夫子告之以一贯，而教以能近取譬，盖使之求诸其心也。迨于孟氏之时，墨氏之言仁，至于摩顶放踵，而告子之徒，又有“仁内义外”之说，心学大坏。孟子辟义外之说，而曰：“仁，人心也。学问之道无他，求其放心而已矣。”又曰：“仁义礼智，非由外铄我也，我固有之，弗思耳矣。“盖王道息而伯术行，功利之徒，外假天理之近似以济其私，而以欺于人，曰：天理固如是。不知既无其心矣，而尚何有所谓天理者乎？自是而后，析心与理而为二，而精一之学亡。世儒之支离外索于刑名器数之末，以求明其所谓物理者。而不知吾心即物理，初无假于外也。佛、老之空虚，遗弃其人伦事物之常，以求明其所谓吾心者，而不知物理即吾心，不可得而遗也。至宋周、程二子，始复追寻孔、颜之宗，而有“无极而太极”，“定之以仁义，中正而主静”之说，“动亦定，静亦定，无内外，无将迎”之论，庶几精一之旨矣。自是而后，有象山陆氏，虽其纯粹和平，若不逮于二子，而简易直截，真有以接孟子之传。其议论开阖，时有异者，乃其气质意见之殊，而要其学之必求诸心，则一而已。故吾尝断以陆氏之学，孟氏之学也。而世之议者，以其尝与晦翁之有同异，而遂诋以为禅。夫禅之说，弃人伦，遗物理，而要其归极，不可以为天下国家。苟陆氏之学而果若是也，乃所以为禅也。今禅之说，与陆氏之说，其书具存，学者苟取而观之，其是非同异，当有不待于辩说者。而顾一倡群和，剿说雷同，如矮人之观场，莫知悲笑之所自，岂非贵耳贱目，不得于言而勿求诸心者之过欤！夫是非同异，每起于人持胜心、便旧习而是己见。故胜心旧习之为患，贤者不免焉。

抚守李茂元氏将重刊象山之文集，而请一言为之序，予何所容言哉？惟读先生之文者，务求诸心，而无以旧习己见先焉，则糠粃精凿之美恶，入口而知之矣。

观德亭记 戊寅

君子之于射也，内志正，外体直，持弓矢审固，而后可以言中。故古者射以观德。德也者，得之于其心也。君子之学，求以得之于其心，故君子之于射，以存其心也。是故懆于其心者，其动妄；荡于其心者，其视浮；歉于其心者，其气馁；忽于其心者，其貌惰；傲于其心者，其色矜。五者，心之不存也。不存也者，不学也。君子之学于射，以存其心也。是故心端则体正；心敬则容肃；心平则气舒；心专则视审；心通故时而理；心纯故让而恪；心宏故胜而不张，负而不驰。七者备而君子之德成。君子无所不用其学也，于射见之矣。故曰："为人君者，以为君鹄；为人臣者，以为臣鹄；为人父者，以为父鹄；为人子者，以为子鹄。"射也者，射己之鹄也；鹄也者，心也。各射己之心也，各得其心而已。故曰：可以观德矣。作《观德亭记》。

重修文山祠记 戊寅

宋丞相文山文公之祠，旧在庐陵之富田。今螺川之有祠，实肇于我孝皇之朝，然亦因废为新，多缺陋而未称。正德戊寅，县令邵德容始恢其议于郡守伍文定，相与白诸巡抚、巡按、守巡诸司，皆以是为风化之所系也，争措财鸠工，图拓而新之。协守令之力，不再逾月而工萃。圮者完，隘者辟，遗者举，巍然焕然，不独庙貌之改观。而吉之人士奔走瞻叹，翕然益起其忠孝之心，则是举之有益于名教也诚大矣！使来请记。

呜呼！公之忠，天下之达忠也。结椎异类，犹知敬慕，而况其乡之人乎！逆旅经行，犹存尸祝，而况其乡之士乎！凡有职守，皆知尊尚，而况其土之官乎！然而乡人之慕之也，三有司之崇尚之也。文公之没，今且三百年矣。吉士之以气节行义，后先炳耀，谓非闻公之风而兴不可也。然忠义之降，激而为气节；气节之弊，流而为客气。其上焉者，无所为而为，固公所谓成仁取义者矣。其次有所为矣，然犹其气之近于正者也。迨其弊也，遂有凭其愤戾粗鄙之气，以行其娼嫉褊骜之私；士流于矫拂，民入于健讼；人欲炽而天理灭，而犹自视以为气节。若是者，容有之乎？则于公之道，非所谓操戈入室者欤？吾故备而论之，以勖夫兹乡之后进，使之去其偏以归于全，克其私以反于正，不愧于公而已矣。

今巡抚暨诸有司之表励崇饰，固将以行其好德之心，振扬风教，《诗》所谓“民之秉彝，好是懿德”者也。人亦孰无是心？苟能充之，公之忠义在我矣，而又何羡乎！然而时之表励崇饰，有好其实而崇之者，有慕其名而崇之者，有假其迹而崇之者。忠义有诸己，思以喻诸人，因而表其祠宇，树之风声，是好其实者也。知其美而未能诚诸身，姑以修其祠宇，彰其事迹，是慕其名者也。饰之祠宇而坏之于其身，矫之文具而败之于其行，奸以掩其外，而袭以阱其中，是假其迹者也。若是者，容有之乎？则于公之道，非所谓毁瓦画墁者欤？吾故备而论之，以勖夫后之官兹土者，使无徒慕其名而务求其实，毋徒修公之祠而务修公之行，不愧于公而已矣。

某尝令兹邑，睹公祠之圮陋而未能恢，既有愧于诸有司；慨其风声习气之或弊，而未能讲去其偏，复有愧于诸人士。乐兹举之有成也，推其愧心之言而为之记。

从吾道人记 乙酉

海宁董萝石者，年六十有八矣，以能诗闻江湖间。与其乡之业诗者十数辈为诗社，旦夕操纸吟鸣，相与求句字之工，至废寝食，遗生业。时俗共非笑之，不顾，以为是天下之至乐矣。嘉靖甲申春，萝石来游会稽，闻阳明子方与其徒讲学山中，以杖肩其瓢笠诗卷来访。入门，长揖上坐。阳明子异其气貌，且年老矣，礼敬之。又询知其为董萝石也，与之语，连日夜。萝石辞弥谦，礼弥下，不觉其席之弥侧也。退，谓阳明子之徒何生秦曰：“吾见世之儒者支离琐屑，修饰边幅，为偶人之状；其下者贪饕争夺于富贵利欲之场，而尝不屑其所为，以为世岂真有所谓圣贤之学乎，直假道于是，以求济其私耳！故遂笃志于诗，而放浪于山水。今吾闻夫子良知之说，而忽若大寐之得醒，然后知吾向之所为，日夜弊精劳力者，其与世之营营利禄之徒，特清浊之分，而其间不能以寸也。幸哉！吾非至于夫子之门，则几于虚此生矣。吾将北面夫子而终身焉，得无既老而有所不可乎？”秦起拜贺曰：“先生之年则老矣，先生之志何壮哉！”入以请于阳明子。阳明子喟然叹曰：“有是哉？吾未或见此翁也！虽然，齿长于我矣。师友一也，苟吾言之见信，奚必北面而后为礼乎？”萝石闻之，曰：“夫子殆以予诚之未积欤？”辞归两月，弃其瓢笠，持一缣而来。谓秦曰：“此吾老妻之所织也。吾之诚积若此缕矣。夫子其许我乎？”秦入以请。阳明子曰：“有是哉？吾未或见此翁也！今之后生晚进，苟知执笔为文辞，稍记习训诂，则已侈然自大，不复知有从师学问之事。见有或从师问学者，则哄然共非笑，指斥若怪物。翁以能诗训后进，从之游者遍于江湖，盖居然先辈矣。一旦闻予言，而弃去其数十年之成业如敝屣，遂求北面而屈礼焉，岂独今之时而未见，若人将古之记传所载，亦未多数也。夫君子之学，求以变化其气质焉尔。气质之难变者，以客气之为患，而不能以屈下于人，遂至自是自欺，饰非长敖，卒归于凶顽鄙倍。故凡世之为子而不能孝，为弟而不能敬，为臣而不能忠者，其始皆起于不能屈下，而客气之为患耳。敬惟理是从，而不难于屈下，则客气消而天理行。非天下之大勇，不足以与于此！则如萝石，固吾之师也，而吾岂足以师萝石乎？”萝石曰：“甚哉！夫子之拒我也。吾不能以俟请矣。”入而强纳拜焉。阳明子固辞不获，则许之以师友之间。与之探禹穴，登炉峰，陟秦望，寻兰亭之遗迹，徜徉于云门、若耶、鉴湖、剡曲。萝石日有所闻，益充然有得，欣然乐而忘归也。其乡党之子弟亲友，与其平日之为社者，或笑而非，或为诗而招之返，且曰：“翁老矣，何乃自苦若是耶？”萝石笑曰：“吾方幸逃于苦海，方知悯若之自苦也，顾以吾为苦耶？吾方扬鬐于渤澥，而振羽于云霄之上，安能复投网罟而入樊笼乎？去矣，吾将从吾之所好！”遂自号曰“从吾道人”。阳明子闻之，叹曰：“卓哉萝石！‘血气既衰，戒之在得’矣，孰能挺特奋发，而复若少年英锐者之为乎？真可谓之能‘从吾所好’矣。世之人从其名之好也，而竞以相高；从其利之好也，而贪以相取；从其心意耳目之好也，而诈以相欺。亦皆自以为从吾所好矣，而岂知吾之所谓真吾者乎！夫吾之所谓真吾者，良知之谓也。父而慈焉，子而孝焉，吾良知所好也。不慈不孝焉，斯恶之矣。言而忠信焉，行而笃敬焉，吾良知所好也。不忠信焉，不笃敬焉，斯恶之矣。故夫名利物欲之好，私吾之好也，天下之所恶也；良知之好，真吾之好也，天下之所同好也。是故从私吾之好，则天下之人皆恶之矣，将心劳日拙而忧苦终身，是之谓物之役。从真吾之好，则天下之人皆好之矣，将家、国、天下，无所处而不当；富贵、贫贱、患难、夷狄，无入而不自得。斯之谓能从吾之所好也矣。夫子尝曰：'吾十有五,而志于学'，是从吾之始也。'七十而从心所欲，不逾矩'，则从吾而化矣。萝石逾耳顺而始知从吾之学，毋自以为既晚也。充萝石之勇，其进于化也何有哉？呜呼！世之营营于物欲者，闻萝石之风，亦可以知所适从也乎！"

亲民堂记 乙酉

南子元善之治越也，过阳明子而问政焉。阳明子曰："政在亲民。"曰："亲民何以乎？"曰："在明明德。"曰："明明德何以乎？"曰："在亲民。"曰："明德、亲民，一乎？"曰："一也。明德者，天命之性，灵昭不昧，而万理之所从出也。人之于其父也，而莫不知孝焉；于其兄也，而莫不知弟焉；于凡事物之感，莫不有自然之明焉。是其灵昭之在人心，亘万古而无不同，无或昧者也，是故谓之明德。其或蔽焉，物欲也。明之者，去其物欲之蔽，以全其本体之明焉耳，非能有以增益之也。"曰："何以在亲民乎？"曰："德不可以徒明也。人之欲明其孝之德也，则必亲于其父，而后孝之德明矣；欲明其弟之德也，则必亲于其兄，而后弟之德明矣。君臣也，夫妇也，朋友也，皆然也。故明明德，必在于亲民，而亲民乃所以明其明德也。故曰一也。"曰："亲民以明其明德，修身焉可矣，而何家、国、天下之有乎？"曰："人者，天地之心也；民者，对己之称也；曰民焉，则三才之道举矣。是故亲吾之父以及人之父，而天下之父子莫不亲矣；亲吾之兄以及人之兄，而天下之兄弟莫不亲矣。君臣也，夫妇也，朋友也，推而至于鸟兽草木也，而皆有以亲之，无非求尽吾心焉，以自明其明德也。是之谓明明德于天下，是之谓家齐国治天下平。”曰：“然则乌在其为止至善者乎？”“昔之人固有欲明其明德矣，然或失之虚罔空寂，而无有乎家国天下之施者，是不知明明德之在于亲民，而二氏之流是矣。固有欲亲其民者矣，然或失之知谋权术，而无有乎仁爱恻怛之诚者，是不知亲民之所以明其明德，而五伯功利之徒是矣。是皆不知止于至善之过也。是故，至善也者，明德亲民之极则也。天命之性，粹然至善。其灵昭不昧者，皆其至善之发见，是皆明德之本体，而所谓良知者也。至善之发见，是而是焉，非而非焉，固吾心天然自有之则，而不容有所拟议加损于其间也。有所拟议加损于其间，则是私意小智，而非至善之谓矣。人惟不知至善之在吾心，而用其私智以求之于外，是以昧其是非之则，至于横骛决裂，人欲肆而天理亡，明德亲民之学大乱于天下。故止至善之于明德亲民也，犹之规矩之于方圆也，尺度之于长短也，权衡之于轻重也。方圆而不止于规矩，爽其度矣；长短而不止于尺度，乖其制矣；轻重而不止于权衡，失其准矣；明德亲民而不止于至善，亡其则矣。夫是之谓大人之学。大人者，以天地万物为一体也。夫然后能以天地万物为一体。”元善喟然而叹曰：“甚哉！大人之学若是其简易也。吾乃今知天地万物之一体矣！吾乃今知天下之为一家、中国之为一人矣！‘一夫不被其泽，若己推而内诸沟中’，伊尹其先得我心之同然乎！”于是名其莅政之堂曰“亲民”，而曰：“吾以亲民为职者也，吾务亲吾之民以求明吾之明德也夫！”爰书其言于壁而为之记。

万松书院记 乙酉

万松书院在浙省南门外，当湖山之间。弘治初，参政周君近仁因废寺之址而改为之，庙貌规制略如学宫，延孔氏之裔以奉祀事。近年以来，有司相继缉理，地益以胜，然亦止为游观之所，而讲诵之道未备也。嘉靖乙酉，侍御潘君景哲奉命来巡，宪度丕肃，文风聿新。既简乡闱，收一省之贤，而上之南宫矣，又以遗才之不能尽取为憾，思有以大成之。

乃增修书院，益广楼居斋舍为三十六楹；具其器用，置赡田若干顷；揭白鹿之规，抡彦选俊，肄习其间，以倡列郡之士，而以属之提学佥事万君汝信。汝信曰："是固潮之责也。"藩臬诸君咸赞厥成，使知事严纲董其役，知府陈力、推官陈箎辈相协。经理阅月逾旬，工讫事举，乃来请言，以记其事。

惟我皇明，自国都至于郡邑，咸建庙学，群士之秀，专官列职而教育之。其于学校之制，可谓详且备矣。而名区胜地，往往复有书院之设，何哉？所以匡翼夫学校之不逮也。夫三代之学，皆所以明人伦，今之学宫皆以"明伦"名堂，则其所以立学者，固未尝非三代意也。然自科举之业盛，士皆驰骛于记诵辞章，而功利得丧，分惑其心，于是师之所教，弟子之所学者，遂不复知有明伦之意矣。怀世道之忧者，思挽而复之，卒亦未知所措其力。譬之兵事，当玩弛偷惰之余，则必选将阅伍，更其号令旌旗，悬非格之赏，以倡敢勇，然后士气可得而振也。今书院之设，固亦此类也欤？士之来集于此者，其必相与思之曰："既进我于学校矣，而复优我于是，何为乎？宁独以精吾之举业而已乎？便吾之进取而已乎？则学校之中，未尝不可以精吾之业。而进取之心，自吾所汲汲，非有待于人之从而趋之也。是必有进于是者矣。是固期我以古圣贤之学也。"古圣贤之学，明伦而已。尧、舜之相授受曰："人心惟危，道心惟微，惟精惟一，允执厥中。"斯明伦之学矣。道心也者，率性之谓也，人心则伪矣。不杂于人伪，率是道心而发之于用也，以言其情，则为喜怒哀乐；以言其事，则为中节之和，为三千三百经曲之礼；以言其伦，则为父子之亲，君臣之义，夫妇之别，长幼之序，朋友之信，而三才之道尽此矣。舜使契为司徒以教天下者，教之以此也。是固天下古今圣愚之所同具，其或未焉者，物欲蔽之。非其中之所有不备，而假求之于外者也。是固所谓不虑而知，其良知也；不学而能，其良能也。孩提之童，无不知爱其亲者也。孔子之圣，则曰所求乎子以事父，未能也。是明伦之学，孩提之童亦无不能，而及其至也，虽圣人有所不能尽也。人伦明于上，小民亲于下，家齐国治而天下平矣。是故明伦之外无学矣。外此而学者，谓之异端；非此而论者，谓之邪说；假此而行者，谓之伯术；饰此而言者，谓之文辞；背此而驰者，谓之功利之徒，乱世之政。虽今之举业，必自此而精之，而谓不愧于敷奏明试；虽今之仕进，必由此而施之，而后无忝于行义达道。斯固国家建道之初意，诸君缉书院以兴多士之盛心也，故为多士诵之。

稽山书院尊经阁记 乙酉

经,常道也。其在于天谓之命,其赋于人谓之性,其主于身谓之心。心也，性也，命也，一也。通人物，达四海，塞天地，亘古今，无有乎弗具，无有乎弗同，无有乎或变者也。是常道也，其应乎感也，则为恻隐，为羞恶，为辞让，为是非；其见于事也，则为父子之亲，为君臣之义，为夫妇之别，为长幼之序，为朋友之信。是恻隐也，羞恶也，辞让也，是非也；是亲也，义也，序也，别也，信也，一也。皆所谓心也，性也，命也。通人物，达四海，塞天地，亘古今，无有乎弗具，无有乎弗同，无有乎或变者也，是常道也。是常道也，以言其阴阳消息之行焉，则谓之《易》；以言其纪纲政事之施焉，则谓之《书》；以言其歌咏性情之发焉，则谓之《诗》；以言其条理节文之著焉，则谓之《礼》；以言其欣喜和平之生焉，则谓之《乐》；以言其诚伪邪正之辩焉，则谓之《春秋》。是阴阳消息之行也，以至于诚伪邪正之辩也，一也。皆所谓心也，性也，命也。通人物，达四海，塞天地，亘古今，无有乎弗具，无有乎弗同，无有乎或变者也，夫是之谓“六经”。“六经”者非他，吾心之常道也。故《易》也者，志吾心之阴阳消息者也；《书》也者，志吾心之纪纲政事者也；《诗》也者，志吾心之歌咏性情者也；《礼》也者，志吾心之条理节文者也；《乐》也者，志吾心之欣喜和平者也；《春秋》也者，志吾心之诚伪邪正者也。君子之于“六经”也，求之吾心之阴阳消息而时行焉，所以尊《易》也；求之吾心之纪纲政事而时施焉，所以尊《书》也；求之吾心之歌咏性情而时发焉，所以尊《诗》也；求之吾心之条理节文而时著焉，所以尊《礼》也；求之吾心之欣喜和平而时生焉，所以尊《乐》也；求之吾心之诚伪邪正而时辩焉，所以尊《春秋》也。

盖昔者圣人之扶人极，忧后世，而述“六经”也，犹之富家者之父祖，虑其产业库藏之积，其子孙者或至于遗忘散失，卒困穷而无以自全也，而记籍其家之所有以贻之，使之世守其产业库藏之积而享用焉，以免于困穷之患。故“六经”者，吾心之记籍也，而“六经”之实则具于吾心。犹之产业库藏之实积，种种色色，具存于其家。其记籍者，特名状数目而已。而世之学者，不知求“六经”之实于吾心，而徒考索于影响之间，牵制于文义之末，硁硁然以为是“六经”矣。是犹富家之子孙，不务守视享用其产业库藏之实积，日遗忘散失，至于窭人丐夫，而犹嚣嚣然指其记籍曰：“斯吾产业库藏之积也，何以异于是！”呜呼！“六经”之学，其不明于世，非一朝一夕之故矣。尚功利，崇邪说，是谓乱经；习训诂，传记诵，没溺于浅闻小见，以涂天下之耳目，是谓侮经；侈淫辞，竞诡辩，饰奸心盗行，逐世垄断而犹自以为通经，是谓贼经。若是者，是并其所谓记籍者而割裂弃毁之矣，宁复知所以为尊经也乎！

越城旧有稽山书院，在卧龙西冈，荒废久矣。郡守渭南南君大吉，既敷政于民，则慨然悼末学之支离，将进之以圣贤之道。于是使山阴令吴君瀛拓书院而一新之，又为“尊经”之阁于其后。曰：“经正，则庶民兴；庶民兴，斯无邪慝矣。”阁成，请予一言以谂多士。予既不获辞，则为记之若是。呜呼！世之学者既得吾说而求诸其心焉，其亦庶乎知所以为尊经也矣。

重修山阴县学记 乙酉

山阴之学，岁久弥敝。教谕汪君瀚辈以谋于县尹顾君铎，而一新之，请所以诏士之言于予。时予方在疚，辞未有以告也。已而顾君入为秋官郎，洛阳吴君瀛来代，复增其所未备而申前之请。昔予官留都，因京兆之请，记其学而尝有说焉。其大意以为朝廷之所以养士者，不专于举业，而实望之以圣贤之学。今殿庑堂舍，拓而辑之；饩廪条教，具而察之者，是有司之修学也。求天下之广居安宅者而修诸其身焉，此为师、为弟子者之修学也。其时闻者皆惕然有省，然于凡所以为学之说，则犹未之及详。今请为吾越之士一言之。

夫圣人之学，心学也。学以求尽其心而已。尧、舜、禹之相授受曰："人心惟危，道心惟微，惟精惟一，允执厥中。"道心者，率性之谓，而未杂于人。无声无臭，至微而显，诚之源也。人心，则杂于人而危矣，伪之端矣。见孺子之入井而恻隐，率性之道也；从而内交于其父母焉，要誉于乡党焉，则人心矣。饥而食，渴而饮，率性之道也；从而极滋味之美焉，恣口腹之饕焉，则人心矣。惟一者，一于道心也。惟精者，虑道心之不一，而或二之以人心也。道无不中，一于道心而不息，是谓"允执厥中"矣。一于道心，则存之无不中，而发之无不和。是故率是道心而发之于父子也，无不亲；发之于君臣也，无不义；发之于夫妇、长幼、朋友也，无不别、无不序、无不信；是谓中节之和，天下之达道也。放四海而皆准，亘古今而不穷，天下之人，同此心，同此性，同此达道也。舜使契为司徒，而教以人伦，教之以此达道也。当是之时，人皆君子而比屋可封，盖教者惟以是教，而学者惟以是为学也。圣人既没，心学晦而人伪行，功利、训诂、记诵辞章之徒纷沓而起，支离决裂，岁盛月新，相沿相袭，各是其非，人心日炽而不复知有道心之微。间有觉其纰缪而略知反本求源者，则又哄然指为禅学而群訾之。呜呼！心学何由而复明乎！夫禅之学与圣人之学，皆求尽其心也，亦相去毫厘耳。圣人之求尽其心也，以天地万物为一体也。吾之父子亲矣，而天下有未亲者焉，吾心未尽也；吾之君臣义矣，而天下有未义者焉，吾心未尽也；吾之夫妇别矣，长幼序矣，朋友信矣，而天下有未别、未序、未信者焉，吾心未尽也。吾之一家饱暖逸乐矣，而天下有未饱暖逸乐者焉，其能以亲乎？义乎？别、序、信乎？吾心未尽也。故于是有纪纲政事之设焉，有礼乐教化之施焉，凡以裁成辅相、成己成物，而求尽吾心焉耳。心尽而家以齐，国以治，天下以平。故圣人之学，不出乎尽心。禅之学，非不以心为说，然其意以为是达道也者，固吾之心也，吾惟不昧吾心于其中，则亦已矣，而亦岂必屑屑于其外；其外有未当也，则亦岂必屑屑于其中。斯亦其所谓尽心者矣，而不知已陷于自私自利之偏。是以外人伦，遗事物，以之独善，或能之，而要之不可以治家国天下。盖圣人之学，无人己，无内外，一天地万物以为心。而禅之学起于自私自利，而未免于内外之分，斯其所以为异也。今之为心性之学者，而果外人伦，遗事物，则诚所谓禅矣。使其未尝外人伦，遗事物，而专以存心养性为事，则固圣门精一之学也，而可谓之禅乎哉！世之学者，承沿其举业词章之习，以荒秽戕伐其心，既与圣人尽心之学相背而驰，日骛日远，莫知其所抵极矣。有以心性之说而招之来归者，则顾骇以为禅，而反仇雠视之，不亦大可哀乎！夫不自知其为非，而以非人者，是旧习之为蔽，而未可遽以为罪也。有知其非者矣，藐然视人之非而不以告人者，自私者也。既告之矣，既知之矣，而犹冥然不以自反者，自弃者也。吾越多豪杰之士，其特然无所待而兴者，为不少矣，而亦容有蔽于旧习者乎？故吾因诸君之请而特为一言之。呜呼！吾岂特为吾越之士一言之而已乎？

梁仲用默斋说 辛未

仲用识高而气豪，既举进士，锐然有志天下之务。一旦责其志曰："於呼！予乃太早。乌有己之弗治而能治人者！"于是专心为己之学，深思其气质之偏，而病其言之易也，以"默"名庵，过予而请其方。予亦天下之多言人也，岂足以知默之道！然予尝自验之，气浮则多言，志轻则多言。气浮者耀于外，志轻者放其中。予请诵古之训而仲用自取之。

夫默有四伪。疑而不知问，蔽而不知辩，冥然以自罔，谓之默之愚；以不言餂人者，谓之默之狡；虑人之觇其长短也，掩覆以为默，谓之默之诬；深为之情，厚为之貌，渊毒阱狠，自托于默以售其奸者，谓之默之贼。夫是之谓四伪。又有八诚焉。孔子曰："君子耻其言而过其行。古者言之不出，耻躬之不逮也。"故诚知耻，而后知默。又曰："君子欲讷于言而敏于行。”夫诚敏于行，而后欲默矣。仁者言也，讱非以为默而默存焉。又曰：“默而识之。”是故必有所识也，终日不违如愚者也。“默而成之”，是故必有所成也，退而省其私，亦足以发者也。故善默者莫如颜子。“暗然而日章”，默之积也。“不言而信”，而默之道成矣。“天何言哉？四时行焉，万物生焉。”而默之道至矣。非圣人其孰能与于此哉！夫是之谓八诫。仲用盍亦知所以自取之？

示弟立志说 乙亥

予弟守文来学，告之以立志。守文因请次第其语，使得时时观省。且请浅近其辞，则易于通晓也。因书以与之。

夫学，莫先于立志。志之不立，犹不种其根而徒事培拥灌溉，劳苦无成矣。世之所以因循苟且，随俗习非，而卒归于污下者，凡以志之弗立也。故程子曰：“有求为圣人之志，然后可与共学。”人苟诚有求为圣人之志，则必思圣人之所以为圣人者安在？非以其心之纯乎天理而无人欲之私欤？圣人之所以为圣人，惟以其心之纯乎天理而无人欲，则我之欲为圣人，亦惟在于此心之纯乎天理而无人欲耳。欲此心之纯乎天理而无人欲，则必去人欲而存天理。务去人欲而存天理，则必求所以去人欲而存天理之方。求所以去人欲而存天理之方，则必正诸先觉，考诸古训，而凡所谓学问之功者，然后可得而讲。而亦有所不容已矣。

夫所谓正诸先觉者，既以其人为先觉而师之矣，则当专心致志，惟先觉之为听。言有不合，不得弃置，必从而思之；思之不得，又从而辩之。务求了释，不敢辄生疑惑。故《记》曰：“师严然后道尊；道尊然后民知敬学。”苟无尊崇笃信之心，则必有轻忽慢易之意。言之而听之不审，犹不听也；听之而思之不慎，犹不思也；是则虽曰师之，犹不师也。

夫所谓考诸古训者，圣贤垂训，莫非教人去人欲而存天理之方，若《五经》、《四书》是已。吾惟欲去吾之人欲，存吾之天理，而不得其方，是以求之于此，则其展卷之际，真如饥者之于食，求饱而已；病者之于药，求愈而已；暗者之于灯，求照而已；跛者之于杖，求行而已。曾有徒事记诵讲说，以资口耳之弊哉！

夫立志亦不易矣。孔子，圣人也，犹曰："吾十有五，而志于学。三十而立。"立者，志立也。虽至于"不逾矩"，亦志之不逾矩也。志岂可易而视哉！夫志，气之帅也，人之命也，木之根也，水之源也。源不浚则流息，根不植则木枯，命不续则人死，志不立则气昏。是以君子之学，无时无处而不以立志为事。正目而视之，无他见也；倾耳而听之，无他闻也。如猫捕鼠，如鸡覆卵，精神心思凝聚融结，而不复知有其他，然后此志常立，神气精明，义理昭著。一有私欲，即便知觉，自然容住不得矣。故凡一毫私欲之萌，只责此志不立，即私欲便退；听一毫客气之动，只责此志不立，即客气便消除。或怠心生，责此志，即不怠；忽心生，责此志，即不忽；懆心生，责此志，即不懆；妒心生，责此志，即不妒；忿心生，责此志，即不忿；贪心生，责此志，即不贪；傲心生，责此志，即不傲；吝心生，责此志，即不吝。盖无一息而非立志责志之时，无一事而非立志责志之地。故责志之功，其于去人欲，有如烈火之燎毛，太阳一出而魍魉潜消也。

自古圣贤因时立教，虽若不同，其用功大指，无或少异。《书》谓"惟精惟一"，《易》谓"敬以直内，义以方外"，孔子谓"格致诚正，博文约礼"，曾子谓"忠恕"，子思谓"尊德性而道问学"，孟子谓"集义养气，求其放心"，虽若人自为说，有不可强同者，而求其要领归宿，合若符契。何者？夫道一而已。道同则心同，心同则学同。其卒不同者，皆邪说也。

后世大患，尤在无志，故今以立志为说。中间字字句句，莫非立志。盖终身问学之功，只是立得志而已。若以是说而合精一，则字字句句皆精一之功；以是说而合敬义，则字字句句皆敬义之功。其诸"格致"、"博约"、"忠恕"等说，无不吻合。但能实心体之，然后信予言之非妄也。

约斋说 甲戌

滁阳刘生韶既学于阳明子，乃自悔其平日所尝致力者泛滥而无功，琐杂而不得其要也。思得夫简易可久之道而固守之，乃以“约斋”自号，求所以为约之说于予。予曰：“子欲其约，乃所以为烦也。其惟循理乎！理一而已，人欲则有万其殊。是故一则约，万则烦矣。虽然，理亦万殊也，何以求其一乎？理虽万殊而皆具于吾心，心固一也，吾惟求诸吾心而已。求诸心而皆出乎天理之公焉，斯其行之简易，所以为约也已。彼其胶于人欲之私，则利害相攻，毁誉相制，得失相形，荣辱相缠，是非相倾，顾瞻牵滞。纷纭舛戾，吾见其烦且难也。然而世之知约者鲜矣。孟子曰：‘学问之道无他，求其放心而已’，其知所以为约之道欤！吾子勉之！吾言则亦以烦。”

见斋说 乙亥

辰阳刘观时学于潘子，既有见矣，复学于阳明子。尝自言曰：“吾名观时，观必有所见，而吾犹懵懵无睹也。”扁其居曰“见斋”以自励。问于阳明子曰：“道有可见乎？”曰：“有，有而未尝有也。”曰：“然则无可见乎？”曰：“无，无而未尝无也。”曰：“然则何以为见乎？”曰：“见而未尝见也。”观时曰：“弟子之惑滋甚矣。夫子则明言以教我乎？”阳明子曰：“道不可言也，强为之言而益晦；道无可见也，妄为之见而益远。夫有而未尝有，是真有也；无而未尝无，是真无也；见而未尝见，是真见也。子未观于天乎？谓天为无可见，则苍苍耳，昭昭耳，日月之代明，四时之错行，未尝无也。谓天为可见，则即之而无所，指之而无定，执之而无得，未尝有也。夫天，道也；道，天也。风可捉也，影可拾也，道可见也。”曰：“然则吾终无所见乎？古之人则亦终无所见乎？”曰：“神无方而道无体，仁者见之谓之仁，知者见之谓之知。是有方体者也，见之而未尽者也。颜子则如有所立，卓尔。夫谓之‘如’，则非有也；谓之‘有’，则非无也。是故虽欲从之，末由也已。故夫颜氏之子为庶几也。文王望道而未之见，斯真见也已。”曰：“然则吾何所用心乎？”曰：“沦于无者，无所用其心者也，荡而无归；滞于有者，用其心于无用者也，劳而无功。夫有无之间，见与不见之妙，非可以言求也。而子顾切切焉，吾又从而强言其不可见，是以瞽导瞽也。夫言饮者不可以为醉，见食者不可以为饱。子求其醉饱，则盍饮食之？子求其见也，其惟人之所不见乎？夫亦戒慎乎其所不睹也已，斯真睹也已，斯求见之道也已。”

矫亭说 乙亥

君子之行，顺乎理而已，无所事乎矫。然有气质之偏焉。偏于柔者矫之以刚，然或失则傲；偏于慈者矫之以毅，然或失则刻；偏于奢者矫之以俭，然或失则陋。凡矫而无节则过，过则复为偏。故君子之论学也，不曰“矫”而曰“克”。克以胜其私，私胜而理复，无过不及矣。矫犹未免于意必也，意必亦私也。故克己则矫不必言，矫者未必能尽于克己之道也。虽然，矫而当其可，亦克己之道矣。行其克己之实，而矫以名焉，何伤乎！古之君子也，其取名也廉；后之君子，实未至而名先之，故不曰“克”而曰“矫”，亦矫世之意也。

方君时举以“矫”名亭，请予为之说。

谨斋说 乙亥

君子之学，心学也。心，性也；性，天也。圣人之心纯乎天理，故无事于学。下是，则心有不存而汩其性，丧其天矣，故必学以存其心。学以存其心者，何求哉？求诸其心而已矣。求诸其心何为哉？谨守其心而已矣。博学也，审问也，慎思也，明辨也，笃行也，皆谨守其心之功也。谨守其心者，无声之中而常若闻焉，无形之中而常若睹焉。故倾耳而听之，惟恐其或缪也；注目而视之，惟恐其或逸也。是故至微而显，至隐而见，善恶之萌而纤毫莫遁，由其能谨也。谨则存，存则明，明则其察之也精，其存之也一。昧焉而弗知，过焉而弗觉，弗之谨也已。故谨守其心于其善之萌焉，若食之充饱也；若抱赤子而履春冰，惟恐其或陷也；若捧万金之璧而临千仞之崖，惟恐其或坠也。其不善之萌焉，若鸩毒之投于羹也；若虎蛇横集而思所以避之也；若盗贼之侵陵而思所以胜之也。

古之君子所以凝至道而成盛德，未有不由于斯者。虽尧、舜、文王之圣，然且兢兢业业，而况于学者乎！后之言学者，舍心而外求，是以支离决裂，愈难而愈远，吾甚悲焉！

吾友侍御杨景瑞以“谨”名其斋，其知所以为学之要矣。景瑞尝游白沙陈先生之门，归而求之，自以为有见。又二十年而忽若有得，然后知其向之所见犹未也。一旦告病而归，将从事焉，必底于成而后出。君之笃志若此，其进于道也孰御乎！君遣其子思元从予学，亦将别予以归，因论君之所以名斋之义以告思元，而遂以为君赠。

夜气说 乙亥

天泽每过，辄与之论夜气之训，津津既有所兴起。至是告归，请益。复谓之曰：“夜气之息，由于旦昼所养，苟梏亡之反复，则亦不足以存矣。今夫师友之相聚于兹也，切磋于道义而砥砺乎德业，渐而入焉，反而愧焉，虽有非僻之萌，其所滋也亦已罕矣。迨其离群索居，情可得肆而莫之警也，欲可得纵而莫之泥也，物交引焉，志交丧焉，虽有理义之萌，其所滋也亦罕矣。故曰：‘苟得其养，无物不长；苟失其养，无物不消。’夫人亦孰无理义之心乎？然而不得其养者多矣，是以若是其寥寥也。天泽勉之！”

修道说 戊寅

率性之谓道，诚者也；修道之谓教，诚之者也。故曰：“自诚明，谓之性；自明诚，谓之教。”《中庸》为诚之者而作，修道之事也。道也者，性也，不可须臾离也。而过焉，不及焉，离也。是故君子有修道之功。戒慎乎其所不睹，恐惧乎其所不闻，微之显，诚之不可掩也。修道之功若是其无间，诚之也夫！然后喜怒哀乐之未发谓之中，发而皆中节谓之和，道修而性复矣。致中和，则大本立而达道行，知天地之化育矣。非至诚尽性，其孰能与于此哉！是修道之极功也。而世之言修道者离矣，故特著其说。

自得斋说 甲申

孟子云："君子深造之以道，欲其自得之也。自得之，则居之安；居之安，则资之深；资之深，则取之左右逢其源。故君子欲其自得之也。"夫率性之谓道。道，吾性也；性，吾生也。而何事于外求？世之学者，业辞章，习训诂，工技艺，探赜而索隐，弊精极力，勤苦终身，非无所谓深造之者。然亦辞章而已耳，训诂而已耳，技艺而已耳。非所以深造于道也，则亦外物而已耳，宁有所谓自得逢原者哉！古之君子，戒慎不睹，恐惧不闻，致其良知而不敢须臾或离者，斯所以深造乎是矣。是以大本立而达道行，天地以位，万物以育，于左右逢源乎何有？

黄勉之省曾氏，以"自得"名斋，盖有志于道者。请学于予而蕲为之说。予不能有出于孟氏之言也，为之书孟氏之言。嘉靖甲申六月朔。

博约说 乙酉

南元真之学于阳明子也，闻致知之说而恍若有见矣。既而疑于博约先后之训，复来请曰："致良知以格物，格物以致其良知也，则既闻教矣。敢问先博我以文，而后约我以礼也，则先儒之说，得无亦有所不同欤？"阳明子曰："理，一而已矣；心，一而已矣。故圣人无二教，而学者无二学。博文以约礼，格物以致其良知，一也。故先后之说，后儒支缪之见也。夫礼也者，天理也。天命之性具于吾心，其浑然全体之中，而条理节目，森然毕具，是故谓之天理。天理之条理谓之礼。是礼也，其发见于外，则有五常百行，酬酢变化，语默动静，升降周旋，隆杀厚薄之属；宜之于言而成章，措之于为而成行，书之于册而成训，炳然蔚然，其条理节目之繁，至于不可穷诘，是皆所谓文也。是文也者，礼之见于外者也；礼也者，文之存于中者也。文，显而可见之礼也；礼，微而难见之文也。是所谓体用一源，而显微无间者也。是故君子之学也，于酬酢变化、语默动静之间，而求尽其条理节目焉，非他也，求尽吾心之天理焉耳矣。于升降周旋、隆杀厚薄之间，而求尽其条理节目焉，非他也，求尽吾心之天理焉耳矣。求尽其条理节目焉者，博文也；求尽吾心之天理焉者，约礼也。文散于事而万殊者也，故曰博；礼根于心而一本者也，故曰约。博文而非约之以礼，则其文为虚文，而后世功利辞章之学矣；约礼而非博学于文，则其礼为虚礼，而佛、老空寂之学矣。是故约礼必在于博文，而博文乃所以约礼。二之而分先后焉者，是圣学之不明，而功利异端之说乱之也。

昔者颜子之始学于夫子也，盖亦未知道之无方体形像也，而以为有方体形像也；未知道之无穷尽止极也，而以为有穷尽止极也；是犹后儒之见事事物物皆有定理者也，是以求之仰赞瞻忽之间，而莫得其所谓。及闻夫子博约之训，既竭吾才以求之，然后知天下之事虽千变万化，而皆不出于此心之一理；然后知殊途而同归，百虑而一致，然后知斯道之本无方体形像，而不可以方体形像求之也；本无穷尽止极，而不可以穷尽止极求之也。故曰：‘虽欲从之，末由也已。’盖颜子至是而始有真实之见矣。博文以约礼，格物以致其良知也，亦宁有二学乎哉？”

惜阴说 丙戌

同志之在安成者，间月为会五日，谓之“惜阴”，其志笃矣。然五日之外，孰非惜阴时乎？离群而索居，志不能无少懈，故五日之会，所以相稽切焉耳。

呜呼！天道之运，无一息之或停；吾心良知之运，亦无一息之或停。良知即天道，谓之“亦”，则犹二之矣。知良知之运无一息之或停者，则知惜阴矣；知惜阴者，则知致其良知矣。“子在川上曰：逝者如斯夫！不舍昼夜。”此其所以学如不及，至于发愤忘食也。尧舜兢兢业业，成汤日新又新，文王纯亦不已，周公坐以待旦，惜阴之功，宁独大禹为然？子思曰：“戒慎乎其所不睹，恐惧乎其所不闻，知微之显，可以入德矣。”或曰：“鸡鸣而起，孳孳为利。凶人为不善，亦惟日不足，然则小人亦可谓之惜阴乎？

卷八　文录五

杂著

书汪汝成格物卷 癸酉

予于汝成“格物致知”之说、“博文约礼”之说、“博学笃行”之说、“一贯忠恕”之说，盖不独一论再论，五六论、数十论不止矣。汝成于吾言，始而骇以拂，既而疑焉，又既而大疑焉，又既而稍释焉，而稍喜焉，而又疑焉。最后与予游于玉泉，盖论之连日夜，而始快然以释，油然以喜，冥然以契。不知予言之非汝成也？不知汝成之言非予言也？于戏！若汝成，可谓不苟同于予，亦非苟异于予者矣。

卷首汝成之请，盖其时尚有疑于予。今既释然，予可以无言也已。叙其所以而归之。

书石川卷 甲戌

先儒之学，得有浅深，则其为言，亦不能无同异。学者惟当反之于心，不必苟求其同，亦不必故求其异，要在于是而已。今学者于先儒之说苟有未合，不妨致思。思之而终有不同，固亦未为甚害，但不当因此而遂加非毁，则其为罪大矣。同志中往往似有此病，故特及之。程先生云：“贤且学他是处，未须论他不是处。”此言最可以自警。

见贤思齐焉，见不贤而内自省，则不至于责人已甚，而自治严矣。

议论好胜，亦是今时学者大病。今学者于道，如管中窥天，少有所见，即自足自是，傲然居之不疑。与人言论，不待其辞之终，而已先怀轻忽非笑之意，訑訑之声音颜色，拒人于千里之外。不知有道者从旁视之，方为之竦息汗颜，若无所容。而彼悍然不顾，略无省觉，斯亦可哀也已！近时同辈中往往亦有是病者，相见时可出此以警励之。

某之于道，虽亦略有所见，未敢尽以为是也。其于后儒之说，虽亦时有异同，未敢尽以为非也。朋友之来问者，皆相爱者也，何敢以不尽吾所见！正期体之于心，务期真有所见，其孰是孰非而身发明之，庶有益于斯道也。若徒入耳出口，互相标立门户，以为能学，则非某之初心，其所以见罪之者至矣。近闻同志中亦有类此者，切须戒勉，乃为无负！孔子云：“默而识之，学而不厌。”斯乃深望于同志者也。

与傅生凤 甲戌

祁生傅凤，志在养亲，而苦于贫。徐曰仁之为祁也，悯其志，尝育而教之。及曰仁去祁，生乃来京师谒予，遂从予而南。闻予言，若有省，将从事于学。然痛其亲之贫且老，其继母弟又瞽而愚，无所资以为养，乃记诵训诂，学文辞，冀以是于升斗之禄。日夜不息，遂以是得危疾，几不可救。同门之士百计宽譬之，不能已，乃以质于予。予曰：“嘻！若生者亦诚可怜者也。生之志，诚出于孝亲，然已陷于不孝而不之觉矣。若生者亦诚可怜者也！”生闻之悚然，来问曰：“家贫亲老，而不为禄仕，得为孝乎？”予曰：“不得为孝矣。欲求禄仕而至于成疾，以殒其躯，得为孝乎？”生曰：“不得为孝矣。”“殒其躯而欲读书学文，以求禄仕，禄仕可得乎？”生曰：“不可得禄仕矣。”曰：“然则尔何以能免于不孝？”于是泫然泣下，甚悔，且曰：“凤何如而可以免于不孝？”予曰：“保尔精，毋绝尔生；正尔情，毋辱尔亲；尽尔职，毋以得失为尔惕；安尔命，毋以外物戕尔性。斯可以免矣。”其父闻其疾危，来视，遂欲携之同归。予怜凤之志而不能成也，哀凤之贫而不能赈也，悯凤之去而不能留也。临别，书此遗之。

书王天宇卷 甲戌

徐曰仁数为予言天宇之为人，予既知之矣。今年春，始与相见于姑苏，话通宵，益信曰仁之言。天宇诚忠信者也，才敏而沉潜者也。于是乎慨然有志于圣贤之学，非豪杰之士能然哉！出兹卷，请予言。予不敢虚，则为诵古人之言曰：“圣，诚而已矣。”君子之学以诚身格物致知者，立诚之功也。譬之植焉，诚，其根也；格致，其培壅而灌溉之者也。后之言格致者，或异于是矣。不以植根而徒培壅焉、灌溉焉，敝精劳力而不知其终何所成矣。是故闻日博而心日外，识益广而伪益增，涉猎考究之愈详而所以缘饰其奸者愈深以甚。是其为弊亦既可睹矣，顾犹泥其说而莫之察也，独何欤？今之君子或疑予言之为禅矣，或疑予言之求异矣，然吾不敢苟避其说，而内以诬于己，外以诬于人也。非吾天宇之高明，其孰与信之！

书王嘉秀请益卷 甲戌

仁者以天地万物为一体，莫非己也，故曰：“己欲立，而立人，己欲达，而达人。”古之人所以能见人之善若己有之，见人之不善则恻然若己推而纳诸沟中者，亦仁而已矣。今见善而妒其胜己，见不善而疾视轻蔑不复比数者，无乃自陷于不仁之甚而弗之觉者邪？夫可欲之谓善，人之秉彝，好是懿德，故凡见恶于人者，必其在己有未善也。瑞凤祥麟，人争快睹；虎狼蛇蝎，见者持挺刃而向之矣。夫虎狼蛇蝎，未必有害人之心，而见之必恶，为其有虎狼蛇蝎之形也。今之见恶于人者，虽其自取，未必尽恶，无亦在外者犹有恶之形欤？此不可以不自省也。

君子之学，为己之学也。为己故必克己，克己则无己。无己者，无我也。

世之学者，执其自私自利之心，而自任以为为己，漭焉入于隳堕断灭之中，而自任以为无我者，吾见亦多矣。呜呼！自以为有志圣人之学，乃堕于末世佛、老邪僻之见而弗觉，亦可哀也！夫“有一言而可以终身行之者，其恕乎”，“强恕而行，求仁莫近焉”，“恕”之一言，最学者所吃紧。其在吾子，则犹对病之良药，宜时时勤服之也。“见贤思齐焉，见不贤而内自省。”夫能见不贤而内自省，则躬自厚而薄责于人矣，此远怨之道也。

书孟源卷 乙亥

圣贤之学，坦如大路，但知所从入，苟循循而进，各随分量，皆有所至。后学厌常喜异，往往时入断蹊曲径，用力愈劳，去道愈远。向在滁阳论学，亦惩末俗卑污，未免专就高明一路开导引接。盖矫枉救偏，以拯时弊，不得不然；若终迷陋习者，已无所责。其间亦多兴起感发之士，一时趋向，皆有可喜。近来又复渐流空虚，为脱落新奇之论，使人闻之，甚为足忧。虽其人品高下，若与终迷陋习者亦微有间，然究其归极，相去能几何哉！

孟源伯生复来金陵请益，察其意向，不为无进；而说谈之弊，亦或未免，故因其归而告之以此。遂使归告同志，务相勉于平实简易之道，庶无负相期云耳。

书杨思元卷 乙亥

杨生思元自广来学，既而告归，曰：“夫子之教，思元既略闻之。惧不克任，请所以砭其疾者而书诸绅。”予曰：“子强明者也，警敏者也。强明者病于矜高，是故亢而不能下；警敏者病于浅陋，是故浮而不能实。砭子之疾，其谦默乎！谦则虚，虚则无不容，是故受而不溢，德斯聚矣；默则慎，慎则无不密，是故积而愈坚，诚斯立矣。彼少得而自盈者，不知谦者也；少见而自衒者，不知默者也。自盈者，吾必恶之，自衒者，吾必耻之。而人有不我恶者乎？有不我耻者乎？故君子之观人而必自省也。其谦默乎！”

书玄默卷 乙亥

玄默志于道矣，而犹有诗文之好，何耶？弈，小技也，不专心致志则不得，况君子之求道，而可分情于他好乎？孔子曰："辞达而已矣。"盖世之为辞章者，莫不以是藉其口，亦独不曰"有德者必有言，有言者不必有德"乎？德，犹根也；言，犹枝叶也。根之不植，而徒以枝叶为者，吾未见其能生也。予别玄默久，友朋得玄默所为诗者，见其辞藻日益以进。其在玄默，固所为根盛而枝叶茂者耶？

玄默过留都，示予以斯卷，书此而遗之。玄默尚有以告我矣。

书顾维贤卷 辛巳

维贤以予将远去，持此卷求书警戒之辞。只此"警戒"二字，便是予所最叮咛者。今时朋友大患不能立志，是以因循懈驰，散漫度日。若立志，则警戒之意当自有不容已。故警戒者，立志之辅。能警戒，则学问思辩之功、切磋琢磨之益，将日新又新，沛然莫之能御矣。程先生云："学者为气所胜、习所夺，只好责志。"又云："凡为诗文，亦丧志。"又言："且省外事，但明乎善，惟尽诚心，其文章虽不中，不远矣。所守不约，泛滥无功。学问之道，《四书》中备矣。"后儒之论，未免互有得失。其得者不能出于《四书》之外，失者遂有毫厘千里之谬，故莫如专求之《四书》。《四书》之言简实，苟以忠信进德之心求之，亦自明白易见。与不善人居，如入鲍鱼之肆，久而不觉其臭，则与之俱化。孔子大圣，尚赖"三益"之资，致"三损"之戒。吾侪从事于学，顾随俗同污，不思辅仁之友，欲求致道，恐无是理矣。非笑诋毁，圣贤所不免。伊川有涪州之行，孔子尚微服过宋，今日风俗益偷，人心日以沦溺，苟欲自立，违俗拂众，指摘非笑纷然而起，势所必至，亦多由所养未深，高自标榜所至。学者便不当自立门户，以招谤速毁；亦不当故避非毁，同流合污。维贤温雅，朋友中最为难得，似非微失之弱，恐诋笑之来，不能无动；才为所动，即依阿隐忍，久将沦胥以溺。每到此，便须反身，痛自切责。为己之志未能坚定，亦便志气激昂奋发。但知明己之善，立己之诚，以求快足乎己，岂暇顾人非笑指摘？故学者只须责自家为己之志未能坚定，志苟坚定，则非笑诋毁不足动摇，反皆为砥砺切磋之地矣。今时人多言人之非毁，亦当顾恤，此皆随俗习非之久，相沿其说，莫知以为非。不知里许尽是私意，为害不小，不可以不察也。

壁帖 壬午

守仁鄙劣，无所知识，且在忧病奄奄中，故凡四方同志之辱临者，皆不敢相见。或不得已而相见，亦不敢有所论说，各请归而求诸孔孟之训可矣。夫孔孟之训，昭如日月。凡支离决裂，似是而非者，皆异说也。有志于圣人之学者，外孔孟之训而他求，是舍日月之明而希光于萤爝之微也，不亦缪乎！有负远来之情，聊此以谢。荒迷不次。

书王一为卷 癸未

王生一为自惠负笈来学，居数月，皆随众参谒，默然未尝有所请。视其色，津津若有所喜。然一日，众皆退，乃独复入堂下而请曰："致知之训，千圣不传之秘也，一为既领之矣。敢请益。"予曰："千丈之木，起于肤寸之萌芽。子谓肤寸之外有所益欤，则何以至于千丈？子谓肤寸之外有所益欤，则肤寸之外，子将何以益之？"一为跃然起拜曰："闻教矣。"又三月，思其母老于家，告归省视，因书以与之。

书朱守谐卷 甲申

守谐问为学，予曰："立志而已。"问立志，予曰："为学而已。"守谐未达。予曰："人之学为圣人也，非有必为圣人之志，虽欲为学，谁为学？有其志矣，而不日用其力以为之，虽欲立志，亦乌在其为志乎！故立志者，为学之心也；为学者，立志之事也。譬之弈焉，弈者，其事也；'专心致志'者，其心一也；'以为鸿鹄将至'者，其心二也；'惟弈秋之为听’，其事专也；‘思援弓缴而射之’，其事分也。”守谐曰：“人之言曰：‘知之未至，行之不力。’予未有知也，何以能行乎？”予曰：“是非之心，知也，人皆有之。子无患其无知，惟患不肯知耳；无患其知之未至，惟患不致其知耳。故曰：‘知之非艰行之惟艰。’今执途之人而告之以凡为仁义之事，彼皆能知其为善也；告之以凡为不仁不义之事，彼皆能知其为不善也。途之人皆能知之，而子有弗知乎？如知其为善也，致其知为善之知而必为之，则知至矣；如知其为不善也，致其知为不善之知而必不为之，则知至矣。知犹水也，人心之无不知，犹水之无不就下也，决而行之，无有不就下者。决而行之者，致知之谓也。此吾所谓知行合一者也。吾子疑吾言乎？夫道一而已矣。”

书诸阳伯卷 甲申

妻侄诸阳伯复请学，既告之以格物致知之说矣。他日，复请曰：“致知者，致吾心之良知也，是既闻教矣。然天下事物之理无穷，果惟致吾之良知而可尽乎？抑尚有所求于其外也乎？”复告之曰：“心之体，性也，性即理也。天下宁有心外之性？宁有性外之理乎？宁有理外之心乎？外心以求理，此告子‘义外’之说也。理也者，心之条理也。是理也，发之于亲则为孝，发之于君则为忠，发之于朋友则为信。千变万化，至不可穷竭，而莫非发于吾之一心。故以端庄静一为养心，而以学问思辩为穷理者，析心与理而为二矣。若吾之说，则端庄静一，亦所以穷理，而学问思辩，亦所以养心，非谓养心之时，无有所谓理，而穷理之时，无有所谓心也。此古人之学所以知行并进，而收合一之功，后世之学所以分知行为先后，而不免于支离之病者也。”曰：“然则朱子所谓如何而为‘温凊之节’，如何而为‘奉养之宜’者，非致知之功乎？”曰：“是所谓知矣，而未可以为致知也。知其如何而为温凊之节，则必实致其温凊之功，而后吾之知始至；知其如何而为奉养之宜，则必实致其奉养之力，而后吾之知始至。如是乃可以为致知耳。若但空然知之为如何温凊奉养，而遂谓之致知，则孰非致知者耶？《易》曰：‘知至，至之。’知至者，知也；至之者，致知也。此孔门不易之教，百世以俟圣人而不惑者也。”

书张思钦卷 乙酉

三原张思钦元相将葬其亲，卜有日矣，南走数千里而来请铭于予。予之不为文也久矣，辞之固，而请弗已，则与之坐而问曰：“子之乞铭于我也，将以图不朽于其亲也，则亦宁非孝子之心乎？虽然，子以为孝子之图不朽于其亲也，尽于是而已乎？将犹有进于是者也？夫图之于人也，则曷若图之于子乎？传之于其人之口也，则曷若传之于其子之身乎？故子为贤人也，则其父为贤人之父矣；子为圣人也，则其父为圣人之父矣。其与托之于人之言也孰愈，夫叔梁纥之名，至今为不朽矣。则亦以仲尼之为子耶？抑亦以他人为之铭耶？”思钦蹙然而起，稽颡而后拜曰：“元相非至于夫子之门，则几失所以图不朽于其亲者矣。”明日，入而问圣人之学，则语以格致之说焉；求格致之要，则语之以良知之说焉。思钦跃然而起，拜而复稽曰：“元相苟非至于夫子之门，则尚未知有其心，又何以图不朽于其亲乎！请归葬吾亲，而来卒业于夫子之门，则庶几其不朽之图矣。”

书中天阁勉诸生 乙酉

“虽有天下易生之物，一日暴之，十日寒之，未有能生者也。”承诸君之不鄙，每予来归，咸集于此，以问学为事，甚盛意也。然不能旬日之留，而旬日之间，又不过三四会。一别之后，辄复离群索居，不相见者动经年岁。然则岂惟十日之寒而已乎？若是而求萌叶之畅茂条达，不可得矣。故予切望诸君勿以予之去留为聚散。或五六日、八九日，虽有俗事相妨，亦须破冗一会于此。务在诱掖奖劝，砥砺切磋，使道德仁义之习，日亲日近，则世利纷华之染，亦日远日疏，所谓“相观而善，百工居肆以成其事”者也。相会之时，尤须虚心逊志，相亲相敬。大抵朋友之交，以相下为益。或议论未合，要在从容涵育，相感以诚，不得动气，求胜长傲遂非。务在默而成之，不言而信。其或矜己之长，攻人之短，粗心浮气，矫以沽名，讦以为直，扶胜心而行愤嫉，以圮族败群为志，则虽日讲时习于此，亦无益矣。诸君念之念之！

书朱守乾卷 乙酉

黄州朱生守乾请学而归，为书“致良知”三字。夫良知者，即所谓“是非之心，人皆有之”，不待学而有，不待虑而得者也。人孰无是良知乎？独有不能致之耳。自圣人以至于愚人，自一人之心以达于四海之远，自千古之前以至于万代之后，无有不同。是良知也者，是所谓“天下之大本”也。致是良知而行，则所谓“天下之达道”也。天地以位，万物以育，将富贵贫贱，患难夷狄，无所入而弗自得也矣。

书正宪扇 乙酉

今人病痛，大段只是傲。千罪百恶，皆从傲上来。傲则自高自是，不肯屈下人。故为子而傲，必不能孝；为弟而傲，必不能弟；为臣而傲，必不能忠。象之不仁，丹朱之不肖，皆只是一“傲”字，便结果了一生，做个极恶大罪的人，更无解救得处。汝曹为学，先要除此病根，方才有地步可进。“傲”之反为“谦”。“谦”字便是对症之药。非但是外貌卑逊，须是中心恭敬，撙节退让，常见自己不是，真能虚己受人。故为子而谦，斯能孝；为弟而谦，斯能弟；为臣而谦，斯能忠。尧舜之圣，只是谦到至诚处，便是允恭克让，温恭允塞也。汝曹勉之敬之，其毋若伯鲁之简哉！

书魏师孟卷 乙酉

心之良知，是谓圣。圣人之学，惟是致此良知而已。自然而致之者，圣人也；勉然而致之者，贤人也；自蔽自昧而不肯致之者，愚不肖者也。愚不肖者，虽其蔽昧之极，良知又未尝不存也。苟能致之，即与圣人无异矣。此良知所以为圣愚之同具，而人皆可以为尧舜者，以此也。是故致良知之外无学矣。自孔孟既没，此学失传几千百年。赖天之灵，偶复有见，诚千古之一快，百世以俟圣人而不惑者也。每以启夫同志，无不跃然以喜者，此亦可以验夫良知之同然矣。间有听之而疑者，则是支离之习，没溺既久，先横不信之心而然。使能姑置其旧见，而平气以绎吾说，盖亦未有不幡然而悔悟者也。

南昌魏氏兄弟，旧学于予，既皆有得于良知之说矣。其季良贵师孟，因其诸兄而来请。其资禀甚颖，而意向甚笃，然以偕计北上，不得久从于此。吾虽略以言之而未能悉也，故特书此以遗之。

书朱子礼卷 甲申

子礼为诸暨宰，问政，阳明子与之言学而不及政。子礼退而省其身，惩己之忿，而因以得民之所恶也；窒己之欲，而因以得民之所好也；舍己之利，而因以得民之所趋也；惕己之易，而因以得民之所忽也；去己之蠹，而因以得民之所患也；明己之性，而因以得民之所同也；三月而政举。叹曰："吾乃今知学之可以为政也已！"

他日，又见而问学，阳明子与之言政而不及学。子礼退而修其职，平民之所恶，而因以惩己之忿也；从民之所好，而因以窒己之欲也；顺民之所趋，而因以舍己之利也；警民之所忽，而因以惕己之易也；拯民之所患，而因以去己之蠹也；复民之所同，而因以明己之性也。期年而化行。叹曰："吾乃今知政之可以为学也已！"

他日，又见而问政与学之要。阳明子曰："明德、亲民，一也。古之人明明德以亲其民，亲民所以明其明德也。是故明明德，体也；亲民，用也。而止至善，其要矣。"子礼退而求至善之说，炯然见其良知焉，曰："吾乃今知学所以为政，而政所以为学，皆不外乎良知焉。信乎，止至善其要也矣！"

书林司训卷 丙戌

林司训年七十九矣，走数千里，谒予于越。予悯其既老且贫，愧无以为济也。嗟乎！昔王道之大行也，分田制禄，四民皆有定制。壮者修其孝弟忠信，老者衣帛食肉，不负戴于道路；死徙无出乡；出入相友，疾病相扶持，乌有耄耋之年而犹走衣食于道路者乎！周衰而王迹熄，民始有无恒产者。然其时圣学尚明，士虽贫困，犹有固穷之节；里闾族党，犹知有相恤之义。逮其后世，功利之说日浸以盛，不复知有明德亲民之实。士皆巧文博词以饰诈，相规以伪，相轧以利，外冠裳而内禽兽，而犹或自以为从事于圣贤之学。如是而欲挽而复之三代，呜呼！其难哉！吾为此惧，揭知行合一之说，订致知格物之谬，思有以正人心，息邪说，以求明先圣之学，庶几君子闻大道之要，小人蒙至治之泽。而哓哓者皆视以为狂惑丧心，诋笑訾怒。予亦不自知其力之不足，日挤于颠危，莫之救以死而不顾也。不亦悲夫！

予过彭泽时，尝悯林之穷，使邑令延为社学师。至是又失其业。于归也，不能有所资给，聊书此以遗之。

书黄梦星卷 丁亥

潮有处士黄翁保号坦夫者，其子梦星来越从予学。越去潮数千里，梦星居数月，辄一告归省其父，去二三月辄复来。如是者屡屡。梦星性质温然，善人也，而甚孝。然禀气差弱，若不任于劳者。窃怪其乃不惮道途之阻远，而勤苦无已也，因谓之曰：“生既闻吾说，可以家居养亲而从事矣。奚必往来跋涉若是乎？”梦星跽而言曰：“吾父生长海滨，知慕圣贤之道，而无所从求入。既乃获见吾乡之薛、杨诸子者，得夫子之学，与闻其说而乐之。乃以责梦星曰：‘吾衰矣，吾不希汝业举以干禄。汝但能若数子者，一闻夫子之道焉，吾虽啜粥饮水，死填沟壑，无不足也矣。’梦星是以不远数千里而来从。每归省，求为三月之留以奉菽水，不许；求为逾月之留，亦不许。居未旬日，即已具资粮，戒童仆，促之启行。

梦星涕泣以请，则责之曰：‘唉！儿女子欲以是为孝我乎？不能黄鹄千里，而思为翼下之雏，徒使吾心益自苦。’故亟游夫子之门者，固梦星之本心。然不能久留于亲侧，而倏往倏来，吾父之命，不敢违也。”予曰：“贤哉，处士之为父！孝哉，梦星之为子也！勉之哉！卒成乃父之志，斯可矣。”

今年四月上旬，其家忽使人来讣云，处士没矣。呜呼惜哉！呜呼惜哉！圣贤之学，其久见弃于世也，不啻如土苴。苟有言论及之，则众共非笑诋斥，以为怪物。惟世之号称贤士大夫者，乃始或有以之而相讲究，然至考其立身行己之实，与其平日家庭之间所以训督期望其子孙者，则又未尝不汲汲焉惟功利之为务；而所谓圣贤之学者，则徒以资其谈论、粉饰文具于其外，如是者常十而八九矣。求其诚心一志，实以圣贤之学督教其子如处士者，可多得乎！而今亡矣，岂不惜哉！岂不惜哉！

阻远无由往哭，遥寄一奠，以致吾伤悼之怀，而叙其遗子来学之故若此，以风励夫世之为父兄者，亦因以益励梦星，使之务底于有成，以无忘乃父之志。

王阳明全集

【贰】

别录

【明】王守仁 著 陈恕 编校

中国书店

目 录

卷九　别录一

卷十二　别录四

卷十五 别录七

卷十六 别录八

卷十七　别录九

卷九　别录一

奏疏一

陈言边务疏 弘治十二年，时进士。

迩者窃见皇上以彗星之变，警戒修省，又以虏寇猖獗，命将出师，宵旰忧勤，不遑宁处。此诚圣主遇灾能警，临事而惧之盛心也。当兹多故，主忧臣辱，孰敢爱其死！况有一二之见而忍不以上闻耶？

臣愚以为今之大患，在于为大臣者，外托慎重老成之名，而内为固禄希宠之计，为左右者，内挟交蟠蔽壅之资，而外肆招权纳贿之恶。习以成俗，互相为奸。忧世者，谓之迂狂；进言者，目以浮躁。沮抑正大刚直之气，而养成怯懦因循之风。故其衰耗颓塌，将至于不可支持而不自觉。今幸上天仁爱，适有边陲之患，是忧虑警省，易辕改辙之机也。此在陛下，必宜自有所以痛革弊源、惩艾而振作之者矣。新进小臣，何敢僭闻其事，以干出位之诛？至于军情之利害，事机之得失，苟有所见，是固刍尧之所可进，卒伍之所得言者也，臣亦何为而不可之有？虽其所陈，未必尽合时论，然私心窃以为必宜如此，则又不可以苟避乖剌而遂已于言也。谨陈便宜八事，以备采择：一曰蓄材以备急；二曰舍短以用长；三曰简师以省费；四曰屯田以足食；五曰行法以振威；六曰敷恩以激怒；

七曰捐小以全大；八曰严守以乘弊。

何谓蓄材以备急？臣惟将者，三军之所恃以动，得其人则克以胜，非其人则败以亡，其可以不豫蓄哉？今者边方小寇，曾未足以辱偏裨，而朝廷会议推举，固已仓皇失措，不得已而思其次，一二人之外，曾无可以继之者矣。如是而求其克敌致胜，其将何恃而能乎！夫以南宋之偏安，犹且宗泽、岳飞、韩世忠、刘锜之使，以为之将，李纲之徒，以为之相，尚不能止金人之冲突。今以一统之大，求其任事如数子者，曾未见有一人。万如虏寇长驱而入，不知陛下之臣，孰可使以御之？若之何其犹不寒心而早图之也！臣愚以为，今之武举仅可以得骑射搏击之士，而不足以收韬略统驭之才。今公侯之家，虽有教读之设，不过虚应故事，而实无所裨益。诚使公侯之子皆聚之一所，择文武兼济之才，如今之提学之职者一人以教育之，习之以书史骑射，授之以韬略谋猷；又于武学生之内，岁升其超异者于此，使之相与磨砻砥砺，日稽月考，别其才否，比年而校试，三年而选举。至于兵部，自尚书以下，其两侍郎，使之每岁更迭巡边，于科道部属之内，择其通变特达者二三人以从，因使之得以周知道里之远近，边关之要害，虏情之虚实，事势之缓急，无不深谙熟察于平日，则一旦有急，所以遥度而往莅之者，不虑无其人矣。孟轲有云："苟为不畜，终身不得。"臣愿自今畜之也。

何谓舍短以用长？臣惟人之才能，自非圣贤，有所长，必有所短，有所明，必有所蔽。而人之常情亦必有所惩于前，而后有所警于后。吴起杀妻，忍人也，而称名将；陈平受金，贪夫也，而称谋臣；管仲被囚而建霸，孟明三北而成功，顾上之所以驾驭而鼓动之者何如耳。故曰：用人之仁，去其贪；用人之智，去其诈；用人之勇，去其怒。夫求才于仓卒艰难之际，而必欲拘于规矩绳墨之中，吾知其必不克矣。臣尝闻诸道路之言，曩者边关将士以骁勇强悍称者，多以过失罪名摈弃于闲散之地。夫有过失罪名，其在平居无事，诚不可使处于人上。至于今日之多事，则彼之骁勇强悍，亦诚有足用也。且被摈弃之久，必且悔艾前非，以思奋励。今诚委以数千之众，使得立功自赎，彼又素熟于边事，加之以积惯之余，其与不习地利、志图保守者，功宜相远矣。古人有言:“使功不如使过。”是所谓“使过”也。

何谓简师以省费？臣闻之兵法曰:“日费千金，然后十万之师举。”夫古之善用兵者，取用于国，因粮于敌，犹且“日费千金”；今以中国而御夷虏，非漕挽则无粟，非征输则无财，是故固不可以言“因粮于敌”矣。然则今日之师可以轻出乎？臣以公差在外，甫归旬日，遥闻出师，窃以为不必然者。何则？北地多寒，今炎暑渐炽，虏性不耐，我得其时，一也；虏恃弓矢，今大雨时行，觔胶解弛，二也；虏逐水草以为居，射生畜以为食，今已蜂屯两月，边草殆尽，野无所猎，三也。以臣料之，官军甫至，虏迹遁矣。夫兵固有先声而后实者，今师旅既行，言已无及，惟有简师一事，犹可以省虚费而得实用。夫兵贵精不贵多，今速诏诸将，密于万人之内，取精健足用者三分之一，而余皆归之京师。万人之声既扬矣，今密归京师，边关固不知也，是万人之威犹在也，而其实又可以省无穷之费。岂不为两便哉？况今官军之出，战则退后，功则争先，亦非边将之所喜。彼之请兵，徒以事之不济，则责有所分焉耳。今诚于边塞之卒，以其所以养京军者而养之，以其所以赏京军者而赏之，旬日之间，数万之众可立募于帐下，奚必自京而出哉？

何谓屯田以给食？臣惟兵以食为主，无食，是无兵也。边关转输，水陆千里，踣顿捐弃，十而致一。故兵法曰:“国之贫于师者远输，远输则百姓贫；近师贵卖，贵卖则百姓财竭。”此之谓也。今之军官既不堪战阵，又使无事坐食，以益边困，是与敌为谋也。三边之戍，方以战守，不暇耕农。诚使京军分屯其地，给种授器，待其秋成，使之各食其力。寇至则授甲归屯，遥为声势，以相犄角；寇去仍复其业，因以其暇，缮完虏所拆毁边墙、亭堡，以遏冲突。如此，虽未能尽给塞下之食，亦可以少息输馈矣。此诚持久俟时之道，王师出于万全之长策也。

何谓行法以振威？臣闻李光弼之代子仪也，张用济斩于辕门；狄青之至广南也，陈曙戮于戏下。是以皆能振疲散之卒，而摧方强之虏。今边臣之失机者，往往以计幸脱。朝丧师于东陲，暮调守于西鄙，罚无所加，兵因纵弛。如此，则是陛下不惟不置之罪，而复为曲全之地也，彼亦何惮而致其死力哉？夫法之不行，自上犯之也。今总兵官之头目，动以一二百计，彼其诚以武勇而收录之也，则亦何不可之有！然而此辈非势家之子弟，即豪门之橐缘，皆以权力而强委之也。彼且需求刻剥，骚扰道路，仗势以夺功，无劳而冒赏，懈战士之心，兴边戎之怨。为总兵者且复资其权力以相后先，其委之也，敢以不受乎？其受之也，其肯以不庇乎？苟戾于法，又敢斩之以殉乎？是将军之威，固已因此辈而索然矣，其又何以临师服众哉！臣愿陛下手敕提督等官，发令之日，即以先所丧师者斩于辕门，以正军法。而所谓头目之属，悉皆禁令发回，毋使渎扰侵冒，以挠将权，则士卒奋励，军威振肃。克敌制胜，皆原于此。不然，虽有百万之众，徒以虚国劳民，而亦无所用之也。

何谓敷恩以激怒？臣闻杀敌者，怒也。今师方失利，士气消沮。三边之戍，其死亡者非其父母子弟，则其宗族亲戚也。今诚抚其疮痍，问其疾苦，恤其孤寡，振其空乏，其死者皆无怨尤，则生者自宜感动。然后简其强壮，宣以国恩，喻以虏仇，明以天伦，激以大义；悬赏以鼓其勇，暴恶以深其怒；痛心疾首，日夜淬砺；务与之俱杀父兄之仇，以报朝廷之德。则我之兵势日张，士气日奋，而区区丑虏，有不足破者矣。

何谓捐小以全大？臣闻之兵法曰："将欲取之，必固与之。"又曰："佯北勿从，饵兵勿食。"皆捐小全大之谓也。今虏势方张，我若按兵不动，彼必出锐以挑战；挑战不已，则必设诈以致师，或捐弃牛马而伪逃，或掩匿精悍以示弱，或诈溃而埋伏，或潜军而请和，是皆诱我以利也。信而从之，则堕其计矣。然今边关守帅，人各有心；虏情虚实，事难卒办。当其挑诱之时，畜而不应，未免必有剽掠之虞。一以为当救，一以为可邀。从之，则必陷于危亡之地；不从，则又惧于坐视之诛。此王师之所以奔逐疲劳，损失威重，而丑虏之所以得志也。今若恣其操纵，许以便宜，其纵之也，不以其坐视；其捐之也，不以为失机。养威为愤，惟欲责以大成，而小小挫失，皆置不问，则我师常逸而兵威无损，此诚胜败存亡之机也。

何谓严守以乘弊？臣闻古之善战者，先为不可胜，以待敌之可胜。盖中国工于自守，而胡虏长于野战。今边卒新破，虏势方剧，若复与之交战，是投其所长而以胜予敌也。为今之计，惟宜婴城固守，远斥候以防奸，勤间谍以谋虏，熟训练以用长，严号令以肃惰，而又频加犒享，使皆畜力养锐。譬之积水，俟其盈满充溢，而后乘怒急决之，则其势并力骤，至于崩山漂石而未已。昔李牧备边，日以牛酒享士，士皆乐为一战，而牧屡抑止之；至其不可禁遏，而始奋威并出，若不得已而后从之，是以一战而破强胡。今我食既足，我威既盛，我怒既深，我师既逸，我守既坚，我气既锐，则是周悉万全，而所谓不可胜者，既在于我矣。由是，我足，则虑日以匮；我盛，则虏日以衰；我怒，则虏日以曲；我逸，则虏日以劳；我坚，则虏日以虚；我锐，则虏日以钝。索情较计，必将疲罢奔逃；然后用奇设伏，悉师振旅，出其所不趋，趋其所不意，迎邀夹攻，首尾横击。是乃以足当匮，以盛敌衰，以怒加曲，以逸击劳，以坚破虚，以锐攻钝。所谓胜于万全，立于不败之地，而不失敌之败者也。

右臣所陈，非有奇特出人之见，固皆兵家之常谈，今之为将者之所共见也。但今边关将帅，虽或知之而不能行，类皆视为常谈，漫不加省。势有所轶，则委于无可奈何；事惮烦难，则为因循苟且。是以玩习弛废，一至于此。陛下不忽其微，乞敕兵部将臣所奏，熟议可否，传行提督等官，即为斟酌施行。毋使视为虚文，务欲责以实效，庶于军机必有少补。臣不胜为国惓惓之至！

乞养病疏 十五年八月，时官刑部主事。

臣原籍浙江绍兴府余姚县人，由弘治十二年二甲进士，弘治十三年六月除授前职，弘治十四年八月奉命前往直隶、淮安等府会同各该巡按、御史审决重囚，已行遵奉奏报外，切缘臣自去岁三月，忽患虚弱咳嗽之疾，剂灸交攻，入秋稍愈。遽欲谢去药石，医师不可，以为病根既植，当复萌芽，勉强服饮，颇亦臻效。及奉命南行，渐益平复。遂以为无复他虑，竟废医言，捐弃药饵。冲冒风寒，恬无顾忌，内耗外侵，旧患仍作。及事竣北上，行至扬州，转增烦热，迁延三月，尫羸日甚。心虽恋阙，势不能前，追诵医言，则既晚矣。先民有云："忠言逆耳利于行，良药苦口利于病。"臣之致此，则是不信医者逆耳之言，而畏难苦口之药之过也。今虽悔之，其可能乎！

臣自惟田野竖儒，粗通章句；遭遇圣明，窃禄部署。未效答于涓埃，惧遂填于沟壑。蝼蚁之私，期得暂离职任，投养幽闲，苟全余生，庶申初志。伏望圣恩垂悯，乞敕吏部容臣暂归原籍，就医调治。病痊之日，仍赴前项衙门办事，以图补报。臣不胜迫切愿望之至！

乞宥言官去权奸以章圣德疏 正德元年，时官兵部主事。

臣闻君仁则臣直。大舜之所以圣，以能隐恶而扬善也。臣迩者窃见陛下以南京户科给事中戴铣等上言时事，特敕锦衣卫差官校拿解赴京。臣不知所言之当理与否，意其间必有触冒忌讳，上干雷霆之怒者。但以铣等职居谏司，以言为责。其言而善，自宜嘉纳施行；如其未善，亦宜包容隐覆，以开忠谠之路。乃今赫然下令，远事拘囚，在陛下之心，不过少示惩创，使其后日不敢轻率妄有论列，非果有意怒绝之也。下民无知，妄生疑惧，臣切惜之！今在廷之臣，莫不以此举为非宜，然而莫敢为陛下言者，岂其无忧国爱君之心哉？惧陛下复以罪铣等者罪之，则非惟无补于国事，而徒足以增陛下之过举耳。然则自是而后，虽有上关宗社危疑不制之事，陛下孰从而闻之？陛下聪明超绝，苟念及此，宁不寒心！况今天时冻沍，万一差去官校督束过严，铣等在道或致失所，遂填沟壑，使陛下有杀谏臣之名，兴群臣纷纷之议，其时陛下必将追咎左右莫有言者，则既晚矣。伏愿陛下追收前旨，使铣等仍旧供职，扩大公无我之仁，明改过不吝之勇。圣德昭布，远迩人民胥悦，岂不休哉！

臣又惟君者，元首也；臣者，耳目手足也。陛下思耳目之不可使壅塞，手足之不可使痿痹，必将恻然而有所不忍。臣承乏下僚，僭言实罪。伏睹陛下明旨，有“政事得失，许诸人直言无隐”之条，故敢昧死为陛下一言。伏惟俯垂宥察，不胜干冒战栗之至！

自劾乞休疏 十年，时官鸿胪寺卿

臣由弘治十二年进士，历任今职，盖叨位窃禄十有六年，中间鳏旷之罪多矣。迩者朝廷举考察之典，拣汰群僚。臣反顾内省，点检其平日，正合摈废之列。虽以阶资稍崇，偶幸漏网，然其不职之罪，臣自知之，不敢重以欺陛下。况其气体素弱，近年以来，疾病交攻，非独才之不堪，亦且力有不任。夫幸人之不知，而鼠窜苟免，臣之所甚耻也。淑慝混淆，使劝惩之典不明，臣之所甚惧也。伏惟陛下明烛其罪，以之为显罚，使天下晓然知不肖者之不得以幸免，臣之愿，死且不朽。若从未减，罢归田里，使得自附于乞休之末，臣之大幸，亦死且不朽。臣不胜惶恐待罪之至！

乞养病疏 十年八月

顷者臣以朝廷举行考察，自陈不职之状，席藁待罪，其时臣疾已作。然不敢以疾请者，人臣鳏旷废职，自宜摈逐以彰国法，疾非所言矣。陛下宽恩曲成，留使供职，臣虽冥顽，亦宁不知感激自奋！及其壮齿，陈力就列，少效犬马。然臣病侵气弱，力不能从其心。臣自往岁投窜荒夷，往来道路，前后五载，蒙犯障雾，魑魅之兴游，蛊毒之与处。其时虽未即死，而病劳因仍，渐肌入骨，日以深积。后值圣恩汪涉，掩瑕纳垢，复玷清班；收敛精魂，旋回光泽；其实内病潜滋，外强中槁。顷来南都，寒暑失节，病遂大作。且臣自幼失母，鞠于祖母岑，今年九十有六，耄甚不可迎侍，日夜望臣一归为诀。臣之疾痛，抱此苦怀，万无生理。陛下至仁天覆，惟恐一物不遂其生。伏乞放臣暂回田里，就医调治，使得目见祖母之终，臣虽殒越下土，永衔犬马帷盖之恩！倘得因是苟延残喘，复为完人，臣齿未甚衰暮，犹有图效之日。臣不胜恳切愿望之至！

谏迎佛疏 稿具未上

臣自七月以来，切见道路流传之言，以为陛下遣使外夷，远迎佛教，郡臣纷纷进谏，皆斥而不纳。臣始闻不信，既知其实，然独窃喜幸，以为此乃陛下圣智之开明，善端之萌蘖。郡臣之谏，虽亦出于忠爱至情，然而未能推原陛下此念之所从起。是乃为善之端，作圣之本，正当将顺扩充，逆流求原。而乃狃于世儒崇正之说，徒尔纷争力沮，宜乎陛下之有所拂而不受，忽而不省矣。愚臣之见独异于是，乃惟恐陛下好佛之心有所未至耳。诚使陛下好佛之心，果已真切恳至，不徒好其名而必务得其实，不但好其末而必务求其本，则尧、舜之圣可至，三代之盛可复矣。岂非天下之幸，宗社之福哉！臣请为陛下言其好佛之实。

陛下聪明圣知，昔者青宫，固已播传四海。即位以来，偶值多故，未暇讲求五帝、三王神圣之道。虽或时御经筵，儒臣进说，不过日袭故事，就文敷衍。立谈之间，岂能遽有所开发？陛下听之，以为圣贤之道不过如此，则亦有何可乐？故渐移志于骑射之能，纵观于游心之乐。盖亦无所用其聪明，施其才力，而偶托寄于此。陛下聪明，岂固遂安于是，而不知此等皆无益有损之事也哉？驰逐困惫之余，夜气清明之际，固将厌倦日生，悔悟日切。而左右前后，又莫有以神圣之道为陛下言者，故遂远思西方佛氏之教，以为其道能使人清心绝欲，求全性命，以出离生死，又能慈悲普爱，济度群生，去其苦恼而跻之快乐。今灾害日兴，盗贼日炽，财力日竭，天下之民困苦已极。使诚身得佛氏之道而拯救之，岂徒息精养气，保全性命？岂徒一身之乐？将天下万民之困苦，亦可因是而苏息！故遂特降纶音，发币遣使，不惮数万里之遥，不爱数万金之费，不惜数万生灵之困毙，不厌数年往返之迟久，远迎学佛之徒。是盖陛下思欲一洗旧习之非，而幡然于高明光大之业也。陛下试以臣言反而思之，陛下之心，岂不如此乎？然则圣知之开明，善端之萌蘖者，亦岂过为谀言以佞陛下哉！陛下好佛之心诚至，则臣请毋好其名而务得其实，毋好其末而务求其本。陛下诚欲得其实而求其本，则请毋求诸佛而求诸圣人，毋求诸外夷而求诸中国。此又非臣之苟为游说之谈以诳陛下，臣又请得而备言之。

夫佛者，夷狄之圣人；圣人者，中国之佛也。在彼夷狄，则可用佛氏之教以化导愚顽；在我中国，自当用圣人之道以参赞化育，犹行陆者必用车马，渡海者必以舟航。今居中国而师佛教，是犹以车马渡海，虽使造父为御，王良为右，非但不能利涉，必且有沉溺之患。夫车马本致远之具，岂不利器乎？然而用非其地，则技无所施。陛下若谓佛氏之道虽不可以平治天下，或亦可以脱离一身之生死；虽不可以参赞化育，而时亦可以导群品之嚣顽。就此二说，亦复不过得吾圣人之余绪。陛下不信，则臣请比而论之。臣亦切尝学佛，最所尊信，自谓悟得其蕴奥。后乃窥见圣道之大，始遂弃置其说。臣请毋言其短，言其长者。夫西方之佛，以释迦为最；中国之圣人，以尧、舜为最。臣请以释迦与尧、舜比而论之。夫世之最所崇慕释迦者，慕尚于脱离生死，超然独存于世。今佛氏之书具载始末，谓释迦住世说法四十余年，寿八十二岁而没，则其寿亦诚可谓高矣，然舜年百有十岁，尧年一百二十岁，其寿比之释迦则又高也。佛能慈悲施舍，不惜头目脑髓以救人之急难，则其仁爱及物，亦诚可谓至矣，然必苦行于雪山，奔走于道路，而后能有所济。若尧、舜，则端拱无为，而天下各得其所。惟“克明峻德，以亲九族”，则九族既睦；平章百姓，则百姓昭明；协和万邦，则黎民于变时雍；极而至于上下草木鸟兽，无不咸若。其仁爱及物，比之释迦，则又至也。佛能方便说法，开悟群迷，戒人之酒，止人之杀，去人之贪，绝人之嗔，其神通妙用，亦诚可谓大矣，然必耳提面诲而后能。若在尧、舜，则光被四表，格于上下，其至诚所运，自然不言而信，不动而变，无为而成。盖“与天地合其德，与日月合其明，与四时合其序，与鬼神合其吉凶”，其神化无方而妙用无体，比之释迦则又大也。若乃诅咒变幻，眩怪捏妖，以欺惑愚冥，是故佛氏之所深排极诋，谓之外道邪魔，正与佛道相反者。不应好佛而乃好其所相反，求佛而乃求其所排诋者也。陛下若以尧、舜既没，必欲求之于彼，则释迦之亡亦已久矣。若谓彼中学佛之徒能传释迦之道，则吾中国之大，顾岂无人能传尧、舜之道者乎？陛下未之求耳。陛下试求大臣之中，苟其能明尧、舜之道者，日日与之推求讲究，乃必有能明神圣之道，致陛下于尧、舜之域者矣。故臣以为陛下好佛之心诚至，则请毋好其名而务得其实，毋好其末而务求其本。务得其实而求其本，则请毋求诸佛而求诸圣人，毋求诸夷狄而求诸中国者，果非妄为游说之谈以诳陛下者矣。

陛下果能以好佛之心而好圣人，以求释迦之诚而求诸尧、舜之道，则不必涉数万里之遥，而西方极乐，只在目前；则不必縻数万之费，毙数万之命，历数年之久，而一尘不动，弹指之间，可以立跻圣地。神通妙用，随形随足。此又非臣之缪为大言以欺陛下，必欲讨究其说，则皆凿凿可证之言。孔子云："我欲仁，斯仁至矣。""一日克己复礼，而天下归仁。"孟轲云："人皆可以为尧、舜。"岂欺我哉？陛下反而思之，又试以询之大臣，询之群臣。果臣言出于虚缪，则甘受欺妄之戮。

臣不知讳忌，伏见陛下善心之萌，不觉踊跃喜幸，辄进其将顺扩充之说。惟陛下垂察，则宗社幸甚！天下幸甚！万世幸甚！臣不胜祝望恳切殒越之至！专差舍人某具疏奏上以闻。

辞新任乞以旧职致仕疏十一年十月，时升南赣佥都御史。

臣原任南京鸿胪寺卿，去岁四月，尝以不职自劾求退，后至八月，又以旧疾交作，复乞天恩赦回调理，皆未蒙准允。黾勉尸素，因循日月，至今年九月十四日，忽接吏部咨文，蒙恩升授前职。闻命惊惶，感泣之余，莫知攸措。窃念臣才本庸劣，性复迂疏，兼以疾病多端，气体羸弱，待罪鸿胪闲散之地，犹惧不称。况兹巡抚重任，其将何才以堪！夫因才器使，朝廷之大政也；量力受任，人臣之大分也。肮仕显官，臣心岂独不愿？一时贪幸苟受，后至溃政偾事，臣一身戮辱，亦奚足惜！其如陛下之事何？况臣疾病未已，精力益衰，平居无事，尚尔奄奄，军旅驱驰，岂复堪任！臣在少年，粗心浮气，狂诞自居，自后涉渐历久，稍知惭沮。逮今思之，悔创靡及。人或未考其实，臣之自知，则既审矣，又何敢祟饰旧恶，以误国事？伏愿陛下念朝廷之大政，不可轻地方之重寄，不可苟体物情之有短长，悯凡愚之所不逮，别选贤能，委以兹任。悯臣之愚，不加谪逐，容令仍以鸿胪寺卿退归田里，以免负乖之诛。臣虽颠殒，敢忘衔结！

臣自幼失慈，鞠于祖母岑，今年九十有七，旦暮思臣一见为诀。去岁乞休，虽迫疾病，实亦因此。臣敢辄以蝼蚁苦切之情控于陛下，冀得便道先归省视岑疾，少伸反哺之私，以俟矜允之命。臣衷情迫切，不自知其触昧条宪。臣不胜受恩感激，渎冒战惧，哀恳祈望之至！

谢恩疏 十二年正月二十六日

臣原任南京鸿胪寺卿，正德十一年九月十四日，准吏部咨，为缺官事，该部题：“奉圣旨，王守仁升都察院左佥都御史，巡抚南、赣、汀、漳等处地方，写敕与他。钦此。钦遵”。臣自以非才多病，惧不胜任，以致偾事，当具本乞恩辞免，容令原职致仕。随于十月二十四日节该钦奉敕谕：“尔前去巡抚江西南安、赣州，福建汀州、漳州，广东南雄、韶州、惠州、潮州各府及湖广郴州地方。抚安军民，修理城池，禁革奸弊。一应地方贼情、军马、钱粮事宜，小则径自区画，大则奏请定夺。钦此。”钦遵外，十一月十四日续准兵部咨，为紧急贼情事，内开都御史文森迁延误事，见奉敕书切责：“乃敢托疾避难，奏回养病。见今盗贼劫掠，民遭荼毒。万一王守仁因见地方有事，假托辞免，不无愈加误事？”该本部题：“奉圣旨，既地方有事，王守仁着上紧去，不许辞避迟误，钦此。”闻报忧惭，不遑宁处。一面扶疾候旨，至浙江杭州府地方，于十二月初二日复准吏部咨："该臣奏为乞思辞免新任，仍照旧职致仕事，奏奉圣旨：王守仁不准休致。南、赣地方见今多事，着上紧前去，用心巡抚，钦此。"备咨到臣，感恩惧罪之余，不敢冒昧复请。随于本月初三日起程，至次年正月十六日，已抵赣州接管巡抚外，伏念臣气体羸弱，质性迂疏，聊为口耳之学，本非折冲之才。鸿胪闲散，尚以疾病而不堪；巡抚繁难，岂其精力之可任！但前官以辞疾招议，适踵效尤之嫌。而圣旨以多事为言，恐蹈避难之罪。遂尔冒于负乘，不暇虚于覆餗。黾勉莅事，忽已逾旬。受恩思效，每废寝食。顾兵粮耗竭之余，加之以师旅，而盗贼残破之后，方苦于疮痍。尚尔一筹之未展，敢云期月而可观？况炎毒旧侵，惧复中于瘴疠，尫衰日积，忧不任于驱驰。心有余而才不逮，足欲进而力不前；徒切感恩之报，莫申效死之诚。臣敢不勉其智之所不足，竭砥砺于己；尽其力之所可为，付利钝于天。亮无补于河岳，亦少至其涓埃。稍俟狐鼠巢穴之平，终遂麋鹿山林之请。臣不胜受恩感激！

给由疏 十二年二月二十五日

臣见年四十六岁，系浙江绍兴府余姚县民籍。由进士，弘治十三年二月内除授刑部云南清吏司主事。弘治十五年八月内告回原籍养病。弘治十七年七月内病痊赴部，改除兵部武选清吏司主事。正德元年十二月内，为宥言官去权奸以彰圣德事，蒙恩降授贵州龙场驿驿丞。正德五年三月内，蒙升江西吉安府庐陵县知县。本年十月内，升南京刑部四川清吏司主事。正德六年正月内，调吏部验封清吏司主事。本年十月内，升本部文选清吏司员外郎。正德七年三月内，升本部考功清吏司郎中。本年十二月初八日，蒙升南京太仆寺少卿，正德八年十月二十二日到任，至正德九年四月二十一日止，历俸六个月。本日到任吏部札付，蒙升南京鸿胪寺卿，本月二十五日到任，至正德十一年九月十四日止，连闰历俸二十九个月零十二日。本日准吏部咨，蒙恩升都察院右佥都御史，巡抚南、赣、汀、漳等府，于正德十二年正月十六日前到地方行事，支俸起，扣至本月二十五日止，又历俸十日。连前共铢历三十六个月。三年考满，例应给由。缘臣系巡抚官员，见在福建漳州等府地方督调官军，夹剿漳、浦等处流贼，未敢擅离。缘系三年给由事理，为此具本奏闻。

参失事官员疏十二年三月十五日

据江西按察司整饬兵备带管分巡领北道副使杨璋呈："据赣州府信丰县及信丰守御千户所各报称，正德十二年二月初七日，有龙南强贼突来地名崇仙屯扎。已经差委兴国县义民萧承会同信丰、龙南官兵相议剿捕。续据申报，强贼突来本县小河住扎，离县约有四十余里，乞要发兵策应。又据申报，本月初九日，有龙南流贼六百余人突至城下，除严督军兵固守城池，缘本所县无兵御敌，诚恐前贼攻城，卒难止遏，乞调峰山弩手并该县兵夫救护。又经差委南安府经历王祚、南康县县丞舒富统领弩手杀手，前去约会二县掌印官，并领官兵相机攻围，去后。续据县丞舒富呈，'本月初十日，蒙委统领杀手陈礼鲂、打手吴尚能等共五百名，经历王祚、义民萧承统领峰山、加善、双秀弩手各三百名，先后到于信丰县会剿。至十一日，止有该所管屯千户林节带兵四十余名出城。据乡导、马客等报称，止有强贼六百余人在地名花园屯扎。当同各官将兵分布扎定，只见前贼一阵止有百十余徒先出。有前哨义民萧承领兵就与敌杀，斩获贼级四颗，夺获白旗一面。顷刻众贼出营，分为三哨，约有二千余徒。瞰知龙南反招贼首黄秀魁，纠合广东龙川县浰头贼首池大鬓、贼首池大安、新总并池大昇，共为一阵，贼首杨金巢自为一阵，势甚猖獗。卑职督统本哨兵快，奋勇交锋，杀死贼徒二十余人。不意贼众一涌前冲，杀手陈礼鲂、百长钟德昇等见势难当，俱各不听约束，先行漫散。有南康县报效义士杨习举等仍与前贼死敌不退，俱被戳伤身死。及有经历王祚上马不便，亦被执去。贼势得胜，仍要攻城，随与萧承、林节等收集众兵，退至南营山把截。遇蒙本道亲临该县督剿，各贼闻知，退至牛州，离城少远。至十二日，前贼差人告招。十三日，蒙本道差萧承前去招抚，就将经历王祚放回。贼往原巢去讫'”等因，到道，备呈到臣。随据龙南县知县卢凤呈称：“本县捕盗主簿周政，会同镇抚刘镗、千户洪恩，统领机兵旗军，于本月十八日前去信丰县截捕，探得强贼池大鬓、黄秀魁等从鸦鹊隘越过安远县住扎。本职督兵追截，前贼已往广东龙川县，复回原巢浰头去讫。”据安远县知县刘瑀禀称：“于本月十九日统领水元、大石等保民兵弩手，前去龙泉等保截剿，各贼遁回原巢去讫，难以穷追。以此掣兵回县”缘由。

查得先据该道及信丰县所各禀报前事，已经批仰该道兵备等官急调招抚义官叶芳协同石背兵夫断贼归路；及调峰山弩手，与南康打手人等，责委县丞舒富统领前后夹击。又看得此贼既离巢穴，利在速战，仍仰该府急行所属邻近官司，俱要乘险设伏，厚集以待；及于各乡村往来路径多张疑兵，使贼不敢轻易奔突。仍调安远县知县刘瑀星夜起集水元、大石等保民兵一千，横接龙南，邀其不备。若贼犹屯信丰，急自龙南直趋浰头，捣其巢穴。贼进无所获，退无所处，不过旬日，可以坐擒。仰各遵照施行去后，今据前因，参看得县丞舒富，承委督剿，不能相度机宜，轻率骤进，以致杀伤兵快。原其心，虽出奋勇，责以师律，均为败事。经历王祚临阵溃奔，为贼所执，后虽幸免，终系失机。信丰所县知县黄天爵、千户郑铎、巡捕副千户朱诚，惟知固城自守，不肯发兵应援。龙南知县卢凤、捕盗主簿周政、提备镇抚刘镗、千户洪恩，地当关隘，正可防遏，坐视前贼往来，略不出兵邀击。千户林节，即其兵力之寡，似难全责，究其失律之罪，亦宜分受。安远县知县刘瑀，承调追袭，缓不及事，俱属违法。南康县百长钟德昇等，临阵不前，故违约束，先行溃散，失误军机，应合处以军法。该道兵备副使杨璋、守备都指挥同知王泰，俱属提督欠严，但杨璋往来调度，卒能招抚前贼，计其功劳，可以赎罪。及照广东龙川县掌印、捕盗等官，明知首贼池大鬓等在彼地方为巢，却亦不行时尝巡逻，纵其过境劫掠，又各不行乘机追捕，俱属故违。

所据前项失事官员，俱属遵奉敕谕事理，即行提问。但前项贼徒，拥众数千，变诈百出，今虽阳受招抚，其实阴怀异图。况其党与根连三省，万一乘间复出，为患必大。正系紧关用人提备之际，除将百长钟德昇等查勘的确，处以军法，及方面军职另行参究外，其余前项各官，且量加督责，姑令戴罪提备，各自相机行事，勉图后功，以赎前罪。仍一面委官前去信丰县地方，查勘前项杀死兵快数目，及有无隐匿别项事情，另行参奏。缘系地方紧急贼情，及参失事官员事理，未敢擅便，为此具本请旨。

闽广捷音疏十二年五月初八日

据福建按察司整饬兵备兼管分巡漳南道佥事胡琏呈："会同分守右参政艾洪、经理军务左参政陈策、副使唐泽、将领都指挥佥事李胤、督据河头等哨委官指挥徐麒、知县施祥、知事曾瑶等呈称，各职统领军兵五千余人进至长富村等处，见得贼众地险，巢穴数多，兼且四路装伏，势甚猖獗。克期于正德十二年正月十八日，等各分哨路，从长富村至阔竹洋、新洋、大丰、五雷、大小峰等处与贼交锋。前后大战数合，擒斩首从贼犯黄烨等，共计四百三十二名颗，俘获贼属一百四十六名口，烧毁房屋四百余间，夺获马牛等项。被贼杀死老人许六、打手黄富璘等六名。余贼俱各奔聚象湖山拒守，各职又统官兵追至莲花石，与贼对扎。诚恐贼众我寡，呈乞添兵策应"等因到道。行据大溪哨指挥高伟呈报："统兵约会连花石官兵攻打象湖山，适遇广东委官指挥王春等领兵亦至彼境大伞地方。卑职与指挥覃桓、县丞纪镛领兵前去会剿。不意大伞贼徒突出，卑职等奋勇抵战。覃桓、纪镛马陷深泥，与军人易成等七名、兵快李崇静等八名，俱被贼伤身死，卑职亦被戳二枪。势难抵敌，只得收兵暂回听候。缘象湖山系极高绝险，自来官兵所不能攻，今贼势日盛，若不添调狼兵，稍俟秋冬会举夹攻，恐生他变。通行呈禀间，续奉本院纸牌，为进兵方略事，备行各职遵奉密谕，佯言犒众退师，俟秋再举。密切部勒，诸军乘懈奋击。依蒙密差义官曾崇秀爪探虚实，乘贼怠弛，会选精兵一千五百名当先，重兵四千二百名继后，分作三路。各职统领俱于二月十九日夜衔枚直趋，三路并进，直捣象湖山，夺其隘口。各贼虽已失险，但其间贼徒类皆骁勇精悍，犹能凌堑绝谷，超跃如飞。复据上层峻险，四面飞打滚木礌石，以死拒敌。我兵奋勇鏖战，自辰至午，呼声震天，撼摇山谷。三司所发奇兵，复从间道鼓噪突登，贼始惊溃大败。我兵乘胜追杀，擒斩大贼首黄猫狸、游四并广东大贼首萧细弟、郭虎等二百九十一名颗，俘获贼属一百三十三名口，其间坠崖堕壑死者不可胜计。夺回水黄牛、赃银、枪刀等物，烧毁房屋五百余间。余贼溃散，复入流恩山冈等巢，与诸贼合势，亦被各贼杀死头目赖颐、打手杨缘等一十四名。次早，各职分兵追剿，指挥高伟、推官胡宁道亦由大丰领兵来会。仍与前贼交锋大战，擒斩首从贼犯巫姐旺等一百六十三名颗，俘获贼属一百六名口。余贼败走，各又遁入广东交界黄蜡溪、上下漳溪大山去讫。”又据金丰三团哨委官指挥王铠、李诚、通判龚震等各呈称：“贼首詹师富等恃居可塘洞山寨，聚粮守险，势甚强固。各职依奉会议，分兵五路，连日攻打，生擒大贼首詹师富、江嵩、范克起、罗招贤等四名，余贼败走，复入竹子洞等处大山啸聚。随又分兵追袭，与贼连战，擒首从贼犯范兴长第二百三十五名颗，俘获贼属八十二名口，夺回被虏男妇五名口，夺获马牛等物。亦被各贼杀死老人胡文政一名，戳伤乡夫叶永旺等五名。”又据指挥徐麒等呈称：“黄蜡溪、上下漳溪与广东饶平县并本省永定县，山界相连。遵依约会广东官兵并金丰哨指挥韦鉴、大溪哨推官胡宁道等，于三月二十一日子时发兵，齐至黄蜡。广东义民饶四等领兵亦至，会合我兵，三路进攻。贼出，拒战甚锐，我兵奋勇大噪而前，擒斩首从贼犯温宗富等九十一名颗，俘获贼属一十三名口，余贼败走。各兵乘胜追至赤石岩，仍与大战良久，贼复大败。又擒斩首从贼犯游宗成等一百四十六名颗，俘获贼属九十名口。”又据中营委官指挥张钺、百户吕希良等呈称：“领兵追赶黄蜡溪等处逃贼，至地名陈吕村，遇贼拒战，当阵擒斩首从贼犯朱老叔等六十六名颗，俘获贼属八名口。”各另呈解到道，转解审验纪功外，续据委官知府钟湘呈称："蒙调官兵，先后两月之间，攻破长富村等处巢穴三十余处，擒斩首从贼犯一千四百二十余名颗，俘获贼属五百七十余名口，夺回被掳男妇五名口，烧毁房屋二千余间，夺获牛马赃仗无算。即今胁从余党，悉愿携带家口出官投首，听抚安插。本职遵照兵部奏行勘合并巡抚都察院节行案牌事理，出给告示，发委知县施祥、县丞余道招抚胁从贼人朱宗玉、翁景璘等一千二百三十五名，家口二千八百二十八名口，俱经审验安插复业。"缘由呈报到道，转呈到臣。及据广东按察司分巡岭东道兵备佥事等官顾应祥等会呈："遵依本院案验，委官统领军兵，会同福建，克期进剿。随奉本院进兵方略，当即遵依，扬言班师，一面出其不意，从牛皮石、岭脚隘等处分为三哨，鼓噪并进。贼瞻顾不暇，望风瓦解。节据指挥杨昂、王春、通判徐玑、陈策、义官余黄孟等各报称，于本年正月二十四等日克破古村、未窖、禾村、大水山、柘林等巢，生擒大贼首张大背、刘乌嘴、萧乾爻、范端、萧王即萧五显、蓟钊、苏瑢、赖隆等，并擒斩首从贼犯。乘胜前进，会同福建官军克期夹攻。间探知大伞贼徒溃围，杀死指挥覃相、县丞纪镛等情，当即进兵策应。各贼畏我兵势，烧巢奔走。生擒贼首罗圣钦，余贼退入箭灌大寨，合势乘险，并力拒敌。蒙委知县张戬督同指挥张天杰分哨，由别路进兵，攻破白土村、赤口岩等巢，直捣箭灌大寨。诸贼迎战，我兵奋勇合击，遂破箭灌。当阵斩获首从贼犯共计二百二十四名颗，俘获贼属八十四名口，及牛马赃仗等物。各寨贼党闻风奔窜，已散复聚，愈相连结，各设机险，以死拒守。各职统兵分兵并进，于三月二十等日攻破水竹、大重坑、苦宅溪、靖泉溪、白罗、南山等巢，直捣洋竹洞、三角湖等处，前后大战十余，生擒贼首温火烧、张大背、雷振、蔡晟、赖英等，并擒斩贼犯共一千四十八名颗，俘获贼属八百三十八名口，夺获马牛、赃银、铜钱、衣帛、器仗、蕉纱等物。前后共计生擒大贼首一十四名。擒斩贼犯一千二百五十八名颗，俘获贼属九百二十二名口，夺获水黄牛、马一百三十九头匹，赃仗衣布等物共二千一百五十七件匹，葛蕉纱九十六斤一两，赃银三十二两四钱八分，铜钱一百四十二文，各开报到道收审。”缘由呈报前来，卷查先为急报贼情事，准兵部咨，该本部题：“已经福建、广东总镇巡按等衙门都御史陈金、御史胡文静等会议区画，各该守巡兵备等官钦遵。”整备粮饷，起调军兵，约会进剿间，臣于本年正月十六日始抵赣州地方行事。先于本月初三日于南昌地方据两省各官呈禀，师期不同，事体参错，诚恐彼此推调，致误军机。当臣备遵该部咨来事理，具开进兵方略，行仰各官协同上紧，密切施行去后，续据福建右参政等官艾洪等会呈：“指挥覃桓、县丞纪镛被大伞贼众突出，马陷深泥，被伤身死。”及据各哨呈称：“贼寨险恶，天气渐暄，我兵遭挫，贼势日甚，乞要奏添狼兵，候秋再举。”备呈到臣，参看得各官顿兵不进，致此败衄，显是不奉节制，故违方略。及照奏调狼兵，非惟日久路遥，缓不及事，兼恐师老财费，别生他虞。且胜败由人，兵贵善用。当此挫折，各官正宜协愤同奋，因败求胜，岂可辄自退阻，倚调狼兵，坐失机会？臣当日即自赣州起程，亲率诸军进屯长汀、上杭等处。一面督令各官密照方略，火速进剿，立功自赎，敢有支吾推调，定以军法论处；一面查勘失事缘由，另行参奏间。随据各呈捷音到臣，参照闽广贼首詹师富、温火烧等恃险从逆已将十年，党恶聚徒，动以万计。鼠狐得肆跳梁，蛇豕渐无纪极；却剽焚驱，数郡遭其荼毒；转输征调，三省为之骚然。臣等奉行诛剿，三月之内，遂克歼取渠魁，扫荡巢穴，百姓解倒悬之苦，列郡获再生之安。此非朝廷威德，庙堂成算，何以及此！及照福建领兵各官，始虽疏于警备，稍损军威，终能戮力协谋，大致克捷；论过虽有，计功亦多。其间福建如佥事胡琏、参政陈策、副使唐泽、知府钟湘，广东如佥事顾应祥，都指挥佥事杨懋、知县张戬，才调俱优，劳勋尤著。伏乞俯从惟重之典，以作敢战之风。除将二省兵快量留防守，其余悉令归农。及将功次另行勘报外，原系捷音事理，为此具本题奏。

申明赏罚以励人心疏 十二年五月初八日

据江西按察司整饬兵备带管分巡岭北道副使杨璋呈：“伏睹《大明律》

内该载‘失误军事’条：‘领兵官已承调遣，不依期进兵策应，若承差告报军期而违限，因而失误军机者，并斩。’‘从军违期’条：‘若军临敌境，托故违期三日不至者，斩。’‘主将不固守’条：‘官军临阵先退，及围困越城而逃者，斩。’此皆罚典也。及查得原拟直隶、山东、江西等处征剿流贼升赏事例，一人并二人为首，就阵擒斩以次剧贼一名者，五两；二名者，十两；三名者，赏实授一级，不愿者，赏十两；阵亡者，升一级，俱世袭，不愿者，赏十两；擒斩从贼六名以上至九名者止，升实授二级，余功加赏；不及六名，除升一级之外，扣算赏银；三人四人五人以上共擒斩以次剧贼一名者，赏银十两均分；从贼一名者，赏五两均分；领军把总等官自斩贼级，不准升赏；部下获功七十名以上者，升署一级；五百名者，升实授一级；不及数者，量赏；一人捕获从贼一名者，赏银四两；二名者，赏八两；三名者，升一级；以次剧贼一名者，升署一级，俱不准世袭，不愿者，赏五两。此皆赏格也。赏罚如此，宜乎人心激劝，功无不立；然而有未能者，盖以赏罚之典虽备，然罚典止行于参提之后，而不行于临阵封敌之时；赏格止行于大军征剿之日，而不行于寻常用兵之际故也。且以岭北一道言之，四省连络，盗贼渊薮。近年以来，如贼首谢志珊、高快马、黄秀魁、池大鬓之属，不时攻城掠乡，动辄数千余徒。每每督兵追剿，不过遥为声势，俟其解围退散，卒不能取决一战者，以无赏罚为之激劝耳。令无申明赏罚之典，今后但遇前项贼情，领兵官不拘军卫有司，所领兵众有退缩不用命者，许领兵官军前以军法从事；领兵官不用命者，许总统兵官军前以军法从事。所统兵众，有能对敌擒斩功次，或赴敌阵亡，从实开报，覆勘是实，转达奏闻，一体升赏。至若生擒贼徒，鞫问明白，即时押赴市曹，斩首示众。庶使人知警畏，亦与见行事例决不待时，无相悖戾。如此，则赏罚既明，人心激励，盗贼生发，得以即时扑灭。粮饷可省，事功可见矣。”具呈到臣。

卷查三省贼盗，二三年前，总计不过三千有余。今据各府州县兵备守备等官所报，已将数万，盖已不啻十倍于前。臣尝深求其故。寻诸官僚，访诸父老，采诸道路，验诸田野，皆以为盗贼之日滋，由于招抚之太滥；招抚之太滥，由于兵力之不足；兵力之不足，由于赏罚之不行。诚有如副使杨璋所议者。臣请因是为陛下略言其故。

盗贼之性虽皆凶顽，固亦未尝不畏诛讨。夫惟为之而诛讨不及，又从而招抚之，然后肆无所忌。盖招抚之议，但可偶行于无辜胁从之民，而不可常行于长恶怙终之寇；可一施于回心向化之徒，而不可屡施于随招随叛之党。南、赣之盗，其始也，被害之民恃官府之威令，犹或聚众而与之角，鸣之于官；而有司者以为既招抚之，则皆置之不问。盗贼习知官府之不彼与也，益从而仇胁之。民不任其苦，知官府之不足恃，亦遂靡然而从贼。由是，盗贼益无所畏，而出劫日频，知官府之必将己招也；百姓益无所恃，而从贼日众，知官府之必不能为己地也。夫平良有冤苦无伸，而盗贼乃无求不遂；为民者困征输之剧，而为盗者获犒赏之勤；则亦何苦而不彼从乎？是故近贼者为之战守，远贼者为之乡导；处城郭者为之交援，在官府者为之间谍；其始出于避祸，其卒也从而利之。故曰“盗贼之日滋，由于招抚之太滥”者，此也。

夫盗贼之害，神怒人怨，孰不痛心！而独有司者，必欲招抚之，亦岂得已哉？诚使强兵悍卒，足以歼渠魁而荡巢穴，则百姓之愤雪，地方之患除；功成名立，岂非其所欲哉！然而南、赣之兵，素不练养，类皆脆弱骄惰，每遇征发，追呼拒摄，旬日而始集；约束赍遣，又旬日而始至；则贼已稇载归巢矣。或犹遇其未退，望贼尘而先奔，不及交锋而已败。以是御寇，犹驱群羊而攻猛虎也，安得不以招抚为事乎？故凡南、赣之用兵，不过文移调遣，以苟免坐视之罚；应名剿捕，聊为招抚之媒。求之实用，断有不敢。何则？兵力不足，则剿捕未必能克；剿捕不克，则必有失律之咎，则必征调日繁，督责日至；纠举论劾者四面而起，往往坐视而至于落职败名者有之。招抚之策行，则可以安居而无事，可以无调发之劳，可以无戴罪杀贼之责，无地方多事不得迁转之滞。夫如是，孰不以招抚为得计！是故宁使百姓之荼毒，而不敢出一卒以抗方张之遣；

宁使孤儿寡妇之号哭，颠连疾苦之无告，而不敢提一旅以忤及招之贼。盖招抚之议，其始也，出于不得已；其卒也，遂守以为常策。故曰“招抚之太滥，由于兵力之不足”者，此也。

古之善用兵者，驱市人而使战，收散亡之卒以抗强虏。今南、赣之兵尚足以及数千，岂尽无可用乎？然而金之不止，鼓之不进；未见敌而亡，不待战而北。何者？进而效死，无爵赏之劝；退而奔逃，无诛戮之及；则进有必死而退有幸生也，何苦而求必死乎？吴起有云：“法令不明，赏罚不信，虽有百万，何益于用？凡兵之情，畏我则不畏敌，畏敌则不畏我。”今南、赣之兵，皆“畏敌而不畏我”，欲求其用，安可得乎！故曰“兵力之不足，由于赏罚之不行”者，此也。

今朝廷赏罚之典，固未尝不具，但未申明而举行耳。古者赏不逾时，罚不后事。过时而赏，与无赏同；后事而罚，与不罚同。况过时而不赏，后事而不罚，其亦何以齐一人心而作兴士气？是虽使韩、白为将，亦不能有所成。况如臣等腐儒小生，才识昧劣，而素不知兵者，亦复何所冀乎？议者以南、赣诸处之贼，连络数郡，蟠据四省，非奏调狼兵，大举夹攻，恐不足以扫荡巢穴。是固一说也。然臣以为狼兵之调，非独所费不赀，兼其所过残掠，不下于盗。大兵之兴，旷日持久，声势彰闻。比及举事，诸贼渠魁，悉已逃遁。所可得者，不过老弱胁从，无知之氓。于是乎有横罹之惨，于是乎有妄杀之弊。班师未几，而山林之间复已呼啸成群。此皆往事之已验者。臣亦近拣南、赣之精锐，得二千有余，部勒操演，略有可观。诚使得以大军诛讨之，赏罚而行之，平时假臣等以便宜行事，不限以时而惟成功是责，则比于大军之举，臣窃以为可省半费而收倍功。臣请以近事证之。臣于本年正月十五日抵赣，卷查兵部所咨申明律例：今后地方但有草贼生发，事情紧急，该管官司即便依律调拨官军乘机剿捕；应合会捕者，亦就调拨策应；但系军情，火速差人申奏。敢有迟延隐匿，巡抚巡按三司官即便参问，依律罢职充军等项发落。虽不系聚众草贼，但系有名强盗，肆行劫掠，贼势凶恶，或白昼拦截，或明火持杖，不拘人数多少，一面设法缉捕，即时差人申报合干上司，并具申本部知会处置。如有仍前朦胧隐蔽，不即申报，以致聚众滋蔓，贻患地方，从重参究，决不轻贷等因，题奉钦依，备行前来。时以前官久缺，未及施行，臣即刊印数千百纸，通行所属，布告远近。未及一月，而大小衙门以贼情来报者接踵，亦遂屡有斩获一二人或五六人七八人者。何者？兵得随时调用，而官无观望执肘，则自然无可推托逃避，思效其力。由此言之，律例具存，前此惟不申明而举行耳。今使赏罚之典悉从而申明之，其获效亦未必不如是之速也。伏望皇上念盗贼之日炽，哀民生之日蹙，悯地方荼毒之愈甚，痛百姓冤愤之莫伸，特敕兵部，俯采下议，特假臣等令旗令牌，使得便宜行事。如是而兵有不精，贼有不灭，臣等亦无以逃其死。夫任不专，权不重，赏罚不行，以至于偾军败事，然后选重臣，假以总制之权而往拯之，纵善其后，已无救于其所失矣。

臣才识浅昧，且体弱多病，自度不足以办此，行从陛下乞骸骨，苟全余喘于林下。但今方待罪于此，心知其弊，不敢不为陛下尽言。陛下从臣之请，使后来者得效其分寸，收讨贼之功，臣亦得以少逭死罪于万一。缘系申明赏罚以励人心事理，为此具本请旨。

攻治盗贼二策疏 十二年五月二十八日

据江西按察司整饬兵备带管分巡岭北道副使杨璋呈奉臣批："据南安府申大庾县报，正德十二年四月内，被畬贼四百余人前来打破下南等寨，续被上犹、横水等贼七百余徒截路打寨，劫杀居民。又掳南康县报，畬贼一伙突来龙句保虏劫居民；续被畬贼三百余徒突来坊民郭加琼等家，掳捉男妇八十余口，耕牛一百余头。又有畬贼一阵，掳劫上长龙乡耕牛三百余头，男妇子女不知其数。又据上犹县申，被横水等村畬贼，纠同逃民，四散虏劫人财。续据三门总甲萧俊报，畬贼与逃民约有数百，在于地名梁滩虏牵人牛。本月十六日，准本县捕盗主簿利昱牒报，畬贼劫打头里、茶坑等处，驻扎未散，已关统兵官县丞舒富等前去追剿，贼已退回横水等巢。”去讫。各申本院，批兵备道议处回报。案照四月初五日据南康府呈同前事，彼时本院见在福建漳州督兵未回，未知前贼向往，行查未报。续据龙南县禀，被广东浰头等处强贼池大鬓等三千余徒，突来攻围总甲王受寨所，又经会委义官萧承调兵前去会剿。随据本县呈，前贼退去讫等因，又查得先据南康县申呈，上犹贼首谢志珊纠合广东贼首高快马，统众二千余徒，攻围南康县治，杀损官兵。已经议委知府邢珣等查勘失事缘由呈报外，续该兵部题咨：“巡抚都御史孙燧，会同南赣都御史王守仁，同前项贼犯谢志珊等，量调官军，设法剿捕，务期尽绝。应该会同两广镇巡官行事，照例约会施行。题奉钦依。”转行查勘前贼，见今有无出没及曾否集有兵粮，相度机宜，即今可否剿捕。惟复应会两广调集军马，待时而动，务要查议明白，处置停当，具由呈报。仍督各该地方牢固把截，用心防守，以备不虞等因。随奉本院案验，议照前贼连络三省，盘据千里，必须三省之兵克期并进，庶可成功。但今湖广已有偏桥苗贼之征，广东又有府江瑶僮之伐，虽欲约会夹攻，目今已是春深，雨水连绵，草木茂盛，非惟缓不及事，抑且虚糜粮饷。合无一面募兵练武，防守愈严，积谷贮粮，军需大备；告招者，抚顺其情，暂且招安；肆恶者，乘其间隙，量捣其穴。候三省约会停当，然后大举，庶有备无患，事出万全。通行呈详去后，今奉前因，随会同分守左参议黄宏、守备都指挥同知王泰，查勘得南安府所属大庾、南康、上犹三县，除贼巢小者未计，其大者总计三十余处，有名大贼首有谢志珊、志海、志全、杨积荣、赖文英、蓝瑶、陈曰能、蔡积昌、赖文聪、刘通、刘受、萧居谟、陈尹诚、简永广、蔡积庆、蔡西、薛文高、洪祥、徐华、张祥、刘清才、谭曰真、苏景祥、蓝清奇、朱积厚、黄金瑞、蓝天凤、蓝文亨、钟鸣、钟法官、王行、雷明聪、唐洪、刘元满，所统贼众约有八千余徒，且与湖广之桂阳、桂东、鱼黄、聂水、老虎、神仙、秀才等巢，广东之乐昌，巢穴相联，盘据流劫三省，为害多年。赣州之龙南，因与广东之龙川、浰头贼巢接境，被贼首池大鬓、大安、大升纠合龙南贼首黄秀魁、赖振禄、钟万光、王金巢、钟万贵、古兴凤、陈伦、钟万璇、杜思碧、孙福荣、黄万珊、黄秀珏，罗积善、王金、曾子奈、王金奈、王洪、罗凤璇、黎用璇、黄本瑞、郑文钺、陈秀玹、陈珪、刘经、蓝斌、黄积秀等，所统贼众约有五千余徒，不时越境流劫信丰、龙南、安远等县。已经夹攻三次，俱被漏网。所据前贼，占据居民田土数千万顷，杀虏人民，尤难数计。攻围城池，敌杀官兵，焚烧屋庐，奸污妻女。其为荼毒，有不忍言。神人之所共怒，天讨所当必加者也。今闻广、湖二省用兵将毕，夹攻之举，亦惟其时，但深山茂林，东奔西窜，兼之本道兵粮寡弱，必须那借京库折银三万余两，动调狼兵数千前来协力，约会三省并进夹攻，庶可噍类无遗，等因。又据广东乐昌县知县李增禀称："本年二月内，有东山贼首高快马等八百余徒，在地名柜头村行劫。"又据乳源县禀报："贼徒千余，在洲头街等处打劫。"备申照详。及据湖广整饬郴桂等处兵备副使陈璧呈称："本年二月内，据黄砂保走报，广东强贼三百余徒突出攻劫。"又据宜章所飞报："乐昌县山峒苗贼二千余众出到九阳等处搜山捉人，未散。"又报："东西二山首贼发票会集四千余徒，声言要出桂阳等处攻城。"又报："江西长流等峒輋贼六百余徒，又一起四百余徒，各出劫掠。"及据桂东县申报："强贼一起七百余徒，前到本县杀人祭旗，捉掳男妇，未散。"又据桂阳县报："强贼六百余徒，声言要来攻寨。"等因，各禀报到道。看得前项苗贼四山会集，报到之数，将及万余。我兵寡弱，防守尚且不足，敌战将何以支？况郴桂所属永兴等县，原无城池，防守地方重计，实难为处。伏望轸念荼毒，请军追捕，等因。又据郴州桂阳县申："本县四面，俱系贼巢。正德三年以来，贼首龚福全等作耗，杀死守备都指挥邓旻；虽蒙征剿，恶党犹存。正德七年，兵备衙门计将贼首龚福全招抚，给与冠带，设为瑶官。贼首高仲仁、李宾、黎稳、梁景聪、扶道全、刘付兴、李玉景、陈宾、李聪、曹永通、谢志珊，给与巾衣，设为老人。未及两月，已出要路劫杀军民。动辄百千余徒，号称'高快马'、'游山虎'、'金钱豹'、'过天星'、'密地蜂'、'总兵'等名目，随处流劫。正德十一年七月内，龚福全张打旗号，僭称‘廷溪王’，李宾、李稳、梁景聪僭称‘总兵’‘都督’‘将军’名目，各穿大红，虏民抬轿，展打凉伞，摆列头踏响器。其余瑶贼，俱乘马匹。千数余徒，出劫乐昌及江西南康等县，拒敌官军。后蒙抚谕，将贼首高仲仁、李宾给与冠带，重设瑶官。未宁半月，仍前出劫。本年正月十六日，一起八百余徒出劫乐昌县，虏捉知县韩宗尧，劫库劫狱；又一起七百余徒，打劫生员谭明浩家；一起六百余徒，从老虎等峒出劫；一起五百余徒，从兴宁等县出劫。切思前贼阳从阴背，随抚随叛。目今瑶贼万余，聚集山峒，声言要造吕公大车，攻打州县城池。官民徬徨，呈乞转达，请调三省官军夹剿”等情，各备申到臣。除备行江西、广东、湖广三省该道守巡、兵备、守备等官，严督各该府州县所掌印、巡捕、巡司、把隘、提备等官，起集兵快人等，加谨防御，相机截捕去后。查得先因地方盗贼日炽，民被荼毒，窃计兵力寡弱，既不足以防遏贼势，事权轻挠，复不足以齐一人心。乞要申明赏罚，假臣等令旗令牌，使得便宜行事，庶几举动如意，而事功可成。已经具题间，今复据各呈申前因，臣等参看得前项贼徒，恶贯已盈，神怒人怨。譬之疽瘫之在人身，若不速加攻治，必至溃肺决肠。

然而攻治之方，亦有二说。若陛下假臣等以赏罚重权，使得便宜行事，期于成功，不限以时，则兵众既练，号令既明，人知激励，事无掣肘，可以伸缩自由，相机而动，一寨可攻则攻一寨，一巢可扑则扑一巢。量其罪恶之浅深而为抚剿，度其事势之缓急以为后先。如此，亦可以省供馈之费，无征调之扰；日剪月削，使之澌尽灰灭。此则如昔人拔齿之喻，日渐动摇，齿投而儿不觉者也。然而今此下民之情，莫不欲大举夹功，以快一朝之忿，盖其怨恨所激，不复计虑其他。必须南调两广之狼达，西调湖湘之土兵，四路并进，一鼓成擒，庶几数十年之大患可除，千万人之积怨可雪。然此以兵法“十围五攻”之例，计贼二万，须兵十万，日费千金。殆于道路不得操事者七十万家，积粟料财，数月而事始集；刻期举谋，又数月而兵始交；声迹彰闻，贼强者设险以拒敌，黠者挟类而深逃，迨于锋刃所加，不过老弱胁从。且狼兵所过，不减于盗；转输之苦，重困于民。近年以来，江西有姚源之役，疮痍甫起；福建有汀漳之寇，军旅未旋；府江之师方集于两广；偏桥之讨未息于湖湘。兼之杼柚已轻，种不入土；而营建所输，四征未已；诛求之刻，百出方新。若复加以大兵，民将何以堪命？此则一拨去齿而儿亦随毙者也。夫由前之说，则如臣之昧劣，实惧不足以堪事，必择能者任之而后可。若大举夹攻，诚可以分咎而薄责，然臣不敢以身谋而废国议。惟陛下择其可否，断而行之。缘系地方紧急贼情事理，为此具本请旨。

类奏擒斩功次疏十二年五月二十八日

据江西按察司整饬兵备带管分巡岭北道副使杨璋呈："正德十二年二月二十等日，据赣州府龙南县申，总甲王受等呈，蒙差各役领兵与同已招大贼首黄秀玑等前往安远截捕流贼赖振禄等，行至地名湖江背，不料黄秀玑反招，主令伊弟黄大满、黄细满等沿途打抢民财，放火烧毁民人刘必甫等房屋，仍与贼首赖振禄等连谋行劫。本役督率兵快人等前到地名黎坑祭下与贼对敌，当阵杀获贼首黄秀玑、黄大满、黄细满、黄积瑜首级四颗，夺获黄黑旗二面，杀死贼徒三十余名。本年四月初九日，又有广东浰头老贼首池大鬓串同反招贼首黄秀魁、陈秀显等，纠众四百余徒，打劫千长何甫等家。本役又率兵夫至地名陈坑水与贼交锋，杀获首从贼人陈秀显等一十二颗，夺获红旗一面，大小黄牛五头。余贼归巢去讫。及据南安府申，据大庾县隘长张德报称，湖广桂阳县鱼黄峒峯贼首唐飞剑、总兵严宗清、千总赖必等纠众劫虏，当起兵夫追至界首南流拗，与贼对敌，杀获唐飞剑、严宗清首级二颗。及南安县申，准县丞舒富关，峯贼三百余人出劫，当有保长王万湖等带领乡兵擒捕，杀获贼级一颗，生擒贼二名，夺回被虏人口三名口，夺获黄牛二头，各解报到道，审验明白。"等因。又据广东按察司分巡岭南道佥事黄昭呈："韶州府乳源县知县沈渊申称，本年二月十八日，有东山瑶贼首高快马等众突来城外，并附近乡村打劫，欲行攻陷南城。当即起集乡兵及打手民壮，固守城池，及相机与敌，射伤贼徒三名，各贼退在北城外扎营、随调深峒等处土兵协力，奋勇与贼交锋，射伤贼徒二十余名，射死贼徒一十六名，夺回被虏人口三十二名口。”又据捕盗老人梁真等杀获贼级二颗，生擒贼徒一名。及据乐昌县知县李增申：“强贼六百余徒出劫，当集打手兵壮前去截捕，到地名云门寺与贼交锋，斩获贼级二十四颗，生擒贼徒二名，夺获马七匹。”又据曲江县瑶总盘宗兴等擒获贼徒一名，夺获马一匹。各呈解到道，审验是实。等因。并据潮州府揭阳县申：“流贼劫长乐、海丰等县黄义官等家，随调兵快，行至地名长门径，与贼对敌，擒获贼徒张宏福、王本四等一十六名，俘获贼妇二口。”及据惠州府申：“准捕盗通判徐玑牒称，流贼一伙约有八十余徒，围劫新地屯徐百户等家，当督兵快打手追杀至地名马骏迳，擒获贼徒杜栋等四名，杀获贼级一颗；又督总甲郑全等在地名葵头障，擒获贼徒张仔等一十二名；及千长彭伯瑢等率兵擒获贼徒黄贵等一十五名，杀获贼级一颗，俘获贼妇一口。又有总甲黄廷珠追获贼徒雷进保等八名。俱解赴岭东道审验。”等因。及据湖广郴桂等处兵备副使陈璧、守备指挥同知李璋各呈，广东苗贼一千余徒出劫兴宁等处，当起郴州杀手，令闲住千户孔世杰等管领追袭，至地名大田桥，遇贼，当阵擒斩首从贼人庞广等三十二名颗，夺获赃仗四十七件，马骡五匹，夺回被虏人口二百五十名口。并据老人刘宣等，捕获贼徒雷克怒等六名，俘获妇女三口。申报到道，审验明白。各备由呈申开报到臣。

先为巡抚地方事，节该钦奉敕：“命尔巡抚江西南安、赣州、福建汀州、漳州、广东南雄、韶州、惠州、潮州各府及湖广郴州地方，但有贼盗生发，即便设法剿捕。钦此。”钦遵。已经备行道守巡、兵备、守备等官，严督府、衙、所、州、县掌印、捕盗等官，集起父子乡兵，及顾募打手、杀手、弩手人等，各于贼行要路去处加谨防御，遇有盗兵出没，就便相机截捕，获功呈报，以靖地方。今据各呈，除行各该兵备等官将斩获贼级阅验明白，发仰枭首、生擒贼犯，问招回报；俘获贼属并牛马赃物俱变卖价银入官，与器械俱贮库；被虏人口给亲完聚；获功人员照例量行给赏外，缘系擒获功次事理，为此具本题知。

添设清平县治疏十二年五月二十八日

据福建按察司兵备佥事胡琏呈：“奉本院批，据漳州府呈：‘准知府钟湘关据南靖县儒学生员张浩然等连名呈称，南靖县治僻在一隅，相离卢溪、平和、长乐等处，地里遥远，政教不及，小民罔知法度，不时劫掠乡村，肆无忌惮，酿成大祸。今日动三军之众，合二省之威，虽曰歼厥渠魁，扫除党类，此特一时之计，未为久远之规。乞于河头、中营处所，添设县治，引带汀、潮，喉襟清、宁。人烟辏集，道路适均；政教既敷，盗贼自息。考之近日，龙岩添设漳平而寇盗以靖，上杭添设永定而地方以宁，此皆明验。今若添设县治，可以永保无虞等情。又据南靖县义民乡老曾敦立、林大俊等呈称，河头地方北与户溪流恩山岗接境，西南与平和象湖山接境，而平和等乡又与广东饶平县大伞、箭灌等乡接境，皆系穷险贼巢。两省居民，相距所属县治各有五日之程，名虽分设都图，实则不闻政教。往往相诱出劫，一呼数千，所过荼毒，有不忍言。正德二年，虽蒙统兵剿捕，未曾设有县治；不过数月，遗党复兴。今蒙调兵剿抚，虽少宁息，诚恐漏网之徒复踵前弊，呈乞添设县治，以控制贼巢；建立学校，以移风易俗。庶得久安长治等因。蒙漳南道督同本职，与南靖县知县施祥带领耆民曾敦立等，并山人洪钦顺等，亲诣河头地方，踏得大洋陂背山面水，地势宽平，周围量度可六百余丈，西接广东饶平，北联三团卢溪，堪以建设县治。合将南靖县清宁、新安等里，漳浦县二三等都，分割管摄，随地粮差。及看得庐溪枋头坂地势颇雄，宜立巡检司以为防御，就将小溪巡检司移建，仍量加编弓兵，点选乡夫，协同巡逻。遇有盗贼，随即扑捕。再三审据通都民人合词，执称南靖地方极临边境，盗贼易生，上策莫如设县。况今奏凯之后，军饷钱粮尚有余剩，各人亦愿凿山采石，挑土筑城，砍伐树木，烧造砖瓦，数月之内，工可告成。为照南靖县相离卢溪等处，委的窎远，难以提防管束，今欲于河头添设县治，枋头坂移设巡检司，外足以控制饶平邻境，内足以压服卢溪诸巢。又且民皆乐从，不烦官府督责，诚亦一劳永逸，事颇相应。具呈到道，呈乞照详。’等因。奉批：‘看得开建县治，控制两省瑶寨，以奠数邑民居，实亦一劳永逸之图。但未经查勘奏请，仍仰该道会同始议各官，再行该府拘集父老子弟及地方新旧居民，审度事体，斟酌利害。如果远近无不称便，军民又皆乐从，事已举兴，势难中辍。即便具由呈来，以凭奏请定夺。仍一面俯顺民情，相度地势，就于建县地内，预行区画，街衢井巷，务要均适端方，可以永久无弊；听从愿从新旧人民，各先占地建屋，任便居住；其县治、学校、仓场，及一应该设衙门，姑且规留空址，待奏准命下之日，以次建立；仍一面通行镇巡等衙门，公同会议。此系设县安民、地方重事，各官务要计处周悉，经画审当，毋得苟且雷同，致贻后悔。批呈作急勘报。’等因。依蒙拘集坊郭父老，及河头新旧居民再三询访，各交口称便。有地者愿归官丈量，以建城池；有山者愿听上砍伐，以助木石；有人力者又皆忻然相聚，挑筑土基，业已垂成。惟恐上议中止，下情难遂。”等情，具呈到臣。

为照建立县治，固系御盗安民之长策，但当大兵之后，继以重役，窃恐民或不堪。臣时督兵其地，亲行访询父老，辄咨道路，众口一词，莫不举首愿望，仰心乐从，旦夕皇皇，惟恐或阻。臣随遣人私视其地，官府未有教令，先已伐木畚土，杂然并作，裹粮趋事，相望于道。究其所以，皆缘数邑之民积苦盗贼。设县控御之议，父老相沿已久，人心冀望甚渴，皆以为必须如此，而后百年之盗可散，数邑之民可安，故其乐事劝工，不令而速。臣观河头形势，实系两省贼寨咽喉。今象湖、可塘、大伞、箭灌诸巢虽已破荡，而遗孽残党，亦宁无有逃遁山谷者？旧因县治不立，征剿之后，浸复归据旧巢。乱乱相承，皆原于此。今诚于其地开设县治，正所谓抚其背而扼其喉，盗将不解自散，行且化为善良。不然，不过年余，必将复起。其时再举两省之兵，又糜数万之费，图之，已无及矣。臣窃以为开县治于河头，以控制群巢，于势为便。虽使民甚不欲，犹将强而从之，况其祝望欣趋若此，亦何惮而不为！至于移巡司于枋头坂，亦于事势有不容已。盖河头者，诸巢之咽喉；枋头者，河头之唇齿；势必相须。兼其事体已有成规，不过迁移之劳，所费无几。臣等皆已经画区处，大略已备，不过数月，可无督促而成。民之所未敢擅为者，惟县治学校，须命下之日，乃举行耳。伏愿陛下俯念一方荼毒之久，深惟百姓永远之图，下臣等所议于该部，采而行之。设县之后，有不如议，臣无所逃其责。今新抚之民，群聚于河头者二千有余，皆待此以息其反侧。若失今不图，众心一散，不可以复合；事机一去，不可以复追。后有噬脐之悔，徒使臣等得以为辞，然已无救于事矣。缘系添设县治永保地方事理，为此具本请旨。

疏通盐法疏 十二年六月十五日

据江西按察司整饬兵备带管分巡岭北道副使杨璋呈："奉巡抚江西右副都御史孙燧案验，准兵部咨：'行移各该巡抚官员，今岁俱免赴京议事，各要在彼修举职业。若有重大军务，应议事件，益于政体，便于军民者，明白条陈，听会官计议奏请。'等因，已经行仰所属查访去后，随据吉安、临江、袁州等府，万安、泰和、清江、宜春等县商民彭拱、刘常、郭闰、彭秀连名状告：'正德六年，蒙上司明文行令赣州府起立抽分盐厂，告示商民，但有贩到闽、广盐课，由南雄府曾经折梅亭，纳过劝借银两，止在赣州府发卖者，免其抽税；愿装至袁、临、吉三府卖者，每十引抽一引。闽盐自汀州过会昌羊角水，广盐自黄田江、九渡水来者，未经折梅亭，在赣州府发卖，每十引抽一引；愿装至袁、临、吉三府发卖，每十引又抽一引。疏通四年，官商两便。正德九年十月内，又蒙赣州府告示，该奉勘合开称，广盐止许南、赣二府发卖，其袁、临、吉不系旧例行盐地方，不许越境。以致数年广盐禁绝，准盐因怯河道逆流，滩石险阻，止于省城。三府居民受其高价之苦，客商阻塞买卖之源。乞赐俯念吉、临等府与赣州地里相连，自昔至今，惟食广盐，一向未经禁革。况广盐许于南、赣二府发卖，原亦不系洪武旧制，乃是正统年间为建言民情事，奉总督两广衙门奏行新例。如蒙将广盐查照南、赣事例，照旧疏通下流发卖，万民幸甚。’等因。又据赣州府抽分厂委官照磨汪德进呈：‘近奉勘合禁止广盐、止许南、赣发卖，不许下流。但赣州、吉安地理相连，水路不过一日之程。今年夏骤雨泛涨，虽有桥船阻隔，水势汹恶，冲断桥索，以致奸商计乘水势，聚积百船，执持凶器，用强越过。后虽拿获数起，问罪不过十之一二。又有投托势要官豪，夹带下流发卖者；又有挑担驮载，从兴国、赣县、南康等处小路越过发卖者。其弊多端，不禁则违事例，禁止则势所难行，呈乞议处。’等因。卷查正德六年，奉总制江西等处地方军务左都御史陈金批：‘据江西布政司呈，准本司右布政使任汉咨称，查得江西十三府俱系两淮行盐地方，湖西、岭北二道滩石险恶，淮盐因而不到。商人往往越境私贩广盐，射利肥己。先蒙总督衙门奏准广盐许行南、赣二府发卖，仰令南雄照引追米纳价，类解梧州军门，官商两便，军饷充足。当时止是奏行南、赣，不曾开载袁、临、吉三府。合无遵照敕谕，便宜处置，暂许广盐得下袁、临、吉三府地方发卖，立厂盘掣，以助军饷。及据江西按察司兵备副使王秩亦呈前事。随该三司布政等官刘杲等议得委果于事有益，于法无碍，呈详，批允，前来遵照立厂，照例抽税’外。正德九年十月内，准户部咨，该巡抚都御史周南题，该本部覆议，内开广东盐课，仍照正德三年题奉钦依事理。有引官盐，许于南、赣二府发卖，不许再行抽税。袁、临、吉不系旧例行盐地方，不许到彼。如有犯者，不分有引无引，俱照律例问罪没官。又经行仰禁革去后，今据前因，随查得正德六年十一月二十七日设立抽分厂起，至正德九年五月终止，共抽过税银四万八百四十余两。陆续奉抚镇衙门，明文支发三省夹攻大帽山等处赏功军饷，并犒劳过狼兵官军士兵口粮，并取赴饶州征剿姚源军前应用，及起造抽分厂厅浮桥，修理城池，买谷上仓，预备赈济，及遵巡抚军门批申，借支赣州卫官军月粮等项，支过税银三万八千二百九十余两。由此观之，则地方粮饷之用，岁费不赀而仰给于商税独重。前项商税所入，诸货虽有，而取足于盐利独多。及查得近为紧急贼情事，该兵部题奉钦依，转行议处停当，具由呈报。该本道会同分守守备衙门议得贼首谢志珊有名大寨三十余处，拥众数万，盘据三省，穷凶极恶，神怒人怨。已经呈详转达奏闻，动调三省官兵会剿去后，及议得本省动调官兵以三万为率，半年为期，粮饷等费，约用数万。查得赣州府库收贮前项税银，除支用外，止余二千九百余两。又是节催起解赴部之数，续收银两，止有一千六百余两。但恐不日命下，克期进剿，军行粮食，所当预处。及查得广东所奏前项盐法，准行南、赣二府贩卖，果系一时权宜，不系洪武年间旧例，合无查照先年总制都御史陈金便宜事例，一面行令前商，许于袁、临、吉三府贩卖，所收银两，少为助给；一面别行议处，以备军饷。庶使有备无患，不致临期缺乏。候事少宁，另行具题禁止。庶袁、临、吉三府无乏盐之苦，南、赣二府军门得军饷之利，而关津把截去处，免阻隔意外之变，诚为一举而三得矣，等因。已经备由呈奉巡抚都御史孙燧批：'看得所议盐税，既不重累商人，抑且有裨军饷，舆情允协，事体颇宜。但其至赣州府十取其一，吉、临等府十而取二，似乎过重。仰行再加详议，斟酌适中。回报。'依奉，访得商民贩盐，下至三府发卖者，倍取其利，即许越境贩卖，乃其心悦诚服，并无税重之辞。又经呈详，奉批：'看得所议盐税事情，商贾疏通，军饷有赖，一举两得，合遵照钦奉敕谕便宜处置事理，仰行各道并该府县遵奉。仍禁革奸徒，不许乘机作弊，因而瞒官射利，扰害地方。'具由缴申。今照本院抚临，理合再行呈请照详。"等因，据呈到臣。

看得赣、南二府，闽、广喉襟，盗贼渊薮。即今具题夹攻，不日且将命下；粮饷之费，委果缺乏；计无所措，必须仰给他省。但闻广东以府江之师，库藏渐竭；湖广以偏桥之讨，称贷既多。亦皆自给不赡，恐无羡余可推。若不请发内帑，未免重科贫民。然内帑以营建方新，力或不逮；贫民则穷困已极，势难复征。及照前项盐税，商人既已心服，公私又皆两便，庶亦所谓不加赋而财足，不扰民而事办。臣除遵照敕谕，径自区画事理，批行该道，暂且照议施行。候地方平定之日，将抽过税银、支用过数目，另行具奏。抽分事宜，照例仍旧停止外，缘系地方事理，为此具本题知。

卷十　别录二

奏疏二

议夹剿兵粮疏正德十二年七月初五日

准兵部咨，该本部题，职方清吏司案呈奉本部送兵科抄出，巡抚湖广地方兼赞理军务都察院右副都御史秦金题称："会同巡按御史王度督同都、布、按三司掌印署都指挥佥事文恭、左布政使周季凤、副使恽巍等，议照湖广郴、桂等处所属地方，与广东乐昌、江西上犹等处县瑶贼密尔联络。彼处有名贼首龚福全、高仲仁、李斌、庞文亮、蓝友贵等，素恃巢穴险固，聚众行劫。先年用兵征剿，各贼漏殄未除，遂致祸延今日。臣等仰体皇上好生之心，设法抚处，冀图靖安，以成止戈之武。奈犬羊之性，变诈不同；豺狼之心，贪噬无厌。阳虽听招，阴实肆毒。今乃攻打县堡，虏官杀人，穷凶极恶，神人共愤。虽经各官兵擒斩数辈，稍惧归巢，缘其种类繁多，出没尚未可料。若非三省合兵，大彰天讨，恶孽终不殄除，疆宇何由宁谧！所据各官会呈，乞要大举。臣等再三筹议，非敢轻启兵端，但审时度势，诚有不容已者。况彼巢峒既多，贼党亦众，东追西窜，此出彼藏。必须调发本省土汉官军民兵杀手人等，共三万员名，分立哨道，刻期进剿。其两广、南、赣，仍须各调官军狼兵，把截夹攻，协济大事。臣等计算兵粮重大，区处艰难，抑且本省兵荒相继，财力匮乏，前项合用钱粮，预须计处。今将应调土汉官军数目，供给粮饷事宜，及战攻方略，开坐具奏。”该本部覆称：“阃外兵权，贵在专委；征伐事宜，切忌遥制。今郴、桂瑶贼，为害日炽，既该湖广镇巡三司官会议兵不可已，要行克期进剿，朝廷若复犹预不决，往返会议，必致误事。但七月进兵，天气尚炎。况今五月将中，三省约会，期限太迫。再请敕两广总督等官左都御史陈金等，及请教巡抚南赣左佥都御史王守仁，各照议定事理，钦遵会合行事，不许违期失误及改拟。九月中取齐进兵，庶三省路远，不误约会。”本年五月十一日，少保兼太子太保本部尚书王琼等具题奉钦依。备咨到臣。除钦遵外，卷查先据江西岭北道副使杨璋及湖广郴、桂兵备副使陈璧，并广东韶州府各呈申前事，臣参看得前贼恶贯已盈，神怒人怨，天讨在所必加。但近年以来，江西有桃源之役，疮痍甫起；福建有汀、漳之寇，军旅未旋。府江之师，方集于两广，偏桥之讨，未息于湖、湘。若复继以大兵，惟恐民不堪命。合无申明赏罚，容臣等徐为之图。惟复约会三省，并举夹攻。已经开陈两端，具本上请去后，今准前因，则巡抚湖广右副都御史秦金所题夹攻事理，既奉有成命矣。臣谨将南、赣二府议处兵粮事宜开坐。缘系地方紧急贼情事理，为此具本请旨。

计开：

一、南安府所属大庾、南康、上犹三县，各有贼巢，联络盘据，有众数千，西接湖广桂阳等县，南接广东韶州府乐昌等县。三省夹攻，必须湖广自桂阳、桂东等处进，广东自乐昌县进；在南安者，必须三县地方并进。赣州府所属，惟龙南县贼巢与广东惠州府龙川县浰头接境。浰头系大贼池大鬓等巢穴，有众数千，比之他贼，势尤猖獗。前此二次夹攻，俱被漏网。龙南虽有贼徒数伙，除之稍易。但其倚借浰头兵力以为声援，攻之则奔入浰头，兵退则复出为害。必须广东兵自龙川进，赣州兵自龙南进，庶可使无奔溃。

一、上犹去龙南几四百里，两处进兵，必须一时并举，庶无惊溃之患。大约计之，亦须用兵一万二千名。今拟调南康、上犹二县机兵、打手一千二百名；大庾县机兵、打手一千二百名；赣州府所属，除石城县外，宁都、信丰二县机兵、打手各一千名；其余七县，机兵、打手三千名；龙泉县机兵、打手一千名；安远县招安义民叶芳、老人梅南春等，龙南县招安新民王受、谢钺等，兵共二千名；汀州府上杭县打手一千名；潮州府程乡县打手一千名；共辏一万二千之数。但广、湖两省之兵，皆狼土精悍，贼所素畏，势必偏奔江西。江西之兵，最为怯懦，望贼而溃，乃其素习。今所拟调，皆新习未练。若使严以军法处治，庶几人心齐一，事功可成。

一、兵一万二千余名，每名日给米三升，一日该米三百七十余石。间日折支银一分五厘，一日该银一百八十余两。以六个月为率，约用米三万三千余石，用银二万余两。领哨、统兵、旗牌等官并使客合用廪给及赏功犒劳牛酒、银牌、花红、鱼、盐、火药等费，约用银二万余两。通前二项，约共用银五万两。二府商税银两，集兵以来，日有所费，见存银止有四千余两。二府并赣县、大庾、南康、上犹四县积谷，约计有七八万石，但贮积年久，恐舂米不及其数。见在前银不足支用，就欲别项区处，但恐缓不及事。查得江西布政司并各府县别无蓄积，止有该解南京折粮银两贮库未解，并一应纸米赃罚银两，合无行巡抚江西都御史孙燧转行布政司并行各府，照数借给应用。候事宁之日，或将以后抽掣商税，或开中盐引，另为计处，奏请补还，庶克有济。

一、合用本省巡按御史随军纪功，管理钱粮。及统兵、领哨官员，除本省三司分守、分巡、兵备、守备并南、赣二府官员临时定委外，访得九江府知府汪赖、吉安府知府伍文定、汀州府知府唐淳、惠州府知府陈祥，俱各才识练达；程乡县知县张戬、抚州府东乡县知县黄堂、建昌府新城县知县黄文鸑、袁州府萍乡县知县高桂、吉安府龙泉县知县陈允谐，俱有才名，俱各堪以领兵。候命下之日，听臣等取用。

臣等窃照师期已迫，自今七月上旬至九月中旬，仅余两月，中间合用前项钱粮器仗，及拟调兵快、应委官员之类，悉皆百未有措；又事干各省，道途相去，近者半月，远者月余，万一各官之中违抗推托，不肯遵依约束，临期误事，罪将安归！乞照湖广巡抚都御史秦金所奏该部题准事理，各官之中敢有抗违失误者，许臣等即以军法从事，庶几警惧，事可易集。

南赣擒斩功次疏 十二年七月初五日

据江西按察司整饬兵备带管分巡岭北道副使杨璋呈："据统兵等官南安府知府季斅呈：解生擒大贼首一名陈曰能，从贼林杲等二十七名，斩获首级十六颗，俘获贼属男女十三口，及马牛等物。并开称：捣过禾沙坑、船坑、石圳、上龙、狐狸、朱雀、黄石等贼巢七处，烧死贼徒不计其数，并房屋禾仓三百余间。南康县县丞舒富呈：解生擒大贼首一名钟明贵，从贼曾能志等二十一名，斩获贼级四十五颗，杀死未取首贼一百一十七名，俘获贼属男女一十六名口，及牛、马、驴等物。并开称：捣过石路坑、白水峒、杞州坑、旱坑、茶潭、竹坝、皮袍、樟木坑等贼巢八处，烧死贼徒三百四十六名，并烧毁房屋禾仓四百七十余间。赣县义官萧庾呈：解生擒大贼首一名唐洪，从贼蒲仁祥等六名，斩获首级并射死贼从一百三十八名，烧毁贼巢房屋禾仓一百二十间，乃俘获牛羊、器械等物。并开称，捣过长龙、鸡湖、杨梅、新溪等处贼巢四处。各缘由到道。随据统兵官员并乡导人等各呈称：自本年正月，蒙本院抚临以来，募兵练卒；各贼探知消息，将家属妇女什物俱各寄屯山寨林木茂密之处，其各精壮贼徒，昼则下山耕作，夜则各遁山寨。依奉本院方略，于六月二十日子时，各哨克期进剿。每巢止有二三十人或四五十人看守巢穴，见兵举火奋击，俱各惊溃；间有射伤药弩，即时身死，坠于深岩。及据县丞舒富、义官萧庾各回呈：止有上犹县白水峒、石路坑二巢，南康县鸡湖一巢险峻，巢内贼属颇多，被兵四面放火进攻，贼无出路，烧死数多。天明看视，止存骸骨，头面烧毁莫辨，以此难取首级，等因。案照先为紧急贼情事，据上犹县申称：四月间被輋巢贼徒不时虏掠耕牛人口，请兵追剿，乡民稍得昔莳插。今早谷将登，又闻各巢修整战具出劫，乞为防遏，庶得收割聊生，等因。并据县丞舒富及南安府呈：大庾县申，同前事。该本道查得上犹县邻近巢穴，则有旱坑、茶潭、杞州坑、樟木坑、石路坑、白水峒、竹潭、川坳、阴木潭等巢，南安县则有长龙、鸡湖、杨梅、新溪等巢，大庾县则有狐狸坑、船坑、禾沙坑、石圳、上龙、朱雀、黄石坑等巢，多则三五百名，少则七八十名。合无将本院选集之兵，委官统领，分投剿遏，等因。已经呈奉本院批：'看得各贼名号日渐僭拟，恶毒日加纵肆，若果遂其奸谋，得以乘虚入广，其为患害，关系匪轻。除密行南、韶等府分兵防截外，仰该道即便部勒诸军，定哨分委。仍密召各巢附近被害知因之人堪为乡导者，前来分引各兵，出城之时，不得张扬。今正当换班之月，就令俱以下班为名，昼伏夜行，克期各至分地，掩贼不备，同时举事。分领各官，务要严密奋勇，竭忠以副委托。如或推托误事，及军士之中敢有后期退缩者，悉以军法从事，决不轻贷。该道亦要亲帅重兵，随后继进，密屯贼巢要害处所，相机接应，以防不测。一应机宜，务须慎密周悉。仍要严缉各兵所获真正贼徒，不许滥加良善。'等因。遵奉，统领各兵，刻期进剿，及加谨防遏。今据复呈前因，通查得各哨共计生擒大贼首三名，首从贼徒五十四名；斩获首级六十八颗；杀死射死贼徒二百四十余名；烧死贼徒二百余名；捣过巢穴一十九处；烧毁房屋禾仓八百九十余间；俘获贼属男女二十九名口，水黄牛、马、骡、羊一百四十四头匹只。所据各该领兵等官所报擒斩之贼，数固不多，而巢穴已空，无可栖身；积聚已焚，无可仰给。就使屯集横水、桶冈大巢，将来人多食少，大举夹攻，为力已易。"等因，转呈到臣。

卷查先据副使杨璋呈称："据南安府并上犹等县及县丞舒富各呈申，访得大贼首谢志珊号'征南王'，纠率大贼首钟明贵、萧规模、陈曰能、唐洪、刘允昌等，约会乐昌高快马等，大修战具，并造吕公车，欲先将南康县打破。闻知广东官兵尽调征剿府江，就行乘虚入广。”等因，已经批仰该道部勒诸军，酌量贼巢强弱，派定哨分，选委谋勇属官统兵，密召知因乡导引领，昼伏夜行，刻定于六月二十日子时，入各贼巢，同时举火，并力奋击，务使噍类无遗，去后。今据前因，覆勘得前项贼巢，委果荡平殆尽，蓄积委果焚毁无遗。获功解报虽少，杀伤烧死实多；猖獗之势少摧，不轨之谋暂阻；居民得以秋获，地方亦为一宁。此皆遵依兵部申明律例事理，仰仗天威，官兵用命之所致，非臣之知谋所能及也。

臣惟南、赣之兵，素不练养，见贼而奔，则其常态。今各官乃能夜入贼巢，奋勇追击，在他所，未为可异之功，于南、赣，则实创见之事。及照副使杨璋，区画赞理，比于各官，劳勋尤多。今夹攻在迩，伏乞皇上特加劝赏，以作兴勇敢之风。庶几日后大举，臣等得以激励人心。除将获功人员量加犒赏，生擒贼徒监候审决，首级枭示，俘获贼属领养，牛马赏兵，有功人员，查审的确，造册奏缴外，缘系斩获功次事理，为此具本题知。

议夹剿方略疏十二年九月十五日

据江西岭北道副使杨璋呈：“奉臣案验，准兵部咨，该巡抚湖广都御史秦金题，为紧急贼情事，备行计处兵粮，约会三省，将上犹县等处贼巢，克期九月中进剿，等因，遵依。随将本道兵粮事宜计呈本院转达奏闻定夺外，随据南安府上犹、大庾等县申称：‘各县乡民早谷将登，各巢辇贼修整战具，要行出劫。’并据南康县县丞舒富呈：‘访得大贼首谢志珊号征南王，纠率桶冈等巢贼首钟明贵等，约会广东大贼首高快马等，大修战具，并吕公车，欲要先将南康县打破。闻知广东官兵尽调府江，就行乘虚入广流劫，乞要早为扑剿。’等因。已经呈蒙本院密受方略，行委知府季敩、县丞舒富等领兵分剿。共生擒大贼首陈曰能等三名，首从贼徒五十四名，斩获贼首级六十八颗，杀死射死贼徒二百四十余名，烧死贼徒二百余名，捣过巢穴一十九处，烧毁房屋禾仓八百九十余间，俘获贼属二十九名口，水黄牛、马、羊、骡一百四十四头匹，通经呈报。又蒙本院虑，贼必将乘间复出，行委知府季斅、指挥来春等统兵屯南安，指挥姚玺、县丞舒富统兵屯上犹，指挥谢昶、千户林节统兵屯南康，各于要害去处往来防剿。至七月二十五日，贼首谢志珊果复统众一千五百余徒，攻打南安府城。各官督兵迎敌，生擒贼犯杨銮等七名，斩获首级四十五颗，贼众大败而去。八月二十五日，贼首谢志珊又统领二千余徒，复来攻打南安府城。各官督兵迎敌，生擒贼犯龙正等四十二名，斩获首级一百五十七颗，贼又大败而去。即今贼势少挫，若乘此机会直捣其巢，旬月之间，可期扫荡。但闻湖广之兵，既已齐集，而广东因府江班师未久，复调狼兵，未有定期。谨按地图，江西之南安，有上犹、大庾、桶冈等处贼巢，与湖广桂东、桂阳接境。夹攻之举，止该江西与湖广会合，而广东止于仁化县要害把截，夹攻不与焉。赣州之龙南有浰头贼巢，与广东龙川接境。夹攻之举，止该江西与广东会合，而湖广不与焉。广东乐昌乳源贼巢，与湖广宜章县接境。惠州贼巢，与湖广临武县接境；仁化县贼巢，与湖广桂阳县接境；夹攻之举，止该湖广、广东二省会合，而江西止于大庾县要害把截，夹攻不与焉。名虽三省大举，其实自有先后，举动次第，不相妨碍。若不此之察，必欲通待三省之兵齐集，然后进剿，则老师废财，为害匪细。合将前项事宜，约会三省，以次渐举，庶兵力不竭，粮饷可省。”等因，据呈到臣。看得三省夹攻，必须彼此克期定日，同时并举，斯乃事体之常。然兵无定势，谋贵从时，苟势或因地而异便，则事宜量力以乘机。三省贼巢，连络千里，虽声势相因，而其间亦自有种类之分、界限之隔。利则争趋，患不相顾，乃其性习。诚使三省之兵，皆已齐备，约会并进，夫岂不善？但今广东狼兵，方自府江班师而归，欲复调集，恐非旬月所能。两省之兵既集，久顿而不进，贼必惊疑愈生，其奸悍者奔突，黠者潜逃。老师费财，意外之虞，乘间而起，虽有智者，难善其后。诚使先合湖广、江西之兵，并力而举上犹诸贼。逮事之毕，广东之兵亦且集矣，则又合湖广、广东之兵，并力而举乐昌诸处。逮事之毕，江西之兵又得以少息矣，则又合广东、江西之兵，并力而举龙川。方其并力于上犹，则姑遣人佯抚乐昌诸贼，以安其心。彼见广东既未有备，而湖广之兵又不及已，苟幸旦夕之生，必不敢越界以援上犹。及夫上犹既举，而湖广移兵以合广东，则乐昌诸贼，其势已孤。二省兵力益专，其举之益易。当是之时，龙川贼巢相去辽绝，自以为风马牛不相及，彼见江西之兵又撤，意必不疑。班师之日，出其不意，回军合击，蔑有不济者矣。臣窃以为因地之宜，先后合击之便，除臣遵照兵部咨来题奉钦依，会兵征剿，亦听随宜会议施行事理，已将前项事宜移咨广东、湖广总督、巡抚等官知会，一面相机行事外，缘系地方紧急贼情事理，为此具本题知。

换敕谢恩疏 十二年九月十五日

近准兵部咨，为申明赏罚以励人心事，该臣奏，该本部覆题，节奉圣旨："是，王守仁著提督南、赣、汀、漳等处军务，换敕与他，钦此。"备咨到臣。本年九月十一日，节该钦奉敕谕："江西南安、赣州地方，与福建汀、漳二府，广东南、韶、潮、惠四府及湖广郴州桂阳县，壤地相接，山岭相连，其间盗贼不时生发，东追则西窜，南捕则北奔。盖因地分各省，事无统属，彼此推调，难为处置。先年尝设有都御史一员，巡抚前项地方，就令督剿盗贼。但责任不专，类多因循苟且，不能申明赏罚以励人心，致令盗贼滋多，地方受祸。今因所奏及该部覆奏事理，特改命尔提督军务，抚安军民，修理城池，禁革奸弊。一应军马钱粮事宜，俱听便宜区画，以足军饷。但有盗贼生发，即便设法调兵剿杀，不许踵袭旧弊，招抚蒙蔽，重为民患。其管领兵快人等官员，不问文职武职，若在军前违期，并逗遛退缩者，俱听军法从事。生擒盗贼，鞫问明白，亦听就行斩首示众。斩获贼级，行令各该兵备守巡官，即时纪验明白，备行江西按察司，造册奏缴，查照升赏激劝。钦此。”俱钦遵外。窃念臣以凡庸，缪膺重寄。思逃罪责，深求祸源，始知盗贼之日炽，由于招抚之太滥；招抚之太滥，由于兵力之不足；兵力之不足，由于赏罚之不明。辄敢忘其僭妄，为陛下一陈其梗概。其实言不量力，请非其分，方虞戮辱之及，陛下特采该部之议，不惟不加咎谪，而又悉与施行；不惟悉与施行，而又隆以新命。是盖曲从试可之请，不忍以人废言也。

敕谕宣布之日，百姓填衢塞道，悚然改观易虑，以为圣天子明见万里，动察幽微；占群策之毕举，知国议之有人。莫不警惧振发，强息其暴，伪息其奸；怯者思奋而勇，后者思效而前；三军之气自倍，群盗之谋自阻。所谓舞于格苗运于庙堂之上，而震乎蛮貊之中者也。

夫过其言而不酬，有志者之所耻也；冒宠荣而不顾，自好者不为也。臣固谫劣，亦宁草木无知，不思鞭策以报知遇！虽其才力有所难强，而蝼蚁之诚决能自尽；虽于利钝不可逆睹，而狐兔之穴断期扫平。臣不胜感恩激切之至！

交收旗牌疏 十二年九月二十五日

准工部咨，该本部题称：“看得兵部咨开都御史王守仁奉敕提督军务，应合照例给与旗牌，以振军威一节，既查有例，又奉钦依。合无于本部收有内，给与旗牌八面副，就令原来百户尹麟前去交与本官督军应用，务加爱惜，不得轻易损坏。候到，先将收领过日期号数，径自奏报查考，等因，具题奉圣旨：是，钦此。”钦遵。备咨到臣。随于本年九月十六日，据百户尹麟领赍令旗令牌八副面前来，除照数收领，调度军马应用，务加爱惜，不敢轻易损坏外，缘系交收旗牌事理，为此今将收领过日期、缘由并号数开坐，具本题知。

议南赣商税疏 十二年九月二十五日

据江西按察司分巡岭北道兵备副使杨璋呈：“奉巡抚江西地方右副都

御史孙燧案验，备行各道兵备等官，有地方重大军务，益于政体，便于军民，果系应议事件，即便条列呈报，以凭施行，等因，随据南安府呈缴本年春季分折梅亭抽分商税循环文簿，看得该府造报册内，某日共抽税银若干，不见开有某商人某货若干、抽银若干，中间不无任意抽报情弊，及看得一季总数倍少于前。原其所自，盖因抽分官员，止是典史、仓官、义民等项，不惜名节，惟嗜贪污；兼以官职卑微，人心玩视，以致过往客商，或假称权要而挟放，或买求官吏而带过；及被店牙通同客商，买求书算，以多作少，以有作无，奸弊百端。卷查前项抽分，创于巡抚都御史金泽，一则苏大庾过山之夫，一则济南赣军饷之用。题奉钦依，遵行年久。及查赣州龟角尾设立抽分厂，建白于总制都御史陈金，自正德六年十一月二十七日起，至九年七月终止，共抽过商税银四万二千六百八十六两六钱三分七毫五忽。本省大帽山、姚源、华林盗贼四起，大举夹攻，一应军饷，俱仰给于此，并未奏动内帑之积，亦未科派小民之财。以此而观，则商税之有益地方多矣。缘赣州之税，正德十一年该给事中黄重奏称，广货自南雄经南安折梅亭，已两税矣，赣州之税，不无重复，已经勘明停止赣河之税。近复大举夹攻，军饷仰给，全在折梅亭之税。今所入如此，非惟军饷无益，实惟奸宄是资。随会同分守左参议黄宏，议照合将南安之税，移于龟角尾抽分，既有分巡道之监临，又有巡抚之统驭。访察数多，奸弊自少。其大庾县顾夫银两，合令该县每季具印信领状赴道，批行赣州府支领。支尽查算，准令复支。如此，非惟大庾过岭之夫不缺，而军饷之用大增。合就会案呈详。”等因，据呈到臣。

看得南、赣二府商税，皆因给军饷、裕民力而设。折梅亭之税，名虽为夫役，而实以给军饷。龟角尾之税，事虽重军饷，而亦以裕民力。两税虽若二事，其实殊途同归。但折梅亭虽已抽分，而龟角尾不复致诘，未免有脱漏之弊。若折梅亭既已抽分，而龟角尾又复致诘，未免有留滞之扰。况监司既远，胥猾得以恣其侵渔。头绪既多，彼此得以容其奸隙。若革去折梅亭之抽分，而总税于龟角尾，则事体归一，奸弊自消，非但有资军饷，抑且便利客商。盖分合虽异，而于商税事体，无改纤毫。转移之间，而于民商利害，相去倍蓰。除臣钦遵节奉敕谕“一应军马钱粮事宜，俱听便宜区画”事理，将副使杨璋等所议行令该府，一面查照施行外，缘系地方事理，为此具本题知。

升赏谢恩疏 正德十二年十月初口日

节该钦奉敕：“得尔奏，该福建兵备佥事等官胡琏等，统领军兵，各分哨路，于今年正月十八等日，先后攻破长富村、象湖山、可塘洞等处巢穴，擒斩首从贼级一千四百二十九名颗；及该广东兵备佥事等官顾应祥等，统领军兵，分哨并进，于今年正月二十四等日，克破古村、箭灌、水竹等寨，斩贼级一千二百七十二名颗；各俘获贼属、夺回人口、头畜、器械等数多。贼害既除，良民安堵。盖由尔申严号令，处置有方，以致各该官员奉行成算，有此成功。捷奏来闻，朕心嘉悦。除有功官军民快人等待查勘至日升赏外，升尔俸一级，赏银二十两，纻丝二表里。仍降敕奖励。尔其益竭心力，大展才猷，修明武备，多方计画；务使四省交界之区，数年啸聚之党，抚剿尽绝。地方永获安靖，斯称朕委任之意。毋或狃于此捷，遽生怠玩，致有他虞。钦此。”钦遵。

臣惟赏及微劳，则有功者益劝；罚行亲昵，则有罪者益警。近者闽、广之师幸而成功，其方略议于该部，成算出于朝廷；用命存于诸将，戮力因于士卒。臣不过申严号令，敷布督促之而已。曾有何功？而乃冒蒙褒赏，增其禄秩，锡以金币，臣实不胜惭汗惶恐之至！然臣尝有申明赏罚之奏矣，尝有愿陛下俯从惟重之典，以作敢勇之风之请矣，臣之微劳，惧不免于罪。而陛下曲从该部之议，特赐优渥之恩者，所谓赏及微劳，将以激劝有功也。昔人有云：“死马且买之，千里马将至矣。”臣敢畏避冒赏之戮，苟为逊让，以仰辜陛下激励作兴之盛心乎？受命之余，感惧交集，誓竭犬马之力，以效涓埃之报！臣不胜受恩感激之至！

横水桶冈捷音疏十二年闰十二月初二日

据江西布、按二司巡守岭北道兵备副使杨璋、左参议黄宏会呈："据一哨统兵赣州府知府邢珣呈：'督同兴国县典史区澄等官兵，于十月十二等日，攻破磨刀坑等巢；十一月初一等日，攻破桶冈洞等巢；二十三日，会兵击贼于上新地寨，共十四处。共擒斩大贼首雷鸣聪、蓝文亨、梁伯安等六名颗，贼从王礼生等二百四十一名颗；俘获贼属，并夺回被虏男妇二百五十七名口；烧毁贼巢房屋一百七十七间；及夺马牛赃仗等项。'二哨统兵福建汀州府知府唐淳呈：'督同上杭县县丞陈秉等官兵，于十月十二等日，攻破左溪等巢；十一月初一等日，攻破十八磊等巢；共十二处。共擒斩大贼首蓝天凤、蓝八、苏景祥等四名颗，贼从廖欧保等二百六十四名颗；俘获贼属，并夺回被虏男妇五百四十四名口；烧毁贼巢房屋七百一十二间；及夺获马牛、器械、赃银等项。'三哨统兵南安府知府季敩呈：'督同同知朱宪、推官徐文英等官兵，于十月十二等日，攻破稳下等巢；十二月初三日，击贼于朱雀坑等巢；共八处。生擒大贼首高文辉、何文秀等五名；擒斩贼从杨礼等三百六十一名颗；俘获贼属，并夺回被虏男妇一百七十一名口；烧毁贼巢房屋五百七十八间；夺获牛马赃仗等物。及先于七月二十五等日，二次被贼拥众攻打本府城池，统领本营官兵会同指挥来春、冯翔，与贼对敌。本职下官兵舍人共擒斩贼从龙正等一百三名颗；来春下官兵擒斩贼从王伯崇等二十五名颗；冯翔下官兵擒斩贼从刘保等一百三十五名颗。'四哨统兵江西都司都指挥佥事许清开称：'督领千户林节等官兵，于十月十二等日，攻破鸡湖等巢，共九处。共擒斩大贼首唐洪、刘允昌、叶志亮、谭祐、李斌等共一十名颗，贼从王志成等一百四十六名颗；俘获贼属，并夺回被虏男妇一百三名口；烧毁贼巢房屋二百间；及夺获牛马赃仗等物。'五哨统兵守备南、赣二府地方以都指挥体统行事指挥使郏文呈：'督领安远县义官唐廷华官兵，于十月十二等日，攻破狮子寨等巢；二十三日，会兵击贼于上新地寨。斩获首贼蓝文昭等三名颗；

擒斩贼从许受仔等一百六十六名颗；俘获贼属，并夺回被虏男妇九十八名口；烧毁贼巢房屋四百一十二间；及夺获牛马器械等项。’六哨统兵赣州卫指挥余恩呈：‘统领龙南县新民王受等兵，于十月十二等日，攻破长流坑等巢，共五处。擒斩大贼首陈贵诚、薛文高、刘必深三名颗，贼从郭彦秀等一百七十七名颗；俘获贼属，并夺回被虏男妇九十九名口；烧毁贼巢房屋五百一十七间；及夺获马驴、器械、赃银等物。’七哨统兵宁都县知县王天与呈：‘督同典史梁仪等官兵，于十月十二等日，攻破樟木坑等巢，共三处。擒斩大贼首邓崇泰、王孔洪等八名颗；擒斩贼从陈荣汉等一百三十九名颗；俘获贼属，并夺回被虏男妇二百七十五名口；烧毁贼巢房屋一百六间；及夺获牛马赃物等项。’八哨统兵南康县县丞舒富呈：‘统领上犹县义官胡述等兵，于十月十二等日，攻破箬坑等巢，共五处。擒斩贼从康仲荣等四百一十九名颗；俘获贼属，并夺回被虏男妇一百八十三名口；烧毁贼巢房屋九百九十三间；及夺获牛马赃银等项。及先于九月二十一等日，大贼首谢志田等攻打白面寨，随督发寨长廖惟道等，擒斩首从贼徒谢志田等三十五名颗。’九哨统兵广东潮州府程乡县知县张戬呈：‘统领本县新民等兵，于十月二十四日等，攻破杞州坑等巢；十一月初一等日，攻破西山界、桶冈等巢。共九处。擒斩大贼首萧贵富、钟得昌等六名颗，贼从何景聪等二百五十七名颗；俘获贼属，并夺回被虏男妇一百五十七名口；及夺获牛马、器械、赃银等物。’十哨统兵吉安府知府伍文定呈：‘统领庐陵县等官兵刘显等，于十月二十四等日，攻破寨下等巢；十一月初一等日，攻破上池等巢；二十日击贼于稳下等巢。共十二处。擒斩大贼首谢志珊、叶三等二十名颗，贼从王福儿等二百三十八名颗；俘获贼属，并夺回被虏男妇二百八十四名口；烧毁贼巢房屋一百三十三间；及夺获赃仗等物。’中营随征参随等官推官危寿、指挥谢昶等各呈：‘蒙提督军门亲统各职等官兵，于十月十二等日，攻破长龙、横水大巢及庵背等巢，共七处。生擒大贼首萧贵模等一十四名；擒斩贼从萧容等四百六十五名颗；俘获贼属，并夺回被虏男妇二百四十八名口；烧毁贼巢房屋二百二间；及夺获牛马、金银、赃仗等项。’各呈报到道。

查得先为地方紧急贼情事，节奉提督军门案验，备仰本道计处兵粮，约会三省官兵，将上犹等处贼巢克期进剿。奏请定夺外，本年六月初五日，据大庾、上犹等县申，并据南康县县丞舒富呈称：“大贼首谢志珊号‘征南王’，纠率桶冈等巢贼首钟明贵等，约会广东大贼首高快马等，大修战具，并造吕公车，欲要先将南康县打破，就行乘虚入广。乞早为扑捕。”等因，备呈。本院行委知府季敩等分兵剿捕获功，呈报奏闻讫。又经本院行委知府季敩、指挥来春、姚玺、谢昶、冯翔、县丞舒富、千户林节，各于要害防遏。擒斩功次，俱发仰本道纪验，解送本院枭示外，随该本道会同分守参议黄宏，议照江西地方，惟桶冈一处该与湖广约会夹攻，龙川一县该与广东约会夹攻。其余三县腹心之贼，不时奔冲，难以止遏，合无以次剿捕等因，具呈本院。移文广东、湖广镇巡衙门，约会以次攻剿间，随奉本院分定哨道，指授方略。将知府邢珣等刻期进剿，备仰各道不妨职事，照旧军前纪验赞画等因，依奉催督各营官兵进攻，去后。今呈前因，除将擒斩贼徒首级俱类送巡按衙门会审纪验明白，生擒仍解提督军门处决，并贼级照例枭示，被虏人口给亲完聚，贼属男女并牛马骡变卖银两，收候赏功支用，器械赃物俱发赣县贮库外，职等议照上犹等县横水等巢大贼首谢志珊、谢志田、谢志富、谢志海、萧贵模、萧贵富、徐华、谭曰志、雷俊臣，桶冈大贼首蓝天凤、蓝八苏、蓝文昭、胡观、雷明聪、蓝文亨，鸡湖大贼首唐洪，新溪大贼首刘允昌，杨梅大贼首叶志亮，左溪大贼首薛文高、高诵、冯祥，朱雀坑大贼首何文秀，下关大贼首苏景祥，义安大贼首高文辉，密溪大贼首高玉瑄、康永，三丝茅坝大贼首唐曰富、刘必深，长河坝大贼首蔡积富、叶三梅，伏坑大贼首陈贵诚，鳖坑大贼首蓝通海，赤坑大贼首谭曰荣，双坝大贼首谭祐、李斌等，冥顽凶毒，恃险为恶，僭拟王号，伪称总兵；聚集党类数千，肆行流毒三省；攻围南安、南康府县城池，杀害千户主簿等官；流劫湖广桂阳、鄙县、宜章，吉安府龙泉、万安、泰和、永新等县。良民子女，被其奴戮；房屋仓禀，被其焚烧；道路田土，被其阻荒占夺者，以千万顷；赋税屯粮，负累军民陪纳者，以千万石。其大贼首谢志珊、蓝天凤，各又自称‘盘皇子孙’，收有传流宝印画像，蛊惑群贼，悉归约束。即其妖狐酷鼠之辈，固知决无所就。而原其封豕长蛇之心，实已有不可言。比之姚源之王浩八，华林之胡雪二，东乡之徐仰四，建昌之徐九龄，均为贼首，而奸雄实倍之。今则渠魁授首，巢穴荡平，擒斩既多，俘获亦尽。数十年之祸害已除，三省之冤愤顿释。悉皆仰仗朝廷怜念地方之荼毒，大兴征讨之王师，并提督军门指授成算，号令严明，亲临督阵，身先士卒，以致各哨官兵，用命争先，捐躯赴敌，或臻是捷。拟合会案呈详施行。”等因，据呈到臣。

卷查先准兵部咨，为申明赏罚以励人心事，该本部覆议请敕：“南赣等处都御史假以提督军务名目，给与旗牌应用，以振军威。一应军马钱粮事宜，径自便宜区画；文职五品以下，武职三品以下，径自拿问发落。如遇盗贼入境，即便调兵剿杀，不许踵袭旧弊招抚，重为民患。所部官军，若在军前违期逗遛退缩，俱听以军法从事。题奉圣旨：是，王守仁著提督南、赣、汀、漳等处军务，换敕与他。其余事宜，各依拟行。钦此。”及为地方紧急贼情事，准兵部咨：“看得所奏攻治贼盗二说，合无行文交与都御史王守仁，悉依前项申明赏罚事理，便宜行事，期于成功，不限以时等因。题奉圣旨：是，这申明赏罚事宜，还行于王守仁知道。钦此。”又准兵部咨，该巡抚湖广都御史秦金题，该本部覆题：“看得郴、桂等处与广东、江西所辖瑶峒密迩联络，若非三省会兵夹攻，贼必遁散。合无请教两广并南赣总督、巡抚等官会同行事，克期进兵等因。节奉圣旨：是，都依拟行。钦此。”又该巡按江西监察御史屠侨奏，要会同湖广、江西抚镇等官，各量起兵，约会克期夹剿。又该本部覆题：“奉圣旨：是，这南赣地方贼情，只照依恁部里原拟事宜，着都御史王守仁自行量调官军，设法剿捕。如有该与江西、两广巡抚、总督等官会兵征剿的，听随会议施行。钦此。”续准兵部咨，该臣题开计处南、赣二府兵粮事宜，及合用本省巡按、御史纪功缘由，该本部覆题：“奉圣旨：是，都依拟行。钦此。”俱钦遵。陆续备咨到臣，俱经行江西、广东、湖广各道兵备、守巡等官一体钦遵，调取官军兵快，克期夹攻。及咨巡抚江西都御史孙燧，并行巡按御史屠侨各查照外，续据领兵县丞舒富等呈称：各輋贼首闻知湖广土兵将到，集众据险，四出杀掠，猖炽日甚，乞为急处等因到臣。当将进兵机宜，督同兵备副使杨璋、分守参议黄宏、统兵知府等官邢珣等，议得桶冈、横水、左溪诸贼，荼毒三省，其患虽同，而事势各异。以湖广言之，则桶冈诸巢，为贼之咽喉，而横水、左溪诸巢，为之腹心；以江西言之，则横水、左溪诸巢，为贼之腹心，而桶冈诸巢，为之羽翼。今不先去横水、左溪腹心之患，而欲与湖广夹攻桶冈，进兵两寇之间，腹背受敌，势必不利。今议者纷纷，皆以为必须先攻桶冈，而湖广克期，乃在十一月初一日，贼见我兵未集，而师期尚远，且以为必先桶冈，势必观望未备。今若出其不意，进兵速击，可以得志。已破横水、左溪，移兵而临桶冈，破竹之势，蔑不济矣。于是，臣等乃决意先攻横水、左溪，密切分布哨道，使都指挥佥事许清率兵千余，自南康县所溪入；知府邢珣率兵千余，自上犹县石人坑入；知县王天与率兵千余，自上犹县白面入；令其皆会横水。使守备指挥郏文率兵千余，自大庾县义安入；知府唐淳率兵千余，自大庾县聂都入；知府季斅率兵千余，自大庾县稳下入；县丞舒富率兵千余，自上犹县金坑入；令其皆会左溪。知府伍文定、知县张戬，候各兵齐集，令其亦从上犹、南康分入，以遏奔冲。臣亦亲率兵千余，自南康进屯至坪，期直捣横水，以与诸军会；而使兵备副使杨璋、分守参议黄宏，监督各营官兵，往来给饷，以促其后。分布既定，乃于十月初七日夜，各哨齐发；初九日，臣兵至南康；初十日，进屯至坪。使间谍四路分探，皆以为诸贼不虞官兵猝进，各巢皆鸣锣聚众，往来呼噪奔走，为分投御敌之状，势甚张皇；然已于各险隘皆设有滚木礧石。度此时贼已据险，势未可近。臣兵乘夜遂进。十一日小饷，未至贼巢三十里，止舍，使人伐木立栅，开堑设堠，示以久屯之形。夜使报效听选官雷济、义民萧庾，分率乡兵及樵竖善登山者四百人，各与一旗，赍铳炮钩镰，使由间道攀崖悬壁而上，分列远近极高山项以觇贼。张立旗帜，爇茅为数千灶；度我兵且至险，则举炮燃火相应。十二日早，臣兵进至十八面隘。贼方据险迎敌，骤闻远近山顶礁声如雷，烟焰四起；我兵复呼噪奋逼，铳箭齐发。贼皆惊溃失措，以为我兵已尽入破其巢穴，遂弃险退走。臣预遣千户陈伟、高睿分率壮士数十，缘崖上夺贼险，尽发其滚木礧石。我兵乘胜骤进，声震天地。指挥谢昶、冯廷瑞兵由间道先入，尽焚贼巢。贼退无所据，乃大败奔溃。遂破长龙巢，破入八面隘巢，破先鹅头巢，破狗脚岭巢，破庵背巢，破白蓝、横水大巢。

先是，大贼首谢志珊、萧贵模等，皆以横水居众险之中，倚以为固。闻官兵四进，仓卒分众扼险，出御甚力。至是，见横水烟焰障天，铳炮之声撼摇山谷，亦各失势，弃险走。各哨官兵乘之，皆奋勇力战而入。知府邢珣遂破磨刀坑巢，破茶坑巢，破茶潭巢；知县王天与破樟木坑巢，破石王巢；都指挥许清破鸡湖巢，破新溪巢，破杨梅巢，俱至横水；知府唐淳破羊牯脑巢，破上关巢，破下关巢，破左溪大巢；守备指挥郏文破狮寨巢，破义安巢，破苦竹坑巢；指挥余恩破长流坑巢，破牛角窟巢，破龟坑巢；县丞舒富破箬坑巢，破赤坑巢，破竹坝巢；知府季斅破上西峰巢，破狐狸坑巢，破铅厂巢，俱至左溪。守巡各官亦随后督兵而至。是日，擒斩首从贼人、贼级并俘获贼属男妇、夺回被虏人口、牛马、赃仗数多，其余自相蹂践，堕岸填谷而死者，不可胜计。当是时，贼路所由入，皆刊崖倒树，设阱埋签，不可行。我兵昼夜涉深涧，蹈丛棘。遇险绝，则挂绳崖树，鱼贯而上，猿臂而下，往往失足堕深谷。幸而不死，经数日始能出。各兵已至横水、左溪，皆困甚，不复能驱逐。会日已暮，遂令收兵屯扎。次日，大雾，雨，咫尺不辨，连数日不开。乃令各营休兵享士，而使乡导数十人分探溃贼所往，并未破巢穴动静。十五日，得各乡导报，谓诸贼分阵，预于各山绝险崖壁立有栅寨，为退保之计，有复合聚于未破之巢者，俱不意我兵骤入，未及搬运粮谷。若分兵四散追击，可以尽获。臣等窃计湖、广夹攻在十一月初一，期已渐迫。此去桶冈尚百余里，山路险峻，三日始能达。若此中之贼围之不克，而移兵桶冈，势分备多，前后瞻顾，非计之得。乃今各营皆分兵为奇正二哨，一攻其前，一袭其后，冒雾速进，分投急击。十六日，知府邢珣攻破旱坑巢，窝井巢；知府季斆、守备指挥郏文攻破稳下巢，李家巢。十七日，知府唐淳攻破丝茅坝巢。十八日，都指挥许清攻破朱雀坑巢，村头坑巢，黄竹坳巢，观音山巢。十九日，指挥余恩攻破梅伏坑巢，石头坑巢。二十日，知府邢珣又攻破白封龙巢，芒背巢；知县王天与攻破黄泥坑巢，大富湾巢。二十二日，县丞舒富攻破白水洞巢。本日，知府伍文定、知县张戬兵亦至。二十四日，知府伍文定攻破寨下巢，知县张戬攻破杞州坑巢。二十五日，知县张戬又破朱坑巢，知府伍文定破杨家山巢。二十六日，知府季斆又破李坑巢，都指挥许清又破川坳巢。二十七日，守备指挥郏文又破长河洞巢。连日各擒斩首从贼人、贼级并俘获贼属男妇，夺回被虏人口、牛马、赃仗数多。

是日，各营官兵请乘胜进攻桶冈。臣复议得桶冈天险，四面青壁万仞，中盘百余里，连峰参天，深林绝谷，不睹日月。中所产旱谷、薯芋之类，足饷凶岁。往者亦尝夹攻，坐困数月，不能俘其一卒，竟以招抚为名而罢。及询访乡导，其所由入，惟锁匙龙、葫芦洞、茶坑、十八磊、新地五处，然皆架栈梯壑，夤悬绝壁而上。贼使数人于崖巅，坐发礌石，可无执兵而御我师。惟上章一路稍平，然深入湖广，迂回取道，半月始至。湖兵既从彼入，而我师复往，事皆非便。今横水、左溪余贼皆已奔入其中，同难合势，为守必力。善战者，其势险，其节短。今我欲乘全胜之锋，兼三日之程，长驱百余里而争利，彼若拒而不前，顿兵幽谷之底，所谓强弩之末，不能穿鲁缟矣。今若移屯近地，休兵养锐，振扬威声，先使人谕以祸福，彼必惧而请服。其或有不从者，乘其犹豫，袭而击之，乃可以逞。乃使素与贼通戴罪义官李正岩、医官刘福泰，释其罪，并纵所获桶冈贼钟景，于二十八日夜悬壁而入，期以初一日早，使人于锁匙龙受降。贼方甚恐，见三人至，皆喜，乃集众会议。而横水、左溪奔入之贼，果坚持不可，往复迟疑，不暇为备。臣遣县丞舒富率数百人屯锁匙龙，促使出降；而使知府邢珣入茶坑，知府伍文定入西山界，知府唐淳入十八磊，知县张戬入葫芦洞；皆于三十日乘夜各至分地。遇大雨，不得进。初一日早，冒雨疾登。大贼首蓝天凤方就锁匙龙聚议，闻各兵已入险，皆惊愕散乱，犹驱其众男妇千余人，据内隘绝壁，隔水为阵以拒。知府邢珣之兵渡水前击，张戬之兵冲行其右，伍文定之兵自张戬右悬崖而下，绕贼傍击。贼不能支，且战且却。及午，雨霁，各兵鼓奋而前，乃败走。县丞舒富、知县王天与所领兵，闻前山兵已入，亦从锁匙龙并登。各军乘胜擒斩，贼悉奔十八磊。知府唐淳之兵复严阵迎贼，又败。然会日晚，犹扼险相持。次早，诸军复合势并击，大战良久，遂大败。知府邢珣破桶冈大巢，破梅伏巢，破乌池巢；知县张戬破西山界巢、锁匙龙巢，破黄竹坑巢；知府唐淳破十八磊巢；知府伍文定破铁木里巢，破土池巢，破葫芦洞巢；知县王天与破员分巢，破背水坑巢；县丞舒富破太王岭巢。擒斩首从贼人、贼级并俘获贼属男妇、夺回被虏人口、牛马、赃仗数多。贼大势虽败，结阵分遁者尚多。是日，闻湖广土兵将至，臣使知府邢珣屯葫芦洞，知府唐淳屯十八磊，知府伍文定屯大水，守备指挥郏文屯下新地，知县张戬屯礤头，县丞舒富屯茶坑，指挥姚玺。知县王天与屯板岭；而副使杨璋巡行礤头、茶坑诸营，监督进止，以继其粮饷。又使知府季敩分屯聂都，以防贼之南奔；都指挥许清留屯横水，指挥余恩留屯左溪，以备腹心遗漏之贼；而使参议黄宏留扎南安，给粮饷，以为聂都之继。臣亦躬率帐下屯茶寮，使各营分兵，与湖兵相会，夹剿遁贼。初五日，知府邢珣又破上新地巢，破中新地巢，破下新地巢。初七日，知府唐淳又破杉木坳巢，破原陂巢，破木里巢。十一日，知县张戬破板岭巢，破天台庵巢；十三日，又破东桃坑巢，破龙背巢。连日各擒斩俘获数多。其间岩谷溪壑之内，饥饿病疹颠仆死者，不可以数。于是，桶冈之贼略尽。臣以其暇，亲行相视形势，据险立隘，使卒数百，斩木栈崖，凿山开道。又使典史梁仪领卒数百，相视横水，创筑土城；周围千余丈，亦设隘以夺其险。议以其地请建县治，控制三省诸瑶，断其往来之路，事方经营。十六日，据防遏推官徐文英呈称：广东鱼黄等巢被湖兵攻破，贼党男妇千余，突往鸡湖、新地、稳下、朱雀坑等处。臣复遣知府季斅分兵趋朱雀坑等处，知府伍文定趋稳下、鸡湖等处，守备指挥郏文、知府邢珣趋上新等处，各相机急剿。二十日，知府伍文定兵，击贼于稳下寨、西峰寨、苦竹坑寨，长河坝巢、黎坑巢。二十三日，守备指挥郏文、知府邢珣击贼于上新地巢，知府伍文定又追击于鸡湖巢。十二月初三日，知府季斅击贼于朱雀坑寨、狐狸坑巢。擒斩首从贼徒、俘获贼属、夺获赃仗数多。于是奔遁之贼始尽。然以湖、广二省之兵方合，虽近境之贼悉以扫荡，而四远奔突之虞，难保必无。乃留兵二千余，分屯茶寮、横水等隘，而以是月初九日回军近县，以休息疲劳；候二省夹攻尽绝，然后班师。两月之间，通计捣过巢穴八十余处，擒斩大贼首谢志珊、蓝天凤等八十六名颗，从贼首级三千一百六十八名颗，俘获贼属二千三百三十六名口，夺回被虏男妇八十三名口，牛马骡六百八只匹，赃仗二千一百三十一件，金银一百一十三两八钱一分；总计首从贼徒、贼属、牛马、赃仗共八千五百二十五名颗口只件。俱经行令转解纪功官处，审验纪录去后。

今呈前因，参照大贼首蓝天凤、谢志珊等，盘据千里，荼毒数郡；僭拟王号，图谋不轨；基祸种恶，且将数十余年。而虐焰之炽盛，流毒之惨极，亦已数年于兹。前此亦尝夹剿，曾不能损其一毛；屡加招抚，适足以长其桀骜。今乃驱卒不过万余，用费不满三万，两月之间，俘获六千有奇，破巢八十有四；渠魁授首，噍类无遗。此岂臣等能贤于昔人，是皆仰仗朝廷威德之被，庙堂处置得宜；既假臣以赏罚之权，复专臣以提督之任。故臣等得以伸缩自由，举动如志，奉成算以行事，循方略而指挥，将士有用命之美，进止无掣肘之虞，则是追获兽兔之捷，实由发纵指示之功。臣等偶叨任使，亦安敢冒非其绩！夫谋定于帷幄之中，而决胜于千里之外，命出于庙堂之上，而威行于百蛮之表。臣等敢为朝廷国议有人贺，且自幸其所遭，得以苟免覆悚之戮也。及照监军副使杨璋、参议黄宏、领兵都指挥佥事许清、都指挥使行事指挥使郏文、知府邢珣、季敩、伍文定、唐淳、知县王天与、张戬、指挥余恩、冯翔、县丞舒富、随征参谋等官指挥谢昶、冯廷瑞、姚玺、明德、同知朱宪、推官危寿、徐文英、知县陈允谐、黄文鸾、宋瑢、陆璥、千户陈伟、高睿等，以上各官，或监军督饷，或领兵随征，悉皆深历危险，备尝艰难，各效勤苦之力，共成克捷之功。俱合甄录，以励将来。伏愿皇上普彰庙堂之大赏，兼收行伍之微劳。激劝既行，功庸益集，自然贼盗寝息，百姓安生，则地方幸甚！臣等幸甚！

立崇义县治疏十二年闰十二月初五日

据江西巡守岭北道兵备副使杨璋、左参议黄宏会呈："据南安府知府季敩呈：'备所属致仕省祭义官监生杨仲贵等呈称，上犹等县横水、左溪、长流、桶冈、关田、鸡湖等处，贼巢共计八十余处，界乎三县之中，东西南北相去三百余里，号令不及，人迹罕到。其初輋贼，原系广东流来。先年，奉巡抚都御史金泽行令安插于此，不过砍山耕活。年深日久，生长日蕃，羽翼渐多；居民受其杀戮，田地被其占据。又且潜引万安、龙泉等县避役逃民并百工技艺游食之人杂处于内，分群聚党，动以万计。始渐虏掠乡村，后乃攻劫郡县。近年肆无忌惮，遂立总兵，僭拟王号，罪恶贯盈，神人共怒。今幸奏闻征剿，蒙本院亲率诸军，捣其巢穴，擒其首恶，妖氛为之扫荡，地方为之底宁。三县之民欢欣鼓舞，如获更生。访得各县流来之贼，自闻夹攻消息，陆续逃出颇众。但恐大兵撤后，未免复聚为患。合无三县适中去处，建立县治，实为久安长治之策'等因到道。随取各县乡导，于军营研深。查得前项贼巢，系上犹、大庾、南康三县所属。上犹县崇义、上保、雁湖三里，先年多被贼杀戮，田地被其占据。大庾县义安三里，人户间被杀伤，田地贼占一半；南康县至坪一里，人户皆居县城，田地被贼阻荒。总计贼占田地六里有半。随蒙本院委领兵知府邢珣、知县王天与、黄文鹭亲历贼巢踏勘，三县之中适均去处，无如横水。原系上犹县崇义里地方，山水合抱，土地平坦，堪以设县。随会同分守左参议黄宏，议得合无于此建立县治，尽将三县贼人占据阻荒田地，通行割出。缘里分人户数少，查得南康县上龙一里、崇德一里，亦与至坪相接，缘至坪三都虽非全里，然而地方广阔，钱粮数多，堪以拆作一里，合割并属新县。其间人户数少者，田粮尚存，招人佃买，可以复全。县治既设，东去南康尚有一百二十里，要害去处则有长龙；西去湖广桂阳县界二百余里，要害去处则有上保；南去大庾县一百二十余里，要害去处则有铅厂；俱该设立巡检司。查得上犹县过步巡检司，路僻无用，宜改移上保，备由呈详。奉批：'看得横水开建县治，实亦事不容已。但未经奏请，须候命下，方可决议。兼之工程浩大，一时恐未易就。今贼势虽平，漏殄尚有，且宜遵照本院钦奉敕谕随宜处置事理，先于横水建立隘所，以备目前不测之虞。除委典史梁仪等一面竖立木栅，修筑土城，修建营房外，查得横水附近隘所，如至坪、雁湖、赖塘等处，盗贼既平，已为虚设。其附近村寨，如白面、长潭、杰坝、石玉、过步、果木、鸟溪、水眼等处居民，访得多系通贼窝主；及各县城郭村寨，亦多有通贼之人。合将各隘隘夫悉行拨守横水，其通贼人户，尽数查出，编充隘夫，永远把守；其不系通贼者，量丁多寡，抽选编佥，轮班更替，务足一千余名之数。责委属官一员统领，常川守把。遇有残党啸聚出没，即便相机剿捕。候县治既立，人烟辏集，地方果已宁靖，再行议处裁损。其开建县治，本院亲行踏勘，再四筹度，固知事不可已。但举大事，须顺民情，兵革之后，尤宜存恤。仰该道会同分守等官，再行拘集地方父老子弟，多方询访，必须各县人民踊跃鼓舞，争先趋事，然后兴工，庶几事举而人有子来之美，工成而民享偕乐之休。仍呈抚按等衙门公同计议施行。’等因依奉会同参议黄宏遵照批呈事理，先于横水设立隘所，防范不虞。及行该府再行拘集询访外，随据府县各申，拘集父老到官，各交口欢欣，鼓舞趋事，别无民情不便等因，备呈到道。”覆审无异，转呈到臣。会同巡抚江西等处地方都察院右副都御史孙燧、巡按江西监察御史屠侨，议照前项地方，大贼既已平荡，后患所当预防。今议立县治并巡司等衙门，惩前虑后，杜渐防微，实皆地方至计，及查得横水议建县治处所，原系上犹县崇义里，因地名县，亦为相应。如蒙皇上悯念地方屡遭荼毒，乞敕该部俯顺民情，从长议处，早赐施行，并儒学巡司等衙门一体铨选官员，铸给印信。如此，则三省残孽，有控制之所而不敢聚，三省奸民，无潜匿之所而不敢逃。变盗贼强梁之区为礼义冠裳之地，久安长治，无出于此。

卷十一 别录三

奏疏三

乞休致疏 正德十三年三月初四日

臣以菲才，遭逢明盛，荷蒙陛下涤垢掩瑕，曲成器使；既宽尸素之诛，复冒清显之职；增其禄秩，假以赏罚；念其行事之难，授以提督之任，言行计听。感激深恩，每思捐躯，以效犬马。奈何才蹇福薄，志欲前而力不逮，功未就而病已先。臣自待罪鸿胪，即尝以病求退；后惧托疾避难之诛，辄复黾勉来此。驱驰兵革，侵染瘴疠，昼夜忧劳，疾患愈困。自去岁二月，往征闽寇，五月旋师，六月至于九月，俱有地方之警，十月攻横水，十一月破桶冈，十二月旋师。未几，今年正月，又复出剿浰贼。前后一岁有余，往来二三千里之内，上下溪涧，出入险阻，皆扶病从事。然而不敢辄以疾辞者，诚以朝廷初申赏罚之请，再下提督之命，惟恐付托不效，以辜陛下听纳之明，负大臣荐扬之举。且其时盗贼方炽，坐视民之荼毒，而以罪累后人，非仁也；已逃其难，而遗人以艰，非义也；徒有其言，而事之不酬，非忠也。故宁委身以待罪，忍死以效职。

今赖陛下威德，庙堂成算，上犹、南康之贼既已扫荡，而浰寇残党亦复不多。旬日之间，度可底定，决不至于重遗后患，则臣之罪责，亦既可以少逭于万一。但惟臣病月深日亟，百疗罔效，潮热咳嗽，疮疽痈肿，手足麻痹，已成废人。昔人所谓绵弱之才，不堪任重；福薄之人，难与成功。二者臣皆有焉。伏惟陛下覆载生成，不忍一物失所，悯臣舆病讨贼所备尝之苦，哀臣忍死待罪不得已之情，念福薄之有限，怜疾疗之无期，准令旋师之日，放归田里。岂曰保全余息，尚图他日之效。苟遂丘首，臣亦感恩地下，能忘衔结之报乎？臣不胜哀恳祈望之至！

移置驿传疏正德十三年二月二十五日

据江西按察司分巡岭北道兵备副使杨璋呈："奉臣批，据南安府大庾县峰山里民朱仕玦等连名告称：'本里先因敌御輋贼，正德十一年，被贼复仇，杀害本里妇男一百余命。各民惊惶，自愿筑砌城垣一座，搬移城内。告申上司，蒙给官银修理三门。今幸完成，居民无虞。正德十二年六月十九日，奉调本里百长谢玉山等五百名前去本府剿贼，已获功次解报，未蒙发回。今风闻輋贼又要前来复仇，但本城缺兵防守。乞赐裁革宰屋、龙华二隘人夫前来守城。其赤口巡检司缺官，就乞委官署掌印信，督兵防遏。及愿出地，迁移小溪驿进城，城池驿舍，俱保无虞。'等情。奉批岭北道议处。依奉，会同左参议黄宏，议将宰屋、龙华二隘人夫拨付该城防守，该府照磨邓华空闲，合委署掌印信，提督该司弓兵并该城兵众，并力防遏。其小溪驿迁移峰山城内一节，合行该府查勘，应否迁移；过往使客，有无便益；南北水路，有无适均；移驿之费，计算几何。缘由呈详本院，奉批：'去隘委官，俱准议行；移驿事，仰行该府作急勘报。'等因。已经行。据南安府呈：'蒙二隘人夫拨付峰山守城，行委照磨邓华署掌赤石巡检司印信。及查议得小溪旧驿止有人烟数家，孤处河边，且与鸡湖等贼巢相近，曾被强贼来驿，执虏官吏，烧毁公厅。见今贼势猖獗，使客辄受惊惶，不敢停歇。往年亦曾建议迁驿，奈小溪人民，俱各包当该驿夫役，积年射利得惯，官吏被其钤制，往往告称移驿不便。况移驿处所虽在城中，离河不远。工程所费亦不过四五十两。如此一举，委果水陆俱便，不惟该驿可保无虞，而往来使客宿歇，亦无惊恐。’等因，回报到道，覆议相同。”据呈到臣，簿查先为前事，已经批仰该道议处。回报去后，今据前因，看得小溪旧驿屡被贼患，移置峰山城内，委果相应。如蒙乞敕该部查议相同，俯从所请，则一劳永逸，实为地方之幸！

浰头捷音疏 十三年四月二十日

据江西按察司分巡岭北道兵备副使杨璋呈：“据一哨统兵守备南、赣二府地方以都指挥体统行事指挥使郏文呈称：‘统领远安县义民孙洪舜等兵，于本年正月初七日，攻破曲潭等巢；十一日，攻破半径等巢；共五处。二月二十六日，与贼战于水源等处。擒斩大贼首吴积祥、陈秀谦、张秀鼎等七名颗，贼从陈希九等一百二十六名颗；俘获贼属男妇五十六名口；烧毁贼巢房屋禾仓二百五十三间；及夺获器械等物。’二哨统兵赣州府知府邢珣呈称：‘督同同知夏克义、知县黄天与、典史梁仪、老人叶秀芳等官兵，于正月初七等日，攻破方竹湖等巢；初九日，攻破黄田坳等巢；共四处。二十五等日，覆贼于白沙；二月十六日，与贼战于芳竹湖等处。擒斩大贼首黄佐、张廷和、王蛮师、刘钦等一十名颗，贼从黄密等二百六十名颗；俘获贼属男妇八十三名口；烧毁贼巢房屋禾仓二百二十二间；及夺获赃仗牛马等项。’三哨领兵广东惠州府知府陈祥呈称：‘督同通判徐玑、新民卢琢等官兵，于正月初七等日，攻破热水等巢；初九等日，攻破铁石障等巢；共五处。二十五等日，覆贼于五花障等处；二月初二等日，与贼战于和平等处。擒斩大贼首陈活鹞、黄弘闰。张玉林等十一名颗，贼从李廷祥四百三十一名颗；俘获贼属男妇二百二十名口；烧毁贼巢房屋禾仓五百七十二间；及夺获器械、赃银、牛马等项。’四哨统兵南安府知府季斅呈称：‘统领训导蓝铎、百长许洪等官兵，于正月初三等日，攻破右坑等巢；十一日，攻破新田径等巢；共四处。二十七等日，覆贼于北山，又与战于风门奥等处。擒斩大贼首刘成珍等四名颗，贼从胡贵琢等一百三十名颗；俘获贼属男妇一百六十五名口；

烧毁贼巢房屋禾仓七十三间；及夺获赃银等物。’五哨统兵赣州卫指挥佥事余恩呈称：‘统领新民百长王受、黄金巢等兵，于正月初七日，会同推官危寿、千户孟俊，攻破上、中、下三浰大巢；十一日，攻破空背等巢；共四处。二十五日，覆贼于银坑水等处。擒斩大贼首赖振禄、王贵洪、李全、邹一惟等九名颗，贼从赖贱仔等三百五十名颗；俘获贼属男妇六十二名口；烧毁贼巢房屋禾仓三百二十一间；及夺获器械牛马等项。’六哨统兵赣州卫指挥佥事姚玺呈称：‘统领新民梅南春等兵，于正月初七日，攻破淡方等巢；初九日，攻破岑冈等巢；共四处。二十七日，覆贼于乌虎镇。擒斩大贼首谢銮、曾用奇等五名颗，贼从卢任龙一百九十九名颗；俘获贼属男妇一百一十二名口；烧毁贼巢房屋禾仓三百七十间；及夺获器械牛马等项。’七哨统兵赣州府推官危寿呈称：‘统领义官叶方等兵，于正月初七日，会同指挥余恩、千户孟俊，攻破上、中、下三浰大巢；初十等日，攻破镇里寨等巢；共四处。二十七日，覆贼于中村等处。擒斩大贼首池仲宁、高允贤、池仲安、朱万、林根等十二名颗，贼从黄稳等二百一十一名颗；俘获贼属男妇三十三名口；烧毁贼巢房屋禾仓三百二十三间；及夺获赃仗牛马等项。’八哨统兵赣州卫千户孟俊呈称：‘统领义官陈英、郑志高、新民卢珂等兵，于正月初七等日，会同指挥余恩、推官危寿，攻破上、中、下三浰大巢；初十等日，攻破大门山等巢；共六处。擒斩大贼首谢凤经、吴宇、张廷与、石荣等九名颗，贼从张角子等一百九十二名颗；俘获贼属男妇一百四十三名口；烧毁贼巢房屋禾仓一百七十三间；及夺获器械、牛马、赃银等项。’九哨统兵南康县县丞舒富呈称：‘统领义民赵志标等兵，于正月十一等日，攻破旗领等巢，共二处。二月十四日，与贼战于乾村等处。擒斩贼从刘三等一百七名颗；俘获贼属男妇二十一名口；烧毁贼巢房屋禾仓五十三间；及夺获器械等物。’等因，各呈报到道。

“查得先为地方紧急贼情事，据信丰县所呈称：‘正德十二年二月初七日，龙南县贼首黄秀魁，纠合广东贼首池仲容等，突来本县，杀人放火。

见今攻城不退，乞要发兵救援。’等因。该本道议，委经历王祚、县丞舒富领兵剿捕。斩获贼级四颗；被贼杀死报效义士杨习举等十名；执去经历王祚。随该本道新诣该县，暂将各贼招安，拨回原巢；经历王祚送出。参将失事知县王天爵、卢凤、千户郑铎、朱诚、洪恩、主簿周镇、镇抚刘镗等，俱各有罪。及将前贼应剿缘由，呈详转达具奏外，正德十三年正月初三日，奉提督军门纸牌：‘议照上犹等县贼巢既平，广东龙川县浰头等处贼巢，奉有成命，应该会剿。其大贼首池仲容等，本院已行计诱擒获。见今军势颇振，若不乘此机会，出其不意，捣其不备，坐视以待广兵之来，未免有失事机之会。本院除遵奉敕逾内自行量调官军设法剿捕事理，部勒兵众，分布哨道，行仰守备指挥并知府等官郏文、陈祥等统领，各授进止方略外，备行本职前去军前纪验功次，及催各哨官兵上紧依期进剿。仍行巡按衙门前来核实施行。’等因，随呈巡按江西监察御史屠侨，批行本道：‘先行纪验明白，通候核实施行。’依奉督率各省官兵，依期进剿去后。今据前因，除将前项功次俱类，巡按衙门会审纪验明白，生擒贼犯，解赴提督军门，斩首枭示，贼属男妇变卖银两，器械、赃仗、赃银俱贮库外，参照浰头大贼首池仲容、池仲宁、池仲安、高允贤、李全等，盘据一方，历有岁年，僭称王号，伪设官职；广东翁源、龙川、始兴，江西龙南、信丰、安远、会昌等县，屡被攻围城池，杀害官军，焚烧村寨，虏杀男妇，岁无虚日。曾经狼兵夹攻数次，俱被漏网。是乃众贼奸雄之巨擘，三省群盗之根源也。今幸天夺其魄，仲容束手就擒，仲宁、仲安等一时授首，各巢贼从擒斩殆尽。此皆仰仗朝廷德威远播，庙堂成算无遗，提督军门赏罚以信而号令严明，师出以律而机宜慎密，身先士卒而艰险之不辞，洞见敌情而抚剿之有道。以是数十年之巨寇，一旦削平；连四省之编氓，永期安辑。呈乞照详转达。”等因，据呈到臣。

卷查先为地方紧急贼情事，准兵部咨，该巡按江西监察御史屠侨奏，该本部覆题：“节奉圣旨：是，这地方贼情，着都御史王守仁自行量调官军，设法剿捕。钦此。”及为申明赏罚以励人心事，准兵部覆题：“请敕南、赣等处都御史，假以提督军务名目，给与旗牌应用，以振军威。一应军马钱粮事宜，径自便宜区画。如遇盗贼入境，即便调兵剿杀，不许踵袭旧弊招抚，重为民患。所部官军，若在军前违期逗留退缩，俱听以军法从事。生擒盗贼，亦听斩首示众。贼级听本处兵备会同该道守巡官，即时纪验明白，备行江西按察司造册奏缴，查照剿杀南方蛮贼见行旧例，议拟升赏等因，具题：奉圣旨：是，王守仁着提督南、赣、汀、漳等处军务，换敕与他。其余事宜，各依拟行。钦此。”又为地方紧急贼情事，准兵部覆题：“看得所奏攻治盗贼二说，就令差来人赍文，交与都御史王守仁，悉依前项申明赏罚事理便宜行事。期于功成，不限以时，相机攻剿等因，具题：节该奉圣旨：是。钦此。”陆续备咨到臣。俱经通行抚属四省各道守巡、兵备、守备等官一体钦遵，并咨总督两广左都御史陈金查照外，续该臣看得南、赣盗贼，其在南安之横水、桶冈诸巢，则接境于湖郴；在赣州之浰头、桶冈诸巢，则连界于闽、广。接境于湖郴者，贼众而势散，恃山溪之险以为固；连界于闽、广者，贼狡而势聚，结党与之助以相援。臣等遵奉敕谕，及查照兵部咨示方略，初议先攻横水，次攻桶冈，而末乃与广东会兵，徐图浰头；如攻坚木，先其易者，后其节目。自正德十二年九月，臣等议将进兵横水，恐浰贼乘虚出扰，思有以沮离其党。臣乃自为告谕，具述祸福利害，使报效生员黄表、义民周祥等往谕各贼，因皆赐以银布。一时贼党亦多感动，各寨酋长黄金巢、刘逊、刘粗眉、温仲秀等，遂皆愿从表等出投。惟大贼首池仲容即池大鬓，独愤然谓其众曰：“我等做贼，已非一年，官府来招，亦非一次，此亦何足为凭！待金巢等到官后，果无他说，我等遣人出投，亦未为晚。”其时臣等兵力既未能分，意且羁縻，令勿出为患，胡亦不复与较。金巢等至，臣乃释其罪，推诚厚抚，各愿出力杀贼立效。于是藉其众五百余，悉以为兵，使从征横水。十月十二日，臣等已破横水，仲容等闻之始惧。计臣等必且以次加兵，于是集其酋豪池仲宁、高飞甲等谋，使其弟池仲安率老弱二百余徒，亦赴臣所投招，求随众立效；意在援兵，因而窥觇虚实，乘间内应。臣逆知其谋，阳许之。及臣进攻桶冈，使领其众截路于上新地，以远其归途。内严警御之备，以防其衅；外示宽假之形，以安其心。阴使人分召邻贼诸县被贼害者，皆诣军门计事，旬日之间，至者数十。问所以攻剿之策，皆以此贼狡诈凶悍，非比他贼，其出劫行剽，皆有深谋，人不能测。自知恶极罪大，国法难容，故其所以扞拒之备，亦极险谲。前此两经夹剿，皆狼兵二三万，竟亦不能大捷。后虽败遁，所杀伤亦略相当。近年以来，奸谋愈熟，恶焰益炽。官府无可奈何，每以调狼兵恐之。彼辄谩曰："狼兵易与耳。纵调他来，也须半年；我纵避他，只消一月。"其意谓狼兵之来不能速，其留不能久也，是以益无忌惮。今已僭号设官，奸计逆谋，尤非昔比。必欲除之，非大调狼兵，事恐难济。臣以为兵无常势，在因敌变化而制胜。今各贼狃于故常，且谓必待狼兵而后敢攻，此所以不必狼兵而可以攻之也。乃为密画方略，使数十人者各归部集，候我兵有期，则据隘遏贼。

十一月，贼闻臣等复破桶冈，益惧，为战守备。臣使人至贼所，赐各酋长牛酒，以察其变。贼度不可隐，则诈称龙川新民卢珂、郑志高等将掩袭之，是以密为之防，非敢虞官兵也。臣亦阳信其言，因复阳怒卢珂、郑志高等擅兵仇杀，移檄龙川，使廉其实；且趣各贼伐木开道，将回兵自浰头取道往讨之。贼闻以为臣等实有为之之意，又恐假道伐之，且喜且惧。因遣来谢，且请无劳官兵，当悉力自防御之。卢珂、郑志高、陈英者，皆龙川旧招新民，有众三千余。远近皆为仲容所胁，而三人者独与之抗，故贼深仇忌之。十二月望，臣兵回至南康，卢珂、郑志高等各来告变，谓池仲容等僭号设官，今已点集兵众，号召远近各巢贼首，授以"总兵"、"都督"等伪官，使候三省夹攻之兵一至，即同时并举，行其不轨之谋。及以伪授卢珂等官爵"金龙霸王"印信文书一纸粘状来首。臣先已谍知其事，及珂等来，即阳怒，以为尔等擅兵仇杀投招之人，罪已当死；今又造此不根之言，乘机诬陷；且池仲容等方遣其弟领兵报效，诚心向化，安得有此。遂收卢珂等，将斩之。时池仲安之属方在营，见珂等入首，大惊惧；至是皆喜，罗拜欢呼，竞诉珂等罪恶。臣因亦阳令具状，谓将并拘其党属尽斩之。于是遂械系卢珂，而使人密喻以阳怒之意，欲以诱致仲容诸贼。且使卢珂等先遣人归，集其众，候珂等既还，乃发。臣又使生员黄表、听选官雷济往喻仲容，使勿以此自疑。密购其所亲信阴说之，使自来投诉。二十日，臣兵已还赣，乃张乐大享将士。下令城中，今南安贼巢皆已扫荡，而浰头新民又皆诚心归化，地方自此可以无虞。民久劳苦，亦宜暂休为乐。遂散兵，使各归农，示不复用。而使池仲安亦领众归，助其兄防守，且云卢珂等虽已系于此，恐其党致怨，或掩尔不虞。仲安归，具言其故，贼众皆喜，遂弛备。臣又使指挥余恩赍历往赐仲容等，令毋撤备，以防卢珂诸党，贼众亦喜。黄表、雷济因复说仲容："今官府所以安辑劳来尔等甚厚，何可不亲往一谢！况卢珂等日夜哀诉反状，乞官府试拘尔等，若拘而不至者，即可以证反状之实；今若不待拘而往，因面诉珂等罪恶，官府必益信尔无他，而谓珂等为诈，杀之必矣。"所购亲信者复从力赞，仲容然之，乃谓其众曰："若要伸，先用屈。赣州伎俩，亦须亲往勘破。"遂定议，率其麾下四十余人，自诣赣。臣使人探知仲容已就道，乃密遣人先行属县勒兵，分哨道，候报而发。又使千户孟俊先至龙川，督集卢珂、郑志高、陈英等兵；然以道经浰巢，恐摇诸贼，则别赍一牌，以拘捕卢珂等党属为名。各贼开闻往，果遮迎问故，俊出牌视之，乃皆罗拜，相争导送出境。俊已至龙川，始发牌部勒卢珂等兵。众贼闻之，皆以为拘捕其属，不复为意。

闰十二月二十三日，仲容等至赣，见各营官兵皆已散归，而街市多张灯设戏为乐，信以为不复用兵。密赂狱卒，私往觇卢珂等，又果械系深固。仲容乃大喜，遣人归，报其属曰："乃今吾事始得万全矣！"臣乃夜释卢珂、郑志高等，使驰归发兵；而令所属官僚次设羊酒，日犒仲容等，以缓其归。正月三日，度卢珂等已至家，所遣属县勒兵当已大集，臣乃设犒于庭，先伏甲士，引仲容入，并其党，悉擒之。出卢珂等所告状，讯鞫皆伏，遂置于狱。而夜使人趋发属县兵，期以初七日同时入巢。于是知府陈祥兵从龙川县和平都入，指挥姚玺兵从龙川县乌虎镇入，千户孟俊兵从龙川县平地水入，指挥余恩兵从龙南县高沙保入，推官危寿兵从龙南县南平入，知府邢珣兵从龙南县太平保入，守备指挥郏文兵从龙南县冷水径入，知府季斆兵从信丰县黄田冈入，县丞舒富兵从信丰县乌径入；臣自率帐下官兵，从龙南县冷水径直捣下浰大巢；而使各哨分路同时并进，会于三浰。

先是，贼徒得池仲容报，谓赣州兵已罢归，他已弛备，散处各巢。至是，骤闻官兵四路并进，皆惊惧失措。乃分投出御，而悉其精锐千余，据险设伏，并势迎敌于龙子岭。我兵聚为三冲，犄角而前。指挥余恩所领百长王受兵首与贼遇，大战良久，贼败却。王受等奋追里许，贼伏兵四起，奋击王受。推官危寿所领义官叶芳兵鼓噪而前，复奋击贼伏兵后；千户孟俊兵从傍绕出冈背，横冲贼伏，与王受合兵。于是贼乃大败奔溃，呼声震山谷。我兵乘胜逐北，遂克上、中、下三浰。各哨官兵遥闻三浰大巢已破，皆奋勇齐进，各贼皆溃败。知府陈祥兵遂破热水巢、五花障巢；指挥姚玺兵遂破淡方巢，石门山巢、上下陵巢；知府邢珣兵遂破芳竹湖、白沙巢；守备指挥郏文兵遂破曲潭巢、赤唐巢；知府季斆兵遂破布坑巢、三坑巢。是日，擒斩首从贼人、贼级，俘获贼属男妇、牛马、器仗数多，其余堕崖填谷死者不可胜计。是夜，贼复奔聚未破巢穴。次日早，乃令各哨官兵探贼所往，分投急击。初九日，知府陈祥兵破铁石障巢、羊角山巢，获贼首“金龙霸王”印信旗袍；知府邢珣兵破黄田坳巢；指挥姚玺兵破岑冈巢；指挥余恩兵破塘含洞巢、溪尾巢。初十日，千户孟俊兵破大门山巢，推官危寿兵破镇里寨巢。十一日，知府邢珣兵破中村巢；守备郏文兵破半径巢、都坑巢、尺八岭巢；知府季斆兵破新田径巢、古地巢；指挥余恩兵破空背巢；县丞舒富兵破旗岭巢、顿冈巢。十三日，千户孟俊兵破狗脚坳巢、水晶洞巢、五湖巢、蓝州巢。十六日，推官危寿兵破风盘巢、茶山巢。连日，各擒斩首从贼人、贼级并俘获贼属男妇、牛马、器仗数多。然各巢奔散之贼，其精悍者尚八百余徒，复哨聚九连大山，扼险自固。当臣看得九连山势极高，横亘数百余里，四面斩绝；我兵既不得进，而其内东接龙门山后诸处，贼巢若百数。以我兵进逼，贼必奔往其间；诱激诸巢，相连而起，势亦难制。然彼中既无把截之兵，欲从傍县潜军，断其后路，必须半月始达，缓不及事。止有贼所屯据崖壁之下一道可通，然贼已据险，自上发石滚木，我兵百无一全。于是，乃选精锐七百余人，皆衣所得贼衣，佯若奔溃者，乘暮直冲贼所据崖下涧道而过。贼以为各巢败散之党，皆从崖下招呼，我兵亦佯与呼应；贼疑，不敢击。已度险，遂扼断其后路。次日，贼始知为我兵，并势冲敌。我兵已据险，从上下击；贼不能支，乃退败。臣度其必溃，预令各哨官兵四路设伏以待。贼果分队潜遁。二十五日，知府陈祥兵覆贼于五花障，知府邢珣兵覆贼于白沙，指挥余恩兵覆贼于银坑水。二十七日，指挥姚玺兵覆贼于乌虎镇，推官危寿兵覆贼于中村，知府季斅兵覆贼于北山，又战于风门奥。其余奔散残党，尚三百余徒，分逃上下坪、黄田坳诸处，各哨官兵复黏踪会追。二月初二日，知府陈祥兵复与贼战于平和。初五日，复战于上坪、下坪。初八日，推官危寿、指挥余恩兵复与贼战于黄坳。十二日，知府陈祥兵复与贼战于铁障山。十四日，县丞舒富兵复与贼战于乾村，又战于梨树。十四日，知府邢珣、季斅兵复与贼战于芳竹湖。二十三日，县丞舒富兵复与贼战于北顺，又战于和洞。二十六日，守备郏文兵复与贼战于水源，战于长吉，战于天堂寨。连日擒斩首从贼人、贼级数多。三月初三日，据乡导人等四路爪探，皆以为各巢积恶凶狡之贼，皆已擒斩略尽；惟余党张仲全等二百余徒，其间多系老弱，及远近村寨一时为贼所驱胁、从恶未久之人，今皆势穷计迫，聚于九连谷口，呼号痛哭，诚心投招。臣遣报效生员黄表往验虚实，果如所探。因引其甲首张仲全等数人前来投见，诉其被胁不得已之情。臣量加责治，随遣知府邢珣往抚其众，籍其名数，遂安插于白沙。

初七日，据知府邢珣等呈称："我兵自去岁二月从征闽寇，迄今一年有余，未获少休。今幸各巢贼已扫荡，余党不多，又蒙俯顺招安；况今阴雨连绵，人多疾疫，兼之农功已动，人怀耕作，合无俯顺下情，还师息众。”及义官叶芳等并各村乡居民亦告前情。臣因亲行相视险易，督同副使杨璋、知府陈祥等经理立县设隘，可以久安长治之策，留兵防守而归。

盖自本年正月初七日起，至三月初八日止，前后两月之间，通共捣过巢穴三十八处，擒斩大贼首二十九名颗，次贼首三十八名颗，从贼二千零九名颗，俘获贼属男妇八百九十名口，夺获牛马一百二十二只匹，器械、赃仗二千八百七十件把，赃银七十两六钱六分。总计擒斩、俘获、夺获共五千九百五十五名颗口只匹件把。俱经行令兵备等官审验纪录，仍行纪功御史核实施行，具由呈报去后。今据前因，臣等会同江西巡按御史屠侨、广东巡按御史毛凤，参照大贼首池仲容等，荼毒万民，骚扰三省，阴图不轨，积有年岁，设官僭号，罪恶滔天；比之上犹诸贼，尤为桀骜难制。盖上犹诸贼，虽有僭窃不轨之名，而徒惟劫掠焚烧是嗜；至于浰头诸贼，虽亦剽劫掳掠是资，而实怀僭拟割据之志。故其招致四方无籍，隐匿远近妖邪；日夜规图，渐成奸计。兼之贼首池仲容、池仲安等，又皆力搏猛虎，捷竞飞猱；凶恶之名久已著闻，四方贼党素所向服；是以负固恃顽，屡征益炽。前此知其无可奈何，亦惟苟且招安，以幸无事；其实无救荼毒之惨，益养奸宄之谋。今乃臣等驱不练之兵，资缺乏之费，不逾两月，而破奸雄不制之虏，除三省数十年之患。此非朝廷威德，庙堂成算，何以及此！臣等切惟天下之事，成于责任之专一，而败于职守之分挠。就今事而言，前此尝夹攻二次，计剿数番；以兵，则前者强，而今者弱，前者数万，而今者数千；以时，则前者期年，而今者两月；以费，则前者再倍，而今者什一；以任事之人，则前者多知谋老练之士，而今者乃若臣之迂疏浅劣。然而计功较绩，顾反有加于昔，何哉？实由朝廷之上，明见万里，洞察往弊，处置得宜。既假臣以赏罚之权，复改臣以提督之任；既以兵忌遥制，而重各省专征之责，又虑事或牵狃，而抑守臣干预之请；授之方略而不拘以制，责其功成而不限以时。以故诏旨一颁，而贼先破胆夺气；咨文一布，而人皆踊跃争先。效谋者，知无沮挠之患而务竟其功；希赏者，知无侵削之弊而毕致其死。是乃所谓“得先胜之算于庙堂，收折冲之功于樽俎”，实用兵之要道，制事之良法也。事每如此，天下之治，有不足成者矣？

臣等偶叨任使，何幸滥竽成功！敢是献捷之余，拜手稽首以贺，伏愿皇上推成功之所自，原发纵之有因，庶无僭赏，以旌始谋。及照兵备副使杨璋，监军给饷，纪功督战，备历辛勤，宜加显擢；守备指挥郏文、知府陈祥、邢珣、季斅、推官危寿、指挥余恩、姚玺及千户孟俊、县丞舒富等，皆身亲行阵，屡立战功，俱合奖擢，庶示激扬，以为后劝。

臣本凡庸，缪当重任；偶逢事机之会，幸免覆𫗧之诛。然功非其才，福已逾分，遂沾痿痹之疾，既成废弃之人。除已别行请罪乞休外，缘系捷音，及该兵部议拟期于成功，不限以时，题奉钦依事理，为此具本题知。

添设和平县治疏 十三年五月初一日

据江西按察司分巡岭北道兵备副使杨璋、广东按察司分巡岭东道兵备佥事朱昂会呈：“据赣州府知府邢珣、惠州府知府陈祥呈，奉臣案验，据广东惠州龙川、河源等县省祭监生、生员、耆老陈震、余世美、黄宸等连名呈称：‘浰头、岑冈等处叛贼池大鬓等，魁首动以百十，徒党不下数千，始则占耕民田，后遂攻打郡县。谢玉璘、邹训等倡乱于弘治之末，而此贼已为之先锋，徐允富、张文昌继乱于正德之初，而此贼复张其羽翼，荼毒三省。二十余年以来，乃为三省逋逃之主，遂称群贼桀骜之魁。捉河源县之主簿，虏南安府之经历，绑龙南县之县官，戮信丰所之千户，肆然无忌。规图渐广，凶恶日增，僭称王号，伪建元帅、总兵、都督、将军等名目。虽屡蒙上司动调官兵，多方征剿，俱被漏网为患。今蒙提督军门亲捣贼巢，扫荡残党，除数郡之荼毒，雪万姓之冤愤。若不趁此机会，建立县治，以控制三省贼冲之路，切恐流贼复聚，祸根又萌。切见龙川和平地方，山水环抱，土地坦平，人烟辏集，千有余家。东去兴宁、长乐、安远，西抵河源，南界龙川，北际龙南，各有数日之程。其间山林阻隔，地里辽远，人迹既稀，奸宄多萃。查得父老相传，原系循州一州，龙川、雷乡二县，后因地方扰乱，人民稀少，除去循州、雷乡两处，止存龙川一县。洪武初间，龙川尚有五十五里，其后州县既除，声教不及。洪武十九等年，贼首谢仕真等相继作乱，将前项居民尽行杀戮，数百里内，人烟断绝。自此，贼巢日多，民居日耗，始将龙川县都图并作七里。迄于近年，民遭荼毒，遂至此极。如蒙怜念，于和平地方设建县治，以控制瑶洞；兴起学校，以移易风俗；及将和平巡检司改立浰头，屯兵堤备，庶几变盗贼之区为冠裳之地，实为保安至计。’等因，据呈到院。看得东南地方，但系盗贼盘据，即皆深山穷谷，阻险辽绝之区，是以征剿之后，其民类皆愿立县治，以控制要害，敷施政教而渐次化导之。故东南弭盗安民，则建立县治，亦其一策。近该本院亲剿浰贼，见今住军九连大山，往来浰头、和平等处，备阅山溪形势，讲求贼情民俗，深思善后之图，实有如各役所呈者。但开建县治，置立屯所，必须分割都图，创起关隘。城池宫室之费，力役输调之赀，未经查勘议处，难便奏闻。案：‘仰本道即行副使杨璋，会同佥事朱昂，督同府县掌印官，拘集各该地方乡里甲人等，备勘和平、浰头两处，某处可以建筑城池，某地宜以添设巡逻，某县都图相近，可以分割，某里村寨接连，堪以拨补，某所巡司可以移镇，某乡丁户可以编佥。其移民以就田，调兵以守隘，一应工役所需，作何区处。再行考求图籍，诹谘耆老，必求至当归一。具由呈来，以凭议处定夺，仍呈总督、总镇、巡按衙门公同计议施行。’等因。各职遵依，督同龙川县署县事主簿陈甫、河源县署县事县丞朱炜，就近拘集龙川县通县并河源县惠化都里老沙海、钟秀山等，与原呈陈震等到职会勘。和平峒地方原有二千余家，因贼首池大鬓等作耗，内有八百余家投城居住，尚存一千余家。本峒羊子一处，地方宽平，山环水抱，水陆俱通，可以筑城立县于此；招回投城之人，复业居住。分割龙川县和平都、仁义都，并广三图，共三里，及割附近河源县惠化都，与接近江西龙南县邻界，亦折一里前来，共辏一县。及将先年各处流来已成家业寓民，尽数查出，责令立籍，拨补绝户图眼，一体当差。其和平巡检司宜立浰头，以控制险阻。仍于本县并龙南县量编隘夫几百名，委官管领，兼同该司弓兵巡逻，使盗贼不得盘据。其盖造衙门大小竹木，和平、浰头各山产有，俱派本处人户采办，不用官钱。其余砖石灰瓦、匠作工食之费，须查支官库银两。及差委公正府佐二官一员，清查浰头、岑冈等处田土，除良民产业被贼占耕者照数给主外，中间有典与新民，得受价银者，量追价银一半入官，其田给还管业；其余同途上盗田土，尽数归官卖价，以助筑修城池官廨之用。其龙川县分割三图，止存五图在彼，路通冲要，答应繁难。查得邻界长乐县所属清化都，正与龙川连近，乞于该都分割一图，补辏管辖，庶为适均等因。又据龙南县太平等保里老赖本立等呈称：'本县东南与广东龙川、河源二县，西南与广东始兴县连界，多深山穷谷，向因各处流贼过境劫掠，太平保设有横冈、角嵊二隘，上蒙、高沙二保设有牛冈、阳陂二隘，就于各保佥点隘夫乡兵守把。后因池大鬓等不时出劫，各隘烧毁一空。今征剿既平，宜将前项隘所修筑把守，可保四境无虞。及照本县止有四里半，邑小民寡，递年逋负追并；况与龙川县又系隔省穹远，乞免分割，以苏民困。'等因。各职并行会议得贼平之后，经久良图，诚无逾于添设县治者，今龙川县里老人等，愿于和平峒羊子铺添设县治，及分割都图，清卖贼田，移置巡司，量佥隘夫等情，俱相应俯顺。惟称又要分拆江西赣州府龙南县附近都图，缘系两省地方，相隔愈远，未免影射差役，两无归着，难以准行。止该于龙南县该管图保，修筑旧隘。其新兴地方，系通始兴县要路，宜添设一隘。各于邻近地方多佥乡夫守把。及看得修筑城池、学校、仓场、铺舍等项，中间有碍百姓田庐税粮，亦该委官丈量，照数除豁。相距龙川县二百里之程，该量设铺舍十处。一应工程，除大小竹木派令人户采办，其余砖石、灰瓦等项物料，各色匠作工食，猝难料计，应合委官估计，通该银若干，扣除前项田价银两若干，余于惠州府库相应官银支给；尚有不敷，另行申请。合用人工，该起龙川县与河源县惠化都民夫答应。其移置浰头巡检司，应隶新县管辖。该司弓兵四十名，额数寡少，合于龙川县和平、仁义、广三图量编四百名，龙南县量编二百名，俱令该县掌印官编佥造册，分为二班，半年一换。俱各委官管领，兼同该司官巡逻，遇有盗贼生发，即随扑获。隘夫限满，亦须该班者交代方还。各府、州、县巡捕官，俱要不时往来巡点。其清卖贼田，修筑城池等项，俱各委官分投干办，方得集事。再照新县里粮数少，官员应该减裁，且系偏僻之地，驿递不必添设。遇有使客往来，总于龙川县雷乡驿应付。前项居民，被贼残害，疮痍未苏，加以创县劳费，困苦可矜。成县之日，凡遇一应杂泛差役，坐派钱粮物料等项，俱各酌量减省。期待三年之后，方与各县一体差科。庶几舆情允惬，事体允当，等因，到道。会同佥事朱昂覆议相同，合就会案呈详。”等因，据呈到臣。会同钦差巡按广东监察御史毛凤，议照前项地方，实系山林深险之所，盗贼屯聚之乡；当四县交界之隙，乃三省闰余之地；是以政教不及，人迹罕到。其间接连闽、广，反覆贼巢，动以百数。据而守之，真足以控诸贼之往来，杜奸宄之潜匿；弃而不守，断为狐鼠之窟穴，终萃逋逃之渊薮。况前此本亦州县旧区，始以县存，而民犹恃为保障，后因县废，而贼遂据以陆梁，是又往事之明验矣。当贼猖獗之日，地方父老屡有取复县治之议，然其时贼方盘据，势有不能。今赖朝廷威德，巢穴荡平，若不乘此机会，复建县治以扼其要害，将来之事，断未可知。臣等班师之日，胁从投招者尚不满百，今未两月，远近牵引而至且二百矣。若县治不立，制驭阔疏，不过一年，泛然投招之人，必皆复化为盗。其时又复兴师征剿，剿而复聚，长此不已，乱将安穷！夫盗贼之患，譬如病人，兴师征剿者，针药攻治之方；建县抚辑者，饮食调养之道。徒恃针药之攻治，而无饮食以调养之，岂徒病不旋踵，将元气遏绝，症患愈深，后虽扁鹊、仓公，无所施其术矣。臣等窃以设县移司，实为久安长治之策。伏愿皇上鉴往事之明验，为将来之永图，念事机之不可失，哀民困之不可再，俯采臣等所议，特敕该部早赐施行。及照建县之所，地名和平；

以地名县，以为得宜。乞从所奏，并将该设职官印信即与铨选铸给。简员以省费，均地以平徭；移巡司以据险要，宽赋役以苏穷民。如此，则夷险为易，化盗为良，可计日而效。不惟臣等得以幸逃日后之谴责，朝廷亦免再役之勤，百姓永享太平之乐矣。

三省夹剿捷音疏十三年六月十五日

据广东按察司等衙门整饬兵备监统佥事等官王大用等呈："正德十二年九月内，据乐昌县知县李增禀称：'贼首龚福全、高快马等，不时出没为患。近蒙军门案验，内开三省会兵进剿，缘照官兵未到，诚恐各贼探知，自分必死，群合四出攻劫，不惟居民受害，抑恐患及城池。议要从宜设法，以缓其势；待军兵到日，另行遵奉号令。'等因。本职看得各贼俱系先前大征漏网，招亡纳叛，踪迹诡秘。为今之计，必先诱其腹心以为我用，然后以次剪其羽翼，庶以贼攻贼，彼势可孤而我患可保。已经呈奉军门议处，设法诱致去后，续据知县李增报称：'歧田山贼犯龙贵等十二名，天塘贼犯陈满等十名，各挈家赴县首，愿擒获同伴解官。于本年十一月二十八日，督同龙贵等，计诱贼犯萧缘等六十名；十二月初二日，陈满等计诱贼犯李廷茂等二十三名。'等因。及据通判邹级、仁化县知县李萼呈称：'大贼首高快马带从贼一十五名、贼妇二口，潜往地名癞痢寨深坑，结巢藏住。随统民壮兵夫谭志泽等，于闰十二月初一日戌时进兵围寨。至初二日早擒捕，本贼突出，山头迎敌，追至始兴县界，各军奋勇向前，生擒大贼首高快马即高仲仁、从贼三名、贼妇贼女各一口，及行凶器械并被伤兵夫刘廷珍等。'开报到道。节据知府姚鹏等呈称：'督率军兵夫快抵巢，与贼交锋，陆续擒斩首从贼犯李万山、赖永达等一千三百二十名颗，俘获贼属男妇七十六名口，夺回被虏男妇一十三名口，及赃仗、牛马等物。'又据知县李增呈：'缉得贼首李斌，亡命在湖广乌春山躲住。飞报到职，当就发遣捕盗老人李攻瓒等，星夜潜至地名姜阳峒，藏踪缉探，始擒本贼，余党俱各奔遁。'缘由各开到道，参称贼首李斌节与高快马、龚福全等，纠众流毒三省，屡劳征讨；各遵奉军门号令，穷追深入，一旦就擒，各照悬示重赏。而知县李增督兵设策，屡有奇功，亦合奖劳，以励将来。”等因，备呈转报到臣。

亦据整饬兵备兼分巡岭东道监统佥等官顾应祥等呈：“据领哨通判莫相等呈称：‘统领汉达、官军、民壮、打手人等，照依刻期，进剿上下横溪、阙峒、深峒等巢。贼党坚立排栅，统众迎敌，杀伤兵夫。彼时军兵协谋，奋勇斗战，当将各巢攻破。陆续擒斩贼犯吴瑄、邓仲玉等共六百九十名颗，俘获贼属男妇三百九十五名口，夺回被虏男妇七口，及牛马、器械等物，解送前来会审。又发兵搜斩贼级一十二颗，生擒贼人三名，并俘获贼属等项。’随据本官禀称：‘横溪大贼首吴再巩招集亡命，遁住地名东田村深山结巢。即禀蒙监督佥事顾应祥出给重赏，指示方略，密切发兵，抵吴巩巢穴，四面围攻。被巩等乱用药弩射出拒敌，我兵冒伤奋勇进剿，先用铳箭将吴巩打倒，贼势少却。我兵呼噪大进，将吴巩等首从并贼属尽数擒斩，共十三名颗，俘获贼属六口，夺回被虏妇女二口。阵亡兵夫六口。’缘由呈解到道。看得贼首吴巩，系是稔恶巨寇，流劫两省，拒敌官军。而通判莫相设法防捕，致缚前凶，应合奖劳。”等因，备呈开报到臣。

查得先准兵部咨，为地方紧急贼情事，该巡抚湖广都御史秦金奏，该本部覆题：“看得郴、桂等处与广东、江西诸峒联络，若非三省会兵夹攻，贼必遁散他处。合无请敕两广并南、赣总督、巡抚等官，会同克期进兵。”等因，具题：“节奉圣旨：是，都依拟行。钦此。”续为申明赏罚以励人心事，臣节该钦奉敕谕：“但有盗贼生发，即便严督各该兵备、守备、守巡并军卫有司，设法剿杀。其领兵官员，不问文职武职，若在军前违期并逗遛退缩者，俱听以军法从事。仍要选委廉能属官，密切体访，或佥所在大户，量加粮赏，或购令贼徒自相斩捕，皆听尔随宜处置。钦此。”又准兵部咨，为地方紧急贼情事，内开：“节据乐昌县知县李增禀称，贼首高快马等八百余徒，在地名柜头村行劫。又据乳源县禀称，贼徒千余人在洲头街流劫。及据湖广郴州申，贼首龚福全、高仲仁等，虽蒙征剿，党恶犹存。正德七年，兵备衙门招抚龚福全，给与冠带，设为瑶官。高仲仁等给与衣巾，设为老人。未及两月，已出要路，劫杀军民，号称‘高快马’、‘游山虎’、‘金钱豹’、‘过天星’、‘密地蜂’、‘总兵’等官名目。正德十一年七月内，流劫乐昌及江西南康等县。后蒙抚谕，将高仲仁、李斌给与冠带，重设瑶官。未宁半月，一起八百余徒出劫乐昌，虏捉知县韩宗尧；一起七百余徒，出劫生员谭明浩等家；一起六百余徒，从老虎峒等处出劫；一起五百余徒，从兴宁县出劫。呈乞转达，请军夹剿。”等因，各报到臣。看得前项盗贼，恶贯已盈，神怒人怨。譬之疽痈之在身，若不速加攻治，必至溃肺决肠。而攻治之方，亦有二说等因，该本部覆题：“看得所奏攻治盗贼二说，大意谓事权隆重，若无意于近功，而实足为攻取之几；征调四集，虽可以分咎，而不免为地方之累。穷究根本，辩析详明，言虽两端，意实有在。合无本部行文，就令差来人赍回，交与都御史王守仁，悉依前项申明赏罚事理，便宜行事。期于成功，不限以时，相机攻剿。”等因，具题：“节该奉圣旨：是，钦此。”钦遵。节经通行各省及各该道守巡、兵备等官一体钦遵，勘处调集兵粮，克期攻剿，以靖地方。续据广东布政司等衙门左布政使等官吴廷举等会呈，奉臣并总督两广军务兼理巡抚、太子太保、都察院左都御史陈金案验，各准兵部咨，备行钦遵，查勘计处呈报等因，遵依。会同都、布、按三司等官欧儒等并岭东道兵备佥事等官王大用等，议将应剿贼巢，起调汉达官军士兵员名，分定哨道，监统把截，进攻道路及合用粮饷等项，备开呈详。随据监督兵备佥事王大用等，各将进兵机宜呈详到臣。

参看得两广总督总兵等官，虽已奉命行取回京，然军马钱粮调度方略，悉经区画，会有成案。本院见督官兵征剿浰头等贼，未能亲往督战。除分兵设策，督令副使杨璋等四面防截外，仰各官查照原议，上紧依期进剿，毋得迟疑参错，致误事机。一应临敌制度，俱在各官相机顺应。若贼势难为，兵力不逮，或先散离其党与，或阴诱致其腹心，声东击西，阳背阴袭，勿拒一议，惟求万全。军门遥远，不必一一呈禀，反成牵滞。又经牌仰上紧相机督剿去后。今据前因，除将各道呈报前项擒斩首从贼人贼级共二千八百九名颗，俘获贼属并夺回被虏男妇五百四名口，夺获器械赃物一百三十二件把，牛马八十三只匹；总计二千八百八名颗口只匹件把。行仰各道径送巡按纪功御史审验纪录，造册奏缴外，参照大贼首高仲仁、李斌、吴玑等，荼毒三省，稔恶多年，敌杀官兵，攻劫郡县。即其奸计，虽亦不过妖狐黠鼠之谋；就其虐焰，乃已渐成封豕长蛇之势。今其罪贯既盈，神怒人怨；数月之间，克遂歼殄；雪百姓之冤愤，解地方之倒悬。此皆仰仗天威，庙堂有先胜之算，帷幄授折冲之谋，贼徒破胆，将士用命之所致也。臣等获睹成功，岂胜庆幸！及照巡按纪功御史毛凤，振扬风纪，作励将士，既尽纪验之职，复多调度之方，比于常格，劳绩尤异。佥事王大用、顾应祥等，监统督调，备效勤劳；懋著经营之略，共收克捷之功。其都指挥王英、欧儒、知府姚鹏、通判邹级、莫相、知县李增、李萼，或领兵督哨，或追剿防截，类皆身亲行阵，且历艰难，均合甄收，普加旌擢。伏望皇上既行大赏于朝，复沛覃恩于下，庶示激奖，以劝后功。

臣以凡庸，兼复多病，缪膺地方之责，属征调四出，不能身亲督战。然赖总督诸臣先已布授方略，领哨诸将得以遵照奉行，戮力效死，竟收完绩。真所谓碌碌因人成事，虽无共济之功，实切同舟之幸。除先已具本请罪告病乞休外，缘系捷音事理，为此具本题知。

辞免升荫乞以原职致仕疏 十三年六月十八日

臣于六月初六日准兵部咨，为捷音事，该臣题，该本部覆题："节该奉圣旨：王守仁升右副都御史，荫子一人做锦衣卫，世袭百户，写敕奖励。钦此。"钦遵。臣闻命惊惶，莫知攸措，感极而惧，若坠冰渊。切念臣以章句腐儒，过蒙朝廷涤瑕掩垢，收录于摈弃之余，既又求长于短，拔之闲散之中，授以巡抚之寄。其时，臣以抱病在告，两疏乞休，偶值前官有托疾避难之嫌，该部论奏之义甚严，朝廷督责之旨又切，遂不遑他计，狼狈就途。莅事之后，兵耗财匮，盗炽民穷，缩手四顾，莫措一筹。朝廷悯念地方之颠危，虑臣才微力弱，必致倾偾，谓其责任之不专，无以连属人心；赏罚之不重，无以作兴士气；号令之不肃，无以督调远近。于是该部议假臣以赏罚，朝廷从而假之以赏罚；议给臣以旗牌，朝廷从而给之以旗牌；议改臣以提督之任，朝廷从而改之以提督之任；授之方略而不拘以制，责其成功而不限以时。由是臣以赏罚之柄，而激励三军之气；以旗牌之重，而号召远近之兵；以提督之权，而纪纲八府一州之官吏；伸缩如志，举动自由。于是兵威渐振，贼气先夺，成军而出，一鼓而破横水，再鼓而灭桶冈。全师克捷，振旅复举，又一鼓而破三浰，再鼓而下九连。皆役不再借，兵无挫刃。分巡官属，赍执旗牌，以麾督两广夹剿之师，亦莫不畏威用命，咸奏成功。由是言之，其始捉臣之来莅事者，该部之议，朝廷之断也；旗牌之能号召者，该部之议，朝廷之断也；提督之能纪纲者，该部之议，朝廷之断也；方略之所分布，举动之得展舒者，该部之议，朝廷之断也。臣亦何功之有，而敢冒承其赏乎？譬之驽骀之马而得良御，齐辑乎辔衔之祭，而缓急乎唇吻之和，内得于人心，外合于马志，故虽驽下，亦能尽日之力而至百里。人见其驽而百里，因谓之能；不知其能至此，皆御马者驱策之力。不然，将数里而踣，或十数里而止矣。马之疲劳，或诚有之，而遂以归功于马，其可乎？况臣驱逐之余，疾病交作，手足麻痹，渐成废人。前在贼巢，已尝具本请罪，告病乞休。日夜伏候允报，庶几生还畎亩。乃今求退而获进，请咎而蒙赏，虽臣贪冒垂涎，忍耻苟得，其如朝廷赏功之典何！伏望皇上推原功之所始，无使赏有滥及，收回成命。臣苟有微劳，不加罪戮，容令仍以原职致仕，延余喘于田野。如此，则上无滥恩，下无奸赏；宣力受任者，得免于覆悚之诛；量能度分者，获遂其知止之愿。臣无任感恩惧罪，恳切祈望之至！

再议崇义县治疏十三年十月十一日

据江西按察司分巡岭北道兵备副使杨璋呈："奉臣案验，准户部咨，覆题建立县治，以期久安事。卷查先该本道议横水地方应行事宜，开列条款，备呈提督军门，议委南康县县丞舒富，将大庾，南康、上犹三县机快，各点集三百名，分作三班，专委本官统领，来往巡视。如有余党复集，即便擒拿。有功一体转达升赏。及于三县起人夫各一百名，分作三班，就委本官不妨往来巡逻，兼督采办木植，烧造砖瓦等役。俱经备行本官，将开去事宜查照施行外，随奉提督军门批：'据县丞舒富呈称，依奉前去横水建立县治处所，将县治公廨，儒学殿庑堂斋，布按分司及府馆、旌善、申明等亭，仓廒、牢狱、养济、仓场等房，并城中街道，带同地理阴阳曾成伦等，定立向止，分处停当，已经画图贴说呈报外，合用木植，督令义官李玉玺前去地名左溪、关田等处采运。随拘各项木作，于正德十三年四月初六日起手兴工。即今先将县治并儒学起造将完，各分司等衙门料物皆备，亦皆陆续起造。但砖瓦灰泥等匠工食，应该估计，不若包工论价，庶使工程易完。已经督同备估，共该银一千零七十一两七钱九分四厘。请给钱粮支用。'等因，批行本道，再与详审。看得所呈修理次第，已是停当；所议包工论价，亦为有见。合行赣州府将大征支剩银两照数支给应用。及照衙门既已建立，必须城池保障，合无仍行通行计处城墙周围高阔丈尺、工食，或先筑土城，待后包砌，或应一时兼举，就行本官会同各县掌印官，查照里分粮数多寡，均派修筑，与夫城门城楼之费，一并估修。已经备由通行呈奉抚按衙门依拟施行，俱行赣州府照数查发，及行县丞舒富遵照支散估修外，续据县丞舒富呈称：'量计新县城墙，周围五百丈，即今新筑土城，高一丈七尺，面阔七尺五寸，脚阔一丈。若令三县里甲自行修筑，不无延捱，必须雇请泰和县上工数百，先筑土城。自七月十一日起工，扣至八月终，土城可以通完。然后用砖包砌，庶得坚久。其三县征收工价解给，庶得实用。并将城门、城楼、城墙筑砌砖石工食，共计估该银八千四十五两六钱七分二厘，备由开呈。'

等因。奉批：‘仰分巡道再加议看施行。’查得大庾等县，共计仅五十二里，而估计银两颇多，疲弊之民，诚所不堪。及照大征变卖贼属牛马赃银二千六百七十一两四钱九分，及本道问过赃罚纸米价银一千余两，见在合查商税银铸补三百七十四两八分二厘，共四千四十五两六钱之数，先行给发，止余四千两。查将三县丁粮通融分派，责委公正官员征收监督，禁革侵渔骚扰等因，备由呈奉提督军门，批：‘役三县而建横水，似亦动众劳民；建横水而屏三县，实乃一劳永逸。但当疲困之余，务以节省为贵。议并县最合事宜，非独民减科扰，抑且财获实用。仰悉照议施行。仍行各县，痛禁里胥，不得侵渔骚扰。晓谕居民，各宜乐事劝工，毋忘既往之患，共为久安之图。’呈缴依奉遵照查支分派修理去后，今照前项县治、学校、分司、各该衙门，盖造将完，而土城扣至八月终亦可完，官民住坐，可保无虞。烧砖包砌，计亦不难。其街道市廛，俱有次第，商贾往来，渐将贸易。缘县名未立，官员未除，所辖里分之民心，罔知趋向；所安新民之版籍，尚未归着。及照县治既建，凡百草创，为县官者，若非熟知地方与凡捕盗安民之术，民情土俗之宜，皆能洞晓，举而用之，鲜不败事。随会同江西布政司分守岭北道左参政吴大有，议得县丞舒富，先因前贼攻围该县，戮力拒贼，得以保全；后因大征领哨，获功居多，贼首谢志山独为所获；续委巡视三县，招安新民六百余名，帖然安堵；复委督修前项县治衙门城池，半年俱各就绪；今委署掌上犹县事，百废俱兴。及访本官存心刚直，行事公平，历官已及四年，未有公私过犯。虽未出身学校，经义亦能通晓。合无念新县草创之功，百务鼎新之始，转达具奏，升以新知县职事。然而升授正官，或于事例有碍，合无量授府州佐二之职，令其署掌新县县事。候数年后地方安妥，另行改选，庶官得其人，事得其理，而地方可得无虞。”等因，据呈到臣。

卷查先据副使杨璋、参议黄宏会呈：“上犹等县群贼猖獗为害，幸蒙提督军门躬督诸军荡平巢穴，三县之民欢欣鼓舞，如获更生。但恐大兵撤后，余党未免啸聚，要于横水等处建立县治，并巡司等衙门，以绝后患。

实为久安长治之策。”等因。已经批仰该道重覆查勘无异，会同江西巡抚都御史孙燧、巡按江西监察御史屠侨，处议明白，各具本奏请定夺去后，随准户部咨，该本部覆题：“看得添设县治，既该府按官员会议，相应依拟，合咨提督南、赣、汀、漳军务左佥都御史王守仁同抚按官会委该道守巡官，选委府县佐二能干官员，先将添设县治合用一应材木砖瓦等物料先为措置收买，并顾觅人夫工匠价银逐一估计辏处，就便兴修，务使工日就而民力不劳，物咸备而财用不乏。候城池、公宇、县治、学校、仓廒、街道、民居、吏舍等项，粗有规制，另为会奏，以凭上请定拟县名，及咨吏、礼二部选官铸印施行。”等因，具题：“奉圣旨：是。钦此。”及准兵部覆题：“议得勘乱于已发，固为有功；弭乱于未然，尤为有见。今都御史王守仁与巡抚、巡按及守巡官深谋远虑，议建县治、巡司，以控制无统之民，事体民情，俱各顺当。及先编佥隘夫，委官守把，事在必行，不可犹豫。合无本部将开设县治一节移咨户部，奏请定立县名，速行遵守。仍依所奏，添设长龙、铅廒二巡检司，及将过步巡检司行移吏、礼二部，选调官员，铸换印信、条记，并行江西布政司查拨吏役，编佥弓兵。中间一应事宜，悉听都御史王守仁会同巡抚都御史孙燧查照原拟，从宜处置，务在事体稳当，贼害绝除，期副委任。”等因，具题：“奉圣旨：是。钦此。”钦遵。备行守巡该道一体钦遵施行。仍呈抚按衙门知会外，今呈前因。臣会同巡抚江西等处地方都察院右副都御史孙燧、巡按江西监察御史屠侨，议照该道所呈前项县治、学校、分司等衙门，盖造不日通完，而城池砌筑，亦已将备。惟称新县草创之初，百务鼎新，必须熟知民情土俗之宜者以为县官。及会访县丞舒富才力堪任，乞要量升府州佐二之职，令其署掌新县一节，实亦酌量时宜，保土安民之意。伏望皇上悯念远土凋敝之余，小邑草创之始，乞敕该部俯采会议原由，再加审察，将县丞舒富量为升职，管理新县；或别行谘访谙晓夷情，熟知土俗，刚果有为者，前来开创整理。庶几疮痍之民可以渐起，而反覆之地得以永宁矣。

再议平和县治疏 十三年十月十五日

据福建布政司呈称："漳州府知府钟湘关称，正德十二年四月撤兵之时，蒙福建参政陈策、副使唐泽批，据南靖县儒学生员张浩然等，及据本县清宁、河头社义民乡老曾敦五、林大俊等各呈，要于河头地方添设县治，以控制贼巢；建立学校，以易风俗；改移小溪巡检司，以防御缓急。行仰本职踏勘。随即呈蒙漳南道兵备佥事胡琏督同本职并南靖县知县施祥等踏勘，河头大洋陂一处，堪设县治，枋头板一处，堪设巡抚司；委果人心乐从，一劳永逸。议将南靖县清河、宁里二图，新安里三图，漳浦县二都二图、三都十图，计一十二图，十班人户，查揭册籍，割属新设县治管摄。其南靖县止有一十八图，应当里役，邑小事繁，办纳不前。又查龙溪县原有一百五十二图，内有二十一都并二十五图地方，与南靖密迩，相应拨补管辖，截长补短，里甲便于应当，钱粮易于催办，事颇相应。转呈镇巡抚按等衙门，各具本题奉钦依，准于前项地方添设县治。及改移巡司衙门。其县名并该设官吏印信，令行布政司径自奏请，给赐铨拨铸降。合用木石灰瓦等料，先尽本府并所属县分在库赃罚银两支给买办。若有不敷，从宜处置，不许动支军饷钱粮及科取小民等因。随即呈委南靖县知县施祥、漳平县知县徐凤岐，董工兴作。于正德十二年十二月初九日，本职督同各官亲到河头，告祀社土，伐木兴工。至次年五月内，据知县徐凤岐呈报，外筑城垛俱已完备，惟表城因风雨阻滞，期在九月工完。及据知县施祥呈报，县堂、衙宇、幕厅、仪门、六房，及明伦堂俱各坚完，惟殿庑、分司、府馆、仓库、城隍、社稷坛，亦因风雨阻滞，次第修举，期在仲冬工完。又据南靖县县丞余道呈称，带同木石匠陈恩钦等，前到漳汀枋头板地方丈量土城，周围一百一十丈，顾募乡夫舂筑完固，给发官银，砍办木植，督造巡司公馆、前厅各一座，仪门一座，鼓楼一座，后堂各一座，各盖完备。惟土城公馆、巡司厢房欠瓦，暂将茅覆，候秋成农隙修举等因。随于正德十三年三月初六日，行令小溪巡检郭森前去到任，前去地方。今据各委官员呈报，功已垂成，势不容缓。照得县名须因土俗，本职奉委亲历诸巢，询知南靖县河头等乡，俱属平河社，以此议名平和县。及割南靖县清宁里七图、新安里五图，共计粮三千九百九石六斗七升四合七勺五抄，计一十二里，合为裁减县分，一知一典治之。原议漳浦县二都二图、三都十图，地方隔远，民不乐从，今议不必分割。再照新县所属多系新民，须得廉能官员，庶几开新创始，事不烦而民不扰。其学校教官，合无止选一员署印，先行提学道，将清宁、新安二里见在府县儒学生员，就便拨补廪增之数。其有不足，于府县学年深增附内，量拨充补。又或不足，于新民之家选取俊秀子弟入学，使其改心易虑，用图自新。及照南靖县，邑小事繁，分割一十二里，添设新县，办纳愈见不堪。合无亦作裁减县分，以一知一典治之。又查得龙溪县一百五十二图内，将二十一都七图、二十五都五图，共计一十二图，计粮一千六百八十一石七斗七升三合八勺三抄，拨铸南靖县，抵纳粮科。又照南靖小溪巡检司既已改立漳汀，合改漳汀巡检司印信，奏请改铸。并新县儒学、医、阴阳等衙门，俱例该铸印信。缘由备申到司。”转呈到臣。

卷查先据福建漳南道兵备佥事胡琏呈，前事已经查勘无异，具由奏请定夺去后。续据该道呈，备知府钟湘呈，将分割南靖等县都图随近新设县治管摄，以办粮差。并估计过城垣、城楼、窝铺等项工料银两数目。及查府库各项官银，实有一万余两，堪以支用，要行委官择日兴工筑砌。缘由备呈到臣。

看得开设县治，既以事体相应，已行具奏，及令该府一面俯顺民情，动支银两兴工外，其间分割都图、议估工价一应事务，军门路远，难以遥断。皆须该道及该府亲民各官自行查勘的确，果已宜于民情，便于事体，无他私弊，即便就行定议，以次举行。候奏准命下之日，应奏闻者。若更繁文往复，徒尔迟误日月，无益于事。又经批仰着实干理，仍行镇守巡按衙门知会间，随准户部覆题：“内开前项情节，即该本官勘处停当，具奏前来，相应依拟。合无本部仍行左佥都御史王守仁，再查无异，准于前项地方添设县治，及改移巡检司衙门。”等因，具题：“奉圣旨：是。这添设县治事宜，各依拟行。钦此。”钦遵。备咨前来，节经行仰福建布政司及分巡漳南道转行该府，一体钦依施行去后。今据前因，参看得所呈新设县治，既已议名平和，小溪巡检司改名漳汀巡检司，及学校例该一正二副，今称草创之初，止乞选官一员掌管，并拨补廪增生员等项，俱于事体相应。除行该司径自具奏外，为照南靖县原系全设衙门，今既分割都图，添补新县，委系邑小费繁，似应裁减；止用一知一典，已足敷治。又龙溪县一百五十二图，将二十一都七图、二十五都五图，共计一十二图拨辏南靖，抵纳粮差，揆于事体，颇亦均平。伏望皇上俯顺下情，乞敕该部议处裁拨，庶几量地制邑，得繁简之宜。而兴事任功，从远近之便。缘系裁减官员及拨都图事理，为此具本请旨。

再请疏通盐法疏 十三年十月二十二日

据江西按察司分巡岭北道兵备副使杨璋呈：“备赣州府呈：‘蒙备仰本府即将正德十二年正月起，至九月终止，抽过税银及上犹、龙川两次用兵支过军饷，并今剩余银两查报等因。依蒙查得正德十一年十二月终止，旧管银三千五百七十四两三钱一厘二丝一忽九微；并新收正德十二年正月起至正德十三年九月终止，共抽过商税银一万六千七百八十八两五钱八分七厘七毫五丝；两次用兵共用过银四万七千二百八十七两二钱二分八厘四毫三丝八忽六微，米九千九百四十九石五斗六升九合四勺四抄，谷五百三十九石四斗；内除提督南、赣、汀、漳等处军务都察院左佥都御史王守仁查发纸米价银八十九两六钱，巡抚江西等处地方都察院右副都御史孙燧查发纸米价银二千两，本道查发纸米价银七千八百二十两二钱七分八厘六毫，南、赣二府查出在库赃罚缺官柴薪等项银一万九千五十九两四分六厘六毫八忽三微外，实支用过商税银一万八千三百一十八两三钱三厘三毫三丝三微。见今余剩银二千四十四两五钱八分五厘七毫五丝一忽六微。’等因，开报到道。案查先为比例请官专管抽分以杜奸弊事，准户部咨，该巡抚右副都御史周南题：‘备仰本道照奉钦依事理，即将所收商税再行参酌，从轻定议则例，仍严加稽考，务使税课所入，随多寡以为数，而不以多取为能。其广东盐课，许于南、赣二府发卖，不许再行抽税。袁、临、吉三府不系旧例行盐地方，不许到彼发卖。所抽分商税，除军饷听巡抚都御史动支外，其余不许擅动。年终差人解部，辏支光禄寺赊欠铺行厨料果品支用，以省加派小民。仍将再议过缘由，呈报施行。’等因。行据赣州府呈称：‘依奉将贡水该抽诸货从轻定拟则例，及开称广东盐引，不许放过袁、临、吉三府发卖。’等因，备呈本院，详允出给禁约。及将余剩银二千九百六十七两一钱八分二厘二毫三丝一忽九微，行令起解间，随据该府呈，奉巡抚江西等处地方都察院右副都御史陈金批：‘看得该府连年用兵之费，所积不多，近又定拟除减，所入亦少。况地方盗贼不时窃发，别无堪动钱粮，将余剩税银暂且存留在库，以备军饷。’等因。已该前兵备副使陈良珊，将自正德六年十一月二十七日立厂抽分起至，正德十二年终止，造册，差舍人王鼎，续该本职将正德十一年正月起，至本年十二月终止，造册，差舍人屠贤，各奏缴讫。本年九月二十六日，抄奉提督军门案验：‘准户部咨，备行本道，照奉钦依事理，将广东官盐暂许袁、临、吉三府发卖，自今为始，至正德十三年终止。仍将先次未解，并今次抽税过银两、支用过数目缘由，造册径自奏缴，及造清册赍送该部并本院查考。’除遵奉外，查得正德十三年将终，及上犹、龙川两处征剿事毕，所据商税收支，应该造册解缴。备行该府查报去后，今据前因，查得南、赣地方两次用兵，中间商税实为军饷少助。然而商税之中，盐税实有三分之二。为照南、赣二府与广东翁源等县壤地接连，近该两广具奏，征剿前贼，乘虚越境，难保必无。见今府库空虚，民穷财尽，将来粮饷绝无仰给。况此盐利一止，私贩复生，虽有禁约，势所难遏。与其利归于奸人，孰若有助于军国！合无转达将前项盐税着为定例，许于袁、临、吉三府地方发卖；照旧抽税，以供军饷；每年终依期造报，余剩之数，解部转发光禄寺支用，以省加派小民。如此，则奸弊可革，军饷有赖，光禄寺供用亦得少资，诚所谓一举而数得矣。呈乞照详转达。”等因，具呈到臣。

查得接管卷内，先为处置盐铁以充军饷事，江西布政司呈，奉总制江西左都御史陈金批：“查得广西、岭北二道滩石险恶，淮盐不到，商人往往私贩广盐，射利肥己。先蒙总督衙门奏准，广盐许行南、赣二府发卖，仰令南雄照引追纳米价，类解梧州军门，官商两便，军饷充足。当时止是奏行南、赣，不曾开载袁、临、吉三府，合无遵照敕谕，便宜处置，暂将广盐许下三府发卖，立厂盘掣，以助军饷。”随该布政司管官刘果等议称：“委果于事有益，于法无碍，具呈详允，批行遵照立厂抽税。”等因。续该户部覆议，内开“广东盐课，许令南、赣二府发卖，不许到于袁、临、吉三府，备行禁革”外，正德十二年正月十五日，臣抚临赣州，随据副使杨璋呈称：“奏调三省官兵夹剿上犹等巢，粮饷所费，约用数万石，若不早行计处，必致有误军机。查得前项盐法，准行南、赣二府贩卖，果系一时权宜，不系洪武年间旧例。合无查照先年便宜事例，行令前商，许令袁、临、吉三府贩卖。所收银两，少备军饷，候事少宁，另行具题禁止。”等因，呈详到臣。看得即今调兵夹剿，粮饷缺乏，遵照敕谕径自区画事理，批行该道暂且照议施行，候平定之日照旧停止。具题去后，随准户部覆议：“将广东官盐暂于袁、临、吉三府发卖，至正德十三年终止。行该道官照前抽分，将税课供给军饷，不许多取妄用，至期照旧停止。”等因，具题：“奉圣旨：是。钦此。”钦遵。已经转行该道一体钦遵去后。

今呈前因，为照袁、吉等地方，溪流湍悍，滩石峻险。淮盐逆水而上，动经旬月之久；广盐顺流而下，不过信宿之程。故民苦淮盐之难，而惟以广盐为便。自顷奉例停止，官府但有禁革之名，其实私盐无日不行。何者？因地势之便，从民心之欲，非但不能禁之于私，每遇水发，商舟动以百数，公然蔽河而下，如发机之弩。官府逻卒，寡不敌众，袖手岸傍，立视其过，孰得而沮遏之！故广盐行则商税集，而用资于军饷，赋省于贫民；广盐止则私贩兴，而弊滋于奸宄，利归于豪右，此近事之既验者。

今南、赣盗贼，虽已仰仗天威，克平巢穴，然漏殄残党，难保必无。且地连三省，千数百里之内，连峰参天，深林蔽日；其间已招之新民，尚怀反覆；未平之贼垒，多相勾联，乘间窥窃，不时而有。方图保戍之策，未有撤兵之期。况后山、从化等处，见在调兵征剿，臣亦缪承方略之命，师行粮食，势所必然。今府库空虚，民穷财尽，若盐税一革，军饷之费，苟非科取于贫民，必须仰给于内帑。夫民已贫而敛不休，是驱之从盗也；外已竭而殚其内，是复残其本也。矧内帑之发，非徒缓不及事，抑恐力有未敷。臣切以为宜开复广盐，着为定例；籍其税课，以预备军饷不时之急；积其羡余，以少助内府缺乏之需；实夹公私两便，内外兼资。夫聚敛以为功，臣之所素耻也；掊克以招怨，臣之所不忍也。况臣废疾日深，决于求退，已可苟避地方之责，但其事势，不得不然。若已毕而复举，是遗后人以所难，而于职守为不忠矣。愿皇上悯地方之疮痍，哀民贫之已甚，虑军资之乏绝，察臣心之无他，特敕该部俯采所议，酌量裁处，早赐施行，则地方幸甚！

升荫谢恩疏 十四年正月初二日

正德十三年六月初六日，准兵部咨："为捷音事，该臣题，该本部覆题：'节该奉圣旨：王守仁升右副都御史，荫子一人做锦衣卫，世袭百户，写敕奖励。钦此。'备咨钦遵。"臣窃自念功微赏重，深惧冒滥之诛，已于本月十八日具本乞恩，辞免升荫，容照原职致仕。复蒙圣旨："王守仁才望素著，屡次剿贼成功，升官荫子，宜勉遵成命，不准休致。该部知道。钦此。"备咨钦遵。臣闻命自天，局身无地。窃惟因劳而进秩者，朝廷赏功之典；量能而受禄者，人臣自守之节。故功宜惟重。虽圣帝之宽仁，而食浮于行，尤君子所深耻。陛下之赐，行其赏功之典也，臣之不敢当者，亦惟伸其自守之节而已。军志有之："该罚而请，不罚者有诛；该赏而请，不赏者有诛。"古之人君执其赏罚，坚如金石，信如四时，是以令之所播如轰霆，兵之所加无坚敌，而功之所成无愆期。今日之事，兵事也。汉臣赵充国云："兵事，当为后法。"臣诚自知贪冒之耻，然亦安敢狥一己之小节，以乱陛下之军政乎！但荫子实非常典，私心终有所未安。黾勉受命，忧惭交集。自恨疾病之已缠，深惧图报之无日。感激洪恩，莫知攸措。除别行具本请罪乞休外，为此具本称谢！

乞放归田里疏十四年正月十四日

正德十三年十月初二日，准吏部咨："该臣奏为久病待罪，乞恩休致事。奉圣旨：'王守仁帅师讨贼，贤劳懋著，偶有微疾，着善调理，以副委任。所辞不允。该部知道。钦此。'备咨钦遵。"又于本年十二月二十九日，准吏部咨："该臣奏为乞恩辞免升荫容照原职致仕事。奉圣旨：'王守仁才望素著，累次剿贼成功，升官荫子，宜勉遵成命，不准休致。该部知道。钦此。'备咨钦遵。"除已具本谢恩外，窃惟圣主之任官也，因才而器使，不强人以其所不能，是以上无废令，而下无弃才；人臣之受职也，量力而成事，不强图其所不任，是以言有可底之绩，而身无鳏旷之诛。历考往昔，盖未有不如此而可以免于愆谴者也。臣以狂愚，收录摈废，缪蒙推拔，授寄军旅。当时极知叨非其分，不敢冒膺，辞避未伸，而迫于公议，仓卒就道。既已抵任，则复黾勉从事，私计迂怯，终将偾败。遭际圣明，德威震赫；扶病策驽，仰遵成算，不意偶能集事。苟免颠覆，实皆出于意料之外。然此侥幸之事，岂可恃以为常者哉？庙堂之上，不暇深察，其所以增其禄秩，将遂举而委之。人苦不自知耳。臣之自量，则既审且熟，深惧戮亡之无日也。譬之懦夫，驾破败之舟以涉险，偶遇顺风安流，幸而获济。舟中之人既已狼狈失措，而岸傍观者尚未之知，以为是或有能焉，且将使之积重载，冲冒风涛而试洪河大江之中，几何其不沦溺也已！

今四方多故，銮舆远出，大小臣工，惶惶旦暮。臣虽鄙劣，竭忠效命，以死国事，亦其素所刻心。安忍托故，苟求退遁！顾力纤负巨，如以蒿支栋，据非其任，遂使殒身，徒以败事，亦何益矣！且臣比年以来，百病交攻；近因驱驰贼垒，瘴毒侵陵，呕吐潮热，肌骨羸削；或时昏眩，偃几仆地，竟日不惺，手足麻痹，已成废人；又以百岁祖母，卧病床褥，切思一念为诀。悲苦积郁，神志耗眊，视听恍惚，隔宿之事，不复记忆。以是求延旦夕之生，亦已难矣，而况使之当职承务，从征讨之后，其将能乎！夫豢畜牛羊，细事耳，亦且求良牧而付之，况于军务重任，生灵休戚之所关，乃以疾废瞶眊之人，覆败之戮，臣无足论，其如陛下一方之寄何！伏愿陛下念四省关系之大，不可委于匪人；察病废枯朽之才，不宜付以重任。怜桑榆之短景，而使得少遂其乌鸟之私；录犬马之微劳，而使得苟延其蝼蚁之息。别选贤能，委以兹任。放臣暂归田里，就医调治。倘存余喘，尚有报国之日。臣不胜感恩待罪恳切哀望之至！

卷十二　别录四

奏疏四

飞报宁王谋反疏十四年六月十九日

正德十四年六月初五日，节该钦奉敕："福州三卫军人进贵等胁众谋反，特命尔暂去彼处地方会同查议处置，参奏定夺，钦此。"钦遵。臣于本月初九日，自赣州启行，至本月十五日，行至丰城县，地名黄土脑。据该县知县等官顾佖等禀称，本月十四日宁府称乱，将孙都御史、许副使并都司等官杀死，巡按及三司、府、县大小官员不从者俱被执缚，不知存亡，各衙门印信尽数收去，库藏搬抢一空，见监重囚俱行释放，舟楫蔽江而下，声言直取南京，一面分兵北上。各官皆来沮臣不宜轻进。其时臣尚未信，然逃乱之民，果已四散奔溃，人情汹汹。臣亦自顾单旅危途，势难复进，方尔回程，随有兵卒千余，已夹江并进，前来追臣。偶遇北风大作，臣亦张疑设计，整舟安行；兵不敢逼，幸而获免。

本月十八日，回至吉安府，据知府伍文定等禀称，地方无主，乞留暂回区画。远近军民，亦皆遮拥呼号。随据临江府并新淦、丰城、奉新等县各差人飞报，宁府遣兵四出攻掠，拘收印信，及拿掌印官员，调取兵快，水兑粮船尽被驱胁而去等因。臣奉前旨，欲遂径往福建。但天下之事，莫急于君父之难，若彼顺流东下，万一南都失备，为彼所袭，彼将乘胜北趋，旬月之间，必且动摇京辅。如此，则胜负之算，未有所归，此诚天下安危之大机。虑念及此，痛心寒骨，义不忍舍之而去。故遂入城，抚慰军民，督同知府等官伍文定等，调集兵粮，号召义勇。又约会致仕乡官右副都御史王懋中、养病评事罗侨等，与之定谋设策，收合涣散之心，作起忠义之气；相机乘间，务为蹑后之图，共成犄角之势，牵其举动，而使进不得前，捣其巢穴，而使退无所据。日望天兵之速至，庶解东南之倒悬。伏望皇上省愆咎己，命将出师。因难兴邦，未必非此。

臣以弱劣多病，屡疏乞休，况此地方之责，本亦非臣之任。今兹扶疾赴闽，实亦意图便道归省。临发之前，已具哀恳。赍奏之人去才数日，适当君父之急，不忍失此事机，姑复暂留，期纾国难。候区画少定，各官略可展布，朝廷命师一临，亦遂遵照前旨，入闽了事，就彼归省父疾。进不避嫌，退不避罪，惟民是保，而利于主，臣之心也。直行其报国之诚，而忘其缓命之罪，求伸其哀痛之情，而甘冒弃职之诛，臣之罪也。

窃照都御史王懋中，评事罗侨，忠义自许，才识练达；知府伍文定，果捷能断，忠勇有谋，累立战功，皆抑而不赏，久淹外郡，实屈而未伸。今江西阖省见无一官，若待他求，缓无所及。乞遂将各官授以紧要职任，庶可责之拯溺救焚，其余若裁革兵备副使罗循，养病副使罗钦德，郎中曾直，御史周鲁，同知郭祥鹏，省亲进士郭持平，驿丞李中、王思等，虽皆本土之人，咸秉忠贞之节，况亦见在同事，当多难之日，事宜从权，庶克有济。

再照宁府逆谋既著，彼若北趋不遂，必将还取两浙，南扰湖、湘，窥留都以断南北，收闽、广以益军资。若不即为控制，急遣重兵，必将噬脐无及。

又照抚州府知府陈槐，临江府知府戴德孺，赣州府知府邢珣，袁州府知府徐琏，宁都县知县王天与，丰城县知县顾佖，新淦县知县李美，奉新县知县刘守绪，泰和县知县李楫，南安府同知朱宪，赣州府同知夏克义，龙泉县知县陈允谐，及阖省各官今见在者，乞敕吏部就于其中推补本省方面知府兵备等官，庶可速令供职。其有城守之责者，亦各量升职衔，重其权势，使可展布。

又照南、赣军饷，惟资盐商诸税。近因户部奏革，顾募之兵无所仰给，悉已散遣。今未两月，即遇此变，复欲召募，将倚何资？辄复遵依敕旨，便宜事理，仍旧举行。然亦缓不及济，必须先于两广积储军饷数内量借一十余万，庶几军众可集，地方有赖，国难可平。

缘系飞报地方谋反重情事理，为此具本专差舍人来仪亲赍，谨题请旨。

再报谋反疏十四年六月二十一日

节该钦奉敕福州三卫云云，缘系飞报地方谋反重情事理，为此具本，先于本月十九日专差舍人来仪奏报外；但叛党方盛，恐中途为所拦截，合再具本专差舍人任光亲赍，谨题请旨。

乞便道省葬疏十四年六月二十一日

臣以父老祖丧，屡疏乞休，未蒙怜准。近者奉命扶疾赴闽，意图了事，即从此地，冒罪逃归。旬日之前，亦已具奏。不意行至中途，遭值宁府反叛。此系国家大变，臣子之义不容舍之而去。又阖省抚巡方面等官，无一人见在者。天下事机间不容发，故复忍死暂留于此，为牵制攻讨之图。俟命师之至，即从初心，死无所避。

臣思祖母自幼鞠育之恩，不及一面为诀，每一号恸，割裂昏殒，日加尫瘠，仅存残喘。母丧权厝祖墓之侧，今葬祖母，亦欲因此改葬。臣父衰老日甚，近因祖丧，哭泣过节，见亦病卧苫庐。臣今扶病驱驰兵革，往来于广信、南昌之间。广信去家不数日，欲从其地不时乘间抵家一哭，略为经画葬事，一省父病。

臣区区报国血诚，上通于天，不辞灭宗之祸，不避形迹之嫌，冒非其任以勤国难，亦望朝廷鉴臣之心，不以法例绳缚，使臣得少伸乌鸟之痛。臣之感恩，死且图报。抢攘哀控。不知所云。

缘系恳乞天恩便道省葬事理，为此具本奏闻。

奏闻宸濠伪造檄榜疏 十四年七月初五日

正德十四年七月初一日，据吉安府知府伍文定申，准领哨通判杨昉，千户萧英，在于墨潭地方捉获宁府赍檄榜官赵承芳等二十员名，解送到臣。看得檄榜妄言惑众，讥讪主上，当即毁裂。又以事合闻奏，随即固封以进，审据赵承芳供系南昌府学教授。

六月十三日，宁府生日，次日各官谢宴，突起反谋，杀死孙都御史、许副使，囚死黄参议、马主事，其余大小职官胁从不遂者俱被监禁，追夺印信，放囚劫库，邀截兑米，分遣逋寇四散摽掠。声言要取南京，就往北京。十六日，亲出城外迎取安福县举人刘养正，十七日，迎取致仕都御史李士实，入该府内，号称军师、太师名目。二十一日，将原禁各官放回各司，差人看守。二十二日，令承芳并参政季敩代赍伪檄榜文，赴丰城、吉安、赣州、南安并王都御史及广东、南雄等处，俱各不写正德年号，止称大明己卯岁。比承芳等不合怕死，及因妻子被拘，旗校管押，只得依听，赍至墨池地方。蒙本院防哨官兵将承芳等拿获。

随审季敩，供系先任南安府知府，近升广西参政，装带家小由水路赴任，行至省城，适遇宁王生日，传令庆贺。次日，随众谢宴，变起仓卒，俱被监禁。比敩自分死国，因妻女在船，写书令妻要死夫、女俱死母。后因看守愈严，求死不遂。至二十一日，放回本船，懵死良久方苏。二十二日，又将妻女拘执，急呼敩进府，将前伪檄榜差旗校十二人督押敩与承芳代赍。敩计欲投赴军门，脱身报效，不期官兵执送前来等因。

案照先为飞报地方谋反重情事，已经二次差人具奏去后，今审据前因，参照宁王不守藩服，敢此称乱，睥睨神器，指斥乘舆，擅杀大臣，放囚劫库，稔不韪之罪，犯无将之诛。致仕都御史李士实，恩遇四朝，实托心膂，举人刘养正，旧假恬退之名，新叨录用之典，今皆反面事仇，为之出谋发虑，既同狗彘之行，难逭斧钺之诛。参政季斅，教授赵承芳，义未决于舍生，令已承于捧檄，但暴虐之威恐动于中，鹰犬之徒钤制于外，在法固所当罪，据情亦有可悯。除将赵承芳、季斅监禁，一面檄召兵民，随机应变，竭力讨贼，一应事宜，陆续奏闻处置外。

臣闻多难兴邦，殷忧启圣。陛下在位一十四年，屡经变难，民心骚动。尚尔巡游不已，致宗室谋动干戈，冀窃大宝。且今天下之觊觎，岂特一宁王；天下之奸雄，岂特在宗室。言念及此，懔骨寒心。昔汉武帝有轮台之悔，而天下向治；唐德宗下奉天之诏，而士民感泣。伏望皇上痛自刻责，易辙改弦，罢出奸谀以回天下豪杰之心，绝迹巡游以杜天下奸雄之望，定立国本，励精求治，则太平尚有可图，群臣不胜幸甚。为此具本，并将伪檄一纸封固，专差舍人秦沛亲赍，谨题请旨。

留用官员疏十四年七月初五日

照得江西宁府谋反，据城练兵，分兵攻劫，囚禁方面官员，有操戈向阙之势。此君父之大难，臣子愤心之日也。臣在吉安地方调兵讨贼，四路阻绝，并无堪用官员。适遇钦差两广清军御史谢源，刷卷御史伍希儒，各赴京复命，道经该府，不能前进。各官奋激，思效力讨贼以报朝廷，臣亦思军务紧急，各官俱有印敕，方便行事，遂留军前，同心戮力，经济大难。待事宁之日，赴京复命。

缘系留用官员事理，未敢擅便，为此具本请旨。

江西捷音疏十四年七月三十日

照得先因宁王图危宗社，兴兵作乱，已经具奏，请兵征剿外。随看得宁王阴谋不轨，已将十年，畜养死士二万余人，招诱四方盗贼渠魁亦以万数。举事之日，复驱其护卫党与并胁从之徒，又六七万人，虐焰张炽。臣以百数疲弱之卒，势不敢轻举骤进，乃退保吉安。姑为牵制之图。

时远近军民劫于宁王之积威，道路以目，莫敢出声。臣一面督率吉安府知府伍文定等调集军民兵快，召募四方报效义勇之士，会计一应解留钱粮，支给粮赏，造作军器战船，奏留公差回任监察御史谢源、伍希儒分职任事。一面约会该府乡官先任右副都御史致仕王懋中，养病痊可编修邹守益，刑部郎中曾直，评事罗侨，丁忧监察御史张鳌山，先任浙江佥事今赴部调用刘蓝，省亲进士郭持平，军门参谋驿丞王思、李中，先任福建按察使致仕刘逊，先任参政致仕黄绣，先任嘉兴府知府闲住刘昭等，相与激发忠义，譬谕祸福，移檄远近，布朝廷之深仁，暴宁王之罪恶。于是豪杰响应，人始思奋。区画旬日，官兵稍稍四集。

时宁王声言先取南京。臣虑南京尚未有备，恐一时为彼所袭，乃先张疑兵于丰城，示以欲攻之势。故宁王先遣兵出攻南康、九江诸处，而自留居省城以御臣。至是七月初二日，探知臣等兵尚未集，乃留兵万余，属其心腹、宗支、郡王、仪宾、内官并伪授都督、都指挥等官使守江西省城，而自引兵向阙。

臣昼夜促各郡兵，期以本月十五日会临江之樟树，而身督知府伍文定等兵径下。于是知府戴德孺引兵自临江来，知府徐琏引兵自袁州来，知府邢珣引兵自赣州来，通判胡尧元、童琦引兵自瑞州来，通判谭储，推官王暐、徐文英，新淦知县李美，泰和知县李楫，宁都知县王天与，万安知县王冕，亦各以其兵来赴。

十八日遵至丰城，分布哨道：使知府伍文定为一哨，攻广润门入；知府邢珣为二哨，攻顺化门入；知府徐琏攻惠民门入；知府戴德孺攻永和门入；通判胡尧元、童琦攻章江门入；知县李美攻德胜门入；都指挥余恩攻进贤门入；通判谭储、推官王暐、知县李楫、王天与、王冕等，各以其兵乘七门之衅，傍夹攻击，以佐其势。是日得谍报，宁王伏兵千余于新旧坟厂，以备省城之援。臣乃遣奉新知县刘守绪、典史徐诚领兵四百，从间道夜袭破之，以摇城中。

十九日发市汊。臣乃大誓各军，申布朝廷之威，再暴宁王之恶，约诸将一鼓而附城，再鼓而登，三鼓而不克诛伍，四鼓而不克斩将。已誓，莫不切齿痛心，踊跃激愤。薄暮齐发。二十日黎明，各至信地。

先是城中为备甚严，滚木、灰瓶、火炮、石弩、机毒之械无不毕具。及臣所遣兵已破新旧坟厂，败溃之卒皆奔告城中，城中已惊惧。至是复闻我师四面骤集，皆震骇夺气。我师乘其动摇，呼噪并进，梯絙而登。城中之兵土崩瓦解，皆倒戈退奔。城遂破。擒其居守宜春王拱樤及伪太监万锐等千有余人。宁王宫中眷属闻变，纵火自焚，延及居民房屋。臣当令各官分道救火，抚定居民，散释胁从，封府库，谨关防，搜获原被劫收大小衙门印信九十六颗，三司胁从官布政使胡濂，参政刘棐，参议许效廉，副使唐锦，佥事赖凤，都指挥王玘等，皆自首投罪。除将擒斩功次发御史谢源、伍希儒权令审验纪录，一应事宜，查审明白，陆续具奏；及一面分兵四路，追蹑宁王向往，相机擒剿，另行奏报外。

窃照宁王逆焰熏天，众号一十八万，屠城破郡，远近震慑。今其猖獗已一月有余，而四方赴难之师，尚未有一人应者。前项领哨各官及监军御史，本主养病、丁忧、致仕等官，皆从臣起于颠沛危急之际，并心协谋，倡率义勇，陷阵先登，以克破此坚城，据其巢穴。此虽臣子职分当然，亦其激切痛愤之本心。但当此物情暌二动摇之日，非赏罚无以鼓士气。今逆贼杀人如草芥，又挟其厚货，赏赉所及，一人动以千万。伏愿皇上处变从权，速将前项各官量加升赏，以励远近。事势难为之日，覆宗灭族之祸，臣且不避，况敢避邀赏之嫌乎?

缘系捷音事理，为此具本，专差千户詹明亲赍，谨具题知。

擒获宸濠捷音疏 十四年七月三十日

照得先因宁王图危宗社，兴兵作乱，已经具奏请兵征剿外。随看得宁王虐焰张炽，臣以百数疲弱之卒，未敢轻举骤进，乃退保吉安，姑为牵制之图。时远近军民劫于宁王之积威，道路以目，莫敢出声。臣一面督率吉安府知府伍文定等调集军民兵快，召募四方报效义勇之士，奏留监察御史谢源、伍希儒分职任事，一面约会该府乡官都御史王懋中，编修邹守益，郎中曾直，评事罗侨，监察御史张鳌山，佥事刘蓝，进士郭持平，参谋驿丞王思、李中，按察使刘逊，参政黄绣，知府刘昭等，相与激发忠义，移檄远近，布朝廷之深仁，暴宁王之罪恶。于是豪杰响应，人始思奋。时宁王声言先取南京。臣虑南京尚未有备，恐为所袭，乃先张疑兵于丰城，示以欲攻之势。故宁王先遣兵出攻南康、九江，而自留居省城以御臣。至七月初二日，探知臣等兵尚未集，乃留兵万余，使守江西省城，而自引兵向阙。臣昼夜促兵，期以本月十五日会临江之樟树，而身督知府伍文定等兵径下。于是知府戴德孺、徐琏、邢珣，通判胡尧元、童琦、谈储，推官王暐、徐文英，知县李美、李楫、王天与、王冕各以其兵来赴。十八日，遂至丰城，分哨道：使知府伍文定等进攻广润等七门。是日得谍报，宁王伏兵千余于新旧坟厂，以援省城。臣乃遣奉新知县刘守绪等从间道夜袭破之，以摇城中。十九日，发市汊，大誓各军，申布朝廷之威，再暴宁王之恶，莫不切齿痛心，踊跃激愤，薄暮齐发。二十日黎明，各至信地。先是城中为备甚严，滚木、灰瓶、火炮、机械无不毕具。臣所遣兵已破新旧坟厂，败溃之卒皆奔告城中，城中皆已惊惧。至是，复闻我师四面骤集，益震骇夺气。我师乘其动摇，呼噪并进，梯絙而登。城中之兵皆倒戈退奔，城遂破。擒其居首宜春王拱樤及伪太监万锐等千有余人。宁王宫中眷属闻变，纵火自焚，延及居民房屋。臣当令各官分道救火，散释胁从，封府库，谨关防，以抚军民。除将擒斩功次发御史谢源、伍希儒权令审验纪录，及一面分兵四路追蹑宁王向往，相机擒剿，于本月二十二日已经具题外。当于本日据谍报及据安庆逃回被虏船户十余人报称，宁王于十六日攻围安庆未下，自督兵夫运土填堑，期在必克。是日有守城军门官差人来报，赣州王都堂已引兵至丰城，城中军民震骇，乞作急分兵归援。宁王闻之大恐，即欲回舟。因太师李士实等阻劝，以为必须径往南京，既登大宝，则江西自服。宁王不应。次日，遂解安庆之围。移兵泊阮子江，会议先遣兵二万归援江西，宁王亦自后督兵随来等因。

先是臣等驻兵丰城，众议安庆被围，宜引兵直趋安庆。臣以九江、南康皆已为贼所据，而南昌城中数万之众，精悍亦且万余，食货充积，我兵若抵安庆，贼必回军死斗。安庆之兵仅仅自守，必不能援我于湖中。南昌之兵绝我粮道，而九江、南康之贼合势挠蹑，四方之援又不可望，事难图矣。今我师骤集，先声所加，城中必已震慑，因而并力急攻，其势必下。已破南昌，贼先破胆夺气，失其根本，势必归救。如此则安庆之围自解，而宁王亦可以坐擒矣。至是得报，果如臣等所料。

当臣督同领兵知府，会集监军及倡义各乡官等官，议所以御之之策，众多以宁王兵势众盛，气焰所及，有如燎毛。今四方之援尚未有一人至者，彼凭其愤怒，悉众并力而萃于我，势必不支。且宜敛兵入城，坚壁自守，以待四邻之援，然后徐图进止。臣以宁王兵力虽强，军锋虽锐，然其所过，徒恃焚掠屠戮之惨，以威劫远近，未尝逢大敌，与之奇正相角，所以鼓动扇惑其下者，全以进取封爵之利为说。今出未旬月，而辄退归，士心既已摧沮，我若先出锐卒，乘其惰归，要迎掩击，一挫其锋，众将不战自溃，所谓“先人有夺人之气，攻瑕则坚者瑕”也。是日抚州府知府陈槐兵亦至。

于是遣知府伍文定、邢珣、徐琏、戴德孺合领精兵伍百，分道并进，击其不意。又遣都指挥余恩以兵四百，往来湖上，以诱致贼兵。知府陈槐，通判胡尧元、童琦、谭储，推官王暐、徐文英，知县李美、李楫、王冕、王轼、刘守绪、刘源清等，使各领兵百余，四面张疑设伏，候伍文定等兵交，然后四起合击。分布既定，臣乃大赈城中军民。虑宗室郡王将军或为内应生变，亲慰谕之，以安其心。又出给告示，凡胁从皆不问，虽尝受贼官爵，能逃归者，皆免死。斩贼徒归降者，给赏。使内外居民及乡道人等四路传播，以解散其党。

二十三日，复得谍报，宁王先锋已至樵舍，风帆蔽江，前后数十里，不能计其数。臣乃分督各兵乘夜趋进，使伍文定以正兵当其前，余恩继其后，邢珣引兵绕出贼背，徐琏、戴德孺张两翼以分其势。二十四日早，贼兵鼓噪乘风而前，逼黄家渡，其气骄甚。伍文定、余恩之兵佯北以致之。贼争进趋利，前后不相及。邢珣之兵前后横击，直贯其中，贼败走。文定、恩督兵乘之，琏、德孺合势夹攻，四面伏兵亦呼噪并起，贼不知所为，遂大溃。追奔十余里，擒斩二千余级，落水死者以万数。贼气大沮，引兵退保八字脑，贼众稍稍遁散。宁王震惧，乃身自激励将士，赏其当先者以千金，被伤者人百两。使人尽发九江、南康守城之兵以益师。

是日，建昌府知府鲁玙引兵亦至。臣以九江不破，则湖兵终不敢越九江以援我，南康不复，则我兵亦不能逾南康以蹑贼。乃遣知府陈槐领兵四百，令饶州知府林瑊之兵乘间以攻九江，知府曾玙领兵四百，合广信知府周朝佐之兵乘间以取南康。

二十五日，贼复并力盛气挑战。时风势不便，我兵少却，死者数十人。臣急令人斩取先却者头。知府伍文定等立于铳炮之间，火燎其须，不敢退，奋督各兵，殊死并进。炮及宁王舟，宁王退走，遂大败。擒斩二千余级，溺水死者不计其数。贼复退保樵舍，连舟为方阵，尽出其金银以赏士。臣乃夜督伍文定等为火攻之具，邢珣击其左，徐琏、戴德孺出其右，余恩等各官分兵四伏，期火发而合。

二十六日，宁王方朝群臣，拘集所执三司各官，责其间以不致死力，坐观成败者，将引出斩之。争论未决，而我兵已奋击，四面而集，火及宁王副舟，众遂奔散。宁王与妃嫔泣别，妃嫔宫人皆赴水死。我兵遂执宁王，并其世子、郡王、将军、仪宾及伪太师、国师、元帅、参赞、尚书、都督、都指挥、千百户等官李士实、刘养正、刘吉、屠钦、王纶、熊琼、卢珩、罗璜、丁馈、王春、吴十三、凌十一、秦荣、葛江、刘勋、何镗、王信、吴国七、火信等数百余人。被执胁从宫太监王宏，御史王金，主事金山，按察使杨璋，佥事王畴、潘鹏，参政程果，布政梁辰，都指挥郏文、马骥、白昂等。擒斩贼党三千余级，落水死者约三万余。弃其衣甲器仗财物，与浮尸积聚，横亘若洲焉。于是余贼数百艘四散逃溃，臣复遣各官分路追剿，毋令逸入他境为患。二十七日，及之于樵舍，大破之。又破之于吴城，擒斩复千余级，落水死者殆尽。二十八日，得知府陈槐等报，亦各与贼战于沿湖诸处，擒斩各千余级。

臣等既擒宁王而入，阖城内外军民聚观者以数万，欢呼之声震动天地，莫不举首加额，真若解倒悬之苦而出于水火之中也。除将宁王并其世子、郡王、将军、仪宾、伪授太师、国师、元帅、都督、都指挥等官各另监羁候解，被执胁从等官并各宗室别行议奏，及将擒斩俘获功次一万一千有奇，发御史谢源、伍希儒暂令审验纪录，另行造册缴报外。

照得臣节该钦奉敕谕：“但有盗贼生发，即便严督各该兵备、守备、守巡并各军卫有司，设法调兵剿杀。其管领兵快人等官员，不问文职武职，若在军前违期，并逗遛退缩者，俱听以军法从事。生擒盗贼，鞫问明白，亦听就行斩首示众。斩获贼级，行令各该兵备、守巡、守备官即时纪验明白，备行江西按察司造册缴报，查照事例，升赏激劝，钦此。”及准兵部题称：“今后但草贼生发，事情紧急，该管官司即便依律调拨官军，乘机剿捕，应合会捕者，亦即调发策应。”等因。节奉钦依，备咨前来。又即该奉敕：“如或江西别府报有贼情紧急，移文至日，尔亦要及时遣兵策应，毋得违误，钦此。”俱经钦遵外。

窃照宁王丞淫奸暴，腥秽彰闻，贼杀善类，剥害细民，数其罪恶，世所未有。不轨之谋，已逾一纪；积威所劫，远被四方。士夫虽在千里之外，皆蔽目摇手，莫敢论其是非。小人虽在幽僻之中，且吞声饮恨，不敢诉其冤抑。兼又招纳叛亡，诱致剧贼渠魁如吴十三、凌十一之属，牵引数千余众，召募四方武艺骁勇、力能拔树排关者，亦万有余徒。又使其党王春等分赍金银数万，阴置奸徒于沧州、淮扬、山东、河南之间，亦各数十。比其起事之日，从其护卫姻族，连其党与朋私，驱胁商旅军民，分遣其官属亲昵，使各募兵从行，多者数千，少者数百，帆樯蔽江，众号一十八万。其从之东下者，实亦不下八九万余。且又矫称密旨，以胁制远近；伪传檄谕，以摇惑人心。故其举兵倡乱，一月有余，而四方震慑畏避，皆谓其大事已定，莫敢抗义出身，与之争衡从事。抱节者，仅坚城而自守，忠愤者，惟集兵以俟时，非知谋忠义之不足，其气焰使然也。

臣以孱弱多病之质，才不逮于凡庸，知每失之迂缪，当兹大变，辄敢冒非其任，以行旅百数之卒，起事于颠沛危疑之中。旬月之间，遂能克复坚城，俘擒元恶。以万余乌合之兵，而破强寇十万之众，是固上天之阴骘，宗社之默佑，陛下之威灵。而庙廊谋议诸臣，消祸于将萌而预为之处，见几于未动而潜为之制；改臣提督，使得扼制上流，而凛然有虎豹在山之威；申明律例，使人自为战，而翕然有臂指相使之形；敕臣以及时策应，不限以地，而隐然有常山首尾之势。故臣得以不俟诏旨之下，而调集数郡之兵，数郡之民，亦不待诏旨之督，而自有以赴国家之难，长驱越境，直捣穷追，不以非任为嫌，是乃伏至险于无形之中，藏不测于常制之外，人徒见夔奚之多获，而不知王良之善御有以致之也。

然则今日之举，庙廊诸臣预谋早计之功，其又孰得而先之乎？及照御史谢源、伍希儒监军督哨，谋画居多，倡勇宣威，劳苦备尝。领哨知府伍文定、邢珣、徐琏、戴德孺、陈槐、曾玙、林瑊、周朝佐，署都指挥佥事余恩，分哨通判胡尧元、童琦、谈储，推官王暐、徐文英，知县李楫、李美、王冕、王轼、刘源清、刘守绪、传南乔，随哨通判杨昉、陈旦，指挥麻玺、高睿、孟俊，知县张淮、应恩、王庭、顾佖、万士贤、马津等，虽效绩输能亦有等列，然皆首从义师，争赴国难，协谋并力，共收全功。其间若伍文定、邢珣、徐琏、戴德孺等冒险冲锋，功烈尤懋。乡官都御史王懋中，编修邹守益，御史张鳌山，郎中曾直，评事罗侨，佥事刘蓝，进士郭持平，驿丞王思、李中，按察使刘逊，参政黄绣，知府刘昭等，仗义兴兵，协张威武，连筹赞画，夹辅折冲，以上各官功劳，虽在寻常征剿，亦已甚为难得，况当震恐摇惑，四方知勇莫敢一膺其锋，而各官激烈忠愤，捐身殉国，乃能若此。

伏愿皇上论功朝锡之余，普加爵赏旌擢，以劝天下之忠义，以励将来之懦怯。仍诏示天下，使知奸雄若宁王者，蓄其不轨之谋，已十有余年，而发之旬月，辄就擒灭。于以见天命之有在，神器之不可窥，以定天下之志。尤愿皇上罢息巡幸，建立国本，端拱励精，以承宗社之洪休，以绝奸雄之觊觎，则天下幸甚，臣等幸甚。

缘系捷音事理，为此具本，专差千户王佐亲赍，谨具题知。

奏闻益王助军饷疏十四年七月三十日

近蒙益府长史司呈："该本司启，案查宁藩有变，已经启行外，今照见奉提督都御史王案验内称：'本院已于七月初九日领兵前往丰城县市汊等处住扎，刻日进攻省城，牌差百户杨锐前来建昌府，守取掌印官亲自统兵，毋分日夜，兼程前进，期本月十五、十六日俱赴军门，面授约束，并势追剿。'及照知府曾玙报称，即日领兵起程，前赴军门，听调进攻等因。看得国家之事，莫大于戎。今宁藩不轨，惊动多方，提督都御史等官倡义，协谋进攻，愤忠思剿，上以纾朝廷南顾之忧，下以解生民荼毒之苦。况我殿下国朝分封至亲，理宜助饷军门，共纾国难。具本启，奉令旨：发银一千两，差官胡敬仪，卫副陆澄，书办官并旗校官等，前去提督军务王都御史处犒赏，敬此。"敬遵。除将银两差官管送前来外，合行备由呈乞施行等因到臣。

为照宁王谋叛，稔衅多年，积威所劫，无不萎靡。况其举事之初，擅杀重臣，众号一十八万，肆然东下。虽平日士夫，号称忠义，莫敢指斥。今益王殿下乃心宗社，出私帑以给军饷，非忠义奋发，急于讨贼，岂能倡言助正，以作兴军士之气如此。伏望皇上特敕奖励，以激宗室之义，以永益王殿下为善之心，以夹辅帝室，天下臣民不胜幸甚。

除将原发白银一千两唱名给散军士外，缘系宗室出私帑以给军饷事理，为此具本请旨。

旱灾疏十四年七月三十日

据吉安等一十三府所属庐陵等县各申称："本年自三月至于秋七月不

雨，禾苗未及生发，尽行枯死。夏税秋粮，无从办纳，人民愁叹，将及流离。理合申乞转达、宽免。”等因到臣。节差官吏、老人踏勘。委自三月以来，雨泽不降，禾苗枯死。续该宁王谋反，乘衅鼓乱，传布伪命，优免租税。小人惟利是趋，汹汹思乱。臣因通行告示，许以奏闻优免税粮，谕以臣子大义，申祖宗休养之德泽，暴宁王诛求无厌之恶。由是人心稍稍安集，背逆趋顺，老弱居守，丁壮出征，团保馈饷，邑无遗户，家无遗夫。就使雨旸时若，江西之民亦已废耕耘之业，事征战之苦。况军旅干旱，一时并作，虽富室大户，不免饥馑，下户小民，得无转死沟壑，流散四方乎？设或饥寒所迫，征输所苦，人自为乱，将若之何？如蒙乞敕该部，暂将江西正德十四年分税粮通行优免，以救残伤之民，以防变乱之阶。伏望皇上罢冗员之俸，损不急之赏，止无名之征，节用省费，以足军国之需，天下幸甚。

请止亲征疏 十四年八月十七日

正德十四年八月十六日，准兵部咨：该本部等衙门题，内开南京守备参赞官连奏十分紧急军情，相应急为议处，合无请命将官一员，挂平贼将军印，充总兵官，关领符验旗牌，挑选各营精锐官军三千余名，各给赏赐银两布匹，交兑正驮马匹，关给军火器械，上紧前去南京，相机战守；再有的报，就便会合各路人马征进；再请敕都御史王守仁选调堪用官军民快，亲自督领，于江西东南要路住扎把截，相机行事；仍委浙江布政司左参政闵楷选募处州民兵统领，定拟住扎地方，听调策应剿捕；再请敕一道，赍付都御史王守仁，不妨提督军务原任，兼巡抚江西地方。前项所报军情，如果南京守备差人体勘，再有的报，听前项领军官出给榜文告示，遍发江西地方张挂，传说晓谕，但有能聚集义兵，擒杀反逆贼犯者，量其功绩大小，封拜侯伯，及升授都挥千百户等官世袭，贼伙内有能自相擒斩首官者，与免本罪。具奏定夺等因，具题：“节该奉圣旨：这江西宁王谋为不法事情重大，你部里既会官义处停当，朕当亲率六师，奉天征讨，不必命将。王守仁暂且准行，钦此。”

钦遵，备咨到臣。案查先为飞报地方谋反重情事，属者宁王宸濠杀害守臣，举兵谋逆，臣于六月十九日具本奏闻之后，调集军兵，择委官属，激励士气，振扬武勇。七月二十日，先攻省城，墟其巢穴。本月二十四等日，兵至鄱阳湖，与贼连日大战。至二十六日，宸濠遂已就擒。谋党李士实等，贼首凌十一等，俱已擒获。贼从俱已扫荡，闽、广赴调兵士俱已散还，地方惊扰之民俱已抚帖。臣一念忠愤，誓不与贼共生，而迂疏薄劣之才，实亦何能办此。是皆祖宗在天之灵，我皇上圣武之懋昭，本兵谋略之素定，官属协力，士卒用命所致。臣已节次具本奏报外，窃惟宸濠擅作辟威，虐焰已张于远，睥睨神器，阴谋久蓄于中。招纳叛亡，辇毂之动静，探无遗迹；广致奸细，臣下之奏白，百无一通。发谋之始，逆料大驾必将亲征，先于沿途伏有奸党，期为博浪、荆轲之谋。今逆不旋踵，遂已成擒，法宜解赴阙门，式昭天讨。然欲付之部下各官押解，诚恐旧所潜布之徒，尚有存者，乘隙窃发，或致意外之虞，臣死且有遗憾。况平贼献俘，固国家之常典，亦臣子之职分。臣谨于九月十一日，亲自量带官军，将宸濠并逆贼情重人犯督解赴阙外，缘系献俘馘，以昭圣武事理，为此具本，专差舍人金昇亲赍，谨具题知。

奏留朝觐官疏 十四年八月十七日

正德十四年八月十六日，臣驻军江西省城，据各领哨知府吉安府伍文定，赣州府邢珣，袁州府徐琏，临江府戴德孺，抚州府陈槐，尧州府林城，广信府周朝佐，建昌府曾玙，连名呈称，正德十五年正月初一日，例应朝觐。近因宁王谋反，蒙臣督委各职并各县掌印正官领兵征讨，今虽扫平，尚留在省防御，及安辑地方，未得回任。其各县掌印官，虽未曾领兵，缘各在任防御城池，措办粮饷。况布、按二司及南昌府知府郑瓛、瑞州府宋以方，俱自本年六月内先被拘执，未经复职管事。南康、九江二府亦被残破，近方收复。前项文册，多未成造，缘查旧规，行期在即，恐致迟误，合行呈乞奏知，及通行各府、州、县将册造完，行委佐二守领官员赍缴应朝，及布、按二司，亦乞裁处施行等因到臣。据此，为照三年述职系朝廷大典，例该掌印正官赴京应朝。但今叛乱虽平，地方未辑，征调尚存，疮痍之民须抚；旱荒犹炽，意外之患当防。况各官在省，方图防守之规，未有还任之日。若不查例奏留，未免顾此失彼，后悔无及。合准所呈，欲候奏请命下之日，行令各府、州、县佐二首领官赍册应朝，复恐迟误。除一面通行各府、州、县造册完备，行委佐二首领官依期启行，其布、按二司，侯有新任官员及南昌府行见在通判陈旦，各造册赴朝，其九江、南康府县并南康、新建二县，委系官俱戴罪，听候吏部径自裁处外，缘系朝觐事理，未敢擅便，为此具本请旨。

奏闻淮王助军饷疏十四年八月十七日

近该淮府长史司呈："该本司启，案查宁藩有变，已经启行外，今照见奉提督都御史王案验内称：'本院已于七月初九日领兵前往丰城县市汊等处住扎，克日进攻省城，牌差百户任全善前来饶州府，守取掌印官亲自统兵，毋分雨夜，兼程前进，期本月十五、十六日俱赴军门，面授约束，并势追剿。'及照知府林城报称：'即日领兵起程，前赴军门听调进攻'等因。看得宁王敢为逆谋，肆奸天纪。提督都御史王首倡忠义，作率智勇，身任国家之急，事关宗社之虞。殿下藩翰之亲，忧心既切，馈饷之助，于理为宜。具本启，奉令旨：长史司将发下银伍百两，差官胡祥等速赍前去，少资提督军门之用，敬此。"敬遵。除将银两差官管送前来外，合行备由呈乞施行等因到臣。照得先该益府出帑饷军，助义效忠，已经具题外，今淮王殿下亦能不靳私帑，以助军饷，良由身同休戚之情，心切门庭之寇所致。伏望皇上特敕奖励，以彰淮王殿下助正之心，以为宗藩为善之劝，天下臣民不胜幸甚。

恤重刑以实军伍疏十四年八月二十五日

据江西按察司呈："据本司经历司呈，蒙巡按两广监察御史谢源、伍希儒各纸牌前事，俱奏本院送发，犯人裘良辅等二百六十六名，转送本司问报等因。依蒙问得犯人裘良辅招，系南昌府新建县三十二都民，纳粟监生，给假在家。正德九等年月日不等，与同在官南昌前左二卫舍余杨滋、杨富，军余董俞、周大贵及指挥何镗等家人何祥、曹成等，各不合出入王府，生事害人，向未事发。正德十四年六月十四日，宁王谋反，良辅与杨滋等各因畏惧宁王威恶，各不合知情，从逆做兵，领受盘费银二两，米一石，跟同前去安庆等处攻打城池，各将银米费用讫。于七月十二等日，行至湖口等县，思系叛逆，惧怕官兵，就行四散逃回。各被南昌等府县统兵知府等官并地方人等陆续拿获，解赴提督王都御史处。蒙将良辅等一百八十四名转送谢御史，将夏景、周大贵、熊受等八十二名转送伍御史，俱发按察司审问。蒙将良辅等研审前情明白。取问罪犯杨滋等二百六十五名，各招与裘良辅、杨滋、杨富、王伟、夏景、黄俞、周大贵、何祥、曹成、丁进受、杨庆童、杨贵、万徐七、万羊七、徐四保、孙住保、周江、胡胜福、朱泼养、宋贵、王明、熊明、秦兰、王仲鉴、张雄、朱其、添喜、萧崇真、朱祥、彭隆保、徐仕贵、郭宣、舒銮、万岳、萧述、罗俊、江潮汉、魏凤、万三、罗秀、熊福、萧曰贵、萧胜、雷天富、萧文、尹天受、胡进保、李銮、郑凤、黄信、刘胜、殷醮仔、甘奇、余福童、郭进福、沈仕英、李洪珊、许凤、李景良、江銮、江仁、李钦、郑伦、胡福受、谭黑仔、赵正七、朱环二、邹秋狗、陈良二、聂景祥、魏仲华、王福、李寿、余珏、王贯、刘松、牛才、陈珂、陈兴、陈钊、刘添凤、余似虎、甘朴、谢天凤、郑贵、沈昌容、万清、向楚秀、郭銮、丁胜福、万全、龚受、熊六保、陈谏、何晚仔、王杰一、王琪、胡宣、杨正、曾受、王凤、王明、雷清、皮志渊、邹奎高、冯轩四、毛守松、熊天祥、李伯锦、杨子秀、陈天一、廖进禄、魏绍、魏天孙、吴富、陈昭弟、李伯奇、姜福、廖奇四、夏萸奇、陈善五、罗胜七、郭谨、罗玺、朱长子、陈瑞、竹汉、王宽、江天友、陈良善、召一、陈子政、卢萧胜、马龙、陈大伦、陈子伦、李钱、陈九信、徐义、徐钊、刘仪、熊孟华、王尚文、王天爵、傅十三、徐受、万奇、赵仕奇、郑朴、冯轩二、冯进录、周孟贞、周江、刘朋、唐朝贤、欧阳南、马兴、周兴、王毛子、秦进兴、罗兴、李保一、万元、林三十八、马爵、张进孙、高四、谭受、吴俊、万镗、熊守贵、钱龙、胡通、金万春、曹太、喻钦、刘后济、胡二、王世通、魏友子、杨章、熊录、熊克名、童保子、余景、陈四保、许虎保、熊受、萧文荣、杨廷贵、罗富、丁关保、江仕言、刘贵、丁朋、欧阳正、王引弟、熊富、唐天禄、王贵、周受、邱松、胡秀、李福、洪江、曾兴、邱桂、刘镇、邓山、萧清、夏胜四、夏由、孙甘继、张锦、谢鲁仙、熊华、谢凤、夏龙、娄奇、陆仲英、余胜虎、李进、胡胜、阮天祥、张全、彭天祥、洪经仔、徐受、乐福、张奇、冯进隆、冯诏、马喜子、杨烨、揭文兴、万孔湖、易忠、黄延、曹天右、徐大贵、萧曰高、萧曰广、李銮、吴显二、李贵、陈英、陈昇、李胜祖、萧天佐、陆九成、郭钦、杨顺、丁祖、李万杜、杨銮、袁富、杨黄子、吴文、张銮、方灿、万天銮、胡进童、黄胜德、涂祖、唐历所犯，除不应轻罪外，合依谋反知情故纵者，律斩决不待时。但宁王平昔威恶惨毒，上下人心，罔不震慑，各犯从逆，虽是可恶，原情终非得已。及照南昌前卫军余，多系胁从被杀，见今军伍缺人，合无将各犯免其前罪，俱编发本卫永远充军，庶使情法交申，卫所填实。”

呈详到臣，参看得裘良辅等俱曾徒逆，应该处斩。但该司参称宁王平昔威恶惨毒，上下人心罔，不震慑。据法在所难容，原情亦非得已。宥之则失于轻，处斩似伤于重，合无俯顺舆情，乞敕该部查照，酌量或将各犯免其死罪，令其永远充军。不惟情法得以两尽，抑且军伍不致缺人。

缘系恤重刑以实军伍事理，为此具本请旨。

处置官员署印疏 十四年八月二十五日

照得先因宁王图危宗社，兴兵作乱，劫夺江西都、布、按三司并南昌府县大小衙门印信。臣随调集各府官军民快，于本年七月二十日攻复省城，当于府内搜获前项印信，共计一百六颗，到臣收候，已经捷报外。今照宁王已擒，余党诛戮，地方幸已稍宁，所有三司府县衙门，俱系钱粮刑名军马城池等项重务，关涉匪轻。况今兵乱之后，人民困苦，不可一日缺官干办抚辑。但三司等官，俱系被胁有罪人数，若待别除官员到日，非惟人心惶惑，抑且事无统纪。臣遵照钦奉敕谕便宜事理，将三司印信，布政司暂令布政使胡濂，按察司暂令按察使杨璋，各戴罪护管，随该新任参议周文光，按察使伍文定先后到任，各已替管外，其都司暂令都指挥马骥，提学道关防令副使唐锦，南昌道印信令佥事王畴，南昌府印信令知府郑瓛，南、新二县印信令知县陈大道、郑公奇，各戴罪暂且管理外，及照南昌前、左二卫并各抚所衙门印信，俱各无官管理。除用木匣收盛，封发按察司，仍候事宁有官之日，该司径发掌管外，缘系处置官员署印以安地方事理，为此具本题知。

二乞便道省葬疏十四年八月二十五日

照得先准吏部咨："该臣奏称：'以父老祖丧，屡疏乞休，未蒙怜准。近者奏命扶疾赴闽，意图了事，即从彼地冒罪逃归。旬日之前，亦已具奏。不意行至中途，遭值宁府反叛，系国家大变，臣子之义，不容舍之而去。又阖省抚巡方面等官，无一人见在者，天下事机，间不容发，故复忍死，暂留于此，而为牵制攻讨之图。俟命帅之至，即从初心，死无所避。臣思祖母自幼鞠育之恩，不及一面为诀，每一号恸，割裂昏殒，日加尪瘠，仅存残喘。母丧权厝祖墓之侧，今葬祖母，亦欲因此改葬。臣父衰老日甚，近因祖丧，哭泣过节，见亦病卧苫庐。臣今扶病，驱驰兵革，往来于广信、南昌之间。广信去家不数日，欲从其地不时乘间抵家一哭，略为经画葬事，一省父病。臣区区报国血诚上通于天，不辞灭宗之祸，不避形迹之嫌，冒非其任，以勤国难，亦望朝廷鉴臣此心，不以法例绳缚。使臣得少伸乌鸟之痛，臣之感恩，死且图报，抢攘哀控，不知所云。'等因。具本，奏奉圣旨：'王守仁奉命巡视福建，行至丰城，一闻宸濠反叛，忠愤激烈，即便倡率所在官司，起集义兵，合谋剿杀，气节可嘉，已有旨着督兵讨贼，兼巡抚江西地方。所奏省亲事情，待贼平之日来说。该部知道，钦此。'"

备咨到臣，除钦遵外，近照宁王逆党，皆已仰赖皇上神武，庙堂神算，悉就擒获。地方亦已平靖，百姓室家相庆，得免征调之苦，复有更生之乐，莫不感激洪恩，沾被德泽。独臣以父病日深，母丧未葬之故，日夜哀苦，忧疾转剧。犬马驱驰之劳，不足齿录，而乌鸟迫切之情，实可矜悯。已蒙前旨，许“待贼平之日来说”，故敢不避斧钺，复伸前请。伏望皇上仁覆曲成，容臣暂归田里，一省父病，经纪葬事，臣不胜哀恳苦切祈望之至！

处置从逆官员疏 十四年八月二十五日

正德十四年七月二十三日，据南昌府知府郑瓛自宁王贼中逃出投到。本月二十六日，又据领兵官临江府知府戴德孺等临阵夺获先被宁王胁去巡按监察御史王金，户部公差主事金山，左布政使梁宸，参政程杲，按察使杨璋，副使贺锐，佥事王畴、潘鹏，都指挥同知马骥、许清，都指挥佥事白昂，守备南赣都指挥佥事郏文并胁从用事参政王纶，及据先被胁从令赴九江用事佥事师夔，先被胁从贼败脱走镇守太监王宏，各投送到臣。

照得先因宁王宸濠于六月十四日杀害巡按右副都御史孙燧，副使许逵，将各官绑缚迫胁。时臣奉命福建勘事，行至丰城闻变。顾惟地方之责，虽职各有专，而乱贼之讨，实义不容避。遂连夜奔还吉安，督同知府伍文定等调集南、赣等府军兵，捐躯进剿。至七月二十日，攻破省城，捣其巢穴。随有被胁在城右布政使胡濂，参政刘斐，参义许效廉，副使唐锦，佥事赖凤，都指挥佥事王纪，各投首到臣。彼时军务方殷，暂将各官省候，督兵擒获宸濠，并逆党李士实、刘吉、凌十一等，臣已先后具本奏报去后。

本年八月二十三日，会集知府伍文定等，将各事情逐一研审，得布政梁宸等各执称，本年六月十三日，宁王生日，延待各官酒席，次日进府谢酒，不期宁王谋逆，喝令官校多人，将前各官并先存后监。故户部公差主事马思聪，参义黄宏，原任参义今升陕西参政杨学礼等，俱各背绑要杀。当将孙都御史、许副使押出斩首，其余各官俱杻镣发仪卫司等处监禁。王纶留府用事，知府郑瓛先被宁王诬奏见监，按察司瑞州府知府宋以方缘事在省，本日俱拿监仪卫司，差人将各衙门印信搜夺入府。后参议黄宏，主事马思聪各不食，相继在监身故。宁王差人入监疏放各官杻镣，王畴、郑瓛二人不放。本月二十一日，将梁宸、胡濂、刘斐、贺锐各放回本司。本日宁王传檄各处，令人写成布政司咨呈备云檄文，转呈府部，自将搜去印信印使付与梁宸佥押。梁宸不合畏死听从佥押讫。本月二十三日，宁王告庙出师祭旗，加授王纶赞理军务，与刘吉等一同领兵。王纶不合畏死听从。本日又差柴内官等带领人众，将两司库内官银强搬入府，梁宸、贺锐在司署印，不合畏死，不行阻当。本日将杨璋仍拘仪卫司，各官改监湖东道。本月二十六七等日，宁王差仪宾李琳等将伊收积米谷给散省城军民以邀人心，着令程杲、潘鹏监放。各不合畏死，到彼看放。二十七日，宁王因先遣承奉屠钦等带领贼兵往攻南京，各贼屯扎鄱阳湖上，久俟宁王不出，自行攻破南康、九江，掠取财物，二府人民走散，宁王要得招抚以收人心，押令师夔前去晓谕。不合畏死，往彼安抚。本月二十八日，宁王因要起程往取南京，恐省城变动，欲结人心，又差伪千户朱镇送银五百两与布政司梁宸、胡濂、刘斐、程杲、许效廉。各不合畏死，暂收入已。又将银七百两送按察司杨璋、唐锦、贺锐、王畴、师夔、潘鹏、赖凤，亦不合畏死，暂收入已。又押令刘斐、王玘替伊巡守，并押令许效廉、赖凤替伊接管放粮。各不合畏死，守城放米。七月初一日，差人将胡濂、唐锦送还本司，杨学礼放令之任，将梁宸、程杲、杨璋、贺锐、王畴、潘鹏、马骥、许清、白昂、郏文、郑瓛、宋以方胁拘上船，随行分投差拨仪宾等官张嵩等带领舍校看守，又将银二百两差伪千户吴景贤分送梁宸、胡濂、刘斐、许效廉等，及差万锐送银三百两分送杨璋、唐锦、贺锐、师夔、潘鹏、敕凤。各又不合畏死，暂收入已。本月初八日，至安庆，见攻城不克，因潘鹏系安庆人，差今逃引礼、白泓押同。潘鹏不合畏死听从，赍捧檄文，到彼招降。本月十五日，宁王因闻提督王都御史兵将至省，回兵归救省城。行至鄱阳湖地方，屡战屡败。至二十六日早，蒙大兵突至，宁王被擒，各官因得脱走前来。知府宋以方不知存亡等因。

随据布、按二司呈开，布政司梁宸、胡濂、刘斐、程斐、许效廉，按察使杨璋、唐锦、贺锐、王畴、师夔、潘鹏、赖凤，各令家人首送前银，各在本司贮库等因。

尤恐不的，吊取见监擒获逆党刘吉、屠钦、凌十一等，各供称相同。

为照参政王纶胁受赞理，佥事潘鹏、师夔被胁招降抚民，情罪尤重，王纶、师夔又该直隶、湖广抚按等衙门各具本参奏，知府郑瓛已经别案问结奏请，俱合候命下之日遵奉另行外。参照布政梁宸、参政刘斐、程杲，参议许效廉，副使贺锐，佥事赖凤，都指挥王玘，或行咨抚守，或盘库放粮，势虽由于迫胁，事已涉于顺从。镇守太监王宏，御史王金，主事金山，布政胡濂，按察使杨璋，副使唐锦，佥事王畴，都指挥马骥、许清、白昂、郑文，或被拘于城内，或胁随于舟中，事虽涉于顺从，势实由于迫胁，以上各官甘被囚虏而不能死，忍受贼贿而不敢拒，责以人臣守身之节，皆已不能无亏。就其情罪轻重而言，尚亦不能无等。伏愿皇上大奋乾刚，取其罪犯之显暴者，明正典刑，以为臣子不忠之戒；酌其心迹之堪悯者，量加黜谪，以存罪疑惟轻之仁。庶几奸谀知警，国宪可明。

处置府县从逆官员疏 十四年八月二十五日

正德十四年七月二十日，该臣兴举义兵，剿除逆贼，攻开省城。本日进城之后，随据都、布、按三司首领等官邢清等，南昌府等衙门同知等官何维周等，各投首到臣。于时逆贼未获，军务方殷，暂将各官省候。

本月二十六日，宸濠就缚，逆党尽擒，除已奏报去后，随拘邢清等到官。审得各供称本年六月十四日，宁王谋反，将镇巡三司等官俱各被绑胁，当将孙都御史、许副使杀害。随差人将南昌府同知何维周，通判张元澄，检校曹楫，南昌县知县陈大道，县丞王儒，新建县知县郑公奇，南浦驿驿丞王洪，南浦递运所大使张秀，俱拿杻镣发监仪卫司。随将各官行李并各掌印俱搜检入府。彼有邢清与本司都事翟瓒，检校董俊，理问张裕，案牍陈学，司狱张达，广济库大使胡玉，副使姚麟，织染局大使秦尚夔，副使戴瓛，按察司经历尹鹍，知事张澍、照磨雷燮，都指挥使司断事章璠，吏目周鹤，司狱沈海、南昌前卫署指挥佥事夏继春，经历周孟礼，镇抚忻伟、吕昇，正副千户徐贤、郑春、张斌、傅英、唐荣、杜昂、李瀚、陈伟、姚钺、吴耀，百户徐隆、陈韬、张纲、王春、龚昇，陈诏、冯淮、黄鉴、李钦、梅樗、茆富、陈瓒、王昇、吕辅、赵昂、董钰、姚芳、刘璘、李琇、李祥、陆奇，南昌府儒学训导张桓、瞿云、汪潭，税课司大使杨纯，广济仓大使左仪副使王大本、李谱，守支大使卓文正、陈琳，副使邓谔、李彬，南昌县主簿张誉，典史方汝实，儒学训导达宾，新建县县丞刘万钟，主簿熊辟，典史杨儒，儒学训导区宾、金清，俱各闻风逃躲，不曾被拿。后宁王临行，将何维周等释放，又将知事张澍拘拿上船，至今未知存亡。本年七月二十日，蒙大兵征剿，攻入省城，邢清等方得奔走军门投首等因。

据此，除将各官羁候，其镇巡并三司堂上官南昌府知府另已参奏外，参照邢清等被执不死，全无仗节之忠；闻变即逃，莫知讨贼之义，俱合重罪。但责任既轻，贼势复盛，力难设施，情可矜悯。合无行抚按衙门依律问拟，以为将来之戒，惟复别有定夺。

收复九江南康参失事官员疏 十四年九月初十日

据委官江西抚州府知府陈槐，饶州府知府林瑊，建昌府知府曾玙，广信府知府周朝佐各呈，先因宁王谋反，奉臣案验备行各府起兵擒剿，各遵依先后会集市汊等处。刻期破城之后，又奉臣牌，照得九江、南康二府，先被宁王攻破，分留逆党据守城池，西扼湖兵之应援，南遏我师之追蹑。仰赖宗社威灵，幸已克复省城。除遣知府伍文定、邢珣、徐琏、戴德孺分布哨道，邀击宁贼，务在得获，所据逆党占据府县，应合分兵剿复。牌仰知府陈槐、林瑊前去九江，曾玙、周朝佐前去南康，相机行事，务要攻复城池，以扼贼人之咽喉，平靖反侧，以剪逆党之羽翼。居民人等不幸被胁，或因而逃窜者，就行出给告示，分投抚谕，使各回生理。务将人民加意赈恤，激以忠义，抚以宽仁，权举有司之职，以理庶事，查处仓库之积以足军资。一面分兵邀诱宁贼，毋令东下。仍备查各官弃城逃走，致贼焚掠屠戮之故，具由回报，以凭参拿究治等因。

依奉陈槐选带知县传南乔、陶谔等，林瑊选带知县马津、赵荣显等，曾玙选带检校典节知县余莹、县丞陈全等，周朝佐选带知县谭缙、杜民表等，各兵快一千余名，由水路分哨剿贼。十月二十四等日，宁贼回援省城，舟至鄱阳湖等处，与吉、赣等官兵相遇，大战。职等各行领兵，连日在湖策应，与贼对敌。抚州府官兵擒斩贼犯共二百九十余名颗，饶州府擒斩贼犯共五百余名颗，建昌府擒斩贼犯共四百八十余名颗，广信府擒斩贼犯共五百余名颗，陆续各解本院，转送监察御史谢源、伍希儒处核实处决审发讫，各官随各统兵直至九江、南康府地方，照臣牌内行事。

知府陈槐、林瑊呈称，先该九江兵备副使曹雷，同该府知府汪颖等，亦行督发瑞昌等县兵快，与同九江卫掌印指挥刘勋等，收召操军前来，声复城池。被贼探知官兵齐集，先行望风逃遁。九江军兵至城守扎，仍又分兵追至湖口等处剿杀贼党。职等入城，抚回逃窜男妇万余名口，复业生理。会案行拘九江府卫里老旗军，查访得副使曹雷先于六月初二日，带同通判张云鹏前往彭泽县水次兑粮；知府汪颖先因疟痢，兼以母病不能视事，于十五日暂将印信牒行推官陈深署掌库藏，未经交盘。至十七日丑时，德化县老人罗伦口报宁王谋反，杀害巡抚等官，彼有汪颖会同陈深并刘勋等，点集城内官军机兵火夫上城，照依原分，南门迤东，由盘石门、福星门，城上朵子军卫把守，南门迤西，由湓浦门至望京门，城上朵子有司把守。东门把守官指挥丁睿等三十四员，南门把守官指挥萧纲等二十一员，西门把守官指挥孙璋等二十员，九江门把守官指挥董方等十二员，福星北门把守官指挥李泮等十八员，共一百零五员。该卫军人先因放操回屯数多，一时不能齐集。十八日卯时，逆党涂承奉等领船二百余只，装载兵至福星北门外扎营，就临城下喝叫开门。指挥李泮等不从，各贼忿怒，分兵烧毁西门外军民房屋、浔阳驿官厅等处；杀死虏来四人，临门祭旗；随用铳炮火枪火箭等器并力攻打。至辰时，贼遂梯援上城。泮等俱各逃散，被贼将锁钥打脱，拥入。口称省城、南康等府俱已收服，巡抚等官俱各被害，官民不必逃散，只将印信来降。时汪颖、陈深、刘勋等俱在各门把首，因见力不能支，同德化县徐志道并前各门把守指挥千户镇抚及府县儒学训导仓场局务大小官员各怀印信从南门逃避去讫。内九江卫左千户所百户白昇、马贵各遗失本所铜印一颗。随被各贼将大盈库银九千一百七十两零，德化县寄库银二百六十三两零，湖口县寄库银四百五十九两零，钞厂寄库银三千余两，司狱司囚重犯十二名，轻犯二十九名，广盈仓粮米二千四百四十石零，尽行劫取释放。又将军器库盔甲刀枪劫去，共一十一万九千二百二十四件。九江卫被贼劫去军器二千六百三十九件，演武厅军器一万六百三十件，并响器八十余件。镇抚监贼犯蔡日奇等七名，尽行劫取释放。及烧毁大哨船五只，军舍房屋七十六间。驾去大哨船二只，小哨船十一只。德化县被贼将县库银共三百二两零，预备仓稻谷一万七千二百石零。县监轻重囚犯二十名，尽行劫放。及烧毁官民房屋七百五十九间，杀死男妇一十五名。浔阳驿被贼烧毁官厅一座，耳房二间，及站船铺陈等物。惟指挥刘勋将兵备衙门赏功支剩银三十两六钱，及赃罚银三十二两，并运军行粮折银二十九两六钱收贮私家，捏开在卫被劫，事涉侵欺。

及查九江府钞厂寄库银两行，拘库子皮廷贵等审供侵分料银一千一百零六两四钱，情由在官，将各犯送府监候，拘齐未到人犯追问回报。

及查得佥事师夔持奉伪檄，前至九江安抚。因见府卫等官不从伪命，驾船去讫。

续查得该府所属湖口县，于六月十七日酉时，被逆党熊内官等押兵到县，因无城池，知县章玄梅等带印暂避县后岭背集兵。次日对敌，杀死逆党魏清等，被贼杀死民快壮丁共一百二十名，杀死居民一十一名，放出县监重囚三名，轻犯一十一名，烧毁房屋二十间，民房一千八百三十五间。本县官库银两先已窖藏，及各衙门印信，俱各见在，止被劫去在仓米一百五十九石，在库皮盔铁铳弓弩三百件，铁弹子三十二斤，及衣服靴钞等物，并将远近年分卷册，俱各毁坏。

彭泽县，于六月十八日卯时被贼蜂拥上街，延烧房屋吏舍一百余间，并无掳掠男妇。当有知县潘琨督同巡捕官兵守保，印信仓库钱粮文卷俱全。

德化县，于六月十七日被从逆护卫指挥丁纲等统带旗校到屯，点取军丁，致被惊散乡村男妇。该县严督兵快人等保守城池，俱各无虞。

除重复查勘明白，将湖口，彭泽二县被害人民，行令该府斟酌被害重轻，将见在钱粮加意赈恤。其德化县被害之家，缘无钱可支，已行该府径申本院，请发钱粮赈恤，使被害残民得以存济。职等仍行多方抚谕，激以忠义，戒以勤俭，人皆感服遵听，遂有更生之乐等因。

又据知府曾玙、周朝佐呈称，查勘得南康府六月十六日夜，被贼船一千余只冲入本府。彼有该府通判俞椿，推官王诩，公出未回，知府陈霖，同知张禄，通判蔡让，因见城池新筑未完，民兵寡少，同附郭星子县掌印佐二，并府县儒学仓场局务等官，各带印信潜避庐山，贼遂入城，杀死官舍名快刘大等一十二名，被搬劫府库金一两五钱零，紫阳遗惠仓原贮谷一千七石零，劫放府狱重轻囚犯一百一十一名，烧毁六房卷宗黄册，及掠劫居民房屋家财。知府陈霖等潜往各乡集兵，陆续擒斩贼犯共二百三十余名颗。至二十七日，余贼五百余人奔来河下。知府陈霖同州县各官督兵擒斩贼犯一百余名颗。适遇委官知府曾玙、周朝佐各带官兵自王家渡一路追贼到府，协力剿杀各起余贼，又擒杀贼共三百三十余名颗，各解审讫。

查得星子县知县王渊之被贼追跌致死，署印县丞曹时中当将印信付与吏熊正背负，同主簿杨本禄俱入庐山，曹时中逃躲不知去向，兵快胡碧玉等五名被贼杀死，及劫虏居民男妇徐仲德等五十八名口，焚烧房屋并劫掠居民共五百三十六人家。劫放狱囚弓正道等四十四名，县廊库银九十七两零，及赃物钞贯俱被劫去，止有银二百一十三两四钱八分，系库子戴汶泗收藏回家，首出还官。陆续擒获贼犯颜济等二十名。

又查得都昌县原无城池，闻贼入境，署印主簿王鼎，典史王仲祥率兵迎敌，保守仓库，俱不曾被劫。被贼杀死、淹死兵快居民段容等三十一名，焚烧劫掠居民共一千二百一十六家。

又查建昌县原无城池，逆党仪宾李世英等带领贼兵三百余名来县，知县方铎，县丞钱惠，主簿王钺，同儒学教谕唐汶等见势不敌，各带印信潜避集兵。当被李世英将狱禁囚犯熊澄等八十四名尽行劫放，并无劫掠焚烧仓库钱粮官民房屋。随被方铎陆续擒获李世英等一百七十五名口，解报讫。

又查访勘得安义县新创城池未完，被逆党旗校火信等领兵到县，将官厅烧毁三间，六房文卷俱被弃毁。知县王轼因见贼势众多，退避集兵。主簿董国宜因男董茂隆投入宁府，惧罪逃走。儒学训导陈仕端等亦随县官避出。其仓库狱禁居民房屋俱不曾被焚劫。王轼同各官前后领兵擒斩贼共一千余名颗，转解讫。

抚回南康府各属县复业逃民一万二千四百余家。遵奉通行各属，暂令管事及赈恤事宜，另行申请等因，各呈到臣，会同各官访勘相同。

臣等议得九江、南康府卫所县大小官员均有守土之寄，俱犯失事之律。欲将各官通革，管事待罪，缘地方残破之余，又系朝觐年分，无官可委更代，姑从权宜，暂行管事。其各府县被害人民，并缺乏军资，已于先取见在钱粮内量数查发，前去赈给外。

参照九江地方，当水陆之冲，据湖、湘之要，朝廷以其控带南圻，屏蔽江右，实为要地，故既有府卫之守，又特为兵备之设。其城池三面临水，地势四围险固，平时守备若严，临变必难骤破。各该守备官员，安于承平，宽纵军士，虽预知贼报，而仓皇无备，及一闻贼至，而望风奔走。指挥刘勋除监守自盗官钱外，与李泮等弃城先遁，致贼残破。知府汪颍，推官陈深，知县徐志道等，因见守战无兵，亦各怀印逃难。百户白昇等一印不保，安望守城。副使曹雷职专兵备，防守不严，虽城破之日，偶幸不与，而失事之责，终为有因。

再照南康地方，固称土瘠民稀，然亦负山阻水，虽新创之城，尚尔修筑未完，而守土之职，惟当效死勿去。该府知府陈霖，同知陈禄，通判蔡让，星子县主簿杨永禄等，畏缩无备，逃难弃城。湖口、建昌二县知县章玄梅、方铎闻贼先遁，致残县治。安义县知县王轼，贼党在境，不知先事之图，后虽有功，无救地方之变。彭泽县知县潘琨，都昌县主簿王鼎等，印信仓库，虽获无虞，而都昌被贼杀死兵快，彭泽被贼烧劫居民，失事之责，亦有攸归。星子县县丞曹时中，安义县主簿董国宣，一则脱逃不首，一则纵子投贼。至于各该府县首领儒学仓场局务等官，虽无守土之责，俱有弃城职之罪。

以上各官，求情固有轻重，揆义俱犯宪条；虽有后获之功，难掩先失之罪。又照近年以来，士气不振，兵律欠严，盖由姑息屡行，激励之方不立，规利避害者获免，委身效职者难容，是以偷靡成习，节义鲜彰。伏望皇上大奋乾刚，肃清纲纪，乞敕法司参详情罪轻重，通将各官究治如律。虽或量功末减，亦必各示惩创，庶有作新之机，足为将来之警。

卷十三　别录五

奏疏五

乞宽免税粮急救民困以弭灾变疏十五年三月二十五日

照得正德十四年七月内，节据吉安等一十三府所属庐陵等县各申，为旱灾事开称，本年自三月至于秋七月不雨，禾苗未及发生，尽行枯死，夏税秋粮，无从办纳，人民愁叹，将及流离，申乞转达宽免等因到臣。节差官吏、老人踏勘前项地方，委自三月以来，雨泽不降，禾苗枯死。续该宁王谋反，乘衅鼓乱，传播伪命，优免租税。小人惟利是趋，汹汹思乱。臣因通行告示，许以奏闻优免税粮。谕以臣子大义，申祖宗休养生息之泽，暴宁王诛求无厌之恶，由是人心稍稍安集，背逆趋顺，老弱居守，丁壮出征，团保馈饷，邑无遗户，家无遗夫。就使雨旸时若，江西之民，亦已废耕耘之业，事征战之苦；况军旅旱干，一时并作，虽富室大户，不免饥馑，下户小民，得无转死沟壑，流散四方乎？设或饥寒所迫，征输所苦，人自为乱，将若之何？如蒙乞敕该部，暂将正德十四年分税粮通行优免，以救残伤之民，以防变乱之阶。伏望皇上罢冗员之俸，损不急之赏。止无名之征，节用省费，以足军国之需，天下幸甚。

缘由于本年七月三十日具题请旨，未奉明降。随蒙大驾亲征，京边官军前后万数，沓至并临，填城塞郭。百姓戍守锋镝之余，未及息肩弛担，又复救死扶伤，呻吟奔走，以给厮养一应诛求。妻孥鬻于草料，骨髓竭于征输。当是之时，鸟惊鱼散，贫民老弱流离，弃委沟壑；狡健者逃窜山泽，群聚为盗；独遗其稍有家业与良善守死者十之二三，又皆颠顿号呼于梃刃捶挞之下。郡县官吏，咸赴省城与兵马住屯之所奔命听役，不复得亲民事。上下汹汹，如驾漏船于风涛颠沛之中，惟惧覆溺之不暇，岂遑复顾其他，为日后之虑，忧及税赋之不免，征科之未完乎！当是之时，虽臣等亦皆奔走道路，危疑仓皇，恐不能为小民请一旦之命，岂遑为岁月之虑，忧及赋税之不免，征课之未完，而暇为之复请乎！

若是者又数月，京边官军始将有旅归之期，而户部岁额之征已下，漕运交兑之文已促，督催之使，切责之檄，已交驰四集矣。流移之民闻官军之将去，稍稍胁息延望，归寻其故业。足未入境，而颈已系于追求者之手矣！夫荒旱极矣，而又因之以变乱；变乱极矣，而又竭之以师旅；师旅极矣，而又竭之以供馈，益之以诛求，亟之以征敛。当是之时，有目者不忍睹，有耳者不忍闻，又从而朘其膏血，有人心者而尚忍为之乎？

今远近军民，号呼匍匐，诉告喧腾，求朝廷出帑藏以赈济，久而未获，反有追征之令。拱然兴怨，谓臣等昔日蠲赋之言为绐己。窃相伤嗟，谓宸濠叛逆，独知优免租税，以要人心。我辈朝廷赤子，皆尝竭骨髓、出死力以勤国难，今困穷已极，独不蒙少加优恤，又从而追征之，将何以自全。是以令之而益不信，抚之而益愤愤，谕之而益呶呶，甫怀收复之望，又为流徙之图。计穷势迫，匿而为奸，肆而为寇，两月以来，有司之以鼠窃警报者，月无虚日。无怪也，彼无家业衣食之资，无父母妻子之恋，而又旁有追呼之苦，上有捶剥之灾，自非礼义之士，孰肯闭口枵腹，坐以待死乎？

今朝廷亦尝有宽恤之令矣，亦尝有赈济之典矣，然宽恤赈济，内无帑藏之发，外无官府之储，而徒使有司措置。措置者岂能神输而鬼运？

必将取诸富民。今富民则又皆贫民矣！削贫以济贫，犹割心脔肉以啖口，口未饱而身先毙。且又有侵克之毙，又有渔猎之奸，民之赖以生者，不能什一，民之坐而死者，常十九矣。故宽恤之虚文，不若蠲租之实惠；赈济之难及，不若免租之易行。今不免租税，不息诛求，而徒曰宽恤赈济。是夺其口中之食，而曰："吾将疗汝之饥。"刳其腹肾之肉，而曰："吾将救汝之死。"凡有血气，皆将不信之矣。

夫户部以国计为官，漕运以转输为任，今岁额之催，交兑之促，皆其职之使然。但民者邦之本，邦本一摇，虽有粟，吾得而食诸？伏望皇上轸念地方涂炭之余，小民困苦已极，思邦本之当固，虑祸变之可忧，乞敕该部速将正德十四、十五年该省钱粮悉行宽免；其南昌、南康、九江等府残破尤甚者，重加宽贷，使得渐回喘息，修复生理。非但解江西一省之倒悬，臣等无地方变乱之祸，得免于诛戮，实天下之大幸，宗社之福也。

夫免江西一省之粮税，不过四十万石，今吝四十万石而不肯蠲异，时祸变卒起，即出数百万石，既已无救于难矣。此其形迹已见，事理甚明者。臣等上不能会计征敛以足国用，下不能建谋设策以济民穷，徒痛哭流涕，一言小民疾苦之状，惟陛下速将臣等黜归田里，早赐施行，以纾祸变。

缘系宽免税粮，急救民困，以弭灾变事理，为此具本请旨。

计处地方疏十五年五月十五日

臣惟财者民之心也，财散则民聚。民者邦之本也，本固则邦宁。故文帝以赐租致富乐之效，太宗以裕民成给足之风。君民一体，古今同符。

臣会同巡按江西监察御史唐龙，议照宁贼宸濠，志穷荒度，谋肆并吞，其于民间田地山塘房屋等项，或用势强占，或减价贱买，或因官本准折，或摭别事抄收。有中人之家者，一遭其毒，即无栖身之所。有上农之田者，一中其奸，即无用锄之地。尤且虚填契书，以杜人言，私置簿籍，以增租额。利归一己，害及万家。故先有副使胡世宁直言指陈，续该科道等官交章举发，言皆有据，事非无征。近奉诏书曰：“宸濠天性凶恶，自作不靖，强夺官民田产，动以万计。”则陛下明以烛奸，深知宸濠田产皆夺诸百姓者也。又曰：“占夺田产悉还本主。”则陛下仁以悯下，尽欲举百姓之田产而给还之也。圣言犹在，昭如日星，国信不移，坚如金石。

始者，宸濠既败，该臣等已行守巡等官，将该府及各贼党田地房屋，许令府县等官俱抄没在官，造报在册矣。但委官查勘之时，正事变抢攘之际，业主惊散，俱未宁家，上司督责，急欲了事，依契溷查，凭人浪报，多寡是较，占买未分。明诏虽有给主之条，小民犹抱失业之恨，昔之居，不得而居也，昔之田，不得而食也。泽未下究，怨徒上归。况屋无主则毁，地不耕则荒。故兵马之后，瓦柱仅存，田野之间，草莱渐长。兼以势室豪强，恣行包侵之计，奸徒私窃，动开埋没之端。及今审处不早，将来遗失益多。

再照前项田产，多在南昌、新建二县，受害独深，人人被其诛求，家家被其检括。且贼师起事，抄掠尤惨，官兵破围，伤残未苏。财尽已极，民困莫加。查得二县额派兑军淮安京库三项粮米共十一万九千石有零，淮、益二府禄米共四千二石，节奏宽免，未奉停征。运官守催，旗校逼取，势急若火，案积如山，民纳不前，官宜为处。

及照一方之统会在于省城，各府之钱粮并于司库。查得本布政司官库，先被贼兵劫抢，继因军饷动支，官吏徒守乎空柜，纸笔亦赊于铺家。大兵必有荒年，民穷必有盗贼，万一变生无常，衅起不测，则寸兵尺铁，皆无所需，束刍斗粮，亦不能办，公私失恃，缓急可忧。

再照省城各门城楼窝铺及诸司衙门，先是王府占据，多属疏隘，近因兵火蔓延，半遭荡焚，夫城楼者，一方防御之所关，衙门者，诸司政令之所出，托始创新，固无民力，因陋就简，见有官房。

如蒙乞敕该部查议，将前项抄没过宁府及各贼党下田地山塘房屋等项，行令布政司会同按察司各掌印官及分守分巡官并府县官，从实覆行查勘明白，委系占夺百姓者，遵照诏书内事理，给还本主管业。及将于内官房酌量移改城楼窝铺衙门，余外无碍田地山塘房屋，仍令各官公同照依时估变价银入官，先尽拨补南、新二县兑军淮安京库折银粮米及王府禄米，外有余羡，收贮布政司官库，用备缓急。仍禁约势豪之家，不得用强占买，各委官亦不得畏势市恩，致招物议。凡拨给变卖事情，若有势豪强占强买及委官畏势市恩各情弊，许抚按衙门指实纠劾惩究。施行事完，该司将各项数目径自造册奏报，并呈该部查考。是盖以百姓之业，纳百姓之粮，以地方之财，还地方之用。民沾惠而国不费，事就绪而财不伤。《书》曰“守邦在众”，《易》曰“聚人曰财”，惟陛下留意焉。

缘系计处地方事理，未敢擅便，为此具本请旨。

水灾自劾疏十五年五月十五日

臣惟有官守者，不得其职则去。受人之牛羊而为之牧者，求牧与刍而不得，则反诸其人。

臣以匪才，缪膺江西巡抚之寄，今且数月，曾未能有分毫及民之政。而地方日以多故，民日益困，财日益匮，灾变日兴，祸患日促。自春入夏，雨水连绵，江湖涨溢，经月不退。自赣、吉、临、瑞、广、抚、南昌、九江、南康沿江诸郡，无不被害，黍苗沦没，室庐漂荡，鱼鳖之民聚栖于木杪，商旅之舟经行于闾巷，溃城决堤，千里为壑，烟火断绝，惟闻哭声。询诸父老，皆谓数十年来所未有也。除行各该司府州县修省踏勘具奏外，夫变不虚生，缘政而起，政不自弊，因官而作。官之失职，臣实其端，何所逃罪?

夫以江西之民，遭历宸濠之乱，脂膏已竭。而又因之以旱荒，继之以师旅，遂使丰稔连年，曲加赈恤，尚恐生理未易完复，今又重以非常之灾，危亟若此，当是之时，虽使稷、契为牧，周、召作监，亦恐计未有措。况病废昏劣如臣之尤者，而畀之怅然坐尸其间，譬使盲夫驾败舟于颠风巨海中，而责之以济险，不待智者，知其覆溺无所矣。又况部使之催征益急，意外之诛求未已。在昔，一方被灾，邻省尚有接济之望，今湖、湘连岁兵荒，闽、浙频年旱潦，两广之征剿未息，南畿之供馈日穷，淮、徐以北，山东、河南之间，闻亦饥馑相属。由此言之，自全之策既无所施，而四邻之济又已绝望，悠悠苍天，谁任其咎！

静言思究，臣罪实多！何者？宸濠之变，臣在接境，不能图于未形，致令猖突，震惊远迩，乃劳圣驾亲征，师徒暴于原野，百姓殆于道路。朝廷之政令，因而阙隔，四方之困惫，由是日深。臣之大罪一也。徒避形迹之嫌，苟为自全之计，隐忍观望，幸而脱祸。不能直言极谏以悟主听，臣之大罪二也。徒以逢迎附和为忠，而不知日陷于有过；徒以变更迁就为权，而不知日紊于旧章；徒以掇拾罗织为能，而不知日离天下之心；徒以聚敛征索为计，而不知日积小民之怨。此臣之大罪三也。上不能有裨于国，下不能有济于民，坐视困穷，沦胥以溺，臣之大罪四也。且臣忧悸之余，百病交作，尪羸衰眊，视息仅存。以前四者之罪，人臣有一于此，亦足以召灾而致变，况备而有之，其所以速天神之怒，深下民之愤，而致灾沴之集，又何疑乎。

伏惟皇上轸灾恤变，别选贤能，代臣巡抚。即以臣为显戮，彰大罚于天下，臣虽陨首，亦云幸也。即不以之为显戮，削其禄秩，黜还田里，以为人臣不职之戒；庶亦有位知警，民困可息，人怒可泄，天变可弭；而臣亦死无所憾。

重上江西捷音疏十五年七月十七日遵奉大将军钧帖

照得先因宸濠图危宗社，兴兵作乱，已经具奏请兵征剿。间蒙钦差总督军务威武大将军总兵官后军都督府太师镇国公朱钧帖，钦奉制敕，内开："一遇有警，务要互相传报，彼此通知，设伏剿捕，务俾地方宁靖，军民安堵。"

蒙此，臣看得宸濠虐焰张炽，臣以百数疲弱之卒，未敢轻举骤进，乃退保吉安。一面督率吉安府知府伍文定等调集军民兵快，召募四方报效义勇之士，会计一应解留钱粮，支给粮饷，造作军器战船，责留回任监察御史谢源、伍希儒分职任事；一面约会该府乡官致仕都御史王懋中，养病痊可编修邹守益，刑部郎中曾直，评事罗侨，丁忧御史张鳌山，先任浙江佥事、今赴部调用刘蓝，依亲进士郭持平，军门参谋驿丞王思、李中，致仕按察使刘逊，参政黄绣，闲住知府刘昭等，相与激发忠义。

七月初二日，宸濠探知臣等兵尚未集，乃留兵万余，属其心腹、宗支、郡王、仪宾、内官并伪授都督、都指挥等官使守江西省城，而自引兵向阙。臣昼夜促各郡兵，期以本月十五日会临江之樟树。而严督知府等官伍文定等各领兵，于十八日遂至丰城。分布伍文定等攻广润等七门。是日得报，宸濠伏兵千余于新旧坟厂，以备省城之援。臣遣知县刘守绪等领兵从间道夜袭破之。十九日，申布朝廷之威，再暴宸濠之恶，约诸将二十日黎明各至信地。我兵四面骤集，遂破江西，擒其居守宜春王拱樤及伪太监万锐等千有余人。宸濠宫中眷属闻变，纵火自焚，延及居民房屋。臣当令各官分道救火，抚定居民，散释胁从，搜获原被劫收大小衙门印信九十六颗，三司胁从布政使胡濂，参政刘斐，参议许效廉，副使唐锦，佥事赖凤，都指挥王玘等，皆自首投罪。除将擒斩功次，发御史谢源、伍希儒权令审验纪录，及一面分兵四路追蹑宸濠向往，相机擒剿。

二十二日，臣等驻兵省城，督同知府伍文定等各领兵分道并进，击其不意；都指挥余恩领兵往来湖上，诱致贼兵。知府等官陈槐等各领兵四面设伏。二十三日，复得谍报宸濠先锋已至樵舍，风帆蔽江，前后数十里，不能计其数。二十四日早，贼兵鼓噪乘风而前，逼黄家渡。臣督各兵四面击贼，遂大溃，擒斩二千余级，落水死者万数。二十五日，又督各兵殊死并进，炮及宸濠舟。宸濠退走，遂大败。擒斩二千余级，溺水死者不计其数。

二十六日，臣夜督伍文定等为火攻之具，四面兜集，火及宸濠副舟，众遂奔败。宸濠与其妃嫔泣别，妃嫔宫人皆赴水死。我兵遂执宸濠，并其世子、郡王、将军、仪宾及伪太师、国师、元帅、参赞、尚书、都督、都指挥、指挥、千百户等官李士实、刘养正、刘吉、屠钦、王纶、熊琼、卢珩、罗璜、丁瞶、王春、吴十三、秦荣、葛江、刘勋、何镗、王信、吴国七、火信等数百余人，被执胁从太监王宏，御史王金，主事金山，按察使杨璋，佥事王畴、潘鹏，参政程杲，布政梁宸，都指挥郑文、马骥、白昂等，擒斩贼党三千余，落水死者万余，弃其衣甲器仗财物，与浮尸积聚，横亘十余里。余贼数百艘，四散逃溃。二十七日，战樵舍等处，又复擒斩千余，落水死者殆尽。二十八日，知府陈槐等各与贼战于沿湖诸处，擒斩各千余级。除将宸濠并其世子、郡王、将军、仪宾、伪授太师、国师、元帅、参赞、尚书、都督、都指挥、指挥等官各另监羁候解，被执胁从等官并各宗室别行议奏，及将擒斩俘获功次一万一千有奇，发御史谢源、伍希儒暂令审验纪录，另行造册缴报外。

照得臣节该钦奉敕谕："但有盗贼发生，即便严督各该兵备、守备、守巡各军卫有司设法调兵剿杀，其管领兵快人等官员，不问文职武职，若在军前违期，并逗遛退缩，俱听以军法从事。生擒盗贼，鞫问明白，亦听就行斩首示众。斩获贼级，行令各该兵备、守巡官即时纪验明白，备行江西按察司造册奏缴，查照升赏激劝，钦此。"及准兵部咨："为飞报贼情事，该本部题称，合无本部通行申明，今后但有草贼生发，事情紧急，该管官司即便依律调拨官军，乘机剿捕；应合会捕者，亦就调发策应。如有仍前朦胧隐蔽，不即申报，以致聚众滋蔓，贻害地方，从重参究，决不轻贷。"等因，题奉钦依，备咨前来。

又蒙钦差总督军门发遣太监张永前到江西，查勘宸濠反叛事情，安边伯朱泰，太监张忠，左都督朱晖，各领兵亦到南京、江西征剿。

续蒙钦差总督军务威武大将军总兵官后军都督府太师镇国公朱统率六师，奉天征讨，及统提督等官司礼监太监魏彬，平虏伯朱彬等，并督理粮饷兵部左侍郎等官王宪等，亦各继至南京。

臣续又节该奉敕："如或江西别府报有贼情紧急，移文至日，尔要及时遣兵策应，毋得违误，钦此。"俱经钦遵外。

臣窃照宸濠悉淫奸暴，腥秽彰闻，数其罪恶，世所未有。不轨之谋，已逾一纪，积威所劫，远被四方。而旬月之间，遂克坚城，俘擒元恶，是皆钦差总督威德、指示、方略之所致也。及照御史谢源、伍希儒监军督哨，谋画居多；知府伍文定、邢珣、徐琏、戴德孺、陈槐、曾玙、林瑊、周朝佐，署都指挥佥事余恩，通判胡尧元、童琦、谈储，推官王暐、徐文英，知县李楫、李美、王冕、王轼、刘源清、刘守绪、傅南乔，通判杨昉、陈旦，指挥麻玺、高睿、孟俊，知县张淮、应恩、王庭、顾佖、万士贤、马津等，虽效绩输能，亦有等列，然皆首从义师，共收全功。其伍文定、邢珣、徐琏、戴德孺等，冒险冲锋，功烈尤懋。乡官都御史王懋中，编修邹守益，御史张鳌山，郎中曾直，评事罗侨，佥事刘蓝，进士郭持平，驿丞王思、李中，按察使刘逊，参政黄绣，知府刘昭等，仗义兴兵，协张威武。以上各官，功劳虽在寻常，征剿亦已难得，伏望皇上论功朝锡之余，普加爵赏旌擢，以劝天下之忠义，以励将来之懦怯。

缘系捷音事理，为此具本请旨。

四乞省葬疏 十五年闰八月二十日

照得先准吏部咨："该臣奏称：'以父老祖丧，屡疏乞休，未蒙怜准。近者奉命扶疾赴闽，意图了事，即从彼地冒罪逃归。旬月之前，亦已具奏。不意行至中途，遭值宁府反叛。此系国家大变，臣子之义，不容舍之而去。又阖省巡抚方面等官，无一人见在者，天下事机，间不容发，故复忍死，暂留于此，为牵制攻讨之图，俟命帅之至，即从初心，死无所避。臣思祖母自幼鞠育之恩，不及一面为诀，每一号痛，割裂昏殒，日加尪瘠，仅存残喘。母丧权厝祖母之侧，今葬祖母，亦欲因此改葬。臣父衰老日甚，近因祖丧，哭泣过节，见亦病卧苫庐。臣今扶病，驱驰兵革，往来于广信、南昌之间。广信去家不数日，欲从其地不时乘间抵家一哭，略为经画葬事，一省父病。臣区区报国血诚，上通于天，不辞灭宗之祸，不避形迹之嫌，冒非其任，以勤国难，亦望朝廷鉴臣此心，不以法例绳缚，使臣得少伸乌鸟之痛，臣之感恩，死且图报，抢攘哀控，不知所云。’等因。具本奏奉圣旨：‘王守仁奉命巡视福建，行至丰城，一闻宸濠反叛，忠愤激烈，即便倡率所在官司，起集义兵，合谋剿杀，气节可嘉。已有旨着督兵讨贼，兼巡抚江西地方。所奏省亲事情，待贼平之日来说。该部知道，钦此。’”

备咨到臣，除钦遵外，近照宁王逆党皆已仰赖皇上神武，庙堂成算，悉就擒获；地方亦已平靖；百姓室家相庆，得免征调之苦，复有更生之乐，莫不感激洪恩，沾被德泽。独臣以父病日深，母丧未弊之故，日夜哀苦，忧病转剧。犬马驱驰之劳，不足齿录，而乌鸟迫切之情，实可矜悯。已蒙前旨，许“待贼平之日来说”，故敢不避斧钺，复申前请。伏望皇上仁覆曲成，容臣暂归田里，一省父病，经纪葬事，臣不胜苦切祈望之至等因。又经具本，于正德十四年八月二十五日，差舍人来仪赍奏去后，迄今已逾八月，未奉明旨。

臣旦暮惶惶，延颈以待，内积悲病之郁，外遭窘局之苦，新患交乘，旧病弥笃，方寸既乱，神气益昏，目眩耳聩，一切世事皆如梦寐。今虽抑情强处，不过闭门伏枕，呻吟喘息而已。岂能供职尽分，为陛下巡抚一方乎？夫人臣竭忠委命，以赴国事，及事之定，乃故使之不得一省其亲之疾，是沮义士之志，而伤孝子心也。且陛下既以许之，又复拘之，亦何以信于后？臣素贪恋官爵，志在进取，亦非高洁独行，甘心寂寞者。徒以疾患缠体，哀苦切心，不得已而为此。今亦未敢便求休退，惟乞暂回田里，一省父疾，经营母葬，臣亦因得就医调理，少延喘息。苟情事稍伸，病不至甚，即当奔走赴阙，终效犬马，昔人所谓报刘之日短，尽忠于陛下之日长也。臣不胜哀痛、号呼、恳切、控吁之至。具本又于正德十五年三月二十五日差舍人王鼒赍奏去后，迄今复六月，未奉明旨。

臣之痛苦，刻骨剜心，忧病缠结，与死为邻，已无足论。而臣父衰疾日亟，呻吟床席，思臣一见，昼夜涕洟，每得家书，号恸颠殒，苏而复绝。夫虎狼恶兽，尚知父子；乌鸟微禽，犹怀反哺。今臣父病狼狈至此，惟欲望臣一归，而臣乃依依贪恋官爵，未能决然逃去，是禽兽之不若，何以立身于天地乎！夫人之大伦，内则父子，外则君臣。事君以忠，事父以孝；不忠不孝，为天下之大戮。纵复幸免国宪，然既辱于禽兽，则生不如死。臣之归省父疾，在朝廷视之，则一人之私情，自臣身言之，则一生之大节。往者宁藩之变，臣时欲归省父疾。然宗社危急，呼吸之间，存亡攸系，故臣捐九族之诛，委身以死国难。时则君臣之义为重。今国难已平，兵戈已息，臣待罪巡抚，不过素餐尸位，以苟岁月。而臣父又衰老病笃若此，尚尔贪恋禄位而不去，此尚可以为子乎！不可以为子者，尚可以为臣乎！臣今待罪巡抚，若不请而逃，窃恐传闻远迩，惊骇视听。夫人臣死君之难，则捐其九族之诛而不恤，至其急父之危，则亦捐其一身之戮而不顾。今复候命不至，臣必冒死逃归。若朝廷悯其前后恳迫之情，赦而不戮，臣死且图衔结。若遂正以国典，臣获一见老父而死，亦瞑目于地下矣。

臣不胜痛陨苦切，号控哀祈之至，除冒死一面，移疾舟次，沿途问医，待罪候命外，缘系四乞天恩，归省父疾，回籍待罪事理，为此具本奏闻。

开豁军前用过钱粮疏 十五年九月初四日

照得先因宁王变乱，该臣备行南、赣等府，起调各项官军兵快人等追剿，合用粮饷等项，就仰听将在官钱粮支给间。随据吉安府申，为处置军饷事，开称动调兵快数万，本府钱粮数少，乞为急处等情。已经通行各府，速将见贮不拘何项钱粮，以三分为率，内将二分解赴军前接济外。续为地方事，臣又看得各处军兵虽已起调，但前项事情，系国家大难，存亡所关，诚恐兵力不敷，未免误事，又行牌仰各该官司，即选父子乡兵在官操练，听将官钱支作口粮，候臣另有明文一至，随即启行，去后，续照前项首恶并其谋党，俱已擒斩。原调各处军兵，久已散归。就经备行江西布政司，通将各府州县自用兵日起，至于掣兵日止，用过一应在官钱粮等项，逐一查明造报，以凭施行，未报查催间。

又据江西按察司呈，为紧急军情事开称，先准江西布政司照会，正德十四年十月初一日，该蒙户部员外郎黄著案验，内开蒙本部题，奉钦依，差在军前整理粮草。今照各哨官军俱集江西省城，又闻圣驾亦将征讨，跟随官军，未知数目，驻扎月日，未知久近，所有粮料草束，合仰备行本司掌印等官从长设法处置，或支动在官银两，选委能干官员，趁早多买粮草，预备支应，庶无失误等因到司。

彼时，巡按御史唐龙未到，本院押解逆犯宸濠等在途，查得江西省城司府及南、新二县并南、康二府库藏，俱被宁贼抢劫空虚，无从措置。诚恐临期失误，就经会同江西布政司，一面议借军门发候解京赃银，及南昌府县追到官本等银给发，委官汪宪等各领买办粮草供应；一面议将各府派银接济，缘由会呈本院，奉批俱准议，造册缴报查考等因。依奉，除南康、九江、南昌三府县残破未派，备行抚州等十府，动支在官银两接济。续因起解首恶宸濠等并逆党宫眷等项，及补还原借解京赃银官本等银紧急，又经会呈议行各该府县，暂借在官银两，前来应济，共计用过银九千七百七十一两四钱。其余见存银两，俱系该解之数，悉行各府差人领回，听其收解外，呈乞施行等因到臣。

看得所呈前项供应粮料、买办草料，及自臣起兵以来费用过钱粮，中间多系京库折银，及兑准粮米等项，俱系支给赏劳兵快人等，及供应北来官军，并犒赈军民紧急支用，计出无聊，事非得已，别无浪费分文，据法似应措补。但今兵荒残破之余，库藏无不空虚，小民无不凋敝，远近人情汹汹，方求公帑赈济，若复派补，必致变生不测。其听解贼赃官本等银，实系宁贼抢劫官库积蓄，刻剥小民脂膏，相应存留，以救困竭。今又尽数解京，地方空匮，委果已极，查得各处用兵请给内帑，或借别省钱粮接济。迩者宁贼非常之变，事起仓卒，虽欲请给内帑，势有不及。后蒙该部议准，许于广东军饷银内支取十万。随幸贼势平定，前项准借银两亦遂停止，分毫不曾取用。

伏望皇上悯念地方师旅饥馑之余，民穷财尽，困苦已极。近又加以水灾为患，流离益甚。乞敕该部查照，转行江西布、按二司，将自用兵以来支取用费过各该府县京库折银，及兑准粮米等项，通行查明，各计若干，照数开豁，免行追补。乃仰备造文册，缴部查考。庶军民得以少苏，而地方可免于意外之虞矣。

征收秋粮稽迟待罪疏十五年十二月初十日

据江西布政司呈："准布政使陈策等咨，照得正德十四年税粮，先准参议周文光奉户部勘合派属征解，随因圣驾南巡，各府州县官俱集省城听用，前项钱粮，不暇追征。正德十五年正月初二日，蒙巡按江西监察御史唐龙案验，为乞救兵燹穷民以固邦本事，该巡抚苏松，都御史李充嗣题称：'江西变乱，南昌、南康、九江等府首被烧劫，其余府县，大军临省，供应浩繁，要将该年税粮尽行停免。'等因，备行分守南昌五道，勘议得：南昌府南、新二县被害深重，应免粮差三年；其余州县，并瑞州一十二府属县，俱应免粮关二年。回报到司，即转呈本院具题外。本年二月内，续蒙钦差户部员外郎龙诰案验为儹运粮储事，备行本司，督催该年兑准钱粮交兑，遵依节行催征间。本年三月初五日，漕运衙门照扎，坐到兑军本色米八万石，折色米三十二万石，改兑米一十七万石，每石连耗折银七钱，备行作急征完起运。本月二十八日，又蒙抚按衙门案验，为地方极疲，速赐恩恤以安邦本事，该南京工科给事中王纪等奏，奉钦依，自正德十四年以前，一应钱粮果系小民拖欠未完的，俱准暂且停征，还着各该官司设法赈济，毋视虚文。钦遵通行外，又蒙员外郎龙诰案牌，将粮里严加杖并，急如星火。小民纷纷援例，赴司告豁。呈蒙抚按衙门批行本司，给示晓谕，纳粮人户先将兑军征解。小民方肯完纳。转行参议魏彦昭督运。续因本官去任，又经呈批参政邢珣暂管督兑。本官于五月二十日遍历催儹，通将征完本色米八万石兑完起运讫。其折色银两，催据广信等府属县陆续征解。近于十一月十三等日，抄奉漕运衙门照扎备行本司，将兑运折色银三十四万三千两，务要征完足数，差官协同运官解部等因。依奉通行外，今照该年税粮，委因事变兵荒，经理不前，及专官管提督官员更代不常，况奉部院明文征免不一，小民不服输纳，官府制肘难行，因而稽延。若不预将前情转达，诚恐查究罪及未便。”等因，备呈到臣。

窃照江西钱粮，小民所以不肯输纳，与有司所以难于追征者，其故各有三，而究其罪归则责实在臣。何者?

宸濠之叛，首以伪檄除租，要结人心。臣时起兵旁郡，恐其扇惑，即时移文远近，宣布朝廷恩德，蠲其租赋，许以奏免，谕以君臣之分，激其忠义之心，百姓丁壮出战，老弱居守。既而旱灾益炽，民困益迫，然而小民不即离散者，以臣既为奏请，虽明旨未下，皆谓朝廷必能免其租税，尚可忍死以待也。夫危急之际，则啖之免租以竭其死力，事平之后，又罔民而刻取之，人怀怨忿不平，此其不肯输纳之故一也。

及宸濠之乱稍定，而大军随至，供馈愈烦，诛求愈急，其颠连困踣之状，臣于前奏已略言之。百姓不任其苦，强者窜而为寇，弱者匿而为奸。继而水灾助祸，千里之民，皆为鱼鳖，号哭载途，喧腾求赈。其时臣等既无帑藏之储，又无仓廪可发，所以绥劳抚定之者，更无别计，惟以奏免租税为言。百姓睊睊胥谗，谓命在旦夕，不能救我而徒曰免税，免税岂可待邪? 盖其心以为免税已不待言，尚恨其无以赈之也。已而既不能赈，又从而追纳之，人怨益深，不平愈甚，此其不肯输纳之故二也。

当大军之驻省，臣等趋走奔命，日不暇给，亦以为既有前奏，则赋税必在所免，不复申请。其时巡抚苏松等处都御史李充嗣奏称，江西首被宸濠之害,乞将该年税粮军需等项俱行停免。该户部覆题: 奉圣旨: 是，各被害地方，着抚按官严督所属，用心设法赈济，钦此。”又该给事中王纪奏，本部覆题:“奉圣旨: 是，这地方委的疲困已极，自正德十四年以前一应钱粮，果系小民托欠未完的，俱准暂且停征，还着各该官司设法赈济，毋视虚文，钦此。”俱钦遵，该部备咨前来，臣等正苦百姓嗷嗷，咨文一至，如解倒悬，即时宣布。百姓闻之，欢声雷动，递相传告，旦夕之间，深山穷谷，无不毕达。自是而后，坚守蠲免之说，虽部使督临，或遣人下乡催促，小民悉以为诈妄，群起而驱缚之。催征之令不复可行，此其不肯输纳之故三也。

郡县之官，亲见百姓之困苦，又当震荡颠危之日，惧其为变，其始惟恐百姓不信免租之说，指天画地，誓以必不食言，既而时事稍平，则尽反其说而征之，固已不能出诸其口矣，况从而鞭笞捶达之，其遽忍乎？此其难于追征之故一也。

三司各官，旧者既被驱胁，新者陆续而至，至则正当扰攘，分投供应，四出送迎，官离其职，吏失其守，纠结纷拏，事无专责，如群手杂缲于乱丝之中，东牵西绊，莫知端绪。既而部使骤临，欲于旬月之间，督并完集，神输鬼运，有不能矣。此其难于追征之故二也。

夫背信而行，势已不顺，若使民间尚有可征之粟，必不得已，刓剥而取之，忍心者尚或能办也。而民之疮痍已极矣，实无可输之物矣，别夫离妇，弃子鬻女，有耳者不忍闻，有目者不忍睹也。如是而必欲驱之死地，其将可行乎！此其难于追征之故三也。

夫小民之不肯输纳既如彼，而有司之难于追征又如此，后值部使身临坐并，急于风火，百姓怨谤纷腾，汹汹思乱，复如将溃之堤。臣于其时虑恐变生不测，谓各官与其激成地方之祸，无益国事，身膏草野，以贻朝廷之忧，孰若姑靖地方，宁以一身当迟慢之戮乎。因谕各官追征毋急，以纾民怨。各官内迫于部使，外窘于穷民，上调下辑，如居颠屋之下，东撑则西颓，前支则后圮，强颜陵诟之辱，掩耳怨憝之言，身营闾阎之下，口说田野之间，晓以京储之不可缺，谕以国计之不得已，或转为借贷，或教之典拆，忍心于捶骨剥脂之痛而浚其血，闭目于析骸食子之惨而责其逋。共计江西十四年分兑军本色米八万石，折色米三十二万石，改兑米一十七万石。臣始度其势，以为决无可完之理，其后数月之间，亦复陆续起解完纳，是皆出于意料之外，在各官诚窘局艰苦，疲瘁已极，亦可谓之劳而有功矣。今闻部使参奏，且将不免于罪，臣窃冤之。

昔之人固有催科政拙，而自署下考者，亦有矫制发廪，而愿受其辜者，各官之以此获罪，固亦其所甘心。但始之因叛乱旱荒而为之奏免者，臣也；继之因水灾兵困而复为申奏者，臣也；又继之因朝廷两有停征赈贷之旨，而为之宣布于众者，亦臣也；又继之虑恐激成祸变，而谕令各官从权缓征者，又臣也。是各官之罪，皆臣之罪也。今使各官当迟慢之责，而臣独幸免，臣窃耻之。

夫司国计者，虑京储之空匮，欲重征收，后期者之罪，而有罚俸降级之议，此盖切于谋国，忠于事君者之不得已也。亦岂不念江西小民之困苦，与各官之难为哉？顾欲警众集事，创前而戒后，固有不得不然者，正所谓救焚身之患，不遑恤毛发之焦，攻心腹之疾，不得避针灼之苦耳。

伏望皇上悯各官之罪，出于事势之无已，特从眚灾肆赦之典，宽而宥之，则法虽若屈，而理亦未枉。必谓行令之始，不欲苟挠，则各官之罪实由于臣，即请贬削臣之禄秩，放还田里，以伸国议。如此，则不惟情法两得，而臣亦可以藉口江西之民免于欺上罔下之耻矣。臣不胜惶惧待罪之至！

缘系征收秋粮，稽迟待罪事理，为此具本请旨。

巡抚地方疏十五年四月二十五日

据江西布政司呈：奉臣案验，照得本院前任巡抚衙门，近遭兵火废毁，兼以地址僻隘低洼，每遇淋雨，潢潦浸灌。见今本院在于都司贡院诸处衙门寄驻，迁徙不常，居无定止，人无定向。妨政失体，深为未便，合行议取，为此仰抄案回司，即便会同都、按二司官从长议查省城居民没官房屋，及革毁一应衙门，可以拆修改造者。会议停当，呈来定夺，毋得违错等因。依奉，会同都指挥佥事王继善，按察使伍文定，议得前项衙门，先年建于永和门内，僻在一隅，地势低洼，切近东湖，一遇淫雨，辄遭浸漫。近因大军驻扎，人马作践，俱各倒塌。及查巡按衙门，亦皆年久朽烂逼侧，俱难居住。欲择地盖造，缘今地方兵荒之后，取之于官则官库空竭，敛之于民则民穷财尽，反覆思惟，无从措置。查得承奉司并织造机房各一所，系是没官之数，俱各空闲，地势颇高，规模颇广。合无呈请将呈奉司暂改为都察院衙门，机房改为巡按衙门，委官相度，趁时修理。如此，则工费不繁，民力少节，实为两便。

缘由呈详到臣，查得先为计处地方事，该臣会同巡按御史唐龙议奏，乞将抄没宁府及各贼党田地房屋，令布、按二司掌印及守巡并府县官员从实覆查，委系占夺百姓，遵照诏书内事理，各给还本主管业。及将于内官房酌量移改城楼窝铺衙门，余外田地山塘房屋，仍令各官公同照依时估变卖价银入官。先尽拨补南、新二县兑军淮安京库折银粮米及王府禄米，外有余羡，收贮布政司官库，用备缓急。缘由会本具题去后，未奉明旨。今呈前来，为照各项衙门果已废毁，当兹兵火之余，民穷财尽，改创实难。今该司议将前项没官房屋暂改，不费于官，不劳于民，工省事易，诚亦两便，似应准议。除行该司一面委官趁时修改，暂且移驻，以便听理。候民困日苏，财用充给之日，力可改创，再行议处。

剿平安义判党疏 十六年五月十五日

据江西按察司按察使伍文定开称：奉臣批，据南康府通判林宽，安义县知县熊价，奉新县典史徐诚呈开，俱奉本院纸牌及巡按御史唐龙、朱节等计委追剿逆贼杨本荣等。依奉前后诱捕，及于沿湖各处敌战，擒斩共一百二十六名颗，并于杨子桥巢内搜获伊原助逆领授南昌护卫中千户所印信一颗，合就解呈。奉批抑按察司会同都、布二司官将解到贼级纪验，贼犯鞫审明白，解赴军门，以凭遵照钦奉敕谕事理，就行斩首示众。有功员役，分别等第呈来给赏施行。并蒙巡按江西临察御史唐龙批：“按察司会同各掌印官审究，及将有功官役并阵亡之人查明，具招呈报。”又蒙巡按江西临察御史朱节批：“看得各犯罪恶贯盈，致勤提督衙门调兵擒剿，事情重大。按察司会勘明白，中间如有事出胁从，情可矜疑者，通具呈报。”等因。

依奉会同都指挥佥事高厚，左布政使陈策等，议得贼犯杨正贤等，累世穷凶，鄱湖剧患，近复从逆，幸而漏网，啸聚劫囚，敌杀官兵，滔天之罪，远近播闻。通判林宽等，克承方略，首事缉捕，虽有小衄，竟收成功。知县熊价到任甫及半月，仓卒偶当其冲，终能有备，多所擒获。典史徐诚奉调领兵破贼，适中机会。署都指挥佥事冯勋鼓勇而前，贼遂奔溃。其典史周祐阴谋散党，隐然之迹，未可泯弃。合无呈乞钧裁，将署都指挥佥事冯勋，通判林宽，知县熊价，典史徐诚，俱优加犒奖；林宽、熊价仍旌其除暴安民之劳；典史周祐另行赏赉；随征南昌前卫千户马喜，新建县县丞黄仲仁，南昌县主簿陈纪，安义县主簿崔锭，建昌县税课局大使江象，安义县领哨义官杨震七，协守县治安义县县丞何全，典史陈恒昭，把截九里三渡南昌前卫指挥梁端，千户周镇，俱量行犒劳；其余获贼吏兵哨长保长总小甲人等，查照近日告示事理，分别等第，一一给赏；阵亡阵伤义兵程碧、程魁七等，俱各优恤其家，给赏汤药之费。如此，庶使有功者录而人所知劝，死事者酬而人无所憾矣。仍行该府县将逆贼杨正贤等妻男财产估变价银，修筑县城，尤为便益。

缘由同查过功次文册关缴到司，备由转呈到臣，簿查正德十五年十一月初十日，据江西按察司副使陈槐关称：原问犯人胡顺并杨子桥等家属财产通该查抄解报，呈详已批该司查照施行，务得的实，毋致亏枉外，续据安义县申称：依奉拿获杨子桥妻周氏，男杨华五、华七、华八、月保并伊同居亲弟杨子楼收监、起解间，十二月二十二日辰时，不期子楼未获男杨本荣统集百十余徒，各持枪刀冲县。当同巡捕主簿崔锭督领机兵防御。彼贼势勇，打入狱门，劫去杨华五等，并原监杨正江、杨绍鉴及别犯胡清等一十八名，烧毁总甲张惟胜房屋，劫掠铺户传甫七等货物。随即起集哨长陈魁四等屯兵设法擒获杨华五等，仍旧收监。一面追获余贼杨子楼等，合行申报等情。

又据通判林宽呈称首恶杨本荣、杨华二等照旧立寨啸聚，批仰按察司会同各官议处。随据该司呈称：依奉会同署都指挥佥事王继善，左布政使陈策，副使顾应祥等议得杨本荣等罪恶，据法即当督兵擒捕；但访得杨姓一族，稔恶从乱者有数，若使兵刃一加，未免玉石未辨。合行该县再谕杨本荣等作急投首，庶几杨绍鉴等之罪可辨，杨本荣之情可原。若使负固不服，即将稔恶贼党指实，申来议处。

呈详到臣，照得本院前年驻兵省城，擒劫叛贼之后，即欲移兵扑灭逆党杨子桥等。彼因访得各犯亲族亦多良善连居，若大兵一临，未免玉石俱焚，方尔迟疑。当据杨子桥等自行投赴军门，本院仰体朝廷好生之德，正欲保全一方之生灵，当即遵照诏书黄榜事理，将子桥等量加杖责，释放回家，谕令改恶迁善。其余党恶，悉不根究外，后因解京逆党刘吉、陈贤等供攀不已，朝廷之意：将复发兵加诛，则恐失信于下；将遂置而不问，则一般从逆之人乃至极刑抄没，而子桥等独不略加惩创，亦何以警戒将来。故照旧释其党从以示信，独行拘子桥以明罚。其迁徙抄没，亦止及于子桥一身。朝廷之处，可谓仁至义尽矣。为之亲族党与者，正宜感激朝廷浩荡再生之恩，皆宜争出到官，输诚效款，自相分别，洗涤其既往之愆，而显明其维新之善。却乃略不改创，辄敢抗逆官府，冲县劫囚，自求诛灭。据法论情，已在必诛无赦。但念中间良善尚多，止因杨子桥同居稔恶之徒，缪以危言激诱，族党扇惑鼓动，以至于此，恐亦非其本心。今据三司各官呈议，亦与所访略同。准依所议，姑且未即加兵，就经批行该道守巡官先行分别善恶，令其亲族非同恶者自行告明官司，各另屯住。其被胁之人，若能投首到官，亦准免罪。有能并力擒捕首恶送官者，仍一体给赏。俱限一月之内投首输服。若过期不出，即将各犯背叛情由备细呈来，以凭发兵剿灭。一面行仰该县及各附近官司整集兵快义勇，固守把截，听候本院进止。仍备出告示，晓谕远近外。

续据通判林宽呈称：遵照明文，密唤杨姓良善户丁杨庸、杨邦、十五等七名到职，示以祸福，给以犒赏。着令分别良善，止捕冲县逆贼送官。随该杨庸等诱擒逆贼九名到县，又获贼犯十七名。随给牌面，令通县老人分投抚谕。而各贼仍前立寨不服。续又擒获贼犯四名。后闻官司要捣巢穴，连夜鼓挟邻族，约有百十余徒，搒船奔入鄱阳湖。欲即率即兵追剿，缘该县空虚，诚恐贼计中途回锋冲突，未可轻出。除差人飞报沿河保长，立寨防剿，一面牒府督率星子、建昌、都昌兵沿湖巡捕外，呈乞施行等因。

据呈，臣会同巡按御史等官看得贼既入湖，良善已分，正可四面合兵追剿，除行南昌守巡兵备点选兵快，就行都司冯勋统领，星夜前去跟蹑贼踪，设法剿捕，就经批仰按察司，即便通行该道守巡官及沿湖各该官司地方保甲人等一体集兵防剿追捕，毋令远窜贻患。臣等又虑安义县治单弱，恐各贼乘虚归劫，另行牌调奉新县典史徐诚选兵四百，密从间道星夜前去该县，会同知县熊价协力防剿。又行牌仰各官于九姓良善之中，挑选义勇武艺，及于沿湖诸处，起集习水壮健惯战之人，各官身自督领，密取知因乡导，四路爪探，或蹑贼踪，或截要路，或归防县治，张疑设伏，声东击西。一应事机，俱听从宜施行；合用粮赏，就于司府库内原贮军饷银内支给。及差官赍执令旗、令牌前去督押行事。军兵人等但有军前不听号令，及退缩逗遛，侵扰良善者，遵照敕谕事理，就以军法从事。各官俱要竭忠尽力，慎重通果，杀贼立功，以靖地方。若畏避轻忽，致贼滋蔓，贻患地方，军令俱存，决难轻贷。完日通将擒斩功次获功人员等项一并开报，以凭施行去后。

今呈前因，照得臣先节该钦奉敕谕："但有盗贼生发，即便设法调兵剿杀，听尔随宜处置，钦此。"钦遵，除将前项有功官员支兵人等及阵亡被伤等项，俱准议于南昌府动支本院贮库支剩军饷银两，除已犒奖给赏优恤外，其未经奖犒给赏优恤者，批仰该司查照等第，逐一补给。贼属男妇估价变卖银两，亦准修筑该县城垣支用。擒获贼犯，鞫问明白，仍解军门斩首示众。斩获贼级，行令造册缴报，并行巡按衙门知会外。

臣等议照叛党杨正贤等肆其凶犷之习，恃其族类之繁，稔恶一方，流劫远近。既积有世代，比复兴兵助逆，脱漏诛殄，略无悔创，乃敢攻县劫狱，聚众称乱。恶贯满盈，天怒人怨，遂尔一旦扫灭。在朝廷固犹疥癣之搔爬，在江西实亦疽痈之溃决。巡按御史唐龙、朱节运谋监督，而按察使伍文定，布政使陈策等相与协议赞画，都指挥冯勋及通判林宽、知县熊价等又各趋事效命，并力于下。论各劳绩，皆宜旌录。臣守仁卧病待罪之余，仅存喘息，幸赖诸臣，苟免咎愆。

缘系剿平叛党事理，为此具本题知。

乞便道归省疏

臣于正德十六年六月十六日钦奉敕旨："以尔昔能剿平乱贼，安靖地方，朝廷新政之初，特兹召用。敕至，尔可驰驿来京，毋或稽迟，钦此。"

钦遵，已于本月二十日驰驿起程外，窃念臣自两年以来，四上归省之奏，皆以亲老多病，恳乞暂归省视，实皆出于人子迫切之至情。而其时复以权奸当事，谗嫉交兴，非独臣之愚悃无由自明，且虑变起不测，身罹暧昧之祸，冀得因事退归，父子苟全首领于牖下，故其时虽以暂归为请，而实有终身丘壑之念矣。既而宗社有灵，天启神圣，入承大统，革故鼎新，亲贤任旧，向之为谗嫉者，皆已诛斥略尽，阳德兴而公道显。臣于斯时，固已欣然改易其退遁之心矣。当明良之会，圣人作而万物睹，天下之士，孰不欣然有观光之愿，而况臣之方在忧危，骤获申雪者，若出陷阱而登之春台，其为喜幸感激何啻百倍，岂不欲朝发夕至，以一快其拜舞踊跃之私，归戴向往之诚乎。顾臣父既老且病，顷遭谗构之厄，危疑震恐，凶凶朝夕，常有父子不及相见之痛。今幸脱洗殃咎，复睹天日，父子之情，固思一见颜面，以叙其悲惨离隔之怀，以尽菽水欢欣之乐。况臣取道钱塘，迂程乡土止有一日。此在亲交之厚，将不能已于情，而况父子天性之爱，重以连年苦切之思乎。故臣之此行，其冒罪归省，亦情理之所必不容已者。然不以之明请于朝而私窃行之，是欺君也；惧稽延之戮，而忍割情于所生，是忘父也。欺君者不忠，忘父者不孝。世固未有不孝于父而能忠于其君者也，故臣敢冒罪以请。伏望皇上以孝为治，范围曲成，特宽稽命之诛，使臣得以少伸乌鸟之私，臣死且图衔结，臣不胜惶惧恳切之至！

辞封爵普恩赏以彰国典疏嘉靖元年正月初十日

南京兵部尚书王守仁谨奏，为辞免封爵，普恩赏以彰国典事。臣于正德十六年十二月十九等日，节准兵部、吏部咨，俱为捷音事，节该题奉圣旨："江西反贼剿平，地方安定，各该官员功绩显著，你部里既会官集议，分别等第明白，王守仁封伯爵，给与诰券，子孙世世承袭，照旧参赞机务，钦此。""王守仁封新建伯，奉天翊卫推诚宣力守正文臣，特进光禄大夫柱国，还兼南京兵部尚书，照旧参赞机务，岁支禄米一千石，三代并妻一体追封，钦此。"前后备咨到臣，俱钦遵外，臣闻命惊惶，莫知攸措。

窃念臣以凡庸，误受国恩，在正德初年，以狂言被谴。先帝察无其他，随加收录，荐陟清显，缪膺军旅之寄，猥承巡抚之令。后值宁藩肇变，臣时适婴祸锋，义当死难，不量势力，与之犄角。赖朝廷威灵，幸无覆败。既而谗言朋兴，几陷不测，臣之心事，未及自明。先帝登遐，无阶控吁。乃幸天启神圣，陛下龙飞，开臣于覆盆之下，而照之以日月。悯恻慰劳，至勤诏旨，怜其乌鸟之情，使得归省，推之大孝之仁，优之以存问。超历常资，授以留都本兵之任。恳疏辞免，慰旨益勤。在昔名臣硕辅，鲜有获是于其君者，而况于臣之卑鄙浅劣，亦将何以堪此乎？今又加以封爵之崇，臣惧功微赏重，无其实而冒其名，忧祸败之将及也。夫人主与频笑之微，不以假于匪人，而况爵赏之重乎？人臣之事君也，先其事而后其食，食且不可，而况于封爵乎？且臣之所以不敢受爵，其说有四，然亦不敢不为陛下一陈其实矣。

宁藩不轨之谋，积之十数年矣，持满应机而发，不旬月而败，此非人力所及也。上天之意，厌乱思治，将启陛下之神圣，以中兴太平之业，故蹶其谋而夺之魄。斯固上天之为之也，而臣欲冒之，是叨天之功矣。其不敢受者一也。

先宁藩之未变，朝廷固已阴觉其谋，故改臣以提督之任，假臣以便宜之权，使据上游以制其势。故臣虽仓卒遇难，而得以从宜调兵，与之从事。当时帷幄谋议之臣，则有若大学士杨廷和等，该部调度之臣，则有若尚书王琼等，是皆有先事御备之谋，所谓发纵指示之功也。今诸臣未蒙显褒，而臣独冒膺重赏，是掩人之善矣。其不敢受者二也。

变之初起，势焰焻炽，人心疑惧退沮。当时首从义师，自伍文定、邢珣、徐琏、戴德孺诸人之外，又有知府陈槐、曾玙、胡尧元等，知县刘源清、马津、傅南乔、李美、李楫及杨材、王冕、顾佖、刘守绪、王轼等，乡官都御史王懋中，编修邹守益，御史张鳌山、伍希儒、谢源等诸人，臣今不能悉数，其间或催锋陷阵，或遮邀伏击，或赞画谋议，监录经纪。虽其平日人品，或有清浊高下，然就兹一事而言，固亦咸有捐躯效死之忠，戮力勤王之绩，所谓同功一体者也。今赏当其功者固已有之，然施不酬劳之人尚多也。其帐下之士，若听选官雷济，已故义官萧禹，致仕县丞龙光，指挥高睿，千户王佐等，或诈为兵檄，以挠其进止，坏其事机，或伪书反间，以离其心腹，散其党与，阴谋秘计，盖有诸将士所不与知，而辛苦艰难，亦有诸部领所未尝历者。臣于捷奏本内，既不敢琐琐烦渎。今闻纪功文册，复为改造者多所删削。其余或力战而死于锋镝，或犯难而委于沟渠，陈力效能者，尤不可以枚举。是皆一时号召之人，臣于颠沛抢攘之际，今已多不能记忆其姓名籍贯。复有举人冀元亨者，为臣劝说宁濠，反为奸党构陷，竟死狱中。以忠受祸，为贼报仇。抱冤赍恨，实由于臣。虽尽削臣职，移报元亨，亦无以赎此痛。此尤伤心惨目，负之于冥冥之中者。夫倡义调兵，虽起于臣，然犹有先事者为之指措。而戮力成功，必赖于众，则非臣一人之所能独济也。乃今诸将士之赏，尚多未称，而臣独蒙冒重爵，是袭下之能矣。其不敢受者三也。

夫周公之功大矣，亦臣子之分所当为。况区区犬马之微劳，又皆偶逢机会，幸而集事者，奚足以为功乎？臣世受国恩，碎身粉骨，亦无以报。缪当提督重任，承乏戎行，苟免鳏旷，况又超擢本兵，既已叨冒逾分。

且臣近年以来，忧病相仍，神昏志散，目眩耳聋，无复可用于世。兼之亲族颠危，命在朝夕。又不度德量分，自知止足，乃冒昧贪进，据非其有，是忘己之耻矣。其不敢受者四也。

夫殃莫大于叨天之功，罪莫甚于掩人之善，恶莫深于袭下之能，辱莫重于记己之耻。四者备而祸全，故臣之不敢受爵，非敢以辞荣也，避祸焉尔已。

伏愿陛下鉴臣之辞出于诚恳，收还成命，容臣以今职终养老亲，苟全余喘于林下，以所以滥施于臣者普于众，以明赏罚之典，以彰大小之功，以慰不均之望，以励将来效忠赴义之臣，臣死且不朽矣。不胜受恩感激，恳切愿望之至！

缘系辞免封爵，普恩赏以彰国典事理，谨具本题。

再辞封爵普恩赏以彰国典疏 嘉靖元年

臣于正德十六年十二月，节准兵部、吏部咨，节该题奉圣旨："江西反贼剿平，地方安靖，各该官员功绩显著，你部里既会官集议，分别等第明白，王守仁封伯爵，给与诰卷，子孙世世承袭，照旧参赞机务，钦此。""王守仁封新建伯，奉天翊运推诚宣力守正文臣，特进光禄大夫柱国，还兼南京兵部尚书，照旧参赞机务，岁支禄米一千石，三代并妻一体追封，钦此。"臣闻命惊惶，窃惧功微赏重，祸败将及，已经具本辞免去后。随于嘉靖元年七月十九日，准吏部咨，该臣奏前事，节奉圣旨："论功行赏，古今令典，诗书所载，具可考见。卿倡义督兵，剿除大患，尽忠报国，劳绩可嘉，特加封爵，以昭公义，宜勉承恩命，所辞不允。该部知道，钦此。"钦遵。

臣以积恶深重，祸延先人，臣方茕然瘠疚，仅未殒绝。闻命悸栗，魂魄散乱。已而伏块沉思，臣以微劳，冒膺重赏，所谓叨天之功，掩人之善，袭下之能，忘己之耻者，臣于前奏已具陈之矣。然而圣旨殷优，独加于臣，余皆未蒙采录者，岂以江西之功，果臣一人之所能独办乎？

朝廷爵赏，本以公于天下，而臣以一身掠众美而独承之，是臣拥阏朝廷之大泽，而使天下有不均之望也，罪不滋重已乎？夫庙堂之赏，朝廷之议也，臣不敢僭及。至于臣所相与协力同事之人，则有不得不为一申白者。古者赏不逾时，欲人速得为善报也。今效忠赴义之士，延颈而待，已三年矣。此而更不一言，事日已远，而意日已衰，谁复有为之论列者。故臣辄敢割痛忍哀，冒斧钺而控吁，气息奄奄之中，忽不自觉其言之躁妄，亦其事有所感于昔，而情有所激于其中也。

窃惟宸濠之变，实起仓卒，其气势张皇，积威凌劫，虽在数千里外，无不震骇失措，而况江西诸郡县近切剥床，触目皆贼兵，随处有贼党。当此之时，臣以逆旅孤身，举事其间，虽仰仗威灵以号召远近，然而未受巡抚之命，则各官非统属也；未奉讨贼之旨，其事乃义倡也。若使其时郡县各官果怀畏死偷生之心，但以未有成命，各保土地为辞，则臣亦可何如哉。然而闻臣之调，即感激奋励，或提兵而至，或挺身而来，是非真有捐躯赴难之义，戮力报主之忠，孰肯甘粉齑之祸，从赤族之诛，蹈必死之地，以希万一难冀之功乎？然则凡在与臣共事者，皆有忠义之诚者也。夫均秉忠义之诚以同赴国难，而功成行赏，臣独当之，人将不食其余矣。此臣所为不敢受也。且宸濠之变，天实阴夺其魄而摧败之速，是以功成之后，不复以此同事诸人者为庸。使其时不幸而一蹶涂地，则粉身灭族之惨，亦同事诸人者自当之乎？将犹可以藉众议之解救而除免之乎？夫下之人犯必死之难以赴义，则上之人有必行之赏以报功。今臣独崇爵，而此同事诸人者乃或赏或否，或不行其赏而并削其绩，或常未及播而罚已先行，或虚受升职之名而因使退闲，或冒蒙不忠之号而随以废斥。由此言之，亦何苦捐身赴义，以来此呶呶之口，而自求无实之殃乎？乃不若退缩引避，反可以全身远害，安处富贵，而逭于众口之诽也。夫披坚执锐，身亲行伍，以及期赴难，而犹不免于不忠之罚，则容有托故推奸，坐而观望者，又将何以加之？今不彼之议，而独此之察，则已过矣。

昔人有蹊田而夺牛者，君子以为蹊田固有责，而夺牛则已甚。今人驱牛以耕我之田，既种且获矣，而追究其耕之未尽善也，复从而夺之牛，无乃太远于人情乎？方今议者，或以某也素贪而鄙，某也素躁而狂，故虽有功而当抑其赏，虽有劳而不赎其罪。噫！是亦过矣。

当宸濠之变，抚按三司等官，咸被驱缚，或死或从；其余大小之职，近者就縻，远者逃溃矣。当此之时，苟知有从我者，皆可以为忠义之士，尚得追论其平时邪！况所谓若贪与鄙者，或出于馋嫉之口而未皆真邪？若居常处易，选择而使，犹不免于失人，况一时乌合之众。而顾以此概之，其责于人，终无已乎？夫考素行，别贤否，以激扬士风者，考课之常典；较功力，信赏罚，以振作士气者，军旅之大权。故鄙猥之行，平时不耻于士列，而使贪使诈，军事有所不废也。急难呼吸之际，要在摧锋克敌而已，而暇逆计其他乎？当此之时，虽有御人国门之寇，苟能效其智力以协济吾事，亦将用之；用之而事果有成，亦必赏之。况乎均在士人之列，同有勤事之忠者乎？人于平居无事，扼腕抵掌而谈，孰不曰我能临大节，死大难。及当小小利害，未必至于死也，而或有仓皇失措者有矣。又况矢石之下，剑刃之间，前有必死之形，而后有夷灭之祸，人亦何不设以身处其地而少亮之乎？

夫考课之典，军旅之政，固并行而不相悖。然亦不可以混而施之。今人方有可录之功，吾且遂行其赏可矣。纵有既往之愆，亦得以今而赎。但据其显然可见者，毋深求其隐然不可见者赏行矣。而其人之过犹未改也，则从而行其黜谪。人将曰："昔以功而赏，今以罪而黜，功罪显而劝惩彰矣。"今也将明军旅之赏，而阴以考课之意行于其间，人但见其赏未施而罚已及，功不录而罪有加，不能创奸警恶，而徒以阻忠义之气，快馋嫉之心。譬之投杯醪于河水，而曰："是有醪焉，亦可饮而醉也。"非易牙之口，将不能辨之矣，而求饮者之醉，可得乎？

人臣于国家之难，凡其心之可望，力之可为，涂肝脑而膏髓骨，皆其职分所当。然则此同事诸臣者，遂敢以此自为之功而邀赏于其上乎？顾臣与之同事同功，今赏积于臣，而彼有未逮，臣复抗颜直受而不以一言，是使朝廷之上果以其功独归于臣，而此诸人者之绩因臣之为蔽而卒无以自显于世也。且自平难以来，此同事诸人者，非独为已斥诸权奸之所诬构挫辱而已也，群憎众嫉，惟事指摘搜罗以为快，曾未见有鸣其不平而伸其屈抑者。幸而陛下龙飞，赫然开日月之光，英贤辅翼，廓清风而鼓震电，于是阴气始散而魍魉潜消。然而覆盆之下，尚或有未能自露者也。故臣敢不避矜夸僭妄之戮，而辄为诸臣者一诉其艰难抑郁之情。

昔汉臣赵充国破羌而归，人有访之谦让功能者。充国曰："吾老矣，爵位已极，岂嫌伐一时事以欺明主哉？兵政国之大事，当为后法，老臣不以余命，一为主上明言其利害，卒死，谁当复言之者？"卒以实对。夫人之忠于国也，杀身夷族有不避，而乃避其自矜功伐之嫌乎？臣始遇变于丰城也，盖举事于仓卒茫昧之中，其时岂能逆睹其功之必就，谓有今日爵赏之荣而为哉？徒以事关宗社，是以不计成败利钝，捐身家，弃九族，但以输忠愤而死节，是臣之初心也。至于号告三军，则虽激之以忠义，而实歆之以爵禄延世之荣；励之以名节，而复动之以恩赏绚耀之美。是非敢以虚言诱之也，以为功而克成，则此爵禄恩赏亦有国之常典，理所必有也。今臣受殊赏而众有未逮，是臣以虚言罔诱其下，竭众人之死而共成之，掩众人之美而独取之，见利忘信，始之以忠信，终之以贪鄙，外以欺其下，而内失其初心，亦何颜面以视其人乎？故臣之不敢独当殊赏者，非不知封爵之为荣也，所谓有重于封爵者，故不为苟得耳。

伏愿陛下鉴臣之言，不以为夸也，而因以察诸臣之隐；允臣之辞，不以为伪也，而因以普诸臣之施。果以其赏在所薄与，则臣亦不得而独厚；果以其赏或可厚与，则诸臣亦不得而遂薄也。江西同事诸臣，臣于前奏亦已略举，且该部具有成册可查，不敢复有所尘渎。臣在衰绖忧苦之中，非可有言之日，事不容已而有是举，不胜受恩感激，含哀冒死，战栗惶惧，恳切祈祷之至！

卷十四　别录六

奏疏六

辞免重任乞恩养病疏嘉靖六年六月

臣自正德十四年江西事平之后，身罹谗构，危疑汹汹，不保朝夕。幸遇圣上龙飞，天开日朗，鉴臣蝼蚁之忠，下诏褒扬洗涤，出臣于覆盆之下，进官封爵，召还京师。因乞便道归省，随蒙赐敕遣官奖劳慰谕，锡以银币，犒以羊酒。臣感激天恩，虽粉骨碎身，云何能报。不幸遭继父丧，未获赴阙陈谢。服满之后，又连年病卧，喘息奄奄，苟避形迹。皇上天高地厚之恩，迄今六年于此矣，尚未能一睹天颜，稽首阙廷之下，臣实瞻戴恋慕，昼夜热中，若身在芒刺。迩者曾蒙谢恩之召，臣之至愿；惟不能即时就道，顾乃病卧呻吟，徒北望感泣，神魂飞驰而已。

今年六月初六日，兵部差官赍文前到臣家，内开奏奉钦依，以两广未靖，命臣总制军务，督同都御史姚镆等勘处者。臣闻命惊惶，莫知攸措。伏自思惟，臣于君命之召，当不俟驾而行，矧兹军旅，何敢言辞？顾臣病患久积，潮热痰嗽，日甚月深，每一发咳，必至顿绝，久始渐苏。乃者谢恩之行，轻舟安卧，尚未敢强，又况兵甲驱劳，岂复堪任。夫委身以图报，臣之本心也。若冒病轻出，至于偾事，死无及矣。

臣又伏思两广之役，起于土官仇杀，比之寇贼之攻劫郡县，荼毒生灵者，势尚差缓。若处置得宜，事亦可集。姚镆平日素称老成慎重，一时利钝前却，斯亦兵家之常，要在责成，难拘速效。御史石金据事论奏，是盖忠于陛下，将为国家宏仁覆久远之图，所以激励镆等，使之集谋决策，收之桑榆也。

臣本书生，不习军旅，往岁江西之役，皆偶会机宜，幸而成事。臣之才识，自视未及姚镆，且近年以来，又已多病。况兹用兵举事，镆等必尝深思熟虑，得其始末条贯，中事少沮，辄以臣之庸劣参与其间，行事之际，所见或有同异，镆等益难展布。

夫军旅之任，在号令严一，赏罚信果而已。慎择主帅，授钺分梱，当听其所为。臣以为两广今日之事，宜专责镆等，隆其委任，重其威权，略其小过，假以岁月，而要其成功。至于终无底绩，然后别选才能，兼于民情土俗，素相谙悉，如南京工部尚书胡世宁，刑部尚书李承勋者，往代其任。

夫朝廷用人，不贵其有过人之才，而贵其有事君之忠，苟无事君之忠，而徒有过人之才，则其所谓才者，仅足以济其一己之功利，全躯保妻子而已耳。如臣之迂疏多病，徒持文墨议论，未必能济实用者，诚宜哀其不能，容令养疾田野。俟病痊之后，不终弃废，或可量置闲散之地，使自得效其涓埃。则朝廷于任贤御将之体，因物曲成之仁，道并行而不相背矣。臣不敢苟冒任使以欺国事，不胜感恩激义，恳切祈望之至！

赴任谢恩遂陈肤见疏六年十二月初一日

臣于病废之余，特蒙恩旨起用，授以两广军旅重寄。臣自惟朽才病质，深惧不任驱使，以误国事，具本辞免。过蒙圣旨："卿识敏才高，忠诚体国，今两广多事，方藉卿威望，抚定地方，用纾朕南顾之怀。姚镆已致仕了，卿宜星夜前去，节制诸司，调度军马，抚剿贼寇，安戢兵民，勿再迟疑推诿，以负朕望。还差官铺马里赍文前去敦趣赴任行事，该部知道，钦此。"

钦遵。兵部移咨到臣，捧读感泣，莫知攸措。

伏念世受国恩，粉骨齑骸，亦无能报。又况遭逢明圣，温旨勤拳若是，何能复顾其他。已于九月初八日扶病起程，沿途就医，服药调理，昼夜前进。奈秋暑旱涩，舟行甚难，至十一月二十日，始抵梧州。思恩、田州之事，尚未及会同各官查审区处，然臣沿途涉历，访诸士夫之论，询诸行旅之口，颇有所闻，不敢不为陛下一言其略。

臣惟岑猛父子，固有可诛之罪，然所以致彼若是者，则前此当事诸人，亦宜分受其责。

盖两广军门专为诸瑶、僮及诸流贼而设，朝廷付之军马钱粮事权，亦已不为不专且重，若使振其军威，自足以制服诸蛮。然而因循怠弛，军政日坏，上无可任之将，下无可用之兵，一有惊急，必须倚调土官狼兵，若猛之属者而后行事。故此辈得以凭恃兵力，日增其桀骜。今夫父兄之于子弟，苟役使频劳，亦且不能无倦，况于此辈夷狄之性，岁岁调发，奔走道途，不得顾其家室，其能以无倦且怨乎？及事之平，则又功归于上，而彼无所与。兼有不才有司，因而需索引诱，与之为奸，其能以无怒且慢乎？既倦且怨，又怒以慢，始而征发愆期，既而调遣不至。上嫉下愤，日深月积，劫之以势而威益亵，笼之以诈而术愈穷。由是谕之而益梗，抚之而益疑，遂至于有今日，加以叛逆之罪而欲征之。

夫即其已暴之恶征之，诚亦非过，然所以致彼若是，已非一朝一夕之故。且当反思其咎，姑务自责自励，修我军政，布我威德，抚我人民，使内治外攘而我有余力，则近悦远怀而彼将自服，顾不复自反而一意愤怒之！

夫所可愤怒者，不过岑猛父子及其党恶数人而已，其下万余之众，固皆无罪之人也。今岑猛父子及其党恶数人，既云诛戮，已足暴扬，所遗二酋，原非有名恶目，自可宽宥者也。又不胜二酋之愤，遂不顾万余之命，竭两省之财，动三省之兵，使民男不得耕，女不得织，数千里内骚然涂炭者，两年于兹。然而二酋之愤，至今尚未能雪也。徒尔兵连祸结，征发益多，财馈益殚，民困益深，无罪之民，死者十已六七。山瑶海贼乘衅摇动，穷迫必死之寇既从而煽诱之，贫苦流亡之民又从而逃归之，其可忧危何啻十百于二酋者之为患。其事已兆而变已形，顾犹不此之虑，而汲汲于于二酋，则当事者之过计矣。

今当事者之于是役，其悴心憔思亦可谓勤且至矣。特发于愤激而狃为其难，是以劳而未效。夫二酋者之沮兵拒险，亦不过畏罪逃死，苟为自全之计。非如四方流劫之贼，攻城堡，掠乡村，虏财物，杀良民，日为百姓之患，人人欲得而诛之者。今驱困惫之民，使裹粮荷戈，以征不为民患、素无仇怨之虏，此人心之所以不奋，而事之所以难济也。

又今狼达土汉官兵亦不下数万，与万余畏罪逋诛之虏相持，已三月有余，而未能一决者，盖以我兵发机太早，而四面防守太密，是乃投之无所往，而示之以必不活，益使彼先虑预备，并心协力，坚其必死之志，以抗我师。就使我师将勇卒奋，决能取胜，亦必多杀士众，非全军之道，又况人无战志，而徒欲合围待毙，坐收成功，此我兵之所以虽众而势日以懈，贼虽寡而志日以合，备日密而气日以锐者也。夫当事者之意，固无非欲计出万全，然以用兵而言，亦已失之巧迟，所谓强弩之末，不能穿鲁缟矣。

臣愚以为且宜释此二酋者之罪，开其自新之路。而彼犹顽梗自如，然后从而杀之，我亦可以无憾。苟可曲全，则且姑务息兵罢饷，以休养疮痍之民，以绝觊觎之奸，以弭不测之变。迨于区处既定，德威既洽，蛮夷悦服之后，此二酋者，遂能改恶自新，则我亦岂必固求其罪。若其尚不知悛，执而杀之，不过一狱吏之事，何至兵甲之烦哉?

或者以为征之不克，而遽释之，则纪纲疑于不振。臣窃以为不然。夫天子于天下之民物，如天覆地载，无不欲爱养而生全之，宁有蕞尔小丑，乃与之争愤求胜，而谓之振纪纲者？惟后世贪暴诸侯，强凌弱，众吞寡，则必务于求胜而后已，斯固五霸之罪人也。昔苗顽不即工，舜使禹、益徂征，三旬，苗民逆命，禹及班师振旅。夫以三圣人者为之君帅，以征一顽苗，谓宜终朝而克捷。顾历三旬之久，而复至于班师以归，自今言之，其不振甚矣。然终致有苗之格，而万世称圣。古之所谓振纪纲者，固若是耳。

臣以匪才，缪膺重命，得总制四省军务，以从事于偏隅之小丑，非不知乘此机会，可以侥幸成功，苟免于怯懦退避。然此必多调军兵，多伤士卒，多杀无罪，多费粮饷，又不足以振扬威武，信服诸夷，仅能取快于二酋之愤，而忘其遗患于两省之民，但知徼功于目前，而不知投艰于日后。此人臣喜事者之利，非国家之福，生民之庇，臣所不忍也。

臣又闻两广主计之吏，谓自用兵以来，所费银两已不下数十万，梧州库藏所遗，不满五万之数矣；所食粮米已不下数十万，梧州仓廪所存，不满一万之数矣。由是言之，尚可用兵不息，而不思所以善后之图乎？

臣又闻诸两省士民之言，皆谓流官之设，亦徒有虚名而反受实祸。诘其所以，皆云思恩未设流官之前，土人岁出土兵三千，以听官府之调遣；既设流官之后，官府岁发民兵数千，以防土人之反覆。即此一事，利害可知。且思恩自设流官以来，十八九年之间，反者五六起，前后征剿，曾无休息，不知调集军兵若干，费用粮饷若干，杀伤良民若干。朝廷曾不能得其分寸之益，而反为之忧劳征发。浚良民之膏血而涂诸无用之地，此流官之无益，亦断然可睹矣。但论者皆以为既设流官而复去之，则有更改之嫌，恐启人言而招物议，是以宁使一方之民久罹涂炭，而不敢明为朝廷一言，宁负朝廷而不敢犯众议。甚哉！人臣之不忠也。苟利于国而庇于民，死且为之矣，而何人言物议之足计乎！

臣始至地方，虽未能周知备历，然形势大略亦可概见。田州切邻交趾，其间深山绝谷，皆瑶、僮之所盘据，动以千百。必须仍存土官，则可藉其兵力，以为中土屏蔽。若尽杀其人，改土为流，则边鄙之患，我自当之，自撤藩篱，非久安之计，后必有悔。思恩、田州处置事宜，俟事平之日，遵照敕旨，公同各官另行议奏。但臣既有所闻见，不敢不先为陛下一言，使朝廷之上，早有定处，臣等得一意奉行，不致往复查议，失误事机，可以速安反侧，实地方之幸，臣等之幸。臣不胜受恩感激，竭忠愿效之至。

辞巡抚兼任举能自代疏 七年正月初二日

嘉靖六年十二月初二日，准本院咨，节该吏部题，奉圣旨：“王守仁暂令兼理巡抚两广等处地方，写敕与他，钦此。”钦遵外，臣闻命之余，愈增惶惧。

窃念臣以迂疏多病之躯，缪承总制四省军务之命，既已有不胜其任之忧矣。方尔昼夜驱驰，图其所以仰副朝廷之重委者，而尚未知所措。今又加巡抚之责，岂其所能堪乎？况两广地方，比于他处，尤繁且难。蛮夷瑶、僮之巢穴，处处而是，攻劫抢掳之警报，日日而有。近年以来，加之以师旅，因之以饥馑，郡县之凋敝日甚，小民之困苦益深。巡抚之任，非得才力精强者，重其事权，渐其官阶，而久其职任，殆未可求效于岁月之间也。盖非重其事权，则不可以渐其官阶，非渐其官阶，则不以久其职任，非久其职任，则凡所举动，多苟且目前之计，而不为日后久长之谋，邀一时之虚名，而或遗百年之实祸。膏泽未洽于下，而小民无爱戴感恋之诚。德威未敷于远，而蛮夷无信服归向之志。此巡抚两广之任，虽才能相继，而治效之所以未究也。

切见致仕副都御史伍文定质性勇果，识见明达，往岁宁藩之变，尝从臣起兵讨逆，臣备知其能。今年力未衰，置之闲散，诚有可惜。若起而用之，以为巡抚，其于经略之方，抚绥之术，必能不负所委。及照刑部左侍郎梁材，新升南赣副都御史汪鋐，亦皆才能素著，抑且旧在两广，备谙土俗民情，皆足以堪斯任。乞敕吏部于三人之中选择而使之。臣之驽劣多病，俾得专意思、田之役，幸而了事，容令照旧回还原籍调理。非独巡抚得人，地方有所倚赖，而臣之不肖，亦苟免于覆悚之谋矣。

奏报田州思恩平复疏 七年二月十三日

嘉靖七年正月二十七日，据广西田州府目民卢苏、陆豹、黄笋、胡喜、邢相、卢保、罗黄、王陈、罗宽、戴庆等连名具状，为悔罪投降，陈情乞恩事，投称：先因本府土官岑猛与泗城州屡年互相仇杀，获罪上司，于嘉靖五年六月内，致蒙奏请官兵征剿临境。岑猛自思原无反叛情由，意得招抚，先自同道士钱一真及亲信家人逃躲归顺州界，苏等俱各畏避，四散逃入山林。止有各处寄住客户千余，躲避不及，冒犯官军，俱蒙杀剿，目民人等俱不敢抵抗官军。惟有陆绶不曾远遁，当被擒斩，其余韦好、罗河等俱蒙官军陆续搜山杀死。蓦于当年九月内，归顺土官岑璋书报，岑猛见在该州，前月已将道士钱一真功次假作猛解报军门，尔可作急平定地方，来迎尔主。苏等听信，遣人即送衣服槟榔等件。岑璋一一收受，言说岑猛不可轻易见人，官府得知累我。续于十月内，岑猛又差人促令邀同王受，招复乡村，因见府治空虚，乘便入城休息。又遣迎岑猛、岑璋回说，尔今地方未定，姑候来春，我当发兵三十余营送尔主来，且替尔防守。苏等因此逃命屯聚，以候岑猛，并无叛心。嘉靖六年正月，有人传说岑猛于天泉岩内急病身死，尸骨被岑璋烧毁，金银尽被收获。随遣人去归顺探问，又被岑璋杀死。苏等痛悔无由，窃思官男岑邦彦先已齐村病故，今闻岑猛又死，无主可靠，欲出投诉。切见四方军马充斥，声言务要尽剿，又恐飞虫附火，必损其身；又蒙上司阴使王受图杀卢苏，又使卢苏图杀王受，反覆难信，投降无路，日切苦痛。今幸朝廷宽赦，钦命总制天星，体天行道，按临在此，神鬼信服，苏等方敢舍命求生，率领阖府目民男子大小人等共计四万余名口，尽数投降。伏乞悯念生灵草命，赦死立功，以赎前罪。哀乞怜悯，岑猛原无反叛情罪，存其一脉，俯顺夷情，办纳粮差，实为万幸，等情。

并据思恩府头目王受、卢苏、黄容、卢平、韦文明、侣马、黄留、黄石、陆宗、覃鉴、潘成等，亦连名具状，告同前事，投称：本府原系土官，自改立流官，开图立里，土俗不便，奈缘小人冥顽，不谙汉法，屡次攘乱不定。受等同辞恳乞上司仍立目甲，不意反致官府嗔怪。近又蒙官兵征剿田州，要将受等一概诛灭，必要穷追逐捕，只得逃遁山林。兼以八寨蛮子原以剽掠为生，乘机假受姓名，每每攻图城邑，劫掳乡村，虚名受祸。受等即欲挺身投诉，见得四方军马把截，兼闻阴使卢苏图杀王受，又使王受图杀卢苏，反覆难信，以此连年抱苦，控诉无由。且受等颇知利害，岂敢自速灭亡。今幸朝廷宽恩，命总制天星按临在此，神鬼信服，受等方敢率领所部目民男女大小人等，共计三万余名口，舍命投降，伏乞详情赦死，以全草命。更望俯顺夷情，仍复目甲，使得办纳粮差，实为万幸等因。各投诉到臣。

据此，照得先于嘉靖六年七月初七日，为地方事，节奉敕谕："先该广西田州地方逆贼岑猛为乱，已令提督两广等官都御史姚镆等督兵进剿。随该各官奏称，岑猛父子悉已擒斩，巢穴荡平，捷音上闻，已经降敕奖励，论功行赏。续该各官复奏，恶目卢苏倡乱复叛，王受攻陷思恩。及节据石金所奏，前项地方，卢苏、王受结为死党，互相依倚，祸孽日深，将来不可收拾。又参称先后抚臣举措失当，姚镆等攘夷无策，轻信寡谋，图田州已不可得，并思恩胥复失之，要得通行查究追夺。兵部议奏，以各官先后所论事宜，意见不同，且兵连两广调遣，事干邻境地方，必得重臣前去总制，督同议处，方得停当。今特命尔提督两广及江西、湖广等处地方军务，星驰前去彼处，即查前项夷情，田州因何复叛，思恩因何失守。督同姚镆等斟酌事势，将各夷叛乱未形者，可抚则抚，反形已露者，当剿即剿，一应主客官军，从宜调遣，主副将官及三司等官，悉听节制。公同计议。应设土官、流官，何者经久利便。并先今抚镇等官，有功有过，分别大小轻重，明白奏闻区处。事体十分重大者，具奏定夺。朕以尔勋迹久著，才望素隆，特兹简任。尔务以体国为心，闻命就道，竭忠尽力，大展谋猷，俾夷患殄除，地方安靖，以纾朕西南之忧。仍须深虑却顾，事出万全，一劳永逸，以为广人久远之休。毋得循例辞避，以孤众望，钦此。"

钦遵。随于九月内节该兵部咨，为辞免重任乞恩养病事，臣奏奉圣旨："卿识敏才高，忠诚体国，今两广多事，方借卿威望，抚定地方，用纾朕南顾之怀。姚镆已致仕了，卿宜星夜前去，节制诸司，调度军马，抚剿贼寇，安戢兵民，勿再迟疑推诿，以负朕望。还差官铺马裹赍文前去敦趣赴任行事。该部知道，钦此。”钦遵。当即启行，至十一月二十一日抵梧州莅任。

十二月内，续准兵部咨，为地方大计紧急用人事，该礼部右侍郎方献夫奏，节奉圣旨:“方献夫所奏，关系地方大计，郑润、朱麟与姚镆事同一体，姚镆已着致仕，郑润等因贼情未宁，暂且留用。今既这等说，郑润取回，代替的朕自简用。朱麟应否去留，着兵部会议，并堪任更代的,推举相应官两员来看。田州应否设都御史在彼住扎,还着王守仁议处，具奉定夺，钦此。”备咨前来知会，俱经钦遵外，本月初五日，进至平南县地方，与都御史姚镆交代。二十二等日，太监郑润，总兵官朱麟陆续各回梧州、广州等处，听候新任。

总兵、太监交代去讫，当臣公同巡按纪功御史石金，右布政林富，参政汪必东、邹輗，副使祝品、林大辂，佥事汪溱、张邦信、申惠、吴天挺，参将李璋、沈希仪、张经及旧任副总兵今闲住都指挥同知张祐，并各见在军前用事等官，会议得思恩、田州之役，兵连祸结，两省荼毒已逾二年，兵力尽于哨守，民脂竭于转输，官吏罢于奔走。即今地方已如破坏之舟，漂泊于颠风巨浪中，覆溺之患，汹汹在目，不待智者而知之矣。今若必欲穷兵雪愤，以收前功，未论其不克，纵复克之，亦有十患。何者?

今皇上方推至孝以治天下，恻怛之仁，覆被海宇，惟恐一物不得其所，虽一夫之狱，犹虑有所亏枉，亲临断决，况兹数万无辜之赤子，而必欲穷搜极捕，使之噍类不遗，伤伐天地之和，亏损好生之德，其患一也。

屯兵十万，日费千金，自始事以来，所费银米各已数十余万。前岁之冬，二酋复乱，至今且余二年。未尝与贼交一矢，接一战，而其费已若此。今若复欲进兵，以近计之，亦须数月，省约其费，亦须银米各十余万。计今梧州仓库所余，银不满五万，米不满一万矣，兵连不息，而财匮粮绝，其患二也。

调集之兵，远近数万，屯戍日久，人怀归思。兼之水土不服，而前岁之疫死者一二万人，众情忧惑。自顷以来，疾病死者不可以数，无日无之。溃散逃亡，追捕斩杀而不能禁。其未敌而已若此，今复驱之锋镝之下，必有土崩瓦解之势，其患三也。

用兵以来，两省之民，男不得耕，女不得织，已余二年。衣食之道日穷，老稚转乎沟壑。今春若复进兵，又将废一年之耕，百姓饥寒切身，群起而为盗，不逞之徒，因而号召之，其祸殆有甚于思、田之乱者，其患四也。

论者皆以不诛二酋，则无以威服土官，其殆不然。今所赖以诛二酋者，乃皆土官之兵，而在我曾无一旅可恃之卒。又不能宣布主上威德，明示赏罚，而徒以市井狙狯之谋，相欺相诱，计穷诈见，益为彼所轻侮。每一调发旗牌之官，十余往反，而彼犹骜然不出，反挟此以肆其贪求，纵其吞噬。我方有赖于彼，纵之而不敢问。彼亦知我之不能彼禁也，益狂诞而无所忌。岑猛之僭妄，亦由此等积渐成之。是欲诛一二逃死之遗孽，而养成十数岑猛，其患五也。

两广盗贼，瑶、僮之巢穴动以数千百计，军卫有司营堡关隘之兵，时尝召募增补，然且不敷。今复尽取而聚之思、田之一隅，山瑶海寇，乘间窃发，遂至无可捍御。近益窥我空虚，出掠愈频，为患愈肆。今若复闻进兵，彼知事未易息，远近相煽蜂起，我兵势难中辍，救之不能，弃之不可，其为惨毒可忧，尤有甚于饥寒之民，其患六也。

军旅一动，馈运之夫，骑征之马，各以千计。每夫一名，顾直一两；马一匹，四两；马之死者则又追偿其主之直。是皆取办于南宁诸属县。百姓连年兵疲，困苦已极，而复重之以此，其不亡而为盗者，则亦沟中之瘠矣，其患七也。

两省土官于岑猛之灭，已各怀唇齿之疑，其各州土目于苏、受之讨，又皆有狐兔之憾，是以迟疑观望，莫肯效力。所凭恃者，独湖兵耳。然前岁之疫，湖兵死者过半，其间固多借倩而来，兵回之日，死者之家，例有偿命银两，总其所费，亦以万数。今兹复调，踣顿道途。不得顾其家室，亦已三年，劳苦怨郁，潜逃而归者，相望于道，诛之不能，止因一隅之小愤，而重失三省土人之心，其间伏忧隐祸，殆难尽言，其患八也。

田州外捍交趾，内屏各郡，其间深山绝谷，又皆瑶、僮之所盘据。若必尽诛其人，异时虽欲改土设流，亦已无民可守。非独自撤藩篱，势有不可，抑亦藉膏腴之田以资瑶、僮，而为边夷拓土开疆，其患九也。

既以兵克，必以兵守，岁岁调发，劳费无已。秦时胜、广之乱，实兴于闾左之戍。且一夫制驭，变乱随生，反覆相寻，祸将焉极，其患十也。

故为今日之举，莫善于罢兵而行抚；抚之有十善。活数万无辜之死命，以明昭皇上好生之仁，同符虞舜有苗之征，使远夷荒服，无不感恩怀德，培国家元气以贻燕翼之谋，其善一也。息财省费，得节缩赢余以备他虞，百姓无椎脂刻髓之苦，其善二也。久戍之兵，得遂其思归之愿，而免于疾病死亡脱锋镝之惨，无土崩瓦解之患，其善三也。又得及时耕种，不废农作，虽在困穷之际，然皆获顾其家室，亦各渐有回生之望，不致转徙自弃而为盗，其善四也。罢散土官之兵，各归守其境土，使知朝廷自有神武不杀之威，而无所恃赖于彼，阴消其桀骜之气，而沮慑其僭妄之心，反侧之奸自息，其善五也。远近之兵，各归旧守，穷边沿海，咸得修复其备御，盗贼有所惮而不敢肆，城郭乡村免于惊扰劫掠，无虚内事外，顾此失彼之患，其善六也。息馈运之劳，省夫马之役，贫民解于倒悬，得以稍稍苏复，起呻吟于沟壑之中，其善七也。土民释兔死狐悲之憾，土官无唇亡齿寒之危，湖兵遂全师早归之愿，莫不安心定志，涵育深仁而感慕德化，其善八也。思、田遗民得还旧土，招集散亡，复其家室，因其土俗，仍置酋长，彼将各保其境土而人自为守，内制瑶、僮，外防边夷，中土得以安枕无事，其善九也。土民既皆诚心悦服，不须复以兵守，省调发之费，岁以数千，官军免踣顿道途之苦，居民无往来骚屑之患，商旅通行，农安其业，近悦远来，德威覃被，其善十也。

夫进兵行剿之患既如彼，罢兵行抚之善复如此，然而当事之人，乃犹往往利于进兵者，其间又有二幸四毁焉。下之人幸有数级之获，以要将来之赏；上之人幸成一时之捷，以盖日前之愆；是谓二幸。始谋请兵而终鲜成效，则有轻举妄动之毁；顿兵竭饷而得不偿失，则有浪费财力之毁；聚数万之众，而竟无一战之克，则有退缩畏避之毁；循土夷之情，而拂士夫之议，则有形迹嫌疑之毁；是谓四毁。二幸蔽于其中，而四毁惕于其外，是以宁犯十患而不顾，弃十善而不为。夫人臣之事君也，杀其身而苟利于国，灭其族而有裨于上，皆甘心焉。岂以侥幸之私，毁誉之末，而足以挠乱其志者！今日之抚，利害较然，事在必行，断无可疑者矣。于是众皆以为然。

二十六日，臣至南宁府，乃下令尽撤调集防守之兵，数日之内，解散而归者数万有余。湖兵数千，道阻且远，不易即归，仍使分留南宁、宾州，解甲休养，待间而发。

初，卢苏、王受等闻臣奉命前来查勘，始知朝廷亦无必杀之意，皆有投生之念，日夜悬望，惟恐臣至之不速。已而闻太监、总兵等官复皆相继召还，至是，又见防守之兵尽撤，其投生之念益坚，乃遣其头目黄富等十余人，于正月初七日，先付军门诉苦，愿得扫境投生，惟乞宥免一死。臣等谕以朝廷之意，正恐尔等有所亏枉，故特遣大臣前来查勘，开尔等更生之路，尔等果能诚心投顺，决当贷尔之死。因复开陈朝廷威德，备写纸牌，使各持归省谕卢苏、王受等。大意以为：

岑猛父子纵无叛逆之谋，即其凶残酷暴，慢上虐下，自有可诛之罪。今其父子党与俱已伏其辜，尔等原非有名恶目，本无大罪，至于部下数万之众，尤为无辜。今因尔等阻兵负险，致令数万无辜之民，破家失业，父母死亡，妻子离散，奔逃困苦，已将两年。又上烦朝廷兴师命将，劳扰三省之民，尔等之罪固已日深。但念尔等所以阻兵负险者，亦无他意，不过畏罪逃死，苟为自全之计，其情亦有可悯。方今圣上推至孝之仁，以子爱黎元，惟恐一物不得其所，虽一夫之狱，尚恐或有亏枉，亲临断决，何况尔等数万之命，岂肯轻意剿杀。故今特遣大臣前来查勘，开尔更生之路，非独救此数万无辜之民，亦使尔等得以改恶从善，舍死投生。牌至，尔等部下兵夫即可解散，各归复业安生。尔等即时出来投到，决当宥尔之死，全尔身家。若迟疑观望，则天讨遂行，后悔无及。限尔二十日内，尔若不至，是朝廷必欲开尔生路，而尔必欲自求死路，进兵杀尔，亦可以无憾矣。

苏、受等得牌，皆罗拜踊跃，欢声雷动。当即撤守备，具衣粮，尽率其众扫境来归。本月二十六日，俱至南宁府城下，分屯为四营。明日，苏、受等皆囚首自缚，各与其头目数百人赴军门投见。号哀控诉，各具投状，告称前情，乞免一死，愿得竭力报效。

臣等看得苏、受等所诉情节，亦与臣等前后所闻所访大略相同，其间虽有饰说，亦多真情，良可哀悯。因复照前牌谕所称，谕以朝廷恩德，以为朝廷既已赦尔等之死，许尔投降，宁肯诱尔至此，又复杀尔，亏失信义。尔之一死，决当宥尔矣，尔可勿复忧疑。但尔苏、受二人拥众负险，虽由畏死，然此一方为尔之故，骚扰二年有余，至上烦九重虑，下疲三省之民，若不略示责罚，亦何以舒泄军民之愤。于是下卢苏、王受于军门，各杖之一百，众皆合辞扣首，为之请命，乃解其缚，谕以："今日宥尔一死者，是朝廷天地好生之仁；杖尔一百者，乃我等人臣执法之义。"于是众皆扣首悦服。臣亦随至其营，抚定余众，皆莫不感泣欢呼，皆谓朝廷如此再生之恩，我等誓以死报。

及据状末告"乞怜悯岑猛原无反叛情罪，存其一脉，俯顺夷情，办纳粮差"一节，自臣奉命而来，沿途询诸商贾行旅，访诸士夫军民，莫不以为宜从夷俗，仍立土官，庶可永久无变。不然，反覆之患终恐不免。及臣至此，又公同大小各官审度事势，屡经酌量议处，亦皆以为治夷之道，宜顺其情。臣于先次谢恩本内，已经略具奏闻，至是因其控告哀切，当即遵照敕谕便宜事理，许以其情奏请。且谕以朝廷之意，无非欲生全尔等，尔等但要诚心向化，改恶从善，竭忠报国，勿虑朝廷不能顺尔之情，于是又皆感激欢呼，皆谓朝廷如此再生之恩，我等誓以死报，且乞即愿杀贼立功以赎前罪。臣因谕以朝廷意，惟愿生全尔等，今尔方来投生，岂忍又驱之兵刃之下。尔等逃窜日久，家业破荡，且宜速归，完尔家室，及时耕种，修复生理。至于各处盗贼，军门自有区处，不须尔等剿除。待尔家事稍定，徐当调发尔等。于是又皆感激欢呼，皆谓朝廷如此再生之恩，我等誓以死报。臣于是遂委右布政林富，旧任总兵官张祐分投省谕，安插其众，俱于二月初八日督令各归复业去讫。

地方之事幸遂平定，皆皇上至孝达顺之德，感格上下，神武不杀之威，震慑鬼神，风行于朝堂之上，而草偃于百蛮之表，是以班师不待七旬，而顽夷即尔来格，不折一矢，不戮一卒，而全活数万生灵，是所谓"绥之斯来，动之斯和"者也。臣以蹇劣，缪承任使，仰赖鸿休，得免罪责，快睹盛明，岂胜庆幸。

除将设立土官及地方一应经久事宜，遵照敕旨，公同各官再行议处，另行具奏外，缘系奏报平复地方事理，为此具本，专差冠带舍人王洪亲赍，谨具题知。

地方紧急用人疏 七年二月十五日

先该礼部右待郎方献夫奏前事，节奉圣旨："田州应否设都御史在彼住扎，还着王守仁议处，具奏定夺，钦此。"兵部备咨前来知会，除钦遵外，随于今年正月二十七日，该思恩、田州二府土目卢苏、王受等，各率众数万自缚归降，该臣遵照敕谕事理，悉已抚定。当遣广西右布政林富，旧任副总兵张祐，分投督领各夷，各归原土，复业安生。已经具本奏报外。

照得思恩、田州连年兵火杀戮之余，官府民居悉已烧毁破荡，虽蔀屋寻丈之庐，亦遭翻挖发掘，曾无完土，荒村僻坞，不遗片瓦尺椽，伤心惨目，诚不忍见，各夷近已诚心投服，毁弃兵戈，卖刀买牛，见已各事田作。自后反侧之患，以臣料之，或已可免。但其风景凄戚，生意萧条，忧惶困苦之余，无以自存，必得老成宽厚之人抚恤绥柔之，臣等见其悲惨无聊之状，诚亦未忍一旦弃去而不顾。况思、田去梧州军门，水路一月之程，一时照料，有所不及。近又与各官议，欲于田州建立流官府治，以制御土官。修复城池廨宇等项，必须劳民动众，自非素得夷情者为之经理区画，各夷凋弊之余，岂复堪此骚屑。况议设知府等官皆未曾到，一应事务，莫有任其责者。

看得右布政林富慈祥恺悌，识达行坚，素立信义，见在思、田地方安插各夷。合无准如方献夫所奏，将林富量改宪职，仍听臣等节制，暂于思、田地方往来住扎，抚循缉理，其于事理，亦甚相应。

臣又看得思、田地方，原系蛮夷瑶、僮之区，不可治以中土礼法，虽流官之设，尚且不可，又况常设重臣住扎其地，岂其所堪。则其供馈之费，送迎之劳，必且重贻地方异日之扰，斯亦不可不预言之者。合无将本官廪给口粮一应合用之费，及往来夫马一应合用之人，俱于南宁府卫取办，银两于库贮军饷内支给，一不以干思、田之人。俟一年之后，各夷生理渐复，府治城郭廨宇渐以完备，则将林富量移别处任用。而思、田止存知府理治，或设兵备官一员于宾州住扎，或就以南宁兵备兼理，不时往来抚循。如此，则目前既可以得抚定绥柔之益，而日后又可以免困顿烦劳之扰。臣之愚见，所议如此，惟复别有定夺，均乞圣明裁处。

地方急缺官员疏七年二月十八日

先据广西副总兵李璋呈前事，看得柳、庆地方新任参将王继善近因病故，地方盗贼生发，不可一日缺官，乞暂委相应官一员前去代理等因到臣。该臣看得柳、庆地方，近因思、田用兵不息，瑶贼乘间出掠。参将王继善既已病故，而该道守巡兵备等官，又以思、田之役，皆在军门督饷督哨，地方重寄，委无一官之托。为照参将沈希仪，虽系专设田州住扎官员，然田州之事，臣与各官见驻南宁，自可分理。本官旧在柳、庆，夷情土俗，备能谙悉，而谋勇才能，足当一面，求可委用，无逾本官者。该臣遵照钦奉敕谕便宜事理，就行暂委本官前去管理参将行事，听候奏请外。

近该思恩、田州土目卢苏、王受等率众归降，该臣行委右布政林富，闲住副总兵张祐，分投督领各夷，各归原土复业安生，今各夷见已卖刀买牛，争事农作，度其事势，将来或可以无反侧之患。则前项驻扎参将，似亦可以无设。但今议于田州修复流官府治以控制土官，则城郭廨宇之役，未免劳民动众。疮痍大病之后，各夷岂复堪此。臣等议调腹里安靖地方官军、打手之属约二千名，隐然有屯戍之形，而实以备修建之役，庶几工可速就而又得免于起夫之扰。然非统驭得人，则于各夷或亦未免有所惊疑。除布政林富已另行议奏外，看得闲住总兵张祐才识通敏，计虑周悉，将略堪折冲之任，文事兼抚绥之长，今又见在思、田地方安插各夷，皆能得其欢心。乞敕兵部俯从臣议，将张佑复其旧职，暂委督令前项各兵，经理修建之役。仍令与布政林富更互往来于思、田之间，省谕安抚诸夷。其合用廪给夫马之类，悉照议处林富事例，于南宁府卫取办。俟一二年后，各夷生理尽复，府治城郭廨宇悉已完备，则将张祐量改他处任用，而田州止存知府理治，仍乞将沈希仪或就改驻柳、庆地方守备。惟复别有定夺，均乞圣明裁处。

处置平复地方以图久安疏 七年四月初六日

臣闻传说之告高宗曰："明王奉若天道，建邦设都，树后王君公，承以大夫师长，不惟逸豫，惟以乱民。"今天下郡县之设，乃有大小繁简之别，中土边方之殊，流官土袭之不同者，岂故为是多端哉？盖亦因其广谷大川，风土之异气，人生其间，刚柔缓急之异禀，服食器用，好恶习尚之异类，是以顺其情不违其俗，循其故不异其宜，要在使人各得其所，固亦惟以乱民而已矣。

臣以迂庸，缪膺重命，勘处兵事于兹土，节该钦奉敕谕，谓"可抚则抚，当剿即剿"。是陛下之心，惟在于除患安民，未尝有所意必也。又节该钦奉敕谕，谓"贼平之后，公同议处，应设土官流官，何者经久利便"。是陛下之心，惟在于安民息乱，未尝有所意必也。始者思、田梗化，既举兵而加诛矣，因其悔罪来投，遂复宥而释之。固亦莫非仰体陛下不嗜杀人之心，惓惓忧悯赤子之无辜也。然而今之议者，或以为流官之设，中土之制也，已设流官而复去之，则嫌于失中土之制。土官之设，蛮夷之俗也，已去土官而复设之，则嫌于从蛮之俗。二者将不能逃于物议，其何以能建事而底绩乎！

是皆不然。夫流官设而夷民服，何苦而不设流官乎？夫惟流官一设，而夷民因以骚乱，仁人君子亦安忍宁使斯民之骚乱，而必于流官之设者。土官去而夷民服，何苦而必土官乎？夫惟土官一去而夷民因以背叛，仁人君子亦安忍宁使斯民之背叛，而必于土官之去者。是皆虞目前之毁誉，避日后之形迹，苟为周身之虑，而不为国家思久长之图者也。其亦安能仰窥陛下如天之仁，固平平荡荡，无偏无党，惟以乱民为心乎！

臣于思恩、田州平复之后，即已仰遵圣谕，公同总镇、镇巡、副参、三司等官、太监张赐、御史石金等议，应设流官、土官，何者经久利便，不得苟有嫌疑避忌，而心有不尽，谋有不忠。乃皆以为宜仍土官以顺其情，分土目以散其党，设流官以制其势。盖蛮夷之性，譬犹禽兽麋鹿，必欲制以中土之郡县，而绳之以流官之法，是群麋鹿于堂室之中，而欲其驯扰帖服，终必触樽俎，翻几席，狂跳而骇掷矣。故必放之闲旷之区，以顺适其犷野之性。今所以仍土官之旧者，是顺适其犷野之性也。然一惟土官之为，而不思有以散其党与、制其猖獗，是纵麋鹿于田野之中，而无有乎墙墉之限，豮牙童梏之道，终必长奔直窜而无以维絷之矣。今所以分立土目者，是墙墉之限，豮牙童梏之道也。然分立土目而终无连属纲维于其间，是畜麋鹿于苑囿，而无守视之人以时守其墙墉，禁其群触，终将逾垣远逝而不知，践禾稼，决藩篱，而莫之省者。今所以特设流官者，是守视苑囿之人也。

议既佥同，臣犹以为土夷之心未必尽得，而穷山僻壤或有隐情也，则亦安能保其必行乎。则又备历田州、思恩之境，按行其村落而经理其城堡，因而以其所处之之道询诸其目长，率皆以为善。又以询诸其父老子弟，又皆以为善。又以询诸其顽钝无耻，斯役下贱之徒，则又亦皆以为善。然后信其可以久行，而庶或幸免于他日之戮也矣，夫然后敢具本以请。亦恃圣明在上，洞见万里，而无微不烛，故臣得以信其愚忠，不复有所顾忌。然犹反覆其辞而更互其说者，非敢有虞于陛下不能亮臣之愚，良以今之士人，率多执己见而倡臆说，亦足以摇众心而偾成事，故臣不避烦舌之腾者，亦欲因是以晓之也。烦渎圣听，臣不胜战栗惶惧之至！

缘系处置平复地方以图久安长治事理，未敢擅便，为此开坐具本请旨。

计开：

一，特设流官知府以制土官之势。

臣等议得：思、田初服，朝廷威德方新，今虽仍设土官，数年之间，决知可无反侧之虑。但十余年后，其众日聚，其力日强，则其志日广，亦将渐有纵肆并兼之患。故必特设流官知府以节制之。其御之之道，则虽不治以中土之经界，而纳其岁办租税之人，使之知有所归效；虽不莅以中土之等威，而操其袭授调发之权，使之知有所统摄；虽不绳以中土之礼教，而制其朝会贡献之期，使之知有所尊奉；虽不严以中土之法禁，而申其冤抑不平之鸣，使之知有所赴诉。因其岁时伏腊之请，庆贺参谒之来，而宣其间隔之情，通其上下之义。矜其不能，教其不逮，寓警戒于温恤之中，消倔强于涵濡之内，使之日驯月习，忽不自知其为善良之归。盖含洪坦易以顺其俗，而委曲调停以制其乱，此今日知府之设，所以异于昔日之流官，而为久安长治之策也。

臣等看得田州故地宽衍平旷，堪以建设流官衙门。但其冲射凶恶，居民弗宁。今拟因其城垣，略加改创修理，备立应设衙门。地僻事简，官不必备。环府之田二甲，皆以属之府官。府官既无民事案牍之扰，终岁可以专力于农，为之辟其荒芜，备其旱潦，通其沟洫。丁力不足，则听其募人耕种，官给牛具种子。岁收其入三分之一以廪官吏，而其余以食佃人，城之内外，渐置佃人庐舍，而岁益增募招徕以充实之。田州旧有商课，仍许设于河下，薄取其税，以资祭祀宾旅柴薪马夫之给。凡流官之所须者，一不以及于土夷。如此，则虽草创之地，而三四年后，亦可以渐为富庶之乡。若其经营之始，则且须仰给于南宁府库。逮其城郭府治完备，事体大定，然后总会其土夷之所输，公田之所入，商税之所积，每岁若干，而官吏之所需者，每岁若干，斟酌通融，立为经久之计。又必上司之制用者务从宽假，无太苛削，官吏其土者，得以优裕展布，无局促牵制之繁，此又体悉远臣绥柔荒服之道也。至于思恩旧已设有流官，但因开图立里，绳以郡县之法，是以其民遂乱。今宜照旧仍设流官知府，听其土目各以土俗自治。而其连属制御之道，悉如臣等前之所议，庶可经久无患，均乞圣明裁处。

一，仍立土官知州以顺土夷之情。

臣等议得：岑氏世有田州，其系恋之私恩，久结于人心。今岑猛虽诛，各夷无贤愚老少，莫不悲怆怀思，愿得复立其后。故苏、受之变，翕然蜂起，不约而同。自官府论之，则皆以为苗顽逆命之徒；在各夷言之，则皆自以为婴、臼存孤之义。故自兵兴以来，远近军民往往亦有哀怜其志，而反不直官府之为者。况各夷告称，其先世岑伯颜者，尝钦奉太祖高皇帝敕旨：“岑、黄二姓，五百年忠孝之家，礼部好生看他，着江夏侯护送岑伯颜为田州府土官知府职事，传授子孙，代代相继承袭，钦此。”钦遵。其后如岑永通、岑祥、岑绍、岑鉴、岑镛、岑溥皆尝着征讨之绩，有保障之功，猛之暴虐骚纵，罪虽可戮，而往岁姚源之役，近年刘召之剿，亦皆间关奔走，勤劳在人。各夷告称官兵未进之先，猛尚遣人奉表朝贺贡献，又遣人赍本赴京控诉；官兵将进之时，猛遂率众远遁，未尝敢有抗拒。以此言之，其无反叛之谋，踪迹颇明。今欲仍设土官以顺各夷之情，而若非岑氏之后，彼亦终有未服。故今日土官之立，必须岑氏子孙而后可。

臣等看得田州府城之外，西北一隅，地形平坦，堪以居民。议以其地降为田州，而于旧属四十八甲之内，割其八甲以属之，听以其土俗自治。

立岑猛之子一人，始授以署州事吏目；三年之后，地方宁靖，效有勤劳，则授以判官；六年之后，地方宁靖，效有勤劳，则授以为同知；九年之后，地方宁靖，效有勤劳，则授以为知州，使承岑氏之祀而隶之流官知府。其制御之道，则悉如臣等前之所议。如此，则朝廷于讨猛之罪，记猛之劳，追录其先世之忠，俯顺其下民之望者，兼得之矣。昔文武之政，罪人不孥，兴灭继绝，而天下之民归心。远近蛮夷见朝廷之所以处岑氏者若此，莫不曰猛肆其恶而举兵加诛，法之正也；明其非叛而不及其孥，仁之至也；录其先忠而不绝其祀，德之厚也；不利其土而复与其民，义之尽也；矜其冥顽而曲加生全，恩之极也。即此一举，而四方之土官莫不畏威怀德，心悦诚服，信义昭布，而蛮夷自此大定矣。此今日知州之设，所以异于昔日之土官，而为久安长治之策也。

臣等又看得岑猛之子，存者二人，其长者为岑邦佐，其幼者为岑邦相。邦佐自幼出继武靖州为知州。前者徒以诛猛之故，有司奏请安置于漳州。然彼实无可革之罪，今日田州之立，无有宜于邦佐者。但武靖当瑶贼之冲，而邦佐素得其民心，其才足能制御。迩者武靖之民以盗贼昌炽，州民无主之故，往往来告，愿得复还邦佐为知州，以保障地方。臣等方欲为之上请，如欲更一人，诸夷未必肯服。莫若仍以邦佐归之武靖，而立邦相于田州。用其强立有能者于折冲捍御之所，而存其幼弱未立者于安守宗祀之区，庶为两得其宜。至于思恩，则岑浚之后已绝，自不必复有土官之设矣。均乞圣明裁处。

一，分设土官巡检以散各夷之党。

臣等议得：土官知州既立，若仍以各土目之兵尽属于知州，则其势并力众，骄恣易生，数年之后，必有报仇复怨，吞弱暴寡之事，则土官之患，犹如故也。且土目既属于土官，而操其生杀予夺之权，则彼但惟土官之是从，宁复知有流官知府者！则流官知府虽欲行其控御节制之道，施其绥怀抚恤之仁，亦无因而与各土目者相接矣。

故臣等议以旧属八甲割以立州之外，其余四十甲者，每三甲或二甲立以为一巡检司，而属之流官知府；每司立土巡检一员，以土目之素为众所信服者为之，而听其各以土俗自治；其始授以署巡检司事土目，三年之后，而地方宁靖，效有勤劳，则授以冠带；六年之后，而地方宁靖，效有勤劳，则授以为土巡检；其粮税之人，则径纳于流官知府，而不必转输于州之土官，以省其费；其军马之出，亦径调于流官知府，而不必转发于州之土官，以重其劳。其官职土地，各得以传诸子孙，则人人知自爱惜，而不敢轻犯法；其袭授予夺，皆必经由于知府，则人人知所依附，而不敢辄携二。势分难合，息朋奸济虐之谋；地小易制，绝恃众跋扈之患。如此，则土官既无羽翼爪牙之助，而不敢纵肆于为恶；土目各有土地人民之保，而不敢党比以为乱。此今日巡检之设，所以异于昔日之土目，而为久安长治之策也。

至于思恩事体，悉与田州无异，亦宜割其目甲，分立以为土巡检司，听其以土俗自治，而属之流官知府；其办纳兵粮与连属制御之道，一如田州。则流官之设，既不失朝廷之旧，巡司之立，又足以散土夷之党，而土俗之治，复可以顺远人之情，一举而两得矣。均乞圣明裁处。

一，田州既改流官，亦宜更其府名。

初，岑猛之将变，忽有石自田州江心浮出，倾卧岸侧。其时民间有“田石倾，田州兵。田石平，田州宁”之谣。猛甚恶之，禁人勿言，密起百余人夜平其石。旦即复倾。如是者屡屡，已而果有兵变。今年二月，卢苏等既有投顺，归视其石，则已平矣。皆共喜异，传以为祥。臣至田州，亲视其石，闻土人之言如此。民间多取“田宁”二字私拟其名。臣等欲乞朝廷遂以此意命之。虽非大义所关，亦足以新耳目而定人心之一端也。

其该府所设官员，臣等拟于知府之外，佐二则同知或通判一员，首领则经历知事各一员，吏胥略具而已。今见在者，已有通判张华，知事林光甫，照磨李世亨。其知府亦已选有一员陈能，然至今尚未到任。臣尝访询其故，咸谓陈能原奉朝旨，升广西布政司右参政，管田州府事，又赐之敕旨，以重其权。吏部奏有钦依，令其先赴该司到任，然后往莅田州。该司左布政严纮谓其既掌府事，即系属官，不得于该司到任。陈能遂竟还原籍，至今亦不复来。参照严纮妄自尊大，但知立上司之体势，而辄敢慢视敕旨，蔑废部移，固已深为可罪。陈能则褊狭使气，徒欲申一己之小愤，而遂尔委朝命于草莱，毕职任如敝屣。使为人臣者而皆若是，则地方之责焉所寄托，而朝廷威令何以复行乎！臣等所访如此，但未委虚的。乞将二人通行提究，重加惩戒，以警将来。臣观陈能气性悻悻若此，亦非可使以绥柔新附之民者。看得广东化州知州林宽，旧任南康通判，剪缉安义诸贼，甚得调理。且其才识通敏，干办勤励，臣时巡抚江西，深知其有可用。近因田州改建府治，修复城垣，地方无官可任，已经行文委令经理其事。即若升以该府同知，而使之久于其职，其所建立，必有可观。迨其累有成绩，遂擢以为知府，使终身其地，彼亦欣然过望，必且乐为不倦，为益地方，决知不少矣。

大抵田州之乱，起于搜剔太甚，今其归附，皆出诚心，原非以兵力强取而得者。故不必过为振厉驾抑，急其机防，反足生变。但与之休养生息，略施控御其间可矣。夫走狗逐兔，而捕鼠以狸，人之才器，各有所宜也。伏乞圣明采择。

一，思恩府设立流官，亦宜如田州之数。

其知府一员吴期英见在，但已屡有奔逃之辱，难以复临其下，然未有可去之罪，且宜改用于他所，姑使之自效可矣。看得柳州府同知桂鏊，督饷宾州，思恩之人闻其行事，颇知信向；近以修复思恩府治，委之经理，其所谋猷，虽未见有大过于人，然皆平实详审，不为浮饰，似于思恩之人为宜。苟未能灼知超然卓异之才，举而用之，以一新政化，则得如鏊者器而使之，姑且修弊补罅，休劳息困，以与久疲之民相安于无事，当亦能有所济也。乞敕吏部再加裁酌而改用之。

一，田州各甲，今拟分设为九土巡检司；其思恩各城头，今拟分设为九土巡检司。各立土目之素为众所信服者管之。其连属之制，升授之差，俱已备有前议。但各甲、城头既已分析，若无人管理，复恐或生弊端。

臣等遵照敕谕便宜事理，已先行牌仰各头目暂且各照分掌管，办纳兵粮，候奏请命下，然后钦遵施行。

一，田州凌时甲、完冠砦陶甲、腮水源坤官位甲、旧朔勒甲兼州子半甲，共四甲半，拟立为凌时土巡检司，拟以土目龙寄管之。缘龙寄先来投顺，故分甲比众独多。

一，田州砦马甲、略罗博、温甲，共三甲，拟立为砦马土巡检司，拟以土目卢苏管之。

一，田州大田子甲、那带甲、锦养甲，共三甲，拟立为大田土巡检司，拟以土目黄富管之。

一，田州万洞甲、周甲，共二甲，拟立为万洞土巡检司，拟以土目陆豹管之。

一，田州阳院右邓甲、控讲水册槐并畔甲，共二甲，拟立为阳院土巡检司，拟以土目林盛管之。

一，田州思郎那召甲、舍甲，共二甲，拟立为思郎土巡检司，拟以土目胡喜管之。

一，田州累彩甲、子轩忧甲、笃忭下甲，共三甲，拟立为累彩土巡检司，拟以土目卢凤管之。

一，田州怕何甲、速甲，共二甲，拟为怕何土巡检司，拟以土目罗玉管之。

一，田州武龙甲、里定甲，共二甲，拟立为武龙巡检司，拟以土目黄笋管之。

一，田州棋甲、白石甲，共二甲，拟立为棋甲土巡检司，拟以土目邢相管之。

一，田州床甲、砦例甲，共二甲，拟立为床甲土巡检司，拟以土目卢保管之。

一，田州婪凤甲、工尧降甲，共二甲，拟立为婪凤土巡检司，拟以土目黄陈管之。

一，田州下隆甲、周甲，共二甲，拟立为下隆土巡检司，拟以土目黄对管之。

一，田州县甲、环甫蛙可甲，共二甲，拟立为县甲土巡检司，拟以土目罗宽管之。

一，田州篆甲、炼甲，共二甲，拟立为篆甲土巡检司，拟以土目王莱管之。

一，田州砦桑甲、义宁江那半甲，共一甲半，拟立为砦桑土巡检司，拟以土目戴德管之。

一，田州思幼东平夫棒甲、尽甲子半甲，共一甲半，拟立为思幼土巡检司，拟以土目杨赵管之。

一，田州侯周怕丰甲一甲，拟立为侯周土巡检司，拟以土目戴庆管之。

一，思恩兴隆七城头兼都阳十城头，拟立为土巡检司，拟以土目韦贵管之。缘韦贵先来向官，故授地比众独多。

一，思恩白山七城头兼丹良十城头，拟立为白山土巡检司，拟以土目王受管之。

一，思恩定罗十二城头，拟立为定罗土巡检司，拟以土目徐五管之。

一，思恩安定六城头，拟立为安定土巡检司，拟以土目潘良管之。

一，思恩古零、通感、那学、下半四堡四城头，拟立为古零土巡检司，拟以土目覃益管之。

一，思恩旧城十一城头，拟立旧城土巡检司，拟以土目黄石管之。

一，思恩那马十六城头，拟立为那马土巡检司，拟以土目苏关管之。

一，思恩下旺一城头，拟立为下旺土巡检司，拟以土目韦文明管之。

一，思恩都阳中团一城头，拟立为都阳土巡检司，拟以土目王留管之。

右各目之内，惟田州之龙寄，思恩之韦贵、徐五，事体于各目不同，而韦贵又与徐五、龙寄稍异。盖韦贵于事变之始即来投顺官府，又尝效有勤劳，宜不待三年而即与之以实授土巡检，以旌其功。徐五亦随韦贵投顺，而效劳不及。龙寄虽无功劳，而投顺在一年之前，二人者宜次韦贵，不待三年而即与之以冠带，三年而即与之以实授土巡检。如此，则功罪之大小，投顺之先后，皆有差等，而劝惩之道著矣。或又以卢苏、王受不当与各土目并立者。臣等又以为不然。方其率众为乱，则苏、受者固所谓罪之魁矣。及其率众来降，则苏、受者又所谓功之首也。况二府目民，又皆素服二人，今若立各土目，而二人不与，非但二人者未能帖然于众目之下，众目固亦未敢安然而处其上，非所以为定乱息争之道也。故臣等仍议以卢苏、王受为众目之首，庶几事体稳帖，而人心允服矣。

一，田州、思恩各官目人等见监家属男妇，初拟解京，今各目人等即已投顺，则其家属男妇相应给还领养。均乞圣明裁允。

一，田州新服，用夏变夷，宜有学校。但疮痍逃窜之余，尚无受廛之民，焉有入学之士。况齐膳廪饩，俱无所出，即欲建学，亦为徒劳。然风化之原，终不可缓。臣等议欲于附近府州县学教官之内，令提学官选委一员，暂领田州学事，听各学生徒之愿改田州府学，及各处儒生之愿来田州附籍入学者，皆令寄名其间。所委教官，时至其地，相与讲肄游息，或于民间兴起孝弟，或倡远近举行乡约，随事开引，渐为之兆。俟休养生息一二年后，流移尽归，商旅凑集，民居已觉既庶，财力渐有可为，则如学校及阴阳医学之类，典制之所宜备者，皆听该府官以次举行上请然，后为之设官定制。如此，则施为有渐而民不知扰，似亦招徕填实之道，鼓舞作新之机也。均乞圣明裁处。

一，思、田去梧州水陆一月之程，军门隔远，难于控驭调度。兼之府治虽立，而规制未成，流官虽设，而职守未定。且疮痍未复，人心忧惶，须得重臣抚理。臣等已经具题，乞将右布政林富，量升宪职，存留旧任。副总兵张祐，使之更迭往来于二府地方，绥缉经理。仍乞赐以便宜规敕书，将南宁、宾州等府卫州县及东兰、南丹、泗城、那地、都康、向武等土官衙门俱听林富等节制。臣等所议地方经久事宜，候奏请命下之日，悉以委之林富等，使之钦遵，以次施行，庶几事无隳堕，而功可责成矣。

卷十五　别录七

奏疏七

征剿稔恶瑶贼疏 七年四月十五日

据留抚田州、思恩等处地方，广西布政司右布政林富，原任副总兵都指挥同知张祐等会呈前事，开称："田州、思恩平复，居民悉已各安生理，土夷亦皆各事农耕，地方实已万幸。但惟八寨瑶贼，积年千百成徒，流劫州县乡村，杀害良民，虏掠子女生口财物，岁无虚月，月无虚旬。民遭荼毒冤苦，屡经奏告，乞要分兵剿灭者，已不知几百十番。为因地方多事，若要进兵，未免重为民困，是以官府隐忍抚谕，冀其悔罪改过。而彼乃悍然不顾，愈加凶横，出劫益频。盖缘此贼有众数万，盘据山谷，凭恃险阻，南通交趾等夷，西接云、贵诸蛮，东北与断藤、牛肠、仙台、花相、风门、佛子及柳、庆、府江、古田诸处瑶贼回旋连络，延袤周遭二千余里，东掠西窜，南摽北突。近因思、田扰攘，各贼乘机出攻州县乡村，远近相煽，几为地方大变。仰赖朝廷威令传播，苟幸未动。缘此瑶贼之与居民，势不两立，若瑶贼不除，则居民决无安生之理。乞要乘此军威，速加征剿，庶不贻患地方。"缘由。呈乞照详施行 等因。

据此，行间随据左江道守巡守备等官，左参议汪必东，佥事吴天挺，参将张经等会呈，为请兵征剿积年穷凶极恶瑶贼，以除民患事，开称："断藤峡、牛肠、六寺、磨刀等处瑶贼，上连八寨诸蛮，下通白竹、古陶、罗凤、仙台、花相、风门、佛子等峒各贼，累年攻劫郡县乡村，杀人放火，虏掠子女财畜，民遭荼毒，逃窜死亡，抛弃田业，居民日少，村落日空，延袤千百里内，皆已变为盗贼之区。各处被害军民，累奏请兵诛剿，为因地方多事，兵力不敷，官府隐忍招抚，期暂少息，而各贼愈肆猖獗。近因思、田用兵，遂与八寨及白竹、古陶、罗凤等贼乘势朋比连结，杀虏抢劫，月无虚旬。扇惑摇动，将成大变。仰赖神武传播，幸未举发。近幸思、田之诸夷，感慕圣化，悉已自缚归降，远近向服。各山瑶、僮，亦皆出来投抚，请给告示，愿求自新，从此不敢为恶。虽其诚伪未可逆料，然皆尚有畏惧之心。独此断藤各巢逆贼，自知罪在不赦，恃险如故，截路劫村，略无忌惮。若不乘此军威，进兵剿灭，将来祸患，焉有纪极。"缘由。会案呈详到臣。

照得臣近因思、田之役，奉命前来，驻军南宁府地方，与八寨瑶贼相去六日之程。朝廷德威宣布，虽外国远夷皆知震慑向慕，输情纳款；而此瑶贼独敢拥众千百，四出劫掠武缘等处乡村，杀人放火，略无忌惮，此臣所亲知。即此焰炽桀骜，平时抑又可知。及照牛肠、六寺、磨刀、古竹、古陶、罗凤、仙台、花相、风门、佛子等巢稔恶各贼，自弘治、正德以来，至于今日，二三十年之间，节该桂平等县被害人户李子太等前后控奏，乞行剿除民害，不下数十余次，皆有部咨行令勘议计剿。若不及今讨伐，其为地方之患，终无底极，诚有如各官所呈者。况臣驻扎南宁，小民纷纷诉苦，请兵急救荼毒，皆为朝不谋夕。各贼之恶，委已数穷贯满，神怒人怨，难复逋诛。即欲会案奏请，俟命下之日行事，切恐声迹昭彰，反致冲突奔窜。则虽调十数万之众，以一二年为期，亦未易平荡了事。照得臣节该钦奉敕谕："但遇贼寇生发，即便相机，可抚则抚，可捕则捕，钦此。"钦遵。为照思、田变乱之时，该前都御史等官姚镆等奏调湖广永、保二司土兵前来南宁等处听用，近幸地方悉已平靖，各兵正在班师放回之际，归途所经，正与各贼巢穴相去不远。况思、田二府新附，土目卢苏、王受等感激朝廷生全之恩，屡乞杀贼报效。俱各遵奉敕谕事理，除一面量调官军，协同前项各兵，行委左江道守巡参将等官监统永、保二司宣慰官男领各头目土兵人等分道进剿牛肠、六寺、仙台、花相等贼，并行留抚思、田布政及右江分巡兵备守备等官监统思、田土目兵夫，分道进剿八寨等贼，所获功次，俱仰该道分巡兵备官收解、纪功御史纪验、造册奏报，及行总镇太监张赐密切公同行事，并密行镇巡等官知会外，缘系征剿积年稔恶瑶贼，以除民患，以安地方事理，为此具本题知。

举能抚治疏 七年五月二十五日

案照先该礼部右侍郎方献夫奏前事，节奉圣旨："田州应否设都御史在彼住扎，还着王守仁议处，具奏定夺，钦此。"兵部备咨前来知会，随钦遵外，随于今年正月二十七日，该思恩、田州二府土目卢苏、王受等各率众数万，自缚归降，该臣遵照敕谕事理，悉已抚定。当遣广东右布政林富，旧任副总兵张祐，分投督领各夷，各归原土复业安生。已经具本奏报外，为照思恩、田州连年兵火杀戮之余，官府民居，悉已烧毁破荡，虽蔀屋寻丈之庐，亦遭翻挖发掘，曾无完土，荒村僻坞，不遗片瓦尺椽，伤心惨目，诚不忍见。各夷近已诚心投服，毁弃兵戈，卖刀买牛，见已各事田作。自后反侧之患，以臣料之，或已可免。但其风最凄戚，生意萧条，忧惶困苦之余，无以自存，非得老成宽厚之人抚恤绥柔之，臣等见其悲惨无聊之状，诚亦未忍一旦弃去而不顾。况思、田去梧州军门，水路一月之程，一时照料，有所不及。近又与各官议，欲于田州建立流官府治，以制御土官。修复城池廨宇等项，必须劳民动众，自非素得夷情者为之经理区画，各夷雕弊之余，岂复堪此骚屑。况议设知府等官，皆未曾到，一应事务，莫有任其责者。该臣看得右布政林富，慈祥恺悌，识达行坚，素立信义，见在思、田地方安插，各夷皆能得其欢心。合无准如方献夫所奏，将林富量升宪职，仍听臣等节制，暂于思、田地方往来住扎，抚循缉理，其于事理，亦甚相应。俟一二年后，各夷生理渐复，府治城郭廨宇渐已完备，则将林富量移别处任用，而思、田止存知府理治，或设兵备官一员于宾州住扎，或就以南宁兵备兼理，不时往来抚循。如此，则目前既可以得抚定绥柔之益，而日后又可以免困顿劳烦之扰。已经具本于本年二月十五日差舍人汤祥赍奏请旨。

续为处置平复地方，以图久安长治事，节该臣看得思恩、田州二府地方，府治虽立而规制未成，流官虽设而职守未定，且疮痍未服，人心忧惶，乞将右布政林富量升宪职，及存留旧任副总兵张祐，使之更迭往来于二府地方，绥缉经理；仍乞赐以便宜敕书，将南宁、贵州等府卫州县及东兰、南丹、泗城、那地、都康、向武等土官衙门俱听林富等节制。臣等所议地方经久事宜，候奏请命下之日，悉以委之林富等，使之钦遵，以次施行，庶几事无隳堕而功可责成。又经条陈具本于本年四月初六日差承差杨宗赍奏请旨，俱未奉明示。

本年五月二十二日，本官已蒙钦升都察院右副都御史，抚治湖广郧阳等处地方去讫，所有思、田二府抚循缉理官员，尚未奉有成命。如蒙皇上轸念边方，俯从臣等所请，乞于两广及邻省附近地方各官内选用，庶可令其作速到任，不致久旷职业。臣本昧于知人，不敢泛然僭举。切照广东右布政使王大用，湖广按察使周期雍，皆才识过人，可以任重致远。臣往年巡抚南、赣，二臣皆在属司，为兵备佥事，与之周旋兵革之间，知其皆肯实心干事。江西未叛一年之前，臣尝与周期雍密论宸濠之恶，不可不为之备，期雍归去汀、漳，即为养兵蓄锐以待。及臣遇变丰城，传檄各省，独期雍与布政席书闻变即发。当是时，四方援兵皆莫敢动，迄宸濠就擒，竟无一人至者，独席书行至中途，复受臣檄，归调海沧打手，又行至中途，闻事平而止。其先后引领至江西省城者，惟周期雍、王大用两人而已。当时以捷奏既上，随复谗言朋兴，各臣之忠勤，遂不及一白，臣为之每怀歉然。即是而观，其能竭忠赴义，不肯上负国家，亦可知矣。

乞敕吏部酌臣所议，于二臣之内选用其一，非惟地方付托得人，永有所赖，而臣等亦可免于身后之戮，地方幸甚。

边方缺官荐才赞理疏七年七月初六日

迩者思恩、田州之变，诸夷感慕圣化，悔罪求生。已蒙浩荡之仁，宥纳而抚全之，地方亦即宁定矣。但凋弊之余，必须得人以时绥缉。况两府设立流官衙门，及修筑城池营堡等项，百务并举，若无专官夙夜经理催督，则事无统纪，功难责成。已经臣等具题，乞将右布政林富等升职留抚，随蒙将林富升任去讫。又经臣等仍乞推选相应官员替任，俱未奉明旨。

臣看得今岁例当朝觐，各该掌印官员不久皆将赴京，而广西布、按二司等官适多迁转去任者，右布政林富升郧阳副都御史，参政黄芳升江西布政副使，李如圭升陕西按察使，参政龙诰、参议汪必东、佥事吴天挺等，督押湖兵出境，往复之间，即须半年，参议邹輗、佥事申惠皆赍捧表笺进京，其余虽有一二新任官员，皆未到任，止存左布政严纮，按察使钱宏各掌司印，佥事张邦信分巡桂林，李杰分巡苍梧，而臣在南宁、思、田等处舆疾往来调度，再无一官随从赞理者。近日止有兵备副使翁素来管右江道事，缘其才性乃慈祥恺悌之人，用之中土，分理司事，足为循良。而置之边方瘴疠多事之乡，则其禀质稍弱，不耐崎险，易生疾病，似于风土亦非所宜。臣看得为民副使陈槐，平生奋志忠节，才既有为，而又能不避艰险。致仕知府朱衮，年力壮健，才识通敏。去任副使施儒，学明气充，忠信果断。闲住副使杨必进，晓练军务，识达事机。此四人者，皆堪右江兵备之任。施儒旧为兵备于潮、惠，杨必进旧为兵备于府江，皆尝著有成绩，两地夷民至今思念不忘。若于四人之中选用其一，其余地方之事必有所济。

及照田州新附之地，知府陈能尚未到任。该臣看得化州知州林宽，旧在江西，知其才能足充任使，已经具奏行委，见在该府管事。但其禀质乃亦不禁炎瘴，于风土非宜，莅事以来，终月卧病，呻吟床席，躯命且不能保，又何能经理地方之事乎？臣又访得潮州府推官李乔木者，才力足以有为，而又熟知土俗夷情，服于水土；但系梧州籍贯，稍有乡里之嫌。臣看得广西军卫有司衙门所属官员及各学教职，亦皆多用本省士人，今田州虽设流官知府，而其所属乃皆土夷，自无乡里之嫌可避，亦与各教职无异者。乞敕吏部改用林宽于别地，俯采臣议，将李乔木改升田州同知；庶可使之久于其任，以责成功，则地方之幸，臣之幸也。

臣惟任贤图治，得人实难，其在边夷绝域反覆多事之地，则其难尤甚。何者？反覆边夷之地，非得忠实勇果，通达坦易之才，固未易以定其乱。有其才矣，使不谙其土俗而悉其情性，或过刚使气，率意径行，则亦未易以得其心。得其心矣，使不耐其水土，而多生疾病，亦不能以久居于其地，以收积累之效，而成可底之绩。故用人于边方，必兼是三者而后可。即如右江一兵备，此臣之所最切心者，臣窃为吏部私计其人，终夜不寝而思之，竟未见有快心如意者，盖兼是三者而求之也。如前所举四人者，固皆可用之才，今乃皆为时例所拘，弃置不用，而更劳心远索，则亦过矣。

臣近于南宁、思、田诸处，因无可用之才，调取其发身科第以迁谪而至者三四人，其志向才识，果自不群，足可任用。但到未旬日而辄以患病告归，皆相继狼狈扶携而去矣。不得已，就其见在者而使之，则皆庸劣陋下，素不可齿于士类者。然无可奈何，则略其全体之恶而用其一肢之能，既其终事，所就不能以尺寸，而破坏则寻丈矣。用是观之，亦何怪乎斯土之民愈困，乱愈积，而祸日以深也哉！是固相沿积习之弊，不及今一洗而改革之，边患未见其能有瘳也。

夫今之以朝觐考察而去者，固多贪暴不才之人矣。其间乃有虽无过人之才，而亦无显著之恶，尚在可用不可用之间者，皆未暇论。至其平生磊落，自负卓然，思有所建立，而其学识才能果足以有为者，乃为一时爱憎毁誉之所乱，亦遂悫然就抑而去，斯固天下之所共为不平，公论弥彰者，孰得而终掩之。陛下何不使在位大臣一时各举十余人之可用者，陛下合而考之，若一人举之而九人不举，未可也；三人举之而七人不举，已在所察矣；五人举之而五人不举，其察又宜详矣；或七人八人举之而一二人不举，则其人之可用，亦断在不疑者矣。若此者，亦在朝觐二次三次之后，或七年、或十年而后一举，夫身退十年之后，则是非已明，公论已定，虽有党比，自不能容。今边方绝域，无可用之人，至取其庸劣陋下者而使之，以滋益地方之苦弊。其豪杰可用之才，乃为时例所拘，弃置而不用。夫所谓时例者，固朝廷为之也，可拘而拘，不可拘而不拘，无不可者。陛下何忍一方之祸患日深月积,乃惜破例而用一人以救之乎？夫考察而去者，果皆贪恶庸劣陋之徒，则固营营苟苟，无时而不侥幸以求进。若磊落自负,有过人之见者,则虽屈抑而退,自放于山水田野之间,亦足以自乐。今若用之于边夷困弊之地，殆亦未必其所欲。但为朝廷爱惜人才，则当此宵旰侧席，遑遑求贤之日，而使有用之才废弃终身，乃不得已至取其庸劣陋下者而用之，以益民困，岂不大可惜乎？臣因地方缺人，心切其事，不觉其言之烦渎。伏望陛下恕其愚妄，下臣议于吏部，采择而去取之。臣不胜渎冒恐惧之至！

八寨断藤峡捷音疏 七年七月初十日

据湖广按察司分巡上湖南道监军佥事汪溱，广西按察司分巡左江道监军佥事吴天挺，分巡右江道监军副使翁素等会呈，节据广西领哨浔州卫指挥马文瑞、王勋、唐宏、卞琚、张缙、千户刘宗本，永顺统兵宣慰彭明辅，官男彭宗舜，保靖统兵宣慰彭九霄，及辰州等卫部押指挥彭飞、张恩等各呈前事，职等遵奉统领各该军兵，依期于本年四月初二日密到龙村埠登岸。当蒙统督参将张经，都指挥谢珮，督同宣慰彭明辅，分布官男彭宗舜，头目彭明弼、彭杰，领土兵一千六百名；随同领哨指挥马文瑞，头目向永寿、严谨，领土兵一千二百名；随同领哨指挥王勋，又督同宣慰彭九霄等，分布官男彭荩臣，下报效头目彭志明，领土兵六百名；随同领哨指挥唐宏，头目彭九皋，领土兵六百名；随同领哨指挥卞琚，头目彭辅，领土兵六百名；随同领哨指挥张缙，头目贾英，领土兵六百名；随同领哨千户刘宗本，并各哨官员，领浔州等卫所及武靖州汉土官兵乡导人等，共一千余名。永顺进剿牛肠，保靖进剿六寺等贼巢，刻定初三日寅时一齐抵巢。

各贼先防湖兵经过，各将家属生畜驱入巢后大山潜伏，贼首胡缘二等各率徒党团结防拒。然访知本院住扎南宁，寂无征剿消息，又不见调兵集粮，而湖兵之归，又皆偃旗息鼓，略无警备，遂皆怠弛，不以为意。至是突遇官兵，四面攻围，各贼仓惶失措，然犹恃其骁悍，蜂拥来敌。当有彭明辅、彭九霄、彭宗舜并头目田大有、彭辅等，督率目兵，奋不顾身，冲突矢石，敌杀数合，贼锋摧败。当阵生擒斩获首贼并次从贼徒贼级六十九名颗，俘获男妇及夺回被虏人口、牛只、器械等项数多。余贼退败，复据仙女大山，凭险结寨。各兵追围，攀木缘崖，设策仰攻，至初四日，复破贼寨，当阵生擒斩获首贼并次从贼徒贼级六十二名颗。初五日，复攻破油榨、石壁、大陂等巢，生擒斩获首贼及次从贼徒贼级七十九名颗，俘获男妇、牛只、器械等项数多。余贼奔至断藤峡、横石江边，因追兵紧急，争渡覆溺死者，约有六百余徒。官兵复从后奋勇追杀，当阵生擒获斩首贼及次从贼徒贼级六十五名颗，俘获男妇、牛畜、器械等项数多。各贼间有一二漏网，亦皆奔窜他境。官兵追杀，至于本月初十日，遍搜山峒无遗。禀蒙收兵，回至浔州府住扎间。随蒙本院密切牌谕，复令职等移兵进剿仙台等贼。

就于本月十一日夤夜仍前分布各哨官兵，遵照牌内方略，永顺于盘石、大黄江登岸，进剿仙台、花相等处；保靖于乌江口、丹竹埠登岸，进剿白竹、古陶、罗凤等处。刻定于十三日寅时一齐抵巢。各贼闻知牛肠等巢破灭，方怀疑惧，谋欲据险自固。贼首黄公豹、廖公田等各率徒党，沿途设伏埋签，合势出拒。官兵骤进，翕如风雨。各贼虽已夺气，然犹舍死冲敌，比之牛肠等贼凶恶尤甚。各该官兵奋勇夹击，争先陷阵，生擒斩获首贼及次从贼徒贼级四百九十名颗，俘获贼属男妇、牛畜、器械等项数多。各贼奔入永安边界，地名玄山，恃险结寨。当蒙摘调指挥王良辅并目兵彭恺等，于本月二十四日亦各分路并进，奋勇争先，四面仰攻。贼乃败散，当阵生擒斩获首贼及次从贼徒贼级一百七十二名颗，俘获男妇、牛畜、器械数多。余贼远窜，追杀无遗。

又据把截邀击参将沈希仪解报擒斩首从贼徒贼级八十六名颗。把截头目邓宗七，抚瑶老人陈嘉猷，旗军洪狗驴等，及贵县典史苏桂芳，把隘指挥孙龙、官舍覃铻，浔州府捕盗通判徐俊，平南知县刘乔等，亦各呈解擒斩首从贼徒贼级八十一名颗，俘获男妇器械等项数多。

又该督兵右布政林富，旧任副总兵张祐等，遵奉本院方略，分督田州府报效头目卢苏等目兵及官军人等三千名，思恩府报效头目王受等目兵及官军人等二千名，韦贵等目兵及官军乡款人等一千一百名，照依分定哨道，进剿八寨稔恶瑶贼，刻期于本年四月二十三日卯时一齐抵巢。先于二十二日晚，于新墟地方，集各土目人等，申布本院密授方略，乘夜衔枚速进，所过村寨，寂然不知有兵。黎明，各抵贼寨，遂突破石门天险，我兵尽入。贼方惊觉，皆以为兵从天降，震骇溃窜，莫知所为。我兵乘胜追斩，各贼且奔且战。薄午，四远各寨骁贼聚众二千余徒，各执长标毒弩，并势呼拥来拒，极其猛悍。我兵鼓噪奋击而前，声震崖谷，无不一当十。贼既失险夺气，而我兵愈战益奋，贼不能支，遂大奔溃。当阵生擒斩获首贼及次从贼徒贼级二百九十一名颗，俘获男妇、畜产、器械数多。贼皆分阵聚党，奔入极高大山，据险立寨。我兵亦分道追蹑围剿，然崖壁峻绝，我兵自下仰攻，战势不便。贼从巅崖发石滚木，多为所伤。于是多方设策，夜发精锐，掩其不备。二十四日，我兵复攻破古蓬等寨，生擒斩获首贼及次从贼徒贼级共一百三名颗，俘获数多。二十八日复攻破周安等寨，生擒斩获首贼及次从贼徒贼级共一百四十六名颗，俘获数多。五月初一日，复攻破古钵等寨，生擒斩获首从贼徒贼级一百二十七名颗，俘获数多。初十日，复攻破都者峒等寨，斩获首从贼徒贼级一百四名颗，俘获数多。

本月十二等日，复据参将沈希仪解到督领指挥孙继武等官军及迁江土目兵夫人等于高径、洛春、大潘等处追剿邀击各寨奔贼，斩获首从贼徒贼级九十八名颗；都指挥高崧解到督领指挥程万全等官军及土目兵夫人等于思卢、北山等处搜剿截捕各寨奔贼，斩获首从贼徒贼级九十一名颗；又据同知桂鏊监督思恩土目韦贵、徐五等目兵，分剿铜盆等寨，斩获首从贼徒贼级一百九十二名颗，俘获数多；又据通判陈志敬督领武缘、应虚等处乡兵，搜剿大鸣等山奔贼，斩获首从贼徒贼级八十六名颗。

又于本月十七等日，卢苏、王受等复攻破黄田等寨，斩首从贼徒贼级三百六十二名颗，俘获数多。六月初七等日，复攻破铁坑等寨，斩获首从贼徒贼级二百五十三名颗，俘获数多。又据指挥康寿松、千黉、王俊等督领官兵，于绿茅等处把隘搜截，斩获首从贼徒贼级四十八名颗。

各贼始虽败溃，然犹或散或合，至是，见其渠魁骁悍，悉就擒斩，遂各深逃远窜。其稍有强力者尚一千余徒，将奔往柳、庆诸处贼巢。我兵四路夹追，及之于横水江。各贼皆已入舟离岸，兵不能及。然贼众船小，皆层叠而载，舟不可运。复因争渡，自相格斗，适遇飓风大作，各船尽覆，浮迫登岸得不死者，仅二十余徒而已。我兵既无舟渡，又风雨益甚，遂各归营。既晴，我兵仍分路入山搜剿，各贼茫无踪迹。又复深入，见崖谷之间，颠堕而死者不可胜计，臭恶薰蒸，不可复前。远近岩峒之中，林木之下，堆叠死者，男妇老少大约且四千有余。盖各贼皆仓卒奔逃，不曾赍有禾米，大雨之中，饥饿经旬，而既晴之后，烈日焚炙，瘴毒蒸炽，又且半月有余，故皆糜烂而死。八寨之贼略已荡尽，虽有脱网，亦不能满数十余徒矣。

本院议于八寨之中，据其要害，移设卫所，以控制诸蛮，复于三里设县，以迭相引带。亲临相视思恩府基，景定卫县规则。其时暑毒日甚，山溪水涨，皆恶流臭秽，饮者皆成疫痢。本院因见各贼既已扫荡，而我兵又多疾疫死亡，乃遂班师而出。

照得各职于本年三月二十三等日，先奉本院钧牌："据左江道守巡、守备等官呈称断藤峡等处瑶贼，上连八寨，下通仙台、花相等峒，累年攻劫郡县乡村，杀害军民，累奏请兵诛剿，乞要乘此兵威剿灭等因，行仰各职监统各该官兵进剿各贼。谕令未至信地三日之前，停军中途，候约参将张经，与同守巡各官集议，先将进兵道路之险夷远近，各巢贼徒之多寡强弱，及所过良民村分之经由往复，面同各乡导人等逐一备细讲究明白，务要彼此习熟，若出一人；然后刻定日时，偃旗息鼓，寂若无人，密至信地，乘夜速发，务使迅雷不及掩耳，将各稔恶贼魁尽数擒剿，以除民害，以靖地方。除临阵斩获外，其余胁从老弱，一切皆可宥免。今兹之举，惟以定乱安民为事，不以多获首级为功。各官务要仰体朝廷忧悯困穷之心，俯念地方久罹荼毒之苦，仍要禁约军兵人等，所过良民村分，毋得侵扰一草一木，有犯令者，当依军法斩首示众。各官既有地方责任，兼复素怀忠义，当兹委任，务竭心力，以祛患安民。事完之日，通将获过功次开报纪功御史纪验，以凭奏报。”奉此，各职会同参议汪必东，佥事汪溱、吴天挺，参将张经，都指挥谢珮，遵照军门成算，分布各哨官兵，申明纪律，严督依期进剿前项各贼巢穴，获功解报闻。

随准参将张经手本，密奉本院钧牌：“仰候牛肠事毕，即便移兵进剿古陶诸贼。就使各贼先已闻风逃遁，亦须整兵深入，扫其巢穴，以宣声罪致讨之威。若其遂能悔罪效顺，亦宜姑与招安。如其仍前凭险纵恣，两征不已至于三，三征不已至于四，务在殄灭，以绝祸根。各官就彼分定哨道，永顺进剿仙台诸处，保靖进剿白竹诸处，各分乡导人等引路进兵，务在计虑周悉，相机而行，各毋偏执己见，致有误事。彼中事势，参将张经久于其地，必能知悉，仍要本官勇当力任，断决而行，不得含糊两可，终难辞责。”又经遵照方略，依期进剿，获功解报闻。

又于四月初五等日，各职先奉本院密切钧牌：“据右布政林富，副总兵张祐等呈称：‘八寨瑶贼，毒害万民，千百里内，涂炭已极。乞要乘此军威，急除一方大患。’等因。本院看得八寨之贼，既极骁猛，而石门天险，自来兵不能入，此可以计取，未易以兵力图者。迩者思、田既附，湖兵尚留，彼贼心怀疑惧，必已设有备御。今各州狼兵悉已罢散，而思、田新附之民，方各归事农耕，湖兵又已撤回，彼必以我为无复有意于彼，是以近日稍稍复出剽掠，是殆以此探望官府举动。今我若罔闻知，且听其出没，彼亦放纵懈弛，谓我不复能为。此正天亡之时，机不可失。前者思、田各目，感激朝廷再生之恩，求欲立功报效。当时许其休息三月，然后调用。今已及期，仰右布政林富，副总兵张祐照牌事理，即便分投密切起调各目兵夫，迂路前到南宁面听约束行事。”各职遵奉起调，行至新墟地方，又密奉进兵方略，刻定日期。当即遵奉连夜分哨速进，遂克攻破巢穴，连战皆捷，斩获功次解报闻。

职等各蒙巡按广西监察御史石金案验：“为纪获功次事，案行该道，各不妨监督，如遇参将张经，旧任副总兵张祐等官各解到擒斩贼人贼级，并俘获贼属男妇牛马，俱要就彼审验真的，事完通查获功员役，分别首从功次多寡，缘由造册赍报，以凭覆审奏报。”等因。除遵奉外，今据进剿断藤峡谷，各哨土目官兵解到生擒斩获首从贼徒贼级一千一百四名颗，俘获贼属五百六十八名口；进剿八寨，各哨土目官兵解到生擒斩获首从贼徒贼级一千九百一名颗，俘获贼属五百八十七名口。两处共计擒斩获三千五名颗，俘获贼属一千一百五十五名口。除遵照案验事理，再行验实造册另报外，其各哨解到生擒、斩获、俘获等项功次数目，合先开报。

职等会同参照断藤峡诸贼，连络数十余巢，盘亘三百余里，彼此犄角结聚，凭险稔恶，流劫郡县乡村。自国初以来，屡征不服。至天顺年间，该都御史韩雍统兵二十余万来平两广，然后破其巢穴。兵退未久，各贼复攻陷浔州，据城大乱。后复合兵攻剿，兼行招抚，然后退还巢穴。自是而后，官府曲加抚处，或时暂有数月之安，而稍不如意，辄复猖獗，杀掠愈毒。盖其祖父以来，狠戾相承，凶恶成性，不可改化。近年以来，官府剿抚之计益穷，各贼残毒之害日甚，盖已至于不可支持矣。至于八寨诸贼，尤为凶悍猛恶，利镖毒弩，莫当其锋，且其寨壁天险，进兵无路。

自国初韩都督尝以数万之众围困其地，亦不能破，竟从招抚，其后屡次合剿，一无所获，反多挠丧，惟成化年间，土官岑瑛能慑服诸瑶，尝合各州狼兵一入其巢穴，斩获二百余级。已而贼势大涌，力不能支，当遂退兵，亦以招安而罢。自是而后，莫可谁何，流劫远近，岁无虚月，民遭荼毒，冤苦无所控吁。自思、田多事，两地之贼相连煽动，将有不可明言之变，千里之间，方尔汹汹朝夕。今幸朝廷威德宣扬，军门方略密授，因湖广之回兵而利导其顺便之势，作思、田之新附而善用其报效之机，翕若雷霆，疾如风雨，事举而远近不知有兵兴之役，敌破而士卒莫测其举动之端。两地进兵，各不满八千之众，而三月报绩，共已逾三千之功，盖其劳费未及大征十之一，而其斩获加于大征三之二，远近室家相庆，道路欢腾，皆以为数十年来未见，其斯举也。

职等承乏任使，虽冲冒炎毒，攀援险阻，不敢不竭力效命。但仅遵奉方略，安能仰赞一筹。照得宣慰彭明辅、彭九霄，官男彭宗舜等扶病冒暑，督兵剿贼，颠顿崖谷，仆而益奋，遂能扫荡巢穴，殄灭渠党。即其忠义激发，诚亦人所难能。其思、田报效头目卢苏、王受等，感激再生之恩，共竭效死之报，自备资粮，争先首敌，遂破贼险，捣自昔不到之巢，斩自来难敌之寇。盖有仰攻险寨堕崖而碎首者，犹曰“我死不憾”；亦有仰受贼弩挂树而裂肢者，犹曰“我死甘心”。民间传诵，以为卢苏、王受昔未招抚，惟恐其为地方之患，今既招抚，乃复为地方除患，啧啧称叹，谓其竭忠报德之诚，虽子弟之于父兄，亦不能是过矣。再照督兵、督哨、防截、给饷等项，凡有事于军前，各官虽其职有崇卑，功有大小，然皆冲冒矢石炎瘴，备历险阻艰难，比之往来大征，合围守困，坐待成功，其为利害劳逸，相去倍蓰。均乞录奏，以劝将来等因到臣。

照得先该各官呈称前项各巢各贼，积年穷凶稔恶，千百里内，被其惨毒，万姓冤苦，朝不保夕，乞要乘此军威，急救一方涂炭等因。其时臣方驻扎南宁，目睹其害，诚不忍坐视斯民之苦，一至此极。及查兵部屡次咨来题奉钦依事理，要将前项各贼即行发兵计剿，以除民患，正亦臣等职所当尽之责。但虑贼众势大，连络千里，可以计破，难以力攻。欲俟再行奏请，命下然后举行，必致形迹昭闻，虽用十万之师，图以岁年，亦未可克。故遂仰遵钦奉敕谕，但有贼盗生发，当抚则抚，可剿则剿及便宜行事事理，一面密切相机行事，及密行总镇太监张赐知会，随该镇守两广丰城侯李旻亦相继到任，又经转行知会外。

今据各呈前因，该臣等会同总镇太监张赐，总兵李旻，及镇巡三司等官，看得八寨、断藤、牛肠、六寺、磨刀、古陶、白竹、罗凤、龙尾、仙台、花相等贼巢穴连络，盘据千百余里，凶悍骁猛，酷虐万姓，流毒一方，自来征剿所不能克，果已贯盈罪极，神怒人怨，委有如各官所呈者。是诚两广盗贼之渊薮根柢，此而不去，两广盗贼终未有衰息之渐也。乃今于三月之内，止因湖广便道之归师，及用思、田报效之新附，两地进兵，不满八千，而斩获三千有奇，巢穴扫荡，一洗万民之冤，以除百年之患。此岂臣等知谋才略之所能及？皆是皇上除患救民之诚心，默赞于天地鬼神，而神武不杀之威，任人不疑之断，震慑远迩，感动上下。且庙廊诸臣咸能推诚举任，公同协赞，惟国是谋，与人为善。故臣等得以展布四体，无复顾虑，信其力之所能为，竭其心之所可尽，动无不宜，举无弗振，诸将用命，军士效力，以克致此。虽未足为可称之功，而朝廷之上，所以能使臣等获成是功者，实可以为后世行事之法矣。不然，则兵耗财竭，凋弊困苦之余，仅仅自守，尚恐未克，而况敢望此意外之事哉？

照得宣慰彭明辅、彭九霄、官男彭宗舜等，皆冲犯暑毒，身亲陷阵，事竣之后，狼狈扶病而归，生死皆未可必。其官男彭荩臣者，亦遣家丁远来报效。两年之间，颠顿道途，疾疫死亡，诚有人情所不能堪者。而彭明辅等忠义奋发，略无悔怠，即其一念报国之诚，殊有所不可泯者。至于思、田报效头目卢苏、王受等，感激朝廷再生之恩，自备资粮，力辞军饷，实能舍死破敌，争先陷阵，惟恐功效不立，无以自白其本心。谓子弟之于父兄，亦不过是，诚非虚言。此皆臣所亲见者也。

及照留抚思、田右布政林富，已闻都御史之擢，而忠义激发，犹且不计体面，必欲督兵入巢，破贼而后出。是尤人所难能。旧任副总兵张祐，参将张经、沈希仪，湖广督兵佥事汪溱，广西督兵佥事吴天挺，参议汪必东，副使汪素，湖广督兵都指挥谢珮，广西都指挥高松，及各督哨、督押、指挥等官马文瑞、王勋、唐宏、卞琚、张缙、彭飞、张恩、周徇宗、赵璇、林节、刘镗、武銮，千户刘宗本等，督剿县丞林应聪，主簿李本，并防截、搜捕、调度、给饷等项官员知府程云鹏、蒋山卿，同知桂鏊、史立诚、舒柏，通判陈志敬、徐俊，知州林宽、李东，谕召知县刘乔，县丞杜桐、萧尚贤，经历周奎等，虽其才猷功绩各有大小等级之殊，而利害勤苦亦有缓急久暂之异，然当兹炎毒暑雨之中，瘴疫薰蒸，经冒锋镝之场，出入崎险之地，固皆同效捍勤事之绩，均有百死一生之危者也。

伏望皇上明昭军旅之政，既行庙堂协赞举任之上赏，亦录诸臣分职供事之微劳，及将宣慰彭明辅等特加升奖，官男彭宗舜、彭荩臣免其赴京，就彼袭替，以旌其报国之义。土目卢苏、王受等，亦曲赐恩典，或不待三年而遂锡之冠带，以励其报效之忠。如此，庶几功无不赏，而益兴忠义之心，赏当其功，而自息侥幸之望矣。

臣以懦劣迂疏，缪蒙不世之知遇，授以军旅重任，言无不录，计无不行，且又慰以温旨，使之不必顾忌。臣伏读感泣，自誓此生鞠躬尽死以报深恩。今兹之役，本无足言，然亦自幸苟无覆败，以免戮辱。但恨身婴危疾，自后任劳颇难，已具本告回养病，乞赐俯允，俾得全复余生，尚有图报之日，臣不胜愿望！

处置八寨断藤峡以图永安疏嘉靖七年七月十二日

照得臣于去岁奉命勘处思、田两府，皆蒙皇上天地好生之仁，悉从宽宥。两府人民今皆复业安居，化为无事宁靖之地，自此可以永无反覆之患，而免于防守屯息之劳矣。惟是八寨及断藤峡诸贼，积年痛毒生民，千百里内，涂炭已极。臣既目睹其害，不忍坐视而不救，遂遵奉敕谕事理，乘机举兵征剿。仰赖神武威德，幸已剪灭荡平，一方倒悬之苦，略已为之一解。但将来之患，不可以不预防，而事机之会，亦不可以轻失。臣因督兵，亲历诸巢，见其形势要害，各有宜改立卫所，开设县治，以断其脉络而扼其咽喉者。若失今不为，则数年之间，贼以渐复，归聚生息，不过十年，又有地方之患矣。臣以多病之故，自度精神力量断已不能了此，但已心知其事势不得不然，不敢仰负陛下之托，俯贻地方之忧，辄已遵奉敕谕便宜事理，一面相度举行，不避烦渎之诛，开陈上请，乞赐采择施行，实地方之幸，臣等之幸。

计开:

一，移筑南丹卫城于八寨。

臣等看得八寨之贼，实为柳、庆诸贼之根柢。盖其东连柳州陇蛤、三都岭、三北四等处，贼峒以数十，北连庆远忻城、东欧、莫往、八仙等处，贼峒亦以数十，西连东兰等州及夷江、土者等处，贼峒以十数，南接思恩及宾州上林县诸处，贼村亦以十数。各处贼巢虽多，其小者仅百数人，大者不过数百人及千人而止。各贼巢穴皆有山溪之限，险厄之守，不相通和。至期有急，或欲有所攻劫，纠合会聚，然后有一二千之众，多至数千者。惟八寨之贼每寨有众千余，四山环合，同据一险，无事则分路出劫，有警急奔入其巢，数千之众皆不纠而聚，不约而同，不谋而合。故名虽为“八”，实则一寨，此八寨之贼所以势众力大，而自来攻之有不能克者也。各巢之贼皆倚恃八寨为逋逃主，每有缓急，一投八寨，即无所致其穷诘。八寨为之一呼，则群贼皆应声而聚。故群贼之于八寨，犹车轮之有轴，树木之有本。若八寨不除，则群贼决无衰息之期也。今幸八寨悉已破荡，正宜乘此平靖之时，据其要害，建置卫所，以控驭群贼。

臣等看得周安堡正当八寨之中，四方贼巢道路之所会，议于其地创筑一城，度可以居数千之众者，而移设南丹一卫于其间。盖南丹卫旧在南丹州地方，为广西极边穷苦之地，非中土之人所可居者。故自先年屡求内徙，今已三迁而至宾州，遂为中土富乐之乡。宾州既有守御千户一所官军，而又益以南丹一卫，自远来徙，无片田尺土之籍，但惟安居坐食，取给于宾州。州城之内，皆职官旗舍之居，州民反避处于四远村寨，每遇粮差徭役，然后入城。故州官号令不行于城中，而政事牵沮，地方益弊。今计一卫之官军，虽不满五百之数，盖尽移其家众则亦不下二千。以二千之众，而屯聚于一城，其气势亦已渐盛，足充守御。遂清理屯田之在八寨者，使之屯种，又分拨各贼占据之田，使各官军得以为业，以稍省俸给月粮之费，彼亦无不乐从。且宾州之城既空，又可以还聚居民，修复有司之治，亦事之两便者也。

臣等又看得迁江八所，皆土官、指挥、千百户等职，旧有狼兵数千，以分制八寨瑶贼之势。后因贼势日盛，各官皆不敢复入，反遂与之交通结契，及为之居停指引，分其劫掠之所得，共为地方之害，已非一日。官府察知其奸，欲加惩究，则又倚贼为重，不可根极。近臣督兵其地，悉将各官遵照敕谕事理，绑赴军门，议欲斩首示众，以警远近。而各官哀求免死，愿得杀贼立功自赎。然其时贼势已平，遂许其各率土兵入屯八寨，就与该卫官军分工效力，助筑城垣。待城完之日，就与城外别筑营堡，与南丹卫官军掎角而守。亦各分拨贼田，使之耕种，以资衣粮。今八所土兵虽已比旧衰耗，然亦尚有四千余众，若留其微弱者四所于外，以分屯其所遗之田，而调其强盛者四所于内，合南丹一卫之众以守，亦且四千有余，隐然足为柳、庆之间一巨镇矣。此镇一立，则各贼之脉络断，咽喉绝，自将沮丧震慑其势，莫敢轻动。稍有反侧者，据险出兵而扑之，夕发而旦至，各贼之交，自不能合，如取机上之肉，下箸无弗得者。此真破车轮之轴，而诸辐自解，伐树木之本，而众干自枯。不过十年，柳、庆诸贼不必征剿，皆将效顺而服化矣。伏乞圣明裁允。

一，改筑思恩府城于荒田 。

臣等看得思恩旧治，原在寨城山内，尚历高山数十余里。其后土官岑浚始移出，地名桥利，就岩险垒石为城而居，四面皆斩山绝壁，府治亦在礓确之上，芒利硌砑之石冲射抵触，如处戈矛剑戟之中。自岑浚被诛，继是二十余年，反者数起，曾不能有一岁之安。人皆以为风气所使，虽未可尽信，然顽石之上，不生嘉禾，而阴崖之下，必有狐鼠，要亦事理之有然者。况其地瘴雾昏塞，薄午始开，中土之人来居，辄生疾疫。自春初思、田归附之后，臣时即已经营料理其事，竟未能有相应之地。近因督剿八寨，复亲往相度，乃于未至桥利六十里外地名荒田者，其地四野宽衍，皆膏腴之田，而后山起伏蜿蜒，敷为平原，环抱涵蓄，两水夹绕后山而出，合流于前，屈曲数十里，入武缘江水，达于南宁，四面山势重叠盘回，皆轩豁秀丽，真可以建立府治。臣因信宿其地，为之景定方向，创设规则。诸夷来集，莫不踊跃欢喜，争先趋事赴工。遂令署府事同知桂鏊督令各役择日兴工。

盖思恩旧治皆在万山之中，水道不通，故各夷所须鱼盐诸货类，皆远出展转鬻买，往反旬月，十不致一，常多匮绝。旧府既地险气恶，又无所资食，故各夷终岁不一至，府治情益疏离，易生嫌隙。今府治既通江水，商货自集，诸夷所须，皆仰给于府，朝夕络绎，自然日加亲附归向。而武缘都里，旧尝割属思恩者，其始多因路险地隔，不供粮差。今荒田就系武缘止戈乡一图二图之地，四望平野，坦然大道，朝往夕反，无复阻隔，则该府之官自可因城头巡检之制，循土俗以顺各夷之情，又可开图立里，用汉法以治武缘之众。夷夏交和，公私两便，则改筑思恩府成于荒田者，是亦保治安民，势不容已之事。伏乞圣明裁允。

一，改凤化县治于三里。

臣等勘得思恩旧有凤化一县，然无城郭县治廨宇。选来知县等官，多借居民村，或寄其家眷于宾州诸处，而迁徙无常，如流寓者然。上司怜其所依泊，则委之管理别印，或以公务差遣，往来于外，以苟岁月。故凤化之在思恩，徒寄虚名，而实无县治。臣近督剿八寨，看得上林县地名三里者，乃在八寨之间。其地平广博衍，东西数里外，石山周围，如城自厚，极高石山之间，独抽土山一脉，起顿昂伏，分为两股，环抱而前，遂有两水夹流土山之外，当心交合，出水之口，石山十余重，错互回盘，转折二三十里，极外石山，合为城门，水从此出，是为外隘。

其间多良田茂林，村落相望，前此居民十余家，皆极饶富，后为寨贼所驱杀占据，遂各四散逃亡，不敢归视其土者，已二十余年。今各贼既灭，遂空其地。不及今创设县治以据其险，或有漏殄之贼潜回其间，日渐生息结聚，后阻石门之险，前守外隘之塞，不过数年，又将渐为地方之梗矣。故臣以为宜割上林上下无虞乡三里之地属之思恩，而移设凤化县治于其内。量为筑立城垣廨宇，选委才能之官兴督其役。远近闻之，不过三四月，而逃亡之民将尽来归，各修复其田业，供其粮差，蔚然遂可以成一方之保障。且其南通南丹新卫五六十里，南丹在石门之内，凤化当石门之外，内外声势连合，而石门之险亡。西至思恩一百余里，取道于那学，沿途村寨，荒塞日久，因此两地之人往来络绎，而道途益通。又上林旧在大鸣山与八寨各贼之间，势极孤悬，今得凤化为之唇齿，气势日益，虽割三里之地以与凤化，而绿茅、绿箓等村寨旧所亡失土田，皆将以次归复，则亦失之于东而收于西矣。

及照思恩虽已设立流官知府，然其所属皆土目巡检，旧属凤化一县亦皆徒寄空名，实未尝有，今割武缘止戈一图二图之地改筑思恩府城，而又割上林上下无虞三里之地改设凤化县治，固于思恩亦已稍有资辅。但自凤化三里至于思恩一百五六十里，中间尚隔上林一县。臣以为并割上林一县而通以属之思恩，似于事势为便，而于体统尤宜。何者？

柳州一府所属二州十县，宾州盖柳州所属者，且有上林、迁江两县，今思恩既设流官知府，固亦一府之尊，而反不若柳州所属之一州也，其于体统亦有所未称矣。况宾州自有十五里，而又有迁江一县，虽割上林以与思恩，其地犹倍于思恩，未为遽损也。上林之属宾州，与属思恩均之为一属邑，亦未有所加损也。然以之属于思恩，则思恩始可以成一府之规模，而其间有无相须，缓急相援，气势相倚，流官之体统益尊，则土俗之归向益谨，郡县之政化日新，则夷民之感发日易，固有不可尽言之益也。

夫立新县以扼据地险，改属县以辅成府治，是皆所以又安地方者也。

伏乞圣明裁允。

一，添设流官县治于思龙。

照得南宁自宣化县至于田宁，逆流十日之程。宣化所属如思龙、十图等处，相去尚有五日六日，其间错以土夷村寨，地既隔越，而穷乡小民，畏见官府，故其粮差多在县之宿奸老蠹与之包团，因而以一科十，小民不胜迫胁，往往逃入夷寨，土夷又从而侵暴之，地日凋残，盗贼日起。近年以来，思龙之图乡民屡次奏乞添设县治以便粮差。盖亦内迫于县民之奸，外苦于土夷之暴，不得已而然。臣因入抚田宁，亲历其所。民之拥道控告者以千数，因停舟其地，为之经理相度。得村名那久者，其地亦宽平深厚，江水萦回环匝，傍有一江来会，亦正于此合流。沿江民居千余家，竹树森翳，烟火相接，且向武各州道路皆经由其傍，亦为四通之地。若于此分割宣化县思龙一、五、六、七、八、九、十、十二及西乡之六、八图共十里之地而设立一县治，则非独以便穷乡小民之粮差赋役，亦足以镇据要害，消沮盗贼。其间小民村居，如那茄、马坳、三颜、那排之类，未可悉数，皆久已沦入于夷，今若县治一立，则此等村寨诸夷自不得而隐占，皆将渐次归复流官，而其地遂接比于田宁，固可以所设之县而遂以属之田宁矣。

夫南宁一府，所属一州三县。而宣化一县，自有五十二里，今虽分割十里之地以与田宁，而宣化尚有四十二里，一县之地，犹四倍于一府也。况田宁又系新创流官府治，所统皆土目巡检，今得此一属县为之傍辅，又自不同。臣于前割上林以属思恩之议已略言之矣。且左江一带，自苍梧以达南宁，皆在流官腹里之地。自南宁以达于田宁，自田宁以通于云、贵、交趾，则皆夷村土寨。稍有疑传，易成阙隔。今田宁、思恩二府既皆改设流官，与南宁鼎峙而立，而又得此新创一县以疏附交连于其间，平居无事，商货流通，厚生利用，一旦或有境外之役，道路所经，皆流官衙门，从门庭中度兵，更无阻隔之患。此亦安民利国之事，势所当为者也。伏乞圣明裁允，仍定赐县名，选官给印，地方幸甚。

一，增筑守镇城堡于五屯。

照得断藤峡诸贼既平，守巡各官议调土、汉官兵数千于浔州，以防不测。该臣看得各贼既灭，纵有一二漏网，其势非三四年亦未能复聚。为今之计，正宜剿抚并行。盖破灭穷凶各贼者，所以惩恶，而抚恤向化诸瑶者，所以劝善。今惩恶之余，即宜急为劝善之政，使军卫有司各官分投遍历向化村寨，慰劳而存恤之，给以告示，赐以鱼盐，因而为之选立酋长，谕以朝廷所以征剿各巢者，为其稔恶也。今尔等向化村寨，自安心乐业，益坚为善之志；但有反侧悖乱者，即宜擒送官府，自当重赏，以酬尔劳；其漏殄诸贼，果能诚心悔恶，亦皆许其归附，待以良民。夫使向化者益劝于为善而日加亲附，则恶党自孤，贼势自散，不复能合，纵遗一二，终将屈而顺服矣。乃今则不然，贼既破剿而犹屯兵不散，使漏殄之徒得以藉口摇惑远近；其向化村分又略不加恤，奸恶之民复乘机而驱胁虐害之。彼见贼已破灭而复聚兵，已心怀惊疑矣，而又外惑于贼党之扇摇，内激于奸民之驱胁，遂勾结相连而起也。近年以来，所以乱始平而变复作，皆迷误于相沿之弊而不察也。今各贼新破，势决未敢轻出，虽屯数千之众，不过困顿坐食，徒移扰民居，耗竭粮饷，而实无益于事。吾民久被贼苦，今始一解其倒悬，又复自聚无用之兵以重困之，此岂计之得者哉？惟于各寨之中，相其要害之地，创立一镇以控制之，此则事理之所当行，亦正宜乘此扫荡之余而速图之者。

其在断藤、牛肠诸处，则既切近浔州府卫，不必更有所设。至于四方各寨，遍历其要害险阻，则惟五屯正当风门、佛子诸巢穴，而西通府江，北接荔浦各处瑶贼，最为紧要之区，宜设一镇，以控御远迩。而旧已有千户所统率官兵，亦几及一千之数，困于差徭，日渐躲避于附近土目村寨，官司失于清理，止有五百，其后上司不闻地方之艰难，又于五百之中分调哨守于他所，而所余遂不满二百。即而贼乱四起，守御缺乏，则又取调潮州之兵数百以来协守五屯。事既纷乱，人无所遵，兼以统驭非人，故地方遂致大坏。且其屯堡墙垣亦甚卑隘，不足以壮威设险。今宜开拓其地，增筑高城，度可以居二千之众，而设守备衙门于其内，取回五百之中分调哨守于他所之兵，其自潮州调来协守者，则尽数发还原卫，以免两地各兵背离乡土之苦，往复道路之费，仍于附近土寨目兵之中，清查拣补其原避差役者，务足原数一千。选委智略忠勇之官一员，重任而专责之，使之训练抚摩，敷之以威信，而怀之以仁恩。务在地险既设而士心益和，自然动无不克而行无不利。参将兵备各官，又不时新至其地，经理而振作之，或案行其村寨，或劝督其农耕，或召其顽梗，而曲示训惩，或进其善良，而优加奖赐，或救恤其灾患，或听断其是非，如农夫之去稂莠而养嘉禾，渐次耕耨而耘锄之。无事之时，随意取调附近土官兵款，或百人，或七八十人，以协同哨守为名，使之两月一更班，而络绎往来于道路，以惯习远近各巢之耳目。自后我兵出入，自将无所惊疑。果有凶梗，当事举动，然后密调精悍可用土目一二千名，如寻常哨守然，以次潜集城中，畜力养锐，相机而发。夫无事而屯数千之兵，则一月粮饷费逾千金，若每一年无屯军之费，用之以筑城设险，犒赏兵士，招来远人，亦何军不行，何工不就？此增筑城堡以据要害，所谓谋成而敌自败，城完而寇自解，险设而贼自摧，威霸而奸自伏，正宜及今为之，而亦事势之不可已焉者也。伏乞圣明裁允。

查明岑邦相疏七年七月十九日

准兵部咨，该本部题，节奉钦依：“岑邦佐仍武靖知州，岑邦相着王守仁再查明白具奏，钦此。”钦遵。照得先该臣等具题前事，内一件“仍立土官知州以顺土夷之情”。臣等议得岑氏世有田州，久结于人心，岑猛虽没，诸夷莫不愿得复立其后。议于开设流官知府之外，就于该府四十八甲之内，割其八甲，降设田州，立岑猛之子一人，始授以署州事吏目。三年之后，地方宁靖，效有勤劳，则授以为判官。六年之后，地方宁靖，效有勤劳，则授以为同知。九年之后，地方宁靖，效有勤劳，则授以为知州。使承岑氏之祀而隶之流官知府。

当时臣等通拘该府大小土目及乡老人等审问，岑猛之子，应该承立者何人。乃众口一词，以为岑猛四子，长子岑邦佐，系正妻张氏所出，次子岑邦彦，系庶妾林氏所出，三子岑邦辅，系外婢所生，四子岑邦相，系次妾韦氏所出。猛嬖溺林氏，而张氏失爱，故邦佐自幼出继武靖，而以邦彦承袭官职。今邦彦既死，应该承立者莫宜于邦佐。

臣等当看得武靖地方正当瑶贼之冲，而邦佐自幼出继，该州之民信服归戴已久，况其才力，足能制御各瑶。近日该州土目人等，又相继恳恳来告，愿得复还邦佐。今欲改立一人，亦未有可以代邦佐者。臣恐一失武靖各目之心，则于地方又多生一事。莫若仍还邦佐于武靖，一以御地方之患，一以顺各夷之情。至于田州新立，不过苟以无绝岑氏之祀，此其才否优劣，固有不必深论者。因论以邦佐出继武靖既久，朝廷事体已定，不可复还，宜立其次者，岑邦辅则可。于是各目人等又众口一词，以为邦辅名虽岑猛外婢所生，其实来历不明，阖府之民，皆不欲立。惟邦相则次妾所生，实系岑猛的亲骨血。况其质貌厚重谨实，众心归服，立继岑氏，庶不绝其真正一脉。臣等议得仍立土官者，专为不绝岑氏之后，以顺诸夷之情也。今众心若此，亦合俯顺。故当时直断邦辅谓非岑猛之子，而止谓岑猛之子存者二人，亦所以正名慎始，杜日后之纷争也。但具奏之时，因本内事体多端，文以繁琐，若再加详说，诚恐有渎圣听，故遂简略其词。

今蒙朝廷明见万里，洞彻细微，复命臣等查奏。闻命惶惧，无所措躬。因思岑邦辅尚存，当时奏内不曾详开所以不立邦辅之故，而直言岑猛之子存者二人，果系情节脱落，事体欠明。臣等疏漏之罪，万死有不容赦者矣。臣等近复通拘该府土目乡老人等再加审问，而众口一词，执说如前，陈请益笃。臣等反覆思惟，其事诚亦必须如此，而后稳帖无弊。故仍照原议上请。盖此等关系地方之事，臣等言虽或有所不敢尽，而心已无所不用其极，必求事出万全，永久无患，然后乃敢具奏。伏乞圣明宥其疏漏万死之诛，仍敕该部俯从原议，立岑邦相于田州，以曲顺各夷之情。其岑邦辅者，听其以官族名目随住。如此，则名正事成，而人心允服，实地方之幸，臣等之幸。

奖励赏赍谢恩疏 七年九月二十日

准兵部咨，为奏报平复地方事，该臣题，该本部覆题，节奉圣旨："王守仁受命提督军务，莅任未久，乃能开诚布恩，处置得宜，致令叛夷畏服，率众归降，罢兵息民，其功可嘉。写敕差行人赍去奖励，还赏银五十两，纻丝四表里，布政司买办羊酒送用，钦此。"随于本年九月初八日，该行人冯恩赍捧敕书并前项彩币银两等项到，于广州府地方奉迎入城，当除望阙谢恩，钦遵收领外，臣时卧病床褥，已余一月，扶疾兴伏，感激惶惧，颠顿昏眩，莫知攸措。已而渐复苏息，伏自念思恩、田州数万赤子，皆畏死逃生，本无可诛之罪。而前此当事者议欲剿灭，故皆汹汹思乱，既已陷之必死之地，而无复生全之心矣。仰赖皇上好生之仁，轸念远夷，惟恐一物不得其所，特遣臣来勘处。臣亦何能少效一筹，不过宣扬深仁，敷昭神武，而旬月之间，遂皆回心向化，舍死投生，面缚来归。是皆皇上圣德格天，至诚所感，不疾而速，是以绥之斯来，动之斯和，有莫知其所以然而然者，此岂臣等知谋才力能致毫发于其间哉？今乃误蒙洪恩，重颁大赏，且又特遣行人赍敕远临，事尤出于常格之外。臣亦何功，而敢当此？臣亦何人，而敢望此？祗受之余，战悚惶惑，徒有感泣，惟誓此生鞠躬尽瘁，竭犬马之劳，以图报称而已。臣病日亟，自度此生恐不复能奔走阙廷，一睹天颜，以少罄其蝼蚁葵藿之诚，臣不胜刻心镂骨，感激恋慕之至！

乞恩暂容回籍就医养病疏 七年十月初十日

臣以忧病，跧伏田野，六年有余。蒙陛下赐之再生之恩，锡之分外之福，每思稽首阙廷，一睹天颜，以申其蝼蚁感激之诚，遂其葵藿倾戴之愿。既困疾病，复畏讥谗，六年之间，瞻望太息，竟未敢一出门庭。

夫蒙人一顾之恩，尚必思其所以为酬，受人一言之知，亦必图其所以为报，何况君臣大义，天高地厚之恩！上之所以施于其下者，如雨露之沾濡，无时或息，而下之所以承乎其上者，乃如顽石朽株，略无生动，此虽禽兽异类，稍有知觉者，亦不能忍于其心。是以每一念及，则哽咽涕下，徒日夜痛心惕骨，行吁坐叹而已。

迩者缪蒙陛下过采大臣之议，授以军旅重寄。自知才不胜任，病不任劳，辄乃触冒上陈辞谢。又蒙温旨眷覆，慰谕有加。伏读感泣，不复能顾其他，即日矢死就道。既而沿途备访其所以致此变乱之由，熟思其所以经理斡旋之计，乃甚有牴牾矛盾者。而其事势既已颠覆破漏，如将倾之屋，半溺之舟，莫知所措。其惟恐付托不效，以孤陛下生成之德，以累大臣荐举之明，于是始益日夜危惧，而病亦愈甚。乃不意到任以来，旬月之间，不折一矢，不戮一卒，而两顽民帖然来服，千里之内，去荆棘而行成坦途。其间虽有数处强大贼巢，素为广西众贼之渊薮根株，屡尝征讨而不克者，亦就湖广撤回之兵而乘其取道之便，用两广新附之民而鼓其报效之勇，财力不至于大费，小民不及于疲劳，遂皆歼厥渠魁，荡平巢穴，而远近略已宁靖，是皆陛下好生之至德昭格于上下，不杀之神武幽赞于神明，是以不言而信，不怒而威，阴宥默相，以克有此。固非愚臣意望之所敢及，岂其知谋才力为能办此哉？窃自喜幸，以为庶得藉此以免于覆败之戮，不为诸臣荐扬之累足矣。而臣之病势乃日益增剧，百疗无施。臣又思之，是殆功过其事，名浮其实，福逾其分，所谓小人而有非望之获，必有意外之灾者也。

臣自往年承乏南赣，为炎毒所中，遂患咳嗽之疾，岁益滋甚。其后退伏林野，虽得稍就清凉，亲近医药，而病亦终不能止，但遇暑热，辄复大作。去岁奉命入广，与旧医偕行，未及中途，而医者先以水土不服，辞疾归去。是后，既不敢轻用医药，而风气益南，炎毒益甚。今又加以遍身肿毒，喘嗽昼夜不息，心恶饮食，每日强吞稀粥数匙，稍多辄又呕吐。当思恩、田州之役，其时既已力疾从事，近者八寨既平，议于其中移卫设所，以控制诸蛮，必须身亲相度，方敢具奏。则又冒暑舆疾，上下岩谷，出入茅苇之中，竣事而出，遂尔不复能兴。今已舆至南宁，移卧舟次，将遂自梧道广，待命于韶、雄之间。

新任太监、总兵，亦皆相继莅任，各能守法奉公，无地方骚扰之患，两省巡按等官，又皆安靖行事，创涤往时烦苛搜刻之弊，方务安民。今日之两广，比之异时，庶可谓无事矣。臣虽病发而归，亦可以无去后之忧者。

夫竭忠以报国，臣之素志也；受陛下之深恩，思得粉身碎骨以自效，又臣近岁之所日夜切心者也。病日就危，尚求苟全以图后报，而为养病之举，此臣之所大不得已也。惟陛下鉴臣一念报主之诚，固非苟为避难以自偷安，而悯其濒危垂绝不得已之至情，容臣得暂回原籍就医调治，幸存余息，鞠躬尽瘁，以报陛下，尚有日也。臣不胜恳切哀求之至！

卷十六 别录八

公移一 提督南赣军务征横水桶冈三浰

巡抚南赣钦奉敕谕通行各属 正德十二年正月

节该钦奉敕谕："江西、福建、广东、湖广各布政司地方交界去处，累有盗贼生发。因地连各境，事无统属，特命尔前去巡抚江西南安、赣州，福建汀州、漳州，广东南雄、韶州、惠州、潮州各府，及湖广彬州地方；安抚军民，修理城池，禁革奸弊，一应地方贼情，军马钱粮事宜，小则径自区画，大则奏请定夺。但有盗贼生发，即便严督各该兵备守御守巡，并各军卫有司，设法剿捕，选委廉能属官，密切体访，及签所在大户，并被害之家，有智力人丁，多方追袭，量加犒赏；或募知因之人，阴为乡导；或购贼徒，自相斩捕；或听胁从并亡命窝主人等，自首免罪。其军卫有司官员中政务修举者，量加旌奖；其有贪残畏缩误事者，径自拿问发落。尔风宪大臣，须廉正刚果，肃清奸弊，以副朝廷之委任。钦此。"钦遵。

照得抚属地方，界连四省；山溪峻险，林木茂深，盗贼潜处其间，不时出没剽劫；东追则西窜，南捕则北奔，各省巡捕等官，彼此推调观望，不肯协力追剿，遂至延蔓日多。当职猥以菲才，滥膺重寄，大惧职业鳏废，仰负朝廷委托。为照前项地方，延袤广远，未能遍历其间；绥抚之方，随时殊制；攻守之策，因地异宜；若非的确询访，难以臆见裁度。为此仰抄案回司，着落当该官吏，照依案验内事理，即行本司该道分巡、分守、兵备、守备等官，并所属大小衙门各该官吏，公同逐一会议：要见即今各处城堡关隘，有无坚完；军兵民快，曾否操练；某处贼方猖獗，作何擒剿；某处贼已退散，作何抚缉；某贼怙终，必须扑灭；某贼被诱，尚可招徕；何等人役，堪为乡导；何等大户，可令追袭；军不足恃，或须别募精强；财不足用，或可别为经画；某处或有闲田，可兴屯以足食；某处或多浮费，可节省以供军；何地须添塞堡，以断贼之往来；何地堪建城邑，以扼贼之要害；姑息隐忍，固非久安之图；会举夹攻，果得万全之策；一应足财养兵弭寇安民之术，皆宜心悉计虑，折衷推求。山川道路之险易，必须亲切画图；贼垒民居之错杂，皆可按实开注；近者一月以里，远者一月以外，凡有所见，备写揭帖，各另呈来，以凭采择。非独以匡当职之不逮，亦将以验各官之所存，务求实用，毋事虚言。

各该官吏俱要守法奉公，长廉远耻，祛患卫民，竭诚报国。毋以各省而分彼此，务须协力以济艰难，果有忠勇清勤绩行显著者，旌劝自有常典，当职不敢蔽贤；其或奸贪畏缩志行卑污者，黜罚亦有明条，当职亦不敢同恶。深惟昧劣，庶赖匡襄，凡我有官，各宜知悉。

选拣民兵

照得府属地方，界连四省；山谷险隘，林木茂深，盗贼所盘，三居其一；乘间劫掠，大为民患。本院缪当巡抚，专以弭盗安民为职。钦奉敕谕，一应军马钱粮事宜，得以径自区画。莅任以来，甫及旬日，虽未偏历各属，且就赣州一府观之，财用耗竭，兵力脆寡，卫所军丁，止存故籍；府县机快，半应虚文；御寇之方，百无足恃，以此例彼，余亦可知。夫以羸卒而当强寇，犹驱群羊而攻猛虎，必有所不敢矣。是以每遇盗贼猖獗，辄复会奏请兵；非调土军，即倩狼达，往返之际，辄已经年；糜费所须，动逾数万；逮至集兵举事，即已魍魉潜形，曾无可剿之贼；稍俟班师旋旅，则又鼠狐聚党，复皆不轨之群。良由素不练兵，倚人成事，是以机宜屡失，备御益弛，征发无救乎疮痍，供馈适增其荼毒，群盗习知其然，愈肆无惮。百姓谓莫可恃，竞亦从非。

夫事缓则坐纵乌合，势急乃动调狼兵，一皆苟且之谋，此岂可常之策？古之善用兵者，驱市人而使战，假吕戍以兴师。岂以一州八府之地，遂无奋勇敢战之夫？事豫则立，人存政举。近据江西分巡岭北道兵备副使杨璋呈，将所属各县机快，通行拣选，委官统领操练，即其处分，当亦渐胜于前。但此等机快，止可护守城郭，堤备关隘；至于捣巢深入，摧锋陷阵，恐亦未堪。为此案仰四省各兵备官，于各属弩手、打手、机快等项，挑选骁勇绝群，胆力出众之士，每县多或十余人，少或八九辈；务求魁杰异材，缺则悬赏召募。大约江西、福建二兵备，各以五六百名为率；广东、湖广二兵备，各以四五百名为率。中间若有力能扛鼎，勇敌千人者，优其廪饩，署为将领。召募犒赏等费，皆查各属商税赃罚等银支给。各县机快，除南、赣兵备已行编选外，余四兵备仍于每县原额数内拣选精壮可用者，量留三分之二；就委该县能官统练，专以守城防隘为事；其余一分拣退疲弱不堪者，免其着役，止出工食，追解该道，以益召募犒赏之费。所募精兵，专随各兵备官屯扎，别选素有胆略属官员分队统押。教习之方，随材异技；器械之备，因地异宜；日逐操演，听候征调。各官常加考校，以核其进止金鼓之节。本院间一调遣，以习其往来道途之勤。资装素具，遇警即发，声东击西，举动由己；运机设伏，呼吸从心。如此，则各县屯戍之兵，既足以护防守截；而兵备募召之士，又可以应变出奇。盗贼渐知所畏而格心，平良益有所恃而无恐，然后声罪之义克振，抚绥之仁可施，弭盗之方，斯惟其要。本院所见如此，其间尚有知虑未周，措置犹缺者，又在各官酌量润色，务在尽善，期于可久；亮爱民忧国之心既无不同，则拯溺救焚之图自不容缓。案至，即便举行，或有政务相妨，未能一一亲诣，先行各属，精为选发。先将召募所得姓名，及措置支费银粮，陆续呈报。事完之日，通造文册，以证查考。

十家牌法告谕各府父老子弟

本院奉命巡抚是方，惟欲剪除盗贼，安养小民。所限才力短浅，智虑不及；虽挟爱民之心，未有爱民之政。父老子弟，凡可以匡我之不逮，苟有益于民者，皆有以告我，我当商度其可，以次举行。今为此牌，似亦烦劳。尔众中间，固多诗书礼义之家，吾亦岂忍以狡诈待尔良民？便欲防奸革弊，以保安尔良善，则又不得不然，父老子弟，其体此意。自今各家务要父慈子孝，兄爱弟敬，夫和妇随，长惠幼顺，小心以奉官法，勤谨以办国课，恭俭以守家业，谦和以处乡里，心要平恕，毋得轻意忿争，事要含忍，毋得辄兴词讼，见善互相劝勉，有恶互相惩戒，务兴礼让之风，以成敦厚之俗。吾愧德政未敷，而徒以言教，父老子弟，其勉体吾意，毋忽！

轮牌人每日仍将告谕省晓各家一番。

十家牌式：

某县某坊

某人某籍

某人某籍

某人某籍

某人某籍

某人某籍

某人某籍

某人某籍

某人某籍

某人某籍

某人某籍

右甲尾某人

右甲头某人

此牌就仰同牌十家轮日收掌，每日酉牌时分，持牌到各家，照粉牌查审。某家今夜少某人，往某处，干某事，某日当回；某家今夜多某人，是某姓名，从某处来，干某事。务要审问的确，乃通报各家知会。若事有可疑，即行报官。如或隐蔽，事发，十家同罪。

各家牌式：

某县某坊民户某人。

某坊都里长某下，甲首军户，则云某所总旗小旗某下。匠户，则云某里甲下，某色匠。客户，则云原籍某处，某里甲下，某色人，见作何生理，当某处差役，有寄庄田在本县某都，原买某人田，亲征保住人某某。若官户，则云某衙门，某官下，舍人，舍余。

若客户不报写庄田在牌者，日后来告有庄田，皆不准。不报写原籍里甲，即系来历不明，即须查究。

男子几丁。

某。某项官，见任，致仕，在京听选，或在家。　某。某处生员，吏典。

某。治何生业，成丁，未成丁，或往何处经营。　某。见当某差役。

某。有何技能，或患废疾。　某。

某。　某。

见在家几丁，若人丁多者，牌许增阔，量添行格填写。

一，妇女几口。

一，门面屋几间。系自己屋，或典赁某人屋。

一，寄歇客人。某人系某处人，到此作何生理，一名名开写浮票写帖，客去则揭票；无则云无。

案行各分巡道督编十家牌

照得本院巡抚地方，盗贼充斥。因念御外之策，必以治内为先。顾莅事未久，尚昧土俗；永惟抚缉之宜，懵然未有所措。访得所属军民之家，多有规图小利，寄住来历不明之人，同为狡伪欺窃之事；甚者私通輋贼，而与之传递消息；窝藏奸宄，而为之盘据夤缘；盗贼不靖，职此其由。合就行令所属府县，在城居民每家各置一牌，备写门户籍贯及人丁多寡之数，有无寄住暂宿之人，揭于各家门首，以凭官府查考。仍编十家为一牌，开列各户姓名，背写本院告谕，日轮一家，沿门按牌审察动静；但有面目生疏之人，踪迹可疑之事，即行报官究理。或有隐匿，十家连罪，如此，庶居民不敢纵恶，而奸伪无所潜形。为此仰钞案回道，即行各属府县，着落各掌印官，照依颁去牌式，沿街逐巷，挨次编排，务在一月之内了事。该道亦要严加督察，期于着实施行，毋使虚应故事。仍令各将编置过人户姓名造册缴院，以凭查考；非但因事以别勤惰，且将旌罚以示劝惩。

告谕各府父老子弟

告谕父老子弟，今兵荒之余，困苦良甚，其各休养生息，相勉于善。父慈子孝，兄友弟恭，夫和妇从，长惠幼顺，勤俭以守家业，谦和以处乡里，心要平恕，毋怀险谲，事贵含忍，毋轻斗争。父老子弟曾见有温良逊让、卑己尊人而人不敬爱者乎？曾见有凶狠贪暴、利己侵人而人不疾怨者乎？夫嚚讼之人争利而未必得利，求伸而未必能伸，外见疾于官府，内破败其家业，上辱父祖，下累儿孙，何苦而为此乎？此邦之俗，争利健讼，故吾言恳恳于此。吾愧无德政，而徒以言教父老，其勉听吾言，各训戒其子弟，毋忽！

剿捕漳寇方略牌正月

据福建、广东布、按二司参议等官张简等各呈剿捕事宜，已经行仰遵照案验施行。所有方略，恐致泄露，不欲备开案内。为此另行牌仰广东岭东，福建汀、漳等处兵备佥事顾应祥、胡琏，密切会同守巡纪功赞画等官，于公文至日，便可扬言。

本院新有明文，谓：天气向暖，农务方新，兼之山路崎险，林木蓊翳，若雨水洊至，瘴雾骤兴，军马深入，实亦非便。莫若于要紧地方，量留打手机兵，操练堤备。其余军马，逐渐抽回；待秋收之后，风气凉冷，然后三省会兵齐进。或宣示远近，或晓谕下人，此声既扬，却乃大飨军士，阳若犒劳给赏，为散军之状；实则感激众心，作兴士气。一面亦将不甚紧关人马抽放一处两处，以信其事。其实所散人马，亦可不远，而复预遣间谍，探贼虚实。有间可乘，即便赍糗衔枚，连夜速发。当此之时，却须舍却身家，有死无生，有进无退，若一念转动，便成大害。劲卒当前，重兵继后，伺至其地，鼓噪而入。仍戒当先之士，惟在摧锋破阵，不许斩取首级。后继重兵，止许另分五六十骑，沿途收斩；其余亦不得辄乱行次，违者就便以军法斩首。重兵之后，纪功赞画等官各率数队，相继而进，严整行伍，务令鼓噪之声连亘不绝，使诸贼逃遁山谷者，闻之不得复聚。若贼首未尽，探其所如，分兵速蹑，不得稍缓，使贼复得为计。已获渠魁，其余解散党与，平日罪恶不大，可招纳者，还与招纳；不得贪功，一概屠戮。乘胜之余，尤要振兵肃旅如初；遇敌不得恃胜懈弛，恐生他虞。归途仍将已破贼巢，悉与扫荡，经过寨堡村落，务禁摽掠，宜抚恤者，即加抚恤；宜处分者，即与处分；毋速一时之归，复遗他日之悔。本院奉命而来，专以节制四省沿边军职为务。即今进兵，一应机宜，悉宜禀听本院，庶几事有总领，举动齐一。授去方略，敢有故违，悉以军法论处。各官知会之后，即连名开具遵依揭帖，密切回报。

案行广东福建岭兵官进剿事宜

据福建、广东按察司等衙门备呈到院。看得两省剿捕事宜，设施布置，颇已详备。诚使诸将齐心，军士用命，并举夹攻，已有必克之势。但事干各省，举动难一，顿兵既久，变故旋生，则谋算机宜，旬日顿异，亦难各守初议，执为定说。

照得福建军务，整缉既久，兼有海沧、演城、政和诸处打手，足可济事。诸将咸有以功赎罪之心，意气颇锐，当道亦皆协谋并力，期收克捷之功，利在速战。若当集谋之始，掩贼不备，奋击而前，成功可必。今即旷日持久，声势彰闻，各巢贼党，必有连络纠合，阻阱设械以御我师。其为奸党，当亦日加险密，至于今日，已为持久之师，且宜示以宽懈，待间而发。而犹执其乘机之说，张皇于外，以坚贼志，是谓知吾卒之可击，而不知敌之未可击也。

广东之兵，集谋稍缓，声威未震，意在倚重狼达土军，然后举事，利于持久，是亦慎重周悉之谋。谋贼闻之，虽相结聚，尚候土兵之集，以卜战期，其备必犹懈弛。若因而形之以缓，乘此机候，正可奋怯为勇，变弱为强，而犹执其持重之说，必候土军之至，以坐失事机。是徒知吾卒之未可击，而不知敌之正可击也。

善用兵者，因形而借胜于敌，故其战胜不复，而应形于无穷。胜负之算，间不容发，乌可执滞。除江西南、赣地方，凡通贼关隘，已行兵备副使杨璋委官堤备截杀，及将进剿方略，各另差人封付福建佥事胡琏，广东佥事顾应祥，会同守巡等官，密切遵依行事外。仰钞案回司，即行各官，务要同心协德，乘间而动，毋得各守一见，縻军偾事。一应举止，不必呈禀，以致误事。领军等官，随机应变，就便施行，一面呈报。如复彼此偏执，失误军机，定行从重参拿，决不轻贷。其军马钱粮、纪功给赏等项，已行有成规，不再更定。

案行漳南道守巡官戴罪督兵剿贼

据福建漳南道右参政艾洪等呈：“准左参政陈策、副使唐泽手本，该三司遵依议委各职，随军纪功，运谋经略，依蒙前诣南靖县小溪中营住扎，查理军情，审验功次。大约贼众以四分为率：一分就擒，一分听抚，俱已审验查处明白；一分远遁广东境界，一分深藏本处山谷。狼子野心，绝岩峻岭，易以计破，难以兵碎，必须通将调募见在官军二万二千余名，再加议处，减冗兵以省费，留精兵以守险，待贼饥疲，随加抚剿，庶几军饷不缺，农业不废。节据各哨委官连日禀报，各贼恃居险阻，公然拒敌官军，不听招抚，合无继处本省钱粮，以坚自守之谋，催请广东狼兵，以助夹攻之计。”等因。随据参政陈策等呈：“据镇海卫指挥高伟呈，指挥覃桓，县丞纪镛，被大伞贼众突出，马陷深泥，被伤身死。”等因到院。簿查先据参政陈策等呈，已经批各官酌量事机，公同会议，如是：贼虽据险而守，尚可出其不趋，掩其不备，则用邓艾破蜀之策，从间道以出奇。若果贼已盘据得地，可以计困，难以兵克，则用充国破羌之谋，减冗兵以省费。务在防隐祸于显利之中，绝深奸于意料之外，万全无失，佥谋皆同，然后呈来定夺去后。

今据前因，参照指挥高伟既奉差委督哨，自合与覃桓等相度机宜，协谋并进。却乃孤军轻率，中贼奸计，虽称督兵救援，先亦颇有斩获，终是功微罪大，难以赎准。广东通判陈策，指挥黄春，千百户陈洪、郑芳等，既与覃桓等面议夹攻，眼见摧败，略不应援，挫损军威，坏事匪细，俱属违法。各该领兵守备、兵备、守巡等官，督提欠严，亦属有违，合就通行参究。但在紧急用人之际，姑且记罪，查勘督剿。

及查添调狼兵一节，案查该省节呈：兵粮预备已久，惟俟克日进攻。今始成军而出，一遇小挫，辄求济师。况动调狼兵，往返数月，非但临渴掘井，缓不及事，兼据见在官兵二千有余，数已不少，兵贵善用，岂在徒多。况称粮饷缺乏，正宜减兵省费，安可益军匮财。

除广东坐视官员，及应否动调狼兵，另行查议外。仰钞案回道查勘，指挥覃桓，县丞纪镛，是否领兵夹攻，被伤身死；各官原领军兵若干，见在若干，其指挥仲钦，推官胡宁，道知事曾瑶，知县施祥等缘何不行策应，是否畏避退缩？俱要备查明白，从实开报。其覃桓等所统军兵，就仰高伟管领，戴罪杀贼，立功自赎。仍仰福建布政司作急查处，堪以动支银两，就呈镇巡衙门知会，差官领解军前接济，一面备数呈来，以凭查考，不许稽迟，致误军机。各该官员俱要奋勇协心，乘机进剿，毋顿兵遥制，以失机宜；毋坐待狼兵，以自懈弛；务须连营犄角，以壮我军之威；更休迭出，以蓄我军之锐；多方以误贼人之谋，分攻以疲贼人之守，扫荡巢穴，靖安地方，则东隅可收于桑榆，大捷不计其小挫，事完之日，通查功罪呈来，以凭酌量参奏。

案行领兵官搜剿余贼

据福建左参政陈策，副使唐泽会案呈：“准漳南道参政艾洪、佥事胡琏手本，督据委员指挥徐麒等呈称，督领军兵，粘踪追贼，至象湖山贼寨，连营拒守，遵奉本院密谕，佯言犒众退兵，俟秋再举，密切部勒诸军，乘懈奋击云云。除将擒斩功次，审验监候枭挂外，呈乞照详。”等因到院。

卷查先准兵部咨前事，已经备行福建、广东二省漳南、岭东二道守巡、兵备、守备等官，钦遵。调兵上紧相机剿抚，并将进兵方略，行仰各官密切遵照施行，敢有故违，悉以军法论处去后。

续据福建布、按二司守巡漳南道右参政等官艾洪等呈：“据委指挥高伟呈称，督同指挥等官覃桓等领兵克期夹攻，不意大伞贼众突出，陷入深泥，被伤身死。广东官兵在彼坐视，不行策救。”呈详到院。参看得各官顿兵日久，老师费财，致此败衄，显是不奉节制，故违方略，正行查勘参提间。随据广东按察司等衙门佥事顾应祥等官会呈前事，开称：“约会福建官兵克期进攻间，爪探福建官军被大伞贼徒杀死指挥覃桓等情，各职随即统兵策应，当获贼人一名，审系贼首罗圣钦，执称余贼潜入箭灌巢内。率领官兵直抵地名白上村，遇贼交战，斩获贼级，俘获贼属。”等因，呈报前来。

看得象湖、箭灌最为峻绝，诸巢贼首，悉遁其间。贼之精悍，尽聚于此。自来兵卒所不能攻，今各官虽有前挫，随能密遵方略，奋勇协力，竟破难克之寨，以收桑榆之功，计其大捷，足盖小挫。但象湖虽破，而可塘犹存，贼首颇已就擒，而余猾尚多逃遁，若不乘此机会速行剿扑，薙草存根，恐复滋蔓，狡兔入穴，获之益难。除将功次另行查奏外，为此仰抄案回道，查照先行方略，乘此胜锋，急攻可塘，破竹之势，不可复缓。仍一面分兵搜斩余猾，毋令复聚为奸。罪恶未稔，可招纳者，还与招纳，毋纵贪功，一概屠戮。务收一篑之功，勿为九仞之弃。

本院即日自漳州起程，前来各营督战，仍与各官备历已破诸贼巢垒，共议经久之策。抄案。

奖励福建守巡漳南道广东守巡岭东道领兵官

据福建参政陈策、艾洪，副使唐泽，佥事胡琏，都指挥佥事李胤，广东参议张简，佥事顾应祥，都指挥佥事杨懋各呈称："据委官知府通判等官钟湘、徐玑等，率领军兵夹攻象湖、可塘、箭灌、大伞等处贼巢，前后擒斩贼首詹师富、罗宗旺等共计一千五百余名颗，及俘获贼属牛马器械等数。"到院。看得象湖、箭灌诸寨，皆系极险最深贼巢，自来官兵所不能下，今各官乃能运谋设策，协力夹攻，旬月之间，擒斩贼首，扫荡巢穴，谋勇显著，功劳可嘉。除将功次查奏外，通合先行奖励。为此牌仰汀州府上杭县，即便动支商税银两，买办彩段银花羊酒，委官分投领赍，备用鼓乐，迎送各官处，用旌勤劳，以明奖励之典。其余领哨有功官员知府钟湘等，就行该道照依定去赏格，酌量轻重，径自支给官钱，买办花红等项，一体赏劳。仍具由回报，以凭查考。

告谕新民

尔等各安生理，父老教训子弟，头目人等抚缉下人，俱要勤尔农业，守尔门户，爱尔身命，保尔室家，孝顺尔父母，抚养尔子孙，无有为善而不蒙福，无有为恶而不受殃，毋以众暴寡，毋以强凌弱，尔等务兴礼义之习，永为良善之民。子弟群小中或有不遵教诲，出外生事为非者，父老头目即与执送官府，明正典刑，一则彰明尔等为善去恶之诚，一则剪除莨莠，免致延蔓，贻累尔等良善。

吾今奉命巡抚是方，惟欲尔等小民安居乐业，共享太平。所恨才识短浅，虽怀爱民之心，未有爱民之政。近因督征象湖、可塘诸处贼巢，悉已擒斩扫荡，住军于此，当兹春耕，甚欲亲至尔等所居乡村，面问疾苦；又恐跟随人众，或至劳扰尔民，特遣官耆谕告，及以布匹颁赐父老头目人等，见吾勤勤抚恤之心。余人众多，不能遍及，各宜体悉此意。

钦奉敕谕切责失机官员通行各属

照得本院于本年六月十五日节该钦奉敕："近该巡按福建监察御史程昌奏，今年正月内，被漳州南靖地方流贼杀死领军指挥覃桓，县丞纪镛，射死军人打手一十五名。参称指挥高伟、参政陈策、艾洪、副使唐泽、佥事胡琏、都指挥李胤失机误事，俱各有罪。及称尔膺兹重寄，责亦难辞等因，下兵部议，谓前项贼情，自去年七月已敕彼处抚巡等官，相机抚剿，日久未见成功；今反堕贼计，丧师失事；欲将高伟、陈策等姑免提问，各令住俸，戴罪杀贼；并降敕切责，令尔立效赎罪。朕皆从之。敕至，尔宜亲诣潮、漳二府地方，申严号令，详审机宜，督同守巡领军等官，调集官军民快打手人役，僭运粮饷，指授方略，随贼向往，设法剿捕。其福建、广东、江西官员，悉听尔节制，有急，督令互相策应，约会夹攻，不许自分彼此，执拗误事。如有不用命，及迟误供军者，宜照原奉敕内事理，径自拿问施行。事有应与两广并江西巡抚等官议处者，公同计议而行，务要处置得宜，贼徒殄灭，以靖地方，钦此。"钦遵外。

照得本院于本年正月十六日抵赣莅事，当据福建参政陈策、佥事胡琏等呈："为急报贼情事，已经密具方略，行各官遵照，约会广东官兵，克期夹攻。随据各官呈称，指挥覃桓，县丞纪镛，在广东大伞地方，遇贼突出，抵战身死；又称象湖、可塘等寨，系极高绝险，自来官兵所不能攻，乞添调狼兵，俟秋再举。"等因到院。参看各官顿兵不进，致此败衄，显是不奉节制，故违方略，正宜协愤同奋，因败求胜，岂可辄自退阻，倚调狼兵，坐失机会。本院即于当日选兵二千，自赣起程，进军汀州，一面督令各官密照方略，火速进剿，立功自赎，一面查勘失事缘由，另行参奏间。

随据各官续呈，遵奉本院纸牌密谕，佯言犒众班师，乘贼怠弛，衔枚直捣，攻破象湖等寨。又经行令各官，乘此胜锋，速攻可塘，破竹之势，不可复缓，仍一面分兵搜擒余猾，毋令复聚为奸。本院亦自汀州进军上杭，期至贼寨，亲自督战。随据各官复呈，为捷音事，开称："攻破贼巢三十余处，擒斩首从贼人一千四百二十余名颗，俘获贼属五百七十余名口，烧毁房屋二千余间，夺获牛马赃仗无算。即今余党，悉愿听抚，出给告示，招抚得胁从贼人一千二百三十五名，家口二千八百二十八名口，乞要班师。”等因。已经具本奏报去后。

今奉敕谕切责，不胜惶恐待罪，然犹幸其因人成事，偶获收功，愧虽难当，罪或可免。随又访得各贼徒党，尚多逃遁，诸巢余孽，又复萌芽，果尔，则忧患方兴，罪累日重，深思其故，恐是各官急于成功，不能扫荡，或是惮于久役，为此隐瞒。本院闻此，实切惭惧，即欲遵奉敕谕事理，亲至漳州体勘查处。但今南、赣盗贼猖獗，方奉钦依来剿，师期紧迫，军马钱粮，必须调度，势难远出。又前项事情，出于传闻，未委虚的，合行查勘。为此仰钞捧回司，照依备奉敕谕，及查照先今案验内事理，即委本司公正堂上官一员，会同守巡该道官，亲诣漳州地方，督同知府等官，将已破贼巢，逐一查勘，前项强贼，曾否尽绝，所获贼首，是否真正，徒党有无逃遁，余孽有无萌芽，是否各官苟且隐瞒，惟复别贼，各另生发。若贼首果已擒获，巢穴果已扫荡是实，取具各官不致遗患重甘结状，具由呈来。如或有所规避欺蔽，俱要明白声说，以凭参施行。若有脱漏残党，或是别项流贼，乘间啸聚。事出意外，亦要从实开报，就将防剿机宜，作急议处停当。相机行事，一面呈来定夺。无得畏难推咎，以致贻患地方，国典具存，取罪愈大，俱无违错迟延。

兵符节制 五月

先据该道具呈，计处武备以便经久事。议将原选听调人役，如宁都杀手廖仲器之属，尽行查出，顶补各县选退机兵，通拘赣城操演，以备征调，已经批仰施行去后。看得习战之方，莫要于行伍；治众之法，莫先于分数；所据各兵既集，部曲行伍，合先预定。为此仰钞案回道，照依定去分数，将词集各兵，每二十五人编为一伍，伍有小甲；五十人为一队，队有总甲；二百人为一哨，哨有长、协哨二人；四百人为一营，营有官、有参谋二人；一千二百人为一阵，阵有偏将；二千四百人为一军，军有副将。偏将无定员，临阵而设。小甲，于各伍之中选材力优者为之，总甲，于小甲之中选材力优者为之，哨长，于千百户义官之中选材识优者为之。副将得以罚偏将，偏将得以罚营官，营官得以罚哨长，哨长得以罚总甲，总甲得以罚小甲，小甲得以罚伍众。务使上下相维，大小相承，如身之使臂，臂之使指，自然举动齐一，治众如寡，庶几有制之兵矣。编选既定，仍每五人给一牌，备列同伍二十五人姓名，使之连络习熟，谓之伍符。每队各置两牌，编立字号，一付总甲，一藏本院，谓之队符。每哨各置两牌，编立字号，一付哨长，一藏本院，谓之哨符。每营各置两牌，编立字号，一付营官，一藏本院，谓之营符。凡遇征调，发符比号而行，以防奸伪。其诸缉养训练之方，旗鼓进退之节，要皆逐一讲求，务济实用，以收成绩。事完，备造花名手册送院，以凭查考发遣。

预整操练

案照先经批仰将听调人役，查拘操演，以备征调。即今兵威士气，已觉渐有可观。但诸色人内尚有遗才，亦合通拘操演。看得龙南等县捕盗老人叶秀芳等部下兵众，亦多经战阵；况各役向化日久，皆有竭忠报效之心。但其勇力虽有，而节制未谙；向慕虽诚，而情意未洽。一时调用，亦恐兵违将意，将拂士情，信义既未交孚，心志岂能齐一。为此仰钞案回道，通将所属向化义民人等，悉行查出，照依先行定去分数，行令各选部下骁勇之士，多者二三百人，少者一百人，或五十人，顺从其便，分定班次。各役若无别故，自行统领，或有事故相妨，许令推选亲属为众所服者代领，前来赣城，皆于教场内操演。除耕种之月，放令归农，其余农隙，俱要轮班上操。仍于教场起盖营房，使各有栖息之地；人给口粮，使皆无供馈之劳；效有功勤者，厚加犒赏；违犯约束者，时与惩戒。如此则号令素习，自然如身、臂、手指之便；恩义素行，自然兴父兄子弟之爱；居则有礼，动则有威，以是征诛，将无不可矣。

选募将领牌

看得所属地方，盗贼充斥，一应抚剿事宜，各该兵备等官，既以地方责任，势难频来面议。若专以公文往来，非惟事情不能该悉，兼恐机宜多致泻漏。为此牌仰郴州兵备道，即于所属军卫有司官，或义官耆老，推选素有胆略、才堪将领，熟知贼寨险夷，备晓盗情向背，忠慎周密，可相信任者一二人前来军门，凡遇地方机务，即与密切商度，往来计议，庶事可周悉，机无疏虞。

批留岭北道杨璋给由呈

据副使杨璋呈给由事。看得朝廷设官，本因保障；臣子尽职，匪专给由。副使杨璋才力精敏，识见练达，久在军中，习知戎务。见今盗贼猖炽，方尔请兵会剿，一应军马钱粮，皆倚赞画，方有次第。若因给由，遽尔轻动，更代之人，岂免事多生疏，交承之际，必至弊乘间隙，遂有出柙之虞，何益噬脐之悔。仰本官勿以循例给由为急，惟以效忠尽职为先，益展谋猷，仍旧供职。地方安靖，足申体国之勤，懋绩彰闻，岂俟天曹之考。仍行抚按衙门知会呈缴。

批广东韶州府留兵防守申

看得本院募兵选士，欲弭盗安民，正恐地利不能齐一，措置或有未周，故期各官酌量润色，务求尽善可久。今据该府各县所呈，非惟不能弭盗，而适以启盗；非徒不能安民，而又以扰民。此岂本院立法之初意哉？行仰各县掌印官，务体本院立法不得已之意，各要酌量事势，通融审处，苟无不尽之心，自无难处之事，兵法谓："守则不足，攻则有余。"今各县所留之兵，止于防守，而兵备所选之士，将以剿袭。防守之兵，虽老弱皆可以备数，而张威剿袭之士，非精锐不可以摧锋而陷阵。况各县所留尚有三分之二，而兵备所取止得三分之一，其于大势未便亏损。今取三分之一，而遂以为地方不复可守，假使原数止此，亦将别无措置之方耶？又况剿袭之兵既集，则兵威日振，声东击西，倏来忽往，贼将瞻前顾后，自然不敢轻出。各县防守愈易为力，此于事理亦皆明白易见。各官类皆狃于因循，惮于振作，惟知取私便之为利，而不知妨大计之为害。宜各除去偏小之见，共为公溥之谋。若复推调迟延，夹攻在迩，已经奏有成命，苟误军机，定以军法从事。

咨报湖广巡抚右副都御史秦防贼奔窜 八月

准巡抚湖广都御史秦咨云云，已经一体钦遵施行。续据江西岭北道副使杨璋看得朱广寨等处，系桂阳、乐平二县界内贼奔要路，今夹攻在迩，要行各道预发精兵把截。又经备行广东、湖广各官，起集骁勇机快，父子乡兵，选委素有能干官员统领，各于贼行要路，昼夜严加把截，或遇前贼奔逃，就便详察险易，相机截捕。或先于朱广、鱼黄贼所潜逃诸山寨，多张疑兵，使贼不敢奔往。务要虑出万全，不得堕贼奸计。各道仍须分投爪探，出奇设伏，先事预防，但得贼中虚实，差人飞报军门。大抵防寇如水，四面提防既固，但有一处渗漏，必致并力溃决。贼所奔逃，尚恐不止前项诸处，仍行各道，再加询访，但有罅隙，即便行文知会，互相关防，必使皆无蚁穴之漏，庶可全收草薙之功。

今准前因，为照前项各贼，屡经夹攻，狡猾有素，今闻大举，预将妻子搬寄，此亦势所必有。照得咨开，龚福全、李斌，皆已搬送妻子，近往桶冈亲识人家。除行岭北道密行擒拿，一面行文湖广各官，将前项窝户姓名，密切知会，或住近桂阳，或住近上犹，就仰各该守把官兵，相机剿捕外，拟合咨报云云。

集钦奉敕谕提督军务新命通行各属 九月

正德十二年九月十一日，节该钦奉敕谕："江西南安、赣州地方，与福建汀、漳二府，广东南、韶、潮、惠四府，及湖广郴州桂阳县壤地相接，山岭相连，其间盗贼不时生发，东追则西窜，南捕则北奔，盖因地方各省，事无统属，彼此推调，难为处置。先年以此之故，尝设有都御史一员，巡抚前项地方，就令督剿盗贼。但责任不专，类多因循苟且，不能申明赏罚，以励人心。致令盗贼滋多，地方受祸。今因尔所奏及该部复奏事理，特改命尔提督军务，常在赣州或汀州住扎，仍往前各处抚安军民，修理城池，禁革奸弊，一应军马钱粮事宜，俱听便宜区画，以足军饷，但有盗贼生发，即便严督各该兵备、守备、守巡，并各军卫有司，设法调兵剿杀，不许踵袭旧弊，招抚蒙蔽，重为民患。其管领兵快人等官员，不拘文职武职，若在军前违期，并逗留退缩者，俱听以军法从事。生擒盗贼，鞫问明白，亦听就行斩首示众。斩获贼级，行令各该兵备、守备官即时纪验明白，备行江西按察司造册奏缴，查照南方剿杀蛮贼事例，升赏激劝，仍要选委廉能官员，密切体访，或佥所在大户，并被害之家，及素有智力人丁，多方追袭，量加粮赏。或募知因之人，阴为乡导；或购令贼徒，自相斩捕；或许令胁从并亡命窝主人等，自行出首免罪。皆听尔随宜处置，不必执定一说。其应捕人员，尤要严加戒约，不许妄拿平人，及容贼挟仇攀引，因而吓诈财物，扰害良善。军卫有司官员中政务修举者，量加奖劝；其有贪残畏缩误事者，文职五品以下，武职三品以下，径自拿问发落。事有应与各该镇巡官计议者，亦须计议而行。尔为风宪大臣，受兹新命，尤宜廉能刚果，肃清积弊，以副朝廷委任之意，如违，责亦有所归焉。尔其钦承之，毋忽，故敕。钦此。”

钦遵，拟合通行。为此仰钞捧回司，照依案验备奉敕谕内事理，并行该道守巡、兵备、守备等官，及府卫等官，及府、卫、所、县大小衙门一体钦遵施行。都司呈镇守，布政司巡抚，按察司呈巡按衙门，各查照施行。

咨报湖广巡抚右副都御史秦夹攻事宜

准巡抚湖广都御史秦咨，内开：“夹攻江西，该分哨道，并把截之路，及各该官军，不无追剿，往来过境，必须各给旗号识别，以防错误。凡遇贼势纵横，及攻坚去处，各领哨官即便发兵策应，同舟共济。”又称：“各省窝贼之家，今既各有指实，必须从长计处，绝其祸本，以收全功。烦为参酌行止，并将合行事宜咨报，以凭转行各该领兵等官遵守。”等因，准此。

先该本院访得大庾、南康、上犹三县近附贼巢良民村寨甚多，往年大征，不曾分别善恶，给与良民旗号，及拨兵护守，以致狼、土官兵贪功妄杀，玉石不分。亦有一二良民村寨，给与旗号，拨兵护守，又被不才领兵官员，并良民寨主，受贼重贿，及将有名贼首隐藏其家，事定仍复还巢，至今贻患。及有吉安府龙泉、万安、泰和三县，并南安府所属大庾等三县居民，无籍者往往携带妻女，入畲为盗；行劫则指引道路，征剿则通报消息，尤为可恶。即今闻有大兵夹攻，俱各潜行回家，遇有盘诘，辄称被虏逃归，因而得脱诛戮。若不通行挨究，将来事定，仍复入巢，地方之患，何时可已？就预行上犹等三县，著落当该掌印官员，查出附近贼巢居民村寨通计若干，图画申报，以凭每寨给与良善旗号，临期拨兵护守，仍取各寨主并地方总甲甘结在官。如有应剿贼徒来投，希图隐匿者，许其擒斩送官，照例重赏；容隐者事发，一寨之人通行坐以奸细重罪。其大庾、龙泉等六乡，各给告示晓谕乡村里老人等，但有平昔入輋为盗，即今潜出，许其举首，亦行照例给赏；容隐事发，本家并四邻一体坐罪。如此，庶良善免于玉石俱焚，而盗贼得以根株悉拔，俱经牌仰该道遵照施行外。

又据委官知府等官季斅等呈称，依奉本院方略，分兵于上犹、南康等处防遏，被贼两次纠众出攻南安，俱幸我兵克捷。即今贼势略已衰败，若乘此机会，直捣其巢，旬月之间，可期扫荡云云。本院看得三省夹攻事宜，集兵有先后，期约有迟速，如上犹、大庾之贼，江西先与湖广夹攻，止令广东之兵于仁化把截。候广东兵力已齐，听湖广、广东约会夹攻，江西之兵止于大庾把截。通候广东、湖广夹攻已毕，广东之兵移于惠州，江西之兵移于龙南，又行约会夹攻。如此庶先后有序，事机不失，兵力不竭，粮饷可省。又经移咨贵院查照施行外。

今准前因，看得官军过境，必须各给旗号识别，以防错误。攻坚去处，必须各领哨官即便发兵策应，庶得成功。持论既极公平，所处又甚详悉。除行领哨等官遵照施行外。惟守备指挥李璋所呈窝贼之家，传闻之言，未必皆实，已行该道再行查访，务求的实，拔绝祸源。其进攻次第，惟桶冈一处，该与湖广之兵会合；若长流坑、左溪等处，皆深入南安府所属三县腹心之内，见今不次拥众奔冲，势难止遏。本院欲将前项贼巢，以次相机剿扑。候贵治之兵齐集，会合夹攻桶冈。如此，则江西腹心之害已除，而二省夹攻之举，得以并力从事。拟合移咨前去，烦为查照定处，咨报施行。

征剿横水桶冈分委统哨牌

据守把金坑等处领兵县丞舒富等申称："探得各峯贼首，闻知湖广土兵将到，集众劫掠，猖炽日甚，凿山开堑，为佣益坚。又闻于桶冈后山，陡绝崖壁，结构飞梯，自此直入范阳，大山延袤千里，自来人迹所不能到，今皆搬运粮谷，设有机隘，意在悉力拒战，战而不胜，即奔入此中，截断飞梯，虽有十万之众，亦无所施其力，乞要急为区处。"等因到院。随将各峯擒获贼徒，备细研审，亦与所呈略同。

照得先经具题，及备行两省，将各处贼巢以次攻剿。先约湖广官兵，会攻上犹诸贼，未报。但南、赣兵力，自来疲弱，为贼所轻，必资湖广土兵，然后行事。贼见土兵未至，必以为夹攻尚远。虽若出其不意，奋兵合击，先以一哨急趋其后，夺其隘口，贼既失势，殆可尽殪。若必俟土兵之至，果如各官所呈，陷贼计中，老师费财，复为他日之患，追悔何及。本院节准兵部咨，题奉钦依："南、赣地方贼情，着都御史王守仁自行量调官军，设法剿捕，及近奉敕谕云云，俱听军法从事。钦此。"钦遵。除监督守巡官员外，令分投先往上犹、大庾等处调度催督外，本院身督中军，直捣横水大巢。所据各哨官兵，合就分委督发，依期进剿。

一，仰赣州府知府邢珣，统领后开官兵，自上犹石坑进，由上稍、石溪入磨刀坑，过白封龙，一面分兵搜茶潭、寫突、井杞州坑，正兵经过朱坑、旱坑入杨梅村，攻白蓝、横水，与都司许清，指挥谢昶、姚玺，知县王天与等兵会合，共结为一大营。及各选精锐，用乡导兵引，赍干粮三日，四搜附近各山寨，如茶潭、寫井、杞州坑、寨下等处。多方爪探，务期尽绝，互相援应，毋致疏虞。左溪诸贼既尽，然后分哨起营，过背乌坑，穿牛角窟，逾梅伏坑，过长流坑，涉果木口，搜芒背，上思顺，过乌地，入上新地、中新地、下新地，攻桶冈峒诸贼，与知府唐淳，指挥余恩、谢昶等兵合势夹击，贼既败散，遂会各营连络犄角，为一大营。各营精锐，开合纵横，分布搜扒，必噍类无遗，候有班师期日，方许回兵。领哨各官及兵快人等，敢有临阵退缩，违犯号令者，仰遵照本院钦奉敕谕内事理，听以军法从事。本官务要竭忠效命，益展才猷，严督诸军，奋勇前进，荡除群丑，以靖地方。如或怠忽乖缪，致有疏虞，国典且存，罪难轻贷。本院即日进屯南康，亲临督战，一应进止机宜，密切差人俱赴营所禀白牌，候事完日缴。

计开:

安远县新民义官某某等名下打手八百名。乾字营哨长赵某某等名下机兵四百名，弓箭手一队，铳手八名，乡导二十名。火药八十斤，地图一张，军令八十张，号色布一千五百件。兵旗大小九十面。令字蓝绢大旗一面。奇兵搜扒用为先导，寻常皆卷，遇各营兵始开。令字黄绢大旗一面。正兵行动用为先导，寻常皆卷，遇各营兵始开。

军令：失误军机者斩。临阵退缩者斩。违犯号令者斩。经过宿歇去处，敢有搅扰居民，及取人一草一木者斩。扎营起队，取火作食，后时迟慢者照军法治；因而误事者斩。安营住队，常如对敌，不许私相往来，及辄去衣甲器仗，违者照军法治；因而误事者斩。凡安营讫，非给有各队信牌，及非营门而辄出入者皆斩。守门人不举告者同罪。其出营樵牧汲水方便，而擅过营门外者杖一百。军中呼号奔走惊众者斩。虽遇贼乘暗攻营，将士辄呼动者斩。军中卒遇火起，除奉军令救火人外，敢有喧呼，及擅离本队者斩。军中守夜巡夜之人，每夜各有号色，号色不应者，即便收缚。军中不许私议军机，及妄言祸福休咎，惑乱众心，违者皆斩。凡入贼境哨探，可往而畏难不往，托故推调，及回报不实者斩。军行遇敌人往冲，及有埋伏在傍者，不许辄动，即便整队向贼牢把，相机杀剿，违者斩。军行遇贼众乞降，恐有奸谋，即要驻军严备，一面飞禀中军，令其远退，自缚来投，不许辄与相近；遇有自称官吏，及地方里老来迎接者，亦不许辄与相近，即便驻军严备，一面飞禀中军，审实发落，违者皆斩。贼使入营，及来降之人，将士敢与私语，及问贼中事宜，凡漏泄军情者斩。凡临阵对敌，一队失，全伍皆斩。邻队不救，邻队皆斩。贼败追奔，不得太远。一听号令，闻鼓方进，闻金即止，违者斩。贼巢财物，并听杀贼已毕，差官勘验给赏，敢有临阵擅取者斩。乘胜逐贼，不许争取首级；路有遗下金银宝物，不许低头拾取，违者皆斩。

一，仰统兵官汀州府知府唐淳，统领后开官兵，前往南安府，自百步桥、浮江、合村等处进屯聂都。会同把隘推官徐文英将点集守把乡夫，于内选取堪为乡导者一百名，分引哨路，进袭上关，破下关，乃分兵为三哨。中一大哨逾相见岭，扑密溪，径攻左溪。右一小哨从下关分道搜丝茅坝，复从中大哨于密溪进攻左溪。左一小哨自密溪搜羊牯脑山，复自密溪从中大哨进攻左溪。三哨复合为一，与本院会于横水，遂会同守备郏文，知府季斅，指挥余恩，县丞舒富等兵，五营犄角合为一大营；乃各选精锐，用乡导分引，赍干粮二三日，四搜山寨，多方爪探，务期尽绝，互相援应，毋致疏虞。左溪诸贼既尽，听候本院再授方略，然后分哨起营，复自密溪回关田。推官徐文英仍于关田厚集营阵，以待奔窜遗贼，勿轻散动。本官自关田率兵由古亭进屯上保，复自上保历茶坑，由十八磊依期进于木坳，攻桶冈诸贼，与知府邢珣，指挥余恩等兵合势夹击。贼既败散，遂会各营连络犄角为一大营；各选精锐，开合纵横，分布搜扒，必使噍类无遗，候有班师之日，方许回兵。领哨各官及兵快人等，敢有临阵退缩、违犯号令者，仰既遵照本院云云。

计开：云云，下同。

一，仰南安府知府季敩，统领后开官兵，自南安府石人背进破义安，分兵搜朱雀坑，入西峰；分兵搜狐狸坑，进船厂；分兵搜李家坑，屯稳下；分兵搜李坑，遂逾狗脚岭，搜阴木坑，攻左溪。与本院会于横水，遂与守备郏文，知府邢珣、唐淳，指挥余恩，县丞舒富等兵合连为一大营；乃各选精锐，赍干粮三日，用乡导分引，四搜附近山寨，多方爪探，务期尽绝，互相援应，毋致疏虞。左溪诸贼既尽，然后分哨起营，过密溪，搜羊牯脑，逾相见岭，历上关、下关、关田，经古亭，分屯上保、茶坑，断胡芦洞等处贼路，四面设伏，以待桶冈奔贼，为都指挥许清之继，探候缓急，相机应援，必使根株悉拔，噍类无遗，候有班师期日，方许回兵。领兵各官及兵快人等，敢有临阵退缩违犯号令者，仰即遵照本院云云。

一，仰江西都司都指挥佥事许清，统领后开官兵，自南康进破溪湖，扑新地，袭杨梅坑，攻白蓝。与本院会于横水，遂与知府邢珣等兵会合，共结为一大营；乃各选精锐，用乡导分引，赍干粮二三日，四搜附近各山寨，多方爪探，务期尽绝，互相援应，毋致疏虞。横水诸贼既尽，听候本院再授方略，然后分哨起营，自横水穿牛角窟，搜川坳、阴木潭，会左溪，入密溪，过相见岭，历下关、上关、关田，上华山，过鳞潭，屯左泉，分断西山界、胡芦洞等贼路，四面设伏，以待桶冈奔贼。仍归屯横水，控制诸巢，遥与知府季敩相机应援。必使根株悉拔，噍类无遗，候有班师日期，方许回兵。领哨各官及兵快人等，敢有临阵退缩违犯号令者，仰即遵照本院云云。

一，仰守备南、赣二府地方以都指挥体统行事指挥使郏文，统领后开官兵，前往南安府，自石人坑度汤瓶岭，破义安，上西峰，过铅厂，破苦竹坑，剿长河洞，搜狐狸坑，攻左溪，与本院会于横水，遂与知府唐淳、季敩、指挥余恩、县丞舒富等兵，五营连络为一大营；乃各选精锐，用乡导分引，赍干粮二三日，四搜附近山寨，如天台庵、狮子山、丝茅坝等处，多方爪探，务期尽绝，互相援应，毋致疏虞。左溪附近诸贼既尽，听候本院再授方略，然后分哨起营，自左溪过密溪，分兵搜丝茅坝，会下关，入关田，过古亭，逾上保，搜茶坑，屯于十八磊，分兵断下章，设伏以待桶冈奔贼，为知府唐淳之继。使人探候消息，相机应援，必使远近各贼噍类无遗，候有班师期日，方许回兵。领兵各官及兵快人等敢有临阵退缩违犯号令者，仰即遵照本院云云。

一，仰赣州卫指挥余恩，统领后开官兵，自上犹官隘逾独孤岭，至营前，进金坑，屯过步，破长流坑，分兵入梅伏坑，破牛角窟，扑川坳、阴木潭，与正兵合攻左溪，与本院会于横水，遂与县丞舒富，知府唐淳、季斅，守备郏文等兵连络为一大营；乃各选精锐，赍干粮二三日，用乡导分引，四搜附近各山寨，多方爪探，务期尽绝，互相援应，毋致疏虞。左溪诸贼既尽，听候本院再授方略，然后分哨起营，过密溪，搜羊牯脑，逾相见岭，历下关、上关、关田，经华山、鳞潭、网夹里，从左溪入西山界，攻桶冈诸贼，与知府邢珣、唐淳、指挥谢昶等兵合势夹击。贼既败散，遂会各营连络犄角为一大营，各选精锐，开合纵横，分布搜扒，必使噍类无遗，候有班师期日，方许回兵。领兵各官及兵快人等，敢有临阵退缩违犯号令者，仰即遵照本院云云。

一，仰宁都县知县王天与，督同典史梁仪，统领后开官兵，自上犹官隘、员坑过琴江口，由白面寨至长潭，经杰坝，屯石玉，分兵搜樟木坑。正兵自黄泥坑过大湾，入员分，与本院会于横水，遂与知府邢珣、都司许清等兵会合，四营共结为一大营；乃合选精锐，用乡导分引，赍干粮二三日，四搜附近各山寨，多方爪探，务期尽绝，互相援应，毋致疏虞。横水等处诸贼既尽，听候本院再授方略，然后分哨起营，过背乌坑、牛角窟、梅伏坑，涉长流渡、果木口，搜芒背、上思顺，入乌地，经上新地、中新地，分屯下新地，分兵搜扒，断绝要路，四面设伏，以待桶冈之贼，为知府邢珣之继。使人探候缓急，乃与县丞舒富声息相接应援，必使噍类无遗，候有班师期日，方许回兵。领兵各官及兵快人等，敢有临阵退缩违犯号令者，仰即遵照本院云云。

一，仰南康县县丞舒富，统领后开官兵，自上犹营前、金坑进屯过步，破长流坑，径攻左溪，与本院会于横水，遂与知府邢珣、唐淳、季敩、守备郏文等兵合，四营共结为一大营；乃分选精锐，赍干粮，用乡导分引，四搜附近贼巢，如鳖坑、箬坑、赤坑、观音山、庵场、仙鹤头、源陂、左溪等处。诸贼既尽，听候本院再授方略，然后分哨起营，复自长流坑过果木口，搜芒背，搜铁木里，徇上池，遍搜东桃坑、山源、竹坝泉、大王岭、板岭诸巢，遂屯锁匙龙外，四面埋伏，以待桶冈奔贼。仍与知县王天与声息相接，彼此相机应援，必使噍类无遗，候有班师期日，方许回兵。领兵各官及兵快人等，敢有临阵退缩违犯号令者，仰即遵照本院云云。

一，仰吉安府知府伍文定，统领后开官兵，前去屯扎稳下，会同守备郏文并谋协力，搜剿稽芜等处贼巢，进屯横水，听候本院再授方略，然后进攻桶冈诸峒。本官仍须详察地理险易，相度机宜，协和行事，毋得尔先我后，力散势分，致失事机。国典具存，决不轻贷。其领哨各官及兵快人等，敢有临阵退缩违犯号令者，许即以军法从事。军中一应事宜，亦听随宜应变，应呈报者，仍呈军门施行。

一，仰广东潮州府程乡县知县张戬，统领部下新民、打手、乡夫人等，搜剿稽芜、黄雀坳、新地等处贼巢，进屯横水，听候本院再授方略，然后进攻桶冈诸峒。本官仍须详察云云。

一，仰中军营参随官。

案行分守岭北道官兵戴罪剿贼

参看稽芜大山，不系进兵隘路，若使郏文、季敩等遵依本院方略，直趋左溪，与诸军连营合势，兵威既振，然后分兵四剿，则稽芜等巢，自然闻风而靡。今乃不遵约束，顿兵僻路，以攻险绝坚小之寇，反致损威挫锐，非但有乖节制，抑且违误师期。若使各哨官兵皆若季敩等后期不进，则左溪、横水贼巢，根本腹心之地，何由攻破，诸军何由得有今日之胜！论情定罪，俱合处以军法。但今各营皆已乘胜追逐，贼徒四散奔溃，正系紧关搜节之际，姑今戴罪剿绝，以赎前辜。为此仰钞案回道，速督各官，分投把截搜剿；俱要励志奋勇，毋徒退缩以自全，毋以小挫而自馁，务奋渑池之翼，以收桑榆之功。如复仍前畏缩违误，军令具存，难再容恕。仍将阵亡千户刘彪，及被伤兵夫人等，查验纪录，量加优恤。

搜剿余党牌

照得本院于本月十二日亲督诸军进破横水等巢，诸军皆奋勇敢死，夺险陷阵，贼乃大败，擒斩功次数多，良已可嘉。但闻余党往往复相啸聚，千百为群，设栅阻险，复为抗拒官兵之备。所据各兵进攻之日，攀崖缘壁，下上险阻，疲困已极，兼之阴雨，连日瘴雾，咫尺不辨，故且容令各兵暂尔休息。今天气渐开，兵力已苏，若不乘此破竹之势，疾速急击，使诸贼声势复得连络，用力益难。为此牌仰该道官吏，严督各营官兵，星夜速进，务在三日之内扫荡余孽，必使噍类无遗。敢有狃于一胜，怠忽因循，逗遛不进，致误军机者，仰即遵照敕谕事理，当时以军法从事。该道亦要身督各官，奋勇前进，毋亏一篑，务在万全。

奖励湖广统兵参将史春牌

据副使杨璋呈称："遵奉本院牌案，监督各营官兵，照依二省刻定日期，于十一月初十日午时，攻破桶冈大峒，贼徒皆已擒斩，巢穴悉已扫荡。但湖广官兵未知，恐仍复前来，非但无贼可剿，抑且徒劳远涉，乞将湖广官兵留屯彼地，免其过境，实为彼此两便。"等因到院。

看得桶冈天险，先经夹剿，围困半年，终不能下。乃今一鼓而破，斯固诸将用命，军士效力，实亦湖广兵威大震，有以慑服其心。故破巢之日，不敢四散奔溃，以克收兹全功。访得湖广统兵参将史春，纪律严明，行阵肃整，故能远扬威武，致兹克捷，虽兵不接刃而先声以张，相应差官奖励。为此牌差千户高睿赍领后开花红礼物，前去湖广郴州亲送本官营内，传布本院奖励之意，以彰本官不显之功。

设立茶寮隘所

照得抚属上犹等县所辖桶冈天险，四面青壁万仞，中盘二百余里，连峰参天，深林绝谷，不睹日月，贼众屯据其间，东出西没，游劫殆遍，人民遭其荼毒，地方受其扰害，先年亦尝用兵夹剿，坐困数月，不能俘其一卒，竟以招抚为名而罢。近该本院奉命征剿，伏赖天威，悉已扫荡。但恐官兵撤后，四方流贼，乘间复聚。必须于紧关去处，设立隘所，分拨军兵，委官防御，庶使地方得以永宁。

本院见屯茶寮，亲督知府邢珣、唐淳等遍历各处险要，相视得茶寮正当桶冈之中，自来盗贼据以为险，西通桂东、桂阳，南连仁化、乐昌，北接龙泉、永新，东入万安、兴国，堪以设隘保障。当因湖广官兵未至，各营屯兵坐候，因以其暇，责委千户孟俊等督领兵夫，先行开填基址，伐木立栅，起盖营房。见今规模草创已具，本院即欲移营上犹，必须委官督工,庶几垂成之功不致废弛。及照茶寮既设隘所,就合摘拨官兵防御，查得皮袍洞隘兵，原非紧要，合改移茶寮，及于邻近上保、古亭、赤水、鲜潭、金坑编选隘夫，兼同防守，庶一劳永逸，事可经久。为此仰钞案回道，坐委能干县官一员，前去茶寮督工完造，务要坚固永久，不得因循迟延。一面查照本院钦奉敕谕随宜处置事理，即将原拨守把皮袍洞隘官兵，尽数移就茶寮住扎；一面于上保、赤水、古亭、鲜潭、金坑等寨，量丁多寡，每寨抽选精壮者一二百名，兼同防御。其合用匠作工食等项，行令上犹、南康、大庾三县量支宫钱给用，完日具数，及起拨官兵数目，一并回报查考。仍呈抚镇巡按衙门知会。

牌行招抚官 正德十三年二月

据县丞舒富禀称：“横水等处新民廖成、廖满、廖斌等前来投招。随又招出别山余党唐贵安等一百四十二名口，俱称原系被胁无辜，乞要安插，照例粮差。”等因到院。照得横水、桶冈诸贼，已经本院亲调官兵，将贼首蓝天凤等悉已擒剿，奏捷去后。近准兵部咨，奏奉敕旨：“横水、桶冈等处贼首谢志山、蓝天凤、萧贵模等，既已擒剿，地方宁靖。有功官兵俱升一级，不愿升者，照例给赏。此后但有未尽余党，务要曲加招抚，毋得再行剿戮，有伤天地之和。其横水建立县治，俱依所奏施行。”备咨，准此。除查照通行外。

看得新民廖成等诚心投抚，意已可嘉，又能招出余党，非但洗其既往之罪，亦当录其图新之功。况今奉有敕旨，方欲大普弘仁，而廖成等投顺，适当其时，相应量加升赏，一以见朝廷之宽仁，一以励将来之向化。为此牌仰县丞舒富，即将新民廖成授以领哨义官，廖满、廖斌等各与巡捕老人名目，令其分统招出新民，编立牌甲，听候调遣杀贼，更立新效，以赎旧愆。就于横水新建县城内立屋居住，分拨田土，令其照例纳粮当差。本官务加抚恤，毋令失所，有亏信义。仍仰谕各新民，俱要洗心涤虑，永为良善，毋得听信仇家恐吓，妄生惊疑，自取罪累。及照见今农时已逼，新民人等牛具田种，尚未能备，今特发去商税银一百两，就仰本官置买耕牛农器，分给各民，督令上紧趁时布种。其有见缺食用者，亦与量给盐米。一应抚安绥来之策，有可施行，俱仰本官悉心议处呈来。

批留兵搜捕呈

看得乐昌等处贼徒，构怨连年，流毒三省。今兵备佥事王大用等，乃能身历险阻，设谋调度，数月之内，致此克平，论厥功劳，良可嘉尚。除具本奏报，及一面先行犒奖外。以据各哨贼徒穴巢，虽已底定，而漏殄难保必无。况闻湖兵撤后，各该巢穴，多复啸聚。河源、龙川诸处残贼，亦复招群集党，连结渐多，逆其将来，必复炽盛。今虽役久兵疲，且宜班师息众，但留兵搜捕，亦不可苟。毋谓斩木之不蘖，死灰之不然，苟涓涓之不塞，将江河之莫御。其狼兵既已罢散，难复追留。若机快乡兵之属，暂令归休，即可起集为轮番迭出之计，务使搜剿之兵，若农夫之耘耨，庶几盗贼之种，如莨莠之可除。该道仍备行搜捕，各官务体此意，悉拔根苗，无遗后患。批呈缴。

批将士争功呈

据兵备佥事王大用呈，乐昌县知县李增缉获大贼首李斌等，审议明白。续据湖广永州府推官王瑞之呈称，广东差人邀夺等情，已拘知县见在人役，追出原得获李斌金簪银两荷包见在，显是湖广兵快计擒，不得妄报掩饰。

看得迩者大征之举，湖广实首其谋，江、广亦协其力，既名夹攻，事同一体，湖兵有失，是亦广兵之罪，广人有获，斯亦湖人之功。况今贼首既擒，则湖广领哨之官亦复何咎；虽云因虞得鹿，而广东计诱之人亦非无功。但求共成厥事，何必己专其伐，矧各呈词，亦无相远。就如湖广各官所呈，即广人乘机捕获之功居然自见；就如广东各官所呈，则湖官运谋驱逐之劳亦自不掩。获级者匹夫之所能，争功者君子之大耻。仰该道备行湖广守巡等官，彼此同心易气，各自据实造册。

告谕浰头巢贼 正德十二年五月

本院巡抚是方，专以弭盗安民为职。莅任之始，即闻尔等积年流劫乡村，杀害良善，民之被害来告者，月无虚日。本欲即调大兵剿除尔等，随往福建督征漳寇，意待回军之日剿荡巢穴。后因漳寇即平，纪验斩获功次七千六百有余，审知当时倡恶之贼不过四五十人，党恶之徒不过四千余众，其余多系一时被胁，不觉惨然兴哀。因念尔等巢穴之内，亦岂无胁从之人？况闻尔等亦多大家子弟，其间固有识达事势，颇知义理者。自吾至此，未尝遣一人抚谕尔等，岂可遽尔兴师剪灭？是亦近于不教而杀，异日吾终有憾于心。故今特遣人告谕尔等，勿自谓兵力之强，更有兵力强者；勿自谓巢穴之险，更有巢穴险者，今皆悉已诛灭无存。尔等岂不闻见？

夫人情之所共耻者，莫过于身被为盗贼之名；人心之所共愤者，莫甚于身遭劫掠之苦。今使有人骂尔等为盗，尔必怫然而怒。尔等岂可心恶其名而身蹈其实？又使有人焚尔室庐，劫尔财货，掠尔妻女，尔必怀恨切骨，宁死必报。尔等以是加人，人其有不怨者乎？人同此心，尔宁独不知。乃必欲为此，其间想亦有不得已者，或是为官府所迫，或是为大户所侵，一时错起念头，误入其中，后遂不敢出。此等苦情，亦甚可悯。然亦皆由尔等悔悟不切。尔等当初去从贼时，乃是生人寻死路，尚且要去便去。今欲改行从善，乃是死人求生路，乃反不敢，何也？若尔等肯如当初去从贼时，拚死出来，求要改行从善，我官府岂有必要杀汝之理？尔等久习恶毒，忍于杀人，心多猜疑。岂知我上人之心，无故杀一鸡犬，尚且不忍，况于人命关天，若轻易杀之，冥冥之中，断有还报，殃祸及于子孙，何苦而必欲为此。我每为尔等思念及此，辄至于终夜不能安寝，亦无非欲为尔等寻一生路。惟是尔等冥顽不化，然后不得已而兴兵，此则非我杀之，乃天杀之也。今谓我全无杀尔之心，亦是诳尔；若谓我必欲杀尔，又非吾之本心。尔等今虽从恶，其始同是朝廷赤子，譬如一父母同生十子，八人为善，二人背逆，要害八人，父母之心须除去二人，然后八人得以安生。均之为子，父母之心何故必欲偏杀二子，不得已也；吾于尔等，亦正如此。若此二子者，一旦悔恶迁善，号泣投诚，为父母者，亦必哀悯而收之。何者？不忍杀其子者，乃父母之本心也。今得遂其本心，何喜何幸！如之吾于尔等，亦正如此。

闻尔等辛苦为贼，所得苦亦不多，其间尚有衣食不充者。何不以尔为贼之勤苦精力，而用之于耕农，运之于商贾，可以坐致饶富而安享逸乐，放心纵意，游观城市之中，优游田野之内？岂如今日，担惊受怕，出则畏官避仇，入则防诛惧剿，潜形遁迹，忧苦终身；卒之身灭家破，妻子戮辱，亦有何好？尔等好自思量，若能听吾言改行从善，吾即视尔为良民，抚尔如赤子，更不追咎尔等既往之罪。如叶芳、梅南春、王受、谢钺辈，吾今只与良民一概看待，尔等岂不闻知？尔等若习性已成，难更改动，亦由尔等任意为之。吾南调两广之狼达，西调湖、湘之土兵，亲率大军围尔巢穴，一年不尽至于两年，两年不尽至于三年。尔之财力有限，吾之兵粮无穷，纵尔等皆为有翼之虎，谅亦不能逃于天地之外。

呜呼！吾岂好杀尔等哉？尔等苦必欲害吾良民，使吾民寒无衣，饥无食，居无庐，耕无牛，父母死亡，妻子离散。吾欲使吾民避尔，则田业被尔等所侵夺，已无可避之地；欲使吾民贿尔，则家资为尔等所掳掠，已无可贿之财；就使尔等今为我谋，亦必须尽杀尔等而后可。吾今特遣人抚谕尔等，赐尔等牛酒银两布匹，与尔妻子，其余人多不能通及，各与晓谕一道。尔等好自为谋，吾言已无不尽，吾心已无不尽。如此，而尔等不听，非我负尔，乃尔负我，我则可以无憾矣。呜呼！民吾同胞，尔等皆吾赤子，吾终不能抚恤尔等而至于杀尔，痛哉痛哉！兴言至此，不觉泪下。

进剿浰贼方略

照得抚属龙川县地名浰头，积年老贼池大鬓等，不时纠众突出河源、翁源、安远、龙南、信丰等处，攻打城池，杀掳人口。先年亦尝征剿，皆因预失防御，以致漏网。后虽阳为听招，其实阴图不轨，班师未几，肆出劫掠，数年以来，民受荼毒，控告纷纭，有不忍言。若不趁时计剿，地方何以宁谧？为此仰钞案回道，会同分守守备等官，即行该府知府陈祥，速将合用粮饷等项，一面从长议处，一面即于所属选集精壮骁勇、曾经战阵、机快兵壮人等三千名，少或二千名，各备锋利器械，编成队伍，坐委素能谋勇官员统领。一面密行龙川、河源等附近贼巢等县，亦各选募惯战杀贼兵快二千名，委官分押，督同近巢知因、被害、义官、新民、头目人等，分截要路。就仰知府陈祥总督诸军，亲至贼巢去处，指画方略，克期进剿。仍行先取知因乡导数十人，令其备将贼巢道路险易，画图贴说，要见某处平坦，人马可以直捣；某处险阻，可以把截；某处系贼必遁之路，可以设伏邀击；某处贼所不备，可以间道扑掩；各要一一详察停当，务尽机宜，具由连图差人马上赍报。以凭差官赍执令旗令牌，克期并力进攻，必使根株悉拔，噍类无遗，以靖地方。

克期进剿牌 正德十三年正月

案照浰头老贼池大鬓等，不时纠众攻打城池，杀掳人口，屡征屡叛。近年以来，阴图不轨，恶焰益炽。除将贼首池仲容设计擒获外，其余在巢贼党，若不趁机速剿，不无祸变愈大，地方何由安息？本院已先密切分布哨道，行仰知府陈祥统领典史姚思衡，驿丞何春，巡检张行，报效生员陈经世，新民卢琢等官军，从何平入攻热水巢，五花障巢，钱石障巢，直捣中浰大巢。知府邢珣统领知县王天与，典史梁仪，并老人叶秀芳、黄启济，义官吴明等官兵，从太平入攻芳竹湖巢，白沙巢，黄田坳巢，中村巢，直捣上浰大巢。指挥姚玺统领新民梅南春等兵，从乌虎镇入攻淡方巢，石门由巢，直捣岑冈大巢。指挥余恩统领百长王受、黄金巢等兵，从龙子岭入攻溪尾巢，塘涵洞巢，古地巢，空背巢，直捣下浰大巢。千户孟俊统领义官陈英、郑志高、新民卢琢等官兵，从各平入攻平地水巢，大门山巢，黄狗坳巢，直捣中浰大巢。推官危寿统领义民叶芳，百长孙洪舜等官兵，从南步入攻脱头石巢，镇里寨巢，羊角山巢，直捣中浰大巢。知府季敩兵，从信丰县黄田冈入攻新山径巢，古地巢。县丞舒富兵，从信丰县乌径入攻旗岭巢，顿冈巢。及行仰守备指挥郏文，监督指挥姚玺、余恩，千户孟俊等三哨官兵，分路进剿。本院亦自行督领帐下随征官属兵快人等，从冷水径直捣下浰大巢，亲自督战，刻期俱于本年正月初七日寅时四路并进外。牌仰兵备副使杨璋，不妨本道事务，遵照本院钦奉敕谕事理，前去军前，纪验功次，处置粮饷，及行催督各哨官兵，依期进剿，所获功次，务要审验明白，从实纪录。仍候巡按纪功御史至日覆实，照例造册奏缴。及造清册一本，送院查考。其军中一应进止机宜，俱仰密切呈来定夺。

批汀州知府唐淳乞休申

据知府唐淳申称："患病乞赐放归。"看得知府唐淳，沉勇多智，精敏有为，兼之持守能谨，制事以勤。近因本院调委领兵征剿南安诸贼，效劳备至，斩获居多，虽克捷之奏已举，而赏功之典未颁。况汀州所属，多系新民，投招未久，反侧无常，正赖本官威怀缉抚，以为保障；纵有微疾，不便起居，即其才能，岂妨卧治？仰该府即行本官，不妨养疾，照旧管事，安心职务，善求药饵，务竭委身之忠，勿动乞休之念。申缴。

告谕

告谕百姓，风俗不美，乱所由兴。今民穷苦已甚，而又竞为淫侈，岂不重自困乏。夫民习染既久，亦难一旦尽变，吾姑就其易改者，渐次诲尔：

吾民居丧不得用鼓乐，为佛事，竭赀分帛，费财于无用之地，而俭于其亲之身，投之水火，亦独何心！病者宜求医药，不得听信邪术，专事巫祷。嫁娶之家，丰俭称赀，不得计论聘财妆奁，不得大会宾客，酒食连朝。亲戚随时相问，惟贵诚心实礼，不得徒饰虚文，为送节等名目，奢靡相尚。街市村坊，不得迎神赛会，百千成群。凡此皆靡费无益。有不率教者，十家牌邻互相纠察；容隐不举正者，十家均罪。

尔民之中，岂无忠信循理之人？顾一齐众楚，寡不胜众，不知违弃礼法之可耻，而惟虑市井小人之非笑，此亦岂独尔民之罪？有司者教导之不明与有责焉。至于孝亲敬长、守身奉法、讲信修睦、息讼罢争之类，已尝屡有告示，恳切开谕，尔民其听吾诲，尔益敦毋怠！

仰南安赣州印行告谕牌

照得有司之政，风俗为首，习俗侈靡，乱是用生。本院近因地方多盗，民遭荼毒，驱驰兵革，朝夕不遑，所谓救死不赡，奚暇责民以礼义哉？今幸盗贼稍平，民困渐息，一应移风易俗之事，虽亦未能尽举，姑先就其浅近易行者开道训诲。为此牌仰本府官吏，即将发去告谕，照式翻刊，多用纸张，印发所属各县，查照十家牌甲，每家给与一道。其乡村山落，亦照屯堡里甲分散，务遵依告谕，互相戒勉，共兴恭俭之风，以成淳厚之俗。该府仍行各县，于城郭乡村推选素行端方、人所信服者几人，不时巡行晓谕，各要以礼优待，作兴良善，以励末俗，毋得违错。

禁约榷商官吏

照得商人比诸农夫，固为逐末，然其终岁弃离家室，辛苦道途，以营什一之利，良亦可悯！但因南、赣军资无所措备，未免加赋于民，不得已而为此，本亦宽恤贫民之意。奈何奉行官吏，不能防禁奸弊，以致牙行桥子之属，骚扰客商，求以宽民，反以困商，商独非吾民乎？除另行访拿禁约外。仰钞案回道，即便备行收税官吏，今后商税，遵照奏行事例抽收，不许多取毫厘；其余杂货，俱照旧例三分抽一，若资本微细，柴炭鸡鸭之类，一概免抽。桥子人等止许关口把守开放，不得擅登商船，假以查盘为名，侵凌骚扰，违者许赴军门口告，照依军法拿问。其客商人等亦要从实开报，不得听信哄诱，隐匿规避，因小失大，事发照例问罪，客货入官。及照船税一事，亦被总甲侵扰，今后官府合行船只，俱要实价给顾，就行抽分厂查给票帖，以防诈伪。该道仍将应抽、免抽逐一查议则例呈来。

批赣州府赈济石城县申

看得所申赈济，既该府议许中户粜买，下户给散，准如所议施行。今出粜之数止及二千，而坐济之民不知几许，附郭者得遂先获之图，远乡者必有不沾之惠。近日赣县发仓，其弊可见。仰行知县林顺会同先委县丞雷仁先，选该县殷实忠信可托者十数辈，不拘生员耆老义民，各给斗斛，候远乡之民一至，即便分曹给散。仍选公直廉明之人数辈在傍纠察，如有夤缘顶冒，即时擒拿，昭议罚治，庶几小民得蒙救急之惠，而远乡可免久候之难。

议处河源余贼

看得河源等处贼情，本院屡经批仰该道会同守巡等官，从长计议，相机剿捕。今复据呈，看得贼势渐盛，民患日深，该道既以兵力劳备，势未能克，即须会同守巡守备等官，或亲至贼巢，或于附近贼巢处所屯扎，选差知因通贼晓事人役，赍执告示榜文，权且抚谕各贼，委曲开譬。或姑赐以牛酒、银布、耕具、种子之类，令其收众入巢，趁时耕作，因使吾民亦得暂免防截之役，及时尽力农亩；一面选兵励士，密切分布哨道，候收敛已毕，各巢亦积有粮米，然后的探虚实，克期并举，出其不趋，掩其不备，是乃籍兵于民，因粮于贼，非独可以稍纾目前之急，亦因得以永除日后之患矣。今若兵力不足，既未能剿，又不从权抚插，任其出没往来，则非惟民不安生，穷困愈甚。抑且贼亦失其农业，衣食不给，若非掳掠，何以为生？是所谓益重吾民之苦，而愈长群贼之奸，兵粮日耗，后欲图之，功愈难矣。仰该道会同守巡守备等官，上紧议处施行回报，毋得徒事往复，致酿后艰。其各该官司兵快人等，不论或抚或剿，俱要时时操练整束，密切提备，不得纵弛，致有疏虞。

告谕父老子弟 正德十四年二月

顷者顽卒倡乱，震惊远迩，父老子弟甚忧苦骚动。彼冥顽无知，逆天叛伦，自求诛戮，究言思之，实足悯悼！然亦岂独此冥顽之罪？有司者抚养之有缺，训迪之无方，均有责焉。虽然，父老之所以倡率饬励于平日，无乃亦有所未至欤？今倡乱渠魁，皆就擒灭；胁从无辜，悉已宽贷。地方虽已宁复，然创今图后，父老所以教约其子弟者，自此不可以不预。故今特为保甲之法，以相警戒联属，父老其率子弟慎行之！务和尔邻里，齐尔姻族，德义相劝，过失相规，敦礼让之风，成淳厚之俗。本院奉命抚巡兹土，属有哀疚，未遑匍匐来问父老疾苦，廉有司之不职，究民之利弊而与除之。故先遣谕父老子弟，使各知悉。方春，父老善相保爱，督子弟及时农作，毋惰！

行龙川县抚谕新民

先据推官危寿并龙川县各申：依奉本院钧牌，将新民卢源、陈秀坚、谢凤胜等安插和平，及拨田地耕种；并拘仇家当面开释，各安生理，毋相构害缘由。近访得各民因闻广东征剿从化等贼，自生疑惑，东逃西窜，致令和平居民因而惊扰，似此互相扇惑，地方何时宁靖！本当拿究为首之人，绑赴军门，斩首示众。但念各民意亦无他，姑且记罪晓谕。为此牌仰龙川县掌印官，即将投城居民，谕以前项听抚新民，俱已改恶从善。止因广东调兵征剿，居民素怀仇隙者，因而假此恐吓，致令东奔西窜。各民意在避兵，本非叛招出劫，尔等毋得妄生惊疑。及差人拘集新民卢珂、陈秀坚等，谕以广东官兵征剿，各有界限，尔等缘何轻信恐吓，妄自惊窜，俱各着令回原村寨，安居乐业，趁此春和，各务农作。仍谕卢源、陈秀坚、谢凤胜等，各要严束手下甲众，各念死中得生之幸，悔罪畏法，保尔首领。如或面从心异，外托惊惧之名，内怀反覆之计，自求诛戮，悔后何及。

优奖致仕县丞龙韬牌

访得赣县致仕县丞龙韬，平素居官清谨，迨其老年归休，遂致贫乏不能自存，薄俗愚鄙，反相讥笑。夫贪污者，乘肥衣轻，扬扬自以为得志，而愚民竞相歆羡；清谨之士，至无以为生，乡党邻里，不知以为周恤，又从而笑之。风俗薄恶如此，有司者岂独不能辞其责。孟子云："使饥饿于我土地，吾耻之！"是亦有司者之耻也。为此牌仰赣州府官吏，即便措置无疑官银十两，米二石，羊酒一付，掌印官亲送本官家内，以见本院优恤奖待之意。仍仰赣县官吏，岁时常加存问，量资柴米，毋令困乏。

呜呼！养老周贫，王政首务，况清谨之士，既贫且老，有司坐视而不顾，其可乎？远近父老子弟，仍各晓谕，务洗贪鄙之俗，共敦廉让之风。具依准拜措送过。缴牌。

卷十七　别录九

公移二 巡抚江西征宁藩

牌行赣州府集兵策应 正德十四年六月十八日

照得本院奉敕前往福建公干，于六月初九日自赣州启行，由水路十五日至丰城县地名黄土脑，节据知县顾佖等并沿途地方总甲等禀报，江西城省突然变乱，抚巡三司等官俱遭拘执杀害，远近军民，甚是惊惶，再三阻遏本院，且勿前进。本院原未带有官军，势难轻进，欲驰还赣州起兵，则地里相去益远。已暂回吉安府就近住扎，一面调集兵粮，号召义勇，一面差人分投爪探的确另行外。为此牌仰本府官吏，照牌事理，并行附近卫所，各行所属，起集父子乡兵、军余人等，昼夜加谨，固守城池，以保不测。仍仰知府邢珣查将贮库钱粮，尽数开具印信手本，先行呈报，毋得隐匿。一面行取安远等县原操不论上下班次官兵，各备锋利器械，通到教场，日逐操练，重加犒饷，选委谋勇官员管领，听候本院公文一至，即刻就便发行。敢有违误，定以军法处治，决不轻贷。

咨两广总制都御史杨共勤国难

节该钦奉敕："福州三卫军人进贵等胁众谋反，特命尔暂去彼处地方，会同查议处置，参奏定夺。钦此。”钦遵。于六月初九日自赣启行，于本月十五日行至丰城县地名黄土脑。据知县顾佖等禀称：“本月十四日，宁府将巡抚孙都御史、许副使等官杀死，巡按及三司府县大小官员不从者俱被执缚，各衙门印信尽数收去，库藏搬抢一空，声言直取南京，一面分兵北上。”各官竞阻本职，不宜轻进。本职自顾单旅危途，势难复进，方尔回程。随有兵卒千余，已夹江并进来追，偶遇北风大作，本职亦张疑设计，整舟安行，兵不敢逼，幸而获免。

本月十八日回至吉安府。据知府伍文定等禀称：“地方无主，乞留暂为区画。”远近居民，亦皆遮拥呼号。随又据临江府并新淦、丰城、奉新等县，各差人飞报宁府遣兵四出攻掠，拘收印信等因。本职奉有前旨，欲遂径往福建，但天下之事，莫急于君父之难。若彼顺流东下，万一南都失备，为彼所袭，彼将乘胜北趋，动摇京辅，如此则胜负之算，未有所归。此诚天下安危之大机。虑念及此，痛心寒骨，义不忍舍之而去，故遂入城，抚慰军民，督同知府伍文定等调集兵粮，号召义勇，定谋设策，收合涣散之心，作起忠义之气，牵其举动而使进不得前，捣其巢穴而使退无所据，庶几叛逆可擒，大难可靖。

本职自惟弱劣多病，屡疏乞休，况地方之责，亦非本职原任。今兹扶疾赴闽，实亦意图便道归省，适当君父之急，不忍失此事机，姑复暂留，期纾国难。除具奏外，为照前项事情，系国家大难，存亡所关。虽经起调吉安等府兵快，非惟武艺无素，尤恐兵力不敷，必须添调兵马，方克济事。

照得南、韶、惠、潮等府，各有惯战精兵，堪以调用，拟合移咨督发，为此合咨贵院，烦为选取骁勇精壮兵快夫款打手人等大约四五千名，各备锋利器械，选委谋勇胆略官员，或就委岭南道兵备佥事王大用监统，给与各兵行粮，不分昼夜，兼程前来，共勤国难。谅贵院素秉忠孝之节，久负刚大之气，闻此必将奋袂而起，秉钺长驱，当在郭汾阳之先，肯居祖士远之后哉。纷扰之中，莫罄悬切，惟高明速图之！

案行南安等十二府及奉新等县募兵策应六月二十六日

切照叛逆天下之大恶，讨贼天下之大义。国家优礼藩封，恩德隆重，乃敢辄萌异图，以干宪辟，上逆天道，下犯众怒，灭亡之期，计日可待。本院职任虽非专责，危难安忍坐视，仗顺伐逆，鼓率忠义，豪杰四起，发谋协力。除行吉安等府县，起调兵快，防守地方，及行广东、福建、湖广等处各调兵策应外，照得本省所属各府、州、县、卫、所，见今巡、抚、都、布、按等衙门俱各缺官，事无统束，拟合通行。为此仰抄案回府，即行所属县分并卫所衙门，各起调官军乡兵，固守城池，保障地方。仍一面分调兵快，散布关隘，严加把截；一面选募骁勇精兵，大县约四五千名，小县约二三千名以上，各备锋利器械，供给粮草，择委能干勇力官员管领操练，其各项钱粮费用，听将在官钱粮动支，随申本院查考。其滨江去处，多备船只，听候本院差官赍捧旗牌至日，即刻依期启行进攻。仍选差惯便人役，多方探听消息，不时飞报，以凭区画。此系守土官员切责，而臣子效忠致身，正在今日，各宜奋发义气，鼓动军民，共成灭贼之功，以输报国之念，毋得迟违观望，失误军机，自取罪戾。

宽恤禁约

照得江西省城，近遭变乱，各府州县，兵戈骚动，供億劳费，兼值天时亢旱，秋成无望，人民窘迫，言之痛心，中间恐有无赖之徒，乘机窃发，惊扰地方，理合宽恤禁约。但巡抚衙门见今缺官，本院驻军境内，不容坐视，合就权宜处置通行。为此除一面奏闻外，仰抄案回府，照依案验内事理，并行所属各县官员，务须轸念地方，痛恤民隐，凡一应不急词讼工役，俱各停止。其军事合用兵夫粮草，各官俱要持廉秉公，亲自编派，毋得因而科扰，及听信下人，受财作弊。仍严加晓谕军民人等，务要各守本分，安居田里，不许扇惑搬移，妄生事端。大户毋逼债负，小民毋激仇嫌。乡落居民各自会推家道殷实、行止端庄一人，充为约长，二人副之，将各人户编定排甲，自相巡警保守，各勉忠义，共勤国难。敢有抗违生事、惊扰地方者，就便拿解赴官，治以军法。约长若有乘机侵害众户，及受财不举，许被害之人告发重治。仍仰各县将前项宽恤禁约事宜，翻刻告示，发仰乡村张挂晓谕，俟巡抚官员到日，再行议处，俱无违错。

奖瑞州府通判胡尧元擒斩叛党 六月二十七日

据瑞州府通判胡尧元报称："擒获从叛仪宾李蕃，斩获叛党九十四名。"等因，看得逆贼称乱，天怒人怨，诛灭非久，然今势焰正张，本官乃能独奋忠勇，首挫贼锋，远近闻之，义气自倍，合行奖劳，以励人心。为此牌仰瑞州府官吏，即行动支官钱，买办花红羊酒，委官率领官吏师生送至本官，用见本院奖劝之意。其余有功人员，分别等第，量加犒赏，被伤兵夫，给与汤药，阵亡者，厚恤其家。候功成之日，通行造册申报升赏。仍一面起调骁勇精兵，固守城池，听候本院调发，毋得违误。

策应丰城牌

据丰城县知县顾佖禀称："本县起调乡兵，固守城池，惟恐兵力不敷，必须请兵策应，庶保无虞。"等因，看系地方重务，已经调发龙泉、安福、永新等县，并吉安千户所机快军兵，陆续前去策应。照得发去官兵，必须选委谋勇胆略官员统领，庶几调度得宜。为此仰通判杨昉，即将后开军兵名数，督同千户萧英监统，协同知县顾佖等，计议攻守方略，相度险夷要害，远斥堠以防奸，勤训练以齐众，探知贼人入境，即便设奇布伏，以逸待劳，击其不意，务在先发制人，毋令乘间抵隙。军兵人等，务要严为约束，毋令侵扰，敢有违犯退缩，许以军法从事，各官尤要同心并力，协和行事，共效忠贞之节，以纾国家之难，如或执拗参错，观望逗留，违犯节制，致有疏虞，军令具存，决难轻贷。

调取吉水县八九等都民兵牌

访得吉水县八九等都民人王益题、曾思温、易弘爵、王昭隆等各户下人丁，素习武勇，人多尚义，前任知县周广曾经起调征进，皆系骁勇惯战之人，今兹逆党倡乱，民遭荼毒，应合调取，以赴国难。为此访差致仕县丞龙光赍牌前去吉水县，着落当该官吏，即将各户义兵，照数调集，各备锋利器械，编成行伍，佥选百长总小甲管领，就该县查支官钱，给与口粮，暂且就屯本县，操演武艺，听本院指日东下，随军进剿。

照得江西一省人民，久被宁府毒害，侵肌削骨，破家荡产，冤困已极，控诉无门。今其恶贯满盈，天假义兵，为民除暴，尚闻愚昧之徒，阻避宁府威势,不敢举动。殊不知宁府未叛之前,尚为亲王,人不敢犯。今逆谋既著,即系反贼,人人得而诛之,复何所惮！尔等义民,正宜感激忠义,振扬威武,为百姓报仇泄愤，共立不世之勋，以收勤王之绩，毋得稽迟观望，自取军法重究。差去官员不许假此扰害，妄生事端，体访得出，罪不轻贷。

预备水战牌

案照已经行仰起调军马前来策应，日久尚未见到。近据探报，逆党南下，将攻南都。计此时南都必已有备，各逆党进无所获，必退保九江，如此，则水战之具为急，不可不备。为此牌仰福建布政司即行选募海沧打手一万名,动支官库不拘何项银两,从厚给与衣装行粮,各备锋利器械,就仰左布政使席书,兵备佥事周期拥自行统领,星夜前赴军门,相机前进,并力擒剿。仍行巡抚等衙门，同心协力，后先监督应援。

此系叛逆谋危宗社,天下荼毒,所关呼吸存亡,旦暮成败,间不容发,非比寻常贼情，不得迟违观望，有亏臣节。呜呼！主忧臣辱，主辱臣死，凡有血气，孰无是心。况各官忠义自任，刚大素闻，必将奋臂疾驱，有不容已。兵快及领兵人等，敢有违犯节制有误军机者，仰即遵照本院钦奉敕谕事理，许以军法从事，无得姑息。

咨都察院都御史颜权宜进剿 七月初五日

节该钦奉云云。除具题及咨南京兵部知会外，为照前项事情，系国家大难，安危所关。已经起调吉安等府兵快前去征剿，并备行湖广、广东、福建各调兵策应外，照得南畿系朝廷根本重地，今宁王谋逆构乱，举兵北行，图据南都，必得四面合攻，庶克有济。及照贵院奉命行勘前事，即今逆迹已露，别无可勘事情，合咨前去，烦为随处行令所属，选取骁勇精兵，及民间忠义约二三万名，选委谋勇官员分领，会约邻近省郡，合势刻期进讨，仍烦贵院亲督兼程前来，共勤国难。谅贵院平日忠义存心，刚直自许。况今奉命查勘宁藩，正可权宜行事，号召远迩，主忧臣辱，主辱臣死，他复何言。纷扰之中，莫罄恳切，惟高明速图之！

权处行粮牌

据抚州府申称："建昌、抚州、广信、饶州四府，正德十三年兑军粮米，不下十余万石，原蒙拨在龙窟，听与抚州、建安、铅山、广信、饶州五所军旗交兑。因运船阻冻回迟，于今年六月始行较斛开兑，其已兑者装载军船，未兑者仍在民艘，不意十五日省城有变，遂行停兑，至十八日逆党乘机劫夺，各船顺流放至饶州河下，得天惊扰。但今江河梗塞，难以兑运，节奏明文，动调大军，征讨叛逆。要将兑军淮粮，暂留以备军饷。"申详到院。

查得先据吉安等府申称，为各府官军将临，欲将官库纸米赃罚等银，并京库等银，及将兑淮粮米，从权给支借用等情，已经批仰依拟查取去后。今申前因，拟合准行，为此仰府官吏即行掌印官，查将见在饶州湾泊兑军淮粮，准从权宜，坐委能干官员无分雨夜督运江西省城，听候支给各兵行粮，毋违时刻，候事平之日，备造印信文册缴报查照，仍令委官前去查照，免致下人因而侵欺未便。

牌行吉安府敦请乡士夫共守城池 七月初八日

照得宁府反叛，本院调兵进剿，即日启行，各府县掌印正官，既该统兵前进，所据各该府县城池，虽已行委各佐贰官防守，但艰危之际，事变不测，必须历练老成之人，相与维持镇定，庶几人心不致惊疑，政务有所倚赖。为此案行吉安府官吏，通行各县署印官员，径自以礼敦请老成乡宦，众所推服者一二员在城，以备紧急，协同行事。该府城池，关系尤重。查得致仕按察使刘逊素有才望，忠义奋激，就仰该府请至公馆，仍仰署印官待以宾师之礼，托以咨决之事，一应军机事宜，咨禀计议而行，以安人心，以济大事。仍行本官务以国家大难为心，尽心竭力，共图殄贼，毋以休致自嫌。谅朝廷报功之典，当亦自不相负。如误大事，咎亦有归，通天违错。

牌行各哨统兵官进攻屯守 七月十七日

仰一哨统兵官吉安府知府伍文定，即统部下官军兵快四千四百二十一员名，进攻广润门；就留兵防守本门，直入布政司屯兵，分兵把守王府内门。

仰二哨统兵官赣州府知府邢珣，即统部下官军兵快三千一百三十余员名，进攻顺化门；就留兵防守本门，直入镇守府屯兵。

仰三哨统兵官袁州府知府徐琏，即统部下官军兵快三千五百三十员名，进攻惠民门；就留兵防守本门，直入按察司察院屯兵。

仰四哨统兵官临江府知府戴德孺，即统部下官军兵快，新、喻二县三千六百七十五员名，进攻永和门；就留兵防守本门，直入都察院提学分司屯兵。

仰五哨统兵官瑞州府通判胡尧元、童琦，即统部下官军兵快四千员名，进攻章江门；就留兵防守本门，直入南昌前卫屯兵。

仰六哨统兵官泰和县知县李楫，即统部下官军兵快一千四百九十二员名，夹攻广润门；直入王府西门，屯兵守把。

仰七哨统兵官新淦县知县李美，即统部下官军兵快二千员名，进攻德胜门；就留兵防守本门，直入王府东门，屯兵守把。

仰中军营统兵官赣州卫都指挥余恩，即统部下官军兵快四千六百七十员名，进攻进贤门；直入都司屯兵。

仰八哨统兵官宁都知县王天与，即统部下官军兵快一千余员名，夹攻进贤门；留兵防守本门，直入钟楼下屯兵。

仰九哨统兵官吉安府通判谈储，即统部下官军兵快一千五百七十六员名，夹攻德胜门；直入南昌左卫屯兵。

仰十哨统兵官万安县知县王冕，即统部下官军兵快一千二百五十七员名，夹攻进贤门；就守把本门，直入阳春书院屯兵。

仰十一哨统兵官吉安府推官王暐，即统部下官军兵快一千余员名，夹攻顺化门；直入南、新二县儒学屯兵。

仰十二哨统兵官抚州通判邹琥、知县傅南乔，即统部下官兵三千余员名，夹攻德胜门；就留兵防守本门，随于城外天宁寺屯兵。

承委官员，务要竭忠奋勇，擒剿叛逆，以靖国难。如或退缩观望，违犯节制，定以军法论处。军兵人等敢有临阵退缩者，就仰本官遵照本院钦奉敕谕事理，就于军前斩首示众。牌候事完日缴。

告示在城官兵 七月十八日

照得宁王造谋作乱，神人共愤，法所必诛，在城宗支郡王仪宾皆被逼胁，如钟宁王无罪削爵，建安王父子俱死，军民人等或覆宗灭族，或荡家倾产，或勒取子女，皆恨入骨髓，敢怒而不敢言，今日之事，岂其本心。本院仰仗朝廷威灵，调集两广并本省狼达汉土官兵二十余万，即日临城，亦无非因民之怨，惟首恶是问。告示至日，宗支郡王仪宾各闭门自保，商贾买卖如故，军民弃甲投戈，各归生理，无得惊疑。该府内臣校尉把守人员开门出首，或反兵助顺，擒斩首恶，一体奏闻升赏。其有怀奸稔恶、从逆不悛者，必杀不赦。凡我良善军民，即便去恶从善，毋陷族灭，故示。

示谕江西布按三司从逆官员

照得宁王悖逆天道，造谋作乱，杀戮大臣，都、布、按三司官员，各悚于暴虐，保其妻子，以致临难之际不能自择。或俯首幽囚，或甘心降伏，贪生畏死，反而事仇，《春秋》之义，虽严于无将之诛，而志图兴复者，尚不忍于峻绝。探得各官见今在城团门自讼者有之，临城巡间者有之，出入府库运筹划策者有之，此皆大义未分，孤立无助，揆之法理，固不容诛，推之人情，实为可悯。即今本院统集狼达汉土官军二十余万，后先临城，各官果能去逆归顺，尚可转祸为福。故今特遣牌谕，兵临之日，仰各开门出首，仍一面将本院发去告示给散张挂，抚谕良善百姓。宗支仪宾人等，各闭门自保，毋轻出街市，横遭杀戮，该府把守内臣校尉人等，亦各谕以大义，俾知背逆向顺，尚可免死。投甲释戈，蓬头面缚，候本院临审定夺。敢有从恶不悛，执迷不悟，拒敌官兵者，必杀无赦。仍具改正缘由，亲赍投首，以凭施行，毋得迟违，自取族灭。牌具依准缴来。

告示七门从逆军民 七月二十一日

督府示谕：省城七门内外军民杂役人等，除身犯党逆不赦另议外。其原被宁府迫胁，伪授指挥、千、百户、校尉、护卫及南昌前卫一应从乱杂色人役家属在省城者，仰各安居乐业，毋得逃窜。有能寄声父兄子弟改过迁善，擒获首恶，诣军门报捷者，一体论功给赏；逃回报首者，免其本罪。仍仰各地方将前项人役一名名赴合该管门官处开报，令各亲属一名，每五日一次打卯，其有收藏军器，许尽数送官，各宜悔过，毋取流亡。

牌行江西二司安葬宁府宫眷

照得宁王造反，称兵向阙，行委伪官万锐等把守省城，音信不通。本院所行告示，负固不纳，以致讨贼安民之义，俱未知悉。及至统兵攻城，该府宫眷，一闻铳炮震响，闭门缢死，烧焚宫室。虽宁王背逆，罪在不赦，而朝廷惇睦之仁，何所不至。本院已同宗支，并原任布、按二司，及吉安等府知府等官伍文定等亲赴该府验看，未焚库藏，已封号讫。所据各宫眷身尸，相应埋葬。为此合行案仰布、按二司，即便启知建安王选委各郡王府老成内使火者三四员，会同南昌府南、新二县官，措置棺木，以礼安葬，毋得违错不便。

手本南京内外守备追袭叛首 七月二十三日

本年七月二十日，准钦差南京内外守备揭帖内开："烦念南京根本重地，宗庙陵寝所在，作急整点精锐军兵数万名，择将统领，星夜兼程前来，粘踪追袭，攻击其后，保固根本重地。所统官军，烦沿途经过去处，应付廪给口粮马匹草料，事宁之日，获功官军，具奏升赏，请勿迟延。"等因。

卷查先为飞报地方谋反重情事，照得本院奉敕前往福建地方公干，行至丰城县，闻宁府谋反，遂返吉安住扎。看系谋危宗社重情，随即具题，并行吉安、赣州等府起调官兵，俟衅而发。及咨南京兵部，并巡抚应天都御史李，烦为通行在京大小衙门，会谋集议，作急缮完城守，简练舟师，设伏沿江。旁檄列郡，先发操江之兵，声义而西，约会湖、湘，互为犄角。本院亦砥钝策驽，牵蹑其后，以义取暴，以直加曲，不过两月之间，断然一鼓可缚，去后。

续据本院爪探人役回报，宁王已下南京，留有逆党内官，驱胁官民人等一万余员名，固守城池，虐焰昌炽，阻绝往来等因。又经节催府县兵快，分布哨道，亲自统领，刻期于七月二十日寅时直抵省城进攻，仍被逆党砌塞城门，分兵固拒。当幸官兵用命，奋勇攻破城门，各贼遂皆奔溃，当即分兵擒搜，及差人分投爪探叛首向往的确，并发官兵前去追袭外，今准前因，合用手本前去，烦为查照施行。

咨两广总督都御史杨停止调集狼兵

案照本院看得前项事情，系国家大难，存亡所关，虽调各府兵快，非惟武艺无素，尤恐兵力不敷，即随备咨钦差总督右都御史杨，烦为选取骁勇兵快大约三五千名，就委岭南道兵备佥事王大用监统，给与各兵行粮，兼程前来，共勤国难；及行广东布政司，转行各道，并呈镇守抚按等衙门一体查照知会去后。节据知县顾佖等，报宁王已下南京，留有逆党内官，驱胁官民人等一万余员名，固守城池，阻绝往来等情。随该本院催督所调兵快，分有哨道，亲自统领，刻期于七月二十日寅时直抵省城进攻；仍被逆党砌塞城门，分兵固拒。当幸官兵用命，奋勇攻破城门，各贼遂皆奔溃，随即分兵搜擒外。今照前项事情，见该钦命京边官军二十余万前来会剿，及本院见统官兵五万余员名，俱在江西省城，即今分遣委员监督前去约会，并势追袭。所据原调广东土汉狼兵人等，未审曾否齐集？但今南赣、吉安、南昌等处沿江人民，俱各畏惧狼兵，悉皆惊惶。及又访得狼达土兵，曾受宁王赃物，私许助谋效力。今调各兵，本以为国除害，惟恐返为民害，不无有误大事，拟合停止。为此合行移咨贵院，烦为查照，希将起调兵快停留本省应用施行。

牌行抚州知府陈槐等收复南康九江 七月二十四日

照得宁王谋反，兴兵向阙，南康、九江见被攻破，分留逆党，据守二府城池，意图西扼湖兵之应援，南遏我师之追蹑，仰赖宗社威灵，克复省城，除遣知府伍文定等分布哨道，邀击宁贼，务在得获外，所据逆党占据府县，应合分兵剿复。为此牌仰知府陈槐等各选精兵，身自统领，星夜前去南康、九江地方，相机行事，务要攻复城池，平靖反侧。仍将地方人民加意赈恤，激以忠义，抚以宽仁，权举有司之职，以理庶事。查处仓库之积，以足军资。一面分兵邀诱宁贼，毋令东下，并差人爪探飞报军门。各官务要同心并力，协和行事，毋得人怀一心，彼此参错，致误事机。兵快人等敢有违犯节制者，仰照本院钦奉敕谕事理，以军法从事。一应事机，呈禀往复，虑有稽缓，俱听一面从宜区画，一面呈报军门。仍备查名官弃城逃走，致贼焚掠屠戮之故，具由申报，以凭参拿究治。

犒赏福建官军

据福建按察司整饬兵备兼管分巡漳南道佥事周期雍呈称："依奉本院案验，起取上杭等处军兵，共五千余名，分委指挥刘钦、知县邢暄等，及起取漳州府海沧打手三千余名，行委通判李一宁等管领。本道躬亲统督，先后启行前来。"等因到院。

案照先为飞报地方谋反重情事，看系国家大难，存亡所关，随即备咨南京兵部，及巡抚两广、湖广等衙门，并福建三司等官选取骁勇兵快，选委谋勇官员监统，兼程前来，共勤国难，去后。

今据前因，看得逆贼已经成擒，余党悉渐殄灭，除将各该官兵先行发回外，切照福建漳南相距江西省城，约计程途有一千七八百里之遥。该道乃能不满旬月，调集各军兵快八千员名之众，首先各省而至。足见本官勇略多谋，预备有素，忠义之诚，足以感激人心，敏捷之才，足以综理庶务，故一呼而集，兼程赴难。除另行旌奖外，及照调来官兵，冲冒炎暑，远赴国难，忠义既有可嘉，劳苦尤为足悯，合加犒赏，以励将来。为此除将支出官银，差官领赍该道；仰抄案回司，即将原调领兵官员，并军兵乡夫人等酌量犒赏，用见本院奖劳之心，以为将来忠勤之劝。

仍仰该道备查各兵，原系操练者，照旧在班操练，以备紧急调用。添募者，省令回还田里，各安生业，务为良善之民，共飨太平之福，毋得分外为非，致招身家之累。备行巡按衙门知会。

释放投首牌

据吴国七、林十一等口称："闵念四等落水身死。"今访得闵念四等见在宁州界上，告要投招。前者已曾发有告示，许令胁从新民，俱准投首免死，给照复业生理。近日朝廷降有黄榜，亦准投首免死。今闻各地方居民，不体朝廷及本院好生之意，辄便起兵剿杀，激使不敢出身投首，反使朝廷及本院失信于人，本当绑拿重究，姑且再行诫谕，为此牌仰宁州知州汪宪探访前项一起投首之人，是否闵念四等正身，若果有投首真情，即便带领前赴军门发落，准与杨子桥等一例释放，给与执照，各自复业当差。如或聚众不散，星夜飞报军门，以凭发军剿灭，俱毋违错。

牌仰沿途各府州县卫所驿递巡司衙门慰谕军民

照得先因宁王谋反，请兵征剿。续该本院亲督各哨于七月二十日攻复省城，二十四等日在鄱阳湖连日与贼大战，至二十六日遂将宁王俘执，及其谋党李士实等，贼首林十一等，俱已前后擒获，余党荡平，地方稍靖，已于本月三十日具本奏捷讫。近因传报京军复来，愚民妄相逃窜，往往溺水自缢，本院亲行抚谕，尚未能息。殊不知朝廷出兵，专为诛剿宁贼，救民水火之中，况统兵将帅，皆系素有威望，老臣宿将，纪律严明，远近素所称服，纵使复来，亦必自无扰害。况今宁贼已擒，地方已靖，京军岂有无事远涉之理，愚民无知，转相惊惑，深为可悯。诚恐沿途一带居民，亦多听信传闻不实之言，而北来京军，尚或未知宁王已就擒获，合行差官沿途晓谕军民，及一面迎候北来官兵，烦请就彼回转。除将宁王反逆党与，本院亲自量带官兵，径从水路解赴京师外。仰沿途军卫有司驿递等衙门，照牌事理，即行抄牌备出告示，晓谕远近乡村军民人等，使知宁贼已擒，京军已转，免致为疑，酿成他变。差去官员，仍仰程程护送，同与迎候京军，坚请就彼回转，以免沿途百姓供给之苦。仍谕以本院押解贼犯，量带官兵，皆自备行粮廪给，沿途经过有司等衙门，止备人夫牵拽船只，及略供柴草，给付各兵烧用。其他一无所扰，不得因此科害里甲军民。差去官员，昼夜前进，毋得在途迟滞。抄牌官吏，各俱依准，候本院经过日缴。

案行江西按察司停止献俘呈

据江西按察司呈："奉钦差提督军务御马监太监张札付内开：'会同钦差提督军务平贼将军充总兵官左都督朱，议得止兵息民，不为无见，但照奔溃党恶，见该各属日报啸聚流劫，亦非已靖。党恶闵念四等，又系职等行文之后，拿获之数，亦或尚多。抚按守臣，当此新乱之余，正宜留心抚绥地方，听候勘明解京，良由不知前因，固执一见，辄要自行获解，私请回师。再照妃媵系宗藩眷属，外官押解，恐有妨碍，设或越分擅为，咎归何人？职等体念民力不堪供给军饷，责令将官将所领官兵分布各府住扎听掣，当职止带合用参随执打旗号等项人员，径趋江西，公同巡抚等官查验巢穴，及遍给告示晓谕，抚安地方；一面具请定示另行，除差委锦衣卫都指挥佥事马骥前来外，札仰本司各该官吏，照依札付内事理，即便遵照钧帖内事理，备行巡抚都御史王等，将已获贼犯留彼，听候明旨钦遵施行。'”等因，备呈到院。

卷查先为飞报地方谋反重情事云云，本职将宁王并其逆党，亲自量带官兵，径赴水路，照依原拟日期启行，解赴京师，已至广信地方，今准前因，为照前项逆党，俱已擒获；其余胁从，遵照钦降黄榜事例，俱已许令投首解散；宗藩眷属，俱系取到各将军府内便管伴监守，保无他嫌。今钦差提督赞画机密军务御用监太监张，及钦差提督军务御马太监张，钦差提督军务平贼将军充领兵官左都督朱，忧国爱民之心，素闻远近，况号令严明，秋毫无犯。今来体勘逆贼巢穴果已破平，百姓贫困颠连，必能大加抚谕安辑，以仰布朝廷怀惠小民之仁。本职纵使复回省城，亦安能少效一筹，不过往返道途，违误奏过程期，有损无益，为此仰抄案回司，着落当该官吏，照依案验内事理，即便备呈前去，烦请径自查照施行。

咨兵部查验文移

照得本职已将宁王宸濠并其党与及宫眷人等，照依原拟具奏日期起程亲自解赴阙下间。随据南康府申，并江西按察司呈，各“奉钦差提督军务御马监太监张札付内开：‘访得宸濠已该本职擒获，克复省城等语，未曾亲到江西，又无堪信文移，止是见人传说，遽难凭据；况系宗藩人众，中间恐有拨置同谋，逆党未尽'”等因。及节准钦差提督赞画机密军务御用监太监张揭帖开称："将各犯委的当人员，用心防守，调摄饮食，献俘阙下，会官封记库藏，俱候按临地方区画。"等因。又准钦差提督军务充总兵官安边伯朱手本开称："即查节次共擒斩叛贼级若干，内各处原奏报有名若干，无名若干，有名未获漏网并自首及得获马骡器械等项各若干，连获官军卫所职役姓名，备查明白，俱各存留江西省城，听候审验；仍查余党有无奔溃，及曾否殄灭尽绝缘由，通行开报，以凭回报。"等因各到职。

为照宸濠并其同谋党与，俱已擒获，余孽亦就诛戮，虽有胁从，数亦不多，皆非得已，随即遵奉钦降黄榜，晓谕俱赴所在官司投首解散，其库藏等项，该本职会同多官，于未准揭帖之先，眼同封贮在官，听候命下定夺。官军兵快，擒斩功次，见该原经奏留两广监察御史谢源、伍希儒查造奏缴。及照宸濠并各重犯宫眷人等，见解广信地方，设若往返，恐致疏虞，及违误本职奏报原拟日期，除照旧督解前赴阙下献俘，以照圣武，及具揭帖各另回覆外。

今照前因，照得本职缪当军旅重奇，地方安危所关，三军死生攸系，一应事机，若非奉有御宝敕旨，及兵部印信咨文，安敢轻易凭信；今前项各官文移，既非祖宗旧章成宪，就便果皆出于上意，亦须贵部行有知会公文，万一奸人假托各官名目，乘间作弊，致有不测变乱，本职虽死，亦何所及？除奉钦差总督军务威武大将军总兵官后军都督府太师镇国公朱钧帖，曾奉朝旨，相应遵奉，其余悉遵旧章施行外。缘前项各官文移，未委虚的，俱合备行咨报贵部，为此备抄揭帖，粘连咨请查验施行。

案行浙江按察司交割逆犯暂留养病 十月初九日

照得当职先因患病，具本乞休间，奉敕扶病前往福建公干。六月十五日，行至江西丰城地方，适遇宁王兴兵作乱，看系君父大难，义不忍去，复回吉安府，督同知府伍文定等起调兵夫，招集义勇，扶病亲行统领，于七月二十日攻复省城，本月二十四五六等日于鄱阳湖连日大战，擒获宁王宸濠，及逆党李士实、刘养正、王春等，贼首吴十三、凌十一、闵念四、吴国七、闵念八等，先后具本奏报外，随闻大驾南征，礼当解赴军门。又因宸濠连日不食，虑恐物故，无以献俘奏凯，彰朝廷讨贼之义，兼之合省内外，人情汹汹，或生他变，当具本题知，于九月十一日启行，将宸濠及逆党宫眷解赴军门。当职力疾，沿途医药，亲自押解，行至广信地方，又奉钦差总督军务钧帖："备仰照依制谕内事理，即便转行所属司、府、卫、所、州、县、驿、递等衙门钦遵施行。"等因，遵依通行间，续准钦差提督军务御马太监张照会，及准钦差总督军务充总兵官安边伯朱手本，各遣官邀回本职，并将所解宸濠等逆犯回省听候会审。

本职看得，既奉总督军门钧帖，自合解赴面受节制，若复退还省城，坐待驾临，恐涉迟谩，且误奏过程期。又复扶病日夜前进，行至浙江杭州府地方，前病愈加沉重，不能支持，请医调治间，适遇钦差提督赞画机密军务御用监太监张，奉命前来江西体勘宸濠等反逆事情，及查理库藏、宫眷等事，当准钧帖开称："宸濠等，待亲临地方，覆审明白，具奉军门定夺。"等因。

为照本职先因父老祖丧，累疏乞休，未蒙俞允，随扶病赴闽，意图了事，即从彼地冒罪逃归，旬日之前，亦已具奏，不意行至中途，遭值宁王反叛，此系国家大变，臣子之义，不容舍之而去；又阖省巡抚地方等官，无一人见在，天下事机，间不容发，故复忍死暂留，为牵制攻讨之图，候命师既至，地方稍靖，即从初心，死无所避。臣区区报国血诚，上通于天，不辞灭宗之祸，不避形迹之嫌，冒非其任，以勤国难，亦望朝廷鉴臣此心，不以法例绳缚，使得少申乌鸟之私等情，具奏外。今照前事，本职自度病势日重，猝未易愈，前进既有不能，退回愈有不可。若再迟延，必成两误。除本职暂留当地，请医调治，俟稍痊可，一面仍回省城，或仍前进，沿途迎驾，一面具本乞恩养病另行外。所据原解逆犯，合就查明交割，带回省城，听候驾临审处通行。为此仰抄案回司，着落官吏备呈钦差提督军务赞画机密军务御用监太监张，烦请会同监军御史，公同当省都、布、按三司等官，将见解逆首宸濠及逆党刘吉等各犯，并宫眷马匹等项，逐一交查明白，仍请径自另委相应官员兵快人等管押，带回省城，从宜审处施行。仍备呈兵部查照知会，抄案依准，并行过日期，先行呈来。

告谕军民 十一月十五日

告谕军民人等，尔等困苦已极，本院才短知穷，坐视而不能救，徒含羞负愧，言之实切痛心。今京边官军，驱驰道路，万里远来，皆无非为朝廷之事，抛父母，弃妻子，被风霜，冒寒暑，颠顿道路，经年不得一顾其家。其为疾苦，殆有不忍言者，岂其心之乐居于此哉？况南方卑湿之地，尤非北人所宜，今春气渐动，瘴疫将兴，久客思归，情怀益有不堪。尔等居民，念自己不得安宁之苦，即须念诸官军久离乡土，抛弃家室之苦，务敦主客之情，勿怀怨恨之意，亮事宁之后，凡遭兵困之民，朝廷必有优恤。今军马塞城，有司供应，日不暇给，一应争斗等项词讼，俱宜含忍止息，勿辄告扰，各安受尔命，宁奈尔心。本院心有余而力不足，聊布此苦切之情于尔百姓，其各体悉无怨。

钦奉诏书宽宥胁从

节该伏睹诏书：“朕亲统六师，正名讨罪，除首恶宸濠，并同谋有名逆贼不赦外，其余胁从之徒，尽行宽宥释放，钦此。”钦遵。

照得先因宁府作乱，该本院出给告示，官兵临城之日，惟首恶是问，宗支郡王仪宾人等，各闭门自保，商贾买卖如故，军民弃甲投戈，各归生理，毋得惊疑，其有怀奸稔恶不悛者，必杀无赦。胁从人等，但能赴官投首，即与释放免罪等情，已经发仰远近张挂晓谕外。后宸濠既擒，被胁之徒，前后赴官投首，不下千余，皆经查审释放。其间尚有欲赴首官司，多被地方拦阻。本院随又督解逆犯出外，以是一向迟疑，未即出投。

续该钦差提督军务各衙门临省，前项被胁之人，始各赴官投首，就与本院事体一同，即是去恶从善之民。近访得有等无籍之徒，用言扇惑，乘机诈害，致使惊疑，未安生理。除访拿究问外，仰按察司抄捧回司，即便大书出给告示，发仰人烟辏集去处，常川张挂晓谕，自破城以后，但有被胁旗校军民人等，改恶迁善，已经赴官投首，验有执照者，皆系良善，俱仰遵照前项诏书内事理，尽行宽宥释放，各安生理，毋得信人恐吓，自生猜疑。地方里邻总甲人等，敢有怀挟私仇，罗织扰害，诳言扇惑，诈骗财物者，仰即赴院告理，以凭拿问发遣。仍取各首到官姓名，并给过告示晓谕缘由呈报。

批追征钱粮呈

据江西布政司呈，看得江西一省，重遭大患，民困已极，屡经奏免粮税，日久未奉明旨。近因南科奏停，随复部使催督，一以为蠲免，一以为追征，非惟下民无所遵守，亦且官府难于施行。今该司议谓兑淮起运，系京储额数，而王府禄米，亦岁月难缺，要行所属先纳兑淮，次及京库折银，次及南京仓米，次及王府禄米，其余俱候明降等因。此亦深睹民患，欲济不能，委曲调停，计出无奈，仰司即如所议，备行各该府州县查照施行。后有恩旨，当亦止免十五年以后钱粮，其十四年以前拖欠，必须带征，终有不免，莫若速了为便，各府州县宜以此意备晓下民，姑忍割肉之痛，以救燃眉之急。

呜呼！目击贫民之疾苦而不能救，坐视征求之急迫而不能止，徒切痛楚之怀，曾无拯援之术，伤心惨目，汗背赧颜，此皆本院之罪，其亦将谁归咎！各府州县官务体此意，虽在催科，恒存抚字，仍备出告示，使各知悉。此缴。

再批追征钱粮呈

据江西布政司呈，看得本省十四年以前，一应钱粮，已经给事等官奉奏明旨:“果系小民拖欠，俱准暂且停征，还着各该官司设法赈济，毋视虚文。”此朝廷之深仁厚德，悯念穷民，诚爱恻怛之所发，小民莫不欢欣鼓舞，臣子所当遵守奉行。乃今停征之令甫下，而催并之檄复行，赈济之仁未布，而棰挞之苦已加，法令如此，有司何以奉行，下民何所取信?夫为人臣者，上有益于国，下有益于民，虽死亦甘为之。今日所行，上使朝廷失信于民，下使百姓归怨于上，重贫民之困，益地方之灾，纵使钱粮果可立办，忍心害理，亦不能为。况旬月之间，而欲追并了绝，便使神输鬼运，亦于事势不能，徒使敛怨殃民，何益于事。除本院身为巡抚，不能为国为民，自行住俸待罪外。仰布政司行各该府县官，以理劝化小民，且谕以今日之举，非关朝廷失信，实由京储缺乏，司国计者势不得已，兴起其忠君亲上之心，勉令渐次刻期完纳，果克济事，两月之后，亦未为迟。其各该官员，本非其罪，不必住俸，革去冠带。行令照旧尽心职业，勿因事变之难，有灰爱民之志。后有违慢之戮，本院自当其罪。仍呈提督漕运行督粮官及巡按衙门知会。此缴。

批南昌府追征钱粮呈

据南昌府所申凋弊征求之苦，本院缪当斯任，实切忧惭！部堂诸公，非无恤民之念，但身司国计，不得不以空乏为虞；在外有司，非无国计之忧，但目击民痍，不能不以抚恤为重。若使平民尚堪朘削，一时忍痛并征，以输国用，岂非臣子之心。但恐徒尔虐民，无济国事，非徒无济，兼恐生虞，斟酌调停，事在善处。仰布政司会同二司各官，将该府所申事理，即加酌议，或先征新粮，将旧粮减半带征；或尽其力量可及，分作几限，令民依期逐渐办纳。但可通融调摄，皆须悉心议处，务使穷民不致重伤，而国用终亦无损。一面备行各该府县查照施行，一面具由呈来，以凭咨奏。此缴。

褒崇陆氏子孙 正德十五年正月

据抚州府金谿县三十六都儒籍陆时庆告，看得宋儒陆象山先生兄弟，得孔孟之正传，为吾道之宗派，学术久晦，致使湮而未显，庙堂尚缺配享之典，子孙未沾褒崇之泽，仰该县官吏将陆氏嫡派子孙差役，查照各处圣贤子孙事例，俱与优免。其间有聪明俊秀堪以入学者，具名送提学官处，选送学肄业。务加崇重之义，以扶正学之衰，俱依准缴。

告谕安义等县渔户

告谕安义县等渔户，及远近军民人等，地方不幸，近遭大变，加以师旅征输，人民困苦已极，府官思欲休养赈恤而无由。近闻渔户人等曾被宁王驱胁者，虑恐官府追论旧恶，心不自安，往往废弃生业，询其所以，皆由仇家煽动，意在激使为恶，因而陷之死地，以快其愤。不知朝廷已屡有榜文，凡被宁贼驱胁者，一概释而不问。况访得安义等处渔户，各系诗礼大家，素敦良善，虽或间有染于非僻，及为王府所胁诱者，然乡里远近，自有公论，善恶终不可混。

近据通判林宽禀称："各户痛惩既往，已将渔船拆卸，似此诚心改行，亦复何所忧惧。"为此特仰南康府通判林宽，将本院告谕，真写翻刊，亲赍各户，逐一颁谕，务使舍旧图新，各安生理，不得轻信人言，妄有疑猜，自求罪累。其素敦诗礼良善者，愈加劝勉，务益兴行礼让，讲信修睦，以为改恶从善者之倡。族党之中，果有长恶不悛，不听劝谕者，众共拘执送官，明正典刑，以安善类，毋容莨莠，致害嘉禾。若旧虽为显恶，今能诚心改化者，亦不得怀记旧仇，搜求罗织，激使为非，事发究竟，责有所归。

呜呼！吾民同胞，不幸陷于罪戮，恻然尚不忍见，岂有追寻旧恶，必欲置之死地之理？本院旧在南赣，曾行十家牌式，军民颇安，盗贼颇息。除各该地方行分巡分守官编置外，前项渔户人等，就仰通判林宽照式逐一编置，务在着实举行，以收成效，特兹告谕，各宜知悉。

批按察使伍文定患病呈

据江西按察使呈，看得按察使伍文定茂著戎功，新膺宪命，当其众难交攻，尚以一身独任，偶兹微恙，岂妨供职？谅本官自切百姓疮痍之忧，岂遑一身痛痒之顾。仰该司即行本官，照旧管事，果有疾患，一面调理，毋得再呈辞，致旷职业。缴。

批临江府耆民建立生祠呈

据临江府清江县耆民董惟谦等呈立知府戴德孺生祠，看得知府戴德孺素坚清白之守，久著循良之政，今其去任，而郡民建祠报德，此亦可见天理之在人心，自不容已。仰该府县官俯顺民情，量行拨人看守，非徒激励后人，俾有所兴，且以成就民德，使归于厚。缴。

批吉安府救荒申

据吉安府申，备卢陵县申，看得所申要将陈腐仓谷，赈给贫民。此本有司之事，当兹灾患，正宜举行。但诚于爱民者，不徒虚文之举，忠于谋国者，必有深长之思，故目前之灾，虽所宜恤，而日后之患，尤所当防，以今事势而观后患，决有难测。近据崇仁县知县祝鳌申，要将预备仓谷，凶荒之时则倍数借给，以济贫民；收成之日则减半还官，以实储蓄。颇有官民两便，已经本院批准照议施行。看得各县事体，不甚相远，此议或可通行，仰布政司再加裁酌议处施行。各属遇灾地方，凡积有稻谷者，俱查照此议而行。仍仰各该掌印官，务要身亲给散，使贫民得实惠之沾，官府无虚出之弊乃可。其一应科派物料等项，当兹兵乱之余，加以水灾，民不聊生，岂堪追并，仰布政司酌量缓急，分别重轻，略定征收先后之次，备行各属，以渐而行，庶几用一缓二之意，少免医疮剜肉之苦，通仰该司定议施行回报。

批抚州府同知汪嵩乞休呈

据抚州府同知汪嵩呈，看得同知汪嵩久存恬退，遇难复留，以尽报国之忠，仍坚归田之请，出处得宜，诚可嘉尚。但本官政素获民，年未甚老，已经勉留照旧供职，而本官称疾愈笃，求退益恳，仰府再行查看，如果病势难留，准令就彼致仕，该府以礼起送还乡，仍行备原籍官司，岁时以礼优待，务奖恬退，以励鄙薄。此缴。

批提学佥事邵锐乞休呈

据江西按察司呈，看得提学佥事邵锐，求归诚切，坚守《考槃》之操，而按察使伍文定挽留恳至，曲尽《缁衣》之情，是亦人各有志，可谓两尽其美。然求归者，虽亦明哲保身，使皆洁身而去，则君臣之义或几乎息；挽留者虽以为国惜贤，使皆靦颜在位，则高尚之风亦日以微。况本院自欲求退而未能，安可沮人之求退。仰该司备行本官，再加酌量，于去就之间，务求尽合于天理之至，必欲全身远害，则挂冠东门，亦遂听行所志。若犹眷顾宗国，未忍割情独往，且可见危受命，同舟共艰，稍须弘济，却遂初心，则临难之义，既无苟免于抢攘之日，而恬退之节，自可求伸于事定之余。兴言及此，中心怆切！

礼取副提举舒芬牌

照得当职奉命提督军务，兼理巡抚，深虑才微责重，无以仰称任使，合求贤能，以资赞翼。访得福建市舶提举司副提举舒芬志行高古，学问深醇，直道不能趋时，长才足以济用，合就延引，以匡不及。为此牌仰福建布政司官吏，即行泉州府，措办羊酒礼币，赍送本官，用见本院优礼之意。仍照例起关应付，前赴军门，以凭谘访。本官职任，就委别官暂替。

南赣乡约

咨尔民，昔人有言："蓬生蔴中，不扶而直；白沙在泥，不染而黑。"民俗之善恶，岂不由于积习使然哉！往者新民盖常弃其宗族，畔其乡里，四出而为暴，岂独其性之异，其人之罪哉？亦由我有司治之无道，教之无方。尔父老子弟所以训诲戒饬于家庭者不早，薰陶渐染于里闬者无素，诱掖奖劝之不行，连属叶和之无具，又或愤怨相激，狡伪相残，故遂使之靡然日流于恶，则我有司与尔父老子弟，皆宜分受其责。呜呼！往者不可及，来者犹可追。故今特为乡约，以协和尔民，自今凡尔同约之民，皆宜孝尔父母，敬尔兄长，教训尔子孙，和顺尔乡里，死丧相助，患难相恤，善相劝勉，恶相告戒，息讼罢争，讲信修睦，务为良善之民，共成仁厚之俗。呜呼！人虽至愚，责人则明；虽有聪明，责己则昏。尔等父老子弟，毋念新民之旧恶而不与其善，彼一念而善，即善人矣；毋自恃为良民而不修其身，尔一念而恶，即恶人矣。人之善恶，由于一念之间，尔等慎思吾言，毋忽！

一，同约中推年高有德为众所敬服者一人为约长，二人为约副，又推公直果断者四人为约正，通达明察者四人为约史，精健廉干者四人为知约，礼仪习熟者二人为约赞。置文簿三扇，其一扇备写同约姓名，及日逐出入所为，知约司之；其二扇一书彰善，一书纠过，约长司之。

一，同约之人，每一会，人出银三分，送知约，具饮食，毋大奢，取免饥渴而已。

一，会期以月之望，若有疾病事故不及赴者，许先期遣人告知约；无故不赴者，以过恶书，仍罚银一两公用。

一，立约所于道里均平之处，择寺观宽大者为之。

一，彰善者，其辞显而决，纠过者，其辞隐而婉；亦忠厚之道也。如有人不弟，毋直曰不弟，但云闻某于事兄敬长之礼，颇有未尽，某未敢以为信，姑案之以俟。凡纠过恶皆例此。若有难改之恶，且勿纠，使无所容，或激而遂肆其恶矣。约长副等，须先期阴与之言，使当自首，众共诱掖奖劝之，以兴其善念，姑使书之，使其可改；若不能改，然后纠而书之；又不能改，然后白之官；又不能改，同约之人执送之官，明正其罪；势不能执，戮力协谋官府请兵灭之。

一，通约之人，凡有危疑难处之事，皆须约长会同约之人与之裁处区画，必当于理济于事而后已。不得坐视推托，陷人于恶，罪坐约长约正诸人。

一，寄庄人户，多于纳粮当差之时躲回原籍，往往负累同甲。今后约长等劝令及期完纳应承，如蹈前弊，告官惩治，削去寄庄。

一，本地大户，异境客商，放债收息，合依常例，毋得磊算；或有贫难不能偿者，亦宜以理量宽；有等不仁之徒，辄便捉锁磊取，挟写田地，致令穷民无告，去而为之盗。今后有此告，诸约长等与之明白，偿不及数者，劝令宽舍；取已过数者，力与追还；如或恃强不听，率同约之人鸣之官司。

一，亲族乡邻，往往有因小忿投贼复仇，残害良善，酿成大患。今后一应对殴不平之事，鸣之约长等公论是非；或约长闻之，即与晓谕解释。敢有仍前妄为者，率诸同约呈官诛殄。

一，军民人等，若有阳为良善，阴通贼情，贩买牛马，走传消息，归利一己，殃及万民者，约长等率同约诸人指实劝戒，不悛，呈官究治。

一，吏书、义民、总甲、里老、百长、弓兵、机快人等，若揽差下乡，索求赍发者，约长率同呈官追究。

一，各寨居民，昔被新民之害，诚不忍言。但今既许其自新，所占田产，已令退还，毋得再怀前仇，致扰地方，约长等常宜晓谕，令各守本分，有不听者，呈官治罪。

一，投招新民，因尔一念之善，贷尔之罪。当痛自克责，改过自新，勤耕勤织，平买平卖，思同良民，无以前日名目，甘心下流，自取灭绝。约长等各宜时时提撕晓谕，如踵前非者，呈官征治。

一，男女长成，各宜及时嫁娶。往往女家责聘礼不充，男家责嫁妆不丰，遂致愆期。约长等其各省谕诸人，自今其称家之有无，随时婚嫁。

一，父母丧葬，衣衾棺椁，但尽诚孝，称家有无而行。此外或大作佛事，或盛设宴乐，倾家费财，俱于死者无益。约长等其各省谕约内之人，一遵礼制。有仍蹈前非者，即与纠恶簿内书以不孝。

一，当会前一日，知约预于约所，洒扫张具于堂，设告谕牌及香案南向。当会日，同约毕至，约赞鸣鼓三，众皆诣香案前序立，北面跪听约正读告谕毕，约长合众扬言曰："自今以后，凡我同约之人，祗奉戒谕，齐心合德，同归于善。若有二三其心，阳善阴恶者，神明诛殛。"众皆曰："若有二三其心，阳善阴恶者，神明诛殛。"皆再拜，兴，以次出会所，分东西立，约正读乡约毕，大声曰："凡我同盟，务遵乡约。"众皆曰："是。"乃东西交拜。兴，各以次就位，少者各酌酒于长者三行，知约起，设彰善位于堂上，南向置笔砚，陈彰善簿；约赞鸣鼓三，众皆起，约赞唱："请举善！"众曰："是在约史。"约史出就彰善位，扬言曰："某有某善，某能改某过，请书之，以为同约劝。"约正遍质于众曰："如何？"众曰："约史举甚当！"约正乃揖善者进彰善位，东西立，约史复谓众曰："某所举止是，请各举所知！"众有所知即举，无则曰："约史所举是矣！"约长副正皆出就彰善位，约史书簿毕，约长举杯扬言曰："某能为某善，某能改某过，是能修其身也；某能使某族人为某善，改某过，是能齐其家也；使人人若此，风俗焉有不厚？凡我同约，当取以为法！"遂属于其善者；善者亦酌酒酬约长曰："此岂足为善，乃劳长者过奖，某诚惶怍，敢不益加砥砺，期无负长者之教。"皆饮毕，再拜会约长，约长答拜，兴，各就位，知约撤彰善之席，酒复三行，知约起，设纠过位于阶下，北向置笔砚，陈纠过簿；约赞鸣鼓三，众皆起，约赞唱："请纠过！"众曰："是在约史。"约史就纠过位，扬言曰："闻某有某过，未敢以为然，姑书之，以俟后图，如何？"约正遍质于众曰："如何？"众皆曰："约史必有见。"约正乃揖过者出，就纠过位，北向立，约史复遍谓众曰："某所闻止是，请各言所闻！"众有所闻，即言，无则曰："约史所闻是矣！"于是约长副正皆出纠过位，东西立，约史书簿毕，约长谓过者曰："虽然姑无行罚，惟速改！"过者跪请曰："某敢不服罪！"自起酌酒，跪而饮曰："敢不速改，重为长者忧！"约正副史皆曰："某等不能早劝谕，使子陷于此，亦安得无罪！"皆酌自罚。过者复跪而请曰："某既知罪，长者又自以为罚，某敢不即就戮，若许其得以自改，则请长者无饮，某之幸也！"趍后酌酒自罚。约正副咸曰："子能勇于受责如此，是能迁于善也，某等亦可免于罪矣！”乃释爵。过者再拜，约长揖之，兴，各就位，知约撤纠过席，酒复二行，遂饭。饭毕，约赞起，鸣鼓三，唱：“申戒！”众起，约正中堂立，扬言曰：“呜呼！凡我同约之人，明听申戒，人孰无善，亦孰无恶。为善虽人不知，积之既久，自然善积而不可掩；为恶若不知改，积之既久，必至恶极而不可赦。今有善而为人所彰，固可喜；苟遂以为善而自恃，将日入于恶矣！有恶而为人所纠，固可愧；苟能悔其恶而自改，将日进于善矣！然则今日之善者，未可自恃以为善；而今日之恶者，亦岂遂终于恶哉？凡我同约之人，盍共勉之！”众皆曰：“敢不勉。”乃出席，以次东西序立，交拜，兴，遂退。

旌奖节妇牌

访得吉水县民人陈文继妻黄氏，庐陵县生员胡兖妻曾氏，俱各少年守制，节操坚厉，远近传扬，士夫称叹，当兹风俗颓靡之时，合行旌奖，以励浇薄。为此仰府官吏即行吉水、庐陵二县掌印官，支给无碍官钱，买办礼仪，前去各家，盛集乡邻老幼之人，宣扬本妇志节之美，务使姻族知所崇重，里巷知所表式，用奖贞节，以激偷鄙。仍备述各妇节操志行始末，及将奖励过缘由，同依准随牌缴报，以凭施行。

兴举社学牌

看得赣州社学乡馆，教读贤否，尚多淆杂。是以诗礼之教，久已施行，而淳厚之俗，未见兴起。为此牌仰岭北道督同府县官吏，即将各馆教读，通行访择。务学术明正，行止端方者，乃与兹选。官府仍籍记姓名，量行支给薪米，以资勤苦。优其礼待，以示崇劝。以各童生之家，亦各通行戒饬，务在隆师重道，教训子弟，毋得因仍旧染，习为偷薄，自取愆咎。

颁定里甲杂办

据龙南县申称：“先年里甲使用，俱系丁粮分派，照日应当，以致多寡不均。要将正德十六年里甲通行查审，除逃绝人丁外，将一年使用，春秋祭祀，军需岁报，使客夫马等项，俱于丁粮议处，每石出银若干，陆续称收贮库。推举老人，公同里长，使用注簿，倘有余剩，照多寡给还。”等因到院。簿查，先该赣州府知府盛茂，同知夏克义议过赣县里长额办杂办，已经批仰岭北道再加酌议。

续据副使王度呈称：“查算本县额办使用，该银三千七百三十一两七分二厘四毫九丝；原辖里长一百一十里内除十里逃绝，止有一百里；十六年分每粮一石算一分，人丁二丁算一分，一年丁粮共该一千一百二十六分半，每分该出银三两三钱一分二厘一毫一丝一忽；合行该县印钤收银文簿一扇，将各都该办银两，分为二次查追贮库；又置文簿二扇，一写本县支出数目，一发支用人役注附；每月选有行止老人二名，公同直日里长，赴县支领；每月备具用过揭帖三本，一送都察院，一分巡道，一本府，各不时稽察，年终羡余，并听上司查处，以补无名征需，府县不得擅支。仍将各里该纳分数，刷印告谕，遍张乡村晓谕；如有官吏额外科派，及收银人役多取火耗秤头，并里甲恃顽不办，许各呈告，以凭拿问，呈乞照详。又经批仰照议即行该县，永永查照，仍备刻告示，遍行晓谕；及多行刷印，颁给各里收照，以妨后奸。”

今申前因，看与本院新定则例相同，及照宁都等九县，及南安所属大庾等县事体民情，当不相远，合就通行查编。为此仰抄案回道，即便速行各县，俱查本院近定规则，各照丁粮多寡，派编银两，追收贮库，选委行止端实老人，公同该日里长支用，置簿稽察，刊榜晓谕，禁约事宜，悉照原议施行。敢有违犯者，就便拿问。呈详通取各县派定过缘由，类报查考。

批江西布政司设县呈

据江西布政司呈将新淦县知县田韦杰建言设县缘由。看得近来各处设县，皆因穷山绝谷，盗贼盘据，人迹罕通，声教不及，不得已而为权宜之计。若腹裹平衍，四通五达之区，止宜减并，不贵增添。盖增一县，即增一县之事，官吏供给，学校仓库，囹狱差徭，一应烦费，未易悉举。且又有彼此推避之奸，互相牵制之患，计其为利，不偿所害。古人谓省吏不如省官，省官不如省事，凡今作事，贵在谋始。仰布政司再行会同二司各官从长计议，设县之外，果无别策，可以致理，具议呈夺。缴。

议处官吏禀俸

照得近来所属各州、县、卫、所、仓、场等衙门大小官吏，以赃问革者相望，而冒犯接踵，究询其由，皆云家口众多，日给不足。俸资所限，本以凉薄，而近例减削，又复日甚。加有上下接应之费，出入供送之繁，穷窘困迫，计出无聊。中间亦有甘贫食苦、刻励自守者，往往狼狈蓝缕，至于任满职革，债负缠结，不得去归其乡。夫贪墨不才，法律诚所难贷，而其情亦可矜悯！夫忠信重禄，所以劝士，在昔任人，既富方谷，庶民在官，禄足代耕，此古今之通义也。朝廷赋禄百司，厚薄既有等级，要皆使各裕其资养，免其内顾，然后可望以尽心职业，责以廉耻节义。今定制所限，既不可得而擅增，至于例所应得，又从而裁削之，使之仰事俯育，且不能遂；是陷之于必贪之地，而责之以必廉之守，中人之资，将有不能，而况其下者之众乎？所据前项事理，非独人情有所未堪，其于政体，亦有所损，合行会议查处，参酌事理轻重，及查在外官员，自二品至九品，并杂职吏胥等俸米，除本色外，其折色原例，每石作银若干，于何年月裁减，作银若干，应否复旧，或量行加增，务要议处停当，呈来定夺施行。

咨六部伸理冀元亨

照得湖广常德府武陵县举人冀元亨，忠信之行，孚于远迩；孝友之德，化于乡闾。本职往年谪官贵州，本生曾从讲学。近来南赣，延之教子，时因宁藩宸濠潜谋不轨，虐焰日张，本职封疆连属，欲为曲突从薪之举，则既无其由；将为发奸摘伏之图，则又尤其实。偶值宸濠饰诈要名，礼贤求学，本职因使本生乘机往见宸濠，冀得因事纳规，开陈大义，沮其邪谋；如其不可劝喻，亦因得以审察动静，知其叛逆迟速之机，庶可密为御备。本生既与相见，议论大相矛盾，宸濠以本职所遣，一时虽亦含忍遣发，而毒怒不已，阴使恶党，四出访缉，欲加陷害。本生素性愿悋，初不之知，而本职风闻其说，当遣密从间道潜回常德，以避其祸。后宸濠既败，痛恨本职起兵攻剿，虽反噬之心无所不至；而天理公道所在，无因得遂其奸。乃以本生系本职素所爱厚之人，辄肆诋诬，谓与同谋，将以泄其仇愤。且本生既与同谋，则宸濠举叛之日，本生何故不与共事，却乃反回常德，聚众讲学？宸濠素所同谋之人如李士实、刘养正、王春之流，宸濠曾不一及，而独口称本生与之造始，此其挟仇妄指，盖有不待辩说，行道之人皆能知者。但当事之人，不加详察，辄尔听信，遂陷本生一至于此。

本生笃事师之义，怀报国之忠，蹈不测之虎口，将以转化凶恶，潜消奸宄，论心原迹，尤当显蒙赏录。乃今身陷俘囚，妻子奴虏，家业荡尽，宗族遭殃。信奸人之口，为叛贼泄愤报雠，此本职之所为痛心刻骨，日夜冤愤不能自已者也。本职义当与之同死，几欲为之具奏伸理，而本生虽在拘囚，传闻不一，或以为既释，或以为候旨。兼虑当事之人，或不见谅，反致激成其罪，故复隐忍到今。又恐多事纷纭之日，万一玉石不分，竟使忠邪倒置，徒以沮义士之志，而快叛贼之心，则本职后虽继之以死，将亦无以赎其痛恨！为此合行具咨贵部，烦请咨询鉴察，特赐扶持，分辨施行。

奖励主簿于旺

看得近来所属下僚，鲜能持廉守法。访得兴国县主簿于旺，独能操持清白，处事详审，近委管理抽分，纤毫无玷，奸弊铲革，抚属小官之内，诚不多见，相应奖励，以劝其余。为此牌仰官吏即便支给商锐银两，买办花红、彩缎、羊酒各一事。并将本院发去官马一匹，带鞍一付，备用鼓乐，差官以礼送付本官，用见本院奖励之意。

申谕十家牌法

本院所行十家牌谕，近来访得各处官吏，类多视为虚文，不肯着实奉行查考，据法即当究治，尚恐未悉本院立法之意，故今特述所以，再行申谕。

凡置十家牌，须先将各家门面小牌挨审的实，如人丁若干，必查某丁为某官吏，或生员，或当某差役，习某技艺，作某生理，或过某房出赘，或有某残疾，及户籍田粮等项，俱要逐一查审的实。十家编排既定，照式造册一本留县，以备查考。及遇勾摄及差调等项，按册处分，更无躲闪脱漏。一县之事，如视诸掌。每十家各令挨报甲内平日习为偷窃，及喇唬教唆等项不良之人。同具不致隐漏重甘结状，官府为置舍旧图新簿，记其姓名。姑勿追论旧恶，令其自今改行迁善。果能改化者，为除其名。境内或有盗窃，即令此辈自相挨缉。若系甲内漏报，仍并治同甲之罪。又每日各家照依牌式，轮流沿门晓谕觉察。如此即奸伪无所容，而盗贼亦可息矣。十家之内，但有争讼等事，同甲即时劝解和释，如有不听劝解，恃强凌弱，及诬告他人者，同甲相率禀官，官府当时量加责治省发，不必收监淹滞。凡遇问理词状，但涉诬告者，仍要查究同甲不行劝禀之罪。又每日各家照牌互相劝谕，务令讲信修睦，息论罢争，日渐开导，如此则小民益知争斗之非，而词讼亦可简矣。

凡十家牌式，其法甚约，其治甚广。有司果能着实举行，不但盗贼可息，词讼可简，因是而修之，补其偏而救其弊，则赋役可均；因是而修之，连其伍而制其什，则外侮可御；因是而修之，警其薄而劝其厚，则风俗可淳；因是而修之，导以德而训以学，则礼乐可兴。凡有司之有高才远识者，亦不必更立法制，其于民情土俗，或有未备。但循此而润色修举之，则一邑之治真可以不劳而致。今特略述所以立法之意，再行申告。言之所不能尽者，其各为我精思熟究而力行之，毋徒纸上空言搪塞，竟成挂壁之虚文，则庶乎其可矣！

申谕十家牌法增立保长

先该本院通行抚属，编置十家牌式，为照各甲不立牌头者，所以防胁制侵扰之弊。然在乡村，遇有盗贼之警，不可以无统纪，合立保长督领，庶众志齐一。为此仰抄案回司，即行各道守巡兵备等官，备行所属各府州县，于各乡村推选才行为众信服者一人为保长，专一防御盗贼。平时各甲词讼，悉照牌谕，不许保长干与，因而武断乡曲。但遇盗警，即仰保长统率各甲设谋截捕。其城郭坊巷乡村，各于要地置鼓一面，若乡村相去稍远者，仍起高楼，置鼓其上，遇警即登楼击鼓。一巷击鼓，各巷应之，一村击鼓，各村应之。但闻鼓声，各甲各执器械齐出应援，俱听保长调度，或设伏把隘，或并力夹击。但有后期不出者，保长公同各甲举告官司，重加罚治。若乡村各家皆置鼓一面，一家有警击鼓，各家应之，尤为快便。此则各随财力为之，不在牌例之内，俱仰督令各县即行推选增置，仍告谕远近，使各知悉。各府仍要不时稽察，务臻实效，毋得虚文搪塞，查访得出，定行究治不贷。

颁行社学教条

先该本院据岭北道选送教读刘伯颂等，颇已得人。但多系客寓，日给为难，今欲望以开导训诲，亦须量资勤苦，已经案仰该道通加礼貌优待，给薪米纸笔之资。各官仍要不时劝励敦勉，令各教读务遵本院原定教条尽心训导，视童蒙如己子，以启迪为家事，不但训饬其子弟，亦复化喻其父兄；不但勤劳于诗礼章句之间，尤在致力于德行心术之本；务使礼让日新，风俗日美，庶不负有司作兴之意，与士民趋向之心，而凡教授于兹土者，亦永有光矣。仍行该县备写案验事理，揭置各学，永远遵照去后。今照前项教条，因本院出巡忙迫，失于颁给，合就查发，为此牌仰本道府，即将发去教条，每学教读给与二张，揭置座右，每日务要遵照训诲诸生。该道该府官员亦要不时亲临激励稽考，毋得苟应文具，遂令日就废弛。

清理永新田粮

据参议周文光呈，看得江西田粮之弊，极于永新，相传已非一日。今欲清理丈量，实亦救时切务，但恐奉行不至，未免反滋弊端，依议定委通判谭储，推官陈相，指挥高睿，会同该县知县翁玑设法丈量。该道仍要再加区画，曲尽物情，务仰各官秉公任事，正己格物，殚知竭虑，削弊除奸，必能一劳永逸，方可发谋举事。如其虚文塞责，则莫若熟思审处，以俟能者。事完之日，悉照该道会议造册，永永遵守施行。缴。

批宁都县祠祀知县王天与申

据宁都县申，看得知县王天与旧随本院征剿横水、桶冈诸贼，屡立战功。后随本院讨平宁藩，竟死勤事。况其平日居官，政务修举，威爱兼行。仰该县即从士民之请，建祠报祀，用伸士夫之公论，以慰小民之遗思。

晓谕安仁余干顽民牌正德十五年二月

照得安仁、余干各有梗化顽民数千余家，近住东乡，逃避山泽，沮逆王化，已将数年，即其罪恶，俱合诛夷无赦。但本院抚临未及，况查本院新行十家牌谕，各官因各民顽梗，尚未编查，若遽行擒剿，似亦不教而杀。为此牌仰抚州府同知陆俸，督同东乡县知县黄堂，及安仁县知县汪济民，余干县知县马津亲诣各民村都，沿门挨编，推选父老弟子知礼法者晓谕教饬，令各革心向化，自求生路，限在一月之内，仇者释其怨，愤者平其心，逋者归其负，罪者伏其辜，具由呈来，仍旧以良善。若过限不改，不必再加隐忍姑息，徒益长奸纵恶，即便密切指实申来，以凭别有区处施行。

告谕顽民 十二月十五日

告谕安仁、余干、东乡等县父老子弟，自本院始至江西，即闻三县间有顽梗背化之民数千家，其时本院方事剿平闽、广、湖、彬诸蛮寇，且所治止于南赣，政教有所未及。自去岁征讨逆藩，朝廷复有兼抚是方之命，随因圣驾南巡，奔走道路，故亦未遑经理。今复还省城，备询三司府县各官，及远近士夫军民，皆谓尔民梗化日久，积恶深重，已在必诛无赦。夫朝廷威令，雷厉风行于九夷八蛮之外，而中土郡县之民，乃敢悖抗若此，不有诛灭，以示惩戒，亦将何以为国？欲即发兵剿捕，顾其间尚多良善，恐致玉石无辨，且前此有司所以处之，亦有未善，何者？

安仁、余干里分，本少于东乡，而地势又限以山谷，顾乃割小益大，以启尔民规避之端。其失一矣。既而两邑之民徭赋不平，争讼竞起，其时若尽改复旧，亦有何说。顾又使其近东乡者归安仁，近安仁者附东乡，以益尔民纷争之谤。其失二矣。及尔等抗拒之迹既成，尚当体悉尔等中间或有难忍之怨，屈抑不平之情，亦须为之申泄断理，或惩或戒，使两得其平。若终难化谕者，即宜断然正以国法。顾乃惮于身任其劳，一切惟事姑息，欲逃租赋，遂从而免其租赋；欲逃逋债，遂从而贷其逋债。于彼则务隐忍之政，而听其外附；于此又信一偏之词，而责其来归。纪纲不立，冠履倒置，长奸纵恶，日增月炽，以成尔民背叛之罪，而陷之必死之地。其失三矣。

然尔等罪恶，皆在本院未临之前。自本院抚临以来，尚未曾有一言开谕尔等。况查本院新行十家牌谕，以弭盗息讼，劝善纠恶，而各该县官又因尔等恃顽梗化，皆未曾编查晓谕，尔等皆未知悉，其间或有悔创自新之愿，亦未可知。若遽行擒剿，是亦不教而杀，虽尔等在前之恶，受此亦不为过，然于吾心终有所未尽也。近日抚州同知陆俸来禀，尔等尚有可悯之情，各怀求生之愿，故特委同陆俸亲赍本院告谕，往谕尔等父老子弟，因而查照本院十家牌式，通行编排晓谕，使各民互相劝戒纠察，痛惩已往之恶，共为维新之民。

尔等父老子弟，其间知识明达者，盍亦深思熟虑之。世岂有不纳粮，不当差，与官府相对背抗，而可以长久无事终免于诛戮者乎？世岂有恃顽树党，结怨构仇，劫众拒捕，不伏其辜，而可以长久无事终免于诛戮者乎？就使尔等各有子弟奴仆，与尔抗拒背逆若此，尔等当何以处之？夫宁王宸濠挟奸雄之资，借宗室之势，谋为不轨，积十余年，诱聚海内巨寇猾贼，动以万计，夺其财力甲兵之强，自以为无敌于天下矣，一旦称乱举事，本院奉朝廷威令，兴一旅之师，不旬日而破灭之，如虏匹雏。尔辈纵顽梗凶悍，自以为孰与宸濠？吾若声汝之罪，不过令一偏裨，领众数百，立齑粉尔辈如几上肉耳。顾念尔等皆吾赤子，其始本无背叛之谋，止因规利争忿，肆恶长悖，日迷日陷，遂至于此。夫父母之于子，岂有必欲杀之心。惟其悖逆乱常之甚，将至于覆宗灭户，不得已而后置之法。苟有改化之机，父母之心，又未尝不欲生全之也。前此官府免尔租税，蠲尔债负，除尔罪名，而遂谓尔可以安居复业，是终非所以生汝。吾今则不然，不免尔相赋，不蠲尔债负，不除尔罪名，尔能听吾言，改恶从善，惟免尔一死，限尔一月之内，释怨解仇，逃税者输其赋，负债者偿其直，有罪者伏其辜，吾则待尔如故。尔不听吾言，任汝辈自为之，吾心既无不尽，吾可以无憾矣！尔后无悔。

批江西都司掌管印信

看得三司各官推举该卫所掌印佥书等官，颇已得宜。俱依议，仰行按察司将本院原发贮库印信，看验明白，照议给领掌官。兹当该卫改革之初，仍行各官务在图新更始，端本澄源，共惟同心同德之美，以立可久可大之规，不独显功业于当时，必欲垂模范于来裔，上不负庙堂之特选，而下可副诸司之举任。其或庸碌浮沉，甚至欺公剥下，岂徒败其身名，亦难免于刑宪。其余空闲各官，观其才识，皆可器使。但以阙少人多，未及尽用。各官惟务持身励志，藏器待时，但恐见用而无才，勿虑有才而未用，若果囊中之锥，无不脱颖而出。毋谓上人不知，辄自颓靡，是乃自弃，非人弃汝矣。俱仰备行各官查照施行。

牌行崇义县查行十家牌法

看得新开崇义县治，虽经本院委官缉理，经画大略，规模已具，终是草创之初，经制未习。该县官员若不假以威权，听其从宜整理，则招徕安习之功，亦未可责效。除行守巡兵备等衙门外。牌仰知县陈瓒上紧前去该县，首照十家牌谕，查审编排，连属其形势，辑睦其邻里，务要治官如家，爱民如子，一应词讼、差徭、钱粮、学校等项，俱听因时就事，从宜区处。应申请者申请，应兴革者兴革，一务畜众安民，不必牵制文法。大抵风土习尚虽或有异，而天理民彝则无不同，若使为县官者果能殚其心力，悉其聪明，致其恻怛爱民之诚，尽其抚辑教养之道，虽在蛮貊，无不可化。况此中土郡县之区，向附新民，本多善类，我能爱之如子，彼亦焉有不爱我如父者乎？夫仁慈以惠良善，刑罚以锄凶暴，固亦为政之大端。若此新民之中，及各县分割都图人户，果有顽梗强横不服政化者，即仰遵照本院钦奉敕谕事理，具由申请，即行擒拿，治以军法。毋容纵恣，益长刁顽。

牌谕都指挥冯勋等振旅还师

牌谕都指挥冯勋、通判林宽、典史徐诚等，本月二十一日，据知县熊价所禀，已知安义叛贼略平，所漏无几，俟余党一尽，各官即行振旅而还。就将所擒叛贼，通行牢固绑缚，分领解赴军门。各官在途，务要肃整行伍，申严纪律，禁缉军兵，不得犯人一草一木，今差参随官詹明赍执各官原领令旗令牌，监军而回。但有违令侵扰于人者，即行斩首示众。其夺命当先，被杀被伤义勇之士，及获功人役，各官务要从公从实开报，以凭优恤给赏。不得互分彼此，辄有偏私轻重。但能推功让美者，勤劳虽微，亦在褒赏。若有争功专利者，功绩虽茂，亦从摈抑。其奉新兵快，往年从征，多犯禁令，今既效有勤劳，尤宜保全始终，毋蹈前非，自取军法重罪。知县熊价，不必解贼，且可在县抚安被扰军民，令各安居乐业。既行申严十家牌谕，互相保障，仍量留九姓义勇，分班守县，候事体定帖，以渐散回。

批瑞州知府告病申

看得知府胡尧元，始以忠义，兴讨贼之功；继以刚果，著及民之政；虽获上之诚，或有未孚；而守身之节，初无可议。据申告病情由，亦似意有所为，大抵能絜矩者，必推己及人；当大任者，在动心忍性。仰布政司即行本官，照旧尽心管理府事，毋因一朝之忿，遂忘三反之功，事如过激，欲抗弥卑，理苟不渝，虽屈匪辱。此缴。

赈恤水灾牌

据南康、建昌、抚州、宜黄等县申称：非常水灾，乞赐大施赈恤，急救生灵流移等情。看得横水非常，下民昏垫，实可伤悯！但计府县所积无多，实难溥赈，其地方被水既广，而民困朝不谋夕，若候查实报名，造册给散，未免旷日迟久，反生冒滥。已行二府各委佐贰官，及行所属被水各县掌印等官，用船装载谷米，分投亲至被水乡村，验果贫难下户，就便量行赈给。

为照南昌所属，水灾尤剧，但居民稠杂，数多顽梗，，非守巡临督于上，或致腾踊纷争。为此仰分守巡南昌官吏，即便分督该府县官于预备仓内米谷，用船装运，亲至被水乡村，不必扬言赈饥，专以踏勘水灾为事，其间验有贫难下户，就便量给升斗，暂救目前之急。给过人户，略记姓名数目，完报查考，不必造册扰害。所至之地，就督各官申严十家牌谕，通加抚慰开导，令各相安相恤。仍督各官俱要视民如子，务施实惠，不得虚文搪塞，徒费钱粮，无救民患，取罪不便。

仰湖广布按二司优恤冀元亨家属

照得湖广常德府武陵县举人冀元亨，忠信之行，孚于远迩云云，已经备咨六部院寺等衙门详办去后。今照冀元亨该科道等官，交章申暴。各该官司，办无干碍，先已释放。不期复染虐痢身故。该部司属官员，及京师贤士大夫莫不痛悼，相与资给衣棺。本院亦已具舟差人扶柩归葬。但恐本生原籍官司，一时未知详悉，仍将家属羁监，未免枉受淹禁。除将本生节义，另行具本奏请褒录外。拟合通行，为此牌仰抄案回司，即行常德府速将举人冀元亨家属，通行释放。财产等项，亦就查明给还收管。仍将本生妻子，特加优恤，使奸人知事久论定之公，而善类无作德降殃之惑。其于民风土习，不为无补矣。

批江西按察司故官水手呈

看得佥事李素，处心和易，居官清谨，生既无以为家，死复无以为殓，寡妻弱妾，旅榇万里，死丧之哀，实倍恒情。该司议欲加拨长夫水手护送，非独僚友之情，实亦惇廉周急之义，准议行令各府佥拨长夫水手，照例起关，差人护送还乡。

仰南康府劝留教授蔡宗兖

据南康府儒学申，看得教授蔡宗兖，德任师儒，心存孝义，今方奉慈母而行，正可乐英才之化。况职主白鹿，当宋儒倡道之区；胜据匡庐，又昔贤栖隐之地。偶有亲疾，自可将调，辄兴挂冠之请，似违奉檄之心。仰布政司备行南康府掌印官，以礼劝留，仍与修葺学宫，供给薪水，稍厚养贤之礼，以见崇儒之意。缴。

批江西布政司礼送仕官呈

据江西布政司呈："查勘新建知县李时，告送佥事李素丧归云南，任内无碍。"缘由。看得知县李时所呈，量才能而知止，已见恬退之节。因友丧而求去，尤见交谊之敦。既经查勘明白，亦合遂其高致。仰司即行该府听，令本官以礼致仕，动支无碍官银，置备彩帐羊酒，从厚送饯。加拨长夫水手，资送还乡。该司仍将本官致仕缘由，行原籍官司，用彰行谊之美，以为风俗之劝。缴。

卷十八　别录十

公移三 总督两广　平定思田　征剿八寨

钦奉敕谕通行 嘉靖六年十月初三日

嘉靖六年七月初七日，节该钦奉敕谕："先该广西田州地方逆贼岑猛为乱，已令提督两广等官、都御史姚镆等督兵进剿，随该各官奏称，岑猛父子悉已擒斩，巢穴荡平，捷音上闻，已经降敕奖励，论功行赏，及将该设流官添设参将等事条陈，又经该部议拟覆奏施行，去后。续该各官复奏，恶目卢苏倡乱复叛，王受攻陷思恩，又经切责各官计处不审，行令将失事官员戴罪督兵剿捕，及调江西畲兵，湖广永、保二司土兵，并力剿杀，务收全功。并敕巡按御史石金纪功外，但节据石金所奏前项地方，卢苏、王受结为死党，互相依倚，祸孽日深，将来不可收拾。又参称先后抚臣举措失当，姚镆等攘夷无策，轻信寡谋，图田州已不可得，并思恩胥复失之，要得通行查究追夺。朕以事难遥度，姚镆等前功难泯，后有疏虞，得旨切责之后，能自奋励，平寇有功，亦未可知，难遽别议。乃下兵部议奏，以各官先后所论事宜，意见不同，且兵连两广，调遣事干邻境地方，必得重臣前去，总制督同议处，方得停当。今特命尔提督两广，及江西、湖广等处地方军务，星驰前去彼处，即查前项夷情，田州因何复叛，思恩因何失守，督同姚镆等斟酌事势，将各夷叛乱未形者，可抚则抚，反形已露者，当剿则剿，一应主客官军，从宜调遣，主副将官及三司等官，悉听节制，治以军法，明示威信，务要计处合宜。仍令御史石金随军纪验功次，从实开报，以凭升赏。贼平之后，公同计处，应设土官流官，何者经久利便，并先今抚镇等官，有功有过，分别大小轻重，明白奏闻区处。凡用兵进止机宜，及一应合行之事，敕内该载未尽者，悉听便宜从长处置；事体十分重大者，具奏定夺。朕以尔勋绩久著，才望素隆，特兹简任，尔务以体国为心，闻命就道，竭忠尽力，大展谋猷，俾夷患殄除，地方安靖，以纾朕西南之忧。仍须深虑却顾，事出万全，一劳永逸，以为广人久远之休，毋得循例辞避，以孤众望。尔钦哉！故谕，钦此。”

钦遵。照得当爵猥以菲才，滥膺重寄，多病之余，精力既已减耗。久废之后，事体又复阔疏，大惧弗堪，有负委托。及照两广之与江西、湖广，虽云相去辽远，而壤地相连，士夫军民，往来络绎。传闻既多，议论有素，况在无嫌之地，是非反得其真。且处傍观之时，区画宜有其当，合行谘询，以辅不逮。除委用职官，及调遣军马，临时相机另行外，拟合通行。为此仰抄捧回司，照依案验备奉敕谕内事理，即行本司掌印佐贰及各道分巡兵备守备等官，并所属大小衙门各该官吏，凡有所见，勿惮开陈。其间或抚或剿，孰为得宜；设土设流，孰为便利；与凡积弊宿蠹之宜改于目前，远虑深谋之可行于久远者，备写揭帖，各另呈来，以凭采择。各该官吏俱要守法奉公，长廉远耻，祛患卫民，竭忠报国。毋以各省而分彼此，务在协力以济艰难，果有忠勇清勤、绩行显著者，旌劝自有常典，当爵不敢蔽贤；其或奸贪畏缩、志行卑污者，黜罚亦有明条，当爵亦不敢同恶。深惟昧劣，庶赖匡襄，凡我有司，各宜知悉。仍行镇守抚按等衙门知会，一体钦遵施行。

湖兵进止事宜 十月

据广西桂林道右参政龙诰、佥事申惠会禀："原调永、保二司宣慰官舍土兵共六千余员名，八月自辰州府起行，九月尽可到省城，各职即日起程前去全州、兴安等处接应督押。为照大兵进止，自有机宜。今未奉节钺抚临，莫知适从。查得旧规，兵至即发哨径趋宾州听遣；如至宾州而未用，恐接境思、田二府不无致生疑变，合无将各兵前赴梧州府屯扎，听候军门抚临调度。"等因。照得本年八月二十四日，先准兵部咨，该本爵看得先任总督巡抚都御史姚，已蒙钦准致仕，而本爵又以扶病就医，听候辞本命下，未即起程。况湖兵未至，秋暑尚深，遥计贼情，正在懈弛，机有可乘，事宜从便，已经行仰各该失事带罪立功守巡参将，及各领兵督哨等官，务要相度机宜，若各叛目诚心投抚，中间尚有可怜之情，朝廷岂以必杀为事，且宜从权抚插，听候本爵督临查处。若是阳投阴叛，谲诈反覆，度其事势，终难曲全，则宜密切相机乘间行事，务在获厥渠魁，不得滥加无罪，各官务要协和行事，既无参错牴牾有乖共济之义，亦无贪功轻率仰戾好生之仁，又经行仰各遵照施行去后。

今据前因，看湖兵既至，势难中止，非徒无事漫行，有失远人之信。亦且师老财费，重为地方之忧。但闻诸道路，传诸商旅，皆谓各目投抚之诚，今已甚切。致乱之情，尚有可原。且朝廷以好生为德，下民无必死之仇，是以本爵尚尔迟疑，欲候督临，乃决进止。顾传闻未真，兵难遥度，各官身亲其事，必皆的知。况原任总督虽已致政，尚在统领，老成慎重，当无随策。若果事在不疑，即宜乘机速举，一劳永逸，以靖地方。如其尚有可生之道，亦且毋为必杀之谋，匪曰姑息，将图久安。及照各处流贼，素为民患，非止一巢，若用声东击西之术，则湖兵之来，未为徒行。各官俱密切慎图，务出万全。本爵亦已扶病昼夜速进，军中事宜，从便施行。一面呈禀抚镇巡按等衙门一体通行知会，俱毋违错。

牌谕安远县旧从征义官叶芳等十一月

往年本爵提督南、赣、汀、漳等处军务，因地方盗贼未平，身亲军旅，四出剿除。尔叶芳等乃能率领兵夫，来随帐下奋勇杀贼，效劳为多。后遭宁藩之变，尔叶芳又能坚辞贼贿，一闻本爵起调牌到，当即统领曾德礼等及部下兵众，昼夜前来，远赴国难，一念忠义，诚有可嘉，备历辛苦，立有战功，赏未酬劳，予心慊慊，尝欲表奏尔一官，以励忠勤。随因本爵守制还家，未及举行。今兹奉命总制四省军务，复临是境，看得旧时从征军士，多被忌功之徒，百般屈抑，心殊为之不平。念尔叶芳，旧劳未酬，合就先行奖励。故特差典史张缙将带花红羊酒，亲至尔家，用旌尔功。尔其益谨礼法，以缉下人，益殚忠勤，以报上德，省谕部下之人，务要各安生理，各守家业。人惟不为善，未有为善而不获善报者；人惟不为恶，未有为恶而不受恶殃者。闻尔所居之地，傍近各寨新民，虽云向化，其间尚多与尔为仇，尔宜高尔墙垣，严尔警备，以戒不虞。尔等尝与杜柏、孙洪舜等不和，各宜消释，讲信修睦，安集地方。吾所以惓惓诲谕尔等者，实念尔等辛勤从我日久，吾视尔等不啻如父子，虽欲已于言，情有所不容已也。吾今以军机重务，即赴两广，不得久留赣城，尔等但体吾教戒之意，各安室家，不必远来候见，徒劳无益。其曾德礼等，俱各谕以此意。

批南康县生员张云霖复学词

看得张云霖原系本院檄召起兵从征人数，立有功次，已经核实造报，皆本院所亲知。后因忌功之徒，搜求罗织，遂令此生屈抑至此，言之诚为痛愤。仰分巡岭北道即与查审教官费廷芳招案，有无干涉；功赏银两，曾否收给；仍行提学道收送复学，则有功之士，不至于抱冤愤，而本生仗义勤王之节，庶亦不负其初心矣。批赣县生员雷瑞词同。

放回各处官军牌十二月二十五日

照得先因田州等处变乱，前任军门抽拨两省官军，及差官取调左右两江土官目兵前赴南宁等处驻扎，听候征剿。今照各夷皆来告，要诚心向顺，已渐有平复之机，且各处城池边隘缺人防守，往往来告，盗贼乘间窃发，亦不可不为之虑。况今春气萌动，东作方兴，各兵屯顿日久，霜眠草宿，劳苦万端，应合放回。为此牌仰本官，即将军门原调各处官军机兵打手，及土官目兵尽数撤散，放回休息，及时农种，防守城池。惟湖广永、保二司土兵，姑留听候，俟沿途夫马粮草完备，然后发回。各具由回报，毋得违错。

犒谕都康等州官男彭一等 十二月二十八日

看得广西某州县官孙族某，官男头目某等，统领土兵前来南宁宾州地方，屯哨日久，劳苦良多。即今岁暮天寒，各兵远离乡土，岂天室家之念？故今特加犒劳，通放归复业安生。本族官目，务要严整行伍，经过地方，毋得侵扰人家一草一木，有犯令者，即时照依军法斩首。到家之后，仰本州县官仍要爱惜下人，辑和邻境，毋得恃强凌弱，倚众暴寡，越理逾分，自取罪累，遵守朝廷法制，保尔土地人民。牌仰本州县官执照遵守，到家之日，俱依准回报。

札付永顺宣慰司官舍彭宗舜冠带听调

据湖广永顺等处军民宣慰使司领征言带舍把彭明伦、田大有等呈称：“统兵土舍彭宗舜，系致仕宣慰彭明辅嫡生次男，伊兄彭宗汉身故，本舍应该袭替。嘉靖五年，宗汉奉征田州，蒙军门札付冠带杀贼。惟本舍见统目兵听用，又自备家丁三千报效，窃恐未授官职，军威无所瞻肃。呈乞比照故兄彭宗汉事体，授职便益。”等因到爵。

为照军旅之政，非威严则不肃；等级之辨，非冠带无以章。今官舍彭宗舜于常调之外，自备家丁，随父报效，不避艰险，勤劳王事，固朝廷之所嘉与，况又勘系应袭次男，今以土舍领兵，于体统未肃，合就遵照敕谕便宜事理，给与冠带，以便行事。除事宁另行具奏外。为此札仰官舍彭宗舜先行冠带，望阙谢恩，仍须秉节持身，正己律下，申严约束，而使兵行所在，无犯秋毫；作兴勇敢，而使兵威所加，有如破竹。务竭忠贞，以图报称，功成之日，具奏旌赏，国典具存。先具冠带日期，依准缴报。仍行本省镇巡衙门知会，毋得违错。

批广西布按二司请建讲堂呈

据参政汪必东、佥事吴天挺呈请建讲堂号舍，以便生员肄业事。看得感发奋励，见诸生之有志；作兴诱掖，实有司之盛心。不有藏修之地，难成讲习之功，况境接诸蛮之界，最宜用夏变夷，而时当梗化之余，尤当敷文来远，虽亦俎豆之事，实关军旅之机，准如所议，动支军饷银两，即为起盖，务为经久之计，毋饰目前之观。完日，开数缴报。

批立社学师耆老名呈 嘉靖七年正月

据思明府申称："要令土人谭勳、苏彪加以社学师名号，乡老黄永坚加以耆老名号。"看得教民成俗，莫先于学。然须诚爱恻怛，实有视民如子之心，乃能涵育薰陶，委曲开导，使之感发兴起。不然，则是未信而劳其民，反以为厉己矣。据本县所申，是亦良法，但须行以实心，节用爱民，施为有渐，不致徒饰一时之名，务垂百年之泽，始可。该道守巡官仍加劳来匡直，开其不逮。备行该府查照施行。

议处江古诸处瑶贼

节据各道哨守官兵呈报，照得广西府江、古田、洛容诸处瑶贼，日来势益猖炽，皆由近年以来，大征之举，既为虚文，而雕剿又复绝响，是以为彼所窥，肆无忌惮。今思、田事体渐就平息，湖兵西归有日，正可相机行事。为此牌行左布政严纮，密切会同参政龙诰，按察使钱宏，副使李如圭、翁素，将各稔恶贼巢，务访的确，密拘知因乡道，备询我兵所由道路险夷远近，及各贼巢所在。议谋既定，即可迎约湖兵决机行事。

要在声东击西，后发先至，但诛其罪大恶极者一处两处，其余且可悉行宽抚，容令改恶从善，务在去暴除残，惩一戒百，不必广捕多杀，致令玉石无分，惊疑远迩，后难行事。若其事势连络广远，关系重大，亦且不宜轻动。本院尚驻南宁，彼中事机，势难遥度，谅各官平日素有深谋沉勇，秉义奋功，一切机宜，自能周悉。近报划平之获，已见用心之勤，尚须后效，一并奏请。凡有申禀，密切封来。

批岭西道立营防守呈 二月

据佥事李香呈称，“顾募打手，立营防守”缘由。看得所议，既得其要略，但屯兵固不可分，而合兵又不宜顿，必须该道及统兵官时将屯聚之兵，督率于贼盗出没要害，往来巡视操演。因而或修复营堡，或开通道路，或戒饬反侧瑶寨，或抚安凋弊民村，巡行惯熟，远近不疑，择其长恶不悛者，间行雕剿，惩一戒百。如农夫之植禾，必逐渐而耕耨；如园丁之去草，必以次而芟除。庶屯聚之兵，无坐食之患，而有日新之功矣。仰备行各官查照施行。

犒送湖兵

照得先该军门奏调湖广永顺、保靖二宣慰司土官目兵前来征剿田州等处。今照各夷自缚归降，地方平靖。为照宣慰彭明辅、彭九霄虽未及冲冒矢石，摧坚破敌，然跋涉道途，间关山海，不但劳苦之备尝，且其勤事之忠，赴义之勇，不战而胜，全师以归，隐然之功，亦不可掩。所据宴劳之礼，相应照旧举行。其沿途该用廪给口粮等项，亦合计算总支，庶免阻滞，及省偏州下邑之扰。为此牌仰本官，行会左参政龙诰，佥事吴天挺，参议汪必东督行南宁府，于赏功彩缎金银花枝银两内，照依开数支出，赍送各宣慰，并给赏各舍目收领，以慰其劳。仍将永、保二司官舍头目人等合用廪给口粮等项，查取见在确数各有若干，亦行南宁府查自本府起，至梧州府止，计算几县，每驿扣算该银若干，就于军饷银内支给。又自梧州起，至桂林府止，查算县驿若干，亦就行该府支银应付。又自桂林府起，照前计算至全州止，银两亦行该府查给。其各州县止是应付人夫，再不许别项科派于民。仍通行南宁、浔州、梧州、平乐、桂林、全州各查照单内预行整办犒劳，下程听候各官舍目到彼，分送犒劳给赏施行。

批岭西道抚处盗贼呈

看得各处盗贼，全在抚处得宜，绥柔有道，使之畏威怀德，岁改月化，自然不敢为恶，乃为善策。虽雕剿之举，亦不得已而后一行。至于待其猖獗肆恶，然后悬金以购首级之获，掩袭以求斩捕之多，抑亦末矣。今后该道官务思抚处绥柔之长策，如驾舟之舵，御马之辔，操持有要，而运动由己。若舍舵与辔而广求驾御之术，虽极功巧习熟，终亦不免倾跌之虞。一应赏罚，量功大小以为多寡。军门原有旧规，军职累功升级，亦有见行事例。临阵退缩，仰遵敕谕事理，当时以军法从事。俱仰查照施行。缴。

禁革轻委职官

据广东布政司呈参："广州左等四卫掌印指挥王冕、海信、杜隆、冯凝，千户陆宗等，百户刘恺等，不修职业，委弃城池，远出经旬，肆无忌惮，应合参问。"参看擅离职役，律有明条。今各处军卫有司官往往辄因私事，弃职远出；或因上司经由，过为趋谄，越境送迎，往回动经旬月，上下相安，恬不为异，仰布政司通行禁革究治。今后不系紧急军机重务，其余问候申请等项，虽亦公事，势有轻缓者，止役吏胥差使，不许轻委职官，非但廪给夫马，骚扰道途，劳费不少，抑且城池库狱，一有亏失，贻累匪轻。各该衙门首领官，今后俱要置立文簿，凡遇掌印佐贰及带俸等官公事出入，俱要开记月日。因某事到某处送迎，或承何衙门到某处差委，某年月日回任，岁终缴报本院，以凭查究。

大抵天下之不治，皆由有司之失职；而有司之失职，独非小官下吏偷惰苟安，侥倖度日，亦由上司之人，不遵国宪，不恤民事，不以地方为念，不以职业经心，既无身率之教，又无警戒之行，是以荡弛日甚，亦宜分受其责可矣。仰布政司备行各该守巡、各兵备、守备及府、州、县、卫、所等大小衙门，仰各查照施行。该卫掌印等官姑记未究。其陆宗、刘恺，遵照本院钦奉敕谕事，先行提究，以警其将来。此缴。

分派思田土目办纳兵粮四月

照得思恩、田州二府，各设流官知府治以土俗。其二府原旧甲分城头，除割田州八甲分立土官知府，以存岑氏之后。其余悉照旧规，不必开图立里。但与酌量分析，各立土目之素为众所信服者以为土官巡检，属之流官知府，听其各以土俗自治，照旧办纳兵粮，效有勤劳，递加升授。其袭授调发，必皆经由于知府；其官职土地，皆得各传其子孙。除具题外。为照各甲城头，既已分析，若不先令各自暂行分管，诚恐事无统纪，别生弊端。为此牌仰田州府土目龙寄等，遵照后开甲分，每岁应该纳办官粮，查照开数，依期完纳，出办一应供役征调等项事情，悉听知府调度约束。本目仍要守法奉公，正已律下，爱养小民，保安境土，毋得放纵恣肆，逾分干纪，自取罪累，后悔无及，候奏请命下，仰各钦遵施行。

计开：

凌时甲。 每年纳夏税秋粮米八十八石八斗七升七合。 每调出兵三百八十四名。 每年表笺用银三钱二分。 须知一本，赴广西用银一钱一分。 须知二本，赴京用银八钱八分。 每年纳官猪等例银一十三两。 每年纳官禾四十担，重一百斤。 每年供皂隶禾七担。

完冠砦陶甲。

案行广西提学道兴举思田学校

照得田州新服，用夏变夷，宜有学校。但疮痍逃窜之余，尚无受廛之民，即欲建学，亦为徒劳。然风化之原，终不可缓云云。除具题外，拟合就行。为此仰抄案回道，著落当该官吏，备行所属儒学遵照，但有生员，无拘廪增，愿改田州府学，及各处儒生愿附籍入学者，各赴告本道，径自查发，选委教官一员，暂领学事，相与讲肄游息，或兴起孝弟，或倡行乡约，随事开引，渐为之兆，俟休养生息一二年后，该府建有学校，然后将各生徒通发该学肄业，照例充补增廪，以次起贡，俱无违错。

揭阳县主簿季本乡约呈 四月

据揭阳县主簿季本呈为乡约事。足见爱人之诚心，亲民之实学，不卑小官，克勤细务，使为有司者，皆能以是实心修举，下民焉有不被其泽，风俗焉有不归于厚者乎！但本官见留军门听用，该县若无委官相继督理，未免一暴十寒。况本院近行十家牌谕，虽经各府县编报，然访询其实，类是虚文搪塞，且编写人丁，惟在查考善恶，乃闻加以义勇之名，未免生事扰众，已失本院息盗安民之意。访得潮州府通判张继芳持身端确，行事详审，仰该府掌印官将发去牌式，再行晓谕所属，就委张继芳遍历属县，督令各该县官勤加操演，务要不失本院立法初意。仍先将牌谕所开事理，再四䌷绎，必须明白透彻，真如出自己心，庶几运用皆有脉络，而施为得其调理。该县乡约，仰委县丞曹森管理，毋令废堕。

赈给思田二府 四月

照得近因思、田二府攘乱，该前总镇等官奏调三省汉土官军兵快人等前来南宁府屯住防守，军民大小，男不得耕，女不得织，而湖兵安歇之家，骚扰尤甚。今虽地方平靖，湖兵已回，然疮痍未起，困苦未苏，况自三月已来，天道亢旱，种未入土，民多缺食，诚可悯念！已经行仰同知史立诚遍查停歇湖兵之家，开报相应，量行赈给。为此牌仰南宁府着落当该官吏，专委同知史立诚即将十名以上七十一家，各给米二石，咸鱼二十斤；五名以上三百五十六家，各给米一石三斗，咸鱼十三斤；

五名以下四百五十四家，各给米一石，咸鱼十斤。就于该府军饷米鱼内支给开报。其余大小军民之家，谕以本院心虽无穷，而钱粮有限。各宜安心生理，勤俭立家，毋纵骄奢，毋习游惰，比之丰亨豫大之日虽不足，而方之兵戈扰攘之时则有余矣。

牌行灵山县延师设教 六月

看得理学不明，人心陷溺，是以士习日偷，风教不振。近该本院久驻南宁，该府及附近各学师生前来朝夕听讲，已觉渐有奋发之志。但穷乡僻邑，本院既未暇身至其地，则诸生亦何由耳闻其说，合行委官，遍行训告。

看得原任监察御史，今降合浦县丞陈逅，理学素明，志存及物，见在军门，相应差委。除行本官外。为此牌仰灵山县当该官吏，即便具礼敦请本官于该县学安歇，率领师生，朝夕考德问业。务去旧染卑污之习，以求圣贤身心之功。该县诸生应该赴试者，临期起送；不该赴试者，如常朝夕听讲。或时出与经书策论题目，量作课程；不得玩易怠忽，虚应故事，须加时敏之功，庶有日新之益。该县仍要日逐供给薪米之类。候该县掌印官应朝之日，本官不妨训迪诸生，就行兼署该县印信。

牌行委官陈逅设教灵山

看得理学不明云云。除行廉州府及所属县外，牌仰本官即便前去该府及所属县，行各掌印官，召集各该县师生，遍行开导训告，各行立志敦本，求为身心之学，一洗旧习之陋，度量道里，折中处所，于灵山县儒学住歇，令各县师生可以就近听讲。其诸生该赴试者，临期起送；不该赴试者，如常朝夕聚会，考德问业，毋令一暴十寒，虚应文具。亦或时出经书策论题目，量作课程；就与讲析文义，以无妨其举业之功。大抵学绝道丧之余，人皆骇于创闻，必须色蒙俯就，涵育薰陶，庶可望其改化。谅本官平日素能孜孜汲引，则此行必能循循善诱。该县掌印官应朝之日，本官不妨训迪诸生，就行兼署该县印信，待后县官应朝回日，方许交还。

牌行南宁府延师设教

看得理学不明，人心陷溺，是以士习益偷，风教不振。近该本院久住南宁，与该府县学师生朝夕开道训告，颇觉渐有兴起向上之志。本院又以八寨进兵，前往贵州等处调度，则兴起诸生，未免又有一暴十寒之患。看得原任监察御史，今降揭阳县主簿季本，久抱温故知新之学，素有成己成物之心，即今见在军门，相应委以师资之任。除行本官外，仰南宁府掌印官即便具礼率领府县学师生，敦请本官前去新创敷文书院，阐明正学，讲析义理。各该师生务要专心致志，考德问业，毋得玩易怠忽，徒应虚文。其应该赴省考试者，扣算程期，临时起送；不该赴试者，仍要如常朝夕质疑问难。或时出与经书题目，量作课程。务加时敏之功，以求日新之益，该府县仍要日逐量送柴米供给。

牌行委官季本设教南宁

看得理学不明，人心云云。除行该府掌印官率属敦请外，仰本官就于新创敷文书院内安歇。每日拘集该府县学诸生，为之勤勤开诲，务在兴起圣贤之学，一洗习染之陋。其诸生该赴考试者，临期起送；不该赴试者，如常朝夕聚会。考德问业之外，或时出与经书论策题目，量作课程；就与讲析文义，以无妨其举业之功。大抵学绝道丧之余，未易解脱旧闻旧见。必须包蒙俯就，涵育薰陶，庶可望其渐次改化。谅本官平素最能孜孜汲引，则今日必能循循善诱。诸生之中，有不率教者，时行夏楚，以警其惰。本院回军之日，将该府县官员师生查访勤惰，以示劝惩。

批岭东道额编民壮呈 六月

据岭东道巡守官呈："议将各额编民壮存留，照旧守城，并追工食，雇募打手调用。”看得本院自行十家牌式，若使有司果能着实举行，则处处皆兵，家家皆兵，人人皆兵，防守之备既密，则追捕之兵自可以渐减省，以节民财，以宽民力。但今有司类皆视为虚文，未曾实心修举。一旦遂将额设民壮三分减一，则意外不测之虞，果亦有如各官所呈者。合且姑从所议，将各民壮照旧存留，备行该道所属查照施行。仍仰各官务要用心举行十家牌式，不得苟且因循，惟事支吾。目前徒倚繁难自弊之术以为上策，反视易简久安之法以为迂缓，噫！果有爱民之诚心，处官事如家事者，其忍言者之谆谆，而听之乃尔其藐藐耶？凡我各官，戒之敬之！此缴。

裁革文移

据布政司呈：“今后但有牌案行属者，则于备仰语后止令奉行官吏具遵行过缘由回报。”看得近来官府文移日烦，如造册依准等项，果系徒劳徒费，虚文无补。本院欲革此弊久矣，因军务纷剧，未及举行。据呈前因，可谓先得我心之同然者。自今事关本院，除例该奏报及仓库钱粮金帛赃罚纸价预备稻谷等项，仍于每岁终开项共造手册一本，送院查考外，其余一应不大紧要文册，及依准等项，通行裁革，务从简实，以省劳费。凡我有官皆要诚心实意，一洗从前靡文粉饰之弊，各竭为德为民之心，共图正大光明之治，通备行各该衙门查照施行。缴。

批右江道调和寨目呈

据副使翁素呈，湖润寨目兵径赴镇安取调，准议备出印信下帖，给与该府该司，各永永执照，以杜后争。湖润既已自知原属镇安，自此必益供事大之职；镇安既欲自求仍统湖润，自此必益施字小之仁。须要诚心协和，庶可永绝祸患。若徒追胁矫诬于一时，终必反覆变乱于日后，此自取灭亡，后悔何及。仰各知悉遵照毋违。此缴。

批南宁府表扬先哲申

据南宁府申称："北门外高岭原有庙宇，以祠宋枢密使狄武襄公青，经略使余公靖，枢密直学士孙公沔，邕州太守忠壮苏公缄，推官忠愍谭公必缘，年久倾颓，止存基址。今思、田既平，所宜修复，以系属人心，以耸示诸夷。"看得表扬先哲，以激励有位，此正风教之首。况旧基犹存，相应修复，准支在库无碍官银，重建祠宇。其牌位祭物等项，照旧修举。完日具由回报。此缴。

批增城县改立忠孝祠申

据增城县申称："参得广东参议王纲，字性常，洪武年间，因靖潮寇，父子贞忠大孝，合应崇祀，于城南门外天妃庙改立忠孝祠。"看得表扬忠孝，树之风声，以兴起民俗，此最为政之先务。而该县知县朱道澜乃能因该学师生之请，振举废坠。若此则其平日职业之修，志向之正，从可知矣。仰行该县悉如所议施行，其神像牌位及祭物等项，俱听从宜酌处。完日具由回报。此缴。

批参政张怀奏留朝觐官呈

据左参政张怀所呈，悯念兵荒，欲留府县正官，足见留心地方。但今岁应朝事体颇重，朝廷励精图治，必有维新之政。各该正官正宜一行，以快观感。似难通行奏留，仰各照例依期起程。况该道守巡，既得贤能官员，各肯忧劳尽心，若此，各府州县虽无正官，其各佐贰亦必警戒修省，自堪驱策。其间果有阘冗不才，不任委寄者，该道即行别委相应官员署管。仰即通行查照施行，毋再疑滞。缴。

经理书院事宜八月

据佥事吴天挺呈称："将南宁城东西二壕花利，通收府库，支与书院师生应用，剩银修理，仍置教官私宅号房，以为定规。"看得所呈事宜，足见该道官留心学校，兴起士习之美意，俱准照议施行。但事无成规，难垂久远，而管理非人，终归废坠。该道仍须置立文簿，将区处过事宜，逐件开载，给付该府县学及管理书院官，各收一本存照，相继查考举行，以防日后埋没侵渔之弊。仍于各教官内推举学行端方、堪为师范者呈来定委，专管书院诸务，训励诸生，庶几法立事行，人存政举，而今日书院之设为不虚矣。仍行提督学校官知会，一体查督举行，及备行该府县学官吏师生查照施行，俱毋违错。此缴。

牌行南宁府延师讲礼八月

照得安上治民，莫善于礼，冠婚丧祭诸仪，固宜家谕而户晓者，今皆废而不讲，欲求风俗之美，其可得乎？况兹边方远郡，土夷错杂，顽梗成风，有司徒事刑驱势迫，是谓以火济火，何益于治？若教之以礼，庶几所谓小人学道则易使矣。近据福建莆田儒学生员陈大章前来南宁游学，进见之时，每言及礼。因而扣以冠婚乡射诸仪，果亦颇能通晓。看得近来各学诸生，类多束书高阁，饱食嬉游，散漫度日。岂若使与此生朝夕讲习于仪文节度之间，亦足以收其放心，固其肌肤之会，筋骸之束，不犹愈于博弈之为贤乎。为此牌仰南宁府官吏。即便馆谷陈生于学舍，于各学诸生之中，选取有志习礼及年少质美者，相与讲解演习。自此诸生得于观感兴起，砥砺切磋，修之于其家，而被于里巷，达于乡村，则边徼之地，自此遂化为邹鲁之乡，亦不难矣。诸生讲习已有成效，该府仍要从厚措置礼币，以申酬谢。仍备由差人送至广西提督学校官，以次送发各府州县，一体演习。其于风教，要亦不为无补。

扎付同知林宽经理田宁

照得思、田二府平复，议将田宁府改设流官，见今无官管理。看得化州知州林宽，才识通敏，干办勤励。本爵巡抚江西，知其可用，近因改建府治，修复城垣，已经委令经理。即若升以该府同知，而使久于其职，必有可观。已经具题，奉有明旨。

续该本院看得南宁自宣化县至于田宁，逆流十日之程，其间错以土夷村寨，奸弊百出，本爵近因躬抚南宁思龙诸图，乡民拥道控告，愿立县治，因为经理。相度得村名那久者，宽平深厚，江水萦迴，居民千余家，竹树森翳，且向武各州道路皆经由其傍，亦为四通之地，堪以设立县治，属之田宁，亦足以镇据要害，消沮盗贼，又经具题外。

为照新升知府张钺尚未到任，合就扎仰本官即便管理府事，抚绥目民。其修筑城垣廨宇，及那久新立县治等项事宜，公同各该委官用心督理，务在修筑坚固，工程早完，以图经久。候知府张钺到任，仰本官专督思龙县治，务要清查所割图里钱粮明白，毋令奸民飞诡影射，致贻纷争。本官素有才识，志在建功立业，况奉新命，擢佐专城，远近土目人等侧耳注目，思有维新之政，本官务要竭心殚力，展布才猷，以仰答朝廷之恩，俯慰下民之望，中无负于车门之委托。如其因循玩愒，隳事废功，不但声名毁辱，抑且罪责难逃。

扎付同知桂鳌经理思恩

照得思、田二府平复，已经具题将柳州府同知桂鏊经理思恩府事，休劳息困，当有所济。续该本爵看得岑浚新移府治，皆斩山绝壁，如处戈矛剑戟之中，况瘴雾昏塞，薄午始开。本爵近因督剿八寨，亲往相度，看得地名荒田，宽衍膏腴，可以建府治。而上林县地名三里者，乃在八寨之间，其地多良田茂林，村落相望，堪以移设凤化县治，量筑城垣廨宇，招抚逃亡，可以成一方之保障。仍将上林一县，通割以属思恩，似于事势为便等因，又经具题外。

为照署掌府印，迁筑府城，新创县治，及盖廨宇等项，皆不可缺人督理，合就扎仰本官即便星驰前去思恩府署掌印信，抚绥目民，其迁筑府城于荒田，移设县治于三里，及创建廨宇等项一应事宜，公同各该委官用心督理云云。如其因循玩愒，隳事废功，岂徒身名毁辱，兼亦罪责难逃。

牌行南昌府保昌县礼送故官

照得保昌县县丞杜洞，久在军门，管理军赏，清介自持，贤劳茂著，郡属之中，实为翘然。今不幸病故，使人检其行橐，萧然无以为归殡之资，殊可伤悼！今寻常故官小吏，无洞一日之劳者，犹且有水手殡殓之例，况洞从征恶寇，跋涉险阻，冲冒瘴毒，又且平日才而且贤，所谓以死勤事者矣！焉可以不从厚待之，是贤不肖略无所辨也。为此牌仰本府官吏，即于库贮无碍官钱内，给与水夫二名，棺殓银十两，就行照例起关，应付船只脚力，查照家属名数，给与口粮，务要从厚资送还乡开报。及仰保昌县官吏，即便佥拨长行水手二名，棺殓银二十两，及将本官应得俸粮马夫银两，照数支给，交付伊男。及差的当人役，护送还乡，毋致稽误。

调发土兵十月

照得各州土兵，征调频数，本非良法，非但耗费竭财，抑且顿兵锉锐。必须各州轮年调发，一以省供馈之费，一以节各兵之劳，庶几土人稍有休息之期，而官府亦获精锐之用。已经行仰该司遵照备行南丹州官族莫振亨，即就拣选勇敢精锐目兵三千名，躬亲统领，照依克定日期，前赴广西省城，听调杀贼，果能输忠报效，立有奇功，即与具奏准袭该州官职，自今八月初一日为始，至下年八月初一日止，却调东兰州土兵依期更替。自今各州目兵，军门断不轻易调发，致令奔疲劳苦，亦决不姑息隐忍，纵令骄惰玩弛。但有稽抗迟误，违犯节制，轻则量行罚治，重则拿究，革去冠带，又重则贬级削地，又重则举兵诛讨，断不虚言，通行各土官兵目知悉，俱仰改心易虑，毋蹈前非，自贻后悔去后。

今据所呈，为照本院军令既出，难再轻改，失信下人。但本官呈称雕剿缺兵，固亦一时权宜，况称原系本州先年自愿报效，不在秋调之数，亦合姑从所请，暂准取调。为此牌仰本官即便会同镇守太监傅伦，行仰该州土官韦虎林，照数精选目兵，前赴省城，听各官调遣剿贼。待三两月间事毕，随即撤放回州，遵照军门批行事理，依期更班听调，不许久留失信。其所呈雕剿事宜，悉听会同三司掌印守巡兵备等官依拟施行。事完之日，通将获过功次，用过钱粮数目，开报查考，俱毋违错。仍行总镇总兵镇巡等衙门知会。

犒奖儒士岑伯高

照得思、田之乱，上廑九重，命将出师，动调四省军马钱粮，汹汹两年，功未告成，而变日不测。本院前来勘处，是固仰赖皇上好生之仁，格于天地，至诚动物，不疾而速，是以宣布威德，而旬月之间，诸夷即尔革心向化，翕然来归。然而奔走服役，固有效劳于下者，其间乃有深谋秘计之士，潜开默导，以会合事机，其功隐而难见，此惟主将知之，功成行赏，是所谓首功者也。

照得儒士岑伯高，素行端介，立心忠直，积学待时，安贫养母。一毫无所苟取，而人皆服其廉；一言不肯轻发，而人皆服其信；游学横州、南宁之间，远近士夫，及各处土官土夷，莫不闻风向慕，仰其高节。本院抚临之初，即用此生，使之深入诸夷，仰布朝廷之德，下宣本院之诚，是以诸夷孚信之速，至于如此，本生实与有力焉。当时平复奏内，即欲具列本生之功；而事变方息，深谋秘计，未欲张布于诸夷，但本生志在科第发身，不肯异途苟进，坚辞力请，本院不欲重违雅志，遂尔未及奏列。今思、田既已大定，凡有微劳于兹役者，莫不开列；而本生之功，泯然未表，其于报功励忠之典，诚有未当。仰抄案回司，即于军饷银内动支一百两，及置买彩币羊酒，礼送本生，以见本院慰赏犒劳之意。仍仰遵本院钦奉敕谕便宜事理，给与军功冠带，以荣其身。该司仍备给扎付执照，并行原籍官司，以礼优待，免其杂泛差徭，明朝廷赏功之典，彰军门激励之道，既以遂其养母之愿，且以遂其高尚之心；是后本生志求科第，其冠带自不相妨。仍行两广总镇总兵镇巡等衙门知会。

征剿八寨断藤峡牌 七年三月 以下俱征八寨

据留抚田州、思恩等处地方右布政使林富，原任副总兵都指挥同知张祐连名呈称，田州、思恩平复，居民悉已各安生理，土夷亦皆各事农耕，地方实已万幸；惟八寨瑶贼云云。合就仰遵敕谕事理，量拨官兵，协同卢苏、王受等士兵，分路进剿。除差官舍赍捧令旗令牌分投督押士兵，本院亲至宾州、思恩等处相机调度，面授方略外。为此牌仰右布政使林富、副总兵张祐即便督领官军，督发土目卢苏、王受等兵夫，从公尧、思恩取路进剿后开寨分，务要声言各贼累年杀害良民，攻劫州县乡村之罪，歼厥渠魁，及其党与罪恶显著者，明正天讨，以绝祸根。除临阵擒斩外，其余胁从老弱，一切皆可宥免。今兹之举，惟以定乱安民为事，不以黩武多获为功。各官务要仰体朝廷忧悯困穷之心，俯念地方久遭盗贼屠戮之苦，督各官兵目兵人等，务歼真正恶目，一洗民冤，永除民患，以靖地方。仍禁兵马所过乡村，毋得侵扰民间一草一木，有犯令者，仰即遵本院钦奉敕谕事理，当即处以军法，俱毋有违节制方略，自取罪戾。

牌行领兵官

牌行左参将署都指挥佥事张经，会同该道守巡守备官，及湖广督兵佥事汪溱，都指挥谢珮，督永顺宣慰彭明辅，统兵进剿牛肠诸贼云云。及监都保靖宣慰彭九霄，统兵进剿六寺、磨刀等寨诸贼云云。未至信地三日之前，停军中途，候约参将张经，与同守巡各官集议，先将进兵道路之险易远近，各巢贼徒之多寡强弱，及所过良民村分之经由往复，面同各乡道人等逐一备细讲究明白，务要彼此习熟通晓，若出一人。然后克定日时，偃旗息鼓，寂若无人，密至信地，乘夜速发，务使迅雷不及掩耳，将各稔恶贼魁，尽数擒剿，以除民害，以靖地方。除临阵斩获外，其余胁从老弱，一切皆可宥免。今兹之举，惟以定乱安民为事，不以多获首级为功。各官务要仰体朝廷忧悯困穷之心，俯念地方久罹荼毒之苦，仍要禁约军民人等，所过良民村分，毋得侵扰一草一木，有犯令者，当以军法斩首示众。本官既有地方责任，兼复素怀忠义，当兹委用，务竭心力，大展才猷，以袪患安民。一应机宜，牌内该载不尽者，听公同各官计议，从便施行，一面呈报。事完之日，通将获过功次，开报纪功御史衙门纪验，以凭奏报。仍密行总镇镇巡等衙门知会，俱毋违错。

戒谕土目 五月

案照先经行委副总兵张祐，督率官土目兵人等进剿思恩八寨瑶贼，今据头目卢苏、王受等禀报，皆已攻破各寨，斩获贼级，虽未日久，苦亦无多。且又未见获有真正首恶，中间恐有容隐脱放情弊，合行戒谕督促。为此牌仰本官，上紧亲行督谕各头目及土兵人等，俱要协力齐心，竭忠报效，务图剿灭，以绝祸根，庶可以表明各目尽忠图报之真心。若是少有纵容，复留遗孽，亦是徒劳一场，不足为功，适足为罪，非惟不能仰报朝廷再生之恩，其于本院所以勤勤恳恳，不顾利害是非，务要委曲成就尔等之意，亦辜负矣。牌至，即以此意勉谕各目各兵，此举非独为除地方之害，亦为尔等建子孙久长之业，尽此一番辛苦，便可一劳永逸矣。发去良民，其榜可给则给，可止则止，一应事机，俱仰相机而行。其号色等项，已付思、田报效人役径自带回分表，亦宜知悉。

追捕逋贼

据同知桂鏊禀报："领兵土目卢苏、王受等，各已屯兵八寨，斩获贼首贼从数多，巢穴悉已破荡，即今方在分兵四路搜剿。"及称："附近上林县一十八村，俱搬移上山躲住。又访得铁坑、那埋二堡贼村，界连迁江、洛春、高径、大潘、思卢、北三、向北夷僮村分，今皆逃往潜住。又访得八寨贼徒，我兵未进之前，陆续出劫乡村，今皆不敢回巢，散入宾州渌里，并贵县凉伞、叠纸等夷僮村分藏躲，合行分兵搜捕。"等因。

看得八寨瑶贼，稔恶多年，攻劫乡村，杀害人民，掳掠财畜，百姓怨恨，痛入骨髓。今恶贯满盈，民怨神怒，巢穴破荡，分崩离析，如失林之枭，投置之兔，迷魄丧魂，正可蒐搜猎而尽，是乃上天欲亡此贼之秋，若不乘此机会，奉行天讨，以雪百姓之冤，以舒神人之怒，以除地方之祸，存其遗孽，复为他日根芽，此岂为民父母之心乎？及访得平日哨守八寨官兵人等，往往与贼交通者，据法俱应明正典刑，今且姑未拿究，容其杀贼报效，立功自赎。除各差官督剿外。为此牌仰指挥程万全，督率迁江所土官指挥黄禄，千户黄瑞、百户凌显等，各起集管下土兵人等，前去北三、思卢等处搜捕各贼。仍行晓谕各良善向化村寨，务将逃躲各贼，尽数擒斩，以泄军民之愤，获功解报，一体给赏。若是与贼通谋，容留隐蔽，访究得出，国宪难逃。如是各贼果有诚心悔罪，愿来投抚，立功报效者，亦准免其一死，带来军门，抚谕安插。各官务要尽忠竭力，上报国恩，下除民患，副军门之委托，立自己之功名。仍督平日与贼交通之人，令其向道追捕，痛加惩改，及此机会，立功自赎。果能奋不顾身，多获真正恶贼，非但免其既往之罪，抑且同受维新之赏。若犹疑贰观望，意图苟免，定行斩首示众，断不虚言。本院数日之后，亦且亲临地方，躬行赏罚，仰各上紧立功，毋自取悔。

牌行委官林应骢督谕土目 五月

看得田州、思恩领兵头目卢苏、王受等所领目兵，皆系骁勇惯战之人。今又各为身家子孙之计，自愿出力报效，立功赎罪，既已攻破贼巢，分屯其地，则其搜捕溃散之贼，当如探囊取物，数日可尽。今已半月有余，尚未见有成功，气势日见委靡，此必军中收有贼巢妇女等项，贪恋女色财物，不肯割舍脱离，奋勇杀贼，苟且偷安，遂致兵气日衰，军威不振。若诸贼闻此消息，乘此懈怠，掩袭不备，我军必致挠败。如此，则是各目此举，本欲立功而反败事；本欲赎罪而反增罪。非惟不能仰报朝廷之德，抑且有损军门之威矣。正名定罪，后悔何及！

为此牌仰原任户部郎中、今降徐闻县县丞林应骢，赍执令旗令牌，会同总兵监军等官，公同署田州府事知州林宽，身督头目卢苏等，阅视各营，但有收得贼巢妇女财物者，通行搜出，俱各开纪名数，别立老营一所，选委老成头目，另拨谨实小心兵夫，昼夜管守。将各贪恋女色财物、不肯奋勇杀贼头目兵夫，姑且免其罚治，责令即出搜山，果能多有擒斩，旬日之内功成班师，仍将前项妇女财物，照名给还，亦不追失前罪。若有贪恋女赃，违犯军令，仍前不肯效力者，仰即遵照军门号令，当时斩首示众，断毋姑息容忍，致败三军大事。

盖前日之招抚，专以慈爱恻怛为念者，乃是本院怜悯两府之民无罪而就死地，乃是父母爱子之心，惟恐一民不遂其生也。至于今日用兵，却须号令严明，有功必赏，有罪必戮者，乃是本院欲安两府之民，使之立功赎罪，以定其良家，而因以除去地方之患，是乃帅师行军之道，不如此不足以取胜而成功也。差去旗牌官员，务要星火催督，毋事姑息，若旬日之后，再无成功，本院亲临分地，定先将监军督军等官明正军法。其推托避事，不肯奋勇杀贼头目，通行斩首，决不虚言。

牌委指挥赵璇留剿余贼 六月

牌仰指挥赵璇，前去督哨副总兵张祐处，查审各寨稔恶瑶贼，曾否剿绝。各兵见在何处，闻已出屯三里，仰就各营土兵目夫，凡有疾病老弱者，俱令在营将息调理。其精壮骁勇目兵，仍仰本官务要三四日，或五六日，督令入山巡剿一番，出意外之奇，以示不测之武，须候各山果无潜遁之奸，各巢已无复归之贼，俟军门牌至，方许回兵。仍谕土目卢苏、王受等，以如此炎毒天气，如此暑雨连绵，各兵久在山中，辛勤劳苦，本院非不惓惓忧念。但一则欲为尔等立功，一则欲为地方除害，心虽不忍久劳尔等，而势有所不能已也。尔等其务体本院之意，再耐旬日之苦，以成百年之功，毋得欲速一时，致贻后悔。事完之日，通至宾州，本院亲行犒赏，就领牌札，仰各知悉。

牌行副总兵张祐搜剿余巢 七月

访得上林相近地方，如渌茅等村，皆系阳招阴叛，与八寨诸贼里应外合，积年流毒地方，即其罪恶，尤有甚于八寨诸贼，若不剿灭，终遗祸根。为此今差指挥赵璇，赍牌前去督哨副总兵张祐处计议，仰即密召领兵头目卢苏、王受等，令各挑选精兵一千，或一千五百，以搜巡八寨为名，当日乘夜速发，分道夹剿后开各贼村分，务要歼除党与，荡平巢穴。若是各贼奔窜大名深山，各兵就可留屯其地，食其禾米六畜，分兵探贼向往追捕。本院先曾发有武缘乡兵，分搜大名诸山，遥计此时，各贼正回山下各村躲住，及今往剿，正合事机。仰谕各目，务要潜机速发，不得迟留隔宿，必致透漏消息，徒劳无功。发兵进剿之后，一面差人飞报。

计开：

绿茅。　通亲。　绿小。　批头。　罗暖。

其余各巢，不能尽开，须要量其罪恶大小，可剿则剿，可抚则抚，相机而应。

犒劳从征土目 八月

照得思、田二府头目卢苏、王受等率领部下兵夫，自备衣粮，征剿八寨瑶贼，渠魁殄灭，群党削平，即今地方宁靖，旋师奏凯，实由各目兵夫不避炎蒸，奋勇效劳。但进兵以来，妨废一年耕种，况今青黄不接之时，部下兵夫家属，未免缺乏，相应量为赈给，以慰人心。为此牌仰同知桂鏊，即便会同南宁府掌印官，将该府军饷粮米鱼盐内，照依开数支给各头目收领。但念思恩、南宁道里相去隔远，粮米搬运不便，合就于武缘县见贮军饷米内支给，与各领用，以见本院体恤之心。仍开给散过数目缴报查考，毋得违错。

绥柔流贼五月

接左江道参议等官汪必东等呈称:“古陶、白竹、石马等贼，近虽诛剿，然尚有流出府江诸处者，诚恐日后为患，乞调归顺土官岑瓛兵一千名，万承、龙英共五百名，或韦贵兵一千名，住扎平南、桂平冲要地方。”及该府知府程露鹏等亦申:“量留湖兵，及调武靖州狼兵防守。”等因。

始观论议，似亦区画经久之图;徐考成功，终亦支吾目前之计。盖用兵之法，伐谋为先;处夷之道，攻心为上。今各瑶征剿之后，有司即宜诚心抚恤，以安其心。若不服其心，而徒欲久留湖兵，多调狼卒，凭借兵力以威劫把持，谓为可久之计，则亦末矣。殊不知远来客兵，怨愤不肯为用，一也。供馈之需，稍不满意，求索訾詈，将无柢极，二也。就居民间，骚扰浊乱，易生仇隙，三也。困顿日久，资财耗竭，适以自弊，四也。欲借此以卫民，而反为民增一苦;欲借此防贼，而反为吾招一寇。各官之意，岂不虞各贼乘间突出?故欲振扬兵威，以苟幸目前之无事，抑亦不睹其害矣。前岁湖兵之调，既已大拂其情，乃今复欲留之，其可行乎?

夫刑赏之用当，而后善有所劝，恶有所惩;劝惩之道明，而后政得其安。今稔恶各瑶，举兵征剿，刑既加于有罪矣。然破败奔窜之余，即欲招抚，彼亦未必能信。必须先从其傍良善各巢，加厚抚恤，使为善者益知所劝，而不肯与之相连相比，则党恶自孤，而其势自定。使良善各巢传道引谕，使各贼咸有回心向化之机，然后吾之招抚可得而行，而凡绥怀御制之道，可以次而举矣。

夫柔远人而抚戎狄，谓之柔与抚者，岂专恃兵甲之盛，威力之强而已乎?古之人能以天地万物为一体，故能通天下之志。凡举大事，必须其情而使之，因其势而导之，乘其机而动之，及其时而兴之。是以为之但见其易，而成之不见其难，此天下之民所以阴受其庇，而莫知其功之所自也。今皆反之，岂所见若是其相远乎?亦由无忠诚恻怛之心以爱其民，不肯身任地方利害为久远之图，凡所施为，不本于精神心术，而惟事补辏掇拾，支吾粉饰于其外，以苟幸吾身之无事，此盖今时之通弊也。

合就通行计处，仰抄案回道，即行知府程云鹏，公同指挥周胤宗，及各县知县等官，亲至已破贼巢各邻近良善村寨，以次加厚抚恤，给以告示，犒以鱼盐，待以诚信，敷以德恩。喻以朝廷所以诛剿各贼者，为其稔恶不悛。若尔等良善守分村寨，我官府何尝轻动尔等一草一木，尔等各宜益坚向善之心，毋为彼所扇惑摇动。从而为之推选众所信服，立为酋长，以连属之；优其礼待，厚其犒赏，以渐绥来调习，使之日益亲附。又喻以稔恶各贼，彼若不改，一征不已，至于再，再征不已，至于三，至于四五，至于六七，必使灭绝而后已。此后官府若行剿除，尔等但要安心乐业，无有惊疑。若各贼果能改恶迁善，实心向化，今日来投，今日即待以良善，即开其自新之路，决不追既往之恶。尔等即可以此意传告开喻之，我官府亦未尝有必欲杀彼之心。若彼贼果有相引来投者，亦就实心抚安招来之，量给盐米，为之经纪生业，亦就为之选立酋长，使有统率，毋令涣散。一面清查侵占田土，开立里甲，以息日后之争；禁约良民，毋使乘机报复，以激其变。如农夫之植嘉禾而去莨莠，深耕易耨，芸菑灌溉，专心一事，勤诚无惰，必有秋获。夫善者益知所劝，则助恶者日衰；恶者益知所惩，则向善者益众。此抚柔之道，而非专有恃于兵甲者也。

至于本院近行十家牌谕，诚亦弭盗安民之良法，而今之有司，概以虚文抵塞，莫肯实心推求举行，虽已造册缴报，而尚不知其间所属何意，所处地方。该道仍要用心督责整理，诚使此法一行，则不待调发而处处皆兵；不待屯聚而家家皆兵；不待蓄养而人人皆兵；无馈运之劳而粮饷足；无关隘之设而守御固；习之愈久而法愈精；行之弥广而功弥大。其前项区处摘调之兵，有虚名而无实用；可张皇于暂时，而不可施行于永久者，劳逸烦简，相去远矣。惟有据该府议欲散撤雇倩机快等项，调取武靖州土兵，使之就近防守一节，区画颇当。然以三千之众，而常在一处屯顿坐食，亦未得宜。必须分作六班，每五百名为一班，每两个月日而更一次。若有雕剿等项，然后通行起调，然必须于城市别立营房，毋使与民杂处，然后可免于骚扰嫌隙。盖以十家牌门之兵，而为守土安民之本；以武靖起调之兵，而备追捕剿截之用。此亦经权交济相须之意，合就准行。仰该道仍将行粮等项，再议停当，备行该州土目人等遵照奉行。自今以后，免其秋调各处哨守等役，专在浔州地方听凭守备参将调用，凡遇紧急调取，即要星驰赴信地，不得迟违时刻。守巡各官仍要时加戒谕抚辑，毋令日久玩弛，又成虚应故事。

本院疏才多病，精力不足，不能躬亲细务。独其忧患地方，欲为建立久安长治一念，真切自不能已，是以不觉其言之叨叨。各官务体此意，毋厌其多言，而必务为紬绎；毋谓其迂远，而必再与精思；务竭其忠诚，务行其切实，同心协德，共济时艰。通行总镇、总兵、镇巡等衙门知会。仍行三司各道守巡守备等官，事有相类者，悉以此意推而行之。发去鱼盐，或有不足，再行计处定夺。

告谕村寨

近年牛肠等寨，积年稔恶，是以举兵征剿。尔等良善村寨，我官府自加抚恤，决无侵扰，各宜益坚为善之心，共享太平之乐。其间平日纵有罪犯，从今但能中心改过，官府决不追论旧恶，毋自疑沮，或为彼所扇惑，自取灭亡，后悔无及。就使已剿余党，果能悔罪自新，官府亦待以良善，一体抚恤。若是长恶不悛，一剿、十剿至于百剿，必加殄灭，断不虚言。尔等各寨，为善为恶，日后自见，各宜知悉。

议立县卫

看得八寨瑶贼，稔恶为患，巢穴连络千里，实为广西众贼之渊薮。近该本院进剿，扫荡巢穴，若不及今设置军屯卫县，据其心腹要害，以厄塞各贼呼吸之咽喉，断绝各贼牵引之脉络，不过数年，又将屯聚生息，祸根终未剪除。本院身亲督调各兵，看得周安堡正当八寨之中，而三里堡亦当八寨之隘，俱各山势回抱，堪以筑立城郭，移卫设县。但未经广询博访，详审水土之善恶，民情之逆顺，中间有无利害得失，拟合再行查访。为此牌仰分巡右江道兵备副使翁素，会同该道分守官，即便督同同知桂鏊，指挥孙纲等，带领高年知识，亲至其地，经营相度。若果风气包完，水土便利，即行料理规制，景定方向，各另画图贴说。仍要咨访父老子弟通晓贼情，习知民俗者，即今移立卫县，其于四远贼巢果否足能控制，民情有无便益妨损，务在人心乐顺，足为经长永久之计，然后备由呈来，以凭会奏。就将筑立城垣合用木石、砖灰、人夫、匠作、料价、工食等项，议估停当，具揭呈来，以凭先行，一面委官分督办理，及时兴工，毋得忽意苟且，玩愒迟延，致误事机。

抚恤来降 八月

据参将张经呈称：“武靖州耕守黄璋等一十四名，被十冬总甲黄邓护等妄捏窝贼，乞行释放，仍给榜谕。”看得本院屡经牌仰该道该府等官，将各向化良善村寨，加意抚恤怀柔，以收其散亡之势，而坚其向善之心，庶使远近知劝，而恶党自孤。各官略不体承本院勤勤恳恳之意，肆志妄行，轻信十冬奸民之言，辄便推求往事，为之报复旧仇，沮抑归向之望，惊疑反侧之心，听其所为，必成激变，后虽寸斩奸民之骨，固亦何救地方之患？所据违法各官，即合治以军法，姑且记罪，再行饬谕，仰将见监黄璋、李举等一十四名，即行释放。仍加慰谕，令其复业宁家。其十冬黄邓护等监候，本院抚临，解赴军门发落。今后仍要备细开谕该府该县十冬里老人等，各要守法安分，务以宁靖地方为重，不得乘机挟势，侵剥新旧投抚之人，胁取财物，泄愤报怨，及至酿成变乱，却又贻累地方，劳烦官府。今后有违犯者，体访得出，或被人告发，决行拿送军门，治以军法，断不轻恕。仍将发去告示，即行刊刻，给赴十冬里老人等遵照奉行。具遵行过缘由缴报。

批广东市舶司提举故官水手呈

看得广东市舶司提举已故钱邦用，平日果系清白自守，足称廉能，乃今客死远乡，情殊可悯！仰广州府即与量拨水手，起关资送还乡。其原领文凭，发该门转缴。此缴。

王阳明全集

【叁】

外集

【明】王守仁 著

陈 恕 编校

中國書店

目 录

卷二十　外集二

卷二十一　外集三

卷二十二　外集四

卷二十三　外集五

卷十九　外集一

赋诗

赋骚七首

太白楼赋 丙辰

岁丙辰之孟冬兮，泛扁舟余南征。凌济川之惊涛兮，览层构乎任城。曰太白之故居兮，俨高风之犹在。蔡侯导余以从陟兮，将放观乎四海。木萧萧而乱下兮，江浩浩而无穷；鲸敖敖而涌海兮，鹏翼翼而承风；月生辉于采石兮，日留景于岳峰；蔽长烟乎天姥兮，渺匡庐之云松。慨昔人之安在兮，吾将上下求索而不可。蹇余虽非白之俦兮，遇季真之知我。羌后人之视今兮，又乌知其不果？吁嗟太白公奚为其居此兮？余奚为其复来？倚穹霄以流盼兮，固千载之一哀！

昔夏桀之颠覆兮，尹退乎莘之野；成汤之立贤兮，乃登庸而伐夏。谓鼎俎其要说兮，维党人之挤诟。曾圣哲之匡时兮，夫焉前枉而直后！当天宝之末代兮，淫好色以信谗。恶来妹喜其猖獗兮，众皆狐媚以贪婪。判独毅而不顾兮，爰命夫以仆妾之役。宁直死以颇颔兮，夫焉患得而局促。开元之绍基兮，亦遑遑其求理。生逢时以就列兮，固云台麟阁而容与。夫何漂泊于天之涯兮？登斯楼乎延伫。信流俗之嫉妒兮，自前世而固然。怀夫子之故都兮，沛余涕之湲湲。庙堂之偃蹇兮，或非情之所好。唯不合于斯世兮，恣沉酣而远眺。

进吾不遇于武丁兮，退吾将颜氏之箪瓢。奚曲蘖其昏迷兮，亦夫子之所逃。管仲之辅纠兮，孔圣与其改行。佐璘而失节兮，始以见道之未明。睹夜郎之有作兮，横逸气以徘徊；亦初心之无他兮，故虽悔而弗摧。吁嗟其谁无过兮，抗直气之为难。轻万乘于褐夫兮，固孟轲之所叹。旷绝代而相感兮，望天宇之漫漫。去夫子其千祀兮，世益隘以周容。媒妇妾以驰骛兮，又从而为之吮痈。贤者化而改度兮，竞规曲以为同。

卒曰：峄山青兮河流泻，风飕飕兮澹平野。凭高楼兮不见，舟楫纷兮楼之下，舟之人兮俨服，亦有庶几夫子之踪者！

九华山赋 壬戌

循长江而南下，指青阳以幽讨。启鸿蒙之神秀，发九华之天巧。非效灵于坤轴，孰构奇于玄造！涉五溪而径入，宿无相之窈窕。访王生于邃谷，掬金沙之清潦。凌风雨乎半霄，登望江而远眺。步千仞之苍壁，俯龙池于深窅。吊谪仙之遗迹，跻化城之缥缈。钦钵盂之朝露，见莲花之孤标。扣云门而望天柱，列仙舞于晴昊。俨双椒之辟门，真人驾阳云而独跷。翠盖平临乎石照，绮霞掩映乎天姥。二神升于翠微，九子邻于积稻。炎熇起于玉甑，烂石碑之文藻。回澄秋于枕月，建少微之星旄。覆瓯承滴翠之余沥，展旗立云外之旌纛。下安禅而步逍遥，览双泉于松杪。逾西洪而憩黄石，悬百丈之灏灏。

濑流觞而萦纡，遗石船于涧道；呼白鹤于云峰，钓嘉鱼于龙沼；倚透碧之峗屼，谢尘寰之纷扰。攀齐云之巉削，鉴琉璃之浩溔。沿东阳而西历，飧九节之蒲草。樵人导余以冥探，排碧云之瑶岛。群峦翳其缪蔼，失阴阳之昏晓。垂七布之沉沉，灵龟隐而复佻。履高僧而屧招贤，开白日之杲杲。试明茗于春阳，汲垂云之渊湫；凌绣壁而据石屋，何文殊螺髻之蟠纠？梯拱辰而北盼，隳遗光于拾宝。缁裳迓于黄匏，休圆寂之幽俏。鸟呼春于丛篁，和云韶之鸗鸗，唤起促余之晨兴，落星河于檐橑；护山嘎其惊飞，怪游人之太早。揽卉木之如濯，被晨辉而争姣。静镵声之剥啄，幽人斸参蕨于冥杳。碧鸡哕于青林，鹇翻云而失皓。隐捣药以樛萝，挟提壶饼焦而翔绕。凤凰承盂冠以相遗，饮沆瀣之仙醥；羞竹实以嬉翱，集梧枝之戛戛。岚欲雨而霏霏，鸣湿湿于曹葆；躐三游而转青峭，拂天香于茫渺。席泓潭以濯缨，浮桃泻而扬缟。淙澌澌而落荫，饮猿猱之捷狡。睨斧柯而升大还，望会仙于云表。悯子京之故宅，款知微之碧桃。倏金光之闪映，睫累景于穹坳。弄玄珠于赤水，舞千尺之潜蛟。并花塘而峻极，散香林之回飙。抚浮屠之突兀，泛五钗之翠涛。袭珍芳于绝巘，戛金步之摇摇。莎罗踯躅芬敷而灿耀，幢玉女之妖娇。搴龙须于灵宝，堕钵囊之飘摇。开仙掌于嵚嵚，散青馨之迢迢。披白云而蹠崇寿，见参错之僧寮。日既夕而山冥，挂星辰于巃嵸。宿南台之明月，虎夜啸而罴嗥。鹿麋群游于左右，若将侣幽人之岑寥。迥高寒其无寐，闻冰壑之洞箫。

溪女厉晴泷而曝术，杂精芩之春苗。邀予觞以玉液，饭玉粒之琼瑶；溘辞予而远去，飒霞裾之飘飘。复中峰而怅望，或仙踪之可招。乃下见阳陵之蜿蜒，忽有感于子明之宿要。逝予将遗世而独立，采石芝于层霄。虽长处于穷僻，乃永离乎虺嚣。彼苍黎之缉缉，固吾生之同胞；苟颠连之能济，吾岂靳于一毛！矧狂胡之越獗，王师局而奔劳。吾宁不欲请长缨于阙下，快平生之郁陶？顾力微而任重，惧覆败于或遭；又出位以图远，将无诮于鹪鹩。嗟有生之迫隘，等灭没于风泡；亦富贵其奚为？犹荣蕣之一朝。旷百世而兴感，蔽雄杰于蓬蒿。吾诚不能同草木而腐朽，又何避乎群喙之呶呶！

已矣乎！吾其鞭风霆而骑日月，被九霞之翠袍。抟鹏翼于北溟，钓三山之巨鳌。道昆仑而息驾，听王母之云璈。呼浮丘于子晋，招句曲之三茅。长遨游于碧落，共太虚而逍遥。

乱曰：蓬壶之藐藐兮，列仙之所逃兮；九华之矫矫兮，吾将于此巢兮。匪尘心之足搅兮，念鞠育之劬劳兮。苟初心之可绍兮，永矢弗挠兮！

吊屈平赋 丙寅

正德丙寅，某以罪谪贵阳，取道沅、湘。感屈原之事，为文而吊之。其词曰：

山黯惨兮江夜波，风飕飕兮木落森柯。泛中流兮焉泊？湛椒醑兮吊湘累。云冥冥兮月星蔽晦，冰崚嶒兮霰又下。累之宫兮安在？怅无见兮愁予。高岸兮嵚崎，纷纠错兮樛枝。下深渊兮不恻，穴濒洞兮蛟螭。山岑兮无极，空谷谽谺兮迥寥寂。猿啾啾兮吟雨，熊罴嗥兮虎交迹。念累之穷兮焉托处？四山无人兮豗狐鼠；魑魅游兮群跳啸，瞰出入兮为累奸宄。嫉累正直兮反诋为殃，昵比上官兮子兰为臧。幽业薄兮畴侣，怀故都兮增伤。望九疑兮参差，就重华兮陈辞。沮积雪兮涧道绝，洞庭渺藐兮天路迷。要彭咸兮江潭，召申屠兮使骖。娥鼓瑟兮冯夷舞，聊遨游兮湘之浦。乘回波兮泊兰渚，眷故都兮独延伫。君不还兮郢为墟，心壹郁兮欲谁语！郢为墟兮函崤亦焚，谗鬼逋戮兮快不酬冤。历千载兮耿忠悃，君可复兮排帝阍。望遁迹兮渭阳，箕罹囚兮其佯以狂。艰贞兮晦明，怀若人兮将予退藏。宗国沦兮摧腑肝，忠愤激兮中道难。勉低回兮不忍，溘自沉兮心所安。雄之谀兮谗喙，众狂稚兮谓累扬已。为魑为魅兮为谗媵妾，累视若鼠兮佞颡有泚。累忽举兮云中。龙迮晻霭兮飘风；横四海兮倏忽，驷玉虬兮上冲。降望兮大壑，山川萧条兮浒寥廓。逝远去兮无穷，怀故都兮蜷局。

乱曰：日西夕兮沅湘流，楚山嵯峨兮无冬秋。累不见兮涕泗，世愈隘兮孰知我忧！

思归轩赋 庚辰

阳明子之官于虔也，廨之后乔木蔚然。退食而望，若处深麓而游于其乡之园也。构轩其下，而名之曰“思归”焉。

门人相谓曰：“归乎！夫子之役役于兵革，而没没于徽缠也，而靡寒暑焉，而靡昏朝焉，而发萧萧焉，而色焦焦焉。虽其心之固嚣嚣也，而不免于呶呶焉，哓哓焉，亦奚为乎！槁中竭外，而徒以劳劳焉为乎哉？且长谷之迢迢也，穷林之寥寥也，而耕焉，而樵焉，亦焉往而弗宜矣。夫退身以全节，大知也；敛德以亨道，大时也；怡神养性以游于造物，大熙也，又夫子之夙期也。而今日之归，又奚以思为乎哉？”则又相谓曰：“夫子之思归也，其亦在陈之怀欤？吾党之小子，其狂且简，倀倀然若瞽之无与偕也，非吾夫子之归，孰从而裁之乎？”则又相谓曰：“嗟呼，夫子而得其归也，斯土之人为失其归矣乎！天下之大也，而皆若是焉，其谁与为理乎？虽然，夫子而得其归也，而后得于道。惟夫天下之不得于道也，故若是其贸贸。夫道得而志全，志全而化理，化理而人安。则夫斯人之徒，亦未始为不得其归也。而今日之归又奚疑乎？而奚以思为乎？”

阳明子闻之，怃然而叹曰：“吾思乎！吾思乎！吾亲老矣，而暇以他为乎？虽然，之言也，其始也，吾私焉；其次也，吾资焉；又其次也，吾几焉。”乃援琴而歌之。歌曰：

归兮归兮，又奚疑兮！吾行日非兮，吾亲日衰兮；胡不然兮，日思予旋兮，后悔可迁兮？归兮归兮，二三子之言兮！

咎言 丙寅

正德丙寅冬十一月，守仁以罪下锦衣狱。省愆内讼，时有所述。既出而录之。

何玄夜之漫漫兮，悄予怀之独结。严霜下而增寒兮，皦明月之在隙。风呶呶以憎木兮，鸟惊呼而未息。魂营营以惝恍兮，目窅窅其焉极！懔寒飚之中人兮，杳不知其所自。夜展转而九起兮，沾予襟之如泗。胡定省之弗遑兮，岂荼甘之如荠？怀前哲之耿光兮，耻周容以为比。何天高之冥冥兮，孰察予之衷？予匪戚于累囚兮，牿匪予之为恫。沛洪波之浩浩兮，造云阪之蒙蒙；税予驾其安止兮，终予去此其焉从？孰瘿瘰之在颈兮，谓累足之何伤？熏目而弗顾兮，惟盲者以为常。孔训之服膺兮，恶讦以为直辞。婉娈期巷遇兮，岂予言之未力？皇天之无私兮，鉴予情之靡他！宁保身之弗知兮，膺斧锧之谓何。蒙出位之为愆兮，信愚忠者蹈亟。苟圣明之有裨兮，虽九死其焉恤！

乱曰：予年将中，岁月遒兮！深谷崆峒，逝息游兮；飘然凌风，八极周兮。孰乐之同，不均忧兮。匪修名崇仁之求兮，出处时从天命何忧兮！

守俭弟归曰仁歌楚声为别予亦和之

庭有竹兮青青，上乔木兮鸟嘤嘤；妹之来兮，弟与偕行。竹青青兮雨风，鸟嘤嘤兮西东！弟之归兮，兄谁与同？江云暗兮暑雨，江波渺渺兮愁予；弟别兄兮须臾，兄思弟兮何处？景翳翳兮桑榆，念重闱兮离居；路修远兮崎险，沮风波兮江湖。山有洞兮洞有云，深林窅窅兮涧道曛。松落落兮葛累累，猿啾啾兮鹤怨群。山之人兮不归，山鬼昼啸兮下上烟霏。风袅袅兮桂花落，草萋萋兮春日迟。葺予屋兮云间，荒予圃兮溪之阳；驱虎豹兮无践我藿，扰麋鹿兮无骇我场。解予绶兮钟阜，委予佩兮江湄。往者不可追兮，叹凤德之日衰；将沮溺其耦耕兮，孰接舆之避予。回予驾兮扶桑，鼓予枻兮沧浪。终携汝兮空谷，采三秀兮徜徉。

祈雨辞 正德丙子南赣作

呜呼！十日不雨兮，田且无禾；一月不雨兮，川且无波；一月不雨兮，民已为疴；再月不雨兮，民将奈何？小民无罪兮，天无咎民！抚巡失职兮，罪在予臣。呜呼！盗贼兮为民大屯，天或罪此兮赫威降嗔；民则何罪兮，玉石俱焚？呜呼！民则何罪兮，天何遽怒？油然兴云兮，雨兹下土。彼罪曷逋兮，哀此穷苦！

归越诗三十五首

弘治壬戌年，以刑部主事告病归越并楚游作。

游牛峰寺四首 牛峰今改名浮峰

洞门春霭蔽深松，飞磴缠空转石峰。猛虎踞崖如出柙，断螭蟠顶讶悬钟，金城绛阙应无处。翠壁丹书尚有踪，天下名区皆一到，此山殊不厌来重。

萦纡鸟道入云松，下数湖南百二峰。岩犬吠人时出树，山僧迎客自鸣钟。凌飚陟险真扶病，异日探奇是旧踪。欲扣灵关问丹诀，春风萝薜隔重重。

偶寻春寺入层峰，曾到浑疑是梦中。飞鸟去边悬栈道，冯夷宿处有幽宫。溪云晚度千岩雨，海月凉飘万里风。夜拥苍崖卧丹洞，山中亦自有王公。

一卧禅房隔岁心，五峰烟月听猿吟。飞湍映树悬苍玉，香粉吹香落细金。翠壁年多霜藓合，石床春尽雨花深。胜游过眼俱陈迹，珍重新题满竹林。

又四绝句

翠壁看无厌，山池坐益清。深林落轻叶，不道是秋声。

怪石有千窟，老松多半枝。清风洒岩洞，是我再来时。

人间酷暑避不得，清风都在深山中。

池边一坐即三日，忽见岩头碧树红。

两到浮峰兴转剧，醉眠三日不知还。

眼前风景色色异，惟有人声似世间。

姑苏吴氏海天楼次邝尹韵

晴雪吹寒春事浓，江楼三月尚残冬。青山暗逐回廊转，碧海真成捷径通。风暖檐牙双燕剧，云深帘幕万花重。倚阑天北疑回首，想象丹梯下六龙。

山中立秋日偶书

风吹蝉声乱，林卧惊新秋。山池静澄碧，暑气亦已收。青峰出白云，突兀成琼楼。袒裼坐溪石，对之心悠悠。倏忽无定态，变化不可求。浩然发长啸，忽起双白鸥。

夜雨山翁家偶书

山空秋夜静，月明松桧凉。沿溪步月色，溪影摇空苍。山翁隔水语，酒熟呼我尝。褰衣涉溪去，笑引开竹房。谦言值暮夜，盘餐百无将。露华明橘柚，摘献冰盘香。洗盏对酬酢，浩歌入苍茫。醉拂岩石卧，言归遂相忘。

寻春

十里湖光放小舟，谩寻春事及西畴。江鸥意到忽飞去，野老情深只自留。日暮草香含雨气，九峰晴色散溪流。吾侪是处皆行乐，何必兰亭说旧游?

西湖醉中漫书二首

十年尘海劳魂梦，此日重来眼倍清。好景恨无苏老笔，乞归徒有贺公情。白凫飞处青林晚，翠壁明边返照晴。烂醉湖云宿湖寺，不知山月堕江城。

掩映红妆莫谩猜，隔林知是藕花开。共君醉卧不须到，自有香风拂面来。

九华山下柯秀才家

苍峰抱层嶂，翠瀑绕双溪。下有幽人宅，萝深客到迷。

夜宿无相寺

春宵卧无相，月照五溪花。掬水洗双眼，披云看九华。岩头金佛国，树杪谪仙家。仿佛闻笙鹤，青天落绛霞。

题四老围棋图

世外烟霞亦许时，至今风致后人思。却怀刘项当年事，不及山中一著棋。

无相寺三首

老僧岩下屋，绕屋皆松竹。朝闻春鸟啼，夜伴岩虎宿。

坐望九华碧，浮云生晓寒。山灵应秘惜，不许俗人看。

静夜闻林雨，山灵似欲留。只愁梯石滑，不得到峰头。

化城寺六首

化城高住万山深，楼阁凭空上界侵。天外清秋度明月，人间微雨结浮阴。钵龙降处云生座，岩虎归时风满林。最爱山僧能好事，夜堂灯火伴孤吟。

云里轩窗半上钩，望中千里见江流。高林日出三更晓，幽谷风多六月秋。仙骨自怜何日化，尘缘翻觉此生浮。夜深忽起蓬莱兴，飞上青天十二楼。

云端鼓角落星斗，松顶袈裟散雨花。一百六峰开碧汉，八十四梯踏紫霞。山空仙骨葬金椁，春暖石芝抽玉芽。独挥谈麈拂烟雾，一笑天地真无涯。

化城天上寺，石磴八星躔。云外开丹井，峰头耕石田。月明猿听偈，风静鹤参禅。今日揩双眼，幽怀二十年。

僧屋烟霏外，山深绝世哗。茶分龙井水，饭带石田砂。香细云岚杂，窗高峰影遮。林栖无一事，终日弄丹霞。

突兀开穹阁，氤氲散晓钟。饭遗黄稻粒，花发五钗松。金骨藏灵塔，神光照远峰，微茫竟何是？老衲话遗踪。

李白祠二首

千古人豪去，空山尚有祠。竹深荒旧径，藓合失残碑。云雨罗文藻，溪泉系梦思。老僧殊未解，犹自索题诗。

谪仙栖隐地，千载尚高风。云散九峰雨，岩飞百丈虹。寺僧传旧事，词客吊遗踪。回首苍茫外，青山感慨中。

双峰

凌崖望双峰，苍茫竟何在？载拜西北风，为我扫浮霭。

莲花峰

夜静凉飙发，轻云散碧空。玉钩挂新月，露出青芙蓉。

列仙峰

灵峭九万丈，参差生晓寒。仙人招我去，挥手青云端。

云门峰

云门出孤月，秋色坐苍涛。夜久群籁绝，独照宫锦袍。

芙蓉阁二首

青山意不尽，还向月中看。明日归城市，风尘又马鞍。

岩下云万重，洞口桃千树。终岁无人来，惟许山僧住。

书梅竹小画

寒倚春霄苍玉杖，九华峰顶独归来。柯家草亭深云里，却有梅花傍竹开。

山东诗六首

弘治甲子年起复，主试山东时作。

登泰山五首

一

晓登泰山道，行行入烟霏。阳光散岩壑，秋容淡相辉。云梯挂青壁，仰见蛛丝微。长风吹海色，飘遥送天衣。峰顶动笙乐，青童两相依。振衣将往从，凌云忽高飞。挥手若相待，丹霞闪余晖。凡躯无健羽，怅望未能归。

二

天门何崔嵬，下见青云浮。泱漭绝人世，迥豁高天秋。暝色从地起，夜宿天上楼。天鸡鸣半夜，日出东海头。隐约蓬壶树，缥缈扶桑洲。浩歌落青冥，遗响入沧流。唐虞变楚汉，灭没如风沤。藐矣鹤山仙，秦皇岂堪求？金砂费日月，颓颜竟难留。吾意在庞古，泠然驭凉飕。相期广成子，太虚显遨游。枯槁向岩谷，黄绮不足俦。

三

穷崖不可极，飞步凌烟虹。危泉泻石道，空影垂云松。千峰互攒簇，掩映青芙蓉。高台倚巉削，倾侧临崆峒。失足堕烟雾，碎骨颠崖中。下愚竟难晓，摧折纷相从。吾方坐日观，披云笑天风。赤水问轩后，苍梧叫重瞳。隐隐落天语，阊阖开玲珑。去去勿复道，浊世将焉穷！

四

尘网苦羁縻，富贵真露草！不如骑白鹿，东游入蓬岛。朝登太山望，洪涛隔缥缈；阳辉出海云，来作天门晓。遥见碧霞君，翩翩起员峤。玉女紫鸾笙，双吹入晴昊。举首望不及，下拜风浩浩。掷我《玉虚篇》，读之殊未了；傍有长眉翁，一一能指道。从此炼金砂，人间迹如扫。

五

我才不救时，匡扶志空大。置我有无间，缓急非所赖。孤坐万峰颠，嗒然遗下块，已矣复何求？至精谅斯在。淡泊非虚杳，洒脱无芥蒂。世人闻予言，不笑即吁怪；吾亦不强语，惟复笑相待。鲁叟不可作，此意聊自快。

泰山高次王内翰司献韵

欧生诚楚人，但识庐山高。庐山之高犹可计寻丈，若夫泰山，仰视恍惚，吾不知其尚在青天之下乎，其已直出青天上？我欲仿拟试作《泰山高》，但恐培塿之见未能测识高大，笔底难具状。扶舆磅礴元气钟，突兀半遮天地东；南衡北恒西泰华，俯视伛偻谁争雄？人寰茫昧乍隐见，雷雨初解开鸿蒙。绣壁丹梯，烟霏霭霨；海日初涌，照耀苍翠。平麓远抱沧海湾，日观正与扶桑对。听涛声之下泻，知百川之东会。天门石扇，豁然中开；幽崖邃谷，襞积隐埋。中有遁世之流，龟潜雌伏，餐霞吸秀于其间，往往怪谲多仙才。上有百丈之飞湍，悬空络石穿云而直下，其源疑自青天来。岩头肤寸出烟雾，须臾滂沱遍九垓。古来登封，七十二主；后来相效，纷纷如雨；玉检金函无不为，只今埋没知何许？但见白云犹复起封中，断碑无字天外日月磨刚风；飞尘过眼倏超忽，飘荡岂复有遗踪！天空翠华远，落日辞千峰。鲁郊获麟，岐阳会凤；明堂既毁，闷宫兴颂。宣尼曳杖，逍遥一去不复来，幽泉呜咽而含悲，群峦拱揖如相送。俯仰宇宙，千载相望，堕山乔岳，尚被其光；峻极配天，无敢颉颃。嗟予瞻眺门墙外，何能仿佛窥室堂？也来攀附摄遗迹，三千之下，不知亦许再拜占末行。吁嗟乎！泰山之高，其高不可极。半壁回首，此身不觉已在东斗傍。

京师诗八首

弘治乙丑年改除兵部主事时作

忆龙泉山

我爱龙泉寺，寺僧颇疏野。尽日坐井栏，有时卧松下。一夕别山云，三年走车马。愧杀岩下泉，朝夕自清泻。

忆诸弟

久别龙山云，时梦龙山雨。觉来枕簟凉，诸弟在何许？终年走风尘，何似山中住。百岁如转蓬，拂衣从此去。

寄舅

老舅近何如？心性老不改。世故恼情怀，光阴不相待。借问同辈中，乡邻几人在？从今且为乐，旧事无劳悔！

送人东归

五泄佳山水，平生思一游。送子东归省，莼鲈况复秋。幽探须及壮，世事苦悠悠。来岁春风里，长安忆故丘。

寄西湖友

予有西湖梦，西湖亦梦予。三年成阔别，近事竟何如？况有诸贤在，他时终卜庐。但恐吾归日，君还轩冕拘。

赠阳伯

阳伯即伯阳，伯阳竟安在？大道即人心，万古未尝改。长生在求仁，金丹非外待。缪矣三十年，于今吾始悔！

故山

鉴水终年碧，云山尽日闲。故山不可到，幽梦每相关。雾豹言长隐，云龙欲共攀。缘知丹壑意，未胜紫宸班。

忆鉴湖友

长见人来说，扁舟每独游。春风梅市晚，月色鉴湖秋。空有烟霞好，犹为尘世留。自今当勇往，先与报江鸥。

狱中诗十四首

正德丙寅年十二月，以上疏忤逆瑾，下锦衣狱作。

不寐

天寒岁云暮，冰雪关河迥。幽室魍魉生，不寐知夜永。惊风起林木，骤若波浪汹。我心良匪石，讵为戚欣动！滔滔眼前事，逝者去相踵。崖穷犹可陟，水深犹可泳。焉知非日月，胡为乱予衷？深谷自逶迤，烟霞日悠永。匡时在贤达，归哉盍耕垅！

有室七章

有室如簴，周之崇墉。室如穴处，无秋无冬！
耿彼屋漏，天光入之。瞻彼日月，何嗟及之！
倏晦倏明，凄其以风。倏雨倏雪，当昼而蒙。
夜何其矣，靡星靡粲。岂无白日？寤寐永叹！
心之忧矣，匪家匪室。或其启矣，殒予匪恤。
氤氲其埃，日之光矣，渊渊其鼓，明既昌矣。
朝既式矣，日既夕矣。悠悠我思，曷其极矣！

读易

囚居亦何事？省愆惧安饱。瞑坐玩羲《易》，洗心见微奥。乃知先天翁，画画有至教。包蒙戒为寇，童牿事宜早；蹇蹇匪为节，虩虩未违道。《遯》四获我心，《蛊》上庸自保。俯仰天地间，触目俱浩浩。箪瓢有余乐，此意良匪矫。幽哉阳明麓，可以忘吾老。

岁暮

兀坐经旬成木石，忽惊岁暮还思乡。高檐白日不到地，深夜黠鼠时登床。峰头霁雪开草阁，瀑下古松闲石房。溪鹤洞猿尔无恙，春江归棹吾相将。

见月

屋罅见明月，还见地上霜。客子夜中起，旁皇涕沾裳。匪为严霜苦，悲此明月光。月光如流水，徘徊照高堂。胡为此幽室，奄忽逾飞扬？逝者不可及，来者犹可望。盈虚有天运，叹息何能忘！

天涯

天涯岁暮冰霜结，永巷人稀罔象游。长夜星辰瞻阁道，晓天钟鼓隔云楼。思家有泪仍多病，报主无能合远投。留得升平双眼在，且应蓑笠卧沧洲。

屋罅月

幽室不知年，夜长昼苦短。但见屋罅月，清光自亏满。佳人宴清夜，繁丝激哀管；朱阁出浮云，高歌正凄婉。宁知幽室妇，中夜独愁叹！良人事游侠，经岁去不返。来归在何时？年华忽将晚。萧条念宗祀，泪下长如霰。

别友狱中

居常念朋旧，簿领成阔绝，嗟我二三友，胡然此簪盍！累累囹圄间，讲诵未能辍。桎梏敢忘罪？至道良足悦。所恨精诚眇，尚口徒自蹶。天王本明圣，旋已但中热。行藏未可期，明当与君别。愿言无诡随，努力从前哲！

赴谪诗五十五首

正德丁卯年赴谪贵阳龙场驿作

答汪抑之三首

去国心已恫，别子意弥恻。伊迩怨昕夕，况兹万里隔！恋恋歧路间，执手何能默？子有昆弟居，而我远亲侧；回思菽水欢，羡子何由得！知子念我深，夙夜敢忘惕！良心忠信资，蛮貊非我戚。

北风春尚号，浮云正南驰。风云一相失，各在天一涯。客子怀往路，起视明星稀；驱车赴长阪，迢迢入岚霏。旅宿苍山底，雾雨昏朝弥。间关不足道，嗟此白日微。切磋此良久，愿言毋心违！

闻子赋茆屋，来归在何年？索居间楚越，连峰郁参天。缅怀岩中隐，磴道穷扳缘。江云动苍壁，山月流澄川。朝采石上芝，暮漱松间泉。鹅湖有前约，鹿洞多遗篇。寄子春鸿书，待我秋江船。

阳明子之南也其友湛元明歌九章以赠崔子钟和之以五诗于是阳明子作八咏以答之

其一

君莫歌九章，歌以伤我心。微言破寥寂，重以离别吟。别离悲尚浅，言微感逾深。瓦缶易诸俗，谁辩黄钟音？

其二

君莫歌五诗，歌之增离忧。岂无良朋侣？洵乐相遨游。譬彼桃与李，不为仓囷谋。君莫忘五诗，忘之我焉求？

其三

洙泗流浸微，伊洛仅如线；后来三四公，瑕瑜未相掩。嗟予不量力，跛鳖期致远。屡兴还屡仆，惴息几不免。道逢同心人，秉节倡予敢；力争毫厘间，万里或可勉。风波忽相失，言之泪徒泫。

其四

此心还此理，宁论己与人！千古一嘘吸，谁为叹离群？浩浩天地内，何物非同春！相思辄奋励，无为俗所分。但使心无间，万里如相亲；不见宴游交，征逐胥以沦？

其五

器道不可离，二之即非性。孔圣欲无言，下学从泛应。君子勤小物，蕴蓄乃成行。我诵穷索篇，于子既闻命；如何圜中士，空谷以为静？

其六

静虚非虚寂，中有未发中。中有亦何有？无之即成空。无欲见真体，忘助皆非功。至哉玄化机，非子孰与穷！

其七

忆与美人别，赠我青琅函。受之不敢发，焚香始开缄；讽诵意弥远，期我濂洛间。道远恐莫致，庶几终不惭。

其八

忆与美人别，惠我云锦裳。锦裳不足贵，遗我冰雪肠。寸肠亦何遗？

誓言终不渝。珍重美人意，深秋以为期。

南游三首 元明与予有衡岳、罗浮之期，赋《南游》，申约也。

南游何迢迢，苍山亦南驰。如何衡阳雁，不见燕台书？莫歌澧浦曲，莫吊湘君祠。苍梧烟雨绝，从谁问九疑。

其二

九疑不可问，罗浮如可攀。遥拜罗浮云，奠以双琼环。渺渺洞庭波，东逝何时还？生人不努力，草木同衰残！

其三

洞庭何渺茫，衡岳何崔嵬！风飘回雁雪，美人归未归？我有紫瑜珮，留挂芙蓉台。下有蛟龙峡，往往兴云雷。

忆昔答乔白岩因寄储柴墟三首

其一

忆昔与君约，玩《易》探玄微。君行赴西岳，经年始来归。方将事穷索，忽复当远辞。相去万里余，后会安可期？问我长生诀，惑也吾谁欺！盈亏消息间，至哉天地机。圣狂天渊隔，失得分毫厘。

其二

毫厘何所辩？惟在公与私。公私何所辩？天动与人为。遗体岂不贵？践形乃无亏。愿君崇德性，问学刊支离。无为气所役，毋为物所疑；恬淡自无欲，精专绝交驰。博弈亦何事，好之甘若饴？吟咏有性情，丧志非所宜。非君爱忠告，斯语容见嗤；试问柴墟子，吾言亦何如？

其三

柴墟吾所爱，春阳溢鬓眉；白岩吾所爱，慎默长如愚。二君廊庙器，予亦山泉姿。度量较齿德，长者皆吾师。置我五人末，庶亦忘崇卑。迢迢万里别，心事两不疑。北风送南雁，慰我长相思。

一日怀抑之也抑之之赠既尝答以三诗意若有歉焉是以赋也

其一

一日复一日，去子日以远。惠我金石言，沉郁未能展。人生各有际，道谊尤所眷。尝嗤儿女悲，忧来仍不免。缅怀沧洲期，聊以慰迟晚。

其二

迟晚不足叹，人命各有常。相去忽万里，河山郁苍苍。中夜不能寐，起视江月光。中情良自抑，美人难自忘。

其三

美人隔江水，仿佛若可睹。风吹蒹葭雪，飘荡知何处？美人有瑶瑟，清奏含太古。高楼明月夜，惆怅为谁鼓？

梦与抑之昆季语湛崔皆在焉觉而有感因记以诗三首

其一

梦与故人语，语我以相思。才为旬日别，宛若三秋期。令弟坐我侧，屈指如有为。须臾湛君至，崔子行相随。肴醑旋罗列，语笑如平时。纵言及微奥，会意忘其辞。觉来复何有？起坐空嗟咨！

其二

起坐忆所梦，默溯犹历历；初谈自有形，继论入无极。无极生往来，往来万化出；万化无停机，往来何时息！来者胡为信？往者胡为屈？微哉屈信间，子午当其屈。非子尽精微，此理谁与测？何当衡庐间，相携玩羲《易》。

其三

衡庐曾有约，相携尚无时。去事多翻覆，来踪岂前知？斜月满虚牖，树影何参差。林风正萧瑟，惊鹊无宁枝。邈彼二三子，惄焉劳我思。

因雨和杜韵

晚堂疏雨暗柴门，忽入残荷泻石盆。万里沧江生白发，几人灯火坐黄昏？客途最觉秋先到，荒径惟怜菊尚存。却忆故园耕钓处，短蓑长笛下江村。

赴谪次北新关喜见诸弟

扁舟风雨泊江关，兄弟相看梦寐间。已分天涯成死别，宁知意外得生还！投荒自识君恩远，多病心便吏事闲。携汝耕樵应有日，好移茅屋傍云山。

南屏

溪风漠漠南屏路，春服初成病眼开。花竹日新僧已老，湖山如旧我重来。层楼雨急青林迥，古殿雪晴碧嶂回。独有幽禽解相信，双飞时下读书台。

卧病静慈写怀

卧病空山春复夏，山中幽事最能知。雨晴阶下泉声急，夜静松间月色迟。把卷有时眠白石。解缨随意濯清漪。吴山越峤俱堪老，正奈燕云系远思！

移居胜果寺二首

江上但知山色好，峰回始见寺门开。半空虚阁有云住，六月深松无暑来。病肺正思移枕簟，洗心兼得远尘埃。富春咫尺烟涛外，时倚层霞望钓台。

病余岩阁坐朝曛，异景相新得未闻。日脚倒明千顷雾，雨声高度万峰云。越山阵水当吴峤，江月随潮上海门。便欲携书从此老，不教猿鹤更移文。

忆别

忆别江干风雪阴，艰难岁月两侵寻。重看骨肉情何限，况复斯文约旧深。贤圣可期先立志，尘凡未脱谩言心。移家便住烟霞壑，绿水青山长对吟。

泛海

险夷原不滞胸中，何异浮云过太空！夜静海涛三万里，月明飞锡下天风。

武夷次壁间韵

肩舆飞度万峰云，回首沧波月下闻。海上真为沧水使，山中又遇武夷君。溪流九曲初谙路，精舍千年始及门。归去高堂慰垂白，细探更拟在春分。

草萍驿次林见素韵奉寄

山行风雪瘦能当，会喜江花照野航。本与宦途成懒散，颇因诗景受闲忙。乡心草色春同远，客鬓松梢晚更苍，料得烟霞终有分，未须连夜梦溪堂。

玉山东岳庙遇旧识严星士

忆昨东归亭下路，数峰箫管隔秋云。肩舆欲到妨多事，鼓枻重来会有云。春夜绝怜灯节近，溪声最好月中闻。行藏无用君平卜，请看沙边鸥鹭群。

广信元夕蒋太守舟中夜话

楼台灯火水西东，箫鼓星桥渡碧空。何处忽谈尘世外？百年惟此月明中。客途孤寂浑常事，远地相求见古风。别后新诗如不惜，衡南今亦有飞鸿。

夜泊石亭寺用韵呈陈娄诸公因寄储柴墟都宪及乔白岩太常诸友

廿年不到石亭寺，惟有西山只旧青。白拂挂墙僧已去，红阑照水客重经。沙村远树凝春望，江雨孤篷入夜听。何处故人还笑语？东风啼鸟梦初醒。

怅望沙头成久坐，江洲春树何青青。烟霞故国虚梦想，风雨客途真惯经！白璧屡投终自信，朱弦一绝好谁听？扁舟心事沧浪旧，从与渔人笑独醒。

过分宜望钤冈庙

共传峰顶树，古庙有灵神，楚俗多尊鬼，巫言解惑人。望禋存旧典，捍御及斯民。世事浑如此，题诗感慨新！

杂诗三首

其一

危栈断我前，猛虎尾我后。倒崖落我左，绝壑临我右。我足复荆榛，雨雪更纷骤。邈然思古人，无闷聊自有。无闷虽足珍，警惕忘尔守。君观真宰意，匪薄亦良厚。

其二

青山清我目，流水静我耳；琴瑟在我御，经书满我几。措足践坦道，悦心有妙理，顽冥非所惩，贤达何靡靡！乾乾怀往训，敢忘惜分晷？悠哉天地内，不知老将至。

其三

羊肠亦坦道，太虚何阴晴？灯窗玩古《易》，欣然获我情。起舞还再拜，圣训垂明明；拜舞讵逾节？顿忘乐所形。敛衽复端坐，玄思窥沉溟。寒根固生意，息灰抱阳精。冲漠际无极，列宿罗青冥。夜深向晦息，始闻风雨声。

袁州府宜春台四绝

宜春台上还春望，山水南来眼未尝。却笑韩公亦多事，更从南浦羡滕王。

台名何事只宜春？山色无时不可人。不用烟花费妆点，尽教刊落尽嶙峋。

持修江藻拜祠前，正是春风欲暮天。童冠尽多归咏兴，城南兼说有温泉。

古庙香灯几许年？增修还费大官钱。至今楚地多风雨，犹道山神驾铁船。

夜宿宣风馆

山石崎岖古辙痕，沙溪马渡水犹浑。夕阳归鸟投深麓，烟火行人望远村。天际浮云生白发，林间孤月坐黄昏。越南冀北俱千里，正恐春愁入夜魂。

萍乡道中谒濂溪祠

木偶相沿恐未真，清辉亦复凛衣巾。簿书曾屑乘田吏，俎豆犹存畏垒民。碧水苍山俱过化，光风霁月自传神。千年私淑心丧后，下拜春祠荐渚蘋。

宿萍乡武云观

晓行山径树高低，雨后春泥没马蹄。翠色绝云开远嶂，寒声隔竹隐晴溪。已闻南去艰舟楫，漫忆东归沮杖藜。夜宿仙家见明月，清光还似鉴湖西。

醴陵道中风雨夜宿泗州寺次韵

风雨偏从险道尝，深泥没马陷车箱。虚传鸟路通巴蜀，岂必羊肠在太行！远渡渐看连暝色，晚霞会喜见朝阳。水南昏黑投僧寺，还理义编坐夜长。

长沙答周生

旅倦憩江观，病齿废谈诵。之子特相求，礼殚意弥重。自言绝学余，有志莫与共；手持一编书，披历见肝衷；近希小范踪，远为贾生恸；兵符及射艺，方技靡不综。我方惩创后，见之色亦动。子诚仁者心，所言亦屡中；愿子且求志，蕴蓄事涵泳。孔圣固惶惶，与点乐归咏；回也王佐才，闭户避邻哄。知子信美才，大构中梁栋；未当匠石求，滋植务培壅。愧子勤绻意，何以相规讽？养心在寡欲，操存舍即纵。岳麓何森森，遗址自南宋；江山足游息，贤迹尚堪踵。何当谢病来，士气多沉勇。

陟湘于迈岳麓是尊仰止先哲因怀友生丽泽兴感伐木寄言二首

其一

客行长沙道，山川郁稠缪。西探指岳麓，凌晨渡湘流；逾冈复陟巘，吊古还寻幽。林壑有余采，昔贤此藏修；我来实仰止，匪伊事盘游。衡云闲晓望，洞野浮春洲。怀我二三友，《伐木》增离忧。何当此来聚？道谊日相求。

其二

林间憩白石，好风亦时来。春阳熙百物，欣然得予怀。缅思两夫子，此地得徘徊。当年靡童冠，旷代登堂阶。高情讵今昔，物色遗吾侪。顾谓二三子，取瑟为我谐。我弹尔为歌，尔舞我与偕。吾道有至乐，富贵真浮埃！若时乘大化，勿愧点与回。陟冈采松柏，将以遗所思；勿采松柏枝，两贤昔所依。缘峰践台石，将以望所期；勿践台上石，两贤昔所跻。两贤去邈矣，我友何相违？吾斯未能信，役役空尔疲。胡不此簪盍，丽泽相遨嬉？渴饮松下泉，饥餐石上芝。偃仰绝余念，迁客难久稽。洞庭春浪阔，浮云隔九疑。江洲满芳草，目极令人悲。已矣从此去，奚必兹山为！恋系乃从欲，安土惟随时。晚闻冀有得，此外吾何知！

游岳麓书事

醴陵西来涉湘水，信宿江城沮风雨。不独病齿畏风湿，泥潦侵途绝行旅。人言岳麓最形胜，隔水溟蒙隐云雾；赵侯需晴邀我游，故人徐陈各传语；周生好事屡来速，森森雨脚何由住！晓来阴翳稍披拂，便携周生涉江去。戒令休遣府中知，徒尔劳人更妨务。橘洲僧寺浮江流，鸣钟出延立沙际。停桡一至答其情，三洲连绵亦佳处。行云散漫浮日色，是时峰峦益开霁。乱流荡桨济倏忽，系樧江边老檀树。岸行里许入麓口，周生道予勤指顾。柳溪梅堤存仿佛，道林林壑独如故。赤沙想像虚田中，西屿倾颓今冢墓。道乡荒趾留突兀，赫曦远望石如鼓。殿堂释菜礼从宜，下拜朱张息游地。凿石开山面势改，双峰辟阙见江渚；闻是吴君所规画，此举良是反遭忌。九仞谁亏一篑功，叹息遗基独延伫！浮屠观阁摩青霄，盘据名区遍寰宇；其徒素为儒所摈，以此方之反多愧。爱礼思存告朔羊，况此实作匪文具。人云赵侯意颇深，隐忍调停旋修举；昨来风雨破栋脊，方遣圬人补残敝。予闻此语心稍慰，野人蔬蕨亦罗置；欣然一酌才举杯，津夫走报郡侯至。此行隐迹何由闻？遣骑候访自吾寓；潜来鄙意正为此，仓率行庖益劳费。整冠出迓见两盖，乃知王君亦同御。肴羞层叠丝竹繁，避席兴辞恳莫拒。多仪劣薄非所承，乐阕觞周日将暮。黄堂吏散君请先，病夫沾醉须少憩。入舟暝色渐微茫，却喜顺流还易渡。严城灯火人已稀，小巷曲折忘归路。仙宫酣倦成熟寐，晓闻檐声复如注。昨游偶遂实天假，信知行乐皆有数。涉躐差偿夙好心，尚有名山敢多慕！齿角盈亏分则然，行李虽淹吾不恶。

次韵答赵太守王推官

诘朝事虔谒，玄居宿斋沐。积霖喜新霁，风日散清燠。兰桡渡芳渚，半涉见水陆；溪山俨新宇，雷雨荒大麓。皇皇弦诵区，斯文昔炳郁；兴废尚屯疑，使我怀悱懊。近闻牧守贤，经营亟乘屋。方舟为予来，飞盖遥肃肃。花絮媚晚筵，韶景正柔淑。浴沂谅同情，及兹授春服。令德倡高祠，混珠愧鱼目！努力崇修名，迂疏自岩谷。

天心湖阻泊既济书事

挂席下长沙，瞬息百余里。舟人共扬眉，予独忧其驶。日暮入沅江，抵石舟果圮。补敝诘朝发，冲风遂龃龉。暝泊后江湖，萧条旁罾垒。月黑波涛惊，蛟鼍互睥睨。翼午风益厉，狼狈收断汜。天心数里间，三日但遥指。甚雨迅雷电，作势殊未已。溟溟云雾中，四望渺涯涘。篙桨不得施，丁夫尽嗟噫。淋漓念同胞，吾宁忍暴使？馇粥且倾橐，苦且吾与尔。众意在必济，粮绝亦均死。凭陵向高浪，吾亦讵容止。虎怒安可撄？志同稍足倚；且令并岸行，试涉湖滨沚。收舵幸无事，风雨亦浸弛。逡巡缘沚湄，迤逦就风势。新涨翼回湍，倏忽逝如矢。夜入武阳江，渔村稳堪舣。籴市谋晚炊，且为众人喜。江醪信漓浊，聊复荡胸滓。济险在需时，徼幸岂常理？尔辈勿轻生，偶然非可恃！

居夷诗

去妇叹五首

楚人有间于新娶而去其妇者。其妇无所归，去之山间独居，怀绻不忘，终无他适。予闻其事而悲之，为作《去妇叹》。

委身奉箕帚，中道成弃捐。苍蝇间白璧，君心亦何愆！独嗟贫家女，素质难为妍。命薄良自喟，敢忘君子贤？春华不再艳，颓魄无重圆。新欢莫终恃，令仪慎周还。

依违出门去，欲行复迟迟。邻妪尽出别，强语含辛悲。陋质容有缪，放逐理则宜；姑老籍相慰，缺乏多所资。妾行长已矣，会面当无时！

妾命如草芥，君身比琅玕。奈何以妾故，废仓怀愤冤？无为伤姑意，燕尔且为欢；中厨存宿旨，为姑备朝餐。畜育意千绪，仓卒徒悲酸。伊迩望门屏，盍从新人言。夫意已如此，妾还当谁颜！

去矣勿复道，已去还踌躕。鸡鸣尚闻响，犬恋犹相随。感此摧肝肺，泪下不可挥。冈回行渐远，日落群鸟飞。群鸟各有托，孤妾去何之？

空谷多凄风，树木何萧森！浣衣涧冰合，采苓山雪深。离居寄岩穴，忧思托鸣琴。朝弹别鹤操，暮弹孤鸿吟。弹苦思弥切，巑岏隔云岑。君聪甚明哲，何因闻此音？

罗旧驿

客行日日万峰头，山水南来亦胜游。市谷鸟啼村雨暗，刺桐花暝石溪幽。蛮烟喜过青杨瘴，乡思愁经芳杜洲。身在夜郎家万里，五云天北是神州。

沅水驿

辰阳南望接沅州，碧树林中古驿楼。远客日怜风土异，空山惟见瘴云浮。耶溪有信从谁问？楚水无情只自流。却幸此身如野鹤，人间随地可淹留。

钟鼓洞

见说水南多异迹，岩头时有鼓钟声。空遗石壁千年在，未信金砂九转成。远地星辰瞻北极，春山明月坐更深。年来夷险还忘却，始信羊肠路亦平。

平溪馆次王文济韵

山城寥落闭黄昏，灯火人家隔水村。清世独便吾职易，穷途还赖此心存。蛮烟瘴雾承相往，翠壁丹崖好共论。畎亩投闲终有日，小臣何以答君恩？

清平卫即事

积雨山途喜乍晴，暖云浮动水花明。故园日与青春远，敝缊凉思白苧轻。烟际卉衣窥绝栈，（时土苗方仇杀）峰头戍角隐孤城。华夷节制严冠履，漫说殊方列省卿。

兴隆卫书壁

山城高下见楼台，野戍参差暮角摧。贵竹路从峰顶入，夜郎人自日边来。莺花夹道惊春老，雉堞连云向晚开。尺素屡题还屡掷，衡南那有雁飞回？

七盘

鸟道萦纡下七盘，古藤苍木峡声寒。境多奇绝非吾土，时可淹留是谪官。犹记边峰传羽檄，近闻苗俗化衣冠。投簪实有居夷志，垂白难承菽水欢。

初至龙场无所止结草庵居之

草庵不及肩，旅倦体方适。开棘自成篱，土阶漫无级；迎风亦萧疏，漏雨易补缉。灵濑响朝湍，深林凝暮色。群獠环聚讯，语庞意颇质。鹿豕且同游，兹类犹人属。污樽映瓦豆，尽醉不知夕。缅怀黄唐化，略称茅茨迹。

始得东洞遂改为阳明小洞天三首

古洞闷荒僻，虚设疑相待。披莱历风磴，移居快幽垲。营炊就岩窦，放榻依石垒。穹窒旋薰塞，夷坎仍洒扫。卷帙漫堆列，樽壶动光彩。夷居信何陋，恬淡意方在。岂不桑梓怀？素位聊无悔。

童仆自相语，洞居颇不恶。人力免结构，天巧谢雕凿。清泉傍厨落，翠雾还成幕。我辈日嬉偃，主人自愉乐。虽无棨戟荣，且远尘嚣聒。但恐霜雪凝，云深衣絮薄。

我闻莞尔笑，周虑愧尔言。上古处巢窟，杯饮皆污樽。冱极阳内伏，石穴多冬暄。豹隐文始泽，龙蛰身乃存。岂无数尽榱，轻裘吾不温。邈矣箪瓢子，此心期与论。

谪居绝粮请学于农将田南山永言寄怀

谪居屡在陈，从者有愠见。山荒聊可田，钱镈还易办。夷俗多火耕，仿习亦颇便。及兹春未深，数亩犹足佃。岂徒实口腹？且以理荒宴。遗穗及鸟雀，贫寡发余羡。出耒在明晨，山寒易霜霰。

观稼

下田既宜稌，高田亦宜稷。种蔬须土疏，种蓣须土湿。寒多不实秀，暑多有螟螣。去草不厌频，耘禾不厌密。物理既可玩，化机还默识；即是参赞功，毋为轻稼穑！

采蕨

采蕨西山下，扳援陟崔嵬。游子望乡国，泪下心如摧。浮云塞长空，颓阳不可回。南归断舟楫，北望多风埃。已矣供子职，勿更贻亲哀！

猗猗

猗猗涧边竹，青青岩畔松。直干历冰雪，密叶留清风。自期永相托，云壑无违踪。如何两分植，憔悴叹西东。人事多翻覆，有如道上蓬。惟应岁寒意，随处还当同。

南溟

南溟有瑞鸟，东海有灵禽；飞游集上苑，结侣珍树林；顾言饰羽仪，共舞箫韶音。风云忽中变，一失难相寻。瑞鸟既遭縻，灵禽投荒岑。天衢雨雪积，江汉虞罗侵。哀哀鸣索侣，病翼飞未任。群鸟亦千百，谁当会其心？南岳有竹实，丹溜青松阴。何时共栖息？永托云泉深。

溪水

溪石何落落，溪水何泠泠。坐石弄溪水，欣然濯我缨。溪水清见底，照我白发生。年华若流水，一去无回停。悠悠百年内，吾道终何成！

龙冈新构

诸夷以予穴居颇阴湿，请构小庐。欣然趋事，不月而成。诸生闻之，亦皆来集，请名龙冈书院，其轩曰“何陋”。

谪居聊假息，荒秽亦须治。凿巘薙林条，小构自成趣。开窗入远峰，架扉出深树。墟寨俯逶迤，竹木互蒙翳。畦蔬稍溉锄，花药颇杂莳。宴适岂专予，来者得同憩。轮奂非致美，毋令易倾敝。

营茅乘田隙，洽旬始苟完。初心待风雨，落成还美观。锄荒既开径，拓樊亦理园。低檐避松偃，疏土行竹根。勿剪墙下棘，束列因可藩。莫撷林间萝，蒙笼覆云轩。素缺农圃学，因兹得深论。毋为轻鄙事，吾道固斯存。

诸生来

简滞动罹咎，废幽得幸免。夷居虽异俗，野朴意所眷。思亲独疚心，疾忧庸自遣。门生颇群集，樽斝亦时展。讲习性所乐，记问复怀腼。林行或沿涧，洞游还陟巘。月榭坐鸣琴，云窗卧披卷。澹泊生道真，旷达匪荒宴。岂必鹿门栖，自得乃高践。

西园

方园不盈亩，蔬卉颇成列。分溪免瓮灌，补篱防豕蹢。芜草稍焚薙，清雨夜来歇。濯濯新叶敷，荧荧夜花发。放锄息重阴，旧书漫披阅。倦枕竹下石，醒望松间月。起来步闲谣，晚酌檐下设。尽醉即草铺，忘与邻翁别。

水滨洞

送远憩岨谷，濯缨俯清流。沿溪涉危石，曲洞藏深幽。花静馥常阏，溜暗光亦浮。平生泉石好，所遇成淹留。好鸟忽双下，鲦鱼亦群游。坐久尘虑息，澹然与道谋。

山石

山石犹有理，山木犹有枝；人生非木石，别久宁无思！愁来步前庭，仰视行云驰；行云随长风，飘飘去何之？行云有时定，游子无还期。高梁始归燕，题鴂已先悲。有生岂不苦，逝者长若斯！已矣复何事？商山行采芝。

无寐二首

烟灯暖无寐，忧思坐长往。寒风振乔林，叶落闻窗响。起窥庭月光，山空游罔象。怀人阻积雪，崖冰几千丈。

穷崖多杂树，上与青冥连。穿云下飞瀑，谁能识其源？但闻清猿啸，时见皓鹤翻。中有避世士，冥寂栖其巅。繄系予亦同调，路绝难攀缘。

诸生夜坐

谪居澹虚寂，眇然怀同游。日入山气夕，孤亭俯平畴。草际见数骑，取径如相求；渐近识颜面，隔树停鸣驺；投辔雁鹜进，携榼各有羞；分席夜堂坐，绛蜡清樽浮；鸣琴复散帙，壶矢交觥筹。夜弄溪上月，晓陟林间丘。村翁或招饮，洞客偕探幽。讲习有真乐，谈笑无俗流。缅怀风沂兴，千载相为谋。

艾草次胡少参韵

艾草莫艾兰，兰有芬芳姿。况生幽谷底，不碍君稻畦。艾之亦何益？徒令香气衰。荆棘生满道，出刺伤人肌；持刀忌触手，睨视不敢挥。艾草须艾棘，勿为棘所欺。

凤雏次韵答胡少参

凤雏生高岩，风雨摧其翼。养疴深林中，百鸟惊辟易。虞人视为妖，举网争弹弋。此本王者瑞，惜哉谁能识！吾方哀其穷，胡忍复相亟？鸱枭据丛林，驱鸟恣搏食。嗟尔独何心？枭凤如白黑。

鹦鹉和胡韵

鹦鹉生陇西，群飞恣鸣游。何意虞罗及？充贡来中州；金绦縻华屋，云泉谢林丘。能言实阶祸，吞声亦何求！主人有隐寇，窃发闻其谋，感君惠养德，一语思所酬。惧君不见察，杀身反为尤。

诸生

人生多离别，佳会难再遇。如何百里来，三宿便辞去？有琴不肯弹，有酒不肯御。远陟见深情，宁予有弗顾？洞云还自栖，溪月谁同步？不念南寺时，寒江雪将暮？不记西园日，桃花夹川路？相去倏几月，秋风落高树。富贵犹尘沙，浮名亦飞絮。嗟我二三子，吾道有真趣。胡不携书来，茆堂好同住！

游来仙洞早发道中

霜风清木叶，秋意生萧疏。冲星策晓骑，幽事将有徂。股虫乱飞掷，道狭草露濡；倾暑特晨发，征夫已先途。淅米石间溜，炊火岩中庐。烟峰上初日，林鸟相嘤呼。意欣物情适，战胜癯色腴。行乐信宇宙，富贵非吾图！

别友

幽寻意方结，奈此世累牵。凌晨驱马别，持杯且为传。相求苦非远，山路多风烟。所贵明哲士，秉道非苟全。去矣崇令德，吾亦行归田。

赠黄太守澍

岁宴乡思切，客久亲旧疏。卧病闭空院，忽来故人车。入门辩眉宇，喜定还惊吁。远行亦安适，符竹膺新除。荒郡号难理，况兹征索余！君才素通敏，窘剧宜有纾。蛮乡虽瘴毒，逐客犹安居。经济非复事，时还理残书。山泉足游憩，鹿麋能友予。澹然穹壤内，容膝皆吾庐。惟萦垂白念，旦夕怀归图。君行勉三事，吾计终五湖。

寄友用韵

怀人坐沉夜，帷灯暖幽光。耿耿积烦绪。忽忽如有忘。玄景逝不处，朱炎化微凉。相彼谷中葛，重阴殒衰黄。感此游客子，经年未还乡。伊人不在目，丝竹徒满堂，天深雁书杳，梦短关塞长。情好矢无斁，愿言觊终偿。惠我金石编，徽音激宫商。驰辉不可即，式尔增予伤！馨香袭肝膂，聊用中心藏。

秋夜

树暝栖翼喧，萤飞夜堂静。遥穹出晴月，低檐入峰影。窅然坐幽独，怵尔抱深警。年徂道无闻，心违迹未屏。萧瑟中林秋，云凝松桂冷。山泉岂无适？离人怀故境。安得驾云鸿，高飞越南景！

采薪二首

朝采山上荆，暮采谷中栗。深谷多凄风，霜露沾衣湿。采薪勿辞辛，昨来断薪拾。晚归阴壑底，抱瓮还自汲。薪水良独劳，不愧食吾力！

倚担青崖际，历斧崖下石。持斧起环顾，长松百余尺。徘徊不忍挥，俯略涧边棘。同行笑吾馁，尔斧安用历？快意岂不能？物材各有适。可以相天子，众稚讵足识！

龙冈漫兴五首

投荒万里入炎州，却喜官卑得自由。心在夷居何有陋？身虽吏隐未忘忧。春山卉服时相问，雪寨蓝舆每独游。拟把犁锄从许子，谩将弦诵止言游。

旅况萧条寄草堂，虚檐落日自生凉。芳春已共烟花尽，孟夏俄惊草木长。绝壁千寻凌杳霭，深崖六月宿冰霜。人间不有宣尼叟，谁信申韩未是刚？

路僻官卑病益闲，空林惟听鸟间关。地无医药凭书卷，身处蛮夷亦故山。用世谩怀伊尹耻，思家独切老莱斑。梦魂兼喜无余事，只在耶溪舜水湾。

卧龙一去忘消息，千古龙冈漫有名。草屋何人方管乐，桑间无耳听《咸英》。江沙漠漠遗云鸟，草木萧萧动甲兵。好共鹿门庞处士，相期采药入青冥。

归与吾道在沧浪，颜氏何曾击柝忙？枉尺已非贤者事，斫轮徒有古人方。白云晚忆归岩洞，苍藓春应遍石床。寄语峰头双白鹤，野夫终不久龙场。

答毛拙庵见招书院

野夫病卧成疏懒，书卷长抛旧学荒。岂有威仪堪法象？实惭文檄过称扬。移居正拟投医肆，虚席仍烦避讲堂。范我定应无所获，空令多士笑王良。

老桧

老桧斜生古驿傍，客来系马解衣裳。托根非所还怜汝，直干不挠终异常。风雪凛然存节概，刮摩聊尔见文章。何当移植山林下，偃蹇从渠拂汉苍。

却巫

卧病空山无药石，相传土俗事神巫。吾行久矣将焉祷？众议纷然反见迂。积习片言容未解，舆情三月或应孚。也知伯有能为厉，自笑孙侨非丈夫。

过天生桥

水光如练落长松，云际天桥隐白虹。辽鹤不来华表烂，仙人一去石桥空。徒闻鹊驾横秋夕，谩说秦鞭到海东。移放长江还济险，可怜虚却万山中。

南霁云祠

死矣中丞莫谩疑，孤城援绝久知危。贺兰未灭空遗恨，南八如生定有为。风雨长廊嘶铁马，松杉阴雾卷灵旗。英魂千载知何处？岁岁边人赛旅祠。

春晴

林下春晴风渐和，高岩残雪已无多。游丝冉冉花枝静，青壁迢迢白鸟过。忽向山中怀旧侣，几从洞口梦烟萝。客衣尘土终须换，好与湖边长芰荷。

陆广晓发

初日曈曈似晓霞，雨痕新霁渡头沙。溪深几曲云藏峡，树老千年雪作花。白鸟去边回驿路，青崖缺处见人家。遍行奇胜才经此，江上无劳羡九华。

雪夜

天涯久客岁侵寻，茆屋新开枫树林。渐惯省言因病齿，屡经多难解安心。犹怜未系苍生望，且得闲为白石吟。乘兴最堪风雪夜，小舟何日返山阴?

元夕二首

故园今夕是元宵，独向蛮村坐寂寥。赖有遗经堪作伴，喜无车马过相邀。春还草阁梅先动，月满虚庭雪未消。堂上花灯诸弟集，重闱应念一身遥。

去年今日卧燕台，铜鼓中宵隐地雷。月傍苑楼灯彩淡，风传阁道马蹄回。炎荒万里频回首，羌笛三更谩自哀。尚忆先朝多乐事，孝皇曾为两宫开。

家僮作纸灯

寥落荒村灯事赊，蛮奴试巧剪春纱。花枝绰约含轻雾，月色玲珑映绮霞。取办不徒酬令节，赏心兼是惜年华。何如京国王侯第，一盏中人产十家！

白云堂

白云僧舍市桥东，别院回廊小径通。岁古檐松存独干，春还庭竹发新丛。晴窗暗映群峰雪，清梵长飘高阁风。迁客从来甘寂寞，青鞋时过月明中。

来仙洞

古洞春寒客到稀，绿苔荒径草霏霏。书悬绝壁留僧偈，花发层萝绣佛衣。壶榼远从童冠集，杖藜随处宦情微。石门遥锁阳明鹤，应笑山人久不归。

木阁道中雪

瘦马支离缘绝壁，连峰窅窕入层云。山村树暝惊鸦阵，涧道雪深逢鹿群。冻合衡茅炊火断，望迷孤戍暮笳闻。正思讲习诸贤在，绛蜡清醅坐夜分。

元夕雪用苏韵二首

林间暮雪定归鸦，山外铃声报使车。玉盏春光传柏叶，夜堂银烛乱檐花。萧条音信愁边雁，迢递关河梦里家。何日扁舟还旧隐，一蓑江上把鱼叉。

寒威入夜益廉纤，酒瓮炉床亦戒严。久客渐怜衣有结，蛮居长叹食无盐。饥豺正尔群当路，冻雀从渠自宿檐。阴极阳回知不远，兰芽行见发春尖。

晓霁用前韵书怀二首

双阙钟声起万鸦，禁城月色满朝车。竟谁诗咏东曹桧？正忆梅开西寺花。此日天涯伤逐客，何年江上却还家？曾无一字堪驱使，谩有虚名拟八叉。

涧草岩花欲斗纤，溪风林雪故争严。连岐尽说还宜麦，煮海何曾见作盐。路断暂怜无过客，病余兼喜曝晴檐。谪居亦自多清绝，门外群峰玉笋尖。

次韵陆佥宪元日喜晴

城里夕阳城外雪，相将十里异阴晴。也知造物曾何意？底是人心苦未平！柏府楼台衔倒景，茆茨松竹泻寒声。布衾莫谩愁僵卧，积素还多达曙明。

元夕木阁山火

荒村灯夕偶逢晴，野烧峰头处处明。内苑但知鳌作岭，九门空说火为城。天应为我开奇观，地有兹山不世情。却恐炎威被松柏，休教玉石遂同赪！

夜宿汪氏园

小阁藏身一斗方，夜深虚白自生光。梁间来下徐生榻，座上惭无荀令香。驿树雨声翻屋瓦，龙池月色浸书床。他年贵竹传遗事，应说阳明旧草堂。

春行

冬尽西归满山雪，春初复来花满山。白鸥乱浴清溪上，黄鸟双飞绿树间。物色变迁随转眼，人生岂得长朱颜！好将吾道从吾党，归把渔竿东海湾。

村南

花事纷纷春欲酣，杖藜随步过村南。田翁开野教新犊，溪女分流浴种蚕。稚犬吠人依密槿，闲凫照影立晴潭。偶逢江客传乡信，归卧枫堂梦石龛。

山途二首

上山见日下山阴，阴欲开时日欲沉。晚景无多伤远道，朝阳莫更沮云岑。人归暝市分渔火，客舍空林依暮禽。世事验来还自领，古人先已得吾心。

南北驱驰任板舆，谪乡何地是安居？家家细雨残灯后，处处荒原野烧余。江树欲迷游子望，朔云长断故人书。茂陵多病终萧散，何事相如赋《子虚》。

白云

白云冉冉出晴峰，客路无心处处逢。已逐肩舆度青壁，还随孤鹤下苍松。此身愧尔长多系，他日从龙谩托踪。断鹜残鸦飞欲尽，故山回首意重重。

答刘美之见寄次韵

休疑迁客迹全贫，犹有沙鸥日见亲。勋业已辞沧海梦，烟花多负故园春。百年长恐终无补，万里宁期尚得身。念我不劳伤鬓雪，知君亦欲拂衣尘。

寄徐掌教

徐稚今安在？空梁榻久悬。北门倾盖日，东鲁校文年。岁月成超忽，风云易变迁。新诗劳寄我，不愧《鸟鸣》篇。

书庭蕉

檐前蕉叶绿成林，长夏全无暑气侵。但得雨声连夜静，不妨月色半床阴。新诗旧叶题将满，老芰疏梧根共深。莫笑郑人谈讼鹿，至今醒梦两难寻。

送张宪长左迁滇南大参次韵

世味知公最饱谙，百年清德亦何惭！柏台藩省官非左，江汉滇池道益南。绝域烟花怜我远，今宵风月好谁谈？交游若问居夷事，为说山泉颇自堪。

南庵次韵二首

隔水樵渔亦几家？缘冈石路入溪斜。松林晚映千峰雨，枫叶秋连万树霞。渐觉形骸逃物外，未妨游乐在天涯。频来不用劳僧榻，已僭汀鸥一席沙。

斜日江波动客衣，水南深竹见岩扉。渔人收网舟初集，野老忘机坐未归。渐觉云间栖翼乱，愁看天北暮云飞。年年岁晚长为客，闲杀西湖旧钓矶。

观傀儡次韵

处处相逢是戏场，何须傀儡夜登堂？繁华过眼三更促，名利牵人一线长。稚子自应争诧说，矮人亦复浪悲伤。本来面目还谁识？且向樽前学楚狂。

徐都宪同游南庵次韵

岩寺藏春长不夏，江花映日艳于桃。山阴入户川光暮，林影浮空暑气高。树老岂能知岁月，溪清真可鉴秋毫。但逢佳景须行乐，莫遣风霜着鬓毛。

即席次王文济少参韵二首

摇落休教感客途，南来秋兴未全孤。肝肠已自成金石，齿发从渠变柳蒲。倾倒酒怀金谷罚，逼真词格《辋川图》。谪乡莫道贫消骨，犹有新诗了旧逋。

此身未拟泣穷途，随处翻飞野鹤孤。霜冷几枝存晚菊，溪春两度见新蒲。荆西寇盗纡筹策，湘北流移入画图。莫怪当筵倍凄切，诛求满地促官逋。

赠刘侍御二首

蹇以反身，困以遂志。今日患难，正阁下受用处也。知之，则处此当自别。病笔不能多及，然其余亦无足言者。聊次韵。某顿首刘侍御大人契长。

相送溪桥未隔年，相逢又过小春天。忧时敢负君臣义？念别羞为儿女怜。

道自升沉宁有定，心存气节不无偏。知君已得虚舟意，随处风波只晏然。

夜寒

檐际重阴覆夜寒，石炉松火坐更残。穷荒正讶乡书绝，险路仍愁归梦难，仙侣春风怀越峤，钓船明月负严滩。未因谪宦伤憔悴，客鬓远羞镜里看。

冬至

客床无寐听潜雷，珍重初阳夜半回。天地未尝生意息，冰霜不耐鬓毛催。春添哀线谁能补？岁晚心丹自动灰。料得重闱强健在，早看消息报窗梅。

春日花间偶集示门生

闲来聊与二三子，单夹初成行暮春。改课讲题非我事，研几悟道是何人？阶前细草雨还碧，檐下小桃晴更新。坐起咏歌俱实学，毫厘须遣认教真。

次韵送陆文顺佥宪

贵阳东望楚山平，无奈天涯又送行。杯酒豫期倾盖日，封书烦慰倚门情。心驰魏阙星辰迥，路绕乡山草木荣。京国交游零落尽，空将秋月寄猿声。

次韵陆佥宪病起见寄

一赋《归来》不愿余，文园多病滞相如。篱边竹笋青应满，洞口桃花红自舒。荷蒉有心还击磬，周公无梦欲删《书》。云间宪伯能相慰，尺素长题问谪居。

次韵胡少参见过

旋营小酌典春裘，佳客真惭竟日留。长怪岭云迷楚望，忽闻吴语破乡愁。镜湖自昔堪归老，杞国何人独抱忧！莫讶临花倍惆怅，赏心原不在枝头。

雪中桃次韵

雪里桃花强自春，萧疏终觉损精神。却惭幽竹节逾劲，始信寒梅骨自真。遭际本非甘冷淡，飘零须信委风尘。从来此事还希阔，莫怪临轩赏更新。

舟中除夕二首

扁舟除夕尚穷途。荆楚还怜俗未殊。处处送神悬楮马，家家迎岁换桃符。江醪信薄聊相慰，世路多歧漫自吁！白发频年伤远别，彩衣何日是庭趋?

远客天涯又岁除，孤航随处亦吾庐。也知世上风波满，还恋山中木石居。事业无心从齿发，亲交多难绝音书，江湖未就新春计，夜半樵歌忽起予。

溆浦山夜泊

溆浦山边泊，云间见驿楼。滩声回远树，崖影落中流。柳放新年绿，人归隔岁舟。客途时极目，天北暮阴愁。

过江门崖

三年谪宦沮蛮氛，天放扁舟下楚云。归信应先春雁到，闲心期与白鸥群。晴溪欲转新年色，苍壁多遗古篆文。此地从来山水胜，它时回首忆江门。

辰州虎溪龙兴寺闻杨名父将到留韵壁间

杖藜一过虎溪头，何处僧房是惠休？云起峰头沉阁影，林疏地底见江流。烟花日暖犹含雨，鸥鹭春闲欲满洲。好景同来不同赏，诗篇还为故人留。

武陵潮音阁怀元明

高阁凭虚台十寻，卷帘疏雨动微吟。江天云鸟自来去，楚泽风烟无古今。山色渐疑衡岳近，花源欲问武陵深。新春尚沮东归楫，落日谁堪话此心?

阁中坐雨

台下春云及寺门，懒夫睡起正开轩。烟芜涨野平堤绿，江雨随风入夜喧。道意萧疏惭岁月，归心迢递忆乡园。年来身迹如漂梗，自笑迂痴欲手援。

霁夜

雨霁僧堂钟磬清，春溪月色特分明。沙边宿鹭寒无影，洞口流云夜有声。静后始知群动妄，闲来还觉道心惊。问津久已惭沮溺，归向东皋学耦耕。

僧斋

尽日僧斋不厌闲，独余春睡得相关。檐前水涨遂无地，江外云晴忽有山。远客趁墟招渡急，舟人晒网得鱼还。也知世事终无补，亦复心存出处间。

德山寺次壁间韵

乘兴看山薄暮来，山僧迎客寺门开。雨昏碧草春申墓，云卷青峰善卷台。性爱烟霞终是僻，诗留名姓不须猜。岩根老衲成灰色，枯坐何年解结胎?

沅江晚泊二首

去时烟雨沅江暮，此日沅江暮雨归。水漫远沙村市改，泊依旧店主人非。草深廨宇无官住，花落僧房自鸟啼。处处春光萧索甚，正思荆棘掩岩扉。

春来客思独萧骚，处处东田没野蒿。雷雨满江喧日夜，扁舟经月住风涛。流民失业乘时横，原兽争群薄暮号。却忆鹿门栖隐地，杖藜壶榼饷东皋。

夜泊江思湖忆元明

扁舟泊近渔家晚，茅屋深环柳港清。雷雨骤开江雾散，星河不动暮川平。梦回客枕人千里，月上春堤夜四更。欲寄愁心无过雁，披衣坐听野鸡鸣。

睡起写怀

江日熙熙春睡醒，江云飞尽楚山青。闲观物态皆生意，静悟天机入窅冥。道在险夷随地乐，心忘鱼鸟自流形。未须更觅羲唐事，一曲沧浪击壤听。

三山晚眺

南望长沙杳霭中，鹅羊只在暮云东。天高双橹哀明月，江阔千帆舞逆风。花暗渐惊春事晚，水流应与客愁穷，北飞亦有衡阳雁，上苑封书未易通。

鹅羊山

福地相传楚水阿，三年春色两经过。羊亡但有初平石，书罢谁笼道士鹅，礼斗坛空松影静，步虚台迥月明多。岩房一宿犹缘薄，遥忆开云住薜萝。

泗州寺

渌水西头泗洲寺，经过转眼又三年。老僧熟认直呼姓，笑我清癯只似前。每有客来看宿处，诗留佛壁作灯传。开轩扫榻还相慰，惭愧维摩世外缘。

再经武云观书林玉玑道士壁

碧山道士曾相约，归路还来宿武云。月满仙台依鹤侣，书留苍壁看鹅群。春岩多雨林芳淡，暗水穿花石溜分。奔走连年家尚远，空余魂梦到柴门。

再过濂溪祠用前韵

曾向图书识面真，半生长自愧儒巾，斯文久已无先觉，圣世今应有逸民。一自支离乖学术，竞将雕刻费精神。瞻依多少高山意，水漫莲池长绿蘋。

卷二十　外集二

诗

庐陵诗六首

正德庚午三月迁庐陵尹作。

游瑞华二首

其一

簿领终年未出郊，此行聊解俗人嘲。忧时有志怀先达，作县无能愧旧交。松古尚存经雪干，竹高还长拂云梢。溪山处处堪行乐，正是浮名未易抛。

其二

万死投荒不拟回，生还且复荷栽培。逢时已负三年学，治剧兼非百里才。身可益民宁论屈，志存经国未全灰。正愁不是中流砥，千尺狂澜岂易摧！

古道

古道当长阪，肩舆入暮天。苍茫闻驿鼓，冷落见炊烟。冻烛寒无焰，泥炉湿未燃。正思江槛外，闲却钓鱼船。

立春日道中短述

腊意中宵尽，春容傍晓生。野塘冰转绿，江寺雪消晴。农事沾泥犊，羁怀听谷莺。故山梅正发，谁寄欲归情?

公馆午饭偶书

行台依独寺，僧屋自成邻。殿古凝残雪，墙低入早春。巷泥晴淖马，檐日暖堪人。雪散小岩碧，松梢桂月新。

午憩香社寺

修程动百里，往往饷僧居。佛鼓迎官急，禅床为客虚。桃花成井落，云水接郊墟。不觉泥尘涩，看山兴有余。

京师诗二十四首

正德庚午年十月，升南京刑部主事。辛未年入觐，调北京吏部主事作。

夜宿功德寺次宗贤韵二绝

山行初试夹衣轻，脚软黄尘石路生。一夜洞云眠未足，湖风吹月渡溪清。

水边杨柳覆茅楹，饮马春流更一登。坐久逐忘归路夕，溪云正泻暮山青。

别方叔贤四首

西樵山色远依依，东指江门石路微。料得楚云台上客，久悬秋月待君归。

自是孤云天际浮，箧中枯蠹岂相谋。请君静后看羲画，曾有陈篇一字否？

休论寂寂与惺惺，不妄由来即性情。笑却殷勤诸老子，翻从知见觅虚灵。

道本无为只在人，自行自住岂须邻？坐中便是天台路，不用渔郎更问津。

白湾六章

宗岩文先生居白浦之湾，四方学者称曰白浦先生，而不敢以姓字。某素高先生，又辱为之僚，因为书“白湾”二字，并诗以咏之。

浦之湾，其白漫漫。彼美君子，在水之盘。

湾之浦，其白弥弥。彼美君子，在水之涘。

云之溶溶，于湾之湄。君子于处，民以为期。

云之油油，于湾之委。君子于兴，施及四海。

白湾之渚，于游以处。彼美君子兮，可以容与。

白湾之洋，于濯以湘。彼美君子兮，可以徜徉。

寄隐岩

每逢山水地，便有卜居心。终岁风尘里，何年沧海浔？洞寒泉滴细，花暝石房深。青壁须留姓，他时好共寻。

香山次韵

寻山到山寺，得意却忘山。岩树坐来静，壁萝春自闲。楼台星斗上，钟声翠微间。顿息尘寰念，清溪踏月还。

夜宿香山林宗师房次韵二首

幽壑来寻物外情，石门遥指白云生。林间伐木时闻响，谷口逢僧不记名。天壁倒涵湖月晓，烟梯高接纬阶平。松堂静夜浑无寐，到枕风泉处处声。

久落泥涂惹世情，紫崖丹壑是平生。养真无力常怀静，窃禄未归羞问名。树隐洞泉穿石细，云回溪路入花平。道人只住层萝上，明月峰头有磬声。

别湛甘泉二首

行子朝欲发，驱车不得留。驱车下长阪，顾见城东楼。远别情已惨，况此艰难秋！分手诀河梁，涕下不可收。车行望渐杳，飞埃越层丘。迟回歧路侧，孰知我心忧！

我心忧以伤，君去阻且长。一别岂得已？母老思所将。奉命危难际，流俗反猜量。黄鹄万里逝，岂伊为稻粱？栋火及毛羽，燕雀犹栖堂。跳梁多不测，君行戒前途。达命谅何滞，将母能忘虞。安居尤阱护，关路非歧岖。令德崇易简，可以知险阻。结茆湖水阴，幽期终不忘。伊尔得相就，我心亦何伤！世艰变倏忽，人命非可常。斯文天未坠，别短会日长。南寺春月夜，风泉闲竹房。逢僧或停楫，先扫白云床。

赠别黄宗贤

古人戒从恶，今人戒从善；从恶乃同污，从善翻滋怨；纷纷嫉媢兴，指谪相非讪。自非笃信士，依违多背面。宁知竟漂流，沦胥亦污贱。卓哉汪陂子，奋身勇厥践。拂衣还旧山，雾隐期豹变。嗟嗟吾党贤，白黑匪难辩！

归越诗五首

正德壬申年升南京太仆寺少卿，便道归越作。

四明观白水二首

邑南富岩壑，白水尤奇观；兴来每思往，十年就兹观。停驺指绝壁，涉涧缘危蟠。百源旱方歇，云际犹飞湍。霏霏洒林薄，漠漠凝风寒。前闻若未惬，仰视终莫攀。石阴暑气薄，流触溯回澜。兹游讵盘乐？养静意所关。逝者谅如斯，哀此岁月残。择幽虽得所，避时时犹难。刘樊古方外，感慨有余叹！

千丈飞流舞白鸾，碧潭倒影镜中看。藤萝半壁云烟湿，殿角长年风雨寒。野性从来山水癖，直躬更觉世途难。卜居断拟如周叔，高卧无劳比谢安。

杖锡道中用张宪使韵

山鸟欢呼欲问名，山花含笑似相迎。风回碧树秋声早，雨过丹岩夕照明。雪岭插天开玉帐，云溪环碧抱金城。悬灯夜宿茅堂静，洞鹤林僧相对清。

又用曰仁韵

每逢佳处问山名，风景依稀过眼生。归雾忽连千嶂暝，夕阳偏放一溪晴。晚投岩寺依云宿，静爱枫林送雨声。夜久披衣还起坐，不禁风月照人清。

书杖锡寺

杖锡青冥端，涧壁环天险，垂岩下陡壑，涉水攀绝巘。溪深听喧瀑，路绝骇危栈。扪萝登峻极，披翳见平衍。僧逋寄孤衲，守废遗荒殿。伤兹穷墟僻，曾未诛求免。探幽冀累息，愤时翻意惨。拯援才已疏，栖迟心益眷。哀猿啸春嶂，悬灯宿西崦。诛茆竟何时？白云愧舒卷。

滁州诗三十六首

正德癸酉年到太仆寺作。

梧桐江用韵

凤鸟久不至，梧桐生高冈。我来竟日坐，清阴洒衣裳。援琴俯流水，调短意苦长。遗音满空谷，随风递悠扬。人生贵自得，外慕非所臧。颜子岂忘世？仲尼固遑遑。已矣复何事，吾道归沧浪。

林间睡起

林间尽日扫花眠，只是官闲愧俸钱。门径不妨春草合，斋居长对晚山妍。每疑方朔非真隐，始信扬雄误《太玄》。混世亦能随地得，野情终是爱丘园。

赠熊彰归

门径荒凉蔓草生，相求深愧远来情。千年绝学蒙尘土，何处澄江无月明？坐看远山凝暮色，忽惊废叶起秋声。归途望岳多幽兴，为问山田待耦耕。

别易仲

辰州刘易仲从予滁阳，一日问："道可言乎？"予曰："哑子吃苦瓜，与你说不得。尔要知我苦，还须你自吃。"易仲省然有悟。久之辞归，别以诗。

迢递滁山春，子行亦何远。累然良苦心，惝恍不遑饭。至道不外得，一悟失群暗。秋风洞庭波，游子归已晚。结兰意方勤，寸草心先断。末学久仳离，颓波竟谁挽？归哉念流光，一逝不复返。

送守中至龙盘山中

未尽师生六日情，天教风雪阻西行。茅堂岂有春风坐，江郭虚留一月程。客邸琴书灯火静，故园风竹梦魂清。何年稳闲阳明洞，榾柮山炉煮石羹。

龙蟠山中用韵

无奈青山处处情，村沽日日办山行。真惭廪食虚官守，只把山游作课程。谷口乱云随骑远，林间飞雪点衣轻。长思淡泊还真性，世味年来久絮羹。

瑯琊山中三首

草堂寄放瑯琊间，溪鹿岩僧且共闲。冰雪能回草木死，春风不化山石顽。六经散地莫收拾，丛棘被道谁刊删？已矣驱驰二三子，凤图不出吾将还。

狂歌莫笑酒杯增，异境人间得未曾。绝壁倒翻银海浪，远山真作玉龙腾。浮云野思春前动，虚室清香静后凝。懒拙惟余林壑计，伐檀长自愧无能。

风景山中雪后增，看山雪后亦谁曾？隔溪岩犬迎人吠，饮涧飞猱踔树腾。归骑林间灯火动，鸣钟谷口暮光凝。尘踪正自韬笼在，一宿云房尚未能。

答朱汝德用韵

东去蓬瀛合有津，若为风雨动经旬。同来海岸登舟在，俱是尘寰欲渡人。弱水洪涛非世险，长年三老定谁真。青鸾眇眇无消息，怅望烟花又暮春。

送惟乾二首

独见长年思避地，相从千里欲移家。惭予岂有万间庇？借尔刚余一席沙。古洞幽期攀桂树，春溪归路问桃花。故人劳念还相慰，回雁新秋寄彩霞。

簦笈连年愧远求，本来无物若为酬。春城驿路聊相送，夜雪空山且复留。江浦云开庐岳曙，洞庭湖阔九疑浮。悬知再鼓潇湘柁，应是芙蓉湘水秋。

别希颜二首

中岁幽期亦几人？是谁长负故山春？道情暗与物情化，世味争如酒味醇！耶水云门空旧隐，青鞋布袜定何晨？童心如故容颜改，惭愧年年草木新。

后会难期别未轻，莫辞行李滞江城。且留南国春山兴，共听西堂夜雨声。归路终知云外去，晴湖想见镜中行。为寻洞里幽栖处，还有峰头双鹤鸣。

山中示诸生五首

路绝春山久废寻，野人扶病强登临。同游仙侣须乘兴，共探花源莫厌深。鸣鸟游丝俱自得，闲云流水亦何心？从前却恨牵文句，展转支离叹陆沉！

滁流亦沂水，童冠得几人？莫负咏归兴，溪山正暮春。

桃源在何许？西峰最深处。不用问渔人，沿溪踏花去。

池上偶然到，红花间白花。小亭闲可坐，不必问谁家。

溪边坐流水，水流心共闲。不知山月上，松影落衣斑。

龙潭夜坐

何处花香入夜清？石林茅屋隔溪声。幽人月出每孤往，栖鸟山空时一鸣。草露不辞芒屦湿，松风偏与葛衣轻。临流欲写猗兰意，江北江南无限情。

送德观归省二首

雪里闭门十日坐，开门一笑忽青天。茅檐正好负暄日，客子胡为思故园？椿树惯经霜雪老，梅花偏向岁寒妍。瑯琊春色如相忆，好放山阴月下船。

瑯琊雪是故园雪，故园春亦瑯琊春。天机动处即生意，世事到头还俗尘。立雪浴沂传故事，吟风弄月是何人？到家好谢二三子，莫向长沮错问津。

送蔡希颜三首

正德癸酉冬，希渊赴南宫试，访予滁阳，遂留阅岁。既而东归，问其故，辞以疾。希渊与予论学瑯琊之间，于斯道既释然矣，别之以诗。

风雪蔽旷野，百鸟冻不翻。孤鸿亦何事，嗷嗷溯寒云？岂伊稻粱计，独往求其群？之子眇万钟，就我滁水滨。野寺同游请，春山共攀援。鸟鸣幽谷曙，伐木西涧曛。清夜湛玄思，晴窗玩奇文。寂景赏新悟，微言欣有闻。寥寥绝代下，此意冀可论。

群鸟喧北林，黄鹄独南逝。北林岂无枝？罗弋苦难避。之子丹霞姿，辞我云门去。山空响流泉，路僻迷深树。长谷何盘纡，紫芝春可茹。求志暂栖岩，避喧宁遁世。系予辱风尘，送子愧云雾。匡时已无术，希圣徒有慕。倘入阳明峰，为寻旧栖处。

何事憧憧南北行？望云依阙两关情。风尘暂息滁阳驾，鸥鹭还寻鉴水盟。悟后六经无一字，静余孤月湛虚明。从知归路多相忆，伐木山山春鸟鸣。

赠守中北行二首

江北梅花雪易残，山窗一树自家看。临行掇赠聊数颗，珍重清香是岁寒。

来何匆促去何迟，来去何心莫漫疑。不为高堂双雪鬓，岁寒宁受北风欺。

郑伯兴谢病还鹿门雪夜过别赋赠三首

之子将去远，雪夜来相寻。秉烛耿无寐，怜此岁寒心。岁寒岂徒尔，何以赠远行？圣路塞已久，千载无复寻。岂无群儒迹？蹊径榛茆深。浚流须寻源，积土成高岑。揽衣望远道，请君从此征。

浚流须有源，植木须有根。根源未浚植，枝派宁先蕃？谓胜通夕话，义利分毫间。至理匪外得，譬犹镜本明，外尘荡瑕垢，镜体自寂然。孔训示克己，孟子垂反身。明明贤圣则，请君勿与谖。

鹿门在何许？君今鹿门去。千载庞德公，犹存栖隐处。洁身匪乱伦，其次乃避地。世人失其心，顾瞻多外慕。安宅舍弗居，狂驰惊奔骛。高言诋独善，文非遂巧智。琐琐功利儒，宁复知此意！

门人王嘉秀实夫萧琦子玉告归书此见别意兼寄声辰阳诸贤

王生兼养生，萧生颇慕禅；迢迢数千里，拜我滁山前。吾道既匪佛，吾学亦匪仙。坦然由简易，日用匪深玄。始闻半疑信，既乃心豁然。譬彼土中镜，暗暗光内全；外但去昏翳，精明烛媸妍。世学如剪彩，妆缀事蔓延；宛宛具枝叶，生理终无缘。所以君子学，布种培根原；萌芽渐舒发，畅茂皆由天。秋风动归思，共鼓湘江船。湘中富英彦，往往多及门。临歧缀斯语，因之寄拳拳。

滁阳别诸友

滁阳诸友从游，送予至乌衣，不能别。及暮，王性甫汝德诸友送至江浦，必留居，俟予渡江。因书此促之归，并寄诸贤，庶几共进此学，以慰离索耳。

滁之水，入江流，江潮日复来滁州。相思若潮水，来往何时休？空相思，亦何益？欲慰相思情，不如崇令德。掘地见泉水，随处无弗得；何必驱驰为？千里远相即。君不见尧羹与舜墙，又不见孔与跖对面不相识？逆旅主人多殷勤，出门转盼成路人。

寄浮峰诗社

晚凉庭院坐新秋，微月初生亦满楼。千里故人谁命驾？百年多病有孤舟。风霜草木惊时态，砧杵关河动远愁。饮水曲肱吾自乐，茆堂今在越溪头。

栖云楼坐雪二首

绕看庭树玉森森，忽漫阶除已许深。但得诸生通夕坐，不妨老子半酣吟。琼花入座能欺酒；冰溜垂檐欲堕针。却忆征南诸将士，未禁寒夜铁衣沉。

此日栖云楼上雪，不知天意为谁深。忽然夜半一言觉，又动人间万古吟。玉树有花难结果，天机无线可通针。晓来不觉城头鼓，老懒羲皇睡正沉。

与商贡士二首

其一

见说浮山麓，深林绕石溪。何时拂衣去，三十六岩栖。

其二

见说浮山胜，心与浮山期。三十六岩内，为选一岩奇。

南都诗四十七首

正德甲戌年四月升南京鸿胪寺卿作。

题岁寒亭赠汪尚和

一觉红尘梦欲残，江城六月滞风湍。人间炎暑无逃遁，归向山中卧岁寒。

与徽州程毕二子

句句糠粃字字陈，却于何处觅知新？紫阳山下多豪俊，应有吟风弄月人。

山中懒睡四首

竹里藤床识懒人，脱巾山麓任吾真。病夫已久逃方外，不受人间礼数嗔。

扫石焚香任意眠，醒来时有客谈玄。松风不用蒲葵扇，坐对青崖百丈泉。

古洞幽深绝世人，石床风细不生尘。日长一觉羲皇睡，又见峰头上月轮。

人间白日醒犹睡，老子山中睡却醒。醒睡两非还两是，溪云漠漠水泠泠。

题灌山小隐二绝

茆屋山中早晚成，任他风雨任他晴。男婚女嫁多年毕，不待而今学向平。

一自移家入紫烟，深林住久遂忘年。山中莫道无供给，明月清风不用钱。

六月五章

六月乙亥，南都熊峰少宰石公以少宗伯召。南都之士闻之，有恻然而戚者，有欣然而喜者。其戚者曰："公端介敏直，方为留都所倚重，今兹往，善类失所恃，群小罔以严。辩惑考学者曷从而讨究？剖政断疑者曷从而咨决？南都非根本地乎？而独不可以公遗之！"其喜者曰："公之端介敏直，宁独留都所倚重，其在京师，独无善类乎？独无群小乎？独无辩惑考学、剖政断疑者乎？且天子之召之也，亦宁以少宗伯，将必大用。大用则以庇天下，斯彙征之庆也。"公闻之曰："戚者非吾之所敢，喜者乃吾之所忧也。吾思所以逃吾之忧者而不得其道，若之何？"阳明子素知于公，既以戚众之戚、喜众之喜，而复忧公之忧。乃叙其事，为赋《六月》，庸以赠公之行。

六月凄风，七月暑雨。倏雨倏寒，道修以阻。允允君子，迪尔寝兴。毋沾尔行，国步斯频。

哀此下民，靡届靡极。不有老成，其何能国？吁嗟老成，独遗典刑，若屋之倾，尚支其楹。

心之忧矣，言靡有所。如彼喑人，食荼与苦。依依长谷，言采其芝。人各有能，我归孔时。

昔彼叔季，沉湎以逞。耄集以咨，我人自靖。允允君子，淑慎尔则。靡曰休止，民何于极！

日月其逝，如彼沧浪。南北其望，如彼参商。允允君子，毋沾尔行。如日之升，以曷不光！

守文弟归省携其手歌以别之

尔来我心喜，尔去我心悲。不为倚门念，吾宁舍尔归？长途正炎暑，尔行慎兴居！凉茗勿频啜，节食但无饥。忽出船旁立，忽登岸上嬉。收心每澄坐，适意时观书。申洪皆冥顽，不足长嗔笞。见人勿多说，慎默真如愚。接人莫轻率，忠信持谦卑。从来为己学，慎独乃其基。纷纷多嗜欲，尔病还尔知。到家良足乐，怡颜报重闱。昨秋童蒙去，今夏成人归。长者爱尔敬，少者悦尔慈。亲朋称啧啧，羡尔能若兹。信哉学问功，所贵在得师。吾匪崇外饰，欲尔沽名为。望尔日慥慥，圣贤以为期。九兄及印弟，诵此共勉之！

书扇面寄馆宾

湖上群山落照晴，湖边万木起秋声。何年归去阳明洞，独棹扁舟鉴里行？

用实夫韵

诗从雪后吟偏好，酒向山中味转佳。岩瀑随风杂钟磬，水花如雨落袈裟。

游牛首山

春寻指天阙，烟霞眇何许。双峰久相违，千岩来旧主。浮云刺中天，飞阁凌风雨。探秀涧阿入，萝阴息筐筥。灭迹避尘缨，清朝入深沮。风磴仰扪历，淙壑屡窥俯。梯云跻石阁，下榻得吾所。释子上方候，鸣钟出延伫。颓景耀回盼，层飚翼轻举。暧暧林芳暮，泠泠石泉语。清宵耿无寐，峰月升烟宇。会晤得良朋，可以寄心腑。

送徽州洪侹承瑞

平生举业最疏慵，挟册虚烦五月从。竹院检方时论药，茆堂放鹤或开笼。忧时漫有孤忠在，好古全无一艺工。念我还能来夜雪，逢人休说坐春风。

病中大司马乔公有诗见怀次韵奉答二首

十日无缘拜后尘，病夫心地欲生榛。诗篇极见怜才意，伎俩惭非可用人。黄阁望公长秉轴，沧江容我老垂纶。保厘珍重回天手，会看春风万木新。

一自多歧分路尘，堂堂正道遂生榛，聊将肤浅窥前圣，敢谓心传启后人。淮海帝图须节制，云雷大造看经纶。枉劳诗句裁风雅，欲借《盘铭》献日新。

送诸伯生归省

天涯送尔独伤神，岁月龙山梦裹春。为谢江南诸故旧，起居东岳太夫人。闲中书卷堪时展，静裹功夫要日新。能向尘途薄轩冕，不妨蓑笠老江滨。

寄冯雪湖二首

竿竹谁隐扶桑东？白眉之叟今庞公。隔湖闻鸡谢墅接，渡海有鹤蓬山通。卤田经岁苦秋雨，浪痕半壁惊湖风。歌声屋低似金石，点也此意当能同。

海岸西头湖水东，他年蓑笠拟从公。钓沙碧海群鸥借，樵径青云一鸟通。席有春阳堪坐雪，门垂五柳好吟风。于今犹是天涯梦，怅望青霄月色同。

诸用文归用子美韵为别

一别烟云岁月深，天涯相见二毛侵。孤帆江上亲朋意，樽酒灯前故国心。冷雪晴林还作雨，鸟声幽谷自成吟。饮余莫上峰头望，烟树迷茫思不禁。

题王实夫画

随处山泉着草庐，底须松竹掩柴扉。天涯游子何曾出？画里孤帆未是归。小酉诸峰开夕照，虎溪春寺入烟霏。他年还向辰阳望，却忆题诗在翠微。

赠潘给事

五月沧浪濯足归，正堪荷叶制初衣。甲非乙是君休问，酉水辰山志未违。沙鸟不须疑雀舫，江云先为扫鱼矶。武陵溪壑犹深僻，莫更移家入翠微。

与沅陵郭掌教

记得春眠寺阁云，松林水鹤日为群。诸生问业冲星入，稚子拈香静夜焚。世事暗随江草换，道情曾许碧山闻。别来点瑟还谁鼓？怅望烟花此送君。

别族太叔克彰

情深宗族谊同方，消息那堪别后荒。江上相逢疑未定，天涯独去意重伤。身闲最觉湖山静，家近殊闻草木香。云路莫嗟迟发轫，世涂崎曲尽羊肠。

登凭虚阁和石少宰韵

山阁新春负一登，酒边孤兴晚堪乘。松间鸣瑟惊栖鹤，竹里茶烟起定僧。望远每来成久坐，伤时有涕恨无能。峰头见说连阊阖，几欲排云尚未曾。

登阅江楼

绝顶楼荒旧有名，高皇曾此驻龙旌。险存道德虚天堑，守在蛮夷岂石城。山色古今余王气，江流天地变秋声。登临授简谁能赋？千古新亭一怆情！

狮子山

残暑须还一雨清，高峰极目快新晴。海门潮落江声急，吴苑秋深树脚明。烽火正防胡骑入，羽书愁见朔云横。百年未有涓埃报，白发今朝又几茎?

游清凉寺三首

春寻载酒本无期，乘兴还嫌马足迟。古寺共怜春草没，远山偏与夕阳宜。雨晴涧竹消苍粉，风暖岩花落紫蕤。昏黑更须凌绝顶，高怀想见少陵诗。

其二

积雨山行已后期，更堪多病益迟迟。风尘渐觉初心负，邱壑真与野性宜。绿树阴层新作盖，紫兰香细尚余蕤。辋川图画能如许，绝是无声亦有诗。

其三

不顾尚书此日期，欲为花外板舆迟。繁丝急管人人醉，竹径松堂处处宜。双树暗芳春寂寞，五峰晴秀晚蓁蕤。暮钟杳杳催归骑，惆怅烟光不尽诗。

寄张东所次前韵

远趋君命忽中违，此意年来识者稀。黄绮曾为炎祚出，子陵终尚富春归。江船一话千年阔，尘梦今惊四十非！何日孤帆过天目，海门春浪扫渔矶。

别余缙子绅

不须买棹往来频，我亦携家向海滨。但得青山随鹿豕，未论黄阁画麒麟。丧心疾已千年痼，起死方存六籍真。归向兰溪溪上问，桃花春水正迷津。

送刘伯光

五月茅茨静竹扉，论心方洽忽辞归。沧江独棹冲新暑，白发高堂恋夕晖。谩道六经皆注脚，还谁一语悟真机？相知若问年来意，已傍西湖买钓矶。

冬夜偶书

百事支离力不禁，一官栖息病相侵。星辰魏阙江湖迥，松柏茅茨岁月深。欲倚黄精消白发，由来空谷有余音。曲肱已醒浮云梦，荷蒉休疑击磬心。

寄潘南山

秋风吹散锦溪云，一笑南山雨后新。诗妙尽从言外得，易微谁见画前真？登山脚健何妨老，留客情深不计贫。朱吕月林传故事，他年还许上西邻。

送胡廷尉

钟陵雪后市灯残，箫鼓江船发晓寒。山水总怜南国好，才猷须济朔方艰。彩衣得侍仙舟远，春色行应故里看。别去中宵瞻北极，五云飞处是长安。

与郭子全

相别翻怜相见时，碧桃开尽桂花枝。光阴如许成虚掷，世故摧人总不知。云路不须朱绂去，归帆且得彩衣随。岚山风景濂溪近，此去还应自得师。

次栾子仁韵送别四首

子仁归，以四诗请用其韵答之，言亦有过者，盖因子仁之病而药之，病已则去其药。

从来尼父欲无言，须信无言已跃然。悟到鸢鱼飞跃处，功夫原不在陈编。

操持存养本非禅，矫枉宁知已过偏。此去好从根脚起，竿头百尺未须前。

野夫非不爱吟诗，才欲吟诗即乱思。未会性情涵咏地，二南还合是淫辞。

道听涂传影响前，可怜绝学遂多年。正须闭口林间坐，莫道青山不解言。

书悟真篇答张太常二首

悟真篇是误真篇，三注由来一手笺。恨杀妖魔图利益，遂令迷妄竞流传。造端难免张平叔，首祸谁诬薛紫贤。直说与君惟个字，从头去看野狐禅。

误真非是悟真篇，平叔当时已有言。只为世人多恋着，且从情欲起因缘。痴人前岂堪谈梦？真性中难更说玄。为问道人还具眼，试看何物是青天？

赣州诗三十六首

正德丙子年九月升南赣佥都御史以后作。

丁丑二月征漳寇进兵长汀道中有感

将略平生非所长，也提戎马入汀漳。数峰斜日旌旗远，一道春风鼓角扬。莫倚贰师能出塞，极知充国善平羌。疮痍到处曾无补，翻忆钟山旧草堂。

回军上杭

山城经月驻旌戈，亦复幽寻到薜萝。南国已忻回甲马，东田初喜出农蓑。溪云晓度千峰雨，江涨新生两岸波。暮倚七星瞻北极，绝怜苍翠晚来多。

喜雨三首

即看一雨洗兵戈，便觉光风转石萝。顺水飞樯来买舶，绝江喧浪舞渔蓑。片云东望怀梁国，五月南征想伏波。长拟归耕犹未得，云门初伴渐无多。

辕门春尽犹多事，竹院空闲未得过。特放小舟乘急浪，始闻幽碧出层萝。山田旱久兼逢雨，野老欢腾且纵歌。莫谓可塘终据险，地形原不胜人和。

吹角峰头晓散军，横空万骑下氤氲。前旌已带洗兵雨，飞鸟犹惊卷阵云。南亩渐忻农事动，东山休共凯歌闻。正思锋镝堪挥泪，一战功成未足云。

闻曰仁买田霅上携同志待予归二首

见说相携霅上耕，连蓑应已出乌程。荒畬初垦功须倍，秋熟虽微税亦轻。雨后湖舫兼学钓，饷余堤树合闲行。山人久有归农兴，犹向千峰夜度兵。

月夜高林坐夜沉，此时何限故园心！山中古洞阴萝合，江上孤舟春水深。百战自知非旧学，三驱犹愧失前禽。归期久负云门伴，独向幽溪雪后寻。

祈雨二首

旬初一雨遍汀漳，将谓汀虔是接疆。天意岂知分彼此？人情端合有炎凉。月行今已虚缠毕，斗杓何曾解挹浆！夜起中庭成久立，正思民瘼欲沾裳。

见说虔南惟苦雨，深山毒雾长阴阴。我来偏遇一春旱，谁解挽回三日霖？寇盗郴阳方出掠，干戈塞北还相寻。忧民无计泪空堕，谢病几时归海浔？

还赣

积雨雩都道，山途喜乍晴。溪流迟渡马，冈树隐前旌。野屋多移灶，穷苗尚阻兵，迎趋勤父老，无补愧巡行。

借山亭

借山亭子近如何？乘兴时从梦里过。尚想清池环醉影，犹疑花径驻鸣珂。疏帘细雨灯前局，碧树凉风月下歌。传语诸公合频赏，休令岁月亦蹉跎。

桶冈和邢太守韵二首

处处山田尽入畬，可怜黎庶半无家。兴师正为民痍甚，陟险宁辞鸟道斜！胜世真如瓴水建，先声不碍岭云遮。穷巢容有遭驱胁，尚恐兵锋或滥加。

战乱兴师既有名，挥戈真已见风行。岂云薄劣能驱策？实仗皇威自震惊。烂额尚惭为上客，徙薪尤觉费经营。主恩未报身多病，旋凯须还陇上耕。

通天岩

青山随地佳，岂必故园好？但得此身闲，尘寰亦蓬岛。西林日初暮，明月来何早！醉卧石床凉，洞云秋未扫。

游通天岩次邹谦之韵

天风吹我上丹梯，始信青霄亦可跻。俯视氛寰成独慨，却怜人世尚多迷。东南真境埋名久，闽楚诸峰入望低。莫道仙家全脱俗，三更日出亦闻鸡。

又次陈惟浚韵

四山落木正秋声，独上高峰望眼明。树色遥连闽峤碧，江流不尽楚天清。云中想见双龙转，风外时传一笛横。莫遣新愁添白发，且呼明月醉沉觥。

忘言岩次谦之韵

意到已忘言，兴剧复忘饭。坐我此岩中，是谁凿混沌？尼父欲无言，达者窥其本。此道何古今？斯人去则远。空岩不见人，真成面墙立。岩深雨不到，云归花亦湿。

圆明洞次谦之韵

群山走波浪，出没龙蛇脊。岩栖寄盘涡，沉沦遂成癖。我来汲东溟，烂煮南山石。千年熟一炊，欲饷岩中客。

潮头岩次谦之韵

潮头起平地，化作千丈雪。棹舟者何人？试问岩头月。

天成素有志于学兹得告东归林居静养其所就可知矣临别以此纸索赠漫为赋此遂寄声山泽诸贤

予有山林期，荏苒风尘际。高秋送将归，神往迹还滞。回车当盛年，养疴非遁世。垂竿鉴湖云，结庐浮峰树。爱日遂庭趋，芳景添游诣。掎生悟玄魄，妙静息缘虑。眇眇素心人，望望沧洲去。东行访天沃，云中倘相遇。

坐忘言岩问二三子

几日岩栖事若何，莫将佳景复虚过。未妨云壑淹留久，终是尘寰错误多。涧道霜风疏草木，洞门烟月挂藤萝。不知相继来游者，还有吾侪此意么?

留陈惟浚

闻说东归欲问舟，清游方此复离忧。却看阴雨相淹滞，莫道山灵独苦留。薜荔岩高兼得月，桂花香满正宜秋。烟霞到手休轻掷，尘土驱人易白头。

栖禅寺雨中与惟乾同登

绝顶深泥冒雨扳，天于佳景亦多悭。自怜久客频移棹，颇羡高僧独闭关。江草远连云梦泽，楚云长断九疑山。年来出处浑无定，惭愧沙鸥尽日闲。

茶寮纪事

万壑风泉秋正哀，四山云雾晚初开。不因王事兼程入，安得闲行向北来?登陟未妨安石兴，纵擒徒羡孔明才。乞身已拟全师日，归扫溪边旧钓台。

回军九连山道中短述

百里妖氛一战清，万峰雷雨洗回兵。未能干羽苗顽格，深愧壶浆父老迎。莫倚谋攻为上策，还须内治是先声。功微不愿封侯赏，但乞蠲输绝横征。

回军龙南小憩玉石岩双洞绝奇徘徊不忍去因寓以阳明别洞之号兼留此作三首

甲马新从鸟道回，览奇还更陟崔嵬。寇平渐喜流移复，春暖兼欣农务开。两窦高明行日月，九关深黑闭风雪。投簪最好支茅地，恋土犹怀旧钓台。

洞府人寰此最佳，当年空自费青鞋。麾幢旖旎悬仙仗，台殿高低接纬阶。天巧固应非斧凿，化工无乃太安排？欲将点瑟携童冠，就揽春云结小斋。

阳明山人旧有居，此地阳明景不如。但在乾坤俱逆旅，曾留信宿即吾庐。行窝已许人先号，别洞何妨我借书。他日巾车还旧隐，应怀兹土复乡闾。

再至阳明别洞和邢太守韵二首

春山随处款归程，古洞幽虚道意生。涧壑风泉时远近，石门萝月自分明。林僧住久炊遗火，野老忘机罢席争。习静未缘成久坐，却惭尘土逐虚名。

山水平生是课程，一淹尘土遂心生。耦耕亦欲随沮溺，七纵何缘得孔明？吾道羊肠须蠖屈，浮名蜗角任龙争。好山当面驰车过。莫漫寻山说避名。

夜坐偶怀故山

独夜残灯梦未成，萧萧总是故园声。草深石径鼪鼯笑，雪静空山猿鹤惊。漫有缄书怀旧侣，常牵缨冕负初情。云溪漠漠春风转，紫菌黄花又自生。

怀归二首

深惭经济学封侯，都付浮云自去留。往事每因心有得，身闲方喜世无求。狼烟幸息昆阳患，蠡测空怀杞国忧。一笑海天空阔处，从知吾道在沧洲。

身经多难早知非，此事年来识者稀。老大有情成旧德，细谋无计解重围。意常不足真夷道，情到方浓是险机。怅望衡茅无事日，漫吹松火织秋衣。

送德声叔父归姚并序

守仁与德声叔父共学于家君龙山先生。叔父屡困场屋，一旦以亲老辞廪归养。交游强之出，辄笑曰："古人一日养，不以三公易。吾岂以一老母博一弊儒冠乎？"呜呼！若叔父可谓真知内外轻重之分矣。今年夏，来赣视某，留三月。飘然归兴，不可挽，因谓某曰："秋风莼鲈，知子之兴无日不切。然时事若此，恐即未能脱，吾不能俟子之归舟。吾先归，为子开荒阳明之麓，如何？"呜呼！若叔父可谓真知内外轻重之分矣。某方有诗戒，叔父曰："吾行，子可无言？"辄为赋此。

犹记垂髫共学年，于今鬓发两苍然。穷通只好浮云看，岁月真同逝水悬。归鸟长空随所适，秋江落木正无边。何时却返阳明洞，萝月松风扫石眠。

示宪儿

幼儿曹,听教诲。勤读书,要孝弟。学谦恭,循礼义。节饮食,戒游戏。毋说谎，毋贪利。毋任情，毋斗气。毋责人，但自治。能下人，是有志。能容人，是大器。凡做人，在心地。心地好，是良士。心地恶，是凶类。譬树果，心是蒂。蒂若坏，果必坠。吾教汝，全在是。汝谛听，勿轻弃!

赠陈东川

白沙诗里莆阳子，尽是相逢逆旅间。开口向人谈古礼，拂衣从此入云山。

江西诗一百二十首

正德己卯年，奉敕往福建处叛军。至丰城，遭宸濠之变，趋还吉安，集兵平之。八月，升副都御史，巡按江西作。

鄱阳战捷

甲马秋惊鼓角风，旌旗晓拂阵云红。勤王敢在汾淮后，恋阙真随江汉东。群丑漫劳同吠犬，九重端合是飞龙。涓埃未遂酬沧海，病懒先须伴赤松。

书草萍驿二首

九月献俘北上，驻草萍，时已暮。忽传王师已及徐淮，遂乘夜速发。次壁间韵纪之，二首。

一战功成未足奇，亲征消息尚堪危。边烽西北方传警，民力东南已尽疲。万里秋风嘶甲马，千山斜日度旌旗。小臣何尔驱驰急？欲请回銮罢六师。

千里风尘一剑当，万山秋色送归航。堂垂双白虚频疏，门已三过有底忙。羽檄西来秋黯黯，关河北望夜苍苍。自嗟力尽螳螂臂，此日回天在庙堂。

西湖

灵鹫高林暑气清，竺天石壁雨痕晴。客来湖上逢云起，僧住峰头话月明。世路久知难直道，此身那得尚虚名！移家早定孤山计，种果支茅却易成。

寄江西诸士夫

甲马驱驰已四年，秋风归路更茫然。惭无国手医民病，空有官衔縻俸钱。湖海风尘虽暂息，江湘水旱尚相沿。题诗忽忆并州句，回首江西亦故园。

太息

一日复一日，中夜坐叹息。庭中有嘉树，落叶何淅沥。蒙翳乱藤缠，宁知绝根脉。丈夫贵刚肠，光阴勿虚掷。头白眼昏昏，吁嗟亦何及！

宿净寺四首

十月至杭，王师遣人追宸濠，复还江西。是日遂谢病退居西湖。

老屋深松覆古藤，羁栖犹记昔年曾。棋声竹里消闲昼，药裹窗前对病僧。烟艇避人长晓出，高峰望远亦时登。而今更是多牵系，欲似当时又不能。

常苦人间不尽愁，每拼须是入山休。若为此夜山中宿，犹自中宵煎百忧。百战西江方底定，六飞南甸尚淹留。何人真有回天力，诸老能无取日谋?

百战归来一病身，可看时事更愁人。道人莫问行藏计，已买桃花洞里春。

山僧对我笑，长见说归山。如何十年别，依旧不曾闲?

归兴

一丝无补圣明朝，两鬓徒看长二毛。自识淮阴非国士，由来康节是人豪。时方多难容安枕，事已无能欲善刀。越水东头寻旧隐，白云茅屋数峰高。

即事漫述四首

从来野兴只山林，翠壁丹梯处处寻。一自浮名萦世网，遂令真诀负初心。夜驰险寇天峰雪，秋虏强王汉水阴。辛苦半生成底事，始怜庄舃亦哀吟。

百战深秋始罢兵，六师冬尽尚南征。诚微未足回天意，性僻还多拂世情。烟水沧江从鹤好，风云溟海任龙争。他年若访陶元亮，五柳新居在赤城。

窅窅深愁伴客居，江船风雨夜灯虚。尚劳车驾臣多缺，无补疮痍术已疏。亲老岂堪还远别，时危那得久无书！明朝且就君平卜，要使吾心不负初。

茅茨松菊别多年，底事寒江尚客船。强所不能儒作将，付之无奈数由天。徒闻诸葛能兴汉，未必田单解误燕。最羡渔翁闲事业，一竿明月一蓑烟。

泊金山寺二首 十月将趋行在

但过金山便一登，鸣钟出迓每劳僧。云涛石壁深龙窟，风雨楼台迥佛灯。难后诗怀全欲减，酒边孤兴尚堪凭。岩梯未用妨苔滑，曾踏天峰雪栈冰。

醉入江风酒易醒，片帆西去雨冥冥。天回江汉留孤柱，地缺东南着此亭。沙渚乱更新世态，峰峦不改旧时青。舟人指点龙王庙，欲话前朝不忍听。

舟夜

随处看山一叶舟，夜深霜月亦兼愁。翠华此际游何地？画角中宵起戍楼。甲马尚屯淮海北，旌旗初散楚江头。洪涛滚滚乘风势，容易开帆不易收。

舟中至日

岁寒犹叹滞江滨，渐喜阳回大地春。未有一丝添衮绣，谩提三尺净风尘。丹心倍觉年来苦，白发从教镜里新。若待完名始归隐，桃花笑杀武陵人。

阻风

冬江尽说风长北，偏我北来风便南。未必天公真有意，却逢人事偶相参。残农得暖堪登获，破屋多寒且曝檐。果使困穷能稍济，不妨经月阻江潭。

用韵答伍汝真

莫怪乡思日夜深，干戈衰病两相侵。孤肠自信终如铁，众口从教尽铄金。碧水丹山曾旧约，青天白日是知心。茅茨岁晚饶风景，云满清溪雪满岑。

过鞋山戏题

曾驾双虬渡海东，青鞋失脚堕天风。经过已是千年后，踪迹依然一梦中。屈子漫劳伤世隘，杨朱空自泣途穷。正须坐我匡庐顶，濯足寒涛步晓空。

杨邃庵待隐园次韵五首

嘉园名待隐，专待主人归。此日真归隐，名园竟不违。岩花如共语，山石故相依。朝市都忘却，无劳更掩扉。

其二

大隐真廛市，名园陋给孤。留侯先谢病，范老竟归湖。种竹非医俗，移山不是愚。是日公方移山石。对时存燮理，经济自成谟。

其三

绿野春深地，山阴夜静时。冰霜缘径滑，云石向人危。平难心仍在，扶颠力未衰。江湖兵甲满，吟罢有余思。

其四

兹园闻已久，今度始来窥。市里烟霞静，壶中结构奇。胜游须继日，虚席亦多时。莫道东山僻，苍生或未知。

其五

芳园待公隐，屯世待公亭。花竹深台榭，风尘暗甲兵。一身良得计，四海未忘情。语及艰难际，停杯泪欲倾。

登小孤书壁

人言小孤殊阻绝，从来可望不可攀。上有颠崖势欲堕，下有剑石交巉顽。峡风闪壁船难进，洪涛怒撞蛟龙关。帆樯摧缩不敢越，往往退次依前山。崖傍沙岸日东徙，忽成巨浸通西湾。帝心似悯舟楫苦，神斧夜劈无痕斑。风雷倏翕见万怪，人谋不得容其间。我来锐意欲一往，小舟微服沿回澜。侧身肋息仰天窦，悬空绝栈蛛丝悭。风吹卯酒眼花落，冻滑丹梯足力孱。青鼍吹雨出仍没，白鸟避客来复还。峰头四顾尽落日，宛然风景如瀛寰。烟霞未觉三山远，尘土聊乘半日闲。奇观江海讵为险，世情平地犹多艰。呜呼！世情平地犹多艰，回瞻北极双泪潸！

登蟂矶次草泉心刘石门韵二首 二诗壬戌年作，误入此。

中流片石倚孤雄，下有冯夷百尺宫。滟滪西蟠浑失地，长江东去正无穷。徒闻吴女埋香玉，惟见沙鸥乱雪风。往事凄微何足问，永安宫阙草莱中。

江上孤臣一片心，几经漂没水痕深。极怜撑住即从古，正恐崩颓或自今。藓蚀秋螺残老翠，�鸣春雨落空音。好携双鹤矶头坐，明月中宵一朗吟。

望庐山

尽说庐山若个奇，当时图画亦堪疑。九江风浪非前日，五老烟云岂定期？眼惯不妨层壁险，足跰须着短筇随。香炉瀑布微如线，欲决天河泻上池。

除夕伍汝真用待隐园韵即席次答五首

一年今又去，独客尚无归。人世伤多难，亲庭叹久违。壮心都欲尽，衰病特相依。旅馆聊随俗，桃符换早扉。

其二

向忆青年日，追欢兴不孤。风尘淹岁月，漂泊向江湖。济世浑无术，违时竟笑愚。未须悲蹇难，列圣有遗谟。

其三

正逢兵乱地，况是岁穷时。天运终无息，人心本自危。忧疑纷并集，筋力顿成衰。千载商山隐，悠然获我思。

其四

世道从卮漏，人情只管窥。年华多涉历，变故益新奇。莫惮颠危地，曾逢全盛时。海翁机已息，应是白鸥知。

其五

星穷回历纪，贞极起元亨。日望天回驾，先沾雨洗兵。雪犹残岁恋，风已旧春情。莫更辞蓝尾，人生未几倾！

元日雾

元日昏昏雾塞空，出门咫尺误西东。人多失足投坑堑，我亦停车泣路穷。欲斩蚩尤开白日，还排阊阖拜重瞳。小臣谩有澄清志，安得扶摇万里风。

二日雨

昨朝阴雾埋元日，向晓寒云迸雨声。莫道人为无感召，从来天意亦分明。安危他日须周勃，痛苦当年笑贾生。坐对残灯愁彻夜，静听晨鼓报新晴。

三日风

一雾二雨三日风，田家卜岁疑凶丰。我心惟愿兵甲解，天意岂必斯民穷！虎旅归思怀旧土，銮舆消息望还宫。春盘浊酒聊自慰，无使戚戚干吾衷。

立春二首

才见春归春又来，春风如旧鬓毛衰。梅花未放天机泄，萱草先将地脉回。渐老光阴逢世难，经年怀抱欲谁开？孤云渺渺亲庭远，长日斑衣羡老莱。

天涯霜雪叹春迟，春到天涯思转悲。破屋多时空杼轴，东风无力起苍痍。周王车驾穷南服，汉将旌旗守北陲。莫讶春盘断生菜，人间菜色正离仳。

游庐山开先寺

僻性寻常惯受猜，看山又是百忙来。北风留客非无意，南寺逢僧即未回。白日高峰开雨雪，青天飞瀑泻云雷。缘溪踏得支茆地，修竹长松覆石台。

又次壁间杜牧韵

春山路僻问归樵，为指前峰石径遥。僧与白云还暝壑，月随沧海上寒潮。世情老去浑无懒，游兴年来独未消。回首孤航又陈迹，疏钟隔渚夜迢迢。

舟过铜陵野云县东小山有铁船因往观之果见其仿佛因题石上

青山滚滚如奔涛，铁船何处来停桡？人间刳木宁有此，疑是仙人之所操。仙人一去已千载，山头日日长风号。船头出土尚仿佛，后冈有石云船稍。我行过此费忖度，昔人用心无乃切？由来风波平地恶，纵有铁船还未牢。秦鞭驱之未能动，奡力何所施其篙。我欲乘之访蓬岛，雷师鼓舵虹为缫。弱流万里不胜芥，复恐驾此成徒劳。世路难行每如此，独立斜阳首重搔。

山僧

岩下萧然老病僧，曾求佛法礼南能。论诗自许窥三昧，入圣无梯出小乘。高阁松风飘夜磬，石床花雨落寒灯。更深月出山窗曙，漱齿焚香诵法楞。

江上望九华山二首

当年一上化城峰，十日高眠雷雨中。霁色晓开千嶂雪，涛声夜渡九江风。此时隔水看图画，几岁缘云住桂丛？却负洞仙蓬海约，玉函丹诀在崆峒。

穷探虽得尽幽奇，山势须从远望知。几朵芙蓉开碧落，九天屏嶂列旌麾。高同华岳应天忝，名亚匡庐却稍卑。信是谪仙还具眼，九华题后竟难移。

观九华龙潭

飞流三百丈，澒洞秘灵湫。峡拆开雷斧，天虚下月钩。化形时试钵，吐气或成楼。吾欲鞭龙起，为霖遍九州。

庐山东林寺次韵

东林日暮更登山，峰顶高僧有兰若。云萝磴道石参差，水声深涧树高下。远公学佛却援儒，渊明嗜酒不入社。我亦爱山仍恋官，同是乾坤避人者。我歌白云听者寡，山自点头泉自泻。月明壑底忽惊雷，夜半天风吹屋瓦。

又次邵二泉韵

昨游开先殊草草，今日东林游始好。手持苍竹拨层云，直上青天招五老。万壑笙竽松籁哀，千峰掩映芙蓉开。坐俯西岩窥落日，风吹孤月江东来。莫向人间空白首，富贵何如一杯酒！种莲栽菊两荒凉，慧远陶潜骨同朽。乘风我欲还金庭，三洲弱水连沙汀。他年海上望庐顶，烟际浮萍一点青。

远公讲经台

远公说法有高台，一朵青莲云外开。台上久无狮子吼，野狐时复听经来。

太平宫白云

白云休道本无心，随我迢迢度远岑。拦路野风吹暂断，又穿深树候前林。

书九江行台壁

九华真实是奇观，更是庐山亦耐看。幽胜未穷三日兴，风尘已觉再来难。眼余五老晴光碧，衣染天池积翠寒。却怪寺僧能好事，直来城市索诗刊。

又次李佥事素韵

省灾行近郊，探幽指层麓。回飚振玄冈，颓阳薄西陆。菑田收积雨，禾稼泛平菉。取径历村墟，停车问耕牧。清溪厉月行，暝洞披云宿。淅米石涧溜，斧薪涧底木。田翁来聚观，中宵尚驰逐。将迎愧深情，疮痍惭抚掬。幽枕静无寐，风泉朗鸣玉。虽缪真诀传，颇苦尘缘熟。终当遁名山，练药洗凡骨。缄辞谢亲交，流光易超忽。

繁昌道中阻风二首

阻风夜泊柳边亭，懒梦还乡午未醒。卧稳从教波浪恶，地深长是水云冥。入林沽酒村童引，隔水放歌渔父听。颇觉看山缘独在，蓬窗刚对一峰青。

东风漠漠水沄沄，花柳沿村春事殷。泊久渔樵来作市，心闲麋鹿渐同群。自怜失脚趋尘土，长恐归期负海云。正忆山中诗酒伴，石门延望几斜曛。

江边阻风散步至灵山寺

归船不遇打头风，行脚何缘到此中？幽谷余寒春雪在，虚檐斜日暮江空。林间古塔无僧住，花外仙源有路通。随处看山随处乐，莫将踪迹叹萍蓬。

泊舟大同山溪间诸生闻之有挟册来寻者

扁舟经月住林隈，谢得黄莺日日来。兼有清泉堪洗耳，更多修竹好衔杯。诸生涉水携诗卷，童子和云扫石苔。独奈华峰隔烟雾，时劳策杖上崔嵬。

岩下桃花盛开携酒独酌

小小山园几树桃，安排春色候停桡。开樽旋扫花阴雪，展席平临松顶涛。地远不须防俗驾，溪晴还好着渔舠。云间石路稀人迹，深处容无避世豪。

白鹿洞独对亭

五老隔青冥，寻常不易见。我来骑白鹿，凌空陟飞巘。长风卷浮云，褰帷始窥面。一笑仍旧颜，愧我鬓先变。我来尔为主，乾坤亦邮传。海灯照孤月，静对有余眷。彭蠡浮一觞，宾主聊酬劝。悠悠万古心，默契可无辩！

丰城阻风 前岁遇难于此，得北风幸免。

北风休叹北船穷，此地曾经拜北风。勾践敢忘尝胆地？齐威长忆射钩功。桥边黄石机先授，海上陶朱意颇同。况是倚门衰白甚，岁寒茅屋万山中。

江上望九华不见

五旬三过九华山，一度阴寒一度雨。此来天色稍晴明，忽复昏霾起亭午。平生山水最多缘，独此相逢容有数。人言此山天所秘，山下居人不常睹。蓬莱涉海或可求，瑶水昆仑俱旧游。洞庭何止吞八九，五岳曾向囊中收。不信开云扫六合，手扶赤日照九州。驾风骑气览八极，视此琐屑真浮沤。

江施二生与医官陶野冒雨登山人多笑之戏作歌

江生施生颇好奇，偶逢陶野奇更痴。共言山外有佳寺，劝予往游争愿随。是时雷雨云雾塞，多传险滑难车骑。两生力陈道非远，野请登高觇路歧。三人冒雨陟冈背，即仆复起相牵携。同侪咻笑招之返，奋袂径往凌嵚崎。归来未暇顾沾湿，且说地近山径夷。青林宿霭渐开霁，碧巘绛气浮微曦。津津指譬在必往，兴剧不到旁人嗤。予亦对之成大笑，不觉老兴如童时。平生山水已成癖，历深探隐忘饥疲。年来世务颇羁缚，逢场遇境心未衰。野本求仙志方外，两生学士亦尔为。世人趋逐但声利，赴汤蹈火甘倾危。解脱尘嚣事行乐，尔辈狂简翻见讥。归与归与吾与尔，阳明之麓终尔期。

游九华道中

微雨山路滑，山行入轻舟。桃花夹岸迷远近，回峦叠嶂盘深幽，奇峰应接劳回首，瞻之在前忽在后。不道舟行转屈曲，但怪青山亦奔走。薄午雨霁云亦开，青鞋布袜无尘埃。梅蹊柳径度村落，长松白石穿林隈。始攀风磴出木杪，更俯悬崖听瀑雷。乱山高顶藏平野，茅屋高低自成社。此中那得有人家，恐是当年避秦者。西岩日色渐欲下，且向前林秣吾马。世途浊隘不可居，吾将此地营兰若。

芙蓉阁

九华之山何崔嵬，芙蓉直傍青天栽。刚风倒海吹不动，大雪裂地冻还开。夜半峰头挂明月，宛如玉女临妆台。我拂沧海写图画，题诗还愧谪仙才。

重游无相寺次韵四首

游兴殊未尽，尘寰不可留。山青只依旧，白尽世间头。

其二

人迹不到地，茆茨亦数间。借问此何处，云是九华山。

其三

拔地千峰起，芙蓉插晓寒。当年看不足，今日复来看。

其四

瀑流悬绝壁，峰月上寒空。鸟鸣苍涧底，僧住白云中。

登莲花峰

莲花顶上老僧居，脚踏莲花不染泥。夜半花心吐明月，一颗悬空黍米珠。

重游无相寺次旧韵

旧识仙源路未差，也从谷口问桃花。屡攀绝栈经残雪，几度清溪踏月华。虎穴相邻多异境，鸟飞不到有僧家。频来休下仙翁榻，只借峰头一片霞。

登云峰望始尽九华之胜因复作歌

九华之峰九十九，此语相传俗人口。俗人眼浅见皮肤，焉测其中之所有？我登华顶拂云雾，极目奇峰那有数？巨壑中藏万玉林，大剑长枪攒武库。有如智者深韬藏，复如淑女避谗妒。暗然避世不求知，卑己尊人羞逞露。何人不道九华奇，奇中之奇人未知。我欲穷搜尽拈出，秘藏恐是天所私。旋解诗囊旋收拾，脱颖露出锥参差。从来题诗李白好，渠于此山亦潦草。曾见王维画辋川，安得渠来拂纤缟？

双峰遗柯生乔

尔家双峰下，不见双峰景。如锥处囊中，深藏未脱颖。盛德心愈卑，幽人迹多屏。悠然望双峰，可以发深省。

归途有僧自望华亭来迎且请诗

方自华峰下，何劳更望华。山僧援故事，要我到渠家。自谓游已至，那知望转佳。正如酣醉后，醒酒却须茶。

无相寺金沙泉次韵

黄金不布地，倾沙泻流泉。潭净长开镜，池分或铸莲。兴云为大雨，济世作丰年。纵有贪夫过，清风自洒然。

夜宿天池月下闻雷次早知山下大雨三首

昨夜月明峰顶宿，隐隐雷声在山麓。晓来却问山下人，风雨三更卷茆屋。

野人权作青山主，风景朝昏颇裁取。岩傍日脚半溪云，山下声声一村雨。

天池之水近无主，木魅山妖竞偷取；公然又盗山头云，去向人间作风雨。

文殊台夜观佛灯

老夫高卧文殊台，拄杖夜撞青天开；散落星辰满平野，山僧尽道佛灯来。

书汪进之太极岩二首

一窍谁将混沌开，千年样子道州来。须知太极元无极，始信心非明镜台。

始信心非明镜台，须知明镜亦尘埃。人人有个圆圈在，莫向蒲团坐死灰。

劝酒

平生忠赤有天知，便欲欺人肯自欺？毛发暗从愁里改，世情明向笑中危。春风脉脉回枯草，残雪依依恋旧枝。谩对芳樽辞酩酊，机关识破已多时。

重游化城寺二首

爱山日日望山晴，忽到山中眼自明。鸟道渐非前度险，龙潭更比旧时清。会心人远空遗洞，识面僧来不记名。莫谓中丞喜忘世，前途风浪苦难行。

山寺从来十九秋，旧僧零落老比丘。檜松尽长青冥干，瀑水犹悬翠壁流。人住层崖嫌洞浅，鸟鸣春涧觉山幽。年来别有闲寻意，不似当时孟浪游。

游九华

九华原亦是移文，错怪山头日日云。乘兴未甘回俗驾，初心终不负灵均。紫芝香暖春堪茹，青竹泉高晚更分。幽梦已分尘土累，清猿正好月中闻。

弘治壬戌尝游九华值时阴雾竟无所睹至是正德庚辰复往游之风日清朗尽得其胜喜而作歌

昔年十日九华住，云雾终旬竟不开。有如昏夜入宝藏，两目无睹成空回。每逢好事谈奇胜，即思策蹇还一来。频年驱逐事兵革，出入贼垒冲风埃。恐恐昼夜不遑息，岂复山水能徘徊？鄱湖一战偶天幸，远随归凯停江隈。是时军务颇多暇，况复我马方虺隤。旧游诸生亦群集，遂将童冠登崔嵬。先晨霏霭尚暝晦，却疑山意犹嫌猜。肩舆一入青阳境，忽然白日开西岭。长风拥慧扫浮阴，九十九峰如梦醒。群峦踊跃争献奇，儿孙俯伏摩具顶。今来始识九华面，恨无诗笔为传影。层楼叠阁写未工，千朵芙蓉抽玉井。怪哉造化亦安排，天下奇山此兼并。揽衣登高望八荒，双阙下见日月光。长江如带绕山麓，五湖七泽皆陂塘。蓬瀛海上浮拳石，举足可到虹可梁。仙人为我启阊阖，鸾軿鹤驾纷翱翔。从兹脱屣谢尘世，飘然拂袖凌苍苍。

岩头闲坐漫成

尽日岩头坐落花，不知何处是吾家。静听谷鸟迁乔木，闲看林蜂散午衙。翠壁泉声穿乱石，碧潭云影透晴沙。痴儿公事真难了，须信吾生自有涯。

将游九华移舟宿寺山二首

逢山未惬意，落日更移船。峡寺缘溪径，云林带石泉。钟声先度岭，月色已浮川。今夜岩房宿，寒灯不待悬。

其二

维舟谷口傍烟霏，共说前冈石径微。竹杖穿云寻寺去，藤筐采药带花归。诸生晚佩联芳杜，野老春霞缀衲衣。风咏不须沂水上，碧山明月更清辉。

登云峰二三子咏歌以从欣然成谣二首

淳气日凋薄，邹鲁亡真承。世儒倡臆说，愚瞽相因仍。晚途益沦溺，手援吾不能。弃之入烟霞，高历云峰层。开茅傍虎穴，结屋依岩僧。岂曰事高尚，庶免无予憎。好鸟求其侣，嘤嘤林间鸣。而我在空谷，焉得无良朋？飘飘二三子，春服来从行。咏歌见真性，逍遥无俗情。各勉希圣志，毋为尘所萦！

深林之鸟何间关，我本无心云自闲。大舜亦与木石处，醉翁惟在山林间。晴窗展卷有会意，绝壁题诗无厚颜。顾谓从行二三子，随游麋鹿俱忘还。

有僧坐岩中已三年诗以励吾党

莫怪岩僧木石居，吾侪真切几人如？经营日夜身心外，剽窃糠粃齿颊余。俗学未堪欺老衲，昔贤取善及陶渔。年来奔走成何事，此日斯人亦起予。

春日游齐山寺用杜牧之韵二首

即看花发又花飞，空向花前叹式微。自笑半生行脚过，何人未老乞身归？江头鼓角翻春浪，云外旌旗闪落晖。羡杀山中麋鹿伴，千金难买芰荷衣。

倦鸟投枝已乱飞，林间暝色渐霏微。春山日暮成孤坐，游子天涯正忆归。古洞湿云含宿雨，碧溪明月弄清晖。桃花不管人间事，只笑山人未拂衣。

重游开先寺戏题壁

中丞不解了公事，到处看山复寻寺。尚为妻孥守俸钱，至今未得休官去。三月开花两度来，寺僧倦客门未开。山灵似嫌俗士驾，溪风拦路吹人回。君不见富贵中人如中酒，折腰解酲须五斗。未妨适意山水间，浮名于我亦何有！

贾胡行

贾胡得明珠，藏珠剖其躯。珠藏未能有，此身已先无。轻己重外物，贾胡一何愚。请君勿笑贾胡愚，君今奔走声利途。钻求富贵未能得，役精劳形骨髓枯。竟日惶惶忧毁誉，终宵惕惕防艰虞。一日仅得五升米，半级仍甘九族诛。胥靡接踵略无悔，请君勿笑贾胡愚！

送邵文实方伯致仕

君不见埘下鸡，引类呼群啄且啼？稻粱已足脂渐肥，毛羽脱落充庖厨。又不见笼中鹤，敛翼垂头困牢落？笼开一旦入层云，万里翱翔从廖廓。人生山水须认真，胡为利禄缠其身？高车驷马尽桎梏，云台麟阁皆埃尘。鸱夷抱恨浮江水，何似乘舟逃海滨？舜水龙山予旧宅，让公且作烟霞伯。拂衣便拟逐公回，为予先扫峰头石。

纪梦 并序

正德庚辰八月廿八夕，卧小阁，忽梦晋忠臣郭景纯氏以诗示予，且极言王导之奸，谓世之人徒知王敦之逆，而不知王导实阴主之。其言甚长，不能尽录。觉而书其所示诗于壁，复为诗以纪其略。嗟乎！今距景纯若干年矣，非有实恶深冤郁结而未暴，宁有数千载之下尚怀愤不平若是者耶！

秋夜卧小阁，梦游沧海滨。海上神仙不可到，金银宫阙高嶙峋。中有仙人芙蓉巾，顾我宛若平生亲。欣然就语下烟雾，自言姓名郭景纯。携手历历诉衷曲，义愤感激难具陈。切齿尤深怨王导，深奸老猾长人。当年王敦觊神器，导实阴主相缘夤。不然三问三不答，胡忍使敦杀伯仁？寄书欲拔太真舌，不相为谋敢尔云。敦病已笃事已去，临哭嫁祸复卖敦。事成同享帝王贵，事败乃为顾命臣。几微隐约亦可见，世史掩覆多失真。袖出长篇再三读，觉来字字能书绅。开窗试抽《晋史》阅，中间事迹颇有因。因思景纯有道者，世移事往千余春。若非精诚果有激，岂得到今犹愤嗔。不成之语以箴戒，敦实气沮竟殒身。人生生死亦不易，谁能视死如轻尘？烛微先几炳易道，多能余事非所论。取义成仁忠晋室，龙逄龚胜心可伦。是非颠倒古多有，吁嗟景纯终见伸。御风骑气游八垠。彼敦之徒草木，粪土臭腐同沉沦！

我昔明易道，故知未来事。时人不我识，遂传耽一技。一思王导徒，神器良久觊。诸谢岂不力，伯仁见其底。所以敦者佣，罔顾天经与地义。不然百口未负托，何忍置之死！我于斯时知有分，日中斩柴市。我死何足悲,我生良有以！九天一人抚膺哭,晋室诸公亦可耻。举目山河徒叹非,携手登亭空洒泪。王导真奸雄，千载人未议。偶感君子谈中及，重与写真记。固知仓卒不成文，自今当与频谑戏。倘其为我一表扬，万世万世万万世。

右晋忠臣郭景纯自述诗，盖予梦中所得者，因表而出之。

无题

岩头有石人，为我下嶙峋。脚踏破履五十两，身披旧衲四十斤。任重致远香象力，餐霜坐雪金刚身。夜寒双虎与温足，雨后秃龙来伴宿。手握顽砖镜未光，舌底流泉梅未熟。夜来拾得遇寒山，翠竹黄花好共看。同来问我安心法，还解将心与汝安。

游落星寺

女娲炼石补天漏，璇玑昼夜无停走。自从堕却玉衡星，至今七政迷前后。浑仪昼夜徒揣摩，敬授人时亦何有。玉衡堕却此湖中，眼前谁是补天手。

游通天岩示邹陈二子

邹陈二子皆好游，一往通天十日留。候之来归久不至，我亦乘兴聊寻幽。岩扉日出云气浮，二子晞发登岩头。谷转始闻人语响，苍壁杳杳长林秋。嗒然坐我亦忘去，人生得休且复休。采芝共约阳明麓，白首无惭黄绮俦。

青原山次黄山谷韵

咨观历州郡，驱驰倦风埃。名山特乘暇，林壑盘萦回。云石缘欹径，夏木深层隈。仰穷岚霏际，始睹台殿开，衣传西竺旧，构遗唐宋材。风松溪溜急，湍响空山哀。妙香隐玄洞，僧屋悬穹崖。扳依俨龙象，陟降临纬阶。飞泉泻灵窦，曲槛连云榱。我来慨遗迹，胜事多湮埋。邈矣西方教，流传遍中垓。如何皇极化，反使吾人猜？剥阳幸未绝，生意存枯荄。伤心眼底事，莫负生前杯。烟霞有本性，山水乞归骸。崎岖羊肠坂，车轮几倾摧。萧散麋鹿伴，涧谷终追陪。恬愉返真澹，阒寂辞喧豗。至乐发天籁，丝竹谢淫哇。千古自同调，岂必时代偕！珍重二三子，兹游非偶来。且从山叟宿，勿受役夫催。东峰上烟月，夜景方徘徊。

睡起偶成

四十余年睡梦中，而今醒眼始朦胧。不知日已过亭午，起向高楼撞晓钟。

起向高楼撞晓钟，尚多昏睡正懵懵。纵令日暮醒犹得，不信人间耳尽聋。

立春

荒村乱后耕牛绝，城郭春来见土牛。家业苟存乡井恋，风尘先幸甲兵休。未能布德惭时令，聊复题诗写我忧。为报胡雏须远塞，暂时边将驻南州。

游庐山开先寺

清晨入谷到斜曛，遍历青霞蹑紫云。阊阖远从双剑辟，银河真自九天分。驱驰此日原非暇，梦想当年亦自勤。断拟罢官来驻此，不教林鹤更移文。

登小孤次陆良弼韵

看尽东南百二峰，小孤江上是真龙。攀龙我欲乘风去，高蹑层霄绝世踪。

月下吟三首

露冷天清月更辉，可看游子倍沾衣。催人岁月心空在，满眼兵戈事渐非。方朔本无金马意，班超惟愿玉门归。白头应倚庭前树，怪我还期秋又违。

江天月色自清秋，不管人间底许愁。谩拟翠华旋北极，正怜白发倚南楼。狼烽绝塞寒初入，鹤怨空山夜未休。莫重三公轻一日，虚名真觉是浮沤。

依依窗月夜还来，渺渺乡愁坐未回。素位也知非自得，白头无奈是亲衰。当年竹下曾裘仲，何日花前更老莱？恳疏乞骸今几上，中宵翘首望三台。

月夜二首

高台月色倍新晴，极浦浮沙远树平。客久欲迷乡国望，乱余愁听鼓鼙声。湖南水潦频移粟，碛北风烟且罢征。濡手未辞援溺苦，白头方切倚闾情。

举世困酣睡，而谁偶独醒？疾呼未能起，瞪目相怪惊。反谓醒者狂，群起环斗争。洙泗辍金铎，濂洛传微声。谁鸣荼毒鼓，闻者皆昏冥。嗟尔欲奚为？奔走皆营营？何当闻此鼓，开尔天聪明！

雪望四首

风雪楼台夜更寒，晓来霁色满山川。当歌莫放阳春调，几处人家未起烟。

初日湖上雪未融，野人村落闭重重。安居信是丰年兆，为语田夫莫惰农。

霁景朝来更好看，河山千里思漫漫。茅檐日色犹堪曝，应是边关地更寒。

法象冥濛失巨纤，连朝风雪费妆严。谁将尘世化珠玉？好与贫家聚米盐。

火秀宫次一峰韵三首

兹山堪遁迹，上应少微星。洞里乾坤别，壶中日月明。道心空自警，尘梦苦难醒。方峤由来此，虚无隔九溟。

其二

清溪曲曲转层林，始信桃源路未深。晚树烟霏山阁静。古松雷雨石坛阴。丹炉遗火飞残药，仙乐浮空寄绝音。莫道山人才一到，千年陈迹此重寻。

其三

落日下清江，怅望阁道晚。人言玉笥更奇绝，漳口停舟路非远。肩舆取径沿村落，心目先驰嫌足缓。山昏欲就云储眠，疏林月色与风泉。梦魂忽忽到真境，侵晓遁迹来洞天。洞天非人世，予亦非世人；当年曾此寄一迹，屈指忽复三千春。岩头坐石剥落尽，手种松柏枯龙鳞。三十六峰仅如旧，涧谷渐改溪流新。空中仙乐风吹断，化为鼓角惊风尘。风尘惨淡半天地，何当一扫还吾真？从行诸生骇吾说，问我恐是兹山神。君不见广成子，高卧崆峒长不死，到今一万八千年；阳明真人亦如此。

归怀

行年忽五十，顿觉毛发改。四十九年非，童心独犹在。世故渐改涉，遇坎稍无馁。每当快意事，退然思辱殆。倾否作圣功，物睹岂不快？奈何桑梓怀，衰白倚门待！

啾啾吟

知者不惑仁不忧，君胡戚戚眉双愁？信步行来皆坦道，凭天判下非人谋。用之则行舍即休，此身浩荡浮虚舟。丈夫落落掀天地，岂顾束缚如穷囚！千金之珠弹鸟雀，掘土何烦用镯镂？君不见东家老翁防虎患，虎夜入室衔其头？西家儿童不识虎，执竿驱虎如驱牛。痴人惩噎遂废食，愚者畏溺先自投。人生达命自洒落，忧谗避毁徒啾啾！

居越诗三十四首

正德辛巳年归越后作

归兴二首

百战归来白发新，青山从此作闲人。峰攒尚忆冲蛮阵，云起犹疑见虏尘。岛屿微茫沧海暮，桃花烂漫武陵春。而今始信还丹诀，却笑当年识未真。

其二

归去休来归去休，千貂不换一羊裘。青山待我长为主，白发从他自满头。种果移花新事业，茂林修竹旧风流。多情最爱沧州伴，日日相呼理钓舟。

次谦之韵

珍重江船冒暑行，一宵心话更分明。须从根本求生死，莫向支流辩浊清。久奈世儒横臆说，竞搜物理外人情。良知底用安排得，此物由来自浑成。

再游浮峰次韵

廿载风尘始一回，登高心在力全衰。偶怀胜事乘春到，况有良朋自远来。还指松萝寻旧隐，拨开云石翦蒿莱。后期此别知何地？莫厌花前劝酒杯。

夜宿浮峰次谦之韵

日日春山不厌寻，野情原自懒朝簪。几家茅屋山村静，夹岸桃花溪水深。石路草香随鹿去，洞门萝月听猿吟。禅堂坐久发清磬，却笑山僧亦有心。

再游延寿寺次旧韵

历历溪山记旧踪，寺僧遥住翠微重。扁舟曾泛桃花入，歧路心多草树封。谷口鸟声兼伐木，石门烟火出深松。年来百好俱衰薄，独有幽探兴尚浓。

碧霞池夜坐

一雨秋凉入夜新，池边孤月倍精神。潜鱼水底传心诀，栖鸟枝头说道真。莫谓天机非嗜欲，须知万物是吾身。无端礼乐纷纷议，谁与青天扫宿尘?

秋声

秋来万木发天声，点瑟回琴日夜清。绝调回随流水远，余音细入晚云轻。洗心真已空千古，倾耳谁能辨九成？徒使清风传律吕，人间瓦缶正雷鸣。

林汝桓以二诗寄次韵为别

断云微日半晴阴，何处高梧有凤鸣？星汉浮槎先入梦，海天波浪不须惊。鲁郊已自非常典，膰肉宁为脱冕行。试向沧浪歌一曲，未云不是《九韶》声。

尧舜人人学可齐，昔贤斯语岂无稽？君今一日真千里，我亦当年苦旧迷。万理由来吾具足，六经原只是阶梯。山中仅有闲风月，何日扁舟更越溪？

月夜二首 与诸生歌于天泉桥

万里中秋月正晴，四山云霭忽然生。须臾浊雾随风散，依旧青天此月明。肯信良知原不昧，从他外物岂能撄！老夫今夜狂歌发，化作钧天满太清。

处处中秋此月明，不知何处亦群英？须怜绝学经千载，莫负男儿过一生！影响尚疑朱仲晦，支离羞作郑康成。铿然舍瑟春风里，点也虽狂得我情。

秋夜

春园花木始菲菲，又是高秋落叶稀。天迥楼台含气象，月明星斗避光辉。闲来心地如空水，静后天机见隐微。深院寂寥群动息，独怜乌鹊绕枝飞。

夜坐

独坐秋庭月色新，乾坤何处更闲人？高歌度与清风去，幽意自随流水春。千圣本无心外诀，《六经》须拂镜中尘。却怜扰扰周公梦，未及惺惺陋巷贫。

心渔歌为钱翁希明别号题 钱翁，德洪父。三岁双瞽，好古博学，能诗文。

有渔者歌曰："渔不以目惟以心，心不在鱼渔更深。北溟之鲸殊小小，一举六鳌未足歆。""敢问何如其为渔耶？"曰："吾将以斯道为网，良知为纲，太和为饵，天地为舫。絜之无意，散之无方。是谓得无所得，而忘无可忘者矣。”

登香炉峰次萝石韵

曾从炉鼎蹑天风，下数天南百二峰。胜事纵为多病阻，幽怀还与故人同。旌旗影动星辰北，鼓角声回沧海东。世故茫茫浑未定，且乘溪月放归蓬。

观从吾登炉峰绝顶戏赠

道人不奈登山癖，日暮犹思绝栈云。岩底独行窝虎穴，峰头清啸乱猿群。清溪月出时寻寺，归棹城隅夜款门。可笑中郎无好兴，独留松院坐黄昏。

书扇赠从吾

君家只在海西隈，日日寒潮去复回。莫遣扁舟成久别，炉峰秋月望君来。

嘉靖甲申冬二十一日再登秦望自弘治戊午登后二十七年矣将下适董萝石与二三子来复坐久之暮归同宿云门僧舍

初冬风日佳，杖策登崔嵬。自予羁宦迹，久与山谷违。屈指廿七载，今兹复一来。沿溪寻往路，历历皆所怀。跻险还屡息，兴在知吾衰。薄午际峰顶，旷望未能回。良朋亦偶至，归路相徘徊。夕阳飞鸟静，群壑风泉哀。悠悠观化意，点也可与偕。

山中漫兴

清晨急雨度林扉，余滴烟梢尚湿衣。雨水霞明桃乱吐，沿溪风暖药初肥。物情到底能容懒，世事从前顿觉非。自拟春光还自领，好谁歌咏月中归。

挽潘南山

圣学宫墙亦久荒，如公精力可升堂。若为千古经纶手，只作终年著述忙。末俗浇漓风益下，平生辛苦意难忘。西风一夜山阳笛，吹尽南冈落木霜。

和董萝石菜花韵

油菜花开满地金，鹁鸠声里又春深。闾阎正苦饥民色，畎亩长怀老圃心。自有牡丹堪富贵，也从蜂蝶谩追寻。年年开落浑闲事，来赏何人共此襟?

天泉楼夜坐和萝石韵

莫厌西楼坐夜深，几人今夕此登临。白头未是形容老，赤子依然浑沌心。隔水鸣榔闻过棹，映窗残月见疏林。看君已得忘言意，不是当年只苦吟。

咏良知四首示诸生

个个人心有仲尼，自将闻见苦遮迷。而今指与真头面，只是良知更莫疑。

问君何事日憧憧，烦恼场中错用功。莫道圣门无口诀，良知两字是参同。

人人自有定盘针，万化根源总在心。却笑从前颠倒见，枝枝叶叶外头寻。

无声无臭独知时，此是乾坤万有基。抛却自家无尽藏，沿门持钵效贫儿。

示诸生三首

尔身各各自天真，不用求人更问人。但致良知成德业，谩从故纸费精神。乾坤是易原非画，心性何形得有尘。莫道先生学禅语，此言端的为君陈。

人人有路透长安，坦坦平平一直看。尽道圣贤须有秘，翻嫌易简却求难。只从孝弟为尧舜，莫把辞章学柳韩。不信自家原具足，请君随事反身观。

长安有路极分明，何事幽人旷不行。遂使蓁茅成间塞，仅教麋鹿自纵横。徒闻绝境劳悬想，指与迷途却浪惊。冒险甘投蛇虺窟，颠崖堕壑竟亡生。

答人问良知二首

良知即是独知时，此知之外更无知。谁人不有良知在，知得良知却是谁。

知得良知却是谁。自家痛痒自家知。若将痛痒从人问,痛痒何须更问为。

答人问道

饥来吃饭倦来眠，只此修行玄更玄。说与世人浑不信，却从身外觅神仙。

寄题玉芝庵 丙戌

尘途骏马劳千里，月树鷦鷯足一枝。身既了时心亦了，不须多羡碧霞池。

别诸生

绵绵圣学已千年，两字良知是口传。欲识浑沦无斧凿，须从规矩出方圆。不离日用常行内，直造先天未画前。握手临歧更可语，殷勤莫愧别离筵。

后中秋望月歌

一年两度中秋节，两度中秋一样月。两度当筵望月人，几人犹在几人别。此后望月几中秋，此会中人知在否。当筵莫惜殷勤望，我已衰年半白头。

书扇示正宪

汝自冬春来，颇解学文义。吾心岂不喜，顾此枝叶事。如树不植根，暂荣终必瘁。植根可如何，愿汝且立志。

送萧子雍宪副之任

衰疾悟止足，闲居便静修。采芝深谷底，考槃南涧头。之子亦早见，枉帆经旧丘。幽寻意始结，公期已先遒。星途触来暑，拯焚能自由。黄鹄一高举，刚风翼难收。怀兹恋丘陇，回顾未忘忧。往志局千里，岂伊枋榆投。哲士营四海，细人聊自谋。圣作正思治，吾衰亮何酬！所望登才俊，济济扬鸿休。隐者嘉肥遁，仕者当谁俦？宁无寥寂念？宜急疮痍瘳。舍藏应有时，行矣毋淹留。

中秋

去年中秋阴复晴，今年中秋阴复阴。百年好景不多遇，况乃白发相侵寻。吾心自有光明月，千古团圆永无缺。山河大地拥清辉，赏心何必中秋节。

嘉靖丙戌十二月庚申始得子年已五十有五矣六月静齐二丈昔与先公同举于乡闻之而喜各以诗来贺蔼然世交之谊也次韵为谢二首

海鹤精神老益强，晚途诗价重圭璋。洗儿惠兆金钱贵，烂目光呈奎井祥。何物敢云绳祖武，他年只好共爷长。偶逢灯事开汤饼，庭树春风转岁阳。

自分秋禾后吐芒，敢云琢玉晚圭璋。漫凭先德余家庆，岂是生申降岳祥。携抱且堪娱老况，长成或可望书香。不辞岁岁临汤饼，还见吾家第几郎。

两广诗二十一首

嘉靖丁亥起，平思田之乱。

秋日饮月岩新构别王侍御

湖山久系念，块处限形迹。遥望一水间，十年靡由即。军旅起衰废，驱驰岂遑息！前旌道回冈，取捷上崎侧。新构郁层椒，石门转深寂。是时霜始降，风凄群卉拆。鳌静响江声，窗虚函海色。夕阴下西岑，凉月穿东壁。观风此余情，抚景见高臆。匪从群公饯，何因得良觌？南徼方如毁，救焚敢辞亟！来归幸有期，终遂幽寻癖。

复过钓台

忆昔过钓台，驱驰正军旅。十年今始来，复以兵戈起。空山烟雾深，往迹如梦里。微雨林径滑，肺病双足胝。仰瞻台上云，俯濯台下水。人生何碌碌？高尚当如此。疮痍念同胞，至人匪为己。过门不遑入，忧劳岂得已！滔滔良自伤，果哉末难矣！

右正德己卯献俘行在，过钓台而弗及登。今兹复来，又以兵革之役，兼肺病足疮，徒顾瞻怅望而已。书此付桐庐尹沉元材刻置亭壁，聊以纪经行岁月云耳。嘉靖丁亥九月廿二日书，时从行进士钱德洪、王汝中、建德尹杨思臣及元材，凡四人。

方思道送西峰

西峰隐真境，微境临通衢。行役空屡屡，过眼被尘迷。青林外延望，中阃何由窥。方子岩廊器，兼已云霞姿。每逢泉石处，必刻棠陵诗。兹山秀常玉，之子囊中锥。群峰灏秋气，乔木含凉吹。此行非佳饯，谁为发幽奇。奈何眷清赏，局促牵至期。悠悠伤绝学，之子亦如斯。为君指周道，直往勿复疑！

西安雨中诸生出候因寄德洪汝中并示书院诸生

几度西安道，江声暮雨时。机关鸥鸟破，踪迹水云疑。仗钺非吾事，传经愧尔师。天真石泉秀，新有鹿门期。

德洪汝中方卜书院盛称天真之奇并寄及之

不踏天真路，依稀二十年。石门深竹径，苍峡泻云泉。泮壁环胥海，龟畴见宋田。文明原有象，卜筑岂无缘？

寄石潭二绝

仆兹行无所乐，乐与二公一会耳。得见闲斋，固已如见石潭矣。留不尽之兴于后期，岂谓乐不可极耶？闻尊恙已平复，必于不出见客，无乃太以界限自拘乎？奉次二绝，用发一笑，且以致不及请教之憾。

见说新居止隔山，肩舆晓出暮堪还。知公久已藩篱撤，何事深林尚闭关？

乘兴相寻涉万山，扁舟亦复及门还。莫将身病为心病，可是无关却有关。

长生

长生徒有慕，苦乏大药资。名山遍探历，悠悠鬓生丝。微躯一系念，去道日远而。中岁忽有觉，九还乃在兹。非炉亦非鼎，何坎复何离。本无终始究，宁有死生期？彼哉游方士，诡辞反增疑。纷然诸老翁，自传困多歧。乾坤由我在，安用他求为？千圣皆过影，良知乃吾师。

南浦道中

南浦重来梦里行，当年锋镝尚心惊。旌旗不动山河影，鼓角犹传草木声。已喜闾阎多复业，独怜饥馑未宽征。迂疏何有甘棠惠，惭愧香灯父老迎。

重登黄土脑

一上高原感慨重，千山落木正无穷。前途且与停西日，此地曾经拜北风。剑气晚横秋色净，兵声寒带暮江雄。水南多少流亡屋，尚诉征求杼轴空。

过新溪驿

犹记当年筑此城，广瑶湖寇正纵横。人今乐业皆安堵，我亦经过一驻兵。香火沿门惭老稚，壶浆远道及从行。峰山拏手疲劳甚，且放归农莫送迎。

梦中绝句

此予十五岁时梦中所作。今拜伏波祠下，宛如梦中。兹行殆有不偶然者，因识其事于此。

卷甲归来马伏波，早年兵法鬓毛皤；云埋铜柱雷轰折，六字题诗尚不磨。

谒伏波庙二首

四十年前梦里诗，此行天定岂人为！徂征敢倚风云阵，所过须同时雨师。尚喜远人知向望，却惭无术救疮痍。从来胜算归廊庙，耻说兵戈定四夷。

楼船金鼓宿乌蛮，鱼丽群舟夜上滩。月绕旌旗千嶂静，风传铃柝九溪寒。荒夷未必先声服，神武由来不杀难。想见虞廷新气象，两阶干羽五云端。

破断藤峡

绕看干羽格苗夷，忽见风雷起战旗。六月徂征非得已，一方流毒已多时。迁宾玉石分须早，聊庆云霓怨莫迟。嗟尔有司惩既往，好将恩信抚遗黎。

平八寨

见说韩公破此蛮，貔貅十万骑连山；而今止用三千卒，遂尔收功一月间。岂是人谋能妙算？偶逢天助及师还。穷搜极讨非长计，须有恩威化梗顽。

南宁二首

一驻南宁五月余，始因送远过僧庐。浮屠绝壁经残燹，井灶沿村见废墟。抚恤尚惭凋弊后，游观正及省耕初。近闻襁负归瑶僮，莫陋夷方不可居。

劳矣田人莫远迎，疮痍未定犬犹惊。燹余破屋须先缉，雨后荒畲莫废耕。归喜逃亡来负襁，贫怜繻绔缀旗旌。圣朝恩泽宽如海，甑鲋盆鱼纵尔生。

往岁破桶冈宗舜祖世麟老宣慰实来督兵今兹思田之役乃随父致仕宣慰明辅来从事目击其父子孙三世皆以忠孝相承相尚也诗以嘉之

宣慰彭明辅，忠勤晚益敦。归师当五月，冒暑净蛮氛。九霄虽已老，报国意犹勤。五月冲炎暑，回军立战勋。爱尔彭宗舜，少年多战功。从亲心已孝，报国意尤忠。

题甘泉居

我闻甘泉居，近连菊坡麓。十年劳梦思，今来快心目。徘徊欲移家，山南尚堪屋。渴饮甘泉泉，饥食菊坡菊。行看罗浮云，此心聊复足。

书泉翁壁

我祖死国事，肇礼在增城。荒祠幸新复，适来奉初蒸。亦有兄弟好，念言思一寻。苍苍蒹葭色，宛隔环瀛深。入门散图史，想见抱膝吟。贤郎敬父执，童仆意相亲。病躯不遑宿，留诗慰殷勤。落落千百载，人生几知音。道通著形迹，期无负初心。

卷二十一　外集三

书

答佟太守求雨 癸亥

昨杨、李二丞来，备传尊教，且询致雨之术，不胜惭悚。今早谌节推辱临，复申前请，尤为恳至，令人益增惶惧。天道幽远，岂凡庸所能测识？然执事忧勤为民之意真切如是，仆亦何可以无一言之复！

孔子云："丘之祷久矣。"盖君子之祷，不在于对越祈祝之际，而在于日用操存之先。执事之治吾越，几年于此矣。凡所以为民祛患除弊兴利而致福者，何莫而非先事之祷，而何俟于今日？然而暑旱尚存，而雨泽未应者，岂别有所以致此者欤？古者岁旱，则为之主者减膳撤乐，省狱薄赋，修祀典，问疾苦，引咎赈乏，为民遍请于山川社稷，故有吁天求雨之祭，有省咎自责之文，有归诚请改之祷。盖《史记》所载汤以六事自责，《礼》谓"大雩，帝用盛乐"，《春秋》书"秋九月，大雩"，皆此类也。仆之所闻于古如是，未闻有所谓书符咒水而可以得雨者也。唯后世方术之士或时有之。然彼皆有高洁不污之操，特立坚忍之心。虽其所为不必合于中道，而亦有以异于寻常，是以或能致此。然皆出小说而不见于经传，君子犹以为附会之谈，又况如今之方士之流，曾不少殊于市井嚣顽，而欲望之以挥斥雷电，呼吸风雨之事，岂不难哉！仆谓执事且宜出斋于厅事，罢不急之务，开省过之门，洗简冤滞，禁抑奢繁，淬诚涤虑，痛自悔责，以为八邑之民请于山川社稷。而彼方士之祈请者，听民间从便得自为之，但弗之禁而不专倚以为重轻。

夫以执事平日之所操存，苟诚无愧于神明，而又临事省惕，躬帅僚属，致恳乞诚，虽天道亢旱，亦自有数；使人事良修，旬日之内，自宜有应。仆虽不肖，无以自别于凡民，以诚使可有致雨之术，亦安忍坐视民患而恬不知顾，乃劳执事之仆，仆岂无人之心者耶？一二日内，仆亦将祷于南镇，以助执事之诚。执事其但为民悉心以请，毋惑于邪说，毋急于近名，天道虽远，至诚而不动者，未之有也！

答毛宪副 戊辰

昨承遣人喻以祸福利害，且令勉赴太府请谢，此非道谊深情，决不至此，感激之至，言无所容！但差人至龙场陵侮，此自差人挟势擅威，非太府使之也。龙场诸夷与之争斗，此自诸夷愤恨不平，亦非某使之也。然则太府固未尝辱某，某亦未尝傲太府，何所得罪而遽请谢乎？跪拜之礼，亦小官常分，不足以为辱，然亦不当无故而行之。不当行而行，与当行而不行，其为取辱一也。废逐小臣，所守以待死者，忠信礼义而已，又弃此而不守，祸莫大焉！凡祸福利害之说，某亦尝讲之。君子以忠信为利，礼义为福。苟忠信礼义之不存，虽禄之万钟，爵以侯王之贵，君子犹谓之祸与害。如其忠信礼义之所在，虽剖心碎首，君子利而行之，自以为福也，况于流离窜逐之微乎？某之居此，盖瘴疠蛊毒之与处，魑魅魍魉之与游，日有三死焉。然而居之泰然，未尝以动其中者，诚知生死之有命，不以一朝之患而忘其终身之忧也。太府苟欲加害，而在我诚有以取之，则不可谓无憾。使吾无有以取之而横罹焉，则亦瘴疠而已尔，蛊毒而已尔，魑魅魍魉而已尔，吾岂以是而动吾心哉？执事之喻，虽有所不敢承，然因是而益知所以自励，不敢苟有所隳堕，则某也受教多矣，敢不顿首以谢!

与安宣慰 戊辰

某得罪朝廷而来，惟窜伏阴崖幽谷之中以御魍魉，则其所宜。故虽夙闻使君之高谊，经旬月而不敢见，若甚简伉者。然省愆内讼，痛自削责，不敢比数于冠裳，则亦逐臣之礼也。使君不以为过，使廪人馈粟，庖人馈肉，园人代薪水之劳，亦宁不贵使君之义而谅其为情乎！自惟罪人，何可以辱守土之大夫，惧不敢当，辄以礼辞。使君复不以为罪，昨者又重之以金帛，副之以鞍马，礼益隆，情益至，某益用震悚。是重使君之辱而甚逐臣之罪也,愈有所不敢当矣。使者坚不可却,求其说而不得。无已其周之乎？周之亦可受也。敬受米二石，柴炭鸡鹅悉受如来数。其诸金帛鞍马,使君所以交于卿士大夫者,施之逐臣,殊骇观听,敢固以辞。伏惟使君处人以礼，恕物以情，不至再辱，则可矣。

二 戊辰

减驿事，非罪人所敢与闻，承使君厚爱，因使者至，闲问及之，不谓其遂达诸左右也。悚息悚息！然已承见询，则又不可默。

凡朝廷制度,定自祖宗,后世守之,不可以擅改,在朝廷且谓之变乱,况诸侯乎？纵朝廷不见罪，有司者将执法以绳之，使君必且无益，纵幸免于一时，或五六年，或八九年，虽远至二三十年矣，当事者犹得持典章而议其后。若是，则使君何利焉？使君之行先，自汉、唐以来千几百年，土地人民，未之或改，所以长久若此者，以能世守天子礼法，竭忠尽力，不敢分寸有所违。是故天子亦不得逾礼法，无故而加诸忠良之臣。不然，使君之土地人民富且盛矣，朝廷悉取而郡县之，其谁以为不可？夫驿可减也，亦可增也；驿可改也，宣慰司亦可革也。由此言之，殆甚有害，使君其未之思耶？

所云奏功升职事，意亦如此。夫划除寇盗，以抚绥平良，亦守土之常职，今缕举以要赏，则朝廷平日之恩宠禄位，顾将欲以何为？使君为参政，亦已非设官之旧，今又干进不已，是无抵极也，众必不堪。夫宣慰，守土之官，故得以世有其土地人民。若参政，则流官矣，东西南北，惟天子所使。朝廷下方尺之檄，委使君以一职，或闽或蜀，其敢弗行乎？则方命之诛，不旋踵而至，捧檄从事，千百年之土地人民，非复使君有矣。由此言之，虽今日之参政，使君将恐辞去之不速，其又可再乎？凡此以利害言，揆之于义，反之于心，使君必自有不安者。夫拂心违义而行，众所不与，鬼神所不嘉也。

承问及，不敢不以正对，幸亮察！

三 戊辰

阿贾、阿札等畔宋氏，为地方患，传者谓使君使之。此虽或出于妒妇之口，然阿贾等自言使君尝锡之以毡刀，遗之以弓弩。虽无其心，不幸乃有其迹矣。始三堂两司得是说，即欲闻之于朝，既而以使君平日忠实之故，未必有是，且信且疑，姑令使君讨贼。苟遂出军剿扑，则传闻皆妄，何可以滥及忠良。其或坐观逗遛，徐议可否，亦未为晚。故且隐忍其议，所以待使君者甚厚。既而文移三至，使君始出，众论纷纷，疑者将信。喧腾之际，适会左右来献阿麻之首，偏师出解洪边之围，群公又复徐徐。今又三月余矣。使君称疾归卧，诸军以次潜回，其间分屯寨堡者，不闻擒斩以宣国威，惟增剽掠以重民怨，众情愈益不平。而使君之民，罔所知识，方扬言于人，谓："宋氏之难，当使宋氏自平，安氏何与，而反为之役？我安氏连地千里，拥众四十八万，深坑绝坉，飞鸟不能越，猿猱不能攀。纵遂高坐，不为宋氏出一卒，人亦卒如我何？"斯言已稍稍传播，不知三堂两司已尝闻之否？使君诚久卧不出，安氏之祸必自斯言始矣。使君与宋氏同守土，而使君为之长。地方变乱，皆守土者之罪，使君能独委之宋氏乎？夫连地千里，孰与中土之一大郡？拥众四十八万，孰与中土之一都司？深坑绝坉，安氏有之，然如安氏者，环四面而居以百数也。今播州有杨爱，恺黎有杨友，酉阳、保靖有彭世麒等诸人，斯言苟闻于朝，朝廷下片纸于杨爱诸人，使各自为战，共分安氏之所有，盖朝令而夕无安氏矣。深坑绝坉，何所用其险。使君可无寒心乎？且安氏之职，四十八支更迭而为，今使君独传者三世，而群支莫敢争，以朝廷之命也，苟有可乘之衅，孰不欲起而代之乎？然则扬此言于外，以速安氏之祸者，殆渔人之计，萧墙之忧，未可测也。使君宜速出军，平定反侧，破众谗之口，息多端之议，弭方兴之变，绝难测之祸，补既往之愆，要将来之福。某非为人作说客者，使君幸熟思之！

答人问神仙 戊辰

询及神仙有无，兼请其事，三至而不答，非不欲答也，无可答耳。昨令弟来，必欲得之。仆诚生八岁而即好其说，今已余三十年矣，齿渐摇动，发已有一二茎变化成白，目光仅盈尺，声闻函丈之外，又常经月卧病不出，药量骤进，此殆其效也。而相知者犹妄谓之能得其道，足下又妄听之而以见询。不得已，姑为足下妄言之。

古有至人，淳德凝道，和于阴阳，调于四时，去世离俗，积精全神，游行天地之间，视听八远之外，若广成子之千五百岁而不衰，李伯阳历商、周之代，西度函谷，亦尝有之。若是而谓之曰无，疑于欺子矣。然则呼吸动静，与道为体，精骨完久，禀于受气之始，此殆天之所成，非人力可强也。若后世拔宅飞升，点化投夺之类，谲怪奇骇，是乃秘术曲技，尹文子所谓“幻”，释氏谓之“外道”者也。若是谓之曰有，亦疑于欺子矣，夫有无之间，非言语可况。存久而明，养深而自得之。未至而强喻，信亦未必能及也。盖吾儒亦自有神仙之道，颜子三十二而卒，至今未亡也。足下能信之乎？后世上阳子之流，盖方外技术之士，未可以为道。若达磨、慧能之徒，则庶几近之矣，然而未易言也。足下欲闻其说，须退处山林三十年，全耳目，一心志，胸中洒洒不挂一尘，而后可以言此，今去仙道尚远也。妄言不罪。

答徐成之 壬午

承以朱、陆同异见询，学术不明于世久矣，此正吾侪今日之所宜明辨者。细观来教，则舆庵之主象山既失，而吾兄之主晦庵，亦未为得也，是朱非陆，天下之论定久矣，久则难变也。虽微吾兄之争，舆庵亦岂能遽行其说乎？故仆以为二兄今日之论，正不必求胜。务求象山之所以非，晦庵之所以是，穷本极源，真有以见其几微得失于毫忽之间。若明者之听讼，其事之曲者，既有以辨其情之不得已，而辞之直者，复有以察其处之或未当。使受罪者得以伸其情，而获伸者亦有所不得辞其责，则有以尽夫事理之公，即夫人心之安，而可以俟圣人于百世矣。今二兄之论，乃若出于求胜者，求胜，则是动于气也，动于气，则于义理之正，何啻千里，而又何是非之论乎？凡论古人得失，决不可以意度而悬断之。今舆庵之论象山曰："虽其专以尊德性为主，未免堕于禅学之虚空，而其持守端实，终不失为圣人之徒。若晦庵之一于道问学，则支离决裂，非复圣门'诚意正心'之学矣"。吾兄之论晦庵曰："虽其专以道问学为主，未免失于俗学之支离，而其循序渐进，终不背于《大学》之训。若象山之一于尊德性，则虚无寂灭，非复《大学》'格物致知'之学矣"。夫既曰"尊德性"，则不可谓"堕于禅学之虚空"；"堕于禅学之虚空"，则不可谓之"尊德性"矣。既曰"道问学"，则不可谓"失于俗学之支离"；"失于俗学之支离"，则不可谓之"道问学"矣。二者之辩，间不容发。然则二兄之论，皆未免于意度也。昔者子思之论学，盖不下千百言，而括之以"尊德性而道问学"之一语。即如二兄之辩，一以"尊德性"为主，一以"道问学"为事，则是二者固皆未免于一偏，而是非之论，尚未有所定也，乌得各持一是而遽以相非为乎？故仆愿二兄置心于公平正大之地，无务求胜。夫论学而务以求胜，岂所谓"尊德性"乎？岂所谓"道问学"乎？以某所见，非独吾兄之非象山，舆庵之非晦庵，皆失之非，而吾兄之是晦庵，舆庵之是象山，亦皆未得其所以是也。稍暇当面悉，姑务养心息辩，毋遽。

二 壬午

昨所奉答，适有远客酬对，纷纭不暇细论。姑愿二兄息未定之争，各反究其所是者，必己所是已无丝发之憾，而后可以及人之非。早来承教，乃为仆漫为含胡两解之说，而细绎辞旨，若有以阴助舆庵而为之地者，读之不觉失笑。曾为吾兄而亦有是言耶？仆尝以为君子论事当先去其有我之私，一动于有我，则此心已陷于邪僻，虽所论尽合于理，既已亡其本矣。尝以是言于朋友之间，今吾兄乃云尔，敢不自反其殆陷于邪僻而弗觉也？求之反复，而昨者所论实未尝有是。则斯言也无乃吾兄之过欤？虽然，无是心而言之未尽于理，未得为无过也。仆敢自谓其言之已尽于理乎？请举二兄之所是者以求正。

舆庵是象山而谓其“专以尊德性为主”，今观《象山文集》所载，未尝不教其徒读书穷理。而自谓“理会文字颇与人异”者，则其意实欲体之于身。其亟所称述以诲人者，曰“居处恭，执事敬，与人忠”，曰“克己复礼”，曰“万物皆备于我，反身而诚，乐莫大焉”，曰“学问之道无他，求其放心而已”，曰“先立乎其大者，而小者不能夺”。是数言者，孔子、孟轲之言也，乌在其为空虚者乎？独其“易简觉悟”之说，颇为当时所疑。然“易简”之说出于《系辞》，“觉悟”之说虽有同于释氏，然释氏之说亦自有同于吾儒，而不害其为异者，惟在于几微毫忽之间而已。亦何必讳于其同而遂不敢以言，狃于其异而遂不以察之乎？是舆庵之是象山，固犹未尽其所以是也。

吾兄是晦庵，而谓其“专以道问学为事”。然晦庵之言，曰“居敬穷理”，曰“非存心无以致知”，曰“君子之心，常存敬畏，虽不见闻，亦不敢忽，所以存天理之本然，而不使离于须臾之顷也”。是其为言虽未尽莹，亦何尝不以尊德性为事？而又乌在其为支离者乎？独其平日汲汲于训解，虽韩文、《楚辞》、《阴符》、《参同》之属，亦必与之注释考辩，而论者遂疑其玩物。又其心虑恐学者之躐等而或失之于妄作，使必先之以格致而无不明，然后有以实之于诚正而无所谬。世之学者，挂一漏万，求之愈繁，而失之愈远，至有敝力终身，苦其难而卒无所入，而遂议其支离。不知此乃后世学者之弊，而当时晦庵之自为，则亦岂至是乎？是吾兄之是晦庵，固犹未尽其所以是也。

夫二兄之所信而是者，既未尽其所以是，则其所疑而非者，亦岂必尽其所以非乎？然而二兄往复之辩，不能一反焉，此仆之所以疑其或出于求胜也。一有求胜之心，则已亡其学问之本，而又何以论学为哉？此仆之所以惟愿二兄之自反也，安有所谓“含胡两解而阴为舆庵之地”者哉！夫君子之论学，要在得之于心。众皆以为是，苟求之心而未会焉，未敢以为是也；众皆以为非，苟求之心而有契焉，未敢以为非也。心也者，吾所得于天之理也，无间于天人，无分于古今。苟尽吾心以求焉，则不中不远矣。学也者，求以尽吾心也。是故尊德性而道问学，尊者，尊此者也；道者，道此者也。不得于心而惟外信于人以为学，乌在其为学也已！仆尝以为晦庵之与象山，虽其所为学者若有不同，而要皆不失为圣人之徒。今晦庵之学，天下之人童而习之，既已入人之深，有不容于论辩者。而独惟象山之学，则以其尝兴晦庵之有言，而遂藩篱之。使若由、赐之殊科焉，则可矣，而遂摈放废斥，若碔砆之与美玉，则岂不过甚矣乎？夫晦庵折衷群儒之说，以发明《六经》、《语》、《孟》之旨于天下，其嘉惠后学之心，真有不可得而议者。而象山辩义利之分，立大本，求放心，以示后学笃实为己之道，其功亦宁可得而尽诬之！而世之儒者，附和雷同，不究其实，而概目之以禅学，则诚可冤也已！故仆尝欲冒天下之讥，以为象山一暴其说，虽以此得罪，无恨。仆于晦庵，亦有罔极之恩，岂欲操戈而入室者？顾晦庵之学，既已若日星之章明于天下；而象山独蒙无实之诬，于今且四百年，莫有为之一洗者。使晦庵有知，将亦不能一日安享于庙庑之间矣。此仆之至情，终亦必为吾兄一吐者，亦何肯漫为两解之说以阴助于舆庵？舆庵之说，仆犹恨其有未尽也。

夫学术者，今古圣贤之学术，天下之所公共，非吾三人者所私有也。天下之学术，当为天下公言之，而岂独为舆庵地哉！兄又举太极之辩，以为象山“于文义且有所未能通晓，而其强辩自信，曾何有于所养”。夫谓其文义之有未详，不害其为有未详也；谓其所养之未至，不害其为未至也。学未至于圣人，宁免太过不及之差乎！而论者遂欲以是而盖之，则吾恐晦庵禅学之讥，亦未免有激于不平也。夫一则不审于文义，一则有激于不平，是皆所养之未至。昔孔子，大圣也，而犹曰：“假我数年以学《易》，可以无大过。”仲虺之赞成汤，亦惟曰“改过，不吝”而已。所养之未至，亦何伤于二先生之为贤乎？此正晦庵、象山之气象，所以未及于颜子、明道者在此。吾侪正当仰其所以不可及，而默识其所未至者，以为涵养规切之方，不当置偏私于其间，而有所附会增损之也。夫君子之过也，如日月之食，人皆见之；更也，人皆仰之。而小人之过也必文。世之学者以晦庵大儒，不宜复有所谓过者，而必曲为隐饰增加，务诋象山于禅学，以求伸其说；且自以为有助于晦庵，而更相倡引，谓之扶持正论。不知晦庵乃君子之过，而吾反以小人之见而文之。晦庵有闻过则喜之美，而吾乃非徒顺之，又从而为之辞也。晦庵之心，以圣贤君子之学期后代，而世之儒者，事之以事小人之礼，是何诬象山之厚而待晦庵之薄耶？

仆今者之论，非独为象山惜，实为晦庵惜也。兄视仆平日于晦庵何如哉？而乃有是论，是亦可以谅其为心矣。惟吾兄去世俗之见，宏虚受之诚，勿求其必同，而察其所以异；勿以无过为圣贤之高，而以改过为圣贤之学；勿以其有所未至者为圣贤之讳，而以其常怀不满者为圣贤之心。则兄与舆庵之论，将有不待辩说而释然以自解者。孟子云：“君子亦仁而已，何必同？”惟吾兄审择而正之！

答储柴墟 壬申

盛价来，适人事纷纭，不及细询比来事；既还，却殊怏怏。承示《刘生墓志》，此实友义所关，文亦缜密。独叙乃父侧室事，颇伤忠厚，未刻石，删去之为佳。子于父过，谏而过激，不可以为几；称子之美，而发其父之阴私，不可以为训。宜更详之！

喻及交际之难，此殆谬于私意。君子与人，惟义所在，厚薄轻重，已无所私焉，此所以为简易之道。世人之心，杂于计较，毁誉得丧交于中，而眩其当然之则，是以处之愈周，计之愈悉，而行之愈难。夫大贤吾师，次贤吾友，此天理自然之则，岂以是为炎凉之嫌哉？吾兄以仆于今之公卿，若某之贤者，则称谓以“友生”，若某与某之贤不及于某者，则称谓以“侍生”，岂以矫时俗炎凉之弊？非也。夫彼可以为吾友，而吾可以友之，彼又吾友也，吾安得而弗友之？彼不可以为吾友，而吾不可以友之，彼又不吾友也，吾安得而友之？夫友也者，以道也，以德也。天下莫大于道，莫贵于德。道德之所在，齿与位不得而于焉，仆与某之谓矣。彼其无道与德，而徒有其贵与齿也，则亦贵齿之而已。然若此者，与之见亦寡矣，非以事相临，不往见也若此者，与凡交游之随俗以侍生而来者，亦随俗而侍生之。所谓“事之无害于义者，从俗可也”。千乘之君，求与之友而不可得，非在我有所不屑乎？嗟乎！友未易言也。今之所谓友，或以艺同，或以事合，徇名逐势，非吾所谓辅仁之友矣。仁者，心之德，人而不仁，不可以为人。辅仁，求以全心德也，如是而后友。今特以技艺文辞之工，地势声翼之重，而骜然欲以友乎贤者，贤者弗与也。吾兄技艺炎凉之说，贵贱少长之论，殆皆有未尽欤？孟子曰：“友也者，不可以有挟。”孟献子之友五人，无献子之家者也，曾以贵贱乎？仲由少颜路三岁，回由之赠处，盖友也。回与曾点同时，参曰“昔者吾友”，曾以少长乎？将矫时俗之炎凉而自畔于礼，其间不能以寸矣。吾兄又以仆于后进之来，其质美而才者，多以先后辈相处；其庸下者，反待以客礼，疑仆别有一道。是道也，奚有于别？凡后进之来，其才者，皆有意于斯道者也，吾安得不以斯道处之？其庸下者，不过世俗泛然一接，吾亦世俗泛然待之，如乡人而已。昔伊川初与吕希哲为同舍友，待之友也，既而希哲师事伊川，待之弟子也。谓敬于同舍而慢于弟子，可乎？孔子待阳货以大夫，待回、赐以弟子，谓待回、赐不若阳货，可乎？师友道废久，后进之中，有聪明特达者，颇知求道，往往又为先辈待之不诚，不谅其心而务假以虚礼，以取悦于后进，干待士之誉，此正所谓病于夏畦者也，以是师友之道日益沦没，无由复明。仆常以为世有周、程诸君子，则吾固得而执弟子之役，乃大幸矣，其次有周、程之高弟焉，吾犹得而私淑也。不幸世又无是人，有志之士，伥伥其将焉求乎？然则何能无忧也？忧之而不以责之己，责之己而不以求辅于人，求辅于人而待之不以诚，终亦必无所成而已耳。凡仆于今之后进，非敢以师道自处也，将求其聪明特达者，与之讲明，因以自辅也。彼自以后进求正于我，虽不师事我，固有先后辈之道焉。伊川瞑目而坐，游、杨侍立不敢去，重道也。今世习于旷肆，惮于检饰，不复知有此事。幸而有一二后进略知求道为事，是有复明之机；又不诚心直道与之发明，而徒阉然媚世，苟且阿俗，仆诚痛之惜之！传曰："师严然后道尊，道尊然后民知敬学。"夫人必有所严惮，然后言之，而听之也审；施之，而承之也肃。凡若此者，皆求以明道，皆循理而行，非有容私于其间也。伊尹曰："天之生斯民也，使先知觉后知，使先觉觉后觉。予天民之先觉也，非予觉之而谁也？"是故大知觉于小知，小知觉于无知；大觉觉于小觉，小觉觉于无觉。夫已大知大觉矣，而后以觉于天下，不亦善乎？然而未能也，遂自以小知小觉而不敢以觉于人，则终亦莫之觉矣。仁者固如是乎？夫仁者，己欲立而立人，己欲达而达人。仆之意以为，己有分寸之知，即欲同此分寸之知于人；己有分寸之觉，即欲同此分寸之觉于人。人之小知小觉者益众，则其相与为知觉也益易且明，如是，而后大知大觉可期也。仆于今之后进，尚不敢以小知小觉自处。譬之冻馁之人，知耕桑之可以足衣食，而又偶闻艺禾树桑之法，将试为之，百遂以告其凡冻馁者，使之共为之也，亦何嫌于己之未尝树艺，而遂不可以告之乎？虽然，君子有诸己而后求诸人，仆盖未尝有诸己也，而可以求诸人乎？夫亦谓其有意于仆而来者耳。

承相问，辄缕缕至此。有未当者，不惜往复。

二壬申

昨者草率奉报，意在求正，不觉芜冗。承长笺批答，推许过盛，殊增悚汗也。来喻责仆不以师道自处，恐亦未为诚心直道。顾仆何人，而敢以师道自处哉？前书所谓“以前后辈处之”者，亦谓仆有一日之长，而彼又有求道之心者耳。若其年齿相若而无意于求道者，自当如常待以客礼，安得例以前后辈处之？是亦妄人矣。又况不揆其来意之如何，而抗颜以师道自居，世宁有是理耶？夫师法者，非可以自处得也，彼以是求我，而我以是应之耳。嗟乎！今之时，孰有所谓师云乎哉！今之习技艺者则有师，习举业求声利者则有师，彼诚知技艺之可以得衣食，举业之可以得声利，而希美官爵也。自非诚知己之性分，有急于衣食官爵者，孰肯从而求师哉！夫技艺之不习，不过乏衣食；举业之不习，不过无官爵。己之性分有所蔽悖，是不得为人矣。人顾明彼而暗此也，可不大哀乎！往时仆与王寅之、刘景素同游太学，每季考，寅之恒居景素前列，然寅之自以为讲贯不及景素，一旦执弟子礼师之。仆每叹服，以为如寅之者，真可为豪杰之士。使寅之易此心以求道，亦何圣贤之不可及！然而寅之能于彼不能于此也。曾子病革而易箦，子路临绝而结缨，横渠撤虎皮而使其子弟从讲于二程，惟天下之大勇无我者能之。今天下波颓风靡，为日已久，何异于病革临绝之时，然又人是己见，莫肯相下求正。故居今之世，非有豪杰独立之士，的见性分之不容已，毅然以圣贤之道自任者，莫之从而求师也。

吾兄又疑后进之来，其资禀向意虽不足以承教，若其齿之相远者，恐亦不当概以客礼相待。仆前书所及，盖与有意于斯道者相属而言，亦谓其可以客，可以无客者耳。若其齿数邈绝，则名分具存，有不待言矣。孔子使阙党童子将命，曰：“吾见其居于位也，见其与先生并行也，非求益者也，欲速成者也。”亦未尝无诲焉。虽然，此皆以不若己者言也。若其德器之夙成，识见之超诣者，虽生于吾后数十年，其大者吾师，次者吾友也，得以齿序论之哉？

人归遽剧，极潦草。便间批复可否。不一一。

答何子元壬申

来书云:“《礼·曾子问》:‘诸侯见天子，入门不得终礼，废者几？孔子曰:四。又问:诸侯相见，揖，入门不得终礼，废者几？孔子曰:六，而日食存焉。曾子曰:当祭而日食，太庙火，其祭也如之何？孔子曰:接祭而已矣。如牲至，未杀，则废。’孟春于此有疑焉，天子崩，太庙火，后夫人之丧，雨沾服失容，此事之不可期，或适相值。若日食则可预推也，诸侯行礼，独不容以少避乎？祭又何必专于是日而匆匆于接祭哉？牲未杀，则祭废，当杀牲之时，而不知日食之候者，何也？执事幸以见教，千万千万！”

承喻《曾子问》“日食接祭”之说，前此盖未尝有疑及此者，足见为学精察，深用叹服。如某浅昧，何足以辨此！

古者天子有日官，诸侯有日御。日官居卿以底日，日御不失日以授百官之朝，岂有当祭之日而尚未知有日食者？夫子答曾子之问，窃意春秋之时，日官多失其职，固有日食而弗之知者矣。尧命羲和，敬授人时，何重也！仲康之时，去尧未远，羲和已失其职，迷于天象，至日食罔闻知，故有胤之征。降及商、周，其职益轻。平王东迁，政教号令不及于天下。自是而后，官之失职，又可知矣。《春秋》所书日食三十有六，今以《左传》考之，其以鼓用牲币于社，及其他变常失礼书者三之一，其以官失其职书者四之二，凡日食而不书朔日者，杜预皆以为官失之，故其必有考也。《经》:“桓公十七年冬十月朔，日有食之。”《传》曰:“不书日，官失之也。”“僖公十五年夏五月，日有食之。”《传》曰:“不书朔与日，官失之也。”则《传》固已言之矣。襄公之二十七年冬十二月乙卯朔，日有食之，而《传》曰:“辰在申，司历过也，再失闰矣。”夫推候之缪，至于再失闰，则日食之不知，殆其细者矣。古之祭者，七日戒，三日斋，致其诚敬，以交于神明，谓之“当祭而日食”，则固已行礼矣。如是而中辍之，不可也。

接者，疾速之义。其仪节固已简慢，接祭则可两全而无害矣。况此以天子尝禘郊社而言，是乃国之大祀。若其他小祭则或自有可废者，在权其轻重而处之。若祭于太庙，而太庙火，则亦似有不得不废者。然此皆无明文，窃意其然，不识高明且以为何如也？

上晋溪司马戊寅

郴、衡诸处群孽，漏殄尚多，盖缘进剿之时，彼省土兵不甚用命，而广兵防夹，又复稍迟，是以致此。其在目今，若无凶荒之灾，兵革之衅，料亦未敢动作，但恐一二年后，则有所不能保耳。今大征甫息，势既未可轻举，而地方新遭土兵之扰，复不堪重困。将纾目前之患，不过添立屯堡。若欲稍为经久之图，亦不过建立县治。然此二端，彼省镇巡已尝会奏举行，生虽复往，岂能别有区划？但度其事势，屯堡之设，虽可以张布声威，然使守瞭日久，未免怠弛散归。无事则虚具名数，冒费粮饷；有急则张皇贼势，复须调兵。此其势之所必至者。惟建县一事颇为得策。又闻所设县分，乃瓜分两省三县之地，彼此各吝土地人民，岂肯安然割己所有以资异省别郡？必有纷争异同之论，未能归一。则立县之举，势亦未易克就。既承责委，亦已遣人再往询访，苟有利弊稍可裨益者，当复举请。但因闽事孔棘，遥闻庙堂之议亦欲缪以见责，故且未敢辄往郴、桂。然敕书又未见到，则闽中亦不敢遽往，旦夕咨访，其事颇悉颠末，大概闽中之变，亦由积渐所致。其始作于延平，继发于邵武，又继发于建宁，发于汀、漳，发于沿海诸卫所。其间惊哄虽小大不一，然亦皆困倡于前者略无惩创，遂敢效尤而兴。今省城渠魁虽已授首，人心尚尔惊惶未定，郡武诸处，尤不可测。急之必致变，纵而不问，将来之祸，尤有不可胜言者。盖福建之军，纵恣骄骜已非一日，既无漕运之劳，又无征戍之役，饱食安坐，徭赋不及，居则朘民之膏血以供其粮，有事返藉民之子弟而为之斗。有司豢养若骄子，百姓疾畏如虎狼。稍不如意，呼呶群聚而起，焚掠居民，绑笞官吏，气焰所加，帖然惟其所欲而后已。

今其势既盈，如将溃之堤，岌乎汹汹，匪朝伊夕。虽有智者，难善其后，固非迂劣如守仁者所能办此也。又况积弱之躯，百病侵剥，近日复闻祖母病危，日夜痛苦，方寸已乱，岂复堪任？临期败事，罪戮益重，辄敢先以情诉，伏望曲加矜悯，改授能者，使生得全首领，归延残息于田野，非生一人之幸，实一省数百万生灵之幸也！情蹙辞隘，忘其突冒，死罪死罪！

二 己卯

赍奏人回，每辱颁教，接引开慰，勤倦恳恻，不一而足。仁人君子爱物之诚，与人之厚，虽在木石，亦当感动激发，而况于人乎？无能报谢，铭诸心腑而已。

生始恳疏乞归，诚以祖母掬育之恩，思一面为诀。后竟牵滞兵戈，不及一见，卒抱终天之痛。今老父衰疾，又复日亟，而地方已幸无事，且蒙朝廷曾有“贼平来说”之旨，若再拘缚，使不获一申其情，后虽万死，无以赎其痛恨矣！老先生亦何惜一举手投足之劳，而不以曲全之乎？今生已移疾舟次，若复候命不至，断亦逃归，死无所憾，老先生亦何惜一举手投足之劳，而必欲置之有罪之地乎？情隘辞迫，渎冒威严，临纸涕泣，不知所云，死罪死罪！

上彭幸庵 壬午

不孝延祸先子，自惟罪逆深重，久摈绝于大贤君子之门矣，然犹强息忍死，未即殒灭，又复有所控吁者。痛惟先子平生孝友刚直，言行一出其心之诚然，而无所饰于其外。与人不为边幅，而至于当大义，临大节，则毅然奋卓而不可回夺。忝从大夫之后。逮事先朝，亦既荐被知遇。中遭逆瑾之变，退伏田野。忠贞之志，抑而不申。近幸中兴之会，圣君贤相方与振废起旧，以发舒幽枉，而先子则长已矣，德蕴壅阏而未宣，终将泯溷于俗，岂不痛哉！伏惟执事才德勋烈动一世，忠贞之节，刚大之气，屹然独峙，百撼不摇，真足以廉顽而立懦。天子求旧图新，复起以相，海内仰望其风采，凡天下之韬伏堙滞，窒而求通，曲而求直者，莫不延颈跂足，望下风而奔诉。况先子素辱知与，不肖孤亦尝受教于门下，近者又蒙为之刷垢雪秽，谬承推引之恩，盖不一而足者，反自疏外，不一以其情为请？是委先子于沟壑，而重弃于大贤君子也。不孝之罪，不滋为甚欤？先子之没，有司以赠谥乞，非执事之悯之也，而为之一表白焉。其敢觊觎于万一乎？荒迷恳迫，不自知其僭罔渎冒，死罪死罪！

寄杨邃庵阁老 壬午

孤闻之，昔古之君子之葬其亲也，必求名世大贤君子之言，以图其不朽。然而大贤君子之生，不数数于世，固有世有其人而不获同其时者矣，又有同其时而限于势分无由自通于门墙之下者矣，则夫图不朽于斯人者，不亦难乎？痛惟先君，宅心制行，庶亦无愧于古人。虽已忝在公卿之后，而遭时未久，志未大行，道未大明，取嫉权奸，敛德而归，今则复长已矣。不孝孤将以是岁之冬举葬事，图所以为不朽者，惟墓石之志为重。伏惟明公道德文章，师表一世，言论政烈，仪刑百辟。求之昔人，盖欧阳文忠、范文正、韩魏公其人也，所谓名世之大贤君子，非明公其谁欤？不幸而生不同时也，则亦已矣。幸而犹及。在后进之末，虽明公固所不屑，挥之门墙之外，犹将冒昧强颜而入焉，况先君素辱知与，不肖孤又尝在属吏之末，受教受恩，怀知己之感，有道谊骨肉之爱。迩者又尝辱使临吊，宠之以文词，恻然悯念其遗孤，而不忍遽弃遗之者，是以忘其不孝之罪，犯僭逾之戮，而辄敢以志为请。伏惟明公休休容物，笃厚旧故，甄陶一世之士，而各欲成其名，收录小大之才，而惟恐没其善。则如先君之素受知爱者，其忍靳一言之惠，而使之泯然无闻于世耶？不腆先人之币，敢以陆司业之状先于将命者。惟明公特垂哀矜，生死受赐，世世子孙捐躯殒命，未足以为报也！不胜惶悚颠越之至！荒迷无次。

二癸未

前日尝奉启，计已上达。自明公进秉机密，天下士夫，忻忻然动颜相庆，皆为太平可立致矣。门下鄙生，独切生忧，以为犹甚难也。亨屯倾否，当今之时，舍明公无可以望者，则明公虽欲逃避乎此，将亦有所不能。然而万斛之舵，操之非一手，则缓急折旋，岂能尽如己意？临事不得专操舟之权，而偾事乃与同覆舟之罪，此鄙生之所谓难也。夫不专其权而漫同其罪，则莫若预逃其任。然在明公，亦既不能逃矣。逃之不能，专又不得，则莫若求避其罪，然在明公，亦终不得避矣。天下之事，果遂卒无所为欤？夫惟身任天下之祸，然后能操天下之权；操天下之权，然后能济天下之患。当其权之未得也，其致之甚难；而其归之也，则操之甚易。万斛之舵，平时从而争操之者，以利存焉。一旦风涛颠沛，变起不测，众方皇惑震丧，救死不遑，而谁复与争操乎？于是起而专之，众将恃以无恐，而事因以济。苟亦从而委靡焉，固沦胥以溺矣。故曰“其归之也，则操之甚易”者，此也。古之君子，洞物情之向背而握其机，察阴阳之消长以乘其运，是以动必有成，而吉无不利，伊、旦之于商、周是矣。其在汉、唐，盖亦庶几乎。此者虽其学术有所不逮，然亦足以定国本而安社稷，则亦断非后世偷生苟免者之所能也。夫权者，天下之大利大害也。小人窃之，以成其恶，君子用之，以济其善。固君子之不可一日去，小人之不可一日有者也。欲济天下之难，而不操之以权，是犹倒持太阿而授人以柄，希不割矣。故君子之致权也有道，本之至诚以立其德，植之善类以多其辅；示之以无不容之量，以安其情；扩之以无所竞之心，以平其气；昭之以不可夺之节，以端其向；神之以不可测之机，以摄其奸；形之以必可赖之智，以收其望。坦然为之，下以上之；退然为之，后以先之。是以功盖天下而莫之嫉，善利万物而莫与争。此皆明公之能事，素所蓄而有者，惟在仓卒之际，身任天下之祸，决起而操之耳。夫身任天下之祸，岂君子之得已哉？既当其任，知天下之祸将终不能免也，则身任之而已。身任之，而后可以免于天下之祸。小人不知祸之不可以幸免，而百诡以求脱，遂致酿成大祸，而已亦卒不能免。故任祸者，惟忠诚忧国之君子能之，而小人不能也。某受知门下，不能效一得之愚以为报，献其芹曝，伏惟鉴其忱悃而悯其所不逮，幸甚！

三丁亥

某素辱爱下，然久不敢奉状者，非敢自外于门墙，实以地位悬绝，不欲以寒暄无益之谈尘渎左右。盖避嫌之事，贤者不为，然自叹其非贤也。非才多病，待罪闲散，犹惧不堪，乃今复蒙显擢，此固明公不遗下体之盛，某亦宁不知感激！但量能度分，自计已审，贪冒苟得，异时偾事，将为明公知人之累。此所以闻命惊惶而不敢当耳。谨具奏辞免，祈以原职致仕。伏惟明公因材而笃于所不能，特赐曲成，俾得归延病喘于林下，则未死余年，皆明公之赐，其为感激，宁有穷已乎！恳切至情，不觉渎冒，伏冀宥恕。不具。

四丁亥

窃惟大臣报国之忠，莫大于进贤去谗，故前者两奉起居，皆尝僭及此意；亦其自信山林之志已坚，而又素受知己之爱，不当复避嫌疑，故率意言之若此。乃者忽蒙两广之命，则是前日之言，适以为己地也，悚惧何以自容乎！某以迂疏之才，口耳讲说之学耳，簿书案牍，已非其能，而况军旅之重乎？往岁江西之役，实亦侥幸偶成。近年以来，忧病积集，尫羸日盛，惟养疴丘园，为乡里子弟考订句读，使知向方，庶于保身及物亦稍得效其心力，不致为天地间一蠹，此其自处，亦既审矣。圣天子方励精求治，而又有老先生主张国是于上，苟有袜线之长者，不于此时出而自效，则亦无其所矣。老先生往岁方秉铨轴时，有以边警荐用彭司马者，老先生不可，曰："彭始成功，今或少挫，非所以完之矣。"老先生之爱惜人才而欲成就之也如此，至今相传以为美谈，今独不能以此意而推之某乎？恳辞疏上，望赐曲成，使得苟延喘息。俟病痊之后，老先生不忍终废，必欲强使一出，则如留都之散部，或南北太常国子之任，量其力之可能者,使之自效,则图报当有日也。不胜恃爱恳渎,幸赐矜察!

寄席元山 癸未

某不孝，延祸先子，罪逆之深，自分无复比数于人。仁人君子尚未之知，悯念其旧，远使存录，重以多仪，号恸拜辱，岂胜哀感！岂胜哀感！伏惟执事长才伟志,上追古人,进德勇义,罕与俦匹。向见《鸣冤录》及承所寄《道山书院记》，盖信道之笃，任道之劲，海内同志，莫敢有望下风者矣，何幸何幸！不肖方在苦毒中，意所欲请者千万，荒迷割裂，莫得其端绪。使还遽，临疏昏塞，不尽所云。

答王亹庵中丞 甲申

往岁旌节临越,猥蒙枉顾。其时忧病懵懵,不及少申款曲。自后林居,懒僻成性,平生故旧,不敢通音问。企慕之怀虽日以积,竟未能一奉起居,其为倾渴,如何可言！使来,远辱问惠,登拜感作。舍亲宋孔瞻亦以书来,备道执事勤勤下问之盛。不肖奚以得此!

近世士夫之相与，类多虚文弥诳，而实意衰薄，外和中妒，徇私败公，是以风俗日恶，而世道愈降。执事忠信高明，克勤小物，长才伟识，翘然海内之望。而自视欿然，远念不遗，若古之君子，有而若无，以能问于不能者也。仆诚喜闻而乐道，自顾何德以承之？仆已无所可用于世，顾其心痛圣学之不明，是以人心陷溺至此，思守先圣之遗训，与海内之同志者讲求切劘之，庶亦少资于后学，不徒生于圣明之朝。然蔽惑既久，人是其非，其能虚心以相听者鲜矣。若执事之德盛礼恭而与人为善，此诚仆所愿效其愚者，然又邑里隔绝，无因握手一叙，其为倾渴，又如何可言耶？虽然，目击而道存，仆见执事之书，既已知执事之心，虽在千万里外，当有不言而信者。谨以新刻小书二册奉求教正。盖鄙心之所欲效者，亦略具于其中矣。便间幸示。

与陆清伯 甲申

惟乾之事，将申遂没，痛哉冤乎！不如是，无以明区区罪恶之重至于贻累朋友，不如是，无以彰诸君之笃于友道。痛哉冤乎！不有诸君在，则其身没之后，将莫知所在矣，况有为之衣衾棺殓者乎？是则犹可以见惟乾平日为善之报，于大不幸之中而尚有可幸者存也。呜呼痛哉！即欲为之一洗，自度事势未能遽脱，或必须进京，候到京日再与诸君商议而行之。苟遂归休，终须一举，庶可少泄此痛耳。其归丧一事，托王邦相为之经理。倘有不便，须仆到京图之未晚也。行李倥偬中，未暇悉欲所言，千万心照！

与黄诚甫 甲申

近得宗贤寄示《礼疏》，明甚。诚甫之议，当无不同矣。古之君子，恭敬撙节，退让以明礼，仆之所望于二兄者，则在此而不彼也。果若是，以为斯道之计，进于议礼矣。先妻不幸于前日奄逝，方在悲悼中。适陈子文往，草草存间阔。

二 甲申

别久，极渴一语，子莘来，备道诸公进修，亦殊慰。大抵吾人习染已久，须得朋友相夹持。离群索居，即未免隳惰。诸公既同在留都，当时时讲习为佳也。

三 乙酉

盛价来，领手札，知有贵恙，且喜渐平复矣。贱躯自六月暑病，然两目蒙蒙，两耳蓬蓬，几成废人，仅存微息。旬日前，元忠、宗贤过此，留数日北去。山庐卧病，期少谢人事，而应接亦多。今复归卧小阁，省愆自讼而已。闻有鼓椎之兴，果尔，良慰渴望。切磋砥砺之益，彼此诚不无也。

与黄勉之 乙酉

承欲刻王信伯遗言,中间极有独得之见,非余儒所及。惜其零落既久,后学莫有传之者。因勉之寄此,又知程门有此人也,幸甚幸甚!中间如论明道、伊川处,似未免尚有执著,然就其所到,已甚高明特远,不在游、杨诸公之下矣。中间可省略者,删去之为佳。凡刻古人文字,要在发明此学,惟简明切实之为贵。若支辞蔓说,徒乱人耳目者,不传可也。高明以为何如?

复童克刚 乙酉

春初枉顾时,承以八策见示,鄙意甚不为然。既而思之,皆学术不明之故,姑且与克刚讲学,未暇细论策之是非。旬日之后,学术渐明,克刚知见豁然,如白日之开云雾,遂翻然悔其初志,即欲焚弃八策,以为自此以后誓不复萌此等好高务外之念矣。当时同志诸友,无不叹服克刚,以为不惮改过而勇于从善若此,人人皆自以为莫及也。盛价远来,忽寻长笺巨册,谆谆恳恳,意求删改前策,将图复上,与临别丁宁意大相矛盾。岂间阔之久,切磋无力,遂尔迷误至此耶?《易》曰“君子思不出其位”,若克刚斯举,乃所谓“思出其位”矣。又曰:“不易乎世,不成乎名,遁世无闷,忧则违之。”若克刚斯举,是易乎世而成乎名,非“遁世无闷,忧则违之”之谓矣。克刚向处山林,未尝知有朝廷事体。今日群司之中,缙绅士夫之列,其间高明剀切之论,经略康济之谟,何所不有?如八策中所陈,盖已不知几十百人几十百上矣,宁复有俟于克刚耶?克刚此举,虽亦仁人志士之心,然夜光之璧无因而投,人亦且按剑而怒,况此八策者,特克刚之敝帚耳,亦何保啬之深而必以投人为哉?若此策遂上,亦非独不见施行,且将有指摘非訾之者,其为克刚之累不小小也。克刚亦何苦而汲汲于为是哉?八策之中,类皆老生常谈,惟第五策于地方利害颇有相关,然亦不过诉状之词,一有司听之足矣。而克刚乃以为致治垂统之一策,得无以身家之故,遂为利害所蔽,而未暇深思之耶?

明者一览，如见肺肝，但克刚不自知耳。昔者颜子在陋巷箪瓢，孔子贤之。夫陋巷单瓢，岂遂至于人不堪忧？其间盖亦必有患害屈抑，常情所不能当，如克刚今日之所遭际者矣。若其时遂以控之于时君世主，谫谫屑屑，求白于人，岂得复谓之贤乎？禹、稷昌言于朝，过门不入，以有大臣之责也，今克刚居颜子陋巷之地，而乃冒任禹、稷之忧，是宗祝而代庖人之割，希不伤手矣。

册末“授受”之说，似未端的，此则姑留于此，俟后日再讲。至于八策，断断不宜复留，遂会同志诸友，共付丙丁，为克刚焚此魔障。克刚自此但宜收敛精神，日以忠信进德为务，默而成之，不言而信，不见是而无闷可也。

与郑启范侍御丁亥

某愚不自量，痛此学之不讲，而窃有志于发明之。自以劣弱，思得天下之豪杰相与扶持砥砺，庶几其能有成，故每闻海内之高明特达，忠信而刚毅者，即欣慕爱乐，不啻骨肉之亲。以是于吾启范，虽未及一面之识，而心孚神契，已如白首之道交者，亦数年矣。每得封事读之，其间乃有齿及不肖者，则又为之赧颜汗背，促踖不安。古之君子，耻有其名而无其实。吾于启范，惟切磋之是望，乃不考其实，而过情以誉于朝，异时苟有不称，将使启范为失言矣，如之何而可！不肖志虽切于求学，而质本迂狂疏谬，招尤速谤，自其所宜。近者复闻二三君子以不肖之故，相与愤争力辩于铄金销骨之地，至于冲锋冒刃而弗顾，仆何以当此哉！二三君子之心，岂不如青天白日，谁得而瑕滓之者！顾仆自反，亦何敢自谓无愧！则不肖之躯，将不免为轻云薄雾于二三君子矣，如之何而可！病躯懒放日久，已成废人；尚可勉强者，惟宜山林之下读书讲学而已。两广之任，断非所堪，已具疏恳辞。必不得请，恐异日终为知己之忧也。言不能谢，惟自鞭策，以期无负相知，庶以为报耳。

答方叔贤丁亥

久不奉状，非敢自外，实以忧疾频仍，平生故旧，类不敢通问。在吾兄诚不当以此例视，然广士之来游者相踵，山中启处，时时闻之。简札虚文，似有不必然者，吾兄当能亮之也。

圣主聪明不世出，诸公既蒙知遇若此，安可不一出图报！今日所急，惟在培养君德，端其志向。于此有立，政不足间，人不足谪，是谓“一正君而国定”。然此非有忠君报国之诚，其心断断休休者，亦只好议论粉饰于其外而已矣。仆积衰之余，病废日甚，岂复更堪兵甲驱驰之劳？况谗构未息，又可复出而冒为之乎？恳辞疏下，望与扶持，得具养痾林下。稍俟痊复，出而图报，非晚也。

二丁亥

昨见邸报，知西樵、兀崖皆有举贤之疏，此诚士君子立朝之盛节，若干年无此事矣，深用叹服！但与名其间，却有一二未晓者，此恐鄙人浅陋，未能知人之故。然此乃天下治乱盛衰所系，君子小人进退存亡之机，不可以不慎也。此事譬之养蚕，但杂一烂蚕于其中，则一筐好蚕尽为所坏矣。凡荐贤于朝，与自己用人又自不同。自己用人，权度在我，故虽小人而有才者，亦可以器使。若以贤才荐之于朝，则评品一定，便如白黑，其间舍短录长之意，若非明言，谁复知之？小人之才，岂无可用？如砒硫芒硝，皆有攻毒破壅之功，但混于参苓耆术之间而进之，养生之人万一用之不精，鲜有不误者矣。仆非不乐二公有此盛举，正恐异日或为此举之累，故辄叨叨，当不以为罪也。

思、田事，贵乡往来人当能道其详。俗谚所谓生事事生，此类是矣。今其事体既已坏，尽欲以无事处之，要已不能，只求减省一分，则地方亦可减省一分劳攘耳。鄙见略具奏内，深知大拂喜事者之心，然欲杀数千无罪之人，以求成一己之功，仁者之所不忍也！赍奏人去，凡百望指示之，舟次草草，未尽鄙怀，千万鉴恕！

与黄宗贤 丁亥

仆多病积衰，潮热痰嗽，日甚一日，皆吾兄所自知，岂复能堪戎马之役者？况谗构未息，而往年江西从义将士，至今查勘未已，往往废业倾家，身死牢狱，言之实为痛心，又何面目见之。今若不量可否，冒昧轻出，非独精力决不能支，极其事势，正如无舵之舟，乘飘风而泛海，终将何所止泊乎？在诸公亦不得不为多病之人一虑此也。恳辞疏下，望相扶持，终得养痾林下是幸。

席元山丧已还蜀否？前者奠辞想已转达。天不慭遗，此痛何极！数日间，唐生自黄岩归，知宅上安好。世恭书来，备道佳子弟悉知向方。可喜，间附知之。

二 丁亥

得书，知别后动定，且知世事之难为，人情之难测有若此者，徒增慨叹而已！朽才病废，百念俱息，忽承重寄，岂复能堪？若恳辞不获，自此将为知己之忧矣，奈何奈何！江西功次固不足道，但已八年余矣，尚尔查勘未息，致使效忠赴义之士，废产失业，身死道途。纵使江西之功尽出冒滥，独不可比于留都、湖、浙之赏乎？此事终须一白。但今日言之，又若有挟而要者。奈何奈何！

木翁旬日间亦且启行矣。此老慎默简重，当出流辈，但精力则向衰。若如兀崖之论，欲使之破长格以用财，不顾天下之毁誉荣辱，以力主国议，则恐势有所未能尽行耳。因论偶及，幸自知之。

东南小蠢，特疮疥之疾。群僚百司，各怀谗嫉党比之心，此则腹心之祸，大为可忧者。近见二三士夫之论，始知前此诸公之心尚未平贴，姑待衅耳。一二当事之老，亦未见有同寅协恭之诚，间闻有口从面谀者，退省其私，多若雠仇。病废之人，爱莫为助，窃为诸公危之，不知若何而可以善其后，此亦不可不早虑也。

兵部差官还，病笔草草附此。西樵、兀崖，皆不及别简，望同致意。

近闻诸公似有德色傲容者，果尔，将重失天下善类之心矣。相见间可隐言及之。

三丁亥

近得邸报及亲友书，闻知石龙之于区区，乃无所不用其极若此。而西樵、兀崖诸公，爱厚勤拳，亦复有加无已，深用悚惧。嗟乎！今求朝廷之上，信其有事君之忠、忧世之切、当事之勇、用心之公若诸公者，复何人哉！若之何而不足悲也！诸公既为此一大事出世，则其事亦不得不然。但于不肖则似犹有溺爱过情者，异日恐终不免为诸公知人之累耳。悚惧悚惧！

思、田之事，本亦无大紧要，只为从前张皇太过，后来遂不可轻易收拾。所谓天下本无事，在人自扰之耳。其略已具奏词，今往一通，必得朝廷如奏中所请，则地方庶可以图久安。不然，反复未可知也。贱躯患咳，原自南、赣蒸暑中得来，今地益南，气类感触，咳发益甚，恐竟成痼疾，不复可药。地方之事，苟幸塞责，山林田野，则惟其宜矣，他尚何说哉？

西樵、兀崖家事，极为时辈所挤排，殊可骇叹！此亦皆由学术不明，近来士夫，专以客气相尚，凡所毁誉，不惟其是，惟其多，且胜者是附是和，是以至此。近日来接见者，略已一讲，已觉豁然有省发处，自后等意思亦当渐消除。

京师近来事体如何？君子道长，则小人道消；疾病既除，则元气亦当自复。但欲除疾病而攻治太厉，则亦足以耗其元气。药石之施，亦不可不以渐也。木翁、邃老相与如何？能不孤海内之望否？亦在诸公相与调和。此如行舟，若把舵不定而东撑西曳，亦何以致远涉险？今日之事，正须同舟共济耳。赍本人去，凡百望指示。

四 戊子

两广大势，罢敝已极，非得诚于为国为民，强力有为者，为之数年，未可以责效也。思、田之患则幸已平靖，其间三五大巢，久为广西诸贼之根株渊薮者，亦已用计剿平。就今日久困积冤之民言之，亦可谓之太平无事矣。病躯咳患日增，平生极畏炎暑，今又深入炎毒之乡，遍身皆发肿毒，旦夕动履，且有不能。若巡抚官再候旬月不至，亦只得且为归休之图，待罪于南、赣之间耳。圣天子在上，贤公卿在朝，真所谓明良相遇，千载一时。鄙人世受国恩，从大臣之末，固非果于忘世者，平生亦不喜为尚节求名之事，何忍遽言归乎？自度病势，非还故土就旧医，决将日甚一日，难复疗治，不得不然耳。

静庵、东罗、见山、西樵、兀崖诸公，闻京中方严书禁，故不敢奉启。诸公既当事，且须持之以镇定久远。今一旦名位俱极，固非诸公之得已，是乃圣天子崇德任贤，更化善治，非常之举，诸公当之，亦诚无愧。但贵不期骄，满不期溢。贤者充养有素，何俟人言？更须警惕朝夕，谦虚自居。其所以感恩报德者，不必务速效，求近功，要在诚心实意，为久远之图，庶不负圣天子今日之举，而亦不负诸公今日之出矣。仆于诸公，诚有道义骨肉之爱，故不觉及此，会间幸转致之。

五 戊子

前赍奏去，曾具白，区区心事，不审已能遂所愿否？自入广来，精神顿衰。虽因病患侵凌，水土不服，要亦中年以后之人，其势亦自然至此，以是怀归之念日切。诚恐坐废日月，上无益于国家，下无以发明此学，竟成虚度此生耳，奈何奈何！

春初思、田之议，悉蒙朝廷裁允，遂活数万生灵。近者八寨、断藤之役，实以一方涂炭既极，不得已而为救焚之举，乃不意遂获平靖。此非有诸公相与协赞，力主于内，何由而致是乎？书去，各致此感谢之私，相见时，更望一申其恳恳。

巡抚官久未见推，仆非厌外而希内者，实欲早还乡里耳。恐病势日深，归之不及，一生未了心事，石龙其能为我恝然乎？身在而后道可弘，皮之不存，毛将焉附？诸公不敢辄以此意奉告。至于西樵，当亦能谅于是矣，曷亦相与曲成之？地方处置数事附进，自度已不能了此。倘遂允行，亦所谓尽心焉耳已。舟次伏枕草草，不尽所怀。

答见山冢宰 丁亥

向赍本人去，曾奉短札，计已达左右矣。朽才病废，宁堪重托？恳辞之疏，必须朝廷怜准。与其他日蒙颠覆之戮，孰若今日以是获罪乎？东南小夷，何足以动烦朝廷若此！致有今日，皆由愤激所成。以主上圣明，德威所被，指日自将平定。但庙堂之上，至今未有同寅协恭之风，此则殊为可忧者耳。不知诸公竟何以感化而斡旋之？大抵谗邪不远，则贤士君子，断不能安其位以有为于时。自昔当事诸公，亦岂尽不知进贤而去不肖之为美？顾其平日本无忠君爱国之诚，不免阿时附俗，以苟目前之誉，卒之悦谀信谗，终于蔽贤病国而已矣。来官守催，力遣数四，始肯还。病笔草草，未尽倾企。

与霍兀崖宫端 丁亥

往岁曾辱《大礼议》见示，时方在哀疚，心善其说，而不敢奉复。既而元山亦有示，使者必求复书，草草作答。意以所论良是，而典礼已成，当事者未必能改，言之徒益纷争，不若姑相与讲明于下，俟信从者众，然后图之。其后议论既兴，身居有言不信之地，不敢公言于朝。然士夫之问及者，亦时时为之辩析，期在委曲调停，渐求挽复，卒亦不能有益也。后来赖诸公明目张胆已申其义。然如倒仓涤胃，积于宿痰，虽亦快然一去，而病势亦甚危矣。今日急务，惟在扶养元气，诸公必有回阳夺化之妙矣。仆衰病陋劣，何足以与于斯耶！数年来，频罹疾构，痰嗽潮热，日益尫羸，仅存喘息，无复人间意矣。乃者忽承两广之推，岂独任非其才，是盖责以其力之所必不能支，将以用之而实以毙之也。恳辞疏下，望相与扶持曲成，使得就医林下。幸而痊复，量力图报，尚有时也。

答潘直卿 丁亥

远承遣问，情意蔼切，兼复奖与过分，仆何以得此哉！仆何以当此哉！愧悚愧悚！病废日久，习成懒放，虽问水寻山渐亦倦兴，况兹军旅之役，岂其精力所复能堪？已具疏恳辞，必须得请，始可免于后悔。不然，将不免为知己之忧矣，奈何奈何！

宁藩之役，湖、浙及留都之有功者皆已升赏，独江西功次，今已六七年矣，尚尔查勘未息。今复欲使之荷戈从役，仆将何辞以出号令？亦何面目见之？赏罚，国之大典，今乃用之以快恩仇若此，仆一人不足惜，其如国事何！连年久分废弃，此等事不复挂之齿牙。今疼痛切身，不觉呻吟之发，不知毕竟何如而可耳。知子文道长尚未至，且不作书，见时望致意。

寄翟石门阁老 戊子

思、田之议，悉蒙裁允，遂活一方数万之生灵。近者八寨、断藤之役，实以生民涂炭既极，不得已而为之救焚之举，乃不意遂获平靖。此非有魏公力主于朝，则金城之议无因而定；非有裴公赞决于内，则淮、蔡之绩何由而成？今日之事，敢忘其所由来乎？赍奏人去，辄申感谢之诚，并附起居之敬。但惟六月徂征，冲冒瘴疫，将士危险，颇异他时。稍得沾濡，亦少慰其勤苦耳。处置地方数事附进，得蒙赞允，尤为万幸。舟中伏枕，莫既下怀，伏祈鉴亮！

寄何燕泉 戊子

某久卧山中，习成懒僻，平生故旧，音问皆疏。遥闻执事养高归郴，越东楚西，何因一话？烟水之涯，徒切瞻望而已！去岁复以兵革之役，扶病强出，殊乖始愿。正如野麋入市，投足摇首，皆成骇触。忽枉笺教，兼辱佳章，捧诵洒然。盖安石东出之高，靖节柴桑之兴，执事兼而有之矣，仰叹可知！地方事苟幸平靖，伏枕已逾月，旬日后亦且具疏乞还。果遂所图，虽不获握手林泉，然郴岭之下，稽山之麓，聊复同此悠悠之怀也。使来，值湖兵正还，兼有计处地方之奏，冗冗乃尔，久稽又未能细请，临纸惘然，伏冀照亮。不具。

卷二十二　外集四

序

罗履素诗集序 壬戌

履素先生诗一帙，为篇二百有奇，浙大参罗公某以授阳明子某而告之曰："是吾祖之作也。今诗文之传，皆其崇高显赫者也。吾祖隐于草野，其所存要无愧于古人，然世未有知之者，而所为诗文，又皆沦落止是，某将梓而传焉。惧人之以我为僭也，吾子以为奚若？"某曰："无伤也。孝子仁孙之于其父祖，虽其服玩嗜好之微，犹将谨守而弗忍废，况乎诗文，其精神心术之所寓，有足以发闻于后者哉！夫先祖有美而弗传，是弗仁也，夫孰得而议之！盖昔者夫子之取于诗也，非必其皆有闻于天下，彰彰然明著者而后取之。《沧浪之歌》采之孺子，《萍实》之谣得诸儿童，夫固若是其宽博也。然至于今，其传者不过数语而止，则亦岂必其多之贵哉？今诗文之传则诚富矣，使有删述者而去取之，其合于道也能几？履素之作，吾诚不足以知之，顾亦岂无一言之合于道乎？夫有一言之合于道，是于其世也亦有一言之训矣，又况其不止于是也，而又奚为其不可以传哉？吾观大参公之治吾浙，宽而不纵，仁而有勇，温文蕴藉，居然稠众之中，固疑其先必有以开之者。乃今观履素之作，而后知其所从来者之远也。世之君子，苟未知大参公之所自，吾请观于履素之作；苟未知履素之贤，吾请观于大参公之贤，无疑矣。然则是集也，固罗氏之文献系焉，其又可以无传乎哉？”大参公起拜曰：“某固将以为罗氏之书也，请遂以吾子之言序之。”

大参公名鉴，字某，由进士累今官。有厚德长才，向用未艾。大参之父某，亦起家进士而以文学政事显。罗氏之文献，于此益为有证云。

两浙观风诗序 壬戌

《两浙观风诗》者，浙之士夫为佥宪陈公而作也。古者天子巡狩而至诸侯之国，则命太师陈诗，以观民风。其后巡狩废而陈诗亡。春秋之时，列国之君大夫相与盟会问遗，犹各赋诗以言己志而相祝颂。今观风之作，盖亦祝颂意也。王者之巡狩，不独陈诗观风而已。其始至方岳之下，则望秩于山川，朝见兹土之诸侯，同律历礼乐制度衣服纳价，以观民之好恶。就见百年者而问得失，赏有功，罚有罪。盖所以布王政而兴治功，其事亦大矣哉！汉之直指、循行，唐、宋之观察、廉访、采访之属，及今之按察，虽皆谓之观风，而其实代天子以行巡狩之事。故观风，王者事也。

陈公起家名进士，自秋官郎擢佥浙臬，执操纵予夺生死荣辱之柄，而代天子观风于一方，其亦荣且重哉！吁，亦难矣！公之始至吾浙，适岁之旱，民不聊生。饥者仰而待哺，悬者呼而望解；病者呻，郁者怨；不得其平者鸣；弱者、强者，蹶者、啮者，梗而孽者、狡而窃者，乘间投隙，沓至而环起。当是之时，而公无以处之，吾见其危且殆也。赖公之才，明知神武，不震不激，抚柔摩剔，以克有济。期月之间，而饥者饱，悬者解，呻者歌，怨者乐，不平者申；蹶者起，啮者驯，孽者顺，窃者靖；涤荡剖刷而率以无事。于是乎修废举坠，问民之疾苦而休息之，劳农劝学，以兴教化。然后上会稽，登天姥，入雁荡，陟金娥，览观江山之形胜，慨然太息！吊子胥之忠谊，礼严光之高节，希遐躅于隆庞，挹流风于仿佛，固亦大丈夫得志行道之一乐哉！然公之始，其忧民之忧也，亦既无所不至矣。公唯忧民之忧，是以民亦乐公之乐，而相与欢欣鼓舞以颂公德。然则今日观风之作，岂独见吾人之厚公，抑以见公之厚于吾人也。虽然，公之忧民之忧，其惠泽则既无日而可忘矣；民之乐公之乐，其爱慕亦既与日而俱深矣。以公之才器，天子其能久容于外乎？则公固有时而去也。然则其可乐者能几？而可忧者终谁任之？则夫今日观风之作，又不徒以颂公之厚于吾人，将遂因公而致望于继公者亦如公焉。则公虽去，而所以忧其民者，尚亦永有所托而因以不坠也。

山东乡试录序 甲子

山东，古齐、鲁、宋、卫之地，而吾夫子之乡也。尝读夫子《家语》，其门人高弟，大抵皆出于齐、鲁、宋、卫之叶，固愿一至其地，以观其山川之灵秀奇特，将必有如古人者生其间，而吾无从得之也。今年为弘治甲子，天下当复大比。山东巡按监察御史陆偁辈，以礼与币，来请守仁为考试官。故事，司考校者，惟务得人，初不限以职任。其后三四十年来，始皆一用学职，遂致应名取具，事归外帘，而糊名易书之意微。自顷言者颇以为不便，大臣上其议。天子曰："然，其如故事。"于是聘礼考校，尽如国初之旧，而守仁得以部属来典试事于兹土，虽非其人，宁不自庆其遭际！又况夫子之乡，固其平日所愿一至焉者，而乃得以尽观其所谓贤士者之文而考校之，岂非平生之大幸欤？虽然，亦窃有大惧焉。夫委重于考校，将以求才也。求才而心有不尽，是不忠也；心之尽矣，而真才之弗得，是弗明也。不忠之责，吾知尽吾心尔矣；不明之罪，吾终且奈何哉！盖昔者夫子之时，及门之士，尝三千矣，身通六艺者，七十余人；其尤卓然而显者，德行言语，则有颜、闵、予、赐之徒，政事文学，则有由、求、游、夏之属。今所取士，其始拔自提学副使陈某者，盖三千有奇，而得千有四百，既而试之，得七十有五人焉。呜呼！是三千有奇者，皆其夫子乡人之后进而获游于门墙者乎？是七十有五人者，其皆身通六艺者乎？夫今之山东，犹古之山东也，虽今之不逮于古，顾亦宁无一二人如昔贤者？而今之所取，苟不与焉，岂非司考校者不明之罪欤？虽然，某于诸士亦愿有言者。夫有其人而弗取，是诚司考校者不明之罪矣。司考校者，以是求之，以是取之，而诸士之中，苟无其人焉以应其求，以不负其所取，是亦诸士者之耻也。虽然，予岂敢谓果无其人哉？夫子尝曰："鲁无君子者，斯焉取斯！"颜渊曰："舜何？人也。予何？人也。有为者亦若是。"夫为夫子之乡人，苟未能如昔人焉，而不耻不若，又不知所以自勉，是自暴自弃也，其名曰不肖。夫不肖之与不明，其相去何远乎。然则司考校者之与诸士，亦均有责焉耳矣。嗟夫！司考校者之责，自今不能以无惧，而不可以有为矣。若夫诸士之责，其不能者犹可以自勉，而又惧其或以自画也。诸士无亦曰吾其勖哉，无使司考校者终不免于不明也。斯无愧于是举，无愧于夫子之乡人也矣。

是举也，某某同事于考校，而御史偁实司监临，某某司提调，某某司监试，某某某又相与翊赞防范于外，皆与有劳焉，不可以不书。自余百执事，则已具列于录矣。

气候图序 戊辰

天地一元之运为十二万九千六百年，分而为十二会；会分而为三十运；运分而为十二世；世分而为三十年；年分而为十二月；月分而为二气；气分而为三候；候分为五日；日分为十二时。积四千三百二十时三百六十日而为七十二候。会者，元之候也；世者，运之候也；月者，岁之候也；候者，月之候也。天地之运，日月之明，寒暑之代谢，气化人物之生息终始，尽于此矣。月，证于月者也；气，证于气者也；候，证于物者也。若孟春之月，其气为立春，为雨水，其候为东风解冻，为蛰虫始振，为鱼负冰，獭祭鱼之类，《月令》诸书可考也。气候之运行，虽出于天时，而实有关于人事。是以古之君臣，必谨修其政令以奉，若夫天道；致察乎气运，以警惕夫人为。故至治之世，天无疾风盲雨之愆，而地无昆虫草木之孽。孔子之作《春秋》也，大雨、震电、大雨雪则书，大水则书，无冰则书，无麦苗则书，多麋则书，蜮蜚雨、螽蝝生则书，六鹢退飞则书，陨霜不杀草、李梅实则书，春无水则书，鸜鹆来巢则书。凡以见气候之愆变失常，而世道之兴衰治乱，人事之汙隆得失，皆于是乎有证焉。所以示世之君臣者，恐惧修省之道也。

大总兵怀柔伯施公，命绘工为《七十二候图》，遣使以币走龙场，属守仁叙一言于其间。守仁谓使者曰："此公临政之本也，善端之发也，戒心之萌也。"使者曰："何以知之？"守仁曰："人之情，必有所不敢忽也，而后著于其念；必有所不敢忘也，而后存于其心。著于其念，存于其心，而后见之于颜色言论，志之于弓矢几杖盘盂剑席，绘之于图画，而日省之其心。是故思驰骋者，爱观夫射猎游田之物；甘逸乐者，喜亲夫博局燕饮之具。公之见于图绘者，不于彼而于此，吾是以知其为善端之发也；吾是以知其为戒心之萌也。其殆警惕夫人为，而谨修其政令也欤！其殆致察乎气运，而奉若夫天道也欤！夫警惕者，万善之本，而众美之基也。公克念于是，其可以为贤乎！由是因人事以达于天道，因一月之候以观夫世运会元，以探万物之幽赜，而穷天地之始终，皆于是乎始。吾是以喜闻而乐道之，为之叙而不辞也。"

送毛宪副致仕归桐江书院序 戊辰

正德己巳夏四月，贵州按察司副使毛公承上之命，得致其仕而归。先是，公尝卜桐江书院于子陵钓台之侧者几年矣，至是将归老焉，谓其志之始获遂也，甚喜。而同僚之良惜公之去，乃相与咨嗟不忍，集而饯之南门之外。酒既行，有起而言于公者曰："君子之道，出与处而已。其出也有所为，其处也有所乐。公始以名进士从政南部，理繁治剧，颀然已有公辅之望。及为方面于云贵之间者十余年，内厘其军民，外抚诸戎蛮夷，政务举而德威著。虽或以是召嫉取谤，而名称亦用是益显建立，暴于天下。斯不谓之有为乎？今兹之归，脱屣声利，垂竿读书，乐泉石之清幽，就烟霞而屏迹，宠辱无所与，而世累无所加。斯不谓之有所乐乎？公于出处之际，其亦无憾焉耳已！”公起拜谢。复有言者曰：“虽然，公之出而仕也，太夫人老矣，先大夫忠襄公又遗未尽之志，欲仕则违其母，欲养则违其父，不得已权二者之轻重，出而自奋于功业。人徒见公之忧劳为国而忘其家，不知凡以成忠襄公之志，而未尝一日不在于太夫人之养也。今而归，告成于忠襄之庙，拜太夫人于膝下，旦夕承欢，伸色养之孝，公之愿遂矣。而其劳国勤民，拳拳不舍之念，又何能释然而忘之！则公虽欲一日遂归休之乐，盖亦有所未能也。”公复起拜谢。又有言者曰：“虽然，君子之道，用之则行，舍之则藏。用之而不行者，往而不返者也；舍之而不藏者，溺而不止者也。公之用也，既有以行之，其舍之也，有弗能藏者乎？吾未见夫有其用而无其体者也。”公又起拜，遂行。

阳明山人闻其言而论之曰：“始之言，道其事也，而未及于其心。次之言者，得公之心矣，而未尽于道。终之言者，尽于道矣，不可以有加矣。斯公之所允蹈者乎！”诸大夫皆曰：“然。子盍书之以赠从者？”

恩寿双庆诗后序 戊辰

正德丙寅，丹徒沙隐王公寿七十，配孺人严六十有九。其年，天子以厥子侍御君贵，封公监察御史，配为孺人。在朝之彦，咸为歌诗，侈上之德，以祝公寿，美侍御君之贤。又明年，侍御君奉命巡按贵阳，以王事之靡盐，将厥父母之弗遑也，载是册以俱。每陟屺岵，望飞云，徘徊瞻恋，喟然而兴欢，黯然而长思，辄取是册而披之，而微讽之，而长歌咏叹之，以舒其怀，见其志。虽身在万里，固若称觞膝下，闻《诗》、《礼》而趋于庭也。大夫士之有事于贵阳者，自都宪王公而下，复相与歌而和之，联为巨帙，属守仁叙于其后。

夫孝子之于亲，固有不必捧觞戏彩以为寿，不必柔滑旨甘以为养，不必候起居奔走扶携以为劳者。非子之心谓不必如是也，子之心愿如是，而亲以为不必如是，必如彼而后吾之心始乐也。子必为是不为彼以拂其情，而曰："吾以为孝，其得为养志乎？孝莫大乎养志。"亲之愿于其子者曰："弘乃德，远乃犹。嘻嘻旦夕，孰与名垂简册，以显我于无尽？饮食口体，孰与泽被生民，以张我之能施？服劳奔走，孰与比迹夔、皋，以明我之能教？"非必亲之愿于其子者咸若是也，亲以是愿其子，而子弗能焉，弗可得而愿也。子能之，而亲弗以愿其子焉，弗可得而能也。以是愿其子者，贤父母也；以是承于其父母者，贤子也。二者恒百不一遇焉，其庸可冀乎？侍御君之在朝，则忠爱达于上；其巡按于兹也，则德威敷于下。凡其宣布恩惠，摩赤子，起其疾而乳哺之者，孰非公与孺人之慈？凡其慑大奸使不得肆，祛大弊使不复作，爬梳调服，抚诸夷而纳之夏，以免天子一方之顾虑者，孰非侍御君之孝？而凡若此者，亦孰非侍御君之所以寿于公与孺人之寿哉！公孺人之贤，靳太史之《序》详矣。其所以修其身，教其家，诚可谓有是父有是子。是诗之作，不为虚与谀，故为序之云尔。

重刊文章轨范序 戊辰

宋谢枋得氏取古文之有资于场屋者，自汉迄宋，凡六十有九篇，标揭其篇章句字之法，名之曰《文章轨范》。盖古文之奥不止于是，是独为举业者设耳。世之学者传习已久，而贵阳之士独未之多见。侍御王君汝楫于按历之暇，手录其所记忆，求善本而校是之；谋诸方伯郭公辈，相与捐俸廪之资，锓之梓，将以嘉惠贵阳之士。曰："枋得为宋忠臣，固以举业进者，是吾微有训焉。"属守仁叙一言于简首。

夫自百家之言兴，而后有《六经》；自举业之习起，而后有所谓古文。古文之去《六经》远矣，由古文而举业，又加远焉。士君子有志圣贤之学，而专求之于举业，何啻千里！然中世以是取士，士虽有圣贤之学，尧舜其君之志，不以是进，终不大行于天下。盖士之始相见也，必以贽，故举业者，士君子求见于君之羔雉耳。羔雉之弗饰，是谓无礼。无礼，无所庸于交际矣。故夫求工于举业而不事于古，作弗可工也；弗工于举业而求于幸进，是伪饰羔雉以罔其君也。虽然，羔雉饰矣，而无恭敬之实焉，其如羔雉何哉！是故饰羔雉者，非以求媚于主，致吾诚焉耳；工举业者，非以要利于君，致吾诚焉耳。世徒见夫由科第而进者，类多徇私媒利，无事君之实，而遂归咎于举业。不知方其业举之时，惟欲钓声利，弋身家之腴，以苟一旦之得，而初未尝有其诚也。邹孟氏曰："恭敬者，币之未将者也。"伊川曰："自洒扫应对，可以至圣人。"夫知恭敬之实在于饰羔雉之前，则知尧舜其君之心，不在于习举业之后矣；知洒扫应对之可以进于圣人，则知举业之可以达于伊、傅、周、召矣。吾惧贵阳之士，谓二公之为是举，徒以资其希宠禄之筌蹄也，则二公之志荒矣，于是乎言。

五经臆说序 戊辰

得鱼而忘筌，醪尽而糟粕弃之。鱼醪之未得，而曰是筌与糟粕也，鱼与醪终不可得矣。《五经》，圣人之学具焉。然自其已闻者而言之，其于道也，亦筌与糟粕耳。窃尝怪夫世之儒者求鱼于筌，而谓糟粕之为醪也。夫谓糟粕之为醪，犹近也，糟粕之中而醪存。求鱼于筌，则筌与鱼远矣。

龙场居南夷万山中，书卷不可携，日坐石穴，默记旧所读书而录之意。有所得，辄为之训释。期有七月，而《五经》之旨略遍，名之曰《臆说》。盖不必尽合于先贤，聊写其胸臆之见，而因以娱情养性焉耳。则吾之为是，固又忘鱼而钓，寄兴于曲蘗，而非诚旨于味者矣。呜呼！观吾之说而不得其心，以为是亦筌与糟粕也，从而求鱼与醪焉，则失之矣。

夫说凡四十六卷，《经》各十，而《礼》之说尚多缺，仅六卷云。

潘氏四封录序 辛未

歙潘氏之仕于朝者，户部主事君选、大理寺副君珍、户部员外君旦、南大理评事君鉴，凡四人。正德五年冬，珍、旦以上三载最，选、鉴以两宫徽号，旬月之间，皆得推恩，封其亲如其官焉。于是叙八制为录，修上之赐以光其族裔。而来谓某日："德下宠浮，若之何其可？请一言以永我潘氏。"某曰："一族而四显，来者相望也，其盛哉！夫一月之间而均被荣渥，则又何难也！盖吾闻之，大山之木千仞而四干垂，而四峰之巅，飞鸟之鸣声不相及也。春气至而四干之杪花叶若一，则其所出之根同，有不期致焉。潘氏之在婺，闻望自宋、元而来，其培本则厚。四子者，固亦潘氏之四干矣。是惟否塞闭晦，苟际明期而谐景会，其轩竦条达孰御！则夫宠命之沾，暨不约而同也，其又足异哉？虽然，木之生，风霆之鼓舞，炎暑之酷烈，阴寒冰雪之严沍剥落，俾坚其质而完其气，非独雨露之沾濡生成之也。夫恩宠爵禄，雨露也；号令宣播，风霆也；法度政事之苛密烦困，炎暑也；时之险厄患难颠沛，阴寒冰雪之严沍剥落也。何莫而非生成？四子盖亦略尝历之。其材中楹柱而任梁栋矣，吾愿潘氏之益培其根也。"四子拜而起曰："吾其益培之以忠孝乎！溉之以诚敬乎！植之以义而防之以礼乎！"某曰："然则潘氏之轩竦条达，其益无穷尔已矣。"

某不为应酬诗文余四年矣。寺副君之为暨阳也，予尝许之文，未及为而有南北之别。今兹复见于京师，而以是责偿焉，故不得而辞也。

送章达德归东雁序 辛未

章达德将归东雁，石龙山人为之请，于是甘泉子托以《考槃》，阳明子为之赋《衡门》。客有在坐者，哑然曰："异哉！二夫子之言，吾不能知之。夫闷尔形，无莹尔精也，其可矣。今兹将惟职业之弗遑，而顾雁荡之怀乎？彼章子者，雁荡之产矣，则又可以居而弗居，依依于京师者数年而未返，是二者交相慕乎其外也。夫苟游心恬淡，而栖神于流俗尘嚣之外，环堵之间，其无屏霞天柱乎？雁荡又奚必造而后至？不然，托踪泉石，而利禄豇其中，虽庐常云之顶，其得而居诸？"于是阳明子仰而喟，俯而默，卒无以应之也。志其言以遗章子曰："客见吾杜权焉，行矣。子毋忘客之言，亦无以客之言而忘甘泉子之托！"

寿汤云谷序 甲戌

弘治壬戌春，某西寻句曲，与丹阳汤云谷偕。当是时，云谷方为行人，留意神仙之学，为予谈呼吸屈伸之术，凝神化气之道，盖无所不至。及与之登三茅之巅，下探叶阳，休玉宸，感陶隐君之遗迹，慨叹秽浊，飘然有脱屣人间之志。予时皆未之许也，云谷意不然之，曰："子岂有见于吾乎？"予曰："然。子之眉间，惨然犹有怛世之色。是道也，迟之十年，庶几矣。"云谷曰："子见吾之貌，而吾信吾之心。"既别，云谷寻入为给事中，又迁为右给事。殚心职务，驱逐瘁劳，竟以直道抵权奸斥外。而予亦以言事得罪，奔走谪乡，不相见者十余年。

至是正德癸酉某月，予自吏部徙官南太仆。再过丹阳，而云谷已家居三年矣。访之，迎谓予曰："尚忆'眉间'之说乎？吾信吾之心，而不若子之见吾貌，何也？今果十年而始出于泥涂，是则信矣。然谓古之庶几也，则貌益衰，年益逝，去道益远。独是若未之尽然耳。"予曰："乃今则几矣。今吾又闻子之言，见子之貌矣，又见子之庐矣，又见子之乡人矣。"云谷曰："异哉！言貌既远矣，庐与乡人亦可以见我乎？"曰："古之有道之士，外槁而中泽，处隘而心广。累释而无所挠其精，机忘而无所忤于俗。是故其色愉愉，其居于于。其所遭若清风之披物，而莫知其所从往也。今子之步徐发改，而貌若益惫，然而其精藏矣；言下意恳，而气若益衰，然而其神守矣；室庐无所增益于旧，而志意扩然，其累释矣；乡之人相忘于贤愚贵贱，且以为慈母，且以为婴儿，其机忘矣。夫精藏则太和流，神守则天光发，累释则怡愉而静，机忘则心纯而一。四者道之证也。夫道无在而神无方，安常处顺，其至矣。而又何人问之脱屣乎？"云谷曰："有是哉！吾信吾之心，乃不若子之见吾庐与吾乡人也。"

于是云谷年七十矣。是月，值其悬弧，乡人方谋所以祝寿者，闻予至，皆来请言。予曰："嘻，子之乡先生既几于道，而尚以寿为贺乎？夫寿不足以为子之乡先生贺。子之乡而有有道之士若子之乡先生者，使尔乡人之子弟皆有所矜式视效，出而事君，则师其道以用世；入而家居，则师其道以善身，若射之有的，各中乃所向，则是先生之寿，乃于尔乡之人，复有足贺也已。”明年三月，予再官鸿胪，而乡之人复以书来请，遂追书之。

文山别集序 甲戌

《文山别集》者，宋丞相文山先生自述其勤王之所经历，后人因而采集之以成者也。其间所值，险阻艰难，颠沛万状，非先生之述，固无从而尽知者。先生忠节盖宇宙，皆于是而有据。后之人因词考迹，感先生之大义，油然兴起其忠君爱国之心，固有泫然泣下，裂眦扼腕，思丧元首之无地者。是集之有益于臣道，岂小小哉！

古之君子之忠于其君，求尽吾心焉以自慊而已，亦岂屑屑言之，以蕲知于世？然而仁人之心忠于其君，亦欲夫人之忠于其君也。忠于其君，则尽心焉已。欲夫人忠于其君，而思以吾之忠于其君者启其良心，固有人弗及知之者，非自言之，何由以及人乎？斯先生之所为自述，将以教世之忠也。当其时，仗节死义之士，无不备载，亦因是以有传，是又与人为善者也。是集也，在先生之自尽，若嫌于蕲世之知；以先生之教人，则吾惟恐其知之不尽也！在先生之自尽，若可以无传；以先生之与人为善，则吾惟恐其传之不远也！

先生之裔孙，今太仆少卿公宗岩，复刻是集而属某为之序。某之为庐陵也，公之族弟某尝以序谋，兹故不可得而辞。呜呼！当颠沛之心而不忘乎与人为善者，节之裕也；致自尽之心而欲人同归于善者，忠之推也；不以蕲知为嫌而行其教人之诚者，仁之笃也。象贤崇德以章其先世之美，之谓孝；明训述事以广其及人之教，之谓义。吾于是集之序，无愧辞耳矣！

金坛县志序 乙亥

麻城刘君天和之尹金坛也，三月而政成。考邑之故而创志焉，曰：

“于乎艰哉！吾欲观风气之所宜，民俗之所向，而无所证也，以诹于乡老，有遗听焉。吾欲观往昔之得失，民俗之急缓弛张，先后之无所稽也，以询于闾野，有遁情焉。吾欲观山川之条理，疆域之所际，道路井邑之往来聚散，制其经，适其变，而无所裁也，则以之辟荒秽，入林麓，有遗历焉。亦惟文献之未足也而尔已矣。呜呼！古君子之忠也，旧政以告于新尹，吾何以尽吾心哉？夫政，有时而或息焉；告，有时而或穷焉。书之册而世守之，斯其为告也，不亦远乎！”志成，使来请序。

吾观之，秩然其有伦也，错然其有章也。天也，物之祖也；地也，物之妣也。故先之以天文，而次之以地理。地必有所产，故次之以食货；物产而事兴，故次之以官政；政行而齐之以礼，则教立，故次之以学校；学以兴贤，故次之以选举；贤兴而后才可论也，故次之以人物；人物必有所居，故次之以宫室；居必有所事，事穷则变，变则通，故次之以杂志终焉。呜呼！此岂独以志其邑之故，君子可以观政矣。

夫经之天文，所以立其本也；纪之地理，所以顺其利也；参之食货，所以遂其养也；综之官政，所以均其施也；节之典礼，所以成其俗也；达之学校，所以新其德也；作之选举，所以用其才也；考之人物，所以辨其等也；修之宫室，所以安其居也；通之杂志，所以尽其变也。故本立而天道可睹矣，利顺而地道可因矣，养遂而民生可厚矣，施均而民政可平矣，俗成而民志可立矣，德新而民性可复矣，才用等辨而民治可久矣，居安尽变而民义不匮矣。修此十者以治，达之邦国天下可也，而况于邑乎？故曰君子可以观政矣。

送南元善人觐序 乙酉

渭南南侯之守越也，越之敝数十年矣。巨奸元憝，窟据根盘，良牧相寻，未之能去；政积事隳，俗因隳靡。至是乃斩然剪剔而一新之，凶恶贪残，禁不得行。而狡伪淫侈，游惰苟安之徒，亦皆拂戾失常，有所不便。相与斐斐缉缉，构谗腾诽，城狐社鼠之奸，又从而党比翕张之，谤遂大行。士夫之为元善危者沮之，曰："谤甚矣，盍已诸？"元善如不闻也，而持之弥坚，行之弥决。且曰："民亦非无是非之心，而蔽昧若是，固学之不讲而教之不明也。吾宁无责而独以咎归于民？"则日至学宫，进诸生而作之以圣贤之志，启之以身心之学。士亦蔽于习染，哄然疑怪以骇，曰："是迂阔之谈，将废吾事！"则又相与斐斐缉缉，訾毁而诋议之。士夫之为元善危者沮之，曰："民之谤若火之始炎，士又从而膏之，孰能以无烬乎？盍遂已诸？"元善如不闻也，而持之弥坚，行之弥决。则及缉稽山书院，萃其秀颖，而日与之谆谆焉，亹亹焉，越月逾时，诚感而意孚。三学洎各邑之士亦渐以动，日有所觉而月有所悟矣。于是争相奋曰："吾乃今知圣贤之必可为矣！非侯之至，吾其已夫！侯真吾师也！"于是民之谤者亦渐消沮。其始犹曰："侯之于我利害半；我之于侯恩爱半。"至是惠洽泽流而政益便，相与悔曰："吾始不知侯之爱我也，而反以为殃我也；吾始不知侯之拯我也，而反以为劳我也，我其无人之心乎！侯真吾之严父也，慈母也！"于是侯且入觐，百姓皇皇请留不得，相与谋之多士曰："吾去慈母，吾将安哺乎？吾去严父，吾将安恃乎？"士曰："吁嗟！维父与母，则生尔身；维侯我师，实生我心。吾宁可以一日而无吾师之临乎！"则相与假重于阳明子而乞留焉。阳明子曰："三年之觐，大典也。侯焉可留乎？虽然，此在尔士尔民之心。夫承志而无违，子之善养也；离师友而不背，弟子之善学也。不然，虽居膝下而侍几杖，犹为不善养而操戈入室者也。奚必以留侯为哉！"众皆默然良久，曰："公之言是也。"相顾逡巡而退。明日，复师生相率而来请曰："无以输吾之情，愿以公言致之于侯。庶侯之遄其来旋，而有以速诸生之化，慰吾民之延颈也。"

送闻人邦允序

闻人言邦允者，阳明子之表弟也，将之官闽之苍峡而请言。阳明子谓之曰："重矣，勿以进非科第而自轻；荣矣，勿以官卑而自慢。夫进非科第，则人之待之也易以轻，从而自轻者有矣；官卑，则人之待之也易以慢，从而自慢者有矣。夫科第以致身，而恃以为暴，是厉阶也；高位以行道，而遽以媒利，是盗资也，于吾何有哉？吾所谓重，吾有良贵焉耳，非矜与敖之谓也；吾所谓荣，吾职易举焉耳，非显与耀之谓也。夫以良贵为重，举职为荣，则夫人之轻与慢之也，亦于吾何有哉！行矣，吾何言。"

送别省吾林都宪序 戊子

嘉靖丁亥冬，守仁奉命视师思、田，省吾林君以广西右辖，实与有司。既思、田来格，谋所以缉绥之道，咸以为非得宽厚仁恕，德威素为诸夷所信服者，父临而母鞠之，殆未可以强力诡计劫制于一时，而能久于无变者也，则莫有逾于省吾者。遂以省吾之名上请，乞加宪职，委之重权，以留抚于兹土，盖一年二年而化洽心革，朝廷永可以无一方顾也乎！则又以为圣天子方侧席励精，求卓越之才，须更化善治，则如省吾之成德夙望，大臣且交章论荐，或者请未及上，而先已有隆委峻擢，恐未肯为区区两府之遗黎，淹岁月而借之以重也。疏去未逾月，而巡抚郧阳之命果下矣。当是时，八寨之瑶，积祸千里且数十年，方议进兵讨罪。省吾将率思、田报效之民以先之。报闻，众咸为省吾贺，且谓得免兵革驱驰之劳也。省吾曰："不然。当事而中辍之，仁者忍之乎？遇难而苟避之，义者为之乎？吾既身任其责，幸有改命，而亟去之，以为吾心，吾能如是哉？"遂弗停，驱而往。冒暑雨，犯瘴毒，乘危破险，竟成八寨之伐而出。

嗟乎！今世士夫，计逐功名甚于市井刀锥之较，稍有患害可相连及，辄设机阱，立党援，以巧脱幸免。一不遂其私，瞋目攘臂以相抵捍钩摘，公然为之，曾不以为耻，而人亦莫有非之者。盖士风之衰薄至于此而亦极矣！而省吾所存，独与时俗相反若是。古所谓托孤寄命，临大节而不可夺者，省吾有焉。

正德初，某以武选郎抵逆瑾，逮锦衣狱，而省吾亦以大理评触时讳在系，相与讲《易》于桎梏之间者弥月，盖昼夜不怠，忘其身之为拘囚也。至是别已余二十年，而始复会于此。省吾貌益充，气益粹，议论益平实。而其孜孜讲学之心，则固如昔加恳切焉。公事之余，相与订旧闻而考新得。予自近年偶有见于良知之学，遂具以告于省吾，而省吾闻之，沛然若决江河，可谓平生之一快，无负于二十年之别也矣！今夫天下之不治，由于士风之衰薄；而士风之衰薄，由于学术之不明；学术之不明，由于无豪杰之士者为之倡焉耳。省吾忠信仁厚之质，得之于天者既与人殊，而其好学之心，又能老而不倦若此，其德之日以新而业之日以广也。何疑乎！自此而明学术，变士风，以成天下治，将不自省吾为之倡也乎！于省吾之别，庸书此以致切劘之意。若夫期望于声位之间，而系情于去留之际，是系足为省吾道之哉！

卷二十三　外集五

记

兴国守胡孟登生像记 壬戌

弘治十年，胡公孟登以地官副郎谪贰兴国。越三年，擢知州事。公既久于其治，乃奸锄利植而民以大和。又明年壬戌，擢浙江按察司佥事以去。民既留公不可，则相率祀公之像，以报公德。而学宫之左有叠山祠，以祀宋臣谢枋得者，旧矣。其士曰："合祀公像于是。呜呼！吾州违胡元之乱以入于皇朝，虽文风稍振，而陋习未除。士之登名科甲以显于四方者，相望如晨天之星，数不能以一二。盖至于今遂茫然绝响者，凡几科矣。自公之来，斩山斥地以恢学宫，洗垢摩钝以新士习，然后人知敦礼兴乐，而文采蔚然于湖湘之间。荐于乡者，一岁而三人。盖夫子之道大明于兴国，实自公始。公之德惠，固无庸言，而化民成俗，于是为大。祀公于此，其宜哉！"民曰："不可。其为公别立一庙。公之未来也，吾民外苦于盗贼，内残于苛政，滨湖之民，死于鱼课者数千余家。自公之至，而盗不敢履兴国之界，民违猛虎鱼鳖之患，而始释戈而安寝，歌呼相慰，以嬉于里巷。公之惠泽，吾独不能出诸口耳。呜呼！公有大造于吾民，乃不能别立一庙而使并食于谢公，于吾心有未足也。"士曰："不然。公与谢公皆以迁谪而至吾州。谢公以文章节义为宋忠臣，而公之气概风声实相辉映。祀公于此，所以见公之庇吾民者，不独以其政事，而吾民之所以怀公于不忘者，又有在于长养恩恤之外也。其于尊严崇重，不滋为大乎？”于是其民相顾喜曰：“果如是，我亦无所憾矣！然其谁纪诸石以传之。”士曰：“公之经历四方也久矣，四方之人，其闻公之贤亦既有年矣。然而屡遭谗嫉，而未畅厥猷意，亦知公之深者，难也。公尝令于余姚，以吾人之知公，则其人宜于公为悉。”乃走币数千里而来请于某，且告之故。某曰：“是姚人之愿，不独兴国也。”公之去吾姚已二十余年，民之思公如其始去。每有自公而来者，必相与环聚，问公之起居饮食，及其履历之险夷，丰采状貌，须发之苍白与否，退则相传告以为欣戚。以吾姚之思公，知兴国之为是举，亦其情之有不得已也。然公之始去吾姚，既尝有去思之碑以纪公德，今不可以重复其说。而兴国之绩，吾虽闻之甚详，然于其民为远，虽极意揄扬之，恐亦未足以当其心也。姑述其请记之辞，而诗以系之。

公讳瀛，河南之罗山人，有文武长才，而方响于用。诗曰：于维胡公，允毅孔直，惟直不挠，以来兴国。惟此兴国，实荒有年。自公之来，辟为良田。寇乘于垣，死课于泽。公曰吁嗟，兹惟予谴！勤尔桑禾，谨尔室家。岁丰时和，民谣以歌。乃筑泮宫，教以礼让。弦诵诗书，溢于里巷。庶民谆谆，庶士彬彬。公亦欣欣，曰惟家人。维公我父，惟公我母，自公之去，夺我恃怙。维公之政，不专于宽，雨旸维若，时其燠寒。维公文武，亦周于艺，射御工力，展也不器。我拜公像，从我父兄，率我子弟，集于泮宫。父兄相谓，毋尔敢望。天子用公，训于四方。

新建预备仓记癸亥

仓廪以储国用，而民之不给，亦于是乎取。故三代之时，上之人不必其尽输之官府，下之人不必其尽臧于私室。后世若常平义仓，盖犹有所以为民者，而先王之意亦既衰矣。及其大弊，而仓廪之蓄，遂邈然与民无复相关。其遇凶荒水旱，民饿莩相枕藉，苟上无赈贷之令，虽良有司，亦坐守键闭，不敢发升合以拯其下。民之视其官廪如仇人之垒，无以事其刃为也。呜呼！仓廪之设，岂固如是也哉！

绍兴之仓目，如坻大有之属，凡三四区，中所积亦不下数十万。然而民之饥馁，稍不稔即无免焉。岁癸亥春，融风日作，星火宵陨。太守佟公曰："是旱征也，不可以无备。"既命民间积谷谨藏，则复鸠工度地，得旧太积库地于郡治之东，而建以为预备仓。于是四月不雨，至于八月，农工大坏，比室罄悬。民陆走数百里，转嘉、湖之粟以自疗。市火间作，贸迁无所居。公帅僚吏遍祷于山川社稷，乃八月己酉，大雨洽旬，禾槁复颖。民始有十一之望，渐用苏息。公曰："呜呼！予所建，今兹之旱，虽诚无补，于后患，其将有裨。"乃益遂厥营。九月丁卯，工毕。凡为廪三面，廿有六楹，约受谷十万几千斛。前为厅事，以司出纳。而以其无事时，则凡宾客部使之往来而无所寓者，又皆可以馆之于是。极南阻民居，限以高垣。东折为门，出之大衢。并门为屋廿有八楹，自南亘北，以居商旅之贸迁者，而月取其值，以实廪粟，又于其间区画而综理之。盖积三岁而可以有一年之备矣。二守钱君谓其僚曰："公之是举，其惠于民，岂有穷乎！夫后之民食公之德而弗知其所自，是吾侪无以赞公于今日，而又以泯其绩于后也。"于是相率来属某以记。某曰："唯唯。夫悯灾而恤患，庇民之仁也；未患而预防，先事之知也；已患而不怠，临事之勇也；创今以图后，敷德之诚也。行一事而四善备焉，是而可以无纪也乎？某虽不文也，愿以执笔而从事。"

平山书院记 癸亥

平山在鄷陵之北三里，今杭郡守杨君温甫蚤岁尝读书其下。鄷人之举进士者，自温甫之父佥宪公始，而温甫承之。温甫既贵，建以为书院。曰："使吾乡之秀，与吾杨氏之子弟，诵读其间，翘翘焉相继而兴，以无亡吾先君之泽。"于是其乡多文士，而温甫之子晋，复学成有器识，将绍温甫而起。盖书院为有力焉。温甫始为秋官郎，予时实为僚佐，相怀甚得也。温甫时时为予言：“平山之胜，耸秀奇特，比于峨嵋。望之岩厉壁削，若无所容，而其上乃宽衍平博。有老氏宫焉，殿阁魁杰伟丽，闻于天下，俯览大江，烟云杳霭。暇辄从朋侪往游，其间鸣湍绝壑，拂云千仞之木，阴翳亏蔽。书院当其麓，其高可以眺，其邃可以隐，其芳可以采，其清可以濯，其幽可以栖。吾因而望之以‘含远’之楼，蛰之以‘寒香’之坞，揭之以‘秋芳’之亭，澄之以‘洗月’之池，息之以‘栖云’之窝。四时交变，风雪晦暝之朝，花月澄芬之夕，光景超忽，千态万状。而吾诵读于其间，盖冥然与世相忘，若将终身焉，而不知其他也。今吾汩没于簿书案牍，思平山之胜，而庶几梦寐焉，何可得耶！”

既而某以病告归阳明，温甫寻亦出守杭郡。钱塘波涛之汹怪，西湖山水之秀丽，天下之言名胜者无过焉。噫！温甫之居是地，当无憾于平山耳矣。今年与温甫相见于杭，而亹亹于平山者犹昔也。吁，亦异矣！岂其沉溺于兹山，果有不能忘情也哉？温甫好学不倦，其为文章，追古人而并之。方其读书于平山也，优游自得，固将发为事业以显于世。及其施诸政事，沛然有余矣，则又益思致力于问学，而其间又自有不暇者，则其眷恋于兹山也，有以哉！温甫既已成己，则不能忘于成物，而建为书院以倡其乡人。处行义之时，则不能忘其隐居之地，而拳拳于求其志者无穷已也。古人有言：“成己，仁也；成物，知也。”温甫其仁且知者欤！又曰：“隐居以求其志，行义以达其道。吾闻其语矣，未见其人也。”温甫殆其人也，非欤？

温甫属予记，予未尝一至平山，而平山严严之气象，斩然壁立而不可犯者，固可想而知，其不异于温甫之为人也。以温甫之语予者记之。

何陋轩记 戊辰

昔孔子欲居九夷，人以为陋。孔子曰：“君子居之，何陋之有？”守仁以罪谪龙场。龙场，古夷蔡之外，于今为要绥，而习类尚因其故。人皆以予自上国往，将陋其地，弗能居也。而予处之旬月，安而乐之，求其所谓甚陋者而莫得。独其结题鸟言，山栖羝服，无轩裳宫室之观、文仪揖让之缛，然此犹淳庞质素之遗焉。盖古之时，法制未备，则有然矣，不得以为陋也。夫爱憎面背，乱白黝丹，浚奸穷黠，外良而中螫，诸夏盖不免焉。若是而彬郁其容，宋甫鲁掖，折旋矩矱，将无为陋乎？夷之人，乃不能此。其好言恶詈，直情率遂，则有矣。世徒以其言辞物采之眇而陋之，吾不谓然也。始予至，无室以止，居于业棘之间，则郁也。迁于东峰，就石穴而居之，又阴以湿。龙场之民，老稚日来视，予喜不予陋，益予比。予尝圃于丛棘之右，民谓予之乐之也，相与伐木阁之材，就其地为轩以居予。予因而翳之以桧竹，莳之以卉药；列堂阶，辩室奥；琴编图史，讲诵游适之道略具。学士之来游者，亦稍稍而集于是。人之及吾轩者，若观于通都焉，而予亦忘予之居夷也。因名之曰“何陋”，以信孔子之言。

嗟夫！诸夏之盛，其典章礼乐，历圣修而传之，夷不能有也，则谓之陋固宜。于后蔑道德而专法令，搜抉钩縏之术穷，而狡匿谲诈，无所不至，浑朴尽矣。夷之民，方若未琢之璞，未绳之木，虽粗砺顽梗，而椎斧尚有施也，安可以陋之？斯孔子所谓欲居也欤？虽然，典章文物，则亦胡可以无讲！今夷之俗，崇巫而事鬼，渎礼而任情，不中不节，卒未免于陋之名，则亦不讲于是耳。然此无损于其质也。诚有君子而居焉，其化之也盖易。而予非其人也，记之以俟来者。

君子亭记 戊辰

阳明子既为何陋轩，复因轩之前营，驾楹为亭，环植以竹，而名之曰“君子”。曰：“竹有君子之道四焉，中虚而静，通而有间，有君子之德；外节而直，贯四时而柯叶无所改，有君子之操；应蛰而出，遇伏而隐，雨雪晦明无所不宜，有君子之时；清风时至，玉声珊然，中采齐而协肆夏，揖逊俯仰，若洙泗群贤之交集，风止籁静，挺然特立，不挠不屈，若虞廷群后，端冕正笏而列于堂陛之侧，有君子之容。竹有是四者，而以‘君子’名，不愧于其名；吾亭有竹焉，而因以竹名名，不愧于吾亭。”门人曰：“夫子盖自道也。吾见夫子之居是亭也，持敬以直内，静虚而若愚，非君子之德乎？遇屯而不慑，处困而能亨，非君子之操乎？昔也行于朝，今也行于夷，顺应物而能当，虽守方而弗拘，非君子之时乎？其交翼翼，其处雍雍，意适而匪懈，气和而能恭，非君子之容乎？夫子盖谦于自名也，而假之竹。虽然，亦有所不容隐也。夫子之名其轩曰‘何陋’，则固以自居矣。”阳明子曰：“嘻！小子之言过矣，而又弗及。夫是四者，何有于我哉？抑学而未能，则可云尔耳。昔者夫子不云乎？‘汝为君子儒，无为小人儒’，吾之名亭也，则以竹也。人而嫌以君子自名也，将为小人之归矣，而可乎？小子识之！”

远俗亭记 戊辰

宪副毛公应奎，名其退食之所曰“远俗”。阳明子为之记曰：

俗习与古道为消长。尘嚣溷浊之既远，则必高明清旷之是宅矣，此“远俗”之所由名也。然公以提学为职，又兼理夫狱讼军赋，则彼举业辞章，俗儒之学也；簿书期会，俗吏之务也。二者皆公不免焉。舍所事而曰“吾以远俗”，俗未远而旷官之责近矣。君子之行也，不远于微近纤曲，而盛德存焉，广业著焉。是故诵其诗，读其书，求古圣贤之心，以蓄其德而达诸用，则不远于举业辞章，而可以得古人之学，是远俗也已。公以处之，明以决之，宽以居之，恕以行之，则不远于簿书期会，而可以得古人之政，是远俗也已。苟其心之凡鄙猥琐，而待闲散疏放之，是托以为“远俗”，其如远俗何哉！昔人有言：“事之无害于义者，从俗可也。”君子岂轻于绝俗哉？然必曰无害于义，则其从之也，为不苟矣。是故苟同于俗以为通者，固非君子之行，必远于俗以求异者，尤非君子之心。

象祠记 戊辰

灵博之山有象祠焉，其下诸苗夷之居者，咸神而事之。宣慰安君因诸苗夷之请，新其祠屋，而请记于予。予曰："毁之乎？其新之也？"曰："新之。""新之也，何居乎？"曰："斯祠之肇也，盖莫知其原。然吾诸蛮夷之居是者，自吾父吾祖溯曾高而上，皆尊奉而礼祀焉，举之而不敢废也。"予曰："胡然乎？有庳之祠，唐之人盖尝毁之。象之道，以为子则不孝，以为弟则傲。斥于唐而犹存于今，毁于有庳而犹盛于兹土也，胡然乎？我知之矣，君子之爱若人也，推及于其屋之乌，而况于圣人之弟乎哉？然则祀者，为舜非为象也。意象之死，其在干羽既格之后乎？不然，古之骜桀者岂少哉？而象之祠独延于世，吾于是益有以见舜德之至，入人之深，而流泽之远且久也。象之不仁，盖其始焉尔，又乌知其终不见化于舜也？《书》不云乎？'克谐以孝，蒸蒸乂，不格奸，瞽瞍亦允若'，则已化而为慈父。象犹不弟，不可以为谐。进治于善，则不至于恶。不抵于奸，则必入于善。信乎，象盖已化于舜矣！孟子曰：'天子使吏治其国，象不得以有为也。'斯盖舜爱象之深而虑之详，所以扶持辅导之者之周也。不然，周公之圣，而管、蔡不免焉。斯可以见象之既化于舜，故能任贤使能而安于其位，泽加于其民，既死而人怀之也。诸侯之卿，命于天子，盖周官之制，其殆仿于舜之封象欤？吾于是益有以信人性之善，天下无不可化之人也。然则唐人之毁之也，据象之始也；今之诸夷之奉之也，承象之终也。斯义也，吾将以表于世，使知人之不善，虽若象焉，犹可以改。而君子之修德，及其至也，虽若象之不仁，而犹可以化之也。"

卧马冢记 戊辰

卧马冢在宣府城西北十余里。有山隆然，来自苍茫，若涌若滀，若奔若伏，布为层裀，拥为覆釜，漫衍陂迤，环抱涵迴。中凝外完，内缺门若，合流泓洄，高岸屏塞，限以重河，敷为广野，桑乾燕尾，远泛近挹。今都宪怀来王公实葬厥考大卿于是。方公之卜兆也，祷于大卿，然后出从事，屡如未迪。末乃来兹，顾瞻徘徊，必契神得，将归而加诸卜。爰视公马，眷然踶卧，嚏嗅盘旋，缱绻嘶秣，若故以启公之意者。公曰："呜呼！其弗归卜，先公则既命于此矣。"就其地窆焉。厥土五色，厥石四周，融润煦淑，面势环拱。既葬，弗震弗崩，安靖妥谧。植树蓊蔚，庶草芬茂，禽鸟哺集，风气凝毓，产祥萃休，祉福骈降。乡人谓公孝感所致，相与名其封曰"卧马"，以志厥祥，从而歌之，士大夫之闻者，又从而和之。

正德戊辰，守仁谪贵阳，见公于巡抚台下，出，闻是于公之乡人。客有在坐者曰："公其休服于无疆哉！昔在士行，牛眠协兆，峻陟三公。公兹实类于是。"守仁曰："此非公意也。公其慎厥终，惟安亲是图，以庶几无憾焉耳已，岂以徼福于躬，利其嗣人也哉？虽然，仁人孝子，则天无弗比，无弗祐，匪自外得也。亲安而诚信竭，心斯安矣。心安则气和，和气致祥，其多受祉福以流衍于无尽，固理也哉！"他日见于公，以乡人之言问焉。公曰："信。"以守仁之言正焉，公曰："呜呼！是吾之心也。子知之，其遂志之，以训于我子孙，毋替我先公之德！"

宾阳堂记 戊辰

传之堂东向曰"宾阳"，取《尧典》"寅宾出日"之义，志向也，宾日，羲之职，而传冒焉。传职宾宾，羲以宾宾之寅而宾日，传以宾日之寅而宾宾也，不曰日，乃阳之属为日、为元、为善、为吉、为亨治，其于人也，为君子，其义广矣备矣。内君子而外小人，为泰。曰："宾自外而内之传，将以宾君子而内之也。传以宾君子，而容有小人焉，则如之何？"曰："吾知以君子而宾之耳。吾以君子而宾之也，宾其甘为小人乎哉？"为《宾日之歌》，日出而歌之，宾至而歌之。歌曰：日出东方，再拜稽首，人曰予狂。匪日之寅，吾其怠荒。东方日出，稽首再拜，人曰予惫。匪日之爱，吾其荒怠。其翳其曀，其日惟霁，其晌其雾，其日惟雨。勿忭其昫，条焉以雾；勿谓终翳，或时其瞕。瞕其光矣，其光熙熙。与尔偕作，与尔偕宜。倏其雾矣，或时以熙；或时以熙，孰知我悲！

重修月潭寺建公馆记戊辰

隆兴之南有岩曰月潭，壁立千仞，檐垂数百尺。其上澒洞玲珑，浮者若云霞，亘者若虹霓；豁若楼殿门阙，悬若鼓钟编磬；幨幢缨络，若抟风之鹏，翻集翔鹄，螭虺之纠蟠，猱猊之骇攫；谲奇变幻，不可具状。而其下澄潭邃谷，不测之洞，环秘回伏；乔林秀木，垂荫蔽亏；鸣瀑清溪，停洄引映。天下之山，萃于云贵，连亘万里，际天无极。行旅之往来，日攀缘下上于穷崖绝壑之间，虽雅有泉石之癖者，一入云贵之途，莫不困踣烦厌，非复夙好。而惟至于兹岩之下，则又皆洒然开豁，心洗目醒，虽庸俦俗侣，素不知有山水之游者，亦皆徘徊顾盼，相与延恋而不忍去。则兹岩之胜，盖不言可知矣。

岩界兴隆、偏桥之间各数十里，行者至是，皆惫顿饥悴，宜有休息之所。而岩麓故有寺，附岩之戍卒官吏与凡苗夷犵狇之种连属而居者，岁时令节皆于是焉厘祝。寺渐芜废，行礼无所。宪副滇南朱君文端，按部至是，乐兹岩之胜，悯行旅之艰，而从士民之请也，乃捐资化材，新其寺于岩之右，以为厘祝之所。曰："吾闻为民者，顺其心而趋之善。今苗夷之人，知有尊君亲上之礼，而憾于弗伸也，吾从而利道之，不亦可乎！"则又因寺之故材与址，架楼三楹，以为部使者休食之馆。曰："吾闻为政者，因势之所便而成之，故事适而民逸。今旅无所舍，而使者之出，师行百里，饥不得食，劳不得息。吾图其可久而两利之，不亦可乎！"使游僧正观任其劳，指挥逖远度其工，千户某某相其役。远近之施舍勤助者欣然而集，不两月而工告毕。自是饥者有所炊，劳者有所休，游观者有所舍，厘祝者有所瞻依，以为竭虔效诚之地。而兹岩之奇，若增而益胜也。

正观将记其事于石，适予过而请焉。予惟君子之政，不必专于法，要在宜于人。君子之教，不必泥于古，要在入于善。是举也，盖得之矣。况当法纲严密之时，众方喘息忧危，动虞牵触，而乃能从容于山水泉石之好，行其心之所不愧者，而无求免于俗焉。斯其非见外之轻而中有定者，能若是乎？是诚不可以不志也矣！

寺始于戍卒周斋公，成于游僧德彬，增治于指挥刘瑄、常智、李胜及其属王威、韩俭之徒，至是凡三缉。而公馆之建，则自今日始。

玩易窝记 戊辰

阳明子之居夷也，穴山麓之窝而读《易》其间。始其未得也，仰而思焉，俯而疑焉，函六合，入无微，茫乎其无所指，孑乎其若株。其或得之也，沛兮其若决，联兮其若彻，菹淤出焉，精华入焉，若有相者而莫知其所以然。其得而玩之也，优然其休焉，充然其喜焉，油然其春生焉；精粗一，外内翕，视险若夷，而不知其夷之为厄也。于是阳明子抚几而叹曰："嗟乎！此古之君子所以甘囚奴，忘拘幽，而不知其老之将至也夫！吾知所以终吾身矣。"名其窝曰"玩易"，而为之说曰：夫《易》，三才之道备焉。古之君子，居则观其象而玩其辞，动则观其变而玩其占。观象玩辞，三才之体立矣；观变玩占，三才之用行矣。体立，故存而神；用行，故动而化。神，故知周万物而无方；化，故范围天地而无迹。无方，则象辞基焉；无迹，则变占生焉。是故君子洗心而退藏于密，斋戒以神明其德也。盖昔者夫子尝韦编三绝焉。呜呼！假我数十年以学《易》，其亦可以无大过已夫！

东林书院记 癸酉

东林书院者，宋龟山杨先生讲学之所也。龟山没，其地化为僧区，而其学亦遂沦入于佛老训诂词章者且四百年。成化间，今少司徒泉斋邵先生始以举子复聚徒讲诵于其间。先生既仕而址复荒，属于邑之华氏。华氏，先生之门人也，以先生之故，仍让其地为书院，以昭先生之迹，而复龟山之旧。先生既已纪其废兴，则以记属之某。当是时，辽阳高君文豸方来令兹邑，闻其事，谓表明贤人君子之迹，以风励士习，此吾有司之责，而顾以勤诸生则何事？爰毕其所未备，而亦遣人来请。

呜呼！物之废兴，亦决有成数矣，而亦存乎其人。夫龟山没，使有若先生者相继讲明其间，龟山之学，邑之人将必有传，岂遂沦入于老佛词章而莫之知！求当时从龟山游不无人矣，使有如华氏者相继修葺之，纵其学未即明，其间必有因迹以求道者，则亦何至沦没于四百年之久！又使其时有司有若高君者，以风励士习为己任，书院将无因而圮，又何至化为浮屠之居而荡为草莽之野！是三者，皆宜书之以训后。若夫龟山之学，得之程氏，以上接孔孟，下启罗、李、晦庵，其统绪相承，断无可疑。而世犹议其晚流于佛，此其趋向，毫厘之不容于无辨，先生必尝讲之精矣。先生乐《易》谦虚，德器溶然，不见其喜怒。人之悦而从之，若百川之趋海。论者以为有龟山之风，非有得于其学，宜弗能之。然而世之宗先生者，或以其文翰之工，或以其学术之邃，或以其政事之良；先生之心，其殆未以是足也。从先生游者，其以予言而深求先生之心，以先生之心而上求龟山之学，庶乎书院之复，不为虚矣！

书院在锡百渎之上，东望梅村二十里而遥，周太伯之所从逃也。方华氏之让地为院，乡之人与其同门之士争相趋事，若耻于后，太伯之遗风，尚有存焉，特世无若先生者以倡之耳！是亦不可以无书。

应天府重修儒学记 甲戌

应天，京兆也。其学为东南教本，国初以为太学。洪武辛酉，始改创焉，再修于正德之己酉。自是而后，浸以敝圮。正德壬申，府尹张公宗厚始议新之，未成而迁中丞以去。白公辅之相继为尹，乃克易朽兴颓，大完其所未备，而又自以俸余增置石栏若干楹于棂星门之外。于是府丞赵公时宪亦协心赞画，故数十年之废，一旦修举，焕然改观。师模士气亦皆鼓动兴起。庙学一新。教授张云龙等，与合学之士二百有若干人，撰序二公之绩，征予文为记。予既不获辞，则谓之曰:

多师多士，若知二公修学之为功矣，亦知自修其学以成二公之功者乎？夫立之师儒，区其斋庙，昭其仪物，具其廪庖，是有国者之立学也，而非士之立学也。缉其弊坏，新其圬墁，给其匮乏，警其怠弛，是有司者之修学也，而非士之修学也。士之学也，以学为圣贤。圣贤之学，心学也。道德以为之地，忠信以为之基，仁以为宅，义以为路，礼以为门，廉耻以为垣墙，《六经》以为户牖，四子以为阶梯。求之于心而无假于雕饰也，其功不亦简乎？措之于行而无所不该也，其用不亦大乎？三代之学皆此矣。我国家虽以科目取士，而立学之意，亦岂能与三代异。学之弗立，有国者之缺也；弗修焉，有司者之责也；立矣修矣，而居其地者弗立弗修，是师之咎，士之耻也。二公之修学，既尽有司之责矣，多师多士无亦相与自修其学，以远于咎耻者乎！无亦扩乃地，厚乃基，安乃宅，辟乃门户，固乃垣墙；学成而用，大之则以庇天下，次之则以庇一省一郡，小之则以庇其乡闾家族，庶亦无负于国家立学之意、有司修学之心哉！若乃旷安宅，舍正路，圮基坏垣，倚圣贤之门户以为奸，是学校之为萃渊薮也，则是朝廷立之而为士者倾之，有司修之而为士者毁之，亦独何心哉！应天为首善之地，豪杰俊伟，先后相望。其文采之炳蔚，科甲之盛多，乃其所素余，有不屑于言者。故吾因新学之举，嘉多师多士忻然有维新之志，而将进之以圣贤之学也。于是乎言。

重修六合县儒学记 乙亥

六合之学，敝久矣。师生因仍以苟岁月，有司者若无睹也，故废日甚。正德甲戌，县尹安福万廷珵氏既和辑其民，始议拓而新之。维时教谕长兴徐丙氏来，就圮舍，日夜砥新厥士，尹因谓曰:“子为我造士而讲肆无所，斯吾责，何敢不力！顾兵荒之余，民不可重困，吾姑日积月累而徐图焉，其可乎？”民闻，相谓曰：“学谕方急训吾子弟，无宁居。尹不忍困吾民，而躬苦节省，吾侪独坐视，非人也。”于是耆民李景荣首出百金以倡，从而应者相继，不终日聚金五百，以告尹。尹喜曰：“吾民尚羲若此，吾事不难办矣！然吾职务繁剧，孰可使以鸠吾事者乎？”学谕曰：“尹为吾师生甚劳苦，父老奋义捐金，既费其财，又尽其力。而与一二僚，请无妨教事以敦。”民闻，相谓曰：“尹不忍困吾民，学谕方急训吾子弟，又不忍吾劳，而身董之，吾侪独坐视，非人也。”于是耆民王彰、陈模首请任其役，从而应者十夫，以告尹。尹喜曰：“吾民尚义若此，吾事不难办矣！”提学御史张君适至，闻其事而嘉之，众益趋以劝。十月辛卯，尹乃兴事，学谕经度规制以襄，训导某、典史某察其勤惰，稽其出纳。修大成殿，修两庑神厨；库前为戟门，又前为棂星门，又前为泮宫；坊皆以石；殿后为明伦堂，为东西斋，又后为尊经阁；明伦堂之左为三廨，以宅三师；前区三圃，圃前为名宦祠，又前为乡贤祠，又前为崇文仓。明伦堂之右为致斋所，又右为馔房，又右为射圃，而亭其圃之北，曰“观德”；致斋之外为宰牲所，又前为六号；凡为屋百九十有七楹。十二月丁巳，工告毕役，未逾时也。闾闬之民，尚或未知其兴作，闻而来聚观者，皆相顾啃愕，以为是何神速尔！是何井井尔，焕焕尔！庠生某撰考其事，来请予记。予曰：

甚哉！诚之易以感民也，甚哉！民之易以诚感也。有司者赋民奉国，鞭笞累絷，不能得，则反仇视。今县尹学谕一言而民应之若响，使天下之为有司学职者咸若是，天下其有不治乎？此可以为天下之为有司学职者倡矣！民之爱其财与力，至争刀锥，斬举手投足，宁殆其身而不悔。今六合之民感其上之一言，捐数十百金效力，争先恐后。使天下之为民者咸若是，天下其有不治乎？此可以为天下之民倡矣！民之蔽于欲而厚于利，苟有以感之，然且不惮费己之财，劳己之力，以赴上之所欲为。士秀于民而志于道，修其明德亲民之学，以应邦家之求，固不费财劳力而可能也。苟有以感之，有不翕然而兴者乎？吾闻徐谕之教六合，不数月而士习已为之一变。使由此日迁于高明广大，以洗俗学之陋，则夫兴起圣贤之学以为天下士之倡者，将又不在于六合之士邪！将又不在于六合之士邪！

时雨堂记 丁丑

正德丁丑，奉命平漳寇，驻军上杭。旱甚，祷于行台；雨日夜，民以为未足。乃四月戊午班师，雨；明日又雨；又明日大雨。乃出田登城南之楼以观，民大悦。有司请名行台之堂为“时雨”，且曰：“民苦于盗久，又重以旱，将谓靡遗。今始去兵革之役，而大雨适降，所谓‘王师若时雨’，今皆有焉。请以志其实。”呜呼！民惟稼穑，德惟雨，惟天阴骘，惟皇克宪，惟将士用命，去其螣蜮，惟乃有司实耨获之，庶克有秋。乃予何德之有，而敢叨其功！然而乐民之乐，亦不容于无纪也，巡抚都御史王守仁书。是日，参政陈策、佥事胡琏至，自班师。

重修浙江贡院记 乙酉

古之选士者，其才德行谊，皆论定于平日，而以时升之。故其时有司之待士，一惟忠信礼义，而无有乎防嫌逆诈之心也。士之应有司，一惟廉耻退让，而无有乎奔竞侥幸之图也。迨世下衰，科举之法兴，而忠信廉耻之风薄。上之人不能无疑于其下，而防范日密；下之人不能无疑于其上，而鄙诈日生。于是乎至有搜检巡绰之事，而待之不能以礼矣；有糊名易书之制，而信之不能以诚矣。有志之士，未尝不叹惜于古道，而千数百年卒无以改，殆亦风气习染之所成，学术教化之所积，势有不可得而误焉者也。虽然，古人之法，不可得而复矣，所以斟酌古人之意而默行之者，不犹有可尽乎？后世之法不可得而改矣，所以匡持后世之弊而善用之者，不犹有可为乎？有司之奉行，其识下者，昧古之道，而益浚之以刻薄猥琐之意；其见高者，鄙时之弊，而遂行之以忽慢苟且之心。

是以陋者益陋而疏者愈疏，则亦未可专委咎于法也。若浙之诸君子之重修贡院，斯其有足以起予者矣。

浙之贡院旧在城西，尝以隘迁于藩治之东北，而苟简尚仍其旧。乃嘉靖乙酉，复当大比，监察御史潘君仿实来监临，乃与诸司之长佐，慎虑其事，而预图之。慨规制之弗备弗饰，相顾而言曰："凡政之施，孰有大于举贤才者，而可忽易之若是。夫兴居靡所而责以殚心厥事，人情有所不能矣。无亦休其启处，忧其饩养，使人乐事劝忠，以各供其职，庶亦尽心求士之诚乎！慢令弛禁，使陷罔于非僻，而后摧辱之，其为狎侮士类，亦甚矣！无亦张其纪度，明其视听，使人不戒而肃，以全其廉耻，庶亦待士以礼之意乎！"于是新选秀堂而轩于其前，为三楹；新至公堂而轩于其前，为五楹；庖湢器用，无不备具。又拓明远楼，新为三楹，而上崇三檐，下疏三道。创石台于四隅，而各亭其上，以为眺望之所，其诸防闲之道靡不恪修。夫然后入而观焉，则森严洞达，供事者，莫敢有轻忽慢易之心，而就试者，自消其回邪非僻之念。盖不费财力而事修于旬月之间，不大声色而政令行肃，观向一新。若诸君者，诚可谓能求古人之意而默行之者矣，能匡后世之弊而善用之者矣。诸君之尽心，其可见者如此。至其妙运于心术之微，而务竭于得为之地，不可以尽见者，固将无所不用其极，可知也。是举也，其必有才德行谊之士如三代之英者，出以应诸君之求已乎！

工讫，使来请记，辞不克而遂为书之。呜呼！天下之事，所以弊于今而不可复于古者，宁独科举为然乎！诚使求古人之意而默行善用之，皆如诸君今日之举焉，其于成天下之治也，何有哉！

浚河记 乙酉

越人以舟楫为舆马，滨河而廛者，皆巨室也。日规月筑，水道淤隘；畜泄既亡，旱潦频仍。商旅日争于途，至有斗而死者矣。南子乃决沮障，复旧防，去豪商之壅，削势家之侵。失利之徒，胥怨交谤，从而谣之曰：

“南守瞿瞿，实破我庐；瞿瞿南守，使我奔走。”人曰：“吾守其厉民欤！何其谤者之多也？”阳明子曰：“迟之！吾未闻以佚道使民，而或有怨之者也。”既而舟楫通利，行旅欢呼络绎。是秋大旱，江河龟坼，越之人收获输载如常。明年大水，民居免于垫溺。远近称忭，又从而歌之曰：“相彼舟人矣，昔揭以曳矣，今歌以楫矣。旱之熇也，微南侯兮，吾其燋矣。霪其弥月矣，微南侯兮，吾其鱼鳖矣。我输我获矣，我游我息矣，长渠之活矣，维南侯之流泽矣。”人曰：“信哉！阳明子之言：‘未闻以佚道使民，而或有怨之者也。’”纪其事于石，以诏来者。

卷二十四　外集六

说　杂著

白说字贞夫说 乙亥

白生说，常太保康敏公之孙，都宪敬斋公之长子也。敬斋宾予而冠之，阼既醮而请曰："是儿也，尝辱子之门，又辱临其冠，敢请字而教诸。"曰："字而教诸，说也。吾何以字而教诸？吾闻之，天下之道，说而已；天下之说，贞而已。乾道变化，于穆流行，无非说也，天何心焉？坤德阖阙，顺成化生，无非说也，坤何心焉？仁理恻怛，感应和平，无非说也，人亦何心焉？故说也者，贞也；贞也者，理也。全乎理而无所容其心焉之谓贞；本于心而无所拂于理焉之谓说。故天得贞而说道以亨；地得贞而说道以成；人得贞而说道以生。贞乎贞乎，三极之体，是谓无已；说乎说乎，三极之用，是谓无动。无动故顺而化，无已故诚而神。诚神，刚之极也；顺化，柔之则也。故曰，刚中而柔外，说以利贞，是以顺乎天而应乎人。说之时义大矣哉！非天下之至贞，其孰能与于斯乎！请字说曰贞夫。"敬斋曰："广矣，子之言！固非吾儿所及也。请问其次。"曰："道一而已，孰精粗焉，而以次为？君子之德，不出乎性情，而其至塞乎天地。故说也者，情也；贞也者，性也。说以正，情之性也；贞以说，性之命也。性情之谓和，性命之谓中。致其性情之德，而三极之道备矣，而又何二乎？吾姑语其略而详可推也，本其事而功可施也。目而色也，耳而声也，口而味也，四肢而安逸也，说也，有贞焉，君子不敢以或过也，贞而已矣。仁而父子也，义而君臣也，礼而夫妇也，信而朋友也，说也，有贞焉，君子不敢以不致也，贞而已矣。故贞者，说之干也；说者，贞之枝也。故贞以养心，则心说，贞以齐家，则家说，贞以治国平天下，则国天下说。说必贞，未有贞而不说者也；贞必说，未有说而不贞者也。说而不贞，小人之道，君子不谓之说也。不伪则欲，不佞则邪，奚其贞也哉？夫夫，君子之称也；贞，君子之道也。字说曰贞夫，勉以君子而已矣。”敬斋起拜曰：“子以君子之道训吾儿，敢不拜嘉！”顾谓说曰：“再拜稽首，书诸绅，以蚤夜祇承夫子之命！”

刘氏三子字说 乙亥

刘毅斋之子三人。当毅斋之始入学也，其孟生，名之曰甫学；始举于乡也，其仲生，名之曰甫登；始从政也，其季生，名之曰甫政。毅斋将冠其三子，而问其字于予。予曰：“君子之学也，以成其性，学而不至于成性，不可以为学，字甫学曰子成，要其终也。学成而登庸，登者必以渐，故登高必自卑，字甫登曰子渐，戒其骤也。登庸则渐以从政矣，政者，正也，未有己不正而能正人者，字甫政曰子正，反其本也。”毅斋起拜曰：“乾也既承教，岂独以训吾子！”

南冈说 丙戌

浙大参朱君应周，居莆之壶公山下。应周之名曰鸣阳，盖取《诗》所谓“凤皇鸣矣，于彼朝阳”之义也。莆人之言曰：“应周则诚吾莆之凤矣。其居青琐，进谠言，而天下仰望其风采，则诚若凤之鸣于朝阳者矣。夫凤之栖，必有高冈，则壶公者，固其所从而栖鸣也。”于是号壶公曰南冈，盖亦取《诗》所谓“凤皇鸣矣，于彼高冈”之义也。应周闻之，曰：“嘻！

因予名而拟之以凤焉，其名也，人固非凤也；因壶公而号之以‘南冈’焉，其实也，固亦冈也。吾方愧其名之虚，而思以求其号之实也。”因以南冈而自号。大夫乡士为之诗歌序记，以咏叹揄扬其美者，既已连篇累牍，而应周犹若未足，勤勤焉以蕲于予，必欲更为之一言，是其心殆不以赞誉称颂之为喜，而以乐闻规切砥砺之为益也。吾何以答应周之意乎？姑请就“南冈”而与之论学。

夫天地之道，诚焉而已耳，圣人之学，诚焉而已耳。诚故不息，故久，故征，故悠远，故博厚。是故天惟诚也，故常清；地惟诚也，故常宁；日月惟诚也，故常明。今夫南冈，亦拳石之积耳，而其广大悠久，至与天地而无疆焉，非诚而能若是乎？故观夫南冈之崖石，则诚崖石尔矣；观夫南冈之溪谷，则诚溪谷尔矣；观夫南冈之峰峦岩壑，则诚峰峦岩壑尔矣。是皆实理之诚然，而非有所虚假文饰，以伪为于其间。是故草木生焉，禽兽居焉，宝藏兴焉；四时之推敚，寒暑晦明，烟岚霜雪之变态，而南冈若无所与焉。凤皇鸣矣，而南冈不自以为瑞也；虎豹藏焉，而南冈不自以为威也；养生送死者资焉，而南冈不自以为德；云雾兴焉，而见光怪，而南冈不自以为灵。是何也？诚之无所与也，诚之不容已也，诚之不可掩也。君子之学亦何以异于是！是故以事其亲，则诚孝尔矣；以事其兄，则诚弟尔矣；以事其君，则诚忠尔矣；以交其友，则诚信尔矣。是故蕴之为德行矣，措之为事业矣，发之为文章矣。是故言而民莫不信矣，行而民莫不悦矣，动而民莫不化矣。是何也？一诚之所发，而非可以声音笑貌幸而致之也。故曰：“诚者，天之道也；思诚者，人之道也。”应周之有取于南冈而将以求其实者，殆亦无出于斯道也矣！果若是，则知应周岂非思诚之功欤！夫思诚之功，精矣微矣，应周盖尝从事于斯乎？异时来过稽山麓，尚能为我一言其详。

悔斋说 癸酉

悔者，善之端也，诚之复也。君子悔以迁于善，小人悔以不敢肆其恶。惟圣人而后能无悔，无不善也，无不诚也。然君子之过，悔而弗改焉，又从而文焉，过将日入于恶；小人之恶，悔而益深巧焉，益愤谲焉，则恶极而不可解矣。故悔者，善恶之分也，诚伪之关也，吉凶之机也。君子不可以频悔，小人则幸其悔而或不甚焉耳。

吾友崔伯乐氏以"悔"名其斋，非曰吾将悔而已矣，将以求无悔者也。故吾为之说如是。

题汤大行殿试策问下 壬戌

士之登名礼部而进于天子之廷者，天子临轩而问之，则锡之以制；皆得受而归，藏之于庙，以辉荣其遭际之盛，盖今世士人皆尔也。丹阳汤君某登弘治进士，方为行人，以其尝所受之制属某跋数语于其下。

嗟夫！明试以言，自虞廷而然。乃言底可绩，由三代之下，吾见亦罕矣。君之始进也，天子之所以咨之者何如耶？而君之所以对之者何如耶？夫矫言以求进，君之所不为也；已进而遂忘其言焉，又君之所不忍也。君于是乎朝夕焉顾諟圣天子之明命，其将曰，是天子之所以咨询我者也。始吾既如是其对扬之矣，而今之所以持其身以事吾君者，其亦果如是耶？抑其亦未践耶？夫伊尹之所以告成汤者数言，而终身践之；太公之所以告武王者数言，而终身践之。推其心也，君其志于伊、吕之事乎？夫辉荣其一时之遭际以夸世，君所不屑矣。不然，则是制也者，君之所以鉴也。昔人有恶形而恶鉴者，遇之则将掩袂却走。君将掩袂却走之不暇，而又乌揭之焉日以示人？其志于伊、吕之事奚疑哉？君其勉矣！"上帝临汝，毋贰尔心。"某亦常缪承明问，虽其所以对扬与其所以为志者，不可以望君，然亦何敢忘自勖！

示徐曰仁应试 丁卯

君子穷达，一听于天，但既业举子，便须入场，亦人事宜尔。若期在必得，以自窘辱，则大惑矣。入场之日，切勿以得失横在胸中，令人气馁志分，非徒无益，而又害之。场中作文，先须大开心目，见得题意大概了了，即放胆下笔；纵昧出处，词气亦条畅。今人入场，有志气局促不舒展者，是得失之念为之病也。夫心无二用，一念在得，一念在失，一念在文字，是三用矣，所事宁有成耶？只此便是执事不敬，便是人事有未尽处，虽或幸成，君子有所不贵也。将进场十日前，便须练习调养。盖寻常不曾起早得惯，忽然当之，其日必精神恍惚，作文岂有佳思？须每日鸡初鸣即起，盥栉整衣端坐，抖数精神，勿使昏惰。日日习之，临期不自觉辛苦矣。今之调养者，多是厚食浓味，剧酣谑浪，或竟日偃卧。如此，是挠气昏神，长傲而召疾也，岂摄养精神之谓哉！务须绝饮食，薄滋味，则气自清；寡思虑，屏嗜欲，则精自明；定心气，少眠睡，则神自澄。君子未有不如此而能致力于学问者，兹特以科场一事而言之耳。每日或倦甚思休，少偃即起，勿使昏睡。既晚即睡，勿使久坐。进场前两日，即不得翻阅书史，杂乱心目，每日止可看文字一篇以自娱。若心劳气耗，莫如勿看，务在怡神适趣。忽充然滚滚，若有所得，勿便气轻意满，益加含蓄酝酿，若江河之浸，泓衍泛滥，骤然决之，一泻千里矣。每日闲坐时，众方嚣然，我独渊默。中心融融，自有真乐，盖出乎尘垢之外而与造物者游。非吾子概尝闻之，宜未足以与此也。

龙场生问答戊辰

龙场生问于阳明子曰：“夫子之言于朝侣也，爱不忘乎君也。今者谴于是，而汲汲于求去，殆有所渝乎？”阳明子曰：“吾今则有间矣。今吾又病，是以欲去也。”龙场生曰：“夫子之以病也，则吾既闻命矣。敢问其所以有间，何谓也？昔为其贵而今为其贱，昔处于内而今处于外欤？夫乘田委吏，孔子尝为之矣。”阳明子曰：“非是之谓也。君子之仕也以行道，不以道而仕者，窃也。今吾不得为行道矣。虽古之有禄仕，未尝奸其职也。曰牛羊茁壮，会计当也，今吾不无愧焉。夫禄仕，为贫也，而吾有先世之田，力耕足以供朝夕，子且以吾为道乎？以吾为贫乎？”龙场生曰：“夫子之来也，谴也，非仕也。子于父母，惟命之从，臣之于君，同也。不曰事之如一，而可以拂之，无乃为不恭乎？”阳明子曰：“吾之来也，谴也，非仕也；吾之谴也，乃仕也，非役也。役者以力，仕者以道，力可屈也，道不可屈也。吾万里而至，以承谴也，然犹有职守焉。不得其职而去，非以谴也。君犹父母，事之如一，固也。不曰就养有方乎？惟命之从而不以道，是妾妇之顺，非所以为恭也。”龙场生曰：“圣人不敢忘天下，贤者而皆去，君谁与为国矣！”曰：“贤者则忘天下乎？夫出溺于波涛者，没人之能也；陆者冒焉，而胥溺矣。吾惧于胥溺也。”龙场生曰：“吾闻贤者之有益于人也，惟所用，无择于小大焉。若是亦有所不利欤？”曰：“贤者之用于世也，行其义而已。义无不宜，无不利也。不得其宜，虽有广业，君子不谓之利也。且吾闻之，人各有能有不能，惟圣人而后无不能也。吾犹未得为贤也，而子责我以圣人之事，固非其拟矣。”曰：“夫子不屑于用也。夫子而苟屑于用，兰蕙荣于堂阶，而芬馨被于几席。萑苇之刈，可以覆垣；草木之微，则亦有然者，而况贤者乎？”阳明子曰：“兰蕙荣于堂阶也，而后于芬馨被于几席；萑苇也，而后刈可以覆垣。今子将刈兰蕙而责之以覆垣之用，子为爱之耶？抑为害之耶？”

论元年春王正月 戊辰

圣人之言，明白简实，而学者每求之于艰深隐奥，是以为论愈详而其意益晦。《春秋》书“元年春王正月”，盖仲尼作经始笔也。以予观之，亦何有于可疑？而世儒之为说者，或以为周虽建子而不改月，或以为周改月而不改时。其最为有据而为世所宗者，则以夫子尝欲行夏之时，此以夏时冠周月，盖见诸行事之实也。纷纷之论，至不可胜举，遂使圣人明易简实之训，反为千古不决之疑。嗟夫！圣人亦人耳，岂独其言之有远于人情乎哉？而儒者以为是圣人之言，而必求之于不可窥测之地，则已过矣。夫圣人之示人无隐，若日月之垂象于天，非有变怪恍惚，有目者之所睹。而及其至也，巧历有所不能计，精于理者有弗能尽知也，如是而已矣。若世儒之论，是后世任情用智，拂理乱常者之为，而谓圣人为之耶？夫子尝曰："吾从周。"又曰："非天子不议礼，不制度，生乎今之世，反古之道，灾及其身者也。"仲尼有圣德无其位，而改周之正朔，是议礼制度自己出矣，其得为"从周"乎？圣人一言，世为天下法，而身自违之，其何以训天下？夫子患天下之夷狄横，诸侯强背，不复知有天王也，于是乎作《春秋》以诛僭乱，尊周室，正一王之大法而已。乃首改周之正朔，其何以服乱臣贼子之心？《春秋》之法，变旧章者必诛，若宣公之税亩；紊王制者必诛，若郑庄之归祊；无王命者必诛，若莒人之入向。是三者之有罪，固犹未至于变易天王正朔之甚也。使鲁宣、郑庄之徒举是以诘夫子，则将何辞以对？是攘邻之鸡而恶有其为盗，责人之不弟而自殴其兄也。岂《春秋》忠恕，先自治而后治人之意乎？今必泥于行夏之时之一言，而曲为之说，以为是固见诸行事之验。又引《孟子》"《春秋》天子之事"、"罪我者其惟《春秋》"之言而证之。夫谓"《春秋》为天子之事"者，谓其时天王之法不行于天下，而夫子作是以明之耳。其赏人之功，罚人之罪，诛人之恶，与人之善，盖亦据事直书，而褒贬自见，若士师之断狱，辞具而狱成。然夫子犹自嫌于侵史之职，明天子之权，而谓天下后世且将以是而罪我，固未尝取无罪之人而论断之，曰："吾以明法于天下。"取时王之制而更易之，曰："吾以垂训于后人。"法未及明，训未及垂，而已自陷于杀人，比于乱逆之党矣。此在中世之士，稍知忌惮者所不为，而谓圣人而为此，亦见其阴党于乱逆，诬圣言而助之攻也已！

或曰："子言之则然耳。为是说者，以《伊训》之书'元祀十有二月'，而证周之不改月，以《史记》之称'元年冬十月'，而证周之不改时，是亦未为无据也。子之谓周之改月与时也，独何据乎？"曰："吾据《春秋》之文也。夫商而改月，则《伊训》必不书曰'元祀十有二月’；秦而改时，则《史记》必不书曰‘元年冬十月’；周不改月与时也，则《春秋》亦必不书曰‘春王正月’。《春秋》而书曰‘春王正月’，则其改月与时，已何疑焉！况《礼记》称‘正月七月日至’，而《前汉·律历》至武王伐纣之岁，周正月辛卯朔，合辰在斗前一度；戊午，师度孟津；明日己未冬至；考之《太誓》‘十有三年春’、《武成》‘一月壬辰’之说，皆足以相为发明，证周之改月与时。而予意直据夫子《春秋》之笔，有不必更援是以为之证者。今舍夫子明白无疑之直笔，而必欲傍引曲据，证之于穿凿可疑之地而后已，是惑之甚也。”曰：“如子之言，则冬可以为春乎？”曰：“何为而不可？阳生于子，而极于巳午，阴生于午，而极于亥子。阳生而春始，尽于寅，而犹夏之春也。阴生而秋始，尽于申，而犹夏之秋也。自一阳之《复》，以极于六阳之《乾》，而为春夏。自一阴之《姤》，以极于六阴之《坤》，而为秋冬。此文王之所演，而周公之所系，武王、周公，其论之审矣。若夫仲尼夏时之论，则以其关于人事者，比之建子为尤切，而非谓其为不可也。启之征有扈，曰‘怠弃三正’，则三正之用，在夏而已，然非始于周而后有矣。”曰：“夏时冠周月，此安定之论，而程子亦尝云尔。曾谓程子之贤而不及是也，何哉？”曰：“非谓其知之不及也。程子盖泥于《论语》‘行夏之时’之言，求其说而不得，从而为之辞，盖推求圣言之过耳。夫《论语》者，夫子议道之书；而《春秋》者，鲁国纪事之史。议道自夫子，则不可以不尽，纪事在鲁国，则不可以不实，‘道并行而不相悖’者也。且周虽建子，而不改时与月，则固夏时矣，而夫子又何以行夏之时云乎？程子之云，盖亦推求圣言之过耳，庸何伤？夫子尝曰‘君子不以人废言’，使程子而犹在也，其殆不废予言矣！”

书东斋风雨卷后 癸酉

悲喜忧快之形于前，初亦何尝之有哉？向之以为愁苦凄郁之乡，而今以为乐事者，有矣。向之歌舞欢愉之地，今过之而叹息咨嗟，泫然而泣下者，有矣。二者之相寻于无穷，亦何以异于不能崇朝之风雨？而顾执而留之于胸中，无乃非达者之心欤！吾观东斋《风雨》之作，固亦写其一时之所感遇。风止雨息，而感遇之怀亦不知其所如矣，而犹讽咏嗟叹于十年之后，得非类于梦为仆役，觉而涕泣者欤？夫其隐几于蓬窗之下，听芹波之春响，而咏夜檐之寒声，自今言之，但觉其有幽闲自得之趣，殊不见其有所苦也。借使东斋主人得时居显要，一旦失势，退处寂寞，其感念畴昔之怀，当与今日何如哉？然则录而追味之，无亦将有洒然而乐、廓然而忘言者矣！而和者以为真有所苦，而类为垂楚不任之辞，是又不可以与言梦者。而与东斋主人之意，失之远矣。

竹江刘氏族谱跋 甲戌

刘氏之盛，散于天下。其在安成者，出长沙定王发。今昔所传，有自来矣。竹江之谱，断自竹溪翁而下，不及于定王。见素子曰："大夫不敢祖诸侯，礼也。"夫大夫之不祖诸侯也，盖言祭也。若其支系之所自，则鲁三桓之属是实，不可得而剪。孔子曰："吾犹及史之阙文也。"盖孔子之时，史之阙疑者既鲜矣。竹江之不及定王，阙疑也，可以为谱法也已。王道不明，人伪滋而风俗坏，上下相罔以诈，人无实行，家无信谱，天下无信史。三代以降，吾观其史，若江河之波涛焉，聊以知其起伏之概而已尔。士夫不务诚身立德，而徒夸诩其先世以为重，冒昧攀缘，适以绝其类、乱其宗。不知桀、纣、幽、厉之出于禹、汤、文、武，而颜、闵、曾、孟之先，未始有显者也。若竹江之谱，其可以为世法也哉！孔子曰："斯民也，三代之所以直道而行。"充是心，虽以复三代之淳可也。且竹溪翁之后，其闻于世者历历尔。至其十一祖敬斋公而遂以清节大显于当代，录名臣者以首廉吏。敬斋之孙南峰公又以清节文学显，德业声光，方为天下所属望。竹江之后，祖敬斋而宗南峰焉。亦不一足矣。况其世贤之多也，而又奚必长沙之为重也夫！

书察院行台壁 丁丑

正德丁丑三月，奉命征漳寇，驻车上杭。旱甚，祷于行台。雨日夜，民以为未足。四月戊午，寇平，旋师。是日大雨，明日又雨，又明日复雨。登城南之楼以观农事，遂谒晦翁祠于水南，览七星之胜概。夕归，志其事于察院行台。

谕俗四条 丁丑

为善之人，非独其宗族亲戚爱之，朋友乡党敬之，虽鬼神亦阴相之。为恶之人，非独其宗族亲戚恶之，朋友乡党怨之，虽鬼神亦阴殛之。故积善之家，必有余庆，积不善之家，必有余殃 。

见人之为善，我必爱之。我能为善，人岂有不爱我者乎？见人之为不善，我必恶之。我苟为不善，人岂有不恶我者乎？故凶人之为不善，至于陨身亡家而不悟者，由其不能自反也。

今人不忍一言之忿，或争铢两之利，遂相构讼。夫我欲求胜于彼，则彼亦欲求胜于我。仇仇相报，遂至破家荡产，祸贻子孙。岂若含忍退让，使乡里称为善人长者，子孙亦蒙其庇乎？

今人为子孙计，或至谋人之业，夺人之产，日夜营营，无所不至。昔人谓为子孙作马牛，然身没未寒，而业已属之他人，仇家群起而报复，子孙反受其殃。是殆为子孙作蛇蝎也。吁，可戒哉！

题遥祝图 戊寅

薛母太孺人曾方就其长子俊养于玉山，仲子侃，既举进士，告归来省。孺人曰："吾安而兄养，子出而仕。"侃曰："吾斯之未能信。"曰："然则盍往学？"于是携其弟侨、侄宗铠来就予于虔。其室在揭阳，别且数年，未遑归视。逾年五月望日，为孺人初诞之晨，以命不敢往，遥拜而祝。其友正之、廷仁、崇一辈相与语曰："薛母之教其子，可谓贤矣；薛子之养其亲，可谓孝矣。吾侪与薛子同学，因各励其所以事亲之孝，可谓益矣，而不获登其堂，申其敬。”乃命工绘遥祝之图，寓诸玉山，以致称觞之意。请于予，予为题其事。

书诸阳伯卷 戊寅

诸阳伯偁从予而问学，将别，请言。予曰：“相与数月而未尝有所论，别而后言也，不既晚乎？”曰：“数月而未敢有所问，知夫子之无隐于我，而冀或有所得也。别而后请言，已自知其无所得，而虑夫子之或隐于我也。”予曰：“吾何所隐哉？道若日星然，子惟不用目力焉耳，无弗睹者也。子又何求乎？道在迩而求诸远，事在易而求诸难，天下之通患也。子归而立子之志，竭子之目力，若是而有所弗睹，则吾为隐于子矣！”

书陈世杰卷 庚辰

尧允恭克让，舜温恭允塞，禹不自满假，文王徽柔懿恭，小心翼翼，望道而未之见，孔子温良恭俭让，盖自古圣贤，未有不笃于谦恭者。向见世杰以足恭为可耻，故遂入于简抗自是。简抗自是则傲矣。傲，凶德也，不可长。足恭也者，有所为而为之者也。无所为而为之者谓之谦。谦，德之柄，温温恭人，惟德之基。堂堂乎张也，难与并为仁矣。仲尼赞《易》之《谦》曰：“谦，尊而光，卑而不可逾，君子之终也。”故地不谦，不足以载万物，天不谦，不足以覆万物，人不谦，不足以受天下之益。昔者颜子以能问于不能，有而若无，盖得夫谦道也。慎独、致知之说，既尝反覆于世杰，则凡百私意之萌，自当退听矣。复啜啜于是，盖就世杰气质之所急者言之。躬自厚而薄责于人，则远怨；见贤思齐，见不贤而内自省，则德修。毋谓己为已知而辄以诲人，毋谓人为不知而辄以忽人。终日但见己过，默而识之，学而不厌，则于道也，其庶矣乎！

谕泰和杨茂其人聋哑，自候门求见。先生以字问，茂以字答。

你口不能言是非，你耳不能听是非，你心还能知是非否？（答曰：“知是非。”）如此，你口虽不如人，你耳虽不如人，你心还与人一般。（茂时首肯拱谢。）大凡人只是此心。此心若能存天理，是个圣贤的心；口虽不能言，耳虽不能听，也是个不能言不能听的圣贤。心若不存天理，是个禽兽的心；口虽能言，耳虽能听，也只是个能言能听的禽兽。（茂时扣胸指天。）你如今于父母，但尽你心的孝；于兄长，但尽你心的敬；于乡党邻里、宗族亲戚，但尽你心的谦和恭顺。见人怠慢，不要嗔怪；见人财利，不要贪图，但在里面行你那是的心，莫行你那非的心。纵使外面人说你是，也不须听；说你不是，也不须听。（茂时首肯拜谢。）你口不能言是非，省了多少闲是非；你耳不能听是非，省了多少闲是非。凡说是非，便生是非，生烦恼；听是非，便添是非，添烦恼。你口不能说，你耳不能听，省了多少闲是非，省了多少闲烦恼，你比别人到快活自在了许多。（茂时扣胸指天躄地。）我如今教你，但终日行你的心，不消口里说；但终日听你的心，不消耳里听。（茂时顿首再拜而已。）

书栾惠卷庚辰

栾子仁访予于虔，舟遇于新淦。嗟乎！子仁久别之怀，兹亦不足为慰乎？顾兹簿领纷沓之地，虽固道无不在，然非所以从容下上其议时也，子仁归矣。乞骸之疏已数上，行且得报。子仁其候我于梧江之浒，将与子盘桓于云门、若耶间有日也。闻子仁居乡，尝以乡约善其族党，固亦仁者及物之心，然非子仁所汲汲。孔子云：“言忠信，行笃敬，虽蛮貊之邦行矣。然惟立则见其参于前，在舆则见其倚于衡也，而后行。”子仁其务立参前倚衡之诚乎？至诚而不动者，未之有也；不诚未有能动者也，聊以是为子仁别去之赠。

书佛郎机遗事 庚辰

见素林公闻宁濠之变，即夜使人范锡为佛郎机铳，并抄火药方，手书勉予竭忠讨贼。时六月毒暑，人多道暍死。公遣两仆裹粮，从间道冒暑昼夜行三千余里以遗予，至则濠已就擒七日。予发书，为之感激涕下。盖濠之擒以七月二十六，距其始事六月十四仅月有十九日耳。世之君子当其任，能不畏难巧避者鲜矣，况已致其事，而能急国患逾其家如公者乎？盖公之忠诚根于天性，故老而弥笃，身退而忧愈深，节愈励。呜呼！是岂可以声音笑貌为哉！尝欲列其事于朝，顾非公之心也。为作佛郎机私咏，君子之同声者，将不能已于言耳矣！

佛郎机，谁所为？截取比干肠，裹以鸱夷皮。苌弘之血衅不足，睢阳之怒恨有遗。老臣忠愤寄所泄，震惊百里贼胆披。徒请尚方剑，空闻鲁阳挥。段公笏板不在兹，佛郎机，谁所为？

正德戊寅之冬，福建按察佥事周期雍以公事抵赣。时逆濠奸谋日稔，远近汹汹。予思预为之备，而濠党伺觇左右，摇手动足，朝闻暮达；以期雍官异省，当非濠所计及，因屏左右，语之故，遂与定议。期雍归，即阴募骁勇，具械束装，部勒以俟。予檄晨到，而期雍夕发。故当濠之变，外援之兵惟期雍先至，适当见素公书至之日，距濠始事亦仅月有十九日耳。初，予尝使门人冀元亨者，因讲学说濠以君臣大义，或格其奸。濠不怿，已而滋怒，遣人阴购害之。冀辞予曰：“濠必反，先生宜早计。”遂遁归。至是闻变，知予必起兵，即日潜行赴难，亦适以是日至。见素公在莆阳、周官、上杭，冀在常德，去南昌各三千余里，乃皆同日而至，事若有不偶然者。辄附录于此，聊以识予之耿耿云。

题寿外母蟠桃图 庚辰

某之妻之母诸太夫人张，今年寿八十。十二月二十有二日，其设帨辰也。某縻于官守，不能归捧一觞于堂下。幕下之士有郭诩者，因为作《王母蟠桃之图》以献。夫王母蟠桃之说，虽出于仙经异典，未必其事之有无，然今世之人多以之祝愿其所亲爱，固亦古人冈陵松柏之意也。吾从众可乎！遂用之以寄遥祝之私，而诗以歌之云：

维彼蟠桃，千岁一华。夫人之寿，兹维始葩。维彼蟠桃，千岁一实，夫人之寿，益坚孔硕。维华维实，厥根弥植。维夫人孙子，亦昌衍靡极。

书徐汝佩卷 癸未

壬午之冬，汝佩别予北上，赴南宫试。已而门下士有自京来者，告予以汝佩因南宫策问若阴诋夫子之学者，不对而出，遂浩然东归，行且至矣。予闻之，黯然不乐者久之。士曰："汝佩斯举，有志之士，莫不钦仰歆服，以为自尹彦明之后，至今而始再见者也。夫人离去其骨肉之爱，赍粮束装，走数千里，以赴三日之试，将竭精弊力，惟有司之好是投，以蕲一日之得，希终身之荣，斯人之同情也。而汝佩于此，独能不为其所不为，不欲其所不欲，斯非其有见得思义，见危授命之勇，其孰能声音笑貌而为此乎？是心也，固'富贵不能淫，贫贱不能移，威武不能屈'者矣。将夫子闻之，跃然而喜，显然而嘉与之也，而顾黯然而不乐也，何居乎？"予曰："非是之谓也。"士曰："然则汝佩之为是举也，尚亦有未至欤？岂以佩骨肉之养，且旦暮所不给，无亦随时顺应以少苏其贫困也乎？若是，则汝佩之志荒矣。"予曰："非是之谓也。"士曰："然则何居乎？"予默然不应，士不得问而退。

他日，汝佩既归，士往问于汝佩曰："向吾以子之事问于夫子矣，夫子黯然而不乐，予云云而夫子云云也。子以为奚居？"汝佩曰："始吾见发策者之阴诋吾夫子之学也，盖怫然而怒，愤然而不平。以为吾夫子之学，则若是其简易广大也；吾夫子之言，则若是其真切著明也；吾夫子之心，则若是其仁恕公普也。夫子悯人心之陷溺，若己之堕于渊壑也，冒天下之非笑诋詈而日惇惇焉，亦岂何求于世乎？而世之人曾不觉其为心，而相嫉娼诋毁之若是，若是而吾尚可与之并立乎？已矣！吾将从夫子而长往于深山穷谷，耳不与之相闻，而目不与之相见，斯已矣。"故遂浩然而归。

归途无所事事，始复专心致志，沈潜于吾夫子致知之训，心平气和，而良知自发。然后黯然而不乐曰：“嘻吁乎！吾过矣。”士曰：“然则子之为是也，果尚有所不可欤？”汝佩曰：“非是之谓也。吾之为是也，亦未下可。而所以为是者，则有所不可也。吾语子。始吾未见夫子也，则闻夫子之学而亦尝非笑之矣，诋毁之矣。及见夫子，亲闻良知之诲，恍然而大悟醒，油然而生意融，始自痛悔切责。吾不及夫子之门，则几死矣。今虽知之甚深，而未能实诸已也；信之甚笃，而未能孚诸人也。则犹未免于身谤者也，而遽尔责人若是之峻。且彼盖未尝亲承吾夫子之训也，使得亲承焉，又焉知今之非笑诋毁者，异日不如我之痛悔切责乎？不如我之深知而笃信乎？何忘已之困而责人之速也！夫子冒天下之非笑诋毁，而日谆谆然惟恐人之不入于善，而我则反之，其间不能以寸矣。夫子之黯然而不乐也，盖所以爱珊之至而忧珊之深也。虽然，夫子之心，则又广矣，大矣，微矣，几矣。不睹不闻之中，吾岂能尽以语子也？”

汝佩见，备以其所以告于士者为问，予颔之而弗答，默然者久之。汝佩悚然若有省也。明日，以此卷入请曰：“昨承夫子不言之教，珊倾耳而听，若震惊百里。粗心浮气，一时俱丧矣。请遂书之。”

题梦槎奇游诗卷 乙酉

君子之学，求尽吾心焉尔。故其事亲也，求尽吾心之孝，而非以为孝也；事君也，求尽吾心之忠，而非以为忠也。是故夙兴夜寐，非以为勤也；刓繁理剧，非以为能也；嫉邪祛蠹，非以为刚也；规切谏诤，非以为直也；临难死义，非以为节也。吾心有不尽焉，是谓自欺其心；心尽而后，吾之心始自以为快也。惟夫求以自快吾心，故凡富贵贫贱、忧戚患难之来，莫非吾所以致知求快之地。苟富贵贫贱、忧戚患难而莫非吾致知求快之地，则亦宁有所谓富贵贫贱、忧戚患难者足以动其中哉？世之人徒知君子之于富贵贫贱、忧戚患难无入而不自得也，而皆以为独能人之所不可及，不知君子之求以自快其心而已矣。

林君汝桓之名，吾闻之盖久，然皆以为聪明特达者也，文章气节者也。今年夏，闻君以直言被谪，果信其为文章气节者矣。又逾月，君取道钱塘，则以书来道其相爱念之厚，病不能一往为恨，且惓惓以闻道为急，问学为事。呜呼！君盖知学者也，志于道德者也，宁可专以文章气节称之！已而郡守南君元善示予以《梦槎奇游》卷，盖京师士友赠之南行者。予读之终篇，叹曰：君知学者也，志于道德者也，则将以求自快其心者也。则其奔走于郡县之末也，犹其从容于部署之间也，则将地官郎之议国事，未尝以为抗，而徐闻丞之亲民务，未尝以为琐也，则梦槎未尝以为异，而南游未尝以为奇也。君子乐道人之善，则张大而从谀之，是固赠行者之心乎？予亦以病不及与君一面，感君好学之笃，因论君子之所以为学者以为君赠。

为善最乐文 丁亥

君子乐得其道，小人乐得其欲。然小人之得其欲也，吾亦但见其苦而已耳。“五色令人目盲，五声令人耳聋，五味令人口爽，驰骋田猎令人心发狂。”营营戚戚，忧患终身，心劳而日拙，欲纵恶积，以亡其生，乌在其为乐也乎？若夫君子之为善，则仰不愧，俯不怍，明无人非，幽无鬼责，优优荡荡，心逸日休。宗族称其孝，乡党称其弟。言而人莫不信，行而人莫不悦。所谓无入而不自得也，亦何乐如之！

妻弟诸用明，积德励善，有可用之才而不求仕。人曰：“子独不乐仕乎？”用明曰：“为善最乐也。”因以四字扁其退居之轩，率二子阶、阳日与乡之俊彦读书讲学于其中。已而二子学日有成，登贤荐秀。乡人啧啧，皆曰：“此亦为善最乐之效矣！”用明笑曰；“为善之乐，大行不加，穷居不损，岂顾于得失荣辱之间而论之？”闻者心服。仆夫治圃，得一镜，以献于用明。刮土而视之，背亦适有“为善最乐”四字。坐客叹异，皆曰：“此用明为善之符，诚若亦不偶然者也。”相与咏其事，而来请于予以书之，用以训其子孙，遂以勖夫乡之后进。

客坐私祝 丁亥

但愿温恭直谅之友，来此讲学论道，示以孝友谦和之行。德业相劝，过失相规，以教训我子弟，使毋陷于非僻。不愿狂悖惰慢之徒，来此博弈饮酒，长傲饰非，导以骄奢淫荡之事，诱以贪财黩货之谋，冥顽无耻，扇惑鼓动，以益我子弟之不肖。呜呼！由前之说，是谓良士；由后之说，是谓凶人。我子弟苟远良士而近凶人，是谓逆子，戒之戒之！嘉靖丁亥八月，将有两广之行，书此以戒我子弟，并以告夫士友之辱临于斯者，请一览教之。

卷二十五　外集七

墓志铭　墓表　墓碑　传　碑　赞箴　祭文

易直先生墓志 壬戌

易直先生卒，乡之人相与哀思不已，从而纂述其行以诔之曰：

呜呼！先生之道，谅易平直。内笃于孝友，外孚于忠实；不戚戚于穷，不欣欣于得。剪彻崖幅，于物无牴；于于施施，率意任真，而亦不干于礼。艺学积行，将施于邦；六举于乡，竟弗一获以死，呜呼伤哉！自先生之没，乡之子弟无所式，为善者无所倚，谈经究道者莫与考论，含章秘迹，林栖而泽遁者，莫与遨游以处。天胡夺吾先生之速耶！先生姓王，名衮，字德章。古者贤士死，则有以易其号，今先生没且三年，而独袭其常称，其谓乡人何！盍相与私谥之曰易直。

于是先生之侄守仁闻而泣曰："叔父有善，吾子侄弗能纪述，而以辱吾之乡老，亦奚为于子侄？请得志诸墓。"

呜呼！吾宗江左以来，世不乏贤。自吾祖竹轩府君以上，凡积德累仁者数世，而始发于吾父龙山先生。叔父生而勤修砥砺，能协成吾父之志。人谓相继而兴，以昌王氏者，必在叔父，而又竟止于此，天意果安在哉！

叔母叶孺人，先叔父十有三年卒，生二子，守礼、守信。继孺人方氏，生一子守恭。叔父之生，以正统己巳十月戊午，得寿四十有九，而以弘治戊午之八月廿三卒。卒之岁，太夫人岑氏方就养于京，泣曰："须吾归，视其柩。"于是壬戌正月，太夫人自京归，始克以十月甲子葬叔父于邑东穴湖山之阳，南去竹轩府君之墓十武而近，去叶孺人之墓十武而遥。未合葬，盖有所俟也。

陈处士墓志铭癸亥

处士讳泰，字思易。父刚，祖仲彰，曾祖胜一。世居山阴之钱清。刚戍辽左，娶马氏，生处士。正统甲子，处士生十二年矣，始从其父自辽来归。当是时，陈虽巨族，然已三世外戍，基业凋废殆尽。处士归，与其弟耕于清江之上，数年遂复其故。处士狷介纯笃，处其乡族亲党，无内外少长戚疏，朴直无委曲。又好面折人过，不以毛发假借，不为斩险刻削。故其生也，人争信惮，其死也，莫不哀思之。处士于书史仅涉猎，不专于文；敦典崇礼，务在躬行。郡中名流以百数，皆雕绘藻饰，熻熠以贾声誉。然称隐逸之良，必于处士，皆以为有先太丘之风焉。弘治癸亥正月庚寅，以疾卒，年七十二。九月己丑，其子琢卜葬于郡西之回龙山。

初，处士与同郡罗周、管士弘、朱张弟涎友，以善交称。成化间，涎以岁贡至京。某时为童子，闻涎道处士，心窃慕之。至是归，求其庐，则既死矣。涎侄孙节与予游，以世交之谊为处士请铭。且曰："先生于处士心与之久矣，即为之铭，亦延陵挂剑之意耶。"予曰："诺。"明日，与琢以状来请。

惟陈氏世有显闻。刚之代父戍辽也，甫年十四。主帅壮其为人，召与语，大说，遂留参幕下。累立战功，出奇计。当封赏，辄为当事者沮抑，竟死牖下。处士亦状貌魁岸，幼习边机，论议根核，的然可施于用。性孝友，属其家多难，收养其弟侄之孤，掇拾扶持，不忍舍去，遂终其身。

琢亦能诗有行。次子玠、三孙徕、衢、彶，皆向于学。夫屡抑其进，其后将必有昌者，铭曰：嗟惟处士，敦朴厚坚，犹玉在璞，其辉熠然。秉义揭仁，乡之司直。邈矣太丘，其孙孔式。胡溘而逝！其人则亡，德音孔迩。乡人相告，毋或而弛，无宁处士，愧其孙子。回龙之冈，其郁有苍；毋尔刍伐，处士所藏。

平乐同知尹公墓志铭 癸亥

尹自春秋为著姓，降及汉、唐，代不乏贤。至宋而太常博士源、中书舍人洙及其孙焞，皆以道学为世名儒。其后有为点检者，自洛徙越之山阴，迨公七世矣。公父达，祖性中，曾祖齐贤，皆有闻于乡。公生十八年，选为郡庠弟子，以诗学知名。远近从之游者数十，往往取高第，跻显级，而公乃七试有司不偶。天顺年，诏求遗才可经济大用者，于是有司以公应诏，而公亦适当贡，遂卒业大学。成化某甲子，授广西南宁通判。时郡中久苦瑶患，方议发兵，人情汹汹。公至，请守得缓旬日，稍图之。乃单骑入瑶峒，呼酋长与语。诸酋仓卒不暇集谋，相与就公问所由来。公曰："斯行为尔曹乞生，无他疑也。"因为具陈祸福，言辩爽慨，诸酋感动，顾谓其党曰："何如？"皆曰："愿从使君言。"遂相率罗拜，定约而出。寻，督诸军讨木头等峒皆捷。大臣交章荐公可大用。庚子，擢同知平乐府事。平乐地皆崭山互壑，瑶凭险出没深翳，非时剽掠，居民如处阱中，动虑机触，不敢轻往来，农末俱废。闻公至，喜曰："南宁尹使君来，吾无恐耳已。"居月余，公从土著间行岩谷，尽得其形势。纵火悉焚林薄，瑶失藉，溃散。公因尽筑城堡，要害据守。瑶来无所匿，从高巅远觇，叹息踟蹰而去。盖自是平乐遂为安土。居三年，屡以老请，辄为民所留。弘治改元，以庆贺赴京师，力求致仕以归。家居十四年，乃卒，得寿若干。

公性孝友淳笃，自其贫贱时，即委产三弟，拾取其遗。少壮衰老，虽盛暑急遽，未尝见其不以衹服。与物熙然无牴。至其莅官当事，奋毅敢直，析法绳理，势悍无所挠避。庶几古长者，而今亡矣！

先后娶陈氏、朱氏、殷氏，子骐，孙公贵、公荣。卒之又明年癸亥，将葬，骐以币状来姚请铭。某幼去其乡，闻公之为人，恨未尝从之游，铭固不辞也。公讳浦，字文渊，葬在郡东保山，合殷氏之兆。铭曰：赫赫尹氏，望于宗周；源洙比颍，焞畅厥休。自洛徂越，公启其暗；君子之泽，十世未斩。笃敬忠信，蛮貊以行；一言之烈，雄于九军。岂惟威仪，式其党里；岂惟友睦，笃其昆弟。彼保之阳，维石岩岩；尹公之墓，今人所瞻。

徐昌国墓志 辛未

正德辛未三月丙寅，太学博士徐昌国卒，年三十三。士夫闻而哭之者皆曰："呜呼，是何促也！"或曰："孔门七十子，颜子最好学，而其年独不永，亦三十二而亡。"说者谓颜子好学，精力瘁焉。夫颜虽既竭吾才，然终日如愚，不改其乐也。此与世之谋声利，苦心焦劳，患得患失，逐逐终其身，耗劳其神气，奚啻百倍！而皆老死黄馘，此何以辨哉？天于美质，何生之甚寡而坏之特速也！夫鼪鼯以夜出，凉风至而玄鸟逝，岂非凡物之盛衰以时乎？夫嘉苗难植而易槁，芝荣不逾旬，蔓草剃而益繁，鸱枭彤蝮遍天下，而麟凤之出，间世一睹焉。商、周以降，清淑日浇而浊秽熏积，天地之气则有然矣，于昌国何疑焉！

始昌国与李梦阳、何景明数子友，相与砥砺于辞章，既殚力精思，杰然有立矣。一旦讽道书，若有所得，叹曰："弊精于无益，而忘其躯之毙也，可谓知乎？巧辞以希俗，而捐其亲之遗也，可谓仁乎？"于是习养生。有道士自西南来，昌国与语，悦之，遂究心玄虚，益与世泊，自谓长生可必至。正德庚午冬，阳明王守仁至京师。守仁故善数子，而亦尝没溺于仙释，昌国喜，驰往省，与论摄形化气之术。当是时，增城湛元明在坐，与昌国言不协，意沮去。异日复来，论如初。守仁笑而不应，因留宿，曰："吾授异人五金八石之秘，服之，冲举可得也，子且谓何？"守仁复笑而不应。乃曰："吾隳黜吾昔而游心高玄，塞兑敛华而灵株是固，斯亦去之竞竞于世远矣。而子犹余拒然，何也？”守仁复笑而不应。于是默然者久之，曰：“子以予为非耶？抑又有所秘耶？夫居有者，不足以超无；践器者，非所以融道。吾将去知故而宅于埃𡏖之表，子其语我乎？”守仁曰：“谓吾为有秘，道固无形也；谓吾谓子非，子未吾是也。虽然，试言之。夫去有以超无，无将奚超矣？外器以融道，道器为偶矣。而固未尝超乎！而固未尝融乎！夫盈虚消息，皆命也；纤巨内外，皆性也；隐微寂感，皆心也。存心尽性，顺夫命而已矣，而奚所趋舍于其间乎？”昌国首肯，良久曰：“冲举有诸？”守仁曰：“尽鸢之性者，可以冲于天矣；尽鱼之性者，可以泳于川矣。”曰：“然则有之。”曰：“尽人之性者，可以知化育矣。”昌国俯而思，蹶然而起曰：“命之矣！吾且为萌甲，吾且为流澌，子其煦然属我以阳春哉！”数日，复来谢曰：“道果在是，而奚以外求！吾不遇子，几亡人矣。然吾疾且作，惧不足以致远，则何如？”守仁曰：“悸乎？”曰：“生，寄也；死，归也。何悸？”津津然既有志于斯，已而不见者逾月，忽有人来讣，昌国逝矣。王、湛二子驰往，哭尽哀，因商其家事。其长子伯虬言，昌国垂殁，整衽端坐，托徐子容以后事。子容泣，昌国笑曰：“常事耳。”谓伯虬曰：“墓铭其请诸阳明。”气益微，以指画伯虬掌，作“冥冥漠漠”四字，余遂不可辨，而神气不乱。

呜呼！吾未竟吾说以时昌国之及，而昌国乃止于是，吾则有憾焉！临殁之托，又何负之？昌国名祯卿，世姑苏人。始举进士，为大理评事。不能其职，于是以亲老求改便地为养。当事者目为好异，抑之。已而降为五经博士。故虽为京官数年，卒不获封其亲，以为憾。所著有《谈艺录》、古今诗文若干首，然皆非其至者。昌国之学凡三变，而卒乃有志于道。墓在虎丘西麓，铭曰：惜也昌国！吾见其进，未见其至。早攻声词，中乃谢弃；脱淖垢浊，修形练气；守静致虚，恍若有际。道几朝闻，遐夕先逝。不足者命，有余者志。璞之未琢，岂方顽砺？隐埋山泽，有虹其气。后千百年，曷考斯志！

凌孺人杨氏墓志铭乙亥

古之葬者，不封不树。葬之有铭，非古矣，然必其贤者也。然世之皆有铭也，亦非古矣，而妇人不特铭。妇人之特铭也，则又非古矣，然必其贤者也。贤而铭，虽妇人其可哉！是故非其人而铭之，君子不与也；铭之而非其实，君子不为也。吾于铭人之墓也，未尝敢以易。至于妇人，而加审焉，必有其证矣。凌孺人杨氏之铭也，曷证哉？证于其夫之状，证于其子之言，证于其乡人之所传，其贤者也。

孺人之夫为封监察御史凌公石岩讳云者也。石岩之《状》，谓孺人为通怀远将军之曾孙女，茂年十八而来归。姑舅爱之，族党称之，乡闾则之，不悉数其行，则贤可知矣。子佥宪相，与同年，贤也；地官员外郎楷，又贤也；孺人之慈训存焉。相尝为予言孺人之贤，十余年矣，与今石岩之《状》同也。吾乡之士游业于通者以十数，称通之巨族以凌氏为最；凌氏之贤以石岩为最，则因及于孺人之内助。其所称举，与今之《状》又同也。夫夫或溺誉焉，子或溢羡焉，吾乡人之言，不要而实契，斯又何疑矣！

孺人之生，以正统丁卯十二月九日，卒于正德癸酉十一月九日，寿盖六十七。男四，长即相；次棋，早卒；次即楷；次栻。女二。孙男八女三。曾孙男一女一。相将以乙亥正月内丙寅，附葬孺人于祖茔之左，而格于其次，乃以石岩之《状》来请铭，且问葬。“合葬非古也，周公以来，未之有改也，先孺人附于祖茔之左，昭也，家君百岁后将合焉。葬左则疑于阳，虚右则疑于阴，若之何则可？”予曰：“附也，则祖为之尊，左阳右阴也。阳兼阴而主变者也，阴从阳而主常者也。阳在左则居左，而在右则居右；阴在左则从左，而在右则从右。其虚右而从左乎？”于是孺人之葬虚右而从左。铭曰：孺人之贤，予岂究知！知子若夫，乡议是符。如彼作室，则观其隅。彼昏懵懵，谓予尽诬。狼山之西，祖茔是依。左藏右虚，孺人之居。

文橘庵墓志 乙亥

高吾之丘兮，胡然其峛峛兮？乡人所培兮。高吾之木兮，胡然其赜赜兮？乡人所植兮。高吾之行兮，胡然其砥砥兮？乡人所履兮。阳明子曰:“呜呼！兹橘庵文子之墓耶？”冀元亨曰:“昔阳明子自贵移庐陵，道出辰、常间，遇文子于武陵溪上，与之语三夕而不辍，旬有五日而未能去。门人问曰:‘夫子何意之深耶？’阳明子曰:‘人也朴而理，直而虚，笃学审问，比耄而不衰。吾闻其莅官矣，执而恕，惠而节，其张叔之俦欤？吾闻其居乡矣，励行饬己，不言而俗化，其太丘之俦欤？呜呼！于今时为难得也矣。’别以其墓铭属，阳明子心许之而不诺。门人曰:‘文子之是请也，殆犹未达欤？’阳明子曰:‘达也。’曰:‘达何以不诺也？’曰:‘古之葬者，不封不树，铭非古也。后世则有铭，既葬而后具，豫不可也。’曰:‘然则恶在其为达矣？’曰:‘死生之变大，而若人昼夜视之不以讳，非达欤？盖晋之末有陶潜者，尝自志其墓。’”文子既殁，其子棐、棠、东、集、栻葬之高吾之原。阳明子乃掇其所状而为之铭。

文子名澍，字汝霖，号橘庵。举进士，历官刑部郎中。出为重庆守。已而忤时贵，改思州，遂谢病去。文子之先为南昌人。曾祖均玉，始避地桃源。门人有闵廷圭者，为之《行状》，甚悉。

登仕郎马文重墓志铭 丙子

沛汉台里有马翁者，长身而多知。涉书史，少喜谈兵，交四方之贤，指画山川道里，弛张阖辟，自谓功业可掉臂取。尝登芒砀山，左右眺望，嘻吁慷慨，时人莫测也。中年从县司辟为掾，已得选，忽不惬，复遂弃去，授登仕郎。归与家人力耕，致饶富，辄以散其族党乡邻。葬死恤孤，赈水旱，修桥梁，惟恐有间。既老，乃益循饬。邑人望而尊之，以为大宾焉。年八十六，正德丙子四月三日无疾而卒。长子思仁，时为鸿胪司仪署丞，勤而有礼，予既素爱之。至是，闻父丧，恸毁几绝。以《状》来请予铭，又哀而力，遂不能辞。按《状》，翁名珍，字文重。父某、祖某、曾某，皆有隐德。子男若干人，女若干人。以是年某月某日葬祖茔之侧。为之铭曰：丰沛之间，自昔多魁。若汉之萧、曹，使不遇高祖，乘风云之会，固将老终其身于刀笔之间。世之怀奇不偶，无以自见于时，名湮没而不著者，何可胜数？若翁者，亦其人非耶？然考其为迹，亦异矣。呜呼！千里之足，困于伏枥；连城之珍，或混瓦砾。不琢其章，于璧何伤？不驾以骧，奚损于良？呜呼马翁，兹焉允臧！

明封刑部主事浩斋陆君墓碑志 丙子

封君之葬也，子澄毁甚，失明，病不能事事，以问于阳明子曰："吾湖俗之葬也，咸竭资以盛宾主，至于毁家，不则以为俭其亲也。不肖孤则何费之敢靳！大惧疾之不任，遂底于颠殒，以重其不孝。敢请已之，如何？"阳明子曰："不亦善乎！棺椁衣衾之得为也者，君子不以俭其亲。徇湖俗之所尚，是以其亲遂非而导侈也。又况以殆其遗体乎？吾子已之，既葬而以礼告，人岂有非之者？将湖俗之变，必自吾子始矣。一举而三善，吾子其已之。"既而复以志墓之文请，阳明子辞之不得，则谓之曰："志墓非古也。古之葬者，不封不树。孔子之葬其亲也，自以为东西南北之人，不可以无识也，而封之，崇四尺。其于季札之葬，则为之识曰：'有吴延陵季子之墓。'后之志者，若是焉可矣。而内以诬其亲，外以诬于人，是故君子耻之。吾子志于贤圣之学，苟卒为贤圣之归，是使其亲为贤圣者之父也，志孰大焉！吾子曷已之？封君之存也，尝以其田二顷给吾党之贫者以资学，是于斯文为有襄也。而又重以吾子之好，无已，则如夫子之于札也乎？"因为之题其识墓之石，曰"皇明封刑部主事浩斋陆君之墓"，而书其事于石之阴。君讳璩，字文华，湖之归安人。墓在樊泽。子澄，举进士，方为刑部员外郎。澄之兄曰津。

谥襄惠两峰洪公墓志铭

特进光禄大夫柱国、太子太保、刑部尚书兼都察院左都御史致仕洪公，以嘉靖二年四月十九日薨，时年八十有一矣。讣闻，天子遣官九谕祭，锡谥襄惠，赐葬钱塘东穆坞之原。其嗣子澄将以明年乙酉月日举葬事，以币以状来请铭。

维洪氏世显于鄱阳。自宋太师忠宣公皓始赐第于钱塘西湖之葛岭，三子景伯、景严、景卢皆以名德相承，遂为钱塘望族。八世祖讳其一，仕宋，为浙东安抚使。元兴，避地上虞。曾祖讳荣甫。祖讳有恒。迨皇朝建国，乃复还家钱塘。有恒初名洪武昌，忌者上书言其名犯年号。高皇帝亲录之，曰："此朕兴之兆耳。"御书"有恒"易之。父讳薪，徽州街口批验所大使。自曾祖以下，皆以公贵，赠太子太保刑部尚书，妣皆赠一品夫人。公讳钟，字宣之。自幼歧嶷不凡。成化戊子，年二十六，以《易经》领乡荐。乙未举进士，授官刑部主事，谙习宪典。时相继为大司寇者，皆耆德宿望，咸器重礼信之。委总诸司章奏，疑议大狱，取裁于公，声闻骤起。庚子，升员外郎，仍领诸司事。癸卯丁内艰。丙午起复，升郎中，寻虑囚山西。乙巳，江西、福建流贼甫定，公承命往审处之。归，言福建之武平、上杭、清流、永定，江西之安远、龙南，广东之程乡，皆流移混杂，习于斗争，以武力相尚，是以易哄而乱。譬若群豺虎而激怒之，欲其无相攫噬，难矣。宜及其平时，令有司多立社学，以训诲其子弟，销其兵器，易之以诗书礼让，庶几潜化其奸宄。时以为知本之论。弘治己酉，升江西按察副使。癸丑，升四川按察使。所在发奸擿伏，无所挠避。而听决如流，庭无宿讼。由是横豪屏息，自土官宣慰使，皆懔懔奉约束。安氏世有马湖，恃力骄僭，为地方患。公从容画策去之，请吏于朝，遂以帖定，丙辰，入觐，升江西右布政使。丁巳，转福建左布政使。著绩两省。戊午，升都察院右副都御史，巡抚顺天等府，兼整饬蓟州诸边备。时朵颜虏势日猖獗，公以边备积弛，乃建议增筑边墙。自山海关界岭口西北至密云古北口黄花镇，直抵居庸，延亘千余里，缮复城堡三百七十，悉城沿边诸县，官无浪费，而民不知劳。自是缓急有赖。又奏减防秋官兵六千人，岁省輓输犒赏之费以数万。创建浮桥于通州，以利病涉。毁永平陶窑，以息军民横役之苦。夺民产及牧围草场之入于权贵者而悉还之。远近大悦，名称籍甚。然权贵人之扼势失利者，数短公于上，遂改云南巡抚，再改贵州。顷之，召还督理漕运，兼巡抚凤阳诸处。正德丁卯，升右都御史，仍董漕政。戊辰，命掌南京都察院事，寻升南京刑部尚书。己巳，改北京工部，复改刑部，兼都察院左都御史，加太子少保，赐玉带。庚午，特命出总川、陕、湖、河四省军务。时沔阳洞庭水寇丘仁、杨清等攻掠城邑，其锋甚锐，官军屡失利。公至，以计擒灭之。蓝五起蜀，与鄢老人等聚众往来，寇暴川、陕间，远近骚动。公涉历险阻，深入贼巢，运谋设奇，躬冒矢石，前后斩获招降以十数万，擒其渠酋二十八人，露布以闻。土官杨友、杨爱相仇激为变，众至三万余，流劫重庆、保宁诸州县。公随调兵剿平之，复其故业。朝廷七降敕奖励，赐白金麒麟服，进太子太保。公辞不获，则引年恳疏乞归。章七上，始允之。圣谕优奖，赐驰驿还，仍进光禄大夫，录其孙一人入胄监。

公既归，筑两峰书院于西湖之上，自号两峰居士。日与朋旧倘佯诗酒以为乐，如是者十有一年。嘉靖改元之壬午，朝廷念公寿耇，诏进公阶，特进光禄大夫柱国，赐玄纁羊酒，遣有司劳问。士夫之议者，咸以公先朝之老，抱负经济，年虽若迈而精力未衰，优之廊庙，足倚以为重，思复起公于家，而公已不可作矣。

公元娶郑氏，累赠一品夫人。继周氏、徐氏，又继魏氏，南京吏部尚书文靖公之女，女卒，赠一品夫人。二子魏出，长澄，乡进士，才识英敏，方向于用；次涛，荫授南京都察院都事，先卒。女二，侧出，长适漕运参将张奎，次适国子生李綦。孙男四，梗、楠、桥、檀，女七。墓合魏夫人之兆。铭曰：桓桓襄惠，嶷然人杰。自其始仕，声闻已揭。于臬于藩，益弘以骞。略于西陲，实屏实垣。既荒南服，圻漕是督。亟命于南，亟召于北。司空司寇，邦宪是肃。帝曰司寇，尔总予师。寇贼奸宄，维尔予治。既狻既遏，豖毙狐逸。暨其成功，卒以老乞。天子曰俞，可长尔劬。西湖之湄，徉徉于于！圣化维新，聿怀旧臣。公已不作，维时之屯。天子曰咨，谥锡有隮！哀荣终始，其畴则如。穆坞之原，有郁其阡。诗此贞石，垂千万年！

赠翰林院编修湛公墓表 壬申

呜呼！圣学晦而中行之士鲜矣。世方弇阿为工，方特为厉，纷纵倒置，孰定是非之归哉！盖公冶长在缧绁之中，仲尼明非其罪；匡章通国称不孝，孟子辩之。夫然后在所礼貌焉。刚狷振砺之士，独行违俗，为世所娼嫉，卒以倾废踣堕，又浼以非其罪者，可胜道哉！予读《怡庵志》而悲之。

怡庵湛公英者，广之增城人。介直方严，刻行砥俗，乡之善良，咸服信取则，倚以扶弱御侮。然不辞色少贷人，面斥人过恶，至无所容。狡狯之徒动见矫拂，嫉视如仇，聚谋必覆公于恶，毋使抗吾为。公直行其心，不顾，竟为所构诬。愤，发病以死。公既死，其徒恶益行。乡之人遂皆谓湛公行义，顾报戾其施，而恶者自若，吾侪何以善为！后十余年，为奸者贯盈，剪灭浸尽，而公子若水求濂洛之学，为世名儒，举进士，官国史编修。推原寻绎，公德益用表著。朝廷赠官如子，日显赫竦耀。乡人相与追嗟慕叹，为善之报何如？向特未定耳！呜呼！古有狷介特行之士，直志犯众恶，之死靡悔，湛公殆其人，非邪？向使得志立朝，当大节，其肯俯首为奸人仆役，呴濡喘息以蕲缓须臾死？其不能矣！夫脂韦佞悦，亦何能缓急有毫毛之赖？为国者，当何取哉？予悲斯人之不遇，而因重有所感也。昔者君子显微阐幽，以明世警瞶。信暴者，无庸扬矣，彼忞然就抑，蒙溷垢而弗雪，其可以无表而出之！

节庵方公墓表 乙酉

苏之昆山有节庵方翁麟者，始为士，业举子，已而弃去，从其妻家朱氏居。朱故业商，其友曰："子乃去士而从商乎？"翁笑曰："子乌知士之不为商，而商之不为士乎？"其妻家劝之从事，遂为郡从事。其友曰："子又去士而从从事乎？"翁笑曰："子又乌知士之不为从事，而从事之不为士乎？"居久之，叹曰："吾愤世之碌碌者，刀锥利禄，而屑为此以矫俗振颓，乃今果不能为益也。"又复弃去。会岁歉，尽出其所有以赈饥乏。朝廷义其所为，荣之冠服，后复遥授建宁州吏目。翁视之萧然若无与，与其配朱竭力农耕植其家，以士业授二子鹏、凤，皆举进士，历官方面。翁既老，日与其乡士为诗酒会，乡人多能道其平生，皆磊落可异。顾太史九和云："吾尝见翁与其二子书，亹亹皆忠孝节义之言，出于流俗，类古之知道者。"阳明子曰："古者四民异业而同道，其尽心焉，一也。士以修治，农以具养，工以利器，商以通货，各就其资之所近，力之所及者而业焉，以求尽其心。其归要在于有益于生人之道，则一而已。士农以其尽心于修治具养者，而利器通货，犹其士与农也。工商以其尽心于利器通货者，而修治具养，犹其工与商也。故曰四民异业而同道。盖昔舜叙九官，首稷而次契。垂工益、虞，先于夔、龙。商、周之代，伊尹耕于莘野，传说板筑于岩，胶鬲举于鱼盐，吕望钓于磻渭，百里奚处于市，孔子为乘田委吏，其诸仪封、晨门、荷蒉、斫轮之徒，皆古之仁圣英贤，高洁不群之士。书传所称，可考而信也。自王道熄而学术乖，人失其心，交骛于利，以相驱轶，于是始有歆士而卑农，荣宦游而耻工贾。夷考其实，射时罔利，有甚焉。特异其名耳。极其所趋，驾浮辞诡辩以诬世惑众，比之具养器货之益，罪浮而实反不逮。吾观方翁'士商从事'之喻，隐然有当于古四民之义，若有激而云者。呜呼！斯义之亡也久矣！翁殆有所闻欤？抑其天质之美而默有契也？吾于是而重有所感焉。吾尝获交于翁二子，皆颖然敦古道，敏志于学。其居官临民，务在济世及物，求尽其心。吾以是得其源流，故为之论著之云耳。”翁既殁，葬于邑西马鞍山之麓。配朱孺人，有贤行，合葬焉。乡人为表其墓，曰“明赠礼部主事节庵方公之墓”。呜呼！若公者，其亦可表也矣！

湛贤母陈太孺人墓碑 甲戌

湛子之母卒于京师，葬于增城。阳明子迎而吊诸龙江之浒。已，湛子泣曰：“若水之辱于吾子，盖人莫不闻。吾母殁而子无一言，人将以病子。”阳明子曰：“名者，为之铭矣；表者，为之表矣。某何言！虽然，良亦无以纾吾情。吾闻太孺人之生七十有九，其在孀居者余四十年，端靖严洁如一日。既老，虽其至亲卑幼之请谒，见之未尝逾阈也，不亦贞乎！绩麻舂粱，教其子以显，尝使从白沙之门，曰‘宁学圣人而未至也’，不亦知乎！恤其庶姑与其庶叔，化厉为顺，抚孤与女，爱不违训，不亦慈乎！已膺封锡，禄养备至，而缟衣疏食，不改其初，不亦俭乎！贞知慈俭，老而弥坚，不亦贤乎！请著其石曰‘湛贤母之墓’。”湛子拜泣而受之。既行，人曰：“湛母之贤，信矣。若湛子之贤，则吾犹有疑焉。湛子始以其母之老，不试者十有三年，是也。复出而取上第，为美官，则何居？母亦老矣，又去其乡而迎养，既归复往，卒于旅，则何居？”阳明子曰：“是乌足以疑湛子矣！夫湛子，纯孝人也，事亲以老于畎亩，其志也；其出而仕，母命之也；其迎之也，母欲之也；既归而复往，母泣而强之也。是能无从乎？无大拂于义，将东西南北之惟命。彼湛子者，亦岂以人之誉毁于外者，以易其爱亲之诚乎？”曰：“湛子而是，则湛母非欤？”曰：“乌足以非湛母矣！夫湛父之早世也，属其子曰：‘必以显吾世。’故命之出者，行其夫之志也；就之养者，安其子之心也；强之往者，勉其子之忠，以卒其夫之愿也。昔者孟母断机以励其子，盖不归者几年，君子不以孟子为失养，孟母为非训。今湛母之心亦若此，而湛子之又未尝违乎养也。故湛母，贤母也；湛子，孝子也。然犹不免于世惑，吾虽欲无言也，可得乎？”

程守夫墓碑 甲申

吾友程守夫以弘治丁巳之春卒于京，去今嘉靖甲申二十有八年矣。鸣呼！朋友之墓有宿草则勿哭，而吾于君，尚不能无潸然也。君之父味道公与家君为同年进士，相知甚厚，故吾与君有通家之谊。弘治壬子，又同举于乡，已而又同卒业于北雍，密迩居者四年有余。凡风雪之晨，花月之夕，山水郊园之游，无不与共。盖为时甚久而为迹甚密也，而未尝见君有愤词忤色，情日益笃，礼日以恭。其在家庭，雍雍于于，内外无间。交海内之士，无贵贱少长，咸敬而爱之。虽粗鄙暴悍，遇君未有不熏然而心醉者。当是时，予方驰骛于举业词章，以相矜高为事，虽知爱重君，而未尝知其天资之难得也。其后君既殁，予亦入仕，往往以粗浮之气得罪于人。稍知创艾，始思君为不可及。寻谪贵阳，独居幽寂穷苦之乡，困心衡虑，乃从事于性情之学。方自苦其胜心之难克，而客气之易动。又见夫世之学者，率多娼嫉险隘，不能去其有我之私，以共明天下之学,成天下之务,皆起于胜心客气之为患也。于是愈益思君之美质，盖天然近道者，惜乎当时莫有以圣贤之学启之！有启之者，其油然顺道，将如决水之赴壑矣。鸣呼惜哉！乃今稍见端绪，有足以启君者，而君已不可作也已。君之子国子生烓,致君临没之言,欲予与林君利瞻为之表志。林君既为之表，而君之葬已久，志已无所及，则为书其墓之碑，聊以识吾之哀思。夫君者，不徒嬉游征逐之好而已。君讳文楷，世居严之淳安，其详已具于墓表。

太傅王文恪公传 丁亥

公讳鏊，字济之，王氏。其先自汴扈宋南渡。讳百八者，始居吴之洞庭山。曾祖伯英，祖惟道。考光化知县朝用。皆赠光禄大夫柱国少傅兼太子太傅户部尚书武英殿大学士，妣三代皆一品夫人。公自幼颖悟不凡，十六随父读书太学，太学诸生争传诵其文，一时先达名流咸屈年行求为友。侍郎叶文庄、提学御史陈士贤，咸有重望于时，见而奇之，曰“天下士”。于是名声动远迩。成化甲午，应天乡试第一，主司异其文，曰：“苏子瞻之流也。”录其论策，不易一字。乙未会试，复第一，入奉廷对，众望翕然。执政忌其文，乃置一甲第三，时论以为屈。授翰林编修，闭门力学，避远权势，若将浼焉。九载，升侍讲。宪庙《实录》成，升右谕德，寻荐为侍讲学士兼日讲官。每进讲至天理人欲之辩，君子小人之用舍，必反覆规谕，务尽启沃。方春，上游后苑，左右谏不听，公讲文王不敢盘于游田，上为罢游。讲罢，常召所幸广戒之，曰：“今日讲官所指，殆为若等，好为之！”时东宫将出阁，大臣请选正人以端国本，首荐用公以本官兼谕德。寻升少詹事兼侍讲学士。既而吏部阙侍郎，又遂以为吏部。时北虏入寇，公上筹边八事，虽忤权幸，而卒多施行，公辅之，望日隆。于是灾异，内阁谢公引咎求退，遂举公以自代。武宗在亮闇，内侍八人，荒游乱政，台谏交章，中外汹汹。公协韩司徒率文武大臣伏阁以请，上大惊怒，有旨召公等。至左顺门，中官传谕甚厉，众相视莫敢发言。公曰：“八人不去，乱本不除，天下何由而治！”议论侃侃，韩亦危言继之，中官语塞。一时国论倚以为重。然自是八人者竟分布要路，瑾入柄司礼，而韩公遂逐，内阁刘、谢二公亦去矣。诏补内阁缺，瑾意欲引冢宰焦，众议推公。瑾虽中忌，而外难公论，遂与焦俱入阁。瑾方威钳士类，按索微瑕，辄枷械之，几死者累累。公亟言于瑾曰：“士大夫可杀不可辱，今既辱之，又杀之，吾尚何颜于此！”由是类从宽释。瑾衔韩不已，必欲置之死，无敢言者，又欲以他事中内阁刘、谢二公，前后力救之，乃皆得免。大司马华容刘公，以瑾旧怨，逮至京，将坐以激变土官岑氏罪死。公曰：“岑氏未叛，何名为激变乎？”刘得减死。或恶石淙杨公于瑾，谓其筑边太费，屡以为言。公曰：“杨有高才重望，为国修边，乃可以功为罪乎？”瑾议焚废后吴氏之丧以灭迹，曰：“不可以成服。”公曰：“服可以不成，葬不可以苟。”景泰汪妃薨，疑其礼。公曰：“妃废不以罪，宜复其故号，葬以妃，祭以后。”皆从之。当是时，瑾权倾中外，虽意不在公，然见公开诚与言，初亦间听。及焦专事媕阿，议弥不协。而瑾骄悖日甚，毒流缙绅。公遏之不能得，居常戚然。瑾曰：“王先生居高位，何自苦乃尔耶？”公日求去。瑾意愈咈，众虞祸且不测。公曰：“吾义当去，不去乃祸耳。”瑾使伺公，无所得，且闻交贽亦绝，乃笑曰：“过矣。”于是恳疏三上，许之。赐玺书、乘传、岁夫、月米以归。时方危公之求去，咸以为异数云。

公既归吴，屏谢纷嚣，悠然山水之间，究心理性，尚友千古。至其与人，清而不绝于俗，和而不淆于时；无贵贱少长，咸敬慕悦服，有所兴起。平生嗜欲澹然，吴中士夫所好尚珍赏观游之具，一无所入。惟喜文辞翰墨之事，至是亦皆脱落雕绘，出之自然。中年尝作《明理》、《克己》二箴，以进德砥行。及充养既久，晚益纯明，心有著述，必有所发。其论性善云：“欲知性之善乎，盍反而内观乎？寂然不动之中，而有至虚至灵者存焉。湛兮其非有也，窅兮其非无也；不堕于中边，不杂于声臭。当是时也，善且未形，而恶有所谓恶者哉？恶有所谓善恶混者哉？恶有所谓三品者哉？性，其犹监乎！鉴者，善应而不留。物来则应，物去则空，监何有焉！性，惟虚也，惟灵也，恶安从生？其生于蔽乎！气质者，性之所寓也，亦性之所由蔽也。气质异而性随之。譬之珠焉，坠于澄渊则明，坠于浊水则昏，坠于污秽则秽。澄渊，上智也；浊水，凡庶也；污秽，下愚也。天地间腷塞充满，皆气也；气之灵，皆性也。人得气以生而灵随之，譬之月在天，物各随其分而受之。江湖淮海，此月也；池沼，此月也；沟渠，此月也；坑堑，亦此月也，岂必物物而授之！心者，月之魄也；性者，月之光也；情者，光之发于物者也。”其所论造，后儒多未之及。居闲十余年，海内士夫交章论荐不辍。及今上即位，始遣官优礼，岁时存问。将复起公，而公已没，时嘉靖三年三月十一日，寿七十五矣。赠太傅，谥文恪，祭葬有加礼。四子：延喆，中书舍人；

延素，南京中军都督府都事；延陵，郡学生；延昭，尚幼。皆彬彬世其家。

史臣曰：世所谓完人，若震泽先生王公者，非邪？内裕伦常，无俯仰之憾；外际明良，极禄位声光之显。自为童子，至于耆耋，自庙朝下逮闾巷，至于偏隅，或师其文学，或慕其节行，或仰其德业。随所见异其称，莫或有瑕疵之者。所谓寿福康宁，攸好德而考终命，公殆无愧尔矣！无锡邵尚书国贤，与公婿徐学士子容，皆文名冠一时，其称公之文，规模昌黎，以及秦汉，纯而不流于弱，奇而不涉于怪，雄伟俊洁，体裁截然，振起一代之衰，得法于《孟子》。论辩多古人未发。诗萧散清逸，有王、岑风格。书法清劲自成，得晋、唐笔意。天下皆以为知言。阳明子曰：“王公所深造，世或未之能尽也，然而言之亦难矣。著其性善之说，以微见其概，使后世之求公者，以是观之。”

平茶寮碑 丁丑

正德丁丑，瑶寇大起，江、广、湖、郴之家骚然，且三四年矣。于是三省奉命会征。乃十月辛亥，予督江西之兵自南康人。甲寅，破横水、左溪诸巢，贼败奔。庚申，复连战，奔桶冈。十一月癸酉，攻桶冈，大战西山界。甲戌，又战，贼大溃。丁亥，尽殪之。凡破巢八十有四，擒斩三千余，俘三千六百有奇。释其胁从千有余众，归流亡，使复业。度地居民，凿山开道，以夷险阻。辛丑，师旋。于乎！兵惟凶器，不得已而后用。刻茶寮之石，匪以美成，重举事也。提督军务都御史王某书。

平浰头碑 丁丑

四省之寇，惟浰尤黠，拟官僭号，潜图孔亟。正德丁丑冬，輋、瑶既殄，益机险阱毒，以虞王师。我乃休士归农。戊寅正月癸卯，计擒其魁，遂进兵击其懈。丁未，破三浰，乘胜归北。大小三十余战，灭巢三十有八，俘斩三千余。三月丁未，回军。壶浆迎道，耕夫遍野，父老咸欢。农器不陈，于今五年。复我常业，还我室庐，伊谁之力？赫赫皇威，匪威曷凭？爰伐山石，用纪厥成。提督军务都御史王某书。

田州立碑 丙戌

嘉靖丙戌夏，官兵伐田，随与思恩之人相比复煽，集军四省，汹汹连年。于时皇帝忧悯："元元容有无辜而死者乎？"乃命新建伯王守仁："曷往视师！其以德绥，勿以兵虔。"班师撤旅，信义大宣。诸夷感慕，旬日之间，自缚来归者，七万一千。悉放之还农，两省以安。昔有苗徂征，七旬来格。今未期月而蛮夷率服。绥之斯来，速于邮传，舞干之化，何以加焉！爰告思田，毋忘帝德；爰勒山石，昭此赫赫。文武圣神，率土之滨，凡有血气，莫不尊亲。

田州石刻

田石平，田州宁民谣如此。田水萦，田山迎府治新向。千万世，巩皇明。嘉靖岁，戊子春，新建伯，王守仁，勒此石，告后人。

陈直夫南宫像赞

夫子称史鱼曰："直哉！邦有道如矢，邦无道如矢。"谓祝鮀、宋朝曰："非斯人，难免乎今之世矣。"予尝三复而悲之。直道之难行，而谄谀之易合也，岂一日哉！鱼之直，信乎后世，其在当时，不若朝与鮀之易容也，悲夫！

吾越直夫陈先生，严毅端洁，其正言直气，放荡佞谀之士，嫉视若仇。彼宁无知之，卒于己非便也。故先生举进士不久，辄致仕而归。屡荐复起，又不久辄退，以是也哉！然天下之言直者，必先生与焉。始予拜先生于钱清江上，欢然甚得。先生奚取于予？殆空谷之足音也。世日趋于下，先生而在，虽执鞭之事，吾亦为之。今既没矣，其子子钦以先生南宫图像请识一言。先生常尘视轩冕，岂一第之为荣！闻之子钦，盖初第时有以相遗者，受而存之。先生没，子钦始装潢，将藏诸庙，则又为子者宜尔也。诗曰：

有服襜襜，有冠翼翼；在彼周行，其容孔式。秉笏端弁，中温且栗。既醉以酒，既饱以德。彼何人斯？邦之司直。邦之司直，宜公宜孤。既来既徂，为冠为模。孰久其道，众听且孚。如江如河，其趋弥污。邦之司直，今也则亡。

三箴

呜呼小子，曾不知警！尧讵未圣？犹日兢兢。既坠于渊，犹恬履薄；既折尔股，犹迈奔蹶；人之冥顽，则畴与汝。不见瘥肿，砭乃斯愈？不见痿痹，剂乃斯起？人之毁诟，皆汝砭剂。汝曾不知，反以为怒。匪怒伊色，亦反其语；汝之冥顽，则畴之比。呜呼小子！告尔不一。既四十有五，而曾是不忆！

呜呼小子，慎尔出话！燥言维多，吉言维寡。多言何益？徒以取祸。德默而成，仁者言讱。孰默而讥？孰讱而病？誉人之善，过情犹耻；言人之非，罪曷有已？呜呼多言，亦惟汝心！汝心而存，将日钦钦。岂遑多言，上帝汝临！

呜呼小子，辞章之习，尔工何为！不以钓誉，不以蛊愚。佻彼优伶，尔视孔丑；覆蹈其术，尔颜不厚？日月逾迈，尔胡不恤？弃尔天命，昵尔仇贼；昔皇多士，亦胥兹溺。尔独不鉴，自抵伊亟！

南镇祷雨文癸亥

惟神秉灵毓秀，作镇于南，实与五岳分服而治。维是扬州之域，咸赖神休，以生以养，凡其疾疫灾眚之不时，雨旸寒暑之弗若，无有远近，莫不引颈企足，惟神是望。怨有归，功有底，神固不得而辞也。而况绍兴一郡，又神之宫墙辇毂之下乎？谓宜风雨节而寒暑当，民无疾而五谷昌，特先诸郡以霈神惠。而乃入夏以来，亢阳为虐，连月弗雨，泉源告竭，黍苗荐槁，岁且不登，民将无食。农夫相与咨于野，商贾相与憾于市，行旅相与怨于途，守土之官，帅其吏民奔走呼号。维是祈祷告请，亦无不至矣。而犹雨泽未应，旱烈益张，是岂吏之不职而贪墨者众欤？赋敛繁刻而狱讼冤滞欤？祀典有弗修欤？民怨有弗平欤？夫是数者，皆吏之谪，而民何咎之有？夫怒吏之不臧，而移其谪于民，又知神之所不忍也。不然，岂民之冥顽妄作者众，将奢淫暴殄以怒神威，神将罚而惩之欤？夫薄罚以示戒，神之威灵，亦即彰矣。百姓震惧忧惶，请罪无所，遂弃而绝之，使无噍类，神之慈仁，固应不为若是之甚也！夫民之所赖者神，神之食于兹土，亦非一日矣。今民不得已有求于神，而神无以应之，然则民将何恃？而神亦何以信于民乎？

某生长兹土，犹乡之人也。乡之人以某尝读书学道，缪以为是乡人之杰者，其有得于山川之秀为多，藉之以为吾愚民之不能自达者，通诚于山川之神，其宜有感。夫某非其人也，而冒有其名，人而冒以其名加我，我既不得而辞矣，又何敢独辞其责耶？是以冒昧辄为之请，固知明神亦有所不得而辞也。谨告。

瘗旅文 戊辰

维正德四年秋月三日，有吏目云自京来者，不知其名氏。携一子一仆，将之任，过龙场，投宿土苗家。予从篱落间望见之，阴雨昏黑，欲就问讯北来事，不果。明早遣人觇之，已行矣。薄午有人自蜈蚣坡来，云一老人死坡下，傍两人哭之哀。予曰：“此必吏目死矣。伤哉！”薄暮复有人来，云：“城下死者二人，傍一人坐叹。”询其状，则其子又死矣。明日复有人来，云：“见坡下积尸三焉。”则其仆又死矣。呜呼伤哉！念其暴骨无主，将二童子持畚锸，往瘗之，二童子有难色然。予曰：“噫！吾与尔犹彼也。”二童悯然涕下，请往。就其傍山麓为三坎埋之，又以只鸡饭三盂，嗟吁涕洟而告之。曰：

呜呼伤哉！系何人？系何人？吾龙场驿丞余姚王守仁也。吾与尔皆中土之产，吾不知尔郡邑，尔乌为乎来为兹山之鬼乎？古者重去其乡，游宦不逾千里。吾以窜逐而来此，宜也，尔亦何辜乎？闻尔官，吏目耳，俸不能五斗，尔率妻子躬耕，可有也，乌为乎以五斗而易尔七尺之躯？又不足，而益以尔子与仆乎？呜呼伤哉！尔诚恋兹五斗而来，则宜欣然就道，乌为乎吾昨望见尔容蹙然，盖不任其忧者？夫冲冒雾露，扳援崖壁，行万峰之顶，饥渴劳顿，筋骨疲惫，而又瘴厉侵其外，忧郁攻其中，其能以无死乎？吾固知尔之必死，然不谓若是其速，又不谓尔子尔仆亦遽尔奄忽也。皆尔自取，谓之何哉！吾念尔三骨之无依而来瘗尔，乃使吾有无穷之怆也，呜呼痛哉！纵不尔瘗，幽崖之狐成群，阴壑之虺如车轮，亦必能葬尔于腹，不致久暴露尔。尔既已无知，然吾何能为心乎？自吾去父母乡国而来此，二年矣，历瘴毒而苟能自全，以吾未尝一日之戚戚也。念悲伤若此，是吾为尔者重而自为者轻也。吾不宜复为尔悲矣。吾为尔歌，尔听之。歌曰：连峰际天兮，飞鸟不通；游子怀乡兮，莫知西东。莫知西东兮，维天则同。异域殊方兮，环海之中；达观随寓兮，奚必予宫？魂兮魂兮，无悲以恫！

又歌以慰之，曰：与尔皆乡土之离兮，蛮之人言语不相知兮。性命不可期，吾苟死于兹兮，率尔子仆来从予兮。吾与尔遨以嬉兮，骖紫彪而乘文螭兮，登望故乡而嘘唏兮。吾苟获生归兮，尔子尔仆尚尔随兮，无以无侣悲兮。道傍之冢累累兮，多中土之流离兮，相与呼啸而徘徊兮。飧风饮露，无尔饥兮；朝友麋鹿，暮猿与栖兮。尔安尔居兮，无为厉于兹墟兮！

祭郑朝朔文 甲戌

维正德九年，岁次甲戌，七月壬戌朔越十有六日丁丑，南京鸿胪寺卿王守仁驰奠于监察御史亡友郑朝朔之墓。

呜呼！“道之将行，其命也与！道之将废，其命也与！”呜呼朝朔！命实为之，将何如哉！将何如哉！辛未之冬，朝于京师，君为御史，余留铨司。君因世杰，谬予是资；予辞不获，抗颜以尸。君尝问予："圣学可至？"余曰："然哉！克念则是。"隐辞奥义，相与剖析；探本穷原，夜以继日。君喜谓予："昔迷今悟；昔陷多歧，今由大路。"呜呼绝学！几年于兹。孰沿就绎？君独奋而。古称豪杰，无文犹兴；有如君者，无愧斯称！当是之时，君疾已构；忍痛扶孱，精微日究。人或劝君："盍亦休只？"君曰："何哉？夕死可矣！"君遂疾告，我亦南行。君与世杰，访予阳明。君疾亦笃，遂留杭城。天不与道，善类云倾。呜呼痛哉！时予祖母，亦婴危疾，汤药自须，风江阻涉。君丧遂行，靡由一诀！扶榇而南，事在世杰；负恨负愧，予复何说！嗟予颛弱，实赖友朋；砥砺切磋，庶几有成。死者生者，索居离群。静言永怀，中心若焚。墓草再青，甫兹驰奠，遥望岭云，有泪如霰。呜呼哀哉！予复何言？尚飨！

祭浰头山神文戊寅

维正德十三年戊寅，二月十五日甲申，提督军务都御史王某谨以刚鬣柔毛，昭告于浰头山川之神。

惟广谷大川，阜财兴物，以域民畜众。故古者诸侯祭封内山川，亦惟其有功于民。然地灵则人杰，人之无良，亦足以为山川之羞！兹土为盗贼所盘据且数十年，远近之称浰头者，皆曰"贼巢"，耻莫大焉，是岂山川之罪哉？虽然，清冽之井，粪秽而不除，久则同于而厕溷矣；丹凤之穴，鸱狐聚而不去，久则化为妖窟矣。粪秽之所，过者掩鼻；妖孽之窟，人将持刃燔燎，环而攻之。何者？其积聚招致使然也。诚使除其粪秽，刮剜涤荡，将不终朝而复其清冽。鸱狐逐而鸾凤归，妖孽之窟还为孕祥育瑞之所矣。今兹土之山川，亦何以异于是？

守仁奉天子明命，来镇西陲。愤浰贼之凶悖，民苦荼毒，无所控吁，故迩者计擒渠魁，提兵捣其巢穴。所向克捷，动获如志。斯固人怨神怒，天人顺应之理，将或兹土山川之神厌恶凶残，思欲洗其积辱，阴有以相协，假手于予。今驻兵于此弥月余旬，虽巢穴悉已扫荡，擒斩十且八九，然漏殄之徒，尚有潜逃，小民不能无怨于山川之神为之逋逃主萃渊薮也。今予提兵深入，岂独除民之害，亦为山川之神雷其耻。夫安旧染，弃新图，非中人之情，而况于鬼神乎？今此残徒，势穷力屈，亦方遣人投招，将顺而抚之，则虑其无革心之诚，复遗患于日后；逆而弗受，又恐其或出于诚心，杀之有不忍也。神其阴有以相协，使此残寇而果诚心邪，即阴佑其衷，俾尽携其党类，自缚来投，若水之赴壑，予将堤沿停畜之。如其设诈怀奸，即阴夺其魄，张我军威，风驰电扫，一鼓而歼之。兹惟下民之福，亦惟神明之休。坛而祀之，神亦永永无祚。惟神实鉴图之！尚飨！

祭徐曰仁文戊寅

呜呼痛哉，曰仁！吾复何言！尔言在吾耳，尔貌在吾目，尔志在吾心，吾终可奈何哉！记尔在湘中，还，尝语予以寿不能长久，予诘其故。云："尝游衡山，梦一老瞿昙抚曰仁背，谓曰：'子与颜子同德。'俄而曰：'亦与颜子同寿。'觉而疑之。"予曰："梦耳。子疑之，过也。"曰仁曰："此亦可奈何？但令得告疾早归林下，冀从事于先生之教，朝有所闻，夕死可矣！"呜呼！吾以为是固梦耳，孰谓乃今而竟如所梦邪！向之所云，其果梦邪？今之所传，其果真邪？今之所传，亦果梦邪？向之所梦，亦果妄邪？呜呼痛哉！

曰仁尝语予："道之不明，几百年矣。今幸有所见，而又卒无所成，不亦尤可痛乎？愿先生早归阳明之麓，与二三子讲明斯道，以诚身淑后。"予曰："吾志也。"自转官南、赣，即欲过家，坚卧不出。曰仁曰："未可。纷纷之议方驰，先生且一行！爱与二三子姑为馇粥计，先生了事而归。"呜呼！孰谓曰仁而乃先止于是乎！吾今纵归阳明之麓，孰与予共此志矣！二三子又且离群而索居，吾言之，而孰听之？吾倡之，而孰和之？吾知之，而孰问之？吾疑之，而孰思之？呜呼！吾无与乐余生矣。吾已无所进，曰仁之进未量也。天而丧予也，则丧予矣，而又丧吾曰仁何哉？天胡酷且烈也！呜呼痛哉！朋友之中，能复有知予之深、信予之笃如曰仁者乎？夫道之不明也，由于不知不信。使吾道而非邪，则已矣；吾道而是邪，吾能无蕲于人之不予知予信乎？

自得曰仁讣，盖哽咽而不能食者两日。人皆劝予食。呜呼！吾有无穷之志，恐一旦遂死不克就，将以托之曰仁，而曰仁今则已矣。曰仁之志，吾知之，幸未即死，又忍使其无成乎？于是复强食。呜呼痛哉！吾今无复有意于人世矣。姑俟冬夏之交，兵革之役稍定，即拂袖而归阳明。二三子苟有予从者，尚与之切磋砥砺。务求如平日与曰仁之所云。纵举世不以予为然者，亦且乐而忘其死，惟百世以俟圣人而不惑耳。曰仁有知，其尚能启予之昏而警予之惰邪？呜呼痛哉！予复何言！

祭孙中丞文 己卯

呜呼！弃阿苟容，生也何庸！慷慨激烈，死也何恫！勤劳施于国，而惠泽被于民，孰谓公之死而非生乎？守臣节以无亏，秉大义而不屈，孰谓公之归而非全乎？方逆焰之已炎，公盖力扑其燎原之势而不能。屡疏乞免，又不获请。则旁行曲成，冀缓其怒而徐为之图。盖公处事之权，而人或未之尽知也。比其当危临难，伏节申忠，之死靡回，然后见公守道之常，心迹如青天白日，而天下之人始洞然无疑矣。呜呼！逆藩之谋，积之十有余年，而败之旬日，岂守仁之智谋才力能及此乎？是固祖宗之德泽，朝廷之神武，而公之精忠愤烈，阴助默相于冥冥之中，是亦未可知也。公之子挟刃赴仇，奔走千里，至则逆贼已擒，遂得改殡正殓，扶公榇而还。父子之间，忠孝两无所怆矣，亦何憾哉！守仁于公，既亲且友，同举于乡，同官于部，今又同遭是难，岂偶然哉！灵辆将发，薄奠写哀，言有尽而意无穷。呜呼！

祭外舅介庵先生文 辛巳

呜呼！自公之葬兹土，逮今二十有六年，乃始复一拜墓下。中间盛衰之感，死生之戚，险夷之变，聚散之情，可悲可愕，可扼腕而流涕者，何可胜道？呜呼伤哉！死者日以远，生者日以谢，而少者日以老矣。自今以往，其可悲可愕，可扼腕而流涕者，其又可胜道耶？二十六年而始获一拜，自今以往，获拜公之墓下者知复能几？呜呼伤哉！惟是公之子姓群然集于墓下，皆鸾停鹤峙，振羽翮而翱乎云霄未已也。所以报纯德而慰公于地下者，庶亦在兹已乎！某奉召北行，便道归省，甫申展谒，辄已告辞，言有尽而意无穷。顾瞻丘垅，岂胜凄断！尚飨！

祭文相文

呜呼！文相迈往直前之气，足以振颓靡而起退懦；通敏果决之才，足以应烦剧而解纷挐；激昂奋迅之谈，足以破支辞而折多口。此文相之所以超然特出乎等夷，而世之人亦方以是而称文相者也。然吾之所望于文相，则又宁止于是而已乎！与文相别数年矣，去岁始复一会于江浒。握手半日之谈，豁然遂破百年之惑，一何快也！吾方日望文相反其迈往直前之气，以内充其宽裕温厚之仁；敛其通敏果决之才，以自昭其文理密察之智；收其奋迅激昂之辩，以自全其发强刚毅之德；固将日趋于和平而大会于中正。斯乃圣贤之德之归矣，岂徒文章气节之士而已乎？惜乎，吾见其进而未见其止也！一疾奄逝，岂不痛哉！闻讣实欲渡江一恸，以舒永诀之哀。暑病且冗，欲往不能。临风长号，有泪如雨。呜呼文相，予复何言！

又祭徐曰仁文 甲申

呜呼曰仁！别我而逝兮，十年于今。葬兹丘兮，宿草几青。我思君兮一来寻，林木拱兮出日深，君不见兮，窅嵯峨之云岑。四方之英贤兮日来臻，君独胡为兮与鹤飞而猿吟？忆丽泽兮欷歔，奠椒醑兮松之阴，良知之说兮闻不闻？道无间于隐显兮，岂幽明而异心！我歌白云兮，谁同此音？

祭国子助教薛尚哲文 甲申

呜呼！良知之学不明于天下，几百年矣。世之学者，蔽于见闻习染，莫知天理之在吾心，而无假于外也。皆舍近求远，舍易求难，纷纭交骛，以私智相高，客气相竞，日陷于禽兽夷狄而不知。间有独觉其非而略知反求其本源者，则又群相诟笑，斥为异学。呜呼，可哀也已！

盖自十余年来，而海内同志之士稍知讲求于此，则亦如晨星之落落，乍明乍灭，未见其能光大也。潮阳在南海之滨，闻其间亦有特然知向之士，而未及与见。间有来相见者，则又去来无常。自君之弟尚谦始从予于留都，朝夕相与者三年。归以所闻于予者语君，君欣然乐听不厌，至忘寝食，脱然弃其旧业如敝屣。君素笃学高行，为乡邦子弟所宗依，尚谦自幼受业焉。至是闻尚谦之言，遂不知己之为兄，尚谦之为弟；己之尝为尚谦师，而尚谦之尝师于己也。尽使其群子弟侄来学于予，而君亦躬枉辱焉。非天下之大勇，能自胜其有我之私而果于徙义者，孰能与于此哉！自是其邑之士，若杨氏兄弟与诸后进之来者，源源以十数。海内同志之盛，莫有先于潮阳者，则实君之昆弟之为倡也。其有功于斯道，岂小小哉！

方将因藉昆赖，以共明此学，而君忽逝矣，其为同志之痛，何可言哉！虽然，君于斯道亦既有闻，则夕死无憾矣，其又奚悲乎？吾之所为长号涕洟而不能自已者，为吾道之失助焉耳。天也，可如何哉！

相望千里，靡由走哭；因风寄哀，言有尽而意无穷。呜呼，哀哉！

祭朱守忠文 甲申

呜呼！圣学之不明也久矣。予不自量，犯天下之诋笑，而冒非其任。

恃以无恐者，谓海内之同志若守忠者，为之胥附先后，终将必有所济也。而自十余年来，若吾姚之徐曰仁，潮阳之郑朝朔、杨仕德，武陵之冀惟乾者，乃皆相继物故。其余诸同志之尚存足可倚赖者，又皆离群索居，不能朝夕相与以资切磋砥砺之益。今守忠又复弃我而逝，天其或者既无意于斯文已乎？何其善类之难合而易睽，善人之难成而易丧也！呜呼痛哉！

守忠之于斯道，既已识其大者，又能乐善不倦，旁招博采，引接同志而趋之同归于善，若饥渴之于饮食，视天下之务不啻其家事，每欲以身殉之。今兹之没也，实以驱贼山东，昼夜劳瘁，至殒其身而不顾。呜呼痛哉！

始守忠之赴山东也，过予而告别，云："节于先生之学，诚有终身几席之愿，顾事功之心犹有未能脱然者。先生将何以裁之？"予曰："君子之事，敬德修业而已。虽位天地、育万物，皆己进德之事，故德业之外无他事功矣。乃若不由天德，而求骋于功名事业之场，则亦希高慕外。后世高明之士，虽知向学，而未能不为才力所使者，犹不免焉。守忠既已心觉其非，固当不为所累矣。"呜呼，岂知竟以是而忘其身乎！

守忠之死，盖御灾捍患而死勤事，能为忠臣志士之所难能矣。而吾犹以是为憾者，痛吾道之失助，为海内同志之不幸焉耳。呜呼痛哉！灵輀云迈，一奠永诀。岂无良朋，孰知我心之悲！呜呼痛哉！

祭洪襄惠公文

呜呼！公以雄特之才，豪迈之气，际明良之会，致位公孤。勋业振于当时，声光被于远迩。功成身退，全节令终。若公真可谓有济时之具，而为一世之杰矣。悲夫，才之难成也！干云合抱，岂岁月所能致？任之栋梁，已不为不见用矣，又辍而置之闲散者十余年，不亦人可惜也乎！天岂以公有克肖之子，将敛其所未尽者而大发诸其后人也乎？公优游林下，以乐太平之盛。其没也，天子锡之祭葬，褒以美谥。生荣死哀，亦复何憾矣！而予独不能无悲且感者。方公之生，人皆知公之才美，而忌者抑之，使不得尽用，时之人顾亦概然视之，曾不知以为意。呜呼！岂知其没也，遂一仆而不可复起矣。老成典刑，为世道计者，能无悲伤乎哉！

先君子素与于公，守仁虽晚，亦辱公之知爱。公子尝以公之墓铭见属，曾不能发扬盛美。兹公之葬，又不能奔走执绋，驰奠一觞。聊以寓其不尽之衷焉尔。呜呼哀哉！尚飨！

祭杨士鸣文 丙戌

呜呼士鸣！吾见其进也，而遽见其止耶！往年士德之殁，吾已谓天道之无知矣，今而士鸣又相继以逝，吾安所归咎乎？呜呼痛哉！

忠信明睿之资，一郡一邑之中不能一二见，而顾萃于一家之兄弟，又皆与闻斯道，以承千载之绝学，此岂也出于偶然者！固宜使之得志大行，发圣学之光辉，翼斯文于悠远。而乃栽培长养，则若彼其艰；而倾覆摧折，又如此其易！其果出于偶然，倏聚倏散，而天亦略无主宰于其间耶？呜呼痛哉！

潮郡在南海之涯，一郡耳。一郡之中，有薛氏之兄弟子侄，既足盛矣，而又有士鸣之昆季。其余聪明特达毅然任道之器，后先颉颃而起者以数十。其山川灵秀之气，殆不能若是其淑且厚，则亦宜有盈虚消息于其间矣乎？士鸣兄弟虽皆中道而逝，然今海内善类，孰不知南海之滨有杨士德、杨士鸣者为成德之士？如祥麟瑞凤。争一睹之为快，因而向风兴起者比比。则士鸣昆季之生，其潜启默相以有绩于斯道，岂其微哉！彼黄馘槁毙，与草木同腐者，又何可胜数！求如士鸣昆季一日之生以死，又安可得乎？呜呼！道无生死，无去来，士鸣则既闻道矣，其生也奚以喜？其死亦奚以悲。独吾党之失助而未及见斯道之大行也，则吾亦安能以无一恸乎！呜呼痛哉！

祭元山席尚书文 丁亥

呜呼元山！真可谓豪杰之士，社稷之臣矣。世方没溺于功利辞章，不复知有身心之学，而公独超然远览，知求绝学于千载之上。世方党同伐异，徇俗苟容，以钩声避毁，而公独卓然定见，惟是之从，盖有举世非之而不顾。世方植私好利，依违反覆，以垄断相与，而公独世道是忧。义之所存，冒孤危而必吐；心之所宜，经百折而不回。盖其所论虽或亦有动于气、激于忿，而其心事磊磊，则如青天白日，洞然可以信其无他。世方娼嫉谗险，排胜己以嫉高明，而公独诚心乐善。求以伸人之才，而不自知其身之为屈，求以进贤于国，而不自知其怨谤之集于其身。盖所谓“断断休休，人之有技，若己有之者”。此大臣之盛德，自古以为难，非独近世之所未见也。呜呼！世固有有君而无臣，亦有有臣而无君者矣。以公之贤，而又遭逢主上之神圣，知公之深而信公之笃，不啻金石之固、胶漆之投，非所谓明良相逢，千载一时者欤？是何天意之不可测？其行之也，方若巨舰之遇顺风，而其倾之也，忽中流而折樯舵；其植之也，方尔枝叶之敷荣，而摧之也，遂根株而蹶拔。其果无意于斯世斯人也乎？呜呼痛哉！呜呼痛哉！

某之不肖，屡屡辱公过情之荐，自度终不能有济于时，而徒以为公知人之累，每切私怀惭愧。又忆往年与公论学于贵州，受公之知实深。近年以来，觉稍有所进，思得与公一面，少叙其愚以来质正，斯亦千古之一快。而公今复已矣！呜呼痛哉！

闻公之讣，不能奔哭，千里设位，一恸割心。自今以往，进吾不能有益于君国，退将益修吾学，期终不负知己之报而已矣。呜呼痛哉！言有尽而意无穷，呜呼痛哉！

祭吴东湖文 丁亥

呜呼吴公！吾不可得而见之矣。公之才如干将、莫邪，随其所试，皆迎刃而解。公之志如长川逝河，信其所趣，虽百折不回；公之节如坚松古柏，必岁寒而后见；公之学如深林邃谷，必穷探而始知。自其筮仕，迄于退休，扬历中外，几于四十年，而天下皆以为未能尽公之才；登陟崇显，至于大司空，而天下皆以为未能行公之志。虽未尝捐躯丧元，而天下信其有成仁死义之勇；虽未尝讲学论道，而天下知其有避邪卫正之心。呜呼！若公者，真可谓一世豪杰，无所待而兴者矣。

某与公未获倾盖，而向慕滋切；未获识公之面，而久已知公之心。公于某，其教爱勤惓，不特篇章之稠叠，而过情推引，亦复荐剡之频烦。长愧菲薄，何以承公之教？而惧其终不免为知人之累也。今兹承乏是土而来，正可登堂请谢，论心求益，而公则避我长逝已一年矣！呜呼伤哉！幸与公并生斯世，而复终身不及一面，茫茫天壤，竟成千古之神交，岂不痛哉！薄奠一觞，以哭我私；公神有知，尚来格斯！

祭永顺宝靖土兵文 戊子

维湖广永顺、宝靖二司之土兵，多有物故于南宁诸处者。嘉靖七年六月十五日乙卯，钦差总制四省军务尚书左都御史新建伯王委南宁府知府蒋山卿等告于南宁府城隍之神，使号召诸物故者之魂魄，以牛二、羊四、豕四，祭而告之曰：

呜呼！诸湖兵壮士，伤哉！尔等皆勤国事而来死于兹土，山溪阻绝，不能一旦归见其父母妻子，旅魂飘飖于异城，无所依倚，呜呼痛哉！三年之间，两次调发，使尔络绎奔走于道途，不获顾其家室，竟死客乡，此我等上官之罪也，复何言哉！复何言哉！古者不得已而后用兵，先王不忍一夫不获其所，况忍群驱无辜之赤子而填之于沟壑？且兵之为患，非独锋镝死伤之酷而已也。所过之地，皆为荆棘；所住之处，遂成涂炭。民之毒苦，伤心惨目，可尽言乎？迩者思、田之役，予所以必欲招抚之者，非但以思、田之人无可剿之罪，于义在所当抚，亦正不欲无故而驱尔等于兵刃之下也。而尔等竟又以疾病物故于此，则岂非命耶？呜呼伤哉！人孰无死，岂必穷乡绝域能死人乎？今人不出户庭，或饮食伤多，或逸欲过节，医治不痊，亦死矣。今尔等之死，乃因驱驰国事，捍患御侮而死，盖得其死所矣。古人之固有愿以马革裹尸，不愿死于妇人女子之手者。若尔等之死，真无愧于马革裹尸之言矣。呜呼壮士！尔死何憾乎？

今尔等徒侣，皆已班师去矣。尔等游魂漂泊，正可随之西归。尔等尚知之乎？尔等其收尔游魂，敛尔精魄，驾风逐雾，随尔徒侣去归其乡。依尔祖宗之坟墓，以栖尔魂。享尔妻子之蒸尝，以庇尔后。尔等徒侣或有征调之役，则尔等尚鼓尔生前义勇之气，以阴助尔徒侣立功报国，为民除患。岂不生为壮烈之夫，而没为忠义之士也乎！

予因疾作，不能亲临祭所，一哭尔等，以舒予伤感之怀。临文凄怆，涕下沾臆。今委知府布告予衷，尔等有灵，尚知之乎？呜呼伤哉！

祭军牙六纛之神文 戊子

惟神秉扬神武，三军司命。今制度聿新，威灵丕振。伏惟仰镇国家，缉定祸乱，平服蛮夷，以永无穷之休。尚飨！

祭南海文 戊子

天下之水，萃于南海；利济四方，涵儒万类。自有天地，厥功为大。今皇圣明，露降河清。我实受命，南荒以平。阴阳表里，维海效灵。乃陈牲帛，厥用告成。尚飨！

祭六世祖广东参议性常府君文 戊子

于惟我祖，效节于高皇之世；肇礼兹士，岁久沦芜。无宁有司之不遑，实我子孙门祚衰微，弗克灵承显扬。盖冥迷昏隔者八九十年，言念怆恻，子孙之心，亦徒有之。

恭惟我祖晦迹长遁，迫而出仕，务尽其忠，岂日有身没之祀？父死于忠，子殚其孝，各安其心，白刃不见，又知有一祀之荣乎？顾表扬忠孝，树之风声，实良有司修举国典，以宣流王化之盛美，我祖之烈，因以复彰。见人心之不泯，我子孙亦藉是获申其怆郁，永有无穷之休焉。及兹庙成，而末孙某适获来蒸，事若有不偶然者。我祖之道，其殆自兹而昌乎！

某承上命，来抚是方。上无补于君国，下无益于生民，循例省绩，实怀多惭。至于心之不敢以不自尽，则亦求无忝于我祖而已矣。承事之余，敢告不忘。以五世祖秘湖渔隐先生彦达府君配。尚飨！

王阳明全集

【肆】

续编 · 年谱

【明】王守仁 著
陈恕 编校

中國書店

目录

卷二十六　续编一

卷二十七　续编二

卷二十八　续编三

卷二十九　续编四

卷三十 续编五

卷三十一（上） 续编六

卷二十六　续编一

德洪葺师《文录》，始刻于姑苏，再刻于越，再刻于天真，行诸四方久矣。同志又以遗文见寄，俾续刻之。洪念昔葺师录，同门已病太繁，兹录若可缓者。既而伏读三四，中多简书默迹，皆寻常应酬、琐屑细务之言，然而道理昭察，仁爱恻怛，有物各付物之意。此师无行不与，四时行而百物生，言虽近而旨实远也。且师没既久，表仪日隔，苟得一纸一墨，如亲面觌。况当今师学大明，四方学者徒喜领悟之易，而未究其躬践之实，或有离伦彝日用、乐悬虚妙顿以为得者，读此能无省然激衷！此吾师中行之证也，而又奚以太繁为病邪？同门唐子尧臣佥宪吾浙，尝谋刻未遂。今年九月，虬峰谢君来按吾浙，刻师《全书》，检所未录尽刻之，凡五卷，题曰《文录续编》。师胤子王正亿尝录《阳明先生家乘》凡三卷，今更名《世德纪》，并刻于《全书》末卷云。隆庆壬申一阳日，德洪百拜识。

大学问

吾师接初见之士，必借《学》、《庸》首章以指示圣学之全功，使知从入之路。师征思田，将发，先授《大学问》，德洪受而录之。

“《大学》者，昔儒以为大人之学矣。敢问大人之学何以在于‘明明德’乎？”

阳明子曰：“大人者，以天地万物为一体者也，其视天下犹一家，中国犹一人焉。若夫间形骸而分尔我者，小人矣。大人之能以天地万物为一体也，非意之也，其心之仁本若是，其与天地万物而为一也。岂惟大人，虽小人之心亦莫不然，彼顾自小之耳。是故见孺子之入井，而必有怵惕恻隐之心焉，是其仁之与孺子而为一体也；孺子犹同类者也，见鸟兽之哀鸣觳觫，而必有不忍之心焉，是其仁之与鸟兽而为一体也；鸟兽犹有知觉者也，见草木之摧折而必有悯恤之心焉，是其仁之与草木而为一体也；草木犹有生意者也，见瓦石之毁坏而必有顾惜之心焉，是其仁之与瓦石而为一体也：是其一体之仁也，虽小人之心亦必有之。是乃根于天命之性，而自然灵昭不昧者也，是故谓之‘明德’。小人之心既已分隔隘陋矣，而其一体之仁犹能不昧若此者，是其未动于欲，而未蔽于私之时也。及其动于欲，蔽于私，而利害相攻，忿怒相激，则将戕物圮类，无所不为，其甚至有骨肉相残者，而一体之仁亡矣。是故苟无私欲之蔽，则虽小人之心，而其一体之仁犹大人也；一有私欲之蔽，则虽大人之心，而其分隔隘陋犹小人矣。故夫为大人之学者，亦惟去其私欲之蔽，以自明其明德，复其天地万物一体之本然而已耳，非能于本体之外而有所增益之也。”

曰：“然则何以在‘亲民’乎？”

曰：“明明德者，立其天地万物一体之体也。亲民者，达其天地万物一体之用也。故明明德必在于亲民，而亲民乃所以明其明德也。是故亲吾之父，以及人之父，以及天下人之父，而后吾之仁实与吾之父、人之父与天下人之父而为一体矣；实与之为一体，而后孝之明德始明矣！亲吾之兄，以及人之兄，以及天下人之兄，而后吾之仁实与吾之兄、人之兄与天下人之兄而为一体矣；实与之为一体，而后弟之明德始明矣！君臣也，夫妇也，朋友也，以至于山川鬼神鸟兽草木也，莫不实有以亲之，以达吾一体之仁，然后吾之明德始无不明，而真能以天地万物为一体矣。夫是之谓明明德于天下，是之谓家齐国治而天下平，是之谓尽性。”

曰:“然则又乌在其为‘止至善’乎？”

曰:“至善者，明德、亲民之极则也。天命之性，粹然至善，其灵昭不昧者，此其至善之发见，是乃明德之本体，而即所谓良知也。至善之发现，是而是焉，非而非焉，轻重厚薄，随感随应，变动不居，而亦莫不自有天然之中，是乃民彝物则之极，而不容少有议拟增损于其间也。少有拟议增损于其间，则是私意小智，而非至善之谓矣。自非慎独之至、惟精惟一者，其孰能与于此乎？后之人惟其不知至善之在吾心，而用其私智以揣摸测度于其外，以为事事物物各有定理也，是以昧其是非之则，支离决裂，人欲肆而天理亡，明德、亲民之学遂大乱于天下。盖昔之人固有欲明其明德者矣，然惟不知止于至善，而骛其私心于过高，是以失之虚罔空寂，而无有乎家国天下之施，则二氏之流是矣。固有欲亲其民者矣，然惟不知止于至善，而溺其私心于卑琐，是以失之权谋智术，而无有乎仁爱恻怛之诚，则五伯功利之徒是矣。是皆不知止于至善之过也。故止至善之于明德、亲民也，犹之规矩之于方圆也，尺度之于长短也，权衡之于轻重也。故方圆而不止于规矩，爽其则矣；长短而不止于尺度，乖其剂矣；轻重而不止于权衡，失其准矣；明明德、亲民而不止于至善，亡其本矣。故止于至善以亲民，而明其明德，是之谓大人之学。”

曰:“‘知止而后有定，定而后能静，静而后能安，安而后能虑，虑而后能得’，其说何也？”

曰:“人惟不知至善之在吾心，而求之于其外，以为事事物物皆有定理也，而求至善于事事物物之中，是以支离决裂，错杂纷纭，而莫知有一定之向。今焉既知至善之在吾心，而不假于外求，则志有定向，而无支离决裂、错杂纷纭之患矣。无支离决裂、错杂纷纭之患，则心不妄动而能静矣。心不妄动而能静，则其日用之间，从容闲暇，而能安矣。能安，则凡念之发，一事之感，其为至善乎？其非至善乎？吾心之良知自有以详审精察之，而能虑矣。能虑，则择之无不精，处之无不当，而至善于是乎可得矣。”

曰：“‘物有本末’，先儒以明德为本，新民为末，两物而内外相对也。‘事有终始’，先儒以知止为始，能得为终，一事而首尾相因也。如子之说，以新民为亲民，则本末之说，亦有所未然欤？”

曰：“终始之说，大略是矣。即以新民为亲民，而曰明德为本，亲民为末，其说亦未为不可，但不当分本末为两物耳。夫木之干，谓之本，木之梢，谓之末，惟其一物也，是以谓之本末。若曰两物，则既为两物矣，又何可以言本末乎？新民之意，既与亲民不同，则明德之功，自与新民为二。若知明明德以亲其民，而亲民以明其明德，则民德亲民焉可析而为两乎？先儒之说，是盖不知明德亲民之本为一事，而认以为两事，是以虽知本末之当为一物，而亦不得不分为两物也。”

曰：“古之欲明明德于天下者，以至于先修其身，以吾子明德亲民之说通之，亦既可得而知矣。敢问欲修其身，以至于致知在格物，其功夫次第，又何如其用力欤？”

曰：“此正详言明德、亲民、止至善之功也。盖身、心、意、知、物者，是其功夫所用之条理，虽亦各有其所，而其实只是一物。格、致、诚、正、修者，是其条理所用之功夫，虽亦皆有其名，而其实只是一事。何谓身？心之形体运用之谓也。何谓心？身之灵明主宰之谓也。何谓修身？为善而去恶之谓也。吾身自能为善而去恶乎？必其灵明主宰者欲为善而去恶，然后其形体运用者始能为善而去恶也。故欲修其身者，必在于先正其心也。然心之本体则性也。性无不善，则心之本体本无不正也。何从而用其正之之功乎？盖心之本体本无不正，自其意念发动，而后有不正。故欲正其心者，必就其意念之所发而正之，凡其发一念而善也，好之真如好好色；发一念而恶也，恶之真如恶恶臭；则意无不诚，而心可正矣。然意之所发，有善有恶，不有以明其善恶之分，亦将真妄错杂，虽欲诚之，不可得而诚矣。故欲诚其意者，必在于致知焉。致者，至也，如‘云丧致乎哀’之‘致’。《易》言‘知至至之’，‘知至’者，知也；‘至之’者，致也。‘致知’云者，非若后儒所谓充广其知识之谓也，致吾心之良知焉耳。良知者，孟子所谓‘是非之心，人皆有之’者也。是非之心，不待虑而知，不待学而能，是故谓之良知。是乃天命之性，吾心之本体，自然灵昭明觉者也。凡意念之发，吾心之良知无有不自知者。其善欤，惟吾心之良知自知之；其不善欤，亦惟吾心之良知自知之；是皆无所与于他人者也。故虽小人之为不善，既已无所不至，然其见君子，则必厌然掩其不善，而著其善者，是亦可以见其良知之有不容于自昧者也。今欲别善恶以诚其意，惟在致其良知之所知焉尔。何则？意念之发，吾心之良知既知其为善矣，使其不能诚有以好之，而复背而去之，则是以善为恶，而自昧其知善之良知矣。意念之所发，吾之良知既知其为不善矣，使其不能诚有以恶之，而复蹈而为之，则是以恶为善，而自昧其知恶之良知矣。若是，则虽曰知之，犹不知也，意其可得而诚乎！今于良知之善恶者，无不诚好而诚恶之，则不自欺其良知而意可诚也已。然欲致其良知，亦岂影响恍惚而悬空无实之谓乎？是必实有其事矣。故致知必在于格物。物者，事也，凡意之所发，必有其事，意所在之事谓之物。格者，正也，正其不正，以归于正之谓也。正其不正者，去恶之谓也。归于正者，为善之谓也。夫是之谓格。《书》言‘格于上下’，‘格于文祖’，‘格其非心’，格物之格，实兼其义也。良知所知之善，虽诚欲好之矣，苟不即其意之所在之物而实有以为之，则是物有未格，而好之之意犹为未诚也。良知所知之恶，虽诚欲恶之矣，苟不即其意之所在之物而实有以去之，则是物有未格，而恶之之意犹为未诚也。今焉于其良知所知之善者，即其意之所在之物而实为之，无有乎不尽。于其良知所知之恶者，即其意之所在之物而实去之，无有乎不尽。然后物无不格，而吾良知之所知者无有亏缺障蔽，而得以极其至矣。夫然后吾心快然无复余憾而自谦矣，夫然后意之所发者，始无自欺而可以谓之诚矣。故曰：‘物格而后知至，知至而后意诚，意诚而后心正，心正而后身修。’盖其功夫条理，虽有先后次序之可言，而其体之惟一，实无先后次序之可分。其条理功夫虽无先后次序之可分，而其用之惟精，固有纤毫不可得而缺焉者。此格致诚正之说所以阐尧、舜之正传而为孔氏之心印也。”

德洪曰：《大学问》者，师门之教典也。学者初及门，必先以此意授，使人闻言之下，即得此心之知，无出于民彝物则之中，致知之功，不外乎修齐治平之内。学者果能实地用功，一番听受，一番亲切。师常曰：“吾此意思，有能直下承当，只此修为，直造圣域。参之经典，无不吻合，不必求之多闻多识之中也。”门人有请录成书者。曰：“此须诸君口口相传，若笔之于书，使人作一文字看过，无益矣。”嘉靖丁亥八月，师起征思田，将发，门人复请。师许之。录既就，以书贻洪曰：“《大学或问》数条，非不顾共学之士尽闻斯义，顾恐藉寇兵而赍盗粮，是以未欲轻出。”盖当时尚有持异说以混正学者，师故云。然师既没，音容日远，吾党各以己见立说。学者稍见本体，即好为径超顿悟之说，无复有省身克己之功。谓“一见本体，超圣可以跂足”，视师门诚意格物、为善去恶之旨，皆相鄙以为第一义。简略事为，言行无顾，甚者荡灭礼教，犹自以为得圣门之最上乘。噫！亦已过矣。自便径约，而不知已沦入佛氏寂灭之教，莫之觉也。古人立言，不过为学者示下学之功，而上达之机，待人自悟而有得，言语知解，非所及也。《大学》之教，自孟氏而后，不得其传者几千年矣。赖良知之明，千载一日，复大明于今日。兹未及一传，而纷错若此，又何望于后世耶？是篇邹子谦之尝附刻于《大学》古本，兹收录《续编》之首。使学者开卷读之，思吾师之教平易切实，而圣智神化之机，固已跃然，不必更为别说，匪徒惑人，只以自误，无益也。

教条示龙场诸生

诸生相从于此，甚盛。恐无能为助也，以四事相规，聊以答诸生之意：一曰立志；二曰勤学；三曰改过；四曰责善。其慎听毋忽！

立志

志不立，天下无可成之事，虽百工技艺，未有不本于志者。今学者旷废隳惰，玩岁愒时，而百无所成，皆由于志之未立耳。故立志而圣，则圣矣；立志而贤，则贤矣。志不立，如无舵之舟，无衔之马，漂荡奔逸，终亦何所底乎？昔人有言，使为善而父母怒之，兄弟怨之，宗族乡党贱恶之，如此而不为善可也；为善则父母爱之，兄弟悦之，宗族乡党敬信之，何苦而不为善为君子？使为恶而父母爱之，兄弟悦之，宗族乡党敬信之，如此而为恶可也；为恶则父母怒之，兄弟怨之，宗族乡党贱恶之，何苦而必为恶为小人？诸生念此，亦可以知所立志矣。

勤学

已立志为君子，自当从事于学。凡学之不勤，必其志之尚未笃也。从吾游者，不以聪慧警捷为高，而以勤确谦抑为上。诸生试观侪辈之中，苟有虚而为盈，无而为有，讳己之不能，忌人之有善，自矜自是，大言欺人者，使其人资禀虽甚超迈，侪辈之中，有弗疾恶之者乎？有弗鄙贱之者乎？彼固将以欺人，人果遂为所欺，有弗窃笑之者乎？苟有谦默自持，无能自处，笃志力行，勤学好问，称人之善，而咎己之失，从人之长，而明己之短，忠信乐易，表里一致者，使其人资禀虽甚鲁钝，侪辈之中，有弗称慕之者乎？彼固以无能自处，而不求上人，人果遂以彼为无能，有弗敬尚之者乎？诸生观此，亦可以知所从事于学矣。

改过

夫过者，自大贤所不免，然不害其卒为大贤者，为其能改也。故不贵于无过，而贵于能改过。诸生自思平日亦有缺于廉耻忠信之行者乎？亦有薄于孝友之道，陷于狡诈偷刻之习者乎？诸生殆不至于此。不幸或有之，皆其不知而误蹈，素无师友之讲习规饬也。诸生试内省，万一有近于是者，固亦不可以不痛自悔咎。然亦不当以此自歉，遂馁于改过从善之心。但能一旦脱然洗涤旧染，虽昔为寇盗，今日不害为君子矣。若曰吾昔已如此，今虽改过而从善，将人不信我，且无赎于前过，反怀羞涩凝沮，而甘心于污浊终焉，则吾亦绝望尔矣。

责善

责善，朋友之道，然须忠告而善道之。悉其忠爱，致其婉曲，使彼闻之而可从，绎之而可改，有所感而无所怒，乃为善耳。若先暴白其过恶，痛毁极诋，使无所容，彼将发其愧耻愤恨之心，虽欲降以相从，而势有所不能，是激之而使为恶矣。故凡讦人之短，攻发人之阴私，以沽直者，皆不可以言责善。虽然，我以是而施于人不可也。人以是而加诸我，凡攻我之失者，皆我师也，安可以不乐受而心感之乎？某于道未有所得，其学卤莽耳。谬为诸生相从于此，每终夜以思，恶且未免，况于过乎？人谓事师无犯无隐，而遂谓师无可谏，非也。谏师之道，直不至于犯，而婉不至于隐耳。使吾而是也，因得以明其是；吾而非也，因得以去其非：盖教学相长也。诸生责善，当自吾始。

五经臆说十三条

师居龙场，学得所悟，证诸《五经》，觉先儒训释未尽，乃随所记忆，为之疏解。阅十有九月，《五经》略遍，命曰《臆说》。既后自觉学益精，功夫益简易，故不复出以示人。洪尝乘间以请。师笑曰："付秦火久矣。"洪请问。师曰："只致良知，虽千经万典，异端曲学，如执权衡，天下轻重莫逃焉，更不必支分句析，以知解接人也。"后执师丧，偶于废稿中得此数条。洪窃录而读之，乃叹曰："吾师之学，于一处融彻，终日言之不离是矣。即此以例荪，全经可知也。"

元年春王正月〇人君即位之一年，必书“元年”。元者，始也，无始则无以为终。故书元年者，正始也。大哉乾元，天之始也。至哉坤元，地之始也。成位乎其中，则有人元焉。故天下之元在于王，一国之元在于君，君之元在于心。“元”也者，在天为生物之仁，而在人则为心。心生而有者也，曷为为君而始乎？曰：“心生而有者也。未为君，而其用止于一身；既为君，而其用关于一国。故元年者，人君为国之始也。当是时也，群臣百姓，悉意明目以观维新之始。则人君者尤当洗心涤虑，以为维新之始。故元年者，人君正心之始也。”曰：“前此可无正乎？”曰：“正也，有未尽焉，此又其一始也。改元年者，人君改过迁善，修身立德之始也，端本澄源，三纲五常之始也；立政治民，休戚安危之始也。呜呼！其可以不慎乎？”

“元年”者，鲁隐公之元年。“春”者，天之春。“王”，周王也。王次春，示王者之上承天道也。“正月”者，周王之正月。周人以建子为天统，则夏正之十一月也。夫子以天下之诸侯不复知有周也，于是乎作《春秋》以尊王室，故书“王正月”，以大一统也。书“王正月”以大一统，不以王年，而以鲁年者，《春秋》鲁史，而书“王正月”，斯所以为大一统也。隐公未尝即位也，何以有元年乎？曰：“隐公即位矣。不即位，何以有元年？夫子削之不书，欲使后人之求其实也。”曰：“隐公即位矣，而不书，何也？”曰：“隐公以桓之幼而摄焉，其以摄告，故不即位也。然而天下知隐公让国之善，而争夺觊觎者知所愧矣。”曰：“以摄告，则宜以摄书，而不书何也？”曰：“隐公，兄也，桓公，弟也，庶均以长，隐公君也，奚摄焉？然而天下知嫡庶长幼之分，而乱常失序者知所定也。”曰：“隐公君也，非摄也，则宜即位矣，而不即位焉，何也？”曰：“诸侯之立国也，承之先君，而命之天子，隐无所承命也。然而天下知父子君臣之伦，而无父无君者知所惧矣。一不书即位，而隐公让国之善见焉，嫡庶长幼之分明焉，父子君臣之伦正焉，善恶兼著，而是非不相掩。呜呼！此所以为化工之妙也欤！”

《郑伯克段于鄢》书“郑伯”，原杀段者惟郑伯也。段以弟篡兄，以臣伐君，王法之所必诛，国人之所共讨也。而专罪郑伯！盖授之大邑，而不为之所，纵使失道，以至于败者，伯之心也。段之恶既已暴著于天下，《春秋》无所庸诛矣。书“克”，原伯之心素视段为寇敌，至是而始克之也。段居于京，而书于鄢，见郑伯之既伐诸京，而复伐诸鄢，必杀之而后已也。郑伯之于叔段，始焉授之大邑，而听其收鄙，若爱弟之过而过于厚也。既其畔也，王法所不赦，郑伯虽欲已焉，若不容已矣。天下之人皆以为段之恶在所必诛，而郑伯讨之宜也。是其迹之近似，亦何以异于周公之诛管、蔡。故《春秋》特诛其意而书曰“郑伯克段于鄢”，辩似是之非，以正人心，而险谲无所容其奸矣。

天地感而万物化生，实理流行也。圣人感人心而天下和平，至诚发见也。皆所谓“贞”也。观天地交感之理，圣人感人心之道，不过于一贞，而万物生，天下和平焉，则天地万物之情可见矣。

《恒》，所以亨而无咎，而必利于贞者，非《恒》之外复有所谓贞也，久于其道而已。贞即常久之道也。天地之道，亦惟常久而不已耳，天地之道无不贞也。“利有攸往”者，常之道，非滞而不通，止而不动之谓也。是乃始而终，终而复始，循环无端，周流而不已者也。使其滞而不通，止而不动，是乃泥常之名，而不知常之实者也，岂能常久而不已乎？故“利有攸往”者，示人以常道之用也。以常道而行，何所往而不利！无所往而不利，乃所以为常久不已之道也。天地之道，一常久不已而已。日月之所以能昼而夜，夜而复昼，而照临不穷者，一天道之常久而不已也。四时之所以能春而冬，冬而复春，而生运不穷者，一天道之常久不已也。圣人之所以能成而化，化而复成，而妙用不穷者，一天道之常久不已也。夫天地、日月、四时、圣人之所以能常久而不已者，亦贞而已耳。观夫天地、日月、四时、圣人之所以能常久而不已者，不外乎一贞，则天地万物之情，其亦不外乎一贞也，亦可见矣。《恒》之为卦，上《震》为雷，下《巽》为风，雷动风行，簸扬奋厉，翕张而交作，若天下之至变也。而所以为风为雷者，则有一定而不可易之理，是乃天下之至恒也。君子体夫雷风为《恒》之象，则虽酬酢万变，妙用无方，而其所立，必有卓然而不可易之体，是乃体常尽变。非天地之至恒，其孰能与于此?

《遁》，阴渐长而阳退遁也。《彖》言得此卦者，能遁而退避则亨。当此之时，苟有所为，但利小贞而不可大贞也。夫子释之以为《遯》之所以为亨者，以其时阴渐长，阳渐消，故能自全其道而退遁，则身虽退而道亨，是道以遁而亨也。虽当阳消之时，然四阳尚盛，而九五居尊得位；虽当阴长之时，然二阴尚微，而六二处下应五。盖君子犹在于位，而其朋尚盛，小人新进，势犹不敌，尚知顺应于君子，而未敢肆，其恶故几微。君子虽已知其可遁之时，然势尚可为，则又未忍决然舍去，而必于遁，且欲与时消息，尽力匡扶，以行其道。则虽当遁之时，而亦有可亨之道也。虽有可亨之道，然终从阴长之时，小人之朋日渐以盛。苟一裁之以正，则小人将无所容□而大肆其恶，是将以救敝而反速之乱矣。故君子又当委曲周旋，修败补罅，积小防微，以阴扶正道，使不至于速乱。程子所谓“致力于未极之间，强此之衰，艰彼之进，图其暂安”者，是乃小利贞之谓矣。夫当遁之时，道在于遁，则遁其身以亨其道。道犹可亨，则亨其遁以行于时。非时中之圣与时消息者，不能与于此也。故曰:“《遁》之时义大矣哉！”

“明出地上，《晋》，君子以自昭明德。”日之体本无不明也，故谓之大明。有时而不明者，入于地则不明矣。心之德本无不明也，故谓之明德。有时而不明者，蔽于私也。去其私，无不明矣。日之出地，日自出也，天无与焉。君子之明明德，自明之也，人无所与焉。自昭也者，自去其私欲之蔽而已。

初阴居下，当进之始，上与四应，有晋如之象。然四意方自求进，不暇与初为援，故又有见摧之象。当此之时，苟能以正自守，则可以获吉。盖当进身之始，德业未著，忠诚未显，上之人岂能遽相孚信。使其以上之未信，而遂汲汲于求知，则将有失身枉道之耻，怀愤用智之非，而悔咎之来必矣。故当宽裕雍容，安处于正，则德久而自孚，诚积而自感，又何咎之有乎？盖初虽晋如，而终不失其吉者，以能独行其正也。虽不见信于上，然以宽裕自处，则可以无咎者，以其始进在下，而未尝受命当职任也。使其已当职任，不信于上，而优裕废弛，将不免于旷官之责，其能以无咎乎？

《时迈》十五句，武王初克商，巡守诸侯，朝会祭告之乐歌。言我不敢自逸，而以时巡行诸侯之邦。我勤民如此，天其以我为子乎？今以我巡行之事占之，是天之实有以右序夫我有周矣。何者？我之巡行诸侯，所以兴废举坠，削有罪，黜不职者，亦聊以警动震发其委靡颓惰者耳。而四方诸侯莫不警惧修者，敦薄立懦，而兴起夫维新之政，至于怀柔百神，而河之深广，岳之崇高，莫不感格焉。则信乎天之以我为王，而于以君临夫天下矣。于是我其宣明昭布我有周之典章，于以式序在位之诸侯；我其戢敛夫干戈弓矢，以偃夫武功；我其旁求懿德之士，陈布于中国，以敷夫文德。则亦信乎可以为王，而能保有上天右序我有周之命矣。

《执竞》十四句，言武王持其自强不息之心，其功烈之盛，天下既莫得而强之矣。成、康继之，其德亦若是其显，而复为上帝之所皇焉。夫继武王之后，盖难乎其为德也，然自成、康之相继为君，而其德愈益彰明，则于武王无竞之烈为有光，而成、康诚可谓善继矣。今我以三王之功德，作之于乐，以祈感格，而果能降福之多且大若此，我其可不反身修德，而思有以成之乎？我能反身修德，而威仪之反，则可享神之福，既醉既饱，而三王之所福我者，益将反覆而无穷矣。此盖祭武王、成王、康王之诗也。

《思文》八句，言思文后稷，其德真可以配上天矣。盖凡使我蒸民之得以粒食者，莫非尔后稷之德之所建也。斯固后稷之德矣，然来牟之种，非天不生，则是来牟之贻我者，实由上帝，以此命之后稷，而使之遍养夫天下，是以天下之民皆有所养，而得以复其常道，则后稷之德，固亦莫非上天之德也。此盖郊祀后稷以配天之诗，故颂后稷之德而卒归之于天云。

《臣工》十五句，戒农官之诗。言嗟尔司农之臣工，当各敬尔在公之事。今王以治农之成法赐汝，汝宜来咨来度，而敬承毋怠也。因并呼农官之属而总诏之曰："嗟尔保介，当兹暮春之月，牟麦在田，而百谷未播，盖农工之暇也，汝亦何所为乎？"因问："汝所治之新田，其牟麦亦如何哉？"夫牟麦之茂盛，皆上帝之明赐也。牟麦渐熟，则行将受上帝之明赐矣。上帝有是明赐，尔苟惰农自安，是不克灵承，而泯上帝之赐矣。尔尚永力尔田，以昭明上帝之赐，务底于丰年有成可也。然则尔亦乌可谓兹农工之尚远，而遂一无所事乎？汝当命尔众农，乘兹闲暇，预修播种之事，以具乃田器。奄忽之间，又将艾麦而与东作矣。"暮春"，周正建寅之月，夏之正月也。

《有瞽》十三句，言"有瞽有瞽，在周之廷"，而乐工就列矣。"设业设虡，崇牙树羽，应田县鼓，鞉磬柷圉"，而乐器具陈矣。乐器既以备陈，于是众乐乃奏，而箫管之属亦皆备举矣。由是乐声之喤喤，其整密丽肃者，莫非至敬之所寓，而雍容畅达者，莫非至和之所宜，其肃雍和鸣如此，是以幽有以感乎神，而先祖是听，明有以感乎人，而我客来观厥成者。盖武王功成作乐，使非继述之孝真无愧于文考，固无以致先祖之格，而非其盛德之至，伐纣救民之举，真有以顺乎天，应乎人，而于汤有光焉！其亦何以能使亡国者之子孙永观厥成，而略无忌嫉之心乎？此盖始作乐而合于祖庙之诗。

与滁阳诸生书并问答语

诸生之在滁者，吾心未尝一日而忘之。然而阔焉无一字之往，非简也，不欲以世俗无益之谈徒往复为也。有志者，虽吾无一字，固朝夕如面也。其无志者，盖对面千里，况千里之外盈尺之牍乎！孟生归，聊寓此于有志者，然不尽列名，且为无志者讳，其因是而尚能兴起也。

或患思虑纷杂，不能强禁绝。阳明子曰：“纷杂思虑，亦强禁绝不得，只就思虑萌动处省察克治，到天理精明后，有个物各付物的意思，自然静专，无纷杂之念。《大学》所谓‘知止而后有定’也。”

德洪曰：“滁阳为师讲学首地，四方弟子，从游日众。嘉靖癸丑秋，太仆少卿吕子怀复聚徒于师祠。洪往游焉，见同门高年，有能道师遗事者。当时师惩末俗卑污，引接学者，多就高明一路，以救时弊。既后渐有流入空虚，为脱落新奇之论。在金陵时，已心切忧焉。故居赣则教学者存天理，去人欲，致省察克治实功。而征宁藩之后，专发致良知宗旨，则益明切简易矣。兹见滁中子弟尚多能道静坐中光景。洪与吕子相论致良知之学无间于动静，则相庆以为新得。是书孟源伯生得之金陵。时闻滁士有身背斯学者，故书中多愤激之辞。后附问答语，岂亦因静坐顽空而不修省察克治之功者发耶？

家书墨迹四首

四首墨迹，先师胤子正亿得之书柜中，装制卷册，手泽宛然，每篇乞洪跋其后。

一　与克彰太叔

克彰号石川，师之族叔祖也。听讲就弟子列，退坐私室，行家人礼。

别久缺奉状，得诗，见迩来进修之益，虽中间词意未尽纯莹，而大致加于时人一等矣。愿且玩心高明，涵泳义理，务在反身而诚，毋急于立论饰辞，将有外驰之病。所云“善念才生，恶念又在”者，亦足以见实尝用力。但于此处，须加猛省。胡为而若此也？无乃习气所缠耶？

自俗儒之说行，学者惟事口耳讲习，不复知有反身克己之道。今欲反身克己，而犹狃于口耳讲诵之事，固宜其有所牵缚而弗能进矣。夫恶念者，习气也；善念者，本性也；本性为习气所汩者，由于志之不立也。故凡学者为习所移，气所胜，则惟务痛惩其志。久则志亦渐立。志立而习气渐消。学本于立志，志立而学问之功已过半矣。此守仁迩来所新得者，愿毋轻掷。

若初往年亦常有意左、屈，当时不暇与之论，至今缺然。若初诚美质，得遂退休，与若初了夙心，当亦有日。见时为致此意，务相砥励以臻有成也。人行遽，不一一。

恶念者，习气也；善念者，本性也；本性为习所胜、气所汩者，志不立也。痛惩其志，使习气消而本性复，学问之功也。噫！此吾师明训昭昭，告太叔者，告吾人也，可深省也夫！德洪为亿弟书。

二　与徐仲仁

仲仁即曰仁，师之妹婿也。

北行仓率，不及细话。别后日听捷音，继得乡录，知秋战未利。吾子年方英妙，此亦未足深憾，惟宜修德积学，以求大成。寻常一第，固非仆之所望也。家君舍众论而择子，所以择子者，实有在于众论之外，子宜勉之！勿谓隐微可欺，而有放心，勿谓聪明可恃，而有怠志；养心莫善于义理，为学莫要于精专；毋为习俗所移，毋为物诱所引；求古圣贤而师法之，切莫以斯言为迂阔也。

昔在张时敏先生时，令叔在学，聪明盖一时，然而竟无所成者，荡心害之也。去高明而就污下，念虑之间，顾岂不易哉！斯诚往事之鉴，虽吾子质美而淳，万无是事，然亦不可以不慎也。意欲吾子来此读书，恐未能遂离侍下，且未敢言此，俟后便再议。所不避其切切为吾子言者，幸加熟念，其亲爱之情，自有不能已也。

海日翁为女择配，人谓曰仁聪明不逮于其叔，海日翁舍其叔而妻曰仁。既后，其叔果以荡心自败，曰仁卒成师门之大儒。噫！聪明不足恃，而学问之功不可诬也哉！德洪跋。

三　上海翁书

寓吉安男王守仁百拜书上父亲大人膝下：

江省之变，昨遣来隆归报，大略想已如此。时宁王尚留省城，未敢远出，盖虑男之捣其虚，蹑其后也。男处所调兵，亦稍稍聚集，忠义之风，日以奋扬，观天道人事，此贼不久断成擒矣。昨彼遣人赍檄至，欲遂斩其使，奈赍檄人乃参政季斆，此人平日善士，又其势亦出于不得已，姑免其死，械系之。已发兵至丰城诸处分布，相机而动。所虑京师遥远，一时题奏无由即达。命将出师，缓不及事，为可忧尔。男之欲归已非一日，急急图此，已两年，今竟陷身于难。人臣之义，至此岂复容苟逃幸脱！惟俟命师之至，然后敢申前恳。俟事势稍定，然后敢决意驰归尔。伏望大人陪万保爱，诸弟必能勉尽孝养旦暮，切勿以不孝男为念。天苟悯男一念血诚，得全首领，归拜膝下，当必有日矣。因闻巡检便，草此。临书慌愦，不知所云。七月初二日。

右吾师逢宁濠之变，上父海日翁第二书也。自丰城闻变，与幕士定兴兵之策，恐翁不知，为贼所袭，即日遣家人间道趋越。至是发兵于吉安，复为是报，慰翁心也。且自称姓者，别疑也。尝闻幕士龙光云："时师闻变，返风回舟。濠追兵将及，师欲易舟潜遁。顾夫人诸、公子正宪在舟。夫人手提剑别师曰：'公速去，毋为妾母子忧。脱有急，吾恃此以自卫尔！'及退还吉安，将发兵，命积薪围公署，戒守者曰：'傥前报不利，即举火爇公署。'时邹谦之在中军，闻之，亦取其夫人来吉城，同誓国难。人劝海日翁移家避仇。翁曰：'吾儿以孤旅急君上之难，吾为国旧臣，顾先去以为民望耶？'遂与有司定守城之策，而自密为之防。"噫！吾师于君臣、父子、夫妇之间，一家感遇若此，至今人传忠义凛凛。是书正亿得于故纸堆中，读之怆然，如身值其时。晨夕展卷，如侍对亲颜。嘉靖壬子，海夷寇黄岩，全城煨烬。时正亿游北雍，内子黄哀惶奔亡，不携他物，而独抱木主图像以行，是卷亦幸无恙。噫！岂正亿平时孝感所积，抑吾师精诚感通，先时身离患难，而一墨之遗，神明有以护之耶？后世子孙受而读之，其知所重也哉！

德洪拜手跋。

四　岭南寄正宪男

初到江西，因闻姚公已在宾州进兵，恐我到彼，则三司及各领兵官未免出来迎接，反致阻挠其事，是以迟迟其行。意欲俟彼成功，然后往彼，公同与之一处。十一月初七，始过梅岭，乃闻姚公在彼，以兵少之故，尚未敢发哨，以是只得昼夜兼程而行。今日已度三水，去梧州已不远，再四五日可到矣。途中皆平安，只是咳嗽尚未全愈，然亦不为大患。书到，可即告祖母汝诸叔知之，皆不必挂念。家中凡百皆只依我戒谕而行。魏廷豹、钱德洪、王汝中当不负所托，汝宜亲近敬信，如就芝兰可也。廿二叔忠信好学，携汝读书，必能切励汝。不审近日亦有少进益否？聪儿迩来眠食如何？凡百只宜谨听魏廷豹指教，不可轻信奶婆之类，至嘱至嘱！一应租税帐目，自宜上紧，须不俟我丁宁。我今国事在身，岂复能记念家事，汝辈自宜体悉勉励，方是佳子弟尔。十一月望。

正亿初名聪，师之命名也。嘉靖壬辰秋，依其舅氏黄久庵寓留都，值时相更名于朝，责洪为文告师，请更今名。当时问眠食如何，今正亿壮且立，男女森列矣。噫，吾何以不负师托乎！方今四方讲会日殷，相与出求同志，研究师旨，以成师门未尽之志，庶乎可以慰遗灵于地下尔。是在二子！嘉靖丁巳端阳日，门人钱德洪百拜跋于天真精舍之传经楼。

赣州书示四侄正思等

近闻尔曹学业有进，有司考校，获居前列，吾闻之喜而不寐。此是家门好消息，继吾书香者，在尔辈矣。勉之勉之！吾非徒望尔辈但取青紫，荣身肥家，如世俗所尚，以夸市井小儿。尔辈须以仁礼存心，以孝弟为本，以圣贤自期，务在光前裕后，斯可矣。吾惟幼而失学无行，无师友之助，迨今中年，未有所成。尔辈当鉴吾既往，及时勉力，毋又自贻他日之悔，如吾今日也。习俗移人，如油渍面，虽贤者不免，况尔曹初学小子能无溺乎？然惟痛惩深创，乃为善变。昔人云："脱去凡近，以游高明。"此言良足以警，小子识之！吾尝有《立志说》与尔十叔，尔辈可从钞录一通，置之几间，时一省览，亦足以发。方虽传于庸医，药可疗夫真病。尔曹勿谓尔伯父只寻常人尔，其言未必足法；又勿谓其言虽似有理，亦只是一场迂阔之谈，非我辈急务。苟如是，吾末如之何矣！读书讲学，此最吾所宿好，今虽干戈扰攘中，四方有来学者，吾亦未尝拒之。所恨牢落尘网，未能脱身而归。今幸盗贼稍平，以塞责求退，归卧林间，携尔曹朝夕切磋砥砺，吾何乐如之！偶便先示尔等，尔等勉焉，毋虚吾望。正德丁丑四月三十日。

又与克彰太叔

日来德业想益进修，但当兹末俗，其于规切警励，恐亦未免有群雌孤雄之叹，如何？印弟凡劣，极知有劳心力，闻其近来稍有转移，亦有足喜。所贵乎师者，涵育薰陶，不言而喻，盖不诚未有能动者也。于此亦可以验己德。因便布此言，不尽意。

正月廿六日，得旨，令守仁与总兵各官解囚至留都。行及芜湖，复得旨回江西抚定军民。皆圣意有在，无他足虑也。家中凡百安心，不宜为人摇惑，但当严缉家众，扫除门庭，清静俭朴以自守，谦虚卑下以待人，尽其在我而已，此外无庸虑也。正宪辈狂稚，望以此意晓谕之。近得书，闻老父稍失调，心极忧苦。老年之人，只宜以宴乐戏游为事，一切家务皆当屏置，亦望时时以此开劝，家门之幸也。至祝至祝！事稍定，即当先报归期。家中凡百，全仗训饬照管，不一。

老父疮疾，不能归侍，日夜苦切，真所谓欲济无梁，欲飞无翼。近来诚到，知渐平复，始得稍慰。早晚更望太叔宽解怡悦其心。闻此时尚居丧次，令人惊骇忧惶。衰年之人，妻孥子孙日夜侍奉承直，尚恐居处或有未宁，岂有复堪孤疾劳苦如此之理！就使悉遵先生礼制，则七十者亦惟衰麻在身，饮酒食肉处于内，宴饮从于游可也。况今七十五岁之人，乃尚尔茕茕独苦若此，妻孥子孙何以自安乎？若使祖母在冥冥之中，知得如此哀毁，如此孤苦，将何如为心？老年之人，独不为子孙爱念乎？况于礼制亦自过甚，使人不可以继，在贤知者亦当俯就，切望恳恳劝解，必须入内安歇，使下人亦好早晚服事。时尝游嬉宴乐，快适性情，以调养天和。此便自为子孙造无穷之福。此等言语，为子者不敢直致，惟望太叔为我委曲开譬，要在必从而后已，千万千万！至恳至恳！正宪读书，一切举业功名等事，皆非所望，但惟教之以孝弟而已。来诚还，草草不尽。

祖母岑太夫人百岁考终时，海日翁寿七十有五矣，尤茕茕苫块，哀毁逾制。师十二失恃，鞠于祖母，在赣屡乞终养弗遂，至是闻讣，已不胜痛割。又闻海日翁居丧之戚，将何以为情？“欲济无梁，欲飞无翼”，读之令人失涕。师之学发明同体万物之旨，使人自得其性，故于人义天常，无不恳至，而居常处变，神化妙应，以成天下之务，可由此出。其道可以通诸万世而无弊者，得其道之中也。录此可以想见其概。德洪跋。

寄正宪男手墨二卷

正宪字仲肃，师继子也。嘉靖丁亥，师起征思、田，正亿方二龄。托家政于魏廷豹，使饬家众，以字胤子。托正宪于洪与汝中，使切磨学问，以饬内外。延途所寄音问，当军旅倥偬之时，犹字画遒劲，训戒明切。至今读之，宛然若示严范。师没后，越庚申，邹子谦之、陈子惟浚来自怀玉，奠师墓于兰亭，正宪携卷请题其后。噫！今二子与正宪俱为泉下人矣，而斯卷独存。正宪年十四，袭师锦衣荫，喜正亿生，遂辞职出就科试。即其平生，邹子所谓“授简不忘”，“夫子于昭之灵，实宠嘉之”，其无愧于斯言矣乎！

即日舟已过严滩，足疮尚未愈，然亦渐轻减矣。家中事凡百与魏廷豹相计议而行。读书敦行，是所至嘱。内外之防，须严门禁。一应宾客来往，及诸童仆出入，悉依所留告示，不得少有更改。四官尤要戒饮博，专心理家事。保一谨实可托，不得听人哄诱，有所改动。我至前途，更有书报也。

舟过临江，五鼓与叔谦遇于途次，灯下草此报汝知之。沿途皆平安，咳嗽尚未已，然亦不大作。广中事颇急，只得连夜速进，南、赣亦不能久留矣。汝在家中，凡宜从戒谕而行。读书执礼，日进高明，乃吾之望。魏廷豹此时想在家，家众悉宜遵廷豹教训，汝宜躬率身先之。书至，汝即可报祖母诸叔。况我沿途平安，凡百想能体悉我意，钤束下人，谨守礼法，皆不俟吾喋喋也。廷豹、德洪、汝中及诸同志亲友，皆可致此意。

近两得汝书，知家中大小平安。且汝自言能守吾训戒，不敢违越，果如所言，吾无忧矣。凡百家事，及大小童仆，皆须听魏廷豹断决而行。近闻守度颇不遵信，致牴牾廷豹。未论其间是非曲直，只是牴牾廷豹，便已大不是矣。纪闻其游荡奢纵如故，想亦终难化导。试问他毕竟如何乃可，宜自思之。守悌叔书来，云汝欲出应试。但汝本领未备，恐成虚愿。汝近来学业所进，吾不知，汝自量度而行，吾不阻汝，亦不强汝也。德洪、汝中及诸直谅高明，凡肯勉汝以德义，规汝以过失者，汝宜时时亲就。汝若能如鱼之于水，不能须臾而离，则不及人不为忧矣。吾平生讲学，只是“致良知”三字。仁，人心也；良知之诚爱恻怛处便是仁，无诚爱恻怛之心，亦无良知可致矣。汝于此处，宜加猛省。家中凡事不暇一一细及，汝果能敬守训戒，吾亦不必一一细及也。余姚诸叔父昆弟皆以吾言告之。前月曾遣舍人任锐寄书历，此时当已发回。若未发回，可将江西巡抚时奏报批行稿簿一册，共计十四本，封固付本舍带来。我今已至平南县，此去田州渐近。田州之事，我承姚公之后，或者可以因人成事。但他处事务似此者尚多，恐一置身其间，一时未易解脱耳。汝在家凡百务宜守我戒谕，学做好人。德洪、汝中辈须时时亲近，请教求益。聪儿已托魏廷豹时常一看。廷豹忠信君子，当能不负所托。但家众或有桀骜不肯遵奉其约束者，汝须相与痛加惩治。我归来日，断不轻恕。汝可早晚常以此意戒饬之。廿二弟近来砥砺如何？守度近来修省如何？保一近来管事如何？保三近来改过如何？王祥等早晚照管如何？王祯不远出否？此等事，我方有国事在身，安能分念及此？琐琐家务，汝等自宜体我之意，谨守礼法，不致累我怀抱乃可耳。

东廓邹守益曰：“先师阳明夫子家书二卷，嗣子正宪仲肃甫什袭藏之。益趋天真，奠兰亭，获睹焉。喜曰：‘是能授简不忘矣！’书中‘读书敦行，日进高明’、‘钤束下人，谨守礼法’，及切磋道义，请益求教，互相夹持，接引来学，真是一善一药。至‘吾平日讲学，只是“致良知”三字。仁，人心也；良知之诚爱恻怛处便是仁，无诚爱恻怛，亦无良知可致’，是以继志述事望吾仲肃也。仲肃日孳孳焉，进而书绅，退而服膺，则大慰吾党爱助之怀，而夫子于昭之灵实宠嘉之。”

又

去岁十二月廿六日始抵南宁，因见各夷皆有向化之诚，乃尽散甲兵，示以生路。至正月廿六日，各夷果皆投戈释甲，自缚归降，凡七万余众。地方幸已平定。是皆朝廷好生之德，感格上下，神武不杀之威，潜孚默运，以能致此。在我一家，则亦祖宗德泽阴庇，得无杀戮之惨，以免覆败之患。俟处置略定，便当上疏乞归。相见之期，渐可卜矣。家中自老奶奶以下，想皆平安。今闻此信，益可以免劳挂念。我有地方重寄，岂能复顾家事！弟辈与正宪，只照依我所留戒谕之言，时时与德洪、汝中辈切磋道义，吾复何虑。余姚诸弟侄，书到咸报知之。

八月廿七日，南宁起程，九月初七日，已抵广城，病势今亦渐平复，但咳嗽终未能脱体耳。养病本北上已二月余，不久当得报。即逾岭东下，则抵家渐可计日矣。书至即可上白祖母知之。近闻汝从汝诸叔诸兄皆在杭城就试。科第之事，吾岂敢必于汝得，汝立志向上，则亦有足喜也。汝叔汝兄，今年利钝如何？想旬月后此间可以得报，其时吾亦可以发舟矣。因山阴林掌教归便，冗冗中写此与汝知之。

我至广城已逾半月，因咳嗽，兼水泻，未免再将息旬月，候养病疏命下，即发舟归矣。家事亦不暇言，只要戒饬家人，大小俱要谦谨小心，余姚八弟等事，近日不知如何耳？在京有进本者，议论甚传播，徒取快谗贼之口，此何等时节，而可如此！兄弟子侄中，不肯略体息，正所谓操戈入室，助仇为寇者也，可恨可痛！兼因谢姨夫回便，草草报平安。书至，即可奉白老奶奶及汝叔辈知之。钱德洪、王汝中及书院诸同志皆可上覆，德洪、汝中亦须上紧进京，不宜太迟滞。

近因地方事已平靖，遂动思归之怀，念及家事，乃有许多不满人意处。守度奢淫如旧，非但不当重托，兼亦自取败坏，戒之戒之！尚期速改可也。宝一勤劳，亦有可取。只是见小欲速，想福分浅薄之故，但能改创亦可。宝三长恶不悛，断已难留，须急急遣回余姚，别求生理；有容留者，即是同恶相济之人，宜并逐之。来贵奸惰，略无改悔，终须逐出。来隆、来价不知近来干办何如？须痛自改省，但看同辈中有能真心替我管事者，我亦何尝不知。添福，添定、王三等辈，只是终日营营，不知为谁经理，试自思之！添保尚不改过，归来仍须痛治。只有书童一人实心为家，不顾毁誉利害，真可爱念。使我家有十个书童，我事皆有托矣。来琐亦老实可托，只是太执戆，又听妇言，不长进。王祥、王祯务要替我尽心管事，但有阙失，皆汝二人之罪。俱要拱听魏先生教戒，不听者责之。

明水陈九川曰：“此先师广西家书付正宪仲肃者也。中间无非戒谕家人谨守素训。至‘致良知’三字，乃先师平素教人不倦者。云‘诚爱恻怛之心即是致良知’，此晚年所以告门人者，仅见一二于全集中，至为紧要。乃于家书中及之，可见先师之所以丁宁告戒者，无异于得力之门人矣。仲肃宜世袭之。”

卷二十七　续编二

与郭善甫

朱生至，得手书，备悉善甫相念之恳切。苟心同志协，功夫不懈，虽隔千里，不异几席，又何必朝夕相与一堂之上而为后快耶?

来书所问数节，杨仁夫去，适禅事方毕，亲友纷至，未暇细答。然致知格物之说，善甫已得其端绪。但于此涵泳深厚诸如数说，将沛然融释，有不俟于他人之言者矣。荒岁道路多阻，且不必远涉，须稍收稔，然后乘兴一来。不缕缕。

寄杨仕德

临别数语极奋励，区区闻之，亦悚然有警。归途又往西樵一过，所进当益不同矣。此时已抵家。大抵忘己逐物，虚内事外，是近来学者时行症候。仁德既已看破此病，早晚自不废药石。康节云:“与其病后能服药，不若病前能自防。”此切喻爱身者自当无所不用其极也。病疏至今未得报，此间相聚日众，最可喜。但如仕德、谦之既远去，而惟乾复多病，又以接济乏人为苦尔。尚谦度未能遽出。仕德明春之约，果能不爽，不独区区之望，尤诸同游之切望也。

与顾惟贤

闻有枉顾之意，倾望甚切。继闻有夹剿之事，盖我独贤劳，自昔而然矣。此间上犹、南康诸贼，幸已扫荡，渠魁悉已授首，回军且半月。以湖广之故，留兵守隘而已。奏捷须湖广略有次第然后举。朱守忠闻在对哨，有面会之图，此亦一奇遇。近得甘泉书，已与叔贤同往西樵，令人想企不能一日处此矣。承示："既饱，不必问其所食之物。"此语诚有病。已不能记当时所指，恐亦为世之专务辨论讲说而不求深造自得者说，故其语意之间不无抑扬太过。虽然，苟诚知求饱，将必五谷是资。鄙意所重，盖以责夫不能诚心求饱者，故遂不觉其言之过激，亦犹养之未至也。凡言意所不能达，多假于譬喻。以意逆志，是为得之。若必拘文泥象，则虽圣人之言，且亦不能无病，况于吾侪，学未有至，词意之间，本已不能无弊者，何足异乎。今时学者大患，不能立恳切之志，故鄙意专以责志立诚为重。同志者亦观其大意之所在，斯可矣。惟贤谓："有所疑而未解，正如饥者之求食，若一日不食，则一日不饱。"诚哉是言！果能如饥者之求饱，安能一日而不食，又安能屏弃五谷而食画饼者乎？此亦可以不言而喻矣。承示为益已多，友朋切磋之职，不敢言谢。何时遇甘泉，更出此一正之。

闽广之役，偶幸了事，皆诸君之功，区区盖坐享其成者。但闽寇虽平而虔南之寇乃数倍于闽，善后之图，尚未知所出。野人归兴空切，不知知己者亦尝为念及此否也？曰仁近方告病，与二三友去耕雪上。雪上之谋，实始于陆澄氏。陆与潮人薛侃，皆来南都从学，二子并佳士，今皆举进士，未免又失却地主矣。向在南都相与者，曰仁之外，尚有太常博士马明衡、兵部主事黄宗明、见素之子林达有、御史陈杰、举人蔡宗兖、饶文璧之属。蔡今亦举进士，其时凡二三十人，日觉有相长之益。今来索居，不觉渐成放倒，可畏可畏！闲中有见，不妨写寄，庶亦有所警发也。甘泉此时已报满。叔贤闻且束装，会相见否？霍渭先亦美质，可与言。见时皆为致意。

承喻讨有罪者，执渠魁而散胁从，此古之政也，不亦善乎！顾浰贼皆长恶怙终，其间胁从者无几，朝撤兵而暮聚党，若是者亦屡屡矣，诛之则不可胜诛，又恐以其患遗诸后人。惟贤谓："政教之不行，风俗之不美，以至于此。"岂不信然。然此膏肓之疾，吾其旬日之间，可奈何哉？故今三省连累之贼，非杀之为难，而处之为难；非处之为难，而处之者能久于其道之为难也。贱躯以多病之故，日夜冀了此塞责而去，不欲复以其罪累后来之人，故犹不免于意必之私，未忍一日舍置。嗟乎！"我躬不阅，遑恤我后？"尽其力之所能为。今其大势亦幸底定，如其礼乐，以俟君子而已。数日前，已还军赣州。风毒大作，壅肿坐卧，恐自此遂成废人，行且告休。人还，草草复。

承喻用兵之难，非独曲尽利害，足以开近议之惑，其所以致私爱于仆者，尤非浅也，愧感愧感！但龙川群盗为南、赣患，岁无虚月，剿捕之命屡下，所以未敢轻动，正亦恐如惟贤所云耳。虽今郴、桂夹攻之举，亦甚非鄙意所欲，况龙川乎！夏间尝具一疏，颇上其事，以湖广奉有成命，遂付空言。今录去一目，鄙心可知矣。湖广夹攻，为备已久。郴、桂之贼，为湖广兵势所迫，四出攻掠，南、赣日夜为备，今始稍稍支持。然广东以府江之役，尚未调集，必待三省齐发，复恐老师费财，欲视其缓急，以次渐举。盖桂东上游之贼，湖广与江西夹攻，广东无与也。昌乐、乳源之贼，广东与湖广夹持，江西无与也。龙川之贼，江西与广东夹攻，湖广无与也。事虽一体，而其间贼情地势，自不相及，若先举桂东上游，候广东兵集，然后举乳源诸处，末乃及于龙川，似亦可以节力省费，而易为功。不知诸公之见又何如耳？所云龙川亦止浰头一巢。盖环巢数邑，被害已极，人之痛愤，势所不容已也。

来谕谓："得书之后，前疑涣然冰释。"幸甚幸甚！学不如此，只是一场说话，非所谓盈科而后进，成章而后达也。又自谓："终夜思之，如污泥在面而不能即去。"果如污泥在面，有不能即去者乎，幸甚幸甚！

自来南、赣，平生益友离群索居，切磋之间不闻。近日始有薛进士辈一二人自北来，稍稍各有砥砺。又以讨贼事急，今屯兵浰头，且半月矣。浰头贼首池大鬓等二十余人，悉已授首。漏网者甲从一二辈，其余固可略也。狼兵利害相半，若调犹未至，且可已之。此间所用，皆机快之属，虽不能如狼兵之犀利，且易躯策，就约束。闻乳源诸贼已平荡，可喜。湖兵四哨，不下数万，所获不满二千，始得子月朔日会剿依期而往。彼反以先期见责，所谓文移时出侵语，诚有之。此举本渠所倡，今所俘获反不能多，意有未惬，而愤激至此，不足为怪。浰头巢穴虽已破荡，然须建一县治以控制之，庶可永绝啸聚之患。已檄赣、惠二知府会议可否。高见且以为何如？南、赣大患，惟桶冈、横水、浰头三大贼，幸皆以次削平。年来归思极切，所恨风波漂荡，茫无涯涘。乃今幸有湾泊之机，知己当亦为吾喜也。乳源各处克捷，有两广之报，区区不敢冒捷。然亦且须题知，事毕之日，须备始末知之。

近得甘泉、叔贤书，知二君议论既合。自此吾党之学廓然同途，无复疑异矣，喜幸不可言！承喻日来进修，警省不懈，尤足以慰倾望。此间朋友亦集，亦颇有奋起者。但惟鄙人冗疾相仍，精气日耗，兼之淹滞风尘中，未遂脱屣林下，相与专心讲习，正如俳优场中奏雅，纵复音调尽协，终不免于剧戏耳。乞休疏已四上，銮舆近闻且南幸，以疮疾暂止。每一奏事，辄往复三四月。此番倘得遂请，亦须冬尽春初矣。后山应援之说，审度事势，亦不必然，但奉有诏旨，不得不一行。此亦公文体面如此。闻彼中议论颇不齐，惟贤何以备？见示，区区庶可善处也。

近得省城及南都诸公书，报云即日初十日圣驾北还，且云船头已发，不胜喜跃。贱恙亦遂顿减。此宗社之福，天下之幸，人臣之至愿，何喜何慰如之！但区区之心犹怀隐忧，或恐须及霜降以后，冬至以前，方有的实消息。其时贱恙当亦平复，即可放舟东下，与诸群一议地方事，遂图归计耳。闻永丰、新淦、白沙一带皆被流劫，该道守巡官皆宜急出督捕，非但安靖地方，亦可乘此机会，整顿兵马，以预备他变。今恐事势昭彰，惊动远近，且不行文，书至，即可与各守巡备道区区之意，即时一出，勿更迟迟，轻忽坐视。思抑归兴，近却如何，若必不可已，俟回銮信的，徐图之未晚也。

近得江西策问，深用警惕。然自反而缩，固有举世非之而不顾者矣，其敢因是遂靡然自弛耶？《易》曰："知至至之。""知至"者，知也；"至之"者，致知也；此知行之所以合一也。若后世致知之说，止说得一知字，不曾说得致字，此知行所以二也。病发荼苦之人，已绝口人间事，念相知之笃，辄复一及。

北行不及一面，甚阙久别之怀。承寄《慈湖文集》，客冗未能遍观。来喻欲摘其尤粹者再图翻刻，甚喜。但古人言论，自各有见，语脉牵连，互有发越。今欲就其中以己意删节之，似亦甚有不易。莫若尽存，以俟具眼者自加分别。所云超捷，良如高见。今亦但当论其言之是与不是，不当逆观者之致疑，反使吾心昭明洞达之见有所掩覆而不尽也。尊意以为何如？

与当道书

江省之变，大略具奏内。此人逆谋已非一日，久而未发，盖其心怀两图，是以迟疑未决，抑亦虑生之蹑其后也。近闻生将赴闽，必经其地，已视生为几上肉矣。赖朝廷之威灵，诸老先生之德庇，竟获脱身虎口。所恨兵力寡弱，不能有为尔。南、赣旧尝屯兵四千，朝有警而夕可发。近为户部必欲奏革商税，粮饷无所取给，故遂放散，未三月而有此变，复欲召集，非数月不能，亦且空然无资矣。世事之相挠阻，每每如此，亦何望乎？今亦一面号召忠义，取调各县机快，且先遣疲弱之卒，张布声势于丰城诸处，牵蹑其后。天夺其魄，彼果迟疑而未进。若再留半月，南都必已有备。彼一离窠穴，生将奋捣其虚，使之进不得前，退无所据。勤王之师，又四面渐集，必成擒矣。

此生忆料若此，切望诸老先生急赐议处，速遣能将，将重兵声罪而南，以绝其北窥之望。飞召各省，急兴勤王之师。此人凶残忌刻，世所未有，使其得志，天下无遗类矣。谅在庙堂，必有成算，区区愚诚，亦不敢不竭尽，生病疲尩，仅存余息。近者入闽，已具本乞休，必不得已，且容归省。不意忽遭此变，本非生之责任。但阖省无一官见在，人情涣散，汹汹震摇，使无一人牵制其间，彼得安意顺流而下，万一南都无备，将必失守。彼又分兵四掠，十三郡之民，素劫于积威，必向风而靡。如此，则湖、湘、闽、浙皆不能保。及事闻朝廷，大兵南下，彼之奸计渐成，破之难矣。以是遂忍死暂留于此，徒以空言收拾散亡，感激忠义。日望命帅之来、生得以舆疾还越，死且瞑目。伏惟诸老先生鉴其血诚，必赐保全，勿遂竭其力所不能，穷其智所不及，以为出身任事者之戒，幸甚幸甚！

与汪节夫书

足下数及吾门，求一言之益，足知好学勤勤之意。人有言："古之学者为己，今之学者为人。"今之学者须先有笃实为己之心，然后可以论学。不然，则纷纭口耳讲说，徒足以为为人之资而已。仆之不欲多言者，非有所靳，实无可言耳。以足下之勤勤下问，使诚益励其笃实为己之志，归而求之，有余师矣。有能一日用其力于仁矣乎，我未见力不足者。足下勉之！"道南"之说，明道实因龟山南归，盖亦一时之言，道岂有南北乎？凡论古人得失，莫非为己之学，诵其诗，读其书，不知其人，可乎？是以论其世也，是尚友也。果能有所得于尚友之实，又何以斯录为哉？节夫姑务为己之实，无复往年务外近名之病，所得必已多矣，此事尚在所缓也。凡作文，惟务道其心中之实，达意而止，不必过求雕刻，所谓修辞立诚者也。

寄张世文

执谦枉问之意甚盛。相与数月，无能为一字之益，乃今又将远别矣，愧负愧负！今时友朋，美质不无，而有志者绝少。谓圣贤不复可冀，所视以为准的者，不过建功名，炫耀一时，以骇愚夫俗子之观听。呜呼！此身可以为尧、舜参天地，而自期若此，不亦可哀也乎？故区区于友朋中，每以立志为说。亦知往往有厌其烦者，然卒不能舍是而别有所先。诚以学不立志，如植木无根，生意将无从发端矣。自古及今，有志而无成者则有之，未有无志而能有成者也。远别无以为赠，复申其立志之说。贤者不以为迂，庶勤勤执谦枉问之盛心为不虚矣。

与王晋溪司马

伏惟明公德学政事高一世，守仁晚进，虽未获亲炙，而私淑之心，已非一日。乃者承乏鸿胪，自以迂腐多疾，无复可用于世，思得退归田野，苟存余息。乃蒙大贤君子，不遗葑菲，拔置重地，适承前官，谢病之后，地方亦复多事，遂不敢固以疾辞。已于正月十六日抵赣，扶疾莅任。虽感恩图报之心，无不欲尽，而精力智虑，有所不及，恐不免终为荐举之累耳。伏惟仁人君子，器使曲成，责人以其所可勉，而不强人以其所不能，则守仁羁鸟故林之想，必将有日可遂矣。因遣官诣阙陈谢，敬附申谢私于门下，伏冀尊照。不备。

守仁近因輋贼大修战具，远近勾结，将遂乘虚而入，乃先其未发，分兵掩扑。虽斩获未尽，然克全师而归，贼巢积聚，亦为一空。此皆老先生申明律例，将士稍知用命，以克有此。不然，以南、赣素无纪律之兵，见贼不奔，亦已难矣。况敢暮夜扑剿，奋呼追击，功虽不多，其在南、赣，则实创见之事矣。伏望老先生特加劝赏，使自此益加激励，幸甚。今各巢奔溃之贼，皆聚横水、桶冈之间，与郴、桂诸贼接境。生恐其势穷，或并力复出。且天气炎毒，兵难深入远攻。乃分留重卒于金坑营前，扼其要害，示以必攻之势，使之旦夕防守，不遑他图。

又潜遣人于已破各巢山谷间多张疑兵，使既溃之贼不敢复还旧巢，聊且与之牵持。候秋气渐凉，各处调兵稍集，更图后举。惟望老先生授之以成妙之算，假之以专一之权，明之以赏罚之典。生虽庸劣，无能为役，敢不鞭策驽钝，以期无负推举之盛心。秋冬之间，地方苟幸无事，得以归全病喘于林下，老先生肉骨生死之恩，生当何如为报耶！正署，伏惟为国为道自重，不宣。

前月奏捷人去，曾渎短启，计已达门下。守仁才劣任重，大惧覆悚，为荐扬之累。近者南、赣盗贼虽外若稍定，其实譬之疽痈，但未溃决。至其恶毒，则固日深月积，将渐不可瘳治。生等固庸医，又无药石之备，不过从旁抚摩调护，以纾目前。自非老先生发针下砭，指示方药，安敢轻措其手，冀百一之成？前者申明赏罚之请，固来求针砭于门下，不知老先生肯赐俯从，卒授起死回生之方否也？近得輋中消息，云将大举，乘虚入广。盖两广之兵，近日皆聚府江，生等恐其声东击西，亦已密切布置，将为先事之图。但其事隐而未露，未敢显言于朝。然又不敢不以闻于门下。且闻府江不久班师，则其谋亦将自阻。大抵南、赣兵力极为空疏，近日稍加募选训练，始得三千之数。然而粮赏之资，则又百未有措。若夹攻之举果行，则其势尤为窘迫。欲称贷于他省，则他省各有军旅之费。欲加赋于贫民，则贫民又有从盗之虞。惟赣州虽有盐税一事，迩来既奉户部明文停止。但官府虽有禁止之名，而奸豪实窃私通之利。又盐利下通于三府，皆民情所深愿，而官府稍取其什一，亦商人所悦从。用是辄因官僚之议，仍旧抽放。盖事机窘迫，势不得已。然亦不加赋而财足，不扰民而事办，比之他图，固犹计之得者也。今特具以闻奏，伏望老先生曲赐扶持，使兵事得赖此以济，实亦地方生灵之幸。生等得免于失机误事之诛，其为感幸，尤深且大矣。自非老先生体国忧民之至，何敢每事控聒若此？伏冀垂照。不具。

生于前月二十日，地方偶获微功，已于是月初二日具本闻奏。差人既发，始领部咨，知夹攻已有成命。前者尝具两可之奏，不敢专主夹攻者，诚以前此三省尝为是举，乃往复勘议，动经岁月，形迹显暴，事未及举，而贼已奔窜大半。今老先生略去繁文之扰，行以实心，断以大义，一决而定，机速事果，则夹攻之举，固亦未尝不善也。凡败军偾事，皆缘政出多门，每行一事，既禀巡抚，复禀镇守，复禀巡按，往返需迟之间，谋虑既泄，事机已去。昨睹老先生所议，谓阃外兵权，贵在专委；征伐事宜，切忌遥制。且复除去总制之名，使各省事有专责，不令掣肘，致相推托。真可谓一洗近年琐屑牵扰之弊。非有大公无我之心发强刚毅者，孰能与于斯矣？庙堂之上，得如老先生者为之张主，人亦孰不乐为之用乎？幸甚幸甚？今各贼巢穴之近江西者，盖已焚毁大半。但擒斩不多，徒党尚盛。其在广东、湖广者，犹有三分之一。若平日相机掩扑，则贼势分而兵力可省。今欲大举，贼且并力合势，非有一倍之众，未可轻议攻围。况南、赣之兵，素称疲弱，见贼而奔，乃其长技。广、湖所用，皆土官狼兵，贼所素畏，夹攻之日，势必偏溃江西，今欲请调狼兵以当其锋，非惟虑其所过残掠，兼恐缓不及事。生近以漳南之役，亲见上杭、程乡两处机快，颇亦可用，且在抚属之内。故今特调二县各一千名，并凑南、赣新集起倩，共为一万二千之数。若以军法五攻之例，必须三省合兵十万而后可。但南、赣粮饷无措，不得已而从减省若此。伏望老先生特赐允可。若更少损其数，断然力不足以支寇矣。腐儒小生，素不习兵，勉强当事，惟恐覆公之悚。伏惟老先生悯其不逮，教以方略，使得有所持循，幸甚幸甚！

守仁始至赣，即因闽寇猖獗，遂往督兵。故前者渎奏谢启，极为草略，迄今以为罪。闽寇之始，亦不甚多，大军既集，乃连络四面而起，几不可支。今者偶获成功，皆赖庙堂德威成算，不然，且不免于罪累矣，幸甚。守仁腐儒小生，实非可用之才。盖未承南、赣之乏，已尝告病求退。后以托疾避难之嫌，遂不敢固请，黾勉至此，实恐得罪于道德，负荐举之盛心耳。伏惟终赐指教而曲成之，幸甚幸甚！今闽寇虽平，而南、赣之寇，又数倍于闽，且地连四省，事权不一，兼之敕旨又有不与民事之说，故虽虚拥巡抚之名，而其实号令之所及，止于赣州一城。然且尚多牴牾，是亦非皆有司者敢于违抗之罪，事势使然也。今为南、赣，止可因仍坐视，稍欲举动，便有掣肘。守仁窃以南、赣之巡抚，可无特设，止存兵备，而统于两广之总制，庶几事体可以归一。不然，则江西之巡抚，虽三省之务尚有牵碍，而南、赣之事，犹可自专。一应军马钱粮，皆得通融裁处，而预为之所，犹胜于今之巡抚，无事则开双眼以坐视，有事则空两手以待人也。夫弭盗所以安民，而安民者弭盗之本。今责之以弭盗，而使无与于民，犹专以药石攻病，而不复问其饮食调适之宜，病有日增而已矣。今巡抚之改革，事体关系，或非一人私议之间便可更定，惟有申明赏罚，犹可以稍重任使之权，而因以略举其职，故今辄有是奏。伏惟特赐采择施行，则非独生一人得以稍逭罪戮，地方之困亦可以少苏矣。非恃道谊深爱，何敢冒渎及此？万冀鉴恕。不宣。

即日，伏惟经纶帮政之暇，台候万福。守仁学徒慕古，识乏周时，谬膺简用，惧弗负荷。祇命以来，推寻酿寇之由，率因姑息之弊。所敢陈情，实恃知己。乃蒙天听，并赐允从，蕃锡宠石，恩与至重。是非执事，器使曲成，奖饰接引，何以得此？守仁无似，敢不勉奋庸劣，遵禀成略，冀收微效，以上答圣眷，且报所自乎？兹当发师，匆遽陈谢，伏惟台照。不备。

生惟君子之于天下，非知善言之为难，而能用善之为难。舜在深山之中，与木石居、鹿豕游，其所以异于深山之野人者几希。舜亦何以异于人哉？至其闻一善言，见一善行，沛然若决江河，莫之能御，然后见其与世之人相去甚远耳。今天下知谋才辩之士，其所思虑谋猷，亦无以大相远者。然多蔽而不知，或虽知而不能用，或虽用而不相决，雷同附和。求其的然真见其孰为可行，孰为不可行，孰为似迂而实切，孰为似是而实非，断然施之于用，如神医之用药，寒暑虚实，惟意所投，而莫不有以曲中其机，此非有明睿之资，正大之学，刚直之气，其孰能与于此？若此者，岂惟后世之所难能，虽古之名世大臣，盖亦未之多闻也。守仁每诵明公之所论奏，见其洞察之明，刚果之断，妙应无方之知，灿然剖析之有条，而正大光明之学，凛然理义之莫犯，未尝不拱手起诵，歆仰叹服。自其识事以来，见世之名公巨卿，负盛望于当代者，其所论列，在寻常亦有可观，至于当大疑，临大利害，得丧毁誉，眩瞀于前，力不能正，即依违两可，掩覆文饰，以幸无事，求其卓然之见，浩然之气，沛然之词，如明公之片言者，无有矣。在其平时，明公虽已自有以异于人，人固犹若无以大异者，必至于是而后见其相去之甚远也。守仁耻为佞词以谀人，若明公者，古之所谓社稷大臣，负王佐之才，临大节而不可夺者，非明公其谁欤！守仁后进迂劣，何幸辱在驱策之末。奉令承教，以效其尺寸，所谓驽骀遇伯乐而获进于百里，其为感幸何如哉！迩者龙川之役，亦幸了事，穷本推原，厥功所自，已略具于奏末，不敢复缕缕。所恨福薄之人，难与成功，虽仰赖方略，侥幸塞责，而病患日深，已成废弃。昨日乞休疏入，辄尝恃爱控其恳切之情，日夜瞻望允报。伏惟明公终始曲成，使得稍慰老父衰病之怀，而百岁祖母，亦获一见为诀，死生骨肉之恩，生当何如为报耶！情隘词迫，乞冀矜亮，死罪死罪！

近领部咨，见老先生之于守仁，可谓心无不尽，而凡其平日见于论奏之间者，亦已无一言之不酬。虽上公之爵，万户侯之封，不能加于此矣。自度鄙劣，何以克堪，感激之私，中心藏之，不能以言谢。然守仁之所以隐忍扶疾，身披锋镝，出百死一生，以赴地方之急者，亦岂苟图旌赏，希阶级之荣而已哉？诚感老先生之知爱，期无负于荐扬之言，不愧称知己于天下而已矣。今虽不能大建奇伟之绩，以仰答知遇，亦幸苟无挠败戮辱，遗缪举之羞于门下，则守仁之罪责亦已少塞，而志愿亦可以无大憾矣，复何求哉！复何求域！伏惟老先生爱人以德，器使曲成，不责人以其所不备，不强人以其所不能，则凡才薄福，尪羸疾废如某者，庶可以遂其骸骨之请矣。乞休疏待报已三月，尚杳未有闻。归魂飞越，夕不能旦。伏望悯其迫切之情，早赐允可，是所谓生死而肉骨者也，感德当何如耶！

辄有私梗，仰恃知爱，敢以控陈。近日三省用兵之费，广、湖两省皆不下十余万，生处所乞，止于三万，实皆分毫扣算，不敢稍存赢余。已蒙老先生洞察其隐，极力扶持，尽赐准允。后户部复见沮抑，以故昨者进兵之际，凡百皆临期那借屑凑，殊为窘急。赖老先生指授，幸而两月之内，偶克成功。不然，决致败事矣。此虽已遂之事，然生必欲一鸣其情者，窃恐因此遂误他日事耳。又南、赣盗贼巢穴，虽幸破荡，而漏殄残党，难保必无。兼之地连四省，深山盘谷，逃流之民，不时啸聚。辄采民情，议于横水大寨，请建县治，为久安之图。乘间经营，已略有次第。守仁迂疏病懒，于凡劳役之事，实有不堪。但筹度事势，有不得不然者，是以不敢以病躯欲归之故。闭遏其事而不可闲，苟幸目前之塞责而已也。伏惟老先生并赐裁度施行，幸甚！

守仁不肖，过蒙荐奖，终始曲成，言无不行，请无不得，既假以赏罚之权，复委以提督之任，授之方略，指其迷谬，是以南、赣数十年桀骜难攻之贼，两月之内，扫荡无遗。是岂驽劣若守仁者之所能哉？昔人有言，追获兽兔，功狗也；发纵指示，功人也。守仁赖明公之发纵指示，不但得免于挠败之戮，而又且与于追获兽兔之功，感恩怀德，未知此生何以为报也！因奏捷人去，先布下悫。俟兵事稍间，尚当具启修谢。伏惟为国为道自重，不宣。

迩者南、赣盗贼遂获底定，实皆老先生定议授算，以克有此。生辈不过遵守奉行之而已。何功之有，而敢冒受重赏乎？伏惟老先生橐籥元和，含洪无迹，乃欲归功于生物。物惟不自知其生之所自焉，尔苟知其生之所自，其敢自以为功乎？是自绝其生也已。拜命之余，不胜惭惧，辄具本辞免，非敢苟为逊避，实其中心有不自安者。升官则已过甚，又加之荫子，若之何其能当之。负且乘致寇至。生非无贪得之心，切惧寇之将至也。伏惟老生鉴其不敢自安之诚，特赐允可，使得仍以原职致事而去，是乃所以曲成而保全之也，感刻当何如哉！渎冒尊威，死罪死罪！

忧危之际，不敢数奉起居，然此心未尝一日不在门墙也。事穷势极，臣子至此，惟有痛哭流涕而已，可如何哉！生前者屡乞省葬，盖犹有隐忍苟全之望。今既未可，得以微罪去归田里，即大幸矣。素蒙知爱之深，敢有虚妄，神明诛殛。惟鉴其哀恳，特赐曲成，生死肉骨之感也。地方事决知无能为，已闭门息念，袖手待尽矣。惟是苦痛切肤，未免复为一控，亦聊以尽吾心焉尔。临启悲怆，不知所云。

自去冬畏途多沮，遂不敢数数奉启，感刻之情，无由一达，缪劣多忤，尚获曲全，非老先生何以得此。“中心藏之，何日忘之。”诵此而已，何能图报哉！江西之民，困苦已极，其间情状，计已传闻，无俟复喋。今骚求既未有艾，钱粮又不得免，其变可立待。去岁首为控奏，既未蒙旨，继为申请，又不得达，今兹事穷势极，只得冒罪复请。伏望悯地方之涂炭，为朝廷深忧远虑，得与速免，以救燃眉，幸甚幸甚！生之乞归省葬，去秋已蒙“贼平来说”之旨，冬底复请，至今未奉允报。生之汲汲为此，非独情事苦切，亦欲因此稍避怨嫉。素蒙老先生道谊骨肉之爱，无所不至，于此独忍不一举手投足为生全之地乎？今地方事残破惫极，其间宜修举者百端，去岁尝缪申一二，奏皆中途被沮而归。继是而后，遂以形迹之嫌，不敢复有所建白。兼贱恙日尪瘠，又以父老忧危致疾之故，神志恍恍，终日如在梦寐中。今虽复还省城，不过闭门昏卧，服药喘息而已。此外人事，都不复省，况能为地方救灾拯难，有所裨益于时乎？所以复有蠲租之请者，正如梦中人被锥刺，未能不知疼痛，纵其手足扑疗不及，亦复一呻吟耳。老先生幸怜其志，哀其情，速免征科，以解地方之倒悬。一允省葬之乞，使生得归全首领于牖下，则阖省蒙更生之德，生父子一家，受骨肉之恩举含刻于无涯矣。昏愦中控诉无叙，临启不胜怆慄。

屡奉启，皆中途被沮，无由上达。幸其间乃无一私语可以质诸鬼神。自是遂不敢复具。然此颠顿窘局，苦切屈仰之情，非笔舌可尽者，必蒙悯照，当不俟控吁而悉也。日来呕血，饮食顿减，潮热夜作。自计决非久于人世者，望全始终之爱，使得早还故乡。万一苟延余息，生死肉骨之恩，当何如图报耶？余情张御史当亦能悉，伏祈垂亮。不备。

比兵部差官来赍示批札，开谕勤惓，佐亦随至，备传垂念之厚。昔人有云，公之知我，胜于我之自知。若公今日之爱生，实乃胜于生之自爱也，感报当何如哉！明公一身系宗社安危，持衡甫旬月，略示举动，已足以大慰天下之望矣。百凡起居，尤望倍常慎密珍摄，非独守仁之私幸也。佐且复北，当有别启。差官回，便辄先附谢，伏惟台鉴。不具。

与陆清伯书

屡得书，见清伯所以省愆罪己之意，可谓真切恳到矣。即此便是清伯本然之良知。凡人之为不善者，虽至于逆理乱常之极，其本心之良知，亦未有不自知者。但不能致其本然之良知，是以物有不格，意有不诚，而卒入于小人之归。故凡致知者，致其本然之良知而已。《大学》谓之"致知格物"，在《书》谓之"精一"，在《中庸》谓之"慎独"，在《孟子》谓之"集义"，其功夫一也。向在南都，尝谓清伯吃紧于此。清伯亦自以为既知之矣。近睹来书，往往似尚未悟，辄复赘此。清伯更精思之。《大学》古本一册寄去，时一览。近因同志之士，多于此处不甚理会，故序中特改数语。有得便中写知之。季惟乾事善类所共冤，望为委曲周旋之。

与许台仲书

荣擢谏垣，闻之喜而不寐。非为台仲喜得此官，为朝廷谏垣喜得台仲也。孟子云："人不足与适也，政不足与间也。惟大人为能格君心之非。""一正君而国定矣。"碌碌之士，未论其言之若何，苟言焉，亦足尚矣。若夫君子之志于学者，必时然后言而后可，又不专以敢言为贵也。去恶先其甚者。颠倒是非。固已得罪于名教；若搜罗琐屑，亦君子之所耻矣。尊意以为何如？向时格致之说，近来用功有得力处否？若于此见得真切，即所谓一以贯之。如前所云，亦为琐琐矣。

又

吾子累然忧服之中，顾劳垂念，至勤贤即以书币远及，其何以当！其何以当！道不可须臾而离，故学不须臾而间，居丧亦学也。而丧者以荒迷自居，言不能无荒迷尔，学则不至于荒迷，故曰："丧事不敢不勉。"宁戚之说，为流俗忘本者言也。喜怒哀乐，发皆中节谓和。哀亦有和焉，发于至诚，而无所乘戾之谓也。夫过情，非和也；动气，非和也；有意必于其间，非和也。孺子终日啼而不嗌，和之至也。知此，则知居丧之学，固无所异于平居之学矣。闻吾子近日有过毁之忧，辄敢以是奉告，幸图其所谓大孝者可也。

与林见素

执事孝友之行，渊博之学，俊伟之才，正大之气，忠贞之节，某自弱冠从家君于京师，幸接比邻，又获与令弟相往复，其时固已熟闻习见，心悦而诚服矣。第以薄劣之资，未敢数数有请。其后执事德益盛，望益隆，功业益显，地益远，某企仰益切，虽欲忘其薄劣，一至君子之庭，以濡咳唾之余，又益不可得矣。执事中遭谗嫉，退处丘园，天下之士，凡有知识，莫不为之扼腕不平，思一致其勤倦。而况某素切向慕者，当如何中为心？顾终岁奔走于山夷海獠之区，力不任重，日不暇给，无由一申起居，徒时时于交游士夫间，窃执事之动履消息。皆以为人不堪其忧愤，而执事处之恬然，从容礼乐之间，与平居无异。《易》所谓"时困而德辨，身退而道亨"，于执事见之矣。圣天子维新政化，复起执事，寄之股肱，诚以慰天下之望。此盖宗社生民之庆，不独知游之幸，善类之光而已也。正欲作一书，略序其前后倾企纡郁未伸之怀，并致其欢欣庆忭之意，值时归省老亲，冗病交集，尚尔未能。而区区一时侥幸之功，连年屈辱之志，乃蒙为之申理，诱掖过情，而褒赏逾分，又特遣人驰报慰谕。此固执事平日与人为善之素心，大公无我之盛节，顾浅陋卑劣，其将何以承之乎！感激惶悚，莫知攸措。使还，冗剧草草，略布下悃。至于恩命之不敢当，厚德之未能谢者，尚容专人特启。不具。

与杨邃庵

某之缪辱知爱，盖非一朝一夕矣。自先君之始托交于门下，至于今，且四十余年。父子之间，受惠于不知，蒙施于无迹者，何可得而胜举？就其显然可述不一而足者，则如先君之为祖母乞葬祭也，则因而施及其祖考。某之承乏于南、赣，而行事之难也，则因而改授以提督。其在广会征，偶获微功，而见诎于当事也，则竟违众议而申之。其在西江，幸夷大憝，而见构于权奸也，则委曲调护，既允全其身家，又因维新之诏，而特为之表扬暴白于天下，力主非常之典，加之以显爵。其因便道而告乞归省也，则既嘉允其奏，而复优之以存问。其颁封爵之典也，出非望之恩而遂推及其三代。此不待人之请，不由有司之议，傍无一人可致纤毫之力，而独出于执事之心者，恩德之深且厚也如是，受之者宜何如为报乎！夫人有德于已，而不知以报者，草木鸟兽也，栎之树，随之蛇，尚有灵焉，人也而顾草木鸟兽之弗若耶？顾无所可效其报者，惟中心藏之而已。中心藏之，而辄复言之，惧执事之谓其藐然若罔闻知，而遂以草木视之也。迩者先君不幸大故，有司以不肖孤方茕然在疚，谓其且无更生之望，遂以葬祭赠谥为之代请，颇为该部所抑，而朝廷竟与之以葬祭。是执事之心，何所不容其厚哉！乃今而复有无厌之乞，虽亦其情之所不得已，实恃知爱之笃，遂径其情，而不复有所讳忌嫌沮，是诚有类于藐然若罔闻知者矣。事之颠末，别具附启。惟执事始终其德而不以之为戮也，然后敢举而行之。

与萧子雍

缪妄迂疏，多招物议，乃其宜然。每劳知已为之忧念不平，徒增悚赧耳。荼毒未死之人，此身已非己有，况其外之毁誉得丧，又敢与之乎?哀痛稍苏时，与希渊一二友喘息于荒榛丛草间，惴惴焉惟免于戮辱是幸，他更无复愿矣。近惟教化大行，已不负平时祝望。知者不虑其不明，而虑其过察；果者不虑其无断，而虑其过严。若夫尊德乐义，激浊扬清，以丕变陋习，吾与昔人，可无间然矣。盛价还，草草无次。

与德洪

《大学或问》数条，非不愿共学之士尽闻斯义，顾恐藉寇兵而赍盗粮，是以未欲轻出。且愿诸公与海内同志口相授受，俟其有风机之动，然后刻之非晚也。此意尝与谦之面论，当能相悉也。江、广两途，须至杭城始决。若从西道，又得与谦之一话于金、焦之间。冗甚，不及写书，幸转致其略。

卷二十八　续编三

自劾不职以明圣治事疏

臣闻之，主圣则臣直，上易知而下易治。今圣主在上，泽壅而未宣，怨积而不闻。臣等曾无一言，是甘为容悦，而上无以张主之圣，下无以解于百姓之惑也。伏惟陛下神明英武，自居春宫，万姓仰德。及登大宝，四夷向风。不幸贼臣刘瑾，窃弄威柄，流毒生灵，潜谋僭逆，几危郊社。赖祖宗上天之灵，俾张永等早发其奸，陛下奋雷霆之断，诛灭党与，划涤凶秽；复祖宗之旧章，吊黎元之疾苦；任贤修政，与民更始。天下莫不欢欣鼓舞，谓陛下固爱民之主，而前此皆贼瑾之荼毒；知陛下固有为之君，而前此皆贼瑾之蒙蔽。日早跂足延颈，以望太平。奈何积暴所加，民痍未复，余烈所煽，妖孽连兴，几及二年，愈肆愈横。兵屯不解，民困日深。贼势相连殆遍，财匮粮竭，旦夕汹汹。臣等备位大臣，不能展一筹以纾患害，宽一缚以苏倒悬。抚心反己，自知之罪，莫可究言。至其暴扬于天下，訾詈于道途，而尤难掩饰者，大罪有三，请自陈其略，以伏厥辜。

夫朝以出政，政以成事。陛下每月视朝，朔望之外，不过一二。岂不以臣等分职于下，事苟无废，不朝奚损乎？然群臣百司，愿时一睹圣颜而不获，则忧思徬徨，渐以懈弛。远近之民，遂疑陛下不复念其困苦，而日兴怨怼；四方盗贼，亦谓陛下未尝有意剪除，而益猖獗。夫昧爽临朝，不过顷刻间，陛下何惮而不为？ 所以若此，则实由臣等不能备言天下汹汹之情，以悟陛下，是其大罪一也。

陛下日于后苑训练兵事，鼓噪之声，震骇城域。岂不以寇盗未平，思欲奋威讲武乎？然此本亦将卒之事，兼非宫禁所宜。况今前星未耀，震位犹虚，而乃劳力于掣肘，耗气于驰逐，群臣惶惑，两宫忧危，宗社大本，无急于是。而臣等不能力劝陛下蓄精养神，以衍皇储之庆，思患预防。以为燕翼之谋，是其大罪二也。

夫日近儒臣，讲论道德，涵泳义理，以培养本原，开发志意。则耳目日以聪明，血气日以和畅，穷天地之化，尽万物之情，优游泮涣，以与古先神圣为伍，此亦天下之至乐矣。陛下苟知此，则将乐之终身而不能以须臾舍，奚暇游戏之娱乎？今陛下自即位以来，经筵之御，未能四五，而悦心于骑射疲劳之事，皆由臣等不能备陈至乐，以易陛下之所好，是其大罪三也。

陛下有尧、舜之资，臣等不能导陛下于三代，而使天下之民疾首蹙额相告，归咎怀愤，若汉、唐之季，臣等死有余罪矣。伏愿陛下继自今昧爽以视朝，励精而图治。端拱玄默，以养天和，正《关雎》之风，毓《麟趾》之祥。日御经筵，讲求治道，悦理义之悦心，去游宴之败度。正臣等不职之罪，罢归田里，举耆德宿望之贤，与共天职。使天下晓然皆知陛下忧悯元元之本心，由臣等不能极言切谏，以至于斯。自兹以往，务在休养生息，无复有所骚扰。躬修圣政，以弭天下之艰，屯广圣嗣，以定天下之危，疑勤圣，学以立天下之大本。其余习染，以次洗刷。则民生自遂，若阳气至而万物春；寇盗自消，若白日出而魍魉灭。上以承祖宗之鸿休，下以垂子孙之统绪；近以慰臣庶之忧惶，远以答四方之观向。臣等虽死之日，犹生之年。不胜激切颠陨待罪之至，具疏上闻。

乞恩表扬先德疏

窃照臣父致仕南京吏部尚书王华，以今年二月十二日病故。臣时初丧荼苦，气息奄奄，不省人事。有司以臣父忝在大臣之列，特为奏闻，兼乞葬祭赠谥事下该部，以臣父为礼部侍郎时，尝为言官所论，谓臣父于暮夜受金而自首，清议难明；承朝廷遣告而乞归，诚意安在。又为南京吏部尚书时，因礼部尚书李杰乞恩认罪回话事，奉钦依李杰、王华彼时共同商议，如何独言张升，显是饰词。本当重治，姑从轻，都著致仕。伏遇圣慈覆载宽容，不轻绝物。然犹赐之葬祭，感激浩荡之恩，阖门粉骨，无以为报。窃念臣父始得暗投之金，若使其时秘而不宣，人谁知者。而必以自首，其于心迹，可谓清矣。乞便道省母于既行祭告之后，其于遣祀之诚，自无妨矣。当时论者不察其详，而辄以为言。臣父盖尝具本六乞退休，请究其事。当时朝廷特为暴白，屡赐温旨，慰论勉留，其事固已明白久矣。乃不意身没之后，而尚以此为罪也，臣切痛之。

正德初年，逆瑾肇乱，威行中外。其时臣为兵部主事，因瑾绑拿科道官员，臣不胜义愤，斥瑾罪恶。瑾怒臣，因而怒及臣父。既而使人讽臣父令出其门。臣父不往，瑾益怒。然臣父乃无可加之罪，后遂推寻礼部旧事与臣父无干者，因传旨并令臣父致仕，以泄其怒。此则臣父以守正不阿，触忤权奸，而为所摈抑，人皆知之，人皆冤之。乃不知身没之后而反以此为咎也，臣尤痛之。

臣父以一甲进士，授官翰林院修撰，历升春坊谕德、翰林院学士、詹事府少詹事、礼部侍郎、南京吏部尚书。其间充经筵官、经筵讲官、日讲官，又选充东宫辅导官、东宫讲读官，与修《宪庙实录》及《大明会典》、《通监纂要》等书。积劳久而被遇深矣。故事侍从日讲辅导等官身没之后，类得优以殊恩，荣以美谥。而臣父独以无实之谤，不附权奸之义，生被诬抑，而没有余耻，此臣之所以割心痛骨，不得不从陛下而求一表暴者也。

夫人子之孝，莫大于显亲；其不孝亦莫大于辱亲。臣以犬马微劳，躐致卿位。故事在卿佐之列者，亲没之后，皆得为之乞请恩典。臣今未敢有所陈乞以求显其亲，而反以无实之诟辱其亲于身没之后，不孝之罪，复何以自立于天地间乎！此臣之所尤割心痛骨，不得不从陛下而求一表暴者也。

臣自去岁乞恩便道归省，陛下垂悯乌鸟，且念臣父系侍从旧臣，特推非常之恩，赐之存问。臣父先于正德九年尝蒙朝廷推恩进阶，臣伏睹制词有云:“直道见沮于权奸，晚节遂安于静退。”则当时先帝固已洞知臣父之枉矣。臣又伏睹陛下即位诏书内开:“自弘治十八年五月十八日以后，大小官员有因忠直谏诤，及守正被害去任等项，各该衙门备查奏请，大臣量进阶级，并与应得恩荫。”臣父以守正触怒逆瑾，无故被害去任，此固恩诏之所悯录，正在量进阶级之列。臣父既耻于自陈，而有司又未为奏请，乃今身没之后而反犹以为诟，臣窃自伤痛其无以自明也。臣父中遭屈抑，晚遇圣明，庶几沐浴恩泽，以一雪其拂郁。而忽复逝矣，岂不痛哉！今又反以为辱，岂不冤哉！

臣又查得先年吏部尚书马文升、屠滽等皆尝屡被论劾，其后朝廷推原其事，卒赐之以赠谥。臣父才猷虽或不逮于二臣，而无故被诬，实有深于二臣者。惟陛下矜而察之。臣以功微赏重，深忧覆败，方尔冒死辞免封爵，前后恩典，已惧不克胜荷。故于臣父之没，断已不敢更有乞请。乃不意蒙此诬辱，臣又安能含羞饮泣，不为臣父一致其辩乎?

夫人臣之于国也，主辱则臣死，子之于父也，亦然。今臣父辱矣，臣何以生为哉!

夫朝廷恩典所以报有功而彰有德，岂下臣所敢幸乞。顾臣父被无实之耻于身后，陛下不为一明其事，自此播之天下，传之后代，孝子慈孙将有所不能改，而臣父之目不瞑于地下矣，岂不冤哉!

夫饰非以欺其上者，不忠；矫辞以诬于世者，无耻；不忠无耻，亦所以为不孝。若使臣父果有纤毫可愧于心，而臣乃为之文饰矫诬以欺陛下，以罔天下后世，纵幸逃于国宪，天地鬼神实临殛之。臣虽庸劣之甚，不忠无耻之事，义不忍为也。惟陛下哀而察之。臣不胜含哀抱痛战栗惶惧激切控吁之至，谨具本令舍人王宗海代赍奏闻，伏候敕旨。

辨诛遗奸正大法以清朝列疏

丁忧南京兵部尚书臣王某谨奏，为诛遗奸，正大法，以清朝列事。

嘉靖元年十月初十等日，准南京兵部咨，准都察院咨，该巡按广西监察御史张钺奏，为前事题，奉圣旨:“是，这所劾张子麟事情，还著王守仁、伍希儒、伍文定看了，上紧开具明白，奏来定夺，钦此。”又准该部咨，准都察院咨，该丁忧刑部尚书张子麟奏，为辨污枉，清名节，以雪大冤事题，奉圣旨:“是，张子麟所奏事情，著王守仁等一并看了来说，钦此。”俱钦遵外，方在衰绖之中，忧病哀苦，神思荒愦，一切世务,悉已昏迷恍惚,奉命震悚。旋复追惟,臣先正德十四年六月初六日，奉敕前往福建查处聚众谋反等事。本月十五日，行至丰城地方，适遇宁藩之变，仓卒脱身，誓死讨贼。十八日回至吉安，督同知府伍文定等起兵。七月二十日引兵收复南昌。二十三日宸濠还救。二十六日宸濠就擒。其时余党尚有未尽，百务丛集，臣因先令各官分兵守视王府各门。至月初五六间，始克率同御史伍希儒、知府伍文定等入府，按视宫殿库藏诸处。其间未经烧毁者，重加封识，以俟朝命。已被残坏者，分令各官逐一整检。有刑部尚书张子麟启本一封，众共开视，云是胡世宁招词。臣当与各官商说，此等公文书启之类，皆在宸濠未反数年前事。虽私与交往，不为无罪，而反逆之举，未必曾与通谋。况此交通之人，今或多居禁近，分布联络，若存此等形迹，恐彼心怀疑惧，将生意外不测之变。且卢检人因而点缀掇拾，异时根究牵引，奸党未必能惩，而忠良或反被害。昔人有焚吏民交关文书数千章以安反侧之心者，今亦宜从其处，以息祸端。遂议与各官公同烧毁。后奉刑部题奉钦依:“原搜簿籍，既未送官封记收掌，又事发日久，别生事端，委的真伪难辨，无凭查考。着原搜获之人尽行烧毁，钦此。”钦遵外，臣等莫不仰叹圣主包含覆帱之量，范围曲成之仁，可谓思深而虑远也已。以是臣等不复为言，且谓朝廷于此等事既已一概宥略，与天下洗涤更始矣。

今御史张钺风闻其事，复有论列，是亦防闲为臣之大义，效忠于陛下之心也。尚书张子麟力辩其事，而都察院覆奏，以为世宁之狱，悉由该院，与子麟无干，则诚亦暧昧难明之迹。今臣等亦不过据事直言其实耳，岂能别有所查访。然以臣愚度之，尝闻昔年宸濠奸党为之经营布置于外，往往亦有诈为他人书启归以欺濠而罔利者。则此子麟之启，无乃亦是类欤？不然，子麟身为执法大臣，非一日矣，纵使与濠交通，岂略不知有畏忌，而数年之前，辄以肆然称臣于濠耶？

夫人臣而怀二心，此岂可以轻贷？然亦加人以不忠之罪，则亦非细故矣。此在朝廷必有明断。臣偶有所见，亦不敢不一言之。缘奉钦依“这所劾张子麟事情，还着王守仁、伍希儒、伍文定看了，上紧开具明白奏来定夺”；及“张子麟所奏事情，着王守仁等一并看了来说事理”，为此具本差舍人李升亲赍奏闻，伏候敕旨。

书同门科举题名录后

尝读《文中子》，见唐初诸名臣若房、杜、王、魏之流，大抵皆出其门，而论者犹以文中子之书乃其徒伪为之而托焉者，未必其实然也。今以邃庵先生之徒观之，则文中子之门又奚足异乎？予尝论文中子盖后世之大儒也，自孔、孟既没，而周、程未兴，董、韩诸子未或有先焉者。

先生自为童子，即以神奇荐入翰林，未弱冠而已为人师。其颖悟之蚤，文学之懿，比之文中，实无所愧。而政事之敏卓，才识之超伟，文中未有见焉。文中之在当时，尝以策干隋文，不及一试，而又蚤死。先生少发科第，入中书，督学政，典礼太常，经略边陲，弭奸戢乱，陟司徒，登冢宰，晋位师相，威名振于夷狄，声光被于海宇，功成身退，优游未老之年，以身系天下安危，圣天子且将复起之，以恢中兴之烈，而海内之士日翘首跂足焉。则天之厚于先生者，殆文中子所不能有也。

文中之徒，虽显于唐，然皆异代隔世。若先生之门，具体而微者，亦且几人，其余或得其文学，或得其政事，或得其器识，亦各彬彬成章，足为名士，布列中外，不下数十，又皆同朝共事，光耀于时。其间乔、靳诸公，遂与先生同升相位，相继为冢宰。若此者，文中子之门，益有所不敢望矣。且文中子之门，其亲经指受，若董常、程元之流，多不及显而章明于世，往往或请益于片言，邂逅于一接，非若今之题名所载，皆出于先生之陶冶，其出于陶冶而不显于世，若常、元之徒，殆未暇悉数也。

先生之在吏部，守仁常为之属，受知受教，盖不止于片言一接者。然以未尝亲出陶冶，不敢憾于兹录之不与。若其出于陶冶而有若常、元者焉，或亦未可以其不显于世而遂使之不与也。续兹录者，且以为何如？嘉靖甲申季冬望。

书宋孝子朱寿昌孙教读源卷

教读朱源，见其先世所遗翰墨，知其为宋孝子寿昌之裔也，既弊烂矣，使工为装缉之。因论之曰："孝，人之性也。置之而塞乎天地，溥之而横乎四海，施之后世而无朝夕。保尔先世之翰墨，则有时而弊；保尔先世之孝，无时而或弊也。人孰无是孝？岂保尔先世之孝，保尔之孝耳。保先世之翰墨，亦保其孝之一事，充是心而已矣。"源归其以吾言遍谕乡邻，苟有慕寿昌之孝者，各充其心焉，皆寿昌也已。正德己卯春三月晦，书虔台之静观轩。

书汪进之卷

程先生云:“有求为圣人之志，然后可与共学。”夫苟有必为圣人之志，然后能加为己谨独之功。能加为己谨独之功，然后于天理人欲之辨日精日密，而于古人论学之得失，孰为支离，孰为空寂，孰为似是而非，孰为似诚而伪，不待辩说而自明。何者？其心必欲实有诸已也。必欲实有诸己，则殊途而同归，其非且伪者，自不得而强入。不然，终亦忘己逐物，徒弊精力于文句之间，而曰吾以明道，非惟有捕风捉影之弊，抑且有执指为月之病，辩析愈多，而去道愈远矣。故某于朋友论学之际，惟举立志以相切砺。其于议论同异之间，姑且置诸未辩。非不欲辩也，本之未立，虽欲辩之，无从辩也。夫志，犹木之根也；讲学者，犹栽培灌溉之也。根之未植，而徒以栽培灌溉，其所滋者，皆萧艾也。进之勉之!

书赵孟立卷

赵仲立之判辰也，问政于阳明子。阳明子曰:“郡县之职，以亲民也。亲民之学不明，而天下无善治矣。”“敢问亲民。”曰:“明其明德以亲民也。”“敢问明明德。”曰:“亲民以明其明德也。”曰:“明德亲民一乎？君子之言治也，如斯而已乎？”曰:“亲吾之父，以及人之父，而孝之德明矣；亲吾之子，以及人之子，而慈之德明矣。明德亲民也，而可以二乎？惟夫明其明德以亲民也，故能以一身为天下；亲民以明其明德也，故能以天下为一身。夫以天下为一身也，则八荒四表，皆吾支体，而况一郡之治，心腹之间乎？”

书李白骑鲸

李太白，狂士也。其谪夜郎，放情诗酒，不戚戚于困穷。盖其性本自豪放，非若有道之士，真能无入而不自得也。然其才华意气，足盖一时，故既没而人怜之。骑鲸之说，亦后世好事者为之。极怪诞，明者所不待辨。

因阅此，间及之尔。

书三酸

人言鼻吸五斗醋，方可作宰相。东坡平生自谓放达，然一滴入口，便尔闭目攒眉，宜其不见容于时也。偶披此图，书此发一笑。

书韩昌黎与太颠坐叙

退之《与孟尚书书》云:“潮州有一老僧，号太颠，颇聪明识道理。与之语，虽不尽解，要自胸中无滞碍。因与来往，及祭神于海上，遂造其庐。来袁州，留衣服为别，乃人情之常，非崇信其法，求福田利益。”退之之交太颠，其大意不过如此。而后世佛氏之徒张大其事，往往见之图画，真若弟子之事严师者，则其诬退之甚矣。然退之亦自有以取此者。故君子之与人不可以不慎也。

春郊赋别引

钱君世恩之将归养也，厚于世恩者皆不忍其去，先行三日，会于天官郎杭世卿之第以聚别。明日，再会于地官秦国声。与者六人：守仁与秋官徐成之、天官杨名父及世卿之弟进士东卿也。

世恩以其归也，以疾告也，皆不至。于是惜别之怀，无所于发，而托之诗，前后共得诗十首。六人者，以世恩之犹在也，而且再会而不一见，其既去也，又可以几乎。乃相与约为郊饯，必期与世恩一面以别。至日，成之以候旨，东卿以待选，世卿、名父以各有部事，皆势不容出。及饯者，守仁与国声两人而已。世恩既去之明日，复会于守仁，各言所以，相与感叹咨嗟，复成二诗。

世卿曰:“世恩之行也，终不及一饯。虽发之于诗，而不以致之世恩，吾心有缺也。盍亦章次而将之，何如？”皆曰:“诺。”国声得小卷，使世卿首会之作，国声与名父、东卿分书再会，成之书末会，谓守仁弱也，宜为诸公执笔砚之役以叙。

嗟乎！一别之间，而事之参错者凡几。虽吾与世恩复期于来岁之秋，以为必得重聚于此，然又何可以逆定乎！惟是相勉以道义，而相期于德业，没之污涂之中，而质之天日之表，则虽断金石，旷百世，而可以自信其常合。然则未忘于言语之间者，其亦相厚之私欤？考功正郎乔希大闻之，来题其卷端曰："春郊赋别"。给事陈惇贤复为之图。皆曰："吾亦厚于世恩也，聊以致吾私。"

告谕庐陵父老子弟

庐陵文献之地，而以健讼称，甚为吾民羞之。县令不明，不能听断，且气弱多疾。今与吾民约：自今非有迫于躯命，大不得已事，不得辄兴词。兴词但诉一事，不得牵连，不得过两行，每行不得过三十字。过是者不听，故违者有罚。县中父老谨厚知礼法者，其以吾言归告子弟，务在息争兴让。呜呼！一朝之忿忘其身，以及其亲，破败其家，遗祸于其子孙。孰与和巽自处，以良善称于乡族，为人之所敬爱者乎？吾民其思之。

今灾疫大行，无知之民，惑于渐染之说，至有骨肉不相顾疗者。汤药饘粥不继，多饥饿以死。乃归咎于疫。夫乡邻之道，宜出入相友，守望相助，疾病相扶持。乃今至于骨肉不相顾。县中父老，岂无一二敦行孝义，为子弟倡率者乎？夫民陷于罪，犹且三宥致刑。今吾无辜之民，至于阖门相枕藉以死。为民父母，何忍坐视？言之痛心。中夜忧惶，思所以救疗之道，惟在诸父老劝告子弟，兴行孝弟。各念尔骨肉，毋忍背弃。洒扫尔室宇，具尔汤药，时尔饘粥。贫弗能者，官给之药。虽已遣医生老人分行乡井，恐亦虚文无实。父老凡可以佐令之不逮者，悉已见告。有能兴行孝义者，县令当亲拜其庐。凡此灾疫，实由令之不职，乖爱养之道，上干天和，以至于此。县令亦方有疾，未能躬问疾者，父老其为我慰劳存恤，谕之以此意。

谕告父老为吾训戒子弟，吾所以不放告者，非独为吾病不任事。以今农月，尔民方宜力田，苟春时一失，则终岁无望，放告尔民，将牵连而出，荒尔田亩，弃尔室家，老幼失养，贫病莫全，称贷营求，奔驰供送，愈长刁风，为害滋甚。昨见尔民号呼道路，若真有大苦而莫伸者。姑一放告，尔民之来讼者以数千。披阅其词，类虚妄。取其近似者穷治之，亦多凭空架捏，曾无实事。甚哉，尔民之难喻也，自今吾不复放告。尔民果有大冤，抑人人所共愤者，终必彰闻，吾自能访而知之。有不尽知者，乡老据实呈县。不实，则反坐乡老以其罪。自余宿憾小忿，自宜互相容忍。夫容忍美德，众所悦爱，非独全身保家而已。嗟乎！吾非无严刑峻罚以惩尔民之诞，顾吾为政之日浅，尔民未吾信，未有德泽及尔，而先概治以法，是虽为政之常，然吾心尚有所未忍也。姑申教尔。申教尔而不复吾听，则吾亦不能复贷尔矣。尔民其熟思之，毋遗悔。

一应公差人员经过河下，验有关文，即行照关应付，毋得留难取罪。其无关文，及虽有关文而分外需求生事者，先将装载船户摘拏，送颗取供。即与搜盘行李，上驿封贮，仍将本人绑拿送县，以凭参究惩治。其公差人安分守法，以礼自处，而在官人役辄行辱慢者，体访得出，倍加惩究，不恕。

借办银两，本非正法。然亦上人行一时之急计，出于无聊也。今上人有急难，在尔百姓，亦宜与之周旋。宁忍坐视不顾，又从而怨詈讪讦之，则已过矣。夫忘身为民，此在上人之自处。至于全躯保妻子，则亦人情之常耳。尔民毋责望太过。吾岂不愿尔民安居乐业，无此等骚扰事乎？时势之所值，亦不得已也。今急难已过，本府决无复行追求之理。此必奸伪之徒，假府为名，私行需索。自后但有下乡征取者，尔等第与俱来，吾有以处之。毋遽汹汹！

今县境多盗，良由有司不能抚缉，民间又无防御之法，是以盗起益横。近与父老豪杰谋，居城郭者，十家为甲；在乡村者，村自为保。平时相与讲信修睦，寇至，务相救援。庶几出入相友，守望相助之义。

今城中略已编定。父老其各写乡村为图，付老人呈来。子弟平日染于薄恶者，固有司失于抚缉，亦父老素缺教诲之道也。今亦不追咎，其各改行为善。老人去，宜谕此意，毋有所扰。

谕示乡头粮长人等，上司奏定水次兑运，正恐尔辈在县拖延，不即起运。苟钱粮无亏，先期完事，岂有必以水次责尔之理？纵罪不免，比之后期不纳者，获罪必轻。昨呼兑运军旗面语，亦皆乐从，不敢有异。尔辈第于水次速兑，苟有益于民，吾当身任其咎，不以累上官。但后期误事，则吾必尔罚。定限二十九日未时完报。

今天时亢旱，火灾流行，水泉枯竭，民无屋庐，岁且不稔。实由令之不职，获怒神人，以致于此。不然，尔民何罪？今方斋戒省咎，请罪于山川社稷，停催征，纵轻罪。尔民亦宜解讼罢争，息心火，无助烈焰。禁民间毋宰杀酗饮。前已遣老人遍行街巷，其益修火备，察奸民之因火为盗者。县令政有不平，身有缺失，其各赴县直言，吾不惮改。

昨行被火之家，不下千余，实切痛心。何延烧至是，皆由衢道太狭，居室太密，架屋太高，无砖瓦之间，无火巷之隔。是以一遇火起，即不可救扑。昨有人言，民居夹道者，各退地五尺，以辟衢道，相连接者，各退地一尺，以拓火巷。此诚至计。但小民惑近利，迷远图，孰肯为久长之虑，徒往往临难追悔无及。今与吾民约，凡南北夹道居者，各退地三尺为街；东西相连接者，每间让地二寸为巷。又间出银一钱助边巷者为墙，以断风火。沿街之屋，高不过一丈五六，厢楼不过二丈一二。违者各有罚。地方父老及子弟之谙达事体者，其即赴县议处，毋忽。

昨吴魁昊、石洪等军民互争火巷，魁昊等赴县腾告，以为军强民弱已久。在县之人，皆请抑军扶民。何尔民视吾之小也？夫民吾之民，军亦吾之民也。其田业吾赋税，其室宇吾井落，其兄弟宗族吾役使，其祖宗坟墓吾土地，何彼此乎？今吉安之军，比之边塞，虽有间然，其差役亦甚繁难，月粮不得食者半年矣。吾方悯其穷，又可抑乎？今法度严厉，一陷于罪，即投诸边裔，出乐土，离亲戚，坟墓不保其守领，国典具在，吾得而绳之，何强之能为？彼为之官长者，平心一视，未尝少有同异。而尔民先倡为是说，使我负愧于彼多矣。今姑未责尔，教尔以敦睦，其各息争安分，毋相侵陵。火巷吾将亲视，一不得，吾其罪尔矣。诉状诸军，明早先行赴县面审。

谕告父老子弟，县令到任且七月，以多病之故，未能为尔民兴利去弊。中间局于时势，且复未免催科之扰。德泽无及于民，负尔父老子弟多矣。今兹又当北觐，私计往返，与父老且有半年之别。兼亦行藏靡定，父老其各训诫子弟，息忿罢争，讲信修睦，各安尔室家，保尔产业，务为善良，使人爱乐，勿作凶顽，下取怨恶于乡里，上招刑戮于有司。呜呼！言有尽而意无穷，县令且行矣，吾民其听之。

庐陵县公移

庐陵县为乞蠲免以苏民困事，准本县知县王关查得正德四年十一月二十六日，本县抄蒙本府纸牌，抄奉钦差镇守江西等处太监王钧牌，差吏龚彰赍原发银一百两到县，备仰掌印官督同主簿宋海拘集通县粮里，收买葛纱。比因知县员缺，主簿宋海官征钱粮，典史林嵩郭粮，止有县丞杨融署印。又蒙上司络绎行委催提勘合人犯印信，更替不一。

正德五年三月十八日，本职方才到任，随蒙府差该吏郭孔茂到县守，并当拘粮里陈江等，着令领价收买。据各称本县地方，自来不产葛布，原派岁额，亦不曾开有葛布名色，惟于正德二年，蒙钦差镇守太监姚案行本布政司，备查出产葛布县分，行令依时采办，无产县分，量地方大小，出银解送收买。本县奉派折银一百五两。当时百姓嗷嗷，众口腾沸。江等迫于征催，一时无由控诉，只得各自出办赔贼。正德四年，仍前一百五两，又复忍苦赔解。今来复蒙催督买办，又在前项加派一百五两之外。百姓愈加惊惶，恐自此永为定额，遗累无穷。兼之岁办料杉、楠木、炭、牲口等项，旧额三千四百九十八两，今年增至一万余两，比之原派，几于三倍。其余公差往来，骚扰刻剥，日甚一日。

江等自去年以来，前后赔贼七十余两，皆有实数可查。民产已穷，征求未息。况有旱灾相仍，疾疫大作，比巷连村，多至阖门而死，骨肉奔散，不相顾疗。幸而生者，又为征求所迫，弱者逃窜流离，强者群聚为盗，攻劫乡村，日无虚夕。今来若不呈乞宽免，切恐众情忿怨，一旦激成大变。为此连名具呈，乞为转申祈免等情。

据此，欲为备由申请间，蓦有乡民千数拥入县门，号呼动地，一时不辨所言。大意欲求宽贷。仓卒诚恐变生，只得权辞慰解，谕以知县自当为尔等申诸上司，悉行蠲免。众始退听，徐徐散归。

本月初七日，复蒙镇守府纸牌催督前事，并提当该官吏，看得前项事件，既已与民相约，岂容复肆科敛？非惟心所不忍，兼亦势有难行。参照本职自到任以来，即以多病不出，未免有妨职务。坐视民困而不能救，心切时弊而不敢言，至于物情忿激，拥众呼号，始以权辞慰谕，又复擅行蠲免，论情虽亦纾一时之急，据理则亦非万全之谋。既不能善事上官，又何以安处下位？苟欲全信于民，其能免祸于己。除将原发银两解府转解外，合关本县当道垂怜小民之穷苦，俯念时势之难为，特赐宽容，悉与蠲免。其有迟违等罪，止坐本职一人，即行罢归田里，以为不职之戒。中心所甘，死且不朽等因。备关到县，准此，理合就行。

教场石碑

正德丁丑，瑶寇大起，江、广、湖、郴之间骚然，且四三年矣。于是三省奉命会征。乃十月辛亥，予督江西之兵，自南康入。甲寅，破横水、左溪诸巢，贼败奔。庚辛，复连战，贼奔桶冈。十一月癸酉，攻桶冈，大战西山界。甲戌，又战，贼大溃。丁亥，尽殪之。凡破巢八十有四，擒斩三千余，俘三千六百有奇，释其胁从千有余众。归流亡，使复业。度地居民，凿山开道，以夷险阻。辛丑，师旋。于乎！兵惟凶器，不得已而后用。刻茶寮之石，匪以美成，重举事也。

戊寅正月癸卯，计擒其魁，遂进兵击其懈。丁未，破三浰，乘胜追北，大小三十余战，灭巢三十，有八，俘斩三千余。三月丁未，回军，壶浆迎道，耕夫遍野，父老咸欢农器不陈。于今五年，复我常业，还我室家，伊谁之力？四省之寇，惟浰尤黠，拟官僭号，潜图孔蒸。正德丁丑冬，峯贼既殄，盖机险阱毒，以虞王师，我乃休士归农。赫赫皇威，匪威曷凭。爰伐山石，用纪厥成。

铭一首

来尔同志，古训尔陈。惟古为学，在求放心。心苟或放，学乃徒勤。勿忧文辞之不富，惟虑此心之未纯；勿忧名誉之不显，惟虑此心之或湮。斯须不敬鄙慢入，造次不谨放僻成。反观而内照，虚已以受人。言勿伤于烦易，志勿惰于因循。勿以亡而为有，勿以虚而为盈。勿遂非而文过，勿务外而徇名。温温恭人，允惟基德。堂堂张也，难与为仁。卓尔在如愚之回，一贯乃质鲁之参。终身可行惟一恕，三年之功去一矜。不贵其辨贵其讷，不患其钝患其轻。惟龟焉而时敏，乃暗然而日新。凡我同志，宜鉴兹铭。

箴一首

古之教者，莫难严师。师严道尊，教乃可施。严师维何？庄敬自持，外内若一，匪徒威仪。施教之道，在胜已私，孰义孰利，辨析毫厘。源之弗洁，厥流孔而。毋忽其细，慎独谨微；毋事于言，以身先之。教不由诚，曰惟自欺。施不以序，孰云匪愚！庶予知新，患在好为。凡我师士，宜鉴于兹。

阳朔知县杨君墓志铭

阳明子谪居贵阳，有齐衰而杖者，因乡进士郑銮氏而来请曰：“阳朔令杨尚文卒，其孤侄卿来谓銮曰：‘先伯父死无嗣，子所知我。后人又不竞，非得当世名贤勖一言于墓，将先德其泯废无日。子辱于伯父久，亦宜所甚悯，其若之何？’敢遂以卿奉其先人之遗币，再拜阶下以请。”

阳明子曰:“嘻! 予摈人惧僇辱之弗遑，奚取以铭人之墓为? 其改图诸。”

卿伏阶下,泣弗兴。郑为之请益固。则登其状与币于席,而揖使归曰:“吾徐思之。”

明日，卿来伏阶下泣。又明日复来，曰:“不得命，无以即丧次。”馆下之士，多为之请，且言尚文之为人曰:“尚文敦信狷直，其居乡不苟，与所交，必名士巨人，视侪辈之弗臧者若浼焉。尝召其友饮，狂士有因其友愿纳欢者,与偕往。尚文拒弗受曰:‘吾为某不为若。’其峻绝如是。”

阳明子曰:“其然，斯亦难得矣。今之人，惟同污逐垢，弗自振立，故风俗靡靡至此。若斯人，又易得耶？”

因取其状视之，多若馆下士之言焉，乃许为之志:

维杨氏之先，居扬之泰州，祖廉，为监察御史，擢参议贵阳，卒遂家焉。考祥，终昭化县尹。生三子:伯敩;仲敞，即尚文;季敬，宰荆门之建阳驿。

尚文始从同郡都宪徐公授《易》。寻举乡荐，中进士乙榜，三为司训庐江、溧阳、平乐，总试事于蜀。末用大臣荐，擢尹桂林阳朔县。

瑶顽，弗即工者累年，尚文谕以威德，皆相率来受约束，供赋税。流移闻之，归复业者以千数。部使者以闻，将加擢用，而尚文死矣。得年仅五十有五，又无嗣。天于善人何哉!

然尚文所历，三庠之士思其教，阳朔之民怀其惠，乡之后进高其行，其与身没而名踣。又为人所秽鄙者，虽有子若孙何如哉?

娶同郡阮氏瑞，新昌主簿君女。尚文虽无子，有卿存焉，犹子也。

铭曰:狮山之麓，有封若斧。左冈右砠，栩栩其树。爰有周行，于封之下。乡人过者，来视其处，曰:“呜呼！斯杨尹之墓耶？”

刘子青墓表

此浙江按察佥事刘子青之墓。呜呼！子青洁其行不洁其名，有其实不宏其声。宁藩之讨，子青在师，相知甚悉。吾每叹其才敏，而世或訾之以无能。吾每称其廉慎，而世或诟之以不清。岂非命耶？安常委命，其往而休。人谓子青为愤抑不平以卒，殆其不然。既以奠于子青，复以识其墓石。

祭刘仁征主事

维正德三年岁次戊辰十一月十八日，友生王某谨以清酌庶羞，致奠于亡友刘君。

呜呼！仁者必寿，吾敢谓斯言之予欺乎？作善而降殃，吾窃于君而有疑乎？跖、蹻之得志，在往昔而既有，夷、平之馁以称也，亦宁独无于今之时乎？人谓君之死，瘴疠为之。

噫嘻！彼封豕长蛇，膏人之髓，肉人之肌者，何啻千百，曾不彼厄，而惟君是罹！斯言也，吾初不以为是。人又谓瘴疠盖不正之气，其与人相遭于幽昧邅难之区也，在憸邪为同类，而君子为非宜。则斯言也，吾又安得而尽非之乎？

於乎！死也者，人之所不免。名也者，人之所不可期。虽修短枯荣，变态万状，而终必归于一尽。君子亦曰："朝闻道，夕死可矣。"视若夜旦。其生也，奚以喜？其死也，奚以悲乎？其视不义之物，若将浼己，又肯从而奔趋之乎？而彼认为己有，恋而弗能舍，因以沉酗于其间者，近不出三四年，或八九年，远及一二十年，固已化为尘埃，荡为沙泥矣。而君子之独存者，乃弥久而益辉。

呜呼！彼龟鹤之长年，蜉蝣亦何自而知之乎？属有足疾，弗能走哭，寄奠一觞，有泪盈掬。复何言哉！复何言哉！呜呼尚飨。

祭陈判官文

维嘉靖七年月日，钦差总制四省军务新建伯兵部尚书兼都察院左都御史王，差南宁府推官冯衡，南宁卫指挥王佐，致祭于已故德庆州陈判官之墓。

往年罗滂、渌水诸贼为地方患害，判官尝与已故指挥李松议设墟场以制御贼党，安靖地方，殚心竭力，尽忠国事，人皆知之。然其时百姓虽稍赖以宁，而各贼之不得肆其凶虐者，嫉恨日深。其后不幸判官与李松竟为贼首赵木子等所害。以忠受祸，心事未由暴白。连年官府亦欲为之讨贼雪愤，然以地方多事之故，又恐锋刃所加，玉石无分，滥及良善，是以因循未即进兵。今贼首赵木子等已为该道官兵用计擒获，明正典刑。松与判官之忠勤益以彰著。已特遣官以赵木子等各贼首级祭告于李松之墓矣。今复遣南宁府卫官祭告于判官之墓。死而有知，亦可以少泄连年忠愤不平之气也夫！

祭张广溪司徒

鸣呼！留都之别，条焉二载，讵谓迄今，遂成永诀，鸣呼伤哉！悼朋侪之零落，悲岁月之遄逝，感时事之艰难，叹老成之凋谢。伤心触目，有泪如泻。灵柩南还，维江之湄。聊奠一觞，以寄我悲。鸣呼伤哉！

卷二十九　续编四

是卷师作于弘治初年，筮仕之始也。自题其稿曰《上国游》。洪葺师录，自辛巳以后文字，厘为《正录》；已前文字，则间采《外集》，而不全录者。盖师学静入于阳明洞，得悟于龙场，大彻于征宁藩。多难殷忧，动忍增益，学益彻则立教益简易，故一切应酬诸作，多不汇入。是卷已废阁逸稿中久矣，兹刻《续录》，复检读之。见师天禀夙悟，如玉出璞，虽未就追琢，而暗暗内光。因叹师禀夙智，若无学问之全功，则逆其所造，当只止此。使学者智不及师，肯加学问之全功，则其造诣日精，当亦莫御。若智过于师，而功不及师，则终无所造，自负其质者多矣。乃复取而刻之。俾读师全录者，闻道贵得真修，徒恃其质，无益也。嘉靖辛酉，德洪百拜识。

鸿泥集序

《鸿泥集》十有三卷、《燕居集》八卷，半闲龙先生之作也。其子佥宪君致仁将刻诸梓，而属其序于守仁曰："斯将来之事也，然吾家君老矣，及见其言之传焉，庶以悦其心。吾子以为是传乎？"

守仁曰："是非所论也，孝子之事亲也，求悦其心志耳目，惟无可致力，无弗尽焉。况其言语文辞，精神之所存，非独意玩手泽之余，其得而忽也。既思永其年，又思永其名，笃爱无已也。将务悦其亲，宁是之与论乎？”

君曰：“虽然，吾子言之。”

守仁曰：“是乃所以自尽者。夫必其弗传也，斯几于不仁；必其传之也，斯几于不知其传也。属之己，其传之弗传之也，属之人。姑务其属之己也已。”

君曰：“虽然，吾子必言之。”

守仁曰：“绘事之诗，不入于《风》、《雅》；《孺子之歌》，见称于孔、孟。然则古之人其可传而弗传者多矣，不冀传而传之者有矣。抑传与不传之间乎！昔马谈之史，其传也，迁成之；班彪之文，其传也，固述之。卫武公老矣，而有抑之戒，盖有道矣。夫子删《诗》，列之《大雅》，以训于世。吾闻先生年八十，而博学匪懈，不忘乎警惕，又尝数述《六经》、宋儒之绪论。其于道也，有闻矣；其于言也，足训矣。致仁又尊显而张大之，将益兴起乎道德，而发挥乎事业，若泉之达，其放诸海，不可限而量。是集也，其殆有传乎？”

致仁起拜曰：“是足以为家君寿矣。霓也敢忘吾子之规？”遂书之为叙。

澹然子序 有诗

澹然子四易其号：其始曰凝秀，次曰完斋，又次曰友葵，最后为澹然子。阳明子南迁，遇于潇湘之上，而语之故，且属诗焉，诗而叙之。

其言曰：“人，天地之心，而五行之秀也。凝则形而生，散则游而变。道之不凝，虽生犹变。反身而诚，而道凝矣。故首之以‘凝秀’。道凝于己，是为率性。率性而人道全，斯之谓‘完’，故次之以‘完斋’。完斋者，尽己之性也。尽己之性，而后能尽人之性，尽万物之性，至于草木，至矣。葵，草木之微者也，故次之以‘友葵’。友葵，同于物也。内尽于己，而外同乎物，则一矣。一则吻然而天游，混然而神化，同归而殊途，一致而百虑，天下何思何虑矣。故次之以‘澹然子’终焉。”

或曰：“阳明子之言，伦矣，而非澹然子之意也。澹然之意，玄矣，而非阳明子之言也。”

阳明子闻之曰：“其然，岂其然乎？”书之以质于澹然子。澹然子，世所谓滇南赵先生者也。

诗曰：两端妙阖辟，五连无留停。藐然覆载内，真精谅斯凝。鸡犬一驰放，散失随飘零。惺惺日收敛，致曲乃明诚。

明诚为无忝，无忝斯全归。深渊春冰薄，千钧一丝微。肤发尚如此，天命焉可违？参乎吾与尔，免矣幸无亏。

人物各有禀，理同气乃殊。曰殊非有二，一本分澄淤。志气塞天地，万物皆吾躯。炯炯倾阳性，葵也吾友于。

孰葵孰为予，友之尚为二。大化岂容心，繄我亦何意。悠哉澹然子，乘化自来去。澹然匪冥然，勿忘还勿助。

寿杨母张太孺人序

考功主事杨名父之母张太孺人，以敏慧贞肃为乡邑女氏师，凡乡人称闺阃之良，必曰张太孺人。而名父亦以孝行闻。苟拟人物，有才识行谊，无问知不知，必首曰名父。名父盖今乡评士论之公则尔也。

今年六月，太孺人寿六十有七，大夫卿士美杨氏母子之贤，以为难得，举酒毕贺。于是太孺人之长女若婿，从事于京师，且归，太孺人一旦欣然治装，欲与俱南。名父帅妻子从亲戚百计以留。太孺人曰：“噫，小子无庸尔焉！自尔举进士，为令三邑，今为考功，前后且十有八年，吾能一日去尔哉？尔为令，吾见尔出入以劳民务，昕夕不遑，而尔无怠容，吾知尔之能勤。然其时监司督于上，或尔有所畏也。见尔之食贫自守，一介不以苟，而以色予养，吾知尔之能廉。然其时方有以贿败者，或尔有所惩也。见尔毁淫祠，崇正道，礼先贤之后，旌行举孝，拳拳以风俗为心，吾知尔能志于正。然其时远近方以是烨，尔或以是发闻也。自尔入为部属且五年，庶几得以自由，而尔食忘味，寝忘寐，鸡鸣而作，候予寝而出朝于上，疾风甚雨，雷电晦暝，而未尝肯以一日休，予然后信尔之诚于勤身。与妻子为清苦，而澹然以为乐；交天下之士，而莫有以苞苴馈遗至，予然后信尔之诚于廉。凡交尔而来者，予耳其言，非文学道义之相资，则朝廷之政、边徼之务是谋，磨砻砥砺，惟不及古之人是忧焉，予然后信尔之诚志于正，而非有所色取于其外，吾于是而可以无忧尔也已。且尔弟亦善养。吾老矣，姻族乡党之是怀，南归，予乐也。”名父跽请不已。太孺人曰：“止。而独不闻之，夫煦煦焉饮食供奉以为孝，而中衡拂之，孰与乐亲之心而志之养乎？”名父惧，乃不敢请。缙绅士夫闻太孺人之言者，莫不咨嗟叹息，以为虽古文伯、子舆之母何以加是。于是相与倡为歌诗，以颂太孺人之贤，而嘉名父之能养。某于名父厚也，比而序之。

对菊联句序

职方南署之前，有菊数本，阅岁既槁。李君贻教为正郎。于时天子居亮闇，西北方多事，自夏徂秋，荒顿窘戚，菊发其故丛，高及于垣署。花盛开且衰，而贻教尚未之知也。一日，守仁与黄明甫过贻教语，开轩而望，始见焉。计其时，重阳之节既去之旬有五日。相与感时物之变衰，叹人事之超忽，发为歌诗，遂成联句。郁然而忧深，悄然而情隐，虽故托辞于觞咏，而沉痛惋悒，终有异乎昔之举酒花前，剧饮酣歌，陶然而乐者矣。古之人谓菊为花之隐逸，则菊固惟涧谷岩洞村圃篱落之是宜。而以植之簿书案牍之间，殆亦昔之所谓“吏而隐者”欤？守仁性僻而野，尝思鹿豕木石之群。贻教与明甫，虽各惟利器，处剧任，而飘然每有烟霞林壑之想。以是人，对是菊，又当是地，呜呼！固宜其重有感也已！

东曹倡和诗序

正德改元之三月，两广缺总制大臣。朝议以东南方多事，其选于他日，宜益慎重。于是湖南熊公由兵部左侍郎且满九载秩矣，擢左都御史以行。众皆以两广为东南巨镇，海外诸蛮夷之所向背，如得人而委之，天子四方之忧可免二焉。虽于资为屈，而以清德厚望，选重可知矣。然而司马执兵之枢，居中斡旋，以运制四外，不滋为重欤？方其初议时，亦有以是言者。虑非不及，而当事者卒以公之节操才望为辞，谓非公不可，其意实欲因是而出公于外也。于是士论哄然以为非宜。然已命下无及矣。为重镇得贤大臣而抚之，朝议以重举，而公以德升，物议顾怏然而不满也。衡物之情，以行其私，而使人怀不满焉，非夫忘世避俗之士，不能无忧焉。自命下，暨公之行，曹属之为诗以写其眷留之情者，凡若干人。以前驱之骤发也，叙而次之仅十之一。遮公御而投之，庸以寄其私焉。

豫轩都先生八十受封序

弘治癸亥冬，守仁自会稽上天目，东观于震泽。遇南濠子都玄敬于吴门。遂偕之入玄墓，登天平。还，值大雪，次虎丘。凡相从旬有五日。予与南濠子为同年，盖至是而始知其学之无所不窥也。

归造其庐，获拜其父豫轩先生。与予坐而语，盖屯然其若避而汇趋也，秩然其若敛而阳煦也。予坎然而心撼焉，倏而色惭焉，倏而目骇焉，亡予之故。

先生退，守仁谓南濠子曰：“先生殆有道者欤！胡为乎色之不存予，而德之予薰也？”南濠子笑而颔之曰：“然，子其知人哉！吾家君于艺鲜不通，而人未尝见其学也。于道鲜不究而人未尝知其有也。夫善之弗彰也，则于子乎避。虽然，吾家君则甚恶之。吾子既知之也，穆其敢隐乎？凡穆之所见知于吾子皆吾家君之所弗屑也。故乡之人无闻焉。非吾子之粹于道，其宁孰识之？”

夫南濠子之学以该洽闻，四方之学者，莫不诵南濠子之名，而莫有知其学之出自先生者。先生之学，南濠子之所未能尽，而其乡人曾莫知之。古所谓潜世之士哉！彼且落其荣而核之存，彼且固灵株而塞其兑，彼且被褐而怀玉，离形迹，遁声华，而以为知己者累，孰比比焉？迹形骸而求之，其远哉！

今年先生寿八十，神完而气全，齿发无所变。八月甲寅，天子崇徽，号于两宫，推恩臣下。于是南濠子方为冬官主事，得被异数，封先生如其官。同年之任于京者，美先生之高寿，乐南濠子之获荣其亲也，集而贺之。夫乐寿康宁，世之所慕，而予不敢以为先生侈。章服华宠，世之所同贵，而予不敢以为先生荣。南濠子以予言致之先生，亦且以予为知言乎？乙丑十月序。

送黄敬夫先生佥宪广西序

古之仕者，将以行其道；今之仕者，将以利其身。将以行其道，故能不以险夷得丧动其心，而惟道之行否为休戚。利其身，故怀土偷安，见利而趋，见难而惧。非古今之性尔殊也，其所以养于平日者之不同，而观夫天下者之达与不达耳。

吾邑黄君敬夫，以刑部员外郎擢广西按察佥事。广西，天下之西南徼也。地卑湿而土疏薄，接境于诸岛蛮夷；瘴疠郁蒸之气，朝夕弥茫，不常睹日月；山獞海獠，非时窃发；鸟妖蛇毒之患，在在而有。固今仕者之所惧而避焉者也。

然予以为中原固天下之乐土，人之所趋而聚居者。然中原之民至今不加多，而岭广之民至今不加少，何哉？中原之民，其始非必尽皆中原者也，固有从岭广而迁居之者矣。岭广之民，其始非必尽皆岭广者也，固有从中原而迁居之者矣。久而安焉，习而便焉，父兄宗族之所居，亲戚坟墓之所在，自不能一日舍此而他也。古之君子，惟知天下之情不异于一乡，一乡之情不异于一家，而家之情不异于吾之一身。

故视其家之尊卑长幼，犹家之视身也；视天下之尊卑长幼，犹乡之视家也。是以安土乐天，而无入不自得。后之人视其兄之于己，固已有间，则又何怪其险夷之异趋，而利害之殊节也哉？今仕于世，而能以行道为心，求古人之意，以达观夫天下，则岭广虽远，固其乡闾；岭广之民，皆其子弟；郡邑城郭，皆其父兄宗族之所居；山川道里，皆其亲戚坟墓之所在。而岭广之民，亦将视我为父兄，以我为亲戚，雍雍爱戴，相眷恋而不忍去，况以为惧而避之耶？

敬夫吾邑之英也。幼居于乡，乡之人无不敬爱。长徙于南畿之六合，六合之人，敬而爱之，犹吾乡也。及举进士，宰新郑，新郑之民曰：“吾父兄也。”入为冬官主事，出治水于山东，改秋官主事，擢员外郎，僚采曰：“吾兄弟也。”盖自居于乡，以至于今，经历且十余地，而人之敬爱之如一日。君亦自为童子以至于为今官，经历且八九职，而其所以待人爱众者，恒如一家。今之擢广西也，人咸以君之贤，宜需用于内，不当任远地。君曰：“吾则不贤。使或贤也，乃所以宜于远。”

呜呼！若君者可不谓之志于行道，素养达观，而有古人之风也欤？夫志于为利，虽欲其政之善，不可得也。志于行道，虽欲其政之不善，亦不可得也。以君之所志，虽未有所见，吾犹信其能也。况其赫烨之声，奇伟之绩，久熟于人人之耳目，则吾于君之行也，颂其所难而易者见矣。

性天卷诗序

锡之崇安寺有浮屠净觉者，扁其居曰“性天”。因地官秦君国声而请序于予。予不知净觉，顾国声端人也，而净觉托焉，且尝避所居以延国声诵读其间，此其为人必有可与言者矣。然“性天”既非净觉之所及，而“性”与“天”又孔子之所罕言，子贡之所未闻，则吾亦岂易言哉？吾闻浮屠氏以寂灭为宗，其教务抵于木槁灰死，影绝迹灭之境，以为空幻。则净觉所谓“性天”云者，意如此乎？净觉既已习闻，而复予请焉，其中必有愿也，吾不可复以此而渎告之。姑试与净觉观于天地之间，以求所谓“性”与“天”者而论之。

则凡赫然而明，蓬然而生，訇然而惊，油然而兴，凡荡前拥后，迎盼而接睥者，何适而非此也哉？今夫水之生也润以下，木之生也植以上，性也。而莫知其然之妙，水与木不与焉，则天也。激之而使行于山巅之上，而反培其末，是岂水与木之性哉？其奔决而仆，天固非其天矣。人之生，入而父子、夫妇、兄弟，出而君臣、长幼、朋友，岂非顺其性以全其天而已耶？圣人立之以纪纲，行之以礼乐，使天下之过弗及焉者，皆于是乎取中，曰“此天之所以与我，我之所以为性”云耳。不如是，不足以为人，是谓丧其性而失其天。而况于绝父子，屏夫妇，逸而去之耶？吾儒之所谓性与天者，如是而已矣。若曰“性天之流行”云，则吾又何敢躐以亵净觉乎哉？

夫知而弗以告，谓之不仁；告之而躐其等，谓之诬；知而不为焉者，谓之惑。吾不敢自陷于诬与不仁。观净觉之所与，与其所以请，亦岂终惑者邪？既以复国声之请，遂书于其卷。

送陈怀文尹宁都序

木之产于邓林者，无弃材；马之出于渥洼者，无凡足。非物性之有异，其种类土地使然也。剡溪自昔称多贤，而陈氏之居剡者，尤为特盛。其先有讳过者，仕宋，为侍御史。子匡，由进士为少詹事。匡之四世孙圣，登进士，判处州。子颐，征著作。颐子国光，元进士，官大理卿。光侄彦范为越州路总管。至怀文之兄尧，由乡进士掌教濮州。弟璟，蜀府右长史。珂，进士，刑曹主事。衣冠文物，辉映后先，岂非人之所谓邓林、渥洼者乎？宜必有环奇之材，绝逸之足，干青云而蹑风电者，出乎其间矣。

怀文始与予同举于乡，望其色而异，耳其言而惊。求其世，则陈氏之产也。曰：“嘻！异哉，土地则尔，他时柱廊庙而致千里者，非彼也欤！”既而匠石靡经，伯乐不遇，遂复困寂寞而伏监车者十有五年。

斯则有司之不明，于怀文固无病也。今年赴选铨曹，授尹江西之宁都。夫以怀文合抱之具，此宜无适而不可。顾宁都百里之地，吾恐怀文之骥足有所不展也。然而行远之迩，登高之卑，自今日始矣。则如予之好于怀文者，于其行能无言乎？赠之诗曰：

矫矫千金骏，郁郁披云枝。跑风拖雷电，梁栋惟其宜。寒林栖落日，暮色江天扈。元龙湖海士，客衣风尘缁。牛刀试花县，鸣琴坐无为。清濯庐山云，心事良独奇。悠悠西江水，别怀谅如斯。”

送骆蕴良潮州太守序

昔韩退之为潮州刺史，其诗文间亦有述潮之土风物产者。大抵谓潮为瘴毒崎险之乡。而海南帅孔戣又以潮州小，禄薄，特给退之钱千十百，周其阙乏。则潮盖亦边海一穷州耳。今之岭南诸郡，以饶足称，则必以潮为首举，甚至以为虽江、淮财赋之地，亦且有所不及。岂潮之土地啬于古而今有所丰，抑退之贬谪之后，其言不无激于不平而有所过也？退之为刑部侍郎，谏迎佛骨，天子大怒，必欲置之死。裴度、崔群辈为解，始得贬潮州。则潮在当时不得为美地，亦略可见。今之所称，则又可以身至而目击，固非出于妄传。特其地之不同于古，则要为有自也。

予尝谓：牧守之治郡，譬之农夫之治田。农夫上田，一岁不治则半收。再岁不治则无食，三岁不治则化为芜莽，而比于瓦砾。苟尽树艺之方，而勤耕耨之节，则下田之收与上等。江、淮故称富庶，当其兵荒之际，凋残废瘠，固宜有之。乃今重熙累洽之日，而其民往往有不堪之叹，岂非以其俗素习于奢逸，而上之人又从而重敛繁役之刓剥，环四面而集，则虽有良守牧，亦一暴十寒，其为生也无几矣。潮地岸大海积，无饶富之名，其民贡赋之外，皆得以各安地利，业俭朴，而又得守牧如退之、李德裕、陈尧佐之徒相望而抚掬梳摩之，所以积有今日之盛，实始于此。迩十余年来，富盛之声既扬，则其势不能久而无动。有司者又将顾而之焉。则吾恐今日之潮，复为他时之江淮，其甚可念也。

今年潮知府员缺，诸暨骆公蕴良以左府经历擢是任以往。公尝守安陆，至今以富足号，遂用是建重屏其地。继后循其迹而治之者，率多有声闻。及入经历左府都督事，兵府政清，自府帅下迨幕属军吏，礼敬畏戴，不谋而同。其于潮州也，以其治安陆者治之，而又获夫上下之心，如今日之在兵府，将有为而无不从，有革而无不听，政绩之美，又果足为后来者之所遵守，则潮之富足，将终保于无恙，而一郡民神为有福矣。夫为天子延一郡之福，功岂小乎哉？推是以进，他日所成，其又可论？公僚友李载旸辈请言导公行。予素知公之心，且稔其才，自度无足为赠者，为潮民庆之以酒，而颂之以此言。

高平县志序

《高平志》者，高平之山川、土田、风俗、物产无不志焉。曰高平，则其地之所有皆举之矣。

《禹贡职方》之述，已不可尚。汉以来《地理郡国志》、《方舆胜览》、《山海经》之属，或略而多漏，或诞而不经，其间固已不能无憾。惟我朝之《一统志》,则其纲简于《禹贡》而无遗,其目详于《职方》而不冗。然其规模宏大阔略，实为天下万世而作，则王者事也。若夫州县之志，固又有司者之职，其亦可缓乎？

弘治乙卯，慈溪杨君明甫令泽之高平。发号出令，民既悦服。乃行田野，进父老，询邑之故，将以修废举坠。而邑旧无志，无所于考。明甫慨然太息曰:“此大阙，责在我。”遂广询博采，搜秘阙疑，旁援直据，辅之以已见，遵《一统志》凡例，总其要节，而属笔于司训李英，不逾月编成。于是繁剧纷沓之中，不见声色，而数千载散乱沦落之事，弃废磨灭之迹，灿然复完。明甫退然若无与也。邑之人士动容相庆，骇其昔所未闻者之忽睹,而喜其今所将泯者之复明也。走京师,请予序。

予惟高平即古长平，战国时秦白起攻赵，坑降卒四十万于此，至今天下冤之。故自为童子，即知有长平。慷慨好奇之士，思一至其地，以吊千古不平之恨，而不可得。或时考图志以求其山川形势于仿佛间。予尝思睹其志，以为远莫致之，不谓其无有也。盖尝意论赵人以四十万俯首降秦，而秦卒坑之，了无哀恤顾忌，秦之毒虐，固已不容诛，而当时诸侯，其先亦自有以取此者。夫先王建国分野，皆有一定之规画经制。如今所谓志书之类者，以纪其山川之险夷，封疆之广狭，土田之饶瘠，贡赋之多寡，俗之所宜，地之所产，井然有方。俾有国者之子孙世守之，不得以己意有所增损取予，夫然后讲信修睦，各保其先世之所有，而不敢冒法制以相侵陵。战国之君，恶其害已，不得骋无厌之欲也，而皆去其籍。于是强陵弱，众暴寡，兼并僭窃，先王之法制荡然无考，而奸雄遂不复有所忌惮。故秦敢至于此。然则七国之亡，实由文献不足证，而先王之法制无存也。典籍图志之所关，其不大哉?

今天下一统，皇化周流。州县之吏，不过具文书，计岁月，而以赘疣之物视图志。不知所以宜其民，因其俗，以兴滞补弊者，必于志焉是赖。则固王政之首务也。今夫一家，且必有谱，而后可齐，而况于州县？天下之大，州县之积也。州县无不治，则天下治矣。明甫之独能汲汲于此，其所见不亦远乎！明甫学博而才优，其为政廉明，毁淫祠，兴社学，敦伦厚俗，扶弱锄强，实皆可书之于志以为后法。而明甫谦让不自有也。故予为序其略于此，使后之续志者考而书焉。

送李柳州序

柳州去京师七千余里，在五岭之南。岭南之州，大抵多卑湿瘴疠，其风土杂夷从，自昔与中原不类。唐、宋之世，地尽荒服。吏其土者，或未必尽皆以谴谪，而以谴谪至者居多。士之立朝，意气激轧，与时抵忤，不容于侪众，于是相与摈斥，必致之远地。故以谴谪而至者，或未必尽皆贤士君子，而贤士君子居多。予尝论贤士君子，于平时随事就功，要亦与人无异。至于处困约之乡，而志愈励，节益坚，然后心迹与时俗相去远甚。然则非必贤士君子而后至其地，至其地而后见贤士君子也。

唐之时，柳宗元出为柳州刺史，刘蕡斥为柳州司户。蕡之忠义，既已不待言。宗元之出，始虽有以自取，及其至柳，而以礼教治民，砥砺奋发，卓然遂有闻于世。古人云："庸玉女于成也。"其不信已夫？自是寓游其地，若范祖禹、张廷坚、孙觌、高颖、刘洪道、胡梦昱辈，皆忠贤刚直之士，后先相继不绝。故柳虽非中土，至其地者，率多贤士。是以习与化移，而衣冠文物，蔚然为礼义之邦。我皇明重熙累洽，无间迩遐，世和时泰，瘴疠不兴。财货所出，尽于东南。于是遂为岭南甲郡，朝廷必择廉能以任之。则今日之柳州，固已非唐、宋之柳州，而今日之官其土者，岂惟非昔之比，其为重且专，亦较然矣。

弘治丙辰，柳州知府员缺，内江李君邦辅自地官正郎膺命以往。人皆以邦辅居地官十余年，绰有能声，为缙绅所称许，不当远去万里外。予于邦辅知我也，亦岂不惜其远别？顾邦辅居地官上曹，著廉声，有能绩，徐速自如，优游荣乐之地，皆非人所甚难，人亦不甚为邦辅屈，不知其中之所存。今而间关数千里，处险僻难为之地，得以试其坚白于磨涅，则邦辅之节操志虑，庶几尽白于人人，而任重道远，真可以无负今日缙绅之期望，岂不美哉！夫所处冒艰险之名，而节操有相形之美，以不满人之望，加之以不自满之心，吾于邦辅之行所以独欣然而私喜也。

送吕丕文先生少尹京丞序

昔萧望之为谏议大夫，天子以望之议论有余才，任宰相，将观以郡事。而望之坚欲拾遗左右，后竟出试三辅。至元帝之世，而望之遂称贤相焉。

古之英君，其将任是人也，既已纳其言，又必考其行；将欲委以重，则必老其才。所以用无不当，而功无不成。若汉宣者，史称其综核名实，盖亦不为虚语矣。

新昌吕公丕文,以礼科都给事中擢少尹南京兆。给事,谏官也。京兆,三辅之首也。以给事试京兆,是谏官试三辅也。是其先后名爵之偶同于望之,非徒以宠直道而开谠言,固亦微示其意于其间耳。吕公以纯笃之学,忠贞之行,自甲辰进士为谏官十余年。其所论于朝而建明者,何如也?致于上而替可否者,何如也?声光在人,公道在天下。圣天子询事考言,方欲致股肱之良,以希唐虞之盛,耳目之司,顾独不重哉?然则公京兆之擢,固将以信其夙所言者于今日,而须其大用于他时也。其所以贤而试之,有符于汉宣之于望之。而其所将信而任之,则吾又知其决非彼若而已也。君行矣,既已审上意之所在,公卿大夫士,倾耳维新之政,以券其所言,且谓日需其效以俟庸也,其得无念于斯行乎哉?

学士谢公辈与公有同举同乡之好,饮以饯之。谓某也宜致以言。予惟君之文学政事,于平常既已信其必然,知言之弗能毫末加也。而超擢之荣,又不屑为时俗道。若夫名誉之美,期俟之盛,则固君之所宜副,而实诸公饮饯之情也。故比而序之以为赠。

庆吕素庵先生封知州序

朝廷褒德显功,因其子以及其亲,斯固人情事理之所宜然,盖亦所谓忠厚之至也。然旧制京官三载举,得推恩,而州县之职,非至于数载之外,屡为其上官所荐扬,则终不可幸而致。故京官之得推恩,非必其皆有奇绩异能者,苟得及乎三载,皆可以坐而有之。州县之职,非必其皆无奇绩异能,苟其人事之不齐,得于民矣而不获乎上,信于己矣,而未孚于人,百有一不如式,则有司者以例绳之,虽累方岳,欲推恩如其京官之三载者焉,不可得也。

夫父母之所以教养其子,而望其荣显夫我者,岂有异情哉?人子之所以报于其亲,以求乐其心志者,岂有异情哉?及其同为王臣,而其久近难易,相去悬绝如此,岂不益令人重内而轻外也!夫惟其难若此,其久若此，而后能有所成就，故其教子之荣，显亲之志，亦因之而有盛于彼，皆于此见焉。

浙之新昌有隐君子曰素庵吕公者，今刑部员外郎中原之父也。自幼有洁操，高其道，不肯为世用。优游烟壑，专意教其子，使之尽学夫修己治人之方。凡其所欲为而不及为者，皆一以付之，曰："吾不能有补于时，不可使吾子复为独善者。"学成，使之仕。成化庚子，中原遂领乡荐，与家君实同登焉。甲辰举进士，出守石州。石故号难治，中原至，即除旧令之不便于民者，布教条，为约束，以其素所习于家庭者，坐而治之，民皆靡然而从，翕然而起。士夫之腾于议者，部使之扬荐者曰："某廉吏，某勤吏，某才而有能，某贤而多智。"必皆于中原是归焉。有司奉旧典，推原中原厥绩所自，而公之所以训诲其子之功为大。天子下制褒扬，封公为奉直大夫，配某氏，封宜人，以宠荣之。乡士夫皆曰："子为京职，而能克享褒封者，于今皆尔，此不足甚异。公之教其子，为其难而独能易，其获此，则不可以无贺。"于是李君辈皆为诗歌，而来属予言。

予惟天下之事，其得之也不难，则其失之也必易；其积之也不久，则其发之也必不宏。今夫松柏之拂穹霄而击车轮也，其始盖亦必有蔽于蓬蒿，而厄于牛羊，以能有成立。公之先世，自文惠公以来，相业吏治，世济其美，固宜食报于其后矣；而不食以钟于公。公之道自足以显于时矣；而不显，以致于其子。且复根盘节错而中为之处焉，乃有所获。是岂非所谓积之久而得之难者欤？则其他日所发之宏大，其子之陟公卿而树勋业，身享遐龄，以永天禄于无穷，盖未足以尽也。然则公之可贺者在此，而不专在于彼。某也敢赘言之？

贺监察御史姚应隆考绩推恩序

御史姚君应隆监察江西道之三年，冢宰考其绩有成，以最上。于是天子进君阶文林郎，遂下制封君父坡邻公如君之阶，君母某氏为孺人，及君之配某氏。于是僚友毕贺，谓某尤厚于君，属之致所以贺之意。

某曰："应隆之幼而学之也，坡邻公之所以望之者何？将不在于树功植名，以光大其门闾已乎？坡邻公之教之，而应隆之所以自期之者何？将不在于显扬其所生以不负其所学已乎？然此亦甚难矣。铢铢而积之，皓首而无成者，加半焉。幸而有成，得及其富盛之年，以自奋于崇赫之地者几人？是几人者之中，方起而蹶，半途而废，垂成而毁者，又往往有之。可不谓之难乎？应隆年二十一而歌《鹿鸣》于乡，明年，遂举进士，由郎官陟司天子耳目。谓非富盛之年以自奋于崇赫之地不可也。英声发于新喻，休光著于沛邑，而风裁振于朝署，三年之间，遂得以成绩被天子之宠光于其父母。谓非树功植名以光大其门闾而显扬其所生，不可也。坡邻之所望，应隆之所自期，于今日而两有不负焉。某也请以是为贺。虽然，君子之成身也，不惟其外，惟其中；其事亲也，不惟其文，惟其实。应隆之所以自奋于崇赫之地者，果足以树身植名而成其身已乎？外焉而已耳。应隆之所以被宠光于其父母者，果足以为显扬其所生而为事亲之实已乎？文焉而已耳。夫子曰：'成身有道。不明乎善，不成其身矣。'斯之为中。'悦亲有道。反身不诚，不悦于亲矣。'斯之谓实。应隆内明而外通，动以古之豪杰自标准。其忠孝大节，皆其素所积蓄。虽隐而不扬，其所以成身而事亲者自若也。况其外与文者，又两尽焉，斯其不益足贺乎？"

送绍兴佟太守序

成化辛丑，予来京师，居长安西街。久之，文选郎佟公实来与之邻。其貌颀然以秀，其气熙然以和，介而不绝物，宽而有分剂。予尝私语人，以为此真廊庙器也。既而以他事外补，不相见者数年。

弘治癸丑，公为贰守于苏。苏大郡，繁而尚侈，机巧而多伪。公至，移侈以朴，消伪以诚。勤于职务，日夜不懈。时予趋京，见苏之士夫与其民之称颂之也，于是始知公之不独有其德器，又能循循吏职。

甲寅，移守嘉兴。嘉兴，财赋之地，民苦于兼并，俗残于武断。公大锄强梗，剪其芜蔓，起嘉良而植之。予见嘉之民欢趋鼓舞，及其士夫之钦崇之也，于是又知公有刚明果决之才，不独能循循吏事，乃叹其不可测识固如此。

今年吾郡太守缺。吾郡繁丽不及苏，而敦朴或过；财赋不若嘉，而淳善则逾。是亦论之通于吴、越之间者。然而迩年以来，习与时异，无苏之繁丽，而亦或有其糜；无嘉之财赋，而亦或效其强。每与士大夫论，辄叹息兴怀，以为安得如昔之化苏人者而化之乎？安得如昔之变嘉民者而变之乎？方思公之不可得，而公适以起服来朝。又惧吾郡之不能有公也，而天子适以为守。士大夫动容相贺，以为人所祝愿，而天必从之意者，郡民之福，亦未艾也。

公且行，相与举杯酒为八邑之民庆，又不能无惧也。公本廊庙之器，出居于外者十余年，其为苏与嘉，京师之士论，既已惜其归之太徐。其为吾郡，能几月日？且天子之意，与其福一郡，孰与福天下之大也。虽然，公之去苏与嘉，亦且数年，德泽之流，今未替也。公虽不久于吾郡矣，如其不得公也，则如之何！

送张侯宗鲁考最还治绍兴序

胶州张侯宗鲁之节推吾郡也，中清而外慎，宽持而肃行，大获于上下，以平其政刑，三载而绩成，是为弘治十三年，将上最天曹。吾父老闻侯之有行也，皆出自若耶山谷间，送于钱清江上。侯曰："父老休矣。吾无德政相及，徒勤父老，吾惧且怍。父老休矣，吾无以堪也。"父老曰："明府知斯水之所以为钱清者乎？昔汉刘公之去吾郡也，吾侪小人之先，亦皆出送，各有所赠献。刘公不忍违先民之意，乃人取一钱，已而投之斯水，因以名焉。所以无忘刘公之清德，且以志吾先民之事刘公，其勤如此也。今明府之行，吾侪小人，限于法制，既不敢妄有所赠献，又不获奔走服役，致其惓惓之怀，其如先民何？"固辞不可，复行数十里，始去。

三月中旬，侯至于京师，天曹以最上。明日，遂驾以行。乡先生之仕于朝者，闻之，皆出饯，且邀止之曰：“侯之远来，亦既劳止。适有司之不暇，是以未能羞一觞于从者，是何行之速耶？”侯俯而谢。复止之曰：“侯之劳于吾郡，三年有余，今者行数千里，无非为吾民其勤且劬也，事既竣矣，吾党不得相与为一日之从容，其如吾民何？”侯谢而起。守仁趋而进曰：“诸先生毋为从者淹，侯之急于行也，守仁则知之矣。”佥曰：“谓何？”曰：“昔者汉郭伋之行部也，与诸童为归期。及归，而先一日，遂止于野亭。须期乃入，曰：‘惧违信于诸儿也。’吾闻侯之来也，乡父老与侯为归期矣。而复濡迟于此，以徇一朝之乐，隳其所以期父老者，此侯之所惧而有不容已于急行也。毋为侯淹！”侯起拜曰：“正学非敢及此，然敢不求承吾子之教？”

送方寿卿广东佥宪序

士大夫之仕于京者，其繁剧难为，惟部属为甚。而部属之中，惟刑曹典司狱讼，朝夕恒窘于簿书案牍，口决耳辩，目证心求，身不暂离于公座，而手不停挥于铅椠，盖部属之尤甚者也。而刑曹十有三司之中，惟云南以职在京儿，广东以事当权贵，其剧且难，尤有甚于诸司者。若是而得以行其志，无愧其职焉。则固有志者之所愿为，而多才者之所欲成也。

然而纷揉杂沓之中，又从而拂抑之，牵制之。言未出于口，而辱已加于身；事未解于倒悬，而机已发于陷阱。议者以为处此而能不挠于理法，不罹于祸败，则天下无复难为之事，是固然矣。然吾以为一有惕于祸败，则理法未免有时而或挠。苟惟理法之求伸，而欲不必罹于祸败，吾恐圣人以下或有所不能也。讼之大者，莫过于人命；恶之极者，无甚于盗贼。朝廷不忍一民冒极恶之名，而无辜以死也，是俗之论皆然。而寿卿独以佥事为乐，此其间夫亦容有所未安，是以宁处其簿与淹者，以求免于过慝欤？夫知其不安而不处，过慝之惧而淹薄是甘焉，是古君子之心也。吾于寿卿之行，请以此为赠。

提牢厅壁题名记

京师，天下狱讼之所归也。天下之狱分听于刑部之十三司，而十三司之狱又并系于提牢厅。故提牢厅，天下之狱皆在焉。狱之系，岁以万计。朝则皆自提牢厅而出，以分布于十三司。提牢者目识其状貌，手披其姓名，口询耳听，鱼贯而前，自辰及午而始毕。暮自十三司而归，自未及酉，其勤亦如之。固天下之至繁也。

其间狱之已成者，分为六监。其轻若重而未成者，又自为六监。其桎梏之缓急，扃钥之启闭，寒暑早夜之异防，饥渴疾病之殊养，其微至于箕帚刀锥，其贱至于涤垢除下，虽各司于六监之吏，而提牢者一不与知，即弊兴害作，执法者得以议拟于其后，又天下之至猥也。

狱之重者入于死，其次亦皆徒流。夫以共工之罪恶，而舜姑以流之于幽州。则夫拘系于此，而其情之苟有未得者，又可以轻弃之于死地哉？是以虽其至繁至猥，而其势有不容于不身亲之者，是盖天下之至重也。

旧制提牢月更主事一人，至是弘治庚申之十月，而予适来当事。夫予天下之至拙也，其平居无恙，一遇纷扰，且支离厌倦，不能酬酢，况兹多病之余，疲顿憔悴，又其平生至不可强之日。而每岁决狱，皆以十月下旬，人怀疑惧，多亦变故不测之虞，则又至不可为之时也。夫其天下之至繁也，至猥也，至重也，而又适当天下至拙之人，值其至不可强之日，与其至不可为之时，是亦岂非天下之至难也？

以予之难，不敢忘昔之治于此者，将求私淑之。而厅壁旧无题名，搜诸故牒，则存者仅百一耳。大惧泯没，使昔人之善恶无所考征，而后来者益以畏难苟且，莫有所观感，于是乃悉取而书之厅壁。虽其既亡者不可复追，而将来者尚无穷已，则后贤犹将有可别择以为从违。而其间苟有天下之至拙加予者，亦得以取法明善，而免过愆，将不为无小补。然后知予之所以为此者，固亦推己及物之至情，自有不容于己也矣。弘治庚申十月望。

重修提牢厅司狱司记

弘治庚申七月，重修提牢厅工毕。又两越月，而司狱司成，于是余姚王守仁适以次来提督狱事，六监之吏皆来言曰："惟兹厅若司，建自正统，破敝倾圮，且二十年。其卑浅隘陋，则草创之制，无尤焉矣。是亦岂惟无以凛观瞻而严法制，将治事者风雨霜雪之不免，又何暇于职务之举，而奸细之防哉？然兹部之制，修废补败，有主事一人以专其事，又坏不理，吾侪小人，无得而知之者。独惟拓隘以广，易朽以坚，则自吾刘公实始有是。吾侪目睹其成，而身享其逸，刘公之功不敢忘也。"又曰："六监之囚，其罪大恶极，何所不有，作孽造奸，吏数逢其殃，而民徒益其死。独禁防之不密哉？亦其间容有以生其心。自吾刘公，始出己意，创为木闲，令不苛而密，奸不弭而消，桎梏可驰，缧绁可无，吾侪得以安枕无事，而囚亦或免于法外之诛。则刘公之功，于是为大。小人事微而谋室，无能为也。敢以布于执事，实重图之。"

于是守仁既无以御其情，又与刘公为同僚，嫌于私相美誉也，乃谓之曰："吾为尔记尔所言，书刘公之名姓，使承刘公之后者，益修刘公之职。继尔辈而居此者，亦无忘刘公之功。则于尔心其亦已矣。"皆应曰："是小人之愿也。"遂记之曰：刘君名琏，字廷美，江西鄱阳人也。由弘治癸丑进士，今为刑部四川司主事云。弘治庚申十月十九日。

黄楼夜涛赋

朱君朝章将复黄楼，为予言其故。夜泊彭城之下，子瞻呼予曰："吾将与子听黄楼之夜涛乎？”觉则梦也。感子瞻之事，作《黄楼夜涛赋》。

子瞻与客宴于黄楼之上。已而客散日夕，暝色横楼，明月未出。乃隐几而坐，嗒焉以息。忽有大声起于穹窿，徐而察之，乃在西山之麓。倏焉改听，又似夹河之曲，或隐或隆，若断若逢，若揖让而乐进，歙掀舞以相雄。触孤愤于厓石，驾逸气于长风。尔乃乍阖复辟，既横且纵，扒扒沨沨，汹汹瀜瀜，若风雨骤至，林壑崩奔，振长平之屋瓦，舞泰山之乔松。咽悲吟于下浦，激高响于遥空。恍不知其所止，而忽已过于吕梁之东矣。

子瞻曰："噫嘻异哉！是何声之壮且悲也？其乌江之兵，散而东下，感帐中之悲歌，慷慨激烈，吞声饮泣，怒战未已，愤气决臆，倒戈曳戟，纷纷籍籍，狂奔愈走，呼号相及，而复会于彭城之侧者乎？其赤帝之子，威加海内，思归故乡，千乘万骑，雾奔云从，车辙轰霆，旌旗蔽空，击万夫之鼓，撞千石之钟，唱《大风》之歌，按节翱翔，而将返于沛宫者乎？”于是慨然长噫，欠伸起立，使童子启户冯栏而望之。则烟光已散，河影垂虹，帆樯泊于洲渚，夜气起于郊埛，而明月固已出于芒砀之峰矣。

子瞻曰："噫嘻！予固疑其为涛声也。夫风水之遭于澒洞之滨而为是也，兹非南郭子綦之所谓天籁者乎？而其谁倡之乎？其谁和之乎？其谁听之乎？当其滔天浴日，湮谷崩山，横奔四溃，茫然东翻，以与吾城之争于尺寸间也。吾方计穷力屈，气索神惫，懔孤城之岌岌，觊须臾之未坏，山颓于目懵，霆击于耳聩，而岂复知所谓天籁者乎？及其水退城完，河流就道，脱鱼腹而出涂泥，乃与二三子徘徊兹楼之上而听之也。然后见其汪洋涵浴，潏潏汩汩，彭湃掀簸，震荡泽渤，吁者为竽，喷者为篪，作止疾徐，钟磬柷敔，奏文以始，乱武以居，呶者嗃者，嚣者嗥者，翕而同者，绎而从者，而啁啁者，而嘐嘐者，盖吾俯而听之，则若奏箫咸于洞庭，仰而闻焉，又若张钧天于广野，是盖有无之相激，其殆造物者将以写千古之不平，而用以荡吾胸中之壹郁者乎？而吾亦胡为而不乐也？”

客曰：“子瞻之言过矣。方其奔腾漂荡而以厄子之孤城也，固有莫之为而为者，而岂水之能为之乎？及其安流顺道，风水相激，而为是天籁也，亦有莫之为而为者，而岂水之能为之乎？夫水亦何心之有哉？而子乃欲据其所有者以为欢，而追其既往者以为戚，是岂达人之大观，将不得为上士之妙识矣。”

子瞻展然而笑曰：“客之言是也。”乃作歌曰：“涛之兴兮，吾闻其声兮。涛之息兮，吾泯其迹兮。吾将乘一气以游于鸿蒙兮，夫孰知其所极兮。”弘治甲子七月，书于百步洪之养浩轩。

来雨山雪图赋

昔年大雪会稽山，我时放迹游其间。岩岫皆失色，崖壑俱改颜。历高林兮入深峦，银幢宝纛森围圆。长矛利戟白齿齿，骇心慄胆如穿虎豹之重关。涧溪埋没不可辨，长松之杪，修竹之下，时闻寒溜声潺潺。沓嶂连天，凝华积铅，嵯峨崭削，浩荡无颠。嶙峋眩耀势欲倒，溪回路转，忽然当之，却立仰视不敢前。嵌窦飞瀑，忽然中泻，冰磴崚嶒，上通天罅，枯藤古葛，倚岩嶅而高挂，如瘦蛟老螭之蟠纠，蜕皮换骨而将化。举手攀援足未定，鳞甲纷纷而乱下。侧足登龙虬，倾耳俯听寒籁之飕飕，陆风蹀躞，直际缥缈，恍惚最高之上头。乃是仙都玉京，中有上帝遨游之三十六瑶宫，傍有玉妃舞婆娑十二层之琼楼，下隔人世知几许，真境倒照见毛发，凡骨高寒难久留。划然长啸，天花坠空，素屏缟障坐不厌，琪林珠树窥玲珑。白鹿来饮涧，骑之下千峰。寡猿怨鹤时一叫，彷佛深谷之底呼其侣，苍茫之外争行鹥阵排天风。鉴湖万顷寒蒙蒙，双袖拂开湖上云，照我须眉忽然皓白成衰翁。手掬湖水洗双眼，回看群山万朵玉芙蓉。草围蒲帐青莎蓬，浩歌夜宿湖水东。梦魂清撤不得寐，乾坤俯仰真在冰壶中。幽朔阴岩地，岁暮常多雪，独无湖山之胜，使我每每对雪长郁结。朝回策马入秋台，高堂大壁寒崔嵬，恍然昔日之湖山，双目惊喜三载又一开。谁能缩地法此景，何来石田画师，我非尔，胸中胡为亦有此？来君神骨清莫比，此景奇绝酷相似。石田此景非尔不能摸，来君来君非尔不可当此图。我尝亲游此景得其趣，为君题诗非我其谁乎？

雨霁游龙山次五松韵

晴日须登独秀台，碧山重叠画图开。闲心自与澄江老，逸兴谁还白发来？潮入海门舟乱发，风临松顶鹤双回。夜凭虚阁窥星汉，殊觉诸峰近斗魁。

严光亭子胜云台，雨后高凭远目开。乡里正须吾辈在，湖山不负此公来。江边秋思丹枫尽，霜外缄书白雁回。幽朔会传戈甲散，已闻南檄授渠魁。

雪窗闲卧

梦回双阙曙光浮，懒卧茅斋且自由。巷僻料应无客到，景多唯拟作诗酬。千岩积素供开卷，叠嶂回溪好放舟，破虏玉关真细事，未将吾笔遂轻投。

次韵毕方伯写怀之作

孔颜心迹皋夔业，落落乾坤无古今。公自平王怀真气，谁能晚节负初心？猎情老去惊犹在，此乐年来不费寻。矮屋低头真局促，且从峰顶一高吟。

春晴散步

清晨急雨过林霏，余点烟稍尚滴衣。隔水霞明桃乱吐，沿溪风暖药初肥。物情到底能容懒，世事从前且任非。对眼春光唯自领，如谁歌咏月中归。

又

祗用舞霓裳，岩花自举觞。古崖松半朽，阳谷草长芳。径竹穿风磴，云萝绣石床。孤吟动《梁甫》，何处卧龙冈?

次魏五松荷亭晚兴

入座松阴尽日清，当轩野鹤复时鸣。风光于我能留意，世味酣人未解醒。长拟心神窥物外，休将姓字重乡评。飞腾岂必皆伊吕，归去山田亦可耕。

又

醉后飞觞乱掷梭，起从风竹舞婆娑。疏慵已分投箕颍，事业无劳问保阿。碧水层城来鹤驾，紫云双阙笑金娥。抟风自有天池翼，莫倚逢蒿斥鷃窠。

次张体仁聊句韵

眼底湖山自一方，晚林云石坐高凉。闲心最觉身多系，游兴还堪鬓未苍。树杪风泉长滴翠，霜前岩菊尚余芳。秋江画舫休轻发，忍负良宵灯烛光。

又

山寺幽寻亦惜忙，长江落落水浪浪。深冬平野风烟淡，斜日沧江鸥鹭翔。

海内交游唯酒伴，年来踪迹半僧房。相过未尽青云语，无奈官程促去航。

又

青林人静一灯归，回首诸天隔翠微。千里月明京信远，百年行乐故人稀。已知造物终难定，唯有烟霞或可依。总为迂疏多牴牾，此生何忍便脂韦。

题郭诩濂溪图

郭生作濂溪像，其类与否，吾何从辨之？使无手中一圈，盖不知其为谁矣。然笔画老健超然，自不妨为名笔。

郭生挥写最超群，梦想形容恐未真。霁月光风千古在，当时黄九解传神。

西湖醉中漫书

湖光潋滟晴偏好，此语相传信不诬。景中况有佳宾主，世上更无真画图。溪风欲雨吟堤树，春水新添没渚蒲。南北双峰引高兴，醉携青竹不须扶。

文衡堂试事毕书壁

棘闱秋锁动经旬，事了惊看白发新。造作曾无酣蚁句，支离莫作画蛇人。寸丝拟得长才补，五色兼愁过眼频。袖手虚堂听明发，此中豪杰定谁真。

白发漫书一绝

诸君以予白发之句，试观予鬓，果见一丝。予作诗，实未尝知也。

漫书一绝识之。忽然相见尚非时，岂亦殷勤效一丝？总使皓然吾不恨，此心还有尔能知。

游泰山

飞湍下云窟，千尺泻高寒。昨向山中见，真如画里看。松风吹短鬓，霜气肃群峦。好记相从地，秋深十八盘。

雪岩次苏颖滨韵

客途亦幽寻，窈窕穿谷底。尘土填胸臆，到此方一洗。仰视剑戟锋，巑岏颡有泚。俯窥蛟龙窟，匍伏首如稽。绝境固灵秘，兹游实天启。梵宇遍岩壑，檐牙相角觝。山僧出延客，经营设酒醴。道引入云雾，峻陟历堂陛。石田唯种椒，晚炊仍有米。张灯坐小轩，矮榻便倦体。清游感畴昔，陈李两昆弟。侵晨访旧迹，古碣埋荒荠。

试诸生有作

醉后相看眼倍明，绝怜诗骨逼人清。菁莪见辱真惭我，胶漆常存底用盟。沧海浮云悲绝域，碧山秋月动新情。忧时谩作中宵坐，共听萧萧落木声。

再试诸生

草堂深酌坐寒更，蜡炬烟消落绛英。旅况最怜文作会，客心聊喜困还亨。春回马帐惭桃李，花满田家忆紫荆。世事浮云堪一笑，百年持此竟何成？

夏日登易氏万卷楼用唐韵

高楼六月自生寒，沓嶂回峰拥碧阑。久客已忘非故土，此身兼喜是闲官。幽花傍晚烟初暝，深树新晴雨未乾。极目海天家万里，风尘关塞欲归难。

再试诸生用唐韵

天涯犹未隔年回，何处严光有钓台？樽酒可怜人独远，封书空有雁飞来。渐惊雪色头颅改，莫漫风情笑口开。遥想阳明旧诗石，春来应自长莓苔。

次韵陆文顺佥宪

春王正月十七日，薄暮甚雨雷电风。卷我茅堂岂足念，伤兹岁事难为功。金縢秋日亦已异，鲁史冬月将无同。老臣正忧元气泄，中夜起坐心忡忡。

太子桥

乍寒乍暖早春天，随意寻芳到水边。树里茅亭藏小景，竹间石溜引清泉。汀花照日犹含雨，岸柳垂阴渐满川。欲把桥名寻野老，凄凉空说建文年。

与胡少参小集

细雨初晴蠛蠓飞，小亭花竹晚凉微。后期客到停杯久，远道春来得信稀。翰墨多凭消旅况，道心无赖入禅机。何时喜遂风泉赏，甘作山中一白衣？

再用前韵赋鹦鹉

低垂犹忆陇西飞，金锁长羁念力微。只为能言离土远，可怜折翼叹群稀。春林羞比黄鹂巧，晴渚思忘白鸟机。千古正平名正赋，风尘谁与惜毛衣？

送客过二桥

下马溪边偶共行，好山当面正如屏。不缘送客何因到，还喜门人伴独醒。小洞巧容危膝坐，清泉不厌洗心听。经过转眼俱陈迹，多少高厓漫勒铭。

复用杜韵一首

濯缨何处有清流，三月寻幽始得幽。送客正逢催驿骑，笑人且复任沙鸥。厓傍石偃门双启，洞口萝垂箔半钩。淡我平生无一好，独于泉石尚多求。

先日与诸友有郊园之约，是日因送客后期小诗写怀

郊园隔宿有幽期，送客三桥故故迟。樽酒定应须我久，诸君且莫向人疑。同游更忆春前日，归醉先拼日暮时。却笑相望才咫尺，无因走马送新诗。

自欲探幽肯后期，若为尘事故能迟。缓归已受山童促，久坐翻令溪鸟疑。竹里清醅应几酌，水边相候定多时。临风无限停云思，回首空歌《伐木》诗。

三桥客散赴前期，纵辔还嫌马足迟。好鸟花间先报语，浮云山顶尚堪疑。曾传江阁邀宾句，颇似篱边送酒时。便与诸公须痛饮，日斜潦倒更题诗。

待诸友不至

花间望眼欲崇朝，何事诸君迹尚遥？自处岂宜同俗驾，相期不独醉春瓢。忘形尔我虽多缺，义重师生可待招。自是清游须秉烛，莫将风雨负良宵。

夏日游阳明小洞天，喜诸生偕集偶用唐韵

古洞闲来日日游，山中宰相胜封侯。绝粮每自嗟尼父，愠见还时有仲由。云里高厓微入暑，石间寒溜已含秋。他年故国怀诸友，魂梦还须到水头。

将归与诸生别于城南蔡氏楼

天际层楼树杪开，夕阳下见鸟飞回。城隅碧水光连座，槛外青山翠作堆。颇恨眼前离别近，惟余他日梦魂来。新诗好记同游处，长扫溪南旧钓台。

诸门人送至龙里道中二首

蹊路高低入乱山，诸贤相送愧闲关。溪云压帽兼愁重，峰雪吹衣著鬓斑。花烛夜堂还共语，桂枝秋殿听跻攀。（跻攀之说甚陋，聊取其对偶耳。）相思不用勤书札，别后吾言在订顽。

雪满山城入暮天，归心别意两茫然。及门真愧从陈日，微服还思过宋年。樽酒无因同岁晚，缄书有雁寄春前。莫辞秉烛通宵坐，明日相思隔陇烟。

赠陈宗鲁

学文须学古，脱俗去陈言。譬若千丈木，勿为藤蔓缠。又如昆仑派，一泻成大川。人言古今异，此语皆虚传。吾苟得其意，今古何异焉?子才良可进，望汝师圣贤。学文乃余事，聊云子所偏。

醉后歌用燕思亭韵

万峰攒簇高连天，贵阳久客经徂年。思亲谩想斑衣舞，寄友空歌《伐木》篇。短鬓萧疏夜中老，急管哀丝为谁好。敛翼樊笼恨已迟，奋翮云霄苦不早。缅怀冥寂岩中人，萝衣茝佩芙蓉巾。黄精紫芝满山谷，采石不愁仓囷贫。清溪常伴明月夜,小洞自报梅花春。高闲岂说商山皓，绰约真如藐姑神。封书远寄贵阳客,胡不来归浪相忆？记取青松涧底枝，莫学杨花满阡陌。

题施总兵所翁龙

君不见所翁所画龙，虽画两目不点瞳。曾闻弟子误落笔，即时雷雨飞腾空。运精入神夺元化，浅夫未识徒惊诧。操舵移山律回阳，世间不独所翁画。高堂四壁生风云，黑雷柴电日昼昏。山崩谷陷屋瓦震，雨声如泻长平军。头角峥嵘岁千丈,倏忽神灵露乾象。小臣正抱乌号思，一堕胡髯不可上。视久眩定凝心神,生绡漠漠开嶙峋。乃知所翁遗笔迹，当年为写苍龙真。只今旱剧枯原野,万国苍生望霑丽。凭谁拈笔点双睛，一作甘霖遍天下！

卷三十　续编五

三征公移逸稿

德洪昔裒次师文，尝先刻奏疏、公移凡二十卷，名曰《别录》，为师征濠之功未明于天下也。既后刻《文录》，志在删繁，取公移三之二而去其一。沈子启原冲年即有志师学，搜猎遗文若干篇，录公移所遗者类为四卷，名曰《三征公移逸稿》，将增刻《文录续编》，用以补其所未备也。出以示余。余读而叹曰："吾师学敦大源，故发诸政事，澜涌川决，千态万状，时出而无穷。是稿皆据案批答，平常说去，殊不经意，而仁爱自足以沦人心髓，思虑自足以彻人机智，文章又足以鼓舞天下之人心，若金沙玉屑，散落人世，人自不能弃之，又奚病于繁耶？"乃为条揭其纲以遗之，使读者即吾师应感之陈迹，可以推见性道之渊微云。隆庆庚午八月朔日，德洪百拜识。

南赣公移 凡三十三条

批漳南道教练民兵呈 正德十一年十一月二十五日

据兵备佥事胡琏呈："将各县民快，操练教习颇成。"看得事苟庇民，岂吝小费；功有实效，何恤浮言！参据呈词，区画允当，仰该道依拟施行。再照，兵不在多，惟贵精练。事欲可久，尤须简严。所募打手等项，更宜逐一校阅。必皆技艺绝伦，骁勇出众，因能别队，量材分等，使将有余勇，兵有余资，庶平居不致于冗食，临难可免于败师。批呈缴。

批漳南道进剿呈 十一月二十六日

据兵备佥事胡琏呈："卢溪等洞贼首詹师富等，势甚猖獗，备将画图贴说，待期攻剿。"看得兵难遥度，事贵乘时。今打手民快等兵，既已募集，仰该道上紧密切，相机剿扑。惟在歼取渠魁，毋致横加平善。其大举夹攻行详议。呈缴。

教习骑射牌 十二年五月十六日

看得五兵之用，弓矢为先；南方之技，骑射所短；最宜习演，以修长技。今南、赣诸处军兵所操弓矢，类皆脆弱。十步之外，不穿鲁缟，以是御敌，真同儿戏。访得福建省城弓矢颇胜他处，合行选取。为此牌仰福建漳南道转行福建都司，选取精巧惯习弓兵四名，该道量给口粮、脚夫，送赴军门，成造弓矢事完，仍发原伍著役。

批南安府请兵策应呈 六月初十日

据知府季敩呈："各巢贼党众多，本府兵力寡弱，乞添兵协剿。"该岭北道议，将南康二班赖养介兵，拨补县丞舒富；兴国谢庄兵、雩都张英才兵，拨补冯廷瑞统领。其本府仍用添兵营策应。及行该府起立军营二处，听候官兵到彼安插。其南康、上犹二县，俱该一体起立回报。

看得赖养介、谢庄、张英才所统，准令与峰山、双秀等兵更补，预建营房，议尤适当。即行该府议行，务要地势雄壮，沟堑深高，虽系一时之谋，亦为可久之计。

看得南安、上犹所聚兵众，每处不下二千，防遏剿袭，略已足用。各官犹以兵少为辞，不能运谋出奇，亦已可见。今可行令各官，分部原领各兵，一意防遏。另调坎字营一千二百人，令指挥来春统领，往屯南安。又调艮字营一千二百人，令指挥姚玺统领，往屯上犹。二营人马专以相机剿袭为事，声东击西，务使踪迹靡定，条聚复散。每念变态无常，该道即将该去各兵查给口粮，二十四日巳时起营前去。仍行该府县官，务要协力同心，相为犄角之势，共成夹剿之功。呈缴。

批岭北道攻守机宜呈六月二十六日

批兵备副使杨璋呈称："访得前项贼徒，俱被逃往横水、桶冈大巢屯聚，所平巢穴，未免复来营给。合行知府季斆统领异字营兵一千二百名，防遏大庾县贼巢。县丞舒富仍统震字营兵一千二百名，防遏上犹、南康二县贼巢。"

看得各巢贼党，虽已溃散，计其势穷食绝，必将复出剽虏。所议防遏事理，照议施行。仍行县丞舒富，务要在于贼巢总会处所屯扎，多遣乖觉乡导，分路爪缉，探知贼徒将出，即便设伏擒剿，务竭忠诚，以副委任，毋得虚文粉饰。此后但有推奸坐视，定行治以军法。再照前项贼徒，今皆聚于横水、桶冈，若遣重兵直捣其地，示以必攻之势，彼将团结自守不暇，势必不敢分众出掠，不过旬余，两巢之贼可以坐取。仍仰该道密议直捣方略呈来定夺。呈缴。

批漳南道给由呈十二年六月二十八日

据佥事胡琏呈给由事。看得本官才器充达，执履坚方，始因军机重务，以致考满过期。今盗贼既靖，合准给由。但久安之图，尚切资于经理，招抚之众，方有待于绥绥。仰本官给由事毕，即便作急回任，勿为桑梓之迟，有孤闾阎之望。呈缴。

批兵备道奖励官兵呈 七月初一日

据副使杨璋呈，据知府季斆等依奉本院方略，攻破禾沙、石路坑等巢一十九处，擒斩首从贼人陈曰能、钟明贵、唐洪众，及杀烧死贼从，俘获贼属，夺获马牛骡羊器械等项。为照各贼肆毒无厌，名号不轨，若使遂其奸谋，得以乘虚入广，其为患害，何可胜言。副使杨璋，乃能先事运谋，潜行剿袭，一夕之间，攻破巢穴，扑燎原之火于方燃，障溃岸之波于已决。知府季斆、指挥冯翔等，亲领兵众，屡挫贼锋，相应奖励，以旌功能。其各营将士，俱能用命效力，奋勇擒斩，亦合一体赏劳。为此仰赣州府官吏，即便支给商税银两，买办后开礼物，及将发去银牌羊酒，就委府卫掌印官备用彩亭鼓乐，迎送各官，用旌剿袭之功，以明奖励之典。仍将发去赏功银两，照名给赏。其阵亡射伤兵夫，亦各查给优恤。各官务要益竭忠贞，协谋并勇，大作三军之气，共收万全之功。

调用三省夹攻官兵 七月十五日

准兵部咨，该湖广巡抚都御史秦题云云。已经开陈两端，具本上请去后。今准前因，除南、赣二府兵粮事宜另行外，所据领兵等官，俱在得人，必须先委。访得九江府知府汪朮、吉安府知府伍文定、汀州府知府唐淳，久习军旅，惠州府知府陈祥，器度深沉，俱各才识练达。程乡县知县张戬，近征大伞等处，独统率新民，奋勇当先，功劳尤著。抚州府东乡县知县黄堂、建昌府新城县知县黄文鸑、袁州府萍乡县知县高桂、吉安府龙泉县知县陈允谐，素有才名，堪以领兵。但事干各府，各官之中，或有违抗推托，临期必致误事。除具本题请，但有不遵约束，许以军法从事，合就通行知会。为此仰抄案回府，即行本官，密切整备衣装。及将上杭县义官李福英名下打手，再行拣选，务要骁勇精悍者一千名，给与资装器械，听候命下。另有公文至日，即便不分星夜，兼程前进军门，以凭调用施行。

夹攻防守咨 十月

准湖广巡抚都御史秦咨云云。看得龙泉一县，与上犹县诸巢接境。将来三省夹攻，使龙泉所守不固，则吉安属县俱被骚扰。必须大兵一哨，就从此路进剿，方可止贼奔冲。已行吉安府知府伍文定，备行所属龙泉、万安、太和等县，永新、安福等所，精选民间打手，或在官机兵，共二千名，编成队伍，督同知县陈允谐等分统，俱赴龙泉县屯扎。该县乡夫，即日起集，守把隘口，听候刻期夹剿外。今准前因，合就咨报。为此备由移咨前去，烦为查照施行。

行岭北道催督进剿牌 十月初十日

案照先经行仰该道守巡官，分投先往上犹、大庾等处住札，听候各哨官兵至日，即便催督进剿去后。今照领兵等官，已该本院坐委，合行分投催督。为此仰抄案回道，即便催督各哨官兵，遵照方略，依期星夜直抵巢穴，务将前贼扫荡扑灭，以靖地方，毋遗芽蘖，致贻后患。本官仍行各官，详察地里险易，相度机宜，慎重行事，毋得轻率寡谋。及逗遛退缩，致误事机，定行军法从事。军中未尽事宜，亦听随机应变施行，仍呈本院知会，俱毋违错。

刻期会剿咨 十月二十一日

准巡抚湖广都御史秦咨："议照会剿事情，已该兵部议奉钦依，刻期于九月中进兵。职等督理兵粮，粗有次第。近因杨总兵病故，又为两广路远，约会颇难，只得改期十月初旬，衡州取齐，听候分哨会兵，具题，及差官约会进剿。即今所调汉土官兵，不旬日间俱集。若令住札候至闰十二月方行会剿，非惟粮饷不敷，亦恐地方骚扰，况贼情狡诈，必致乘虚奔逸。除移文两广总镇军门查照，作急会议，一面严督布守官兵，谨把贼路，防其奔逸；一面督发兵粮，委官分哨，相机策应剿杀外。备咨贵职，查照事理，至期督发各哨夹剿，仍希由咨报"等因。

案照先为紧急军务事，本职看得进攻次第，江西惟桶冈一处，该与湖广之兵会合。其长流左溪、横水等处，皆深入南安府所属三县腹心之内。见今不时，拥众奔冲，势难止遏。欲将前项贼巢以次相机剿扑。候贵治之兵齐集，夹攻桶冈，又经移咨贵职外。

续据县丞舒富等呈称，各辈贼首，闻知湖广士兵将到，欲奔桶冈，集众拒战，战而不胜，奔入范阳大山。乞急为区处等因到院。随将领兵知府邢珣等，指受方略，刻期于十月十二日子时发兵进兵。本院即日进屯，亲临南康督战，遂破横水、左溪等巢。但贼首未获，方行各哨追袭。今准前因，照得江西兵粮粗已齐集。及照十一月初一日之期，亦已不远。除行兵备等官监督各哨，一面分投追袭未获贼徒，一面行令，务在十一月初一日，移兵径趋桶冈等处，分布夹攻，不许后期误事。及行兵备副使杨璋移文参将史春知会外。为此合咨前去，烦请贵院查照，早为督发，切勿后时。

横水建立营场牌 十月二十七日

照得本院亲督诸军，进破横水等巢，贼徒已就诛戮。但山高林密，诚恐漏殄之徒，大军撤后，仍复啸聚，必须建立营场，委官防守。为此牌仰典史梁仪，协同千户林节，统领宁都机兵四百名，信丰机兵六百名，就在横水大村，砍伐木植，相视地势雄阜去处，建立营场一所，周围先竖木栅，逐旋修筑土城，听候本院回军住札，以凭委官留兵防守。各官务要同力协谋，精勤干理，工完之日，照依军功论赏。所领兵众，如有不听约束，许以军令责治。其合用夫匠等项，听于南安所属上犹、南康等县取用。该县俱要即时应付，毋得迟违误事。

搜扒残寇咨 十一月十一日

据知府邢珣、唐淳会呈："各职近奉本院调发，于本年十一月初一日，依湖广刻期，夹攻桶冈峒诸巢，遵依攻破茶寮等处，擒斩贼党已尽。

见今各兵四散搜扒，无贼可捕。访得官兵未进之先，各贼带领家属逃往桂东县连界大山藏躲，及将捕获贼人黄顺等备细研审相同。但今彼处官兵未见前来，若不移文催督，诚恐先遁各贼，乘虚在彼奔窜，各营官兵，难于过境搜扒。呈乞照详”等因到院。查卷先为前事，已经通行湖广、江西、广东三省该道兵备、守巡等官，调集官军，把截夹攻；及严督、府、卫、所、州、县等官，起集兵快乡夫，各于贼行要路，昼夜把截，若贼奔遁，就便相机擒捕，去后。今据前因，照得桶冈贼徒，陆续潜逃，所据守隘等官，未暇参究。但今各贼，久在彼处藏躲，若不速行搜扒，将来大兵既撤，诸贼必将复归桶冈，重贻后患。为此合咨贵院，烦将原调官兵，量摘三四千，前来桂东连界大山，逐一搜扒，必使果无噍类，然后班师，庶几一劳永逸，而彼此两无遗憾。及请戒令各兵，止于连界大山搜扒，不得过境深入，尤为地方之幸。

批准惠州府给由呈 正德十三年二月二十四日

据知府陈祥申给由事。看得知府陈祥，政著循良，才堪统驭，近因兴师之举，且迟考绩之行。今本官亲从本院征剿叛贼，效劳备至，斩获居多，巢穴悉皆扫平，地方已就宁靖，既喜奏功于露布，允宜上最于天曹，除赏功之典另行外，仰该府即便照例起送给由。申缴。

批攻取河源贼巢呈 三月二十三日

据佥事王天用呈：“河源朱峒吴天王、曹总兵、邓都督等一十三围，并上下二山，共有先锋三千余兵，五府六部俱全，声言起城立殿，势诚猖獗。”看得所呈各贼，聚众三千，设官僭号，即其事势，亦岂一朝一夕之故？而各该府、县等官，前此曾无一言申报，据法即合拿究。但称所呈亦据传闻，未委虚的；又虑万一果如所呈，各该官吏正在紧关剿截之际，姑且俱未参提。仰该道再行查勘的实，果如前情，即便一面严督各该官司，加谨防遏，一面议处机宜，或移夹剿之回师，或促候调之狼卒，度量缓急，相机而行。如其事未猖扬，情犹可抚，亦要周防安插，区处得宜。俱仰火速具由呈来，以凭议奏。仍呈总督巡按等衙门，公同计议施行。呈缴。

批赣州府赈济呈四月二十八日

据赣州府呈："本府赣县等七县，将在仓稻谷粜银赈济。"看得兵革之余，民困未苏，加以雨水为灾，农务多废，虽将来之患，固宜撙节预防，而目前之急，亦须酌量赈济。据该府所申，计处得宜，合行各县照议施行。仍仰各掌印官，务须严禁富豪之规利，痛革奸吏之夤缘，庶官府不为虚文之应，而贫民果沾实惠之及。各具由回报。申缴。

批岭北道修筑城垣呈五月十五日

据副使杨璋呈："所属府、卫、县城垣倒塌数多，而石城一县尤甚，应该估计修理。合委知府季斅、邢珣，不妨府事，督修本府城垣。龙南县署印推官危寿，兴国县知县黄泗，瑞金县知县鲍珉，各委督修本县城垣。惟石城县知县林顺，柔懦无为，合行同知夏克义，估计督修。"看得城垣倒塌，地方急务。幸兹盗贼荡平，正可及时修筑。若患至而备，则事已无及。该道即行各该承委官员查照，估算工程，措置物料，一应事宜，各自从长议处呈夺。各官务要视官事如家事，惜民财如己财；因地任力，计日验功；役不逾时，而成坚久之绩，费不扰民，而有节省之美。庶称保障之职，以副才能之举。呈缴。

查访各属贤否牌六月十九日

节该钦奉敕谕："军卫有司官员中政务修举者，量加奖劝；其有贪残畏缩误事者，文职五品以下，武职三品以下，径自拿问发落。钦此。"钦遵。切照当职抚临赣州等处，向因亲剿群贼，多在军前，所据大小衙门官员中间，志行之贤否，政务之修废，类皆未暇采访，拟合通行查报。为此除布、按二司，本院自行询访外，牌仰本道官吏，即便从公查访所属军卫有司官员。要见某官廉勤公谨，某官贪婪畏缩，某官罢软无为，某官峻刑酷暴，备细开造小册，就于前件下填注，印封密切，马上差人赍报，以凭复奏，黜陟拿问施行。毋得循情，查报不公，致有物议，自取参究。仍行本道各将掌印佐贰等官年甲籍贯，到任年月日期，亦开前件揭帖一本印信，各令差人赍报，不得稽迟。

一仰广东守巡岭东、岭南道，福建守巡漳南道，湖广守巡上湖南道同。

行漳南道禁支税牌 六月二十八日

照得上杭河税，原系本院钦奉敕谕军马钱粮径自便宜区画事理，专为军饷而设，自来非奉本院明文，分毫不许擅自动支，与该省各衙门原无干预。牌仰该道官吏，今后凡有相应动支，止许具由呈禀本院，听候批允，不得一概申请，有乖事体，渐开多门之弊，反生侵渔之奸。具依准。缴牌。

禁约驿递牌 七月初一日

照得水西驿递旧例，每遇公差，验有真正关文，随即送赴军门挂号，此乃防奸革弊定规。本院抚临赣州未几，即因盗贼猖獗，屡出剿平，尚未清查。访得近来多有奸诈之徒，起一关文，辄就洗改。或改一名为二三名者，或改红船为站船者，或改口粮为廪给者，或改下等马为中等上等马者，或该有司支应而夤缘驿递应付者。又有或看望亲朋，或经过买卖，因与驿递官吏相识，求买关文，诈伪百端。若不挂号清查，非惟奸人得计，抑且有乖事体。为此牌仰本驿所官吏，即便印钤厚白申纸，装钉方尺文簿，一样二本，送赴军门。每遇公差关文，验无前项奸弊，就与誊换，随送军门挂号给付。如或本院出巡，就赴该道兵备挂号。中间若有交通，私与关文，或不经本院挂号，潜行应付者，定行拿问赃罪，决不轻贷。仍仰今后差拨舡只迎送，止许各至交界驿递倒换，立限回还。敢有贪图过关米粮，或权要逼勒过界者，就便指实申来，以凭拿问。仍行岭北道一体查照施行。

申明便宜敕谕 七月二十一日

节该钦奉敕："广东清远、从化、后山等处，与尔所辖南、韶等府，壤地相接，事体互相有关。近该彼处镇巡官奏称，盗贼生发，师行有日，如遇彼处行文征兵协剿，亦要随即发兵前去防剿应援，以收全功。毋得自分彼此，致失事机，钦此。"钦遵。照得南雄府界连南赣大庾、信丰、龙南等县，而惠州、河源、兴宁，亦各逼近贼巢，俱系紧关，奔遁潜匿之处，进攻防截之路。访得前贼为患日久，虽奉成命征兵协剿，诚恐贼计狡猾诈变，东追则西窜，南捕则北奔，若不早为查处，未免有误军机。为此仰抄案回司，会同三司掌印，及各该守巡、兵备等官，上紧调集兵粮，听候克期防剿，并将应剿贼巢，通行查出。行拘熟知地利险易乡导，责令画图贴说。要见某处贼巢，连近某处乡落；某巢界抵某处，系是良善村寨，某处系是善恶相兼；某处平坦，可以直捣；某处险阻，可以把截；某处系贼必遁之路，可以设伏邀击；某处贼所不备，可以间道掩扑；何处官军可以起调，何官可以委用，可以监统；粮饷何处措办，住札何处听候；各要查处停当，备由马上差人飞报本院，以凭遵照钦奉敕谕，与各该镇巡官计议而行。其有军中一应进止机宜，亦要明白呈报，毋分彼此，致有疏虞。国典具存，罪难容恕。仍呈总督、镇守、巡按衙门知会。

犒赏新民牌 七月二十八日

据招抚新民张仲全、陈顺珠等呈，解擒斩贼首池满仔、屠天佑等八名颗到院。为照张仲全等，始能脱离恶党，诚心向善，已为可取。又能擒斩叛贼，立功报效，即其忠勇，尤足嘉尚。所据张仲全合升授以百长，陈顺珠合升为总甲，各给银牌，以酬其功。其兵众三百余人，皆能齐心协力，擒捕叛贼，俱合犒赏。为此牌差百户周芳前去龙南县，着落当该官吏，即将赍去银牌给与张仲全、陈顺珠，牛酒及赏功银两，照数给与部下有功兵众。仍仰督同张仲全等，整束部下兵众，会同王受、郑志高等并力夹剿残贼，务要尽数搜擒，照例从重给赏。其屠天佑手下走散兵夫，原由牵引哄诱，皆可免死。仍仰张仲全遣人告谕，但能悔恶来归，仍与安插。或能擒斩同伙归投者，准其赎罪，仍与给赏。各役俱听推官危寿等节制调度，务要竭忠尽力，愈加奋勇，期收全功，以图报称。

行岭北等道议处兵饷八月十四日

节该钦奉敕谕："一应军马钱粮事宜，俱听便宜区画，以足军饷，钦此。"钦遵。照得近因夹剿上犹、桶冈等贼，粮饷无措。当时仰赖朝廷威德，两月之间，偶速克捷，不然，必致缺乏。今各巢虽已扫定，而遗党窜伏，难保必无。况广东后山等处，方议征剿，万一奔决过境，调兵遏剿，粮饷为先。查得见行措置军饷，以防民患事例：今后江西南、赣等府有兵备去处，各该军卫有司所问囚犯，审有家道颇可者，不拘笞杖徒流并杂犯死罪。各照做工年月，每日折收工价银一分，送府收贮，以备巡抚衙门军情缓急之用。虽有别项公务，不得擅支，仍要按季申报，合干上司，以凭稽考等因。照得近来官吏因循不行，查照概将问追工价等银，俱称类解买谷，遂致军饷无备，甚属故违。具访前项银两，埋没侵渔甚众。今姑未查究，再行申明，仰抄案回道，着落当该官吏，并行南、赣二府卫、所、县。今后奉到问理等项，笞杖徒流杂犯斩绞罪，除有力纳米照旧外，其家道颇可者，俱要查照先行事例，折纳工价，俱收贮该府，以备本院军情缓急。敢有故违者，定行参以赃罪，决不轻贷。仍仰各置文簿二扇，按季循环开报查考，毋致隐匿。仍呈抚按衙门知会。

再批攻剿河源贼巢呈八月二十一日

据广东岭东道佥事朱昂等会呈：“河源县贼巢一十三处，势相联络，互为应援。贼首吴何俊等，并帽子峰贼首谭广护等，招亡纳叛，不止二千余众，累岁荼毒生灵。况又僭称天王、总兵、都督等号，罪恶滔天，人神共怒。必须请调大兵，剿绝根由，庶足以雪军民之冤。但此黠贼，性尤凶强。必藉狼兵，可以捣巢攻寨。大约以军兵二万有余，方克济事。”合行布政司查议粮饷，并赏功银两等项。又据惠州府云云。看得贼众兵寡，委难集事。但动调狼兵，亦利害相伴。况开报贼巢，前后不同。合用粮赏，俱合预行查处。为此仰抄案回道，会同各守巡、兵备等官，将各巢穴再行备细查访。若果贼巢众多，官兵分哨不敷，必须添调狼兵，仰即径自呈请该省总督等衙门，上紧起调。若见在官兵略以足用，可以不调狼兵，亦免骚扰地方，就仰选委谋勇官，督同府、卫、县、所等官，将各汉达官军、兵快、乡夫，预先起集选练，于该府及近贼县分，密切屯札，勿令张扬，候克期已定，然后昼伏夜行，出其不意，并击合剿。合用粮饷赏功等银，备行广东布政司查照上年大征事体，及时措备，毋致临期误事。如是兵粮措置，俱已齐备，仰即马上差人飞报军门，以凭亲临督战。或差官赍报令旗令牌，分督进剿。其各贼奔遁关隘，相应江西防截者，亦要上紧查报，以凭调发，各毋稽违，致有失误。国典具存，决难轻贷。先选熟知贼情三四人，赴军门听用。军中一应进止，或未尽机宜，应呈报者，亦就上紧呈报。仍呈总镇、镇守、巡按等衙门查照知会。

优礼谪官牌十一月二十七日

照得本院奉命提督军务，征剿四省盗贼，深虑才微责重，惧无以仰称任使，合求贤能，以资谋略。访得潮州府三河驿驿丞王思，志行高古，学问渊源，直道不能趋时，长才足以济用。惠州府通衢马驿驿丞李中，坚忍之操，笃实之学，身困而道益亨，志屈而才未展，合就延引，以匡不及。为此牌仰该府，照牌事理，措办羊酒礼币，差委该县教官赍送本官处，用见本院优礼之意，仍照例起关应付，以礼起送前赴军门，以凭谘访，该驿印记，别行委官署掌。先具依准及礼过缘由。缴牌。

批漳南道设立军堡呈 十二月初三日

据兵备佥事周期雍呈："深田、半砂等处，负山滨海，地僻人稀，以致贼徒诱结，势渐猖獗。今虽议立军堡，一时未得完工，合行署都指挥佥事侯汴，暂且住札南、韶，设法擒捕。候军堡已完，行令遵照钦奉敕谕，前往武平县驻札。"看得所呈深田等处，盗贼日渐猖炽，各该巡捕等官，因循坐视，致令滋蔓，俱合拿赴军门。但当用人之际，姑且记罪。仰该道严加督捕，在目下靖绝，以功赎罪。及照该道原议，设立军堡十处。每堡军兵不过二三十人，势分力弱，恐亦不足以振军威而扼贼势。仰该道会同守备官再加酌量。如果军堡工费浩大，且可停止，将各堡该戍军兵分作两营，选委勇官二员分统，于各该盗贼出没地方，络绎搜捕，每月限定往来次数。就仰经过县分，按月开报兵备官处，不时考较督责。其该设军堡，止于每日程途所到去处，建立一所，以备宿歇。非独省费易举，亦且势并力合，地方可恃以无恐，盗贼闻风而自息矣。但事难遥度，该道仍须计审详议，一面呈报，务求至当，亦无苟从。再照前项地方，盗贼日盛，备御未立，准议暂委守备侯汴前往南、韶住札，严剿捕以靖地方。稍候武备既设，施行有次，仍旧还归武平住札。该道照议批呈事理，即便备行本官查照施行，俱毋违错。

再申明三省敕谕 十二月十二日

节该钦奉敕："该兵科给事中周文熙奏，湖广郴、衡地方瑶贼，不乘时处置，抑恐遗孽复滋，重贻后患。乞要推举抚治宪臣一员，前去会同湖广、广东、江西镇巡三司等官，相度事宜。或设添卫所县治，或置立屯戍屯堡，或仍敕尔每年春夏在南、赣等处，秋冬在郴、衡等处，住札整理。庶几委任专一，有备无患等因，该部议谓宜如所奏施行。今特敕尔亲诣郴、衡等处地方，照依周文熙所奏，并查照御史王度、唐濂及佥事顾英等建言事理，从长议处，定立长治久安之法。应施行者，径自会同各该镇巡等官，从长施行。事体重大者，奏请定夺。尔为风宪大臣，受兹委托，尤宜广询博访，择善而行。务使盗息民安，地方有赖，钦此。”钦遵。卷查先准兵部咨为图议边方后患事。该兵科给事中周文熙奏，该本部覆题，已经案仰湖广都、布、按三司，即行该道守巡、兵备等官，一体钦遵。各诣郴、桂、衡州等处，督同各该掌印等官，相度山川险易之势，谘访贼情起伏之由，查照各官建言事理，从长议处方略。要见某处可以开建县治，某处相应添设卫所，某处营堡宜修，某处道路宜开，备询高年有识，务宜土俗民情。如或开建添设等项，有劳于民，无补于事，亦要明白声说，毋拘成议，附和雷同。别有防奸御患长策，俱要备细呈夺，毋惮改作。仰惟朝廷采纳群策，非徒苟为文具。谅在各官协心承委，决无了塞公移，务竭保民安土之谋，共图久安长治之策。应施行者，就便具由呈来，以凭会议施行。若有事体重大，该具奏者，亦即呈来，奏请定夺去后。今奉前因，拟合通行。为此仰抄案回司，即行掌印并各该道守巡、兵备、守备等官，一体查照钦遵。作急议报施行，毋得稽违。仍行镇守、巡抚、总督、总镇、巡按衙门知会。

批赣州府给由呈十二月二十五日

据知府邢珣申给由事。照得知府邢珣，久劳郡政，屡立战功。合有赏功之典，出于报最之外。今三年之考，既因事久稽，而六载之期，亦计日非远。况地方盗贼虽平，疮痍未起。仰行本官照旧支俸，益弘永图。苟有善可及民，何厌久于其道！微疾已痊，即起视事，给由一节，六年并考。申缴。

行岭北道裁革军职巡捕牌十四年五月初五日

访得南、赣巡捕军职官员，有名无实。每遇火盗生发，坐视观望，曾不以时策应。中间更有不守法律，在于私宅接受词讼，吓取财贿纸米。或捕获一贼，则招攀无干之人，乘机诈骗。佥充总小甲，则需索拜见；更换铺夫，则索要年例；稍或不从，百般罗织。又如前往所属巡逻，则索要折乾，刻取酒食。甚至容隐贼徒，窃分赃贿。欲便拿究，缘无指实查行间。为此仰抄案回道，即将巡捕军职官员，就便裁革。一应地方事宜，俱令府、县捕盗等官管理。中间倘有未尽事宜，该道再行议处呈夺。仍候考选之日，备呈镇巡等衙门查照知会。

遵奉钦依行福建三司清查钱粮五月二十七日

准兵部咨云云。查得先准本部咨，题奉钦依，备行前来，已经案仰福建都、布、按三司，并行所属一体钦遵。

仍查各该府、县、卫、所每年额征各项秋屯粮米各计若干。中间起运，每石折银若干，鱼课折银若干。存留数内，应否输纳本色，折收银两。见今小民拖欠者已征若干，未征若干，有无已征捏作未征。其各卫、所军士该支月粮，某卫、所若干石，见今某卫、所已缺支若干月，共该补给米若干石。起运秋屯粮米，要查是何年月，奉何事例。分派某府、卫、所解京，今经几年，是否已为定例。设若存留，必须先查各属官吏、师生、旗军人等，岁用钱粮，大约共计若干，有无足勾。及查该司并各府、州、县见贮库内银两，某项共计若干。中间可以借支，俟后追补，如是扣算不敷，应否将前起运存留。并查汀、漳二府用兵之时，所用粮饷，系何项钱粮，曾否将官军月粮借辏。务要备查明白，具由差人马上赍报。一面会同三司掌印、守巡各官，将一应利弊，相应兴革者，逐一查议停当，俟本院抚临之日呈夺，去后。今准前因，合再通行查处。为此仰抄案回司，即行掌印并各道守巡等官，公同本院委官，速将前项事情，再加用心查议，务要事体稳当，以便经久；明白具由开呈，以凭会处。中间若有未尽事宜，亦就查议呈夺，毋得虚应故事。苟且目前，复遗后患，罪有所归。

议处添设县所城堡巡司咨 五月三十日

准兵部咨云云。续据湖广按察司呈，奉巡抚湖广都御史秦案验，为计处地方，以弭盗贼事。准兵部咨："该本院题，备由呈报，及移咨到院，案候间。今准前因，为照添设县所，查处更夫，并设屯堡置巡司等项事宜，俱奉有成命。况皆经巡抚衙门悉心区画，各已虑无遗策，岂能别有议处。惟称分割乳源、乐昌二县里分，节行广东，该道会勘未报，尚恐两省各官，未免互分彼此，不肯协和成事，必须贵院不惮一行，亲临其地，约会总督两广军务都御史杨，面会一处，庶几两省之事，可以一言而决。"及照建立三屯，摘发湖广各卫所官军，协同巡检弓兵守把一节，以今事势而论，亦为久长之防。但访得各卫所官军，皆有安土重迁之怀，无故摘拨，必致奏告推搪，非惟无补于防御，兼且徒益于纷扰，似须更为一处，必使人情乐从，庶几事功易集。本职见奉朝令，前往福建巡视地方，处置军人作乱事情，不日启行，必须遵照敕旨，候事完回日，方可亲诣郴、衡地方，面会贵院议处。但恐旷日弥久，行事益迟，为此合咨贵院，烦请先为查处施行。

督责哨官牌 六月初七日

照得本院见往福建公干，所有调来赣州教场操备宁都等县兵快，虽分四哨管领，已有定规。惟恐本院远出，因而懈怠废弛，头目人等，亦或受财放逃，必须委官管领操备，为此仰千百产孙裕等，各照军门原分哨分，用心管领，不时操练，务使行伍整肃，武艺精通。中间若有拒顽不听约束者，轻则量情责治，重则论以军法断处。其各兵快义官百长人等口粮，各照近日减去五分则例。每月人各二钱，义官百长各三钱五分，总小甲各二钱五分，俱仰前去赣州府支给，亦不许冒名顶替关支，查访得出，定行追给还官，仍问重罪发落。承委各官，务称委托，不得假此生奸扰害，未便。

委分巡岭北道暂管地方事六月初八日

据副使杨璋呈:“奉兵部札付题称‘福建军人作乱事情,请教提督南、赣等处军务都御史王前去处置。其南、赣等处地方事情，合行兵备副使杨璋暂且代替管理，一应紧急贼情，悉听杨璋径自从宜施行，不许失误。候处置福建事宁之日照旧’等因。题奉钦依，备由札仰钦遵外。今照本职升任本司按察使，启行在迩，缺官管理，合就通行呈详”等因。看得本官既已升任，本院不日又往福建公干，南、赣贼情，及该道印信,必须得人经理。已经案仰江西按察司速委风力老成堂上官一员，毋分星夜，前赴该道，暂且管理，去后。今照前因，为照本院已奉敕书，的于本月初九日启行。但分巡该道官员未至，所有各处递报一应公文，多系地方事务。若待议置停当前去,未免顾此失彼,愈加积滞,合行处置。为此仰抄案回府，凡遇各官司赍到一应公文，除地方贼清重事，俱仰差人送赴分巡该道议处，径自施行，仍呈本院知会。其余地方盗息民安缴报批申呈词招由不急之务，就便收候，类赍本院。仍仰作急备行该道查照施行，俱毋违错。

思田公移 凡四十九条

行广西统领军兵各官剿抚事宜牌嘉靖六年十一月初五日

先据领兵、参政等官龙诰等禀称：湖兵已至，已经行令相机行事，去后，近访得各兵已入深地，利在速战，若旷日持久，未免师老气衰，且临敌易将，进退之间，呼吸成败。是以本院沿途且行且访，而传闻不一，未有的报。为此牌仰统兵各官，公同计议。若已在进兵之际，则宜遵照旧任提督军门约束，齐心并力，务在了事，方许旋回军门参谒。若犹在迟疑观望之地，而王受、卢苏等尚有可生之道，朝廷亦岂以必杀为心，则宜旋军左次，开其自新之路，听候本院督临审处，俱毋违错。仍行提督、总镇、总兵及巡按等衙门知会，务在进退合宜，不得轻忽误事。

行南韶二府招集民兵牌十一月十二日

牌仰韶州、南雄府当该官吏，即于该府地方及所属各县。不拘机兵打手，各色人内，访求武艺骁勇，胆力之士，超群出众，以一当百者。每府三名或四名，每县二名或三名，无者于别县通融取补。务要年齿少壮，三十岁以下者。每月给与工食八钱，就于机快工食内顶贴，仍与办衣装器械。各名备开年貌亲族邻里，限一月之内送赴军门应用，毋得迟违。

奖留佥事顾溱批呈十一月二十三日

看得士大夫志行无惭，不因毁誉而有荣辱。君子出处有义，岂以人言而为去留？况公论自明，物情已睹。本官素有学术涵养，正宜动心忍性，以增益其所不能。岂可托疾辞归，以求申其愤激？此缴。

批岭西道议处兵屯事宜呈十一月二十三日

据佥事李香呈。看得财匮于兵冗，力分于备多，此是近日大弊，相应议处。所呈打手，且不必添募。仰将该道屯哨，分布打手，通行查出，大约共有若干。再加精选，去其劣弱，大约共得骁勇若干。及查某处屯堡可裁，某处关隘可革，大约共用打手若干。某哨堪备操演，分聚开阖，若何而力不分，若何而财不费？若何而免于屯兵坐食，若何而可以运谋出奇？该道会同分守道，通融斟酌，务求简易可久之道，呈来施行。

批广州卫议处哨守官兵呈十一月二十五日

据指挥赵璇呈。看得军门哨守官军两班，共该一千余名。类皆脆弱，不堪征调。兼亦远离乡土，往往多称疾故逃亡，非徒无益于公家之用，而抑未便于军士之情。仰苍梧守巡道，公同会议，酌量利害之多寡，审察人情之顺逆，务求公私两便，经久可行之策，呈来定夺施行。

批都指挥李翱操演哨守官兵呈十一月二十七日

看得都指挥李翱所呈，足见留心职任，不肯偷惰苟安，有足嘉尚。仰分巡苍梧道，公同坐营官张锐，将见在哨守军兵打手人等，分立班次，发与李翱，在于教场轮班操演。使兵识将意，将识士情，庶职任不虚，缓急可用，仰行各官查照施行。

行两广都布按三司选用武职官员十二月初七日

准兵部咨云云。为照两广地方广阔，武职官员数多，当爵镇临之初，贤否一时未能备知，拟合通行询访。为此仰抄案回司，备云该部题奉钦依内事理，合行掌印、守巡等官钦遵，严加询访。不拘已用未用，曾否减革武职官员，但有谋勇素著，雄才大略，堪任将领者，从公举保，以凭具奏推用。不许徇情滥举，赃犯人员，自贻玷累，毋得违错。都司仍转行总兵等官，一体钦遵，查照施行。

行两广按察司稽查冒滥关文十二月十二日

准兵部咨云云，拟合通行。为此仰抄捧回司，照依案验备奉钦依内事理，即行都、布二司一体钦遵。仍转行镇守、主副参将等官，今后除地方机密重情，应该会奏者，各具本共差一人，于批文列会奏职衔。其余常行事务，各自行奏报者，必须积至二三起以上，方许差人，亦于批文开坐朱语，以便稽考，毋得泛填公务字样。若是专为己私，假借公干，擅便分给符验关文挂号，并承委人等，越例索要应付，定行从公参究治罪，俱毋违错。

给思明州官孙黄永宁冠带札付牌

据左江兵备佥事吴天挺呈："据思明府族目王瑙等状告'先蒙军门行取思明州官孙黄永宁领兵听调，乞给冠带，管辖夷民'等情。勘得官孙黄永宁被占年久，今奉断明，若非宠异，无以示信。合请照依黄泽冠带事理，使地方知为定主，实心归向。"呈详到院，相应给与。为此牌仰官孙黄永宁遵照本院钦奉敕谕内便宜事理，就彼暂行冠带，望阙谢恩。该袭之时，具告抚按衙门，另行具奏施行。本官孙黄务要持身律下，谦以睦邻，修复州治，保安境土。凡遇征调，竭忠效命，以报国恩。毋得因此辄兴越分之思，自取侵凌之祸。苟违法制，罚罪难逃。戒之敬之。

省发土官罗廷凤等牌 十二月十七日

看得那地等州土官罗廷凤，泗城州土舍岑施东，兰州知州韦虎林，南丹州土舍莫振亨等，带领兵夫，屯守日久，劳苦良多。即今岁暮天寒，岂无室家之念。牌至，仰本官径自前来军门，面听发放。

给迁隆寨巡检黄添贵冠带牌 嘉靖七年正月初八日

据广西左江道佥事吴天挺呈称："查得《方舆胜览》内开，思明路下有迁隆州，缘无志书案卷，可考沿革。但查递年黄册，及审各目老，皆称迁隆洞黄添贵果系官户宗枝。凡有征调，黄添贵亦果领兵立功。其地界广有百里，虽止征粮四十石，而烟爨多逾二千；虽额属思明，而征兵则各自行管束。委因失其衙门印信，以致地方怀疑生奸。合无准行暂立为思明府迁隆寨巡检司，就授黄添贵职事，听其以后立功积效，渐次升改。庶人心知劝，地方可定"等因，到院，查得先该前巡抚都御史张，累经案仰广西都、布、按三司，及该道兵备、守巡等官，查勘相同，设立巡司，似亦相应。除另行具题外。缘黄添贵正在统兵行事，合无遵照钦奉敕谕便宜事理，先与冠带，以便行事。为此牌仰黄添贵就彼冠带，望阙谢恩，暂署土巡检司事，候命下之日，方许实授。本官务要奉法，严束下人，辑和邻境，保守疆土。每遇调遣，即便出兵报效，立有功劳，赏升不吝。如或贪残恣肆，国典具存，罪亦难逃。

批左州分俸养亲申 正月十八日

据左州申："知州周墨分俸回太仓州养亲。"看得本官发身科甲，久困下僚，虽艰苦备尝，而贫淡如故。虽折挫屡及，而儒朴犹存。凡所施为，多不合于时尚。而原其处心，终不失为善人。即其分俸一事，亦岂今之仕宦于外者所汲汲，而本官申乞不已。虽屡遭厌抑之言，而愈申恳切之请，固流俗共指以为迂，而君子反有取焉者也。案照先任军门，盖已屡经批发，而公文至今未到，想亦道途修阻，不易通达之故。本官近该给由，道经原籍，合就批仰亲自赍递。仰苏州府太仓州当该官吏，查照军门先今批行事理，即将本官分回俸给，照数查考，以慰其一念孝亲之诚。具由缴报。仍行太平府及该州知会。批缴。

批右江道断复向武州地土呈 正月二十六日

据参议邹輗、佥事张邦信呈："勘处都康、向武二州争占安宝峒地土，合断还向武州管业缘由。"看据所呈，官男冯一执称："安宝峒地方深入都康界内，远隔向武六十余里。以近就近，应该都康管业。"其言于人情似亦为便。王仲金又执称："国初设立郡州，原要犬牙相制。今安宝地方深入都康，正是祖宗法制。"其言于国典又为有据。况博访民间物论，亦多是向武而疑都康。今该道又审得王仲金旧藏吏部勘合，奉有圣旨，安宝峒村庄，还着向武州管是实。先年都康州又曾有印信吐退文书。今以此地断还向武，其于天理人心，公论国法，悉已允当。事在不疑，不必再行后湖查册，往复劳扰。该道又审得王仲金先年混将都康州村峒人畜杀虏，要依土俗，责令赔偿，亦于事理相应。悉照所议，取具王仲金、冯一情愿赔偿吐退归一亲笔供词备写札付，用印钤，连送赴军门，重加批判，给付各州，永为执照，以杜后争。此缴。

批左江道推立土官呈 二月初一日

据参议汪必东呈称："武靖州缺官管事，乞推相应上官子孙一员，仍授该州职事，理办兵粮。"仰布政林富会同各守巡、兵备、副参等官，再行从公酌量计议。采诸物论，度诸人情。务要推选素有为该州人民信服爱戴者，坐名呈来，以凭上请。不得苟避一时之嫌疑，不顾百年之祸患，轻忽妄举，异时事有乖缪，追咎始谋，责亦难辞。此缴。

批遣还夷人归国申 二月十四日

据兵备副使范嵩呈称："番人柰邦等不系番贼，又无别项为非重情。合行琼州府查支官银，买办船只，量给米饭，送回该国。若有便船搭附随宜。其原搜获葫芦五个，给还收领。枪镖等物入官，以防在海劫夺之患。"看得各夷既审进贡是实，又无别项诈伪。相应听其回还本国，却淹留日久，致令死亡数多。而郡县徒增供馈之扰，处置失宜，贻累不少。仰该道即如所议，行令琼州府查支官银，买办船只，及措与粮米等项，趁此北风未尽，上紧送发回国。若再会议往复，则愈加迟误，备行合干衙门知会施行。此缴。

批苍梧道修理梧州府城呈 三月十一日

据佥事李杰呈："梧州府城垣修复串楼等项，合用木石砖瓦，于府库抽收竹木银两动支。"看得城上串楼虽有风雨崩塌之备，亦有兵火焚毁之防。得失相半，诚有如该道所虑者。今议修复，虽亦旧贯之仍，若损多益少，则亦终为浪费。该道再行计处，或将见在串楼间节拆卸，每隔二三十丈则存留三四间，或四五间，以居防守之兵夫，而拓其空地，以绝延烧之患。一以便人马往来之奔突，旗鼓刀枪之运用。以其拆卸之材料，修补焚烧之空缺，当亦绰然有余，而更楼火铺之类，亦可藉此以修理矣。但地利土宜，随处各异，未可以本院一时之见悬断遥度。仰该道广询博访，如果有益无损，即查本院所议斟酌施行。若是得失相半，准如该道所呈，一面动支银两修理，一面会同各官再加量度计议，具由呈报。缴。

批永安州知州乞休呈 三月十四日

据佥事申惠呈："永安州知州陈克恩，立心持己，举无可议。委因感岚瘴，心气不时举发。仍称母老在家，久缺奉侍，情甚恳切。"看得知州陈克恩虽患前病是实，然其年力尚强，才器可用，非可准令休致之时。但以母老多病，固求归养，情词恳迫，志已难夺。其恬退之节，孝母之心，诚有可尚。合照所议，准令致仕还乡。仰该道仍备行本官原籍官司，务要以礼相待，以崇奖恬退孝行之风。

行参将沈希仪守八寨牌 三月二十三日

为照八寨巢穴，及断藤峡等贼，素与柳、庆所割地方瑶、僮村寨连络交通，诚恐乘机奔突，亦合督兵防捕。为此牌仰参将沈希仪照牌事理，即便督率官兵人等，于贼冲要路，严加把截，如遇奔突，相机擒捕，毋容逃遁。仍要严禁下人，惟在殄除真正贼徒，不得妄杀无辜，及侵扰良善一草一木。敢有违犯者，即照军法斩首示众。所获功次，解送该道分巡官纪验，听候纪功御史覆验造报。军中事宜，牌内该载不尽者，亦听本官径自酌量而行。一面禀报，俱毋违错。

行左江道剿抚仙台白竹诸瑶牌 三月二十四日

照得白竹、古陶、罗凤、仙台、花相、石马等巢诸贼，皆稔恶多年，在所必诛，已经牌仰各官督兵进剿。近据参将张经续禀："仙台、花相、石马等瑶，一月之前，皆各出投抚，愿给告示，从此不敢为恶。”看得各瑶投抚，诚伪虽未可料，但既许其改恶，若复进兵袭剿，未免亏失信义，无以心服蛮夷。亦合暂且宽宥，容其舍旧图新。其白竹、古陶、罗凤等贼，负险桀骜，略无忌惮，若不加剿，何以分别善恶，明示劝惩！为此牌仰左江道守巡守备等官，参议汪必东，佥事吴天挺，参将张经，会同湖广督兵佥事汪溱，都指挥谢珮，督同各宣慰等官，俟牛肠等处事完之日，即便移兵进剿白竹、古陶、罗凤诸贼。其领哨官员，及引路向导人等，俱听参将张经督同指挥周胤宗等，分俵停当，照例逐一讲明，然后分投速进。纵使诸贼先已闻风逃避，亦要严兵深入，捣其巢穴，以宣明本院声罪致讨之义。一剿不获，至于再；再剿不获，至于三；至四，至五，至绝终祸根。不得以今次斩获之少，或遂滥及已招贼巢，亏失信义，所损反多。经过良善村分，尤要严禁官土军兵，不得侵犯一草一木，有犯令者，即以军法斩首示众。

委土目蔡德政统率各土目牌 四月初一日

为照前项城头兵粮等项，虽经行令各目暂行管理，但在流官知府处，必须通晓事体土目一人，专一在府听候传布政令，通达土情，不然，未免上下之情，亦有扞格。查得土目蔡德政，平日颇能通晓事情，相应选委。为此牌仰本目统率各土目供应人役，专一在府听候答应，凡遇差遣及催督公事等项，就便遵照传布督催各管城头土目人等。或有未便情由，亦与申达本府，务通上下之情，以成一府之治。就将七处一城头拨与本目，永远食用，流传子孙。本目务要奉公守法，尽心答应。其或违犯节制，轻则该府官量行究治，重则具由三府军门治以军法。

批左江道查给狼田呈 四月十一日

据佥事吴天挺呈称：“遵奉军门方略，剿平牛肠、六寺、磨刀等贼，所有贼田，合行清查，免致纷争。宜选委府卫贤能官亲查，酌量应给还狼民者，明立界至；给还原主耕种，系贼开恳者，丈量顷亩，均给各里十名，招狼佃种，俱候成业一年，方行起科纳粮免差。”本院之意，正欲如此区处。据呈，足见该道各官用心之勤，悉准照依所议。就仰行委该府卫贤能官各一员，亲临踏勘，清查明白，酌量给派招佃，具由呈报。

行浔州府抚恤新民牌

照得浔州等处稔恶瑶贼，既已明正讨伐，其奔窜残党，亦合抚处。但其惊惧之余，未能遽信，必须先将附近良善厚加抚恤，使为善者益知劝勉，然后各贼渐知归向，方可以渐招抚。除行守巡该道施行外，牌仰知府程云鹏等，即行会同指挥等官周胤宗等，及各县知县等官，分投亲至良善各寨，照依案验内开谕事情，谆复晓谕。就将发去告示，鱼盐量行分给，务使向善之心愈加坚定，毋为残贼所扇诱。则良民日多，而恶党日消，又因而使之劝谕各贼，令各改过自新，果有诚心来投者，即与招抚。就便清查侵占田土，以绝后争。推选众所信服之人，立为头目，使各统领，毋令散乱，以渐化导。务使日益亲附，庶几地方可安，而后患可息。各官务要诚爱恻怛，视下民如己子，处民事如家事，使德泽垂于一方，名实施于四远，身荣功显，何所不可。如其苟且目前，虚文抵塞，欺上罔下，假公营私，非但明有人非，幽有鬼责，抑且物议不容。

批兴安县请发粮饷申 四月十三日

据兴安县中称，本县库内，并无军饷银两，亦无堪以动支官钱，诚恐湖兵猝至，不无误事。合无请给发军饷银两下县。先顾船马，参看湖兵归途，合用廪给口粮下程犒劳等项，已经各有成议，自南宁府至梧州止，又自梧州至桂林府止，又自桂林至全州止，各经过几县几驿，每县驿扣算该银若干，各于该府军饷银内照数一并支给，各州县止是应付人夫数十名，再不许别项科派劳扰，已行该道守巡等官，通行各该府县查照施行，去后。今已两月有余，而各州县尚罔闻知，不知该道各官，所理何事，似此紧急军务，尚尔迟慢，其余抑又可知。姑记未究外。仰按察司将该吏先行提问，仍备行各道守巡官，今后该行职务，各要自任其责，可行即行，可止即止，悉心计处，事体重大，自难裁决者，即为定议呈禀，必使政无多门之弊，人有画一之守，毋得虚文委下，推避傍观。州县小官，无所遵承，纷然申扰，奔走道路，延误日月，旷职废事，积弊滋奸，推厥所由，罪归该道，各具不违依准回报查考。缴。

行廉州府清查十家牌法 四月十六日

案照本院先行十家牌谕，专为息盗安民。访得各该官员，因循怠惰，不行经心干理，虽有委官遍历城市乡村查编，亦止取具地方开报，代为造缴，其实未曾编行。且承委人员，反有假此科取纸张供给，或乘机清查流民，分外骚扰，是本院之意务要安民，而各官反以扰民也。本欲拿究，缘出传闻，姑候另行，所有前项牌谕，必须专委贤能官员督查清理。为此牌仰廉州府推官胡松，先将该府及所属州县原编牌谕，不论军民，在城在乡，逐一挨查，务著实举行，仍须责令勤加操演。若各官仍前虚文搪塞者，指实参究。果有科罚骚扰等项，仰即拿问究治。仍行各官，务将牌谕讲究明白，必使胸中洞彻，沛然若出己意，然后施行，庶几事有条理，而功可责成。各府、州、县以次清理，非独因事以别勤惰，且将旌罚以示劝惩，各具讲究过依准缴报查考。又访得各处军民杂居之地，多有桀骜军职，及顽梗军旗，不服有司清查约束，妨碍行事者，仰行重加惩治。应参职官，指名申来，以凭拏究，断不轻恕。

行右江道招回新民牌 五月初六日

仰右江道副使翁素，即便选委的当官员，带同上林县知因晓事之人，将一十八村搬移上山者，通行招回复业，给与良民旗榜，使各安村寨。仍谕以其间有与贼交通结亲往来者，但能搜捕贼徒、立功自赎，即不追论既往，一体给赏。仍要催督分差各官，上紧搜捕，毋令各贼奔逃渐远。晓谕各该地方良善，向化村寨，务将逃躲各贼，尽数擒斩，以泄军民之愤，获功解报，一体给赏。若是与贼通谋，容留隐蔽，访究得出，国宪难逃。如是各贼果有诚心悔罪，愿来投抚立功报效者，亦准免其一死，带来军门，抚谕安插。各官务要尽心竭力，上报国恩，下除民患，副军门之委托，立自己之功名。仍督平日与贼交通之人，令其向导追捕，痛加惩改，及此机会，立功自赎，果能奋不顾身，多获真正恶贼，非但免其既往之罪，抑且同受维新之赏。若犹疑贰观望，意图苟免，定行斩首示众，断不虚言。各官舍目兵人等，若有解到功次，即与纪验明白，以凭照例给赏，事完之日，通送纪功御史衙门覆验奏报。一应机宜，牌谕所不能尽者，就与副总兵张祐计议施行，一面呈报。本院不久亦且亲临各该地方，躬行赏罚，仰各上紧立功，毋自贻悔。

委官赞画牌 五月初七日

今差知州林宽赍文前往宾州、思恩等处公干，就仰本官在右江道守巡官处，随军赞画，一应机宜，不时差人前赴军门禀报，其领兵头目卢苏等，亦要遣人催促上紧剿捕，立功报效，毋得怠惰放纵，玩废日月，徒劳无功。本官务要尽心竭虑，以副委托。

行参将沈希仪计剿八寨牌 五月初九日

近因八寨瑶贼稔恶，已经调发思、田目兵攻破贼巢，方在分投搜捕。访得八寨后路，潜通柳州，又有一路与韦召假贼巢相通，皆未委虚的，合行密切查处。为此牌仰参将沈希仪即行密访，若果有潜通贼路，就仰本官从宜相机行事。或从彼地掩袭韦召假贼巢，就从彼巢径趋八寨后路。或以迎候本院为名，径来宾州督调别项军兵，就从八寨取道。然须将勇兵精，又得知因向导，可以必胜。本院亦无意必之心，俱听本官相机行事，量力可行即行，可止即止。牌至，务在慎密，毋令一人轻泄。

调发土官岑瓛牌 五月初十日

牌仰归顺州官男岑瓛，挑选部下骁勇惯战精兵二千名，各备锋利器械，亲自统领，前赴军门，面授约束，有事差委。所带兵夫，但在精勇，不许徒多。军门不差旗牌官员，正恐张扬事势，骚扰地方，故今止差参随百户扈濂前去，密切督调。前月官男赴军门参见，已曾当面分付。牌至，限三日内即便起程，星夜前来，毋得循常迟慢。违误刻期，定行究治，决无虚言。

分调土官韦虎林进剿事宜牌 五月十五日

除行守备参将沈希仪相机行事，及差南宁镇抚朱钰赍捧令旗令牌前去督调外。牌仰东兰州知州韦虎林，挑选骁勇惯战精兵三四千名，亲自统领，就于该州附近三旺、德合等处，取道密切进兵，扑剿下岜中寨，寻令东乡、马拦、南岭、新村、莫村、落村等寨贼首韦召蛮、召旷、召假、召僚、召号、召旺、天腊公、线仲、言转周、韦马、覃广、覃文祥等，务要尽数擒斩，以靖地方。所获功次，通行解赴军门，以凭纪验给赏。如遇参将沈希仪已到地方，仍听节制行事。若是尚未来到，仰即火速进剿，不必等候，以致张扬泄漏，失误事机，罪有所归。

行通判陈志敬查禁田州府私征商税牌 五月十五日

据委官通判陈志敬呈称："查得田州府旧例，盐每百斤税银一分，本府河埠税银四分半，经纪税银三分，槟榔每百斤税银一钱，本府税课并经纪各税银二钱，其杂货亦各税不一，除买办应用，年终俱归本府，此岑猛之余烈也，今尚因之而未除。要行照依南宁府事例，止容一税"等因，到院。参看得思、田二府，近该本院会议，设立流官知府，控制土官，各以土俗自治。其官吏合用柴薪马匹，及春秋祭祀等项，仍许商课设于河下，薄取其税，以资给用。而本院明文尚未有行，乃敢辄先私立抽分，巧取民利，甚属违法，合当拿问，缘无指实，合行查究。为此牌仰本官，即查前项抽分，奉何衙门明文，惟复积年奸猾，私立巧取，侵骗税银肥己，务要从实查明，具由星驰呈报。一面密切差人访拿，解赴军门究治，以军法论，毋得容情回护，自取罪戾。

批南宁卫给发土官银两申 五月十八日

据南宁卫申："原收王仲金赔偿都康州银二百两，令官男冯一差头目黄滺等四人来领。"看得王仲金赔偿银两，既该冯一差有的当头目黄滺，赍有该州印信领状前来关领，仰卫审验是实，即将银两照数给与黄滺等带领回州，付与冯一收受，取收过日期回报。仍行该道守巡官备行冯一、王仲金，务要洗涤旧嫌，讲信修睦，各保土地人民，安分守已，同为奉法循礼之官，共享太平无事之乐。如其不能自为主张，听信小民扇惑，规图近利，怀挟前仇，徒使利分下人，恶归一已，贯满罪极，灭身亡家，前车可鉴，后悔何及，各遵照奉行。此缴。

批左江道纪验首级呈 五月二十八日

据佥事吴天挺呈："获过牛肠、六寺、古陶、罗凤等处山巢贼级，中间无小功者，应否纪验？"看得各处用兵，多因贪获首级，不肯奋勇破敌，往往多致失事。是以前月发兵之日，本院分付督兵各官，务以破巢诛恶为事，不以多获首级为功。今若以无小功之故，不与纪验，即与前日号令自相矛盾矣。其湖兵破巢首级，虽无小功，仰该道仍与纪验。至于官军人等剿捕所获，仍照常规施行。缴。

行左江道犒赏湖兵牌 六月初十日

照得湖广永、保二州官舍头目土兵，先该本院撤放回还，道经浔州等处，已经行仰该道守巡等官，督押前进，乘便剿除稔恶瑶贼，随已破荡巢穴，擒斩数多，回报前来，就经牌仰各官，仍押各兵，直抵桂林地方交替。及行参议汪必东，就于梧州府库，量支军饷银一二千两，带去省城，听候本院亲行犒赏。今照本院因地方有事，兼患肿毒，未能亲往，行委该道佥事吴天挺前去省城，代行赏劳。为此牌仰本官，即查前项银两，若未动支，就于该府军饷银内照数动支二千两，委官管领，随带广西省城，听候支给犒赏湖兵等项应用，完日，开数查考。

奖劳督兵官牌六月初十日

照得先因广西思、田等处土酋倡乱，征调湖广永、保二司宣慰舍目人等，坐委佥事汪溱，都指挥谢珮，统领前来，听调剿杀。后因各酋自缚投顺，班师回还，又该军门行委各官统领，乘便征剿浔州、牛肠、六寺，及平南、仙台、花相等山积年稔恶贼寇，遂能攻破坚巢，多有斩获。虽各宣慰素抱报国之心，舍目人等，并心协力，奋勇效命，亦由监督各官，设策运谋，用能致有成功。今师旋有日，所据宴劳之礼，相应举行。但本院见征八寨瑶贼，未能亲至省城，大享军士，合就先行奖劳。为此仰本官即便亲诣省城，公同布、按二司掌印等官，将军门发去彩段银花等物，照数备用鼓乐导送佥事汪溱等收领，用见本院嘉奖宴劳之意。仍行镇巡衙门知会。

计开：

佥事汪溱：

盘盏一副十两。　　段二匹十两。

银花二枝二两。　　席面一桌银十两。

都指挥谢珮：

盘盏一副十两。　　段二匹十两。

银花二枝二两。　　席面一桌银十两。

部押指挥二员：

每员银牌五两。　　银花一枝五钱。

席面银二两。

分押千户八员：

每员银牌三两。　　银花一枝五钱。

席面银一两。

土舍彭荩臣军前冠带札付 六月初十日

据湖广上湖南佥事汪溱呈："据辰州卫部押指挥张恩呈'据舍目彭九皋等告称：嘉靖五年，奉调征剿田州，有荫袭官男彭虎臣同弟彭良臣，自备衣粮报效，蒙授彭虎臣冠带杀贼。后因阵亡，蒙军门奏奉钦依勘合内开，彭虎臣殁于王事，情可矜怜，赠指挥佥事，移恩弟彭良臣，就彼冠带，袭替宣慰使职事，免其赴京。伊父彭九霄，仍升湖广布政司右参政，准令致仕。除遵依外，近奉军门复调征剿，行令致仕宣慰彭九霄亲统启行。不意宣慰使彭良臣在任病故，有彭荩臣，系宣慰的亲次男，见年一十四岁，与故兄彭良臣同母冉氏所生，应该承袭，别无违碍。乞比照永顺土舍彭宗舜事例，赐给冠带，抚管地方'等情。为照土官袭替，必经原籍该管衙门委官重覆查勘。今彭荩臣不在随征之列，未经结勘，但伊父彭九霄见在统兵，本舍又称选带家丁三千名前往报效，似应俯从。"

呈详到院，为照彭荩臣本以章一，早著英风，自选家丁，随父报效，即其一念报国之诚，已有可嘉；况有查系应袭次男，近日报效家丁于浔州、平南诸处，又能奋勇破贼，斩获数多，则荩臣身虽不出户庭，而功已著于异省。除别行具题外，合就遵照钦奉敕谕内便宜事理，给与冠带。为此札仰官舍彭荩臣先行冠带，就彼望阙谢恩。抚管地方，仍须立志持身，正己律物；顾章服之在躬，思成人之有道；念传世之既远，期绍述于无穷；益竭忠贞，以图报称。先具冠带日期，依准缴报。仍径行本省镇巡衙门知会，毋得违错。

奖劳永保二司官舍土目牌六月初十日

照得先因思、田等处土酋倡乱，复调永、保二司宣慰彭明辅、彭九霄各统领舍目，听调剿贼。后因各酋自缚投顺，班师回还。又该军门行委各官统领，乘便征剿浔州、牛肠、六寺，及平南、仙台、花相等山稔恶贼寇，遂能攻破坚巢，多有斩获。是皆各宣慰及伊官男平日素抱忠诚报国之心，故能身督各舍目人等，并心协力，奋勇效命，致有成功。今师旋有日，所据宴劳之礼，相应举行。但本院见征八寨瑶贼，未能亲至省城，大享军士，合就先行奖劳。为此牌仰本官，即便亲诣省城，公同布、按二司掌印等官，将军门发去礼物，照依后开数目，各用鼓乐送发宣慰彭明辅、彭九霄等收领，用见本院嘉奖宴劳之意。各宣慰官舍目兵人等，查照单开等项，逐一支出赏犒，就彼督发各兵回还休息。支过数目，开单查考，俱仍行镇巡衙门知会。

计开：

保靖宣慰司：

宣慰彭九霄：

盘盏一副十两。　　段二匹。

一两重金花一枝。　　一两重银花一枝。

席面银五十两。

官男彭荩臣：

银花二枝各一两。　　段二匹。

席面银二十两。

永顺宣慰司：

宣慰彭明辅：

盘盏一副十两。　　段二匹。

一两重金花一枝。　　一两重银花一枝。

席面银五十两。

官男彭宗舜：

银花二枝各一两。　　段二匹。

席面银二十两。

冠带把总头目每名三两重银牌一面。

领征管队冠带头目每名二两重银牌一面。

旗甲小头目洞老每名一两重银牌一面。

随征土兵每名银二钱。家丁银一钱。

病故头目每名银四两。

病故土兵每名银二两。

首级每颗银一两。　　贼首银三两。

生擒每名银二两。

调发武缘乡兵搜剿八寨残贼牌六月十八日

先该本院进剿八寨，贼巢已破，但余党逃遁，尚须追捕。访得各处乡民，素被前贼劫害，多有自愿出力杀贼报雠。及访得武缘县地方婴墟等处乡兵，素称骁勇惯战，皆肯为民除害。已经牌差经历罗珍等前去起调，诚恐各官因循，姑未究治。看得通判陈志敬莅官日久，前项婴墟等处乡兵，曾经训缉，颇得其心，合委催督。为此牌仰本官速往婴墟等处，即将前项乡兵，量行选调，多或一千五百名，少或八九百名，各备锋利器械，仍督经历罗珍等分统前赴宾州，照名关支行粮等项，就彼相机搜剿前贼，仍听参将沈希仪调度节制，获有功次，一体重加旌赏。仍谕以当此农忙暑月，本院亦不忍动劳民尔，但欲为而尔民除去地方之害，不得已而为此。尔等各宜仰体此情，务要尽心效力，以报尔雠。是亦一劳永逸之事，先将调过名数并起程日期，随牌回报查考。

行右江道犒赏卢苏王受牌七月初三日

看得思、田头目卢苏、王受等，率领部下兵夫，征剿八寨，搜屯日久，劳苦实多，合行量加犒劳。为此牌仰右江道分巡官，即行宾州，起拨夫役人等，将见贮军饷粮米，照依后开数目，运赴三里地方，各目扎营去处，分给各兵，以见本院犒赏之意。开数缴报查考。

计开：

卢苏二百石。王受一百五十石。

给土目行粮牌 七月初八日

照得本院见在进兵征剿八寨瑶贼，而镇安头目岑瑜等，率领目兵四百五十名前赴军门，自愿随军杀贼报效，意有可嘉。除量行犒赏外，仰分巡右江道官，将各目兵即行照名给与行粮一月，就发都指挥高崧哨内，听凭督调杀贼。获有功次，一体解验，以凭给赏施行。

批右江道移置凤化县南丹卫事宜呈 八月初十日

据副使翁素呈："议得南丹卫城垣，并凤化县城垣合用银两。"看得该道议于八寨地方移立南丹卫；三里地方移设凤化县；俱各查访相应，人心乐从。其筑立城垣，起造公廨等项，料价工食，一应合用银两，既经该道守巡官公同计议停当。南丹卫该银三千六百四十五两，凤化县该银三千一百七十六两，其食米南丹卫一万石，凤化县八千石，每石价银三钱，共该银五千四百两。见今各处仓廒贮有粮米，尚够支给。候缺米之日，照数给价；先各量支一半，收贮听用，南丹卫一千五百两，凤化县一千二百两，准议于南宁府库贮军饷银内支给。

该道各官，仍要推选力量廉能官各一员，委同该卫指挥孙纲及该县掌印哨守官，亲至南宁府照数支出，三面秤对匣收领，付宾州库寄贮。置立支销文簿，该道用印钤记，各付一本收执，每用银两，即同该州官开封动支，照数登记，务在实用，不得花费分毫，工完之日，开数缴报，通将各支销簿会合查考。

该道守巡官仍要不时亲诣调度督促，工程务在精致坚牢，永久无坏，当兹盗贼荡灭之余，况又秋冬天气，正可及时工作。各官务在上紧催督，昼夜鸠工，不日而成，一则可以速屯防守之官兵，二则可以不防来岁之农作。城完之日，本院自行旌保擢用，决不虚言。

各官视官事须如家事，刻刻尽心，仰称朝廷之官职，中副上司之委任；内以建自己之功劳，外以垂一方之事业；岂不事立身劳，功成名显，垂誉无穷者哉？若其因循玩愒，瘝绩废事，非独自取败坏，抑且罪现难逃。仰该道备行各官查照施行，期务体勤勤嘱付之意，毋负毋负！此缴。

行左江道赈济牌八月初十日

案照先因南宁府军民困苦，骚扰二年有余，况天道亢旱，青黄不接，已经行仰同知史立诚将停歇湖兵之家，量行赈给。然各色军民人等，同被骚扰，均合行赈。为此牌仰本道官吏，会同分巡道，即行南宁府，备查府城内外大小人户，照依后开等第，就于军饷米内照数通行赈给。务使各沾实惠，毋容奸吏斗级人等作弊克减，有名无实。事完开报查考。

计开：

乡官、举人、监生之家，每家三石。

生员每家二石。

大小人户每家一石。贫难小官，通行查出，量分差等，呈来给赈。

批右江道议筑思恩府城垣呈八月十五日

据副使翁素呈："估计起造思恩府城池等项，通用银八千五百七十七两零。"看得思恩府城垣，仰行知府桂鏊自行督工起筑，合用料价工食等项银两，准照议于南宁府军饷银内动支。就仰桂鏊公同该府掌印官，当堂秤明，匣锁领回，寄贮宾州库内，查明前批南丹卫事理，置立文簿支销。该道守巡官，仍要不时亲至地方料理催督，务要修筑坚固，工程早完。事毕，开报查考。缴。

奖劳剿贼各官牌八月十九日

照得八寨积为民患，今克剿灭，罢兵息民，此实地方各官与远近百姓之所同幸。昨者敷文之宴，已与百姓同致其喜，而犒赏尚未及行。为此牌仰南宁府官吏，即便动支库贮军饷银两，照依后开则例，买办彩币羊酒，分送各官，用见本院嘉劳之意。开报查考。

计开：

副总兵张裕、副使翁素。

各花二枝二两。段四匹十两。

羊四只三两。酒四埕一两。

参政沈良佐、佥事吴天挺、

副总兵李璋、参将张经、冯勋：

各花二枝二两。段二匹六两。

羊二只。酒二埕共二两。

知府桂鏊、同知陈志敬、林宽、推官冯衡：同上。

行福建漳州府取回岑邦佐牌

照得田州府土官岑猛稔恶不悛，构祸邻境。该前军门奏奉调兵征剿，并将伊妾子女岑邦相等及各目家属，解京给付功臣之家为奴，及将出继武靖州次男岑邦佐迁徙，已将岑邦佐及母妻人口家当，差委指挥周胤宗等解发福建漳州府安置为民，及将岑邦相等押发南雄府监候听解去后。续照本爵钦奉敕谕："特命尔提督两广及江西、湖广等处地方军务，星驰前去彼处，即查前项夷情，可抚则抚，当剿即剿，公同计议，应设土官流官，何者经久利便，奏闻区处，钦此。"钦遵。随据头目卢苏等率众自缚来降军门，仰体朝廷好生之德，俯顺其情，安插复业，及因其告乞怜悯岑猛原无反叛情罪，存其一脉等因。已该本爵议将该府四十八甲内，割八甲降立田州，立其子一人，以承其后云云。合将岑邦佐仍为武靖州知州，保障地方，而立邦相于田州，以安守其宗祀，庶为两得其宜，已经具题外，今照前项地方，抚处宁靖，所据各男，应合取回议处。为此牌仰福建漳州府官吏，即将发去安置为民岑邦佐并母妻人口家当，通取到官，照例起关，沿途给与脚力口粮，差委的当人员，押送军门，以凭面审施行。仍行本省镇巡衙门及布政司知会，俱毋违错。

批参将沈良佐经理军伍呈八月二十四日

看得五屯系远年贼巢要害之处，而备御废驰若此，正宜及此平荡之余，经理修复。今该道各官公同议处，要将城垣展拓，建置守备等衙门，及将该所分调各处哨守旗军，尽数取回调用，广东协守官军，发回原卫，缺伍僮军，清查足数，每年贴贼藤县甲首银一百两，通行除免，查编甲军，务足千名之数。议处悉当，除本院已经依议具奏外，仰该道各官照议施行。仍行总镇、总兵及镇巡等衙门知会，该府县、卫、所等官，俱仰查照施行。缴。

告谕新民八月

告谕各该地方十冬里老人等，今后各要守法安分，务以宁靖地方为心，不得乘机挟势，侵追新旧投抚僮、瑶等人，因而胁取财物，报复旧雠，以至惊疑远近，阻抑向善之心。有违犯者，官府体访得出，或被人告发，定行拿赴军门，处以军法，决不轻恕。

批佥事吴天挺乞休呈八月二十五日

据佥事吴天挺呈："乞要致仕。"看得本官识见练达，才行老成，且于左江一道，夷情土俗，熟谙久习。今地方又在紧急用人之际，本院方切倚任，况精力未衰，偶有疾患，不妨就医调理，岂得遽尔恳辞求归。近因征剿浔州诸处贼巢；冒暑督兵，备历艰阻，功劳茂著，不日朝廷必有旌擢之典。仰本官且行安心管理该道印信，勉进药饵，暂辍归图，以慰上下之望，毋再固辞，有孤重委。此缴。

批苍梧道创建敷文书院呈九月初六日

据佥事李杰呈：“据梧州府并苍梧县学生员黎瀫、严肃等连名呈，欲于县之侧，照依南宁书院规制，鼎建书院一所。”看得崇正学以淑人心者，是固该道与有司各官作兴人才之盛心，亦足以见该学师生之有志，举而行之，夫岂不可？但谓本院能讲明是学，而后人心兴起，则吾岂敢当哉？该学师生既称号房缺少，不足以为讲论游息之地，合准于旧书院之傍，开拓地基，增建学舍。该道仍为相度经理，合用银两，亦准于该府库内照数动支，务速成功，以底实效；毋徒浪费，以饰虚文。完日缴报。

改委南丹卫监督指挥牌

先该本院分道进剿八寨，及于八寨周安堡，移设南丹卫以控制要害。查将迁江等所通贼指挥王禄等明正典刑，斩首示众，及将各该目兵通发烟瘴地方哨守。后因王禄等哀求免死，容令各领目兵杀贼赎罪。该道守巡兵备等官亦为恳请，遂遵照钦奉敕谕，便宜事理，容令报效赎罪。就委南丹卫指挥孙纲、监督王禄等各头土目兵夫人等，与同该卫所官军前去八寨周安堡，相兼屯札搜剿，及将移设卫所，估算合用木石砖瓦匠作人夫工食等项，一面择日兴工，先筑土城，设立营房，以居民众。又委南宁府同知陈志敬支领官饷银两，前去协同督理，俱具奏行事外。今访得王禄等与孙纲旧连姻娅，而该卫各官，又皆亲旧，狎恩恃爱，不听约束，所据违梗各官，俱合从重究治，姑且记罪，合行改委。

看得指挥李楠，年力富强，才识通敏，颇有操持，能行纪律。为此牌仰本官即便前去守备宾州及新改南丹卫地方，遵照本院钦奉敕谕便宜事理，暂以都指挥体统行事，仍听副总兵及该道守巡兵备官节制。该卫各官及土官王禄等，敢有违犯约束者，当即治以军令。本官务要殚忠竭力，展布才猷，与同南宁府同知陈志敬上紧起筑城垣，相机抚剿余贼，务建奇功，以靖地方，以副委任，事完之日，奏功推用，决不相负。若玩愒日月，苟且因仍，事无成效，罪亦难逃。一应机宜，牌内该载不尽者，俱听从宜区处，就近于该道守巡等官处计议施行。事体重大者，一面申禀军门。本官合用廪给等项，听于宾州军饷银内支给。指挥孙纲仍照旧掌管卫印。通行总镇、总兵及镇巡衙门知会。

卷三十一（上） 续编六

征藩公移上 凡二十九条

行吉安府收囤兑粮牌 正德十四年六月二十日

据赣县、兴国、永新等县县丞等官李富、雷鸣岳等呈称："各蒙差押粮里装运，正德十三年兑淮米，到于吉安水次，听候交兑，经今数月，未见粮船回还。况今省城变乱，被将各处兑米尽行搬用，恐被奸人乘机越来搬抢"等因到院。为照所呈，系于兑淮钱粮，合行处置。为此抄案仰回府，即便处置空间仓廒，或宽敞寺观去处，令各粮里暂将运来兑淮粮米收囤，候官军回日，听其交兑，毋得迟误，致有他虞。仍行管粮官知会。

行吉安府禁止镇守贡献牌 六月二十日

据吉安府守御千户所旗甲马思禀称"蒙所批差，领解镇守江西太监王发买葛布银三封，及本所出备葛布折银，并贡礼银三千两，前赴本镇。今因途阻，不敢前去"等情。参照该所掌印官，既该镇守衙门发银买布，若势不容已，只合照价两平收买为当。乃敢不动原封，分外备办礼银馈送，若非设计巧取，必是科克旗军，事属违法，本当参拿究问。但今江西变乱，姑行从轻查理。为此牌仰吉安府，即查前项布价并贡献礼银，务见的确。如称各军名下粮银，就仰会同该所，唱名给散，取领备照。若是各官自行出备，合仰收入官库，听候军饷支用，毋得纵容侵收入已。及查报不实未便。

行福建布政司调兵勤王

及照福建、浙江系江西邻省，今宁府逆谋既著，彼若北趋不遂，必将还取闽、浙，若不先行发兵，乘间捣虚，将来之噬脐何及。除行湖广、广东及行漳南道，即将见在上杭教场操练兵快，并取漳州铳手李栋等，责委谋勇官员统领，直抵本院住札吉安府，随兵进剿外。仰抄案回司，会行都、按二司转行各道，并行镇巡等衙门，各一体查照知会，选调兵马，选委忠勇胆略堂上官，督领各项交界地方，加谨防截，相机夹剿。仍知会浙江都、布、按三司一体遵照施行，俱毋违错。

预行南京各衙门勤王咨

为照前事系天下非常之变，宗社安危之机，虽今备行江西吉安等府，及湖广、福建、广东等处，调集军兵，合势征剿外。但彼声言欲遂顺流东下，窃据南都。看得，长江天险，南北之限，留都根本，咽喉所关，虽以朝廷威德，人心效顺，逆谋断无有成。但其谲奸阴图，已非一日，兼闻潜伏奸细于京城，期为内应，万一预备无素，为彼所掩，震惊远迩，噬脐何及！为此合咨贵部，烦为通行在京及大小衙门，会谋集议，作急缮完城守，简练舟师，设伏沿江，以防不虞之袭；传檄傍郡，以张必讨之威；先发操江之兵，声义而西，约会湖湘，互为犄角。本职亦砥钝策驽，牵蹑其后，以义取暴，以直加曲，不过两月之间，断然一鼓可缚，惟高明速图之。

抚安百姓告示六月二十二日

示仰远近城郭乡村军民人等，近日倡乱之徒，上逆天道，下失人心，本院驻军于此，已有定计，勤王之师，四面已集。仰各安居乐业，毋得惊疑，敢有擅自搬移，因而扇惑扰攘者，地方里甲人等绑赴军门，治以军法。其有忠义豪杰，能献计效力，愿从义师击反叛者，俱赴军门投见。

差官调发梅花等峒义兵牌六月二十七日

近因省城遭变，戕害守臣，正人心思奋，忠议效用之时。访得永新县梅花峒及龙田、上乡、樟枧、关北诸处，人民精悍，见义能勇，拟合起调。为此今差千户高睿赍牌前去该县，著落知县柯相，即便起集梅花峒等乡精勇民兵，大约一千名，各备便用坚利器械，选差该乡义官良民部领，就委该县谋勇胆略官一员总领。其合用行粮或募役之费，就于本县在官钱粮查支，不分雨夜，兼程前进军门，听候调遣。此系紧急事理，毋比寻常贼情，敢有故违，定以军法从事。

行吉安府踏勘灾伤七月初五日

照得本院驻兵吉安，节据庐陵等县人民告称：“自五月以来，天时亢旱，田禾枯死，衣食无所仰给，税粮难以措办，近蒙佥点民兵，保守把截，农业既妨，天时不利，人心惶惶，莫知所依”等因到院。参照迩者省城反叛，煽动军民，各属调发官军，佥点民壮，保障城池，把绝要隘，围结保甲，随同征进，人皆为兵，不暇耕种，况兼三月不雨，四郊赤地，民之危急，莫甚于此。本院除具题外。为此仰抄案回府，著落掌印正官，即便亲临踏看灾伤轻重，分数复查相同，取具乡都里老及官吏不致扶同重甘结状，申报本院，火速径自差人具奏。本年各项钱粮，暂且停征，候命下之日，另行区处，毋得迁延坐视，重贻民患，取究不便。

行吉安府知会纪功御史牌 七月初八日

照得江西宁府据城谋叛云云。仰抄案回府，即便备行巡按两广监察谢御史、伍御史查照知会。凡军中一应事宜，悉要本官赞理区画，以匡本院之不逮。各哨官兵，俱听监督。获有功次，俱凭本院送发，本官验实纪录。官兵人等，但有骚扰所过地方，及军前逗遛观望，畏避退缩者，就行照依本院钦奉敕谕事理，治以军法。抄案官吏，具行过日期，同依准申缴。

行知县刘守绪等袭剿坟厂牌 七月十三日

为照本院亲督诸军，刻期于本月二十日进攻南昌府省城，以破逆党巢穴。探得逆党行曾伏兵三千于老坟厂、新坟厂诸处，以为省城应援，若不先行密为扑剿，诚恐攻城之日，或从间道掩袭我师，未免亦为牵制。为此牌仰奉新县知县刘守绪，靖安县知县万士贤，各统精兵三千，密于西山地界约会刻期，分哨设伏运奇，并力夹剿。各官务要详察险易，相度机宜，不得尔先我后，力散势分，致有疏失。仍一面差人爪探声息，飞报军门，擒斩功次，审验解院，转发纪录，照例具奏升赏。兵快人等，敢有临阵退缩者，许照本院钦奉敕谕事理，就以军法从事。各官务竭忠贞，以勤国难，苟或观望逗遛，违误事机，军令具存，罪亦难逭。

督责知府伍文定等同心剿贼牌 七月二十五日

切照天下之事，成于同而败于异。本院选调吉安、赣州、临江、袁州等府、卫、所军民兵快，委各该文武等官知府伍文定、邢珣等统领，分立哨分，授以方略，令其并力进剿，互相策应。今访得各官各持己见，自为异同，累有事机可乘，坐视辄致违错，本当拿究，治以军法，但以用人之际，姑且容恕。及照逆贼归援声息已逼，虑恐各官仍蹈覆辙，临期或致偾事，拟合申饬通行。为此牌仰本官，即便督率原领军兵，在于见驻札处所，务要遵依方略，与各哨领兵官同心而行，誓竭并力进死之志，毋为观望苟生之谋。敢有仍前人怀一心，互有异同，以致误事，定行罪坐所由，断依军法斩首，的不食言。先具不致异同重甘结状，并不违依准，随牌缴来。

行南昌府清查占夺民产 八月十六日

照得宁王自正德二年以来，图为不轨，诛求财货，强占田土池塘屋基，立表所至，敢怒而不敢言。税粮在户，而租利尽入王府；家眷在室，而房屋已属他人；流移困苦，无所赴诉。见今天厌其虐，自速灭亡，一应侵占等项，合行改正，以苏民困。为此案仰南昌府，即便清查宁王并内官校尉倚势强占，不问省城内外，查系黄册军民，该载税粮明白，即与清复管业，收租住坐，不许邻佑佃民仍前倚势争夺。其曾经奏请如阳春书院等处，虽有侵占，难以擅动，俟另行处治外，仍行官吏务要尽心清查，以副委用，毋得偏私执拗，致生弊端，通毋违错。

批江西按察司优恤孙许死事 八月二十五日

据按察司呈“副使许逵家眷，日食久缺，并孙都御史未曾殡殓”等情。参看得各官被贼杀害，委可矜怜，合于本司库内各支银三十两，以礼殡殓，候装回日，盘费水手，另行呈夺。许副使家眷缺食，亦听支银五十两，给付应用。取具各该领状，并殡殓过由，同批呈缴。

行南昌府礼送孙公归榇牌 八月二十九日

照得江西巡抚都御史孙燧被宁贼杀害，续该本院统兵攻复省城，当给银两买棺装殓间。随据伊男孙庆，带领家人前来扶柩还乡，所据护送人员，拟合行委。为此牌仰府官吏，即于见在府卫官内，定委一员，送至原籍浙江绍兴府余姚县河下交割，并行沿途经过军卫、有司、驿递、巡司等衙门，各拨人夫，程程护送。仍仰照例从厚佥拨长行水手，起关应付，人夫脚力，验口给与行粮，毋得稽迟未便。

讨叛敕旨通行各属九月初二日

节该钦奉圣旨敕："近该南京内外守备参赞等官，太监黄伟等先后奏报，江西宁王杀害巡抚等官，烧毁府县，肆行反逆等项事情，已下兵部会官议处停当，朕当亲率六师，奉天征讨。先差安边伯朱泰为前哨，统领各边官军前去南京，相机剿杀。太监张忠、左都督朱晖，统领各边官军前去江西，捣其巢穴。又命南和伯方寿祥及南直隶、江西、湖广各该镇巡等官，各照拟定要路，住札把截。今特命尔照依该部会奏事理，会同镇守太监王宏，选调堪用官军民快，亲自督领，在于所属紧要地方，分布防御。仍委浙江布政司左布政闵楷，选募处州民快，定拟住札地方，听候调用。军中事务，俱要互相传报，彼此通知，一遇有警，勿误策应，或就会合各路人马，设法剿捕。仍出给榜文告示，遍发江西及各该地方张挂晓谕：但有能聚集义兵，擒杀反逆贼犯者，量其功绩大小，封拜侯伯，及升授都指挥指挥千百户等官世袭。贼伙内有能自相擒斩首官者，与免本罪，仍量加恩典。不许乘机挟雠，妄杀平人。一应军中事宜，敕内该载未尽者，俱听尔随宜区处。尔为风宪大臣，受兹重托，宜罄竭忠诚，扫除叛贼，尤要详审慎重，计出万全，务俾地方宁靖，军民安堵，以纾朕南顾之忧，庶称委任，钦此。"钦遵，拟合就行，为此仰都、布、按三司照依案验备奉敕内事理，通行所属，一体钦遵施行。

咨南京兵部议处献俘船只九月初二日

照得属者宁王宸濠杀害守臣，举兵谋逆，云云。拟于九月十一日亲自督解赴阙，但应赴解人犯，并护解官兵数多，本地驿递残破，红站座船，俱被虏毁无存，议雇民船，自浙取道而北，须烦兵部于南京济州、江淮二卫马快船内，各拨十只，中途接载，庶克有济。为此移咨，特差千户林节、主簿于旺前去，烦请选拨马快船二十只，点齐撑驾人役，差委的当官员，与差去官预先押至镇江河下，候本职到彼，替换装载而行，实为两便。谅宁藩之叛逆，固天下臣民之所共愤，则今日之献俘于京，以彰天讨，必亦忠臣义士之所共欲，当不吝于烦劳也。仍希先示之！

行江西三司清查被劫府库起运钱粮九月初四日

照得本年六月十四日宁王谋反，尽将江西都、布、按三司及附郭南昌等府、县库，盘检去讫。中间多系各府、州、县解到起运等项钱粮，未经转解，若不严加查考，恐滋侵欺。为此仰抄案回司，即便吊取原行卷簿到官，责令该库官攒并经手人役，从公清查，要见某项原收某府、州、县，解到某色起运钱粮若干；某项原系贮库纸米赃罚金银器物等件各若干，宁王盘检若干，中间有无官吏库役人等，乘机侵骗情弊，即今见在若干；务要通行查明，备造印信手本，火速缴报，以凭查考施行。仍行南昌等府、州、县一体遵照，将起解赴库钱粮查报，俱毋违错。

行江西布按二司看守宁府库藏九月十一日

照得宁府库藏，已经本院督同戴罪三司官员，并各府知府公同封识完固，合就委官监督看守。为此仰抄案回司，即行该司掌印官，督同南昌府同知何继周，及南、新二县掌印官，定委老成晓事官二员，分领佥定大户人等，每夜上宿，看守东西二库；仍令兵快把守宁府南东西三门，昼夜巡逻，不许移动一草一砖。二司掌印并该道分巡官，不时巡视闸点，毋得视常虚应故事，倘致疏失，责有所归。

委按察使伍文定纪验残孽九月二十日

照得节该钦奉敕谕："但有生擒盗贼，鞫审明白，亦听就行斩首示众。贼级行令各该兵备守巡官，即时纪验明白，备行江西按察司，造册奏缴，查照事例，升赏激劝，钦此。"钦遵。为照宁王谋反，随本院调兵，已将宁王俘执，谋党李士实、刘养正、王春等，并贼首凌十一、闵念四等，亦就擒获。即今见该本院不日亲自督解赴阙，式昭圣武，及纪功御史谢源、伍希儒亦各赴京复命。所有各哨官兵，尚在搜剿残孽，惟恐解报前来，不无缺官纪录。为此仰抄案回司，即行新任按察使伍文定，如遇各哨官兵解到叛贼并赃仗等项，务要从实审验，应处决者，照依本院敕谕事理，就行斩首，贼级枭挂，明白纪录，备造印钤文册，差人径自奏缴。仍造清册一本，缴报本院查考，毋得违错不便。

委知府伍文定邢珣防守省城牌 九月十二日

照得江西大乱剿平，地方幸已稍靖。但巡抚官员被杀，巡按及三司府、州、县、卫、所等官，俱各戴罪听参，本院即今又督官兵押解宁王并其党与赴京。省城居民，久遭荼苦，疮痍未起，惊疑未息，虽经抚谕，诚恐本院去后或有意外之虞，拟合委官留兵防守。为此牌仰领兵知府伍文定、邢珣等，即便照依后开班次，轮流各行量带官兵，昼夜固守城池，保障地方，抚安居民，禁革骚扰。候抚按官员及三司等官到任事定之日，方许回还，照旧管事。毋得违错。

计开：

一班知府伍文定、邢珣。二班徐琏、戴德孺。

三班曾玙。四班周朝佐、林瑊。

行江西布按二司厘革抚绥条件 九月十二日

照得江西未乱之前，民伪颇滋，吏政多弊，抚治之责，已号烦难。况大乱之后，钱粮有侵克之费，军伍有缺乏之虞；奸恶伪兴，灾旱荐作；法度申明之未至，官吏怠玩之或生；本院讨贼平乱，功虽告成；厘革抚绥，力尚未遍；若不条析处分，深为未便。为此仰抄案回司，照依案验内事理，逐一遵照施行。务使事各举行，民沾实惠，毋得虚应故事，取罪不便。

计开：

一，省城大乱，固已剿平，地方守备，难便废驰。除南、新二县机兵令分巡该道分拨守门外，仰布、按二司常印官，会同于所属邻近府州，酌量原编机兵多寡，量取铢二千名，各委相应人员，带领来省操练，以备不虞。仍行南昌道分巡官较视点闸。其各兵口粮，就令各该县分动支预备仓米谷，计日分给，候事完之日停止。

一，十四年起运兑淮，间有被贼虏掠。其未兑，及未到水次，并偏僻去处未经贼掠者尚多，诚恐官吏粮里人等，乘机隐匿，捏故侵欺。合先行查，仰布、按二司掌印官，即行各该府、州、县，将已兑粮数通查，要见见在若干，果被贼虏若干，取具重甘结状。造册缴报，以凭议处。其见在粮米，就于所在地方暂且囤贮看守。如有未兑捏作已兑，不曾被贼捏作贼劫者，照例问发充军，官吏坐拟赃罪，不恕。

一，南昌、九江、南康三府被贼残害，尤宜矜恤。仰布、按二司掌印官，作急查勘呈来，以凭议处。

一，南昌左卫旗军，多因从逆擒斩，以致缺伍。仰布、按二司官即便出给告示，许令在逃旗军并余丁投首，黑依榜例，免其罪名，著令顶补军役，暂委官员管领，以备操守。

一，建昌、安义二县贼首，虽已擒获，遗漏余党尚多，今既奉有榜例，合与更新。仰布、按二司转行该县，出给告示，许各自新，痛改前恶，即为良民，有司照常抚恤，团保粮里，不得挟私陷害。如有不悛，仍旧为非者，擒捕施行。

一，宁王庄田基屋湖地，并宁府官员人役，及投入用事从逆等项人犯田产，例应籍没，合先查理。除将内官黄瑞基屋改作东湖书院，以便学者讲习外，其余仰布、按二司掌印官，会同南昌道分巡官行委的当官员，逐一清查，如田庄要见坐落地名何处，田亩若干，山场树木若干，湖地广阔若干，房屋几间。今年见在花利，即便收贮，所在地方，责人看守，通造手册缴报。其有原系占夺民间物业，相应给还，及估价发卖仍佃者，俱候查明之日，从容呈议审处。敢有隐匿，及指以原业捏称借贷，辄行据占者先行拿问不恕。

一，省城各衙门，并公廨，有残圮应合修理者，仰布、按二司掌印官会同该道官，参酌缓急，行令府县，移拆无用房屋，量加修理，毋得虚费财物。

一，省城湖地，仰布、按二司行南昌府县：其城濠，行都司，各委人看守。鱼利公同变收入官，以备公用，不许私取及致人偷盗。

一，今年乡试，因乱废格，除应否补试，另行议奏外，其未乱之前，已经举行未毕事件，合先查究。仰布政司将原发修理贡院席舍，并发买物料等项银两若干，委何人管，即今已修完，并已买到物料若干，见存银两若干，查明造报，毋得因循，致令吏胥乘机隐匿作弊。其已买物料，有不堪贮者，姑令变价还官，以俟再买。以后未举事件，有应合预处者，会同按察司并该道官，一面议处施行。按察司仍行提学官，转行所属知悉。

行江西按察司知会逆党宫眷姓名

仰抄案回司，着落当该官吏，即便查照施行。仍呈钦差提督军务御马监太监张，钦差提督军务充总兵官安边伯朱知会，俱毋违错。

计开：宁王郡王将军世子共十六名。

见在十四名：宸濠　拱栟　觐铤　拱樤　宸湆　宸瀛　觐镳　宸汲　宸汤　宸沨　宸浐　宸澜　大世子一哥

已故二名：拱樾　二世子二哥

谋党重犯六十七名：

见在五十九名：刘吉　涂钦　乐平　黄瑞　傅明　陈贤　尹秀　梁伟　沈鏊　熊绶　周瑞　吴松　张嵩　李蕃　于全　秦荣　萧奇　徐辂　贺俊　李琳　丁璜　王储　甘桂　王琪　杨昇　张隆　刘勋　葛江　杨允　徐锐　丁纲　夏振　唐玉　何受　朱煜　冯旻　周勇　周鼎　於琦　张凤　袁贵　闻凤　顾正　顾雄　徐纪　倪六　王凤　唐

全　闵念八　李世英　徐淦凤

张宣　闵念四　凌十一　万贤一　朱会价　万贤二　熊十四　熊十七

已故八名：万锐　陆程　刘养正　余祥　甘楷　王信　卢铺　刘子达

宫眷四十三口：赵氏　万氏　钟氏　徐氏　宣氏　张氏　张氏　陆氏　蒋氏　陆氏　赵氏　王氏　王氏　李氏　朱氏　郑氏　陈氏　徐氏　刘氏　何氏　张氏　祥瑞　王氏　锦英　王氏　徐氏　周氏　周氏　桂祥　陈氏　春受　刘氏　顾氏　陈氏　婆氏　王氏　艾儿　碧云　刘氏　串香　异兰　爱莲　彭氏

小火者二口：乐秋　乐萱

马八匹。金册十二副，计二十四叶。

行江西按察司编审九姓渔户牌九月二十四日

为照贼首吴十三、凌十一、闵念四、念八等，俱已擒获，党类亦多诛剿；虽有胁从之徒，皆非得已，节该本院备奉钦降黄榜，通行给发晓谕，许其自首，改过自新，安插讫。数内杨子桥等九姓渔户，又该知县王轼引赴军门投首，审各执称被胁，情有可矜，当该本院量行责治，仍发本官带回安抚外。今访得前项渔户，尚有隐匿未报，及已报在官，而乘势为非者；况查沿江湖港等处亦有渔户，以打鱼为由，因而劫杀人财；虽尝缉捕禁约，而官吏因循，禁防废弛，合就通行查处。为此仰抄案回司，即便选委能干官员，会同安义等县掌印、捕盗等官，拘集杨子桥等九姓渔户到官，从公查审，要见户计若干，丁计若干，已报在官若干，未报在官若干，各驾大小渔船若干，原在某处地方打鱼生理，著定年貌籍贯，编成牌甲，每十名为一牌，内佥众所畏服一名为小甲；地方多寡，每五牌或六牌为一甲，内佥众所信服一名为总甲，责令不时管束戒谕。仍于原驾船梢，粉饰方尺，官为开写姓名、年甲、籍贯、住址，及注定打鱼所在，用铁打字号，火烙印记，开造印信手册在官，每月朔望各具，不致为非，结状亲自赴县投递，用凭稽考点闸。中间如有隐匿不报者，俱许投首免罪，亦就照前行。若有已报在官，仍前乘机为非，抗顽不行到官，就仰从长计议，应抚应捕，遵照本院钦奉敕谕随宜处置事理，径自施行。今后但有上户官民客商人等被害，就于本处追究，务在得获，明正典刑。仍即通行南昌等一十三府及各州、县一体查处，编立牌甲，严加禁约施行，造册缴报查考。如或故违，定将首领官吏拿问，决不轻贷。

献俘揭贴 九月二十六日

准钦差提督赞画机密军务御用监太监张揭帖开称，今照圣驾亲率六师，奉天征讨，已临山东、南直隶境界，所据前项人犯，宜合比常加谨防守调摄，待候驾临江西省下之日，查勘起谋根由明白，应否起解斩首枭挂等项，就彼处分定夺。若不再行移文知会，诚恐地方官员不知事理，不行奏请明旨，挪移他处，或擅自起解，致使临难对证，有误事机，难以悔罪等因，准此。卷查先为飞报地方谋反重情事云云。本职已将宁王并逆党，亲自量带官兵，径从水路，照依原拟日期，启行解赴京师，已至广信地方外。今又准前因，及该差官留本职并宁王及各党类回省。为照前项人犯，先监按察司，责委官员人等，昼夜严加关防；有病随即拨医调治，数内谋党李士实、王春、刘养正等，已多医治不痊，俱各身故。随差官吏仵作人等前去相验，责付浅殡，拨人看守。其宁王及谋党刘吉等，俱系恶焰久张之人，设若淹禁不行解报，纵有官兵加谨防守，恐或扇诱别生他奸。今若留回省城，中途疏虞，尤为可虑。兼且人犯多生疟痢，沿途亦即拨医调治。又有数内镇国将军拱樾并世子二哥，各行身故；又经差官相明，买棺装殓，责仰贵溪县拨人看守。其余尚未痊可，若更往返跋涉，未免各犯性命愈加狼狈，相继死亡，终无解京人犯，抑恐惊摇远近，变起不测。本职亲解宁王，先已奏闻朝廷，定有起程日期，岂敢久滞因循，不即解献，违慢疏虞，罪将焉逭？及照库藏册籍等项，示准揭帖之先，已会多官封贮在库，待命定夺。况新任按察使伍文定，及戴罪三司官、领兵知府等官，俱各见在，封识明白，别无可疑。除将宁王宸濠等，各另差官分押；宫眷妇女，行各将军府取有内使管伴，俱照旧亲自解京外，所有库藏等项，奉有明旨，自应查盘起解，就请公同三司并各府等官，眼同径自区处，为此合用揭帖前去，烦请查照施行。

行袁州等府查处军中备用钱粮牌 十月初六日

据吉安府申“奉本院钧牌，查得本府在库止有赃罚纸米银一万五千四百三十一两零，其各县寄库银四万六千一百五十九两零，俱系转解之数，似难支动。见今动调各处军快人等数多，诚恐支用不敷，及查庐陵等九县贮库钱粮，亦多称乏，合行邻近府分帮助支用”缘由到院。为照江西宁府变乱，虽经本院起调广东、福建二省汉土狼达官军，江西南、赣等处兵快，计有二十余万，合用粮饷大约且计三四月之费。今该府所申，堪支纸米等银止有一万五千四百有零，其余俱系解京之数，就便从权支用，亦有未敷，必须于各府、县见贮钱粮数内查支接济，庶不误事，拟合通行。为此牌仰本府，即将收贮在库不拘何项钱粮，作急通行查出，三分为率，内将二分称封明白，就委相应官员，不分雨夜，领解军门，以凭接支应用。此系征讨叛逆军机重务，毋得稽迟时刻，定以军法论处，决不轻贷。

行江西布按二司清查军前取用钱粮

案照先因宁王变乱，该本部备行南、赣等府，起调各项军兵追剿，合用粮饷等项，就仰听将在官钱粮支给间。随据吉安府申称，动调兵快数万，本府钱粮数少，乞为急处等情。已经通行各府，速将见贮不拘何项钱粮，以三分为率，内将二分解赴军前接济外。

续看前项事情，系国家大难存亡所关，诚恐兵力不敷。又牌行各该官司，即选父子乡兵，在官操练，听将官钱支作口粮，候本院另有明文一至，启行去后。

今照前项首恶，并其谋党，俱已擒斩，原调各处军兵，久已散归，所据用过粮饷等项，合行查造。为此仰抄案回司，即查各府、州、县自用兵日起，至掣兵日止，要见某项钱粮，差何人役解赴军前，应用若干，有无获奉批回在卷；又将某项钱粮，差何人役解赴某官处，支给官兵口粮等项若干，自某月日期起，至某月日止，各支若干；或系那借，惟复措置之数，务要清查明白，类造文册，星驰差人送院查考。中间如有官吏人等通同作弊，重支冒领；或以少作多，侵欺捏报者，就便拿问，照例发遣，毋得违错。

防制省城奸恶牌十二月十一日

照得江西省城，近遭宁王之变，巡逻无官，非但军门凋弊，禁防疏阔；兼又军马充斥街巷，难辨真伪；有等无籍小民，因而售奸为恶，恐致日久酿成大患，必须预防早戒，庶使地方有赖。

查得江西都司都指挥马骥，素有干材，军民畏服，合就行委。为此牌仰抄案回司，即行本官，不妨原任，严督府、卫、所、县军民兵快，并地方总小甲人等，于省城内外昼夜巡逻。固守城池，保障地方，洁静街道，禁缉喧争。但有盗贼，即便设法擒捕，务在得获解官，问招呈详，不许妄拿平人，攀诬无干良善，及纵令积年刁徒，吓诈财物，扰害无辜。仍要严加省谕远近乡村居民，各安生理，毋得非为，及容隐面生可疑之人在家，通诱贼情，坐地分赃。敢有故违，仰即拿赴军门，治以军法。承委官员，务在地方为事，用心管要，以称委用，不得因循怠忽，取究未便。

行江西按察司查禁因公科索民财十二月十一日

照得圣驾南征，所有供应军马粮草并合用器皿等项，已该江西布、按二司分派各府、州、县支给在库官钱，均派经过府、县应用。近访得各该官吏，多有不遵法度，或将官库钱粮，通同侵欺入己，乘机科派民间出办；或取金银器皿银两，或要牛马猪羊等物，辄差多人下乡，狐假虎威，扰害殆遍。中间积年刁徒，又行百般需索，稍有不遂，辄称殴打抗拒，耸信官府，添人捉拿，加以刑辱，重行追索。若不查禁处置，深为民患。为此仰抄案回司，即便会同布政司掌印官，速行计处，先将各应支银两，查解应用；若有不足，就将在库不拘何项银两，给支接济。俱要造册开报，以凭查考，事毕之日，再行议处，作正支销，或设法追补。其各府、州、县科取民间财物，即行查究禁革，未到官者，毋再追并；已在官者，照数给还。中间敢有隐瞒纤毫不发，体访得出，或被人首告，定行拿问赃罪，决不轻贷。仍先出给告示，发仰所属张挂晓谕，务使知悉，俱毋违错。

禁省词论告谕十二月十七日

近据南昌等府、州、县人等诉告各项情词到院，看得中间多系户婚田土等事，虽有一二地方重情，又多繁琐牵扯，不干己事，在状除情可矜疑者，亦量轻重准理，其余不行外。为照江西地方，近因宁王变乱，比来官军见省城空虚，况闻圣驾将临，有司官员，俱各公占委用，分理不暇；远近居民，又有差役答应，奔走无休；本院志在抚安地方，休息军民，当此多事之时，岂暇受理词讼？必待地方宁靖，兵众既还，官府稍暇，方从容听断。为此合行出给告示，晓谕各府、州、县军民人等，暂且各回生理，保尔家室，毋轻忿争，一应小事，各宜含忍。不得辄兴词讼，不思一朝之忿，锱铢之利，遂致丧身亡家；始谋不臧，后悔何及。中间果有赃官酷吏，豪奸巨贼，虐众殃民，患害激切者，务要简切直言，字多不过一二行，陈告亦须自下而上，毋致蓦越。其余一切事情，俱候地方宁谧，官军班还之日，各赴该管官司告理。若剖断不公，或有亏枉，方许申诉。敢有故违，仍前告扰者，定行痛责，仍照例枷号问发，决不轻贷。

再禁词讼告谕 十二月

照得本院屡出告示，晓谕军民人等，令其含忍宁耐，止息争讼。而军民人等，全不体息，纷纷告扰不已。及看所告情词，多系小事忿争，全是繁文牵扯，细字叠书，殊可厌恶。当此多事，日不暇给，词状动以千百，徒费精神，何由遍览。除已前情词，俱已不行外，为此再行晓谕，敢有仍前不遵告谕，故违告扰者，定行照例枷号，从重问发，的不虚示。

计开：

一、本院系风宪大臣，职当秉持大体，正肃百僚，非琐屑听理词讼之官。今后军民人等，一应户婚、田土、门争、债负、钱粮、差役等事，俱要自下而上，府、州、县问断不公，方许告守巡按察衙门。守巡按察问断不公，方许赴本院陈告。敢有越诉渎冒宪体者，痛责。

征藩公移下 凡二十七条

开报征藩功次赃仗咨 正德十五年三月初四日

准钦差整理兵马粮草等项兵部左待郎兼都察院左佥都御史王咨，内开“烦为查照，将征剿防守有功官军人等，俱照功次，分别明白，造册咨送，以凭查议”等因。

卷查先为飞报地方谋叛重情事，本职奉命前往福建公干，中途遭遇宁府反叛，谋危宗祀，系国家大难，义不容舍之而往。当即保吉安，随具本奏闻，及星夜行文各府，起调兵快，召募四方报效义勇。适遇巡按两广御史谢源、伍希儒回京复命，又行具本奏留军前，协谋行事，各哨官兵，俱听监督，获有功次，俱凭本职送发各官审验纪录，去后。续督官兵，前后攻复省城，俘执宸濠，并其党与剧贼起解间，随准南京兵部咨开称前事云云。

照得江西逆贼，既已擒获。逆党已经剪平，所获功次，合行纪验。除原差科道官前来外，烦将征剿逆贼官军民兵，召募义勇，及乡官人等所获功次，分别奇功、头功、次功，造册覆验等因，案经备行江西按察司查照施行去后。

今准前因，看得征剿宸濠之时，止是分布哨道，设伏运谋，以攻城破敌为重，擒斩贼徒为轻；且攻城破敌，虽系本职督领各哨官兵协谋并力，缘任非一人，事非一日，各官俱系同功一体，难以分别等第。其擒斩贼徒，虽有等级，自有下手兵夫，难以加于各官之上。止将各哨擒斩贼犯送发御史谢源、伍希儒审验明白，从实直纪；缘各官不曾奉有纪功之命，但照本职钦奉敕谕便宜事理，从权审验纪录，难以分别奇功、头功、次功等项名目。止于造册内开写某人擒斩某贼首、某贼从；重轻多寡，据实造册，中间等第，亦自可见。除行各官再行查照造册径缴外，所据擒获功次总数，及官军兵快报效人等员名数目，合行开造咨报施行。

计开：

一、提督领兵官一员：

钦差提督南、赣、汀、漳等处军务都察院右副都御史王。

一、协谋讨贼审验功次官二员：

钦差巡按两广监察御史谢源、伍希儒。

一、领哨官十员：

冲锋破敌：

吉安府知府伍文定、赣州府知府邢珣、袁州府知府徐琏、临江府知府戴德孺。

邀伏截杀：

赣州卫署都指挥佥事余恩、抚州府知府陈槐、建昌府知府曾玙、饶州府知府林城、广信府知府周朝佐、瑞州府通判胡尧元。

一、分哨官十一员：

邀伏截杀：

吉安府泰和县知县李楫、临江府新淦县知县李美、吉安府万安县知县王冕、南康府安义县知县王轼、瑞州府通判童琦。

守把截杀：

吉安府通判谈储、吉安府推官王暐、南昌府进贤县知县刘源清、南昌府奉新县知县刘守绪、南昌府推官徐文英、抚州府临川县知县傅南乔。

一、随哨官四十六员：

邀伏截杀：

吉安府通判杨昉、吉安守御千户所指挥同知麻玺、赣州府同知夏克义、赣州卫指挥佥事孟俊、永新守御千户所指挥同知高睿、南昌府通判陈旦、南昌府丰城县知县顾佖、袁州府推官陈辂、南昌府宁州知州汪宪、饶州府余干县知县马津、瑞州府上高县知县张淮、瑞州府高安县知县应恩、吉安府永新县知县柯相、南昌府建昌县知县方泽、南昌府靖安县知县万士贤。

守把截杀：

广信府沿山县知县杜民表、广信府永丰县知县谭缙、瑞州府同知杨臣、瑞州府新昌县知县王廷、饶州府安仁县知县杨材、广信府通判俞良贵、广信府通判安节、广信府推官严铠、临江府同知奚钺、临江府通判张郁、广信府同知桂鳌、瑞州府推官金鼎、赣州府赣县知县宋瑢、赣州卫正千户刘镗、赣州卫正千户杨基、广信守御千户所千户秦逊、永新县孺学训导艾珪、瑞州府高安县县丞卢孔光、饶州府余干县县丞梅霖、南昌府靖安县县丞彭龄、吉安府万安县县丞李通、南昌府武宁县县丞张翱、赣州府兴国县主簿于旺、瑞州府高安县主簿胡鉴、饶州府余干县龙津驿驿丞孙天裕、南昌府南昌县市义驿驿丞陈文瑞、吉安府吉水县致仕县丞龙光、赣州府赣县选官雷济、南昌府丰城县省察官文栋材、赣州府赣县义官萧庚、南安府上犹县义官尹志爵。

一、协谋讨贼乡官十二员：

致仕都御史王懋中、养病痊可编修邹守益、丁忧御史张鳌山、养病郎中曾直、养病评事罗侨、调用佥事刘蓝，致仕按察使刘逊、致仕参政黄绣、闲住知府刘昭、依亲进士郭持平、参谋驿丞王思、参谋驿丞李中。

一、戴罪杀贼官一十七员：

九江兵备副使曹雷、九江府知府汪颖、九江府德化县知县何士凤、九江府彭泽县知县潘琨。九江府湖口县知县章玄梅、南康府知府陈霖、南康府同知张禄、南康府通判蔡让、南康府通判俞椿、南康府推官王诩、南康府星子县主簿杨永禄、南康府星子县典史叶昌、南昌府知府郑瓛、南昌府同知何继周、南昌府通判张元澄、南昌府南昌县知县陈大道、南昌府新建县知县郑公奇。

一、提调各哨官军兵快人等，除分布把守外，临阵共一万四千二百四十三员名。

一、擒斩首从贼人贼级，并俘获官人贼属，夺回被胁被虏，招抚畏服官民男妇等项，共一万一千五百九十六名颗口；生擒六千二百七十九名：首贼一百零四名，从贼六千一百七十五名，内审放一千一百九十二名；斩获贼级四千四百五十九颗；俘获宫人四十三名，贼属男妇二百三十八名口；夺回被胁被虏官民人等三百八十四员名口；招抚畏服投首一百九十三位名。

一、夺获诰命、符验，并各衙门印信关防，金银赃仗等物：

诰命一道；符验一道，印信关防一百零六颗，金并首饰六百二十三两一钱二分，银首饰、器皿八万三千八百九十七两一钱五分八厘五毫，赃仗一千八百九十件，器械一千一百九十九件，牛三十头，马一百零八匹，驴骡一十三头，鹿三只。

一、追获金玺二颗，金册二付。

一、烧毁贼船七百四十六只。

一、阵亡兵六十八名。

进缴征藩钧帖四月十七日

卷查先奉钦差总督军务威武大将军总兵官后军都督府太师镇国公朱钧帖："节该钦奉制谕：'江西宸濠悖逆天道，谋为不轨，欲图社稷，得罪祖宗。兹特命尔统率六师，往正其罪，殄除叛逆，以安地方。其随军内外提督及各处镇巡等官，悉听节制。钦此。'钦遵，合行钧帖，仰提督南、赣、汀、漳兼巡抚江西等处右副都御史王守仁，照依制谕内事理，即便转行所属司、府、卫、所、州、县、驿、递衙门，一体钦遵施行"等因，已经依奉备行各属钦遵，及具不违依准，备由呈缴去后。

本职遵奉总督军门节制方略，领部下官军，克复南昌府城，擒获叛党宜春王拱樤，及将军仪宾从逆守城人等一千有余。随于鄱阳湖等处连日大战，擒获叛首宁王宸濠，并其谋主李士实、刘养正、王春等，大贼首吴十三、凌十一等，及其党与胁从人等共一万一千有奇。除将擒斩缘由先后具奏外，窃照宸濠谋危宗社，阴蓄异图，十有余年；及其称兵倡乱，远近忧危，海内震动。仰赖总督军门，统领六师，奉天征讨，督率内外提督等官，及运谋设策分布，前来南京、江西等处，相继进剿，故旬月之间，扫平逆党，奠安宗社。此皆总督军门神武英略，奇谋妙算，一振不杀之威，遂收平定之绩；而内外提督等官，协谋赞成，并力效命之所致也。职等仰仗德威，遵奉方略，不过奔走驱逐，少效犬马之劳而已，何功之有？所有原奉钧帖，今已事完，理合进缴。除部下获功官兵人等，备行纪功官径自查审缴报外，缘系十分紧急军情，及奏缴钧帖事理，合行具由呈乞施行。

行江西三司搜剿鄱阳余贼牌五月十一日

照得江西鄱阳湖等处盗贼，节行告示晓谕，各安生理，而稔恶不悛者尚多；又有应捕人等，相率同盗；或名虽投首，实阴怀反侧。近因本院住札省城月余，节据官民赴告，盗贼纵横，除行巡捕等官，上紧缉捕，未见以时获报。各官平素怠玩，本当参拿究治，姑且记罪另行。所据前贼，若不速剿，未免酿成大患。为此仰抄案回司，即便备行督捕都指挥佥事冯勋，分守该道，分巡该道，密切赍文，分投近湖各府县该司等衙门，著落掌印捕盗等官，各选骁勇机快人等，各备锋利刀、枪、弓箭、火铳等项，雇惯经风浪船只，及能谙水势水手撑驾；查将在库官钱给作口粮；选委胆略官员管领，俱听都指挥佥事冯勋总统约束；分布哨道，多差知因人役，探贼向往，就便刻期剿杀。务限一月之内尽获，无留芽孽遗患。若违限不获，先将各官住俸杀贼，若怠玩两月之外，通行解赴军门，治以军法。其兵快人等，若有违限逗遛，畏缩误事者，就仰总统官于军前查照本院钦奉敕谕事理，量以军法罚治。仍要戒约应捕，不许妄拿平人，及容贼妄攀，吓诈财物，并卖放真盗，滥及无辜。敢有故违，一体治以军法。承委各官，务要慎重行事，不得轻率寡谋，中贼奸计，所获功次，俱仰解赴该道，从实纪录造报，以凭查考功罪，轻重罚赏，如违节制，国典具存，罪不轻贷。其军中未尽机宜，该道径自处置施行。仍一面先督所属府县，查照本院先颁十家牌式，上紧编举，以为弭盗安民之本，俱毋违错。

追剿入湖贼党牌十五年

据南康府通判林宽呈称："后港逆犯杨本荣等百十余人，据船逃入鄱阳湖等处，乞行南昌、饶州等府县，及沿湖巡司居民人等截捕。"看得贼既入湖，良善已分，正可乘机合兵捕剿。为此牌仰守巡南昌道，即行点选骁勇军快六七百名，各执备锋利器械，给与口粮一月，就行督捕都指挥佥事冯勋统领，星夜蹑贼向往，用心缉捕，获功人役，一体重赏。如有违令退缩者，遵照钦奉敕谕事理，听以军法从事。本官务要申严纪律，相机而行，毋得退避轻忽，有失机宜，致贼远窜，贻患地方，军法具存，罪亦难逭。

行岭北道清查赣州钱粮牌十月二十三日

照得本院及岭北守巡该道并赣州府卫、所、县问完批申呈词，囚犯、纸米、工价、赃罚等项，及官厂日逐收到商税银两，俱经该官府追收贮库，以备军饷。年久未经清查，该府官吏更换不常，中间恐有那移、侵渔、隐漏等情。为此仰抄案回道，即便亲诣赣州府库，督同该府官，先将正德十二年二月起至正德十五年九月终止，各项纸米、工价、赃罚、商税等项银两卷簿，逐一清查盘理。要见军前用过若干，即今见在若干，有无侵渔、隐漏若干，及有衣物等项，年久朽坏，相应变贸若干，备查开册，缴报本院查考。如有奸弊，就便拿究追问，具招呈详，毋得故纵未便。

申行十家牌法

凡立十家牌，专为止息盗贼；若使每甲各自纠察，甲内之人，不得容留贼盗；右甲如此，左甲复如此，城郭乡村无不如此；以至此县如此，彼县复如此，远近州县，无不如此；则盗贼亦何自而生？夫以一甲之人，而各自纠察，十家之内，为力甚易。使一甲而容一贼，十甲即容十贼，百甲即容百贼，千甲即容千贼矣。聚贼至于千百，虽起一县之兵而剿除之，为力固已甚难。今有司往往不严十家之法，及至盗贼充斥，却乃兴师动众，欲于某处屯兵，某处截捕，不治其本，而治其末，不为其易，而为其难，皆由平日怠忽因循，未尝思念及此也。自今务令各甲各自纠举，甲内但有平日习为盗贼者，即行捕送官司，明正典刑；其或过恶未稔，尚可教戒者，照依牌谕，报名在官，令其改化自新，官府时加点名省谕，又逐日督令各家，轮流沿门晓谕觉察，如此，则奸伪无所容，而盗贼自可息矣。

大抵法立弊生，必须人存政举，若十家牌式，徒尔编置张挂；督劝考较之法，虽或暂行，终归废弛。仰各该县官，务于坊里乡都之内，推选年高有德，众所信服之人，或三四十人，或一二十人，厚其礼貌，特示优崇，使之分投巡访劝谕，深山穷谷必至，教其不能，督其不率，面命耳提，多方化导。或素习顽梗之区，亦可间行乡约，进见之时，咨询民瘼，以通下情，其于邑政，必有裨补。若巡访劝谕，著有成效者，县官备礼亲造其庐，重加奖励，如此，庶几教化兴行，风俗可美。后之守令，不知教化为先，徒恃刑驱势迫，由其无爱民之实心。若使果然视民如己子，亦安忍不施教诲劝勉，而辄加棰楚鞭挞？孟子云："善政不如善教之得民也。"况非善政乎？守令之有志于爱民者，其盍思之！

行江西布政司清查没官房产 十一月二十日

照得逆党没官房屋、田产等项，近经司府出佃与人暂管，候命下之日定夺。近访得官民之家，不论告佃年月先后，地里远近，应否一概混争，若不预为查处，立定规则，将来必致大兴告扰，渐起衅端。为此仰抄案回司，即查前项没官房屋田产，实计若干处所，某月日期经由某衙门与某人，务以年月先后为次，先尽本县人户，然后及于异县；先尽本府人户，然后及于异府。中间多有势豪之徒，不遵则例，妄起争讼，或不由官府，私擅占管占住者，该司通行查出呈来，以凭拿问参究施行，毋得容隐及查报不清未便。

批再申十家牌法呈 十一月二十九日

据江西按察司呈，看得盗贼之纵横，由于有司之玩弛；沿流推本，实如所呈，失事各官，俱合提究，以警将来。但地方多事未完，缺人管理，除该府县掌印官，姑且记罪，责令惩创奋励，修败补隙，务收桑榆之功，以赎东隅之失；其巡捕等官，即行提问，以戒怠弛。仍备行各府县掌印巡捕等官，自兹申戒之后，悉要遵照本院近行十家牌谕，及于各街巷乡村建置锣鼓等项事理，上紧著实举行，严督查考，务鉴前车之覆，预为曲突之徒，毋得仍前玩忽怠弛，但有疏虞，定行从重拿究，断不轻贷，此缴。

批各道巡历地方呈十一月二十六日

据江西按察司呈，看得南昌、湖西、湖东、九江各道地方，兵荒之余，民穷财尽，盗贼蜂起，劫库掠乡，无月无警；府县各官，事无纲纪，申请旁午，文移日繁，政务日废。仰各分巡官，不时往来该道临督所属，设法调度，用其所长，而不责其备；教其不及，而勿挠其权；兴廉激懦，祛弊惩奸，务以息讼弭盗，康宁小民；毋惮一身之劳，终岁逸居省城，坐视民患，藐不经心，俱仰备行各官查照施行。缴。

禁约释罪自新军民告示正德十六年正月初五日

告示：一应平日随从逆府舍余军校人等，论罪俱在必诛，虽经自首，奉有诏宥，据法亦当迁徙边远烟瘴之地，但念其各已诚心悔罪，故今务在委曲安全，仰各洗心涤虑，改恶从善，本分生理，保守身家，毋得仍蹈前非。或又投入各王府，及镇守抚按三司等衙门，充作军牢、伴当、皂隶、防夫等项名目，挟持复仇，定行擒拿，追坐从逆重刑。知情容留，官司参究，论以窝藏逆党。同甲邻佑不举首者，连坐以罪。除已奏请外，仰各遵照毋违。

某县某坊第几甲释罪自新一户某人

左邻某人　右邻某人

仰各邻毋念旧恶，务要与之和睦相处。早晚仍须劝化钤束，毋令投入各府及镇守抚按三司等衙门，充当军牢、伴当、皂隶、防夫等项名目，挟势害人，定行坐以知情容隐逆党重罪，决不轻贷。

批湖广兵备道设县呈十六年

据整饬郴、桂、衡、永等处兵备湖广按察司副使汪玉呈称：“本道接管，看得议奏计处地方以弭盗贼事件，内一件审处贼遗田地，俱经查勘明白：属宜章者，拨与该图领种；属临武者，各归原主；属桂阳者，原议候设立大堰三堡，拨给各堡军兵顶种。续奉巡抚衙门批委同知鲁玘，再行踏勘计处一件，添设屯堡，以严防御。见奉提督衙门案验区处，其第一件设县，所以便抚御，最为紧要重大。县所既设，则更夫有所归着，哨营可以掣散，至于添屯堡、处巡司、并县堡、审田地四事，可以次第兴行。但先因广东守巡兵备等官，所见或异，致蒙该部请命提督大臣亲诣勘处；又缘别有机务，未即临勘，至于今日。本职窃意广东各官，决无不肯协和成事之心，盖因比时多事，未暇细阅文书，及查原经委官，止有同知鲁玘。见在原奉提督衙门行令，径自约会广东各官，速将设县事情及添设屯所事宜查议。除行同知鲁玘前去约会广东该道委官议处，本职仍亲诣适中地方约会外，理合呈详施行”等因到院。卷查先为图议边方后患事，准兵部咨云云。续据湖广按察司呈，奉巡抚湖广都御史秦案验云云。候本院抚临至日，会行议处，具奏定夺施行，各无苟且搪塞去后。

今呈前因，参照前项立县等事，关系地方安危，远近人心悬望，恨不一日而成。本院虽奉敕旨，别有机务，不暇亲诣，而该道前任守巡各官，皆有地方重责，自当遵照昼夜经营；却乃因循二年之上，尚未完报，纵使国法可以幸免，不知此心亦何以自安？今照接管副使汪玉，久负体用之学，素有爱民之心，据所呈报，既已深明事机，洞知缓急，遂使举而行之，固当易于反掌，合再督催，以速成绩。为此仰抄案回道，即往彼地约会各该道守巡等官，速将设县等项事情，议处定当，具由呈夺。应施行者，一面施行，务为群策毕举之图，以收一劳永逸之绩。毋再因循，仍蹈前辙未便。仍行都、布、按三司一体查照会议施行。

督剿安义逆贼牌 二月十一日

牌仰典史徐诚，既行调选罗坊等处骁勇惯战兵夫四百名，各备锋利器械，就仰该县官于堪动银两内先行给与口粮二月，统领星夜前赴安义县，听凭通判林宽调度追剿，获功人员，一体从重给赏。但有不遵号，令及逗遛退缩，扰害平人者，仰即遵照本院钦奉敕谕事理，听以军法从事。本官务要申严纪律，整束行伍，必使所过之地，秋毫无犯；所捕之贼，噍类不遗；庶称委任。如或纵弛怠忽，致有疏虞，军令具存，罪亦难贷。

截剿安义逃贼牌 二月十三日

看得安义逆贼，已经本院严督官兵，四路邀截，诚恐无所逃窜，或归冲县治。除行知县熊价，专一防守县治，以守为战；通判林宽，专一追剿逃贼，以战为守；及行都指挥冯勋，选领南昌府卫军快，督兵截剿外，牌仰饶州、南康、九江府掌印官，知府张愈严、王念等，各行起集兵快，身自督领，于沿湖要害，邀截迎击；仍督令余干、乐平、都昌、建昌、湖口、彭泽等县掌印官，领兵把截沿湖紧关隘路江口，毋令此贼得以出境远遁。一面多差知因乡导，探贼向往，互相传报，合势黏纵追剿，一应机宜，俱听从宜区处。各官务要竭力殚智，杀贼立功，以靖地方；毋得畏缩因循，轻忽疏略，至贼滋漫，军法具存，罪难轻贷。

批议赏获功阵亡等次呈 三月初十日

据江西按察司呈，看得获功阵亡等员役，俱查照赣州事例，获贼首者，赏银十两；次贼首七两，从贼三两，老弱二两。奋勇对敌阵亡者十两；杀伤死者七两五钱，被伤者三两。其有军民人等，各于贼势未败之先，自行帅众擒获送官者，仍照出给告示，贼首赏二十两，次贼首十两，从贼首五两。务查约实，一例给赏，毋吝小费，致失大信。俱仰行南昌府，于本县支剩军饷银内，公同赏功官照数支给，开数缴报查考。

复应天巡抚派取船只咨 三月二十四日

据江西布政司呈："据应天府呈开：'江西、九江等府原派船五十只，装运营建宫室物料，乞查处督发，奉批查处呈夺。'议照江西南康、南昌等府，并无马快船只，虽有额造红船，为因宸濠谋反，被贼烧毁；往来使客及粮运，尚且无船装送，疲困已极，委果无从区处。"呈详到院，为照江西各府，师旅饥馑，疲困已极；况兼本职气昏多病，坐视民痍，莫措一筹，前项船只，果难措置。南京素称富庶，今虽亦有供馈之烦，然得贵院抚缉有方，兼以长才区画，何事不济。且江西之疲弊，亦贵院所备知，尝蒙轸念，为之奏蠲租税，江西之民，无不感激。独此数十艘，乃不蒙一为分处乎？为此合咨贵院，烦请查照，悯念疲残之区，终始得惠，别为处拨装运施行。

批东乡叛民投顺状词 四月初九日

据东乡县民陈和等连名诉，看得朝廷添设县治，本图以便地方而顺民情，但割小益大，安仁之民既称偏损，亦宜为之处分。在官府自有通融裁制，各民惟宜听顺，果有未当，又可从容告理；而乃辄称背抗，稔恶屡年，愈抚愈甚，不得已而有擒捕之举，亦惟彰国法，禁顽梗，小惩大戒，期在安缉抚定，非必杀为快也。今各民既来投顺，官府岂欲过求，但未审诚伪，恐因擒捕势迫，暂来投顺，以求延缓，亦未可知。仰按察司会同都、布二司，将各情词备加详审，及查立县始末缘由，其各都图，应否归附某县；各县粮差，应否作何区处；各民违抗逃叛之罪，应否作何理断；通行议处呈夺。

批江西布政司清查造册呈 四月十六日

据江西布政司呈，看得造册清查之法，既已详悉备具，但人存政举，使奉行不至，则革弊之法，反为流弊之源。仰布政司照议上紧施行，仍备行总理及各守巡官，同以此事为固本安民之首，各至分地，临督各该府、州、县正官。且将别项职事，牒委佐贰官分理，俱要专心致志，身亲综核，照式依期清量查造，务使积弊顿除，后患永绝，以苏民困。中间但有不行尽心查理，止凭吏胥苟且了事者，即行拿治问发；提调等官，一体参究。其各官分定地方，该司具名开报，缴。

行丰城县督造浅船牌十六年

仰抄案回县，即行知县顾佖速差能干官，前来樟树，接驾浅船到县，照依该道估价，于官库支给各船旗军收领。就便择日催督县丞沈廷用，遵照本院面授水帘桅等法，兴工修筑。务将前船衔结勾连，多用串关扇束缚坚牢；足障水势，以便施工，毋为摧荡，虚费财力。

行江西按察司审问通贼罪犯牌六月十五日

照得本院于正德十四年六月内，因宁王谋反，起兵征剿，具本奏闻，当差赣州卫舍人王鼒赍奏，却乃设计诈病，推托不前，显有通贼情弊。及至擒获逆贼，差赍紧关题本，赴京奏报，却又迂道私赴太监张忠处揑报军中事情，几至酿成大变。及将原领题本，通同邀截回还，所据本犯，罪难轻贷。为此牌仰本司，即将发去犯人王鼒从公审问明白，依律议拟，具招呈详。毋得轻纵未便。

行江西按察司清查军前解回粮赏等物六月十九日

卷查先该本院督解宸濠，中途奉旨仍解回省，随将前项赏功银牌花红彩段及粮饷等项，牌差县丞等官龙光等，解发江西按察司查收贮库，仍候本院明文施行去后。今照前项粮赏等银，已支未支，清查应该起解者，未审曾否尽数解京，拟合查报。为此牌仰本司，即查原发粮赏等银，各计若干。要见于何年月日奉本院批呈或纸牌，支取某项若干，给与某起官军人等行粮或犒劳兵快应用，其应解金册一十二付，上高、新昌玉印二颗，银盆六面，及衣服等件，曾否尽数解京，中间有无遗漏等情，备查明白，具数回报，以凭查对稽考，毋得迟延未便。

批广东按察司立县呈 七月二十八日

据副使汪玉呈称云云。卷查先为图议边方后患事，准兵部咨云云。续据湖广按察司呈，奉湖广巡抚都御史秦案验，候本院抚临至日，会行议处具奏定夺施行。随据副使汪玉呈云云。看得立县之举，今且三年，而两省会议，犹是道傍之谈，似此往复不已，毕竟何时定计。自昔举事，须顺人情；凡今立县，专为弭乱；若使两地人心未协，遂尔执己见而行，则是今日定乱之图，反为异时起争之本，今江西安仁、东乡各县，纷纭奏告，连年不息，即今征矣。除行该道兵备官，上紧约会广东各官，亲诣地方，拘集里老年高有识者，备询舆论；务在众议调停，两情和协，就行相度地势，会计财力，监追起工，然后各自回任。若使议终不合，必欲各自立县，亦须酌裁适均。要见广东于高宿立县，都图若干；湖广于笆篱立县，都图若干；城池高广若干；官员裁减若干；异时赋役，两地逃躲，若何区处；盗贼彼时出没，若何缉捕；一应事宜，逐条开议。须于不同之中，务求通融之术；不得徒事空言，彼此推托，苟延目前，不顾后患，异时追论致祸之因，罪亦终有不免。除批行湖广该道兵备官查照外，仰抄案回司，会同布政司各行该道守巡兵备等官，约会湖广各官，面议停当。一面会计工料，委官及时兴工；一面备由开详，以凭覆奏；毋再推延执拗，致有他虞，断行参究不恕。仍行两广提督并巡按衙门查照催督施行。

行江西三司停止兴作牌 八月初九日

先该本院看得江西兵荒之余，重以洪水为灾，民穷财尽，正当体养抚息。各该衙门一应修理公廨工役，俱宜停止。已经案仰各司，即将工役悉行停止，其势不容已者，亦待秋成之后，民困稍苏，方许以次呈夺去后。近因本院出巡，访得各该官员，不思地方兵变水患，小民困苦已极，方求蠲赋税，出内帑欲赈而未能，辄复纷然修理，事属故违。本当参究，但传闻未的，姑再查禁。为此仰各抄案回司，即查前项工程，前此果否悉行停止？近来是否重复兴工？具由呈报，以凭施行，毋得隐讳，违错不便。

行岭北道申明教场军令九月十七日

照得本院调到宁都等县官兵机快人等，见在赣州教场住扎操阅，中间恐有不守军令，罪及无辜，应合禁约。随据副使王度呈开合行事宜，参酌相同。为此仰抄按回道，即行出给告示，张挂教场，晓谕官兵机快，各加遵守。如有违犯，事情重大者，拿送军门，依军令斩首；其事情稍轻者，该道径自究治发落。仍呈本院查考。

计开：

一，各兵但有擅动地方一草一木者，照依军令斩首示众。

一，各兵但有管哨官总指称神福，馈送打点等项名色，科派银物自一分以上，俱许赴该道面告究治。

一，管哨官凡遇歇操之日，并在营房居住，钤束机兵，教演武艺。敢有在家游荡，及挟妓饮酒，朋伙喧哗者，访出捆打一百。

一，各兵但有疾病事故，许管哨官禀明医验，不许雇人顶替，如有用财买求地方光棍替身上操，仰该管总小甲拿获首送该道枷号，如隐情不首，事发，连总小甲一体枷号。

一，各兵在市买办柴米酒肉等项，俱要两平交易，如有恃强多占分两，被人告发，枷号示众。

一，管哨官凡遇各兵斗殴喧闹等项小事，量行惩治，大事禀该道拿问，不许纵容争竞嚣乱辕门。

一，各歇操之日，各将随有器械，务在整刷锋利鲜明，毋得临时有误。如平日懒惰，不行修理，上操之际，弦矢断折，铳炮不响，旗帜不明，查出捆打一百。

一，各兵遇上班之日，不许因便赴该道府告家乡户婚田土等项事情，查出痛责四十。

一，各兵上街行走，俱要悬带小木牌一面，上写某哨官总下某人，年甲籍贯辨别。如有隐下兵打名色，另着别样衣冠，暗入府县，挟骗官吏，及来军门并道门首打听消息，访出枷号不恕。

一，各兵领到工食银两，俱要撙节用度，谨慎收放，如有奢侈用尽，及被人偷盗，纵来诉告缺失，俱不准理，仍重加责治。

一，各该上班兵夫，如有限期未满，先行逃回者，差人原籍拿来，用一百斤大枷枷号教场门首三个月，满日，綑打一百，仍依律问发边远充军。

一，各哨官并兵夫，有军门一应便宜，及利所当兴，害所当革者，许赴军门及该道直白条陈，不许诸人阻当。

行雩都县建立社学牌十二月二十七日

照得本院近于赣州府城设立社学乡馆，教育民间子弟，风俗颇渐移易。牌仰雩都县掌印官，即于该县起立社学，选取民间俊秀子弟，备用礼币，敦请学行之士，延为师长；查照本院原定学规，尽心教导；务使人知礼让，户习《诗》、《书》，丕变偷薄之风，以成淳厚之俗。毋得违延忽视，及虚文搪塞取咎。

卷三十一（下） 山东乡试录

弘治甲子　前序已刻前卷

四书

所谓大臣者以道事君不可则止

负大臣之名，尽大臣之道者也。夫大臣之所以为大臣，正以能尽其道焉耳；不然，何以称其名哉？昔吾夫子因季子然之问以由、求可为大臣，而告之以为大臣之道，未易举也。大臣之名，可轻许乎？彼其居于庙堂之上，而为天子之股肱，处于辅弼之任，而为群僚之表帅者，大臣也。夫所谓大臣也者，岂徒以其崇高贵重，而有异于群臣已乎？岂亦可以奔走承顺，而无异于群臣已乎？必其于事君也，经德不回，而凡所以启其君之善心者，一皆仁义之言，守正不挠，而凡所以格其君之非心者，莫非尧、舜之道，不阿意顺旨，以承君之欲也；必绳愆纠缪，以引君于道也。夫以道事君如此，使其为之君者，于吾仁义之言说，而弗绎焉，则是志有不行矣。其可拙身以信道乎？于吾尧、舜之道，从而弗改焉，则是谏有不听矣，其可枉道以徇人乎？殆必奉身而退，以立其节，虽万钟有弗屑也，固将见机而作，以全其守，虽终日有弗能也。是则以道事君，则能不枉其道，不可则止，则能不辱其身，所谓大臣者盖如此，而岂由、求之所能及哉？尝观夫子许由、求二子以为国，则亦大臣之才也；已而于此，独不以大臣许之者，岂独以阴折季氏之心？诚以古之大臣，进以礼，退以义，而二子之于季氏，既不能正，又不能去焉，则亦徒有大臣之才而无其节，是以不免为才之所使耳。虽然，比之羁縻于爵禄而不知止者，不既有间矣乎！

齐明盛服非礼不动所以修身也

尽持敬之功，端《九经》之本，夫修身为《九经》之本也，使非内外动静之一于敬焉，则身亦何事而修哉？昔吾夫子告哀公之问政，而及于此，若曰：《九经》莫重于修身，修身惟在于主敬；诚使内志静专，而罔有错杂之私，中心明洁，而不以人欲自蔽，则内极其精一矣；冠冕佩玉，而穆然容止之端严，垂绅正笏，而俨然威仪之整肃，则外极其检束矣。又必克己私以复礼，而所行皆中夫节，不但存之静也，遏人欲于方萌，而所由不睽于礼，尤必察之于动也。是则所谓尽持敬之功者如此，而亦何莫而非所以修身哉？诚以不一其内，则无以制其外；不齐其外，则无以养其中；修身之道未备也。静而不存，固无以立其本，动而不察，又无以胜其私；修身之道未尽也。今焉制其精一于内，而极其检束于外，则是内外交养，而身无不修矣。行必以礼，而不戾其所存，动必以正，而不失其所养，则是动静不违，而身无不修矣。是则所谓端《九经》之本者如此，而亦何莫而不本于持敬哉？大抵《九经》之序，以身为本，而圣学之要，以敬为先，能修身以敬，则笃恭而天下平矣。是盖尧、舜之道，夫子举之以告哀公，正欲以兴唐、虞之治于春秋，而子思以继大舜、文、武、周公之后者，亦以明其所传之一致耳。后世有能举而行之，则二帝、三王之治，岂外是哉！斯固子思之意也。

禹思天下有溺者由己溺之也

稷思天下有饥者由己饥之也

圣人各有忧民之念，而同其任责之心。夫圣人之忧民，其心一而已矣。所以忧之者，虽各以其职，而其任之于己也，曷尝有不同哉？昔孟子论禹、稷之急于救民而原其心，以为大禹之平水土也，虽其所施，无非决川距海之功，而民可免于昏垫矣；然其汲汲之心，以为天下若是其广也，吾之足迹既有所未到之地，则夫水之未治者，亦必有之矣；水之泛滥，既有所不免之地，则夫民之遭溺者，亦容有之矣；夫民之陷溺，由水之未治也，吾任治水之责，使水有不治，以溺吾民，是水之溺民，即吾之溺民也；民之溺于水，实吾之溺之也，吾其救之，可不急乎？后稷之教稼穑也，虽其所为无非播时百谷之事，而民可免于阻饥矣。然其遑遑之心，以为万民若是其众也，吾之稼穑，固未能人人而面诲矣，能保其无不知者乎？民之树艺，即未能人人而必知矣，能保其无不饥者乎？夫民之有饥，由谷之未播也，吾任播谷之责，使谷有未播以饥吾民，是饥之厄民，即吾之厄民也，民之饥于食，实吾之饥之也，吾其拯之，可以缓乎？夫禹、稷之心，其急于救民盖如此，此其所以虽当治平之世，三过其门而不入也欤！虽然，急于救民者，固圣贤忧世之本心，而安于自守者，又君子持己之常道，是以颜子之不改其乐，而孟子以为同道于禹、稷者，诚以禹、稷、颜子莫非素其位而行耳。后世各徇一偏之见，而仕者以趋时为通达，隐者以忘世为高尚，此其所以进不能忧禹、稷之忧，而退不能乐颜子之乐也欤！

易

先天而天弗违后天而奉天时

大人于天，默契其未然者，奉行其已然者。夫大人与天，一而已矣。然则默契而奉行之者，岂有先后之间哉？昔《文言》申《乾》九五爻义而及此意，谓大人之于天，形虽不同，道则无异。自其先于天者言之，时之未至，而道隐于无，天未有为也；大人则先天而为之，盖必经纶以造其端，而心之所欲，暗与道符，裁成以创其始，而意之所为，默与道契。如五典未有也，自我立之，而与天之所叙者，有吻合焉；五礼未制也，以义起之，而与天之所秩者，无差殊焉；天何尝与之违乎？以其后于天者言之，时之既至，而理显于有，天已有为也，大人则后天而奉之，盖必穷神以继其志，而理之固有者，只承之而不悖；知化以述其事，而理之当行者，钦若之而不违。如天叙有典也，立为政教以道之，五典自我而敦矣；天秩有礼也，制为品节以齐之，五礼自我而庸矣；我何尝违于天乎？是则先天不违，大人即天也；后天奉天，天即大人也；大人与天，其可以二视之哉？此九五所以为天下之利见也欤？大抵道无天人之别，在天则为天道，在人则为人道，其分虽殊，其理则一也。众人牿于形体，知有其分，而不知有其理，始与天地不相似耳。惟圣人纯于义理，而无人欲之私，其礼即天地之体，其心即天地之心，而其所以为之者，莫非天地之所为也。故曰："循理则与天为一。"

河出图洛出书圣人则之

天地显自然之数，圣人法之以作经焉。甚矣！经不徒作也。天地不显自然之数，则圣人何由而法之以作经哉？《大传》言卜筮而推原圣人作《易》之由，其意盖谓《易》之用也不外乎卜筮，而《易》之作也则法乎《图》《书》。是故通于天者河也，伏羲之时，天降其祥，龙马负《图》而出，其数则以五生数统五成数而同居其方，是为数之体焉。中于地者洛也，大禹之时，地呈其瑞，神龟载《书》而出，其数则以五奇数统四偶数而各居其所，是为数之用焉。《图》《书》出矣，圣人若何而则之？彼伏羲则图以画卦，虚五与十者，太极也；积二十之奇，而合二十之偶，以一二三四而为六七八九，则仪象之体立矣；析四方之合以为乾、坤、坎、离，补四隅之空以为兑、震、巽、艮，则八卦之位定矣。是其变化无穷之妙，何莫而不本于图乎？大禹则《书》以叙畴，实其中五者，皇极也；一五行而二五事，三八政而四五纪，第于前者，有序而不乱也；六三德而七稽疑，八庶征而九福极，列于后者，有条而不紊也。是其先后不易之序，何莫而不本于《书》乎？吁！圣人之作《易》，其原出于天者如此，而卜筮之用所以行也欤！大抵《河图》、《洛书》相为经纬，八卦九章相为表里，但伏羲先得乎《图》以画卦。无所待于《书》；大禹独得乎《书》以叙畴，不必考于《图》耳。若究而言之，则《书》固可以为《易》，而《图》亦可以作《范》，又安知《图》之不为《书》，《书》之不为《图》哉？噫！理之分殊，非深于造化者，其孰能知之？

书

王懋昭大德建中于民以义制事以礼制心垂裕后昆予闻曰能自得师者王

大臣告君，即勉其修君道以贻诸后，必证以隆师道而成其功。夫君道之修，未有不隆师道而能致者也。大臣之论如此，其亦善于告君者哉！吾想其意，若谓新德固所以属人心，而建中斯可以尽君道，吾王其必勤顾諟之功，以明其德，求此中之全体，而自我建之，以为斯民之极也；操日跻之敬，以明夫善，尽此中之妙用，而自我立之，以为天下之准也。然中果何自而建邪？彼中见于事，必制以吾心之裁制，使动无不宜，而后其用行矣；中存于心，必制以此理之节文，使静无不正，而后其体立矣。若是，则岂特可以建中于民而已邪？本支百世，皆得以承懿范节于无穷，而建中之用，绰乎其有余裕矣。子孙千亿，咸得以仰遗矩于不坠，而建中之推，恢乎其有余地焉。然是道也，非学无以致之。盖古人之言，以为传道者师之责，人君苟能以虚受人，无所拂逆，则道得于己，可以为建极之本，而王者之业，益以昌大矣。考德者师之任，人君果能愿安承教，无所建拒，则德成于身，足以为立准之地，而王者之基，日以开拓矣。是则君道修，而后其及远。师道立，而后其功成。吾王其可以不勉于是哉！抑尝反覆仲虺此章之旨，懋德建中，允执厥中之余绪也；制心制事，制外养中之遗法也；至于“能自得师”之一语，是又心学之格言，帝王之大法。则仲虺之学，其得于尧、舜之所授受者深矣！孟子叙道统之传，而谓伊尹、莱朱为见而知者，而说者以莱朱为仲虺，其信然哉！

继自今立政其勿以憸人其惟吉士

大臣勉贤王之为治，惟在严以远小人，而专于任君子也。盖君子小人之用舍，天下之治忽系焉，人君立政，可不严于彼专于此哉？周公以是而告成王，意岂不曰，立政固在于用人，而非人适所以乱政？

彼吉士之不可舍，而憸人之不可用，盖自昔而然矣。继今以立政，而使凡所以治其民者不致苟且而因循，则其施为之详，固非一人所能任也，而将何所取乎？继此以立政，而使凡所谓事与法者，不致懈怠而废弛，则其料理之烦，亦非独力所能举也，而将何所用乎？必其于憸人也，去之而勿任；于吉士也，任之而勿疑，然后政无不立矣。盖所谓憸人者，行伪而坚，而有以饰其诈，言非而辩，而有以乱其真者也，不有以远之，将以妨吾之政矣；必也严防以塞其幸入之路，慎选以杜其躁进之门，勿使得以戕吾民，坏吾事，而挠吾法焉。所谓吉士者，守恒常之德，而利害不能怵，抱贞吉之操，而事变不能摇者也，不有以任之，无以成吾之治矣；必也推诚信而彼此之不疑，隆委托而始终之无间，务使得以安吾民，济吾事，而平吾法焉。吁！严以去之，则小人无以投其衅；专以任之，则君子有以成其功；国家之治也，其以是欤！抑考之于《书》，禹、益、伊、傅、周、召之告君，至君子小人之际，每致意焉。盖君德之隆替，世道之升降，其原皆出于此，非细故也。秦、汉以下，论列之臣，鲜知此义，惟诸葛孔明之言曰：“亲君子远小人，先汉所以兴隆也。”其意独与此合，故论者以为三代之遗才云。

诗

不遑启居猃狁之故

戍者自言劳之未息，由患之未息也。夫猃狁之患，不可以不备，则戍役之劳，自有所不免矣。王者于遣戍之时，而代为之言若此，所谓“叙其情而风之以义”者欤！此诗之意，盖谓人固有不能忘之情，然亦有不容已之义；彼休息之乐，吾岂独无其情乎？启居之安，吾宁独无其念乎？诚以王命出戍，则此身既已属之军旅，而势不容于自便耳。是以局促行伍之间，奔走风尘之下，师出以律，而号令之严其敢违？军法有常，而更代之期何敢后？则吾虽有休息之情，而固所不暇矣；虽怀启居之念，而亦所不遑矣。然此岂上人之故欲困我乎？岂吾君之必欲劳我乎？诚以猃狁猾夏，则是举本以卫夫生灵，而义不容于自已耳。彼其侵扰疆场之患虽亦靡常，而凭陵中国之心实不可长，使或得肆猖獗，则腥膻之忧，岂独在于廊庙？如其乘间窃发，则涂炭之苦，遂将及于吾民。是我之不遑休息者，无非保乂室家，而猃狁之是备也；我之不暇启居者，无非靖安中国，而外寇之是防也。吁！叙其勤苦悲伤之情，而风以敌忾勤王之义，周王以是而遣戍役，此其所以劳而不怨也欤！大抵人君之为国，好战则亡，忘战则危，故用兵虽非先王之得已，而即戎之训亦有所不敢后也。观此诗之遣戍，不独以见周王重于役民，悯恻哀怜不容已之至情，而亦可以见周之防御猃狁于平日者，盖亦无所不至。故猃狁之在三代，终不得以大肆其荼毒。后世无事懈弛，有事则张皇，戎之不靖也，有由然哉！

孔曼且硕万民是若

新庙制以顺人心，诗人之颂鲁侯也。夫人君之举动，当以民心为心也，鲁侯修庙而有以顺乎民焉，诗人得不颂而美之乎？鲁人美僖公之修庙而作是诗及此，谓夫我公之修庙也，材木尽来、甫之良，经画殚奚斯之虑。意以卑宫之俭，可以自奉，而非致孝乎鬼神，则新庙之作，虽甚曼焉，亦所宜矣。茅茨之陋，可以自处，而非敬事其先祖，则新庙之修，虽甚硕焉，亦非过矣。是以向之卑者，今焉增之使高，而体制极其巍峨，盖斯革斯飞，孔曼而长也；向之隘者，今焉拓之使广，而规模极其弘远，盖闲如奕如，且硕而大也。然庙制之极美者，岂独以竭我公之孝思？实所以从万民之仰望。盖以周公皇祖，德洽下民，而庙之弗称，固其所愿改作也，今之孔曼，亦惟民之所欲是从耳。泽流后世，而庙之弗缉，固其所愿修治也。今之孔硕，亦惟吾民之所愿是顺耳。是以向之有憾于弗称者，今皆翕然而快睹，莫不以为庙之曼者宜也，非过也；向之致怨于弗缉者，今皆欣然而满望，莫不以为庙之硕者，非过也，宜也。吁！庙制修于上，而民心顺于下，则其举事之善，于此可见，而鲁公之贤，亦可想矣。抑考鲁之先君，自伯禽以下，所以怀养其民人者，无非仁爱忠厚之道，而周公之功德，尤有以衣被而渐渍之，是以其民久而不忘，虽一庙之修，亦必本其先世之泽而颂祷焉。降及秦、汉干戈之际，尚能不废弦诵，守礼义，为主死节，而汉高不敢加兵。圣人之泽，其远矣哉！

春秋

楚子入陈（宣公十一年） 楚子围郑 晋荀林父帅师及楚子战于邲晋师败绩 楚子灭萧 晋人宋人卫人曹人同盟于清丘 俱宣公十二年

外兵顺，而伯国自亵其威，既可贬；外兵黩，而伯国徒御以信，尤可讥。此楚以争伯为心，而晋失待之之道，《春秋》所以两示其法也。自夫晋景无制中夏之略，而后楚庄有窥北方之图，始焉县陈，以讨罪也，而征舒就戮；继焉入郑，以贰已也，而潘尫遂盟。一则讨晋之所未讨，一则平郑之所欲平，是虽未免以力假仁，然其义则公，其辞则顺矣。晋欲强之，必修德以俟，观衅而动，斯可也，顾乃兴无名之师，而师之以林父，楚子退师矣，而犹欲与之战，先縠违命矣，而不能行其辟；遂致邲晋战既北，而晋遂不支。则是主晋之师者，林父也，弃晋之师者，林父也，责安所逃乎？《春秋》于陈书入，于郑书围者，所以灭楚之罪，而于邲之战，由独书林父以主之，用以示失律丧师之戒也，自夫晋人之威既亵，而后楚人之势益张，伐萧不已，而围其城，围萧不已，而溃其众，以吞噬小国之威，为恐动中华之计，是其不能以礼制心，而其志已盈，其兵已黩矣。晋欲御之，必信任仁贤，修明政事，斯可也；顾乃为清丘之盟，而主之以先縠，不能强于为善，而徒刑牲歃血之是崇；不能屈于群策，而徒要质鬼神之是务；故其盟亦随败，而晋卒不竞，则是主斯盟者，丧师之縠也，同斯盟者，列国之卿也，责安所归乎？《春秋》不称萧溃，特以灭书者，所以断楚之罪；而清丘之盟，则类贬列卿，而人之用，以示谋国失职之戒也。吁！楚庄之假仁，晋景之失策，不待言说，而居然于书法见之，此《春秋》之所以为化工欤！抑又论之：仗义执言，桓、文之所以制中夏者也。晋主夏盟，虽世守是道，犹不免为三王之罪人，而又并其先人之家法而弃之，顾汲汲于会狄伐郑，而以讨陈遗楚，使楚得风示诸侯于辰陵，则是时也，虽邲之战不败，清丘之盟不渝，而大势固已属之楚矣。呜呼！孔子沐浴之请，不用于哀公而鲁替；董公缟素之说，见用于高帝而汉兴，愚于是而重有感也。

楚子蔡侯陈侯许男顿子沈子徐人越人伐吴　昭公五年

《春秋》纪外兵而特进夫远人，以事有可善，而类无可绝也。盖君子与人为善，而世类之论，亦所不废也。然则徐、越从楚伐吴，而《春秋》进之者，非以此哉！慨夫庆封就戮，楚已见衔于吴东，鄙告入，吴复致怨于楚，至是楚子内搂诸侯，外连徐、越，而有伐吴之役。然何以见其事有可善邪？盖庆封之恶，齐之罪人也，吴子纳而处之，是为崇恶，楚子执而戮之，是为讨罪，彼曲此直，公论已昭于当时矣。夫何吴子违义举兵，困三邑之民，报朱方之憾，岂非狄道哉？楚子率诸侯以伐之，声崇恶之过，问违义之由，是乃以有名而讨无名，以无罪而讨有罪也，揆之彼善于此之义，固有可善者矣。又何以见其类无可绝邪？盖徐、越之夷，夏之变于夷者也，徐本伯益之后，越本大禹之后，元德显功，先世尝通于周室矣，惟其后人渎礼称王，甘心于僭伪，得罪于典常，故为狄道耳。君子正王法以黜之，上虽不使与中国等，下亦不使与夷狄均，盖以后人之僭伪，固法所不贷，而先世之功德，亦义所不泯也；揆之赏延于世之典，殆非可绝者欤！夫事既有可善，类又无可绝，故越始见经，而与徐皆得称人，圣人以为楚之是伐，比吴为善，其从之者，又皆圣贤之后，则进而称人可也。《春秋》之慎于绝人也如是。夫抑论吴、楚，在《春秋》亦徐、越而已矣。吴以泰伯之后而称王，楚以祝融之后而称王，故《春秋》亦以待徐、越者待之，猾夏则举号，慕义则称人，及其浸与盟会，亦止于称子，曾不得以本爵通焉。盖待之虽恕，而其法固未始不严也。然则僭伪者，其能逃于《春秋》之斧钺邪！

礼记

君子慎其所以与人者

君子之所谨者，交接之道也。夫君子之与人交接，必有其道矣，于此而不谨，乌能以无失哉！记礼器者，其旨若曰："观礼乐而知夫治乱之由。"故君子必慎夫交接之具。君子之与人交接也，不有礼乎？而礼岂必玉帛之交错？凡事得其序者皆是也，礼之得失，人之得失所由见，是礼在所当慎矣。不有乐乎？而乐岂必钟鼓之铿锵？凡物得其和者皆是也，乐之邪正，人之邪正所从著，是乐在所当慎矣。君子于和序之德，固尝慎之于幽独之地，而于接人之际，又和序之德所从见也，其能以无慎乎？君子于礼乐之道，固尝谨之于制作之大，而于与人之时，亦礼乐之道所由寓也，其可以不谨乎？故其与人交接也，一举动之微，若可忽矣，而必竞竞焉常致其检束，务有以比于礼而比于乐。其与人酬酢也，一语默之细，若可易矣，而必业业焉恒存夫戒谨，务有以得其序而得其和，所与者乡邦之贱士，而其笑语谁卒获，肃然大宾，是接也，况其所与之尊贵乎？所对者，闾阎之匹夫，而其威仪卒度，严乎大祭，是承也，况其所对之严惮乎？君子之慎其所以与人者如此，此其所以动容周旋，必中夫礼乐，而无失色于人也欤！抑论礼乐者，与人交接之具；慎独者，与人交接之本也。君子戒慎于不睹不闻，省察于莫见莫显，使其存于中者，无非中正和乐之道，故其接于物者，自无过与不及之差。昔之君子，乃有朝会聘享之时，至于失礼而不自觉者，由其无慎独之功，是以阳欲掩之，而卒不可掩焉耳。故君子而欲慎其所以与人，必先慎独而后可。

心好之身必安之君好之民必欲之

内感而外必应，上感而下必应。夫君之于民，犹心之于身也；虽其内外上下之不同，而感应之理何尝有异乎？昔圣人之意，谓夫民以君为心也，君以民为体也，体而必从夫心，则民亦必从夫君矣。彼其心具于内，而体具于外，内外之异势，若不相蒙矣；然心惟无好则已，一有所好，而身之从之也，自有不期然而然。如心好夫采色，则目必安夫采色；心好夫声音，则耳必安夫声音；心而好夫逸乐，则四肢亦惟逸乐之是安矣。发于心而慊于己，有不勉而能之道也；动于中而应于外，有不言而喻之妙也。是何也？心者身之主，心好于内，而体从于外，斯亦理之必然欤！若夫君之于民，亦何以异于是？彼其君居于上，而民居于下，上下之异分，若不相关矣；然君惟无好则已，一有所好，而民之欲之也，亦有不期然而然。如君好夫仁，则民莫不欲夫仁；君好夫义，则民莫不欲夫义；君而好夫暴乱，则民亦惟暴乱之是欲矣。倡于此而和于彼，有不令而行之机也；出乎身而加乎民，有不疾而速之化也。是何也？君者民之主，君好于上，而民从于下，固亦理之必然欤！是则内外上下本同一体，而此感彼应，自同一机，人君之于民也，而可不慎其所以感之邪？抑论之，身固必从乎心矣；民固必从乎君矣；抑孰知心之存亡，有系于身，而君之存亡，有系于民乎？为人君者，但知下之必从夫上，而不知上之存亡有系于下，则将恣己徇欲，惟意所为，而亦何所忌惮乎？故夫子于下文必继之曰：“君以民存，亦以民亡。”噫，可惧乎！

论

人君之心惟在所养

人君之心，顾其所以养之者何如耳？养之以善，则进于高明，而心日以智；养之以恶，则流于污下，而心日以愚。故夫人君之所以养其心者，不可以不慎也。天下之物，未有不得其养而能生者，虽草木之微，亦必有雨露之滋，寒暖之剂，而后得以遂其畅茂条达。而况于人君之心，天地民物之主也，礼乐刑政教化之所自出也，非至公无以绝天下之私，非至正无以息天下之邪，非至善无以化天下之恶，而非其心之智焉，则又无以察其公私之异，识其邪正之归，辩其善恶之分，而君心之智否，则固系于其所以养之者也，而可以不慎乎哉？君心之智，在于君子之养之以善也；君心之愚，在于小人之养之以恶也。然而君子小人之分，亦难乎其为辩矣。人心惟危，道心惟微，尧、舜之相授受而所以叮咛反复者，亦维以是；则夫人君之心，亦难乎其为养矣。而人君一身，所以投间抵隙而攻之者，环于四面，则夫君心之养，固又难乎其无间矣。是故必有匡直辅翼之道，而后能以养其心；必有洞察机微之明，而后能以养其心；必有笃确精专之诚，而后能以养其心；斯固公私之所由异，邪正之所从分，善恶之所自判，而君心智愚之关也。世之人君，孰不欲其心之公乎？然而每失之于邪也；孰不欲其心之善乎？然而每失之于恶也。是何也？无君子之养也。养之以君子，而不能不间之以小人也，则亦无惑乎其心之不智矣。昔者太甲颠覆典刑，而卒能处仁迁义，为有商之令主，则以有伊尹之圣以养之；成王孺子襁褓，而卒能祗勤于德，为成周之盛王，则以有周公之圣以养之；桀、纣之心，夫岂不知仁义之为美，而卒不免于荒淫败度，则其所以养之者，恶来、飞廉之徒也。呜呼！是亦可以知所养矣。人虽至愚也，亦宁无善心之萌？虽其贤智也，亦宁无恶心之萌？于其善心之萌也，而有贤人君子扩充培植于其间，则善将无所不至，而心日以智矣；于其恶心之萌也，而有小夫俭人引诱逢迎于其侧，则恶亦无所不至，而心日以愚矣。故夫人君而不欲其心之智焉，斯已矣；苟欲其心之智，则贤人君子之养，固不可一日而缺也。何则？人君之心，不公则私，不正则邪，不善则恶，不贤人君子之是与，则小夫俭人之是狎，固未有漠然中立而两无所在者。一失其所养，则流于私，而心之智荡矣。入于邪，而心之智惑矣；溺于恶，而心之智亡矣；而何能免于庸患之归乎？夫惟有贤人君子以为之养，则义理之学，足以克其私心也；刚大之气，足以消其邪心也；正直之论，足以去其恶心也；扩其公而使之日益大，扶其正而使之日益强，作其善而使之日益新，夫是之谓匡直辅翼之道，而所以养其心者有所赖。然而柔媚者近于纯良，而凶险者类于刚直，故士有正而见斥，人有险而获进，而卒无以得其匡直辅翼之资，于是乎慎释而明辩，必使居于前后左右者无非贤人君子，而不得有所混淆于其间，夫是之谓洞察几微之明，而所以养其心者无所惑。然而梗直者难从，而谄谀者易入也；拂忤者难合，而阿顺者易亲也；则是君子之养未几，而小人之养已随；养之以善者方退，而养之以恶者已入。故夫人君之于贤士君子，必信之笃，而小人不得以间；任之专，而邪佞不得以阻；并心悉虑，惟匡直辅翼之是资焉，夫是之谓笃确专一之诚。而所以养其心者，不至于有鸿鹄之分，不至于有一暴十寒之间，夫然后起居动息，无非贤士君子之与处，而所谓养之以善矣。夫然后私者克而心无不公矣，邪者消而心无不正矣，恶者去而心无不善矣。公则无不明，正则无不达，善则无不通，而心无不智矣。夫然后可以绝天下之私，可以息天下之邪，可以化天下之恶，可以兴礼乐，修教化，而为天地民物之主矣。而此何莫而不在于其所养邪！何莫而不在于养之以善邪！人君之心，惟在所养，范氏之说，盖谓养君心者言也，而愚之论，则以为非人君有洞察之明、专一之诚，则虽有贤士君子之善养，亦无从而效之，而犹未及于人君之所以自养也。然必人君自养其心，而后能有洞察之明，专一之诚以资夫人，而其所以自养者，固非他人之所能与矣，使其勉强于大庭昭晰之时，有放纵于幽独得肆之地，则虽有贤人君子，终亦无如之何者，是以人君尤贵于自养也。若夫自养之功，则惟在于存养省察，而其要又不外乎持敬而已。愚也请以是为今日献。

表

拟唐张九龄上千秋金监录表　开元二十四年

开元二十四年八月五日，具官臣张九龄上言：恭遇千秋圣节，谨以所撰《千秋金监录》进呈者。臣九龄诚惶诚恐，顿首顿首：

伏以古训有获，成宪无愆，自昔致治之明君，莫不师资于往典，故武王有《洪范》之访，而高宗起旧学之思，兹盖伏遇皇帝陛下，乃武乃文，好问好察，赤龙感唐尧之端，白鱼兆周武之兴，是以诞应五百载之昌期，而能起绍亿万年之大统。时维八月，节届千秋，凡兹鼎轴之臣，皆有宝镜之献，祝颂所寓，恭敬是将。臣九龄学本面墙，忠存自牖，窃谓群臣所献，虽近正冠之喻，揆诸事君以礼，尚亏懋德之规。顾环奇之珍，则尚方所自有，而珠玉是宝，虽诸侯以为殃。仰窥文皇"以人为监"之谟，窃取伏羲制器尚象之义，覃思古昔，效法丹书，粗述废兴，谬名《金监》。盖搜寻旧史，无非金石之言；而采掇前闻，颇费陶镕之力；躬铅椠以实录，敢粉饰乎虚文？鼓铸尧舜之模，炉冶商周之范；考是非之迹，莫遁妍媸；观兴替所由，真如形影；彼《六经》之道，夫岂不明？而诸子之谈，亦宁无见？顾恐万机之弗暇，愿摅一得而少裨，虽未能如贾山之《至言》，或亦可方陆生之《新语》。善可循而恶可戒，情状具在目前；乱有始而治有源，仪刑视诸掌上。公私具烛，光涵阳德之精；幽隐毕陈，寒照阴邪之胆。盖华封之祝，未罄于三，而魏征所亡，聊献其一。若陛下能自得师，或亦可近取诸此，视远亦维明矣，反观无不了然。诚使不蔽于私，自当明见万里；终能益磨以义，固将洞察纤毫；维兹昧爽所需，用为缉熙之助。伏愿时赐披阅，无使遂掩尘埃。宜监于殷，励周宣之明发；顾諟天命，效成汤之日新；永惟不显之昭昭，庶识微衷之耿耿。月临日照，帝德运于光天；岳峙川流，圣寿同于厚地！臣无任瞻天仰圣激切屏营之至！谨以所述《千秋金监录》随表上进以闻。

策五道

问：王者功成作乐，治定制礼，故功大者乐备，治遍者礼具，而五帝不沿乐，三王不袭礼也。自汉而下，礼乐日衰，既不能祖述宪章，以复三代之旧制，则亦不过苟且因循，以承近世之陋习而已。盖有位无德，固宜其然也。惟我太祖、太宗，以圣人在天子之位，故其制作之隆，卓然千古，诚有不相沿袭者，独其广大渊微，有非世儒所能测识耳。夫合九庙而同堂,其有仿于古乎？一郊社而并祭,其有见于经乎？声容之为备，而郊祭之舞，去干戚以为容，雅颂之为美，而燕享之乐属教坊以司颂，是皆三代所未闻而创为之者。然而治化之隆，超然于三代之上，则其间固宜自有考诸三王而不谬者，而非圣人其孰能知之？夫鲁，吾夫子之乡，而先王之礼乐在焉。夫子之言曰："吾学周礼，今用之，吾从周。"斯固鲁人之所世守也。诸士子必能明言之。

圣人之制礼乐，非直为观美而已也；固将因人情以为之节文，而因以移风易俗也。夫礼乐之说，亦多端矣，而其大意，不过因人情以为之节文。是以礼乐之制，虽有古今之异，而礼乐之情，则无古今之殊。《传》曰："知礼乐之情者能作，识礼乐之文者能述。作者之谓圣，述者之谓明，故夫钟鼓管磬、羽籥干戚者，乐之器也；屈伸俯仰、缀兆舒疾者，乐之文也；簠簋俎豆、制度文章者，礼之器也；升降上下、周旋裼袭者，礼之文也。"夫所谓礼乐之情者，岂徒在于钟鼓、干戚、簠簋、制度之间而已邪？岂徒在于屈伸、缀兆、升降、周旋之间而已邪？后世之言礼乐者，不本其情，而致详于形器之末，是以论明堂，则惑于吕氏《考工》之说；议郊庙，而局于郑氏，王肃之学。钟吕纷争于秬黍，而尺度牵泥于周天，纷纷藉藉，卒无一定之见，而礼乐亦因愈以废坠，是岂知礼乐之大端，不过因人情而为之节文者乎？《传》曰："礼也者，义之实也，协诸义而协则礼，虽先王未之有可以义起也。"孟子曰："今之乐,犹古之乐也。"今夫行礼于此,而有以即夫人心之安焉,作乐于此,而使闻之者欣欣然有喜色焉，则虽义起之礼，世俗之乐，其亦何异于古乎？使夫行礼于此，而有以大拂乎人之情，作乐于此，而闻之者疾首蹙额而相告也，则虽折旋周礼，而戛击《咸》《韶》，其亦何补于治乎？"即是说而充之，则执事之所以下询者，虽九庙异制可也，合而同堂亦可也，郊社异地可也，一而并祭亦可也。声容之备固善矣，而苟有未备焉，似亦无伤也；雅颂之纯固美矣，而苟有未纯焉，或亦无患也。呜呼！此我太祖、太宗之所以为作者之圣，而有以深识夫礼乐之情者欤！窃尝伏观祖宗之治化功德，荡荡巍巍，蟠极天地之外，真有以超越三代而媲美于唐虞者。使非礼乐之尽善尽美，其亦何以能致若是乎？草莽之臣，心亦能知其大，而口莫能言之，故尝以为天下之人，苟未能知我祖宗治化功德之隆，则于礼乐之盛，固宜其有所未识矣。虽然，先王之制，则亦不可以不讲也。《祭法》“天子七庙，三昭三穆，与太祖之庙而七，益以文武世室而为九，庙门皆南向，主皆东向，各擅一庙之尊，而昭穆不紊焉”，则周制也。郊社之礼，天尊而地卑，郊以大报天，而社以神地道，故燔柴于泰坛，祭天也；瘗埋于泰折，祭地也；其不并祭久矣。祭天之用乐，则吕氏《月令》以仲夏“命乐师修鞀鞞鼓，均琴瑟管箫，执干戚戈羽，调竽笙篪簧，饬钟磬柷敔，而用盛乐以大雩帝”。则祭天之乐，有干戚戈羽矣。子夏告魏文侯以古乐，以为进旅退旅，和正以广，弦匏笙簧，会守拊鼓，始奏以文，复乱以武，治乱以相，讯疾以雅，而所谓及优侏儒者，谓之新乐。夫国家郊庙之礼，虽以义起，固亦不害其为协诸义而协矣。虽然，岂若协于义而合于古之为尤善乎？国家祀享之乐，虽不效古，固亦不害其为因人情而为之饰矣。虽然，岂若因人情而又合于古之尤善乎？昔者成周之礼乐，至周公而始备，其于文武之制，过者损之，不及者益焉，而后合于大中至正。此周公所以为善继善述，而以达孝称也。儒生稽古之谈，固未免于拘滞，所敢肆其狂言，则恃有善继善述之圣天子在上也。

问：佛老为天下害，已非一日，天下之讼言攻之者，亦非一人矣，而卒不能去，岂其道之不可去邪？抑去之而不得其道邪？将遂不去，其亦不足以为天下之患邪？夫今之所谓佛、老者。鄙秽浅劣，其妄初非难见，而程子乃以为比之杨、墨，尤为近理；岂其始固自有说，而今之所习者，又其糟粕之余欤？佛氏之传，经传无所考，至于老子，则孔子之所从问礼者也，孔子与之同时，未尝一言攻其非，而后世乃排之不置，此又何欤？夫杨氏之为我，墨氏之兼爱，则诚非道矣，比之后世贪冒无耻，放于利而行者，不有间乎？而孟子以为无父无君，至比于禽兽，然则韩愈以为佛、老之害甚于杨、墨者，其将何所比乎？抑不知今之时而有兼爱、为我者焉，其亦在所辟乎？其将在所取乎？今之时不见有所谓杨、墨者，则其患止于佛、老矣；不知佛、老之外尚有可患者乎？其无可患者乎？夫言其是，而不知其所以是，议其非，而不识其所以非，同然一辞而以和于人者，吾甚耻之。故愿诸君之深辨之也。

天下之道，一而已矣，而以为有二焉者，道之不明也。孔子曰：“道之不明也，我知之矣，知者过之，愚者不及也；道之不行也，我知之矣，贤者过之，不肖者不及也。”呜呼！道一也，而人有知愚贤不肖之异焉，此所以有过与不及之弊，而异端之所从起欤？然则天下之攻异端者，亦先明夫子之道而已耳。夫子之道明，彼将不攻而自破，不然，我以彼为异端，而彼亦将以我为异端，譬之穴中之斗鼠，是非孰从而辨之？今夫吾夫子之道；始之于存养慎独之微，而终之以化育参赞之大；行之于日用常行之间，而达之于国家天下之远。人不得焉，不可以为人，而物不得焉，不可以为物，犹之水火菽帛而不可一日缺焉者也。然而异端者，乃至与之抗立而为三，则亦道之不明者之罪矣。道苟不明，苟不过焉，即不及焉。过与不及，皆不得夫中道者也，则亦异端而已矣。而何以攻彼为哉？今夫二氏之说，其始亦非欲以乱天下也，而卒以乱天下，则是为之徒者之罪也。夫子之道，其始固欲以治天下也，而未免于二氏之惑，则亦为之徒者之罪也。何以言之？佛氏吾不得而知矣；至于老子，则以知礼闻，而吾夫子所尝问礼，则其为人要亦非庸下者，其修身养性，以求合于道，初亦岂甚乖于夫子乎？独其专于为己而无意于天下国家，然后与吾夫子之格致诚正而达之于修齐治平者之不同耳。是其为心也，以为吾仁矣，则天下之不仁，吾不知可也；

吾义矣，则天下之不义，吾不知可也。居其实而去其名，敛其器而不示之用，置其心于都无较计之地，而亦不以天下之较计动于其心。此其为念，固亦非有害于天下者，而亦岂知其弊之一至于此乎？今夫夫子之道，过者可以俯而就，不肖者可以企而及，是诚行之万世而无弊矣。然而子夏之后有田子方，子方之后为庄周，子弓之后有荀况，荀况之后为李斯，盖亦不能以无弊，则亦岂吾夫子之道使然哉？故夫善学之，则虽老氏之说无益于天下，而亦可以无害于天下；不善学之，则虽吾夫子之道，而亦不能以无弊也。今天下之患，则莫大于贪鄙以为同，冒进而无耻。贪鄙为同者曰："吾夫子固无可无不可也。"冒进无耻者曰："吾夫子固汲汲于行道也。"嗟乎！吾以吾夫子之道以为奸，则彼亦以其师之说而为奸，顾亦奚为其不可哉！今之二氏之徒，苦空其行，而虚幻其说者，既已不得其原矣；然彼以其苦空，而吾以其贪鄙；彼以其虚幻，而吾以其冒进；如是而攻焉，彼既有辞矣，而何以服其心乎？孟子曰："经正则庶民兴，庶民兴，斯无邪慝矣。"今不皇皇焉自攻其弊，以求明吾夫子之道，而徒以攻二氏为心，亦见其不知本也夫！生复言之，执事以攻二氏为问，而生切切于自攻者，无岂不喻执事之旨哉？《春秋》之道，责己严而待人恕；吾夫子之训，先自治而后治人也。若夫二氏与杨、墨之非，则孟子辟之于前，韩、欧诸子辟之于后，而岂复俟于言乎哉？执事以为夫子未尝攻老氏，则夫子盖尝攻之矣，曰："乡愿，德之贼也。"盖乡愿之同乎流俗而合乎污世，即老氏之所谓"和其光而同其尘"者也；和光同尘之说，盖老氏之徒为之者，而老氏亦有以启之。故吾夫子之攻乡愿，非攻老氏也；攻乡愿之学老氏而又失之也。后世谈老氏者皆出于乡愿，故曰"夫子盖尝攻之也"。

问：古人之言曰："志伊尹之所志，学颜子之所学。"诸君皆志伊学颜者，请遂以二君之事质之。夫伊尹之耕于有莘之野，而乐尧舜之道也，固将终身尔矣。汤之聘币三往，而始幡然以起，是岂苟焉者？而后世至以为割烹要汤，斯固孟子已有明辩；至于桀则固未尝以币聘尹也，而自往就之，至再至五，昔人谓其急于生人而往速其功也，果尔，其不类于以割烹要之欤！颜渊之学于孔子也，其详且要，无有过于四勿之训。兹四言者，今之初学之士皆自以为能知，而孔门之徒以千数，其最下者宜其犹愈于今之人也，何独唯颜子而后可以语此乎？至于箪瓢陋巷而不改其乐，此尤孔子之所深嘉屡叹而称以为贤者，而昔之人乃以为哲人之细事，将无类于今之初学自谓能知四勿之训者乎？夫尹也，以汤之圣，则三聘而始往，以桀之虐。则五就而不辞。颜之四勿，孔门之徒所未闻，而今之初学自以为能识箪瓢之乐。孔子以为难，而昔人以为易也，兹岂无其说乎？不然，则伊尹之志荒，而颜子之学浅矣。

求古人之志者，必将先自求其志，而后能辨其出处之是非；论古人之学者，必先自论其学，而后能识其造诣之深浅，此伊尹之志，颜子之学，所以未易于窥测也。尝观伊尹耕于有莘之野，而乐尧舜之道，固将终其身于畎亩，虽禄之以天下，有弗顾者。其后感成汤三聘之勤，而始幡然以起，是诚甚不易矣。而战国之士，犹以为割烹要汤，向非孟氏之辨，则千载之下，孰从而知其说之妄乎？至于五就桀之说，则尚有可疑者。孟子曰："往役，义也；往见，不义也。"夫尹以庶人而往役于桀，可也；以行道而往就于桀，不可也。尹于成汤之圣，犹必待其三聘者，以为身不可辱，而道不可枉也。使尹不俟桀之聘而自往，则其辱身枉道也甚矣，而何以为伊尹乎？使尹之心以为汤虽圣臣也，桀虽虐君也，而就之，则既以为君矣，又可从而伐之乎？桀之暴虐，天下无不知者，彼置成汤之圣而弗用，尚何有于伊尹？使尹不知而就之，是不知也；知而就之，是不明也；就之而复伐之，是不忠也；三者无一可，而谓伊尹为之乎？柳宗元以为伊尹之五就桀，是大人之欲速其功。且曰："吾观圣人之急生人，莫若伊尹，伊尹之大，莫大于五就桀。"苏子瞻讥之，以为宗元欲以此自解其从叔文之非，可谓得其心矣。然五就之说，孟子亦尝言之，而说者以为尹之就桀，汤进之也，则尹惟知以汤之心为心而已，是在圣人固必自有以处此；而愚以为虽诚有之，亦孟子所谓有伊尹之志由可耳。不然，吾未见其不为反覆悖乱之归也。至于颜子四勿之训，此盖圣贤心学之大，有未易以言者，彼其自谓能知，则譬之越南冀北，孰不知越之为南而冀之为北？至其道理之曲折险易，自非所尝经历莫从而识之也。今以四勿而询人，则诚未见其有不知者；及究其所谓非礼，则又莫不喑然而无以为答也。今夫天下之事，固有似礼而非礼者矣，亦有似非礼而实为礼者矣；其纤悉毫厘至于不可胜计，使非尽格天下之物而尽穷天下之理，则其疑似几微之间，孰能决然而无所惑哉？夫于所谓非礼者既有未辨，而断然欲以之勿视听言动，是亦告子之所谓不得于言而勿求于心耳，其何以能克己复礼而为仁哉？夫惟颜子博约之功已尽于平日，而其明睿所照，既已略无纤芥之疑，故于事至物来，天理人欲，不待议拟，而已判然，然后行之，勇决而无疑滞，此正所谓有至明以察其几，有至健以致其决者也。孔门之徒，自子贡之颖悟，不能无疑于一贯；则四勿之训，宜乎唯颜子之得闻也。若夫箪瓢之乐，则颜子之贤尽在于此，盖其所得之深者。周子尝令二程寻之，则既知其难矣。惟韩退之以为颜子得圣人为之依归，则其不忧而乐也岂不易？顾以为哲人之细事，初若无所难者，是盖言其外而未究其中也。盖箪瓢之乐，其要在于穷理，其功始于慎独。能穷理，故能择乎中庸，而复理以为仁；能慎独，故能克己不贰过，而至于三月不违。盖其人欲净尽，天理流行，是以内省不疚，仰不愧，俯不怍，而心广体胖，有不知其手舞足蹈者也。退之之学，言诚正而弗及格致，则穷理慎独之功，正其所大缺，则于颜子之乐，宜其得之浅矣。嗟乎！志伊尹之志也，然后能知伊尹之志；学颜子之学也，然后能知颜子之学。生亦何能与于此哉？顾其平日亦在所不敢自暴自弃，而心融神会之余，似亦微有所见，而执事今日之问，又适有相感发者，是以辄妄言之，幸执事不以为僭而教之也。

问：风俗之美恶，天下之治忽关焉。自汉以来，风俗之变而日下也，犹江河之日趋于海也，不知其犹可挽而复之古乎？将遂往而不返也，孔子谓齐一变至于鲁，鲁一变至于道，而说者以为二国之俗有美恶，故其变而之道也有难易。夫风俗之在三代也，不知其凡几变矣，而始为汉；其在汉也；又不知其凡几变矣，而始为唐为宋。就使屡变而上焉，不过为汉而上耳，为唐而止耳，而何以能遂复于三代乎？今之风俗，则贾谊之所太息者有之矣。皇上之德，过于汉文诸士，苟有贾生之谈焉，固所喜闻而乐道也。

天下之患，莫大于风俗之颓靡而不觉。夫风俗之颓靡而不觉也，譬之潦水之赴壑，浸淫泛滥，其始若无所患，而既其末也，奔驰溃决，忽焉不终，朝而就竭，是以甲兵虽强，土地虽广，财赋虽盛，边境虽宁，而天下之治，终不可为，则风俗之颓靡，实有以致之。古之善治天下者，未尝不以风俗为首务，武王胜殷，未及下车，而封黄帝、尧、舜之后；下车而封王子比干之墓，释箕子之囚，式商容之间。当是时也，拯溺救焚之政，未暇悉布，而先汲汲于为是者，诚以天下风俗之所关，而将以作兴其笃厚忠贞之气也。故周之富强不如秦，广大不如汉，而延世至于八百年者，岂非风俗之美致然欤！今天下之风俗，则诚有可虑者，而莫能明言之，何者？西汉之末，其风俗失之懦；东汉之末，其风俗失之激；晋失之虚；唐失之靡；是皆有可言者也。若夫今之风俗，谓之懦，则复类于悍也；谓之激，则复类于同也；谓之虚，则复类于琐也；谓之靡，则复类于鄙也。是皆有可虑之实，而无可状之名者也。生固亦有见焉，而又有所未敢言也。虽然，圣天子在上，贤公卿在位，于此而不直，是无所用其直矣。请遂言之：孔子曰："乡愿，德之贼也。"孟子曰："非之无举也，刺之无刺也，居之似忠信，行之似廉洁，同乎流俗，合乎污世，自以为是，而不可与入尧、舜之道，阉然媚于世者，是乡愿也。"盖今风俗之患，在于务流通而薄忠信，贵进取而贱廉洁，重儇狡而轻朴直，议文法而略道义，论形迹而遗心术，尚和同而鄙狷介；若是者，其浸淫习染既非一日，则天下之人固已相忘于其间而不觉，骤而语之，若不足以为患，而天下之患终必自此而起；泛而观之，若无与于乡愿，而徐而察之，则其不相类者几希矣。愚以为欲变是也，则莫若就其所藐者而振作之。何也？今之所薄者，忠信也，必从而重之；所贱者，廉洁也，必从而贵之；所轻者，朴直也，必从而重之；所遗者，心术也，必从而论之；所鄙者，狷介也，必从而尚之；然而今之议者，必以为是数者未尝不振作之也，则亦不思之过矣。大抵闻人之言，不能平心易气，而先横不然之念，未有能见其实然者也。夫谓是数者之未尝不振作之也，则夫今之所务者，果忠信欤？果流通欤？所贵者，果进取欤？果廉洁欤？其余者亦皆以是而思之，然后见其所谓振作之者，盖亦其名，而实有不然矣。今之议者，必且以为何以能得其忠信廉洁之实而振作之？则愚以为郭隗之事，断亦可见也。为人上者，独患无其诚耳。苟诚心于振作，吾见天下未有不翕然而向风者也。孟子曰："伯夷，圣之清者也；柳下惠，圣之和者也；故闻伯夷之风者，顽夫廉，懦夫有立志；闻柳下惠之风者，鄙夫敦，薄夫宽。"夫夷、惠之风所以能使人闻于千载之下而兴起者，诚焉而已耳。今曰："吾将以忠信廉洁振作天下，而中心有弗然焉。"则夫乡愿之所谓居之似忠信，而行之似廉洁者，固亦未尝无也。

问：明于当世之务者，惟豪杰为然，今取士于科举，虽未免于记诵文辞之间，然有司之意，固惟豪杰是求也。非不能钩深索隐以探诸士之博览，然所以待之浅矣，故愿相与备论当世之务。夫官冗矣而事益不治，其将何以厘之？赋繁矣而财愈不给，其将何以平之？建屏满于天下而赋禄日增，势将不掉，其将何以处之？清戎遍于海内而行伍日耗，其将何以筹之？蝗旱相仍，流离载道，其将何以拯之？狱讼烦滋，盗贼昌炽，其将何以息之？势家侵利，人情怨咨，何以裁之？戎、胡窥窃，边鄙未宁，何以攘之？凡此数者，皆当今之急务，而非迂儒曲士之所能及也，愿闻其说。

执事询当世之务，而以豪杰望于诸生，诚汗颜悚息，惧无以当执事之待。然执事之问，则不可虚也，生请无辞以对。

盖天下之患，莫大于纪纲之不振，而执事之所问者，未及也。夫自古纪纲之不振，由于为君者垂拱宴安于上，而为臣者玩习懈弛于下。今朝廷出片纸以号召天下，而百司庶府莫不震粟悚惧，不可谓纪纲之不振，然而下之所以应其上者，不过簿书文墨之间，而无有于贞固忠诚之实。譬之一人之身，言貌动止，皆如其常，而神气恍然，若有不相摄者，则于险阻烦难，必有不任其劳矣，而何以成天下之亹亹哉？故愚以为当今之务，莫大于振肃纪纲，而后天下之治可从而理也。是以先进纪纲之说，而后及执事之问。夫官冗而事不治者，其弊有三：朝廷之所以鼓舞天下而奔走豪杰者，名器而已。孔子曰："惟名与器，不可以假人。"今者不能慎惜，而至或加之于异道俭邪之辈，又使列于贤士大夫之上，有志之士，吾知其不能与之齿矣。此豪杰之所以解体，而事之所以不治者，名器之太滥也。至于升授之际，不论其才之堪否，而概以年月名次之先后为序，使天下之人皆有必得之心，而无不可为之虑，又一事特设一官，或二人而共理一职，十羊九牧，徒益纷扰。至于边远疲弊之地，宜简贤能特加抚缉，功成绩著，则优其迁擢，以示崇奖，有志之士，亦亦无不乐为者，而乃反委之于庸劣，遂使日益凋瘵，则是选用太忽之过也。天下之治，莫急守令，而令之于民，尤为切近，昔汉文之时，为吏者长子孙居官，以职为氏，今者徒据纸上之功绩，亟于行取，而责效于二三年之间，彼为守令者，无是亦莫不汲汲于求去，而莫有诚确久远之图，此则求效太速之使然耳。赋繁而财不给者，此无益之费多，而冗食之徒众也；去是二者，而又均一天下之赋，使每郡各计其所人之数，而均之于田，不得有官民三则之异，则诡射之弊息，而赋亦稍平矣。至于建屏之议，尤为当今之切务，而天下之人莫敢言者，欲求善后之策，则在于朝廷之上，心于继志，而不以更改为罪；建议之臣，心于为国，而不以获罪自阻，然后可以议此。不然，虽论无益矣。盖昔者汉之诸侯，皆封以土地，故其患在强大而不分，分则易弱矣。今之藩国，皆给以食禄，故其患在众多而不合，合则易办矣。然晁错一言，而首领不保，天下虽悲错之以忠受戮，其谁复敢言乎？清戎之要，在于因地利而顺人情。盖南人之习于南，而北人之习于北，是谓地利，南之不安于北，而北之不安于南，是谓人情。今以其清而已得者就籍之于其本土，而以其清而不得者之粮，馈输之于边，募骁勇以实塞下，或亦两得之矣。蝗旱相仍而流离载道者，官冗而事益不治之所致也；狱讼繁滋而盗贼昌炽者，赋繁而财愈不给之所起也。势家侵利而人情怨咨，则在于制之以礼，而一转移于向背之间而已。昔田蚡请考工地以益宅，武帝怒曰："何不遂取武库？"蚡惧而退。夫以田蚡之横，而武帝一言不敢复纵，况未及蚡者，诚有以禁戒惩饬之，其亦何敢肆无忌惮也哉？胡戎窥窃而边鄙未宁，则在于备之不预，而畏之太深之过也。夫戎虏之患，既深且久，足可为鉴矣；而当今之士，苟遇边报稍宁，则皆以为不复有事，解严弛备，恬然相安，以苟岁月，而所谓选将练兵，蓄财养士者，一旦置之度外，纵一行焉，亦不过取具簿书，而实无有于汲汲皇皇之意；及其一旦有事，则怆惶失措，若不能以终日。盖古之善御戎狄者，平居无怠忽苟且之心，故临事无纷张缪戾之患，兢惕以备之，谈笑以处之，此所以为得也。若夫制御之策，则古今之论详矣；在当事者择而处之，生不能别为之说也。夫执事之所以求士者，不专于记诵文辞之间，故诸生之文，亦往往出于科举之外，惟其说之或有足取，则执事幸采择之！

山东乡试录后序

弘治甲子秋八月甲申，《山东乡试录》成，考试官刑部主事王守仁既序诸首简，所以纪试事者慎且详矣。鼎承乏执事后，有不容无一言以申告登名诸君子者。夫山东天下之巨藩也，南峙泰岱，为五岳之宗，东汇沧海，会百川之流。吾夫子以道德之师，钟灵毓秀，挺生于数千载之上，是皆穷天地，亘古今，超然而独盛焉者也。然陟泰岱则知其高，观沧海则知其大，生长夫子之邦，宜于其道之高且大者有闻焉，斯不愧为邦之人矣！诸君子登名是录者，其亦有闻乎哉？夫自始学焉，读其书，聚而为论辩，发而为文词，至于今，资藉以阶尺寸之进而方来未已者，皆夫子之绪余也。独于道未之闻，是固学者之通患，不特是邦为然也。然海与岱，天下知其高且大也，见之真而闻之熟，必自东人始，其于道，则亦宜若是焉可也。且道岂越乎所读之书与所论辩而文词之者哉？理气有精粗，言行有难易，穷达有从违，此道之所以鲜闻也。夫海岱云者，形胜也；夫子之道德也者，根本也；虽若相参并立于天地间，其所以为盛，则又有在此而不在彼者矣。鼎实陋于闻道，幸以文墨从事此邦，冀所录之士，有是人也，故列东藩之盛，乐为天下道之。

卷三十二　年谱一

自成化壬辰始生至正德戊寅征赣

先生讳守仁，字伯安，姓王氏。其先出晋光禄大夫览之裔，本琅琊人，至曾孙右将军羲之，徙居山阴；又二十三世，迪功郎寿，自达溪徙余姚；今遂为余姚人。寿五世孙纲，善鉴人，有文武才。国初诚意伯刘伯温荐为兵部郎中，擢广东参议，死苗难。子彦达缀羊革裹尸归，是为先生五世祖。御史郭纯上其事于朝，庙祀增城。彦达号秘湖渔隐，生高祖，讳与准，精《礼》、《易》，尝著《易微》数千言。永乐间，朝廷举遗逸，不起，号遁石翁。曾祖讳世杰，人呼为槐里子，以明经贡太学卒。祖讳天叙，号竹轩，魏尝斋瀚尝立传，叙其环堵萧然，雅歌豪吟，胸次洒落，方之陶靖节、林和靖。所著有《竹轩稿》、《江湖杂稿》行于世。封翰林院修撰。自槐里子以下，两世皆赠嘉议大夫、礼部右侍郎，追赠新建伯。父讳华，字德辉，别号实庵，晚称海日翁，尝读书龙泉山中，又称龙山公。成化辛丑，赐进士及第第一人，仕至南京吏部尚书，进封新建伯。龙山公常思山阴山水佳丽，又为先世故居，复自姚徙越城之光相坊居之。先生尝筑阳明洞，洞距越城东南二十里，学者咸称阳明先生云。

宪宗成化八年壬辰九月丁亥，先生生。

是为九月三十日。太夫人郑娠十四月。祖母岑梦神人衣绯玉云中鼓吹，送儿授岑，岑警寤，已闻啼声。祖竹轩公异之，即以云名。乡人传其梦，指所生楼曰“瑞云楼”。

十有二年丙申，先生五岁。

先生五岁不言。一日，与群儿嬉，有神僧过之曰：“好个孩儿，可惜道破。”竹轩公悟，更今名，即能言。一日，诵竹轩公所尝读过书。讶问之。曰：“闻祖读时已默记矣。”

十有七年辛丑，先生十岁，皆在越。

是年龙山公举进士第一甲第一人。

十有八年壬寅，先生十一岁，寓京师。

龙山公迎养竹轩翁，因携先生如京师，先生年才十一。翁过金山寺，与客酒酣，拟赋诗，未成。先生从傍赋曰：“金山一点大如拳，打破维扬水底天。醉倚妙高台上月，玉箫吹彻洞龙眠。”客大惊异，复命赋蔽月山房诗。先生随口应曰：“山近月远觉月小，便道此山大于月。若人有眼大如天，还见山小月更阔。”明年就塾师，先生豪迈不羁，龙山公常怀忧，惟竹轩公知之。一日，与同学生走长安街，遇一相士。异之曰：“吾为尔相，后须忆吾言：须拂领，其时入圣境；须至上丹台，其时结圣胎；须至下丹田，其时圣果圆。”先生感其言，自后每对书，辄静坐凝思。尝问塾师曰：“何为第一等事？”塾师曰：“惟读书登第耳。”先生疑曰：“登第恐未为第一等事，或读书学圣贤耳。”龙山公闻之笑曰：“汝欲做圣贤耶？”

二十年甲辰，先生十三岁，寓京师。

母太夫人郑氏卒。居丧哭泣甚哀。

二十有二年丙午，先生十五岁，寓京师。

先生出游居庸三关，即慨然有经略四方之志：询诸夷种落，悉闻备御策；逐胡儿骑射，胡人不敢犯。经月始返。一日，梦谒伏波将军庙，赋诗曰："卷甲归来马伏波，早年兵法鬓毛皤。云埋铜柱雷轰折，六字题文尚不磨。"时畿内石英、王勇盗起，又闻秦中石和尚、刘千斤作乱，屡欲为书献于朝。龙山公斥之为狂，乃止。

孝宗弘治元年戊申，先生十七岁，在越。

七月，亲迎夫人诸氏于洪都。

外舅诸公养和为江西布政司参议，先生就官署委禽。合卺之日，偶闲行入铁柱宫，遇道士趺坐一榻，即而叩之，因闻养生之说，遂相与对坐忘归。诸公遣人追之，次早始还。

官署中蓄纸数箧，先生日取学书，比归，数箧皆空，书法大进。先生尝示学者曰："吾始学书，对模古帖，止得字形。后举笔不轻落纸，凝思静虑，拟形于心，久之始通其法。既后读明道先生书曰：'吾作字甚敬，非是要字好，只此是学。'既非要字好，又何学也？乃知古人随时随事只在心上学，此心精明，字好亦在其中矣。"后与学者论格物，多举此为证。

二年己酉，先生十八岁，寓江西。

十二月，夫人诸氏归余姚。

是年先生始慕圣学。先生以诸夫人归，舟至广信，谒娄一斋谅，语宋儒格物之学，谓"圣人必可学而至"，遂深契之。

明年，龙山公以外艰归姚，命从弟冕、阶、宫及妹婿牧相与先生讲析经义。先生日则随众课业，夜则搜取诸经子史读之，多至夜分。四子见其文字日进，尝愧不及，后知之曰："彼已游心举业外矣，吾何及也！"先生接人故和易善谑，一日悔之，遂端坐省言。四子未信，先生正色曰："吾昔放逸，今知过矣。"自后四子亦渐敛容。

五年壬子，先生二十一岁，在越。

举浙江乡试。

是年场中夜半见二巨人，各衣绯绿，东西立，自言曰:“三人好作事。”忽不见。已而先生与孙忠烈燧、胡尚书世宁同举。其后宸濠之变，胡发其奸，孙死其难，先生平之，咸以为奇验。

是年为宋儒格物之学。先生始侍龙山公于京师,遍求考亭遗书读之。一日,思先儒谓“众物必有表里精粗,一草一木,皆涵至理”,官署中多竹,即取竹格之;沉思其理不得，遂遇疾。先生自委圣贤有分，乃随世就辞章之学。

明年春，会试下第，缙绅知者咸来慰谕。宰相李西涯戏曰:“汝今岁不第,来科必为状元,试作来科状元赋。”先生悬笔立就。诸老惊曰:“天才！天才！”退有忌者曰:“此子取上第,目中无我辈矣。”及丙辰会试,果为忌者所抑。同舍有以不第为耻者，先生慰之曰:“世以不得第为耻，吾以不得第动心为耻。”识者服之。归余姚，结诗社龙泉山寺。致仕方伯魏瀚平时以雄才自放，与先生登龙山，对弈联诗，有佳句辄为先生得之，乃谢曰:“老夫当退数舍。”

十年丁巳，先生二十六岁，寓京师。

是年先生学兵法。当时边报甚急，朝廷推举将才，莫不遑遽。先生念武举之设，仅得骑射搏击之士，而不能收韬略统驭之才。于是留情武事，凡兵家秘书，莫不精究。每遇宾宴，尝聚果核列阵势为戏。

十一年戊午，先生二十七岁，寓京师。

是年先生谈养生。先生自念辞章艺能不足以通至道,求师友于天下,又不数遇，心持惶惑。一日读晦翁上宋光宗疏，有曰:“居敬持志，为读书之本，循序致精，为读书之法。”乃悔前日探讨虽博，而未尝循序以致精，宜无所得；又循其序，思得渐渍洽浃，然物理吾心，终若判而为二也。沉郁既久，旧疾复作，益委圣贤有分。偶闻道士谈养生，遂有遗世入山之意。

十有二年己未，先生二十八岁，在京师。

举进士出身。

是年春会试。举南宫第二人，赐二甲进士出身第七人，观政工部。

疏陈边务。

先生未第时，尝梦威宁伯遗以弓剑。是秋，钦差督造威宁伯王越坟，驭役夫以什伍法，休食以时，暇即驱演“八阵图”。事竣，威宁家以金帛谢，不受；乃出威宁所佩宝剑为赠，适与梦符，遂受之。时有星变，朝廷下诏求言，及闻达冠猖獗，先生复命上边务八事，言极剀切。

十有三年庚申，先生二十九岁，在京师。

授刑部云南清吏司主事。

十有四年辛酉，先生三十岁，在京师。

奉命审录江北。

先生录囚，多所平反。事竣，遂游九华，作《游九华赋》，宿无相、化城诸寺。是时道者蔡蓬头善谈仙，待以客礼。请问。蔡曰：“尚未。”有顷，屏左右，引至后亭，再拜请问。蔡曰：“尚未。”问至再三，蔡曰：“汝后堂后亭，礼虽隆，终不忘官相。”一笑而别。闻地藏洞有异人，坐卧松毛，不火食，历岩险访之。正熟睡，先生坐傍抚其足。有顷醒，惊曰：“路险何得至此！”因论最上乘曰：“周濂溪、程明道是儒家两个好秀才。”后再至，其人已他移，故后有会心人远之叹。

十有五年壬戌，先生三十一岁，在京师。

八月，疏请告。

是年先生渐悟仙、释二氏之非。先是五月复命，京中旧游，俱以才名相驰骋，学古诗文。先生叹曰："吾焉能以有限精神为无用之虚文也！"遂告病归越，筑室阳明洞中，行导引术。久之，遂先知。一日坐洞中，友人王思舆等四人来访，方出五云门，先生即命仆迎之，且历语其来迹。仆遇诸途，与语，良合。众惊异，以为得道。久之，悟曰："此簸弄精神，非道也。"又屏去。已而静久，思离世远去，惟祖母岑与龙山公在念，因循未决。久之，又忽悟曰："此念生于孩提。此念可去，是断灭种性矣。"明年，遂移疾钱塘西湖，复思用世。往来南屏、虎跑诸刹，有禅僧坐关，三年不语不视，先生喝之曰："这和尚终日口巴巴说甚么！终日眼睁睁看甚么！"僧惊起，即开视对语。先生问其家。对曰："有母在。"曰："起念否？"对曰："不能不起。"先生即指爱亲本性谕之，僧涕泣谢。明日问之，僧已去矣。

十有七年甲子，先生三十三岁，在京师。

秋，主考山东乡试。

巡按山东监察御史陆偁聘主乡试，试录皆出先生手笔。其策问议国朝礼乐之制：老、佛害道，由于圣学不明；纲纪不振，由于名器太滥；用人太急，求效太速；及分封、清戎、御夷、息讼，皆有成法。录出，人占先生经世之学。

九月改兵部武选清吏司主事。

十有八年乙丑，先生三十四岁，在京师。

是年先生门人始进。学者溺于词章记诵，不复知有身心之学。先生首倡言之，使人先立必为圣人之志。闻者渐觉兴起，有愿执贽及门者。至是专志授徒讲学。然师友之道久废，咸目以为立异好名，惟甘泉湛先生若水时为翰林庶吉士，一见定交，共以倡明圣学为事。

武宗正德元年丙寅，先生三十五岁，在京师。

二月，上封事，下诏狱，谪龙场驿驿丞。

是时武宗初政，奄瑾窃柄。南京科道戴铣、薄彦徽等以谏忤旨，逮击诏狱。先生首抗疏救之，其言："君仁臣直。铣等以言为责，其言如善，自宜嘉纳；如其未善，亦宜包容，以开忠谠之路。乃今赫然下令，远事拘囚，在陛下不过少示惩创，非有意怒绝之也。下民无知，妄生疑惧，臣切惜之！自是而后，虽有上关宗社危疑不制之事，陛下孰从而闻之？陛下聪明超绝，苟念及此，宁不寒心？伏愿追收前旨，使铣等仍旧供职，扩大公无我之仁，明改过不吝之勇；圣德昭布，远迩人民胥悦，岂不休哉！"疏入，亦下诏狱。已而廷杖四十，既绝复苏。寻谪贵州龙场驿驿丞。

二年丁卯，先生三十六岁，在越。

夏，赴谪至钱塘。

先生至钱塘，瑾遣人随侦。先生度不免，乃托言投江以脱之。因附商船游舟山，偶遇飓风大作，一日夜至闽界。比登岸，奔山径数十里，夜扣一寺求宿，僧故不纳。趋野庙，倚香案卧，盖虎穴也。夜半，虎绕廊大吼，不敢入。黎明，僧意必毙于虎，将收其囊；见先生方熟睡，呼始醒，惊曰："公非常人也！不然，得无恙乎？"邀至寺。寺有异人，尝识于铁柱宫，约二十年相见海上；至是出诗，有"二十年前曾见君，今来消息我先闻"之句。与论出处，且将远遁。其人曰："汝有亲在，万一瑾怒，逮尔父，诬以北走胡，南走粤，何以应之？"因为蓍，得《明夷》，遂决策返。先生题诗壁间曰："险夷原不滞胸中，何异浮云过太空？夜静海涛三万里，月明飞锡下天风。"因取间道，由武夷而归。时龙山公官南京吏部尚书，从鄱阳往省。十二月返钱塘，赴龙场驿。

是时先生与学者讲授，虽随地兴起，未有出身承当，以圣学为己任者。徐爱，先生妹婿也，因先生将赴龙场，纳贽北面，奋然有志于学。爱与蔡宗兖、朱节同举乡贡，先生作《别三子序》以赠之。

三年戊辰，先生三十七岁，在贵阳。

春，至龙场。

先生始悟格物致知。龙场在贵州西北万山丛棘中，蛇虺魍魉，蛊毒瘴疠，与居夷人鴃舌难语，可通语者，皆中土亡命。旧无居，始教之范土架木以居。时瑾憾未已，自计得失荣辱皆能超脱，惟生死一念，尚觉未化，乃为石墩自誓曰："吾惟俟命而已！"日夜端居澄默，以求静一；久之，胸中洒洒。而从者皆病，自析薪取水，作糜饲之；又恐其怀抑郁，则与歌诗；又不悦，复调越曲，杂以诙笑，始能忘其为疾病夷狄患难也。因念："圣人处此，更有何道？"忽中夜大悟格物致知之旨，寤寐中若有人语之者，不觉呼跃，从者皆惊。始知圣人之道，吾性自足，向之求理于事物者误也。乃以默记《五经》之言证之，莫不吻合，因著《五经臆说》。居久，夷人亦日来亲狎。以所居湫湿，乃伐木构龙冈书院，及寅宾堂、何陋轩、君子亭、玩易窝，以居之。思州守遣人至驿侮先生，诸夷不平，共殴辱之。守大怒，言诸当道。毛宪副科令先生请谢，且谕以祸福。先生致书复之，守惭服。水西安宣慰闻先生名，使人馈米肉，给使令，既又重以金帛鞍马，俱辞不受。始朝廷议设卫于水西，既置城，已而中止，驿传尚存。安恶据其腹心，欲去之，以问先生。先生遗书析其不可，且申朝廷威信，令甲议，遂寝。已而宋氏酋长有阿贾、阿札者叛，宋氏为地方患，先生复以书诋讽之。安悚然，率所部平其难，民赖以宁。

四年己巳，先生三十八岁，在贵阳。

提学 副使席书聘主贵阳书院。

是年先生始论知行合一。始席元山书提督学政，问朱陆同异之辨。先生不语朱陆之学，而告之以其所悟。书怀疑而去。明日复来，举知行本体证之《五经》诸子，渐有省。往复数四，豁然大悟，谓："圣人之学复睹于今日；朱陆异同，各有得失，无事辩诘，求之吾性，本自明也。"遂与毛宪副修葺书院，身率贵阳诸生，以所事师礼事之。

后徐爱因未会先生知行合一之训，决于先生。先生曰：“试举看。”爱曰：“如今人已知父当孝，兄当弟矣，乃不能孝弟，知与行分明是两事。”先生曰：“此被私欲隔断耳，非本体也。圣贤教人知行，正是要人复本体，故《大学》指出真知行以示人曰：‘如好好色，如恶恶臭。’夫见好色属知，好好色属行。只见色时，已是好矣，非见后而始立心去好也。闻恶臭属知，恶恶臭属行；只闻臭时，已是恶矣，非闻后而始立心去恶也。又如称某人知孝，某人知弟，必其人已曾行孝行弟，方可称他知孝知弟：此便是知行之本体。”爱曰：“古人分知行为二，恐是要人用功有分晓否？”先生曰：“此正失却古人宗旨。某尝说知是行之主意，行实知之功夫；知是行之始，行实知之成；已可理会矣。古人立言所以分知行为二者，缘世间有一种人，懵懵然任意去做，全不解思惟省察，是之为冥行妄作，所以必说知而后行无缪。又有一种人，茫茫然悬空去思索，全不肯着实躬行，是之为揣摸影响，所以必说行而后知始真。此是古人不得已之教，若见得时，一言足矣。今人却以为必先知然后能行，且讲习讨论以求知，俟知得真时，方去行，故遂终身不行，亦遂终身不知。某今说知行合一，使学者自求本体，庶无支离决裂之病。”

五年庚午，先生三十九岁，在吉。

升庐陵县知县。

先生三月至庐陵。为政不事威刑，惟以开导人心为本。莅任初，首询里役，察各乡贫富奸良之实，而低昂之。狱牒盈庭，不即断射。稽国初旧制，慎选里正三老，坐申明亭，使之委曲劝谕。民胥悔胜气嚣讼，至有涕泣而归者。由是囹圄日清。在县七阅月，遗告示十有六，大抵谆谆慰父老，使教子弟，毋令荡僻。城中失火，身祷返风，以血禳火，而火即灭。因使城中辟火巷，定水次兑运，绝镇守横征，杜神会之借办，立保甲以弭盗，清驿递以延宾旅。至今数十年犹踵行之。

语学者悟人之功。先是先生赴龙场时，随地讲授，及归，过常德、辰州，见门人冀元亨、蒋信、刘观时辈俱能卓立，喜曰："谪居两年，无可与语者，归途乃幸得诸友！"悔昔在贵阳举知行合一之教，纷纷异同，罔知所入。兹来乃与诸生静坐僧寺，使自悟性体，顾恍恍若有可即者。既又途中寄书曰："前在寺中所云静坐事，非欲坐禅入定也。盖因吾辈平日为事物纷拏，未知为已，欲以此补小学收放心一段功夫耳。明道云：'才学便须知有用力处，既学便须知有得力处。'诸友宜于此处着力，方有进步，异时始有得力处也。"

冬十有一月，入觐。

先生入京：馆于大兴隆寺，时黄宗贤绾为后军都督府都事，因储柴墟巏请见。先生与之语，喜曰："此学久绝，子何所闻？"对曰："虽粗有志，实未用功。"先生曰："人惟患无志，不患无功。"明日引见甘泉，订与终日共学。

按：宗贤至嘉靖壬午春复执贽称门人。

十有二月，升南京刑部四川清吏司主事。

论实践之功。先生与黄绾、应良论圣学久不明，学者欲为圣人，必须廓清心体，使纤翳不留，真性始见，方有操持涵养之地。应良疑其难。先生曰："圣人之心如明镜，纤翳自无所容，自不消磨刮。若常人之心，如斑垢驳蚀之镜，须痛刮磨一番，尽去驳蚀，然后纤尘即见，才拂便去，亦不消费力。到此已是识得仁体矣。若驳蚀未去，其间固自有一点明处，尘埃之落，固亦见得，才拂便去；至于堆积于驳蚀之上，终弗之能见也。此学利困勉之所由异，幸勿以为难而疑之也。凡人情好易而恶难，其间亦自有私意气习缠蔽，在识破后，自然不见其难矣。古之人至有出万死而乐为之者，亦见得耳。向时未见得里面意思，此功夫自无可讲处，今已见此一层，却恐好易恶难，便流入禅释去也。"

按：先生立教，皆经实践，故所言恳笃若此。自揭良知宗旨后，吾党又觉领悟太易，认虚见为真得，无复向里着己之功矣。故吾党颖悟承速者，往往多无成，甚可忧也。

六年辛未，先生四十岁，在京师。

正月，调吏部验封清吏司主事。

论晦庵、象山之学。王舆庵读象山书有契，徐成之与辩不决。先生曰："是朱非陆，天下论定久矣，久则难变也。虽微成之之争，舆庵亦岂能遽行其说乎？"成之谓先生漫为含糊两解，若有以阴助舆庵而为之地者。先生以书解之曰："舆庵是象山，而谓其专以尊德性为主。今观《象山文集》所载，未尝不教其徒读书。而自谓理会文字颇与人异者，则其意实欲体之于身。其亟所称述以诲人者曰：'居处恭，执事敬，与人忠。'曰：'克己复礼。'曰：'万物皆备于我，反身而诚，乐莫大焉。'曰：'学问之道无他，求其放心而已。'曰：'先立乎其大者，而小者不能夺。'是数言者，孔子、孟轲之言也，乌在其为空虚乎？独其易简觉悟之说，颇为当时所疑。然易简之说出于《系辞》；觉悟之说，虽有同于释氏，然释氏之说，亦自有同于吾儒，而不害其为异者，惟在于几微毫忽之间而已。亦何必讳于其同，而遂不敢以言，狃于其异，而遂不以察之乎？是舆庵之是象山，固犹未尽其所以是也。吾兄是晦庵，而谓其专以道问学为事。然晦庵之言，曰：'居敬穷理。'曰：'非存心无以致知。'曰：'君子之心常存敬畏，虽不见闻，亦不敢忽，所以存天理之本然，而不使离于须臾之顷也。'是其为言虽未尽莹，亦何尝不以尊德性为事，而又乌在其为支离乎？独其平日汲汲于训解，虽韩文、《楚辞》、《阴符》、《参同》之属，亦必与之注释考辨，而论者遂疑玩物。又其心虑恐学者之躐等，而或失之于妄作，必先之以格致而无不明，然后有以实之于诚正而无所谬。世之学者挂一漏万，求之愈烦，而失之愈远，至有弊力终身，苦其难而卒无所入，而遂议其支离。不知此乃后世学者之弊，而当时晦庵之自为，则亦岂至是乎？是吾兄之是晦庵，固犹未尽其所以是也。夫二兄之所信而是者，既未尽其所以是，则其所疑而非者，亦岂尽其所以非乎？仆尝以为晦庵之与象山，虽其所以为学者若有不同，而要皆不失为圣人之徒。今晦庵之学，天下之人童而习之，既已入人之深，有不容于论辩者。而独惟象山之学，则以其尝与晦庵之有言，而遂藩篱之；使若由、赐之殊科焉则可矣，而遂摈放废斥，若碔砆之与美玉，则岂不过甚矣乎？故仆尝欲冒天下之讥，以为象山一暴其说，虽以此得罪，无恨。晦庵之学，既已章明于天下，而象山犹蒙无实之诬，于今且四百年，莫有为之一洗者。使晦庵有知，将亦不能一日安享于庙庑之间矣。此仆之至情，终亦必为兄一吐露者，亦何肯漫为两解之说以阴助于舆庵已乎？”

二月，为会试同考试官。

是年僚友方献夫受学。献夫时为吏部郎中，位在先生上，比闻论学，深自感悔，遂执贽事以师礼。是冬告病归西樵，先生为叙别之。

十月，升文选清吏司员外郎。

送甘泉奉使安南。先是先生升南都，甘泉与黄绾言于冢宰杨一清，改留吏部。职事之暇，始遂讲聚。方期各相砥切，饮食启处必共之。至是，甘泉出使安南封国，将行，先生惧圣学难明而易惑，人生别易而会难也，乃为文以赠。略曰：“颜子没而圣人之学亡，曾子唯一贯之旨，传之孟轲，绝又二千余年，而周、程续。自是而后，言益详，道益晦。孟氏患杨、墨，周、程之际，释、老大行。今世学者皆知尊孔、孟，贱杨、墨，摈释、老，圣人之道，若大明于世。然吾从而求之，圣人不得而见之矣，其能有若墨氏之兼爱者乎？其能有若杨氏之为我者乎？其能有若老氏之清净自守、释氏之究心性命者乎？吾何以杨、墨、老、释之思哉？彼于圣人之道异，然犹有自得也。而世之学者，章绘句琢以夸俗，诡心色取，相饰以伪，谓圣人之道劳苦无功，非复人之所可为，而徒取辩于言辞之间，古之人有终身不能究者，今吾皆能言其略，自以为若是亦足矣，而圣人之学遂废。则今之所大患者，岂非记诵辞章之习？而弊之所从来，无亦言之太详、析之太精者之过欤？某幼不问学，陷溺于邪僻者二十年，而始究心于老、释。赖天之灵，因有所觉，始乃沿周、程之说求之，而若有得焉，顾一二同志之外，莫予翼也，岌岌乎仆而复兴。晚得于甘泉湛子，而后吾之志益坚，毅然若不可遏。则予之资于甘泉多矣。甘泉之学，务求自得者也。世未之能知，其知者，且疑其为禅。诚禅也，吾犹未得而见，而况其所志卓尔若此？则如甘泉者，非圣人之徒欤？多言又乌足病也？夫多言不足以病甘泉，与甘泉之不为多言病也，吾信之。吾与甘泉，有意之所在，不言而会，论之所及，不约而同，期于斯道，毙而后已者，今日之别，吾容无言？夫惟圣人之学，难明而易惑，习俗之降，愈下而抑不可回，任重道远，虽已无俟于言，顾复于吾心，若有不容已也，则甘泉亦岂以予言为缀乎？”

七年壬申，先生四十一岁，在京师。

三月，升考功清吏司郎中。

按《同志考》，是年穆孔晖、顾应祥、郑一初、方献科、王道、梁穀、万潮、陈鼎、唐鹏、路迎、孙瑚、魏廷霖、萧鸣凤、林达、陈洸及黄绾、应良、朱节、蔡宗兖、徐爱同受业。

十二月，升南京太仆寺少卿，便道归省。

与徐爱论学。爱是年以祁州知州考满进京，升南京工部员外郎。与先生同舟归越，论《大学》宗旨。闻之踊跃痛快，如狂如醒者数日，胸中混沌复开。仰思尧、舜、三王、孔、孟千圣立言，人各不同，其旨则一。今之《传习录》所载首卷是也。其自叙云：“爱因旧说汩没，始闻先生之教，实骇愕不定，无人头处。其后闻之既久，渐知反身实践，然后始信先生之学为孔门嫡传，舍是皆傍蹊小径，断港绝河矣。如说格物是诚意功夫，明善是诚身功夫，穷理是尽性功夫，道问学是尊德性功夫，博文是约礼功夫，惟精是惟一功夫，诸如此类，皆落落难合。其后思之既久，不觉手舞足蹈。”

八年癸酉，先生四十二岁，在越。

二月，至越。

先生初计至家即与徐爱同游台、荡，宗族亲友绊弗能行。五月终，与爱数友期候，黄绾不至，乃从上虞入四明，观白水，寻龙溪之源；登杖锡，至雪窦，上千丈岩，以望天姥、华顶；欲遂从奉化取道赤城。适久旱，山田尽龟圻，惨然不乐，遂自宁波还余姚。绾以书迎先生。复书曰：“此行相从诸友，亦微有所得，然无大发明。其最所歉然，宗贤不同兹行耳。后辈习气已深，虽有美质，亦渐消尽。此事正如淘沙，会有见金时，但目下未可必得耳。”先生兹游，虽为山水，实注念爱、绾二子。盖先生点化同志，多得之登游山水间也。

冬十月，至滁州。

滁山水佳胜，先生督马政，地僻官闲，日与门人遨游瑯琊、瀼泉间。月夕则环龙潭而坐者数百人，歌声振山谷。诸生随地请正，踊跃歌舞。旧学之士，皆日来臻。于是从游之众，自滁始。

孟源问：“静坐中思虑纷杂，不能强禁绝。”先生曰：“纷杂思虑，亦强禁绝不得；只就思虑萌动处省察克治，到天理精明后，有个物各付物的意思，自然精专无纷杂之念；《大学》所谓‘知止而后有定’也。”

九年甲戌，先生四十三岁，在滁。

四月，升南京鸿胪寺卿。

滁阳诸友送至乌衣，不能别，留居江浦，候先生渡江。先生以诗促之归曰：“滁之水，入江流，江潮日复来滁州。相思若潮水，来往何时休？空相思，亦何益？欲慰相思情，不如崇令德。掘地见泉水，随处无弗得。何必驱驰为？千里远相即。君不见尧羹与舜墙？又不见孔与蹠，对面不相识？逆旅主人多殷勤，出门转盼成路人。”

五月，至南京。

自徐爱来南都，同志日亲，黄宗明、薛侃、马明衡、陆澄、季本、许相卿、王激、诸偁、林达、张寰、唐俞贤、饶文璧、刘观时、郑骝、周积、郭庆、栾惠、刘晓、何鳌、陈杰、杨杓、白说、彭一之、朱篪辈，同聚师门，日夕渍砺不懈。客有道自滁游学之士，多放言高论，亦有渐背师教者。先生曰："吾年来欲惩末俗之卑污，引接学者多就高明一路，以救时弊。今见学者渐有流入空虚，为脱落新奇之论，吾已悔之矣。故南畿论学，只教学者'存天理，去人欲'为省察克治实功。"王嘉秀、萧惠好谈仙佛，先生尝警之曰："吾幼时求圣学不得，亦尝笃志二氏。其后居夷三载，始见圣人端绪，悔错用功二十年。二氏之学，其妙与圣人只有毫厘之间，故不易辨，惟笃志圣学者始能究析其隐微，非测忆所及也。"

十年乙亥，先生四十四岁，在京师。

正月，疏自陈，不允。

是年当两京考察，例上疏。

立再从子正宪为后。

正宪字仲肃，季叔易直先生兖之孙，西林守信之第五子也。先生年四十四，与诸弟守俭、守文、守章俱未举子，故龙山公为先生择守信子正宪立之，时年八龄。

是年御史杨典荐改祭酒，不报。

八月，拟《谏迎佛疏》。

时命太监刘允、乌思藏赍幡供诸佛，奉迎佛徒。允奏请盐七万引以为路费，许之。辅臣杨廷和等与户部及言官各疏执奏，不听。先生欲因事纳忠，拟疏欲上，后中止。

疏请告。

是年祖母岑太夫人年九十有六，先生思乞恩归一见为诀，疏凡再上矣，故辞甚恳切。

十有一年丙子，先生四十五岁，在南京。

九月，升都察院左佥都御史、巡抚南、赣、汀、漳等处。

是时汀、漳各郡皆有巨寇，尚书王琼特举先生。

十月，归省至越。

王思舆语季本曰："阳明此行，必立事功。"本曰："何以知之？"曰："吾触之不动矣。"

十有二年丁丑，先生四十六岁。

正月，至赣。

先生过万安，遇流贼数百，沿途肆劫，商舟不敢进。先生乃联商舟，结为阵势，扬旗鸣鼓，如趋战状。贼乃罗拜于岸，呼曰："饥荒流民，乞求赈济！"先生泊岸，令人谕之曰："至赣后，即差官抚插。各安生理，毋作非为，自取戮灭。"贼惧散归。以是年正月十六日开府。

行十家牌法。

先是赣民为洞贼耳目，官府举动未形，而贼已先闻。军门一老隶奸尤甚。先生侦知之，呼入卧室，使之自择生死。隶乃输情吐实。先生许其不死。试所言悉验。乃于城中立《十家牌法》。其法编十家为一牌，开列各户籍贯、姓名、年貌、行业，日轮一家，沿门按牌审察，遇面生可疑人，即行报官究理。或有隐匿，十家连坐。仍告谕父老子弟："务要父慈子孝，兄爱弟敬，夫和妇随，长惠幼顺；小心以奉官法，勤谨以办国课，恭俭以守家业，廉和以处乡里；心要平恕，毋得轻易忿争；事要含忍，毋得辄兴词讼；见善互相劝勉，有恶互相惩戒；务兴礼让之风，以成敦厚之俗。"

选民兵。

先生以南、赣地连四省，山险林深，盗贼盘据，三居其一，窥伺剽掠，大为民患；当事者每遇盗贼猖獗，辄复会奏请调土军狼达，往返经年，靡费逾万；逮至集兵举事，即已魍魉潜形，班师旋旅，则又鼠狐聚党，是以机宜屡失，而备御益弛。先生乃使四省兵备官，于各属弩手、打手、机快等项，挑选骁勇绝群、胆力出众者，每县多或十余人，少或八九人，务求魁杰；或悬召募，大约江西、福建二兵备各以五六百名为率，广东、湖广二兵备各以四五百名为率，中间更有出众者，优其廪饩，署为将领。除南、赣兵备自行编选，余四兵备官仍于每县原额数内拣选可用者，量留三分之二，委该县贤能官统练，专以守城防隘为事；其余一分，拣退疲弱不堪者，免其著役，止出工食，追解该道，以益募赏。所募精兵，专随各兵备官屯扎，别选官分队统押教习之。如此，则各县屯戍之兵，既足以护守防截，而兵备募召之士，又可以应变出奇；盗贼渐知所畏，平良益有所恃而无恐矣。

二月，平漳寇。

初，先生道闻漳寇方炽，兼程至赣，即移文三省兵备，克期起兵。自正月十六日莅任，才旬日，即议进兵。兵次长富村，遇贼，大战，斩获颇多。贼奔象湖山拒守。我兵追至莲花石，与贼对垒。会广东兵至，方欲合围，贼见势急，遂溃围而出。指挥覃桓、县丞纪镛马陷，死之。诸将请调狼兵，俟秋再举，先生乃责以失律罪，使立功自赎。诸将议犹未决，先生曰："兵宜随时，变在呼吸，岂宜各持成说耶？福建诸军稍缉，咸有立功赎罪心，利在速战。若当集谋之始，即掩贼不备，成功可必。今既声势彰闻，各贼必联党设械，以御我师，且宜示以宽懈。而犹执乘机之说以张皇于外，是徒知吾卒之可击，而不知敌之未可击也。广东之兵意在倚重狼达土军，然后举事，诸贼亦候吾土兵之集，以卜战期，乘此机候，正可奋怯为勇，变弱为强。而犹执持重之说，以坐失事机，是徒知吾卒之未可击，而不知敌之正可击也。善用兵者，因形而借胜于敌，故其战胜不复，而应形于无穷。胜负之算，间不容发，乌可执滞哉？"于是亲率诸道锐卒进屯上杭，密敕群哨，佯言犒众退师，俟秋再举。密遣义官曾崇秀觇贼虚实，乘其懈，选兵分三路，俱于二月十九日，乘晦夜，衔枚并进，直捣象湖，夺其隘口。诸贼失险，复据上层峻壁，四面滚木礧石，以死拒战。我兵奋勇鏖战，自辰至午，呼声振地。三省奇兵从间鼓噪突登，乃惊溃奔走。遂乘胜追剿。已而福建兵攻破长富村等巢三十余所，广东兵攻破水竹、大重坑等巢一十三所，斩首从贼詹师富、温火烧等七千有奇，俘获贼属、辎重无算，而诸洞荡灭。是役仅三月，漳南数十年逋寇悉平。

是月奏捷，具言福建佥事胡琏、参政陈策、副使唐泽、知府钟湘、广东佥事顾应祥、都指挥杨懋、知县张戬劳绩，赐敕奖赍，其余升赏有差。初，议进兵，谕诸将曰："贼虽据险而守，尚可出其不意，掩其不备，则用邓艾破蜀之策，从间道以出。若贼果盘据持重，可以计困，难以兵克，则用充国破羌之谋，减冗兵以省费。务在防隐祸于显利之中，绝深奸于意料之外，此万全无失者也。"已而桓等狃于小胜，不从间道，故违节制，以致挫衄。诸将志沮，遂请济师。先生独以为，见兵二千有余，已为不少，不宜坐待济师以自懈，遥制以失机也。遂亲督兵而出，卒成功。

四月，班师。

时三月不雨。至于四月，先生方驻军上杭，祷于行台，得雨，以为未足。及班师，一雨三日，民大悦。有司请名行台之堂，曰"时雨堂"，取王师若时雨之义也；先生乃为记。

五月，立兵符。

先生谓："习战之方，莫要于行伍；治众之法，莫先于分数。"将调集各兵，每二十五人编为一伍，伍有小甲；五十人为一队，队有总甲；二百人为一哨，哨有长，有协哨二人；四百人为一营，营有官，有参谋二人；一千二百人为一阵，阵有偏将；二千四百人为一军，军有副将；偏将无定员，临事而设。小甲于各伍之中选才力优者为之，总甲于小甲之中选才力优者为之，哨长于千百户义官之中选材识优者为之。副将得以罚偏将，偏将得以罚营官，营官得以罚哨长，哨长得以罚总甲，总甲得以罚小甲，小甲得以罚伍众：务使上下相维，大小相承，如身之使臂，臂之使指，自然举动齐一，治众如寡，庶几有制之兵矣。编选既定，仍每五人给一牌，备列同伍二十五人姓名，使之连络习熟，谓之伍符。每队各置两牌，编立字号，一付总甲，一藏本院，谓之队符。每哨各置两牌，编立字号，一付哨长，一藏本院，谓之哨符，每营各置两牌，编立字号，一付营官，一藏本院，谓之营符。凡遇征调发符，比号而行，以防奸伪。其诸缉养训练之方，旗鼓进退之节，务济实用行之。

奏设平和县，移枋头巡检司。

先生以贼据险，久为民患，今幸破灭，须为拊背扼吭之策，乃奏请设平和县治于河头，移河头巡检司于枋头；盖以河头为诸巢之咽喉，而枋头又河头之唇齿也。且曰："方贼之据河头也，穷凶极恶，至动三军之众，合二省之力，而始克荡平。若不及今为久远之图，不过数年，势将复起，后悔无及矣。盖盗贼之患，譬诸病人，兴师征讨者，针药攻治之方；建县抚辑者，饮食调摄之道；徒恃攻治，而不务调摄，则病不旋踵，后虽扁鹊、仓公，无所施其术也。"

按：是月闻蔡宗兖、许相卿、季本、薛侃、陆澄同举进士，先生曰："入仕之始，意况未免摇动，如絮在风中，若非粘泥贴网，亦自主张未得。不知诸友却何如？想平时功夫，亦须有得力处耳。"又闻曰仁在告买田霅上，为诸友久聚之计，遗二诗慰之。

六月，疏请疏通盐法。

始，都御史陈金以流贼军饷，于赣州立厂抽分广盐，许至袁、临、吉三府发卖。然起正德六年至九年而止。至是，先生以敕谕有便宜处置语，疏请暂行，待平定之日，仍旧停止。从之。

九月，改授提督南、赣、汀、漳等处军务，给旗牌，得便宜行事。

南、赣旧止以巡抚莅之，至都御史周南会请旗牌，事毕缴还，不为定制。至是，先生疏请，遂有提督之命。后不复，更疏以："我国家有罚典，有赏格。然罚典止行于参提之后，而不行于临阵对敌之时；赏格止行于大军征剿之日，而不行于寻常用兵之际，故无成功。今后凡遇讨贼，领兵官不拘军卫有司，所领兵众，有退缩不用命者，许领兵官军前以军法从事；领兵官不用命者，许总统官军前以军法从事。所领兵众，有对敌擒斩功次，或赴敌阵亡，从实具报，覆实奏闻，升赏如制。若生擒贼徒，问明，即押赴市曹，斩之以徇，庶使人知警畏，亦可比于令典决不待时者。如此，则赏罚既明，人心激励；盗起即得扑灭，粮饷可省，事功可建。”又曰：“古者赏不逾时，罚不后事。过时而赏，与无赏同；后事而罚，与不罚同。况过时而不赏，后事而不罚，其何以齐一人心，作兴士气？虽使韩、白为将，亦不能有所成。诚得以大军诛赏之法，责而行之于平时，假臣等令旗令牌，便宜行事。如是而兵有不精，贼有不灭，臣等亦无以逃其死矣！”事下兵部，尚书王琼覆奏，以为宜从所请。于是改巡抚为提督，得以军法从事，钦给旗牌八面，悉听便宜。既而镇守太监毕真，谋于近幸，请监其军。琼奏以为兵法最忌遥制，若使南、赣用兵而必待谋于省城镇守，断乎不可；惟省城有警，则听南、赣策应。事遂寝。

按：敕谕有曰：“江西南安、赣州地方，与福建汀、漳二府，广东南、韶、潮、惠四府，及湖广彬州、桂阳县，壤地相接，山岭相连，其间盗贼不时生发，东追则西窜，南捕则北奔。盖因地方各省，事无统属，彼此推调，难为处置。先年尝设有都御史一员，巡抚前项地方，就令督剿盗贼。但责任不专，类多因循苟且，不能申明赏罚，以励人心，致令盗贼滋多，地方受祸。今日所奏，及各该部覆奏事理，特改命尔提督军务，抚安军民，修理城池，禁革奸弊。一应军马钱粮事宜，但听便宜区画，以足军饷。但有盗贼生发，即便设法调兵剿杀，不许踵袭旧弊，招抚蒙蔽，重为民患。其管领兵快人等官员，不问文职武职，若在军前违期，并逗遛退缩者，俱听军法从事。生擒盗贼，鞫问明白，亦听就行斩首示众。”

抚谕贼巢。

是时漳寇虽平，而乐昌、龙川诸贼巢尚多啸聚，将用兵剿之，先犒以牛酒银布，复谕之曰："人之所共耻者，莫过于身被为盗贼之名；人心之所共愤者，莫过于身遭劫掠之苦。今使有人骂尔等为盗，尔必愤然而怒；又使人焚尔室庐，劫尔财货，掠尔妻女，尔必怀恨切骨，宁死必报。尔等以是加人，人其有不怨者乎？人同此心，尔宁独不知？乃必欲为此，其间想亦有不得已者。或是为官府所迫，或是为大户所侵，一时错起念头，误入其中，后遂不敢出。此等苦情，亦甚可悯。然亦皆由尔等悔悟不切耳。尔等当时去做贼时，是生人寻死路，尚且要去便去。今欲改行从善，是死人求生路，乃反不敢耶？若尔等肯如当初去做贼时拼死出来，求要改行从善，我官府岂有必要杀汝之理？尔等久习恶毒，忍于杀人，心多猜疑。岂知我上人之心，无故杀一鸡犬，尚且不忍，况于人命关天？若轻易杀之，冥冥之中，断有还报，殃祸及于子孙，何苦而必欲为此。我每为尔等思念及此，辄至于终夜不能安寝，亦无非欲为尔寻一生路。惟是尔等冥顽不化，然后不得已而兴兵，此则非我杀之，乃天杀之也。今谓我全无杀人之心，亦是诳尔；若谓必欲杀尔，又非吾之本心。尔等今虽从恶，其始同是朝廷赤子。譬如一父母同生十子，八人为善，二人背逆，要害八人；父母之心，须去二人，然后八人得以安生。均之为子，父母之心，何故必欲偏杀二子，不得已也。吾于尔等，亦正如此。若此二子者，一旦悔恶迁善，号泣投诚，为父母者，亦必哀悯而赦之。何者？不忍杀其子者，乃父母之本心也。今得遂其本心，何喜何幸如之；吾于尔等，亦正如此。闻尔等为贼，所得苦亦不多，其间尚有衣食不充者。何不以尔为贼之勤苦精力，而用之于耕农，运之于商贾；可以坐致饶富，而安享逸乐，放心纵意，游观城市之中，优游田野之内。岂如今日，出则畏官避雠，入则防诛惧剿，潜形遁迹，忧苦终身，卒之身灭家破，妻子戮辱，亦有何好乎？尔等若能听吾言，改行从善，吾即视尔为良民，更不追尔旧恶。若习性已成，难更改动，亦由尔等任意为之。吾南调两广之狼达，西调湖湘之士兵，亲率大军，围尔巢穴，一年不尽，至于两年；两年不尽，至于三年。尔之财力有限，吾之兵粮无穷，纵尔等皆为有翼之虎，谅亦不能逃于天地之外矣。呜呼！民吾同胞，尔等皆吾赤子，吾终不能抚恤尔等，而至于杀尔，痛哉！痛哉！兴言至此，不觉泪下。”

按：是谕文蔼然哀怜无辜之情，可以想见虞廷干羽之化矣。故当时酋长苦黄金巢、卢珂等，即率众来投，愿效死以报。

疏谢升赏。

朝廷以先生平漳寇功，升一级，银二十两，纻丝二表里，降敕奖励，故有谢疏。

疏处南、赣商税。

始，南安税商货于折梅亭，以资军饷，后多奸弊，仍并府北龟角尾，以疏闻。

十月，平横水、桶冈诸寇。

南、赣西接湖广桂阳，有桶冈、横水诸贼巢；南接广东乐昌，东接广东龙川，有浰头诸贼巢。大贼首谢志珊，号征南王，纠率大贼钟明贵、萧规模、陈曰能等，约乐昌高快马等大修战具，并造吕公车。闻广东官兵方有事府江，欲先破南康，乘虚入广。先是湖广巡抚都御史陈金题请三省夹攻。先生以桶冈、横水、左溪诸贼，荼毒三省，其患虽同，而事势各异：“以湖广言之，则桶冈为贼之咽喉，而横水，左溪为之腹心。以江西言之，则横水、左溪为之腹心，而桶冈为之羽翼。今议者不去腹心，而欲与湖广夹攻桶冈，进兵两寇之间，腹背受敌，势必不利。今议进兵横水、左溪，克期在十一月朔。贼见我兵未集，师期尚远，必以为先事桶冈，观望未备。乘此急击之，可以得志。由是移兵临桶冈，破竹之势成矣。”于是决意先攻横水、左溪，分定哨道，指授方略，密以十月己酉进兵。至十一月己巳，凡破贼巢五十余，擒斩大贼首谢志珊等五十六，从贼首级二千一百六十八，俘获贼属二千三百二十四。众请乘胜进兵桶冈。先生复以桶冈天险，四塞中坚，其所由入，惟锁匙龙、葫芦洞。察坑、十八磊、新池五处，然皆架栈梯壑，于崖巅坐发垒石，可以御我师。虽上章一路稍平，然迂回半月始达，湖兵从入，我师复往，事皆非便。况横水、左溪余贼悉奔入，同难合势，为守必力。善战者，其势险，其节短。今我欲乘全胜之锋，兼三日之程，争百里之利，以顿兵于幽谷，所谓强弩之末，不能穿鲁缟矣。莫若移屯近地，休兵养威，使人谕以祸福，彼必惧而请伏。或有不从，乘而袭之，乃可以逞。因使其党往说之。贼喜，方集议，而横水、左溪奔入之贼果坚持不可。往复迟疑，不暇为备，而我兵分道疾进，前后合击，贼遂大败。破巢三十余，擒斩大贼首蓝天凤等三十四，从贼首级一千一百四，俘获贼属二千三百，捷闻，赐敕奖谕。

是役也，监军副使杨璋，参议黄宏，领兵都指挥许清，指挥使郏文，知府邢珣、季斅、伍文定、唐淳，知县王天与、张戬，指挥余恩、冯翔，县丞舒富，随征参谋等官，指挥谢昶、冯廷瑞、姚玺，同知朱宪，推官危寿、徐文英，知县陈允谐、黄文鹭、宋瑢、陆璥，千户陈伟、高睿等咸上功。

酋长谢志珊就擒，先生问曰:“汝何得党类之众若此？”志珊曰:“亦不容易。”曰:“何？”曰:“平生见世上好汉，断不轻易放过；多方钩致之，或纵其酒，或助其急，待其相德，与之吐实，无不应矣。”先生退语门人曰:“吾儒一生求朋友之益，岂异是哉？”

十二月，班师。

师至南康，百姓沿途顶香迎拜。所经州、县、隘、所，各立生祠。远乡之民，各肖像于祖堂，岁时尸祝。

闰十二月，奏设崇义县治，及茶寮隘上堡、铅厂、长龙三巡检司。

先生上言:“横水、左溪、桶冈诸贼巢凡八十余，界乎上犹、大庾、南康之中，四方相距各三百余里，号令不及，以故为贼所据。今幸削平，必建立县治，以示控制。议割上犹、崇义等三里，大庾、义安三里，南康、至坪一里，而特设县治于横水，道里适均，山水合抱，土地平坦。仍设三巡检司以遏要害。茶陵复当桶冈之中，西通桂阳、桂东，南连仁化，乐昌，北接龙泉、永新，东入万安、兴国，宜设隘保障。令千户孟俊伐木立栅，移皮袍洞隘兵，而益以邻近隘夫守焉。”议上，悉从之，县名崇义。

十有三年戊寅，先生四十七岁，在赣。

正月，征三浰。

与薛侃书曰：“即日已抵龙南，明日入巢，四路皆如期并进，贼有必破之势矣。向在横水，尝寄书仕德云：‘破山中贼易，破心中贼难。’区区剪除鼠窃，何足为异？若诸贤扫荡心腹之寇，以收廓清平定之功，此诚大丈夫不世之伟绩。数日来，谅已得必胜之策，奏捷有期矣，何喜如之！梁日孚、杨仕德诚可与共学。廨中事累尚谦。小儿正宪，犹望时赐督责。”时延尚谦为正宪师，兼倚以衙中政事，故云。

二月，奏移小溪驿。

小溪驿旧当南康、南安中。丙子，大庾峰山里民惧贼雠杀，自愿筑城为卫。至是年二月，奏移驿其中。

三月，疏乞致仕，不允。

以病也。

袭平大帽、浰头诸寇。

先生议攻取之宜，先横水，次桶冈，次与广东徐图浰头。方进兵横水时，恐浰头乘之，乃为告谕，颇多感动。惟池仲容曰：“我等为贼非一年，官府来招非一次，告谕何足凭？待金巢等无事，降未晚也。”金巢等至，乃释罪，推诚抚之，各愿自投。于是择其众五百人从征横水。横水既破，仲容等始惧，遣其弟池仲安来附，意以缓兵。先生觉之。比征桶冈，使截路上新池，以迂其归，内严警备，外若宽假。被害者皆言池氏凶狡，两经夹剿无功。其曰：“狼兵易与耳，调来须半年，我避不须一月。”谓来不能速，留不能久也。咸请济师，不从。乃密画方略，使各归部集，候期遏贼。及桶冈破，贼益惧，私为战守之备。复使人赐酋牛酒，以察其变。贼度不可隐，诈称龙川新民卢珂、郑志高等将行掩袭，故豫为防，非虞官兵也。佯信之，因怒珂等擅兵仇杀，移檄龙川，使廉实，将伐木开道讨之。贼闻且信且惧，复使来谢。会珂等告变，先生欲藉珂以绐三浰，密语珂曰：“吾姑毁状，汝当再来；来则受杖三十，系数旬，乃可。”珂知，既喜诺。先生复授其意参随，密示行杖人，令极轻。至是假怒珂，数罪状，且将逮其属尽斩之。而阴纵其弟集兵。先生先期召巡捕官，佯曰：“今大征已毕，时和年丰，可令民家盛作鼓乐、大张灯会乐之，亦数十年一奇事也。”又曰：“乐户多住龟角尾，恐招盗，曷迁入城来。”于是街巷俱然灯鸣鼓。已旬余，又遣指挥余恩及黄表颁历三浰，推心招徕之。时仲容等疑先生图己，既得历，稍安。黄表辈从容曰：“若辈新民，礼节生疏，我来颁历，若可高坐乎？”于是仲容率其党九十三人，皆悍酋，来营教场，而自以数人入见。先生呵曰：“若皆吾新民，不入见，而营教场，疑我乎？”仲容惶恐曰：“听命耳。”即遣人引至祥符宫，见物宇整洁，喜出望外。是时十二月二十三也。先生既遣参随数人馆伴，复制青衣油靴，教之习礼，以察其志意所向。审其贪残终不可化，而士民咸诟于道曰：“此养寇贻害。”先生复决歼魁之念矣。逾日辞归，先生曰：“自此至三浰八九日，今即往，岁内未必至家；即至，又当走拜正节，徒自取劳苦耳。闻赣州今岁有灯，曷以正月归乎？”数日，复辞，先生曰：“正节尚未犒赏，奈何？”初二日，令有司大烹于宫，以次日宴。是夕，令龙光潜入甲士，诘旦，尽歼之。先生自惜终不能化，日已过未刻，不食，大脑晕，呕吐。先时尝密遣千户孟俊督珂弟集兵以防其变，及是夜将半，自率军从龙南、冷水直捣下浰。贼故阻水石，错立水中。先生蹑屩先行，诸军继之，无溺者。门坚甚。先生摘百人，卷旗持炮火，缘后山登。须臾，后山炮火四发，旗帜满山，守者狼顾，门遂破。时正月七日丁未也。兵备副使杨璋，守备指挥郏文，知府陈祥、邢珣、季斆，推官危寿，指挥余恩、姚玺，县丞舒富皆从。凡破巢三十有八，擒斩贼首五十八，从贼二千余，余奔九连山往议。九连山横亘数百里，四面陡绝，须半月始达，而贼已据险。先生选精锐七百余，皆衣贼衣，佯奔溃，乘暮至贼崖下。贼下招之，我兵佯应。既度险，扼其后路。次日，从上下击，西路伏起，一鼓擒之。抚其降酋张仲全等二百余人。视地里险易，立县置隘，留兵防守而归。

先生未至赣时，已闻有三省夹攻之议。即谓“夹攻大举，恐不足以灭贼”，乃进《攻治疏》。谓：“朝廷若假以赏罚，使得便宜行事，动无掣肘，可以相机而发，一寨可攻，则攻一寨；一巢可扑，则扑一巢。量其罪恶之浅深，而为剿抚之先后，则可以省供馈征调之费。日剪月削，澌尽灰灭。此则如昔人拔齿之喻，齿拔而儿不觉者也。若欲夹攻以快一朝之忿，则计贼二万，须兵十万，积粟料财，数月而事始集。兵未出境，贼已深逃，锋刃所加，不过老弱胁从之辈耳。况狼兵所过，不减于盗。近年江西有姚源之役，福建有汀、漳之寇，府江之师，方集于两广，偏桥之讨，未息于湖、湘，若复加以大兵，民将何以堪命？此则一拔去齿，而儿亦随毙者也。”是疏方上，而夹攻成命已下矣。先生又以为夹攻之策，名虽三省大举，其实举动次第，自有先后。如江西之南安，有上犹、大庾、桶冈等处贼巢，与湖广桂东、桂阳接境，夹攻之举，止宜江西与湖广会合，而广东于仁化县要害把截，不与焉。赣州之龙南，有浰头贼巢，与广东龙川接境，夹攻之举，止宜江西与广东会合，而湖广不与焉。广东乐昌、乳源贼巢，与湖广宜章县接境；惠州贼巢，与湖广临武县接境；仁化县贼巢，与湖广桂阳县接境；夹攻之举，止宜湖广、广东二省会合，而江西于大庾县要害把截，不与焉。若不此之察，必欲通待三省兵齐，然后进剿，则老师费财，为害匪细矣。今并力于上犹也，则姑遣人佯抚乐昌诸贼，以安其心。彼见广东既未有备，而湖广之兵又不及已，乃幸旦夕之生，必不敢越界以援上犹。及上犹既举，而湖广移兵以合广东，则乐昌诸贼其势已孤。二省兵力益专，其举益易，当是之时，龙川贼巢，相去辽绝，自以为风马牛不相及，彼见江西之兵又彻，意必不疑。班师之日，出其不意，回军合击，蔑有不济者矣。疏上，朝廷许以便宜行事。桶冈既灭，湖广兵期始至。恐其徒劳远涉，即奖励统兵参将史春，使之即日回军，及计斩浰头，广东尚不及闻。皆与前议合。

四月，班师，立社学。

先生谓民风不善，由于教化未明。今幸盗贼稍平，民困渐息，一应移风易俗之事，虽未能尽举，姑且就其浅近易行者，开导训诲。即行告谕，发南、赣所属各县父老子弟，互相戒勉，兴立社学，延师教子，歌诗习礼。出入街衢，官长至，俱叉手拱立。先生或赞赏训诱之。久之，市民亦知冠服，朝夕歌声，达于委巷，雍雍然渐成礼让之俗矣。

按:《训蒙大意示教读刘伯颂等》曰:“今教童子者，当以孝悌忠信、礼义廉耻为专务，其培植涵养之方，则宜诱之歌诗，以发其志意；导之习礼，以肃其威仪；讽之读书，以开其知觉。今人往往以歌诗习礼为不切时务，此皆末俗庸鄙之见，乌足以知古人立教之意哉?大抵童子之情，乐嬉戏而惮拘检，如草木之始萌芽，舒畅之，则条达；摧挠之，则衰痿。故凡诱之歌诗者，非但发其志意而已，亦所以泄其跳号呼啸于咏歌，宣其幽抑结滞于音节也。导之习礼者，非但肃其威仪而已，亦所以周旋揖让，而动荡其血脉，拜起屈伸，而固束其筋骸也。讽之读书者，非但开其知觉而已，亦所以沉潜反复而存其心，抑扬讽诵以宣其志也。若责其检束，而不知导之以礼，求其聪明，而不知养之以善；彼视学舍如囹狱，而不肯入，视师长如寇雠，而不欲见矣:求其为善也得乎?”

五月，奏设和平县。

和平县治本和平峒羊子地，为三省贼冲要路。其中山水环抱，土地坦平，人烟辏集，千有余家。东去兴宁、长乐、安远，西抵河源，南界龙川，北际龙南，各有数日程。其山水阻隔，道路辽远，人迹既稀，奸宄多萃。

相传原系循州龙川、雷乡一州二县之地，后为贼据，止存龙川一县。洪武中，贼首谢士真等相继作乱，遂极陵夷。先生谓宜乘时修复县治，以严控制；改和平巡检司于浰头，以遏要害。议上，悉从之。

六月，升都察院右副都御史，荫子锦衣卫，世袭百户。辞免，不允。

旌横水、桶冈功也，先生具疏辞免曰："臣过蒙国恩，授以巡抚之寄。时臣方抱病请告，偶值前官有托疾避难之嫌，朝廷谴之简书，臣遂狼狈莅事。当是时，兵耗财匮，盗炽民穷，束手无策。朝廷念民命之颠危，虑臣力之薄劣，本兵议假臣以赏罚，则从之；议给臣以旗牌，则从之；议改臣以提督，则从之；授之方略，而不拘以制；责其成功，而不限以时；由是臣得以伸缩如志，举动自由，一鼓而破横水，再鼓而灭桶冈。振旅复举，又一鼓而破三浰，再鼓而下九连。皆本兵之议，朝廷之断也。臣亦何功之有，而敢冒承其赏乎？况臣福过灾生，已尝恳疏求告；今乃求退获进，引咎蒙赉，其如赏功之典何？"奏入，不允。

七月，刻古本《大学》。

先生出入贼垒，未暇宁居，门人薛侃、欧阳德、梁焯、何廷仁、黄弘纲、薛俊、杨骥、郭治、周仲、周冲、周魁、郭持平、刘道、袁梦麟、王舜鹏、王学益、余光、黄槐密、黄鎣、吴伦、陈稷刘、鲁扶敝、吴鹤、薛侨、薛宗铨、欧阳昱，皆讲聚不散。至是回军休士，始得专意于朋友，日与发明《大学》本旨，指示入道之方。先生在龙场时，疑朱子《大学章句》非圣门本旨，手录古本，伏读精思，始信圣人之学本简易明白。其书止为一篇，原无经传之分。格致本于诚意，原无缺传可补。以诚意为主，而为致知格物之功，故不必增一敬字。以良知指示至善之本体，故不必假于见闻。至是，录刻成书，傍为之释，而引以叙。

刻《朱子晚年定论》。

先生序略曰："昔谪官龙场，居夷处困，动心忍性之余，恍若有悟。

证诸《六经》、《四子》，洞然无复可疑。独于朱子之说，有相牴牾，恒疚于心。切疑朱子之贤，而岂其于此尚有未察？及官留都，复取朱子之书而检求之。然后知其晚岁固已大悟旧说之非，痛悔极艾，至以为自诳诳人之罪，不可胜赎。世之所传《集注》、《或问》之类，乃其中年未定之说，自咎以为旧本之误，思改正而未及。而其诸《语类》之属，又其门人挟胜心以附己见，固于朱子平日之说犹有大相缪戾者。而世之学者，局于见闻，不过持循讲习于此，其于悟后之论，概乎其未有闻。则亦何怪乎予言之不信，而朱子之心无以自暴于后世也乎？予既自幸说之不缪于朱子，又喜朱子之先得我心之同然，且慨夫世之学者，徒守朱子中年未定之说，而不复知求其晚岁既悟之论，竞相呶呶，以乱正学，不自知其已入于异端，辄采录而裒集之，私以示夫同志。庶几无疑于吾说，而圣学之明可冀矣。”

《与安之书》曰：“留都时，偶因饶舌，遂至多口，攻之者环四面。取朱子晚年悔悟之说，集为定论，聊藉以解纷耳。门人辈近刻之雩都，初闻甚不喜，然士夫见之，乃往往遂有开发者，无意中得此一助，亦颇省颊舌之劳。近年篁墩诸公尝有《道一》等编，见者先怀党同伐异之念，故卒不能有入，反激而怒。今但取朱子之所自言者表章之，不加一辞，虽有褊心，将无所施其怒矣。有志向者一出指示之。”

八月，门人薛侃刻《传习录》。

侃得徐爱所遗《传习录》一卷，序二篇，与陆澄各录一卷，刻于虔。

是年爱卒，先生哭之恸，爱及门独先，闻道亦早。尝游南岳，梦一瞿昙抚其背曰：“尔与颜子同德，亦与颜子同寿。”自南京兵部郎中告病归，与陆澄谋耕霅上之田以俟师。年才三十一。先生每语辄伤之。

九月，修濂溪书院。

四方学者辐辏，始寓射圃，至不能容，乃修濂溪书院居之。

先生大征既上捷，一日，设酒食劳诸生，且曰：“以此相报。”诸生瞿然问故。先生曰："始吾登堂，每有赏罚，不敢肆，常恐有愧诸君。比与诸君相对久之，尚觉前此赏罚犹未也，于是思求其过以改之。直至登堂行事，与诸君相对时无少增损，方始心安。此即诸君之助，固不必事事烦口齿为也。"诸生闻言，愈省各畏。

十月，举乡约。

先生自大征后，以为民虽格面，未知格心，乃举乡约告谕父老子弟，使相警戒，辞有曰："顷者顽卒倡乱，震惊远迩。父老子弟，甚忧苦骚动。彼冥顽无知，逆天叛伦，自求诛戮，究言思之，实足悯悼。然亦岂独冥顽者之罪，有司抚养之有缺，训迪之无方，均有责焉。虽然，父老之所以倡率饬励于平日，无乃亦有所未至欤？今倡乱渠魁，皆就擒灭，胁从无辜，悉已宽贷，地方虽以宁复，然创今图后，父老所以教约其子弟者，自此不可以不豫。故今特为保甲之法，以相警戒。聊属父老，其率子弟慎行之。务和尔邻里，齐尔姻族，德义相劝，过失相规，敦礼让之风，成淳厚之俗。"

十有一月，再请疏通盐法。

据户部覆疏，所允南、赣暂行盐税例止三年。先生念连年兵饷，不及小民，而止取盐税，所谓"不加赋而财足"，所助不少。且广盐止行于南、赣，其利小，而淮盐必行于袁、临、吉，以滩高也。故三府之民，长苦乏盐。而私贩者水发舟多，蔽河而下，寡不敌众，势莫能遏。乃上议以为："广盐行，则商税集，而用资于军饷，赋省于贫民。广盐止，则私贩兴，而弊滋于奸宄，利归于豪右。况南、赣巢穴虽平，残党未尽，方图保安之策，未有撤兵之期。若盐税一革，军饷之费，苟非科取于贫民，必须仰给于内帑。夫民已贫而敛不休，是驱之从盗也；外已竭而殚其内，是复残其本也。臣窃以为宜开复广盐，著为定例。"朝廷从之，至今军民受其利。

卷三十三 年谱二

自正德己卯在江西至正德辛巳归越

十有四年己卯，先生四十八岁，在江西。

正月，疏谢升荫。

以三浰、九连功荫子锦衣卫，世袭副千户。上疏辞免，谓荫子实非常典，私心终有未安；疾病已缠，图报无日。疏入，不允。

疏乞致仕，不允。

以祖母疾亟故也。上书王晋溪琼曰："郴、衡诸处，群孽漏殄尚多。盖缘进剿之时，彼省土兵不甚用命，广兵防夹稍迟，是以致此。闽中之变，亦由积渐所致。始于延平，继于邵武，又发于建宁、于汀、漳、于沿海诸卫所。将来之祸，不可胜言，固非迂劣如某所能办此也。又况近日祖母病危，日夜痛苦，方寸已乱。望改授，使全首领以归。"

六月，奉敕勘处福建叛军，十五日丙子，至丰城，闻宸濠反，遂返吉安，起义兵。

时福州三卫军人进贵等胁众谋叛，奉敕往勘。以六月初九日启行，十五日午，至丰城，知县顾佖迎，告濠反。先生遂返舟。

先是宁藩世蓄异志，至濠奸恶尤甚。正德初，与瑾纳结，尝风南昌诸生呈举孝行，抚按诸司表奏，以张声誉。安成举人刘养正，素有词文名，屈致鼓众，株连富民，朘剥财产，纵大贼闵念四、凌十一等四出劫掠，以佐妄费。按察使陆完因濠器重，遂相倾附。及为本兵，首复护卫，树羽翼。而濠欲阴入第二子为武宗后，其内宫阎顺等潜至京师，发奏，朝廷置不问，且谪顺等孝陵净军。濠益无忌。完改吏部。王琼代为本兵，度濠必反，乃申军律，督责抚臣修武备，以待不虞。而诸路戒严，捕盗甚急。凌十一系狱劫逃，琼责期必获。濠始恐，复风诸生颂己贤孝，挟当道奏之。武宗见奏，惊曰："保官好升，保宁王贤孝，欲何为耶？"是时江彬方宠幸，太监张忠欲附彬以倾钱宁，闻是言，乃密应曰："钱宁、臧贤交通宁王，其意未可测也。"太监张锐初通濠，复用南昌人张仪言，附忠、彬自固。而御史熊兰居南昌，素雠濠，少师杨廷和亦欲革护卫免患，交为内主。上乃令太监韦霦传旨。故事王府奏事人辞见有常，今稽违非制，于是试御史萧淮上疏曰："近奉敕旨，王人无事不得延留京师，臣有以仰窥陛下微意矣。臣不忍隐默，窃见宁王不遵祖训，包藏祸心，多杀无辜，横夺民产，虐害忠良，招纳亡命，私造兵器，潜谋不轨。交通官校有年，如致仕侍郎李仕实，前镇守太监毕真，及诸前后附势者，皆今日乱臣贼子，关系宗社安危，非细故也。或逮系至京，或坐名罢削。布政使郑岳、副使胡世宁，皆守正蒙害，宜亟起用，庶几人知顺逆，祸变可弥矣。"疏入，忠、彬等赞之，欲内阁降敕责镇巡，而给事中徐之鸾、御史沈约等又具奏其不法。廷和恐祸及，欲濠上护卫自赎。同官外廷不知也。

一日，驸马都尉崔元遣问琼曰："适闻宣召，明早赴阙，何事？"琼问廷和。廷和佯惊曰："何事？"琼微笑曰："公勿欺我。"廷和忸怩，徐曰："宣德中，有疑于赵，尝命驸马袁泰往谕，竟得释，或此意也。"明旦，琼至左顺门，见元领敕，谓曰："此大事，何不廷宣？"乃留，当廷领之。敕有曰："萧淮所言，关系宗社大计，朕念亲亲，不忍加兵，特遣太监赖义、驸马都尉崔元、都御史颜顾寿往谕，革其护卫。"元领敕既行，廷和复令兵部发兵观变。琼曰："此不可泄。近给事中孙懋、易赞建议选兵操江，为江西流贼设备。疏入，留中日久，第请如拟行之，备兵之方，无出此矣。”廷和默然。会濠侦卒林华者，闻朝议二三，不得实，昼夜奔告。值濠生辰宴诸司，闻言大惊，以为诏使此来，必用昔日蔡震擒荆藩故事。且旧制凡抄解宫眷，始遣驸马亲臣，固不记赵王事也。宴罢，密召士实、刘吉等谋之。养正曰：“事急矣，明旦，诸司入谢，即可行事。”是夜集兵以俟。比旦，诸司入谢，濠出立露台，宣言于众曰：“汝等知大义否？”都御史孙燧对曰：“不知。”濠曰：“太后有密旨，令我起兵监国，汝保驾否？”燧曰：“天无二日，民无二王，此是大义，不知其他。”濠怒令缚之。按察司副使许逵从下大呼曰：“朝廷所遣大臣，反贼敢擅杀耶！”骂不绝口。校尉火信曳出惠民门外，同遇害。是时日午，天忽阴曀，遂劫镇巡诸司下狱，夺其印。于是太监王宏、御史王金、公差主事马思聪、金山布政使胡濂、参政陈杲、刘斐、参议许效廉、黄宏、佥事顾凤、都指挥许清、白昂，皆在系。思聪、宏不食死。濠乃伪置官属，以吉暨余钦、万锐等为太监，迎士实为太师，先期迎养正南浦驿为国师，闵念四等各为都指挥，参政王伦为兵部尚书，季斅暨佥事潘鹏、师夔辈俱听役。胁布政使梁宸、按察使杨璋、副使唐锦、都指挥马骥，移咨府部，传檄远近，革年号，斥乘舆。分遣所亲娄伯、王春等四出收兵。

始濠闻武宗嬖伶官臧贤，乃遣秦荣就学音乐，馈万金及金丝宝壶。一日，武宗幸贤，贤以壶注酒，讶其精泽巧丽，曰：“何从得此？”贤吐实。武宗曰：“宁叔何不献我？”是时小刘新得幸，濠失贿，深衔之。比罢归，小刘笑曰：“爷爷尚思宁王物，宁王不思爷爷物足矣！不记荐疏乎？”武宗乃益疑，忠、彬因赞萧疏，遂及贤，贤不知也。濠遣人留贤家，多复壁，外钥木橱，开则长巷，后通屋，甚隐，人无觉者。有旨大索贤家，林华遽走会同馆，得马，故速归。

初，宁献王臞仙传惠、靖、康三王，康王久无子，宫人南昌冯氏以成化丁酉生濠。康王梦蛇入宫，啖人殆尽，心恶之，欲弗举，以内人争免，遂匿优人家，与秦濼同寝处。稍长，淫宫中。康王忧愤且死，不令入诀。

弘治丙辰袭位，通书史歌词。至是谋逆，期以八月十五日因入试官吏生校举事，比林华至，始促反。

十九日，疏上变。

濠既戕害守臣，因劫诸司，据会城，乃悉拘护卫，集亡命，括丁壮，号兵十万，夺运船顺下。戊寅，袭南康，知府陈霖等遁。己卯，袭九江，兵备曹雷、知府汪颖、指挥刘勋等遁，属县闻风皆溃。濠初谋欲径袭南京，遂犯北京，故乘胜克期东下。先生闻变，返舟，值南风急，舟弗能前，乃焚香拜泣告天曰："天若哀悯生灵，许我匡扶社稷，愿即反风。若无意斯民，守仁无生望矣。"须臾，风渐止，北帆尽起。濠遣内官喻才领兵追急，是夜乃与幕士萧禹、雷济等潜入鱼舟得脱。然念两京仓卒无备，欲沮挠之，使迟留旬月。于是故为两广机密大牌，备兵部咨，及都御史颜咨云："率领狼达官兵四十八万江西公干。"令雷济等飞报摇之。濠见檄，果疑惧，迟延未发。先生四昼夜至吉安，明日庚辰，上疏告变。乃与知府伍文定等计，传檄四方，暴发逆濠罪状，檄列郡起兵以勤王。疏留。复命巡按御史谢源、伍希儒、纪功，张疑兵于丰城，又故张接济官军公移，备云兵部咨题，准令许泰、郤永分领边军四万，从凤阳陆路进；刘晖、桂勇分领京边官军四万，从徐淮水陆并进，王守仁领兵二万，杨旦等领兵八万，陈金等领兵六万，分道并进，克期夹攻南昌。且以原奉机密敕旨为据，故令各兵徐行，待其出城，遮击前后以误之。又为李士实、刘养正内应伪书，贼将凌十一、闵念四投降密状，令济、光等亲人计入于濠。濠乃留兵会城以观变。至七月三日，谍知非实，乃属宗支栱㰘与万锐等留兵万余守南昌，遣潘鹏持檄说安庆，季斅说吉安，而自与宗支栱栟、士实、养正等东下。贼众六万人，号十万，以刘吉为监军，王纶参赞军务，指挥葛江为伪都督，总一百四十余队，分五哨。出鄱阳，过九江，令师夔守之，直趋安庆。时钦、凌等攻围虽已浃旬，知府张文锦、守备都指挥杨锐、指挥使崔文同守不下。

按：是时巡抚南畿都御史李克嗣飞章告变，琼请会议左顺门。众观望，犹不敢斥言濠反。琼独曰："竖子素行不义，今仓卒举乱，殆不足虑。都御史王守仁据上游蹑之，成擒必矣。"乃从直房顷刻覆十三疏，首请下诏削濠属籍，正贼名。次请命将出师，趋南都，命伯方寿祥防江都，御史俞谏率淮兵翊南都，尚书王鸿儒主给饷。次请命守仁率南、赣兵由临、吉，都御史秦金率湖兵由荆、瑞会南昌，克嗣镇镇江，许廷光镇浙江，从兰镇仪真，遏贼冲。传檄江西诸路，但有忠臣义士，能倡义旅以擒反者，封侯。又请南京守备操江武职并五府掌印佥书官各自陈取上裁，务在得人，以固根本。诏悉从之。

先生在吉安，守益趋见曰："闻濠诱叶芳兵夹攻吉安。"先生曰："芳必不叛。诸贼旧以茅为屋，叛则焚之。我过其巢，许其伐钜木创屋万余。今其党各千余，不肯焚矣。"益曰："彼从濠，望封拜，可以寻常计乎？"先生默然良久曰："天下尽反，我辈固当如此做。"益惕然，一时胸中利害如洗。次早复见曰："昨夜思之，濠若遣逮老父奈何？已遣报之，急避他所。"

壬午，再告变。

叛党方盛，恐中途有阻，故再上。

疏乞便道省葬，不允。

先生起兵，未奉成命。上便道省葬疏，意示遭变暂留，姑为牵制攻讨，俟命师之至，即从初心。时奉旨："著督兵讨贼，所奏省亲事，待贼平之日来说。"

疏上伪檄。

六月二十二日，参政季斅同南昌府学教授赵承芳旗校十二人赍伪檄榜谕吉安府，至墨潭，领哨官缚送军门。先生即固封以进。其疏略曰："陛下在位一十四年，屡经变难，民心骚动，尚尔巡游不已，致使宗室谋动干戈，冀窃大宝。且今天下之觊觎，岂特一宁王？天下之奸雄，岂特在宗室？言念及此，懔骨寒心。昔汉武帝有轮台之悔，而天下向治；唐德宗下奉天之诏，而士民感泣。伏望皇上痛自克责，易辙改弦；罢出奸谀，以回天下豪杰之心；绝迹巡游，以杜天下奸雄之望；则太平尚有可图，群臣不胜幸甚。”

甲辰，义兵发吉安。丙午，大会于樟树。己酉，誓师。庚戌，次市汊。辛亥，拔南昌。

先生闻濠兵既出，乃促列郡兵克期会于樟树，自督知府伍文定等及通判谈储、推官王暐，以十三日甲辰发吉安。于是临江知府戴德孺、袁州知府徐琏、赣州知府邢珣、瑞州通判胡尧元、童琦、南安推官徐文英、赣州都指挥余恩、新淦知县李美、泰和知县李楫、宁都知县王天与、万安知县黄冕，各以其兵来赴。己酉，誓师于樟树，次丰城。谍知贼设伏于新旧厂，以为省城之应，乃遣奉新知县刘守绪领兵从间道夜袭破之。庚戌，发市汊，分布既定，薄幕齐发。辛亥黎时，各至信地。先是城中为备甚严，及厂贼溃奔入城，一城皆惊。又见我师骤集，益夺其气。众乘之，呼噪梯絙而登，遂入城，擒栱樤、万锐等千有余人，所遗宫眷纵火自焚。先生乃抚定居民，分释协从，封府库，收印信，人心始宁。于是胡濂、刘裴、许效廉、唐锦、赖凤、王玘等皆自投首。初，会兵樟树，众以安庆被围急，宜引兵赴之。先生曰：“今南康、九江皆为贼据，我兵若越二城，直趋安庆，贼必回军死斗，是我腹背受敌也。莫若先破南昌，贼失内据，势必归援。如此，则安庆之围自解，而贼成擒矣。”卒如计云。

遂促兵追濠。甲寅，始接战。乙卯，战于黄家渡。丙辰，战于八字脑。丁巳，获濠樵舍，江西平。

初，濠闻南昌告急，即欲归援，遂解安庆围，移沅子港。先分兵二万趋南昌，身旋继之。二十二日，先生侦知其故，问众计安出？多以贼势强盛，宜坚壁观衅，徐图进止。先生曰：“贼势虽强，未逢大敌，惟以爵赏诱人。今进不得逞，退无所归，众已消沮。若出奇击惰，不战自溃：所谓先人有夺人之气也。”会抚州知府陈槐、进贤知县刘源清提兵亦至。乃遣伍文定、邢珣、徐琏、戴德孺各领兵五百，分道并进，击其不意。又遣余恩以兵四百，往来湖上诱致之。陈槐、胡尧元、童琦、谈储、王暐、徐文英、李美、李楫、王冕、王轼、刘守绪、刘源清等，各引兵百余，四面张疑设伏，候文定等合击之。分布既定，甲寅，乘夜急进。文定以正兵当贼锋，恩继之，珣绕出贼后，琏、德孺张两翼以分其势。乙卯，贼兵鼓噪乘风逼黄家渡，气骄甚。文定、恩佯北以致之。贼争趋利，前后不相及。珣从后横击，直贯其中。文定、恩乘之，夹以两翼，四面伏起。贼大溃，退保八字脑。濠惧，厚赏勇者，且令尽发九江、南康守城兵益之。是日建昌知府曾玙兵亦至。先生以为九江不破，则湖无外援；南康不复，则我难后蹑。乃遣槐领兵四百，合饶州知府林瑊兵攻九江，以广信知府周朝佐取南康。丙辰，贼复并力挑战。我兵少却，文定立铳炮间，火燎其须，殊死战。炮入濠副舟，贼大败，擒斩二千余，溺死者无算。乃聚樵舍，连舟为方阵，尽出金银赏士。先生乃密为火攻具，使珣击其左，琏、德孺出其右，恩等设伏，期火发以合。丁巳，濠方晨朝群臣，责不用命者，将引出斩之。争论未决，我兵掩至，火及濠副舟，众遂奔散。妃嫔与濠泣别，多赴水死。濠为知县王冕所执，与其世子眷属，及伪党士实、养正、刘吉、余钦、王纶、熊琼、卢衍、卢横、丁樻、王春、吴十三、秦荣、葛江、刘勋、何塘、王行、吴七、火信等数百，复执胁从官王宏、王金、杨璋、金山、王畴、程杲、潘鹏、梁宸、郏文、马骥，白昂等，擒斩三千，落水二万余，衣甲器械财物与浮尸横十余里。余贼数百艘逃溃，乃分兵追剿。戊午，及于昌邑，大破之。至吴城，复斩擒千余，死水中殆尽。己未，得槐等报，各擒斩复千余。盖自起兵至破贼，曾不旬日，纪功凡一万一千有奇。初先生屡疏力疾赴闽，值宁藩变，臣子义不容舍。又阖省方面并无一人，事势几会，间不容发，故复图为牵制攻守，以俟命师之至。疏入未报，即以捷闻。

洪尝见龙光述张疑行间事甚悉，尝问曰："事济否？"先生曰："未论济与不济，且言疑与不疑。"光曰："疑固不免。"曰："但得渠一疑，事济矣。”后遇河图为武林驿丞，又言公欲稽留宸濠，何时非间，何事非间。尝问光曰：“曾会刘养正否？”光对曰：“熟识。”即使光行间，移养正家属城内，善饮食之。缚赍檄人欲斩，济蹑足，遂不问。一日发牌票二百余，左右莫知所往。临省城，先以顺逆祸福之理谕官民。闻锐与瑞昌王助逆，遣其心腹胡景隆招回各兵，以离其党。人徒见成功之易，而不知其伐谋之神也。黄弘纲闻安吉居人疑曰：“王公之戈，未知何向？”亟入告，先生笑而不答。出兵誓师，斩失律者殉营中，军士股栗，不敢仰视，不知即前赍檄人也。后贼平，张、许谤议百出，天下是非益乱，非先生自信于心，乌能遽白哉？

先是先生思豫备，会汀、漳兵备佥事周期雍以公事抵赣，知可与谋，且官异省，屏左右语之。雍归，即阴募骁勇，部勒以俟，故晨奉檄而夕就道。福建左布政使席书、岭东兵备佥事王大用，亦以兵来，道闻贼平，乃还。致仕都御史林俊闻变，夜范锡为佛狼机铳，并火药法，遣仆从间道来遗，勉以讨贼。

先生入城，日坐都察院，开中门，令可见前后。对士友论学不辍。报至，即登堂遣之。有言伍焚须状，暂如侧席，遣牌斩之。还坐，众咸色怖惊问。先生曰：“适闻对敌小却，此兵家常事，不足介意。”后闻濠已擒，问故行赏讫，还坐，咸色喜惊问。先生曰：“适闻宁王已擒，想不伪，但伤死者众耳。”理前语如常。傍观者服其学。

濠就擒，乘马入，望见远近街衢行伍整肃，笑曰：“此我家事，何劳费心如此！”一见先生，辄诧曰：“娄妃，贤妃也。自始事至今，苦谏未纳，适投水死，望遣葬之。”比使往，果得尸，盖周身皆纸绳内结，极易辨。娄为谅女，有家学，故处变能自全。

八月，疏谏亲征。

是时兵部会议命将讨贼。武宗诏曰：“不必命将，朕当亲率六师，奉天征讨。”于是假威武大将军镇国公行事，命太监张永、张忠、安边伯许泰、都督刘晖，率京边官军万余，给事祝续、御史张纶，随军纪功。

虽捷音久上，不发，皆云："元恶虽擒，逆党未尽，不捕必遗后患。"先生具疏谏止，略曰："臣于告变之后，选将集兵，振威扬武，先攻省城，虚其巢穴，继战鄱湖，击其惰归。今宸濠已擒，谋党已获，从贼已扫，闽、广赴调军士已散，地方惊扰之民已帖。窃惟宸濠擅作辟威，睥睨神器，阴谋久蓄；招纳叛亡，辇毂之动静，探无遗迹；广置奸细，臣下之奏白，百不一通。发谋之始，逆料大驾必将亲征，先于沿途伏有奸党，期为博浪、荆轲之谋。今逆不旋踵，遂已成擒。法宜解赴阙门，式昭天讨。然欲付之部下各官，诚恐潜布之徒，乘隙窃发；或虞意外，臣死有余憾矣。"盖时事方艰，贼虽擒，乱未已也。

是月疏免江西税，益王，淮王饷军，留朝觐官，恤重刑以实军伍，处置署印府县从逆人，参九江、南康失事，便道省葬，前后凡九上。

再乞便道省葬，不允。

与王晋溪书曰："始恳疏乞归，以祖母鞠育之恩，思一面为诀。后竟牵滞兵戈，不及一见，卒抱终天之痛。今老父衰疾，又复日亟，而地方已幸无事，何惜一举手投足之劳，而不以曲全之乎？"

九月壬寅，献俘钱塘，以病留。

九月十一日，先生献俘发南昌。忠、泰等欲追还之，议将纵之鄱湖，俟武宗亲与遇战，而后奏凯论功。连遣人追至广信。先生不听，乘夜过玉山、草萍驿。张永候于杭，先生见永，谓曰："江西之民，久遭濠毒，今经大乱，继以旱灾，又供京边军饷，困苦既极，必逃聚山谷为乱。昔助濠，尚为胁从，今为穷迫所激，奸党群起，天下遂成土崩之势。至是兴兵定乱，不亦难乎？"永深然之，乃徐曰："吾之此出，为群小在君侧，欲调护左右，以默辅圣躬，非为掩功来也。但皇上顺其意而行，犹可挽回，万一若逆其意，徒激群小之怒，无救于天下大计矣。"于是先生信其无他，以濠付之，称病西湖净慈寺。

武宗尝以威武大将军牌遣锦衣千户追取宸濠，先生不肯出迎。三司苦劝。先生曰："人子于父母乱命，若可告语，当涕泣以从，忍从谀乎？"

不得已令参随负敕同迎以入。有司问劳锦衣礼，先生曰：“止可五金。”锦衣怒不纳。次日来辞，先生执其手曰：“我在正德间，下锦衣狱甚久，未见轻财重义有如公者。昨薄物出区区意，只求备礼。闻公不纳，令我惶愧。我无他长，止善作文字。他日当为表章，令锦衣知有公也。”于是复再拜以谢。其人竟不能出他语而别。奉敕兼巡抚江西。

十一月，返江西。

先生称病，欲坚卧不出，闻武宗南巡，已至维扬，群奸在侧，人情汹汹。不得已，从京口将径趋行在。大学士杨一清固止之。会奉旨兼巡抚江西，遂从湖口还。

忠等方挟宸濠搜罗百出，军马屯聚，糜费不堪。续、纶等望风附会，肆为飞语，时论不平。先生既还南昌，北军肆坐慢骂，或故冲导起衅。先生一不为动，务待以礼。豫令巡捕官谕市人移家于乡，而以老羸应门。始欲犒赏北军，泰等预禁之，令勿受。乃传示内外，谕北军离家苦楚，居民当敦主客礼。每出，遇北军丧，必停车问故，厚与之榇，嗟叹乃去。久之，北军咸服。会冬至节近，预令城市举奠。时新经濠乱，哭亡酹酒者声闻不绝。北军无不思家，泣下，求归。先生与忠等语，不稍徇，渐已知畏。忠、泰自居所长，与先生较射于教场中，意先生必大屈。先生勉应之，三发三中，每一中，北军在傍哄然，举手啧啧。忠、泰大惧曰：“我军皆附王都耶！”遂班师。

十有五年庚辰，先生四十九岁，在江西。

正月，赴召，次芜湖。寻得旨，返江西。

忠、泰在南都谗先生必反，惟张永持正，保全之。武宗问忠等曰：“以何验反？”对曰：“召必不至。”有诏面见，先生即行。忠等恐语相违，复拒之芜湖半月。不得已，入九华山，每日宴坐草庵中。适武宗遣人觇之，曰：“王守仁学道人也，召之即至，安得反乎？”乃有返江西之命。始忠等屡矫伪命，先生不赴，至是永有幕士顺天检校钱秉直急遣报，故得实。

先生赴召至上新河，为诸幸谗阻，不得见。中夜默坐，见水波拍岸，汩汩有声。思曰："以一身蒙谤，死即死耳，如老亲何？"谓门人曰："此时若有一孔可以窃父而逃，吾亦终身长往不悔矣。"

江彬欲不利于先生，先生私计，彬有他，即计执彬武宗前，数其图危宗社罪，以死相抵，亦稍偿天下之忿。徐得永解。其后刑部判彬有曰："虎旅夜惊，已幸寝谋于牛首；宫车宴驾，那堪遗恨于豹房。"若代先生言之者。

以晦日重过开先寺，留石刻读书台后，词曰："正德己卯六月乙亥，宁藩濠以南昌叛，称兵向阙，破南康、九江，攻安庆，远近震动。七月辛亥，臣守仁以列郡之兵复南昌，宸濠擒，余党悉定。当此时，天子闻变赫怒，亲统六师临讨，遂俘宸濠以归。于赫皇威！神武不杀，如霆之震，靡击而折。神器有归，孰敢窥窃。天鉴于宸濠，式昭皇灵，嘉靖我邦国。正德庚辰正月晦，提督军务都御史王守仁书。"从征官属列于左方。明日游白鹿洞，徘徊久之，多所题识。

二月，如九江。

先生以车驾未还京，心怀忧惶。是月出观兵九江，因游东林、天池、讲经台诸处。

是月，还南昌。

三月，请宽租。

江西自己卯三月不雨，至七月，禾苗枯死。继遭濠乱，小民乘隙为乱。先生尽心安戢，许乞优恤。至是部使数至，督促日追，先生上疏略曰："日者流移之民，闻官军将去，稍稍胁息，延望归寻故业，足未入境，而颈已系于追求者之手矣！夫荒旱极矣，而因之以变乱；变乱极矣，而又加之以师旅；师旅极矣，而又加之以供馈。益之以诛求，亟之以征敛。当是之时，有目者不忍观，有耳者不忍闻，又从而刻其膏血，有人心者尚忍乎？宽恤之虚文，不若蠲租之实惠；赈济之难及，不若免税之易行。今不免租税，不息诛求，而徒曰宽恤赈济，是夺其口中之食，而曰吾将疗汝之饥；刳其腹肾之肉，而曰吾将救汝之死：凡有血气者，皆将不信之矣。”

按：是年与巡按御史唐龙、朱节上疏计处宁藩变产官银，代民上纳，民困稍苏。

三疏省葬，不允。

五月，江西大水，疏自劾。

是年四月，江西大水，漂溺公私庐舍，田野崩陷。先生上疏自劾四罪。且曰：“自春入夏，雨水连绵，江湖涨溢，经月不退。自赣、吉、临、瑞、广、抚、南昌、九江、南康，沿江诸路，无不被害。黍苗沦没，室庐漂荡，鱼鳖之民聚栖于木杪，商旅之舟经行于闾巷，溃城决堤，千里为壑，烟火断绝，惟闻哭声。询之父老，皆谓数十年所未有也。伏惟皇上轸灾恤变，别选贤能，代臣巡抚。即不以臣为显戮，削其禄秩，黜还田里，以为人臣不职之戒，庶亦有位知警，民困可息，天变可弭，人怒可泄，而臣亦死无憾矣。”

按：是时武宗犹羁南畿，进谏无由，姑叙地方灾异以自劾，冀君心开悟而加意黎元也。

六月，如赣。

十四日，从章口入玉笥大秀宫。十五日，宿云储。十八日，至吉安，游青原山，和黄山谷诗，遂书碑。行至泰和，少宰罗钦顺以书问学。先生答曰：“来教训某《大学》古本之复，以人之学但当求之于内，而程、朱格物之说不免求之于外，遂去朱子之分章，而削其所补之传。非敢然也。学岂有内外乎？《大学》古本，乃孔门相传旧本耳。朱子疑其有脱误，而改正补缉之；在某则谓其本无脱误，悉从其旧而已矣。失在过信孔子则有之，非故去朱子之分章，而削其传也。夫学贵得之心。求之于心而非也，虽其言之出于孔子，不敢以为是也，而况其未及孔子者乎？求之于心而是也，虽其言之出于庸常，不敢以为非也，而况其出于孔子者乎？

且旧本之传，数千载矣，今读其文辞，既明白而可通，论其功夫，又易简而可入，亦何所按据而断其此段之必在于彼，彼段之必在于此？与此之如何而缺，彼之如何而误？而遂正补缉之，无乃重于背朱而轻于叛孔已乎？来教谓：‘如必以学不资于外求，但当反观内省以为务，则“正心诚意”四字，亦何不尽之有？何必入门之际，使困以格物一段功夫也？’诚然诚然。若语其要，则‘修身’二字亦足矣，何必又言‘正心’？‘正心’二字亦足矣，何必又言‘诚意’？‘诚意’二字亦足矣，何必又言‘致知’，又言‘格物’？惟其功夫之详密，而要之只是一事，所以为精一之学，此正不可不思者也。夫理无内外，性无内外，故学无内外。讲习讨论，未尝非内也；反观内省，未尝遗外也。夫谓学必资于外求，是以已性为有外也，是义外也，用智者也；谓反观内省为求之于内，是以已性为有内也，是有我也，自私者也：是皆不知性之无内外也。故曰：‘精义入神，以致用也；利用安身，以崇德也。’性之德也，合内外之道也。此可以知格物之学矣。格物者，《大学》之实下手处，彻首彻尾，自始学至圣人，只此功夫而已。非但入门之际，有此一段也。夫正心、诚意、致知、格物，皆所以修身而格物者，其所以用力日可见之地。故格物者，格其心之物也，格其意之物也，格其知之物也；正心者，正其物之心也；诚意者，诚其物之意也；致知者，致其物之知也：此岂有内外彼此之分哉？理一而已。以其理之凝聚而言，则谓之性；以其主宰而言，则谓之心；以其主宰之发动而言，则谓之意；以其发动之明觉而言，则谓之知；以其明觉之感应而言，则谓之物。故就物而言，谓之格；就知而言，谓之致，就意而言，谓之诚；就心而言，谓之正。正者，正此也；诚者，诚此也；致者，致此也；格者，格此也。皆所谓穷理以尽也。天下无性外之理，无性外之物。学之不明，皆由世之儒者认理为外，认物为外，而不知义外之说，孟子盖尝辟之，乃至袭陷其内而不觉，岂非亦有似是而难明者欤？不可以不察也。凡执事所以致疑于格物之说者，必谓其是内而非外也；必谓其专事于反观内省之为，而遗弃其讲习讨论之功也；必谓其一意于纲领本原之约，而脱略于支条节目之详也；必谓其沉溺于枯槁虚寂之偏，而不尽于物理人事之变也。审如是，岂但获罪于圣门，获罪于朱子？是邪说诬民，叛道乱正，人得而诛之也，而况于执事之正直哉？审如是，世之稍明训诂，闻先哲之绪纶者，皆知其非也，而况执事之高明乎哉？凡某之所谓格物，其于朱子九条之说，皆包罗统括于其中；但为之有要，作用不同：正所谓毫厘之差耳。然毫厘之差，而千里之谬实起于此，不可不辨。"

是月至赣。

先生至赣，大阅士卒，教战法。江彬遣人来观动静。相知者俱请回省，无蹈危疑。先生不从，作《啾啾吟》解之，有曰："东家老翁防虎患，虎夜入室衔其头。西家小儿不识虎，持竿驱虎如驱牛。"且曰："吾在此与童子歌诗习礼，有何可疑？"门人陈九川等亦以为言。先生曰："公等何不讲学，吾昔在省城，处权竖，祸在目前，吾亦帖然；纵有大变，亦避不得。吾所以不轻动者，亦有深虑焉耳。"

洪昔葺师疏，《便道归省》与《再报濠反疏》同日而上，心疑之，岂当国家危急存亡之日而暇及此也？当是时，倡义兴师，濠且旦夕擒矣，犹疏请命将出师，若身不与其事者。至《谏止亲征疏》，乃叹古人处成功之际难矣哉！

七月，重上江西捷音。

武宗留南都既久，群党欲自献俘袭功。张永曰："不可。昔未出京，宸濠已擒，献俘北上，过玉山，渡钱塘，经人耳目，不可袭也。"于是以大将军钧帖令重上捷音。先生乃节略前奏，入诸人名于疏内，再上之。始议北旋。

尚书霍韬曰："是役也，罪人已执，犹动众出师；地方已宁，乃杀民奏捷。误先朝于过举，摇国是于将危。盖忠、泰之攘功贼义，厥罪滔天，而续、纶之诡随败类，其党恶不才亦甚矣。"御史黎龙曰："平藩事，不难于成功，而难于倡义。盖以逆濠之反，实有内应，人怀观望，而一时勤王诸臣，皆捐躯亡家，以赴国难。其后忌者构为飞语，欲甘心之，人心何由服乎？后有事变，谁复肯任之者？”费文献公宏《送张永还朝序》曰：“兹行也，定祸乱而不必功出于己：开主知而不使过归乎上；节财用，不欲久困乎民；扶善类，而不欲罪移非辜。且先是发瑾罪状，首以规护卫为言，实以逆谋之成，萌于护卫之复，其早辨预防，非有体国爱民之心，不能及此。”

洪谓：“平藩事不难于倡义，而难于处忠、泰之变。盖忠、泰挟天子以偕乱，莫敢谁何？豹房之谋，无日不在畏，即据上游，不敢骋，卒能保乘舆还宫，以起世宗之正始。开先勒石所谓：‘神器有归，孰敢窥窃。’又曰：‘嘉靖我邦国。’则改元之兆先征于兹矣。噫！岂偶然哉！”

先生在赣时，有言万安上下多武士者。先生令参随往纪之。命之曰：“但多膂力，不问武艺。”已而得三百余人。龙光问曰：“宸濠既平，纪此何为？”曰：“吾闻交阯有内难，出其不意而擒之，一机会也。”后二十年，有登庸之役，人皆相传先生有预事谋，而不知当时计有所在也。

八月，咨部院雪冀元亨冤状。

先是宸濠揽结名士助己，凡仕江右者，多隆礼际。武陵冀元亨为公子正宪师，忠信可托，故遣往谢，佯与濠论学。濠大笑曰：“人痴乃至此耶！”立与绝。比返赣述故，先生曰：“祸在兹矣。”乃卫之间道归。及是，张、许等索衅不得，遂逮元亨，备受考掠，无片语阿顺。于是科道交疏论辩，先生备咨部院白其冤。世宗登极，诏将释。前已得疾，后五日卒于狱。同门陆澄、应典辈备棺殓。讣闻，先生为位恸哭之。元亨字惟乾，举乡试。其学以务实不欺为主，而谨于一念。在狱视诸囚不异一体，诸囚日涕泣，至是稍稍听学自慰。湖广逮其家，妻李与二女，俱不怖，曰：“吾夫平生尊师讲学，肯有他乎？”手治麻枲不辍。暇则诵《书》歌《诗》。事白，守者欲出之。李曰：“不见吾夫，何归？”按察诸僚妇欲相会，辞不敢赴。已乃洁一室，就视，则囚服不释麻枲。有问者，答曰：“吾夫之学不出闺门衽席间。”闻者悚愧。元亨既卒，先生移文恤其家。

罗洪先赠女兄夫周汝方序略曰："忆龙冈尝自赣病归，附庐陵刘子吉舟。刘与阳明先生素厚善，会母死，往请墓志。实濠事暗相邀结，不合而返。至舟，顾龙冈呻吟昏瞀，意其熟寝也。呼门人王储，叹曰：'初意专倚阳明，两日数调以言，若不喻意，更不得一肯綮，不上此船明矣。此事将遂已乎，且吾安得以一身当重担也？'储拱手曰：'先生气弱，今天下属先生，先生安所退托？阳明何足为有无哉？'刘曰：'是固在我，多得数人更好。阳明曾经用兵尔。'储曰：'先生以阳明为才乎，吾见其怯也。'刘曰：'诚然。赣州峒贼，髦头耳，乃终日练兵，若对大敌，何其张皇哉？'相与大笑而罢。龙冈反舍，语予若此，己卯二月也。其年六月，濠反，子吉与储附之。七月，阳明先生以兵讨贼。八月俘濠。是时议者纷然，予与龙冈窃叹莫能辨。比见诋先生者，问之曰：'吾恶其言是而行非，盖其伪也。龙冈舌尚在，至京师，见四方人士，犹有为前言者否乎？盍以语予者语之。'其后养正既死，先生过吉安，令有司葬其母，复为文以奠。辞曰：'嗟嗟！刘生子吉，母死不葬，爰及干戈；一念之差，遂至于此，呜呼哀哉！今吾葬子之母，聊以慰子之魂。盖君臣之义，虽不得私于子之身，而朋友之情，犹得以尽于子之母也，呜呼哀哉！'其事在是年六月。"

闰八月，四疏省葬，不允。

初，先生在赣，闻祖母岑太夫人讣，及海日翁病，欲上疏乞归，会有福州之命。比中途遭变，疏请命将讨贼，因乞省葬。朝廷许以贼平之日来说。至是凡四请。尝闻海日翁病危，欲弃职逃归，后报平复，乃止。一日，问诸友曰："我欲逃回，何无一人赞行？"门人周仲曰："先生思归一念，亦似著相。"先生良久曰："此相安能不著？"

九月，还南昌。

先生再至南昌。武宗驾尚未还宫，百姓嗷嗷，乃兴新府工役，檄各院道取濠废地逆产，改造贸易，以济饥代税，境内稍苏。尝遗守益书曰："自到省城，政务纷错，不复有相讲习如虔中者。虽自己舵柄，不敢放手，而滩流悍急，须仗有力如吾谦之者，持篙而来，庶能相助更上一滩耳。”泰州王银服古冠服，执木简，以二诗为贽，请见。先生异其人，降阶迎之。既上坐，问：“何冠？”曰：“有虞氏冠。”问：“何服？”曰：“老莱子服。”曰：“学老莱子乎？”曰：“然。”曰：“将止学服其服，未学上堂诈跌掩面啼哭也？”银色动，坐渐侧。及论致知格物，悟曰：“吾人之学，饰情抗节，矫诸外；先生之学，精深极微，得之心者也。”遂反服执弟子礼。先生易其名为“艮”，字以“汝止。”

进贤舒芬以翰林谪官市舶，自恃博学，见先生问律吕。先生不答，且问元声。对曰：“元声制度颇详，特未置密室经试耳。”先生曰：“元声岂得之管灰黍石间哉？心得养则气自和，元气所由出也。《书》云‘诗言志’，志即是乐之本；‘歌永言’，歌即是制律之本。永言和声，俱本于歌。歌本于心，故心也者，中和之极也。”芬遂跃然拜弟子。

是时陈九川、夏良胜、万潮、欧阳德、魏良弼、李遂、舒芬及裘衍日侍讲席，而巡按御史唐龙、督学佥事邵锐，皆守旧学相疑，唐复以撤讲择交相劝。先生答曰：“吾真见得良知人人所同，特学者未得启悟，故甘随俗习非。今苟以是心至，吾又为一身疑谤，拒不与言，于心忍乎？求真才者，譬之淘沙而得金，非不知沙之汰者十去八九，然未能舍沙以求金为也。”当唐、邵之疑，人多畏避，见同门方巾中衣而来者，俱指为异物。独王臣、魏良政、良器、钟文奎、吴子金等挺然不变，相依而起者日众。

十有六年辛巳，先生五十岁，在江西。

正月，居南昌。

是年先生始揭致良知之教。先生闻前月十日武宗驾入宫，始舒忧念。自经宸濠、忠、泰之变，益信良知真足以忘患难，出生死，所谓考三王，建天地，质鬼神，俟后圣，无弗同者。乃遗书守益曰：“近来信得致信得‘致良知’三字，真圣门正法眼藏。往年尚疑未尽，今自多事以来，只此良知无不具足。譬之操舟得舵，平澜浅濑，无不如意，虽遇颠风逆浪，舵柄在手，可免没溺之患矣。”一日，先生喟然发叹。九川问曰：“先生何叹也？”曰：“此理简易明白若此，乃一经沉埋数百年。”九川曰：“亦为宋儒从知解上入，认识神为性体，故闻见日益，障道日深耳。今先生拈出‘良知’二字，此古今人人真面目，更复奚疑？”先生曰：“然。譬之人有冒别姓坟墓为祖墓者，何以为辨？只得开圹，将子孙滴血，真伪无可逃矣。我此良知二字，实千古圣圣相传一点滴骨血也。”又曰：“某于此良知之说，从百死千难中得来，不得已与人一口说尽。只恐学者得之容易，把作一种光景玩弄，不实落用功，负此知耳。”先生自南都以来，凡示学者，皆令存天理去人欲以为本。有问所谓，则令自求之，未尝指天理为何如也。间语友人曰：“近欲发挥此，只觉有一言发不出，津津然如含诸口，莫能相度。”久乃曰：“近觉得此学更无有他，只是这些子，了此更无余矣。”旁有健羡不已者，则又曰：“连这些子亦元放处。”今经变后，始有良知之说。

录陆象山子孙。

先生以象山得孔、孟正传，其学术久抑而未彰，文庙尚缺配享之典，子孙未沾褒崇之泽，牌行抚州府金溪县官吏，将陆氏嫡派子孙，仿各处圣贤子孙事例，免其差役；有俊秀子弟，具名提学道送学肄业。

按：象山与晦翁同时讲学，自天下崇朱说，而陆学遂泯。先生刻《象山文集》，为序以表彰之。席元山尝闻先生论学于龙场，深病陆学不显，作《鸣冤录》以寄先生。称其身任斯道，庶几天下非之而不顾。

五月，集门人于白鹿洞。

是月，先生有归志，欲同门久聚，共明此学。适南昌府知府吴嘉聪欲成府志，时蔡宗兖为南康府教授，主白鹿洞事，遂使开局于洞中，集夏良胜、舒芬、万潮、陈九川同事焉。先生遗书促邹守益曰：“醉翁之意盖有在，不专以此烦劳也。区区归遁有日。圣天子新政英明。如谦之亦宜束装北上，此会宜急图之，不当徐徐而来也。”

庚辰春，甘泉湛先生避地发履冢下，与霍兀崖韬、方叔贤同时家居为会，先生闻之曰："英贤之生，何幸同时共地，又可虚度光阴，失此机会耶？"是秋，兀崖过洪都，论《大学》，辄持旧见。先生曰："若传习书史，考正古今，以广吾见闻则可；若欲以是求得入圣门路，譬之采摘枝叶，以缀本根，而欲通其血脉，盖亦难矣。"至是，甘泉寄示《学庸测》，叔贤寄《大学》、《洪范》。先生遗书甘泉曰："随意体认天理，是真实不诳语。究兄命意发端，却有毫厘未协。修齐治平，总是格物，但欲如此节节分疏，亦觉说话太多。且语意务为简古，比之本文反更深晦。莫若浅易其词，略指路径，使人自思得之，更觉意味深长也。"遗书叔贤曰："道一而已。论其大本一原，则《六经》、《四书》无不可推之而同者，又不特《洪范》之于《大学》而已。譬之草木，其同者生意也；其花实之疏密，枝叶之高下，亦欲尽比而同之，吾恐化工不如是之雕刻也。君子论学固惟是之从，非以必同为贵。至于入门下手处，则有不容于不辨者。"先是伦彦式以训尝过虔中问学，是月遣弟以谅遗书问曰："学无静根，感物易动，处事多悔，如何？"先生曰："三言者病亦相因。惟学而别求静根，故感物而惧其易动；感物而惧其易动，是故处事而多悔也。心无动静者也，故君子之学，其静也常觉，而未尝无也，故常应常寂，动静皆有事焉，是之谓集义。集义故能无祇悔，所谓'动亦定，静亦定'者也。心一而已，静其体也，而复求静根焉，是挠其体也；动其用也，而惧其易动焉，是废其用也。故求静之心即动也，恶动之心非静也，是之谓动亦动，静亦动，将迎起伏相迎于无穷矣。故循理之谓静，从欲之谓动。"

六月，赴内召，寻止之，升南京兵部尚书，参赞机务。遂疏乞便道省葬。

六月十六日，奉世宗敕旨，以"尔昔能剿平乱贼，安静地方，朝廷新政之初，特兹召用。敕至，尔可驰驿来京，毋或稽迟。"先生即于是月二十日起程，道由钱塘。辅臣阻之，潜讽科道建言，以为"朝廷新政，武宗国丧，资费浩繁，不宜行宴赏之事”。先生至钱塘，上疏恳乞便道归省。朝廷准令归省，升南京兵部尚书，参赞机务。按《乞归省疏》略曰：“臣自两年以来，四上归省奏，皆以亲老多病，恳乞暂归省视。复权奸谗嫉，恐罹暧昧之祸，故其时虽以暂归为请，而实有终身丘壑之念矣。既而天启神圣，入承大统，亲贤任旧，向之为谗嫉者，皆以诛斥，阳德兴而公道显。臣于斯时，若出陷阱而登之春台也，岂不欲朝发夕至，一快其拜舞踊跃之私乎？顾臣父老且病，顷遭谗构，朝夕常有父子不相见之痛。今幸脱洗殃咎，复睹天日，父子之情，固思一见颜面以叙其悲惨离隔之怀。况臣取道钱塘，迂程乡土，止有一日。此在亲交之厚，将不能已于情，而况父子乎？然不以之明请于朝，而私窃行之，是欺君也；惧稽延之戮，而忍割情于所生，是忘父也。欺君者不忠，忘父者不孝：故臣敢冒罪以请。”

与陆澄论养生：“京中人回，闻以多病之故，将从事于养生。区区往年盖尝毙力于此矣。后乃知养德、养身只是一事。元静所云‘真我’者，果能戒谨恐惧而专心于是，则神住、气住、精住，而仙家所谓长生久视之说，亦在其中矣。老子、彭篯之徒，乃其禀赋有若此者，非可以学而至。后世如白玉蟾、丘长春之属，皆是彼所称述以为祖师者，其得寿皆不过五六十。则所谓长生之说，当必有所指也。元静气弱多病，但宜清心寡欲，一意圣贤，如前所谓‘真我’之说；不宜轻信异道，徒自惑乱聪明，毙精竭神，无益也。”

八月，至越。

九月，归余姚省祖茔。

先生归省祖茔，访瑞云楼，指藏胎衣地，收泪久之，盖痛母生不及养，祖母死不及殓也。日与宗族亲友宴游，随地指示良知。德洪昔闻先生讲学江右，久思及门，乡中故老犹执先生往迹为疑，洪独潜伺动支，深信之，乃排众议，请亲命，率二侄大经、应扬及郑寅、俞大本，因王正心通贽请见。明日，夏淳、范引年、吴仁、柴凤、孙应奎、诸阳、徐珊、管州、谷钟秀、黄文涣、周于德、杨珂等凡七十四人。

十月二日，封新建伯。

制曰:“江西反贼剿平，地方安定，各该官员，功绩显著。你部里既会官集议，分别等第明白。王守仁封新建伯，奉天翊卫推诚宣力守正文臣，特进光禄大夫柱国，还兼两京兵部尚书，照旧参赞机务，岁支禄米壹千石，三代并妻一体追封，给与诰券，子孙世世承袭。正德十六年十二月十九日，准兵部吏部题。”差行人赍白金文绮慰劳。兼下温旨存问父华于家，赐以羊酒。至日，适海日翁诞辰，亲朋咸集，先生捧觞为寿。翁蹙然曰:“宁濠之变，皆以汝为死矣而不死，皆以事难平矣而卒平。谗构朋兴，祸机四发，前后二年，岌乎知不免矣。天开日月，显忠遂良，穹官高爵，滥冒封赏，父子复相见于一堂，兹非其幸欤！然盛者衰之始，福者祸之基，虽以为幸，又以为惧也。”先生洗爵而跪曰:“大人之教，儿所日夜切心者也。”闻者皆叹会遇之隆，感盈盛之戒。

卷三十四　年谱三

自嘉靖壬午在越至嘉靖己丑丧归越

嘉靖元年壬午，先生五十一岁，在越。

正月，疏辞封爵。

先是先生平贼擒濠，俱琼先事为谋，假以便宜行事，每疏捷，必先归功本兵，宰辅憾焉。至是，欲阻先生之进，乃抑同事诸人，将纪功册改造，务为删削。先生曰："册中所载，可见之功耳。若夫帐下之士，或诈为兵檄，以挠其进止；或伪书反间，以离其腹心；或犯难走役，而填于沟壑；或以忠抱冤，而构死狱中，有将士所不与知，部领所未尝历，幽魂所未及泄者，非册中所能尽载。今于其可见之功，而又裁削之，何以励效忠赴义之士耶！"乃上疏乞辞封爵，且谓："殃莫大于叨天之功，罪莫大于掩人之善，恶莫深于袭下之能，辱莫重于忘己之耻：四者备而祸全。此臣之不敢受爵者，非以辞荣也，避祸焉尔已。"疏上，不报。

二月，龙山公卒。

二月十二日己丑，海日翁年七十，疾且革。时朝廷推论征藩之功，进封翁及竹轩、槐里公，俱为新建伯。是日，部咨适至，翁闻使者已在门，促先生及诸弟出迎，曰："虽仓遽，乌可以废礼？"问已成礼，然后瞑目而逝。先生戒家人勿哭，加新冕服拖绅，饬内外含襚诸具，始举哀，一哭顿绝，病不能胜。门人子弟纪丧，因才任使。以仙居金克厚谨恪，使监厨。克厚出纳品物惟谨，有不慎者追还之，内外井井。室中斋食，百日后，令弟侄辈稍进乾肉，曰："诸子豢养习久，强其不能，是恣其作伪也。稍宽之，使之各求自尽可也。"越俗宴吊客必列饼糖，设文绮，烹鲜割肥，以竞丰侈，先生尽革之。惟遇高年远客，素食中间肉二器，曰："斋素行于幕内，若使吊客同孝子食，非所以安高年而酬宾旅也。"后甘泉先生来吊，见肉食不喜，遣书致责。先生引罪不辩。是年克厚与洪同贡于乡，连举进士，谓洪曰："吾学得司厨而大益，且私之以取科第。先生常谓学必操事而后实，诚至教也。"

先生卧病，远方同志日至，乃揭帖于壁曰："某鄙劣无所知识，且在忧病奄奄中，故凡四方同志之辱临者，皆不敢相见；或不得已而相见。亦不敢有所论说，各请归而求诸孔、孟之训可矣。夫孔、孟之训，昭如日月，凡支离决裂，似是而非者，皆异说也。有志于圣人之学者，外孔、孟之训而他求，是舍日月之明，而希光于萤爝之微也，不亦缪乎？"

七月，再疏辞封爵。

七月十九日，准吏部咨："钦奉圣旨：卿倡义督兵，剿除大患，尽忠报国，劳绩可嘉，特加封爵，以昭公义。宜勉承恩命，所辞不允。"先是先生上疏辞爵，乞普恩典，盖以当国者不明军旅之赏，而阴行考察，或赏或否，或不行赏，而并削其绩，或赏未及播，而罚已先行，或虚受升职之名，而因使退闲，或冒蒙不忠之号，而随以废斥，乃叹曰："同事诸臣，延颈而待，且三年矣！此而不言，谁复有为之论列者？均秉忠义之气，以赴国难，而功成行赏，惟吾一人当之，人将不食其余矣。"乃再上疏曰："日者宸濠之变，其横气积威，虽在千里之外，无不震骇失措，而况江西诸郡县近切剥床者乎？臣以逆旅孤身，举事其间。然而未受巡抚之命，则各官非统属也；未奉讨贼之旨，其事乃义倡也。若使其时郡县各官，果畏死偷生，但以未有成命，各保土地为辞，则臣亦可如何哉？然而闻臣之调，即感激奋励，挺身而来，是非真有捐躯赴难之义，戮力报主之忠，孰肯甘粉齑之祸，从赤族之诛，以希万一难冀之功乎？然则凡在与臣共事者，皆有忠义之诚者也。夫考课之典，军旅之政，固并行而不相悖，然亦不可混而施之。今也将明旅之赏，而阴以考课之意行于其间，人但见其赏未施而罚已及，功不录而罪有加，不能创奸警恶，而徒以阻忠义之气，快谗嫉之心；譬之投杯醪于河水，而求饮者之醉，可得乎？”疏上不报。

时御史程启充、给事毛玉倡议论劾，以遏正学，承宰辅意也。陆澄时为刑部主事，上疏为六辩以折之。先生闻而止之曰：“无辩止谤，尝闻昔人之教矣。况今何止于是。四方英杰，以讲学异同，议论纷纷，吾侪可胜辩乎？惟当反求诸己，苟其言而是欤，吾斯尚有未信欤，则当务求其非，不得辄是己而非人也。使其言而非欤，吾斯既以自信欤，则当益求于自慊，所谓默而成之，不言而信者也。然则今日之多口，孰非吾侪动心忍性，砥砺切磋之地乎？且彼议论之兴，非必有所私怨于我，亦将以为卫夫道也。况其说本自出于先儒之绪论，而吾侪之言，骤异于昔，反若凿空杜撰者，固宜其非笑而骇惑矣。未可专以罪彼为也。”

是月德洪赴省城，辞先生请益。先生曰：“胸中须常有舜、禹有天下不与气象。”德洪请问。先生曰：“舜、禹有天下而身不与，又何得丧介于其中？”

二年癸未，先生五十二岁，在越。

二月。

南宫策士以心学为问，阴以辟先生。门人徐珊读《策问》，叹曰：“吾恶能昧吾知以幸时好耶！”不答而出。闻者难之。曰：“尹彦明后一人也。”同门欧阳德、王臣、魏良弼等直接发师旨不讳，亦在取列，识者以为进退有命。德洪下第归，深恨时事之乖。见先生，先生喜而相接曰：“圣学从兹大明矣。”德洪曰：“时事如此，何见大明？”先生曰：“吾学恶得遍语天下士？今会试录，虽穷乡深谷无不到矣。吾学既非，天下必有起而求真是者。”

邹守益、薛侃、黄宗明、马明衡、王艮等侍，因言谤议日炽。先生曰："诸君且言其故。"有言先生势位隆盛，是以忌嫉谤；有言先生学日明，为宋儒争异同，则以学术谤；有言天下从游者众，与其进，不保其往，又以身谤。先生曰："三言者诚皆有之，特吾自知诸君论未及耳。"请问。曰："吾自南京已前，尚有乡愿意思。在今只信良知真是真非处，更无揜藏回护，才做得狂者。使天下尽说我行不揜言，吾亦只依良知行。"请问乡愿狂者之辨。曰："乡愿以忠信廉洁见取于君子，以同流合污无忤于小人，故非之无举，刺之无刺。然究其心，乃知忠信廉洁，所以媚君子也，同流合污，所以媚小人也，其心已破坏矣，故不可与入尧、舜之道。狂者志存古人，一切纷嚣俗染，举不足以累其心，真有凤凰翔于千仞之意，一克念，即圣人矣。惟不克念，故阔略事情，而行常不掩。惟其不掩，故心尚未坏，而庶可与裁。"曰："乡愿何以断其媚世？"曰："自其议狂狷而知之。狂狷不与俗谐，而谓生斯世也，为斯世也，善斯可矣，此乡愿志也。故其所为，皆色取不疑，所以谓之'似'。三代以下，士之取盛名于时者，不过得乡愿之似而已。然究其忠信廉洁，或未免致疑于妻子也。虽欲纯乎乡愿，亦未易得，而况圣人之道乎？"曰："狂狷为孔子所思，然至于传道，终不及琴张辈而传曾子，岂曾子亦狷者之流乎？"先生曰："不然，琴张辈狂者之禀也，虽有所得，终止于狂。曾子中行之禀也，故能悟入圣人之道。"

先生《与黄宗贤书》曰："近与尚谦、子华、宗明讲《孟子》'乡愿狂狷'一章，颇觉有所警发，相见时，须更一论。四方朋友来去无定，中间不无切磋砥励之益，但真有力量能担荷得者，亦自少见。大抵近世学者无有必为圣人之志，胸中有物，未得清脱耳。闻引接同志，孜孜不怠，甚善！但论议须谦虚简明为佳。若自处过任，而词意重复，却恐无益而有损。"

《与尚谦书》曰："谓自咎罪疾只缘轻傲二字，足知用力恳切。但知轻傲处便是良知，致此良知，除却轻傲，便是格物。得致知二字，千古人品高下真伪，一齐觑破，毫发不容揜藏：前所论乡愿，可熟味也。二字在虔时终日论此，同志中尚多未彻。近于古本序中改数语，颇发此意，然见者往往亦不能察。今寄一纸，幸更熟味。此乃千古圣学之秘，从前儒者多不善悟到，故其说入于支离外道而不觉也。”

九月，改葬龙山公于天柱峰。郑太夫人于徐山。

郑太夫人尝附葬余姚穴湖，既改殡郡南石泉山，及合葬公，开圹有水患，先生梦寐不宁，遂改葬。

十有一月，至萧山。

见素林公自都御史致政归，道钱塘，渡江来访，先生趋迎于萧山，宿浮峰寺。公相对感慨时事，慰从行诸友，及时勉学，无负初志。

张元冲在舟中问：“二氏与圣人之学所差毫厘，谓其皆有得于性命也。但二氏于性命中着些私利，便谬千里矣。今观二氏作用，亦有功于吾身者，不知亦须兼取否？”先生曰：“说兼取，便不是。圣人尽性至命，何物不具，何待兼取？二氏之用，皆我之用：即吾尽性至命中完养此身，谓之仙；即吾尽性至命中不染世累，谓之佛。但后世儒者不见圣学之全，故与二氏成二见耳。譬之厅堂三间共为一厅，儒者不知皆吾所用，见佛氏，则割左边一间与之；见老氏，则割右边一间与之；而己则自处中间，皆举一而废百也。圣人与天地民物同体，儒、佛、老、庄皆吾之用，是之谓大道。二氏自私其身，是之谓小道。”

三年甲申，先生五十三岁，在越。

正月。

门人日进。郡守南大吉以座主称门生，然性豪旷不拘小节，先生与论学有悟，乃告先生曰：“大吉临政多过，先生何无一言？”先生曰：“何过？”大吉历数其事。先生曰：“吾言之矣。”大吉曰：“何？”曰：“吾不言，何以知之？”曰：“良知。”先生曰：“良知非我常言而何？”大吉笑谢而去。居数日，复自数过加密，且曰：“与其过后悔改，曷若预言不犯为佳也。”先生曰：“人言不如自悔之真。”大吉笑谢而去。居数日，复自数过益密，且曰：“身过可勉，心过奈何？”先生曰：“昔镜未开，可得藏垢；今镜明矣，一尘之落，自难住脚。此正入圣之机也，勉之！”于是辟稽山书院，聚八邑彦士，身率讲习以督之。于是萧璆、杨汝荣、杨绍芳等来自湖广，杨仕鸣、薛宗铠、黄梦星等来自广东，王艮、孟源、周冲等来自直隶，何秦、黄弘纲等来自南、赣，刘邦采、刘文敏等来自安福，魏良政、魏良器等来自新建，曾忭来自泰和。宫刹卑隘，至不能容。盖环坐而听者三百余人。先生临之，只发《大学》万物同体之旨，使人各求本性，致极良知以至于至善，功夫有得，则因方设教。故人人悦其易从。

海宁董沄号萝石，以能诗闻于江湖，年六十八，来游会稽，闻先生讲学，以杖肩其瓢笠诗卷来访。入门，长揖上坐。先生异其气貌，礼敬之，与之语连日夜。沄有悟，因何秦强纳拜。先生与之徜徉山水间。沄日有闻，忻然乐而忘归也。其乡子弟社友皆招之反，且曰：“翁老矣，何乃自苦若是？”沄曰：“吾方幸逃于苦海，悯若之自苦也，顾以吾为苦耶！吾方扬鬐于渤澥，而振羽于云霄之上，安能复投网罟而入樊笼乎？去矣，吾将从吾之所好。”遂自号曰从吾道人，先生为之记。

八月，宴门人于天泉桥。

中秋月白如昼，先生命侍者设席于碧霞池上，门人在侍者百余人。酒半酣，歌声渐动。久之，或投壶聚算，或击鼓，或泛舟。先生见诸生兴剧，退而作诗，有“铿然舍瑟春风里，点也虽狂得我情”之句。明日，诸生入谢。先生曰：“昔者孔子在陈，思鲁之狂士。世之学者，没溺于富贵声利之场，如拘如囚，而莫之省脱。及闻孔子之教，始知一切俗缘，皆非性体，乃豁然脱落。但见得此意，不加实践以入于精微，则渐有轻灭世故，阔略伦物之病。虽比世之庸庸琐琐者不同，其为未得于道一也。故孔子在陈思归以裁之，使入于道耳。诸君讲学，但患未得此意。今幸见此，正好精诣力造，以求至于道，无以一见自足而终止于狂也。”

是月，舒柏有敬畏累洒落之问，刘侯有入山养静之问。先生曰：“君子之所谓敬畏者，非恐惧忧患之谓也，‘戒慎不睹，恐惧不闻’之谓耳。君子之所谓洒落者，非旷荡放逸之谓也，乃其心体不累于欲，无入而不自得之谓耳。夫心之本体，即天理也。天理之昭明灵觉，所谓良知也。君子戒惧之功，无时或间，则天理常存，而其昭明灵觉之本体，自无所昏蔽，自无所牵扰，自无所歉馁愧怍，动容周旋而中礼，从心所欲而不逾：斯乃所谓真洒落矣。是洒落生于天理之常存，天理常存生于戒慎恐惧之无间。孰谓敬畏之心反为洒落累耶？”谓刘侯曰：“君子养心之学如良医治病，随其虚实寒热，而斟酌补泄之，要在去病而已，初无一定之方，必使人人服之也。若专欲入坐穷山，绝世故，屏思虑，则恐既已养成空寂之性，虽欲勿流于空寂，不可得矣。”

论圣学无妨于举业。

德洪携二弟德周仲实读书城南。洪父心渔翁往视之。魏良政、魏良器辈与游禹穴诸胜，十日忘返。问曰：“承诸君相携日久，得无妨课业乎？”答曰：“吾举子业无时不习。”家君曰：“固知心学可以触类而通，然朱说亦须理会否？”二子曰：“以吾良知求晦翁之说，譬之打蛇得七寸矣，又何忧不得耶？”家君疑未释，进问先生。先生曰：“岂特无妨，乃大益耳！学圣贤者，譬之治家，其产业、第宅、服食、器物皆所自置，欲请客，出其所有以享之；客去，其物具在，还以自享，终身用之无穷也。今之为举业者，譬之治家，不务居积，专以假贷为功，欲请客，自厅事以至供具百物，莫不遍借，客幸而来，则诸贷之物一时丰裕可观；客去，则尽以还人，一物非所有也；若请客不至，则时过气衰，借贷亦不备；终身奔劳，作一窭人而已。是求无益于得，求在外也。”明年乙酉大比，稽山书院钱楩与魏良政并发解江、浙。家君闻之笑曰：“打蛇得七寸矣。”

是时“大礼议”起，先生夜坐碧霞池，有诗曰：“一雨秋凉入夜新，池边孤月倍精神。潜鱼水底传心诀，栖鸟枝头说道真。莫谓天机非嗜欲，须知万物是吾身。无端礼乐纷纷议，谁与青天扫旧尘？”又曰：“独坐秋庭月色新，乾坤何处更闲人？高歌度与清风去，幽意自随流水春。千圣本无心外诀，《六经》须拂镜中尘。却怜扰扰周公梦，未及惺惺陋巷贫。”盖有感时事，二诗已示其微矣。

四月，服阕，朝中屡疏引荐。霍兀涯、席元山、黄宗贤、黄宗明先后皆以大礼问，竟不答。

十月，门人南大吉续刻《传习录》。

《传习录》薛侃首刻于虔，凡三卷。至是年，大吉取先生论学书，复增五卷，续刻于越。

四年乙酉，先生五十四岁，在越。

正月，夫人诸氏卒。四月，祔葬于徐山。

是月，作稽山书院《尊经阁记》。略曰：“圣人之扶人极忧后世而述《六经》也，犹之富家者之父祖，虑其产业库藏之积，其子孙者或至于遗亡失散，卒困穷而无以自全也，而记籍其家之所有以贻之，使之世守其产业库藏之积而享用焉，以免于困穷之患。故《六经》者，吾心之记籍也，而《六经》之实则具于吾心；犹之产业库藏之实，种种色色，具存于其家，其记籍者，特名状数目而已。而世之学者不知求《六经》之实于吾心，而徒考索于影响之间，牵制于文义之末，硁硁然以为是《六经》矣。是犹富家之子孙，不务守成规享用其产业库藏之实积，日遗忘散失，至于窭人丐夫，而犹嚣嚣然指其记籍曰：‘斯吾产业库藏之积也。’何以异于是？”

按：是年南大吉匾莅政之堂曰“亲民堂”，山阴知县吴嬴重修县学，提学佥事万潮与监察御史潘仿拓新万松书院于省城南，取试士之未尽录者廪饩之，咸以记请，先生皆为作记。

六月，礼部尚书席书荐。

先生服阕，例应起复，御史石金等交章论荐，皆不报。尚书席书为疏特荐曰："生在臣前者见一人，曰杨一清；生在臣后者见一人，曰王守仁。且使亲领诰卷，趋阙谢恩。"于是杨一清入阁办事。明年有领卷谢恩之召，寻不果。

九月，归姚省墓。

先生归，定会于龙泉寺之中天阁，每月以朔望初八廿三为期。书壁以勉诸生曰："虽有天下易生之物，一日暴之，十日寒之，未有能生者也。承诸君子不鄙，每予来归，咸集于此，以问学为事，甚盛意也。然不能旬日之留，而旬日之间，又不过三四会。一别之后，辄复离群索居，不相见者动经年岁。然则岂惟十日之寒而已乎？若是而求萌蘖之畅茂条达，不可得矣。故予切望诸君勿以予之去留为聚散，或五六日，八九日，虽有俗事相妨，亦须破冗一会于此。务在诱掖奖劝，砥砺切磋，使道德仁义之习日亲日近，则势利纷华之染亦日远日疏：所谓相观而善，百工居肆，以成其事者也。相会之时，尤须虚心逊志，相亲相敬。大抵朋友之交，以相下为益，或议论未合，要在从容涵育，相感以成；不得动气求胜，长傲遂非，务在默而成之，不言而信。其或矜己之长，攻人之短，粗心浮气，矫以沽名，讦以为道，挟胜心而行愤嫉，以圮族败群为志，则虽日讲时习于此，亦无益矣。"

答顾东桥璘书有曰："朱子所谓格物云者，是以吾心而求理于事事物物之中，如求孝子之理于其亲之谓也。求孝之理果在于吾之心耶？抑果在于亲之身耶？假而果在于亲之身，而亲没之后，吾心遂无孝之理与？见孺子之入井，必有恻隐之理，是恻隐之理果在孺子之身与？抑在于吾身之良知与？以是例之，万事万物之理，莫不皆然。是可以见析心与理为二之非矣。若鄙人所谓致知格物者，致吾心之良知于事事物物也。吾心之良知，即所谓天理也。致吾心之天理于事事物物，则事事物物皆得其理矣。故曰：'致吾心之良知者，致知也。事事物物皆得其理者，格物也。'是合心与理而为一者也。合心与理而为一，则凡区区前之所云，与朱子晚年之论，皆可不言而喻矣。"又曰："心者身之主也，而心之虚灵明觉，即所谓本然良知也。其虚灵明觉之良知应感而动者，谓之意；有知而后有意，无知则无意矣。知非意之体乎？意之所用，必有其物，物即事也，如意用于事亲，即事亲为一物；意用于治民，则治民为一物；意用于读书，即读书为一物；意用于听讼，即听讼为一物；凡意之所在，无有无物者，有是意，即有是物，无是意，即无是物。物非意之用乎？'格'字之义，有以'至'字训者。如'格于文祖'，必纯孝诚敬，幽明之间，无一不得其理，而后谓之格；有苗之顽，实文德诞敷而后格，则亦兼有'正'字之义在其间，未可专以'至'字尽之也。如'格其非心'，'大臣格君心之非'之类，是则一皆正其不正以归于正之义，而不可以'至'字为训矣。且《大学》格物之训，又安知不以'正'字为义乎？如以'至'字为义者，必曰穷至事物之理，而后其说始通。是其用功之要全在一'穷'字，用力之地全在一'理'字也。若上去一'穷'字，下去一'理'字，而直曰'致知在至物'，其可通乎？夫穷理尽性，圣人之成训见于《系辞》者也。苟格物之说而果即穷理之义，则圣人何不直曰'致知在穷理'，而必为此转折不完之语，以启后世之弊耶？盖《大学》格物之说，自与《系辞》穷理大旨虽同，而微有分辨。穷理者，兼格致诚正而为功也；故言穷理，则格致诚正之功皆在其中；言格物，则必兼举致知、诚意、正心，而后其功始备而密。今偏举格物而遂谓之穷理，此非惟不得格物之旨，并穷理之义而失之矣。"其末继以拔本塞源之论，其略曰："圣人之心，视天下之人无内外远近，凡有血气，皆其昆弟赤子之亲，莫不安全而教养之，以遂其万物一体之念。天下之人心，其始亦非有异于圣人也，特其间于有我之私，隔于物欲之蔽；大者以小，通者以塞，甚有视其父子、兄弟如仇雠者。圣人有忧之，是以推其天地万物一体之仁以教天下，使之皆有以克其私、去其蔽，以复其心体之同然。其教之大端，则尧、舜、禹之相授，所谓'道心惟微，惟精惟一，允执厥中'。而其节目，则舜之命契，所谓'父子有亲，君臣有义，夫妇有别，长幼有序，朋友有信'

五者而已。当是之时，人无异见，家无异习，安此者谓之圣，勉此者谓之贤，而背此者，虽启明如朱，亦谓之不肖。下至闾井田野农工商贾之贱，莫不皆有是学，而惟以成其德行为务。何者？无有闻见之杂，记诵之烦，辞章之靡滥，功利之驰逐，而但使之孝其亲，弟其长，信其朋友，以复其心体之同然，则人亦孰不能之乎？学校之中，惟以成德为事；有长于礼乐，长于政教，长于水土播植者，则就其成德而因使益精其能。迨夫举德而任，则用之者惟知同心一德，以共安天下之民，视才之称否，而不以崇卑为轻重；效用者，亦惟知同心一德，以共安天下之民，苟当其能，则终身安于卑琐，而不以为贱。当是时，才质之下者，则安其农工商贾之分，各勤其业以相生相养，而无有乎希高慕外之心；才能之异若皋、夔、稷、契者，则出而各效其能，或营衣食，或通有无，或备器用，集谋并力，以求遂其仰事俯育之愿。譬之一身，目不耻其无聪，而耳之所涉，目必营焉；足不耻其无执，而手之所探，足必前焉；盖其元气充周，血脉条畅，是以痒疴呼吸，感触神应，有不言而喻之妙。此圣人之学所以惟在复心体之同然，而知识技能，非所以与论也。三代以降，教者不复以此为教，而学者不复以此为学。霸者之徒，窃取先生之近似者，假之于外，以内济其私，天下靡然宗之，圣人之道遂以芜塞。世之儒者慨然悲伤，蒐猎先圣王之典章法制，而掇拾修补于煨烬之余，圣学之门墙，遂不可复观。于是乎有训诂之学，而传之以为名；有记诵之学，而言之以为博；有词章之学，而侈之以为丽。相矜以知，相轧以势，相争以利，相高以技能，相取以声誉。其出而仕也，理钱谷者，则欲并夫兵刑；典礼乐者，又欲与于铨轴；处郡县，则思藩臬之高；居台谏，则望宰执之要。故不能其事，则不得以兼其官；不通其说，则不可以要其誉；记诵之广，适以长其敖也；知识之多，适以行其恶也；闻见之博，适以肆其辩也；辞章之富，适以饰其伪也。呜呼！以若是之积染，以若是之心志，而又讲之以若是之学术，宜其闻吾圣人之教，而视之以为赘疣枘凿矣。非豪杰之士，无所待而兴者，吾谁与望乎！”

十月，立阳明书院于越城。

门人为之也。书院在越城西郭门内光相桥之东。后十二年丁酉，巡按御史门大周汝员建祠于楼前，匾曰：“阳明先生祠”。

五年丙戌，先生五十五岁，在越。

三月，与邹守益书。

守益谪判广德州，筑复古书院以集生徒，刻《谕俗礼要》以风民俗。书至，先生复书赞之曰：“古之礼存于世者，老师宿儒，当年不能穷其说，世之人苦其烦且难，遂皆废置而不行。故今之为人上而欲导民于礼者，非详且备之为难，惟简切明白而使人易行之为贵耳。中间如四代位次，及祔祭之类，向时欲稍改以从俗者，今昔斟酌为之，于人情甚协。盖天下古今之人，其情一而已矣。先王制礼，皆因人情而为之节文，是以行之万世而皆准。其或反之吾心而有所未安者，非其传记之讹阙，则必古今风气习俗之异宜者矣。此虽先王未之有，亦可以义起，三王之所以不相袭，礼也。后世心学不讲，人失其情，难乎与之言礼。然良知之在人心，则万古如一日，苟顺吾心之良知以致之，则所谓不知足而为屦，我知其不为蒉矣。非天子不议礼制度，今之为此，非以议礼为也，徒以末世废礼之极，聊为之兆以兴起之，故特为此简易之说，欲使之易知易从焉耳。冠婚丧祭之外，附以乡约，其于民俗亦甚有补。至于射礼，似宜别为一书以教学者，而非所以求谕于俗。今以附于其间，却恐民间以非所常行，视为不切；又见其说之难晓，遂并其冠婚丧祭之易晓者而弃之也。文公《家礼》所以不及于射，或亦此意也与？”

按：祠堂位祔之制。

或问：“文公《家礼》，高曾祖祢之位，皆西上，以次而东，于心切有未安。”先生曰：“古者庙门皆南向，主皆东向。合祭之时，昭之迁主列于北牖，穆之迁主列于南牖，皆统于太祖东向之尊，是故西上，以次而东。今祠堂之制既异于古，而又无太祖东向之统，则西上之说诚有所未安。”曰：“然则今当何如？”曰：“礼以时为大，若事死如事生，则宜以高祖南向，而曾祖祢东西分列，席皆稍降而弗正对，似于人心为安。曾见浦江之祭，四代考妣皆异席，高考妣南向，曾祖祢考皆西向，妣皆东向，各依世次，稍退半席。其于男女之别，尊卑之等，两得其宜。但恐民间厅事多浅隘，而器物亦有所不备，则不能以通行耳。”又问：“无后者之祔，于己之子侄，固可下列矣，若在高曾之行，宜何如祔？”先生曰：“古者大夫三庙，不及其高矣。適士二庙，不及其曾矣。今民间得祀高曾，盖亦体顺人情之至，例以古制，则既为僭，况在行之无后者乎？”古者士大夫无子，则为之置后，无后者鲜矣。后世人情偷薄，始有弃贫贱而不嗣者。古所谓无后，皆殇子之类耳。祭法：王下祭殇五，適子，適孙，適曾孙，適玄孙，適来孙。诸侯下祭三，大夫二，適士及庶人祭子而止。则无后之祔，皆子孙属也。今民间既得假四代之祀，以义起之，虽及弟侄可矣。往年湖湘一士人家，有曾伯祖与堂叔祖皆贤而无后者，欲为立嗣，则族众不可，欲弗祀，则思其贤有所不忍。以闻于某。某曰：‘不祀二三十年矣，而追为之祀，势有所不行矣。若在士大夫家，自可依古族属之义，于春秋二社之次，特设一祭。凡族之无后而亲者，各以昭穆之次配祔之，于义亦可也。’”

四月，复南大吉书。

大吉入觐，见黜于时，致书先生，千数百言，勤勤恳恳，惟以得闻道为喜，急问学为事，恐卒不得为圣人为忧，略无一字及于得丧荣辱之间。先生读之叹曰：“此非真有朝闻夕死之志者，未易以涉斯境也！”于是复书曰：“世之高抗通脱之士，捐富贵，轻利害，弃爵禄，决然长往而不顾者，亦皆有之。彼其或从好于外道诡异之说，投情于诗酒山水技艺之乐，又或奋发于意气，牵溺于嗜好，有待于物以相胜，是以去彼取此而后能。及其所之既倦，意衡心郁，情随事移，则忧愁悲苦，随之而作，果能捐富贵，轻利害，弃爵禄，快然终身，无入而不自得已乎？夫惟有道之士，真有以见其良知之昭明灵觉，廓然于太虚而同体。太虚之中，何物不有，而无一物能为太虚之障碍。故凡慕富贵，忧贫贱，欣戚得丧，爱憎取舍之类，皆足以蔽吾聪明睿知之体，窒吾渊泉时出之用。如明目之中而翳之以尘沙，聪耳之中而塞之以木楔也。其疾痛郁逆，将必速去之为快，而何能忍于时刻乎？关中自古多豪杰。横渠之后，此学不讲，或亦于四方无异矣。自此有所振发兴起，变气节为圣贤之学，将必自吾元善昆季始也。今日之归，谓天为无意乎？”

答欧阳德书。

德初见先生于虔，最年少，时已领乡荐。先生恒以“小秀才”呼之。故遣服役，德欣欣恭命，虽劳不怠。先生深器之。嘉靖癸未第进士，出守六安州。数月，奉书以为初政倥偬，后稍次第，始得于诸生讲学。先生曰：“吾所讲学，正在政务倥偬中。岂必聚徒而后为讲学耶？”又尝与书曰：“良知不因见闻而有，而见闻莫非良知之用。故良知不滞于见闻，而亦不离于见闻。孔子云：‘吾有知乎哉？无知也。’良知之外，则无知矣。故致良知是圣门教人第一义。今云专求之见闻之末，则落在第二义矣。若曰致其良知而求之见闻，则语意之间未免为二。此与专求之见闻之末者，虽稍不同，其为未得精一之旨则一也。”

德洪与王畿并举南宫，俱不廷对，偕黄弘纲、张元冲同舟归越。先生喜，凡初及门者，必令引导，俟志定有入，方请见。每临坐，默对焚香，无语。

八月，答聂豹书。

是年夏，豹以御史巡按福建，渡钱塘来见先生。别后致书，谓：“思、孟、周、程无意相遭于千载之下，与其尽信于天下，不若真信于一人。道固自在，学亦自在。”先生答书略曰：“读来谕，诚见君子不见是而无闷之心，乃区区则有大不得已者存乎其间，非以计人之信与不信也。夫人者，天地之心；天地万物，本吾一体者也。生民之困苦荼毒，孰非疾痛之切于吾身者乎？不知吾身之疾痛，无是非之心者也。

是非之心，不虑而知，不学而能，所谓良知也。良知之在人心，无间于圣愚，天下古今之所同也。世之君子，惟务致其良知，则自能公是非，同好恶，视人犹己，视国犹家，而以天地万物为一体，求天下无治不可得矣。古之人所以能见善不啻若己出，见恶不啻若己入，视民之饥溺，犹己之饥溺，而一夫不获，若己推而纳诸沟中者，非故为是而蕲天下之信己也；务致其良知，求其自慊而已矣。后世良知之学不明，天下之人外假仁义之名，而内以行私利之实：诡词以阿俗，矫行以干誉；揜人之善，而袭以为己长；讦人之私，而窃以为己直；忿以相胜，而犹谓之徇义；险以相倾，而犹谓之疾恶；妒贤嫉能，而犹自以为公是非；恣情纵欲，而犹自以为同好恶。相凌相贼，自其一家骨肉之亲，已不能无彼此藩篱之隔，而况于天下之大，民物之众，又何能一体而视之乎！仆诚赖天之灵，偶有见于良知之学，以为必由此而后天下可得而治，是以每念斯民之陷溺，则为之戚然痛心，忘其身之不肖，而思以此救之，亦不自知其量者。天下之人，见其若是，遂相与非笑而诋斥，以为是病狂丧心之人耳。呜呼！吾方疾痛之切体，而暇计人之非笑乎！昔者孔子之在当时，有议其为谄者，有议其为佞者，有毁其未贤，诋其为不知礼，而侮之以为“东家丘”者，有嫉而阻之者，有恶而欲杀之者。晨门、荷蒉之徒，皆当时之贤士，且曰：“是知其不可而为之者与？鄙哉硁硁乎，莫己知也，斯已而已矣。”虽子路在升堂之列，尚不能无疑于其所见，不悦于其所欲往，而且以之为迂。则当时之不信夫子者，岂特十之一二而已乎？然而夫子汲汲遑遑，若求亡子于道路，而不暇于暖席者，宁以蕲人之信我知我而已哉？仆之不肖，何敢以夫子之道为己任？顾其心亦已稍知疾痛之在身，是以彷徨四顾，相求其有助于我者，相与讲去其病耳。今诚得豪杰同志之士，共明良知之学于天下，使天下之人皆知自致其良知，一洗谗妒胜忿之习，以跻于大同，则仆之狂病，固将脱然以愈，而终免于丧心之患矣，岂不快哉！会稽素号山水之区，深林长谷，信步皆是，寒暑晦明，无时不宜。良朋四集，道义日新。天地之间，宁复有乐于是者？孔子云“不怨天，不尤人，下学而上达。”仆与二三同志，方将请事斯语，奚暇外慕？独其切肤之痛，乃有未能恝然者，辄复云尔。”

按：豹初见称晚生，后六年，出守苏州，先生已违世四年矣。见德洪、王畿曰：“吾学诚得诸先生，尚冀再见称贽，今不及矣。兹以二君为证，具香案拜先生。”遂称门人。

十一月庚申，子正亿生。

继室张氏出。先生初得子，乡先达有静斋、六有者，皆逾九十，闻而喜，以二诗为贺。先生次韵谢答之，有曰“何物敢云绳祖武？他年只好共爷长”之句，盖是月十有七日也。

先生初命名正聪，后七年壬辰，外舅黄绾因时相避讳，更今名。

十二月，作《惜阴说》。

刘邦采合安福同志为会，名曰“惜阴”，请先生书会籍。先生为之说曰：“同志之在安成者，间月为会五日，谓之‘惜阴’，其志笃矣。然五日之外，孰非惜阴时乎？离群而索居，志不能无少懈，故五日之会，所以相稽切焉耳。呜乎！天道之运，无一息之或停，吾心良知之运，亦无一息之或停。良知即天道，谓之‘亦’，则犹二之矣。知良知之运无一息之或停者，则知惜阴矣。知惜阴者，则知致其良知矣。子在川上曰：‘逝者如斯夫！不舍昼夜。’此其所以学如不及，至于发愤忘食也。尧、舜兢兢业业，成汤日新又新，文王纯亦不已，周公坐以待旦：惜阴之功，宁独大禹为然？子思曰：‘戒慎乎其所不睹，恐惧乎其所不闻，知微之显，可以入德矣。’或曰：鸡鸣而起，孳孳为利，凶人为不善，亦惟日不足，然则小人亦可谓之惜阴乎？”

按：先生明年丁亥过吉安，寄安福诸同志书曰：“诸友始为惜阴之会，当时惟恐只成虚语，迩来乃闻远近豪杰闻风而至者以百数，此可以见良知之同然，而斯道大明之几，于此亦可以卜之矣。明道有云：‘宁学圣人而不至，不以一善而成名。’此为有志圣人而未能真得圣人之学者，则可如此说。若今日所讲良知之说，乃真是圣学之的传，但从此学圣人，却无不至者。惟恐吾侪尚有一善成名之意，未肯专心致志于此耳。

六年丁亥，先生五十六岁，在越。

正月。

先生与宗贤书曰："人在仕途，比之退处山林时，功夫难十倍；非得良友时时警发砥砺，平日志向鲜有不潜移默夺，弛然日就颓靡者。近与诚甫言，京师相与者少，二君必须彼此约定，便见微有动气处，即须提起致良知话头，互相规切。凡人言语正到快意时，便截然能忍默得；意气正到发扬时，便翕然能收敛得；愤怒嗜欲正到腾沸时，便廓然能消化得：此非天下之大勇不能也。然见得良知亲切时，其功夫又自不难，缘此数病，良知之所本无，只因良知昏昧蔽塞而后有，若良知一提醒时，即如白日一出，魍魉自消矣。《中庸》谓：'知耻近乎勇。'只是耻其不能致得自己良知耳。今人多以言语不能屈服得人，意气不能陵轧得人，愤怒嗜欲不能直意任情为耻；殊不知此数病者，皆是蔽塞自己良知之事，正君子之所宜深耻者。古之大臣，更不称他知谋才略，只是一个断断无他技，休休如有容而已。诸君知谋才略，自是超然出于众人之上，所未能自信者，只是未能致得自己良知，未全得断断休休体段耳。须是克去己私，真能以天地万物为一体，实康济得天下，挽回三代之治，方是不负如此圣明之君，方能不枉此出世一遭也。"

四月，邹守益刻《文录》于广德州。

守益录先生文字请刻。先生自标年月，命德洪类次，且遗书曰："所录以年月为次，不复分别体类，盖专以讲学明道为事，不在文辞体制间也。"明日，德洪掇拾所遗请刻，先生曰："此便非孔子删述《六经》手段。三代之教不明，盖因后世学者繁文盛而实意衰，故所学忘其本耳。比如孔子删《诗》，若以其辞，岂止三百篇；惟其一以明道为志，故所取止。此例《六经》皆然。若以爱惜文辞，便非孔子垂范后世之心矣。”德洪曰：“先生文字，虽一时应酬不同，亦莫不本于性情；况学者传诵日久，恐后为好事者搀拾，反失今日裁定之意矣。”先生许刻附录一卷，以遗守益，凡四册。

五月，命兼都察院左都御史，征思、田。

六月，疏辞，不允。

先是广西田州岑猛为乱，提督都御史姚镆征之。奏称猛父子悉擒，已降敕论功行赏讫。遗目卢苏、王受构众煽乱，攻陷思恩。镆复合四省兵征之，久弗克；为巡按御史石金所论。朝议用侍郎张璁、桂萼荐，特起先生总督两广及江西、湖广军务，度量事势，随宜抚剿，设土官流官孰便，并核当事诸臣功过以闻；且责以体国为心，毋或循例辞避。先生闻命，上疏言：“臣伏念君命之召，当不俟驾而行，矧兹军旅，何敢言辞？顾臣患痰疾增剧，若冒疾轻出，至于偾事，死无及矣。臣又复思，思、田之役，起于土官雠杀，比之寇贼之攻劫郡县，荼毒生灵者，势尚差缓。若处置得宜，事亦可集。镆素老成，一时利钝，亦兵家之常。御史石金据事论奏，所以激励镆等，使之善后，收之桑榆也。臣以为今日之事，宜专责镆等，隆其委任，重其威权，略其小过，假以岁月，而要其成功。至于终无底绩，然后别选才能，兼谙民情土俗，如尚书胡世宁、李承勋者，往代其任，事必有济。”疏入，诏镆致仕，遣使敦促上道。

八月。

先生将入广，尝为《客坐私嘱》曰：“但愿温恭直谅之友，来此讲学论道，示以孝友谦和之行，德业相劝，过失相规，以教训我子弟，使无陷于非僻；不愿狂躁惰慢之徒，来此博弈饮酒，长傲饰非，导以骄奢淫荡之事，诱以贪财黩货之谋，冥顽无耻，扇惑鼓动，以益我子弟之不肖。呜呼！由前之说，是谓良士；由后之说，是为凶人；我子弟苟远良士而近凶人，是谓逆子。戒之戒之！嘉靖丁亥八月，将有两广之行，书此以戒我子弟，并以告夫士友之辱临于斯者，请一览教之。”

九月壬午，发越中。

是月初八日，德洪与畿访张元冲舟中，因论为学宗旨。畿曰：“先生说知善知恶是良知，为善去恶是格物，此恐未是究竟话头。”德洪曰：“何如？”畿曰：“心体既是无善无恶，意亦是无善无恶，知亦是无善无恶，物亦是无善无恶。若说意有善有恶，毕竟心亦未是无善无恶。”德洪曰：“心体原来无善无恶，今习染既久，觉心体上见有善恶在，为善去恶，正是复那本体功夫。若见得本体如此，只说无功夫可用，恐只是见耳。”畿曰：“明日先生启行，晚可同进请问。”是日夜分，客始散，先生将入内，闻洪与畿候立庭下，先生复出，使移席天泉桥上。德洪举与畿论辩请问。先生喜曰：“正要二君有此一问！我今将行，朋友中更无有论证及此者，二君之见正好，相取，不可相病。汝中须用德洪功夫，德洪须透汝中本体。二君相取为益，吾学更无遗念矣。”德洪请问。先生曰：“有只是你自有，良知本体原来无有，本体只是太虚。太虚之中，日月星辰，风雨露雷，阴霾饐饮气，何物不有？而又何一物得为太虚之障？人心本体亦复如是。太虚无形，一过而化，亦何费纤毫气力？德洪功夫须要如此，便是合得本体功夫。”畿请问。先生曰：“汝中见得此意，只好默默自修，不可执以接人。上根之人，世亦难遇。一悟本体，即见功夫，物我内外，一齐尽透，此颜子、明道不敢承当，岂可轻易望人？二君已后与学者言，务要依我四句宗旨：无善无恶，是心之体，有善有恶，是意之动，知善知恶，是良知，为善去恶，是格物。以此自修，直跻圣位；以此接人，更无差失。”。畿曰：”本体透后，于此四句宗旨何如？”先生曰：“此是彻上彻下语，自初学以至圣人，只此功夫。初学用此，循循有入，虽至圣人，穷究无尽。尧、舜精一功夫，亦只如此。”先生又重嘱付曰：“二君以后再不可更此四句宗旨。此四句中人上下无不接着。我年来立教，亦更几番，今始立此四句。人心自有知识以来，已为习俗所染，今不教他在良知上实用为善去恶功夫，只去悬空想个本体，一切事为，俱不著实。此病痛不是小小，不可不早说破。”是日洪、畿俱有省。

甲申，渡钱塘。

先生游吴山、月岩、严滩，俱有诗。《过钓台》曰：“忆昔过钓台，驱驰正军旅。十年今始来，复以兵戈起。空山烟雾深，往迹如梦里。微雨林径滑，肺病双足胝。仰瞻台上云，俯濯台下水。人生何碌碌？高尚乃如此。疮痍念同胞，至人匪为己。过门不遑入，忧劳岂得已。滔滔良自伤，果哉末难已。”跋曰：“右正德己卯献俘行在，过钓台而弗及登，今兹复来，又以兵革之役，兼肺病足疮，徒顾瞻怅望而已。书此付桐庐尹沈元材刻置亭壁，聊以纪经行岁月云耳。时从行进士钱德洪、王汝中、建德尹杨思臣及元材，凡四人。”

丙申，至衢。

西安雨中，诸生出候，因寄德洪、汝中，并示书院诸生：“几度西安道，江声暮雨时。机关鸥鸟破，踪迹水云疑。仗钺非吾事，传经愧尔师。天真泉石秀，新有鹿门期。”德洪、汝中方卜筑书院，盛称天真之奇，并寄及之：“不踏天真路，依稀二十年。石门深竹径，苍峡泻云泉。泮壁环胥海，龟畴见宋田。文明原有象，卜筑岂无缘？”今祠有仰止祠、环海楼、太极云、泉泻云诸亭。

戊戌，过常山。

诗曰：长生徒有慕，苦乏大药资。名山遍深历，悠悠鬓生丝。微躯一系念，去道日远而。中岁忽有觉，九还乃在兹。非炉亦非鼎，何坎复何离？本无终始究，宁有死生期？彼哉游方士，诡辞反增疑。纷然诸老翁，自传困多岐。乾坤由我在，安用他求为？千圣皆过影，良知乃吾师。”

十月，至南昌。

先生发舟广信，沿途诸生徐樾，张士贤、桂轫等请见，先生俱谢以兵事未暇，许回途相见。徐樾自贵溪追至余干，先生令登舟。樾方自白鹿洞打坐，有禅定意。先生目而得之，令举似。曰：“不是。”已而稍变前语。又曰："不是。"已而更端。先生曰："近之矣。此体岂有方所，譬之此烛，光无不在，不可以烛上为光。"因指舟中曰："此亦是光，此亦是光。"直指出舟外水面曰："此亦是光。"樾领谢而别。明日至南浦，父老军民俱顶香林立，填途塞巷，至不能行。父老顶舆传递入都司。先生命父老军民就谒，东入西出，有不舍者，出且复入，自辰至未而散，始举有司常仪。明日谒文庙，讲《大学》于明伦堂，诸生屏拥，多不得闻。唐尧臣献茶，得上堂旁听。初尧臣不信学，闻先生至，自乡出迎，心已内动。比见拥谒，惊曰："三代后安得有此气象耶！"及闻讲，沛然无疑。同门有黄文明、魏良器辈笑曰："逋逃主亦来投降乎？"尧臣曰："须得如此大捕人，方能降我，尔辈安能？"

至吉安，大会士友螺川。

诸生彭簪、王钊、刘阳、欧阳瑜等偕旧游三百余，迎入螺川驿中。先生立谈不倦，曰："尧、舜生知安行的圣人，犹兢兢业业，用困勉的功夫。吾侪以困勉的资质，而悠悠荡荡，坐享生知安行的成功，岂不误己误人？"又曰："良知之妙，真是周流六虚，变通不居。若假以文过饰非，为害大矣。"临别嘱曰："功夫只是简易真切，愈真切，愈简易；愈简易，愈真切。"

十一月，至肇庆。

是月十八日抵肇庆。先生寄书德洪、畿曰："家事赖廷豹纠正，而德洪、汝中又相与薰陶切磋于其间，吾可以无内顾矣。绍兴书院中同志，不审近来意向如何？德洪、汝中既任其责，当能振作接引，有所兴起。会讲之约，但得不废，其间纵有一二懈弛，亦可因此夹持，不致遂有倾倒。余姚又得应元诸友作兴鼓舞，想益日异而月不同。老夫虽出山林，亦每以自慰。诸贤皆一日千里之足，岂俟区区有所警策，聊亦以此视鞭影耳。即日已抵肇庆，去梧不三四日可到。方入冗场，绍兴书院及余姚各会同志诸贤，不能一一列名字。"

乙未，至梧州，上谢恩疏。

二十日，梧州开府。十二月朔，上疏曰：“田州之事，尚未及会议审处。然臣沿途咨访，颇有所闻，不敢不为陛下一言其略。臣惟岑猛父子固有可诛之罪，然所以致彼若是者，则前此当事诸人，亦宜分受其责。盖两广军门专为诸瑶、僮及诸流贼而设，事权实专且重，若使振其兵威，自足以制服诸蛮。夫何军政日坏，上无可任之将，下无可用之兵，有警必须倚调土官狼兵，若猛之属者，而后行事。故此辈得以凭恃兵力，日增桀骜。及事之平，则又功归于上，而彼无所与，固不能以无怨愤。始而征发愆期，既而调遣不至。上嫉下愤，日深月积，劫之以势而威益亵，笼之以诈而术愈穷。由是谕之而益梗，抚之而益疑，遂至于有今日。今山瑶海贼，乘衅摇动，穷追必死之寇，既从而煽诱之，贫苦流亡之民，又从而逃归之，其可忧危蛇，奚啻十百于二酋者之为患。其事已兆，而变已形，顾犹不此之虑，而汲汲于二酋，则当事者之过计矣。臣又闻诸两广士民之言，皆谓流官久设，亦徒有虚名，而受实祸。诘其所以，皆云未设流官之前，土人岁出土兵三千，以听官府之调遣；既设流官之后，官府岁发民兵数千，以防土人之反覆。即此一事，利害可知。且思恩自设流官，十八九年之间，反者数起，征剿日无休息。浚良民之膏血，而涂诸无用之地，此流官之无益，亦断可识矣。论者以为既设流官，而复去之，则有更改之嫌，恐招物议，是以宁使一方之民久罹涂炭，而不敢明为朝廷一言，宁负朝廷，而不敢犯众议。甚哉！人臣之不忠也。苟利于国而庇于民，死且为之，而何物议之足计乎！臣始至，虽未能周知备历，然形势亦可概见矣。田州切近交趾，其间深山绝谷，瑶、僮盘据，动以千百。必须存土官，藉其兵力，以为中土屏蔽。若尽杀其人，改土为流，则边鄙之患，我自当之；自撤藩篱，后必有悔。”奏下，尚书王时中持之，得旨：“守仁才略素优，所议必自有见。事难遥度，俟其会议熟处，要须情法得中，经久无患。事有宜亟行者，听其便宜，勿怀顾忌，以贻后患。”

初，总督命下，具疏辞免；及豫言处分思、田机宜，凡当路相知者，皆寓书致意。与杨少师曰："惟大臣报国之忠，莫大于进贤去谗。自信山林之志已坚，而又素受知己之爱，不复嫌避，故辄言之。乃今适为己地也。昔有以边警荐用彭司马者，公独不可，曰：'彭始成功，今或少挫，非所以完之矣。'公之爱惜人才，而欲成全之也如此，独不能以此意推之某乎？果不忍终弃，病痊，或使得备散局，如南北太常国子之任，则图报当有日也。"与黄绾书曰："往年江西赴义将士，功久未上，人无所动，再出，何面目见之？且东南小丑，特疮疥之疾；百辟谗嫉朋比，此则腹心之祸，大为可忧者。诸公任事之勇，不思何以善后？大都君子道长，小人道消，疾病既除，元气自复。但去病太亟，亦耗元气，药石固当以渐也。"又曰："思、田之事，本无紧要，只为从前张皇太过，后难收拾：所谓生事事生是已。今必得如奏中所请，庶图久安，否则反覆未可知也。"与方献夫书曰："圣主聪明不世出，今日所急，惟在培养君德，端其志向，于此有立，是谓一正君而国定。然非真有体国之诚，其心断断休休者，亦徒事其名而已。"又曰："诸公皆有荐贤之疏，此诚君子立朝盛节，但与名其间，却有所未喻者。此天下治乱盛衰所系，君子小人进退存亡之机，不可以不慎也。譬诸养蚕，便杂一烂蚕其中，则一筐好蚕尽为所坏矣。凡荐贤于朝，与自己用人不同：自己用人，权度在我；若荐贤于朝，则评品宜定。小人之才，岂无可用，如砒硫芒硝，皆有攻毒破痈之功，但混于参苓蓍术之间而进之，鲜不误矣。"又曰："思、田之事已坏，欲以无事处之。要已不能；只求减省一分，则地方亦可减省一分之劳扰耳。此议深知大拂喜事者之心，然欲杀敌千无罪之人，以求成一将之功，仁者之所不忍也。"

十有二月，命暂兼理巡抚两广，疏辞，不允。

七年戊子，先生五十七岁，在梧。

二月，思、田平。

先生疏略曰："臣奉有成命，与巡按纪功御史石金、布政使林富等，副使祝品、林文辂等，参将李璋、沈希仪等，会议思、田之役，兵连祸结，两省荼毒，已逾二年，兵力尽于哨守，民脂竭于转输，官吏罢于奔走。今日之事，已如破坏之舟，漂泊于颠风巨浪，覆溺之患，汹汹在目，不待知者而知之矣。”因详其十患十善，二幸四毁，反覆言之。且曰：“臣至南宁，乃下令尽撤调集防守之兵，数日之内，解散而归者数万。惟湖兵数千，道阻且远，不易即归，仍使分留宾宁，解甲休养，待间而发。初苏、受等闻臣奉命处勘，始知朝廷无必杀之意，皆有投生之念，日夜悬望，惟恐臣至之不速。已而闻太监、总兵相继召还，至是又见守兵尽撤，其投生之念益坚，乃遣其头目黄富等先赴军门诉告，愿得扫境投生，惟乞宥免一死。臣等谕以朝廷之意，正恐尔等有所亏枉，故特遣大臣处勘，开尔等更生之路；尔等果能诚心投顺，决当贷尔之死。因复露布朝廷威德，使各持归省谕，克期听降。苏、受等得牌，皆罗拜踊跃，欢声雷动；率众扫境，归命南宁城下，分屯四营。苏、受等囚首自缚，与其头目数百人赴军门请命。臣等谕以朝廷既赦尔等之罪，岂复亏失信义；但尔等拥众负固，虽由畏死，然骚动一方，上烦九重之虑，下疲三省之民，若不示罚，何以泄军民之愤？于是下苏、受于军门，各杖之一百，乃解其缚，谕于今日宥尔一死者，朝廷天地好生之仁，必杖尔示罚者，我等人臣执法之义。于是众皆叩首悦服，臣亦随至其营，抚定其众，凡一万七千，濈濈道路，踊跃欢闻，皆谓朝廷如此再生之恩，我等誓以死报，且乞即愿杀贼立功赎罪。臣因谕以朝廷之意，惟欲生全尔等，今尔等方来投生，岂忍又驱之兵刃之下。尔等逃窜日久，且宜速归，完尔家室，修复生理。至于诸路群盗，军门自有区处，徐当调发尔等。于是又皆感泣欢呼，皆谓朝廷如此再生之恩，我等誓以死报。臣于是遂委布政使林富、前副总张祐督令复业，方隅平定。是皆皇上神武不杀之威，风行于庙堂之上，而草偃于百蛮之表，是以班师不待七旬，而顽夷即尔来格，不折一矢，不戮一卒，而全活数万生灵。是所谓绥之斯来，动之斯和者也。”疏入，敕遣行人奖励，赏银五十两，纻丝四袭，所司备办羊酒，其余各给赏有差。先生为文勒石曰：“嘉靖丙戌夏，官兵伐田，随与思恩之人相比相煽，集军四省，汹汹连年。于时皇帝忧悯元元，容有无辜而死者乎？乃令新建伯王守仁曷往视师，其以德绥，勿以兵虔。班师撤旅，信义大宣。诸夷感慕，旬日之间，自缚来归者一万七千。悉放之还农，两省以安。昔有苗徂征，七旬来格；今未期月，而蛮夷率服，绥之斯来，速于邮传，舞于之化，何以加焉。爰告思、田，毋忘帝德。爰勒山石，昭此赫赫。文武圣神，率土之滨。凡有血气，莫不尊亲。”

四月，议迁都台于田州，不果。

先是有制，王守仁暂令兼理巡抚两广，既受命，先生乃疏言：“臣以迂疏多病之躯，谬承总制四省军务之命，方怀不胜其任之忧，今又加以巡抚之责，岂其所能堪乎？且两广之事，实重且难，巡抚之任，非得才力精强者，重其事权，进其官阶，而久其职任，殆未可求效于岁月之间也。致仕副都御史伍文定，往岁宁藩之变，常从臣起兵，具见经略；侍郎梁材、南赣副都御史汪鋐，亦皆才能素著，足堪此任；愿选择而使之。”会侍郎方献夫建白，宜于田州特设都御史一人，抚绥诸夷，下议。先生复疏言：“布政使林富可用，或量改宪职，仍听臣等节制，暂于思、田住札，抚绥其众。然而要之蛮夷之区，不可治以汉法，虽流官之设，尚且弗便，而又可益之以都台乎？今且暂设，凡一切廪饩车马，悉取办于南宁府卫，取给于军饷，不以干思、田之人。俟年余经略有次，思、田止责知府理治，或设兵备宪臣一人于宾州，或以南宁兵备兼理；如此，则目前既得辑宁之效，而日后又可免烦劳之扰矣。”又以柳庆缺参将，特荐用沈希仪，且请起用前副总兵张祐，俾与富协心共事。未几，升富副都御史，抚治郧阳以去。先生再荐布政使王大用、按察使周期雍，又以边方缺官，且言副使陈槐、施儒、杨必进，知府朱衮，皆堪右江兵备之任；知州林宽可为田州知府；推官李乔木可为同知。且言：“任贤图治，得人实难，其在边方反覆多事之地，其难尤甚。盖非得忠实、勇果、通达、坦易之才，未易以定其乱。有其才矣，使不谙其土俗，则亦未易以得其本心。得其心矣，使不耐其水土，亦不能以久居其地，以成其功。故用人于边方，必兼是三者而后可。如前四人者，固皆可用之才；今乃皆为时例所拘，弃置不用，而更劳心远索，则亦过矣。”疏上，俱未果行。

兴思、田学校。

先生以田州新服，用夏变夷，宜有学校。但疮痍逃窜，尚无受廛之民，即欲建学，亦为徒劳。然风化之原，又不可缓也。乃案行提学道，着属儒学，但有生员，无拘廪增，愿改田州府学，及各处儒生愿附籍入学者，本道选委教官，暂领学事，相与讲肄游息，兴起孝弟，或倡行乡约，随事开引，渐为之兆。俟建有学校，然后将各生徒通发该学肄业，照例充补廪增起贡。

五月，抚新民。

先生因左江道参议等官汪必东等称：“古陶、白竹、石马等贼，近虽诛剿，然尚有流出府江诸处者。诚恐日后为患，乞调归顺土官岑瓛兵一千名，万承、龙英共五百名，或韦贵兵一千名，住札平南、桂平冲要地方。”及该府知府程云鹏等亦申量留湖兵，及调武靖州狼兵防守。乃谕之曰：“始观论议，似亦区画经久之计；徐考成功，终亦支吾目前之计。盖用兵之法，伐谋为先；处夷之道，攻心为上。今各瑶征剿之后，有司即宜诚心抚恤，以安其心。若不服其心，而徒欲久留湖兵，多调狼卒，凭藉兵力，以威劫把持，谓为可久之计，则亦末矣。殊不知远来客兵，怨愤不肯为用，一也。供馈之需，稍不满意，求索訾詈，将无抵极，二也。就居民间，骚扰浊乱，易生雠隙，三也。困顿日久，资财耗竭，适以自弊，四也。欲借此以卫民，而反为民增一苦；欲借此以防贼，而反为吾招一寇，其可行乎？合行知府程云鹏，公同指挥周胤宗，及各县知县等官，亲至已破贼巢各邻近良善村寨，以次加厚抚恤，给以告示，犒以鱼盐，待以诚信，敷以德恩。谕以朝廷所以诛剿各贼者，为其稔恶不悛，若尔等良善守分村寨，我官府何尝轻动尔等一草一木？尔等各宜益坚向善之心，毋为彼所扇惑摇动。从而为之推选众所信服，立为酋长，以连属之。若各贼果能改恶迁善，实心向化，今日来投，今日即待以良善，决不追既往之恶。尔等即可以此意传告开谕之。我官府亦就实心抚安招来，量给盐米，为之经纪生业。亦就为之选立酋长，使有统率，毋令涣散。一面清查侵占田土，开立里甲，以息日后之争。禁约良民，毋使乘机报复，以激其变。如农夫之植嘉禾，以去稂莠，深耕易耨，芸菑灌溉，专心一事，勤诚无惰，必有秋获。夫善者益知所劝，则助恶者日衰；恶者益知所惩，则向善者益众：此抚柔之道，而非专有恃于甲兵者也。”又曰："该府议欲散撤顾倩机快等项，调取武靖州土兵，使之就近防守一节，区画颇当。然以三千之众，而常在一处屯顿坐食，亦未得宜。必须分作六班，每五百名为一班，每两个月日而更一次。若有雕剿等项，然后通行起调，然必须于城市别立营房，毋使与民杂处，然后可免于骚扰嫌隙。盖以十家牌门之兵，而为守土安民之本；以武靖起调之兵，而备追捕剿截之用：此亦经权交济相须之意也。自今以后，免其秋调，各处哨守等役，专在浔州地方听凭守备参将调用。凡遇紧急调取，即要星驰赴信地，不得迟违时刻。守巡各官，仍要时加戒谕抚辑，毋令日久玩弛，又成虚应故事。”

六月，兴南宁学校。

先生谓："理学不明，人心陷溺，是以士习日偷，风教不振。"日与各学顺生朝夕开讲，已觉渐有奋发之志。又恐穷乡僻邑，不能身至其地，委原任监察御史降合浦县丞陈逅主教灵山诸县，原任监察御史降揭阳县主簿季本主教敷文书院。仍行牌谕曰："仰本官每日拘集该府县学诸生，为之勤勤开诲，务在兴起圣贤之学，一洗习染之陋。其诸生该赴考试者，临期起送；不该赴试者，如常朝夕聚会。考德问业之外，或时出与经书论策题目，量作课程；就与讲析文义，以无妨其举业之功。大抵学绝道丧之余，未易解脱旧闻旧见，必须包蒙俯就，涵育薰陶，庶可望其渐次改化。谅本官平素最能孜孜汲引，则今日必能循循善诱。诸生之中，有不率教者，时行榎楚，以警其惰。本院回军之日，将该府县官员师生查访勤惰，以示劝惩。”

又牌谕曰：“照得安上治民，莫善于礼，冠婚丧祭，固宜家喻而户晓者。今皆废而不讲，欲求风俗之美，其可得乎？况兹边方远郡，土夷错杂，顽梗成风，有司徒具刑驱势迫，是谓以火济火，何益于治？若教之以礼，庶几所谓小人学道则易使矣。福建莆田生员陈大章，前来南宁游学，叩以冠婚乡射诸仪，颇能通晓。近来各学诸生，类多束书高阁，饱食嬉游，散漫度日。岂若使与此生朝夕讲习于仪文节度之间，亦足以收其放心，固其肌肤之会，筋骸之束，不犹愈于博弈之为贤乎？仰南宁府官吏即便馆谷陈生于学舍，于各学诸生之中，选取有志习礼，及年少质美者，相与讲解演习。自此诸生得于观感兴起，砥砺切磋，修之于其家，而被于里巷，达于乡村；则边徼之地，遂化为邹鲁之乡，亦不难矣。”

七月，袭八寨、断藤峡，破之。

八寨、断藤峡诸蛮贼，有众数万，负固稔恶，南通交趾诸夷，西接云、贵诸蛮，东北与牛场、仙台、花相、风门、佛子及柳庆、府江、古田诸瑶回旋连络，延袤二千余里，流劫出没，为害岁久。比因有事思、田，势不暇及。至是，先生以思、田既平，苏、受新附，乃因湖广保靖归师之便，令布政使林富、副总兵张祐等，出其不意，分道征之。富、祐率右江及思、田兵进剿八寨诸贼。参议汪必东、副使翁素、佥事汪溱，率左江及永、保土兵进剿断藤峡诸贼。令该道分巡兵备收解，纪功御史册报，及行太监张赐并各镇巡知会，一月之内，大破其众，斩获三千有奇。先生见诸贼巢穴既已扫荡，而我兵疾疫，遂班师奏捷。

按：疏言：“断藤峡诸贼，犄角屯聚，自国初以来，屡征不服。至天顺间，都御史韩雍统兵二十万，然后破其巢穴。撤兵无何，贼复攻陷浔州，据城大乱。后复合兵，量从剿抚。自后窃发无时，凶恶成性，不可改化。至于八寨诸贼，尤为凶猛，利镖毒弩，莫当其锋；且其寨壁天险，进兵无路。自国初都督韩观，尝以数万之众围困其地，亦不能破，竟从招抚而罢。报后兴师合剿，一无所获，反多挠丧。惟成化间，土官岑瑛尝合狼兵深入，斩获二百。已而贼势大涌，力不能支，亦从抚罢。今因湖广之回兵，而利导其顺便之势，作思、田之新附，而善用其报效之机。两地进兵，各不满八千之众，而三月报捷，共已逾三千之功。两广父老皆以为数十年来未有此举也。"

疏请经略思、田及八寨、断藤峡。

初，先生既平思、田，乃上疏曰："臣以迂庸，缪当兵事于兹土，承制假以抚剿便宜。是陛下之心惟在于除患安民，未尝有所意必也。又谕令贼平之后，议设土流孰便。是陛下之心惟在于安民息乱，未尝有所意必也。始者思、田梗化，既举兵而加诛矣，因其悔罪投降，遂复宥而释之。固亦莫非仰承陛下不嗜杀人之心，惓惓忧悯赤子之无辜也。凡为经略事宜有三：特设流官知府以制土官之势；仍立土官知府以顺土夷之情；分设土官巡检以散各夷之党。拟府名为'田宁'，以应谶谣，而定人心。设州治于府之西北，立猛第三子邦相为吏目。待其有功，渐升为知州。分设思恩土巡检司九，田州土巡检司十有八，以苏、受并土目之为众所服者世守之。"既而复破八寨、断藤峡。又上疏曰："臣因督兵亲历诸巢，见其形势要害，各有宜改立卫所，开设县治，以断其脉络，而扼其咽喉者。若失今不为，则数年之间，贼复渐来，必归聚生息；不过十年，又有地方之患矣。臣以遵制便宜，相度举行，凡为经略事宜有六：移南丹卫城于八寨；改筑思恩府治于荒田；改凤化县治于三里；增设隆安县治；置流官于思龙，以属田宁；增筑守镇城堡于五屯。"事下，本兵持之，户部复请覆勘，学士霍韬等上疏曰："臣等广人也，是役也，臣等尝为守仁计曰：'前当事者，凡若三省兵若干万，梧州军门费用军储若干万，复从广东布政司支用银米若干万，杀死、疫死官兵、土兵若干万，仅得田州小宁五十日，而思恩叛矣。'今守仁不杀一卒，不费斗米，直宣扬威德，遂使思、田顽叛，稽首来服。虽舜格有苗，何以过此？乃若八寨贼、断藤峡贼，又非思、田之比。八寨为诸贼渊薮，而断藤峡为八寨羽翼也。广西有八寨诸贼，犹人有心腹病也。八寨不平，则两广无安枕期也。今守仁沉机不露，一举平之。百数十年豺虎窟穴，扫而清之，如拂尘然。臣等是以叹服守仁能体陛下之仁，以怀绥思、田向化之民；又能体陛下之义，以讨服八寨、断藤梗化之贼：仁义两得之也。夫守仁之成功，有八善焉：乘湖兵归路之便，兵不调而自集，一也。因思、田效命之助，劳而不怨，二也。机出意外，贼不能遁，所诛者渠恶，非滥杀报功者比，三也。因归师无粮运费，四也。一举成功，民不知扰，五也。平八寨、平断藤峡，则极恶者先诛，其细小巢穴，可渐德化，得抚剿之宜，六也。八寨不平，则西而柳、庆，东而罗旁、禄水、新宁、思平之贼，合数千里，共为窟穴，虽调兵数十万，未易平伏，今八寨平定，则诸贼可以渐次抚剿，两广良民可以渐次安业，纾圣明南顾之忧，七也。韩雍虽平断藤峡贼矣，旋复有倡乱者，八寨乃百六十年所不能诛之剧贼。今守仁既平其巢窟，即徙建城邑以镇定之，则恶贼失险，后日不能为变，逋贼来归，且化为良民矣。诛恶绥良，得民父母之体，八也。或议：‘守仁奉命有事思、田，遂剿八寨，可乎？’臣则曰：昔吴、楚反攻梁，景帝诏周亚夫救梁。亚夫不奉诏，而绝吴、楚粮道，遂破吴、楚，而平七国，安汉社稷。传曰：‘阃以外，将军制之。’又曰：‘大夫出疆，有可以安国家、利社稷，专之可也，古之道也。’是故亚夫知制吴、楚，在绝其食道，而不在于救梁；是故虽有诏命，有所不受。今守仁知思、田可以德怀也，遂纳其降而安定之。知八寨诸贼未易服也，遂因时仗义而讨平之。虽无诏命，先发后闻可也，况有便宜从事之旨乎？或曰：‘建置城邑，大事也；区处钱粮，户部职也；不先奉命而辄兴工，可乎？’臣则曰：昔者范仲淹之守西边也，欲筑大顺城，虑敌人争之，乃先具版筑，然后巡边，急速兴工，一月成城。西夏觉而争之，已不及矣。守仁于建置城邑之役，不仰足户部而后有处，其以一肩而分圣明南顾之忧，不以为功，反以为过，可乎？臣等目击八寨之贼，为地方大患百数十年，一旦仰赖圣明，任用守仁，以底平定，不胜庆忭，今兵部功赏未行，户部覆题再勘，臣恐机会一失，大功遂阻，城保不筑，逋贼复聚，地方可虑。是故冒昧建言，唯圣明察焉。”

九月，疏谢奖励赏赉。

赏思、田功也。九月初八日，行人冯恩赍捧钦赐至镇，故有谢疏。

与德洪、畿书：“地方事幸遂平息，相见渐可期矣。近年不审同志聚会如何，得无法堂前今已草深一丈否？想卧龙之会，虽不能大有所益，亦不宜遂尔荒落；且存饩羊，后或兴起，亦未可知。余姚得应元诸友相与倡率，为益不小。近有人自家乡来，闻龙山之讲，至今不废，亦殊可喜。书到，望遍寄声，益相与勉之。九十弟与正宪辈，不审早晚能来亲近否？诱掖接引之功，与人为善之心，当不俟多喋也。魏廷豹决能不负所托，儿辈或不能率教，亦望相与夹持之。”

十月，疏请告。

先生以疾剧，上疏请告，具言：“臣自往年承乏南、赣，为炎毒所中，遂患咳痢之疾。岁益滋甚。其后退休林野，稍就医药，而疾亦终不能止。自去岁入广，炎毒益甚。力疾从事，竣事而出，遂尔不复能兴。今已舆至南宁，移卧舟次，将遂自梧道广，待命于韶、雄之间，夫竭忠以报国，臣之素志也。受陛下之深恩，思得粉身齑骨以自效，又臣之所日夜切心者也。病日就危，而尚求苟全以图后报，而为养病之举，此臣之所以大不得已也。”疏入，未报。

谒伏波庙。

先生十五岁时尝梦谒伏波庙，至是拜祠下，宛然如梦中，谓兹行殆非偶然。因识二诗。其一曰：“四十年前梦里诗，此行天定岂人为？徂征敢倚风云阵，所过如同时雨师。尚喜远人知向望，却惭无术救疮痍。从来胜算归廊庙，耻说兵戈定四夷。”其二诗曰：“楼船金鼓宿乌蛮，鱼丽群舟夜上滩。月绕旌旗千嶂静，风传铃木九溪寒。荒夷未必先声服，神武由来不杀难。想见虞廷新气象，两阶干羽五云端。”是月与豹书：“近岁山中讲学者，往往多说勿忘勿助功夫甚难。问之，则云：‘才著意，便是助；才不著意，便是忘；所以甚难。’区区因问之云：‘忘是忘个甚么？助是助个甚么？’其人默然无对，始请问。区区因与说：‘我此间讲学，却只说个必有事焉，不说勿忘勿助。必有事焉者，只是时时去集义。若时时去用必有事的功夫，而或有时间断，此便是忘了，即须勿忘。时时去用必有事的功夫，而或有时欲速求效，此便是助了，即须勿助。其功夫全在必有事焉上用，勿忘勿助，只就其间提撕警觉而已。若是功夫原不间断，即不须更说勿忘；原不欲速求效，即不须更说勿助。此其功夫，何等明白简易，何等洒脱自在。今却不去必有事上用功，而乃悬空守着一个勿忘勿助，漭漭荡荡，只做得个沉空守寂，学成一个痴呆汉，事来，即便牵滞纷扰，不复能经纶宰制。此皆由学术误人之故，甚可悯矣。’”

又与邹守益书曰：“随处体认天理，勿忘勿助之说，大约未尝不是。只要根究下落，即未免捕风捉影。纵令鞭辟向里，亦与圣门致良知之功尚隔一尘。若复失之毫厘，便有千里之缪矣。世间无志之人，既已见驱于声利辞章之习，间有知得自己性分当求者，又被一种似是而非之学兜绊羁縻，终身不得出头。缘人未有真为圣人之志，未免挟有见小欲速之私，则此种学问极足支吾眼前得过。是以虽在豪杰之士，而任重道远，志稍不力，即且安顿其中者多矣。”

祀增城先庙。

先生五世祖讳纲者，死苗难，庙祀增城。是月，有司复新祠宇，先生谒祠奉祀。过甘泉先生庐，题诗于壁曰：“我祖死国事，肇礼在增城。荒祠幸新复，适来奉初蒸。亦有兄弟好，念言思一寻。苍苍见葭色，宛隔环瀛深。入门散图史，想见抱膝吟。贤郎敬父执，童仆意相亲。病躯不遑宿，留诗慰殷勤。落落千百载，人生几知音。道同著形迹，期无负初心。”又题甘泉居曰：“我闻甘泉居，近连菊坡麓。十年劳梦思，今来快心目。徘徊欲移家，山南尚堪屋。渴饮甘泉泉，饥食菊坡菊。行看罗浮云，此心聊复足。”与德洪、畿书：“书来见近日功夫之有进，足为喜慰！而余姚、绍兴诸同志又能相聚会讲，切奋发兴起，日勤不懈，吾道之昌，真有火燃泉达之机矣，喜幸当何如哉！此间地方悉已平靖，只因二三大贼巢，为两省盗贼之根株渊薮，积为民患者，心亦不忍不为一除剪，又复迟留二三月；今亦了事矣，旬月间便当就归途也。守俭、守文二弟，近承夹持启迪，想亦渐有所进。正宪尤极懒惰，若不痛加针砭，其病未易能去。父子兄弟之间，情既迫切，责善反难，其任乃在师友之间。想平日骨肉道义之爱，当不俟于多嘱也。”与何性之书：“区区病势日狼狈，自至广城，又增水泻，日夜数行不得止。至今遂两足不能坐立，须稍定，即逾岭而东矣。诸友皆不必相候。果有山阴之兴，即须早鼓钱塘之舵，得与德洪、汝中辈一会聚，彼此当必有益。区区养病本去已三月，旬日后必得旨。亦遂发舟而东，纵未能遂归田之愿，亦必得一还阳明洞，与诸友一面而别，且后会又有可期也。千万勿复迟疑，徒耽误日月。总及随舟而行，沿途官吏送迎请谒，断亦不能有须臾之暇。宜悉此意，书至，即拨冗。德洪、汝中辈，亦可促之早为北上之图。伏枕潦草。”

十一月乙卯，先生卒于南安。

是月廿五日，逾梅岭，至南安。登舟时，南安推官门人周积来见。先生起坐，咳喘不已。徐言曰：“近来进学如何？”积以政对。遂问道体无恙。先生曰：“病势危亟，所未死者，元气耳。”积退而迎医诊药。廿八日，晚泊，问：“何地？”侍者曰：“青龙铺。”明日，先生召积入。久之，开目视曰：“吾去矣！”积泣下，问“何遗言？”先生微哂曰：“此心光明，亦复何言？”顷之，瞑目而逝，二十九日辰时也。赣州兵备门人张思聪追至南安，迎入南埜驿，就中堂沐浴衾敛如礼。先是先生出广，布政使门人王大用备美材随舟。思聪亲敦匠事，铺棞设褥，表里裼袭。门人刘邦采来奔丧事。十二月三日，思聪与官属师生设祭，入棺。明日，舆榇登舟。士民远近遮道，哭声振地，如丧考妣。至赣，提督都御史汪鋐迎祭于道，士民沿途拥哭如南安。至南昌，巡按御史储良材、提学副使门人赵渊等请改岁行，士民昕夕哭奠。

八年己丑，正月，丧发南昌。

是月连日逆风，舟不能行。赵渊祝于柩曰："公岂为南昌士民留耶？越中子弟门人来候久矣。"忽变西风，六日直至弋阳。先是德洪与畿西渡钱塘，将入京殿试，闻先生归，遂迎至严滩，闻讣，正月三日，成丧于广信，讣告同门。是日，正宪至。初六日，会于弋阳。初十日，过玉山，弟守俭、守文，门人栾惠、黄洪、李珙、范引年、柴凤至。

二月庚午，丧至越。

四日，子弟门人奠柩中堂，遂饰丧纪，妇人哭门内，孝子正宪携弟正亿与亲族子弟哭门外，门人哭幕外，朝夕设奠如仪。每日门人来吊者百余人，有自初丧至卒葬不归者。书院及诸寺院聚会如师存。是时朝中有异议，爵荫赠谥诸典不行，且下诏禁伪学。詹事黄绾上疏曰："忠臣事君，义不苟同；君子立身，道无阿比。臣昔为都事，今少保桂萼时为举人，取其大节，与之交友。及臣为南京都察院经历，见大礼不明，相与论列。相知二十余年，始终无间。昨臣荐新建伯王守仁堪以柄用，萼与守仁，旧不相合，因不谓然，小人乘间构隙。然臣终不以此废萼平生也。但臣于事君之义，立身之道，则有不得不明者。臣所以深知守仁者，盖以其功与学耳。然功高而见忌，学古而人不识，此守仁之所以不容于世也。盖其功之大者有四：其一，宸濠不轨，谋非一日，内而内臣如魏彬等，嬖幸如钱宁、江彬等，文臣如陆完等，为之内应；外而镇守如毕真、刘朗等，为之外应；故当时中外诸臣，多怀观望。若非守仁忠义自许，身任讨贼之事，不顾赤族之祸，倡义以勤王，运筹以伐谋，则天下安危未可知。今乃皆以为伍文定之功，是轻发纵而重走狗，岂有兵无胜算，而濠可徒搏而擒者乎？其二，大帽、茶寮、浰头、桶冈诸贼寨，势连四省，兵连累岁。若非蚤平，南方自此多事。守仁临镇，次第底定。其三，田州、思恩构衅有年，事不得息，民不得已，故起守仁以往，定以兵机，感以诚信，乃使卢、王之徒，崩角来降，感泣受杖，遂平一方之难。其四，自来八寨为两广腹心之疾，其间守戍官军，与贼为党，莫可奈何。守仁假永顺狼兵，卢、王降卒，并而袭之，遂去两广无穷之巨害，实得兵法便宜之算。夫兵凶战危，守仁所立战功，皆除大患，卒之以死勤事。夫兵政国之大事，宜为后世法，可以终泯其功乎？其学之大要有三：一曰'致良知'，实本先民之言，盖致知出于孔氏，而良知出于孟轲性善之论。二曰'亲民'，亦本先民之言，盖《大学》旧本所谓亲民者，即百姓不亲之亲，凡亲贤乐利，与民同其好恶，而为絜矩之道者是已。此所据以从旧本之意，非创为之说也。三曰'知行合一'，亦本先民之言，盖知至至之，知终终之，只一事也。守仁发此，欲人言行相顾，勿事空言以为学也。是守仁之学，弗诡于圣，弗畔于道，乃孔门之正传也，可以终废其学乎？"然以萼之非守仁，遂致陛下失此良弼，使守仁不获致君尧、舜，谁之过与？臣不敢以此为萼是也。况赏罚者，御世之权。以守仁之功德，劳于王事，乃常典不及，削罚有加，废褒忠之典，倡党锢之禁，非所以辅明主也。守仁客死，妻子孱弱，家童载骨，藁埋空山，鬼神有知，当为恻然。臣实不忍见圣明之世有此事也。假使守仁生于异世，犹当追崇，况在今日哉？且永顺之众，卢、王之徒，素慕守仁威德；如此举措，恐失其望，关系夷情，亦非细故。臣昔与守仁为友，几二十年。一日愤寡过之不能，守仁从而觉之，若有深省，遂复师事之。是臣于守仁，实非苟然相信，如世俗师友者也。臣于君父之前，处师友之间，既有所怀，不敢不尽。昔萼为小人所谗，臣为之愤；既而得白，臣为之喜；固非臣之私也。今守仁之抱冤，亦犹萼之负屈。伏愿扩一视之仁，特敕所司，优以恤典赠谥，仍与世袭，并开学禁，以昭圣政。若此事不明，则萼之与臣，终不能以自忘。故臣敢言及于此，所以盖事陛下之忠，且以补萼之过，亦以尽臣之义也。”疏入，不报。于是给事中周延抗疏论列，谪判官。

十一月，葬先生于洪溪。

是月十一日，发引，门人会葬者千余人，麻衣衰屦，扶柩而哭。四方来观者莫不交涕。洪溪去越城三十里，入兰亭五里，先生所亲择也。先是，前溪入怀，与左溪会冲，啮右麓，术者心嫌，欲弃之。有山翁梦神人绯袍玉带立于溪上，曰：“吾欲还溪故道。”明日雷雨大作，溪泛，忽从南岸，明堂周阔数百尺，遂定穴。门人李珙等筑治更番，昼夜不息者月余，而墓成。

卷三十五　年谱附录一

自嘉靖庚寅建精舍于天真山至隆庆丁卯复伯爵

嘉靖九年庚寅,，五月，门人薛侃建精舍于天真山，祀先生。

天真距杭州城南十里，山多奇岩古洞，下瞰八卦田，左抱西湖，前临胥海，师昔在越讲学时，尝欲择地当湖海之交，目前常见浩荡，图卜筑以居，将终老焉。起征思、田，洪、畿随师渡江，偶登兹山，若有会意者。临发以告，师喜曰："吾二十年前游此，久念不及，悔未一登而去。"至西安，遗以二诗，有"天真泉石秀，新有鹿门期"及"文明原有象，卜筑岂无缘"之句。侃奔师丧，既终葬，患同门聚散无期，忆师遗志，遂筑祠于山麓。同门董沄、刘侯、孙应奎、程尚宁、范引年、柴凤等董其事，邹守益、方献夫、欧阳德等前后相役；斋庑庖湢具备，可居诸生百余人。每年祭期，以春秋二仲月仲丁日，四方同志如期陈礼仪，悬钟磬，歌诗，侑食。祭毕，讲会终月。

十年辛卯五月，同门黄弘纲会黄绾于金陵，以先生胤子王正亿请婚。

先是师殡在堂，有忌者行谮于朝，革锡典世爵。有司默承风旨媒孽其家，乡之恶少，遂相煽，欲以鱼肉其子弟。胤子正亿方四龄，与继子正宪，离仳窜逐，荡析厥居。明年夏，门人大学士方献夫署吏部，择刑部员外王臣升浙江佥事，分巡浙东，经纪其家，奸党稍阻。弘纲以洪、畿拟是冬赴京殿试，恐失所托。适绾升南京礼部侍郎，弘纲问计。绾曰："吾室远莫计，有弱息，愿妻之。情关至戚，庶得处耳。"是月，洪、畿趋金陵为正亿问名。绾曰："老母家居，未得命，不敢专。"洪、畿复走台，得太夫人命，于是同门王艮遂行聘礼焉。

十一年壬辰正月，门人方献夫合同志会于京师。

自师没，桂萼在朝，学禁方严。薛侃等既遭罪谴，京师讳言学。至是年，编修欧阳德、程文德、杨名在翰林，侍郎黄宗明在兵部，戚贤、魏良弼、沈谧等在科，与大学士方献夫俱主会。于时黄绾以进表入，洪、畿以趋廷对入，与林春、林大钦、徐樾，朱衡、王惟贤、傅颐等四十余人始定日会之期，聚于庆寿山房。

九月，正亿趋金陵。

正亿外侮稍息，内衅渐萌。深居家扃，同门居守者，或经月不得见，相怀忧逼。于是同门佥事王臣、推官李逢，与欧阳德、王艮、薛侨、李珙、管州议以正亿趋金陵，将依舅氏居焉。至钱塘，恶少有蹑其后载者。迹既露，诸子疑其行。请卜，得《鼎》二之上吉，乃佯言共分胤子金以归。恶党信为实，弛谋。有不便者，遂以分金腾谤，流入京师。臣以是被中黜职。

十二年癸巳，门人欧阳德合同志会于南畿。

自师没，同门既襄事于越。三年之后，归散四方，各以所入立教，合并无时。是年，欧阳德、季本、许相卿、何廷仁、刘旸、黄弘纲嗣讲东南，洪亦假事入金陵。远方志士四集，类萃群趋，或讲于城南诸刹，或讲于国子鸡鸣。倡和相稽，疑辩相绎，师学复有继兴之机矣。

十三年甲午，正月，门人邹守益建复古书院于安福，祀先生。

师在越时，刘邦采首创惜阴会于安福，间月为会五日。先生为作

《惜阴说》。既后，守益以祭酒致政归，与邦采、刘文敏、刘子和、刘阳、欧阳瑜、刘肇衮、尹一仁等建复古、连山、复真诸书院，为四乡会。春秋二季，合五郡，出青原山，为大会。凡乡大夫在郡邑者，皆与会焉。于是四方同志之会，相继而起，惜阴为之倡也。

三月，门人李遂建讲舍于衢麓，祀先生。

先自师起征思、田，舟次西安，门人栾惠、王玑等数十人雨中出候。师出天真二诗慰之。明年师丧，还玉山，惠偕同门王修、徐霈、林文夔等迎榇于草萍驿，凭棺而哭者数百人。至西安，诸生追师遗教，莫知所寄。洪、畿乃与玑、应典等定每岁会期。是年遂为知府，从诸生请，筑室于衢之麓。设师位，岁修祀事。诸生柴惟道、徐天民、王之弼、徐惟缉、王之京、王念伟等，又分为龙游、水南会，徐用检、唐汝礼、赵时崇、赵志皋等为兰西会，与天真远近相应，往来讲会不辍，衢麓为之先也。

五月，巡按贵州监察御史王杏建王公祠于贵阳。

师昔居龙场，诲扰诸夷。久之，夷人皆式崇尊信。提学副使席书延至贵阳，主教书院。士类感德，翕然向风。是年杏按贵阳，闻里巷歌声，蔼蔼如越音；又见士民岁时走龙场致奠，亦有遥拜而祀于家者；始知师教入人之深若此。门人汤哻、叶梧、陈文学等数十人请建祠以慰士民之怀。乃为赎白云庵旧址，立祠，置膳田，以供祀事。杏立石作《碑记》。记略曰："诸君之请立祠，欲追崇先生也。立祠足以追崇先生乎？构堂以为宅，设位以为依，陈俎豆以为享祀，似矣。追崇之实，会是足以尽之乎？未也。夫尊其人，在行其道，想像于其外，不若佩教于其身。先生之道之教，诸君所亲承者也。德音凿凿，闻者饫矣；光范丕丕，炙者切矣；精蕴渊渊，领者深矣。诸君何必他求哉？以闻之昔日者，而倾耳听之，有不以道，则曰：'非先生之法言也，吾何敢言？'以见之昔日者，而凝目视之，有不以道，则曰：'非先生之德行也，吾何敢行？'以领之昔日者，而潜心会之，有不以道，则曰：'非先生之精思也，吾何敢思？’言先生之言，而德音以接也；行先生之行，而光范以睹也；思先生之思，而精蕴以传也，其为追崇也何尚焉！”

十四年乙未，刻先生《文录》于姑苏。

先是洪、畿奔师丧，过玉山，检收遗书。越六年，洪教授姑苏，过金陵，与黄绾、闻人诠等议刻《文录》。洪作《购遗文疏》，遣诸生走江、浙、闽、广、直隶搜猎逸稿。至是年二月，鸠工成刻。

巡按直隶监察御史曹煜建仰止祠于九华山，祀先生。

九华山在青阳县，师尝两游其地，与门人江口、柯乔等宿化城寺数月。寺僧好事者，争持纸索诗，通夕洒翰不倦。僧蓄墨迹颇富，思师夙范，刻师像于石壁，而亭其上，知县祝增加葺之。是年煜因诸生请，建祠于亭前，扁曰“仰止”。邹守益捐资，令僧买赡田，岁供祀事。越隆庆戊辰，知县沈子勉率诸生讲学于斯，增葺垣宇赡田。煜祭文见《青阳志》。

十五年丙申，巡按浙江监察御史张景、提学佥事徐阶，重修天真精舍，立祀田。

门人礼部尚书黄绾作《碑记》。《记》曰：“今多书院，兴必由人，或仕于斯，或游于斯，或生于斯，或功德被于斯：必其人实有足重者，表表在人，思之不见，而后立书院以祀之。聚四方有志，树之风声，讲其道以崇其化。浙江之上龙山之麓，有曰天真书院，立祀阳明先生者也。盖先生尝游于斯，既没，故于斯创精舍，讲先生之学，以明先生之道。夫人知之，岂待予言哉？正德己卯，宁濠之变，起事江右，将窥神器，四方岌岌，日危于死。浙为下游，通衢八道，财赋称甲。濠意欲先得之。故阴置腹心，计为之应。因先生据其上游，奋身独当之，濠速败，浙赖以宁，卒免锋刃荼毒之苦：皆先生之功也。则今日书院之创，非徒讲学，又以明先生之功也。书院始于先生门人行人薛侃、进士钱德洪、王畿，合同志之资为之。继而门人佥事王臣、主事薛侨，有事于浙，又增治之，始买田七十余亩。蒸尝辑理，岁病不给。侍御张君按浙，乃跻书院而叹曰：‘先生之学，论同性善。先生之功，在于社稷。皆所宜祀，矧覆泽兹土尤甚，恶可忽哉！’乃属提学佥事徐君阶，命绍兴推官陈让，以会稽废寺田八十余亩为庄，属之书院。又出法台赎金三百两，命杭州推官罗大用及钱塘知县王钍买宋人所为龟畴田九十余亩以益之。于是需足人聚，风声益树，而道化行矣。昔宋因书院而为学校，今于学校之外复立书院，盖久常特新之意与？予尝登兹山，坐幽岩，步危磴，俯江流之洄浙，引苍渤之冥茫，北览西湖，南目禹穴，云树苍苍，晴岚窅窅。于是怆然而悲，悄然而戚，恍见先生之如在而能不忘也。乃知学校之设既远，远则常，常则玩，玩则怠，怠则学之道其疏乎？书院之作既近，近则新，新则惕，惕则励，励则学之道其修乎？兹举也，立政立教之先务，益于吾浙多矣。”

十六年丁酉十月，门人周汝员建新建伯祠于越。

是年汝员以御史按浙。先是师在越，四方同门来游日众，能仁、光相、至大、天妃各寺院，居不能容。同门王艮、何秦等乃谋建楼居斋舍于至大寺左，以居来学。师没后，同门相继来居，依依不忍去。是年，汝员与知府汤绍恩拓地建祠于楼前。取南康蔡世新肖师像，每年春秋二仲月，郡守率有司主行时祀。

十一月，佥事沈谧建书院于文湖，祀先生。

文湖在秀水县北四十里，广环十里，中横一州，四面澄碧，书院创焉。谧初读《传习录》，有悟师学，即期执贽请见。师征思、田，弗遂。及闻讣，追悼不已。后为行人，闻薛子侃讲学京师，乃叹曰：“师虽没，天下传其道者尚有人也。”遂拜薛子，率同志王爱等数十人讲学于其中，置田若干亩以赡诸生。是年，巡按御史周汝员立师位于中堂，春秋二仲月，率诸生虔祀事，歌师诗以侑食。既后，谧起，佥江西，为师遍立南、赣诸祠。比没，参政孙宏轼、副使刘悫设谧位，附食于师。谧子进士启原增置赡田，与爱等议附薛子位。祭期定季丁日。同志与祭天真者俱趋文湖，于今益盛。

十七年戊戌，巡按浙江监察御史傅凤翔建阳明祠于龙山。

龙山在余姚县治右。辛巳年，师归省祖茔，门人夏淳、孙升、吴仁、管州、孙应奎、范引年、柴凤、杨珂、周于德、钱大经、应扬、谷钟秀、王正心、正思、俞大本、钱德、周仲实等，侍师讲学于龙泉寺之中天阁。师亲书三八会期于壁。吴仁聚徒于阁中，合同志讲会不辍。丁亥秋，师出征思、田，每遗书洪、畿，必念及龙山之会。是年传以诸生请，建祠于阁之上方，每年春秋二仲月，有司主行时祀。

十八年己亥，江西提学副使徐阶建仰止祠于洪都，祀先生。

自阶典江西学政，大发师门宗旨，以倡率诸生。于是同门吉安邹守益、刘邦采、罗洪先，南昌李遂、魏良弼、良贵、王臣、裘衍、抚州陈九川、傅默、吴悌、陈介等，与各郡邑选士，俱来合会焉。魏良弼立石纪事。

吉安士民建报功祠于庐陵，祀先生。

祠在庐陵城西隅。师自正德庚午莅庐陵，日进父老子弟告谕之，使之息争睦族，兴孝悌，敦礼让，民渐向化。兴利剔蠹，赈疫禳灾，皆有实惠。七越月而去，民追思之。既提督南、赣，扫荡流贼，定逆濠之乱，皆切民命。及闻师讣，丧过河下，沿途哀号，如丧考妣。乃相与筑祠，名曰“报功”，岁修私祀。后曾孔化、贺钧、周祉、王时椿、时槐、陈嘉谟等相与协成，制益宏丽，春秋郡有司主祀。

十九年庚子，门人周桐、应典等建书院于寿岩，祀先生。

寿岩在永康西北乡，岩多瑞石，空洞垲爽。四山环翠，五峰前拥。桐、典与同门李珙、程文德讲明师旨。嵌岩作室，以居来学。诸生卢可久、程梓等就业者百有余人。立师位于中堂，岁时奉祀，定期讲会，至今不辍。

二十一年壬寅，门人范引年建混元书院于青田，祀先生。

书院在青田县治。引年以经师为有司延聘主青田教事，讲艺中时发师旨。诸生叶天秩七十有余，人闻之，惕然有感，复肃仪相率再拜，共进师学。又惧师联无所，树艺不固，乃纠材筑室，肖师像于中堂；谓范子之学出于王门，追所自也。范子卒，春秋配食。乞洪作《仰止祠碑记》，御史洪恒纪其详。后提学副使阮鹗增建为心极书院，畿作《碑记》。记略曰："心极之义，其昉诸古乎？孔子'《易》有太极，是生两仪'，以至定吉凶，而生大业，所以通神明之德，类万物之情，而冒天下之道，无非《易》也。《易》者无他，吾心寂感、有无相生之机之象也。天之道为阴阳；地之道为刚柔；人之道为仁义：三极于是乎立。象也者，像此者也。阴阳相摩，刚柔相荡，仁义相禅，藏乎无扃之键，行乎无辙之途，立乎无所倚之地，而神明出焉，万物备焉。故曰：'无思也，无为也，寂然不动，感而遂通天下之故。'此孔子之精蕴也。当时及门之徒，惟颜氏独得其宗。观夫喟然之叹，有曰：'如有所立，卓尔。'有无之间不可以致诘，虽欲从之，末由也已。故曰'发圣人之蕴，颜子也。'颜子没而圣学遂亡。后千余载，濂溪周子，始复追寻其绪，发为'无极而太极'之说，盖几之矣。而后儒纷纷之议，尚未能一无惑乎！千载之寥寥也。盖汉之儒者，泥于有象，一切仁义、忠孝、礼乐、教化、经纶之迹，皆认以为定理，必先讲求穷索，执为典要，而后以为应物之则，是为有得于太极似矣，而不知太极为无中之有，不可以有名也。隋、唐以来，老、佛之徒起而攘臂其间，以经纶为糟粕，乃复矫以窃冥玄虚之见，甚至掊击仁义，荡灭礼教，一切归之于无，是为有得于无极似矣，而不知无极为有中之无，非可以无名也。周子洞见二者之弊，转相谬溺，不得已而救之，建立《图说》，以显圣学之宗，定之以中正仁义而主静。中正仁义云者，太极之谓；而主静云者，无极之谓；人极于是乎立焉。议者乃以无极之言谓出于老氏，分中正仁义为动静，而不悟主静无欲之旨，亦独何哉？夫自伏羲一画以启心极之原，神无方而易无体，即无极也。孔子固已言之矣，而周子之得圣学之传无疑也。夫圣学以一为要。一者，无欲也。人之欲大约有二：高者蔽于意见；卑者蔽于嗜欲：皆心之累也。无欲则一；无欲则明通公溥而圣可学矣。君子寡欲，故修之而吉；小人多欲，故悖之而凶。吉凶之几，极之立与不立，于此焉分，知此，则知亚峰阮子所谓心极之说矣。"

二十三年甲辰，门人徐珊建虎溪精舍于辰州，祀先生。

精舍在府城隆兴寺之北。师昔还自龙场，与门人冀元亨、蒋信、唐愈贤等讲学于龙兴寺，使静坐密室，悟见心体。是年，珊为辰同知，请于当道，与诸同志大作祠宇、置赡田。邹守益为作《精舍记》，罗洪先作《性道堂记》。又有见江亭、玉芝亭、鸥鹭轩，珊与其弟杨珂俱多题志。

二十七年戊申，八月，万安同志建云兴书院，祀先生。

书院在白云山麓，前对芙蓉峰，幕下秀出如圭，大江横其下。同志朱衡、刘道、刘弼、刘岘、王舜韶、吴文惠、刘中虚等迎予讲学于精修观，诸生在座者百五十人有奇。晚游城闉，见民居井落，邑屋华丽。洪曰："民庶且富，而诸君敷教之勤若此，可谓礼义之乡矣。"衡曰："是城四十年前犹为赤土耳。"问之。曰："南、赣峒贼，流劫无常，妻女相率而泣曰：'贼来曷避，惟一死可恃耳。'师来，荡平诸峒，百姓始得筑城生聚，乃有今日，皆师之赐也。"洪嘉叹不已。乃谓曰："沐师德泽之深若此，南来郡邑，俱有祠祀，何是地独无？"众皆蹙然曰："有志未遂耳。"乃责洪作疏纠材。是夕来相助者盈二百金。举人周贤宣作文祀土，众役并兴。中遭异议，止之。至嘉靖甲子，衡为尚书，贤宣为方伯，与太仆卿刘悫复完书业，祭祀规制大备，名曰云兴书院云。

九月，门人陈大伦建明经书院于韶，祀先生。

书院在府城。先是同门知府郑骝作明经馆，与诸生课业，倡明师学。至是大伦守韶，因更建书院，立师位，与陈白沙先生并祀。是月，洪谒甘泉湛先生，逾庾岭，与诸生邓鲁、骆尧知、胡直、王城、刘应奎、钟大宾、魏良佐、潘槐、莫如德、张昂等六十三人谒师祠，相与入南华二贤阁，与邓鲁、胡直等共阐师说。至隆庆己巳，知府李渭大修祠宇，集诸生与黄城等身证道要，师教复振。

二十九年庚戌，正月，吏部主事史际建嘉义书院于溧阳，祀先生。

书院在溧阳救荒淹。史际因岁青，筑淹塘以活饥民，塘成而建书院于上。延四方同志讲会，馆谷之。籍其田之所入，以备一邑饥荒，名曰“嘉义”，钦玉音也。际与吕光洵议延洪主教事。乃先币聘，越三年，兹来定盟。是月，同志周贤宣、赵大河、诸生彭若思、彭适、袁端化、王襞、徐大经、陈三谟等数十人，际率子侄史继源、继志、史铨、史珂、史继书、继辰、致詹，偕吾子婿叶迈、郑安元、钱应度、应量、应礼、应乐定期来会，常不下百余人。立师与甘泉湛先生位，春秋奉祀。

《天成篇》揭嘉义堂示诸生曰：“吾人与万物混处于天地之中，为天地万物之宰者，非吾身乎？其能以宰乎天地万物者，非吾心乎？心何以能宰天地万物也？天地万物有声矣，而为之辨其声者谁欤？天地万物有色矣，而为之辨其色者谁欤？天地万物有味矣，而为之辨其味者谁欤？天地万物有变化矣，而神明其变化者谁欤？是天地万物之声，非声也，由吾心听，斯有声也；天地万物之色，非色也，由吾心视，斯有色也；天地万物之味，非味也，由吾心尝，斯有味也；天地万物之变化，非变化也，由吾心神明之，斯有变化也：然则天地万物也，非吾心则弗灵矣。吾心之灵毁，则声、色、味、变化不得而见矣。声、色、味、变化不可见，则天地万物亦几乎息矣。故曰：‘人者，天地之心，万物

之灵也，所以主宰乎天地万物者也。'

吾心为天地万物之灵者，非吾能灵之也。吾一人之视，其色若是矣，凡天下之有目者，同是明也；一人之听，其声若是矣，凡天下之有耳者，同是聪也；一人之尝，其味若是矣，凡天下之有口者，同是嗜也；一人之思虑，其变化若是矣，凡天下之有心知者，同是神明也。匪徒天下为然也，凡前乎千百世已上，其耳目同，其口同，其心知同，无弗同也；后乎千百世已下，其耳目同，其口同，其心知同，亦无弗同也。然则明非吾之目也，天视之也；聪非吾之耳也，天听之也；嗜非吾之口也，天尝之也；变化非吾之心知也，天神明之也。故目以天视，则尽乎明矣；耳以天听，则竭乎聪矣；口以天尝，则不爽乎嗜矣；思虑以天动，则通乎神明矣。天作之，天成之，不参以人，是之谓天能，是之谓天地万物之灵。

吾心为天地万物之灵，惟圣人为能全之，非圣人能全之也，夫人之所同也。圣人之视色，与吾目同矣，而目能不引于色者，率天视也；圣人之听声，与吾耳同矣，而耳能不蔽于声者，率天听也；圣人之嗜味，与吾口同矣，而口能不爽于味者，率天尝也；圣人之思虑，与吾心知同矣，而心知不乱于思虑者，通神明也。吾目不引于色，以全吾明焉，与圣人同其视也；吾耳不蔽于声，以全吾聪焉，与圣人同其听也；吾口不爽于味，以全吾嗜焉，与圣人同其尝也；吾心知不乱于思虑，以全吾神明焉，与圣人同其变化也。故曰："圣人可学而至，谓吾心之灵与圣人同也。然则非学圣人也，能自率吾天也。"

吾心之灵与圣人同，圣人能全之，学者求全焉。然则何以为功耶？有要焉，不可以支求也。吾目蔽于色矣，而后求去焉，非所以全明也；吾耳蔽于声矣，而后求克焉，非所以全聪也；吾口爽于味矣，而后求复焉，非所以全嗜也；吾心知乱于思虑矣，而后求止焉，非所以全神明也。灵也者，心之本体也，性之德也，百体之会也；彻动静，通物我，亘古今，无时乎弗灵，无时乎或间者也。或生而知之，或学而知之，或困而知之，皆自率是灵以通百物，勿使间于欲焉已矣。其功虽不同，其灵未尝不一也。吾率吾灵，而发之于目焉，自辨乎色而不引乎色，所以全明也；发之于耳焉，自辨乎声，而不蔽乎声，所以全聪也；发之于口焉，自辨乎味而不爽乎味，所以全嗜也；发之于思虑焉，万感万应，不动声臭，而其灵常寂，大者立而百体通，所以全神明也。人一能之，己百之；人十能之，己千之；必率是灵而无间于欲焉，是天作之，人复之，是之谓天成，是之谓致知之学。”

增刻先生《朱子晚年定论》。《朱子定论》，师门所刻止一卷，今洪增录二卷，共三卷，际令其孙致詹梓刻于书院。

重刻先生《山东甲子乡试录》。《山东甲子乡试录》皆出师手笔，同门张峰判应天府，欲番刻于嘉义书院，得吾师继子正宪氏原本刻之。

四月，门人吕怀等建大同楼于新泉精舍，设师像，合讲会。

精舍在南畿崇礼街。初，史际师甘泉先生，筑室买田为馆谷之资。是年，怀与李遂、刘起宗、何迁、余胤绪、吕光洵、欧阳塾、欧阳瑜、王与槐、陆光祖、庞嵩、林烈及诸生数十人，建楼于精舍，设师与甘泉像，为讲会。会毕，退坐昧昧室，默对终夕而别。是月，洪送王正亿人胄监。至金山，遂入金陵趋会焉。何迁时为吏部文选司郎中，偕四司同僚邀余登报恩寺塔，坐第一层，问曰：“闻师门禁学者静坐，虑学者偏静沦枯槁也，似也。今学者初入门，此心久濡俗习，沦浃肤髓，若不使求密室，耳目与物无所睹闻，澄思绝虑，深入玄漠，何时得见真面目乎？师门亦尝言之，假此一段以补小学之功。又云：‘心罹疾痼，如镜面斑垢，必先磨去，明体乃见，然后可使一尘不容。’今禁此一法，恐令人终无所入。”洪对曰：“师门未尝禁学者静坐，亦未尝立静坐法以入人。”曰：“舍此有何法可入？”曰：“只教致良知。良知即是真面目。良知明，自能辨是与非，自能时静时动，不偏于静。”曰：“何言师门不禁静坐？”曰：“程门叹学者静坐为善学，师门亦然。但见得良知头脑明白，更求静处精炼，使全体著察，一滓不留；又在事上精炼，使全体著察，一念不欺。此正见吾体动而无动，静而无静，时动时静，不见其端，为阴为阳，莫知其始：斯之谓动静皆定之学。”曰：“偏于求静，终不可与入道乎？”曰：“离喜怒哀乐以求中，必非未发之中；离仁敬孝慈以求止，必非缉熙之止；离视听言动以求仁，必非天下归仁之仁。是动静有间矣，非合内合外，故不可与语入道。”曰：“师门亦有二教乎？”曰：“师尝言之矣，‘吾讲学亦尝误人，今较来较去，只是致良知三字无病。’”众皆起而叹曰：“致知则存乎心，悟致知焉，尽矣！”下塔，由画廊指《真武流形图》曰：“观此亦可以证儒佛之辩。”众皆曰：“何如？”曰：“真武山中久坐，无得，欲弃去。感老妪磨针之喻，复入山中二十年，遂成至道。今若画《尧流形图》，必从克明峻德，亲九族，以至协和万邦；画《舜流形图》，必从舜往于田，自耕稼陶渔，以至七十载陟方；又何时得在金碧山水中枯坐二三十年，而后可以成道耶？”诸友大笑而别。

三十年辛亥，巡按贵州监察御史赵锦建阳明祠于龙场。

龙场旧有龙冈书院，师所手植也。至是锦建祠三楹于书院北，旁翼两序，前为门，仍题曰“龙冈书院”，周垣缭之，奠师位于中堂。巡抚都御史张鹗翼、廉使张尧年、参政万虞恺、提学副使谢东山，共举祠祀。罗洪先撰《祠碑记》。记略曰：“予尝考龙场之事，于先生之学有大辨焉。夫所谓良知云者，本之孩童固有，而不假于学虑，虽匹夫匹妇之愚，固与圣人无异也。乃先生自叙，则谓困于龙场三年，而后得之。固有不易者，则何以哉？今夫发育之功，天地之所固有也。然天地不常有其功，一气之敛，闭而成冬，风露之撼薄，霜霰之严凝，陨积摧败，生意萧然，其可谓寂莫而枯槁矣。郁极而轧，雷霆奋焉。百蛰启，群草茁，氤氲动荡于宇宙之间者，则向之风霰为之也。是故藏不深则化不速，蓄不固则致不远，屈伸剥复之际，天地且不违，而况于人乎？先生以豪杰之才，振迅雄伟，脱屣于故常，于是一变而为文章，再变而为气节。当其倡言于逆瑾蛊政之时，挞之朝而不悔，其忧思恳款，意气激烈，议论铿訇，真足以凌驾一时而托名后世，岂不快哉！及其摈斥流离，而于万里绝域，荒烟深箐，狸鼯豺虎之区，形影孑立，朝夕惴惴，既无一可骋者；而且疾病之与居，瘴疠之与亲，情迫于中，忘之有不能，势限于外，去之有不可，辗转烦瞀，以需动忍之益，盖吾之一身，已非吾有，而又何有于吾身之外。至于是，而后如大梦之醒，强者柔，浮者实，凡平日所挟以自快者，不惟不可以常恃，而实足以增吾之机械，盗吾之聪明。其块然而生，块然而死，与吾独存而未始加损者，则固有之良知也。然则先生之学，出之而愈张，晦之而愈光。鼓舞天下之人，至于今日不怠者，非雷霆之震，前日之龙场，其风霰也哉？嗟乎！今之言良知者，莫不曰固有固有。问其致知之功，任其固有焉耳，亦尝于枯槁寂寞而求之乎？所谓盗聪明、增机械者，亦尝有辨于中否乎？生于忧患，死于安乐，岂有待于人乎？”

三十一年壬子，提督南、赣都御史张烜建复阳明王公祠于郁孤山。

祠在赣州郁孤台前，濂溪祠之后。嘉靖初年，军卫百姓思师恩德不已，百姓乃纠材建祠于郁孤台，以虔尸祝。军卫官兵建祠于学宫右，塑像设祀，俱有成式。继后异议者，移郁孤祠像于报功祠后，湫隘慢亵，军民怀忿。至是，署兵备佥事沈谧访询其故，父老子弟相与涕泣申告。谧谒师像，为之泫然出涕。报功祠旧有赡田米三十八石，见供春秋二祭。郁孤祠则取诸赣县，均平银两。乃具申军门。烜如其议，修葺二祠，迎师像于郁孤台，庙貌严饰，焕然一新。军卫有司各申虔祝，父老子弟岁腊骏奔。烜作记，立石纪事。

师自征三浰，山寇尽平。即日班师，立法定制。令赣属县俱立社学，以宣风教。城中立五社学，东曰义泉书院，南曰正蒙书院，西曰富安院书，又西曰镇宁书院，北曰龙池书院。选生儒行义表俗者，立为教读。选子弟秀颖者，分入书院，教之歌诗习礼，申以孝悌，导之礼让。未期月而民心丕变，革奸宄而化善良。市廛之民，皆知服长衣，叉手拱揖，而歌诵之声溢于委巷。浸浸乎三代之遗风矣。继后异议者尽堕成规，而五院为强暴者私据，礼乐之教息矣。至是，谧询士民之情，罪逐僭据，修举废坠，五社之学复完。慎选教读子弟而淬砺之，风教复兴，溯溯乎如师在日矣。

建复阳明王公祠于南安。

南安青龙铺，师所属纩之地也，士民哀号哭泣，相与建祠于学宫之右。岁时父老子弟奔走祝奠，有司即为崇祀，庙貌宏丽。后为京师流言，承奉风旨者，遂迁祠于委巷，隘陋污秽，人心不堪。谧与有司师生议，复旧址原制，楼五楹，前门五楹，取委巷祠址之值于民助。完工作，具申军门。烜从之。自是师祠与圣庙并垂不朽矣。

三十二年癸丑，江西佥事沈谧修复阳明王公祠于信丰县。

按谧《虔南公移录》曰："赣州府所属十一县，俱有前都察院右副都御史阳明王公祠，巍然并存。盖因前院功业文章，足以匡时而华国；谋猷军旅，足以御暴而捍灾。南、赣士民，咸思慕之。歌颂功德，久而不衰，尚有谈及而下泪者。本县原有祠堂，后有塞门什主者，废为宴憩之所，是诚何心哉！为此仰本县官吏，照牌事例，限三日内，即查究清理，仍为洒扫立主，因旧为新。不惟一邑师生故老，得以俱兴瞻仰之私，而凡过信丰之墟者，咸得以尽展拜俎豆之礼。古人所谓爱礼存羊，礼失求野之意，即是可见矣。"时谧署南、赣兵备事，故云。

三月，改建王公祠于南康。

南康旧有祠，在学宫右。后因异议者迁师像于旭山韩公祠内。谧往谒祠，见二像并存于一室：王公有祭而无祠；韩公有祠而无祭。其室且卑陋。访祠西有乡约所，前有堂三间，后有阁一座，规模颇胜。乃置师像于堂，而复其祭。韩公祠另为立祭。使原有祠者，因祠而举祭；原有祭者，因祭而立祠。则两祠之势并峙，而各全其尊；报功之典同行，而咸尽其义矣。

三月，安远县知县吴卜相请建王公报功祠。

安远旧无师祠，百姓私立牌于小学，父老子弟相率馈奠，始伸岁腊之情。卜相见之，乃惕然曰："此吾有司之责也。"乃具申旧院道谓："前都御史阳明王公，功在天下，而安远为用武之地；教在万世，而虔州为首善之区。本县正德年间中，有广寇叶芳拥众数千，肆行剽掠，民不聊生。自受本院抚剿以来，立籍当差，无异于土著之齐民；后生小子，不忘乎良知之口授。今询舆情，择县西旧堤备所空处，堪以修建祠堂。本县将日逐自理词讼银两，买办供费，庶财省而功倍，祀专而民悦。"嘉靖二十九年。申据前提督军门卢，俱如议行之。见今像貌森严，祠宇宏丽，申兵备佥事沈、提督军门张，扁其堂曰"仰止"，门曰"报功祠"。烜为作记，立石纪事。

四月，瑞金县知县张景星请建王公报功祠。

按《虔南公移录》，景星申称："正德初年，岁祲民饥，輋贼冲炽，民不聊生，逃亡过半。赖提督军门王公剪除凶恶，宣布德威，发粟赈饥，逃民复业。感恩思德，欲报无酎。今有耆民苏振等，愿自助财鸠工，拓乡校右，以崇祠像；李珩禄愿自助旱田八十亩，以承春秋尸祝。"佥事沈谧嘉奖之，申照军门，张烜严立规制，题曰"报功"，立石纪事。

六月，崇义县知县王廷耀重修阳明王公祠。

崇义县在上犹、大庾、南康之中，相距各三百余里，师所奏建也。数十年来，居民井落，草木茂密，生聚繁衍。百姓追思功德，家设像以致奠祝。至是，廷耀请于前军门卢会民，建师祠于儒学东隅。卢从之。佥事沈谧、巡县廷耀，请新旧制。谧为增其未备，设制定祀，如信丰诸县，立石纪事。

九月，太仆少卿吕怀、巡按御史成守节改建阳明祠于琅琊山。

山去城五里。旧有祠，在丰乐亭右，湫隘不容俎豆。兹改建紫薇泉上。是年，畿谒师祠，与怀、戚贤等数十人大会于祠下。十月，洪自宁国与贡安国谒师祠，见同门高年，犹有能道师教人初入之功者。

三十三年甲寅，巡按直隶监察御史闾东、宁国知府刘起宗建水西书院，祀先生。

水西在泾县、大溪之西，有上中下三寺。初与诸生会集，寓于各寺方丈。既而诸生日众，僧舍不能容，乃筑室于上寺之隙地，以备讲肆。又不足，提学御史黄洪毗与知府刘起宗创议建精舍于上寺右。未就，巡按御史闾东、提学御史赵镗继至。起宗复申议。于是属知县邱时庸恢弘其制，督成之。邑之士民好义者，竞来相役。南陵县有寡妇陈氏，曹按妻也，遣其子廷武输田八十亩有奇，以廪饩来学。于时书院馆谷具备，遂成一名区云。起宗礼聘洪、畿间年至会。

三十四年乙卯，欧阳德改建天真仰止祠。

德揭天真祠曰："据师二诗，石门、苍峡、龟畴、胥海皆上院之景，吾师神明所依也。今祠建山麓，恐不足以安师灵。"适其徒御史胡宗宪、提学副使阮鹗，俱有事吾浙，即责其改建祠于其上院，扁其额曰"仰止"。江西提学副使王宗沐访南康生祠，塑师像，遣生员徐应隆迎至新祠，为有司公祭，下祠塑师燕居像，为门人私祭。邹守益撰《天真仰止祠记》。记曰："嘉靖丙辰，钱子德洪聚青原、连山之间，议葺《阳明先生年谱》，且曰：'仰止之祠，规模耸旧观矣，宜早至一记之。'未果趋也。乃具颠末以告。天真书院，本天真、天龙、净明三寺地。岁庚寅，同门王子臣、薛子侃、王子畿暨德洪建书院，以祀先生新建伯。中为祠堂，后为文明阁、藏书室、望海亭，左为嘉会堂、游艺所、传经楼，右为明德堂、日新馆，傍为翼室。置田以供春秋祭祀。岁甲寅，今总制司马梅林胡公宗宪按浙，今中丞阮公鹗视学，谋于同门黄子弘纲、主事陈子宗虞，改祠于天真上院，距书院半里许。以薛子侃、欧阳子德、王子臣附，俱有事师祠也。左为叙勋堂，右为斋堂，后崖为云泉楼，前为祠门。门之左通慈云岭，磴道横亘若虹。立石牌坊于岭上，题曰'仰止'。下接书院，百步一亭，曰'见畴'，曰'泻云'，曰'环海'。右拓基为净香庵，以居守僧。外为大门，合而题之曰‘阳明先生祠’。门外半壁池。跨池而桥曰‘登云桥’。外即龟田亭。其上曰‘太极’云。岁丁巳春，总制胡公平海夷而归，思敷文教以戢武士，命同门杭二守、唐尧臣重刻先生《文录》、《传习录》于书院，以嘉惠诸生。重修祠宇，加丹堙泉石之胜，辟凝霞、玄阳之洞，梯上真，蹑蟾窟，经苍峡，采十真以临四眺，湘烟越峤，纵足万状，穷岛怒涛，坐收樽俎之间。四方游者愕然，以为造物千年所秘也。文明有象，先生尝咏之。而一旦尽发于群公，鬼神其听之矣。守益拜首而复曰：真之动以天也微矣，果畴而仰应，又畴而止之。先师之训曰：‘有而未尝有，是真有也；无而未尝无，是真无也；见而未尝见，是真见也。’而反覆师旨，慨乎颜子知几之传。故其诗曰：‘无声无臭，而乾坤万有基焉’，是无而未尝无也。又曰：‘不离日用，常行而直造，先天未画焉’，是有而未尝有也。无而未尝无，故视听言动于天则，欲罢而不能；有而未尝有，故天则穆然，无方无体，欲从而末由。兹颜氏之所以为真见也。吾侪之服膺师训久矣，饬励事为，而未达行著习察之蕴，则倚于滞像，研精性命，而不屑人伦庶物之实，则倚于凌虚，自迩而远，自卑而高，未免于歧也。而入门升堂，奚所仰而止乎！独知一脉，天德所由立，而王道所由四达也。慎之为义，从心从真，不可人力加损。稍涉加损，便入人为而伪矣。古之人受命如舜，无忧如文，继志述事如武王、周公，格帝飨庙，运天下于掌，举由孝弟以达神明，无二涂辙。故曰：夫微之显，诚之不可掩如此，指真之动以天也。先师立艰履险，磨瑕去垢，从直谏远谪，九死一生，沛然有悟于千圣相传之诀。析支离于众淆，融阙漏于二氏，独揭良知以醒群梦。故惠流于穷民，威袭于巨寇，功昭于宗社，而教思垂于善类。虽罹谗而遇媢，欲揜而弥章。身没三十年矣，干戈倥偬中，表扬日力。此岂声音笑貌可袭取哉？惟梅林子尝学于金台，至取师门学术勋烈，相与研之。既令余姚，谙练淬励，荐拜简命，神谋鬼谋，出入千古，旁观骇汗，而竟以成功，若于先师有默解者。继自今督我同游，暨于来学，骏奔咏歌，务尽斋明盛服之实。其望也若跂，其至也若休，将三千三百，盎然仁体，罔俾支离阙漏。杂之以古所称忠信笃敬，参前倚衡，蛮貊无异于州里，省刑薄敛，亲上死长，持梃于秦、楚。是发先师未展之秘，达为赤舄，隐为陋巷，俾圣代中和位育之休熙，光天化日之中，是谓仰止之真。”

三十五年丙辰二月，提学御史赵镗修建复初书院，祀先生。

书院在广德州治。初，邹守益谪判广德，创建书院，置赡田，以延四方来学。率其徒濮汉、施天爵过越，见师而还。复初之会，遂振不息。后汉、天爵出宦游，是会兴复不常者二十年。至洪、畿主水西会，往来广德，诸生张槐、黄中、李天秩等邀会五十人，过必与停骖信宿。是年，汉、天爵致政归，知州庄士元、州判何光裕，申镗复大修书院，设师位，以岁修祀事。

五月，湖广兵备佥事沈宠建仰止祠于崇正书院，祀先生。

书院在蕲州麒麟山。宠与州守同门谷钟秀建书院，以合州之选士，讲授师学。是年，与乡大夫顾问、顾阙，迎洪于水西。诸生钟沂、史修等一百十人有奇，合会于立诚堂。宠率州守首举祀事。属洪撰《仰止祠记》。其略曰：“二三子，尔知天下有不因世而异，不以地而隔，不为形而拘者，非良知之谓乎？夫子于诸生，世异地隔形疏，而愿祠而祀之，尸而祝之，非以良知潜通于其间乎？昔舜、文之交也，世之相后，千有余岁；地之相去，千有余里，揆其道，则若合符节者，何也？为其良知同也。苟求其同，岂惟舜、文为然哉？赤子之心，与大人同；夫妇之愚不肖，与圣人同；蒸民之不识不知，与帝则同。故考诸往圣而非古也；俟诸百世而非今也，无弗同也，无弗足也。故历千载如一日焉，地不得而间也；通千万人如一心焉，形不得而拘也。三代而降，世衰道微，而良知真体炯然不灭。故夫子一发其端，而吾人一触其几，恍然如出幽谷而睹天日。故诸生得之易而信之笃者，为良知同也。虽然，诸生今日得之若易，信之若笃矣，亦尚思其难，而拟其信之若未至乎？昔者夫子之始倡是学也，天下非笑诋訾，几不免于陷阱者屡矣。夫子悯人心之不觉也，忘其身之危困，积以诚心，稽以实得，见之行事。故天下之同好者，共起而以身承之，以政明之。故诸生之有今日，噫亦难矣！诸生今日之得若火燃泉达，能继是无间，必信其燎原达海，以及于无穷，斯为真信也已。是在二三子图之。”

四十二年癸亥，四月，先师年谱成。

师既没，同门薛侃、欧阳德、黄弘纲、何性之、王畿、张元冲谋成年谱，使各分年分地，搜集成藁，总裁于邹守益。越十九年庚戌，同志未及合并。洪分年得师始生至谪龙场，寓史际嘉义书院，具稿以复守益。又越十年，守益遣书曰：“同志注念师谱者，今多为隔世人矣，后死者宁无惧乎？谱接龙场，以续其后，修饰之役，吾其任之。”洪复寓嘉义书院具稿，得三之二。壬戌十月，至洪都，而闻守益讣。遂与巡抚胡松吊安福，访罗洪先于松原。洪先开关有悟，读《年谱》，若有先得者。乃大悦，遂相与考订。促洪登怀玉，越四月而谱成。

八月，提学御史耿定向、知府罗汝芳建志学书院于宣城，祀先生。

洪、畿初赴水西会，过宁国府，诸生周怡、贡安国、梅守德、沈宠、余珊、徐大行等二百人有奇，延至景德寺讲会，相继不辍。是年，畿至。定向、汝芳规寺隙地，建祠立祀，于今讲会益盛。后知府钟一元扁为“昭代真儒”，遵圣谕也。

四十三年甲子，少师徐阶撰《先生像记》。

《记》曰：“阳明先生像一幅，水墨写。嘉靖己亥，予督学江西，就士人家摹得先生燕居像二，朝衣冠像一。明年庚子夏，以燕居之一赠吕生，此幅是也。先生在正德间，以都御史巡抚南赣，督兵败宸濠，平定大乱，拜南京兵部尚书，封新建伯。其后以论学为世所忌，竟夺爵。予往来吉、赣间，其父老云：濠之未叛也，先生奉命按事福州，乞归省其亲，乘单舸下南昌。至丰城，闻变，将走还幕府，为讨贼计。而吉安太守松月伍公议适合。郡又有积谷，可养士，因留吉安。征诸郡兵，与濠战湖中，败擒之，其事皆有日月可按覆。而忌者谓先生始赴濠之约，后持两端，遁归。为伍所强，会濠攻安庆不克，乘其沮丧，幸成功。夫人苟有约，其败征未见，必不遁。凡攻讨之事，胜则侯，不胜则族。苟持两端，虽强不必不留。武皇帝之在御也，政由嬖幸。濠悉与结纳，至或许为内应。方其崛起，天下皆不敢意其遽亡。先生引兵而西，留其家吉安之公署，聚薪环之。戒守者曰：'兵败，即纵火，毋为贼辱。'呜呼！此其功岂可谓幸成，而其心事岂不皎然如日月哉？忌者不与其功足矣。又举其心事诬之，甚矣小人之不乐成人善也。自古君子为小人所诬者多矣，要其终必自暴白。乃予所深慨者，今世士大夫，高者谈玄理，其次为柔愿，下者直以贪黩奔竞，谋自利其身。有一人焉，出死力，为国家平定大乱，而以忌厚诬之，其势不尽驱士类入于三者之途不止。凡为治，不患无事功，患无赏罚。议论者，赏罚所从出也。今天下渐以多事，庶几得人焉，驰驱其间，而平时所议论者如此，虽在上智，不以赏罚为劝惩，彼其激励中才之具，不已疏乎？此予所深慨也。濠之乱，孙、许二公死于前，先生平定之于后，其迹不同，同有功于名教。江西会城，孙、许皆庙食，而先生无祠。予督学之二年，始祀先生于后圃。未几被召，因摹像以归，将示同志者，而首以赠吕生。予尝见人言，此像于先生极似。以今观之，貌殊不武，然独以武功显，于此见儒者之作用矣。吕生诚有慕乎，尚于其学求之。"

巡按江西监察御史成守节重修洪都王公仰止祠。

大学士李春芳作《碑记》。记曰："阳明先生祠，少师存翁徐公督学江右时所创建也。公二十及第，宏词博学，烨然称首词林，一时词林宿学，皆自以为不及。而公则曰：'学岂文词已也。'日与文庄欧阳公穷究心学。闻阳明先生良知之说而深契焉。江右为阳明先生过化，公既阐明其学以训诸生，而又为崇祀无所，不足以击众志，乃于省城营建祠宇，肖先生像祀之。遴选诸生之俊茂者，乐群其中，名曰‘龙沙会’。公课艺暇，每以心得开示诸生。而一时诸生多所兴起云。既公召还，洊跻纶阁，为上所亲信，盖去江右几二十年矣。有告以祠宇倾圮者，则愀然动心，捐赐金九十，属新建钱令修葺之。侍御甘斋成君闻之曰：‘此予责也。’遂身任其事，鸠工招材，饰其所已敝，增其所未备，堂宇斋舍，焕然改观。不惟妥神允称，而诸生之兴起者，益勃勃不可御矣。噫！公当枢筦之任，受心膂之寄，无论几务丛委，即宸翰咨答，日三四至，而犹之不可以已也。夫致知学发自孔门，而孟子良知之说，则又发所未发。阳明先生合而言之曰‘致良知’，则好善恶恶之意诚，推其极，家国天下，可坐而理矣。公笃信先生之学，而日以验之身心，施之政事，秉钧之初，即发私馈，屏贪墨，示以好恶，四海向风。不数年而人心吏治，翕然丕变。此岂有异术哉？好善恶恶之意诚于中也。故学非不明之患，患不诚耳。知善知恶，良知具存。譬之大明当天，无微不照，当好当恶，当赏当罚，当进当退，锱铢不爽，各当天则。循其则而应之，则平平荡荡，无有作好，无有作恶，而天下平矣。故诚而自谦，则好人所好，恶人所恶，而为仁；不诚而自欺，则好人所恶，恶人所好，而为不仁。苟为不仁，生于其心，害于其事，蠹治戕民，有不可胜言者矣。公为此惧，又举明道《定性》、《识仁》二书发明其义，以示海内学者，而致知之学，益明以切。诸生能心惟其义，而体诸身，则于阳明先生之学几矣。业新舍者，其尚体公之意，而殚力于诚，以为他日致用之地哉！”

四十五年丙寅，刻先生《文录续编》成。

师《文录》久刻于世。同志又以所遗见寄，汇录得为卷者六。嘉兴府知府徐必进见之曰：“此于师门学术皆有关切，不可不遍行。”同志董生启予征少师存斋公序，命工入梓，名曰《文录续编》，并《家乘》三卷行于世云。

今上皇帝隆庆元年丁卯，五月，诏赠新建侯，谥文成。

丁卯五月，诏病故大臣有应得恤典赠谥而未得者，许部院科道官议奏定夺。于是给事中辛自修、岑用宾等，御史王好问、耿定向等上疏："原任新建伯兵部尚书兼都察院左都御史王守仁，功勋道德，宜膺殊恤。"下吏、礼二部会议，得："王守仁具文武之全才，阐圣贤之绝学，筮官郎署，而抗疏以犯中珰，甘受炎荒之谪。建台江右，而提兵以平巨逆，亲收社稷之功。伟节奇勋，久见推于舆论。封盟锡典，岂宜遽夺于身终？"疏上，诏赠新建侯，谥文成。制曰："竭忠尽瘁，固人臣职分之常；崇德报功，实国家激劝之典。矧通侯班爵，崇亚上公，而节惠易名，荣逾华衮。事必待乎论定，恩岂容以久虚？尔故原任新建伯南京兵部尚书兼都察院左都御史王守仁，维岳降灵，自天佑命。爰从弱冠，屹为宇宙人豪。甫拜省郎，独夺乾坤正论。身濒危而志愈壮；道处困而造弥深。绍尧、孔之心传，微言式阐；倡周、程之道术，来学攸宗。蕴蓄既宏，猷为丕著；遗艰投大，随试皆宜；戡乱解纷，无施勿效。闽、粤之箐巢尽扫，而擒纵如神，东南之黎庶举安，而文武足宪。爰及逆藩称乱，尤资仗钺渊谋。旋凯奏功，速于吴、楚之三月；出奇决胜，迈彼淮、蔡之中宵。是嘉社稷之伟勋，申盟带砺之异数。既复抚夷两广，旋至格苗七旬。谤起功高，赏移罚重。爰遵遗诏，兼采公评，续相国之生封；时庸旌伐，追曲江之殊恤，庶以酬劳。兹特赠为新建侯，谥文成，锡之诰命。於戏！钟鼎勒铭，嗣美东征之烈；券纶昭锡，世登南国之功。永为一代之宗臣，实耀千年之史册。冥灵不昧，宠命其承！"六月十七日，遣行人司行人赐造坟域，遣浙江布政使司堂上正官参政，与祭七坛。

二年戊辰，六月，先生嗣子正亿袭伯爵。

元年三月，给事中辛自修、岑用宾等，为开读事，上疏请复伯爵。吏部尚书杨博奉旨移咨江西巡抚都御史任士凭，会同巡按御史苏朝宗，查覆征藩实迹，及浙江巡抚都御史赵孔昭、巡按御史王得春奏应复爵荫相同。于是吏部奉钦依，会同成国公朱希忠、户部尚书马森等，议得：“本爵一闻逆濠之变，不以非其职守，急还吉安，倡义勤王。未逾旬朔，而元凶授首，立消东南尾大之忧。不动声色，而奸宄荡平，坐贻宗磐石之固。较之开国佐命，时虽不同，拟之靖远咸宁，其功尤伟。委应补给诰券，容其子孙承袭，以彰与国咸休，永世无穷之报。”议上，诏遵先帝原封伯爵，与世袭。至三年五月，御史傅宠奏议爵荫，吏部复请钦依，会同成国公朱希忠、户部尚书刘体乾议得：“诚意伯刘基食粮七百石，乃太祖钦定；靖远伯王骥一千石，新建伯王守仁一千石，系累朝钦定，多寡不同。夫封爵之典，论功有六：曰开国，曰靖难，曰御胡，曰平番，曰征蛮，曰擒反；而守臣死绥，兵枢宣猷，督府剿寇，咸不与焉。盖六功者，关社稷之重轻，系四方之安危，自非茅土之封，不足以报之。至于死绥、宣猷、剿寇，则皆一身一时之事，锡以锦衣之荫则可，概欲剖符，则未可也。窃照新建伯王守仁，乃正德十四年亲捕反贼宸濠之功。南昌、南、赣等府，虽同邦域，分土分民，各有专责，提募兵而平邻贼，不可不谓之倡义。南康、九江等处，首罹荼毒，且进且攻，人心摇动，以藩府而叛朝廷，不可不谓之劲敌。出其不意，故俘献于旬月之间。若稍怀迟疑，则贼谋益审，将不知其所终。攻其必救，故绩收乎万全之略。若少有疏虞，则贼党益繁，自难保其必济。肤功本自无前，奇计可以范后。靖远、威宁，姑置不论，即如宁夏安化之变，比之江西，难易迥绝。游击仇钺，于时得封咸宁伯，人无间言。同一藩服捕反，何独于新建伯而疑之乎？所据南京各道御史，欲要改荫锦衣卫，于报功之典未尽，激劝攸关，难以轻拟。合无将王守仁男袭新建伯正亿，不必改议，以后子孙，仍照臣等先次会题，明旨许其世袭。”诏从之，准照旧世袭。

卷三十六　年谱附录二

年谱旧序至论年谱书

《增订年谱》刻成，启原检旧谱，得为序者五，得年谱者二十。乃作而叹曰：谱之成也，非苟然哉！阳明夫子，身明其道于天下，绪山、念庵诸先生，心阐斯道于后世。上以承百世正学之宗，下以启百世后圣之矩。读是谱者，可忽易哉！乃取叙书，汇而录之，以附谱后。使后之志师学者，知诸先生为道之心身，斯谱其无穷乎？

阳明先生年谱序 钱德洪

嘉靖癸亥夏五月，《阳明先生年谱》成，门人钱德洪稽首叙言曰：昔尧、舜、禹，开示学端，以相授受，曰："允执厥中，四海困穷，天禄永终。"噫！此三言者，万世圣学之宗与？"执中"，不离乎四海也。"中"也者，人心之灵，同体万物之仁也。"执中"而离乎四海，则天地万物失其体矣。故尧称峻德，以自亲九族，以至和万邦；舜称玄德，必自定父子以化天下。尧、舜之为帝，禹、汤、文、武之为王，所以致唐虞之隆，成三代之盛治者，谓其能明是学也。后世圣学不明，人失其宗，纷纷役役，疲极四海，不知"中"为何物。伯术兴，假借圣人之似以持世，而不知逐乎外者遗乎内也。佛、老出，穷索圣人之隐微以全生，而不知养乎中者遗乎外也。教衰行弛，丧乱无日，天禄亦与之而永终。噫，夫岂无自而然哉！寥寥数千百年，道不在位，孔子出，祖述尧、舜、颜、曾、思、孟、濂溪、明道继之，以推明三圣之旨，斯道灿灿然复明于世。惜其空言无征，百姓不见三代之治，每一传而复晦，寥寥又数百年。

吾师阳明先生出，少有志于圣人之学。求之宋儒不得，穷思物理，卒遇危疾，乃筑室阳明洞天，为养生之术。静摄既久，恍若有悟，蝉脱尘坌，有飘飘遐举之意焉。然即之于心，若未安也，复出而用世。谪居龙场，衡困拂郁，万死一生，乃大悟"良知"之旨。始知昔之所求，未极性真，宜其疲神而无得也。盖吾心之灵，彻显微，忘内外，通极四海而无间，即三圣所谓"中"也。本至简也，而求之繁，至易也，而求之难，不其谬乎？征藩以来，再遭张、许之难，呼吸生死，百炼千摩，而精光焕发，益信此知之良，神变妙应而不流于荡，渊澄静寂，而不堕于空，征之千圣，莫或纰缪，虽百氏异流，咸于是乎取证焉。噫！亦已微矣。始教学者悟从静入，恐其或病于枯也，揭"明德"、"亲民"之旨，使加"诚意"、"格物"之功，至是而特揭"致良知"三字，一语之下，洞见全体，使人人各得其中。由是以昧入者以明出，以塞入者以通出，以忧愤入者以自得出。四方学者，翕然来宗之。噫！亦云兆矣。天不慭遗，野死遐荒，不得终见三代之绩，岂非千古一痛恨也哉！

师既没，吾党学未得正，各执所闻以立教。仪范隔而真意薄，微言隐而口说腾。且喜为新奇谲秘之说，凌猎超顿之见，而不知日远于伦物。甚者认知见为本体，乐疏简为超脱，隐几智于权宜，蔑礼教于任性。未及一传，而淆言乱众，甚为吾党忧。迩年以来，亟图合并，以宣明师训，渐有合异统同之端，谓非良知昭晰，师言之尚足征乎？谱之作，所以征师言耳。始谋于薛尚谦，顾三纪未就。同志日且凋落，邹子谦之遗书督之。洪亦大惧湮没，假馆于史恭甫嘉义书院，越五月，草半就。趋谦之，而中途闻讣矣。偕抚君胡汝茂往哭之。返见罗达夫，闭关方严，及读谱，则喟然叹曰：“先生之学，得之患难幽独中，盖三变以至于道。今之谈‘良知’者,何易易也！”遂相与刊正。越明年正月，成于怀玉书院，以复达夫。比归，复与王汝中、张叔谦、王新甫、陈子大宾、黄子国卿、王子健互精校阅，曰：“庶其无背师说乎？”命寿之梓。然其事则核之奏牍，其文则禀之师言，罔或有所增损。若夫力学之次,立教之方,虽因年不同,其旨则一。洪窃有取而三致意焉。噫！后之读谱者，尚其志逆神会，自得于微言之表，则斯道庶乎其不绝矣。僭为之序。

阳明先生年谱考订序 罗洪先

嘉靖戊申，先生门人钱洪甫聚青原，言年谱，佥以先生事业多在江右，而直笔不阿，莫洪先君，遂举丁丑以后五年相属。又十六年，洪甫携《年谱稿》二三册来,谓之曰:“戊申青原之聚,今几人哉！洪甫惧，始坚怀玉之留。”明年四月，《年谱》编次成书，求践约，会滁阳。胡汝茂巡抚江右，擢少司马，且行，刻期入梓，敬以旬日毕事。已而即工稍缓，复留月余。自始至卒，手自更正，凡八百数十条。其见闻可据者，删而书之。岁月有稽，务尽情实，微涉扬诩，不敢存一字。大意贵在传信，以俟将来。于是《年谱》可观。

洪先因订《年谱》，反覆先生之学，如适途者颠仆沉迷泥淖中，东起西陷，亦既困矣，然卒不为悦也。久之，得小蹊径，免于沾途，视昔之险道有异焉。在他人，宜若可以已矣，然卒不为休也。久之，得大康庄，视昔之蹊径又有异焉。在他人宜若可以已矣，乃其意则以为出于险道，而一旦至是，不可谓非过幸。彼其才力足以特立，而困为我者固尚众也，则又极力呼号，冀其偕来以共此乐。而颠迷愈久，呼号愈切。其安焉而弗之悟者，顾视其呶呶，至老死不休，而翻以为笑。不知先生盖有大不得已者恻于中。呜呼！岂不尤异也乎？故善学者，竭才为上，解悟次之，听言为下。盖有密证殊资，嘿持妙契，而不知反躬自求实际，以至不副夙期者，多矣。固未有历涉诸难，深入真境，而触之弗灵，发之弗莹，必有俟于明师面临，至语私授，而后信久远也。洪先谈学三年，而先生卒，未尝一日得及门。然于三者之辨，今已审矣。学先生之学者视此何哉？无亦曰是必有得乎其人，而《年谱》者固其影也。

刻阳明先生年谱序 王　畿

《年谱》者何？纂述始生之年，自幼而壮，以至于终，稽其终始之行实而谱焉者也。其事则仿于《孔子家语》，而表其宗传，所以示训也。《家语》出于汉儒之臆说，附会假借，鲜稽事实；致使圣人之学黯而弗明，偏而弗备，驳而弗纯，君子病焉。求其善言德行，不失其宗者，莫要于《中庸》。盖子思子忧道学之失传，发此以诏后世。其言明，备而纯，不务臆说；其大旨则在"未发之中"一言，即虞廷道心之微也。本诸心之性情，致谨于隐微显见之几，推诸中和位育之化，极之乎无声无臭，而后为至，盖家学之秘藏也。孟轲氏受业子思之门，自附于私淑，以致愿学之诚，于尹、夷、惠，则以为不同道，于诸子，则以为姑舍是。自生民以来，莫盛于孔子，毅然以见而知之为己任，差等百世之上，若观诸掌中，是岂无自而然哉？所不同者何道，所舍者何物，所愿者何事，端绪毫厘之间，必有能辨之者矣。汉儒不知圣人之学本诸性情，屑屑然取证于商羊萍实，防风之骨，肃慎之矢之迹，以遍物为知，必假知识闻见助而发之，使世之学者不能自信其心，依依然求知于其外，渐染积习，其流之弊，历千百年而未已也。

我阳明先师，崛起绝学之后，生而颖异神灵，自幼即有志于圣人之学。盖尝泛滥于辞章，驰骋于才能，渐渍于老、释，已乃折衷于群儒之言，参互演绎，求之有年，而未得其要。及居夷三载，动忍增益，始超然有悟于"良知"之音：无内外，无精粗，一体浑然，是即所谓"未发之中"也。其说虽出于孟轲氏，而端绪实原于孔子。

其曰:“吾有知乎哉,无知也。盖有不知而作,我无是也。”言“良知”无知而无不知也。而知识闻见不与焉。此学脉也。师以一人超悟之见,呶呶其间,欲以挽回千百年之染习,盖亦难矣。寖幽寖昌,寖微寖著,风动雷行,使天下靡然而从之,非其有得于人心之同然,安能舍彼取此,确然自信而不惑也哉?虽然,道一而已,学一而已。“良知”不由知识闻见而有,而知识闻见莫非“良知”之用。文辞者,道之华;才能者,道之干;虚寂者,道之原;群儒之言,道之委也,皆所谓“良知”之用也。有舍有取,是内外精粗之见未忘,犹有二也。无声无臭,散为万有,神奇臭腐,随化屡迁,有无相乘之机,不可得而泥也。是故溺于文辞,则为陋矣。道心之所达,“良知”未尝无文章也。役于才艺,则为鄙矣。天之所降,百姓之所与,“良知”未尝无才能也。老、佛之沉守虚寂,则为异端。无思无为,以通天下之故,“良知”未尝无虚寂也。世儒之循守典常,则为拘方。有物有则,以适天下之变,“良知”未尝无典要也。盖得其要,则臭腐化为神奇,不得其要,则神奇化为臭腐。非天下之至一,何足以与于此?夫儒者之学,务于经世,但患于不得其要耳。昔人谓以至道治身,以土苴治天下,是犹泥于内外精粗之二见也。动而天游,握其机以达中和之化,非有二也。功著社稷而不尸其有,泽究生民而不宰其能,教彰士类而不居其德,周流变动,无为而成,莫非“良知”之妙用,所谓浑然一体者也。如运斗极,如转户枢,列宿万象,经纬阖辟,推荡出入于大化之中,莫知其然而然。信乎儒者有用之学,“良知”之不为空言也。师之缵承绝学,接孔孟之传,以上窥姚姒,所谓闻而知之者非耶?

友人钱洪甫氏,与吾党二三小子,虑学脉之无传,而失其宗也,相与稽其行实终始之详,纂述为谱,以示将来。其于师门之秘,未敢谓尽有所发;而假借附会,则不敢自诬,以滋臆说之病。善读者以意逆之,得于言诠之外,圣学之明,庶将有赖,而是谱不为徒作也已。故曰所以示训也。

又 胡 松

人有恒言，真才固难，而全才尤难也。若阳明先生，岂不亶哉其人乎？方先生抗议忤权，投荒万里，处约居贫，困心衡虑，茕然道人尔。及稍迁令尹，渐露锋颖矣。未几内迁，进南太仆，若鸿胪，官曹简暇，日与门人学子讲德问业，尚友千古。人皆哗之为禅。后擢佥副都御史至封拜，亦日与门人学子论学不辍。而山贼逆藩之变，一鼓歼之。于是人始服先生之才之美矣。虽服先生之才，而犹疑先生之学，诚不知其何也？

松尝谓先生之学，与其教人，大抵无虑三变。始患学者之心纷扰而难定也，则教人静坐反观，专事收敛。学者执一而废百也，偏于静而遗事物，甚至压世恶事，合眼习观，而几于禅矣，则揭言知行合一以省之。其言曰："知者行之始，行者知之成。"又曰："知为行主意，行为知功夫。"而要于去人欲而存天理。其后，又恐学者之泥于言诠，而终不得其本心也，则专以"致良知"为作圣为贤之要矣。不知者与未信者，则又病"良知"之不足以尽道，而群然吠焉。岂知"良知"即"良心"之别名。是"知"也，维天高明，维地广博，虽无声臭，万物皆备；古今千圣万贤，天下百虑万事，谁能外此"知"者。而"致"之为言，则笃行固执，允迪实际，服膺弗失，而无所弗用其极，并举之矣。岂专守灵明，用知而自私耶？专守灵明用智自私，而不能流通著察于伦物云为之感，而或牵引转移于情染伎俩之私，虽名无不周遍，而实难于研虑，虽称莫之信果，而实近于荡恣，甚至藐兢业而病防检，私徒与而挟悻嫉，废人道而群鸟兽，此则禅之所以病道者尔！先生之学，则岂其然乎？故其当大事，决大疑，夷大难，不动声色，不丧匕鬯，而措斯民于衽席之安，皆其"良知"之推致而无不足，而非有所袭取于外。

他日读书，窃疑孔子之言，而曰：“我战则克，祭则受福。”夫圣非夸也，未尝习为战与斗也，又非有祝诅厌胜之术也，而云必克与福，得无殆于诬欤？是未知天人之心之理之一也。夫君子斋戒以养心，恐惧而慎事，则与天合德，而聪明睿知，文理密察，溥博渊泉，而时出之矣。则何福之不获，何战之弗克，而又奚疑焉？不然，传何以曰：“明乎郊社之礼，褅尝之义，治国其如视诸掌乎？”夫郊社、褅尝之礼，则何与于治国之事也？夫道一而已矣，通则皆通，塞则皆塞。文岂为文，武岂为武，盖尚父之鹰扬，本于敬义，而周公之东征破斧，实哀其人而存之。彼依托之徒，呼喝叱咤，豪荡弗检，自诡为道与学，而欲举天下之事，只见其劳而敝矣。

绪山钱子，先生高第弟子也，编有先生《年谱》旧矣。而犹弗自信，溯钱塘，逾怀玉，道临川，过洪都，适吉安，就正于念庵诸君子。念庵子为之删繁举要，润饰是正，而补其阙轶，信乎其文则省，其事则增矣。计为书七卷，既成，则谓予曰：“君滁人，先生盖尝过化，而今继居其官，且与讨论，君宜叙而刻之。”余谢不敢，而又弗克辞也，则以窃所闻于诸有道者论次如左，俾后世知先生之才之全，盖出于其学如此。必就其学而学焉，庶几可以弗畔矣夫。

又 王宗沐

昔者孔子自序其平生得学之年，自十五以至七十，然后能从心所欲，不逾矩。其间大都诣入之深，如浚井者，必欲极底里以成；而修持之渐，如历阶者，不容躐一级而进。至哉粹乎！千古学脉之的也。然宗沐尝仰而思之，使孔子不至七十而没，岂其终不至于从心耶？若再引而未没也，则七十而后，将无复可庸之功耶？嗟呼！此孔子所谓苦心，吾恐及门之徒，自颜、曾而下，有不得而闻者矣。

夫矩，心之体而物之则也。心无定体，以物为体。方其应于物也，而体适呈焉，炯然焕然，无起无作，不以一毫智识意解参于其间，是谓动以天也，而自适于则。加之则涉于安排，减之则阙而不贯。毫厘几微，瞬目万里，途辙倚着，转与则背，此非有如圣人之志，毕余生之力，精研一守，以至于忘体忘物，独用全真，则固未有能凑泊其藩者。而况于横心之所欲，而望其自然不逾于矩哉？此圣学所以别于异端，毙而后已，不知老之将至者也。不逾矩，由不惑出。而不惑者，吾心之精明本体，所谓知也。自宋儒濂溪、明道之没，而此学不传。

我朝阳明王先生，盖学圣人之学者。其事功文章，与夫历涉发迹，颇为世所奇，而争传之以为怪。年几六十而没。而其晚岁，始专揭“致良知”为圣学大端，良有功于圣门。予尝览镜其行事，而参读其书，见其每更患难，则愈精明，负重难，则愈坚定；然后知先生英挺之禀，虽异于人，而所以能邃于此学，而发挥于作用者，亦不能不待于历岁践悟之渐。而世顾奇其发迹，与夫事业文章之余，夫亦未知所本也与？

先生高弟余姚钱洪甫氏，以亲受业，乃能谱先生履历始终，编年为书。凡世所语奇事不载，而于先生之学，前后悟入，语次犹详。书成而俾予为之序。

论年谱书 邹守益

浮峰公归浙，托书促聚复真，以了先师年谱，竟不获报。乌泉归，审去岁兄在燕峰馆修《年谱》，以大水乃旋。今计可脱稿，为之少慰。同门群公，如中离、静庵、善山、洛村、南野皆勤勤在念，又作隔世人矣。努力一来，了此公案，师门固不藉此，然后死者之责，将谁执其咎，伫望伫望！归自武夷，劳与暑并，静养寡出，始渐就愈。老年精力，更须爱惜，愿及时励之。风便，早示瑶音，以快悬跂。

论年谱书 凡九首 罗洪先

数年一晤，千里而来，人生几何，几聚散遂已矣，可不悲哉！

信宿相对，受益不浅。正通书炉峰，问行踪，书扇至矣。好心指摘，感骨肉爱，儿辈何知，辱诲真语，且波其父，两世衔戢，如何为报？计南浦尚有数月留，稍暇裁谢也。《年谱》自别后即为册事夺去，自朝至暮，不得暇，竟无顷刻相对。期须于岁晚图之，幸无汲汲。所欲语诸公者，面时当不忘。别后见诸友，幸语收静之功。居今之世，百务纷纷，中更不回首，宁有生意。不患其不发扬，患不枯槁耳。会语教儿辈者可以语诸友也，如何？

天寒岁暮，孤舟漾漾，不知何日始抵南浦，此心念之。忽思年谱非细事，兄亦非闲人，一番出游，一番岁月，亦无许多闲光阴。须为决计，久留僻地，一二月方可成功。前所言省城内外，终属喧嚣是非之场，断非著书立言之地，又不过终日揖让饮宴而已，何益于久处哉？今为兄计，岁晚可过鲁江公连山堂静处；且须谢绝城中士友，勿复往来。可久则春中始发，不然初正仍鼓怀玉之棹。闲居数月，日间会友，皆立常规。如此，更觉稳便。即使柏泉公有扳留意，亦勿依违。如此，方有定向，不至优游废事矣。弟欲寄语并谱草，亦当觅便风不长远也。深思为画此策，万万俯听，不惑人言，至恳至恳！

玉峡人来，得手书，知兄拳拳谱草。前遇便曾附一简，为公画了谱之计极周悉，幸俯听。且近时人之好尚不同，讹言诮谤，极能败人兴味。纵不之顾，恐于侍坐之愆，不免犯瞽之戒，知公必不忍也。附此，不尽。

倏焉改岁，区区者年六十矣。七十古稀，亦止十年间。十年月日，可成何事？前此只转瞬耳，可不惧哉！前连二书，望留兄了谱事。只留鲁江兄宅上，百凡皆便。有朋友相聚者，令寄食于邻。如此，宾主安矣。不然，柏泉公有馆谷之令，则处怀玉为极当，好景好人好日月，最是难得。如不肖弟者，已不得从，可轻视哉！省中万不可留，毋为人言所诳，再嘱再嘱！年谱一卷，反覆三日，稍有更正。

前欲书者，乃合卺日事。而观纲上言学，心若未安，今已入目。于目中诸书揭标，令人触目，亦是提醒人处。入梓日，以白黑地别之。二卷、三卷如举“良知”之说，皆可揭标于目中矣，望增入。不识兄今何在，便风示知之。

正月遣使如吴江迎沈君，曾附年谱稿，并小简上，想已即达。龙光之聚，言之使人兴动。弟谬以不肖所讲，言之诸兄，是执事说假譬以兴发之。在诸君，或有自得，在不肖，闻之愧耳。供张不烦有司，甚善。只恐往来酬应，亦费时日。兼彼此不便，则何如？诸君之意方专，诚不知何以为去留也？年谱续修者，望寄示。柏泉公为之序，极善，俟人至当促之。来简“精诣力究”四字，真吾辈猛省处；千载圣人不数数，只为欠此四字。近读《击壤》之集，亦觉此老收手太早。若是孔子，直是停脚不得也。愿共勉之。

承别简数百言，反覆于仆之称谓。谓仆心师阳明先生，称后学，不称门人，与童时初志不副。称门人于没后，有双江公故事可援，且谬加许可，以为不辱先生门墙。此皆爱仆太过，特为假借推引耳。在仆固有所不敢。窃意古人之称谓，皆据实不苟焉，以著诚也。昔之愿学孔子者莫如孟子。孟子尝曰：“予未得为孔子徒也。”盖叹之也。彼其叹之云者，谓未得亲炙见而知之，以庶几于速肖焉耳，固未始即其愿学而遂自谓之徒也。夫得及门，虽互乡童子，亦与其进；不得及门，虽孟子不敢自比于三千。后之师法者，宜如何哉？此仆之所以不敢也。虽然，仆于先生之学，病其未有得耳。如得其门，称谓之门不门，何足轻重？是为仆谋者，在愿学，不在及门也。今之称后学者，恒不易易。必其人有足师焉，然后书之。如是，则仆之称谓，实与名应，宜不可易。若故江公与仆两人，一则尝侍坐，一则未纳贽，事体自别，不得引以为例。且使仆有不得及门之叹，将日俯焉，跂而及之，亦足以为私淑之助，未惟戚也。惟兄无多言。

廿六日，吐泄大作，医云内有感冒，五日后方云无事。在五六日中，自分与兄永诀。方见门前光景，未能深入，究意亦无奈何。惟此自知耳，虽父子间，不能一语接也。初四日复见正月廿日书，始知廿四之期决不可留，人为怅怅。盖兄在南浦一日未安，则弟不能安松原一日。今离去太远，此心如何！此心如何！见兄论夜坐诗，中间指先天之病，非谓先天也，谓学也。记得白沙夜坐有云："些儿若问天根处，亥子中间得最真。"又云："吾儒自有中和在，谁会求之未发前？"是白沙无心于言也。信口拈来，自与道合。白沙虽欲靳之，有不可得者也。不肖正欲反其意，而言不自达，为之愧愧。然不敢妄言，乃遵兄终身之惠，不敢不敬承。病戒多言，复此喋喋，不任惶恐。附此再呈不次。

前病中承示行期，即力疾具复。未几，王使来，复辱惠以《年谱》。即日命笔裁请。缘其中有当二三人细心商量者，而执事得先生真传，面对口语，不容不才亿度，比别样叙作用不同，故须再请于执事，务细心端凝，曲尽当时口授大义，使他年无疑于执事可也。自整不妨连下，或至来年总寄来。不肖不敢不尽其愚。此千载之事，非一时草草。然舍今不为，后一辈人，更不可望矣。峡江胡君知事者，书来托之，断不稽缓。

八月十一日始得兄六月朔日书，则知弟六月下旬所寄书，未知何日至也。柏泉公七月发《年谱》来，日夕相对，得尽寸长。平生未尝细览文集，今一一详究，始知先生此学进为始末之序。因之颇有警悟。故于《年谱》中手自披校，凡三四易稿，于兄原本，似失初制，诚为僭妄。弟体兄虚心求益，不复敢有彼我限隔耳。如己卯十一日始自京口返江西，游匡庐，庚辰正月赴召归，重游匡庐，二月九江还南昌；又乙亥年自陈疏，乃己亥年考察随例进本，不应复有纳忠切谏之语，亦遂举据文集改正之。其原本所载，本稿不敢滥入，岂当时先生有是稿未上欤？愚意此稿只入集，不应遂入《年谱》。不及请正，今已付新建君入梓，惟兄善教之。草草裁复，不尽请正。

得吴尧山公书，知《年谱》已刻成。承陆北川公分惠，可以达鄙意矣。绵竹共四十部，此外寄奉龙溪兄十部，伏惟鉴入。虽然，今所传者，公之影响耳。至于此学精微，则存乎人自得之，固不在有与无，多与少也。弟去岁至今，皆在病中，无能复旧。然为学之意，日夕恳恳。始知垂老惟有此事紧要。若得影响，即可还造化，无他欠事也。兄别去一年，此件自觉如何？前辈凋落，双翁已归土。所赖倡明此学者，却在吾辈。吾辈若不努力，稍觉散漫，即此已矣，无复可望矣。得罪千古，非细事也，悲哉悲哉！千里寄言，不尽缱绻。

答论年谱书 凡十首 钱德洪

承兄下榻，信宿对默，感教实多。兄三年闭关，焚舟破釜，一战成功，天下之太宇定矣。斯道属兄，后学之庆也，珍重珍重！更得好心消尽，生死毁誉之念忘，则一体万化之情显，尽乎仁者，如何如何？师谱一经改削，精彩迥别，谢兄点铁成金手也。东去，谱草有继上，乞赐留念。外诗扇二柄，寄令郎以昭，并祈赐正。诗曰：“我昔游怀玉，而翁方闭关。数年论睽合，岂泥形迹间。今日下翁榻，相对无怍颜。月魄入帘白，松标当户闲。我默镜黯黯，翁言玉珊珊。剑神不费解，调古无庸弹。喜尔侍翁侧，倾听嶷如山。见影思立圭，植根贵删繁。远求忧得门，况乃生宫闉。毋恃守成易，俯惟创业艰。”又书会语一首：“程门学善静坐，何也？曰：其悯人心之不自觉乎？声利百好，扰扰外驰，不知自性之灵，炯然在独也。稍离奔骛，默悟真百感纷纭，而真体常寂，此极深研几之学也。入圣之几，庶其得于斯乎？”

奉读手诏，感惓惓别后之怀。心同道同，不忘尔我，一语不遗，其彻心髓，真所谓“同心之言，其臭如兰”也，感惕如之何！年来同志凋落，慨师门情事未终，此身怅怅无依。今见兄诞登道岸，此理在天地间，已得人主张。吾身生死短长，乌足为世多寡，不觉脱然无系矣。此番相别，夫岂苟然哉，宜兄之临教益切也。师谱得兄改后，誊清再上，尚祈必尽兄意，无容遗憾，乃可成书。令朗美质，望奋志以圣人为己任，斯不辜此好岁月耳。乡约成册，见兄仁覆一邑，可以推之天下矣。信在言前，不动声色，天载之神也。余惟嗣上，不备。

别后沿途阻风，舟弗能前。至除夜，始得到龙光寺。诸友群聚，提兄“丕显待旦”一语为柄，听者莫不耸然反惕。谓兄三年闭关，即与老师居夷处困，动忍熟仁之意同。盖慨古人之学，必精诣力究，深造独得，而后可以为得，诚非忽慢可承领也。诸生于是日痛发此意。兄虽在关，示道标的，后学得所趋矣，喜幸喜幸！城中王缉诸生，夙办柴米，为久留计，供应不涉有司。五日一讲会，余时二人轮班，代接宾客，使生得静处了谱。见其志诚恳，姑与维舟信宿以试之。若果如众计，从之；若终涉分心，必难留矣。二书承示周悉，同体之爱也。今虽久暂未定，必行兄意，不敢如前坚执硬主也。柏泉公读兄《年谱》，深喜，经手自别，决无可疑，促完其后。

昨乞作序冠首，兄有书达，幸督成之。留稿乞付来人，盖欲付人誊真也。

兄于师谱，不称门人，而称后学，谓师存日，未获及门委贽也。兄谓古今称门人，其义止于及门委贽乎！子贡谓：“得其门者或寡矣。”孔子之徒三千人，非皆及门委贽者乎！今载籍姓名，七十二人之外无闻焉，岂非委贽而未闻其道者，与未及门者同乎？韩子曰：“道之所在，师之所在也。”夫道之所在，吾从而师之，师道也，非师其人也。师之所在，吾从而北面之，北面道也，非北面其人也。兄尝别周龙冈，其序曰：“予年十四时，闻阳明先生讲学于赣，慨然有志就业。父母怜恤，不令出户庭。然每见龙冈从赣回，未尝不愤愤也。”是知有志受业，已在童时，而不获通贽及门者，非兄之心也，父母受护之过也。今服膺其学，既三纪矣。匪徒得其门，且升其堂、入其室矣。而又奚歉于称门人耶？昔者方西樵叔贤与师同部，曹僚也；及闻夫子之学，非僚也，师也，遂执弟子礼焉。黄久庵宗贤见师于京师，友也；再闻师学于越，师也，非友也，遂退执弟子礼。聂双江文蔚见先生于存日，晚生也；师没而刻二书于苏，曰：“吾昔未称门生，冀再见也，今不可得矣。”时洪与汝中游苏，设香案告师称门生，引予二人以为证。汪周潭尚宁始未信师学，及提督南赣，亲见师遗政，乃顿悟师学，悔未及门，而形于梦，遂谒师祠称弟子，遗书于洪、汝中以为证。夫始未有闻，僚也，友也；既得所闻，从而师事之，表所闻也。始而未信师学于存日，晚生也；师没而学明，证于友，形于梦，称弟子焉，表所信也。吾兄初拟吾党承颜本体太易，并疑吾师之教。年来翕聚精神，穷深极微，且闭关三年，而始信古人之学丕显待旦，通昼夜，合显微而无间。试与里人定图徭册，终日纷嚣，自谓无异密室。乃见吾师进学次第，每于忧患颠沛，百炼纯钢，而自征三年所得，始洞然无疑。夫始之疑吾师者，非疑吾师也，疑吾党之语而未详也；今信吾师者，非信吾师也，自信所得而征师之先得也。则兄于吾师之门，一启关钥，宗庙百官，皆故物矣。称入室弟子，又何疑乎？谱草承兄改削，编述师学，惟兄与同，今谱中称门人，以表兄信心，且从童时初志也，其无辞。

南浦之留，见诸友相期恳切，中亦有八九辈，肯向里求入，可与共学矣。亦见其中有一种异说，为不羁少年，助其愚狂，故愿与有志者反覆论正，指明师旨，庶几望其适道。诸生留此，约束颇严，但无端应酬，终不出兄所料。已与柏泉公论别，决二十日发舟登怀玉矣。兄第五简复至，感一体相成之爱，无穷已也，仰谢仰谢！精诣力究，昨据兄独得之功而言，来简揭出四字以示，更觉反惕。谓：“康节收手太早，若在孔门，自不容停脚矣。”实际之言，真确有味，闻者能无痛切乎？别简谓：“孟子不得为孔子徒，盖叹己不得亲炙以成速肖也。”诵言及此，尤负惭恐。亲炙而不速肖，此弟为兄罪人也。兄之所执，自有定见，敢不如教？闲中读兄夜坐十诗，词句清绝，造悟精深，珍味入口，令人隽永。比之宋儒感兴诸作，加一等矣，幸教幸教！然中有愿正者，与兄更详之。吾党见得此意，正宜藏蓄，默修默证，未宜轻以示人。恐学者以知解承，功未至而知先及本体，作一景象，非徒无益，是障之也。盖古人立言，皆为学者设法，非以自尽其得也。故引而不发，更觉意味深长。然其所未发者，亦已跃如。何也？至道非以言传，至德非以言入也。故历勘古训，凡为愚夫愚妇立法者，皆圣人之言也。为圣人说道，妙发性真者，皆贤人之言也。与富家翁言，惟闻创业之艰。与富家子弟言，惟闻享用之乐。言享用之乐，非不足以歆听而起动作也，然终不如创业者之言近而实也，此圣贤之辨也。调息、杀机、亥子诸说，知兄寓言，然亦宜藏默。盖学贵精，最忌驳。道家说“性命”，与圣人所间毫厘耳。圣人于家、国、天下，同为一体。岂独自遗其身哉？彼所谓“术”，皆吾修身中之实功，特不以微躯系念，辄起绝俗之想耳。关尹子曰：“圣人知之而不为。”圣人既知矣，又何不为耶？但圣人为道，至易至简，不必别立炉灶，只致良知，人已俱得矣。知而不为者，非不为也，不必如此为也。夫自吾师去后，茫无印正。今幸兄主张斯道，慨同志凋落，四方讲会虽殷，可与言者，亦非不多，但炉中火旺，会见有融释时，毫厘滓化未尽，火力一去，滓复凝矣；更望其成金足色，永无变动，难也。而况庸一言之杂其耳乎？兄为后学，启口容声，关系匪细，立言之间，不可不慎也。故敢为兄妄言之。幸详述以进我。情关血脉，不避喋喋，惟兄其谅之。

前月二十五日，舟发章江。南昌诸友追送，阻风樵舍。五日入抚州，吊明水兄。又十日而始出境。舟中特喜无事，得安静构思，谱草有可了之期矣。乏人抄写，先录庚辰八月，至癸未二月，稿奉上。亟祈改润，即付来手。到广信，再续上。出月中旬，计可脱稿也。龙溪兄玉山遗书谓："初以念庵兄之学偏于枯槁，今极耐心，无有厌烦，可谓得手。但恐不厌烦处落见，略存一毫知解；虽无知解，略着一些影子；尚须有针线可商量处，兄以为何如？"不肖复之曰："吾党学问，特患不得手；若真得手。'良知'自能针线，自能商量。苟又依人商量而脱，则恐又落商量知解，终不若'良知'自照刷之为真也。"云云。昨接兄回书，云："好心指摘，感骨肉爱。"只此一言，知兄真得手矣；真能尽性尽仁，致践履之实，以务求于自慊矣。沧海处下，尽纳百川，而不自知其深也；泰山盘旋，凌出霄汉，而不自知其高也。"良知"得手，更复奚疑？故不肖不以龙溪之疑而复疑兄也，兄幸教焉，何如？舟中诸生问："如何是知解？如何是影子？"洪应之曰："念翁悯吉水瑶贼不均，穷民无告，量己之智，足与周旋，而又得当道相知，信在言前，势又足以完此，故集一邑贤大夫、贤士友，开局以共成此事。此诚出于万物一体，诚爱恻怛之至情，非有一毫外念参于其中也。若斯时有一毫是非毁誉、利害人我，相参于其中，必不能自信之真，而自为之力矣。比非尽性尽仁，'良知'真自得手，乌足与语。此或有一毫影子，曰：我闭关日久，姑假此以自试，即是不倚静知解。终日与人纷纷，而自觉无异密室，此即是不厌动知解。谓我虽自信，而同事者或未可以尽信，不信在人，于我无污，此即是不污其身之知解。谓我之首事，本以利民，若不耐心，是遗其害矣；我之首事，本以宜民，若不耐心，是不尽人情矣；我之首事，本承当道之托，若不耐心，无以慰知己；此又落在不耐心之知解也。'良知'自无是非毁誉利害人我之间，自能动静合一，自能人我同过，自能尽人之情，慰知己之遇。特不由外入，起此知解毫厘。影子与'良知'本体尚隔一尘。一尘之隔，千里之间也。"诸生闻之，俱觉惕然有警。并附以奉陈左右，亦与局中同事诸君一照刷，可以发一笑也。幸教幸教!

连日与水洲兄共榻，见其气定神清，真肯全体脱落，猛火炉煅，有得手矣。自是当无退转也。但中有一种宿惑，信梦为真，未易与破耳。久之当望殊途同归。然窥其微，终有师门遗意在也。师门之学，未有究极根柢者。苟能一路精透，始信圣人之道至广大，至精微，儒、佛、老、庄更无剩语矣。世之学者，逐逐世累，固无足与论。有志者，又不能纯然归一，此适道之所以难也。吾师开悟后学，汲汲求人，终未有与之敌体承领者。临别之时，稍承剖悉，但得老师一期望而已，未尝满其心而去也。数十年来，因循岁月，姑负此翁。所幸吾兄得手，今又得水洲共学，师道尚有赖也。但愿简易直截，于人伦日用间，无事拣择，便入神圣，师门之嘱也。《大学》一书，此是千古圣学宗要，望兄更加详究，略涉疑议，便易入躐等径约之病也，慎之慎之！即日上怀玉，期完谱尾，以承批教，归日当卜出月终旬也。

谱草苟完，方自怀玉下七盘岭，忽接手教，开缄宛如见兄于少华峰下，清洒殊绝，感赐深也。四卷所批种种，皆至意。先师千百年精神，同门逡巡数十年，且日凋落，不肖学非夙悟，安敢辄承？非兄极力主裁，慨然举笔，许与同事，不敢完也。又非柏泉公极力主裁，名山胜地，深居廪食，不能完也。岂先师精神，前此久未就者，时有所待耶？伸理冀元亨一段，如兄数言，简而核，后当俱如此下笔也。闻老师遣冀行，为刘养正来致濠殷勤，故冀有此行，答其礼也。兄所闻核，幸即裁之。铺张二字，最切病端，此贫子见金而喜也。平时稍有得，每与师意会，便起赞叹称羡。富家子只作如常茶饭，见金而起喜心者，贫子态也。此非老成持重，如兄巨眼，安能觑破？兄即任意尽削之，不肖得兄举笔，无不快意，决无护持疼痛也，信之信之！教学三变诸处，俱如此例，若不可改，尽削去之。其余所批，要收不可少处。此弟之见正窃比于兄者。

自古圣贤，未有不由忧勤惕励而能成其德业。今之学者，只要说微妙玄通，凌躐超顿，在言语见解上转。殊不知老师与人为善之心，只要实地用功，其言自谦逊卑抑。《大学》“诚意”章：“惟不自欺者，其心自谦，非欲谦也，心常不自足也。”兄所批教处，正见近来实得与师意同也。

舒国裳在师门,《文录》无所见,惟行福建市舶司取至军门一牌。《传习续录》则与陈维浚、夏于中同时在坐问答语颇多。且有一段，持纸乞写“拱把桐梓”一章，欲时读以省。师写至“至于身而不知所以养”之句，因与座中诸友笑曰：“国裳中过状元来，岂尚不知所以养，时读以自警耶？”在座者闻之，皆竦然汗背。此东廓语也。

又丙午年游安福复古书院，诸友说张石盘初不信师学。人有辩者。张曰：“岂有好人及其门耶？”辩者曰：“及门皆好人也。”张曰：“东廓岂及门乎？”辩者曰：“已在赣及门矣。”又曰：“舒国裳岂及门乎？”曰：“国裳在南昌及门矣。”张始默然俯首，后亦及门。

是年，石盘携其子会复古。其子举人口口，至今常在会，未有及门之说。昨南昌闻之诸友，相传因问律吕元声，乃心服而拜，盖其子侄辈叙其及门之端也。昨见兄疑，又检中离《续同志考》，舒芬名在列。则其诸所相传者不诬也。如兄之教,去前“不欲”一段,存后“问元声”语可矣。

徐珊尝为师刻《居夷集》，盖在癸未年，及门则辛巳年九月，非龙场时也。

继后可商量处甚多，兄有所见，任举笔裁之。兹遣徐生时举持全集面正门下。弟心力已竭，虽闻指教，更不能再著思矣。惟兄爱谅之。

不肖五月季旬到舍下，又逾月十日，始接兄二月四日峡江书。一隔千里，片纸之通，遂难若此，感慨又何深也！玉体久平复，在怀玉已得之柏泉兄。兹读来谕，更觉相警之情也。深入究竟，虽父子之间，不能一语接，诚然诚然！此可与千古相感，而不可与对面相传，在有志者自究自竟之耳。天根亥子，白沙诗中亦泄此意。达“性命”之微者，信口拈来，自与道合。但我阳明先师全部文集，无非此意，特无一言搀入者，为圣学立大防也。兄之明教究悉，然于此处幸再详之。兄卧处卑湿，早晚亦须开关，径行登眺，以舒泄蔽郁之气，此亦去病之一端也。徐时举来，师《谱》当已出稿，乞早遣发，远仰远仰！

春来与王敬所为赤城会，归天真，始接兄峡江书，兼读师《谱》考订，感一体相成之心，庆师教之有传也。中间题纲整洁，增录数语，皆师门精义，匪徒庆师教之有传，亦以验兄闭关所得，默与师契，不疑其所行也。

去年归自怀玉，黄沧溪读谱草，与见吾、肖溪二公互相校正，亟谋梓行。未几，沧溪物故，见吾闽去，刻将半矣。六卷已后，尚得证兄考订。然前刻已定，不得尽如所拟，俟番刻，当以兄考订本为正也。中间增采《文录》、《外集》、《传习续录》数十条，弟前不及录者，是有说，愿兄详之。

先师始学，求之宋儒。不得入，因学养生，而沉酣于二氏，恍若得所入焉。至龙场，再经忧患，而始豁然大悟“良知”之旨。自是出与学者言，皆发“诚意”“格物”之教。病学者未易得所入也，每谈二氏，犹若津津有味。盖将假前日之所入，以为学者入门路径。辛巳以后，经宁藩之变，则独信“良知”，单头直入，虽百家异术，无不具足。自是指发道要，不必假途傍引，无不曲畅旁通。故不肖刻《文录》，取其指发道要者为《正录》，其涉假借者，则厘为《外集》。谱中所载，无非此意。盖欲学者志专归一，而不疑其所往也。

师在越时，同门有用功恳切，而泥于旧见，郁而不化者，时出一险语以激之，如水投石，于烈焰之中，一击尽碎，纤滓不留，亦千古一大快也。听者于此等处，多好传诵，而不究其发言之端。譬之用药对症，虽芒硝大黄，立见奇效；若不得症，未有不因药杀人者。故圣人立教，只指揭学问大端，使人自证自悟；不欲以峻言隐语，立偏胜之剂，以快一时听闻，防其后之足以杀人也。

师殁后，吾党之教日多歧矣。洪居吴时，见吾党喜为高论，立异说，以为亲得师传，而不本其言之有自。不得已，因其所举而指示言之端。私录数条，未敢示人。不意为好事者窃录。甲午主试广东，其录已久岭表。故归而删正；刻《传习续录》于水西，实以破传者之疑，非好为多述，以耸学者之听也。故谱中俱不采入。而兄今节取而增述焉。然删刻苦心，亦不敢不谓兄一论破也，愿更详之。

室远，书扎往复甚难，何时合并，再图面证，以了未尽之私！德教在思，寤寐如见，惟不惜遐音，仰切仰切！

是书复去，念庵隋以计报，竟不及一见，痛哉痛哉！

王阳明全集

【伍】

世德纪·辅录

【明】王守仁 著
陈 恕 编校

中國書店

目 录

卷三十八　世德纪附录

卷三十七　世德纪

传

王性常先生传 张壹民

王纲，字性常，一字德常。弟秉常、敬常，并以文学知名。性常尤善识鉴，有文武长才。少与永嘉高则诚族人元章相友善，往来山水间，时人莫测也。元末，尝奉母避兵五泄山中。有道士夜投宿，性常异其气貌，礼敬之，曰："君必有道者，愿闻姓字。"道士曰："吾终南隐士赵缘督也。"与语达旦，因授以筮法。且为性常筮之曰："公后当有名世者矣。然公不克终牖下。今能从吾出游乎？"性常以母老，有难色。道士笑曰："公俗缘未断，吾固知之。"遂去。诚意伯刘伯温微时常造焉。性常谓之曰："子真王佐才，然貌微不称其心，宜厚施而薄受之。老夫性在邱壑，异时得志，幸勿以世缘见累，则善矣。"后伯温竟荐性常于朝。

洪武四年，以文学征至京师。时性常年已七十，而齿发精神如少壮。上问而异之。亲策治道，嘉悦其对，拜兵部郎中。未几，潮民弗靖，遂擢广东参议，往督兵粮。谓所亲曰："吾命尽兹行乎？"致书与家人诀，携其子彦达以行。至则单舸往谕，潮民感悦，咸扣首服罪，威信大张。回至增城，遇海寇曹真窃发，鼓噪突至，截舟罗拜，愿得性常为帅。性常谕以逆顺祸福，不从，则厉声叱骂之。遂共扶舁之而去。贼为坛坐性常，日罗拜请不已。性常亦骂不绝声，遂遇害。时彦达亦随入贼中，从旁哭骂求死。贼欲并死之。其酋曰："父忠而子孝，杀之不祥。"与之食，不顾。贼悯其诚孝，容令缀羊革裹尸，负之而出，得归葬禾山。

洪武二十四年，御史郭纯始备上其事。得立庙死所，录用彦达。彦达痛父以忠死，躬耕养母，麄衣恶食，终身不仕。性常之殁，彦达时年十六云。

遁石先生传 胡俨

翁姓王氏，讳与准，字公度，浙之余姚人，晋右军将军羲之之裔也。父彦达，有隐操。祖广东参议性常，以忠死难。朝廷旌录彦达，而彦达痛父之死，终身不仕。悉取其先世所遗书付翁曰："但毋废先业而已，不以仕进望尔也。"翁闭门力学，尽读所遗书。乡里后进或来从学者，辄辞曰："吾无师承，不足相授。"因去从四明赵先生学《易》。赵先生奇其志节，妻以族妹而劝之仕。翁曰："昨闻先生'遁世无闷'之诲，与准请终身事斯语矣。"赵先生愧谢之。

先世尝得筮书于异人，翁暇试取而究其术，为人筮，无不奇中。远近辐辏，县令亦遣人来邀筮。后益数数，日或二三至。翁厌苦之，取其书对使者焚之曰："王与准不能为术士，终日奔走公门，谈祸福。"令大衔之。翁因逃入四明山石室中，不归者年余。时朝廷督有司访求遗逸甚严。部使者至县，欲起翁。令因言曰："王与准以其先世尝死忠，朝廷待之薄，遂父子誓不出仕，有怨望之心。"使者怒，拘翁三子，使人督押，入山求之。翁闻益深遁，坠崖伤足。求者得之以出。部使见翁创甚，且视其言貌坦直无他。翁亦备言其焚书逃遁之故。使者悟，始释翁。见翁次子世杰之贤，因谓翁曰："足下不仕，终恐及罪，宁能以子代行乎？"不得已，遂补世杰邑庠弟子员。而翁竟以足疾得免。翁谓人曰："吾非恶富贵而乐贫贱；顾吾命甚薄，且先人之志，不忍渝也。"又曰："吾非伤于石，将不能遂栖遁之计，石有德于吾，不敢忘也。"因自号遁石翁云。

翁伟貌修髯，精究《礼》、《易》，著《易微》数千言。尝筮居秘图湖阴，遇“大有”之“震”，谓其子曰：“吾先世盛极而衰，今衰极当复矣。然必吾后再世而始兴乎？兴必盛且久。”至是翁没且十年，而世杰以名儒宿学膺贡，来游南雍。大司成陈公一见，待以友礼，使毋就弟子列；命六堂之士咸师资之。俨忝与同舍，受世杰教益为最多，而相知为最深，因得备闻翁之隐德，乃私为志之若此。

昔人有言：公侯子孙，必复其始。王氏自汉吉、祥至祥、览，皆以令德孝友，垂裕江左。聊绵数百祀，门第之盛，天下莫敢望。中微百余年，天道未为无意也。元末时，其先世尝遇异人，谓其后必有名世者出；而翁亦尝再世而兴之筮。今世杰于翁，亦再世矣，充世杰之道，真足以弘济天下，而能澹然爵禄，不入其心，古所谓“富贵不能淫，贫贱不能移，威武不能屈”者，吾诚于世杰见之，异时求当天下之大任者，非世杰而谁乎？则异人之言，与翁之筮，于是始可验矣。

槐里先生传 戚澜

先生姓王，名杰，字世杰，居秘图湖之后。其先世尝植三槐于门，自号槐里子，学者因称曰槐里先生。始祖为晋右将军羲之。曾祖纲性常，与其弟秉常、敬常，俱以文学显名国初，而性常以广东参议死于苗之难。祖秘湖渔隐彦达，父遁石翁与准，皆以德学为世隐儒。先生自为童子，即有志圣贤之学。年十四，尽通《四书》《五经》及宋诸大儒之说。时朝廷方督有司求遗逸，部使者闻遁石翁之名，及门迫起之，不可得。见先生，奇焉，谓遁石翁曰：“足下不屑就，罪且及身，宁能以子代行乎？”不得已，乃遣先生备邑庠弟子员。时教谕程晶负才倨傲，奴视诸生，见先生，辄敬服，语人曰：“此今之黄叔度也。”岁当大比，邑有司首以先生应荐。比入试，众皆散发袒衣，先生叹曰：“吾宁曳履衡门矣。”遂归，不复应试。

宣德间，诏中外举异才堪风宪者，破常调任使之。时先生次当贡，邑令黄维雅重先生，为之具行李，戒仆从，强之应诏。先生固以亲老辞。乃让其友汪生叔昂。既而遁石翁殁，又当贡，复以母老辞，让其友李生文昭；而躬耕受徒，以养其母，饔飧不继，休如也。母且殁，谓先生曰："尔贫日益甚，吾死，尔必仕。毋忘吾言！"已终丧，先生乃应贡，入南雍。祭酒陈公敬宗闻先生至，待以友礼，使毋就弟子列。明年，荐先生于朝。未报，而先生殁。

先生仪观玉立，秀目修髯，望之以为神。人无贤愚戚疏，皆知敬而爱之。言行一以古圣贤为法。尝谓其门人曰："学者能见得曾点意思，将洒然无入而不自得，爵禄之无动于中，不足言也。"

先生与先君冷川先生友，先君每称先生所著《易春秋说》、《周礼考正》，以为近世儒者皆所不及；与人论人物，必以先生为称首。澜时为童子，窃志之。然从先君宦游于外，无因及门也。今兹之归，先生殁已久矣。就其家求所著述，仅存《槐里杂稿》数卷；而所谓《易春秋说》、《周礼考正》者，则先生之殁于南雍，其二子皆不在侍，为其同舍生所取，已尽亡之矣，呜呼惜哉！先君幼时，尝闻乡父老相传，谓王氏自东晋来盛江左，中微且百数年，元时有隐士善筮者，与其先世游，尝言其后当有大儒名世者出，意其在先生。而先生亦竟不及用，岂尚在其子孙耶？

竹轩先生传 魏瀚

先生名伦，字天叙，以字行。性爱竹，所居轩外环植之，日啸咏其间。视纷华势利，泊如也。客有造竹所者，辄指告之曰："此吾直谅多闻之友，何可一日相舍耶？"学者因称曰竹轩先生。

早承厥考槐里先生庭训，德业夙成。甫冠，浙东西大家争延聘为子弟师。凡及门经指授者，德业率多可观。槐里先生蚤世，环堵萧然，所遗惟书史数箧。先生每启箧，辄挥涕曰："此吾先世之所殖也。我后人不殖，则将落矣。"乃穷年口诵心惟，于书无所不读，而尤好观《仪礼》、《左氏传》、司马迁《史》。雅善鼓琴，每风月清朗，则焚香操弄数曲。弄罢，复歌以诗词，而使子弟和之。识者谓其胸次洒落，方之陶靖节、林和靖，无不及焉。

居贫，躬授徒以养母。母性素严重，而于外家诸孤弟妹，怜爱甚切至。先生每先意承志，解衣推食，惟恐弗及；而于妻孥之寒馁，弗遑恤焉。弟粲幼孤，为母所钟爱。先生少则教之于家塾，长则挈之游江湖，有无欣戚，罔不与居。逮子华官翰林，请于朝，分禄以为先生养。先生复推其半以赡弟。乡人有萁豆相煎者，闻先生风，多愧悔，更为敦睦之行。

先生容貌瓌伟，细目美髯。与人交际，和乐之气，蔼然可掬。而对门人弟子，则矩范严肃，凛乎不可犯。为文章好简古而厌浮靡，赋诗援笔立就，若不介意，而亦未尝逸于法律之外。所著有《竹轩稿》及《江湖杂稿》若干卷，藏于家。

先生与先君菊庄翁订盟吟社，有莫逆好。瀚自致政归，每月旦亦获陪先生杖履游。且辱知于先生仲子龙山学士。学士之子守仁，又与吾儿朝端同举于乡。累世通家，知先生之深者，固莫如瀚，因节其行之大者于此，以备太史氏之采择焉。

海日先生墓志铭 杨一清

正德己卯，宁濠称乱江西，鸠集群盗，发数千艘而东，远近震动。巡抚南赣都御史王守仁伯安，传檄邻境，举兵讨贼。时其父南京吏部尚书王公致仕居会稽。有传伯安遇害者，人谓公曰：“盍避诸？”公曰：“吾儿方举大义，吾避安之。”或曰：“伯安既仇贼，贼必阴使人行不利于公，避之是也。”公笑曰：“吾儿能弃家讨贼，吾何可先去，以为民望。祖宗功泽在天下，贼行且自毙。吾为国大臣，恨老不能荷戈首敌。即有不幸，犹将与乡里子弟共死此城耳。”因使人趣郡县，宜急调兵粮为备；禁讹言，勿令动摇人心。乡人窃视公宴然如常时，众志亦稍稍定。盖不旬月而伯安之捷报至矣。初，贼濠东下，将趋南都。伯安引兵入南昌，夺其巢。贼闻大恐，急旋舟。伯安帅吉安知府今都宪伍君文定等大战于鄱阳湖。贼兵风靡，遂擒濠，并其党与数千人，献俘于阙。呜呼！自古奸雄构乱，虽有忠臣义士，必假以岁月，乃能削平祸难。伯安奋戈一呼，以身临不测之渊，呼吸之间，地方大定。公闻变从容，群嚣众惑，屹然不为动。伯安得直前徇国，不婴怀回顾以成懋绩。公之雅量，伯安之忠义，求之载籍，可多见哉?

及是，武庙南巡，权奸妒功，构飞语陷伯安，迹甚危。众虑祸且及家，公寂若无闻。辛巳，今皇帝入嗣大统，始下诏表扬伯安之功。召还京师，因得便道归省。寻论功封奉天翊运推诚宣力守正文臣，特进光禄大夫柱国新建伯。又以廷推兼南京兵部尚书，参赞机务。锡之造券，封公勋阶爵邑如子，俾子孙世其爵。适公诞辰，伯安捧觞为寿。公蹙然曰:“吾父子乃得复相见耶！贼濠之乱，皆以汝为死矣，而不死。以为事难猝平，而平之。然此仗宗社神灵，朝廷威德，岂汝一书生所能办。比谗构横行，祸机四发，赖武庙英明保全。今国是既定，吾父子之荣极矣。然福者祸之基，能无惧乎！古云:‘知足不辱，知止不殆。’吾老矣，得父子相保牖下，孰与犯盈满之戒，覆成功而毁令名者耶？”伯安跪曰:“谨受教。”公自是日与姻党置酒宴乐。岁暮，旧疾作。嘉靖壬午春二月十二日，终于正寝。得年七十有七。未属纩时，使者以部咨将新命至，公尚能言，趣诸子曰:“不可以吾疾废礼，宜急出迎。”既成礼，偃然而逝。

讣闻，上赐谕祭，命有司治葬事。伯安偕诸弟卜以卒之明年秋八月某日，葬公郡东天柱峰之南之原，具书戒使者诣镇江，请予铭公墓。予曩官外制官太常，接公班行，不鄙，谓予以知言见待。予迁南京太常，辱赠以文。公校文南畿，道旧故甚洽。正德丁卯，取嫉权奸，归致仕；予亦避谗构，谢病归，杜门不接宾客。公直造内室，慰语久之。伯安又予掌铨时首引置曹属，号知己。公铭当予属。顾以江西之变，关系公父子大节，特先书之。乃按公门人国子司业陆君深所著状，摘而叙之曰：

公姓王氏，讳华，字德辉，号实庵，晚号海日翁。尝读书龙泉山中。学者称为龙山先生。上世自瑯琊徙居会稽之山阴，又自山阴徙余姚。四世祖讳性常，有文武才。国初为诚意伯所荐，仕至广东参议。峒苗为乱，死之。高祖讳彦达，号秘湖渔隐。年十六，裹父尸自苗壤归葬。痛父死忠，布蔬终其身，人称孝子。曾祖讳与准，号遁石翁。学精于《易》，尝筮得《震》之《大有》，谓其子曰："吾后再世其兴，兴其久乎？"祖讳世杰，号槐里子，以明经贡为太学生，卒。父讳天叙，号竹轩。初以公贵封修撰，后与槐里公俱赠嘉议大夫礼部右侍郎，今以伯安功，俱追封新建伯。祖妣孟氏，封淑人。妣岑氏，累封太淑人，进封太夫人。

公生正统丙寅九月。孟淑人梦其姑抱绯衣玉带一童子授之曰："妇事吾孝，孙妇亦事汝孝。吾与若祖丐于上帝，以此孙畀汝，世世荣华无替。"故公生以今名名，长兄以荣名，符梦也。

公生而警敏，始能言，槐里公口授以诗歌，经耳辄成诵。稍长，读书过目不忘。

六岁，与群儿戏水滨。见一客来濯足，已大醉，去，遗其所提囊。取视之，数十金也。公度其醒必复来，恐人持去，以投水中，坐守之。少顷，其人果号而至。公迎谓曰："求尔金邪？"为指其处。其人喜，以一锭为谢，却不受。

年十一，从里师授业，日异而月不同。岁终，里师无所施其教。

年十四，尝与诸子弟读书龙泉山寺。寺故有妖物为祟，解伤人；寺僧复张皇其事，诸生皆丧气走归。公独留居，妖亦寖灭。僧以为异，假妖势恐，且试之百方，不色动。僧谢曰："君天人也，异时福德何可量！"

弱冠，提学张公时敏试其文，与少傅木斋谢先生相甲乙，并以状元及第奇之，名遂起，故家世族争礼聘为子弟师。浙江方伯祁阳宁君良择师与张公。张公曰："必欲学行兼优，无如王某者。"宁亲造其馆，宾礼之，请为子师，延至祁阳，湖湘之士闻而来从者踵相接。居宁之梅庄别墅。墅中积书数千卷，日夕讽诵其间，学益进。祁俗好妓饮，公峻绝之，三年如一日，祁士有化服者。

归，连举不利。成化庚子，发解浙江第二人。明年辛丑，廷试第一甲第一人，授翰林院修撰。甲辰，充廷试弥封官。丁未，同考会试。弘治改元，戊申，与修《宪庙实录》，充经筵官。己酉，满九载，以竹轩公忧去。癸丑，服阕，迁右春坊右谕德。

丙辰，命为日讲官，赐金带四品服。公讲筵，音吐明畅，词多切直，每以勤圣学，戒逸豫，亲仁贤，远邪佞为劝。孝庙嘉纳焉。内侍李广方贵幸；尝讲《大学衍义》，至唐李辅国结张后表里用事，众以事颇涉嫌，欲讳之，公朗然诵说，无少避忌，左右皆缩头吐舌。上乐闻之不厌。罢讲，遣中官赐尚食。

皇太子出阁，诏选正人辅导，用端国本。公卿多荐公。自是日侍东宫讲读，眷赐加隆。

戊午，命主顺天乡试。辛酉，再主乡试应天，得士为多。壬戌，迁翰林院学士，食从四品禄，命授庶吉士业，修《大明会典》，为纂修官。书成，迁詹事府少詹事，兼学士，掌院事，与编纂《通鉴纂要》。是岁迁礼部右侍郎，仍兼日讲。武庙嗣位，遣祭江淮诸神。乞便道归省。以岑太夫人年高，乞归便养，不允。

明年改元。丙寅，瑾贼窃柄，士夫侧足立，争奔走其门，求免祸。公独不往。瑾衔之。时伯安为兵部主事，疏瑾罪恶。瑾矫诏执之，几毙廷杖，窜南荒以去。瑾复移怒于公。寻知为微时所闻名士，意稍解，冀公一见，且将柄用焉。公竟不往，瑾益怒。丁卯，迁南京吏部尚书，犹以旧故慰言，冀必往谢，公复不行。遂推寻礼部旧事与公本不相涉者，勒令致仕。既归，有以其同年友事诬毁之者。人谓公当速白，不然且及罪。公曰：“是焉能浼我？我何忍讦吾友？”后伯安复官京师，闻士夫论及此，将疏辨于朝。公驰书止之曰：“汝将重吾过邪？”

公性至孝。初，竹轩公病报至，当道以不受当迁官，宜出受新命，公卧家不出，日忧惧不知所为。逾月，讣始至，恸绝几丧生。襄葬穴湖山，遂庐墓下。墓故虎穴，虎时群至，不为害，久且益驯，人谓孝感。比致仕，岑太夫人年近百岁，公寿逾七十，犹朝夕为童子嬉戏以悦亲；左右扶掖，不忍斯须去侧。太夫人卒，块苫擗踊，过毁致疾。及葬，徒跣数十里，疾益甚，竟以是不起。

处诸昆弟，笃友爱，禄食赢余，恒与共之，视其子若己出。气质醇厚，坦坦自信，不立边幅。议论风生，由衷而发，广廷之论，入对妻孥无异语。人有片善，亟称之；有急，恻然赴之。至人有过恶，则尽言规斥，不少回曲，坐是多遭嫉忌。然人谅其无他，则亦无深怨之者。识宏而守固，百务纷沓，应之如流。至临危疑震荡，众披靡惶惑，独卓立毅然不为变，若是，盖有人不及知者矣。

公之学一出于正，书非正不读。客有以仙家长生之术来说者，则峻拒之曰："修身以俟命，吾儒家法。长生奚为？"俭素自持，货利得丧，不屑为意。楼居厄于火，赀积一空。亲朋来救焚者，款语如常。为诗文，取达意，不以雕刻为工，而自合程度。所著有《龙山稿》、《垣南草堂稿》、《礼经大义》诸书，《杂录》、《进讲余抄》等稿，共四十六卷，藏于家。

初配赠夫人郑氏，渊静孝慈，与公起微寒，同贫苦，躬纺绩以奉舅姑。既贵，恭俭不衰。寿四十一，先公三十六年卒。继室赵氏，封夫人。侧室杨氏。子男四：长即伯安，守仁名，别号阳明子，其学邃于理性，中外士争师之，称阳明先生。次守俭，太学生。次守文，郡庠生。次守章。女一，适南京工部都水郎中同邑徐爱。初，郑夫人祔葬穴湖，已而改殡郡南石泉山。石泉近有水患，乃卜今地葬公云。

惟古贤人君子未遇之时，每以天下国家为己任。出而登仕，其所遭际不同，而其志有遂有不遂，非人之所能为也。公少负奇气，壮强志存用世。顾其职业恒在文字间，而未能达之于政。际遇孝宗，讲筵启沃，圣心简在，柄用有期。不幸龙驭上宾，弗究厥用。晚登八座，旋见沮于权奸，偃蹇而归。岂非天哉！然有子如伯安，所建立宏伟卓荦，凡公之所欲为，噤而不得施用者，皆于其子之身而显施大发之，公又亲及见之，较之峻登大受，既久且专，而泯然无闻于世者，其高下荣辱宜何如也？王氏之先，有植槐于庭，荫后三公者，遁石翁《大有》之占，其类是乎？铭曰：

孰不有母，孰如公母寿。七十之叟，傞傞拜舞，百岁而终，归得其所。孰不有子，公子天下士。亶其忠勤，以事其事，不有其身，惟徇之义。是子是父，允文允武，勋在册府，帝锡之爵土。其生不负，而殁不朽，铭以要诸久。

阳明先生墓志铭 湛若水

甘泉子挈家闭关于西樵烟霞之洞，故友新建伯阳明王先生之子正亿，以其岳舅礼部尚书久庵黄公之状及书来请墓铭。曰："公知阳明公者也，非公莫能铭。"甘泉子曰："吾又何辞焉？公知阳明公者也，非公莫能状。公状之，吾铭之。公状其详，吾铭其大。吾又何义之辞焉？"乃发状而谨按之：

读世系状云云，曰：

公出于龙山状元大宗伯公华；大宗伯公出于赠礼部侍郎竹轩公天叙；竹轩公出于太学生赠礼部侍郎槐里公杰；槐里公出于遁石公与准，厥有《礼》、《易》之传；遁石公出于秘湖渔隐公彦达；秘湖出于性常公纲，有文武长才，与括苍刘伯温友善，仕为广东参议，死难也。推其华胄，遥遥远派于晋高士羲之，光禄大夫览焉。曰："公其有所本之矣！"夫水土之积也厚，其生物必蕃，有以也夫。

读诞生状云云，曰：

祖妣岑太淑人，有赤子乘云下畀，天乐导之之梦，公乃诞焉。是名曰云，盖征之矣。神僧言之，遂改今名。曰："然则阳明公殆神授欤，其异人矣！"六年乃言，十一年有金山之诗，十七年闻一斋"圣人可学"之语。曰："其有所启之矣！"

读学术状云云，曰：

初溺于任侠之习；再溺于骑射之习；三溺于辞章之习；四溺于神仙之习；五溺于佛氏之习。正德丙寅，始归正于圣贤之学。会甘泉子于京师，语人曰：“守仁从宦三十年，未见此人。”甘泉子语人亦曰：“若水泛观于四方，未见此人。”遂相与定交讲学，一宗程氏“仁者浑然与天地万物同体”之指。故阳明公初主“格物”之说，后主“良知”之说；甘泉子一主“随处体认天理”之说，然皆圣贤宗指也。而人或舍其精义，各滞执于彼此言语，盖失之矣！故甘泉子尝为之语曰：“良知必用天理，天理莫非良知，以言其交用则同也。”

读仕进状云云，曰：

初举已未礼闱第一，徐穆争之，落第二，然益有声。登进士，试工部，差督造王威宁坟，辞却金币，独受军中佩剑之赠，适符少时梦，盖兆之矣！疏边务朝政之失，有声。授刑部主事，审囚淮甸，有声。告病归养，起补兵部主事，上疏乞宥南京所执谏官戴铣等，毋使远道致死，朝廷有杀谏官之名。刘瑾怒，矫诏廷杖之。不死，谪贵州龙场驿。万里矣，而公不少怵。甘泉子赠之九章，其七章云：“皇天常无私，日月常盈亏，圣人常无为，万物常往来。何名为无为？自然无安排，勿忘与勿助，此中有天机。”其九章云：“天地我一体，宇宙本同家。与君心已通，别离何怨嗟？浮云去不停，游子路转赊。愿言崇明德，浩浩同无涯。”及居夷，端居默坐，而夷人化恶为善，有声。人或告曰：“阳明公至浙，沉于江矣，至福建，始起矣。登鼓山之诗曰：‘海上曾为沧水使，山中又拜武夷君。’有征矣。”甘泉子闻之笑曰：“此佯狂避世也。”故为之作诗，有云：“佯狂欲浮海，说梦痴人前。”及后数年，会于滁，乃吐实。彼夸虚执有以为神奇者，乌足以知公者哉！复起尹庐陵，卧治六月，而百务具理，有声。取入南京刑部主事，留为吏部验封主事，有声。阳明公谓甘泉子曰：“乃今可卜邻矣。”遂就甘泉子长安灰厂右邻居之。时讲于大兴隆寺，而久庵黄公宗贤会焉。三人相欢语，合意。久庵曰：“他日天台、雁荡，当为二公作两草亭矣。后合两为一焉，明道一也。”明年，甘泉子使安南。后二年，阳明公迁贰南太仆，聚徒讲学，有声。甘泉子还，期会于滁阳之间。夜论儒、释之道。又明年，甘泉子丁忧，扶母柩南归。阳明公时为南大鸿胪，逆吊子龙江关。寻迁南赣都宪矣。

读平赣之状云云，曰：

夫倡三广夹攻之策，收横水、左溪、桶冈、浰头之功，用兵如神矣！甘泉子曰：“虽有大司马王晋溪之知，请授之便宜旗牌，以备他用，亦以阳明公素养锐士于营，以待不时之出也；迅雷呼吸之间也，又以身先士卒以作军气也。”

读平江西之状云云，曰：

“甘泉子先是在忧，致书于公，幸因闽行之使以去也。”盖公前有宰相之隙，后有江西未萌之祸，不去必为楚人所钤，两不报。未几，有宁府之变，公几陷于虎口。然而赣兵素振，既足为之牵制，而倡义檄诸府县兴兵，会丰城誓师，分攻七门，七门大开，遂除留守之党，封府库之财，收劫取之印，安协从之民，释被报之囚，表死难之忠。据省城，绝其归路，直趣樵舍，因成擒贼之功。是水也以浅见测渊谋也。然始而翕然称为掀天揭地之功矣，既而大吏妒焉，内幸争功者附焉，辗转殚力竭精矣，仅乃得免，或未尝不思前虑也，所以危而不死者，内臣张永护之也，于大吏门列，不亦愧乎？由是遂流为先与后擒之言，上下腾沸，是不足辩也。

夫阳明逆知宸濠有异志，刘养正来说：“必得公乃发。”公应之曰：“时非桀、纣，世无汤、武，臣有仗节死义耳。”其犹使冀生元亨往与之语者，实欲诱其善，不动干戈，潜消莫大之祸也。使阳明公而实许养正，则宸濠杀孙都宪、许副使，必待阳明至乃发。阳明未至而发者，知绝意于阳明之与己矣。使阳明实许之，必乘风直抵南昌，必不与丰城，闻顾泌告变，即谋南奔以倡大义，夺渔艇，使如渔人然以奔吉安矣。其宸濠兵校追公者，非迎公也，将胁公也。且宸濠之上不能直趋中原以北，中不能攻陷金陵以据者，以阳明为之制其尾，兵威足以累之，使不前也；又取据省城，绝其资重与归路也；功莫大焉者也。若夫百年之后，忌妒者尽死，天理在人心者复明，则公论定矣。

已而该部果题赐敕锡劳，封新建伯，奉天翊卫推诚宣力守正文臣，特进光禄大夫柱国，兼南京兵部尚书，参赞机务，岁支米一千石，于时天其将定矣，而置之南者，有人焉以参乎其间矣。公丁父忧，而四方从学者日众。有迎忌者意，致有伪学之劾者，人其胜天乎！或以浮语沮公，六年不召。寻以论荐，命为两广总制军务，平岑猛之乱。或曰："其且进且沮，使公不得入辅乎？"

读思、田之状云云，曰：

公奏行剿之患十，行抚之善十，乃撤防兵，解战甲，谕威信，受来降，杖土目，复岑后，设流守，而思、田平。夫阳明公不革岑猛之后之土官，以夷治夷也。卢苏等杖之百而释之，置流守以制焉，仁义之术也。人知杀伐之为功，而不知神武不杀者，功之上也，仁义两全之道也。

读八寨之状云云，曰：

檄参将，会守巡，命指挥马文瑞，永顺宣慰彭明辅，保靖宣慰彭九霄，分兵布哨，擒斩贼酋党与，遂破诸巢，移卫所，制诸蛮，贯八寨之中，扼道路之冲，设县治，增城堡，皆保治安民之要。或曰："八峒掩袭村落以为功，无破巢之功也，无功以为有功也，何则？"辩之曰："夫阳明之贪功，当取岑猛、卢苏之大功而不取焉，不宜舍其大者，取其小者，其亦不智不武也。谓阳明公为之乎？夫宣慰诸哨之兵，可袭则袭，出其不意，兵法之奇，不可预授者也。而以病阳明焉，将使为宋襄、陈儒之愚已耶？非驭戎不测之威矣。"

事竣而请归告病危矣，不待报而遽行，且行且候命。其卒于南安途次而不及命下，亦命也。江西辅臣进帖以谮公，上革之恤典，人众之胜天也，亦命也。百年之后，天定将不胜人矣乎？甘泉子始召入礼部，面叩辅臣曰："外人皆云阳明之事乃公为之乎？"辅臣默然，然亦不以作怒加祸，犹为有君子度量焉，可尚也。

公卒之日，两广、江西之民相与吊于途曰：“哲人其痿矣！”士夫之知者，相与语于朝曰：“忠良其逝矣！”四方同志者且与吊于家曰：“斯文其丧矣！”久庵公为之状，六年而后就，慎重也。甘泉子曰：“吾志其大义，铭诸墓，将使观厥详于状也。”铭曰：

南镇嶙嶙，在浙之滨；奇气郁积，是生异人。生而气灵，乘云降精。十一金山，诗成鬼惊。志学逾二，广信馆次，娄公一言，圣学可至。长而任侠，未脱旧习，驰马试剑，古文出入。变化屡迁，逃仙逃禅；一变至道，丙寅之年。邂逅语契，相期共诣：天地为体，物莫非己。抗疏廷杖，龙场烟瘴；居夷何陋，诸蛮归向。起尹卢陵，卧治不庭；六月之间，百废具兴。入司验封，众志皆通，孚于同朝，执经相从。转南太仆，鸿胪太畜；遂巡南赣，乃展骥足。浰头、桶冈，三广夹攻，身先士卒，屡收奇功。蓄勇养锐，隐然有待，云胡养正，阴谋来说。诈言尊师，公明灼知；冀子往化，消变无为。闽道丰城，及变未萌；闻变遄返，心事以明。旌旗蔽空，声义下江，尾兵累之，北趋不从。乃擒巨贼，乃亲献馘；争功欲杀，永也护翊。彼同袍者，反戈不怩，隐之于心，以莫不戚。忧居六年，起治思、田，抚而不戮，夷情晏然。武文兼资，仁义并行，神武不杀，是称天兵。凡厥操纵，圣学妙用，一以贯之，同静异动。

海日先生行状 陆深

先生姓王氏，讳华，字德辉，别号实庵，晚复号海日翁。尝读书龙泉山中，学者又称为龙山先生。其先出自晋光禄大夫览之曾孙、右军将军羲之，由琅琊徙居会稽之山阴。后二十三代孙迪功寿，又自山阴徙余姚。至先生之四世祖，广东参议性常，又五世矣。参议博学，善识鉴，有文武长才，与永嘉高则诚族人元章相友善，往来山水间，时人莫测也。诚意伯刘伯温微时尝造焉。参议谓曰：“子真王佐才，然异时勿累老夫，则善矣。”伯温既贵，遂荐以为兵部郎中，擢广东参议。卒死于苗难。高祖讳彦达，号秘湖渔隐。渔隐年十六，自苗中裹父尸归葬，朝夕哭墓下。痛父以忠死，麄衣恶食，终身不仕，乡里以孝称之。曾祖讳与准，号遁石翁。伟貌修髯，精究《礼》、《易》，著《易微》数千言。居秘湖阴，尝筮得《大有》之《震》，谓其子曰：“吾先世盛极而衰，今衰极当复矣。然必吾后再世而始兴乎？兴必盛且久。尔虽不及显，身没亦与有焉。”祖讳世杰，号槐里子。以明经贡为太学生。卒赠嘉议大夫，礼部右侍郎。祖妣孟氏，赠淑人。父讳天叙，别号竹轩。封翰林院修撰，赠礼部右侍郎。妣岑氏，封太淑人。

正统丙寅九月甲午，先生生。先夕，孟淑人梦其姑赵抱一童子，绯衣玉带，授之曰：“新妇平日事吾孝，今孙妇事汝亦孝。吾与若祖丐于上帝，以此孙畀汝，子孙世世荣华无替。”故先生生而以今名名，先生之长兄半岩先生以荣名，梦故也。先生生而警敏绝人。始能言，槐里先生抱弄之，因口授以古诗歌，经耳辄成诵。稍长，使读书，过目不忘。

六岁时，与群儿戏水滨。见一客来濯足，已大醉，遗其所提囊而去。取视之，数十金也。先生度其人酒醒必复来，恐人持去，投水中，坐守之。有顷，其人果号泣而至。先生迎谓曰：“求尔金邪？”为指其处。其人喜跃，以一金谢。先生笑却之曰：“不取尔数十金，乃取尔一金乎？”客且惭且谢，随至先生家，无少长咸遍拜而去。

岑太夫人尝绩窗下，先生从旁坐读书。时邑中迎春，里儿皆竞呼出观，先生独安读书不辍。太夫人谓曰：“若亦暂往观乎？”先生曰：“大人误矣，观春何若观书？”太夫人喜曰：“儿是也，吾言误矣。”

年十一，从里师钱希宠学。初习对句；月余，习诗；又两月余，请习文。数月之后，学中诸生尽出其下。钱公叹异之曰：“岁终，吾无以教尔矣。”县令呵从到塾，同学皆废业拥观，先生据案朗诵若无睹。钱奇之，戏谓曰：“尔独不顾。令即谓尔倨傲，呵责及尔，且奈何？”先生曰：“令亦人耳，视之奚为？若诵书不辍，彼亦便奈呵责也？”钱因语竹轩公曰：“公子德器如是，断非凡儿。”

十四岁时，尝与亲朋数人读书龙泉山寺。寺旧有妖为祟。数人者，皆富家子，素豪侠自负，莫之信；又多侵侮寺僧，僧甚苦之。信宿妖作，数人果有伤者。寺僧因复张皇其事，众皆失气，狼狈走归。先生独留居如常，妖亦遂止。僧咸以为异。每夜分，辄众登屋号笑，或瓦石撼卧榻，或乘风雨雷电之夕，奋击门障。僧从壁隙中窥，先生方正襟危坐，神气自若。辄又私相叹异。然益多方试之，技殚，因从容问曰：“向妖为祟，诸人皆被伤，君能独无恐乎？”先生曰：“吾何恐？”僧曰：“诸人去后，君更有所见乎？”先生曰：“吾何见？”僧曰：“此妖但触犯之，无得遂已者，君安得独无所见乎？”先生笑曰：“吾见数沙弥为祟耳。”诸僧相顾色动，疑先生已觉其事，因佯谓曰：“此岂吾寺中亡过诸师兄为祟邪？”先生笑曰：“非亡过诸师兄，乃见在诸师弟耳。”僧曰：“君岂亲见吾侪为之？但臆说耳。”先生曰：“吾虽非亲见，若非尔辈亲为，何以知吾之必有见邪？”寺僧因具言其情，且叹且谢曰：“吾侪实欲以此试君耳。君天人也，异时福德何可量？”至今寺僧犹传其事。

天顺壬午，先生年十七，以三礼投试邑中。邑令奇其文，后数日，复特试之。题下，一挥而就。令疑其偶遇宿构，连三命题，其应益捷。因大奇赏，谓曰：“吾子异日必大魁天下。”远迩争礼聘为子弟师。提学松江张公时敏考校姚士，以先生与木斋谢公为首，并称之曰：“二子皆当状元及第，福德不可量也。”方伯祁阳宁公良择师于张公。张曰：“但求举业高等，则如某某者皆可。必欲学行兼优，惟王某耳。”时先生甫逾弱冠，宁亲至馆舍，讲宾主礼，请为其子师。延至家，湖湘之士翕然来从者，以数十。在祁，居梅庄别墅。墅中积书数千卷，先生昼夜讽诵其间，不入城市者三年。永士有陈姓者，闻先生笃学，特至梅庄请益。间取所积书叩之，先生皆默诵如流。陈叹曰：“昔闻‘《五经》笥’，今乃见之。”祁俗好妓饮，先生峻绝之。比告归，祁士以先生客居三年矣，乃秘两妓于水次，因饯先生于亭上，宿焉。客散，妓从秘中出。先生呼舟不得，撤门为桴而渡。众始叹服其难。

始，先生在梅庄，尝一夕梦迎春，归其家，前后鼓吹幡节，中导白土牛，其后一人舆以从，则方伯杜公谦也。既觉，先生以竹轩公、岑太夫人皆生于辛丑，谓白为凶色，心恶之，遂语诸生欲归。诸生坚留之。宁生曰："以纮占是梦，先生且大魁天下矣。夫牛，丑属也，谓之一元大武；辛，金属，其色白；春者，一岁之首也，世以状元为春元，先生之登，其在辛丑乎。故事送状元归第者，京兆尹也，其时杜公殆为京兆乎？"先生以亲故，遂力辞而归。舟过洞庭，阻风君山祠下，因入祠谒。祝者迎问曰："公岂王状元邪？"先生曰："何从知之？"祝者曰："畴昔之夕，梦山神曰：'后日薄暮，有王状元来。'吾以是知之。"先生异其言，与梅庄之梦适相协，因备纪其事。自是先生连举不利，至成化庚子，始以第二人发解。明年辛丑，果状元及第；杜公为京兆，悉如其占云。

是岁授官翰林院修撰。甲辰，廷试进士，为弥封官。丁未，充会试同考官。弘治改元，与修《宪庙实录》，充经筵官。己酉，秩满九载，当迁。闻竹轩疾，即移病不出。当道使人来趣，亲友亦交劝之且出迁官，若凶闻果至，不出未晚也。先生曰："亲有疾，已不能匍匐归侍汤药，又逐逐奔走为迁官之图，须家信至，幸而无恙，出岂晚乎？"竟不出。

庚戌正月下旬，竹轩之讣始至，号恸屡绝。即日南奔，葬竹轩于穴湖山，遂庐墓下。墓故虎穴，虎时时群至。先生昼夜哭其傍，若无睹者。久之益驯，或傍庐卧，人畜一不犯，人以为异。

癸丑，服满。升右春坊右谕德，充经筵讲官。尝进劝学疏，其略谓：

贵缉熙于光明。今每岁经筵不过三四御，而日讲之设，或间旬月而始一二行，则缉熙之功，无亦有间欤？虽圣德天健，自能乾乾不息。而宋儒程颐所谓涵养本原，熏陶德性者，必接贤士大夫之时多，而后可免于一暴十寒之患也。

上然其言，御讲日数。

丙辰三月，特命为日讲官，赐金带四品服。四月，以选正人端国本，公卿会推为东宫辅导。戊午三月，又命兼东宫讲读，眷赐日隆。是岁，奉命主顺天府乡试。辛酉，又奉命主应天乡试。壬戌，升翰林院学士，从四品俸。寻命教庶吉士鲁铎等。继又命与纂修《大明会典》。逾年，书成，升詹事府少詹事，兼翰林院学士。五月，复命，与编《通鉴纂要》。六月，升礼部右侍郎，仍兼日讲。上以先生讲释明赡，故特久仕。是岁冬，命祭江淮诸神，乞便道归省。还朝，以岑太夫人年迈，屡疏乞休，以便色养。不允。寻升礼部左侍郎。

明年，武宗皇帝改元。贼瑾用事，呼吸成祸福。士大夫奔走其门者如市。先生独不之顾。时先生元子今封新建伯方为兵部主事，上疏论瑾罪恶。瑾大怒，既逐新建，复迁怒于先生。然瑾微时尝从先生乡人方正习书史，备闻先生平日处家孝友忠信之详，心敬慕之，先生盖不知也。瑾后知为先生，怒稍解。尝语阴使人，谓于先生有旧，若一见，可立跻相位。先生不可。瑾意渐拂。丁卯，升南京吏部尚书。瑾犹以旧故，使人慰之曰："不久将大召。"冀必往谢。先生又不行。瑾复大怒。然先生乃无可加之罪，遂推寻礼部时旧事与先生无干者，传旨令致仕。先生闻命忻然，束装而归，曰："吾自此可免于祸矣。"

既而，有以同年友事诬毁先生于朝者，人咸劝先生一白。先生曰："某吾同年友，若白之，是我讦其友矣。是焉能浼我哉？"竟不辨。后新建复官京师，闻士夫之论，具本奏辨。先生闻之，即驰书止之曰："是以为吾平生之大耻乎？吾本无可耻，今乃无故而攻发其友之阴私，是反为吾求一大耻矣。人谓汝智于吾，吾不信也。"乃不复辨。

历事三朝，惟孝庙最知。末年尤加眷注，屡因进讲，劝上勤圣学，戒逸豫，亲仁贤，远邪佞。上皆虚心嘉纳。故事讲官数人当直者，必先期演习，至上前犹或鳌张失措。先生未尝预习，及进讲，又甚条畅。一日，上已幸讲筵，直讲者忽风眩仆地。众皆遑遽，共推先生代，先生从容就案，展卷敷析，尤极整暇。众咸服其器度。内侍李广者，方贵幸，尝于文华殿讲《大学衍义》，至唐李辅国与张后表里用事，诸学士欲讳不敢言，先生特诵说朗然，开讽明切。左右闻者皆缩头吐舌，而上乐闻不厌。明日罢讲，命中官赐食。中官密语先生云：“连日先生讲书明白，圣心甚喜，甚加眷念。”先生自庆知遇，益用剀切。上亦精勤弥励。讵意孝庙升遐，先生志未及行，亦偃蹇而归矣。天道如斯，呜呼悲夫！

先生气质醇厚，平生无矫言饰行，仁恕坦直，不立边幅。与人无众寡大小，待之如一。谈笑言议，由衷而发，广庭之论，入对妻孥，曾无两语。人有片善，称之不容口；有急难来控者，恻然若身陷于沟阱，忘己拯救之，虽以此招谤取嫌，亦不恤；然于人有过恶，亦直言规切，不肯少回曲，以是往往反遭嫉忌，然人亦知其实心无他，则亦无有深怨之者。先生才识宏达，无所不可。而操持坚的，屹不可动。百务纷沓，应之沛然，未尝见其有难处之事。至临危疑先荡，众多披靡惶恐，而先生毅然卓立，然未尝以此自表见，故人之知者罕矣。为诗文皆信笔立就，不事雕刻，但取词达而止。所著有《龙山稿》、《垣南草堂稿》、《礼经大义》诸书，《杂录》、《进讲余抄》等稿，共四十六卷。

先生孝友出于天性，禄食盈余，皆与诸昆弟共之，视诸昆弟之子不啻己出。竹轩公及岑太夫人色爱之养，无所不至。太夫人已百岁，先生亦寿逾七十矣，朝夕为童子色，嬉戏左右，抚摩扶掖，未尝少离。或时为亲朋山水之邀，乘舟暂出，忽念太夫人，即蹙然反棹。及太夫人之殁，寝苫蔬食，哀毁逾节，因以得疾。逮葬，跣足随号，行数十里，于是疾势愈增。病卧逾年，始渐瘳。然自是气益衰。

先生素闻宁濠之恶，疑其乱，尝私谓所亲曰：“异时天下之祸，必自兹人始矣。”令家人卜地于上虞之龙溪，使其族人之居溪傍者买田筑室，潜为栖遁之计。至是正德己卯，宁濠果发兵为变。远近传闻骇愕，且谓新建公亦以遇害，尽室惊惶，请徙龙溪。先生曰：“吾往岁为龙溪之卜，以有老母在耳。今老母已入土，使吾儿果不幸遇害，吾何所逃于天地乎？”饬家人勿轻语动。已而新建起兵之檄至，亲朋皆来贺，益劝先生宜速逃龙溪。咸谓新建既与濠为敌，其势必阴使奸人来不利于公。先生笑曰：“吾儿能弃家杀贼，吾乃独先去以为民望乎？祖宗德泽在天下，必不使残贼覆乱宗国，行见其败也。吾为国大臣，恨已老，不能荷戈首敌。倘不幸，胜负之算不可期，犹将与乡里子弟共死此城耳。”因使趣郡县，宜急调兵粮，且禁讹言，勿令摇动。乡人来窃视先生，方晏然如平居，亦皆稍稍复定。不旬月，新建捷至，果如先生所料。亲朋皆携酒交庆。先生曰：“此祖宗深仁厚泽，渐渍人心，纪纲法度，维持周密，朝廷威灵，震慑四海，苍生不当罹此荼毒。故旬月之间，罪人斯得，皆天意也。岂吾一书生所能办此哉？然吾以垂尽之年，幸免委填沟壑；家门无夷戮之惨；乡里子弟，又皆得免于征输调发；吾儿幸全首领，父子相见有日；凡此皆足以稍慰目前者也。”诸亲友咸喜极，饮尽欢而罢。

已而武庙南巡，奸党害新建之功，飞语构陷，危疑汹汹，旦夕不可测。群小侦伺，旁午于道。或来先生家，私籍其产宇丁畜，若将抄没之为。姻族皆震撼，莫知所出。先生寂若无闻，日休田野间，惟戒家人谨出入，慎言语而已。辛巳，今上龙飞，始下诏宣白新建之功，召还京师。新建因得便道归省。寻进南京兵部尚书，封新建伯。遣行人赍白金文绮慰劳新建，遂下温旨存问先生于家，兼有羊酒之赐。适先生诞辰，亲朋咸集。新建捧觞为寿。先生蹙然曰：“吾父子不相见者几年矣。始汝平寇南赣，日夜劳瘁，吾虽忧汝之疾，然臣职宜尔，不敢为汝忧也。宁濠之变，皆以汝为死矣，而不死；皆以事为难平矣，而卒平。吾虽幸汝之成，然此实天意，非人力可及，吾不敢为汝幸也。谗构朋兴，祸机四发，前后二年，岌乎知不免矣。人皆为汝危，吾能无危乎？然于此时惟有致命遂志，动心忍性，不为无益，虽为汝危，又复为汝喜也。天开日月，显忠遂良，穹官高爵，滥冒封赏。父子复相见于一堂，人皆以为荣，吾谓非荣乎？然盛者衰之始，福者祸之基，虽以为荣，复以为惧也。夫知足不辱，知止不殆，吾老矣，得父子相保于牖下，孰与犯盈满之戒，覆成功而毁令名者邪？”新建洗而跽曰：“大人之教，儿所日夜切心者也。”闻者皆叹息感动。于是会其乡党亲友，置酒燕乐者月余。岁且暮，疾复作。新建率其诸弟日夜侍汤药。壬午正月，势转剧。二月十二日己丑，终于正寝。享年七十有七。临绝，神识精明，略无昏愦。时朝廷推论新建之功，进封先生及竹轩、槐里，皆为新建伯。是日部咨适至，属疾且革。先生闻使者已在门，促新建及诸弟曰："虽仓遽，乌可以废礼？尔辈必皆出迎。"闻已成礼，然后偃然瞑目而逝。

先生始致政归，客有以神仙之术来说者。先生谢之曰："人所以乐生于天地之间，以内有父母、昆弟、妻子、宗族之亲，外有君臣、朋友、姻戚之懿，从游聚乐，无相离也。今皆去此，而槁然独往于深山绝谷，此与死者何异？夫清心寡欲，以怡神定志，此圣贤之学所自有。吾但安乐委顺，听尽于天而已，奚以长生为乎？"客谢曰："神仙之学，正谓世人悦生恶死，故其所欲而渐次导之。今公已无恶死悦生之心，固以默契神仙之妙，吾术无所用矣。"先生于异道外术，一切奇诡之说，廓然皆无所入。惟岑太夫人稍崇佛教，则又时时曲意顺从之，亦复不以为累也。

先生既归，即息意丘园，或时与田夫野老同游共谈笑，萧然形迹之外。人有劝之，宜且闭门养威重者。先生笑曰："汝岂欲我更求作好官邪？"性喜节俭，然于货利得丧，曾不以介意。尝构楼居十数楹，甫成而火，赀积为之一荡。亲友来救焚者，先生皆一一从容款接，谈笑衎衎如平时，略不见有仓遽之色。人以是咸叹服其德量云。

先生元配夫人郑氏，渊靖孝慈，与先生共甘贫苦。起微寒，躬操井臼，勤纺织以奉舅姑。既贵，而恭俭益至。寿四十九，先先生三十六年卒。继室赵氏，封夫人。侧室杨氏。子四人：长守仁，郑出，南京兵部尚书，封新建伯。次守俭，杨出，太学生。次守文，赵出，郡庠生。次守章，杨出。一女，赵出，适南京工部都水郎中同邑徐爱。始郑夫人殡郡南之石泉山，已而有水患，乃卜地于天柱峰之阳而葬先生焉。

深，先生南畿所录士也。暨于登朝，获从班行之末，受教最深；又辱与新建公游处，出入门墙最久。每当侍侧讲道之际，观法者多矣。正德壬申秋，以使事之余，迂道拜先生于龙山里第。扁舟载酒，相与游南镇诸山，乃休于阳明洞天之下。执手命之曰："此吾儿之志也。大业日远，子必勉之。"临望而别。呜呼！深鄙陋无状，不足以窥见高深，然不敢谓之不知先生也。谨按王君琥所录行实，泣而叙之，将以上于史官，告于当世之司文柄者，伏惟采择焉。

阳明先生行状 黄绾

阳明先生王公讳守仁，字伯安，其先琅琊人，晋光禄大夫览之后。

览曾孙羲之，少随父旷渡江家建康，不乐，徙会稽。其后复徙剡之华塘，自华塘徙石堰，又徙达溪。有曰寿者，仕至迪功郎，乃徙居余姚。

六世祖讳纲，字性常，博学善识鉴，有文武长才，与永嘉高则诚，宗人高元章、括苍刘伯温友善。仕国朝，为广东参议，死苗难。五世祖讳彦达，号秘湖渔隐，有孝行。高祖讳与准，号遁石翁，精究《礼》、《易》，著《易微》数千言。曾祖讳杰，号槐里子，以明经贡为太学生，赠礼部右侍郎。曾祖妣孟氏，赠淑人。祖讳天叙，号竹轩，封翰林院编修，赠礼部右侍郎。祖妣岑氏，封太淑人。父讳华，成化辛丑状元及第，仁至南京吏部尚书，封新建伯。妣郑氏，封孺人，赠夫人。继母赵氏，封夫人。郑氏孕十四月而生公。

诞夕，岑太淑人梦天神抱一赤子，乘云而来，导以鼓乐，与岑。岑寤而公生，名曰云。六岁不言。一日，有僧过之，摩其顶曰："有此宁馨儿，却叫坏了。"龙山公悟，改今名，遂言，颖异顿发。

年十一，竹轩翁携之上京，过金山，作诗曰："金山一点大如拳，打破维扬水底天。醉倚妙高台上月，玉箫吹彻洞龙眠。"有相者谓塾师曰："此子他日官至极品，当立异等功名。"

年十三，侍龙山公为考官，入场评卷，高下皆当。性豪迈不羁，喜任侠。畿内石英、王勇，湖广石和尚之乱，为书将献于朝，请往征之。龙山公力止之。

年十七，至江西，成婚于外舅养和诸公官舍。

明年，还广信，谒一斋娄先生。异其质，语以所当学，而又期以圣人，为可学而至，遂深契之。

领弘治壬子年乡荐。己未，登进士，观政工部。与太原乔宇，广信汪俊，河南李梦阳、何景明，姑苏顾璘、徐祯卿，山东边贡诸公，以才名争驰骋，学古诗文。钦差督造威宁伯王公坟于河间，驭役夫以十五之法，暇即演八阵图，识者已知其有远志。少日尝梦威宁伯授以宝剑，既竣事，威宁家以金币为谢，辞不受，乃出威宁军中佩剑赠之，适符其梦，受焉。时有彗星，及鞑虏猖獗，上疏论边务，因言朝政之失，辞极剀切。

明年，授刑部主事，差往淮甸审囚，多所平反，复命。日事案牍，夜归必燃灯读《五经》及先秦、两汉书，为文字益工。龙山公恐过劳成疾，禁家人不许置灯书室。俟龙山公寝，复燃，必至夜分，因得呕血疾。

养病归越，辟阳明书院，究极仙经秘旨，静坐，为长生久视之道，久能预知。其友王思裕等四人欲访公，方出五云门，即命仆要于路，历语其故。四人惊以为神。

甲子，聘为山东乡试考官，至今海内所称重者，皆所取士也。改兵部武库司主事。明年，白沙陈先生高第甘泉湛公若水，一会而定交，共明圣学。

明年丙寅，正德改元，宦官刘瑾窃国柄，作威福，差官校至南京，拿给事中戴铣等下狱。公上疏乞宥之。瑾怒，矫诏廷杖五十，毙而复苏，谪贵州龙场驿丞。瑾怒未释。公行至钱塘，度或不免，乃托为投江，潜入武夷山中，决意远遁。夜至一山庵投宿，不纳。行半里许，见一古庙，遂据香案卧。黎明，道士特往视之，方熟睡。乃推醒曰："此虎狼穴也，何得无恙？"因诘公出处，公乃吐实。道士曰："如公所志，将来必有赤族之祸。"公问："何以至此？"道士曰："公既有名朝野，若果由此匿迹，将来之徒，假名以鼓舞人心，朝廷寻究，汝家岂不致赤族之祸？"公深然其言。尝有诗云："海上曾为沧水使，山中又拜武夷君。"遂由武夷至广信，溯彭蠡，历沅、湘，至龙场。

始至，无屋可居。茇于丛棘间，迁于东峰，就石穴而居。夷俗于中土人至，必蛊杀之。及卜公于蛊神，不协，于是日来亲附。以所居阴湿，乃相与伐木为何陋轩、君子亭、宾阳堂、玩易窝以居之。三仆历险冒瘴，皆病，公日夕躬为汤糜调护之。

瑾欲害公之意未已。公于一切得失荣辱，皆能超脱，惟生死一念，尚不能遣于心，乃为石廓，自誓曰："吾今惟俟死而已，他复何计？"日夜端居默坐，澄心精虑，以求诸静一之中。一夕，忽大悟，踊跃若狂者。以所记忆《五经》之言证之，一一相契，独与晦庵注疏若相牴牾，恒往来于心，因著《五经臆说》。时元山席公官贵阳，闻其言论，谓为圣学复睹。公因取《朱子大全》阅之，见其晚年论议，自知其所学之非，至有诳己诳人之说，曰："晦翁亦已自悔矣。"日与学者讲究体察，愈益精明，而从游者众。

时思州守遣人至龙场，稍侮慢公，诸役夫咸愤惋，辄相与殴辱之。守大怒，白宪副毛公科，令公请谢，且喻以祸福。公致书于守，遂释然，愈敬重公。安宣慰闻公名，使人馈米肉，给使令，辞不受。既又重以金帛鞍马，复固辞不受。及议减驿事，则力折之，且申说朝廷威信令甲，其议遂寝。已而僮酋有阿贾、阿札者，摽掠为地方患，公复以书诋讽之。安悚然，操切所部，民赖以宁。

庚午，升庐陵知县。比至，稽国初旧制，慎选里正三老，委以词讼，公坐视其成，囹圄清虚。是岁冬，以朝觐入京，调南京刑部主事，馆于大兴隆寺。予时为后军都事，少尝有志圣学，求之紫阳、濂、洛、象山之书，日事静坐；虽与公有通家之旧，实未尝深知其学。执友柴墟储公巏与予书曰："近日士夫如王君伯安，趋向正，造诣深，不专文字之学，足下肯出与之游，丽泽之益，未必不多。"予因而慕公，即夕趋见。适湛公共坐室中，公出与语，喜曰："此学久绝，子何所闻而遽至此也？”予曰：“虽粗有志，实未用功。”公曰：“人惟患无志，不患无功。”即问：“曾识湛原明否？来日请会，以订我三人终身共学之盟。”明日，公令人邀予至公馆中，会湛公，共拜而盟。又数日，湛公与予语，欲谋白岩乔公转告冢宰邃庵杨公，留公北曹。杨公乃擢公为吏部验封主事。予三人者，自职事之外，稍暇，必会讲；饮食起居，日必共之，各相砥励。

未几，升文选员外郎，升考功郎中，而学益不懈。士大夫之有志者，皆相率从游。如此二年，而湛公使安南，予与公又居一年。壬申冬，予以疾告归，公为文及诗送予，且托予结庐天台、雁荡之间而共老焉。湛公又欲买地萧山、湘湖之间，结庐，与予三人共之。明年癸酉，升南京太仆寺少卿，从游者日益众。甲戌，升南京鸿胪寺卿，始专以良知之旨训学者。乙亥，朝廷举考察之典，为疏自劾，力乞休致，以践前言。不允。八月，又上疏，力以疾甚，乞养病。又不允。

明年，丙子十月，升都察院左佥都御史，抚镇南、赣、汀、漳等处。先是南、赣抚镇，屡用非人，山谷凶民，初为攘窃，渐至劫掠州县，肆无忌惮，远近视效。凡在虔、楚、闽、广接壤山谷，无非贼巢。小大有司，束手无策，皆谓终不可除。兵部尚书王公琼独知公，特荐而用之。又恳疏以辞，亦不允，督旨益严。公遂受命。

既至南、赣，先严战御之法。时龙南贼二千余突至信丰，又纠合广东龙川、浰头诸贼酋，分队以进，势甚猖獗。公于未战之先，令兵备官调兵断贼归路，又委官统领，前后夹击。又曰：“此贼既离巢穴，利在速战。”又令乘险设伏，厚集以待，及各乡村往来路径，多张疑兵，使进无所获，退无所据，不过旬日，可以坐擒。一违节制，以军法从事。先时，在官吏书门皂，及在门军民阴阳占卜，皆与贼通，日在官府左右诇觇，不惟言出于口，贼必先知，凡意向颜色之间，贼亦知之。公知其然，在此则示以彼，在彼则示以此。每令阴阳择日，日者占卜，或已吉而不用，或欲用而中止；每励兵蓐食，令俟期而发，兵竟不出。

贼各依险自固，四路设伏，公潜令三省兵备官各率兵从径道与贼交锋，前后大战数合，擒斩首俘获无算。余党奔聚象湖山拒守。谕令佯言犒军退师，俟秋再举，密探虚实，乘贼懈弛，以护送广东布政使邵贲为名，选精兵一千五百当先，重兵四千二百继后，夜半，自率数十骑至，密招前军来，令分三路，各衔枚直趋象湖山，捣其巢穴。我兵夺据隘口，贼犹不知。贼虽失险，其间骁悍，犹能凌绝谷，超距如飞，复据上层峻险，四面飞打滚木礧石，以死拒敌。我兵奋勇鏖战，自辰至午，三省所发奇兵，复从间道鼓噪突登，始惊溃大败。我兵乘胜追杀，擒斩俘获无算，堕崖壑而死者不可胜计。余党复入流恩、山冈等巢，与诸贼合势。明日，复战，贼又不利，遁入广东界上。黄蜡、樟溪、大山，贼酋詹师富等恃居可塘洞山寨，聚粮守险，势甚强固。公命分兵五路攻击，与贼连战。令知府钟湘破长富村等巢三十余处，擒斩俘获益多。其胁从余党悉愿携家以听抚安。公委官招抚，复业者四千余人。又令佥事顾应祥等委官统领军兵，会同福建，克期进剿，扬言班师，出其不意，从牛皮、石岭脚等处分为三哨，鼓噪并进。贼瞻顾不暇，望风瓦解。攻破古村、柘林、白土村、赤石岩等巢，直捣箭灌。及攻破水竹、大重坑、苦宅溪、清泉溪、曰罗、南山等巢，直捣洋竹洞、三角湖等处。前后大战十余，俘获四千人有奇，牛马货物无算。

尝上疏申明赏罚，以励人心，因请敕便宜行事，及请令旗、令牌，不报。及是，大庚、南康、上犹三县峷贼虏掠居民，广东浰头等处强池大鬓等三千余徒突围南康县，杀损官兵，与湖广桂阳、广东乐昌等巢相联，盘据流劫三省。时兵备等官请调三省狼达等兵，与官兵夹剿。又上疏论狼兵所过，不减于盗，转输之苦，重困于民。仍请便宜行事，期于成功，不限以时，则兵众既练，号令既明，人知激劝，事无掣肘，可以伸缩自由，相机而动，日剪月削，可使澌尽。复请添设清平县治，通盐法，以足兵食。会湖广巡抚都御史秦公金奏请夹剿，疏下，复上疏议处兵粮事宜。六月，召知府季斅，县丞舒富等，密授方略，领兵分剿，生擒贼酋陈曰能等，捣其巢，俘获贼党无算。又上疏论三省交剿方略。先是，屡请敕便宜行事，众皆笑公为迂，惟尚书王公慨然曰：“朝廷此等权柄，不与此等人用，又与谁用？我必与之。”故因公疏覆议，奉旨改公提督南、赣、汀、漳等处军务，赐敕书，及前所请旗牌，便宜行事。廷议以公前攻破长富村、象湖山，可塘洞诸处，擒斩首从贼级数多，降敕奖励，升俸一级，赏银二十两，纻丝二表里。

时汀、漳、左溪贼酋蓝天凤，与赣、南、上新、稳下等硐贼酋雷鸣聪、高文辉等相结，盘据千里，荼毒三省。公与诸从事议曰：“诸巢为患虽同，事势各异。以湖广言之，则桶冈诸巢为贼之咽喉，而横水、左溪诸巢为之腹心。以江西言之，则横水、左溪诸巢为贼之腹心，而桶冈诸巢为之羽翼。今不先去横水、左溪腹心之患，而欲与湖广夹攻桶冈，进兵两寇之间，腹背受敌，势必不利。今我出其不意；进兵速击，可以得志。已破横水、左溪，移兵而临桶冈，势如破竹矣。”议既决，命指挥郏文帅兵千余，自大庾县义安入；知府唐淳帅兵千余，自大庾县聂都入；知府季斅帅兵千余，自大庾县稳下入；县丞舒富帅兵千余，自上犹县金坑入；亲帅兵千余，自南康进屯至坪，期直捣横水，与诸军会；命副使杨樟，参议黄宏，监督各营官兵，往来给饷，以促其后。是月初七日，各哨齐发。初十日，进兵至坪。会间谍诇知，各险隘皆设滚木礌石。公度此时贼已据险，势未可近，乃自率兵乘夜遂进。未至贼巢三十里止舍，使人伐木立栅，开堑设堠，示以久屯之形。复遣官分帅乡兵，及樵竖善登山者四百人，各与一旗，赍锐炮钩镰，使由间道攀崖壁而上，分列远近极高山顶，以觇贼，张立旗帜，热茅为数千灶，度我兵至险，则举炮燃火相应。十二日黎明，公进兵至十八面隘。贼方据险迎敌，骤闻远近山顶炮声如雷，烟焰四起，我兵复呼哨分逼，铳箭齐放，贼皆惊溃失措，以为官兵尽破其巢，遂弃险退走。公预遣千户陈伟、高睿分帅壮士数十，缘崖上，夺贼险，尽发其滚木礌石。我兵乘胜骤进，指挥谢杲、马廷瑞兵由间道先入，悉焚贼巢。贼退无所据，乃大败奔溃。

横水既破，遂乘胜进攻左溪，擒斩首级无算，俘获男妇牛马什物不可胜算。会雾雨连日，公令休兵犒劳。

是月二十七日，官兵乘胜进攻桶冈。公复议：桶冈天险，四山壁立万仞，中盘百余里，连峰参天，深林绝谷，不睹日月。因询访乡导，贼所由入，惟锁匙龙、葫萝洞、茶坑、十八磊、新地五处，皆假栈梯壑，奋悬绝壁而上；惟上章一路稍平，然深入湖广，迂回取道，半月始至。令移屯近地，休兵养锐，振扬威声，使人谕以祸福，彼必惧而请服。其或不从，乘其犹豫，袭而击之，乃可以逞。纵所获桶冈贼钟景绾入贼营，期以翼日早，使人于锁匙龙受降。贼方恐，集众会议。又遣县丞舒富帅数百人屯锁匙龙，促使出降。遣知府邢珣入茶坑，伍文定入西山界，唐淳入十八磊，知县张戬入葫萝洞，皆于是月晦日乘夜各至分地。遇大雨，不得进。明早，冒雨疾登。贼酋蓝天凤方就锁匙龙聚议，闻各兵已入险，皆惊愕散乱。犹驱其男妇千余人据内隘绝险，隔水为阵以拒。我兵渡水前击，复分部左右夹攻，贼不能支，且战且却。及午，雨霁，各兵鼓奋而前，贼乃败走。桶冈诸巢悉平。

亲行相视形势，据险之隘，议以其地请建县治，控制三省诸瑶，断其往来之路。又进兵攻稳下、朱坑等巢，悉平。又以湖、广二省之兵方合，虽近境之贼悉以扫荡，而四远奔突之虞，难保必无，乃留兵二千余，分屯茶、寮诸隘，余兵令回近县休息，候二省夹攻尽绝，然后班师。驱卒不过万余，用费不满三万，两月之间，俘斩六千有奇，破巢八十有四，渠魁授首，噍类无遗。又疏请三县适中之处立崇义县，移置小溪驿于大庾县城内，使督兵防遏。

浰头贼酋池大鬓等，闻横水诸巢皆破，始惧加兵，乃遣其弟池仲安等率老弱二百余徒赴军门投降，随众立效，意在缓兵，因窥虚实，乘间内应。公逆知其谋，乃阳许之。及进攻桶冈，使领其众截路于上新地，以远其归途。十一月，池大鬓等闻复破桶冈，益惧，为战守备。公使人赐各酋长牛酒，以察其变。贼度不可隐，诈称龙川新民卢珂等将掩袭之，是以密为之防，非虞官兵也。亦阳信其言，因复阳怒卢珂等擅兵仇杀，移檄龙川，使廉其实；且趣伐木开道，将回兵浰头，取道往征之。贼闻之，且喜且惧。卢珂、郑志高、陈英者，皆龙川旧招新民，有众三千余，为池大鬓所胁，而三人者独深忌之，乃来告变。云池大鬓僭号设官，及以伪授卢珂等金龙霸王官爵印信来首。公先已谍知其事，乃复阳怒，不信，遂械系卢珂，而使人密谕其意。珂遂遣人归集其众，待时而发。又使人往谕池大鬓，且密购其所亲信头目二十人，阴说之同部下百八十人使自来投诉。还赣，乃张乐大享将士，下令城中散兵，使各归农，示不复用。贼众皆喜，遂弛其备。池大鬓等乃谓其众曰："若要伸，先用屈。赣州伎俩，亦须亲往勘破。"率其麾下四十人自诣赣。公使人探知池大鬓已就道，密遣人先行属县，勒兵分哨，候报而发。又使人督集卢珂等兵，俱至，令所属官寮以次设羊酒，日犒池大鬓等，以缓其归。会正旦之明日，复设犒于庭，先伏甲士，引池大鬓入，并其党悉擒之。出卢珂等所告状，讯鞫皆伏，置于狱，斩之。夜使人趋发属县兵，期以初七日入巢。诸哨兵皆从各径道以入；自率帐下官兵，从龙南县令水直捣下浰大巢，与各哨兵会于三浰。先是贼徒得池大鬓报，谓赣州兵已罢归，皆已弛备，散处各巢。至是，骤闻官兵四路并进，皆惊惧，分投出御；悉其精锐千余，据险设伏，并势迎敌于龙子岭。我兵聚为三冲，犄角而前，大战良久，贼败。复奋击数十合，遂克上、中、下三浰。各哨官兵遥闻三浰大巢已破，皆奋勇齐进，各贼溃败。

遂进攻九连山。于是选精锐七百余人，皆衣所得贼衣，佯若奔溃者，乘暮直冲贼所，据崖下涧道而过。贼以为各巢败散之党，皆从崖下招呼。我兵亦佯应之。贼疑，不敢击。已度险，遂断其后路。次日，贼始知为我兵，并势冲敌。我兵已据险，从上下击，贼不能支。公度其必溃，预令各哨官兵四路设伏以待。贼果潜遁，邀击而悉俘之，前后擒斩首级无算，俘获男妇牛马器仗什物不可胜计。余党张仲全等二百余人，及远近村寨，一时为贼所驱，从恶未久者，势穷计迫，聚于九连谷口，呼号痛哭，诚心投降。遣邢珣验实，量加责治，籍其名数，悉安插于白沙。相视险易，经理立县设隘，可以久安长治之策，留兵防守而归。赣人皆戴香遮道而迎，为立生祠，又家肖其像，而岁时祭祷。

上疏乞休致，不允。又以龙川诸处系山林险阻之所，盗贼屯聚之乡，当四县交界之隙，乃三省闰余之地，政教不及，人迹罕到。其间接连闽、广，反覆贼巢，动以百数。据而守之，真足控诸贼之往来，杜奸宄之潜匿。遂疏请于和平地方，建设和平县治，以扼其要害。又以大贼酋龚福全、高仲仁、李斌、吴玑等邀路劫杀军民，攻掠郡县，命三省将官剿平。上三省夹剿捷音疏。朝廷论功行赏，升右副都御史，荫子一人锦衣卫，世袭百户，写敕奖励。恳疏辞免，乞原职致仕。温旨慰留。因奏平定广东韶州府乐昌县等贼捷音，查例加升子本卫，世袭副千户。

在赣虽军旅扰扰，四方从游日众，而讲学不废。褒崇象山陆子之后以扶正学。赣人初与贼通，俗多鄙野。为立保甲十家牌法，于是作业出入皆有纪。又行乡约，教劝礼让。又亲书教试四章，使之家喻户晓。而赣俗丕变，赣人多为良善，而问学君子亦多矣。

十四年正月，再疏乞放归田里。当路忌公，欲从其请。王公琼逆知宸濠必将为变，一日，召其属主事应典曰："我置王某于江西，与之便宜行事者，不但为溪洞诸贼而已，或有他变，若无便宜行事，敕书旗牌，将何施用？"时福建有军人进贡等之变，王公曰："此小事，不足烦王某。但假此以牵便宜敕书在彼手中，以待他变。尔可为我做一题稿来看。"稿成，具题。降敕与公曰："福州三卫军人进贡等协众谋反，特命尔暂去彼处地方会同查议处置，参奏定夺。"

时濠阴谋不轨，亦已有年。一日，命安福举人刘养正往说公云："宁王尊师重道，有汤、武之资。欲从公讲明正学。"公笑曰："殿下能舍去王爵否？"既而令门人冀元亨先往，与濠讲学，以探其诚否。元亨与语矛盾；濠怒，遣还，密使人杀于途，不果。公以六月初九日自赣往福建勘事。十五日至丰城县界，典史鄞人报濠反状。继而知县顾佖具言之。公度单旅仓猝，兵力未集，难即勤王，亟欲溯流趋吉安。南风方盛，舟人闻宸濠发千余人来劫公，畏不敢发，乃以逆流无风为辞。公密祷于舟中，誓死报国。无何，北风大作。舟人犹不肯行；拔剑馘其耳，遂发舟。薄暮，度势不可前，潜觅渔舟，以微服行；留麾下一人服，己冠服，在舟中。濠兵果犯舟，而公不在。欲杀其代者，一人曰："何益？"遂舍之。故追不及。是夜至临江。知府戴德孺喜甚，留公入城调度。曰："临江居大江之滨，与省城相近，且当道路之冲，莫若吉安为宜。"又以三策筹之曰："濠若出上策，直趋京师，出其不意，则宗社危矣。若出中策，则趋南都，大江南北，亦被其害。若出下策，但据江西省城，则勤王之事尚易为也。"

行至中途，恐其速出，乃为间谍，假奉朝廷密旨，先知宁府将反，行令两广、湖襄都御史杨旦、秦金及两京兵部各命将出师，暗伏要害地方，以俟宁府兵至袭杀。复取优人数辈，各与数百金以全其家，令至伏兵处所飞报窃发日期，将公文各缝置夹衣絮中。将发间，又捕捉伪太师李士实家属至舟尾，令其觇知。公即佯怒，牵之上岸处斩，已而故纵之，令其奔报。宸濠逻获优人，果于夹衣絮中搜得公文，遂疑不发。

十八日，至吉安。知府伍文定甚喜，军民皆遮道呼号。公入城抚慰，两上疏告变，请命将征讨，以解东南倒悬。奏至，王公琼扬言于朝曰："王某在南赣，必能擒之。不久当有捷报至。但朝廷不命将出师，则无以壮其军威。"

时濠畜养死士二万，招诱四方盗贼渠魁亦万数，举事之日，复驱其护卫党与并胁从之人又六七万，虐焰张炽。公以百数从卒，退保吉安府，遥为牵制之图。远近军民劫于濠积威，道路以目，莫敢出声。公率知府伍文定、戴德孺、邢珣、徐琏等调集军民兵快，石募四方报效义勇，会计应解留钱粮，支给粮赏，造作军器战船，奏留公差回任御史谢源、伍希儒分职任事，约会乡官致仕右副都御史王懋忠，养病编修邹守益，郎中曾直，评事罗侨，丁忧御史张鳌山，赴部调用佥事刘蓝，依亲进士郭持平，致仕副使刘逊，参政黄绣，闲住知府刘昭等，相与激劝忠义，晓谕祸福。调度已定，移檄远近，宣布朝廷仁德，暴濠罪恶。濠始觉为公所欺，亟欲引兵而出。公谓：急冲其锋，攻其有备，皆非计之得也；始示以自守不出之形，必俟其出，然后尾而图之。先复省城，以捣其巢穴，彼闻必回兵来援。我则出兵邀而击之。此全胜之策也。濠果使人探公未出，先发兵出次南康、九江，自居省城，以御公。

七月初二日，濠又使人探公兵果不出，乃留兵万余，属其腹心宗室，及仪宾内官，并伪部都督都指挥等官，使守省城，自引兵向安庆。公知其出，遂急促各府兵，期以本月十五日会于临江樟树镇；身督伍文定等兵径下。于是知府戴德孺引兵自临江来，知府徐琏引兵自袁州来，知府邢珣引兵自赣州来，通判胡尧元、童琦引兵自瑞州来，通判谈储，推官王暐、徐文英，新淦知县李美，太和知县李楫，宁都知县王天与，万安知县王冕，亦各以兵来赴。十八日，遂至丰城，分布哨道。使伍文定攻广润门，邢珣攻顺化门，徐琏攻惠民门，戴德孺攻永和门，胡尧元、童琦攻章江门，李美攻德胜门，都指挥余恩攻进贤门。谈储、王暐、李楫、王天与、王冕等，各以其兵，乘七门之衅，从旁夹击，以佐其势。又探得濠伏兵千余于新旧坟厂，以备省城之援。乃遣奉新知县刘守绪，典史徐诚，领兵四百，从间道夜袭破之，以摇城中。

十九日，登市汊誓师，且申布朝廷之威，再暴濠恶。约诸将一鼓而附城，再鼓而登城，三鼓不克，诛其伍，四鼓不克，斩其将。誓已，莫不切齿痛心，踊跃激奋。薄暮，徐发。

二十日黎明，各至信地。城中为备甚严，滚木、灰瓶、火炮、石弩、机毒之械，无不毕具。及我兵已破新旧坟厂，败溃之卒皆奔告城中。城中闻我师四面骤集，莫不震骇。我师呼噪并进，梯絙而登。城中倒戈而奔。遂破。擒其居守宜春王栱樤，及伪太监万锐等千余人。宫眷纵火自焚，延烧居民房屋。公令各官分道救火，抚定居民，释其胁从，封其府库。

搜出原收大小衙门印信九十六颗。其胁从布政使胡廉、参政刘斐、参议许效廉、副使唐锦、佥事赖凤、都指挥王玘，皆自上江西捷音疏，仍分兵四路追蹑。

是时濠攻安庆未下，亲自督兵运土填堑，期在必克。及闻我兵至丰城，大恐，即欲回舟。李士实阻劝，以为必须径往南京，既登大宝，则江西自服。濠不应。次日，遂解安庆之围，移兵泊阮子江，会议归援。

先是兵至丰城，众议安庆被围，宜引兵直趋安庆。公以九江、南康皆以为贼所据，而南昌城中数万之众，精悍亦且万余，食货充积。我兵若抵安庆，贼必回军死斗。安庆之兵，仅仅自守，必不能援我于湖中。南昌之兵，绝我粮道，而九江、南康之贼，合势挠蹑，而四方之援，又不可望，事难图矣。今我师骤集，先声所加，城中必已震慑，因而并力急攻，其势必下。已破南昌，贼先破胆夺气，失其本根，势必归救。则安庆之围可解，濠亦可以坐擒。果如公料。及议所以御之之策，众谓宜敛兵入城，坚壁自守，以待四方援兵。公独谓宜先出锐卒，乘其惰归，要迎掩击，一挫其锋，众将不战自溃，所谓“先人有夺人之气，攻瑕则坚者瑕”矣。是日抚州知府陈槐引兵亦至。公遣伍文定、邢珣、徐琏、戴德孺共领精兵五百，分道并进，击其不意。濠亦先使精悍千余人，从间道，欲出公不意，攻收省城，偶遇于某处，遂交战。我兵失利。报至。公怒甚，欲以军法斩取伍文定、邢珣、戴德孺、徐琏等首。乃自帅兵亲战。或以敌锋方交，若即斩其首，兵无统领而乱，俟各奋励，以图后效。明日，各帅兵奋死以战，大败之。又遣余恩以兵四百往来湖上，诱致贼兵。陈槐、胡尧元、童琦、谈储、王暐、徐文英、李美、李楫、王冕、王轼、刘守绪、刘源清等各领百余，四面张疑设伏，候伍文定等兵交，然后四起合击。

分布既定，大赈城中军民。虑宗室郡王将军或为内应生变，亲慰谕之，以安其心。出给告示，凡胁从皆不问，虽尝受贼官爵，能逃归者，皆免死，能斩贼徒归降者，皆给赏。使内外居民及乡导人等四路传布，以解散其党。

二十三日，濠先锋已至樵舍，风帆蔽江，前后数十里。公乃分督各兵，乘夜趋进：使伍文定以正兵当其前，余恩继其后，邢珣引兵绕出贼背，徐琏、戴德孺张两翼以分其势。

二十四日早，贼兵鼓噪乘风而前，逼黄家渡，其气骄甚。伍文定、余恩之兵佯北以致之。贼争进趋利，前后不相及。邢珣之兵从后横击，直贯其中，贼败走。伍文定、余恩督兵乘之。徐琏、戴德孺合势夹攻，呼噪并起。贼不知所为，遂大溃，奔走十余里。擒斩二千余级，落水死者以万数。贼势大沮，引兵退保八字脑，众稍遁散。濠震惧，身自激励将士，赏其当先者以千金，被伤者银百两。尽发九江、南康守城之兵以益师。是日，建昌知府曾玙引兵至。公以九江不破，则湖兵终不敢越九江以援我；南康不复，则我兵亦不能逾南康以蹑贼。及遣知府陈槐领兵四百，合饶州知府林瑊之兵，乘间以攻九江；知府曾玙领兵四百，合广信知府周朝佐之兵，乘间以取南康。

二十五日，贼复并力盛气挑战。时风势不便，我兵少却，死者数十人。公急令人斩取先却者。知府伍文定等立于铳炮之间。火燎其须，不敢退，奋督各兵，殊死并进。炮及宁王舟。宁王退走，遂大败。擒斩二千余级，溺水死者不计其数。贼复退兵保樵舍，连舟为方阵，尽出其金银以赏士。公乃夜督伍文定等为火攻之具。邢珣击其左，徐琏、戴德孺出其右，余恩等各官兵分兵四伏，期火发而合。

二十六日，宁王方朝群臣，拘集所执三司各官，责其间以不致死力，坐观成败者，将引出斩之。争论未决，而我兵已奋击，四面而集，火及宁王副舟，众遂奔散。宁王与妃嫔泣别，妃嫔宫人皆赴水死。我兵遂执宁王，并其世子、郡王、将军、仪宾及伪太师、国师李士实、刘养正、元帅、参赞、尚书、都督、指挥、千百户等官数百余人，被执胁从官太监王宏，御史王金，主事金山，按察使杨璋，佥事王畴、潘鹏，参政程果，布政使梁辰，都指挥郏文、马骥、白昂等，擒斩贼党三千余级，落水死者约三万余。弃其衣甲器仗财物，与浮尸积聚，横亘若洲。余贼数百艘，四散逃溃。公复遣官分路追剿，毋令逸入他境为患。二十七日，及之于樵舍，大破之；于吴城又破之，擒斩复千余级，落水死者殆尽。濠既擒，众执见公，呼曰："王先生，我欲尽削护卫所有，请降为庶民，可乎？"对曰："有国法在。"遂令送至囚所。

公既擒濠，欲令人献俘，虑有余党沿途窃发，欲亲解赴阙，因在吉安上疏乞命将出师。朝廷差安边伯许泰为总督军务，充总兵官，平虏伯江彬为指督等官，左都督刘翚为总兵官，太监张忠为提督军务，张永为提督，赞画机密军务，并体勘濠反逆事情，及查理库藏宫眷等事，太监魏彬为提督等官，兵部侍郎王宪为督理粮饷，往江西征讨。至中途，闻捷报，计欲夺功，乃密请上亲征。上遂自称为总督军务威武大将军总兵官后军都督府太师镇国公，往江西亲征。廷臣力谏不听，有被杖而死者。

江彬、许泰、刘翚、张忠、张永、魏彬等先领兵由大江至，入居城中，人马填溢衢巷，至不可行。乃倡言诬公始同濠谋反，因见天兵猝临征讨，始擒濠以脱罪，欲并擒公为己功。公于官军慰劳有加，病者为之医药，死者为之棺敛，间自行抚，众心皆悦。初见彬辈，皆设席于傍，令公坐。公乃佯为不知，遂坐上席；转傍席于下，以坐彬辈。彬辈衔之，出语诮公。公以常行交际事体谕之，左右皆为公解，遂无言。公非争一坐也，恐一受节制，则事机皆将听彼而不可为矣。

又欲置濠湖中，待驾至，列阵擒之，然后奏凯论功。公竟发南昌，数遣人追至广信，不听。戴星趋玉山，度草萍，上疏力止。以为：

濠睥睨神器，阴谋久蓄，招纳叛亡，探辇毂之动静，日无停迹。广置奸细，臣下之奏白，百不一通。发谋之始，逆料大驾必将亲征，先于沿途伏有奸党，为博浪、荆轲之谋。今逆不旋踵，遂以成擒，法宜解赴阙下，式昭天讨。欲付部下各官押解，恐旧所潜布乘隙窃发，或致意外之虞，臣死有余憾。况平贼献俘，固国家常典，亦臣子职分。臣谨于九月十一日，亲自量带官军，将濠并宫眷逆贼情重人犯，督解赴阙。

行至广信，闻报，疏上不听。既抵杭，谓张永曰：“西民久遭濠毒，经大乱，继旱灾，困苦既极，必逃聚山谷为乱。奸党群应，土崩之势成矣。然后兴兵平之，不已难乎？”永深然之，徐曰：“吾此出，为君侧群小，欲调护而默辅之，非掩功也。但将顺天意，犹可挽回。万一苟逆之，徒激群小之怒，何救于大事？”公始深信，以濠付之。复上捷音，以为宸濠不轨之谋已逾一纪，今旬月之间，遂克坚城，俘擒元恶，是皆钦差总督威德指示方略所致。以此归功总督军门，以止上江西之行。称病净慈寺。

张永在上前备言公尽心为国之忠之功，及彬等欲加害之意。既而彬等果诬公无君欲叛，上不信。又言此既不信，试召之，必不来，则可知其无君矣。上乃召公。公即奔南京龙江关，将进见。忠等皆失意，又从中阻之，使不见。公乃以纶巾野服入九华山。永闻知，又力言于上曰：“王守仁实忠臣，今闻众欲争功，欲并弃其官，入山修道。”由是上益信公之忠。

公复还江西视事。西人皆家肖公像，岁时报祀，犹夫赣焉。

十五年闰八月，四乞省葬，节奉旨：“王守仁奉命巡视福建，行至丰城，一闻宸濠反叛，忠愤激烈，即便倡率所在官司，起集义兵，合谋剿杀，气节可嘉。已有旨着督兵讨贼，兼巡抚江西地方。所奏省亲事情，待贼平之日来说。”故复领巡抚事。江西兵残之余，宗室人民凋敝之甚，官府衙门、居民房屋烧毁殆尽。公为之赈恤，绥劳抚定，奏免租税。又将城中没官房屋，及濠违制宫室，与革毁一应衙门，皆修改为公廨。濠占夺民间田地山塘房屋，遵奉诏书，给还原主管业。其余照依时估变卖，价银入官，先尽拨补南、新二县兑军淮安京库折银粮米，及王府禄米。余羡收贮布政司，用备缓急。

是年三月，上晏驾。今上皇帝登极。特降玺书曰：“尔昔能剿平乱贼，安靖地方。朝廷新政之初，特兹召用。敕至，尔可驰驿来京，毋或稽迟。”于二十日，公驰驿起程。为辅臣所忌，潜讽科道建言，以为朝廷新政，武宗国丧，资费浩繁，不宜行晏赏之事。行至中途而返。道经钱塘，上疏恳乞便道归省。制曰：可。

升南京兵部尚书，参赞机务。又具疏辞免，慰旨益勤。本年十二月内，该部题为捷音事，议封公伯爵，给与诰券，子孙世世承袭，赐敕遣官奖劳慰谕，锡以银币，犒以羊酒。乃封公新建伯，奉天翊卫推诚宣力守正文臣，特进光禄大夫柱国，兼南京兵部尚书，参赞机务，岁支禄米一千石，三代并妻一体追封。累疏辞免，欲朝廷普恩赏于报效诸臣。又极言举人冀元亨因说宸濠，反为奸党构陷狱中，以忠受祸，为贼报仇，抱冤赍恨，愿尽削己官移报元亨，以赎此痛。先是元亨在狱，又为移咨六部申理其冤。及元亨死，又为移文湖广两司优恤其家属。

元年，丁父海日翁忧，四方来游其门益众。科道官迎当路意，以伪学举劾。服阕，辅臣忌公才高望重，六载不召。御史石金等交章论荐。礼部尚书席公书为疏特荐公及石淙杨公，曰："生在臣前见一人，曰杨一清；生在臣后见一人，曰王守仁。"皆不报。

丁亥，田州土知府岑猛之乱，提督都御史姚镆不克成功。张公孚敬拉桂公萼同荐，桂公不得已，勉从荐公。得俞旨，兵部奉钦依，差官持檄，授公总制军务，督同都御史姚镆勘处彼中事情。上疏辞免，举尚书胡世宁、李承勋自代，不允。上与杨公一清曰："若姚镆不去，王守仁决不肯来。"遂令镆致仕。又降旨督趋赴任。旨云："卿识敏才高，忠诚体国。今两广多事，方藉卿威望，抚定地方，用舒朕南顾之怀。姚镆已致仕了，卿宜星夜前去，节制诸司，调度军马，抚剿贼寇，安戢兵民，勿再迟疑推诿，以负朕望。还差官铺马裹赍文前去敦取赴任行事，该部知道。"

予时为光禄寺少卿，具疏论江西军功，及荐公才德堪任辅弼。上喜，亲书御札，并疏付内阁议。杨公一清忌公入阁与之同列，乃与张公孚敬具揭帖对曰："王守仁才固可用，但好服古衣冠，喜谈新学，人颇以此异之。不宜入阁，但可用为兵部尚书。"桂公知，遂大怒，詈予潜进揭帖毁公，上意遂止。公遂扶病莅任，沿途涉历，访诸士夫，询诸行旅，皆云岑猛父子固有可诛之罪，然所以为乱者，皆当事诸人不能推诚抚安以致之。上疏谢恩，极言致乱之由，平复之策，

十二月，杨公一清与桂公萼谋，恐事完回京，复命见上，予与张公又荐之，上必留用。又题命公兼理巡抚。奉圣旨："王守仁暂令兼理巡抚两广等处地方，写敕与他。"咨到，又力疏辞免，举致仕都御史伍文定、刑部左侍郎梁才自代。不允。建议大约以为进兵行剿之患十，罢兵行抚之善十，与夫二幸四毁之弊。时布政使林富，纪功御史石金，皆以为然。

至南宁府，乃下令尽撤调集防守之兵，数日之内，解散而归者数万有余。湖兵数千，道阻且远，不易即归，仍使分留南宁、宾州，解甲休养，待间而发。

初，思、田二府目民卢苏、王受等闻公来，知无必杀之心，皆有投生之念，日夜悬望，惟恐公至之不速。既至，又见防守之兵尽撤，投生之念益坚，乃遣其头目黄富等十余人先赴军门诉苦。公谕以朝廷威信，及开示更生之路。明日，苏、受等毕囚首自缚，各与其头目数百人投见，号哀控诉。公复谕以朝廷恩德，下苏、受于军门，各杖一百。众皆合辞别扣首为之请命。乃解其缚曰："今日宥尔一死者，是朝廷好生之仁；杖尔一百者，乃我等人臣执法之义。"于是众皆扣首悦服。公随至其营，抚定余众，莫不感泣，欢呼感恩，誓以死报，杀贼立功，以赎前罪。公复谕以朝廷惟愿生全尔等，今尔方来投生，岂忍又驱之兵刃之下。尔等逃窜日久，家业破荡，且宜速归，完尔室家，及时耕种，修复生理。至于各处盗贼，军门自有区处，不须尔等剿除。待尔等家事稍定，徐当调发。于是又皆感泣欢呼。遂委布政林富，总兵官张祐，分投安插，督令各归复业。

既而上疏，处置平复地方，以图久安，宜仍立土官以顺其情，分土目以散其党，设流官以制其势。犹以土夷之心未必尽得，而穷山僻壤，

或有隐情，则又备历田州、思恩村落，而经理其城堡。因以所以处之之道询诸其长目。率皆以为善。又询诸父老子弟，又皆以为善。然后信其可以久行,而反覆其辞,更互其说。请田州仍立岑氏后为土官知州，以顺土夷之情，特设流官知府以制土官之势，分设土官巡检以散各夷之党。又以田州既设流官,宜更其府名为田宁,盖取“田石倾,田州兵。田石平，田州宁”之谣。至于思恩，则岑浚之后已绝，不必复有土官之设矣。

又按视断藤峡诸处瑶贼，上连八寨，下通仙台、花相诸峒，连络数十余巢，盘亘三百余里，彼此犄角，结聚凭险，流劫郡县，檄参将张经会同守巡各官集议。于是命浔州卫指挥马文瑞，永顺统兵宣慰彭明辅，男彭宗舜，保靖统兵宣慰彭九霄，辰州等卫指挥彭飞等，分兵布哨。以永顺土兵进剿牛肠等贼巢，保靖土兵进剿六寺等贼巢。先是贼酋诇知公住扎南宁，寂无征剿消息，又不见调兵集粮，遂皆怠弛，不以为意。至是突遇官兵四面攻围，怆惶失错。擒斩贼酋及党与颇多。余贼退败，复据仙女大山。我兵追围，拔大缘崖，仰攻，复大破之。乘胜攻破油碎、石壁、大陂等巢。余贼奔至断藤峡、横石江边，我兵追急，争渡，溺死者无算，斩获首从，俘获男妇牛畜器械等项不可胜计。

还兵浔州府住扎，复进剿仙台诸贼巢。诸军吏各率永顺、保靖壮兵争先陷阵。贼又大败，奔入永安边界立山，将险结寨。乃摘调指挥王良辅并目兵彭恺等分路并进，四面仰攻。贼败散。命林富、张祐分投密调各目兵卢苏、王受等分道进剿，前后生擒斩获并俘获男妇头畜器械殆尽。

以八寨之地据其要害，欲移设卫所，控制诸蛮。复于三里设县，迭相引带。亲临视思恩府基，景定卫县规则。盖南舟卫僻在广西极边之地，非中土之人所可居者，于是移筑于周安堡。当八寨之中，以阻扼其道路之冲，则柳庆诸贼，不必征剿，皆将效顺服化。思恩旧在寨城山内，尚历高山数十余里，令移于荒田地方四野宽衍之处，开图立里，用汉法以治武缘之众，夷夏交和，公私两便。移凤化县治于虞乡，为立廨宇，属之思恩。于宣化、思龙地方添设流官县治，是皆保治安民之要。增筑守镇城堡于五屯，以壮威设险。仍选取协守诸兵及附近土寨目兵，智略忠勇官一员，重任而专责之，使之训练抚摩，令参将兵备等宫时至其地，经理而振作之，则贼势自摧。将思、田分设九土巡检司，各立土目众所信服者管之，节疏奏请定夺。奉旨："王守仁受命提督军务，莅任未久，乃能开诚宣恩，处置得宜，致令叛夷畏服，率众归降，罢兵息民，奇功可加。写敕差行人赍去奖励，还赏银五十两，纻丝四表里，布政司买办羊酒送用。"九月八日，行人冯恩赍至广城。是时公已卧病月余，扶病疏谢。

而病势日笃，犹力惫视事。年十五岁时，梦中尝得句云"卷甲归来马伏波，早年兵法鬓毛皤"，莫知其谓。至是，舟至乌蛮滩，舟人指曰："此伏波庙前滩也。"公讶然，登拜，如梦中所见，因诵梦中诗，叹人生行止之不偶云。

十月初十日，复上疏乞骸骨就医养病。因荐林富自代。又一月，乃班师。至大庾岭，谓布政使王公大用曰："尔知孔明之所以付托姜维乎？"大用遂领兵拥护，为敦匠事。廿九日，至南康县，将属纩，家童问何所嘱。公曰："他无所念，平生学问方才见得数分，未能与吾党共成之，为可恨耳！"遂逝。舁至南安府公馆而敛。柩经南、赣，虽深山穷谷，男女老弱皆缟素，匍匐哀迎，若丧考妣。凡所过江西地方，行道之人无不流涕者。

讣至，桂公萼欲因公乞养病疏参驳害公，令该司匿不举，乃参其擅离职役，及处置广西思、田、八寨恩威倒置，又诋其擒濠军功冒滥，乞命多官会议。先此张公孚敬见公所处岑猛诸子及卢苏、王受得宜，征剿八寨有方，奏至，甚喜，极口称叹，谓予知人之明。又述在南京时与言惓惓欲公之意，曰："我今日方知王公之不可及！"即荐于朝，取来作辅，共成天下之治。桂公、杨公闻之皆不乐，及嗾锦衣卫都指挥聂能迁诬奏公用金银百万，托余送与张公，故荐公于两广。余疏辨其诬。奉旨：

"黄绾学行才识，众所共知，王守仁功高望隆，舆论推重。聂能迁这厮捏词妄奏，伤害正类，都察院便照前旨严加审问。务要追究与他代做奏词，并帮助奸恶人犯来说。黄绾安心供职，不必引嫌辞避。"下能迁于狱，杖之死。时予为詹事，桂公、杨公计欲害公，恐予在朝，适南礼侍缺，即推予补之。明年春，上将出郊，桂公密具揭帖奏云云。上遂允，命多官会议，削公世袭伯爵，补朝廷常行恤典赠谥，至今人以为恨。

公生而天资绝伦，读书过目成诵。少喜任侠，长好词章、仙、释，既而以斯道为己任，以圣人为必可学。而至实心改过，以去己之疵；奋不顾身，以当天下之难。上欲以其学辅吾君，下以其学淑吾民，惓惓欲人同归于善，欲以仁覆天下苍生。人有宿怨深仇，皆置不较。虽处富贵，常有烟霞物表之思。视弃千金，犹如土芥，藜羹珍鼎，锦衣缊袍，大厦穷庐，视之如一。真所谓天生豪杰，挺然特立于世，求之近古，诚所未有者也。

配诸氏，参议养和公讳某女，不育。抚养族子，曰正宪。诸氏卒，继张氏，举一子正亿。适予女仅二周而公卒，遂鞠于余。以恩荫授国子生。孙男曰承勋、承学□□□□；孙女五。

所著有《阳明集》、《居夷集》、《抚夷节略》、《五经臆说》、《大学古本旁注》，及门人所记《传习录》，所纂《则言》，诵而习者，可知其造诣矣。

濠之变，盖非一日，其蒸淫奸暴，腥秽彰闻，贼杀善类，剥害细民，招亡纳叛，诱致剧贼，召募四方骁勇，力能拔树排关者，万有余徒。又使其党王春等分赍金银数百万，造奇巧器玩，贿结内外大小臣僚。至有奏保其仁孝者，有复其护卫者，有备其官僚者，有为潜布腹心于各镇及畿内各要地，复阴置奸徒于沧州、淮扬、山东、河南之间。起事之日，号称一十八万，从之东下者实八九万。非公忠义智勇，誓不与贼俱生，奚旬月之间，遂得克复坚城，俘擒元恶，以成宗社无疆之休哉？不特此也，南、赣等处贼巢，蟠居三省，积数十年，如池大鬓之俦，皆勇力机智绝人者，非先计除之，则宸濠一呼，风从乌合，其为天下祸当何如也？且八寨为害，积几百年，思、田扰攘，亦既数年，一旦除而安之，文武并用，处置经画，皆久远之图。惜当路忌之既深，而南北臣又皆承望风旨，反肆弹劾。虽平日雅好公者，方公成功时，亦心害其能，考察之岁，承辅臣意。有功如邢珣、徐琏、陈槐、谢源等，皆黜之。则国典之所以议功议能者安在哉！

予以女许公之子，盖悯其孤而抚之。汪公鋐因予诤张公大同之征，当别其善恶，不当玉石俱焚，张公怒，汪迎其意，劾予回护属官邹守益，难居大臣，调予边方参政。赖圣明复职。汪又为疏论公伪学，及指予皆为党邪不忠。予又为疏明诤大同之心，又明公学术之忠国，及予所以悯子许婚携抚，皆非得已。疏上，亦赖圣明拔之陷阱，因察公与守益之无辜。于乎！公既困屈，没齿尚尤不免，则公与予平生所期何如，而皆仅止此者，岂非天与命也，悲夫！

子正宪、正亿将以是年仲冬十一日奉公柩葬于洪溪之高村，为次其世行功爵，及所以致谤者，乞铭于宗工。幸怜而属笔焉，以备他日太史氏之择。谨状。

祭文

亲友祭文

*石潭汪俊*礼部尚书

惟公豪杰之才，经纶之业，习坎心亨，穷标峻揭。勋名既懋，德誉亦隆，阳明之称，走卒儿童。维吾兄弟，投分最早，坐或达旦，何幽不讨。忽谪万里，执手赠言，誓将结茅，待子云烟。公兹东来，曰予无乐，乐见故人，来践旧约。旗旐央央，流水弥弥，公私皇皇，或卧或起。乃重订约，其待予归；归将从容，山遨水嬉。公既奏凯，吾治吾馆。忽闻讣音，乃以丧返。呜呼！公有大劳，国史辉煌；公有心学，传者四方。公何以没，吾何以伤？交情未竟，公进此觞。呜呼哀哉！

北原熊浃 吏部尚书 南昌人

于乎！公有安危，朝廷重轻；公有进退，世道升降；公有存亡，圣学晦明。公之生也，士如寐觉，民如醉醒，吏振循良之化，将知仁义之兵，寇贼奸宄，逆节不敢以复萌。譬如祥麟威凤，一见于海岳，群鸟百兽，率快睹以飞鸣。公之死也，士迷向往，民坏长城；吏肆贪残之虐，将无纪律之冯；不逞余孽，四方啸聚而横行。譬如山崩梁折，物害民殃，徒奔走而无宁。在昔江藩不轨，荷义举兵，谈笑而清。今几何年，元恶大憝，已湮没而无形。旷恩厚德，尚尔如生。方公之归也，幸其鳝堂载启，木铎扬声，斯文未丧，庶几有兴。其再出也，意其入秉钧衡，辅成圣德，岂期仗钺，不得一日立乎朝廷！悠然长逝，岂厌世浊之不可撄；抑天不憖遗，俾我民之失典刑。虽然，可尽者，公五十七年之身，其不可尽者，与天地相为终始之令名。豫章为公过化之地，浃等遥瞻灵榇，匍匐往迎。岂无昭假，以慰微诚。此又不得以天下哀而夺吾党私公之情。呜呼哀哉！

诚斋汪鋐 兵部尚书

惟公擅华国之文，奋匡君之节，怀希圣之心，彰伐叛之烈。一代之英，万夫之杰，追韩、范以驱驰，兼朱、程而教设。夫何梁木忽倾，台星俄折？章水咽而不流，楚云愁而四结。岂物理之乘除有数，抑造化之无常者不可以臆决。鋐叨继公后，亦惟遵公之辙。辱公深知，大惧累公之哲。不敢以公所不屑者而自屑也。旅榇摇摇，泻椒浆以荐洁。陈词未竟，自贻无穷之咽。

胡东皋 四川廉使

呜呼哀哉！公其可死乎！母太夫人，孰为之养？茕茕遗孤，孰为之抚而成之乎？其大者，圣明尧、舜，方倚公为皋、夔；四方未甚迪乱，正倚公神武之功以镇之，而公其忍死乎？又其大者，圣学不明，几千百年于兹，赖公良知之学以昭揭之。虽有妙契独得，亦天之有意于斯世斯人，故属公以先知先觉之责，公之门人满天下，固不无如颜、如闵、如参、如赐者出于其间，足以继往开来，永公之传于不朽，然公不及亲见其道之大明大行于天下，公其忍死矣乎？呜呼哀哉！虽然，功在社稷，道在人心，文章在遗书，母老子幼而有二仲之贤为可恃。且死王事，公复何憾，予又安得戚戚于生死之间乎？独相去万里，不得执手永诀，亲视含襚，为可恨耳。兹以兵事就道，临风一奠，以寄吾哀，而万一之私，曷其有涯也邪！

徐　玺

呜呼！先生有汲长孺之直，而辞不至于戆，有张晋公之忠，而谋不至于疏，有朱晦庵、陆象山之读书穷理颖悟直截，而存心致知，不至于偏废。方其夷江左之大难也，浩然归志，自谓得所欲矣。及闻百粤之乱也，应召而起，履险若夷，功以时建，大彰德威。中道而殒，舆榇以归。呜呼！先生而止于斯耶！吾子曰爱，受教门下，先生爱重，匪特亲故；先十年而卒，先生哭之恸。孰谓吾今之哭先生，犹先生之哭吾子也！呜呼痛哉！寿夭天也，生顺死安，吾岂为先生憾。然朝廷失重臣，斯文失宗主，幼子失所怙，呜呼痛哉！敬陈薄奠，聊寄痛哀。魂兮耿耿，鉴兹永怀。

储良材 巡按御史

呜呼！先生勋业文章，声光荣遇，夫人能知之，亦能道之，夫复何言！客岁云暮，柩临南浦，良材等载奠载奔，小大莫处。想其道玉山，历草萍，东望会稽，先生故里也。摇摇旅魂，庶其宁止。呜呼！异土之殒，数也；首丘之敦，仁也。数以任其适然，仁以归于至当。君子也，尚何言哉！

储良材

呜呼！濂、洛云逝，斯道攸印。公启绝学，允协于中。钥蔽发蒙，我知孔良。允文允武，绥我四方。四方既同，公归江东。童冠二三，春风融融。岑寇匪茹，跳梁三纪。维公来止，载橐弓矢。南夷底绩，公既弥留。人百其哀，况我同俦。小人靡悱，君子曷宗？羞我黄流，为天下恸。呜呼哀哉！

王尧封 右副都御史

呜呼！先生以纯粹之资，刚毅之气，通达之才，雄浑之文，心得之学，今焉已哉！方其抗逆坚也，而奸党息；歼叛宗也，而天下安；化瑶、僮也，而边夷格。帝念厥勋，爵位载锡，声光洋洋，簪缨奕奕，今焉已哉！方今圣明在上，励精唐、虞之治，天奚夺之速，而顾不慭遗以共弼厥成耶？呜呼！天宇茫茫，至难谌也。寒螿唧唧于月砌，鸾凤沦没于岑丘，蕙兰靡靡于蔓草，赍葹蕃盛于道周，慨物运之不齐，于天道乎奚尤？于乎，先生其已焉哉！尧封等竟陈词兮酌醴，灵仿佛兮淹留。

王　暐

呜呼！先生排奸触忌，忠则烈矣；蒙难考贞，节则甘矣；战乱靖戎，功则懋矣；修辞立教，文则崇矣；㧑谦下士，德则允矣；明诚合一，道则章矣。忠足以名世，而孤忠谀簸弄之党；节足以名世，而夺循资固宠之习；功足以名世，而基社稷无疆之休；文足以名世，而洗杜撰凿空之陋；德足以名世，而动凌高厉空之志；道足以名世，而破支离偏曲之学。然则先生之生也，虽谓其随之以存。先生之死也，孰谓其随之以灭？如有作者，其不可及已夫，呜呼先生！

有司祭文

吉安府知府张汉等

于乎！先生弘毅刚大，履险涉崎，忠孝文武，为学者师。任崇正黜邪之责，而功同孟氏，合知行动静之一，而道传子思。问罪兴思，堂堂豫章之阵，而怀来安辑，正正百粤之旗。方南仲奏春风之凯，而武候星殒；乃龙蛇遘康成之梦，而学者兴悲。《六经》之迷途谁指？明堂之梁栋谁支？谁作万里之长城？谁窥一贯之藩篱？岂非天夺朝廷之杨绾与吾党之濂溪！汉等晚生末学，敬仰光休。矧庐陵望邑，为先生过化旧邦，而流风余韵，为先生之山斗门墙。遡姚江而源流滚滚，瞻五岭而云树苍苍。讣闻螺浦，悲伤旁皇。徒使吾党德铏道范之望，付之于无何有之乡！有奠椒浆，有泪淋浪，临风载拜，先生其来尝。

南昌府儒学教授廖廷臣等

惟公以心会道，倡学东南；以义兴师，讨平逆藩。天子曰都，爰锡公爵。四方景之，泰山乔岳。公方东还，江汉龙飞。冀公凭翼，道与时熙。固天下之延颈，实我公之优为。讵意百粤群丑，弄兵潢池。佥曰平之，匪公弗宜。拜命南征，蛮方丕叙。经略弥年，委身劳瘁。连章乞归，公疾乃革。天不慭遗，斯文之厄。呜呼！公之功业，似若未竟；公之道德，曷系存亡。盖功虽以存而建，道不以死而弗彰。公无憾矣。

玉山知县吕应阳

呜呼哀哉！铜柱标伏波之勋，岘碑堕羊公之泪。呜呼哀哉！明堂遗栋石之思，稽山还英灵之气。呜呼哀哉！边陲罢锁钥之防，章缝夺蓍龟之恃。歼我哲人，岂其躬瘁。应阳等窃尝淑公绪论，恨未登其庭也。来吏兹土，闻诸异时，逆藩拂经，丕曰是膺，伊豪杰之奋义，实夫子之先声。不然，虽竭西江之水，未足以洗数年之兵。是则公之泽在天下，而西人再造于公，世世德也。灵辆何来，载疑载惊！今也号咷，昔也欢迎。我奠我奔，愿百其身。公乘白云，厥鉴孔神，而阳耿耿于平日者，犹未能尽鸣也。

门人祭文

顾应祥 应良

呜呼夫子！天其悯俗学之卑陋而生此真儒耶？何栽培之独厚也？其眷圣上之中兴而生此贤佐邪？又何遽夺而使之不寿也？呜呼夫子！今不可作矣！斯道斯民，真不幸矣，夫复何言！夫复何言！尤所私痛者，妙道精义不可复闻，霁月光风不可复见矣。将使末学伥伥，可受而不可传邪？呜呼哀哉！敬陈远奠，封寄潺湲。盛德大业，言莫能名。至痛深悲，辞莫能宣。

黄宗明

自道术为天下裂，而人不知其有己，忘内逐外，夸多斗靡，搜罗训诂，立世赤帜。孔、孟既远，濂、洛亦逝；岂无豪杰，如草庐氏，觉彼暮年，精力随弊；金溪之学，为世大忌。惟我夫子，丰神凛异，少也雄杰，出入亦几。鬼神通思，精识径诣，泛扫支离，收功一致。哀我人斯，开关启闭，良知之说，直截简易，无俟推求，无不该具。顺我良知，行罔或悖。逆瑾扇惑，言官尽系，公触危机，从容就理。谪官蛮貊，艰难罔踬。汀、赣贼起，公握兵符，犷狡既殄，老稚歌呼。藩王称乱，海内忧虞。夫子倡义，一鼓献俘。岑氏构祸，东南驿骚，五六年间，财耗兵逃。公抚循之，鞭笞其豪。事适机宜，畏威怀德，出其死力，裹粮灭贼。八寨奇功，神武难名。十年命将，手提重兵。人曰劳止，驰驱靡宁，先生再至，寂无军声。讲学其间，朝夕靡停，运筹决策，贼以计平。出入两广，瘴疠伤生，积成疾疢，中道殒倾。于乎痛哉！夫子之教，如揭日月，人方瞻仰，斯文遽绝。夫子之忠，功在社稷，身死未几，谗谤交集。世路险崎，人言易讹，命也如何，忧患实多。某自服膺，十有余年，奔走畏途，旧学就捐，孤负教育，谁执其愆。今兹矢心，昕日勉旃，启夕跽奠，号呼旻天。明发赴官，敢附告焉，呜呼哀哉！

魏良器

呜呼，先生遽止于斯邪！振千年之绝学，发吾人之良知，靡用志以安排，曷思索而议拟，自知柔而知刚，自知显而知微。挽人心于根本，洗末学之支离。真韩子所谓功不在禹下，障百川而东之。使天假先生以年，大明此道，斯世殆将皞皞而熙熙。于乎！曾谓先生而遽止于斯邪！壬癸甲乙之岁，坐春风于会稽，先生携某于阳明之麓，放舟于若耶之溪，徘徊晨夕，以砭其愚，而指其迷。已而已而，今不可得而复矣！呜呼！天果有意于斯道耶？何啬我先生之期颐？天果无意于斯道耶？则二三子在焉，苟不忘先生之教，其传犹或可期。洋洋如在之灵，尚其阴骘而默相之。于乎！章江之水，其流汤汤，既羞我殽，爰荐我觞，睹灵輀之既驾，怆予衷之皇皇。

应　典

维公学承千圣之传，道阐诸儒之秘。立言垂训，体本良知，功归格致。修齐治平，一言以蔽。将刊末学之支离，司二教之同异，总摄万殊，归之一致。进以觉夫当时，退以淑诸来裔。彼忠谏之动朝廷，勋业之铭鼎彝，文章之被金石，世之君子或以为难，在公则为余事耳。方奉命以南征，为朝野之毗倚。胡天命之不延，乃一朝而云瘁！典等受教有年，卒业无恃，恸候江干，泪无从止。呜呼！公虽已矣，神其在天，文未坠地，庶几有传。握椒兰以荐心，指江流而誓焉。惟逊志以无负，庶歆格乎斯筵。

栾惠等

呜呼！乾坤孕秀，哲人降生。睿智间出，忠孝天成。多才多艺，天纵其能。精一之学，尧、舜是承。良知垂教，如梦得醒。四方风动，豪杰奋兴。云集鱼贯，日萃讲庭。岂其徒学，为国柱石。忠耿立朝，不避权逆。窜逐夷方，优游自适。世态浮华，无能损益。玉蕴山辉，珠沉光溢。宸濠倡乱，人心惶惶，祸自萧墙，谁敢为敌？惟师威武，一鼓褫魄。功业既著，谗口交棘。师乃休休，退而自食，荣辱毁誉，弗留于臆。惟道不明，心焉则戚。与二三子，讲学是力。风月为朋，山水成癖，点瑟回琴，歌咏其侧。天王圣明，旂常纪绩。西丑陆梁，日费千仓，凯功未奏，主忧宁忘。奉诏徂征，应时翱翔。既负重委，文德丕扬。先声按抚，弓矢斯张。丑类来归，缉缉洋洋。曰今已后，弗复敢攘。师乃谕曰："兵加不轨，不杀投降。尔归王化，我岂尔戕。归完尔室，干乃农桑。"亦有八寨，盗贼业积。一罹其毒，朝不保夕。开国以来，屡征弗获。选将用兵，曾何休息？贻祸非小，实伤国脉。窥望窃发，其机已迫。师轸民忧，不计失得，询谋佥同，便宜行策，神机应变，旬日剿贼。巢穴既空，疮痍荡涤，招抚流移，复其田宅。长虑永图，扶病区画，相彼夷方，随俗因革。爰立土官，分地授职，犬牙相制，世守疆域。保甲既严，部伍既饬，统于流官，庶无间隙。爰修文教，俾肄儒籍，变化夷族，实为美则。似兹哲人，邦其有光，苍生父母，后学梯航，宜应福祉，享寿无疆。胡天不悯，俾没瘴乡！王事忠矣，遗孤谁将！斯道之责，孰能担当？呜呼已矣！朝野悲伤。知夫子者，和气春阳。昧夫子者，如刺如芒。呜呼！道大难容，古今之常，爰有公论，孰为泯藏？惠等闻讣惊悼，涕泣沾裳，匪天丧师，二三子殃。百拜荐奠，聊泄悲肠。灵其不昧，庶几鉴尝。

王良知

呜呼已矣！自夫子没，而乾坤无粹气矣，山岳无英灵矣，国家无柱石矣，弟子无依归矣，呜呼已矣！讵谓广南之役，遂为永诀矣乎！夫子以道殉身，以身殉国，超然于寿夭之间，则亦何憾？而二三子之悲伤，则固无以自赎于今日也，呜呼哀哉！薄奠一觞，摛词伸忱。神其不昧，庶几来歆。

薛侃翁 万达

呜呼！世有一长一善，皆足以自章明。而吾夫子学继往圣，功在生民，顾不能安于有位，以大其与人为善之心，岂非浅近易知而精微难悟，劣己者容而胜己者难为让耶？且自精一之传岐而为二，学者沦无滞有，见小遗大，茫无所入。吾夫子发明良知之说，真切简易，广大悉备。漫汗者，疑其约而不知随遇功成，无施不可，非枯寂也。拘曲者，疑其泛而不知方员无滞，动出规矩，非率略也。袭古者疑其背经，考之孔、孟，质诸周、程，盖无一字一意之弗合。尚同者，疑其立异，然即乎人情，通乎物理，未尝有一事一言之或迂。是大有功于世教圣门之宗旨也。盖其求之也备尝艰难，故其得之也，资之深，若渊泉之莫测，应之妙，若鬼神之不可知，教之有序，若时雨之施，弗先弗后，而言易入，若春风煦物，一沾一长。其平居收敛，若山林之叟，了无闻识，其发大论，临大难，断大事，则沛然若河海之倾，确然若蓍龟之信，而莫知其以也。世之议夫子者，非晏婴之知，则彭更之疑；非互乡之惑，则子路之不悦；非沮溺荷蒉之讥，则武叔、淳于髡之诋。用是纷纭，非夫子之不幸，世之不幸也。侃也不肖，久立门墙而无闻。顷年以来，知切淬励。夫子逝矣，慨依归之无从，虑身世之弗立，郁郁如痴，奄奄在告，盖一年于兹矣。方将矢证同志，期奉遗训，尚赖在天之灵，昭鉴启牖，使斯道大明于天下，传之来世，以永芘于无穷。是固夫子未尽之志也。灵輀将驾，薄奠一觞，衷怀耿耿，天高地长，于乎哀哉！

应大桂

呜呼！人知有先生之道，而或未尽得先生之教；人阴荷先生之功，而或未尽白先生之忠。己卯之变，吾不知其何如也，而谤固以随；交广之难，吾不知其何如也，而死竟以俱。呜呼！外吾教者斯仇，晦吾忠者斯妒，岂瘴疠之足尤，实气运之不扶。虎豹委于空山，豺狼号于当路，风雨嗟其何及，家园惨而谁顾！吾念先生之悟道也，以良知为扃钥；其收功也，以格致为实际。体常秘于玄默，用实粲于经济。桂等犹及见先生之面，复密迩先生之居，虽未稔于耳提口授之下，或少得于神交契悟之余。方有待于卒业，而先生竟以若斯。痛先觉之早逝，怅末学其何依。幸门墙之无恙，或斯文之在兹。

刘　魁

呜呼！夫子已矣，后学失所宗矣，生民失所望矣，吾道一脉之传，将复付之谁矣？虽然，人心有觉，德音未亡；俨门墙之在望，顾堂室之非遥；去意见之私而必于向往，扫安排之障而果于先登，是在二三子，后死者不得辞其责矣。归葬有日，筑室无期，临风遣使，有泪涟洏，嗟何及矣！矢志靡他，庶其慰矣。

万　潮

呜呼！古所谓豪杰之才，圣贤之学，社稷之臣，非先生其人耶？曩哭先生之柩于钱塘之浒，今拜先生之墓于兰亭之阳，吾道终天之恸，其何能已耶！潮早岁受知，不徒文字，循循善诱，孔、孟我师；剖障决藩，直指本体，良知是致，一以贯之。谨服膺以周旋，若饮渴而食饥。悟大道之易简，信精一而无私。顾虽有觉而即在，实惟念兹而在兹。夙夜战兢，深惧无以奉扬先生之教，惟先生在天之灵，阴启予而终成兮！

张津等

惟我夫子，德本诚明，才兼文武。以践履为实，而厌俗学之支离，以广大为心，而陋专门之训诂。功夫启易简之规，指授辟良知之户。惟所立之甚高，故随在而有补。以之讲道则化洽时雨之施，以之立朝，则仪渐鸿羽之楚，以之承诏奏，则右尹折招之诗，以献君谟，则宣公独对之语。至于名振华夷，勋迈今古。季札观鲁，方陈南籥之仪；山甫徂齐，复正东方之虏。元恶之首既歼，丑类之俦咸抚，此则勇夫悍士犹以为难，而夫子独谈笑于指顾。夫何中山之功甫就，俄盈谤箧之书；武侯之恨有余，辄动英雄之抚。一老不遗，万民何懏？天轴西驰，江声东吐；草正芳兮鴂鸣，日未斜兮鹏舞；叫台城兮云悲，抚钟阜兮烟锁。吁嗟夫子兮，固无所憾，而辱倚门墙者，不能不为终身之苦！学未传心，言徒在耳，忍观绝笔之铭，式奠临棺之祖。怅吾道之已穷，盖不知涕洒长空之雨。呜呼哀哉！

王时柯等

呜呼！天惟纯佑，材生文武，学本诚明，道宗邹鲁，羽翼程朱，颉颃申甫。早掇巍科，筮仕天部。始谪龙场，直言忤主。九死不回，孤忠自许。继迁庐陵，人思召父。再擢鸿胪，荐登枢府。专阃分符，衣绣持斧，机密虑周，战胜攻取，芟夷洞寇，四民安堵。蠢兹逆藩，束身就虏。勤在王家，爵封南浦。瑶、僮相攻，赖公柔抚。茕独无告，赖公哺乳，民昔干戈，今豆且俎。民昔呻吟，今歌且舞。式遏寇攘，孰敢予侮？忧无西顾，殿有南土。丽日祥云，和风甘雨，山斗仰瞻，凤凰快睹，厥德斯懋，厥施斯普，人怀至今，公竟作古。意公神灵，翱翔天宇；在帝左右，为帝夹辅；降为河岳，庙食簋簠。柯等亲炙至教，恩沾肺腑。忆昔请益，期以振旅。云胡背弃，使我心苦。敬奠一觞，痛深谈虎。

邹守益

圣学绵绵，嘻其微矣。贸然末俗，纷交驰矣。矧兹寡陋，莫知所之矣。谓考究遗经，可自得矣；旁搜远勘，亦孔之疲矣；将摹仿而效，千古可期矣。外貌或似，精神非矣。不遇口口，孰醒我迷矣。良知匪外铄，自秉彝矣。戒慎恐惧，通昼夜而知矣。酬酢万化，口我规规矣。声应气求，四方其随矣。譬彼昏曀，庆口口矣。霜雾忽乘之，众安归矣。将民之无禄，罹此菑矣。百世之恸，岂独予私矣。

叶　溥

呜呼先生！乾坤间气。呜呼先生！夷夏重名。谓孔、孟学必可成也，谓周、召功必可立也，故以心觉天下，不罔以生也，以身翰天下，力尽而毙也。竟虚天子之注，日深吾党之思。将进物者忌功抑忌德也，何遽止此而不究所志也？呜呼先生！繄谁无福？

阳克慎

呜呼！天胡夺我先生之速耶？有濂溪之学而能自强，有武侯之忠而能自将，有子仪之功而能自忘，有良平之智而能自藏，真所谓文武兼资，乾坤间气，领袖后学，柱石明堂者也。天胡夺之速耶？抚灵輀兮涕泗淋浪，泰山颓兮莫知向往。絜酒为仪兮荐此衷肠，神尚不昧兮来格洋洋。

师服问 钱德洪

夫子既没于南安，宽、畿奔丧广信，拟所服于竹峰邵子。邵子曰：“昔者孔子没，子贡若丧父而无服制也。”宽、畿曰：“然。然则今日若有间也。夫子没于道路，执丧者弗从。宽也父母在，麻衣布绖，弗敢有加焉。畿请服斩以从，至越则释，麻衣布绖，终葬则释。宽居越则绖，归姚则否，何如？”邵子曰：“亦宜。”于是畿也服斩以行。

讣告同门 钱德洪

去年季冬十九日，宽、畿西渡钱塘，将北趋殿封。二十二日，有人自广来，传夫子以病告，将还庾岭。闻之且喜且疑，即日舟迎至兰溪。传言夫子已逝，相顾骇怖，不知所出。且相慰曰：“天为吾道，必无此事。”兼程夜抵龙游驿，吏曰：“信矣，于十一月二十九日午时终于江西之南安。”闻之昏殒愦绝，不知所答。及旦，反风且雨，舟弗能前，望南而哭。天乎！何至此极邪！吾生如偃草棘薪，何益于世，胡不使我百身以赎，而顾萎吾夫子邪！日夜痛哭，病不能兴。除夕至常山，又相与自解曰：“命也，已矣，天实为之，奈之何哉！”

斯道晦冥几千百年，而昭明灵觉之体，终古不磨，至吾夫子，始尽发其秘。同志相承，日孚以博，乃有今日，亦云兆矣。天子圣明，注眷日殷，在朝诸老，又更相引汲，使其得遂同心，则其未尽之志当更展矣。今若此，天意若将何哉！或者三代以降，气数薄蚀，天道之秘，既以其人而发泄之，又旋而扑灭之乎？溯观孔、孟，已莫不然。夫孔、孟之不得身行其学者，上无君也。今有君矣，而夫子又若此，果何谓邪？

前年秋，夫子将有广行，宽、畿各以所见未一，惧远离之无正也，因夜侍天泉桥而请质焉。夫子两是之，且进之以相益之义。冬初，追送于严滩，请益，夫子又为究极之说。由是退与四方同志更相切磨，一年之别，颇得所省，冀是见复得遂请益也，何遽有是邪！呜呼！别次严滩，逾年而闻讣复于是焉，云何一日判手，遂为终身永诀已乎！

夫子勤劳王家，殉身以道，古固有勤事而野死者，则亦何憾，特吾二三子不能以为生耳。向使吾人懵然无闻，如梦如醉，以生于世，则亦已矣。闻道及此，而遽使我止此焉，吾何以生为哉？人生不闻道，犹不生也；闻道而未见其止，犹不闻也。夫子教我发我，引我翼我，循循拳拳而不倦者几十年，而吾所闻止此，是夫子之没，亦吾没也，吾何以生为哉？呜呼！命也已矣，天实为之，奈之何哉！

所幸四方同志，信道日众，夫子遗书之存，《五经》有删正，《四书》有傍注，传习有录，文有文录，诗有诗录，政事有政事录，亦足恃矣。是夫子虽没，其心在宇宙，其言在遗书，百世以俟圣人，断断乎知其不可易也。明发逾玉山，水陆兼程，以寻吾夫子游魂，收其遗书。归襄大事于稽山之麓，与其弟侄子姓及我书院同志筑室于场，相勉不懈，以冀成吾夫子之志。尚望我四方同志，爰念根本之地，勿为遐遗，乃大慰也。

昔者孔子之道不能身见于行，没乃光于万世者，亦以其门人子弟相守不变耳。三年之外，门人治任将归，人揖子贡，相向失声，是非儿女之情也。三年之聚，亦以精其学也。子贡反，筑室独居三年，则益粹于进矣。凡我同志，远者、仕者，虽不必居三年，其亦肯间相一聚，以庶几相期于成乎?

逾月之外，丧事少舒，将遣人遍采夫子遗言及朋友私录，以续成书，凡我同志，幸于夫子片纸只语，备录以示。嗣是而后，每三年则复遣人，一以裒吾夫子之教言,不至漫逸,一以验朋友之进足,为吾不肖者私淑也。

荒悖恍惚，不知所云。水陆茫茫，预以陈告，惟吾同志，怜念怜念!

遇丧于贵溪书哀感 钱德洪

嘉靖戊子八月，夫子既定思、田、宾、浔之乱，疾作。二十六日，旋师广州。十一月己亥，疾亟，乃疏请骸骨。二十一日，逾大庾岭，方伯王君大用密遣人备棺后载。二十九日，疾将革，问侍者曰:“至南康几何?”对曰:“距三邮”曰:“恐不及矣。”侍者曰:“王方伯以寿木随，弗敢告。”夫子时尚衣冠，倚童子危坐，乃张目曰:“渠能是念邪!”须臾气息，次南安之青田，实十一月二十九日丁卯午时也。是日，赣州兵备张君思聪，太守王君世芳，节推陆君府奔自赣；节推周君积奔自南安，皆弗及诀，哭之恸。明日，张敦匠事，饰附设披积，请沐浴于南野驿，亲进含玉；陆同殓襚。又明日，南赣巡抚汪公鋐来莅丧纪，士民拥途哀号，汪为之挥涕慰劳。十二月二十日，丧至南昌，有司分道而迎，巡按御史储君良材、提学副使赵君渊哭，士民皆哭，声载于道。乃挽丧留于南浦,请改岁而行,以尽士民之哀。赵日至三踊哭。有问之，曰:“吾岂为乃公哭邪?”己丑改岁六日，将发舟，北风厉甚。储焚香虔祝于柩曰:“公弗行，岂为士民留邪?公党有子嗣、门人，亦望公久矣。”即时反风，不四日，直抵信州。

呜呼！夫子没而诸大夫之周旋者至矣。是固夫子盛德所感，亦诸大夫好德之诚也。二三子弗身承其劳，闻其事能弗以为思乎?详述之，用以告吾同门者。

书稽山感别卷 钱德洪

人有异常之恩于我者，君子感乎？异常之恩，不可恩也；不可恩，不可感也。是故稽颡再拜，颂言烦悉，报之微也；适馆受飧，左右以赆，惠之微也。其遭也无自，其合也不媒，其聚弗亲，其离弗违，无致而至，莫知其以，此恩之至也，感之极也。今夫龙兴而云从，云非恩乎，龙而从也，嘘吸为变，莫之致也。计功量者，孰为恩，孰为感，悉悉而数之，则薄矣。吾于赣城杨君竹溪之于夫子何以异。吾固不能忘情于恩感，固亦无以为恩感也。

昔者夫子奉命南征，以不杀之仁，绥思、田之顽民。维时荷戈持戟之士，其孙谋吴略，勇力拔众者，为不少矣。及成功之日，乃皆一时归散，环视诸庭，依依不忍去。若左广之武和斋，吉水之龙北山，赣之刘易斋及君者，乃皆退然若弗胜衣之士，是四君者岂有意而相遭邪？必其所存有以近吾夫子不杀之仁，故不谋而自合。至夫子待命北巡，忽为南安之变也，君皇皇然亲含襚，扶舆榇，行则与蒸徒共揖，止则与二三同门麻衣布绖，并就哭位。是固何自而然哉？夫仁，人心也，通幽明，忘物我，不以生而亲，不以死而忘，无致而致，虽四君亦莫之知也。四君且莫之知，吾又得而恩感乎哉？故我欲稽颡再拜，颂言烦悉，以报其情，而其情终不可报；吾欲适馆受飧，左右以赆，以惠其去，而其去终不可惠。故相率归于无言。噫！无言之感，洞彻千古，吾亦无如之何也已。虽然，君去而能益笃吾夫子不杀之仁，则吾之无言者，尚有无穷之言也。因其去，吾复能已于言乎？是为书。

谢江广诸当道书 钱德洪

冬暮，宽、畿渡钱塘，将趋北上。适广中有人至，报父师阳明先生以病告，沿途待命，将逾庾岭矣。即具舟南迎，至兰溪，忽闻南安之变。慌怖三问三疑，奔至龙游，传果实矣。天乎！何至此极邪！吾师以王事驰驱，尽心亶力，今果勤事而野死矣乎？在吾师以身许国，死复何憾，独不肖二三子哀恨之私，有不能一日解诸怀耳。夫子讲学四十余年，从之游者遍海内，没乃无一人亲含襚殓手足，以供二三子之职，哀恨何堪！

宽、畿北面有年矣，教我抚我，诱我翼我，实有罔极之恩，而今若此，无涯之戚，谁则任之！兼程至贵溪，始得凭哭其棺。间乃询之厮吏，始知临终之地，长途空寂，前后弗及。幸我大人先生有预事之谋，载棺相随，使永诀之晨，得以时殓襚。是虽子嗣门人亲临其事，当无逾此，诚死生而肉骨者也，恩孰大焉！夫吾师有罔极之恩，而没则贻我以无涯之戚，今赖大人得少慰焉，是大人之恩于二三子，实有无涯之感矣。夫野死而无悔者，夫子之忠也；无归而殡者，大人之仁也。斯二者固皆天下之公义，而区区之恩感不与焉。特吾二三子儿女之情，至此皆不能已于无言耳。剖心刻骨，有言莫尽。《诗》云："中心藏之，何日忘之。"荒悖布情，不悉，惟怜而终教之。

再谢汪诚斋书 钱德洪

父师之丧颇德庇，于二月四日奠于堂矣。感公之私，与日俱积。乃弟乃子颇能承袭遗规，弗至逾礼。四方同门亦日来奔，颇具执事。是皆先生倡厚德于前，故子弟门人知激劝于后，不敢以薄自处，重获罪于大君子之门也。所谕父师军中羡余银两，责其官赍送嗣子，是执事哀死之情，推及遗孤，此恩此德，非特其子弟知感，在门人小子，佩刻亦殊深矣。但父师嗣子方及四龄，未有知识；亲弟守俭、守文、守章，继子正宪，欲代之言，顾其中有愿言而不敢尽者。生辈恃在旧爱，敢代为之言，惟执事其终听焉。

父师两广事宜，间尝询之幕士矣，颇有能悉其概者。谓奏凯之日，礼有太平筵宴及庆贺赆送之仪，水夫门子供具中，有情不得却，与例不必却者，收贮赏功所，谓之羡余，以作公赏之费。成功之后，将归，乃总其赏功正数，所给公帑，不过一万余两，皆发梧州矣。正数之外，有此羡余，仍命并发梧州。从者又以沿途待命，恐迟留日久，尚有不时之需，姑携附以行，俟随地遣发。不意未至南安，罹此凶变！病革之晨，亲命仆隶检遗书，治行箧，命赏功官劳其勤劳而归羡余于公。此实父师之治命也。当事者既匿其情，不以告夫先生，而先生又切哀死之情，笃遗孤之爱，案官吏之请，从合得之议，谓大臣驱驰王事，身殒边陲，痛有余哀，礼当厚报。况物出羡余，受之不为伤义，故直以事断，而不疑其为私。其恩可谓厚矣。特弟子登受之余，尚不免于惶惑。盖以父师既有成命，前日之归是，则今日之受非矣。苟不度义而私受之，恐拂死者之情，终无以白于地下也。且子弟之事亲，平时一言罔敢逾越，况军旅之事，易箦之言，顾忍违忘而私受乎？夫可以与者，大人之赐，可以无取者，父师之心，取之惟恐违死者之命，而重生者之罪，则又其子弟衷由之情，用是不避呵叱，谨勒手状，代为先生布。并原银五百三十二两，托参随州判龙光原义男添贵送复台下，伏望验发公帑，使存殁之心可以质诸天地鬼神。是则先生无穷之赐，幽明共戴之恩也。不胜冒犯殒悼之至！

再谢储谷泉书 钱德洪

宽、畿不率，弗祐于天，遽夺吾师之速。黄发乳口，失所保哺，皇皇然无所归。时闻凶讣，又恨未及相随，以趋曳杖之歌。天丧斯文，后死者终弗与闻矣乎！既而奔丧贵溪，凭哭之余，水浆不入于口，奄奄气息，若无复可生于人世矣。间乃询其后事，乃知诸君子殚心瘁力，送死无憾，而先生左右维持之力居多。愚以为相知之情至此，亦云足矣。及凡所经历，舟未入境，而执事之戒命已先，哭奠虔悫，虽有司好德之同，而激劝之机，不无所自，哀感何言。仆且私告曰：公虑吾主君家事也云云；曰：公虑吾主君勋业未著云云。已而朋友又私相语曰：公恸吾夫子者，悼其教未明于天下也云云。生辈瞿然而起曰："有是哉！何公信爱之至有如此也。"

噫！天下之爱吾夫子者有矣，叹之而已矣；信我夫子者有矣，感之而已矣；孰有如吾执事精神心思，周旋曲折，实以见之行事者乎！必其平日相孚默契，有甚不得已者藏于其中，是未可声音笑貌为也。吾侪小人自失所恃，遽恐吾道终底于阨塞。不知天下大君子有如先生者出于其间，斯道虽重，主盟得人，吾何以惧乎哉？孟子曰："然而无有乎尔，则亦无有乎尔。"今兹有乎尔矣！今兹有乎尔矣！于是自衢以下，顺流而归，慷慨激亢，无复为儿女之情。是先生不言之教，起我跛躄于颠跻之中，吾当何以为报哉！

二月四日，已妥灵于堂。乃弟乃子，颇知自植，四方同门，又日来至，丧事聊此议处，不复敢远婴先生之怀矣。萧尚贤事略，具汪公别纸，并奉请教。小厮辈以小嫌构辞致烦案牍。在先生宽仁之下，当必有处。然是人亦无足过责者，夫子用之，所谓略其全体之陋，以用其一肢之能，故其报死之情，亦如是而已矣。今欲望之大过，是又若以其一肢之得，而复责其全体之失也，难矣。恃在推爱，妄敢喋喋，荒悖不恭，万罪万罪！

丧纪 程辉

我师绪山先生编次《阳明夫子家乘》成，辉受而读之，作而叹曰："嗟呼！天道报施善人，抑何其不可测邪！方夫子之生也，苦心妙悟，以续如线之道脉矣，乃伪学之谤不能弭；倡义兴师，以歼谋畔之独夫矣，乃君侧之恶不能去；开诚布心，不烦一旅，以格数百年负固之党矣，乃当轴之忌不能回，使其身一日立乎朝廷之上。何其与世之落落也？及其没也，哭者尽哀，祭者尽诚，至今有吊其墓，谒其祠，拜其家庙，为之太息流涕而不置者。又何其得众之鼎鼎也？窃惑焉。"先生进而教之曰："是不可以观天人负胜之机矣乎？夫子之所不能者，时之艰也，人之胜也；其所能者，德之孚也，天之定也。而又何惑哉？吾方哀祭文之不能尽录者，属子以终事焉。盖文固有略者矣；将人之祭于地，与就其家而祭焉者，皆其实德所感，而人情之所不能已者，顾可略而不书乎？子其揭日月为序，凡显而公卿，微而庶人，有举必书，庶定者可考而见，且使我后之人，知夫子有不待生而存，不随死而灭者，良在此而不在彼也。”辉避席曰：“敬闻命矣。”作《丧纪》。

夫子以戊子仲冬之丁卯卒于南安府青龙铺，舆止南野驿。越四日，为季冬庚午，门人广东布政王大用，推官周积，举人刘邦采，实敦后事。副使张思聪率属吏知府王世芳，同知何瑶，大庾知县叶章，府学训导杨登玉、王圭、陈守道，庠生张绂、李节、王辂、王辅等哭奠，乃殓。殓已，署上犹县事经历许同朝，崇义知县祝澍，南康教谕管辅，训导刘森，庠生刘爵等，千户刘环、俞春、周祥，门人知府王銮、阳克慎，乡约王秉言，各就位哭奠。

壬申，榇抵赣州府水西驿。提督都御史汪鋐，同知何瑶，推官陆府，检校唐本，乡宦宋元，指挥钱堂，知事郭铖，千百户何涌江、马昂、吴伦、谭景受、卜福、严述、王宁、王宪、潘钰、余洪、毕祥、杨守、武昌，千户所指挥陈伟，门人郎中刘寅，都指挥同知余恩，庠生易绍宣、李乔崇、李挺、李宪、何进隆、何进德、曾廷珂、曾廷琏、黄谱、黎教、王槐密、王振朝、刘凤月、刘天锡、刘瞬、彭遇贵、谢天表、谢天眷、桂士元、桂薰、袁泰、张镗、汪梅、周兰、宋金、雷锐、雷兑、应辰、钟振、俞鹗、汤伟、杜相、黄鏊，各就位哭奠。张思聪、周积又各特举焉。

丁丑，榇抵吉安府螺川驿。佥事陈璧，知府张汉，同知张烈，通判蒋英、林春泽，建官周在，庐陵知县常序，署泰和县事知事汪仲，县丞刘纶，主簿庄伯瑶，典史李江，教谕林文焯，训导金玥、张旦，吉水县丞杨伯谦，主簿辛仲实，万安主簿杨廷兰，信丰指挥同知林节，乡宦尚书罗钦顺，副使罗钦德，副都御史罗钦忠，门人御史王时柯，庠生萧宠、萧荣、王舜鹏、袁登应、罗纲、谢廷昭、周文甫、王惠迪、刘德、蓝瑜、龙潢、龙渐、幕吏龙光，各就位哭奠。

戊子，榇抵临江府蒲滩驿。同知宇宾，通判林元，推官俞振强，靖江知县陈府，新淦县丞唐和，主簿王纶，教谕向钦，训导从介，各就位哭奠。

辛卯，榇抵南昌府南浦驿。建安府镇国将军宸洪，太监黎鉴，御史储良材，参政叶溥、李绯，参议钟云瑞，副使赵渊，佥事陈璧、王暐、吴瀚、陈端甫，都指挥佥事刘玺、王宁、崔昂，府学教授廖廷臣，训导范昌期、张琚、谭倬、廖金，新建县学教谕刘环，训导梁子钟、何乐，南昌县学训导邢宽，庠生崔嵩、陶潮、刘伯盛、舒泰、武进、邹輗，乡宦副都史熊浃，布政胡训，副使刘伯秀，知府张元春，御史涂相，郎中张钦，主事张鏊，进士熊汲，检校张默，通判万奎、闵鲁，知县余琪、聂仪、杨璋、甘柏、胡大化，举人丁夔，门人裘衍、张良才、张召、魏良器、魏价、万世芳、邹宾、齐昇、周麟、黄钟、钟文奎、艾铎，安仁县桂宸、桂宫、桂容、桂轨、孙铱、孙钧，吉安府曾伟器，报效生员陈文荣，承差刘昂，乡民萧华、李延祥、程玉石、陈本道、高显彰、刘珏、杨文、严洪、徐杞、杜秉文、王钦，各就位哭奠。叶溥、赵渊、王暐、张元春、齐升，又各特举焉。

岁己丑正月庚子，榇发南昌府。自储大夫以下，凡百有位，越百姓里居，市儿巷妇，哭而送者载道。风迅不可帆，又不可缆而前也，储大夫抚之曰："先生岂有怀邪？越中子弟门人泣而迎者，延首跂足而徯至者，盖有日矣。"须臾反风，若或使之，遂行。丙午，余干县主簿陈瑢，教谕林秀，训导赵珊、傅谘，万年县主簿龙光、相安，仁和县主簿邹辩，训导周铎、黄选，庠生桂舆，蒲田县廖大璧，贵溪知县方克，主簿钱珊，典史冯璁，教谕谢炯，庠生邱民节、宋廷豸、叶可久、叶可大、许文明，铅山主簿戚镗，乡宦大学士费宏，尚书汪俊，各就位哭奠。先是绪山、龙溪二先生将赴廷对，闻先生将还，逆之严滩。忽得讣音，相向恸哭。疑于服制，作《师服问》，厥既成服，兼程趋广信，讣告同门。会先生嗣子正宪至自越，至是同遇先生之榇于贵溪，哭之几绝。书《遇丧哀感》以寄怀云。

癸丑，榇抵广信府葛阳驿。知府赵烨，同知卢元恺，通判曾大有、龙纲，举人刘伟，玉山知县吕应阳，教谕霍重，庠生郑世迁、李材、程松、叶廷秀、徐森，常山县丞殷学夔，各就位哭奠。储良材又檄吕应阳而特举焉。夫子弟守俭、守文，门人栾惠、黄洪、李洪、范引年、柴凤会榇于玉山。

辛酉，榇抵衢州府上杭驿。同知杨文奎，通判简阅，推官李翔，西安知县林钟，门人栾惠、黄晌、何伦、王修、林文琼、徐霈、蒋兰，金华府通判高凤，兰溪县主簿高禹，教谕朱骥，训导胡弈、口辉，门人应典，严州府推官程淳，桐庐县主簿屠继祖，各就位哭奠。

丁卯，榇抵杭州府浙江驿。布政潘旦、刘节，参政胡缵宗、叶宽，参议万廷彩、庞浩，按察使叶溥，副使傅钥、万潮、党以平、何鳌、汪金，佥事孙元、巴思明、梁世骠、江良材、林茂竹，都指挥使刘宗伟，都指挥佥事李节、刘翱、孙仁、王佐，杭州府推官刘望之。府学教授陶贺，仁和县主簿曹官，富阳县主簿李珍，教谕黄宁，训导程大有、王裕，莆人知县黄铭介，子黄中，百户施经，各就位哭奠。

庚午，榇抵越城，奠于明堂。御史陈世辅、王化，分守庞浩，绍兴知府洪珠，同知孔庭训，通判陆远、洪晢，推官喻希礼，府学训导舒哲、陈箴、林文斌、曾昇，会稽知县王文儒，教谕张概，训导詹诏，山阴知县杨仁中，教谕林斌，训导王昇，广西布政李寅，参政沈良佐，参议汪必东，按察使钱宏，副使李中、翁素、张脡、伍箕，佥事张邦信、王世爵，都指挥佥事高松，金华府同知刘业，友人侍郎湛若水，副都御史刘节，门人侍郎黄绾，给事中毛宪，员外郎王臣，主事石简、陆澄，按察使顾应祥，副使郭持平、萧璆、应良，知州王直、刘魁，训导周桐、周衢、教授周冲、陈烟、陈焞、陈炼、李敬、应佐，监丞周仲、周浩、周甸，辨印生钱君泽，私淑门人知县戚贤，武林驿丞何图，赣州卫指挥同知刘镗，指挥佥事杨基，广州府右卫指挥佥事武銮，南昌卫指挥佥事赵昇，广州府前卫舍人孙绍英，各就位哭奠。洪珠、栾惠，又各特举焉。刘镗、杨基、武栾、龙光，咸以营护至越，时将告归。绪山先生书《稽山感别卷》赠之，因寓书江、广诸当道，盖德其虔于襄大事也。

仲冬癸卯，奉夫子榇窆于越城南三十里之高村，会葬者数千人。副都御史王尧封，御史端廷赦、陈世辅、梁尚德、万潮、黄卿、万廷彩、庞浩、傅钥、党以平、汪金、区越、梁世骠、江良材、林茂竹、王臣、刘宗仁、李节、刘翱、孙仁、洪珠、孔庭训、洪晢，杭州知府娄世德，同知杨文昇，通判周忠、刘坎浚，推官刘望之，运同钱澜，副使李信，判官林同、方禾，钱塘知县王桥，会稽知县王文儒，山阴县丞应佐，余姚主簿彭英，典史刘文聪，教谕徐锐，训导谢贤、陈元，广东御史何鼇。布政邵锐，姻人大学士谢迁，尚书韩邦问，编修周文烛，御史毛凤，都御史胡东皋，参政汪惇，副使吴便、司马公轾，佥事汪克章、沈钦、司马相、韩明，知府陆宁、金椿，运同徐冕，知县宋溥、金谧、陶天祐、刘瀚、田惟立、徐玺、徐俊民、吴昊、叶信、汪佀谷、周大经、周文熯、胡瀛、陈廷华，知县王轼，乡生钱继先、王廷辅、王文轩、夏文琳、何炫、徐应、周大赉、高隆，友生尚书伍文定，侍郎杨大章、陈筐、严毅、杨霓、杨誉，知府吴叙。廉使韩廉、邵赉、徐彬、邹鹄，员外郎张璿、施信、史伯敏、王代、于震、朱梁，晚生佥事汪应轸，知府朱衮、李节，郎中胡廷禄、陈良谟，主事叶良佩、田汝成、王度、王渐逵、王一和、王之训、王文辀、王文輹、王文辂、良直、费思义，门人大学士方献夫，侍郎黄绾，编修欧阳德，给事中魏良弼、李逢，行人薛侃、应大桂，郎中邹守益，员外郎蓝渠，主事潘颖、黄宗明、翁万达、石简、胡经，参政万潮，副使萧鸣凤，参议王洙，博士马明衡，监丞赵显荣，助教王崐、薛侨，知县薛宗铠、周桐、孙瑛、刘本、刘樽、诸训、诸阳、诸守忠，举人诸大纲、杨汝荣、金佩、金克厚，佥事韩柱，主事顾敦复、胡冲、徐沂、徐楷、徐潞、叶锴、徐霈、张津、钱翀、钱翱、钱祚诏、凌世华、朱篪、龚溥、龚渐，员外郎龚芝、杜应豸，县丞朱绂、周应损、秦锐、章乾、杨柱，从弟王守第，各就位哭奠。

呜呼！《丧纪》作，则有孚惠我德者，固美而必章，而有孚惠我心者，亦盛而必传。读是编者，毋但曰雷阳寇公之竹而已也。

卷三十八　世德纪附录

辨忠谗以定国是疏门人陆澄　刑部主事时上

臣切见巡按江西监察御史程启充，户科给事中毛玉，各论劾丁忧新建伯王守仁，似若心迹未明，功罪未当者。此论一倡，一二嫉贤妒功之徒，固有和者。而在朝在市，冤愤不平。臣系守仁门生，知之最详，冤愤特甚，敢昧死一言。

谨按守仁学本诚明，才兼文武，抗言时事，致忤逆瑾，杖之几死。谪居龙场，居夷处困，动心忍性，独悟道真。荷先帝收用，屡迁至于巡抚。其在南、赣，四征而福建、湖广、广东、江西数十年之巨寇为之荡平。因奉敕勘事福建，道由江西，至于丰城。适遇贼变，拜天转风，舟返吉安，倡义督兵，不旬月而贼灭。人但见其处变之从容，而不知其忠诚之激切；人但见其成功之迅速，而不知其谋略之渊微；人但见其遭非常之构陷，而祸莫能中，而不知其守身无毫发之可疵。当时张锐、钱宁辈以不遂卖国之计而恨之，张忠、江彬辈以不遂冒功之私而恨之。宸濠、刘吉辈以不遂篡逆之谋而恨之，凡可以杀其身而赤其族者，诛求搜剔，何所不至。使守仁而初有交好之情，中有犹豫之意，后有贪冒之为，诸人其肯隐忍而不发乎？迨皇上龙飞，而褒慰殊恩，形于诏旨。天下方快朝廷之清明，不意功罪既白，赏罚既定，乃复有此怪僻颠倒之论，欲以暖昧不明之事，而掩其显著不世之功，天理人心安在哉！

论者之意，大略有六：一谓宸濠私书，有“王守仁亦好”一语；二谓守仁曾遣冀元亨往见宸濠；三谓守仁亦因贺宸濠生辰而来；四谓守仁起兵，由于致仕都御史王懋中、知府伍文定攀激；五谓守仁破城之时，纵兵焚掠，而杀人太多；六谓宸濠本无能为，一知县之力可擒，守仁之功不足多，而其捷本所陈，妆点过实。然究其本心，不过忌其功名而已。

宸濠私书“王守仁亦好”之说，乃启充得于湖口知县章玄梅者。切惟刑部节奉钦依：“原搜簿籍，既未送官，封记收掌，又事发日久，别生事端，委的真伪难辨，无凭查究，着原搜获之人尽行烧毁。钦此。”今玄梅之书从何而来？使有之，何足凭据？且出于宸濠之口，尤其不足取信者。夫豪杰用意，类非寻常可测。守仁虽有防宸濠而图之之意，使几事不密，则亦不过如孙燧、许逵之一死以报国而已，其何以成功以贻皇上今日之安哉？设使守仁略有交通宸濠之迹，而卒以灭之，其心事亦可以自白，况可以不足凭信之迹，遂疑其心，而舍其讨贼之大功哉？

其遣冀元亨往见者，是守仁知宸濠素蓄逆谋，而元亨素怀忠孝，欲使启其良心，而因以探其密计尔。元亨一见，不合而归。使言合志投，当留信宿，何反逆之日，反在千里之外乎？今元亨之冤魂既伸，而守仁之心事不白，天理人心何在乎？

毛玉疑守仁因贺宸濠生辰，而偶尔遇变。殊不知守仁奉敕将往福建，而瑞金、会昌等县瘴气生发，不敢经行，故道出丰城。且宸濠生日在十三，而守仁十五方抵丰城，若贺生辰，何独后期而至乎？

其谓守仁由王懋中等攀激起兵，尤为乖谬。守仁近丰城五里而闻变，即刻伪写两广都御史杨且大兵将临火牌，于知县顾佖接见之时，令人诈为驿夫入递，守仁佯喜，以为大兵即至，贼必易图，当令顾佖传牌入城，以疑宸濠。又令顾佖守城，许与拨兵助守。时有报称宸濠遣贼六百追虏王都者，守仁回船而南风大逆，乃恸哭告天而顷刻反风。守仁又恐贼兵追至，急乘渔舟脱身。此时王懋中安在？次日奔至蛇河，遇临江知府戴德孺，即议起兵。因不足恃，又奔入新淦城，欲与知县李美集兵。度不可居，复奔至吉安。见仓库充实，遂乃驻扎，传檄各处，起调军民。一面榜募忠义之士，方令伍文定以书请各乡官王懋中等盟誓勤王。而懋中又迟疑二日，乃始同盟。夫各府及万之兵，若非提督军门以便宜起调，其肯听致仕乡官而集乎？今乃颠倒其说，至谓守仁掩懋中之功，天理人心安在乎！

至于破城之时，焚者，宫中自焚，故内室毁而外宇存，官兵但救而无焚也。掠者，伍文定之兵乘胜夺贼衣资，众兵不然也。杀人者，知县刘守绪所领奉新之兵，以守仁号令“闭门者生，迎敌者死”，故杀迎敌者百余人。及守仁至，斩官兵杀掠者四十六人，遂无犯者矣。且省城之人，各受宸濠银二两，米一石，与之拒守，是贼也，杀之何罪？又宫为贼巢，财皆贼赃，焚之掠之，亦何罪哉？今舍其大功，而摘其小过，几何而不为逆贼报仇乎？

且宸濠势焰薰天，触者万死，人皆望风奔靡而已。及守仁调兵四集，捣其巢穴，散其党与，数败之余，羽翼俱尽，妻妾赴水，乃穷寇尔。夫然后知县王冕得以近之。今乃以为一知县可擒，甚无据也。果若所言，则孙燧、许逵何为被杀？而三司众官何为被缚耶？杨锐、张文锦何为守之一月不敢出战，必待省城破而贼自解围耶？伍文定何以一败而被杀者八百人，其余诸将，又何以战之三日而后擒灭耶？

至若捷本所陈，若作伪牌以疑贼心，行反间以解贼党之类，所不载者尤多，而谓以无为有可乎？

夫宸濠积谋有年，一旦大发，震撼两京，而守仁以一书生，谈笑平之于数日之内，功亦奇矣！使不即灭，而贻先帝亲征之劳，臣不知卖国之徒计安出也？使不即灭，先帝崩，臣又不知圣驾之来能高枕无忧否也？今建不世之功，而遭不明之谤，天理人心安在哉！臣知守仁之心，决非荣辱死生所能动者。但恐公论不昭，而忠臣义士解体尔。此万世忠义之冤，而国是之大不定者，宜乎天变之叠见也。

臣与守仁分系师生，义均生死。前之所辨，天下公言。伏愿圣明详察，乞降纶音，慰安守仁。仍戒饬言官，勿为异论。庶几国是以定，而亦消天变之一端也。臣干冒天威，不胜战栗待罪之至。

明军功以励忠勤疏门人黄绾　光禄寺少卿时上

臣闻赏罚者，人主御天下之操柄也。得其操柄，死命可致，天下可运之掌；不得其操柄，百事具废，欲治得乎？故明主慎之，至亲不可移，至仇不可夺，有功必赏，有罪必诛。然必称天以命之，示非私也，臣下视之，不饰虚誉，不结援党，不思贿托，惟勉忠勤，死不敢易，欲不治得乎？今或不然，凡饰誉、援党、贿托，讥谗不及，必获显擢，无不如意。凡尽忠勤职，即讥谗蝟集，黜辱随至，无不失意。以此操柄失御，人皆以奸结巧避为贤，孰肯身仕国家事哉？臣不能枚举，姑以先朝末年陛下初政一事论之。

如宸濠构逆，虐焰吞天，藩郡震动，宗亲慑忧。陛下尝身见之矣，腹心应援，布满中外，鼎卿近幸，贿赂交驰，卖国奸臣，待时发动。两京乏备，四路无人，方镇远近，莫之如何，握兵观望，滔滔皆是。

惟镇守南、赣都御史王守仁，领敕福建勘事，道经南昌，中途闻变，指心吁天，誓不与贼俱生。赤身孤走，设奇运谋，乃遣优人赍谍，假与天兵约征，方镇会战，俾其邀获，以示有备。牵疑贼谋，以俟四路设备。中执叛臣家属，缪托腹心，又示无为，以安其心。然后激众以义，纠集乌合。待兵成虑审，发书骂贼，使觉悔。既出，摄兵收复南昌，按甲待之。贼至安庆，攻城方锐，警闻使还，算其归途，水陆邀击，大溃贼众，遂擒宸濠于樵舍。兵法有先胜而后求战者，非此谓也？

成功之后，江右疮痍未复，武宗皇帝南巡，奸权攘功，嫉谮百端，危疑莫测。守仁恭勤曲致，方靖地方，仅获身免。守仁为忠，可谓艰贞竭尽者矣。使时无守仁倡义统众，谋获机宜，战取有方，安庆卒破，金陵不保，长驱北上，应援蜂起，腹心阴助，京师存亡未可知也。虽毕竟天命有在，终必歼夷，旷日持久，士夫戮辱，苍生荼毒，可胜言也？

守仁南、赣镇守地方之责，初无所与。今受责地方者，遇事不敢担当，不过告变待命而已。守仁家于浙之山阴，浙乃江右通衢，兵力素弱，长驱或下，父兄宗族有噍类乎？此时守仁夫岂不思，但忘私奉公，以为社稷，不幸或败，夷灭何悔。守仁之志，可谓精贯白日者矣。幸而成功，宇内太平，所谓徙薪曲突，人不为功，亦不致思其忠。

又守仁于武宗初年，刘瑾为奸，人莫敢言，守仁斥之触恨，选杖毒决，碎尻折髀，死而复苏。流窜瘴裔，久方赦还，始获录用。乃者南、赣乏镇，溪谷凶民，聚党为盗，视效虐劫，肆无忌惮。凡在虔、楚、闽、广接壤山泽，无非贼巢。大小有司，束手无策，皆谓终不可理。守仁镇守三年，兵威武略，奇变如神，以故茶寮、桶冈诸寨，大冒、浰头诸寨，次第擒灭，增县置逻，立明约，遂为治境。视古名将，何以过此。江右之民，为立生祠，岁时祝祭，民心不忘，亦可见矣。

曩者陛下登极，命取来京宴赏，封之新建伯，而升南京兵部尚书。言者又谓不当来京宴赏，以致奢费。夫陛下大官之厨，日用无纪，较诸一飧之宴，所费几何，犹烦论之。北京岂无一职，必欲置之南京，此乃邪比蔽贤嫉功之所为也。守仁后丁父忧，服满遂不起用，反时造言排论。然虽蒙拜爵升官，铁券未给，禄米未颁，朝事无与，迹比樵渔。纵使有过，何庸论之，况有功无过哉！其意尤可知矣。

不独守仁，凡共勤王大小臣工，亦废黜殆尽，臣不能枚举，姑以一二论之。

彼时领兵知府，惟伍文定得升副都御史，得荫一子千户。邢珣、徐琏但升布政，即令闲住，彼亦何过？纵使有过，八议恶在？戴德孺虽升布政，即死于水，皆无荫子。副使陈槐因劾宰臣进贤，致怒仇人，希意诬之，独黜为民。御史伍希儒、谢源，辄以考察去官。且陈槐、邢珣等，皆抱用世之才，秉捐躯之义，因功废黜，深可太息。

然在今日，陛下操柄之失，莫此为甚。他日无事则可，万一有事，将谁效用哉？况守仁学原性命，德由忠恕，才优经济，使之事君处物，必能曲尽其诚，尤足以当薰陶，备顾问。以陛下不世出明贤之资，与之浃洽讲明，天下之治，生民之福，岂易言哉！前者言官屡荐，故尚书席书、吴廷举，今侍郎张璁、桂萼皆荐之，曾蒙简命，用为两广总制。臣谓总制寄止一方，何若用之庙堂，可以赞襄谋议，转移人心，所济天下矣。

伏惟陛下念明良遭遇之难，蚤召守仁，令与大学士杨一清等共图至治。另推才能，为两广总制。仍敕该部给与守仁应得铁券禄米。将陈槐、邢珣、徐琏等起用，伍希儒、谢源等查酌军功事例议录，戴德孺量与荫袭。此实陛下奉天所操之大柄，不可毫发移夺者，宜早收之，以为使人宣忠效力之劝。臣不胜恳悃之至。

地方疏 霍韬

窃见新建伯南京兵部尚书兼都察院左都御史王守仁奉命巡抚两广，已将田州、思恩抚处停当，随复剿平八寨及断藤峡等贼。臣等皆广东人，与贼邻壤，备知各贼为患实迹。尝窃切齿蹙额而叹曰：“两广良民，何其不幸！生邻恶境，妻子何日宁也？”又尝窃计曰：“两广何日得一好官员剿平各贼，俾良民各安其生，而顽民染患未深者，亦得格心向化也？”

乃今恭遇圣明，特起王守仁抚剿田州、思恩地方，臣等窃谋曰：“两广自是有底宁之期也！圣天子知人之泽也！”是役也，臣等为王守仁计曰：“前巡抚动调三省兵若干万，梧州三府积年储畜军饷费用不知若干万，复从广东布政司支去库银若干万，米不知支去若干万，杀死疫死狼兵乡兵民壮打手不知若干万，仅得田州安靖五十日耳。自是而思恩叛矣，吊岩贼出围肇庆府矣，杀数千家矣，此贼并时同出，盖与田州、思恩东西相应和者也。若王守仁者，乘此大败极敝之后，仰承圣明特擢之恩，虽合四省兵力，再支库银百余万，支米数百万，剿平田州，报功级数万人，亦且曰天下之大功也。”然而守仁不役一卒，不费斗粮，只宣扬陛下圣德，遂致思恩、田州两府顽民稽首来服，其奉扬圣化，以来远人，虽舜格有苗，何以过此！臣等是以叹服王守仁不惟能肃将天威，实能诞敷天德也。

若八寨之贼，断藤峡之贼，又非田州、思恩可比也。天下十二省俱多平壤，惟广西独在万山之丛，其土险，其水迅，其山之高，有猿猴不度、飞鸟不越者。故谚语曰：“广西民三而贼七。”由山高土恶，习气凶悍，虽良民至者，亦化为贼也。八寨贼洪武年间所不能平。断藤峡成化八年都御史韩雍仅得讨平，及今五十余年，遗孽复炽。故广西贼巢，柳州、庆远、郁林、府江诸贼，虽时出劫掠，官兵京屡请征之。若八寨贼，则自国初至今，未有轻议征剿者，盖谓山水凶恶，进兵无路，消息少动，贼已先知，一夫控险，万兵莫敌，故百六十年未有敢征八寨贼者也。贼亦恃险肆恶，时出攻围城堡，杀掠良民，何啻万计。四方顽民，犯罪脱逃，投入八寨，则有司不敢追摄矣。邻近流贼避兵追剿，投入八寨，则官兵不敢谁何矣。是八寨者，实四方寇贼渊薮也，断藤峡又八寨之羽翼也。广西有八寨诸贼，犹人有心腹疾也。八寨不平，则两广无安枕期也。今王守仁沉机不露，掩贼不备，一举而平之，百数十年豺虎窟穴，扫而清之，如拂尘然，非仰藉圣人神武不杀之威，何以致此？

臣等是以叹服王守仁能体陛下之仁，以怀绥田州、思恩向化之民，又能体陛下之义，以讨服八寨、断藤峡梗化之贼也。仁义之用，两得之也。

谨按王守仁之成功，有八善焉。乘湖兵归路之便，则兵不调而自集，一也。因田州、思恩效命之助，则劳而不怨，二也。机出意外，贼不及遁，所诛者真积年渠恶，非往年滥杀报功者比，三也。因归师讨逆贼，无粮运之费，四也。不役民兵，不募民马，一举成功，民不知扰，五也。平八寨，平断藤峡，则极恶者先诛，其细小巢穴可渐施德化，使去贼从良，得抚剿之宜，六也。八寨不平，则西而柳、庆，东而罗旁、绿水、新宁、恩平之贼，合数千里，共为窟穴，虽调兵数十万，费粮数百万，未易平伏。今八寨平定，则诸贼可以渐次抚剿，两广良民可渐安生业，纾圣明南顾之忧，七也。韩雍虽平断藤峡贼矣，旋复有贼者，实当尔时未及区画其地，为经久图，俾余贼复据为巢穴故也。今五十年生聚，则贼复炽盛也亦宜。若八寨乃百六十年所不能诛之剧贼，山川天险，尤难为功。今守仁既平其巢窟，即徙建城邑以镇定之，则恶贼失险，后日固不能为变，逋贼来归，不日且化为良民矣。诛恶绥良，得民父母之体，八也。

或者议王守仁，则曰："所奉命，抚剿田州、思恩也。乃不剿田州则亦已矣，遂剿八寨可乎？"臣则曰："昔吴、楚反攻梁，景帝诏周亚夫救梁，亚夫不奉诏，而绝吴、楚粮道，遂破吴、楚而平七国，安汉社稷。夫不奉诏，大罪也，景帝不以罪亚夫，何也？传曰：'阃以内'寡人制之；阃以外，将军制之。'又曰：'大夫出疆，有可以安国家，利社稷，专之可也，古之道也。'是故周亚夫知制吴、楚在绝其食道，而不在于救梁也，是故虽有诏命，犹不受也。惟明君则以为功，若腐儒则以为罪。今王守仁知田州、思恩可以德怀也，遂约其降而安定之；知八寨诸贼百六十年未易服也，遂因时仗义而讨平之。仁义之用，达天德者也。虽无诏命，先发后闻可也，况有便宜从事之旨乎？"

或者又曰："建置城邑，大事也；区处钱粮，户部职也。不先奏闻而辄兴功，可乎？"臣则曰："古者帝王千里之内自治，千里之外附之侯伯而已。是岂尧、舜、汤、武圣智反后世不如哉？盖虑舆图既广，则智力不及，与其役一已耳目之力而无益于事，孰若以天下贤才理天下事为逸而有功也。是故帝王之职，在于知人而已，既知其人之贤而委任之矣，则事之举错，一以付之而责其成功。若功效不孚，乃制其罪可也。今既任之，又从而牵制之，则豪杰何所措手足乎？是故王守仁之平八寨也，所杀者贼之渠魁耳，若逋逃者，固未及杀也。乘此时机，建置城邑，遂招逋逃之贼复业焉，则积年之贼皆可化为良民也。失此机会，撤兵而归，俟奏得旨，乃兴版筑，则贼渐来归，又渐生聚，据险结寨，以抗我师，虽欲筑城，亦不能矣。昔者范仲淹之守西边也，欲筑大顺城，虑敌人争之，乃先具版筑，然后巡边，急速兴工，一月成城。西夏觉而争之，已不及矣，尔时范仲淹若俟奏报，岂不败乃事哉？王守仁于建置城邑之役，盖计之熟矣，钱粮夫役，固不仰足户部而后有处也。其以一肩而分圣明南顾之忧，可谓贤矣。不以为功反以为过可乎？”

先是正德十四年，宸濠谋反，江西两司俯首从贼，惟王守仁同御史伍希儒、谢源誓心效忠。不幸奸臣张忠、许泰等欲掩王守仁之功以为己有，乃扬诸人曰：“王守仁初同贼谋。”及公论难掩，乃又曰：“宸濠金帛，俱王守仁、伍希儒、谢源满载以去。”当时大学士杨廷和，尚书乔宇，亦忌王守仁之功，遂不与辨白而黜伍希儒、谢源，俾落仕籍。王守仁不辨之谤，至今未雪，可谓黯哑之冤矣。

夫国家论功，有二道焉。有开国效功之臣焉，有定乱拯危之臣焉。开国之臣，成则侯也，败则虏也，虽勿计焉可也；惟祸变倏起，社稷安危凛乎一发，效忠定乱之臣则不忘也，何也？所以卫社稷也。昔者王守仁之执宸濠也，可谓定乱拯危之功矣。奸人犹或忌之而谤其短，夫如是，则后有事变，谁肯效忠乎？甚矣！小人忌功，足以误国也。

臣等是以叹曰：“王守仁等江西之功不白，无以劝励忠之臣。若广西之功不白，又无以劝策勋之臣。是皆天下地方大虑也。”王守仁大臣也，岂以功赏有无为重轻哉？第恐当时有功之人及土官立功之人，视此解体，则在外抚臣，遂无所激劝以为建功之地耳。臣等广人也，目击八寨之贼为地方大患百数十年，一旦仰赖圣明任用守仁以底平定，不胜庆忭。今兵部功赏未见施行，户部覆题又复再勘，臣恐机会一失，大功遂沮，城堡不得修筑，逋贼复据巢穴，地方不胜可虑也。是故冒昧建言，惟圣明察焉。乞早裁断，俾官僚早得激劝，城寨早得修筑，逋贼早得招安，良民早得复业。岭海之外，歌泳太平，祝颂圣德，实臣等所以报陛下知遇一节也，亦臣等自为地方大虑也，不得已也。为此具奏。

征宸濠反间遗事 钱德洪

龙光云：是年六月十五日，公于丰城闻宸濠之变。时参谋雷济、萧禹在侍，相与拜天誓死，起兵讨贼。欲趋还吉安，南风正急，舟不能动。又痛哭告天，顷之，得北风。宸濠追兵将及，潜入小渔船，与济等同载，得脱免。舟中计议，恐宸濠径袭南京，遂犯北京，两京仓猝无备。图欲沮挠，使迟留半月，远近闻知，自然有备无患。乃假写两广都御史火牌云："提督两广军务都御史杨为机密军务事：准兵部咨，及都察院右副都御史颜咨，俱为前事，本院带领狼达官兵四十八万，齐往江西公干。的于五月初三日在广州府起马前进，仰沿途军卫有司等衙门，即便照数预备粮草，伺候官兵到日支应。若临期缺乏误事，定行照依军法斩首。"等因。意示朝廷先差颜等勘事，已密于两广各处起调兵马，潜来袭取宸濠，使之恐惧，迟疑观望，不敢轻进。使济等密遣乖觉人役，持火牌设法打入省城。宸濠见火牌，果生疑惧。

十八日，回至吉安。又令济等假写南雄、南安、赣州等府报帖，日逐飞报府城，打入省下，一以动摇省城人心，一以鼓励吉安效义之士。

又与济等谋假写迎接京军文书云："提督军务都御史王为机密军务事：准兵部咨，该本部题，奉圣旨：'许泰、郤永分领边军四万，从凤阳等处陆路径扑南昌；刘晖、桂勇分领京边官军四万，从徐州、淮安等处水陆并进，分袭南昌；王守仁领兵二万，杨旦等领兵八万，秦金等领兵六万，各从信地分道并进，刻期夹攻南昌。务要遵照方略，并心协谋，依期速进。毋得彼先此后，致误事机。钦此。'等因。咨到职，除钦遵外，照得本职先因奉敕前往福建公干，行至丰城地方，卒遇宁王之变，见已退住吉安府起兵。今准前因，遵奉敕旨，候两广兵齐，依期前进外，看得兵部咨到缘由，系奉朝廷机密敕旨，皆是掩其不备，先发制人之谋。其时必以宁王之兵尚未举动。今宁王之兵已出，约亦有二三十万，若北来官兵不知的实消息，未免有误事机。以本职计之，若宁王坚守南昌，拥兵不出，京边官军远来，天时地利，两皆不便，一时恐亦难图。须是按兵徐行，或分兵先守南都，候宁王已离江西，然后或遮其前，或击其后，使之首尾不救，破之必矣。今宁王主谋李士实、刘养正等各有书密寄本职，其贼凌十一、闵廿四亦各密差心腹前来本职递状，皆要反戈立功报效。可见宁王已是众叛亲离之人，其败必不久矣。今闻两广共起兵四十八万，其先锋八万，系遵敕旨之数，今已到赣州地方。湖广起兵二十万，其先锋六万，系遵敕旨之数，今闻已到黄州府地方。本职起兵十万，遵照敕旨，先领兵二万，屯吉安府地方。各府知府等官各起兵快，约亦不下一万之数，共计亦有十一二万人马，尽已彀用。但得宁王早离江西，其中必有内变，因而乘机夹攻，为力甚易。为此，今用手本备开缘由前去，烦请查照裁处。并将一应进止机宜，计议停当，选差乖觉晓事人员，与同差去人役，星夜回报施行，须至手本者。”

既已写成手本，令济等选差惯能走递家人，重与盘费，以前事机阳作实情，备细密切说与，令渠潜踪隐迹，星夜前去南京及淮、扬等处迎接官兵。又令济等寻访素与宸濠交通之人，厚加结纳，令渠密去报知宁府。宸濠闻知，大加赏赐，差人四路跟捉。既见手本，愈加疑惧，将差人备细拷问详悉，当时杀死。因此宸濠又疑李士实、刘养正，不信其谋。

又与龙光计议，假写回报李士实书，内云：“承手教密示，足见老先生精忠报国之本心，始知近日之事迫于势不得已而然，身虽陷于罗网，乃心罔不在王室也。所喻密谋，非老先生断不能及此。今又得子吉同心协力，当万万无一失矣。然几事不密则害成，务须乘时待机而发乃可。不然恐无益于国，而徒为老先生与子吉之累，又区区心所不忍也。况今兵势四路已合，只待此公一出，便可下手，但恐未肯轻出耳。昨凌、闵诸将遣人密传消息，亦皆出于老先生与子吉开导激发而然。但恐此三四人者皆是粗汉，易有漏泄，须戒令慎密，又曲为之防可也。目毕即付丙丁，知名不具。”与刘养正亦同。两书既就，遣雷济设法差递李士实，龙光设法差递刘养正。各差递人皆被宸濠杀死。宸濠由是愈疑刘、李，刘、李亦各自相疑惧，不肯出身任事。以故上下人心互生疑惧，兵势日衰。

又遣素与刘养正交厚指挥高睿致书刘养正，及遣雷济、萧禹引诱内官万锐等，私写书信与内官陈贤、刘吉、喻木等，俱皆反间之谋。又多写告示及招降旗号，开谕逆顺祸福，及写木牌等项，动以千计，分遣雷济、萧禹、龙光、王佐等分役经行贼垒，潜地将告示黏贴，及旗号木牌四路标插。又先张疑兵于丰城，示以欲攻之劳。又遣雷济、龙光将刘养正家属在吉安厚加看养，阴遣其家人密至刘养正处传递消息，亦皆反间之谋。

初时，宸濠谋定六月十七日出兵，自己于二十二日在江西起马，径趋南京，谒陵即位，遂直犯北京。因闻前项反间疑沮之谋，遂不敢轻出。故十七等日，先遣兵攻南康、九江，而自留省城。贼兵等候宸濠不出，亦各疑惧退沮，久驻江湖之上，师老气衰；又见四路所贴告示及插旗号木牌，人人解体，日渐散离，以故无心攻斗。其后宸濠探知四路无兵，前项事机已失，兵势已阻，人马已散，多有潜来投降者。我师一候宸濠出城，即统伍知府等官兵，疾趋攻破省城。度宸濠顾念根本之地，势必归救，遂预发兵迎击于鄱阳湖。大战三日，罪人斯得。

右反间始末，尝闻诸吉水致仕县丞龙光。光谓德洪曰：“昔夫子写杨公火牌将发时，雷济问曰：‘宁王见此恐未必信。’曰：‘不信，可疑否？’对曰：‘疑则不免。’夫子笑曰：‘得渠一疑，彼之大事去矣。’既而叹曰：‘宸濠素行无道，残害百姓，今虽一时从逆者众，必非本心，徒以威劫利诱，苟一时之合耳。纵使奋兵前去，我以问罪之师徐蹑其后，顺逆之势既判，胜负预可知也。但贼兵早越一方，遂破残一方民命。虎兕出柙，收之遂难。为今之计，只是迟留宸濠，一日不出，则天下实受一日之福。’”

光又言：“夫子捷疏虑繁文太多，一切反间之计俱不言及。亦以设谋用诡，非君子得已之事，不欲明言示人。当时若使不行间计，迟留宁王，宁王必即时拥兵前进，正所谓迅雷不及掩耳，两京各路，何恃为备？所以破败宁王，使之坐失事机，全是迟留宁王一着。所以迟留宁王，全是谋行反间一事。今人读奏册所报，皆是可书之功，而不知书不能尽者十倍于奏册。”

又言：“宁藩事平之后，京边官军南来，失其奸计，由是痛恨夫子，百计搜寻罗织，无所泄毒，挤怒门人冀元亨与济、禹、光等，俱欲置之死地。冀元亨被执，光等四窜逃匿，家破人亡，妻子离散。直伺官军离却省城，方敢出身回家。当时光等粘贴告示，标插旗号木牌，皆是半夜昏黑，冲风冒雨，涉险破浪，出入贼垒，万死中得一生，所差行间人役，被宸濠要杀者，俱是亲信家人。今当事平之后，议者不究始原，并将在册功次亦尽削去。此光等走役微劳，虽皆臣子本分，不足深惜，但赏罚若此，继后天下倘或再有事变，人皆以光等为鉴戒矣。谁肯复效死力哉？”

又言：“夫子应变之神真不可测。时官兵方破省城，忽传令造免死木牌数十万，莫知所用。及发兵迎击宸濠于湖上，取木牌顺流放下。时贼兵既闻省城已破，胁从之众俱欲逃窜无路，见水浮木牌，一时争取，散去不计其数。二十五日，贼势尚锐，值风不便，我兵少挫。夫子急令斩取先却者头。知府伍文定等立于锐炮之间，方奋督各兵，殊死抵战。贼兵忽见一大牌书：‘宁王已擒，我军毋得纵杀！’一时惊扰，遂大溃。次日贼兵既穷促，宸濠思欲潜遁，见一渔船隐在芦苇之中。宸濠大声叫渡。渔人移棹请渡，竟送中军，诸将尚未知也。其神运每如此。”

又言：“尝闻雷济云：夫子昔在丰城闻变，南风正急，拜受哭告曰：‘天若悯恻百万民命，幸假我一帆风！’须臾风稍定，顷之，舟人欢噪回风。济、禹取香烟试之舟上，果然。久之，北风大作。宸濠追兵将及时，夫人、公子在舟。夫子呼一小渔船自缚，敕令济、禹持米二斗，脔鱼五寸，与夫人为别。将发，问济曰：‘行备否？’济、禹对曰：‘已备。’夫子笑曰：

‘还少一物。’济、禹思之不得。夫子指船头罗盖曰：‘到地方无此，何以示信？’于是又取罗盖以行。明日至吉安城下，城门方戒严，舟不得泊岸。济、禹揭罗盖以示，城中遂欢庆曰：‘王爷爷还矣。’乃开门罗拜迎入。于是济、禹心叹危迫之时，暇裕乃如此。”

德洪昔在师门，或问：“用兵有术否？”夫子曰：“用兵何术，但学问纯笃，养得此心不动，乃术尔。凡人智能相去不甚远，胜负之决不待卜诸临阵，只在此心动与不动之间。昔与宁王逆战于湖上时，南风转急，面命某某为火攻之具。是时前军正挫却，某某对立矍视，三四申告，耳如弗闻。此辈皆有大名于时者，平时智术岂有不足，临事忙失若此，智术将安所施？”

又尝闻邹谦之曰：“昔先生与宁王交战时，与二三同志坐中军讲学。谍者走报前军失利，坐中皆有怖色。先生出见谍者，退而就坐，复接绪言，神色自若。顷之，谍者走报贼兵大溃，坐中皆有喜色。先生出见谍者，退而就坐，复接绪言，神色亦自若。”

又尝闻陈惟浚曰：“惟浚尝闻之尚谦矣。尚谦言，昔见有待于先生者，自称可与行师。先生问之。对曰：‘某能不动心。’曰：‘不动心可易言耶？对曰：‘某得制动之方。’先生笑曰：‘此心当对敌时且要制动，又谁与发谋出虑耶？’又问：‘今人有不知学问者，尽能履险不惧，是亦可与行师否？’先生曰：‘人之性气刚者亦能履险不惧，但其心必待强持而后能。即强持便是本体之蔽，便不能宰割庶事。孟施舍之所谓守气者也。若人真肯在良知上用功，时时精明，不蔽于欲，自能临事不动。不动真体，自能应变无言。此曾子之所谓守约，自反而缩，虽千万人吾往者也。’”

又尝闻刘邦采曰：“昔有问：‘人能养得此心不动，即可与行师否？’先生曰：‘也须学过。此是对刀杀人事，岂意想可得？必须身习其事，斯节制渐明，智慧渐周，方可信行天下；未有不履其事而能造其理者，此后世格物之学所以为谬也。孔子自谓军旅之事未之学，此亦不是谦言。

但圣人得位行志，自有消变未形之道，不须用此。后世论治，根源上全不讲及，每事只在半中截做起，故犯手脚。若在根源上讲求，岂有必事杀人而后安得人之理。某自征赣以来，朝廷使我日以杀人为事，心岂割忍，但事势至此。譬之既病之人，且须治其外邪，方可扶回元气，病后施药，犹胜立视其死故耳。可惜平生精神，俱用此等没紧要事上去了。’”

昔者德洪事先生八年，在侍同门每有问兵事者，皆默而不答，以故南、赣、宁藩始末俱不与闻。先生殁后，搜录遗书七年，而奏疏文移始集。及查对月日，而后五征始末具见。独于用间一事，昔尝概闻，奏疏文移俱无所见。去年德洪主试广东，道经江西，访问龙光，始获间书、间牌诸稿，并所闻于诸同门者，归以附录云。时嘉靖乙未八月，书于姑苏之郡学。

阳明先生平浰头记 大学士湖东　费宏

惠之龙川，北抵赣，其山谷贼巢，亡虑数百，而浰头最大。浰之贼肆恶以毒吾民者，亡虑数千，而池仲容最著。仲容之放兵四劫，亡虑数十年，而龙川、翁源、始兴、龙南、信丰、安远、会昌以迩巢受毒无数。

正德丁丑之春，信丰复告急于巡抚都御史王公伯安，召诸县苦贼者数十人，问何以攻之。皆谓非多集狼兵弗济。又谓狼兵亦尝再用矣，竟以招而后定。公曰：“盗以招蔓，此顷年大弊也，吾方惩之。且兵无常势，奚必狼而后济耶？若等能为吾用，独非兵乎！”乃与巡按御史屠君安卿、毛君鸣冈合疏以剿请；又请重兵权，肃军法，以一士心。诏加公提督军务，赐之旗牌，听以便宜区画，惟功之有成，不限以时。

时横水、桶冈盗亦起，而视浰为急。公议先攻二峒，乃会兵以图浰。凡军中筹画，多谘之兵备副使杨君廷宜，请募诸县机兵，而以其佣募新民之任战者，取赎金储谷、盐课以饷之，而兵与食足焉。

二峒之攻，虑仲容乘虚以扰我也，谋伐其交，使辩士周祥等谕其党黄金巢等，得降者五百人，藉以为兵。仲容独愤不从。冬初，闻横水破，始惧，使弟仲安率老弱三百人来图缓兵，且我觇之。公阳许之，使据上新地以遏桶冈之贼，而实迟其归图。

阅月，仲容闻桶冈破，益惧，为备益严。公使以牛酒诇之。贼度不可隐，则曰："卢珂、郑志高、陈英吾仇也，恐其见袭而备之耳。"珂等皆龙川归顺之民，有众三千，仲容胁之不可，故深仇之。公方欲以计生致仲容，乃阳檄龙川卢珂等构兵之实，若甚恐焉。趣利刊木，且假道以诛珂党。十二月望，珂等各来告仲容必反。公复怒其诬构，叱收之，阴谕意向，使遣人先归集众。

时兵还自桶冈，公合乐大飨，散之归农，示不复用。使仲安亦领众归。又遣指挥余恩谕仲容毋撤备以防珂党。仲容益喜，前所辩士因说之亲诣公谢，且曰："往则我公信尔无他，而诛珂等必矣。"仲容然，率四十人来见。公闻其就道也，密饬诸县勒兵分哨。又使千户孟俊伪持一檄，经浰巢，宣言将拘珂党，实督集其兵也。贼道俊出境，不复疑。

闰十二月下弦，仲容既至赣，是夕释珂等驰归。縻仲容，令官属以次绚犒。明年正月癸卯朏，公度诸兵已集，引仲容入，并其党擒之。出珂等所告，讯鞫具状，亟使人约诸兵入巢。

越四日丁未，同时并进。其军于龙川者，惠州知府陈祥，率通判徐玑，从和平都入；指挥姚玺率新民梅南春等，从乌龙镇入；孟俊率珂等从平地水入。军于龙南者，赣州知府邢珣率同知夏克义，知县王天与等，从太平保入；推官危寿率义民叶方等，从南平入；守备指挥郏文率义民孙洪舜等从冷水径入；余恩率百长王受等，从高砂保入。军于信丰者，南安知府季斅率训导蓝铎等，从黄田冈入；县丞舒富率义民赵志标等，从乌径入。公自率中坚督文捣下浰大巢。副使君督余哨会于三浰。贼党自仲容至赣，备已弛矣。至是，闻官兵骤入，皆惊失措。乃分投出御，而悉其精锐千余，迎敌于龙子岭。我兵列为三冲，犄角而前。恩以受兵，首与贼战，却之。奋追里许，贼伏四起，击受后。

寿乃以方兵鼓噪往援，俊复以珂等兵从旁冲击，呼声震山谷，贼大败而溃。遂并上、中二浰克之。各哨兵乘胜奋击，是日遂破巢十一，曰热水，曰五花障，曰淡方，曰石门，曰上下陵，曰芳竹湖，曰白沙，曰曲潭，曰赤塘，曰古坑，曰三坑。

明日，探贼所奔，分道急击。己酉，破巢凡六，曰铁石障，曰羊角山，曰黄田坳，曰岭冈，曰塘含冈，曰溪尾。庚戌，破巢凡二，曰大门山，曰镇里寨。辛亥，破巢凡九，曰中村，曰半径，曰都坑，曰尺八岭，曰新田径，曰古地，曰空背，曰旗岭，曰顿冈。癸丑，破巢凡四，曰狗脚坳，曰水晶洞，曰五洞，曰蓝州。丙辰，破巢凡二，曰风盘，曰茶山。

其奔者尚八百余徒，聚于九连山，山峻而袤广，与龙门山后诸巢接。公虑以兵进逼，其势必合，合难制矣。乃选锐士七百余人衣所得贼衣，若溃而奔，取贼所据厓下涧道，乘暮而入。贼以为其党也，从厓下招呼。我兵亦佯与和应，已度险，扼其后路。明日，贼始觉，并力求敌，我兵从高临下，击败之。公度其必溃也，预戒各哨设伏以待。乙丑，覆之于五花障，于白沙，于银坑水。丁卯，覆之于乌龙镇，于中村，于北山，于风门奥。

分逃余孽，尚三百余徒，各哨乃会兵追之。二月辛未，复与战于和平。甲戌，战于上坪、下坪。丁丑，战于黄田坳，辛巳，战于铁障山。癸未，战于乾村，于梨树。乙酉，战于芳竹。壬辰，战于百顺，于和峒。乙未，战于水源，于长吉，于天堂寨。谍报各巢之稔恶者盖几尽矣，惟胁从二百余徒，聚九连谷山，呼号乞降。公遣珣往抚之，籍其处之白沙。

公率副使君乃即祥应和平，相其险易，经理立县设隘，庶几永宁，遂班师而归，盖戊寅三月丁未也。凡所捣贼巢三十八，所擒斩贼酋二十九人，中酋三十八人，从贼三千六十八人，俘贼属男妇八百九十人，卤获马牛器仗称是。是役也，以力则兵仅数千，以时则旬仅六夹，遂能灭此凶狡稽诛之虏，以除三徼数十年之大患，其功伟矣。

捷闻，有诏褒赏，官公之子世锦衣百户，副使君加俸一秩。于是邢侯、夏侯、危侯偕通判文侯运、吴侯昌谓公兹举，足以威不轨而昭文德，不可以无传也，使人自赣来请予书其事。

嗟呼！惟兵者不祥之器，王公用儒者谋谟之业，而乃躬擐甲胄，率先将士，下上山谷，与死寇角胜争利，出于万死。而公平日岂习杀伐之事，而贪取摧陷之功以为快哉？顾盗之于民，不容并育，譬则莠骄害稼，而养之弗薅，从虎狼之狂噬，而听孽牧之衰耗，此不仁者所不忍为，而公亦必不以不仁自处也。公之心，予知之，公之功，则播之天下，传之后世，何俟予之书之也。然而人知渠魁之坐缚，凶孽之荡平，以为成功如此之易，而不知公之筹虑如此其密，建请如此其忠，上之所以委任如此其专，副使君之所赞佐如此其勤，文武将吏之所以奔走御侮如此其劳，而功之成所以如此其不易，是则不可以不书也。予故为备书之，以昭示赣人，庶某无忘，且有考焉。

移置阳明先生石刻记 费宏

昔阳明王先生督兵于赣也，与学士大夫切劘于圣贤之学，自缙绅至于闾阎，以及四方之过宾，皆得受业问道。盖濂、洛之传，至是复明。而先生治兵料敌，卒不以平奸宄者，皆原于切劘之力。于是深信人心本善，无不可复，其不然者，由倡之不力，辅之不周，而为学之志未立故也。既以责志为教，肄其子弟，复取《大学》、《中庸》古本，序其大端，与濂溪《太极图说》联书，刻于郁孤山之上。使登览而游息于此者，出埃墙之表，动高明旷远之志，庶几见所书而兴起其志，不使至于懈惰，盖所以为倡而辅之之虑切也。

先生去赣二十余年，石为风雨之所摧剥者，日就缺坏，而是山复为公廨所拘，观者出入不便。嘉靖壬寅，宪副江阴薛君应登备兵之暇，访先生故迹，睹斯石，悲慨焉。既移置于先生祠中，复求搨本之善者，补刻其缺坏，而托记于予。

予尝观先生所书，恨其学之不俱传也。自孔、孟以后，明其学者濂溪耳。故‘图说’原天所以生人者，本于无极，而求复其原，则以无欲为主，舍无欲而言中正仁义，皆不可以合德而反终。故《大学》言致知，《中庸》言慎独，独知之地，欲所由辨，求其寡而无焉，此至易而难者也。先生数百年之下，处困而后自得，恍然悔既往之非，真若脱溷淖而御泠风。故既自以切劘，而尤不敢有隐于天下，于是择其辞书之石，冀来者之自得犹夫己也。

今先生之言遍天下，天下之人，多易其言，而不知其处困之功，与责志之教。故深于解悟者，每不屑于持守，而意见所至，即皆自是而不疑，哓哓然方且以议论相持竞，譬则石已缺坏，而犹不蔽风雨，顾以为崇获之严，贸焉莫知其所出入，岂不失哉？

夫欲之易炽，速于风雨，而志之难立，有甚于石，其积习之久，非一日可移置也。然使精神凝聚，即独知之地以从事焉，则又不易地，不由人而足以自反，譬则石之摧剥于风雨者，复庇之以厦屋，虽失于昔，不犹可以保其终乎？今石存，则升先生之堂者，宜有待矣。

薛君有志于学，其完此石，盖亦辅世之意。而余之困而不学，则有愧于切劘之助也。书之石阴，亦以为久要云。

阳明王先生报功祠记 *费宏*

经世保民之道，济其变，而后显其功，厚其施，而后食其报。传曰："太上有立德，其次有立功。"时而至于立功，则去太上远矣。士君子遭时遇主，处常尽变，不得已而立功。固不望其报之久。追人之思报，自不能已，故昌黎祀潮，子厚祀柳，张咏绘像而祀于蜀，羊祜建碑而祀于襄阳，其致一也。

赣之牙境，万山盘亘，群盗纵横，土酋跳梁于东南，逆藩窥伺于西北。正德丙子春，阳明王公以大中丞秉钺来镇，纲纪号令，朝发夕新。凡四省、五道、九府州、六十九县、二十五卫所之奔命者，皇皇汲汲，恐于后至之诛。又卓见大本，广集众思，张施操纵，不出庭户，而遥制黠虏于江山数千里之外，英声义烈，肃于雷霆。今年平南靖，明年平桶冈，又明年平浰头，又明年平逆藩。如虔，如楚，如闽，如粤，四郊力穑，清夜弦歌，而边圉之患除。如豫州，如江州，如桐城，如淮甸，千里肃清，万夫解甲，而社稷之忧释。夫公以文儒之资，生承平之世，蹈疏逖之踪，当盘错之会，天枢全斗极之光，地维扫豺狼之穴，玺书频奖，茅土加封，一时遭际，可以风励群工矣。

公之去赣久矣，而人犹思之，复建祠以祀之。富者输财，贫者效力，巧思者模像，善计者纠工，虚堂香火，无替岁时。报施之道，不于其存，而于其亡，身后之事，未定于天下，而私于一方，吾是以知赣人之重义也。孔子曰："斯民也，三代之所以直道而行也。"兹非三代之遗民欤?

公继其父龙山公之学，且与孙忠烈同年同官，忠烈死逆藩之难，而公成靖难之功，浩然之气，充塞两间，增光皇国，幸与不幸，易地则皆然者。然则公之立功，虽有先后大小，要皆以忠输君，以孝成亲，以信许友者欤。公讳守仁，字伯安，别号阳明。龙山公讳华，以大魁冢宰。孙忠烈讳燧，以中丞赠宗伯。皆吾乡先达也。

呜呼！望雷阳而思新竹。按营垒而叹奇才，高山仰止，景行行止，谨纪其实，以备野史之拾遗云。

田石平记 *费宏*

田江之滨，有怪石焉，状若一龟，卧于衍石之上。长倍寻，厚广可寻之半。境土宁静，则偃卧维平，有眚，则倾欹潜浮，以离故处。故俗传有平宁倾兵之谶。岁乙酉，岑氏猛，食采日殷，恣横构兵。守臣方上疏议讨，一夕，石忽浮去数百武。猛惧，乃使力士复之，向夕，殷祀之，以潜弭其变。明年，大兵至猛，竟失利以灭，人益异焉。

猛党卢、王二酋胁众连兵，据思、田，以重烦我师，朝议特起今新建伯阳明王公来平。比至，集众告曰："蠢兹二酋，岂惮一擒，维疮痍未瘳，而重罹锋刃，为可哀也。”即日下令，解十万之甲，掣四省之兵，推赤二酋，俾自善计。二酋惮公威德，且知大信不杀，遂率众自缚泣降。公如初令，谕而遣之。单车诣田，经画建置，以训奠有众。田父老望风观德，如堵如墙，罗拜泣下曰：“大兵不加，明公再生之赐也。田丑何以为报！”维田始祸，石实衅之，具以怪状闻，且曰：“自王师未旋，石靡有宁，田人惴惴，守之如婴，今则亡是恐矣。愿公毁此，以宁我田。”公曰：“其然，与若等往观之。”既观，曰：“汝能怪乎？吾不汝毁，而与决。”取笔大书其上曰：“田石平，田州宁，千万世，巩皇明。”明年春，公使匠氏镌之，遂以为田镇。田人无远近老稚，咸讴歌于道，以相庆焉。

嗟夫！维石在阿，赋性不那，孰使之行，岂民之讹。维奴维祥，肇是兴亡，天实变幻，而莫知其方。维邪则泄，维正则灭，亦存乎其人而已矣。公忠诚纯正，其静一之学，浩然之气，见于勤王靖难者，可以格神明而贯金石。天下已信之，有弗灵于是石乎？田人宝兹石文，盖不啻交人之累铜柱也已。公车将旋，田人趋必东曰：“兹不可无述以告于世。”世作《田石平记》。

阳明先生画像记 少师徐阶

阳明先生像一幅，水墨写。嘉靖己亥，予督学江西，就士人家摹得先生燕居像二，朝衣冠像一。明年庚子夏，以燕居之一赠吕生舒，此幅是也。

先生在正德年间，以都御史巡抚南、赣，督兵败宸濠，平定大乱，拜南京兵部尚书，封新建伯。其后以论学为世所忌，竟夺爵。予往来吉、赣间，问其父老，云：“濠之未叛也，先生奉命按事福州，乞归省其亲，乘单舸下南昌，至丰城，闻变，将走还幕府，为讨贼计，而吉安太守松月伍公议适合，郡又有积谷可养士，因留吉安，征诸郡兵，与濠战湖中，败擒之。”其事皆有日月可按覆。而忌者谓先生始赴濠之约，后持两端遁归，为伍所强，会濠攻安庆不克，乘其沮丧，幸成功。夫人情苟有约，其败征未见，必不遁。凡攻讨之事，胜则侯，不胜则族，苟持两端，虽强之必不留。武皇帝之在御也，政由嬖幸。濠悉与结纳，至或许为内应。方其崛起，天下皆不敢意其遽亡。先生引兵而西，留其家吉安之公署，聚薪环之，戒夺者曰："兵败，即纵火，毋为贼辱。"呜呼！此其功岂可谓幸成，而其心事岂不皦然如日月哉！忌者不与其功足矣，又举其心事诬之，甚矣小人之不乐成人善也。

自古君子为小人所诬者多矣，要其终必自暴白。乃予所深慨者，今世士大夫，高者谈玄理，其次为柔愿，下者直以贪黠奔竞，谋自利其身。有一人焉，出死力为国家平定大乱，而以忌厚诬之，其势不尽驱士类入于三者之途不止。凡为治，不患无事功，患无赏罚。议论者，赏罚所从出也。今天下渐以多事，庶几得人焉，驰驱其间，而平时所谓议论者如此，虽在上智，不以赏罚为劝惩，彼其激励中才之具，不已疏乎？此予所深慨也。

濠之乱，孙、许二公死于前，先生平定之于后，其迹不同，同有功于名教。江西会城，孙、许皆庙食，而先生死祠，予督学之二年，始祀先生于射圃。未几，被召，因摹像以归，将示同志者，而首以赠吕生。予尝见人言此像于先生极似，以今观之，貌殊不武，然独以武功显，于此见儒者之作用矣。吕生诚有慕乎，尚于其学求之。

重修阳明王先生祠记 大学士李春芳

阳明先生祠，少师存翁徐公督学江右时所创建也。

公二十及第，宏辞博学，烨然称首词林。一时词林宿学，皆自以为不及。而公则曰："学岂文词已也！"日与文庄欧阳公穷究心学，闻阳明先生良知之说，而深契焉。江右为阳明先生过化地，公既阐明其学以训诸生，而又谓崇祀无所，不足以系众志，乃于省城营建祠宇，肖先生像祀之。遴选诸生之俊茂者乐群其中，名曰龙沙会。公课艺暇，每以心得开示诸生，而一时诸生多所兴起云。

既公召还，荐跻纶阁，为上所亲信，盖去江右几三十年矣。有告以祠宇倾圮者，公则愀然动心，捐赐金九十，属新建钱令修葺之。侍御甘斋成君闻之曰："此予责也。"遂身任其事，鸠工庀材，饰其所已敝，增其所未备，堂宇斋舍，焕然改观，不惟妥祀允称，而诸生之兴起者，益勃勃不可御矣。

噫！公当枢管之任，受心膂之寄，无论几务丛委，即宸翰咨答，日三四至，而犹惓惓于崇先哲、兴后学如此，诚以学之不可以已也。夫致知之学，发自孔门，而孟子良知之说，则又发所未发。阳明先生合而言之曰"致良知"，则好善恶恶之意诚，推其极，家国天下可坐而理矣。公笃信先生之学，而日似体之身心，施之政事。秉钧之初，即发私馈，屏贪墨，示以好恶，四海向风。不数年，而人心吏治，翕然丕变。此岂有异术哉？好善恶恶之意诚于中也。故学非不明之患，患不诚耳。知善知恶，良知具存，譬之大明当天，无微不照，当好当恶，当赏当罚，当进当退，锱铢不爽，各当天则。循其则而应之，则平平荡荡，无有作好，无有作恶，而天下平矣。故诚而自慊，则好人所好，恶人所恶，而为仁。不诚而自欺，则好人所恶，恶人所好，而为不仁。苟为不仁，生于其心，害于其事，蠹治戕民，有不可胜言者矣。公为此惧，又举明道《定性》、《识仁》二书发明其义，以示海内学者，而致知之学，益明以切。诸生能心推其义而体诸身，则于阳明先生之学几矣。业斯舍者，其尚体公之意，而殚力于诚，以为他日致用之地哉！

成君守节，曹州人，癸丑进士，按治江右，饬纪布惠，卓有贤声，盖有志于学者。

平宁藩事略 敬斋蔡文 见任廉使

阳明先生，以道德功业，冠绝古今，无容议矣。独宁藩一事，不理于谗口者有二：曰始与宁府交通，后知事不可成，因人之力，从而剪之，以成厥功；又曰宁府财宝山积，兵入其宫，悉取以归。此二者，当时谗口嗷嗷，至形诸章奏，播诸远近。缙绅有识，皆知其为必无，而莫悉其无之故；皆知其绝无可疑，而无以破人之疑。余甚恨之。足迹半天下，访之莫有知者。迨移官入赣，赣故先生开府之地，当时故老尚有存者，咨访累月，乃得其详。于是跃然以喜，疾谗口之无根，且知先生计虑之深，规模之远，有非常情之所能测识也。

自古建非常之功，必待非常之人。逆藩之积虑，非一日矣，当时所惮，独先生在耳。杀之不得，必欲致之，事乃可成，故致惓惓于先生。而先生亦示不绝于彼者，力有所为，机有所待。

峒酋叶芳等有众万人，感不杀之恩，乐为我用；先生推诚抚之，间示以意。芳叩首踊跃，待报而发。逆藩招集无赖，亦属意于叶芳，尝以厚赀陷之。芳受不却。有以闻于先生者，先生怃然有失。久之，搏案起曰："吾今日视义当为，事之成败，身之祸福，不计也。"会逆藩起，遂部所属民卒，督知府邢珣、伍文定等以行。叶芳密使人告曰："吾以疑彼也。今日之事，生死惟命。"先生大喜，即携以往。鄱湖之战，逆藩觊望芳来。芳乘之，遂就擒。大难之平，芳与有力。不然，逆兵众且强，独以民卒之脆弱涣散，安能当其锋哉？兵入南昌，先生召芳语之曰："吾请于朝，以官偿若劳，如何？"芳叩首曰："芳土人，不乐拘束，愿得金帛作富家翁耳。"遂入宫，籍所有以献，余以予芳，满其欲焉。

由前观之，先生所以阳示不绝于彼者，阴欲有为于此。使当时积谷练兵，宁不启彼之疑，而厚其毒。法曰"藏于九地之下，奋于九天之上"是也。其后以赀委叶芳者，则以夷治夷之法。故先生心事如青天白日，用兵如风雨雷霆，本无可疑；何疑者之纷纷也！故表而出之。

荫子咨呈 蔡文

正德十六年七月十八日，奉到兵部风字二千八百八十号勘合内开一件捷音事，准武选司付奉本部连送该本部题送，准浙江布政司咨呈，据绍兴府申，据余姚县申，蒙本府纸牌，仰县速将都御史王承荫子侄应该之人，取具无碍亲供，并官吏里邻人等不扶结状缴报等因，依蒙行据该隅里老吕时进等，勘得右副都御史王，任江西南、赣等处剿贼成功，钦承荫子一人，世袭锦衣卫百户，行县取具里老并本族亲供。今据前因，合将缴到王冕等供状一纸，系本县东北隅五里民籍，有侄王守仁，任江西南、赣等处右副都御史为剿贼成功钦承荫子王正宪，世袭锦衣卫百户，行县取具里老并本族亲供呈缴到部。查得先该提督南、赣都御史王奉称征剿江西南、赣等处贼寇，驱卒不过万余，用费不满三万，两月之间，俘斩六千有奇，破巢八十有四，渠魁授首，噍类无遗。该本部查议得都御史王躬亲督战，获有军功，所当先录，伏望圣明俯照节年平寇，升荫有功官员事例，将王照例升职荫子，以酬其功，等因具题。正德十三年四月十八日，节该奉圣旨："是。各官既剿贼成功，地方有赖，升右副都御史，荫子侄一人做锦衣卫，世袭百户，钦此。"查无本官应袭子侄姓名，已经备行原籍官司查取，去后。又该提督南、赣军务右副都御史王奏报广东韶州府乐昌等县平贼捷音，内开擒斩首从贼人首级共二千八百九名颗，俘获贼属，并夺回被掳男妇五百名口等因。该本部查议得本官分兵设策，一旦剿平，厥功非细。本部议将王量加升级，于先荫子百户上再加升荫，以酬其功。伏蒙钦依，王守仁已因功升职，还赏银四十两，纻丝二表里。臣等以为王守仁累建奇功，各不相掩，今止给赏，似不足酬其功。合无王守仁量升俸给，于先荫子百户上量加升荫等因。本年十二月初三日具题。本月二十六日奉圣旨："王守仁累有成功，他男先荫职事上还加升一级，钦此。"又经备行钦遵讫，今据前因，久查升级事例，实授百户上加一级，该副千户，通查案呈到部，欲将都御史王应荫子王正宪查照先奉钦依，加荫子侄一人做锦衣卫，世袭百户，再加。续奉钦依，加升一级，与做副千户，填注锦衣卫左所支俸。缘系查录恩荫，节奉钦依，王守仁荫子侄一人做锦衣卫，世袭百户，及他男先荫职上还加升一级事理等因。正德十五年三月初四日，少师兼太子太师本部尚书王等具题。次年四月二十五日，奉圣旨："是，钦此。"钦遵，拟合通行，为此合行浙江布政司转行绍兴府余姚县，著落当该官吏，照依本部题奉钦依内事理，即便查取王正宪作速起程，前来赴任。仍将本官起程日期，缴报施行。

处分家务题册 门人黄宗明书

先师阳明先生夫人诸氏，诸无出，先生立从侄正宪为继。嘉靖丙戌，继室张氏生子，名正聪，未及一岁，辄有两广之命，当将大小家务处分详明，托人经理。殁几一载，家众童僮不能遵守，在他日能保无悔乎？

宗明等因送先生葬回，太夫人及亲疏宗族子弟四方门人俱在，将先生一应所遗家务，逐一禀请太夫人，与众人从长计处，分析区画，以为闲家正始，防微杜渐之原。写立一样五本，请于按察司佥事王，绍兴府知府洪，用印钤记。一本留府，一本留太夫人，正宪、正聪各留一本，同志一本，永为照守。

先生功在社稷，泽被生民，道在宇宙，人所瞻仰。其遗孤嫠室，识与不识，无不哀痛，况骨肉亲戚，门生故旧，何忍弃之负之哉！凡我同事，自今处分之后，如有异议，人得与正，毋或轻贷。

同门轮年抚孤题单 门人薛侃书

先师阳明先生同祖兄弟五人：伯父之子曰守义、守智，叔父之子曰守礼、守信、守恭。同父兄弟四人：长为先师，次守俭、守文、守章。先师年逾四十，未有嗣子，择守信第五男正宪为嗣，抚育婚娶。嘉靖丙戌，生子正聪，明年奉命之广，身入瘴乡，削平反乱，遂婴奇疾，卒于江西之南安。凡百家务，维预处分，而家众欺正聪年幼，不知遵守。吾侪自千里会葬，痛思先师平生忧君体国，拳拳与人为善之心，今日之事，宜以保孤安寡为先，区区田业，非其所重。若后人不体，见小失大，甚非所以承先志也。

及禀太夫人及宗族同门戚里，佥事汪克章，太守朱衮，酌之情礼，参以律令，恤遗孤以弘本，严内外以别嫌，分爨食以防微，一应所有，会众分析，具有成议。日后倘复恩典承袭，亦有成法。正聪年幼，家事立亲人管理，每年轮取同志二人兼同扶助，诸叔侄不得参挠。为兄者务以总家爱弟为心，以副恩育付托之重；为弟者务以嗣宗爱兄为心，以尽继志述事之美；为旁亲者亦愿公心扶植孤寡，以为家门之光。前先师在天之灵，庶乎其少慰矣。倘有疏虞，执此闻官。轮年之友，亦具报四方同门，咸为转达。明年宪典，幽有师灵，尚冀不爽。所有条宜，开具于后。

请恤典赠谥疏 薛侃

礼科等科都给事中等官辛自修等题，为开读事，伏睹诏书内一款："近年病故大臣，有应得恤典而未得，亦有不应得而得者，科道官举奏定夺，钦此。"臣等公同面议，举得大学士杨廷和、蒋冕、石瑶，尚书王守仁、王廷相、毛澄、汪俊、乔宇、梁材、湛若水、喻茂坚、刘讱、聂豹，侍郎吕柟、周广、江晓、程文德，少詹事王伟，祭酒王云凤、魏校、邹守益二十一人，奇勋大节，茂著于生前，令望高风，愈隆于身后，俱应得恤典而未得者。中间如吕柟，有祭葬而无谥，石瑶有谥而不足以尽其平生，俱应改拟补赐。又访得文臣中如曾铣、杨守谦、商大节、程鹏、朱方、张汉、王杲、孙继鲁八人，或志在立功，身遭重辟，或事存体国，罪累流亡，至今无问，知与不知，皆痛惜之。臣等仰惟恩诏既恤得罪之臣，复举原终之典，而诸臣独以一时负罪，遂不得沾被洪慈，人心咸为悯恻。似应查复原官，量加优恤，以示褒答等因。奉圣旨："礼部看议来说，钦此。"

浙江等道监察御史王等题，为开读事，伏睹诏书内一款，"近年病故大臣有应得恤典而未得，亦有不应得而得者，科道官举奏定夺，钦此。"钦遵，臣等备行礼部祠祭司，查取节年给过大臣恤典，并有请未给缘由，随行浙江等道，各公举所知，以奉明诏。续行祠祭司及各道手本，开具各臣前来，臣等逐一会同详议。举得原任大学士杨廷和、蒋冕、石瑶，尚书王守仁、王廷相、湛若水、毛澄、汪俊、乔宇、梁材、喻茂坚、刘讱、聂豹，侍郎吕柟、周广、江晓、程文德，少詹事黄佐，祭酒魏校、王云凤、邹守益等，即其立朝，则大节不亏，溯其居身，则制行无议，公是在人，不容泯没，俱应得恤典而未得者也。中间如吕柟，虽有恤典，而未得赠谥，石瑶已有赠谥，而未尽其人，似应得补赐改拟者也。又查得节年给过恤典，如尚书邵元节、陶仲文、顾可学、徐可成、甘为霖，侍郎郭文英、张电、朱隆僖等，或秽迹昭彰，人所共指，或杂流冒滥，法所不容，俱不应得而得者也。伏望敕下该部，再加详议，将杨廷和、王守仁等应复官荫者，复其官荫，仍给祭葬赠谥；吕柟准赐赠谥，以成恩礼；石瑶如法改拟，以符名实；其滥叨恩典，如邵元节、陶仲文先经刑部议处外，其顾可学等，均为冒滥，名器可惜，合当追夺，以昭明法者也。再照录忠恤罪，圣朝厚下之典也。观过而知仁，明主鉴物之公也。

臣等又访得如文臣之中，如曾铣、杨守谦、商大节、翟鹏、朱方、张汉、王杲、孙继鲁等，究其罹祸之迹，原其为国之忠，生则未雪，死而益明。武臣之中如周尚文者，出谋宣力，功在边疆，恤典未给，人心称屈。兹当圣仁湛濡之时，正烦冤洗濯之会，诸臣之恤典，似当应给，以广殊恩者也。再乞敕下该部，一并酌议，请自上裁，仍通行各该抚按，遵照诏书广求博访，凡大臣恤典，果有应得而未得，及不应得者，各宜悉心甄别，以宣上德。亦不得曲意徇物，滥及庸劣。庶几恩之所敷，潜晦不遗，义之所抑，回慝莫逃，劝惩之典行而风世之道备矣，等因。奉圣旨："礼部看议来说，钦此。"

辨明功罚疏 薛侃

南京户科给事中岑用宾一本开读事，臣惟国家之礼大臣，其生也，固重其爵禄以宠异之，其殁也，亦必优其恤典以施褒之，所以示君臣一体之义，终始存殁无间也。然是恩宠之泽，予夺出自朝廷之上，忠良之臣，固在所必加，其匪人恶德，亦不使得以幸及焉。盖加于忠良，则为公，及于匪人，则为僭，公而不僭，则君子以劝，小人以惩。此固人君奉天而不私，而实默寓劝惩之机于其间也。臣伏读皇上登极之诏，内一款有曰:“一近年病故大臣，有应得恤典而未得，亦有不应得而得者，科道官举奏定夺，钦此。”臣有以仰见皇上之新政，固将欲使朝廷恩宠之大典，昭大公于天下万世也。臣备员南垣，敢不祗承德意哉? 臣谨之缙绅，参之闻见，查得:

已故原任刑部尚书林俊，福建兴化府莆田县人，举成化戊戌科进士。历官四十余年，屡陈谠言，忠诚剀切，抗犯颜敢谏之节，尚简素清约之风。迭仆迭起，朝野推重。在四川则抚剿蓝、鄢之剧寇，在江西则裁制宁藩之逆萌，功尤不泯。暮年遭际，保终完名。居家构疾，具疏预辞。身后恤典，竟为不合者所忌，乘机排阻，至今公论惜之。

已故原任南京兵部尚书新建伯王守仁，浙江绍兴府余姚县人，举弘治己未科进士。筮仕三十余年，扬历中外，所至有声。而讨江西宸濠之叛，平广西思恩、田州及断藤、八寨之贼，功烈尤著。且博极经史，究心理学，倡明良知之训，洞畅本源，至今为人士所宗。不幸其殁也，遽为忌者疏论，遂削去伯爵并恤典赠谥，迄今人以为恨。

已故原任南京兵部尚书湛若水，广东广州府增城县人，举弘治乙丑科进士。历官三十余年，立朝正大重厚，有休休有容之风；治事经纬详明，有济世匡时之略。尤倡明正学，以接引后进为己任，自始至终，孜孜忘倦，凡所造就，多为时名流。致仕家居，逾二十载，寿考而终。其子孙曾陈乞恤典赠谥，未蒙先帝俞允，至今众论咸以为歉。

已故原任南京工部尚书吴廷举，广西横州府千户所人，举成化丁未科进士。历官四十余年，机略优长，节操素励，犯逆瑾之怒，而刚正不回，谕桃源之寇，而诚信久布。且始终一介不取，殁后殡殓无资，廉洁高风，古今鲜俪。访其赠谥，尚亦未与云。

已故原任户部侍郎唐胄，广东琼州府琼山县人，举弘治壬戌科进士。历官四十余年，始终正直，不少变易。迭任藩臬巡抚，劳代最多。在部建议陈言，忠谠更切。后以忤旨，被杖削籍，众皆韪之。昨吏部题请，虽以复职赠官，而祭葬并谥未议，犹为缺典。

以上五臣，其任职先后，虽稍不同，而负忠良重望则，无二致。明诏所谓应得恤典而未得者，此其最也。

又查得已故原任礼部尚书顾可学，其先后居官，臣无暇论已。独其晚年挟持邪浮诞术，于求进用，因而滥叨恩赏，秽浊清曹，迄今舆论咸羞称之。其始而炼合秋石，继而练制红铅，妄行进御，至使方士人等踵迹效尤。皇上所谓王金、陶仿等妄进药物，致损圣躬。臣愚以为若诛求首恶，则顾可学尤不容逭矣。其存日，既倖逃刑宪，不与方士人等同就诛夷，则其死也，宁可复使之冒滥朝廷恩赉于泉下也哉？明诏所谓有不应得而得者，此诚其最也。

夫表扬善类，则天下皆知为善之利，排斥奸谀，则天下皆知肆恶之非，乃治世所不容缓者。伏乞敕下，该部查议，如果臣言不谬，即将林俊、王守仁、湛若水、吴廷举、唐胄五臣，查照旧例，一体追补赠谥、祭葬、荫子等项；顾可学前后所冒官职赠荫等项尽行削夺。其王守仁伯爵应否承袭，并行集议题请，取自上裁。如此，庶乎予夺明而恩威不忒，赏罚当而劝惩以昭矣。

再照臣子冤抑，久当获伸，殊恩滥窃，终宜厘正。如已故原任吏部尚书李默，生平博雅能文，清修鲠介，居官守职，茂著风猷。止缘入柄铨曹，不阿权势，遂致奸人乘望风旨，竟尔挤排，含冤囹圄，赉志而死。今际遇昌时，彼泉壤之下，宁无昭雪之望乎？已故原任江西副使汪一中，在昔统兵征剿，始而无料敌之明，继而无御敌之策，坐使狂寇冲突，命殒兵歼。较之守备不设，诚为一律。倘若悯其死事，姑不追论，存其官职，犹或可也，故隆忠赠荫，崇之貌祀，其为冒滥不已甚乎？当时与一中同事者，佥事王应时也。应时被虏赎回，寻冒升秩，旋被参论落职。观应时不当冒升，则一中不应赠荫明矣。再乞敕下该部查议，将李默一臣，比照遗诏恤录之典，复其官职，加入赠祭，少雪冤魂；将一中一臣，遵照明诏不当得之旨，夺其赠荫祠祀，俾毋终辱明典。则予夺益彰，而淑慝益著，未必不为圣朝平明之治少裨也。奉圣旨："该部知道。"

请从祀疏 薛侃

钦差提督学校巡按直隶监察御史臣耿定向谨题，为应明诏，乞褒殊勋，以光圣治事。恭惟皇上御极之初，诏下中外，据剔幽滞，恤录往忠，鼓动寰宇。凡有血气者，靡不竞劝矣。伏思原封新建伯南京兵部尚书王守仁者，虽经科臣列举题请，顾其功在社稷，道启群蒙，是犹未可以概凡论也。臣敢特为陛下言之。

臣伏闻武宗初年，旧邸宦官有马永成、刘瑾等，时号"八虎"，置造淫巧，蛊惑上心；日进走马飞鹰，道为娱乐；不令亲近儒臣，讲学修德，耽废万几。时科道官谏，不听，户部尚书韩文泣血苦谏，不听，左右辅臣时时密谏，不听，以致海内汹汹思乱，盗贼蜂起，天下骚动。江藩宸濠，由此乘机窃发，谋危宗社，时非守仁在赣，倡义擒灭，今日之域中，殆有不忍言者矣。此其功在国论，章章较著，人所共明也。及宸濠既擒，太监张忠及许泰等复又诱惑武宗，以亲征为名，巡幸南都，其实阴怀异志，欲逞不轨。时宗社之危，益如累卵矣。全赖守仁握兵上游，随机运变，各恶潜自震慑，武宗因得还京厚终，于以启先皇帝逮我皇上今日万世无疆之业。此其功甚钜，而为力尤难，其迹则甚隐矣。至其倡明道术，默赞化理，未易言述。即举所著拔本塞源一论，开示人心，犹为明切。如使中外大小臣工实是体究，则所以翊我皇上太平无疆之治者，尤非浅小。此其功则百千世可颂者也。在昔先皇帝入继大统，首议锡爵进秩，遣官存问，即欲召入密勿，以咨启沃。维时辅臣桂萼者，妒其轧己，阴肆挤排，故荐令督师两广，竟使赍志以殁。寻复构煽，致削封爵。智士忠臣，至今扼腕悼叹而不置矣。

伏惟皇上俯垂轸念，敕下廷臣，虚心集议，特赚复爵赠谥，从祀孔庙，万代瞻仰，甚盛举也。臣窃又伏思，为此请，在国家诏功彝典，当如此耳。乃若笃忠效知之臣，其心惟愿国家永灵长之庆，而不愿有建功之赏；惟愿朝端协一德之交，而不乐有倡道之名。伏惟皇上省览及此，深惟往事之鉴，益弘保大之图。而左右臣工，共明一体之学，顿消有我之私。则守仁之道，即已表章于今日，而守仁之志，即已获伸于九原矣。即今奕世阨穷，永言销灭，亦其所安。此守仁之心、亦微臣之心也。臣无任祝望激切陨越之至。为此专差舍人丁宪赍捧，谨题请旨。奉圣旨:“礼部知道。”

题赠谥疏 薛侃

吏部一本，为开读等事，节该本部验封清吏司案呈，奉本部送，准礼部咨，该科道等官会举已故原任新建伯南京兵部尚书兼都察院左都御史王守仁等官各应得恤典等因。除祭葬照例给与外，据赠官备咨前来本部，俱经照例题奉钦依外，准吏部咨该翰林院接出揭帖某人等因，开咨送司，案呈到部。查得赠谥官员例应给与诰命，本部欲行翰林院撰文，中书舍人关轴书写，臣等未敢擅便开坐。谨题请旨。

计撰述官员。诰命轴。

原任新建伯南京兵部尚甫兼都察院左都御史王守仁，今赠新建侯。谥文成。

原任少师兼太子太师吏部尚书华盖殿大学士杨廷和，今赠太保，谥文忠。

原任少傅兼太子太傅户部尚书谨身殿大学士蒋冕，今赠少师。谥文定。

原任太子太保吏部尚书兼武英殿大学士石瑶，今赠少保。

原任少保兼太子太保吏部尚书乔宇，今赠少傅，谥庄简。

原任太子太保兵部尚书兼都察院左都御史王廷相，今赠少保，谥肃敏。

原任太子太保兵部尚书聂豹，今赠少保，谥贞襄。

原任太子太保兵部尚书彭泽，今赠少保，谥襄毅。

原任太子少保户部尚书王杲，今赠少保。

原任太子少保户部尚书梁材，今赠太子太保，谥端肃。

原任礼部尚书汪俊，今赠太子少保，谥文庄。

原任刑部尚书喻茂坚，今赠太子少保。

原任刑部尚书刘讱，今赠太子少保。

原任刑部尚书林俊，今赠太子少保，谥贞肃。

原任南京工部尚书吴廷举，今赠太子少保，谥清惠。

原任南京兵部尚书湛若水，今赠太子少保。

原任兵部左侍郎张汉，今赠兵部尚书。

原任南京工部左侍郎程文德，今赠礼部尚书。

原任南京工部左侍郎何孟春，今赠礼部尚书，谥文简。

原任南京礼部右侍郎吕柟，今赠礼部尚书，谥文简。

原任兵部右侍郎兼都察院左副都御史曾铣，今赠兵部尚书，谥襄愍。

原任兵部右侍郎兼都察院右副都御史杨守谦，今赠兵部尚书，谥恪愍。

原任兵部右侍郎兼都察院右佥都御史商大节，今赠兵部尚书，谥端愍。

原任南京刑部右侍郎江晓，今赠工部尚书。

原任都察院右副都御史孙继鲁，今赠兵部左侍郎，谥清愍。

原任詹事府少詹事兼翰林院侍读学士黄佐，今赠礼部右侍郎。

原任都察院右佥都御史朱方，今赠都察院右副都御史。

原任南京国子监祭酒邹守益，今赠礼部右侍郎，谥文庄。

原任刑部左侍郎刘玉，今赠刑部尚书，谥端毅。

原任太子太保吏部尚书熊浃，今赠少保，谥恭肃。

原任太仆寺卿杨勖，今赠右副都御史，谥忠节。

原任左春坊左赞善罗洪先，今赠光禄寺少卿，谥文恭。

原任兵部员外郎杨继盛，今赠太常寺少卿，谥忠愍。

题遣官造葬照会 薛侃

工部为开读事，书填堂字一千八百二十号勘合，照会浙江布政司，仰比号相同，照依后开事件，作速完报施行，须至照会者。

计开一件开读事，屯田清吏司奉本部连送该本部题，本司案呈，奉本部送准礼部咨，该礼科等科都给事中等官辛自修等题前事，该本部看得大学士蒋冕性行朴忠，学识雅正。当武朝南巡之日，而协谋靖乱，其成康定之功；遇先皇继统之初，而秉正立朝，克效赞襄之职。乞身远引，似得进退之宜；洁己令终，无损平生之誉。新建伯兵部尚书王守仁，具文武全才，阐圣贤之绝学。筮官郎署，而抗疏以犯中珰，甘受炎荒之谪；建台江右，而提兵以平巨逆，亲收社稷之功。伟节奇勋，久已见推于舆论；封盟恤典，岂宜遽夺于身终。尚书汪俊，秉刚介之性，持廉慎之操。筮仕词林，而再蹶复起，生平之制行可知；继司邦礼，而百折不回，立朝之节概具见。洁己无惭于古道；归田见重于乡评。尚书乔宇，才猷博达，德量宏深。预计伐叛濠之谋，而留都赖之以不耸；持法落逆彬之胆，而奸萌藉此以潜消。入掌铨衡，公明懋著；晚归田里，誉望弥隆。左都督周尚文，志本忠勤，才尤清耿。深谋秘略，克成保障于云中；锐于强才，久震威名于阃外。近年良将，在所首称；身后恤典，委难报罢。以上诸臣，论其职任才猷，不无差等之别；要其官常人品，均为贤硕之俦：所当厚加恤典以优异者也。尚书喻茂坚，历官中外，积有年；劳守己，始终并无訾论。尚书王杲，持身清慎，任事刚方。谪死本无非罪，大节委有可加。以上二臣，所当照例给与祭葬者也。相应题请，合无将大学士蒋冕，尚书乔宇，左都督周尚文，各照例与祭九坛；新建伯王守仁与祭七坛；尚书汪俊与祭二坛；尚书喻茂坚与祭二坛；尚书王杲与祭四坛。移咨工部，照依品级，造坟安葬，及行各该布政使备办祭物香烛纸，就遣本司堂上官致祭等因。题奉圣旨:“蒋冕、乔宇、周尚文、王守仁、汪俊各照例与祭葬，还同吕柟，俱与他谥；石瑶准改谥；其余都依拟行，钦此。”钦遵，咨部送司，查得先该本部为审时省礼，以宽民力事，议得病故大臣，照依今定后开价值，转行有司措办，给付丧家自行造葬，不必差官。中间果有功德昭彰，闻望素著，公私无过，或曾历边务，建立奇功，及经帷纂修，效劳年久，此等官员，合照旧例差官造葬。俱听本部临时斟酌，奏请定夺等因。题奉武宗皇帝圣旨:“是，造坟开圹工料，价银则例准拟，钦此。”已经通行钦遵去后，今该前因，通查案呈到部，看得大学士蒋冕，尚书乔宇、王守仁、汪俊、喻茂坚、王杲，都督周尚文，俱功德昭彰，闻望素著，及效劳经帷修纂，并建立边功，俱应差官造葬。查得本部司属官员，各有差占，及查见今行人司并中书等衙门俱缺官，不敷委用。合候命下之日，容职等查顺便省分，行移事简衙门，查有应差官员，或一人兼差二三省，本部照例各给批文定限。仍行兵部应付各官前去。各该布政司比号相同，著落当该官吏照依后开拟定价值派办。各该布政司仍委堂上官一员，会同本部委官，前去造坟处，所依式造葬。各毕日，备将夫匠价银数目，各该布政司类造黄册奏缴，青册送部查考等因。

隆庆元年六月初八日，少傅本部尚书雷等具题。本月初十日。奉圣旨:“是，钦此。”钦遵，拟合通行，为此合连送司，仰类行各该布政司，著落当该官吏照依本部题奉钦依内事例，钦遵造葬施行等因。连送到司，各付前去类填施行。

计开，浙江布政司派办已故原任新建伯兼南京兵部尚书王守仁，系京二品文官，造坟工料价银二百五十两，夫匠一百五十名，每名出银一两，通共该银四百两正。右照会浙江等处承宣布政使司准此。隆庆元年六月十七日，对同都吏王宜开读事。右照会浙江布政司当堂开拆。

祭葬札付 薛侃

浙江等处承宣布政使司为开读事，礼房准户部勘合科付承准礼部以字四千二百五十二号勘合照会前事，准祠祭清吏司付奉本部连送该本部题，本司案呈奉本部送礼科都给事中等官辛自修等题，钦奉诏书，内一款:“近年病故大臣，有应得恤典而未得，亦有不应得而得者，科道官举奏定夺，钦此。”臣等会同科道官复加询访，公同面议，举得尚书王守仁奇勋大节，茂著于生前；令望高风，愈隆于身后。应得恤典而未得者。伏乞敕下该部，再加查议。如果恤典未给，将王守仁应复官荫者，先复其官荫，仍给以祭葬赠谥等因。奉圣旨:“礼部看议来说，钦此。”钦遵，钞出送司，行准吏部文选清吏司回称，王守仁原任新建伯，兼南京兵部尚书；及准考功清吏司手本回称，王守仁病故。各回报到司。

查得《大明会典》并见行事例，文官见任并致仕者，二品，病故，祭二坛。又查得凡伯爵管事有军功者，祭七坛，工部造坟安葬。又查得先为比例，乞恩赠谥事，节奉孝宗皇帝圣旨:“今后有乞恩赠的，恁部里还要斟酌可否来说，务合公论，不许一概徇情，比例滥请，该科记着，钦此。”今该前因，案呈到部，看得恤典一节，朝是所以崇奖贤哲，褒答忠劳，表章于既往，激劝于将来，其典至重，其法至严者也。若使有当得而不得，有不应得而滥得者，又何以示教戒于天下，而公是非于后世耶?

兹者躬遇我皇上嗣承大统，典礼鼎新，正人心争自濯磨之始。而明诏所及，特开厘正恤典一款。言官奉诏谘询，陈列上请，无非祇承明命，以公劝惩之意。相应议拟，为照新建伯兵部尚书王守仁，具文武之全才，阐圣贤之绝学。筮官郎署，而抗疏以犯中珰，甘受炎荒之谪；建台江右，而提兵以平巨逆，亲收社稷之功。伟节奇勋，久已见推于舆论；封盟恤典，岂宜遽夺于身终。所当厚加恤典，以示优异者也。臣等参稽公论，查照事例明白，相应题请，合无将新建伯王守仁与祭七坛，照依品级造葬，仍乞赐谥易名，以表潜懿，其爵荫移咨吏部查议外，合候命下，行翰林院撰祭，并拟谥号，工部差官造坟安葬，及行该布政司买办祭物、香、烛、纸。就遣本布政司堂上官致祭。恩典出自朝廷，臣等不敢定拟，伏乞圣裁等因。

隆庆元年四月二十七日，本部尚书兼翰林院学士高等具题。二十九日，节奉圣旨："王守仁照例与祭葬，还与他谥。钦此。"钦遵，拟合就行，为此合就连送，仰付该司类行浙江布政司转属支给官钱，买办祭物、香、烛、纸，就遣本布政司堂上官致祭。仍将用过官钱，开报户部知数。毋得因而科扰不便。连送别司，合付前去，烦为类填施行等因到司，案呈到部，拟合就行浙江布政司照依勘合内事理，一体遵奉施行等因。备承移付，准此。拟合就行，为此除外，札付本官照札备承照会内事理，即便转行该县，支给官钱，买办祭物、香、烛、纸完备，择日申请本司分守该道亲诣致祭施行。毕日，将用过官线，行过日期，明开动支何项银数，备造青黄文册三本申报，以凭转缴施行，毋得违错不便。须至札付者。

计开：

一、祭文

谕祭文

维隆庆年月日，皇帝遣本布政司堂上某官某，谕祭原任新建伯兼兵部尚书赠新建侯王守仁，文曰：惟卿学达天人，才兼文武。拜官郎署，抗疏以斥权奸；拥节江西，仗义而讨凶逆。芟夷大难，茂著奇勋。又能倡绝学于将湮，振斯文于不坠。岂独先朝之名佐，实为当代之真儒。顾公评未定于生前，致恤典尚缺于身后。朕兹嗣统。特用颁恩，爵陟侯封，申锡酬功之命；谥加美号，庸彰节惠之公。冥漠有知，英灵斯烈。

首七等文

曰：惟卿学探洙、泗之奥，才为管、葛之俦。直节著于立朝，奇功收于定难。德既茂矣，勋莫尚焉。方膺显命以贻荣，遽罹谗言而褫爵。公评殊快，恩宠特加。首七莫追，载颂谕祭，服兹明渥，用慰幽灵。

终七、百日文同,但改“首七”为“终七”,又改“终七”为“百日”。

下葬等文

曰: 惟卿学问闳渊，谋猷敏练。接千载圣贤之正脉，建万年社稷之奇功。久被浮言，莫伸国是。虽爵随身废，而名与道存。兹当窀穸之期，用贲幽泉之宠。歆兹彝典，奖尔忠魂。

期年、除服文同，但改“窀穸”为“周期”，又改为“禫除”。

一、祭品

猪一口。羊一腔。馒头五分。粉汤五分。果子五色（每色五斤）。按酒五盘。凤鸡一只。炸骨一块。炸鱼一尾。酥饼酥饦(各四个)。汤鸡一分。汤鱼一分。降真香一炷。烛一对（重一斤）。焚祝纸（一百张）。酒二瓶。

右札付绍兴府准此。入递，不差人。

隆庆二年二月十三日对同通吏朱椿开读事。十四日申时发行绍兴府。札付押。十六日到府。

江西奏复封爵咨 任士凭

钦差巡抚江西等处地方、兼理军务、兵部右侍郎兼都察院右佥都御史任，为开读事，据江西布政司呈奉职按验准吏部咨前事，内开，会同巡按御史，即查新建伯王守仁当宸濠倡乱之时，仗义勤王，奋身率众，中间分兵遣将，料敌设谋，斩获功次，擒缚渠魁等项，是否的有实迹可据；地方荡平之后，群情果否诵功；爵荫削除以来，群情果否称枉；即今应否准其子孙世袭。逐一备查明白，作速会奏施行等因。备咨前来，案行本司，会同司道查议详报。并蒙巡按江西监察御史苏案验，奉都察院勘札同前事依奉行。

据南昌府呈，据南昌县申称，故牒府县儒师生，及唤通县耆民坊里陈一鸣等，并质之乡宦原任侍郎等官曾钧、丁以忠、刘伯跃、胡植等，逐一查结，得宸濠阴谋不轨，已将十年。蓄养死士，招集盗贼，一旦举事，势焰熏灼。于时本爵方任南赣都御史，往闽勘事。正德十四年六月十五日，行至丰城，闻变，即旋吉安。督率知府伍文定等调集军民兵快，约会该府乡官王懋中等，相与激发忠义，移檄远近，暴扬逆濠罪恶。于是豪杰响应，人始思奋，士民知有所恃而壮胆，逆党知有所畏而落魂。夫本爵官非守土，而讨逆之命之未下，一旦举大事，定大谋，此非忠愤激切，克惇大义者，不能也。

至七月初二日，逆濠留兵万余守江西省城，而自引兵向阙。本爵昼夜促兵，十五日会临江之樟树。十八日，分布督遣知府伍文定等攻广润七门。二十二日，破贼，尽擒逆恶。二十四日，遇黄家渡。二十六日，逆濠就擒。不延时日，江省底定。此非谋略素定，料敌若神者，不能也。

夫逆濠，一大变也，以六月十四日起事，以七月二十六日荡平，兵不血刃，民不易市，即本爵之勋烈，诚与开国同称。迨先帝登极，大定公典，论江西首功，封本爵为新建伯，给券世袭。此固报功之盛典，而江右咸称快焉。继因平蛮病故，朝议南宁之事，霍韬、黄绾诸臣奏疏甚明。竟扼于众忌，而天下咸称枉焉。迩者为开读事，科道等官疏欲复其世袭，此公道之在人心，不容泯也。昔开国文臣刘基，以武功封诚意伯，停袭百余年。嘉靖初，特取其的裔世袭。夫本爵学贯天人，才兼文武，忠揭日月，功维社稷，恩庇生民，拟之刘诚意，不相伯仲。傥蒙覆奏，准其世袭，扶植崇德报功之公道，兴起忠臣义士之世教等因。并据本县儒学生员王缉等结报相同，备申本府，转申到司。

据此，随该本司左布政使曹三旸，右布政使程瑶，会同按察使张柱，都司署都指挥佥事耿文光，分守南昌道左参政方弘静，分巡南昌道佥事严大纪，会看得原封新建伯王守仁，正德十四年督抚南、赣之时，于六月初九日，自赣起行，往福建勘事。

时宸濠谋为不轨，欲图社稷。本月十四日，擅杀都御史孙燧，副使许逵，并执缚都、布、按三司官，及府县等衙门大小官员，俱囚之，尽收在城各衙门印信；及搬抢各库藏一空，释放在城各司府县见监重囚，舟楫蔽江而下，声言直取南京。

次日，本爵在于丰城舟中闻变，疾趋吉安，集兵勤王。行至中途，尤恐兵力未集，若宸濠速出，难以遽支，乃间谍扬言朝廷先知宁府将叛，行令两广、湖、襄都御史杨旦、秦金准兵部咨，调遣各处兵马，暗伏要害地方，以伺宁府兵出袭杀；复取优人数辈，将公文各缝衣絮中，各与数百金以全其家，令其至伏兵处所，飞报窃发日期；将发间，又捕捉伪太师李士实家属至舟尾，令其觇知，本爵佯怒，令牵之上岸处斩，已而故纵之，令其奔报；宸濠逻获优人，果于衣絮中搜得公文，宸濠遂疑惧不敢即发。

十八日，至吉安，督率本府知府伍文定，临江知府戴德孺，赣州知府邢珣，袁州知府徐琏等，调集军民，召募义勇，会计一应解留钱粮，支给粮饷，造作战船；奏留公差回任御史谢源、伍希儒，分职任事；约会致仕、养病、丁忧、闲住及赴部调用等项一应乡官，相与激劝忠义，晓谕祸福。又恐宸濠知其调度，觉其间谍，发兵速出，乃密使伪国师刘养正家属及平日与宸濠往来乡官阴致归附之意，以缓其出。直伺调度已定，乃移檄远近，宣布朝廷威惠，暴露宸濠罪恶。又度兵家决胜之机，不宜急冲其锋，须先复省城，捣其巢穴，贼闻必回兵来援，则出兵邀而击之，此全胜之策。于是佯示以自守不出之计。

七月初二日，宸濠兵万余，使守江西省城，乃自引兵向安庆。本爵探知其出，遂星驰促各府兵，期以本月十五日会于临江之樟树镇。身督知府伍文定等兵径下，戴德孺等兵各依期奔集。十八日，遂至丰城，分布哨道，约会齐攻省城广润七门。是日又探得宸濠伏兵于新旧坟厂，以备省城之援，乃密遣兵从间道袭破之，以摇城中。

十九日发市汊，二十日，各兵俱至信地，我师鼓噪并进，绨絙而登，一时七门齐入，城遂破。擒其居守宜春王拱樤，及伪太监万锐等千余人。宸濠宫中眷属纵火自焚。遂封府库，搜出原收大小衙门印信九十六颗。先上江西捷音疏。仍分兵四路追蹑。

宸濠攻围安庆未下，至是，果解围归援省城，卒如本爵所料。于是议御寇之策，本爵断以宜先出锐卒，乘其惰归，邀击以挫其锋，众将不战而自溃。遂遣知府伍文定等分道并进，击其不意，奋死殊战。贼大溃。因傍谕城中，军民虽尝受贼官爵，能逃归者，皆免死；能斩贼徒归降者，皆给赏。使内外居民及向导人四路传布，以解散其党。

二十三日，宸濠先锋至樵舍，风帆蔽江。本爵亲督伍文定等四面分布，以张其势。

二十四日，贼逼黄家渡。乃合兵交击，噪呼并进，贼大溃而奔。擒斩二千余级，落水死者以万数。贼气大沮，退保八字脑。

二十五日，伍文定等奋督各兵并进，炮及宸濠舟。贼又大溃。擒斩二千余级，溺水死者，莫计其数。乃夜督伍文定等为火攻之具。邢珣等分兵四伏，期火发而合。

二十六日，宸濠方召群臣，责其间不致死力者，将引出斩之，争论未决；我兵已四面云集，火及宸濠副舟，众遂奔散。宸濠与妃泣别，宫人皆赴水死。宸濠并其母子、郡王、将军、仪宾及伪太师、国师、元帅、参赞、尚书、都督、指挥、千百户等官数百人皆就擒矣。擒斩贼党凡三千余级，落水死者约三万余，所弃衣甲器仗财物，与浮尸积聚，横亘若洲。余贼数百艘，四散逃溃。

二十七日，复遣官分兵，追剿殆尽。计先后擒斩首从贼人贼级，并获宫人贼属、夺回被胁被虏、招抚畏服官民男妇等项共一万一千五百九十六名、颗、口。功成而事定矣。

先是本爵起兵吉安时，两上疏乞命将出师。蒙朝廷差安远伯朱泰，即许泰，平虏伯朱彬，即江彬，左都督朱翚，即刘翚，太监张忠、张永等为总督、军务、赞画、机密等官，体勘宸濠叛逆事情，前往江西。至中途，闻宸濠受擒，报捷至京。计欲夺功，乃密请驾亲征。江彬、许泰等乃倡言本爵始同宸濠谋叛，因见天兵亲讨，始擒宸濠，以功脱罪，欲并擒本爵以为己功。又谕本爵欲将宸濠放至城中，待驾至，列阵重擒。本爵不可，遂各引兵至南京候驾。本爵乃力疏请止亲征。

九月十一日，亲自谅带官军将宸濠并宫眷逆情重犯督解赴阙，扶病前进。行止浙江杭州府，又遇奏差太监张永赍驾贴，开称宸濠等待亲临地方，覆审明白，具奏定夺。本爵遂按行浙江按察司转呈太监张永会同监军御史公同该省都、布、按三司等官，将见解逆首宸濠，并宫眷等项，逐一交付明白转解。于是江彬等日夕谋欲夺功，欲反坐本爵，并擒为功，赖张永极力辩获得免。

时本爵功高望重，颇为当路所忌。正德十六年十二月内，该部题为捷音事，议封公伯爵，给与诰券，子孙世世承袭，赐敕遣官奖劳，锡以银币，犒以羊酒，封新建伯，奉天翊卫推诚宣力守正文臣，特进光禄大夫柱国，兼南京兵部尚书，参赞机务，岁支禄米一千石，三代并妻一体追封。本爵累疏辞免。

明年，嘉靖改元，本爵丁父忧，四方来游其门，讲学益众。科道官迎当路意，劾公伪学。服阕，例该起复，六年不召。江西辅臣有私憾本爵者，密为进谗，以阻其进。嘉靖六年，广西岑猛倡乱，兵部论荐本爵总督四省军务，前去荡平，又成大功。时本部力参其擅离职役，及参其处置广西思、田、八寨事恩威倒置，又诋其擒宸濠时军功冒滥，乞命多官会议。明年，江西辅臣复进密揭，命多官会议。遂削世袭伯爵，并当行恤典，皆不沾被矣，等因到职。

据此卷查先准吏部咨前事，已经案行该司，会同查议去后，今据前因，该职会同巡按江西监察御史苏朝宗参看得原任新建伯王守仁，当宸濠叛逆之日，正督抚南、赣之时。宸濠之未发也，若非剿平浰头等巢，则勇智绝伦之徒皆为贼所用，必大肆蔓延之祸。及宸濠之既发也，若非行间以缓其出，则四方大兵之众，非朝夕可集，必难为扑灭之功。督伍文定，督载德孺，督邢珣等饱歌协力，足见分兵遣将之能。

系省城，系黄家渡，系樵舍，决胜若神，信有料敌设谋之智。斩获功次，具载于纪功之册，而擒缚渠魁，甚明于交割之文。且奋身率众之劳，皆历历可据，仗义勤王之举，尚昭昭在人。先与后擒，乃豪党利己之诬，本不足辩。而其中原以北，终不能攻陷金陵以据者，要皆本爵至微之谋。论之今日，江西死节，皆蒙赠恤，生存皆获抚安，孰非本爵勤劳之举。地方荡平之后，诵功者载在口碑；爵荫削除以来，称枉者孚于士论。盖较之开国元勋，若非同事，而拟其奠安社稷，则与同功。但世袭之典，事体重大，出自朝廷，非臣下所敢轻议。为此除具题外，今备前由，理合移咨贵部，烦请查照施行。须至咨者。

右咨吏部，隆庆元年十月十一日行说堂。十一月十三日到。

浙江巡抚奏复封爵疏 王得春

巡按浙江监察御史王题，为恳乞鉴忠义，复袭爵，以光圣政事。

臣惟人臣报国之忠，致身之义，虽得之天性，然其所以鼓舞而激励之者，实赖君父在上有以握其机也。

臣会同提督军门赵。窃见原任新建伯王守仁，为浙江余姚人。方正德己卯宁庶人宸濠谋反时，守仁以南、赣巡抚提督军务，奉旨前往福建勘处叛军，道经丰城，闻变，乃潜回吉安，遂与知府伍文定等，誓死讨贼。

当是时也，宸濠以数十年逆谋，发之一旦，远迩骇震，内而武宗皇帝左右近习，多昏酣，宸濠赂遗，甚有与之交通者。外而孙燧、许逵同时被害，三司而下，多就拘囚。又遣其党，分收诸郡邑印信，逆焰所熏，视湖、湘、闽、浙不复在目中。帆墙东下，日蔽江塞，遂破南康、九江如摧枯拉朽。急攻安庆，直瞰留都。东南事势，亦孔棘矣。

守仁以书生，民非素属，地非统辖，兵非素练，饷非素具，徒以区区忠义，号召豪杰，仓卒调度，誓死讨贼。其报宸濠谋反疏曰：“臣以区区之命，诚为讨贼之举，务使牵其举动，而使进不得前；捣其巢穴，而使退无所据。”夫观守仁血诚之言，其忠根诸天性者，固将昭日月而贯金石矣。而其牵举动、捣巢穴之见，智勇殊绝，视宸濠真为囊中物耳。宸濠固凶狡，竟莫能逃。继之南昌破，而巢穴平矣。宸濠返而渠魁执矣。不两月间，地方底宁，朝廷无征兵遣将之烦，地方臻反乱为治之效。此功在社稷，甚为奇伟。乃天祐国家，生此伟人，而其诚与才合，盖有追踪乎百代之上者矣。

使是时而非遇守仁，使守仁以南昌非故属，不以讨贼为己任；即使讨贼，张虚声，待奏报，而不速为扑灭之计。臣等知东南安危，未可必也。即使朝廷之上，闻变急图，遣将得人，供饷得人，调度得人，未免延缓日时。及其戡定，又不知所伤人命几何，所费粮饷几何，所费爵赏几何，所损国家之气几何，此守仁之功所以为大也。

奈何功虽成矣，而奸党忌嫉，不惟爵赏不及，抑且媒孽多方。又赖天祐我国家，不使忠义抱屈终身。幸遇世宗皇帝，入继大统，即位未几，首录守仁之功，封新建伯，世袭。部下伍文定等，升赏有差。当是之时，海内之人，又莫不以世宗皇帝，能赏忠义之勋，亦莫不以守仁之功，为足以当封爵而不愧也。

是时守仁虽膺封爵，徒淹家居。未尝一日柄用。嘉靖六年间，始起奉敕讨两广叛目。卢苏、王受等，既平，以冲冒炎瘴病笃，具疏辞官，不待报而归，至江西南康地方，病故。

夫以守仁江西之功论之，诚已竭夫报国之忠，以两广之还迹之，又未失夫致身之义，俱无可以议焉者。只以当时大臣，有忌其两广功成，疏中未叙己者，乃从中主议，谓其不俟命而行，非大臣体，遂有旨削袭爵。臣等尝为守仁冤之。何则？假使守仁诈病而归，与地方未平，而急身谋，诚为可罪。然地方已平矣，即不病，亦当听其辞归，以彰朝廷均劳大臣之义。矧地方已平，而又病，病又笃，卒死于道路，而人犹执其迹以罪之，冤亦甚矣。

兹幸我皇上御极，即位一诏，将使天下无一物不得其所。故凡平日内外大小臣工，或一言有益于国家，一行有益于生民者，无不恤录。若守仁者，其伯爵之袭，臣等固谓其为皇上新政第一事也。况经言官疏请，往复行勘，海内臣工，万口一词，咸以守仁伯爵当袭。臣等谬膺抚按浙江，为守仁桑梓地，其得之公论，稽之群情，揆之国典，察诸守仁讨贼之心之功，其伯爵诚宜使袭，而不可泯者。且方今南北多事，北虏尤甚，皇上宵旰九重，内外大小臣工，非不兢兢图谋，思以陈见伐虏悃诚，而犁廷扫穴之绩，尚未有能奏者。臣等诚谓皇上宜籍守仁报国之忠，致身之义，皇上俯采公议，复其袭爵，将见内外大小臣工，莫不以守仁忠义不白于正德之季，我世宗皇帝能白之。又稍抑于嘉靖六七年间，我皇上今日又独能察而伸之。莫不相率激励于守仁之忠义，以报皇上矣。其为圣政之光，岂小哉！伏乞敕下吏部，再加查议节次，言官奏疏，亟为上请，守仁幸甚，天下幸甚。

缘系恳乞鉴忠义，复袭爵，以光圣政事理，为此具题。奉圣旨："吏部知道。"

题请会议复爵疏 王得春

吏部题，为开读事，验封清吏司案呈，奉本部送吏科钞出巡抚江西等处地方兼理军务兵部右侍郎兼都察院右佥都御史任题云云等因，又该巡按江西监察御史苏等题同前事，俱奉圣旨："该部知道，钦此。"钦遵，按查先奉本部送准礼部咨，内开原任新建伯兼南京兵部尚书王守仁，具文武之全才，阐圣贤之绝学。筮官郎署，而抗疏以犯中珰，甘受炎荒之谪；建台江右，而提兵以平巨逆，亲收社稷之功。伟节奇勋，久已见推于舆论；封盟恤典，岂宜遽夺于身终。爵荫仍咨吏部查议施行等因到部，除新建伯王守仁照例追赠新建侯，已该本部具题，奉有谕旨外。所据世袭一节，当武庙之末造，江西宸濠突然称变，事关社稷。本爵亲调官兵，一鼓擒之，不动声色，措天下于太山之安，较之靖远、威宁之功，良亦伟矣。但因南宁之事，停袭岁久。一旦议复，事体重大，相应就彼再行查勘，以昭公论。已经备行移咨去后，今该前因，续该奉本部送吏科钞出，提督军务巡抚浙江等处地方都察院右佥都御史赵题云云等因。又该巡按浙江监察御史王题，同前事。俱奉圣旨："吏部知道，钦此。"钦遵，钞送到司通查，按呈到部，查得王守仁以正德十四年讨平逆藩宸濠之乱，该本部题，奉世宗皇帝圣旨："王守仁封新建伯，奉天翊卫推诚宣力守正文臣，特进光禄大夫柱国，还兼南京兵部尚书，照旧参赞机务，岁支禄米一千石，三代并妻一体追封，钦此。"嘉靖八年正月内，为推举才望大臣以安地方事，该本部会题，节奉钦依，王守仁伯爵姑终其本身，除通行钦遵外，今该前因案呈到部。看得爵人于朝，赏延于世，昔圣王所不能废。即如王守仁削平宸濠之变，功在社稷，岂有仅封伯爵、止终其身之理。所据南、北两京科道官，江、浙两省抚按官，交章论荐于四十年之后，实惟天下人心之公是。但事体重大，必须广延众论，本部难以独拟。合候命下，容臣等会同五府九卿科道等官从公详议，如果新建伯应该世袭，具实奏请，恭候宸断。缘系开读事理，谨题请旨。奉圣旨："是。"

会议复爵疏 吏部尚书杨博

少傅兼太子太傅吏部尚书杨博题，为开读事，验封清吏司案呈，奉本部送吏科钞出，巡抚江西等处都察院右佥都御史任题，为开读事，据江西布政司呈奉职案验准吏部咨前事，内开会同巡按御史即查新建伯王守仁云云。臣等会同太师兼太子太师后军都督府掌府事成国公臣朱等、户部等衙门尚书等官马等，议得戡乱讨逆者，固人臣效忠之常，崇功懋赏者，实国家激劝之典。已故新建伯王守仁，本以豪杰命世之才，雅负文武济时之略。方逆濠称兵南下也，正值武宗巡幸之时，虐焰薰灼，所至瓦解。天下之事，盖已岌岌矣。本爵闻变丰城，不以非其职守，急还吉安，倡义勤王。用敌间，张疑兵，得跋胡疐尾之算；攻南昌，击樵舍，中批亢捣虚之机。未逾旬朔，而元凶授首，立消东南尾大之忧；不动声色，而奸宄荡平，坐贻宗社磐石之固。较之开国佐命，时虽不同；拟之靖远、威宁，其功尤伟。仰蒙先帝知眷，圭符剖锡之赏，已荣于生前；不幸后被中伤，山河带砺之盟，尚靳于身后。此诚四十年未备之缺典，海内人心，兴灭继绝，所望于皇上者，诚不浅也。先该南北科道官交章腾荐，公论益明；近该江、浙抚按官勘报相符，功次甚确。所据新建伯爵，臣等稽之令典，质之舆情，委应补给诰券，容其子孙承袭，以彰与国咸休，永世无穷之报。但爵封重大，系干特恩，臣等擅难定拟，伏乞圣裁。奉圣旨："你每既说王守仁有擒逆之功，著遵先帝原封伯爵与世袭，钦此。"钦遵，已经查取应袭儿男去后，今据浙江布政使司咨呈据绍兴府申据余姚县申，内开勘据该图里邻吕本隆等结，称王正亿见年四十三岁，原系南京兵部尚书都察院左都御史新建伯王守仁继妻张氏于嘉靖五年十二月十二日所生嫡长亲男，向因伊父先年节次剿平南、赣、乐昌等处山贼，恩荫一子，世袭锦衣卫副千户，本官见任前职，并非旁枝过继，亦无别项违碍，相应承袭伯爵等因。给文起送到司，拟合起送。为此除给批付本官亲赍赴部告投外，今将前项缘由，同原来结状，理合备送咨呈施行等因，到部。送司案呈到部，看得浙江布政使司查勘过见在锦衣卫副千户王正亿委系新建伯王守仁嫡长亲男，并无违碍，相应承袭一节，既经奉有前项明旨，合无将王正亿准其承袭新建伯伯爵，以后子孙世袭。但恩典出自朝廷，未敢擅便等因。隆庆二年十月二十五日，少傅兼太子太傅吏部尚书杨博等具题，本月二十七日奉圣旨："是，王正亿准袭伯爵，钦此。"

再议世袭大典 杨博

吏部等衙门少傅兼太子太傅尚书等官杨博等题为恳乞圣明再议世袭大典，以服人心，以重名器等因。奉圣旨："该部知道，钦此。"钦遵，钞出到部，送司案查。先为开读事，该科道等官都给事中辛自修等，及南京户科给事中岑用宾等，各奏荐原任新建伯王守仁应复爵荫等因，该本部题奉钦依，备行江西抚按衙门查勘去后，续该江西抚按官任士凭等查勘得原任新建伯王守仁应复伯爵等因。又该浙江抚按官赵孔昭等会荐前来，随该本部题奉钦依，会同太师兼太子太师后军都督府掌府事成国公朱希忠等，户部等衙门尚书等官马森等，议得本爵一闻逆濠之变，不以非其职守，急还吉安，倡义勤王。未逾旬朔而元凶授首，立消东南尾大之忧；不动声色，而奸宄荡平，坐贻宗社磐石之固。较之开国佐命，时虽不同；拟之靖远、威宁，其功尤伟。委应补给诰券，容其子孙承袭，以彰与国咸休，永世无穷之报等因。奉圣旨："你每既说王守仁有擒逆之功，遵著先帝原封伯爵与世袭，钦此。"钦遵，案呈到部，看得新建伯王守仁一事，始而江西抚按勘议，继而府部科道会议，揆之公论，似亦允协。乃今南京十三道官复有此奏，系干赏延重典，臣等难以独拟，合候命下，容本部仍照例会同在京应议各官覆议明白，具奏定夺，未敢擅便，伏乞圣裁等因。五月十五日，奏奉圣旨："是，钦此。"钦遵，查得诚意伯刘基食粮七百石，乃太祖钦定；靖远伯王骥一千石，新建伯王守仁一千石，系累朝钦定，多寡不同。今该前因，臣等会同太师兼太子太师后军都督府掌府事成国公朱希忠等，户部尚书刘体乾等，议得国家封爵之典，论功有六：曰开国，曰靖难，曰御胡，曰平番，曰征蛮，曰擒反。而守臣死绥，兵枢宣猷，督府剿寇，咸不与焉。盖六功者，关社稷之重轻，系四方之安危，自非茅土之封，不足报之。至于死绥宣猷剿寇，则皆一身一时之事，锡以锦衣之荫则可，概欲剖符，则未可也。窃照新建伯王守仁，乃正德十四年亲捕反贼宸濠之功，南昌、南、赣等府，虽同邦域，分土分民，各有专责，提募兵而平邻贼，不可不谓之倡义。南康、九江等处，首罹荼毒，且进且攻，人尽摇动，以藩府而叛朝廷，不可不谓之劲敌。出其不意，故俘献于旬月之间，若稍怀迟疑，则贼谋益审，将不知其所终。攻其必救，故绩收乎万全之略，若少有疏虞，则贼党益繁，自难保其必济。肤功本自无前，奇计可以范后。靖远、威宁，姑置不论，即如宁夏安化之变，比之江西，难易迥绝。游击仇钺，于时得封咸宁伯，人无间言。同一藩服捕反，何独于新建伯而疑之乎？所据南京各道御史欲要改荫锦衣卫，于报功之典未尽，激劝攸关，难以轻拟。合无将王守仁男袭新建伯王正亿不必改议。以后子孙仍照臣等先次会题，明旨许其世袭。但予夺出自朝廷，臣等未敢定拟，伏乞圣裁。奉圣旨："王守仁封爵，你每既再议明白，准照旧世袭。"

卷三十九　辅录

序跋

诰命

奉天承运皇帝制曰:

竭忠尽瘁，固人臣职分之常；崇德报功，实国家激劝之典。矧通侯班爵，崇亚上公，而节惠易名，荣逾华衮。事必待乎论定，恩岂容以久虚！尔故原任新建伯、南京兵部尚书兼都察院左都御史王守仁，维岳降灵，自天佑命。爰从弱冠，屹为宇宙人豪；甫拜省郎，独奋乾坤正论。身濒危而志愈壮，道处困而造弥深。绍尧、孔之心传，微言式阐；倡周、程之道术，来学攸宗。蕴蓄既宏，猷为不著；遗艰投大，随试皆宜；戡乱解纷，无施弗效。闽、粤之箐巢尽扫，而擒纵如神；东南之黎庶举安，而文武足宪。爰及逆藩称乱，尤资杖钺渊谋，旋凯奏功，速于吴、楚之三月；出奇决胜，迈彼淮、蔡之中宵。是嘉社稷之伟勋，申盟带砺之异数。既复抚夷两广，旋致格苗七旬。谤起功高，赏移罚重。爰遵遗诏，兼采公评，续相国之生封，时而旌伐；追曲江之殊恤，庶以酬劳。兹特赠为“新建侯”，谥“文成”，锡之诰命。於戏！钟鼎勒铭，嗣美东征之烈；券纶昭锡，世登南国之功。永为一代之宗臣，实耀千年之史册。冥灵不昧，宠命其承！隆庆二年十月十七日。制诰之宝。

四库全书王文成全书总目提要 纪昀

臣等谨案:《王文成全书》三十八卷,明兵部尚书、新建伯余姚王守仁撰。守仁事迹具《明史》本传。其书首编《语录》三卷,为《传习录》,附以《朱子晚年定论》,乃守仁在时,其门人徐爱所辑而钱德洪删订之者;次《文录》五卷,皆杂文;《别录》十卷,为奏疏、公移之类;《外集》七卷,为诗及杂文;《续编》六卷,则《文录》所遗,搜辑续刊者:皆守仁殁后德洪所编辑。后附以《年谱》五卷、《世德纪》二卷,亦德洪与王畿等所纂集也。其初本各自为书,单行于世。隆庆壬申,御史新建谢廷杰巡按浙江,始合梓以传。仿《朱子全书》之例以名之。盖当时以学术宗守仁,故其推尊之如此。

守仁勋业气节,卓然见诸施行,而为文博大昌达,诗亦秀逸有致,不独事功可称,其文章自足传世也。

此书明末版佚,多有选辑别本以行者,然皆缺略,不及是编之详备云。

乾隆四十三年五月恭校上。

总纂官臣纪昀　臣陆锡熊　臣孙士毅

王阳明先生全集序 徐元文

苏子瞻作《韩文公庙碑》,谓其气浩然独存。朱子叙《王梅溪集》,亦谓其得阳德刚明之气。余尝推论其说,以为天地所以运化无穷者,阴阳二气而已。人生而禀乎阳者,为刚健,为光明,为君子;禀乎阴者,为柔暗,为邪僻,为小人。此固若黑白之不容混,柄凿之不相入,体之为学术,发之为文章,措之为事功,亦各异趋,不可同也。孔子尝致慨于刚之未见矣。又孟子曰:"吾善养我浩然之气。"盖刚者浩然之正气也。既有是气,又必养以充之。非是,则入于欲,入于欲,则学术、文章、事功之际虽或各有成就,然所谓客气而非正气也。考诸近代,若前明北地李献吉之才，始忤刘瑾，其后不能不屈于欲，与宁庶人交通，几陷大逆，其文章亦自崛强而不能进于古，殆亦客气使然也。是时姚江王文成公亦忤刘瑾，投荒万里之外，卒不自摧，挫后累任督抚，削平大寇。宁庶人之变，内通嬖幸，外结守臣，声生势张，动摇社稷。公经略措置，亲冒失石，不逾时而芟夷底定。由是嫉娼横兴，谗口噂沓。又能屏营惕息，深自敛退；处九三惕若之时，而不失乎刚健中正之体，惟其养之有素，故能措之皆得当。或乃谓其权诡纵横，抑何诬也。公少好读书，沉酣泛滥，穿穴百家，其文章汪洋浑灏，与唐宋八家抗行，归安茅顺甫定为有明第一，宋金华而下不论也。与北地同时者，茶陵李文正、新安程文敏，倡明古学，招致海内人士翕然归之。公屹起东南，以学术事功显而文章稍为所掩。顺甫出而公之文始有定论，几几乎轶茶陵、新安而上之，虽北地余焰未息，而学者知所向往。韩子云："其皆醇也，而后肆焉。"公之文可谓醇而肆者矣。先在南荒时，究心《理窟》，一日忽省于格物致知之旨，此又孟子知言之学也，故能吐其所得，作为文辞。论者虽谓其杂于佛氏，然要不可谓尤其本者也。公五世孙天钧重辑而刻之，属序于余，故谨论其大略如此。康熙乙丑春三月昆山徐元文谨撰。

重刻王阳明先生全集序 郭申甫

前明《王阳明先生全集》行世已久，盖以其发明性命之理，实为有功世教之书也。自异端者流妄斥其学术不端，而先生之心迹几不尽白于天下。后世浏邑陶春田孝廉名浔霍者，笃志力行，品端学粹，读先生集，想见先生之为人，细加批注，手录成书，未及刊刻而殁。乡名宿柳坦田名廷方者，余庚申同年友也，性耽经史，学究天人，教学三十年，不厌不倦，晚年旁搜博采，尤无虚日。见春田是书，谓先生当日所为，主良知、敦气节者，春田独有以探其微、抉其蕴也。爰属及门，醵金付梓，工未竣而坦田亦殁。时余以读礼家居，其门人萧子明哲、汪子芾、文子德厚，出其书请序于余。余维先生学术，粹然一出于正。数百年后，得春田之识解独超，坦田之笃信不已，使妄事诋诽者，无从置喙，而先生扶世翼教之深心，后世犹如见之。若萧子诸人，踵承师志，俾读先生集者，豁然以解，得所从入，厥功亦伟矣哉。爰缀数语于简端云。道光六年仲秋既望，星沙郭辉翰申甫氏谨序。

传习录序 徐爱

门人有私录阳明先生之言者。先生闻之，谓之曰："圣贤教人如医用药，皆因病立方，酌其虚实温凉阴阳内外而时时加减之，要在去病，初无定说。若拘执一方，鲜不杀人矣。今某与诸君不过各就偏蔽箴切砥砺，但能改化，即吾言已为赘疣。若遂守为成训，他日误己误人，某之罪过可复追赎乎？"爱既备录先生之教，同门之友有以是相规者。爱因谓之曰："如子之言，即又拘执一方，复失先生之意矣。孔子谓子贡，尝曰'予欲无言'，他日则曰'吾与回言终日'，又何言之不一邪？盖子贡专求圣人于言语之间，故孔子以无言警之，使之实体诸心，以求自得；颜子于孔子之言，默识心通无不在己，故与之言终日，若决江河而之海也。故孔子于子贡之无言不为少，于颜子之终日言不为多，各当其可而已。今备录先生之语，固非先生之所欲，使吾侪常在先生之门，亦何事于此，惟或有时而去侧，同门之友又皆离群索居。当是之时，仪刑既远而规切无闻，如爱之驽劣，非得先生之言时时对越警发之，其不摧堕靡废者几希矣。吾侪于先生之言，苟徒入耳出口，不体诸身，则爱之录此，实先生之罪人矣；使能得之言意之表，而诚诸践履之实，则斯录也，固先生终日言之之心也，可少乎哉？"录成，因复识此于首篇以告同志。门人徐爱序。

传习录序 南大吉

天地之间，道而已矣。道也者，人物之所由以生者也。是故人之生也，得其秀而最灵，以言乎性则中矣，以言乎情则和矣，以言乎万物则备矣，由圣人至于途人一也。故曰：“人者，天地之德，阴阳之交，鬼神之会，五行之秀气也。”又曰：“致中和，天地位焉，万物育焉。”是故古者大道之于天下也，天下之人相忘于道化之中，而无复所谓邪慝者焉。率性以由之，修道以诚之，皞皞乎而不知为之者，是故大顺之所积也，以天则不爱其道也，以地则不爱其宝也，以人则不爱其情也，以物则不爱其灵也。圣人于此，夫何言哉？恭己无为而已矣。至其后也，道不明于天下，天下之人相交于物化之中，而邪慝兴焉。失其性而不知求，舍其道而不知修。斯人也，日入于禽兽之归而莫之知也。是故万物弗序而天地弗官矣。圣人，生而知道者也；贤人，学而知道者也。其视天地万物，无一而非我。而斯人之不知道也，若已推而入之鸟兽之群也。理有所不可隐，心有所不容忍，恶能已于言哉？故孟子曰：“予岂好辩哉？予不得已也。”故夫圣贤之言，将以明斯道示诸人，使天下之人晓然知道之在是，庶民兴焉。庶民兴，则邪慝息；邪慝息，则万物序而天地官矣，夫然后圣贤之心始安而其言如已也。是故其言也，求其是则已矣，非以为闻见之高也；求其明则已矣，非以为门户之高也。而后之为圣贤之学者，其初也，执闻见以自是，而不知圣人之所是者，天下之公是也；立门户以自明，而不知圣人之所明者，天下之同明也。故其后也，言愈多而愈支，支则不可行矣；门愈高而愈小，小则不可通。皆意也，己也，胜心之为也。而世之号为豪杰者，方皆溺于其中而莫之知也。其亦可哀已矣！

夫天之命于我而我之具于心者，自有真是真非，至明而不容有蔽者也。故天上之言道者，至不一也。苟以平心观之，易气玩之，则其是是非非，自不能遁吾心之真知也。唯夫闻见已执于未观之先，而门户又高于既玩之际，则其言虽是也，蔽于闻见之私，而不知其是；指虽明也，隔于门户之异，而不通其明。道之不明于天下，治之所以不能追复前古者，其所由来远矣！

是录也，门弟子录阳明先生问答之辞、讨论之书，而刻以示诸天下者也。吉也从游宫墙之下，其于是《录》也，朝观而夕玩，口诵而心求，盖亦自信之笃而窃见夫所谓道者，置之而塞乎天地，溥之而横乎四海，施诸后世，无朝夕人心之所同然者也。故命逢吉弟校续而重刻之，以传诸天下。天下之于是《录》也，但勿以闻见梏之，而平心以观其意；勿以门户隔之，而易气以玩其辞。勿以《录》求《录》也，而以我求《录》也，则吾心之本体自见，而凡斯《录》之言，皆其心之所固有，而无复可疑者矣。则夫大道之明于天下，而天下之所以平者，将亦可竢也已。嘉靖三年冬十月十有八日，赐进士出身中顺大夫绍兴府知府、门人渭北南大吉谨序。

阳明先生存稿序 黄绾

古人之文，实理而已。理散两间，韫诸人心，无迹可见，必俟言行而彰。言行，人之枢机，君子慎之，而实理形焉。

古者左史记言，右史记事，此其载籍之初，文之权舆乎？故文之为用，以之撰天地而天地为昭，以之体万物而万物为备，以之明人纪而人纪为明，以之阐鬼神而鬼神为显，以之理庶民而庶民为从，以之考三王而三王为归，以之俟后圣而后圣为存；所以经纬天地，肇率人纪，纲维万物，探索阴阳，统贯古今，变通幽明，而不可废者也。

阳明先生夙负豪杰之资，始随世俗学文，出入儒、老、释之间，中更窜谪流离之变，乃笃志为学，久之深有省于孟子“良知”之说，《大学》“亲民”之旨，反身而求于道，充乎其自得也。故其发于言行也，日见其宏廓深潜，中和信直，无少偏戾。故其见于文也，亦日见其浩博渊邃，清明精切，皆足以达其志而无遗。或告之君父，或质之朋友，或迪之门生，或施之政事，或试之军旅，以至登临之地、燕处之时，虽一声一咳之微，亦无往而非实理之形。由此不息，造其精以极于诚，是故其用之也，天地可以经纬，人纪可以肇率，万物可以纲维，阴阳可以探索，古今可以统贯，幽明可以变通。

惜乎！天不憖，遗不获，尽见行事，大被斯世，其仅存者唯《文录》、《传习录》、《居夷集》而已，其余或散亡及传写讹错。抚卷泣然，岂胜斯文之慨？及与欧阳崇一、钱洪甫、黄正之率一二子侄，检粹而编订之，曰《阳明先生存稿》。洪甫携之吴中，与黄勉之重为厘类，曰《文录》、曰《别录》，刻梓以行，庶传之四方，垂之来世，使有志之士知所用心，则先生之学之道为不亡矣。

续刻传习录序 钱德洪

古人立教，皆为未悟者设法，故其言简夷明白，人人可以与知而与能。而究极所止，虽圣人终身用之，有所未尽。盖其见道明彻，先知进学之难易，故其为教也循循善诱，使人悦其近而不觉其入。喜其易而各极所趋。

夫人之良知一也，而领悟不能以皆齐。有言下即能了悟者矣；有良知虽明，不能无间，必有待于修治之功者矣；有修治之功百倍于人，而后其知始彻者矣。善教者不语之以其所悟，而惟视其所入，如大匠之作室然，规矩虽一，而因物曲成，故中材上下，皆可与入道。若不顾其所安，而概欲强之以其所未及，教者曰："斯道之妙也如是。"学者亦曰："斯道之妙也如是。"彼以言授，此以言接；融释于声闻，悬解于测亿，而遂谓道固如是矣，宁不几于狂且惑乎？

吾师阳明先生，平时论学，未尝立一言，惟揭《大学》宗旨，以指示人心。谓《大学》之教，自帝尧明德睦族以降，至孔门而复明。其为道也，由一身以至家国天下，由初学以至圣人；彻上彻下，通物通我，无不具足。此性命之真，几圣学之规矩也。然规矩陈矣，而运用之妙，则由乎人。故及门之士，各得所趋，而莫知其所由入，吾师既没，不肖如洪，领悟未彻，又不肯加百倍之功。同志归散四方，各以所得引接来学，而四方学者渐觉头绪太多。执规矩者，滞于形器，而无言外之得；语妙悟者，又超于规矩之外，而不切事理之实；愿学者病焉。年来同志亟图为会，互相劘切，各极所诣，渐有合异同归之机。始思师门立教，良工苦心。盖其见道明彻之后，能不以其所悟示人，而为未悟者设法，故其高不至于凌虚，卑不至于执有，而人人善入。此师门之宗旨，所以未易与绎也。

洪在吴时，为先师裒刻《文录》。《传习录》所载下卷，皆先师书也。既以次入《文录》书类矣，乃摘《录》中问答语，仍书南大吉所录以补下卷。复采陈惟浚诸同志所录，得二卷焉，附为续录，以合成书。适遭内艰，不克终事。去年秋，会同志于南畿，吉阳何子迁、初泉刘子起宗，相与商订旧学，谓师门之教，使学者趋专归一，莫善于《传习录》。于是刘子归宁国，谋诸泾尹丘时庸，相与捐俸，刻诸水西精舍。使学者各得所入，庶不疑其所行云。时嘉靖甲寅夏六月，门人钱德洪序。

重刻传习录序 朱衡

昔濂溪周子倡独悟之学于天下，当其时乃有疑其所自出者，至于久而后定。宋儒既远，经生牵制文义久矣。阳明先生揭良知之旨，力拯群迷，而四方之人拈而骇，继而疑，至呶呶以相訾，先生处群猜众咻之中而不自恤，于是疑信者相半之。

夫周子之学，后世所宗，奚独疑于当时之人哉？彼人之情，胶于故而又伐乎异也。无极之极自柳子言之，以其出自柳子而疑之也，固宜。乃若良知之学，根诸孟氏，而《大学》以致知为教，此不可以信哉？先生之学，简易直截，然非径造者所能至。其为教也，神机无方，然要其宗旨，则一言之垂于世者伙矣。而其剖析精明，读之而易入，触之而易从，自谓无意中得此一助者，即今所传《传习录》是已。晚年揭良知二字，直指本体，使学者自察自融，一切翳蔽之私，莫可遁焉，则《大学问》致知之说悉之。今去先生之世余二纪，读其书者，靡不悦而宗之，私淑之士多于及门之徒，则先生之学，人固翕然信矣。虽然，微言日湮，中行复鲜，士往往以资之所近，见之所及以为学。故有厌物情之纷挠，惩训述之支离，而遗境言心，任识作悟，恣意为率性者。而又或求先生于无不知不能之中，揣靡凑合，自以为道在是矣。

嗟乎！心之本体，虚灵变化，至神至易，而范围曲成，通知之道寓乎其中。戒慎恐惧，全此本体，三千三百。悉自此而出之，初无寂感内外可言，而可歧而二之，袭而取之也乎。故昔之学者，古训是式，择准绳而蹈之，然犹有执古而行，行不越轨之士，其究也迂曲而不遁，方今也或是之亡也。昔之人，其学未必是，而其人则可信；今之人，其学未必非，而问其人则不然矣。故曰贤不肖者，道不明之端也。子夏□圣人之一体，乃流之为□□□师□而□□老佛者，非程氏之门人□圣贤之学，何尝弊哉？不由心得其流则然。□□□□有作圣之志，从心悟入，既□□□□□天则，取先生之言而显证焉，可□□□□□言而爽焉。失其故，毅然自任，行著习察，则不失为缘，闻入悟之士，是之日“躬行心得之学”；而合异坚离，相应相求，使风俗莫不一于正，以助国家元气，则先生之学大明于世，其谁不信之哉？

侍御古林沈君，学先生之学者也。按闽之暇，取《传习录》、《大学问》、《朱子晚年定论》，手订付梓，播诸学宫弟子员。噫！君之嘉惠多士至矣哉。濂溪之学，扩大于程氏，乃有载之而南者，遂开八闽道学之盛，至方以邹、鲁。先生之学，今既南矣，古林□□明而振道之，豪杰林立，夫非昔之闽与。笃信力行，自成自道，引先生之绪，而遂濂洛之源，俾邹、鲁之盛复见于今日，兹非所望于多士者乎？某不敏，媿无以光之。敬书简末，用申告焉。

刻传习全录序 查铎

昔阳明先生倡明绝学，单提致良知以立教，一时学者狃于旧说，且信且疑，自《传习录》一出，信从者众。先生自谓无意中得此一助。今读其书，因病用药，虽人人殊，然简易平寔，直指人心之同然。如布帛粟菽，不离日用，众人皆可以与能而求其至，虽圣人有不能尽者，真圣学正脉也。但世之学者多未知，“知”字下落，又未知“致”字功夫。故以闻见求知者失则浅，以了悟求知者失则难，随事照管者失则离根，缶内寻求者失则厌动。至其学之而不得力，遂疑其说之为虚，而先生之传始失其真矣。铎习闻师友之教有年矣，支离影响，竟无所得，仕楚以来，稍稍收敛精神，默识而体验之，始知所谓良知即此心之觉，所谓致知即此心之常觉也。随人各足，原无欠缺，有感即通，原无等待，虽当昏迷之时，此知自不能息，忽焉有觉，则本体洞然。故此一觉真如大梦之得醒也，如太阳一出魍魉潜消也，如出诸罟获陷阱而登之中庸之坦途也。此人心本然之良，天之所以与我者，本如是也。但不能常觉，则旋入于迷耳。迷觉之间虽微，而圣狂之分。生死之几，寔系于此不可以不慎也。苟能自此一觉而继续之，时时见得有过可改，有善可迁，彻底扫荡以收廓清之功，不徒旋觉而旋迷，是谓缉熙□□，是谓致知之实功也。间以是语诸同志，无不跃然而兴起者，以是益信良知之同然，而圣学之正脉在是也。

醴陵曾学博，盖尝实致其知而有得者，余奉委过星沙，得与尽论，又见一时从者，皆知所向□，盖真处感人自不同也。因共议□赀，刻《传习全录》于学，以为致知之一助。刻既成，索余言以叙诸首。

读传习录有言 唐尧臣

阳明先生之学，得徐曰仁而后同志之习始专，得钱洪甫、王汝中而后先生之传愈益不匮，格物致知之论，百世以俟圣人而不惑者也。补亡于误本，胶固于成心，功利于科目之资，门墙之内，且有疑而未信者，况其他乎？曰仁首编是录，开厥来人，于是朋至斯孚，而良知之说达之天下无间也。不然，管斑改睫，瓦缶盈聪，入闻而乐，出见而悦者，世岂无人哉？故曰：“得徐曰仁而后同志之习始专。”先生没，距今三十年，有志之士闻风而兴起焉者相踵也。然岂无因歧泣路，舍辙寻途，索肖于言行气象之似者乎？而良知宗旨几谢前人矣。洪甫、汝中力赞而允，终之归守天真，瞻依俎豆，于是后进之士，日信日真，而贞明不眩。不然，河上谈玄，漆园说梦，起斯作用，陆、郑名家，不必求之异代也。故曰：“得钱洪甫、王汝中而后先生之传愈益不匮。”虽然，先生之教，录可得而载也，其所以为教，录不可得而载也。信以不言，成之默契，传必求其可习，习不失其所传，存乎人焉耳。

噫！微斯人，吾谁与归？嘉靖三十有七年戊午人日，门人南昌唐尧臣顿首百拜，谨书于天真书院之云泉楼。

重刻传习录序 聂豹

《传习录》者，门人录阳明先生之所传者而习之，盖取孔门“传不习乎”之义也。匪师弗传，匪传弗觉，先生之所以觉天下者，其于孔门何以异哉？夫传不习，孔犹弗传也。

孔门之传，求仁而已矣。孟子曰：“仁，人心也。”孟子之求心，即孔门之求心也。然心无形而有知也。知外无心，惟知为心；物外无知，何知非物？

予尝闻先生之教矣。学本良知，致知为学。格物者，致知之功也。学致良知，万物皆备，神而明之，广矣，大矣。故曰：“知皆扩而充之，足以保四海，无他，达之天下也。”孟子之学孔子者，其在兹乎？

祖述孔、孟，宪章周、程，先生之所得亦深矣。而或者犹异之，云其殆于仁，心、知、物之义有未达欤！

盖仁即心也，心即知也，知即物也。外物以求知者，为虚寂；外知以求心者，为枯槁；外心以求仁者，为袭取；外仁以求学者，为泛滥灭裂，此二氏、五伯、百家之学所以毒天下。如以文辞而已者，今之陋也，去益远矣，毒滋甚焉。

良知者，通天地万物为一体也。忍其毒而弗之觉，犹弗知也。此先生之传，殆有不容已焉者耳。

是录也，答述异时，杂记于门人之手，故亦有屡见而复出者。间尝与陈友惟浚，重加校正，删复纂要，总为六卷，刻之于闽，以广先生之觉焉。

刻阳明先生传习录序 孙应奎

学以尽性也。性者存发而无内外，故博文约礼，集义养气之训，孔、孟之所以教万世学之者。而或少异焉，是外性也，斯异端矣。应奎不敏，弱冠如知有所谓圣贤之学。时先生倡道东南，因获师事焉。忆是时先生独引之天泉楼，口授《大学》首章，至“致知格物”曰：“知者，良知也，天然自有即至善也。物者，良知所知之事也。格者，格其不正以归于正也。格之，斯实致之矣。”及再见，又手授二书。其一《传习录》。且曰：“是《录》吾之所为学者，尔勿徒深藏之可也。”应奎请事于斯几三十年，每思讲授至意，恐卒为先生罪人，故有独苦心而莫敢以语人者。然间尝以其所见一斑参之孔、孟。夫心之纯粹以精森然而条理者，非礼乎？即此礼之见于日用而有度数之可纪，谓之“文”，然以其体事而无不在，故曰“博”。心之刚大，配天地而不御者，非“气”乎？即此气之流行当其可，谓之“义”，然以其无时无处而可失，故曰“集”。心之虚明灵觉洞然而不昧者，非“知”乎？即此知之应感而该乎人伦事变，谓之“物”，然以其有物有则而不可有过不及之差，故曰“格”。故致其知于格物也。养其气于集义也，约其礼于博文也，皆理其性之发者，而非外也。博文以约此礼也，集义以养此气也，格物以致此知也，皆体其性之存者，而非内也。盖自其敛于无，似存而常体未常息；自其章于有，似发而常体未常易。存发无先后，体用无内外，斯性之妙也。故先生之所自得，虽未敢辄拟其所至，而先生之学则断然信其为上接孔、孟，而以俟后圣于不惑者也。

兹应奎较艺衡水，涉洞庭，登祝融，访石鼓，跂乎濂溪之上，有余慨焉。道不加闻而年则逮矣，固愿窃有豪杰者出，以翼吾之往也。同志蔡子子木守衡，则已群多士，而摩之以性命之学，亦浸浸乎有兴矣。应奎因乐与成之，乃出先生旧所手授《传习录》，俾刻置石鼓书院。

噫！性灵在人，得无有默契斯旨而成之德行者乎！则于先生之道亦庶几焉，又何憾矣！嘉靖三十年夏五月壬寅，同邑门人孙应奎谨序。

叙传习录后 蔡汝楠

《传习录》者，阳明先生之门人录师传之指，图相与习之者也。先生曾以是录手授今文宗蒙泉孙公，公按部至衡，令汝楠刻置石鼓书院，而公为之序，概括学以尽性之一言。盖先生之学，致知而已矣。今发明之曰“学以尽性”，何也？曰：人之有心，性即吾心之体也；心之有性，知即吾性之灵也。自此知杂揉，或虑真妄决择之难，不知本然之体昭明灵觉，本无所昧，动于意而知能杂揉，亦即此体足以自知而决择之，著诚去伪，不容不力，至于无有乎弗良，则无有乎弗诚。故知也者，诚之源也。自此知渺微，或虑酬酢变化之难，不知本然之体圆莹洞彻，本无所遗，交乎物而客形变化，亦即此体足以尽物而精察之，博学切问，不容不至，至于无有乎弗格，则无有乎弗良。故知也者，物之则也。同此知谓之性，致此知谓之学。周旋物则，充积诚意，发之肫肫然不可已，极于皓皓乎不可尚。合内外，一寂感，是谓天性之尽而至善之止也。以此而质于往圣：其曰“道心之微”，即良知之发也；其曰“惟精惟一”，一此道心，即致知而诚也。“博文”，则知贯乎物而无有不格；“约礼”，则知皆天理而无有不诚。固质之而不谬。以此而证之前贤，“未发之中”，此知之中涵；“即发之和”，此知之贯彻。义而曰“集”，即物无不正；配义与道，即意无不诚。亦参之而不惑。故致知尽性之说，传而习之，及门之徒不能不录。而蒙泉孙公广先生手授之泽，亦自恶可已也。惟《录》名“传习”，则传习之指非曾子独得孔氏之宗者乎？尝观圣门之宗独归曾氏，而曾子称服吾友则惟颜子。二贤之在当时，颜子尝识圣道之高深变化矣，曾子尝亲受《大学》、《孝经》之指矣，然所谓传习者，岂在是哉？颜子之学，博我之文，约我之礼，竭吾之才，然后卓见圣道至，虽欲从圣人而求之亦自无由。曾子之学，自察自欺，自求自慊，必慎独知，然后竟以鲁得之至，虽欲媲有若之似圣人，亦不可得传而习之，斯其至矣。然则斯录盛传海内，君子以能演先生良知之训为传习乎？抑自信自知，何者为良，先明乎善，益进于诚，凡功利之溺此良知，夸门之障此良知，意见之害此良知，皆如自治痛痒，自致其力，以自有之知，尽自有之性，以此尊其所闻为传习矣乎？呜呼！先生之学，真孔氏秘传，而以先生之道，反身而自得之，如颜、曾之善习者谁也？敢告同志相最善习，庶无负先生传教之意云尔。时嘉靖辛亥夏日，门下后学德清蔡汝楠谨书。

题传习录后 董沄

斯道之在天下，虽天命人心之固有，其盛衰显晦，实由气数。文、武之后，斯道与王迹俱降，渐远渐微，不绝如线，历数百年，至仲尼一唱而天下响应。仲尼之后，至孟子没有遂绝，历战国、秦、汉，如灭烛夜行。以及炎运之末，黄、郭、荀、陈诸豪杰，林然而起，要虽非中道，而其发于义理，根于天性，挽回人心，则不可诬也。东井先祥，德星后聚，岂偶然哉！自是而文废焉，至于隋而文中子振之，门人千余，泽虽不被于天下，而斯文赖以一延。自是而文又废焉，至于宋而濂、洛、关、闽诸大儒出而昌之，五星聚奎，斯道于是乎大明矣。然天下之士，见在上者之崇重乎此也，遂借之以为利禄之梯，讲之愈明，而失之愈远，大非先儒之初心矣。以至于今，而笃生阳明夫子，提天下之耳，易天下之辙，海内学者，复响应焉，而五星聚室，是岂人力所能为哉？盖自孔子以迄于兹，凡四废兴矣。

传习录序 王宗沐

《传习录》，录阳明先生语也。四方之刻颇多，而江右实先生提戈讲道处，独缺焉。沐乃请于两台，合续本凡十一卷，刻置学宫。诸生集而请曰:“愿有以疗之。”余愀然曰:“来!二三子是尚有待于余言乎?夫言非先生得已也。自先生之殁,则学稍稍失其旨,繁言朋,兴门户、峙张规为儒名,而实衰焉。非不能言也,是用与二三子剪裁浮华,反归本实,以独得先生之意于旷世之下,而尚有待于言乎?孔子曰:‘予欲无言。’而又曰:‘无隐学而必待于言也。’则二者实背而驰。如其不待于言也,则所谓无隐者盖有在矣。且尔亦知先生始得之勤也,而其后之不能无忧乎?”

诸生曰:“未之闻也。虽然,愿卒言之。”

曰:“天命流行,物与无妄,在天为不已之命,而在人为不息之体。孔门之所谓仁者,先生之所谓知也。自程纯公之殁,而圣人之学不传,沉酣传注,留心名物,从其求于外者,以为领略贯解,而一实万分、主静立极之义微矣。夫天下莫大于心,心无对者也,博厚高明,配于天地,而弥纶参赞,际于六合,虽尧、舜之治与夫汤、武之烈,皆心之照也。从事于心者,愈敛而愈不足;从事于言者,愈赘而愈有余。不足者日益,而有余者日损。圣愚上下之歧,端在于是。此先生所以冒忌负谤,不恤其身而争之于几绝之余,而当时之士,亦遂投其本有,皆能脱驂解絷,翕然从先生于骤闻之日者也。争之不明而有言,言之稍聚而为录。今不据其录而求其所以为学也,乃复事于言,是其不得已者,反以误后人而贻之争耶?且先生之得,是亦不易矣。先生顾其始,亦尝词章而博物矣。展转抵触,多方讨究,妆缀于平时者,辨艺华藻,似复可恃。至于变故当前,流离生死,无复出路,旁视莫倚而向之有余者,茫然不可得力。于是知不息之体炯然在中,悟则实,谈则虚,譬之孤舟,颠沛于冲风骇浪之中,帆橹莫施,碇缆无庸,然后视柁力之强弱,以为存亡。叶尽根呈,水落石出,而始强立不返矣。故余尝谓:先生仅悟于百死一生之日,然后能咽余甘而臻实际,取而用之,已本不贰,而物亦莫能违,事功文词,固有照中之隙光也。先生之所以得者,岂尽于是耶?嗣后一传百讹,师心即圣,为虚无漭荡之论,不可穷诘。内以驰其玄莫之见,而外以逃其践履之失，于先生所道切近之处，未尝加功，则于先生所指精微之地，终无实见，投之事则窒，施之用则败。盖先生得而言之，言先生之心尔。而今袭先行之语以求入，即句句不爽，犹之无当于心，而况不能无失乎？心不息，则万古如一日；心不息，则万人如一人。先生能用是倡之于几绝，吾人不能缘是承之于已明，而方且较同异雌黄以为长。犹昔人所谓神尧能以一旅取天下，而子孙不能以天下取河北者。引予之所以谓先生始得之勤，而今之不能无忧也。夫从事于心，敏而犹有不及，则于言有所不暇；从事于心，精而后知所失，则于言有所不敢。默识深思，承担负荷，此余与二三子今日之所承先生之后者也。”

诸生曰：“然则兹刻可废乎？”

曰：“若是泥哉！书之存不存，未害也。书不传，则先生之心不著。其颖者固无待乎是矣，而闻而兴者，犹之欲渡而弃航也。求之于心而得，则先生之言庸以相印；求之于心而不得，则由先生之言而思焉，而力焉，而本体固可见矣。昔者赵简子有二子，而莫知适立也，乃书戒教之词于简而授之，三年而问之，长伯鲁不能举其辞，求其简，已失之矣；次无恤育其辞甚习，求其简，出诸袖中，遂立之。夫志各有适，非简之罪也，二三子其识之矣。”

刻传习录序 焦竑

国朝理学开于阳明先生。当时法席盛行海内，谈学者无不禀为模楷，至今称有闻者，皆其支裔也。然先生既没，传者浸失其真，或以知解自多而实际未诣，或以放旷自恣而检柙不修，或以良知为未尽，而言寂言修，画蛇添足。呜呼，未实致其力，而藉为争名挟胜之资者比比皆是。今《传习录》具在，学者试虚心读之，于今之学者为异为同，居可见矣。此不独征之庶民难于信从，而反于良知必有不自安者。

杨侯为冀州夺，修政之暇，思进厥士民于学，而刻是编以嘉惠之。语云：“君子学道则爱人，小人学道则易使也。”自是四方之观者，以爱人验侯，而又以易使验州人，令先生之道大光于信都，而一洗承学者之谬，余之愿也。乃不揆而序以贻之。

重刻王阳明先生传习录序 刘宗周

良知之教，如日中天。昔人谓："天不生仲尼，万古如长夜。"然使三千年而后，不复生先生，又谁与取日虞渊，洗光咸池乎？

盖人皆有是心也，天之所以与我者，本如是。其虚灵不昧，以具众理而应万事，而不能不蔽于物欲之私，学则所以去蔽而已矣。故《大学》首揭"明明德"为复性之本，而其功要之"知止"。又曰："致知在格物。"致知之知，不离本明；格物之至，只是知止。即本体即功夫。故孟子遂言"良知"云。

孔、孟既殁，心学不传，浸淫而为佛、老、荀、杨之说；虽经程、朱诸大儒讲明教正不遗余力，而其后复束于训诂，转入支离，往往析心与理而二之；求道愈难，而去道愈远，圣学遂为绝德。于是先生特本程、朱之说，而求之以直接孔、孟之传，曰"致良知"，可谓良工苦心。自此人皆知吾之心即圣人之心，吾心之知则圣人之无不知，而作圣之功初非有加于此心、此知之毫末也。则先生恢复本心之功，岂在孟子道性善后欤？

《传习录》一书，得于门人之所睹记语。语三字，符也。学者亦既家传而户诵之。以迄于今，百有余年，宗风渐替。宗周妄不自揣，窃尝掇拾绪言，日与乡之学先生之道者，群居而讲求之，亦既有年所矣。

裔孙士美，锐志绳武，爰取旧本，稍为订正，而以亲经先生裁定者四卷为《正录》。先生殁后，钱洪甫增入一卷为《附录》，重梓之以惠吾党，且以请于余曰："良知之说，以救宋人之训诂，亦因病立方耳。及其弊也，往往看良知太见成，用良知太活变，高者玄虚，卑者诞妄。其病反甚于训诂，则前辈已开此逗漏。《附录》一卷，僭有删削，如苏、张得良知妙用等语，讵可重令后人见乎？总之，不执方而善用药，期于中病而止，惟吾子有赐言。”余闻其说而韪之，果若所云，即请药之以先生之教。

盖先生所病于宋人者，以其求理于心之外也。故先生言理曰天理，一则曰天理，再则曰存天理而遏人欲，且累言之而不足，实为此篇真骨脉。而后之言良知者，或指理为障，几欲求心于理之外矣。夫既求心于理之外，则见成活变之弊，亦将何所不至乎！夫良知本是见成，而先生自谓“从万死中得来”，何也？亦本是变动不居，而先生云“能戒慎恐惧者”，是又何也？先生盖曰“吾学以存天理而遏人欲”云尔，故又曰“良知即天理”。其于学者直下顶门处，可为深切著明。程伯子曰：“吾学虽有所受，然天理二字却是自家体认出来。”至朱子解“至善”，亦云：“尽乎天理之极，而无一毫人欲之私者。”先生于此亟首肯。则先生之言，固孔、孟之言，程、朱之言也。而一时株守旧闻者，骤诋之曰“禅”。后人因其禅也，而禅之转借先生立帜。自此大道中分门别户，反成燕、越。而至于人禽之几，辄喜混作一团，不容分疏，以为良知中本无一切对待。由其说，将不率天下而禽兽食人不已。甚矣！先生之不幸也！

斯编出，而吾党之学先生者，当不难晓然自得其心，以求进于圣人之道。果非异端曲学之可几，则道术亦终归于一，而先生之教所谓亘万古而尝新也。遂书之简末，并以告之同志。愧斤斤不脱训诂之见，有负先生苦心，姑藉手为就正有道地云。

阳明传信录小引 刘宗周

暇日读《阳明先生集》，摘其要语，得三卷。首《语录》，录先生与门弟子论学诸书，存学则也；次《文录》，录先生赠遗杂著，存教法也；又次《传习录》，录诸门弟子所口授于先生之为言学、言教者，存宗旨也。

先生之学，始出词章，继逃佛、老，终乃求之《六经》，而一变至道。世未有善学如先生者也，是谓学则。先生教人吃紧在去人欲而存天理，进之以知行合一之说，其要归于致良知，虽累千百言，不出此三言为转注，凡以使学者截去之，绕寻向上去而已，世未有善教如先生者也，是谓教法。而先生之言良知也，近本之孔、孟之说，远遡之精一之传，盖自程、朱一线中绝，而后补偏救弊，契圣归宗，未有若先生之深切著明者也，是谓宗旨。则后之学先生者，从可知已：不学其所悟而学其所悔，舍天理而求良知，阴以叛孔、孟之道而不顾，又其弊也。说知说行，先后两截，言悟言参，转增学虑，吾不知于先生之道为何如！间尝求其故而不得，意者先生因病立方，时时权实互用，后人不得其解，未免转增离歧乎？

宗周因于手抄之余，有可以发明先生之蕴者，僭存一二管窥，以质所疑，既得藉手以就正于有道，庶几有善学先生者出，而先生之道传之久而无弊也，因题之曰“传信”云。时崇祯岁在己卯秋七月望后二日，后学刘宗周书于朱氏山房之解吟轩。

重刻传习录后叙 钱启忠

阳明先生良知之学，一时诸贤相与唱和，而天泉证悟，直指人生未发以前本旨，随揭四语作宗门口诀，先生因言此最上一路。到此天机漏泄，千百年即颜、思未曾道及，固知先生非从万死一生中不能到，我辈非从万死一生中亦不能悟也，而议者浸生异同。夫同此之谓同德，异此之谓异端，毫发千里。昔朱晦翁与陆象山先生讲学，反覆数千言，亦似格格不相入，晚而象山读晦翁“中流自在”及“万紫千红”诗，喜见眉宇，曰：“晦翁悟矣！悟矣！”两人卒成莫逆，迄无异同，造主鹿洞，剖析义利。时晦翁于义利关头岂尚未透？“独通身汗下，至冷月挥扇”。嘻，此孔门真滴血，又是格物物格良知透体真面目也。吾夫子不云无知乎？正谓良知上加不得些子，此意却为子舆氏觑著，故特举此二字示人，后来亦只就寻常语言读过，先生又拓出作提唱，且欲自渡渡人，而大旨载在《传习录》。

大凡学者传则有习，至于习倏而惘然自疑，既而划然自解，旋而确然主始信安身立命有下落处。我辈惟不能习，故不能疑，不能疑，故不能信。传有之，信。信也疑，疑亦信也，而先儒亦言此道要信得及。余不敏，窃谓即信不及，幸且习而安之。诚时时提念，时时猛省，时时觉热汗淋漓，令无声无臭独知时，乾坤万有总摄，光明藏中，一旦贫儿暴富，当不学沿门持钵，向他人吃残羹剩饭也。因以金正希所手订者请之学宪云怡陈公付诸梓，以公同志，而赞数语于末简。崇祯三年上元日明山后学钱启忠识于问天阁。

阳明先生文录序 邹守益

钱子德洪刻先师《文录》于姑苏，自述其裒次之意：以纯于讲学明道者为《正录》，日明其志也；以诗赋及酬应者为《外集》，曰尽其全也；以奏疏及文移为《别录》，曰究其施也。于是先师之言灿然聚矣。以守益与闻绪言之教也，寓简使序之。守益拜手而言曰：

知言诚未易哉！昔者孔夫子之在春秋也，从游者三千，速肖者七十矣，而犹有莫我知之叹，叹夫以言语求之而眩其真也。夫子既没，门弟子欲以所事夫子者事有子。夷考其取于有子，亦曰甚矣，其言之似夫子也。则下学上达之功，其著且察者鲜矣。推尊之词，要亦足以及之。贤于尧、舜，尧、舜未易贤也。走兽之于麟，飞鸟之于凤，虽勉而企之，其道无繇。不几于绝德乎？礼乐之等，最为近之。然犹自闻见而求，终不若秋阳江、汉，直悟本体，为简易而切实也。盖在圣门，惟不迁怒不贰过之颜，语之而不惰；其次则忠恕之曾，足以任重而道远。故再传而以祖述宪章。譬诸天地四时三传，而以仕止久速之时比诸大成，比诸巧力，宛然江汉秋阳家法也。秦、汉以来，专以训诂，杂以佛、老，侈以词章，而皓皓肫肫之学，淆杂偏陂而莫或救之。逮于濂、洛，始粹然克续其传。论圣之可学，则以一者无欲为要，答定性之功，则以大公顺应，学天地圣人之常。嗟乎！是岂尝试而悬断之者乎？其后剖析愈精，考拟愈繁，著述愈富，而支离愈甚，间有觉其非而欲挽焉，则又未能尽追窠臼而洗濯之。至我阳明先生慨然深探其统，历艰履险，磨瑕去垢，独揭良知。力拯群迷，犯天下之谤而不自恤也。有志之士，稍稍如梦而觉，溯濂、洛以达洙、泗，非先师之功乎？以益之不类，再见于虔，再别于南昌，三至于会稽，窃窥先师之道愈简易，愈广大，愈切实，愈高明，望望然而莫知其所止也。当时有称先师者曰："古之名世，或以文章，或以政事，或以气节，或以勋烈，而公克兼之。独除却讲学一节，即全人矣。"先师笑曰："某愿从事讲学一节，尽除却四者，亦无愧全人。"又有訾讪之者。先师曰："古之狂者，嘐嘐圣人而行不揜，世所谓败阙也，而圣门以列中行之次。忠信廉洁，刺之无可刺，世所谓完全也，而圣门以为德之贼。某愿为狂以进取，不愿为愿以媚世。"呜呼！今之不知公者，果疑其为狂乎？其知公者，果能尽除四者而信其为全人乎？良知之明，烝民所同，本自皓皓，本自肫肫，常寂，常感，常神，常化，常虚，常直，常大公，常顺应，患在自私用智之欲所障，始有所尚，始有所倚；不倚不尚，本体呈露，宣之为文章，措之为政事，犯颜敢谏为气节，诛乱讨贼为勋烈：是四者皆一之流行也。学出于一，则以言求心矣；学出于二，则以言求言矣。守益力病于二之而未瘳也，故反覆以质于吾党。吾党欲求知言之要，其惟自致其良知乎？嘉靖丙申春三月。

阳明先生文录序 钱德洪

古之立教有三：有意教，有政教，有言教。太上之世，民涵真性，嗜欲未涉，圣人者特相示以意已矣，若伏羲陈奇偶以指象是也。而民遂各以意会，不逆于心，群物以游，熙如也：是之谓意教。中古之民，风气渐开，示之以意，若病不足矣。圣人者出，则为之经制立法，使之自厚其生，自利其用，自正其德，而民亦相忘于政化之中，各足其愿，日入于善，而不知谁之所使：是以政教之也。自后圣王不作，皇度不张，民失所趋，俗非其习，而圣人之意日湮以晦，怀世道者忧之，而处非其任，则哓哓以空言觉天下：是故始有以言教也。

噫！立教而至于以言则难矣！昔者孔子之在《春秋》也，其所与世谆谆者皆性所同也。然于习俗所趋无征焉，乃哄起而异之曰：“是将夺吾之所习，而蹶吾之所趋也！”或有非笑而诋訾之者。三千之徒，其庶几能自拔于流俗，不与众非笑诋訾之者乎？然而天下之大也，其能自拔于俗，不与众非笑诋訾者，仅三千人焉，岂非空言动众，终不若躬见于政事之为易也？夫三千之中称好学者，颜氏之外又无多闻焉。岂速肖之士知自拔于俗矣，尚未能尽脱乎俗习耶？一洗俗习之陋，直超自性之真，而尽得圣人千古不尽之意者，岂颜氏之所独耶？然而三千之徒，其于夫子之言也，犹面授也。秦火而后，掇拾于汉儒者多似是而失真矣。后之儒者复以己见臆说，尽取其言而支离决裂之。噫！诚面授也，尚未免于俗习焉，并取其言而乱之，则后之怀世道者，复将何恃以自植于世耶？

吾师阳明先生蚤有志于圣人之道，求之俗习而无取也，求之世儒之学而无得也，乃一洗俗习之陋、世儒之说，而自证以吾之心焉，殚思力践，竭精瘁志，卒乃豁然有见于良知，而千古圣人不尽之意复得以大明于世。噫！亦难矣！世之闻吾先生之言者，其皆肯自拔于流俗，不与众非笑诋訾之乎？其皆肯一洗俗习之陋、世儒之说，而独证以吾之心乎？夫非笑诋訾，在孔子犹不免焉，于当世乎奚病？特病其未之或闻焉耳。如其有闻也，则知先生之所言者非先生之言也，吾之心也。吾心之知不以太上而古，不以当世而今，不待示而得，不依政而行，俗习所不能湮，异说所不能淆，特在乎有超世特立之志，自证而自得之耳！有超世特立之志者而一触其知，真如去目之尘沙以还光也，拔耳之木楔以还聪也，解支体之束缚以自舒也，去污秽而就高明，撤蔽障而合大同，以复中古之政，超太上之意，亦已矣，又奚以俗习之陋、世儒之说为哉？

先生之言，世之信从者日众矣！特其文字之行于世者，或杂夫少年未定之论。愚惧后之乱先生之学者，即自先生之言始也，乃取其少年未定之论，尽删而去之；详披缔阅，参酌众见，得至一之言五卷焉。其余或发之题咏，或见之政事者，则厘为《外集》、《别录》；复以日月前后顺而次之，庶几知道者读之，其知有所取乎？虽然，是录先生之言也，特入珍藏之扃钥也。珍藏不守，乃屑屑焉扃钥之是竞，岂非舍其所重而自任其所轻耶？兹不能无愧于是录之成云尔！

重刻阳明先生文录后语 王畿

道必待言而传，夫子尝以无言为警矣。言者，所由以入于道之诠，凡待言而传者，皆下学也。学者之于言也，犹之暗者之于烛，跛者之于杖也。有触发之义焉，有栽培之义焉，而其机则存乎心悟。不得于心而泥于言，非善于学者也。我阳明先师倡明圣学，以良知之说觉天下，天下靡然从之：是虽入道之玄诠，亦下学事，载诸录者详矣。吾党之从事于师说也，其未得之，果能有所触发否乎？其得之也，果能有所栽培否乎？其得而玩之也，果能有所印正否乎？得也者，非得之于言，得之于心也；契之于心，忘乎言者也，犹之烛之资乎明，杖之辅乎行，其机则存乎目与足，非外物所得而与也。若夫玩而忘之，从容默识无所待而自中乎道。斯则无言之旨，上达之机，固吾梅林公重刻是录，相与嘉惠而申警之意也。不然，则圣学亡而先师之意荒矣。吾党勖诸！

阳明先生文录续编序 徐阶

余姚钱子洪甫既刻《阳明先生文录》以传，又求诸四方，得先生所著《大学或问》、《五经臆说》、序、记、书、疏等若干卷，题曰《文录续编》，而属嘉兴守六安徐侯以正刻之。刻成，侯谋于洪甫及王子汝中，遣郡博张编、海宁诸生董启予问序于阶。阶曰：

先生之文，非浅薄所敢序也。虽然，阶尝从洪甫、汝中窃闻先生之学矣。夫学，非独倡始难也，其传而不失其宗，盖亦不易焉。自孔子没，

《大学》格致之旨晦。其在俗儒，率外心以求知，终其身汩溺于见闻记诵；而高明之士，又率慕径约，贵自然，沦入于二氏而不自觉。先生崛起千载之后，毅然以谓致知者致吾心之良知也。吾心之良知，不待虑而知，不待学而能，是乃天命之性，吾心灵昭明觉之本体也。惟不自欺其良知，斯知致而意可诚矣。格者，正也。正其不正以归于正也。物者，事也。事各归于正，而吾良知之所知始无亏缺障蔽，得以极其致矣。举知而归诸良，举致知而归诸正物，盖先生之学不汩于俗，亦不入于空如此。于时闻者幸知口耳之可耻，然其辟之或激于太过，幸有见夫心体之当求，然其拟之或涉于太轻：于是超顿之说兴，至举践履之实，积累之功，尽诋以为不足务。脱于俗，顾转而趋于空，则先生之学有不待夫传之既久，乃始失其宗者，兹岂非学先生者之所忧乎？洪甫辑为是编，其志固将以救之。其《自序》曰："言近而旨远，此吾师中行之证也。"又曰："吾师之教平易切实，而圣智神化之机，固已跃然，不必更为别说。"洪甫之于师传，其阐明翼卫，视先生之于孔氏，有功等矣。夫三代以前，学与政合而出于一，虞廷之命官，与其所陈之《谟》，皆"精一执中"之运用也。故曰三代之治本于道，三代之道本于心。而后世论学，既指夫俗与空者当之，其论政又指夫期会簿书当之，谬迷日甚而未已也。徐侯方从事于政，独能聚诸生以讲先生之学，汲汲焉刻是编以诏之，其异于世之为者欤？使凡领郡者皆徐侯其人，先生之学明而洪甫之忧可释也。阶生晚，不及登先生之门。然昔孟子自谓于孔子为私淑，至其自任闲先王之道以承孔子，则虽见目为好辩而不辞。故辄以侯请，僭为之序。呜呼！观者其尚亮阶之志也夫！

刻文录序说 钱德洪

德洪曰：嘉靖丁亥四月，时邹谦之谪广德，以所录先生文稿请刻。先生止之曰："不可。吾党学问，幸得头脑，须鞭辟近里，务求实得，一切繁文靡好。传之恐眩人耳目，不录可也。"谦之复请不已。先生乃取近稿三之一，标揭年月，命德洪编次；复遗书曰：“所录以年月为次，不复分别体类者，盖专以讲学明道为事，不在文辞体制间也。”明日，德洪掇拾所遗复请刻。先生曰：“此爱惜文辞之心也。昔者孔子删述《六经》，若以文辞为心，如唐、虞、三代，自《典》、《谟》而下，岂止数篇？正惟一以明道为志，故所述可以垂教万世。吾党志在明道，复以爱惜文字为心，便不可入尧、舜之道矣。”德洪复请不已。乃许数篇，次为《附录》，以遗谦之，今之广德板是也。

先生读《文录》，谓学者曰：“此编以年月为次，使后世学者，知吾所学前后进诣不同。”又曰：“某此意思赖诸贤信而不疑，须口口相传，广布同志，庶几不坠。若笔之于书，乃是异日事，必不得已，然后为此耳！”又曰：“讲学须得与人人面授，然后得其所疑，时其浅深而语之。才涉纸笔，便十不能尽一二。”戊子年冬，先生时在两广谢病归，将下庾岭。德洪与王汝中闻之，乃自钱塘趋迎。至龙游闻讣，遂趋广信，讣告同门，约每越三年遣人裒录遗言。明日又进贵溪，扶丧还玉山。至草萍驿，戒记书箧，故诸稿幸免散逸。自后同门各以所录见遗，既七年，壬辰，德洪居吴，始较定篇类。复为《购遗文》一疏，遣安成王生自闽、粤由洪都入岭表，抵苍梧，取道荆、湘，还自金陵，又获所未备；然后谋诸提学侍御闻人邦正，入梓以行。《文录》之有《外集》、《别录》，遵《附录》例也。

先生之学凡三变，其为教也亦三变：少之时，驰骋于辞章；已而出入二氏；继乃居夷处困，豁然有得于圣贤之旨：是三变而至道也。居贵阳时，首与学者为“知行合一”之说；自滁阳后，多教学者静坐；江右以来，始单提“致良知”三字，直指本体，令学者言下有悟：是教亦三变也。读《文录》者当自知之。先生尝曰：“吾始居龙场，乡民言语不通，所可与言者乃中土亡命之流耳；与之言知行之说，莫不忻忻有入。久之，并夷人亦翕然相向。及出与士夫言，则纷纷同异，反多扞格不入，何也？意见先入也。”德洪自辛巳冬始见先生于姚，再见于越，于先生教若恍恍可即，然未得入头处。同门先辈有指以静坐者。遂觅光相僧房，闭门凝神净虑。倏见此心真体，如出蔀屋而睹天日，始知平时一切作用，皆非天则自然。习心浮思，炯炯自照，毫发不容住著。喜驰以告。先生曰："吾昔居滁时，见学者徒为口耳同异之辩，无益于得，且教之静坐。一时学者亦若有悟；但久之渐有喜静厌动流入枯槁之病。故迩来只指破致良知功夫。学者真见得良知本体昭明洞彻，是是非非莫非天则，不论有事无事，精察克治，俱归一路，方是格致实功，不落却一边。故较来无出致良知话头无病何也？良知原无间动静也。"德洪既自喜学得所入，又承点破病痛，退自省究，渐觉得力。"良知"之说发于正德辛巳年。盖先生再罹宁藩之交，张、许之难，而学又一番证透，故正录书凡三卷，第二卷断自辛巳者，志始也。"格致"之辩莫详于《答顾华玉》一书，而"拔本塞源"之论，写出千古同体万物之旨，与末世俗习相沿之弊。百世以俟，读之当为一快。

先生尝曰："吾'良知'二字，自龙场已后，便已不出此意，只是点此二字不出，于学者言，费却多少辞说。今幸见出此意，一语之下，洞见全体，真是痛快，不觉手舞足蹈。学者闻之，亦省却多少寻讨功夫。学问头脑，至此已是说得十分下落，但恐学者不肯真下承当耳。"又曰："某于'良知'之说，从百死千难中得来，非是容易见得到此。此本是学者究竟话头，可惜此体沦埋已久。学者苦于闻见障蔽，无入头处。不得已与人一口说尽。但恐学者得之容易，只把作一种光景玩弄，孤负此知耳！"

甲申年，先生居越。中秋月白如洗，乃燕集群弟子于天泉桥上。时在侍者百十人。酒半行，先生命歌诗。诸弟子比音而作，翕然如协金石。少间，能琴者理丝，善箫者吹竹，或投壶聚算，或鼓棹而歌，远近相答。先生顾而乐之，遂即席赋诗，有曰"铿然舍瑟春风里，点也虽狂得我情"之句。既而曰："昔孔门求中行之士不可得，苟求其次，其惟狂者乎？狂者志存古人，一切声利纷华之染，无所累其衷，真有凤皇翔依千仞气象。得是人而裁之，使之克念日就平易切实，则去道不远矣！予自鸿胪以前，学者用功尚多拘局；自吾揭示良知头脑，渐觉见得此意者多，可与裁矣。”

先生自辛巳年初归越，明年居考丧，德洪辈侍者踪迹尚寥落。既后，四方来者日众，癸未已后，环先生之室而居，如天妃、光相、能仁诸僧舍，每一室常合食者数十人，夜无卧所，更番就席，歌声彻昏旦。南镇、禹穴、阳明洞诸山，远近古刹，徒足所到，无非同志游寓之地。先生每临席，诸生前后左右环坐而听，常不下数百人；送往迎来，月无虚日，至有在侍更岁，不能遍记其姓字者。诸生每听讲，出门未尝不踊跃称快，以昧入者以明出，以疑入者以悟出，以忧愤愊忆入者以融释脱落出，呜呼休哉！不图讲学之至于斯也。尝闻之同门，南都以前，从游者虽众，未有如在越之盛者。虽讲学日久，孚信渐博，要亦先生之学益进，感召之机亦自不同也。今观《文录》前后论议，大略亦可想见。

先生尝语学者曰：“作文字亦无妨功夫。如诗言志，只看尔意向如何，意得处自不能不发之于言，但不必在词语上驰骋，言不可以伪为。且如不见道之人，一片粗鄙心，安能说出和平话？总然都做得后一两句露出病痛，便觉破此文原非充养得来。若养得此心中和，则其言自别。”

门人有欲汲汲立言者。先生闻之叹曰：“此弊溺人，其来非一日矣。不求自信而急于人知，正所谓以己昏昏，使人昭昭也。耻其名之无闻于世，而不知知道者视之，反自贻笑耳。宋之儒者，其制行磊荦，本足以取信于人，故其言虽未尽，人亦崇信之，非专以空言动人也。但一言之误，至于误人无穷，不可胜救，亦岂非汲汲于立言者之过耶？”

或问先生所答示门人书稿，删取归并，作数篇训语以示将来，如何？先生曰：“有此意。但今学问自觉所进未止，且终日应酬无暇。他日结庐山中，得如诸贤有笔力者，聚会一处商议，将圣人至紧要之语发挥作一书，然后取零碎文字都烧了，免致累人。”德洪事先生，在越七年，自归省外，无日不侍左右。有所省豁，每得于语默作止之间。或闻时讪议，有动于衷，则益自奋励以自植，有疑义即进见请质。故乐于面炙，一切文辞，俱不收录。每见文稿出示，比之侍坐时精神鼓舞，歉然常见不足。以是知古人“书不尽言，言不尽意”，非欺我也。不幸先生既没，謦咳无闻，仪刑日远，每思印证，茫无可即。然后取遗稿次第读之，凡所欲言而不能者，先生皆为我先发之矣。虽其言之不能尽意，引而不发，跃如也。由是自滁以后文字，虽片纸只字不敢遗弃。四海之远，百世之下，有同此怀者乎？苟取《正录》，顺其日月以读之，不以言求，而惟以神会，必有沛然江河之决，莫之能御者矣！

《别录》成，同门有病其太繁者。德洪曰：“若以文字之心观之，其所取不过数篇。若以先生之学见诸行事之实，则虽琐屑细务，皆精神心术所寓，经时赞化以成天下之事业。千百年来儒者有用之学，于此亦可见其梗概，又何病其太繁乎？”

昔门人有读《安边八策》者。先生曰：“是疏所陈亦有可用。但当时学问未透，中心激忿抗厉之气。若此气未除，欲与天下共事，恐事未必有济。”

陈惟浚曰：“昔武宗南巡，先生在虔，奸贼在君侧，间有以疑谤危先生者，声息日至，诸司文帖，络绎不绝，请先生即下洪，勿处用兵之地，以坚奸人之疑。先生闻之，泰然不动。门人乘间言之，先生姑应之曰：‘吾将往矣。’一日，惟浚亦以问。先生曰：‘吾在省时，权竖如许势焰疑谤，祸在目前，吾亦帖然处之。此何足忧？吾已解兵谢事乞去，只与朋友讲学论道，教童生习礼歌诗，乌足为疑！纵有祸患，亦畏避不得。雷要打，便随他打来，何故忧惧？吾所以不轻动，亦有深虑焉尔！’又一人使一友亦告急。先生曰：‘此人惜哉不知学，公辈曷不与之讲学乎？’是友亦释然，谓人曰：‘明翁真有赤舄几几气象。’愚谓《别录》所载，不过先生政事之迹耳。其遭时危谤，祸患莫测，先生处之泰然，不动声色，而又能出危去险，坐收成功。其致知格物之学至是，岂意见拟议所能及！”

是皆《别录》所未及详者。洪感惟浚之言，故表出之，以为读《别录》者相发。

《复闻人邦正书》，裒刊《文录》，诸同门聚议不同久矣。有曰：“先生之道无精粗，随所发言，莫非至教，故集文不必择其可否，概以年月体类为次，使观者随其所取而获焉！”此久庵诸公之言也。又以“先生言虽无间于精粗，而终身命意，惟以提揭人心为要，故凡不切讲学明道者，不录可也”。此东廓诸公之言也。二说相持，罔知裁定。去年广回舟中，反覆思惟，不肖鄙意窃若有附于东廓子者。夫传言者不贵乎尽其博，而贵乎得其意。得其意，虽一言之约，足以入道；不得其意，而徒示其博，则泛滥失真，匪徒无益，是眩之也。且文别体类，非古也，其后世侈词章之心乎？当今天下士，方驰骛于辞章，先生少年亦尝没溺于是矣，卒乃自悔，惕然有志于身心之学；学未归一，出入于二氏者又几年矣，卒乃自悔，省然独得于圣贤之旨；反覆世故，更历险阻，百炼千磨，斑瑕尽去，而辉光焕发，超然有悟于良知之说。自辛巳年已后，而先生教益归于约矣。故凡在门墙者，不烦辞说而指见本体，真如日月之丽天，大地山河，万象森列，阴崖鬼魅，皆化而为精光；断溪曲径，皆坦而为大道。虽至愚不肖，一触此体真知，皆可为尧、舜，考三王，建天地，质鬼神，俟百世，断断乎知其不可易也！有所不行者，特患不加致之之功耳。今传言者不揭其独得之旨，而尚吝情于悔前之遗，未透之说，而混焉以夸博，是爱其毛而不属其里也，不既多乎？既又思之：凡物之珍赏于时者，久而不废，况文章乎？先生之文，既以传诵于时，欲不尽录，不可得也。自今尚能次其月日，善读者犹可以验其悔悟之渐。后恐迷其岁月，而概以文字取之混入焉，则并今日之意失之矣。久庵之虑，殆或以是与？不得已，乃两是而俱存之。故以文之纯于讲学明道者裒为《正录》，余则别为《外集》，而总题曰《文录》。疏奏批驳之文，则又厘为一书，名曰《别录》。夫始之以《正录》，明其志也；继之以《外集》，尽其博也；终之以《别录》，究其施也：而文稽其类以从，时也。识道者读之，庶几知所取乎？此又不肖者之意也。问难辩诘，莫详于书，故《正录》首书，次记，次序，次说，而以杂著终焉。讽咏规切，莫善于诗赋，故《外集》首赋，次诗，次记，次序，次说，次杂著，而传志终焉。《别录》则卷以事类，篇以题别，先奏疏而后公移。刻既成，惧读者之病于未察也，敢敬述以求正。乙未年正月。

重刻阳明先生文集序 闻东

《阳明先生文录》旧刻于姑苏，《传习录》刻于赣，继又有薛子者刻其《则言》，然相传不多得同志者，未得合并以观全书，每有余憾。东按西秦，历关、陇，见西土人士俊髦，群然皆忠信之质也，因相与论良知之学，尽取先生《文录》，附以《传习录》并《则言》，共若干卷刻之，愿与同志者共焉。

东曰：予于先生之学，尝窃闻其绪论于欧阳南野先生，云："先生指示良知为人心本体，自圣人之心以至愚夫愚妇，自一人之心以达之天下，自千万古之前以达之千万古之后，无有不同者，此心也，此良知也。"始而闻则疑之，乃南野先生教曰："子盖未始实见得此耳。人心本体浑然，天理即其灵昭不昧处，所谓良知也。全此谓之圣人，若众人则日用不知且蔽焉耳。去其蔽以复其全，将不同归欤？然立志，其本也，志不立始异矣，所谓性近习远者也，子又何疑乎？"东惕然以思，惺然以悔，因责此志之未立也。是故立志无他焉，致良知焉已矣。何也？圣凡之判迷悟之间也。何云迷？日欺则然也。何云悟？自慊则然也。脱迷就悟，非戒慎恐惧不可也，是故有求焉。圣人之志焉，致良知焉已矣。或曰："若是，先生之学诚不当于文字间求矣。乃今诵是集者或未能缘是以得其微，兹不几赘乎？"曰："先生嘉惠后学，其心无穷，且彰之文辞，著之问辩，树之政事，孰非精蕴之据，模范之兆乎？每一展卷，辄因省悟，此亦良知所不容已者，又兹刻意也。"爰命工锓于天水，天水盖包羲氏所自起地，因以溯心学渊源云。嘉靖庚戌秋八月。

王阳明先生传习录集评序 孙锵

古之立德、立功、立言于天下者，是谓三不朽，然求其能兼是三者，其惟我姚江王先生乎。先生经济文章，震铄今古，无不本学问而出，故其言学之书，莫粹于《传习录》。是录刻于其门人徐爱、钱德洪、南大吉辈，今皆无传本单行。近世湖南有《全集》本，浙江有《全书》本，若江南制造局本，则由黔本翻出，而上海明明学社、成都文伦书局，又从制造局本翻印，皆所谓《集要三种》本也。顾《集要》本，选自余姚施忠愍公邦曜，其中王嘉秀、梁日孚、冀惟乾三条，皆错简相沿，久未更正。成都国学研究会刻有单行《传习录》，虽前三条不误，而讹别尚多。近于申江购得江汉书院旧刻本，尚称完善。鄞县张咏霓君，以《集要》本可以此正误也，遂怂恿付印。余又将余姚施公邦曜、山阴刘公宗周、容城孙公奇逢、余姚黄公宗羲、浏阳陶公浔霍，以及近人新会梁启超君等各家总评散评，汇录书内，虽详略不同，其足为是书启发一也。

昔孟子有曰："上无礼，下无学；贼民兴，丧无日矣。"夫礼乐由政府出，非人民所敢议；若学也者，固古之人所谓化民成俗，其必由是焉者也。然以下之无学，故而即有贼民之兴，即有丧亡之惨，则可见救亡之必以学也明矣。窃维古来言学之书，其为深切著明、易知易从者，循其本，惟《大学》、《中庸》；救其末，则王子《传习录》其尤要也。《录》之言"致良知"也，言"知行合一"也，言"必有事而勿忘勿助"也，亦惟曰"慎独"，曰"戒慎恐惧"而已矣。自维桑海余生，分当蜷伏牖下，独念顾亭林氏有"天下兴亡，匹夫与责"之语，用是昕夕冰兢，不自暇逸，亲与抄纂，校付手民，亦欲俾天下学子，分科学之力，致力于此，他日处为纯儒，出为循吏，其于世人所希冀愿望于国利民福者，不将有大慰之一日矣乎。中华民国三年甲寅夏至日，后学奉化孙锵玉叟甫识于甬上君子营之旅遁轩。

再版传习录集评序 孙锵

去年余校印王阳明先生《传习录集评》，其本文惟据武昌江汉书院藏版，刷印未久，颇已风行海内矣。旋由日本留学界寄来云井龙雄氏之《传习录》手抄本，观所采用，有井上氏、吉村氏、三轮氏、高濑氏诸说，始知日本王学之盛胜我中华远甚。至今年岁初，有事东渡，得游其京都图书馆，检阅存目，有《日本阳明学派之哲学》，则井上哲次郎著也；《阳明学真髓》，则春日升一郎也；《王阳明人物养成谈》，则木村鹰次郎也；《精神教育阳明学阶梯》，则高濑武次郎也；《阳明学一种》，则吉本襄也；《王学提纲》，则吉村晋也；《传习录写本》，则三轮执斋也。余于是就图书馆之目，求之其书肆，除井上、春日、高濑诸书各有购获外，又购有三轮希贤之《传习录标注》、佐藤坦之《传习录栏外书》、东敬治之《传习录讲义》与《阳明学要义》，又有三宅雄二郎与亘理章三郎之《王阳明书》，又宫内默藏之《王学指南》、高濑武次郎之《阳明学新论》与《日本之阳明学》，凡一十二种，其所谓《养成谈》、《王学阶梯》及《王阳明活眼》等目，则未见者尚多也。六月暑假，余第三子河环归自神户商校，又购有高濑氏新著之《王阳明详传》。呜呼美哉。何日本王学之盛有如此欤。人徒见海东三岛数十年来，骤跻于欧美诸大国之列，以为其富且强焉若是，而不知其得力于阳明学者，乃直认而不讳，且《祥传》初版在今岁大正四年六月，则日本之王学固方兴而未艾也。

夫阳明先生，吾浙之先儒也，其所提倡学说，吾国孔孟以来相传之学说也，非如各种新科学，必移译东西洋各国新书，始能输进文明者。比而中国顾积弱不振，况而愈下，未见有崇拜阳明，如日本西乡隆盛者抑又何也？盖自有明亡国，归狱东林，清初诸儒兢以排斥王学为正派，遂使通国举子讳言王学，甚可惜也。中国通使日本已四五十年，唐宋古本多所采辑，加古逸丛书诸刻，而于日本之王学，未见有归饷国人，以为国家根本之计者，则爱国心之薄弱亦可见矣。虽新会梁氏著有《节本明儒学案》及《德育鉴》一书，亦日因其为国事逋亡，而惧购其书，则清国之亡也忽焉，亦固其宜耳。吾观日本所出之《传习录》，前后卷帙，大都循用旧本次第，且多所考证以征其实。故今亦不用江汉书院之本，仍分上中下三卷，而末卷之附录亦各择要采辑年谱，今并补入，则《明儒学案》之略传亦不复赘焉。世有维持国运、保存国粹之君子，将无于此而加之意耶？中华民国四年腊八前五日，后学奉化孙锵书于杭垣南屏重建两浙节孝总祠事务所中。

怀玉书院重刻朱子晚年定论引 钱德洪

嘉靖戊午冬，怀玉书院工告成。广信知府鉴塘周君俶建议饬工，延师瞻士，百虑同集故土，乐有宁宇，以安其学。既将入观，以其事属其僚黄君纹。已而考绩以最闻，擢云南按察副使。鉴塘寓书黄君曰："吾将远别，不得视诸生成，所贻俸余若干，为我置书于局，使院生日亲先哲，犹吾教也。"时中庵读《朱子晚年定论》有感，谋诸斤石吕子曰："书院复朱子草堂之旧，书生登朱子堂，瞻朱子禀饩，进之以朱子之学，可乎？"夫诸生所诵读朱子者，中年未定之说也，生登朱子堂，瞻朱子禀饩，进之以朱子之学，可乎？"夫诸生所诵读朱子者，中年未定之说也，而不知其晚年之悟之精且彻也。予昔闻知行之说，自谓入道次第，进无疑矣。今读《定论》，宁知致知者，致吾心本然之知。其与守书册、泥言语、讨论制度、较计权术，意趣功夫迥然不同也。昔闻存省之说，自谓动静交修，功无间矣。今读《定论》，宁知本然之知，随触发，无少停息，即寂之中感在寂，即感之中寂在感耶。夫学莫先于识性之真，而功莫切于顺性之动。知不求于口耳影响，而求诸吾心之本然，是得性之真矣。静而常觉，动而常止，譬之四时，日月流而不息，不见造化声臭之形，是显微无间，顺性之动而无违也。斯朱子《定论》发吾道之微几，楬造圣之规范也。以是而进诸生，亦足以慰鉴塘之教乎。斤石子曰：富哉。善推鉴塘公之心也。朱子晚年病目静坐，洞悟性真，昔其门人无有受其意而昌其说者。今得阳明先生，而朱子之学复显明于天下。以是而授诸生，则鉴塘之心匪徒足以淑院生，将达之天下后世无穷矣，不亦善乎。于是黄君命上饶丞章子经，纠工锓梓，置板院局，以惠诸士，乞洪书其事。洪尝增刻《定论》于南畿，因兹请，乃复为引其端云。嘉靖己未夏仲端阳日，后学余姚钱德洪书。

增刻朱子晚年定论序 钱德洪

适道者如京师然。所入之路虽不能无迟速之殊，然能终期于必到者，定志于先也。苟无定志，中道气衰，怠且止矣，乌能望其必至耶？洪业举子时，从事晦翁先生之学，自谓入圣涂彻，必在是矣。及叩师门，恍若有悟，始知圣人之道，坦夷直截，人人易由。乃疑朱子之说契悟未尽，辄生忽易之心焉。二十余年，岁月既去，毛发更矣，而故吾如昨，始歉然知惧。遭历罪狱，动忍忧惕，始于师门指受，日见亲切。复取晦翁之书读之，乃知其平时所入不无意见之偏，但其心以必造圣人为志，虽千回百折，不敢怠止。稽其实，其立朝也，以开悟君心为切；其莅政也，以民受实惠为功；其接引后学也，惟恐不得同跻圣域为惧。及其晚年病目，静坐有得，则尽悔平时注述，误己误人，与其门人，务求勇革，勿避讥笑，且使遍告同志，其胸中磊荦，真如日月之丽天，其过其更，人人得而仰睹。噫，若是而可以忽易观之哉。宜其推重于当时，传信于后世。是信之者，非徒信其言也，信其人之有徵也。但世之信先生者，皆有求为圣人之志矣乎？其格物穷理之说，似有近吾词章记诵之习，而注疏章句之便，又足以安其进取利禄之心。遂执其中年未定之说，号于人曰：吾能忠于朱门也云云。若是而欲立朱子之门墙，麾斥且不暇矣，而况欲为其效忠耶？苟有出是者，亦不过執其持敬力行之说，以为矜名竞节之规，亦未闻有终疑其所入而得其悔者，是亦未有必为圣人之志，安于一善止也，又乌足以为深信朱子耶？《朱子晚年定论》，吾师当有手录，传刻于世久矣。史生致詹读之，若有契焉，欲翻刻以广惠同学。洪为增刻，得二卷焉。盖吾师取其晚年之悔，以自徵其学不畔于朱说。洪则取其悟后之言，徵朱子之学不畔于圣人也。使吾党之疑朱子者，勿以意见所得，辄怀忽易之心；信朱子者，毋安于其所悔，以必求其所情，庶不畔于圣人，是谓真信朱子也已。嘉靖壬子夏五月。后学余姚钱德洪撰。

重刊阳明先生文录叙 胡宗宪

阳明先生以致良知立教，天下士靡不翕然响风。自先生没，凡若干年，人愈益仰慕，凡先生生平制作，虽一字一句，皆视如连珠拱璧不忍弃。而绪山钱子复诠次成编，名曰《阳明先生文录》，首刻于姑苏。今闽、越、河东、关中皆有刻本，亦足以征良知之达诸天下矣。

天真书院，为先生崇祀之所，四方士来游于此，求观先生之文者，每病其难得。钱子偕龙溪王子谋于予曰："古人有倚马论道者，兵事虽倥偬，亦不可无此意。愿以姑苏本再加校正，梓藏于天真，以惠后学何如？"予曰："诺。"遂捐俸金若干两，命同知唐尧臣董其事，以九月某日刻成。钱子谓予"宜有言"。予素不文，然慕先生之道久矣，何敢以不文辞。

予惟千圣一心，万古一道，惟心一，故道一；道一，故学亦一。昔尧之告舜，曰："允执厥中。"及舜命禹，又加以"人心惟危，道心惟微，惟精惟一"之三言。夫"道心"即"中"也，"精一"者"允执"之功，而"精"又"一"之功也。"惟精"故"一"，"惟一"故"中"，此万世心学之源，盖蔑以复加矣。其后孔门一贯博约之教，诚正格致之说，亦不过发明"精一"之旨。而"予欲无言"，夫子亦已自病其言之详矣。至孟轲氏又有知言养气尽心知性之说，而指出孝弟为良知良能，言虽益详，而于孔门之教实多发明。自孟氏没而斯道失其传。汉、晋诸儒皆以记诵词章为学，说愈繁而道愈晦，学愈博而道愈离。以及五季之衰，晦蚀甚矣。有宋大儒周、程、张、朱诸子者出，以斯道为己任，不得已而有言“精一”之旨，赖以复明，而学者流弊或不免堕落汉、晋，几失宗旨。至胡元之变而斯道且沦没矣。

明兴百有余年，文教虽盛而流弊亦浸以滋，先生亦不得已而揭“致良知”一语以示人，所以挽流弊而救正之，无非发明孔门致知之教，而羽翼斯道之传。要其指归，则“良知”即“道心”也，“致”即“精一”也，即周子之所谓“纯心”，程子之所谓“定性”也。夫岂外诸儒而别立一门户耶？是故良知皆实理，致知皆实学，固非堕于空灵，一与事物无干涉，如禅家者流也。然“明心见性”与先生“致良知”之说亦略相似，若认错本旨，则高者必以虚寂为务，而离形厌事；卑者则认知觉为性，而自信自便。此则所谓毫厘之差，千里之谬，非先生立教之本旨矣。

至哉，孔子之告哀公曰：“天下之达道五，所以行之者三。君臣也，父子也，夫妇也，昆弟也，朋友之交也，五者天下之达道也。知、仁、勇三者，天下之达德也，所以行之者一也。”噫，尽之矣！夫为人臣者，无不知忠其君；为人子者，无不知孝其亲，此良知也。知此、体此、强此而一于诚。为臣尽忠，为子尽孝，此致良知也。尧、舜之道，孝弟而已矣。舍人伦日用之常，而曰吾得不传之秘，立门户以自高，非予所望于来学也。

钱子起而揖予曰：“子言真有裨于先师之教也，夫吾党其共勖诸。”嘉靖丁巳仲冬吉旦，后学新安梅林胡宗宪顿首拜撰。

王文成公文选序 钟惺

经云：“敷奏以言。”盖谓人之所性所学，无以自见，故托言而敷奏焉。然有言之则是，而考其行事则非者，岂其言不足以尽其人耶？非然也，殆所言者之观察未审耳。夫人之立言，莫不假辞仁义，抗声道德，以窃附于君子之高，而苟非所有，则虽同一理，同一解，而精神词气，已流为其人之所至。何也？盖言者，性命之流露，而学问之精华也。学问杂则议论不纯，性命乖则言词多戾，有非袭取者之能相掩也。古之立言者不一家，相如之词赋，班、史之著述，固文人也，而文人之无论，即如申、韩之刑名，管、晏之经国，以及老、庄之寓言，岂不以圣人贤者自视，而或流为惨刻，推王佐得乎？等而上之，子舆氏愿学孔子者也，亦步亦趋，直承道统，而一间之未达，终属圭角之不融，宁可强哉？子舆氏犹不可强，况其下焉者乎？近之立言者，稍陟韩、欧之境，辄号才人，略窥朱、程之绪，便称儒者，而试求其言之合道否也，不矫为气节之偏，则溺于闻见之陋，不遁入玄虚之域，则陷于邪僻之私，曾得以浮词改听哉？独阳明先生之为言也，学继千秋之大，识开自性之真，辞旨蔼粹，气象光昭，出之简易而具足精微，博极才华而不离本体，自奏议而序、记、诗、赋，以及公移、批答，无精粗大小，皆有一段圣贤义理于其中，使人读之而想见其忠孝焉，仁恕焉，才能与道德焉，此岂有他术而侥幸致此哉？盖学问真，性命正，故发之言为真文章，见之用为真经济，垂之训为真名理，可以维风，可以持世，而无愧乎君子之言焉耳。使实有未至，而徒以盗袭为工，亦安能不矫不溺，不遁不陷，而醇正精详，有如是哉？李温陵平生崛强，至此亦帖然服膺，良有以也。世之论文者，动则曰某宋文也何如，某汉文也何如，某战国之文也又何如，不知文何时代之可争，亦惟所性所学者何如耳。予僭评此文，非谓先生之言待予言而明，盖欲使听言者读先生之言，而知立言者之言可饰，而所性所学不可饰也。一人之所性所学可饰，而千圣之所性所学不可饰也，斯不失圣经“敷奏”意矣。竟陵后学钟惺书。

钟伯敬评王文成公文选叙 陶珽稚

古文人之宦游其地也，风波所不免，而往往留一段风雅之事，令人思慕焉。予官武昌，九阅月而劳人被逐，宜矣。第念君臣政事之外，无一风雅事可述，几为黄鹤白云所笑。独于竟陵得吾友钟伯敬所评《公》、《穀》、《国策》、《国语》、《前后汉》、《三国史》，暨《通鉴纂》、《衍义纂》、《昌黎选》，《东坡选》、《宋名家选》、《明文选》，与夫《王文成选》

诸遗书一十八种，归途展玩，差为快耳。古今之书，不知凡几，而古今之评，又不知凡几，独沾沾于是，无乃陋乎？不知天下之事，岂容拣择而尽取之，亦随所遇，随所感，而偶托之以为名可耳。不然，则古今之白云黄鹤，亦不知凡几矣。因谋之梓，聊以见予斯役也。虽不得于君，未始不得于友；虽不得于政事，未始不得于文章，或亦可解嘲于古文人也已。兹阳明之刻成，故述其意于首。崇祯癸酉春二月黄严陶珽稚圭父题。

重刻大学古本序 聂豹

《大学》古本之传久矣，而世之学士乃复致疑于格物之说，辨焉而不释，何也？予始受学于阳明先生，骇而疑之，犹夫人也。已而反求诸身心日用之间，参诸程、朱合一之训，涣然若有所觉，而纷纷之疑亡矣。

盖《大学》之道，惟在于止至善也。曾子曰："君子有大道，必忠信以得之。"朱子释"至善"云："盖有以尽天理之极，而无一毫人欲之私。"释"忠信"云："盖至此而天理存亡之几决矣。"是数言者，真有以契夫"精一"、"执中"之旨，而古之欲明明德于天下者，舍是无以用其力也。

是故知止之功，诚意而已矣。知者，意之体；意者，知之所发也；知之所发，莫非物也。如曰"好恶"，曰"忿懥、恐惧、好乐、忧患"；曰"亲爱、贱恶、畏敬、哀矜、傲惰"；曰"孝、弟、慈"；曰"老老、长长、恤孤"；曰"理财、用人，絜矩与不能絜矩"之类，是皆所谓"物"也。圣人不过于物，好恶之必自慊也，忿懥、恐惧、好乐、忧患之得其正也，亲爱、贱恶、畏敬、哀矜、傲惰之协于则也，孝、弟、慈之成教于国也，老老、长长、幼幼，推而至于理财、用人、絜矩以通天下之情也，夫是之谓"格物"也。

程子谓："格，至也；物，事也。事皆有理，至其理，乃格物也。"又曰："致知在格物，非由外铄我也，我固有之也。因物有迁，则天理灭矣。"

故圣人欲格之，何其明白易简，一以贯之，而无遗也哉！而世之论格物者，必谓博极乎事物之理，信如是，则孔子之求仁，孟子之集义，《中庸》之慎独，顾皆不及乎格物矣。而《大学》于入门之初，乃先驱人外性以求知，其于天理存亡之几，疑若无所与焉者也。无乃厌圣学之明白简易，而欲率之以烦苦者之所为乎？

呜呼！阳明逝矣，其有功于圣学，古本之复其一也。予故重刻于闽，以存告朔之羊云。

读先师再报海日翁吉安起兵书序 王畿

伏读吾师吉安起兵再报海日翁手书，至情溢发，大义激昂，虽仓卒遇变，而虑患周悉，料敌从容，条书措注，终始不爽，逆数将来，历历若道，其已然者，所谓良工苦心，非天下之至神，何以与此？而世之忌者，犹若未免于纷纷之议，亦独何哉？

夫宸濠逆谋已成，内外协应，虐焰之炽，熏灼上下，人皆谓其大事已定，无复敢撄其锋者。师之回舟吉安，倡义起兵也，人皆以为愚，或疑其诈。时邹谦之在军中，见人情汹汹，入请于师。师正色曰："此义无所逃于天地之间。使天下尽从宁王，我一人决亦如此做，人人有个良知，岂无一人相应而起者？若夫成败利钝，非所计也。"宸濠始事，张乐高会，诇探往来，且畏师之捣其虚，浃旬始出。人徒见其出城之迟，不知多方设疑用间，有以贰而挠之也。宸濠出攻安庆，师既破省城，以三策筹之：上策直趋北都，中策取南都，下策回兵返救。或问计将安出？师曰："必出下策，驽马恋栈豆，知不能舍也。"及宸濠回兵，议者皆谓归师勿遏，须坚守以待援。师曰："不然，宸濠气焰虽盛，徒恃焚劫之惨，未逢大敌，所以鼓动煽惑其下，亦全恃封爵之赏。今未出旬日辄返，众心沮丧，譬之卵鸟破巢，其气已堕。坚守待援，适以自困。若先出锐卒，乘其情归而击之，一挫其锋，众将不战自溃矣。"已而果然。人徒知其成擒之易，不知谋定而动，先有以夺其心也。师既献俘，闭门待命。一日，召诸生入讲，曰："我自用兵以来，致知格物之功愈觉精透。"众谓兵革浩穰，日给不暇，或以为迂。师曰："致知在于格物，正是对境应感，实用力处。平时执持怠缓，无甚查考，及其军旅酬酢，呼吸存亡，宗社安危，所系全体精神，只从一念入微处，自照自察，一些著不得防检，一毫容不得放纵，勿欺勿忘，触机神应，乃是良知妙用，以顺万物之自然，而我无与焉。夫人心本神，本自变动周流，本能开物成务，所以蔽累之者，只是利害毁誉两端。世人利害，不过一家得丧尔已；毁誉，不过一身荣辱尔已。今之利害毁誉两端，乃是灭三族，助逆谋反，系天下安危。只如人疑我与宁王同谋，机少不密，若有一毫激作之心，此身已成齑粉，何待今日！动少不慎，若有一毫假借之心，万事已成瓦裂，何有今日！此等苦心，只好自知，譬之真金之遇烈焰，愈锻炼，愈发光辉，此处致得，方是真知；此处格得，方是真物；非见解意识所能及也。自经此大利害、大毁誉过来，一切得丧荣辱，真如飘风之过耳，奚足以动吾一念？今日虽成此事功，亦不过一时良知之应迹，过眼便为浮云，已忘之矣！"

夫死天下事易，成天下事难；成天下事易，能不有其功难；不有其功易，能忘其功难；此千古圣学真血脉路，吾师一生任道之苦心也。畿既读是书，并述所闻，缀诸卷端，归之嗣子正亿，服膺以为大训，是岂惟足以袪纷纷之义，千古经纶之实学，亦可以窥其微矣。继述之大，莫善于此，嗣子其图之！

重刻阳明先生文粹序 赵贞吉

初编《阳明文粹》而刊之者，都御史宋阳山氏也。今重刻于扶风者，佥事带川梁君也。梁君名许，昔为御史，请从祀王先生。今复刊其书，二君子皆以一日之长视予，宿知予之不能藏其狂言也。序曰：

是编多录与闽论意指异者，盖王先生学入理界最初之论，故能廓摧理路之碍，而晓然示人以行也。嗟乎！吾生有知，即知诵说先生之言。见世之儒生，始骇王先生之异而攻之，中喜王先生之为异而助之，终羡王先生之持异，乃欲驾其说。于是王氏之学又若自异矣。

有童子闻予言之，进曰：“闻之天下无二道，圣人无两心，学奚贵异哉？”予曰：“嘻！小子何知？夫学未至于圣人之地，而假名言以修心，其势不容于不异也。昔闽、洛之儒异唐、汉矣，唐、汉之儒异邹、鲁矣。三千、七十之流，各持其异入孔门，而欲争之；皆丧其名言，而如愚以归。故曰：‘虽欲从之，未由也已。’然后异者合而道术一矣。此曷故耶？以得圣人为之依归也。是故圣人者，群言之宗而道之岸也。夫众车离丽驰于康庄，而前却之异者，策使之也；众舟沿溯于广津，而洄突之异者，楫使之也；众言淆乱于名言，而喧聒于是非这异者，见使之也。至若行者抵家，则并车释之矣，何有于策？渡者抵岸，则并舟释之矣，何有于楫？学者而至于圣人之门，则并其名言丧矣，何有于见？故知圣人者，以自度为家也，不令己与人异也；以度人为岸也，不令人与己异也。如使闽、浙二大儒遇孔子而事之，必有以塞其异之源，而不令其末之流也。”

童子曰：“丈夫何以知之？”曰：“予尝观夫子答问群弟子，而知道术之可一也。”噫！希矣！可易言哉！班固曰：“仲尼没而微言绝，七十子逝而大义乖，于是百家之异论又竞起，遂至不可胜究矣。”孟子舆折以雄辩，而不能熄也；庄子休和以天籁，而不能齐也。使后生者不幸，而不睹古人之纯全，纷纷藉藉以至于今，悲夫！

书阳明先生语略后 邹元标

予尝读《传习录》，以先生之学在是书，近而知先生之自得不尽在是书也。盖当时格物之说浸淫宇宙，先生力排其说，约之于内，其后末学遂以为内者纷纷矣，与逐外者何先后间耶？且当时先生随人立教，因病设方，此为中下人说法，而所接引上根人，则本“天泉证道”一语尽之，学者当直言无疑可也。嗟乎！先生当时所造就者济济，今吾吉豪杰岳立，然未有作人如先生者，予于先生不无遐思。

阳明先生道学钞序 李贽

温陵李贽曰：余旧录有先生《年谱》，以先生书多不便携持，故取谱之繁者删之，而录其节要，庶可挟之以行游也。虽知其未妥，要以见先生之书而已。今岁庚子元日，余约方时化、汪本钶、马逢旸及山西刘用相，暂辍《易》，过吴明贡，拟定此日共适吾适，决不开口言《易》。而明贡书屋有《王先生全书》，既已开卷，如何释手？况彼已均一旅人，主者爱我，焚香煮茶，寂无人声，余不起于坐，遂尽读之。于是乃敢断以先生之书为足继夫子之后，盖逆知其从读《易》来也。"故余于《易》因之稿甫就，即令汪本钶校录先生《全书》，而余专一手钞《年谱》。以谱先生者，须得长康点睛手，他人不能代也。钞未三十叶，工部尚书晋川刘公以漕务巡河，直抵江际，遣使迎余。余暂搁笔，起随使者冒雨登舟，促膝未谈，顺风扬帆，已到金山之下矣。嗟嗟！余久不见公，见公固甚喜，然使余辍案上之纸墨，废欲竟之全钞，亦终不欢耳！于是遣人为我取书。今书与谱抵济上，亦遂成矣。大参公黄与参、念东公于尚宝见其书与其谱，喜曰："阳明先生真足继夫子之后，大有功来学也。况是钞仅八卷，百十有余篇乎，可以朝夕不离，行坐与参矣。参究是钞者，事可立辨，心无不竭于艰难祸患也。何有是处上、处下、处常、处变之寂，上乘好手，宜共序而梓行之，以嘉惠后世之君子乃可。晋川公曰：然余于江陵首内阁日，承乏督两浙学政，特存其书院祠宇，不敢毁矣。

阳明先生年谱后语 李贽

余自幼倔强难化，不信道，不信仙、释，故见道人则恶，见僧则恶，见道学先生则尤恶。惟不得不假升斗之禄以为养，不容不与世俗相接而已。然拜揖公堂之外，固闭户自若也。不幸年逋四十，为友人李逢阳、徐用检所诱，告我龙溪先生语，示我阳明先生书，乃知得道真人不死，实与真佛、真仙同，虽倔强，不得不信之矣。李逢阳，号翰峰，白门人。徐用检，号鲁源，兰溪人。此两公何如人哉？世人俗眼相视，安能一一中款？今可勿论。即其能委委曲曲以全活我一个既死之人，则亦真佛真仙等矣。今翰峰之仙去久矣，而鲁源固无恙也。是春，予在济上刘晋川公署，手编《阳明年谱》自适，黄与参见而好之，即命梓行以示同好，故予因复推本而并论之耳。要以见余今者果能读先生之书，果能次先生之谱，皆徐、李二先生之力也。若知阳明先生不死，则龙溪先生不死，鲁源、翰峰二先生之群公与余也皆不死矣。谱其可以年数计耶？同是不死，同是不死真人，虽欲勿梓，焉得而勿梓！

阳明先生批武经序 徐光启

武书之不讲也久矣，释樽俎而谈折冲，不已迂乎？然天下有握边算、佐庙筹者，其人则又如蟋蟀鸣堂除，才振响，已为儿童子物色，而卒不及一，何者？夏虫难语坚冰，斥鷃奚知南冥也。

明兴二百五十余年，定鼎有青田策勋，中兴称阳明靖乱。二公伟绩，竹帛炳然。乃其揣摩夫《正合》、《奇胜》、《险依》、《阻截》诸书，白日一毡，青宵一炬，人间莫得而窥也。嘉靖中，有梅林胡公筮仕姚邑，而得《武经》一编，故阳明先生手批遗泽也。丹铅尚新，语多妙悟，辄小加研寻。后胡公总制浙、直，会值倭警，逐出囊时所射覆者为应变计，往往奇中，小丑遂戢。则先生之于胡公，殆仿佛黄石与子房，而独惜是书之未见也。

时余被命练兵，有门人初阳孙子携一编来谒，且曰："此吴兴鹿门茅先生参梅林公幕谋，获此帐中秘，贻诸后昆，兹固其家藏也。缘其世孙生生氏欲授剞劂，属请序于先生。"余视阳明先生之手泽宛然，而惭碌碌靡所树奇，分不当先生功臣。第窃喜《正合》、《奇胜》、《险依》、《阻截》诸书实用固彰彰不诬也。然则今日果有握边算、佐庙筹，如鹿门先生之于胡公者乎？余又请以新建余烈，拭目俟之，是书或可借筹辽者之一箸云。是为序。

时天启元年岁辛酉重阳前一日，赐进士出身奉议大夫奉敕训练新兵詹事府少詹事兼河南道监察御史徐光启撰。

阳明先生批武经序 孙元化

余非知武者，然能读武书。少好奇，已而捐却一切嗜好，独于武事，犹时思简练，以为揣摩，不以后于举子业也。顷者将图北上，辞友人于苕水，偶从通家弟生生氏案头，见《武经》一编，不觉踊跃神动，辄展而阅之，则王文成公所手批而胡襄懋公参阅者也。大都以我说书，不以书绳我；借书揣事，亦不就书泥书；提纲絜要，洞玄悉微，真可衙官孙、吴而奴隶司马诸人者矣。因思文成当年，讨逆藩，平剧寇，功名盖天地，智略冠三军，不过出此编之绪余而小试之耳。即厥后襄懋公诛徐海、擒汪直，几与文成争烈者，亦安知不从此编得力哉？

余遂欲请而读之，生生不许，曰："先大夫鹿门先生与襄懋公同榜，相友善，入其帐中赞谋画而得此，传至今四世矣，相诫秘不示人。"予曰："否！否！方今辽事未息，川祸又遍，当局者恨不能起文成、襄懋两公于九泉而用之，然两公不可得，犹幸之两公秘授在，则广传之，未必无读其书即继其人者，而文成不死于昔，襄懋再见于今也。"因请以付剞劂，龙飞天启口元年口口之冬。

阳明先生批武经序 胡宗宪

余诸生时，辄艳慕阳明先生理学勋名，前无古，后无今，恨不得生先生之乡，游先生之门，执鞭弭以相从也。通籍来，幸承乏姚邑，邑故先生桑梓地，因得先生之遗像，与其门下士及子若侄辈游，而夙念少偿可知也。一日购求先生遗书，犹二千石，龙川公出《武经》一编相示，以为此先生手泽存焉。启而视之，丹铅若新，在先生不过一时涉猎以为游艺之资，在我辈可想见先生矣。退食丙夜读之，觉先生之教我者不啻面命而耳提也。敬为什袭，以识不忘。时嘉靖二十有二年岁在癸卯暮春之初，新安梅林山人胡宗宪漫识于舜江公署。

重刻传习录引 陈九叙

《传习》有录附以《朱子晚年定论》，旧矣。重刻者何？广先生之教也。先生崛起于越，特揭“致良知”三字振铎于世，百年敝学再回，风先生之功，于是为钜。说者未谙先生之旨，乃谓“致知列于八目，良知载在七篇，道斯尽矣”，为用文之。讵知提宗负教，谊非一揆；千言万语，要于其当，舍吾性于自有之真觉，寻世间不必有之文辞，自掷玄珠，珍其敝帚。毋论律诸圣教，当坐操戈，即使证诸考亭，亦讥逐影。而举世贸贸，罔识所归，使非晓然建标，禅之就轨，中流胥溺，其孰为之一壶哉？良工之心所以独苦，亦在乎学者之自得之而已矣。得其旨即颜氏子之终日言不为多，不得其所以立言之旨，即子贡之无言不为少。究而论之，天何言哉？四时行焉、百物生焉，天何言哉？先生患后世言语文字之敝，而诏之趋学者。复以言语文字求先生之书，而失先生之所以教，则前刻已赘，兹刻奚为？故夫考衷于《传习》，以识其宗，参伍于《晚年定论》，以识其谬，而于是乎因考亭以得先生，因先生以得吾夫子一贯之旨也，亦在乎学者之自得之而已矣。论之定与不定，年之晚与不晚，未足深辨也。万历癸巳阳月既望漳平后学陈九叙撰。

武经评小引 茅震东

余不佞，方雍雍俎豆之不遑，奚暇谈军旅事？庖人尸祝之，闻者掩口耳，顾亦有说焉。窃以丈夫生世，如处子然，十年乃字。以前此身，未知何属？而要其蘋蘩箕箒，宜家具之，讵待学而后嫁者哉？说者谓江左之乱，肇自清谈；梁国之变，由于佞佛。则何以故？课虚无而薄经济，正坡老所诋赋诗却敌者也。

先高祖宪副鹿门以明经起。其于公车举业之外，上自《典》、《坟》，下逮秕史，靡所不窥，而旁尤究心于韬略等编，谓夫修文事不废讲武，亦聊为盛世未雨之桑土也。厥后世宗末年，滨海州郡悉罹倭患，而吾浙特甚。时有梅林胡公统戎讨贼，约先高祖为幕谋，抵掌运筹，如画地印沙，不崇朝而丑夷殄灭，斥其所出奇运智，往往与孙、吴合辙，而妙解其神。读书至此，乃真经济。已而携一《武经评》归，又梅林公所得于阳明先生之门者也。

渊源既遥，什袭亦久，方今东隅弗靖，九边诸臣旦夕蒿目，即山林草泽间罔不思效一得，以系单于颈。为今日计，莫若多读武书，可操胜算。昔季子相六国，而《阴符》蚤精；留侯师汉高，而《素书》先受；古未有揣摩无成而能佐霸王不拔之业者也。以藏书具在，不欲秘为家珍，敢畀梓匠，自付当事者之前箸，嵇叔夜有云："野人有快炙背而美芥子，欲献之至尊，虽有区区之意，亦已疏矣。"余大类之，庖人耶？处子耶？亦何暇计当世之掩口也！防风茅震东生生甫书。

王文成公年谱序 高攀龙

呜呼！道之不明也，支离于汉儒之训诂；道之明也，剖裂于朱、陆之分门。程子之表章《大学》也，为初学入德之门。今之人人自为《大学》也，遂为聚讼之府，何天下之多故也！

国朝自弘、正以前，天下之学出于一，自嘉靖以来，天下之学出于二。出于一，宗朱子也；出于二，王文成公之学行也。朱子之说《大学》，多本于二程；文成学所得力，盖深契于子静，所由以二矣。

夫圣贤有外心以为学者乎？又有遗物以为心者乎？心非内也，万物皆备于我矣；物非外也，糟糠煨烬无非教也。夫然，则物即理，理即心，而谓心理可析、格物为外乎？

天下之道贞于一，而所以害道者二。高之则虚无寂灭，卑之则功利词章。朱子所谓“其功倍于《小学》而无用，其高过于《大学》而无实”者也。盖戒之严矣，而谓朱子之学为词章乎？善乎庄渠魏氏曰：“阳明有激而言也。彼其见天下之弊于词章记诵，而遂以为言之太详、析之太精之过也，而不知其弊也，则未尝反而求之朱子之说矣。”

当文成之身，学者则已有流入空虚，为脱落新奇之论，而文成亦悔之矣。至于今，乃益以虚见为实悟，任情为率性，易简之途误认，而义利之界渐夷，其弊也滋甚，则亦未尝反而求之文成之说也。良知乎，夫乃文成所谓“玩弄”以负其知也乎？

高攀龙曰：“吾读《谱》，而知文成之学有所从以入也。其于象山，旷世而相感也，岂偶然之故哉？”时攀龙添注，揭阳典史庄大夫致庵公以兹谱示而命攀龙为之言。攀龙不敢，而谓公之文章事业，蔑以尚矣，学士所相与研究公之学也，故谨附其说如此焉。

王文成公集序 黄道周

有圣人之才者，未必当圣人之任；当圣人之任者，未必成圣人之功。伊伊殁而知觉之任衰；逃清者入和，逃和者入愿，至于愿而荒矣！周公救之以才，仲尼救之以学。其时犹未有佛、老禅悟之事，辞章训诂之习，推源致澜，实易为功。而二圣人者竭力为之，或与鸟兽争胜于一时，或与乱贼明辟于百世。其为之若是其难也！

明兴而有王文成者出。文成出而明绝学，排俗说，平乱贼，驱鸟兽；大者岁月，小者顷刻，笔致手脱，天地廓然！若仁者之无敌，自伊尹以来，乘昌运，奏显绩，未有盛于文成者也。

孟轲崎岖战国之间，祖述周、孔，旁及夷、惠，至于伊尹。只诵其言曰：“天之生斯民也，使先知觉后知，使先觉觉后觉也。予，天民之先觉者也，予将以斯道觉斯民也。”变学为觉，实从此始，而元圣之称，亦当世烂焉！仲尼独且退然，让不敢居。一则曰：“先觉者，是贤乎？”再则曰：“我非生而知之也。”夫使仲尼以觉知自任，辙弊途穷，亦不能辍弦歌，蹑赤舄，以成纳沟之务，必不得已，自附于斯文，仰托于后死。曰：“吾之志事，在斯而已。”今其文章俱在，性道已著，删定大业，无所复施；虽以孟轲之才，不过推明其说，稍为宣畅，无复发挥，禆益其下，则天下古今著述之故，概可知也。

孟轲而后可二千年，有陆文安。文安原本孟子，别白义利，震悚一时。其立教以易简觉悟为主，亦有耕莘遗意。然当其时，南宗盛行，单传直授，遍于严谷；当世所藉，意非为此也。

善哉！施四明先生之言曰：“天下病虚，救之以实；天下病实，救之以虚。”晦庵当五季之后，禅喜繁兴，豪杰皆溺于异说，故宗程氏之学，穷理居敬，以使人知所持循。文成当宋人之后，辞章训诂，汩没人心，虽贤者犹安于帖括，故明陆氏之学，易简觉悟，以使人知所返本。虽然，晦庵学孔，才不及孔，以止于程；故其文章经济，亦不能逾程以至于孔。文成学孟，才与孟等，而进于伊；故其德业事功，皆近于伊，而进于孟。

夫自孔、颜授受，至宋明道之间，主臣明圣，人才辈生，盖二千年矣。又五百年而文成始出。陆文安不值其时，虽修伊尹之志，负孟氏之学，而树建邈然，无复足称。今读四明先生所为《集要》三部，反覆于理学经济文章之际，喟然兴叹于伊、孟、朱、陆相距之远也。子曰才难，不其然乎？崇祯乙亥岁秋七月，漳海治民黄道周书。

客座私祝跋 孙奇逢

人家子弟做坏了，多因无益之人日相导引。近墨近朱，面目原无一定；多暴多赖，习气易以移人。余不敢以概天下之贤子弟，就余儿时以迄今日，忽彼忽此，转徙难凭。日与饮者遇，而余之嗜饮也转甚；日与博弈戏谑者习，而种种之好，余亦不肯后于他人也。或时而对贤士大夫语夙昔之事、隐微之念，唯恐其革除之不尽，而洗刷之未到。迨贤士远，而便佞亲，则悠悠忽忽，故态又作。噫！友虽五伦之一，实贯于君臣、父子、夫妇、兄弟之间而妙其用；少年未经世故，此义尤为吃紧。

《私祝》数语，严切简明，直令宵人辈立脚不住。其子弟贤，当益勉于善；即不贤，或亦不至大坏极裂，不可收拾。先生崛起正德，功定叛王，以一悟而师世学，以一胜而开封国，片言只字，无不足提世觉人。独取是篇而刻之，盖人未有不爱其子弟，而子弟之贤不肖，实于此判圣狂。敢以公之吾党士之共爱其子弟者。

阳明近溪语要序 钱谦益

自有宋之儒者高树坛宇，击排佛学，而李屏山之徒力相撑柱，耶律湛然张大其说，以谓可箴江左书生膏肓之病，而中原学士大夫有斯疾者，亦可以发药。于是聪明才辩之士，往往游意于别传，而所谓儒门淡泊收拾不住者，即于吾儒见之矣。

吾尝读柳子厚之书，其称浮图之说，推离还源，合于生而静者，以为不背于孔子。其称大鉴之道，始以性善，终以性善，不假耘锄者，以为不背于孟子。然后恍然有得于儒、释门庭之外。涉猎先儒之书，而夷考其行事，其持身之严，任道之笃，以毗尼按之，殆亦儒门之律师也。

周元公、朱文公皆扣击于禅人而有悟焉。朱子《斋居》之诗曰："了此无为法，身心同晏如。"彼其所得，固已超然于语言文字，亦岂落宗门之后？五花开后，狂禅澜倒，扫末流之尘迹，修儒行为箴砭，阒现之间，亦有时节因缘在焉，其微权固未可以语人也。本朝之谈学者，新会之主静，河津之藏密，固已别具手眼。

至于阳明、近溪，旷世而作，剖性命之微言，发儒先之秘密，如泉之涌地，如风之袭物，开遮纵夺，无地不可。人至是而始信儒者之所藏，固如是其富有日新，迨两公而始启其扃鐍，数其珍宝耳。李习之年廿有九参药山，退而著《复性书》，或疑其以儒而盗佛，是所谓疑东邻之井，盗西邻之水者乎？疑阳明、近溪之盗佛也，亦若是已矣。滇南陶仲璞，

撮两家语录之精要者，刻而传之，而使余叙其首。余为之序曰:

此非两家之书，而儒释参同之书，可以止屏山之诤，而息漠然之讥者也。若夫以佛合孔，以禅合孟，则非余之言，而柳子之言也。

崇祯壬午涂月，虞山钱谦益叙。

王文成公文集原序 马士琼

古今称绝业者曰“三不朽”，谓能阐性命之精微，焕天下之大文，成天下之大功。举内圣外王之学，环而萃诸一身，匪异人任也。唐、宋以前无论已，明兴三百年，名公钜卿间代迭出，或以文德显，或以武功著，名勒旗常，固不乏人，然而经纬殊途，事功异用，俯仰上下，每多偏而不全之感。求其文起八代之衰，道济天下之溺，忠犯人主之怒，勇夺三军之气，所云参天地，关盛衰，浩然而独存者，惟我文成夫子一人而已。夫子上承世德家学渊源，少而慧齐，长而敦敏，诸如子史百家、《阴符》韬略，年甫弱冠，博览无遗。又能兼总条贯，置身于金声玉振之林。自释褐成进士，即以讲学为己任，日与甘泉、龙溪诸公反复究论，苦心提撕，如《传习录》、《大学或问》诸篇，惟以正心诚意立其纲，知行合一阴其旨，一时执经问业者几遍天下。虽在迁谪流离、决胜樽俎之际，依然坐拥皋比，讲学不辍，俾理学一灯，灿然复明，上接尧、舜、周、孔之心传，近续濂、洛、关、闽之道统，继往开来，直欲起一世之聋聩而知觉之。迄今读夫子《语录》，有云“破山中贼易，破心中贼难”，其望道未见之心，振箨发蒙之念，虽历千古而如见也，非天下之至德，其孰能与于此? 武宗嗣统，年在冲龄，貂珰擅柄，流毒缙绅。端揆如刘、谢二公，及费、傅、方、胡诸君子，或罢归，或远戍，正气销沮，实繁有徒。而公以新进儒生，不避斧钺，申救言官，批鳞极谏。伊时逆阉丧志，誓不甘心，纵为鬼为蜮，一任鸱张；朝餐九子之烟霞，夕泛钱塘之雪棹，优游自得，何坦如也。即至播迁绝域，无不履险如夷，殆曰天意，夫岂人谋。未几，安化狂逞于始，宸濠继叛于后；破南康，陷九江，围皖城，欲顺流而捣金陵；江之西，江之南，裂焰横飞，人心风鹤，此乾坤何等时也。向非夫子捧抚闽之命，便宜行事，驻节吉安，勤王首倡，则宗社颠危，总不可问。卒赖以牵制之机，行间谍之计，进攻南昌，狐兔失穴，鄱湖一战，鲸鲵授首；早已握胜算于一心，真足砥中流而击楫者矣。后此南赣之役，顽民向化；两粤之役，苗峒格心；所与运筹调度者，不过文士属吏。初不专恃兵威，总以昭宣德化，金戈所指，告厥成功，非天下之神武，其孰能与于此？至若措辞运藻，含英咀华，固曰抒写性情，亦以阐扬义蕴。夫子笔具扛鼎，闳中肆外，诸如牌文符檄类，皆以至诚之念发为文章。置腹推心，贤愚洞见；中孚所格，信及豚鱼；即尾大如安宣慰，桀骜如卢受诸人，莫不回心革面，伏絷军门。语云“文之不宣，行之不远”，益于此而征之。区区登高作赋，遇物能鸣，又属公之绪余所不屑与春华秋实逐艳争绮者也，非天下之至文，其孰能与于此？虽然，琼窃因之而有感矣。言夫子之功，功在社稷；言夫子之德，德在觉民。即锡以茅土，隆以师保，谁曰不宜！然能褫逆瑾之奸魂，而不能销比匪之猜忌；能宣力于屏翰之中，而不能立身于庙堂之上；终使鞠躬尽瘁，殁而后已，此忠臣志士之所以兴悲而后之凭吊者，不能无遗憾焉。卒之穆庙登极，进谥复爵，神宗继统，配享庙廷，正气以伸，公论以定。彼若彬若宁及新都、永嘉辈，久矣与草木同朽腐耳。视夫子之屈在一时，伸在万世者，其得失又当何如也！小子琼六世祖大宗伯紫岩公与太夫子大冢宰龙山公共直讲幄，同官南都，节义文章，谊存胶漆，家传九老一图，手泽依然，音容宛在，而先高祖越藩汝砺公、大参汝翼公，又与文成夫子同举制科，两世《年谱》，一时称盛。琼不肖，不能仰承先志，滥竽滕邑，败绩辕下。庚申岁，而公五世嫡孙天翁，继琼来宰是邦，云雷奕叶，敛合延津，回忆先宗伯图卷后序有云：“同僚之谊，交承之雅，有兄弟之情焉。”不图巧合百八十年以后，符契若此，亦足异也。

所有夫子《集要三编》一书，先君子丹铅点阅，垂为世宝，而天翁亦以兵燹后旧板残缺，遍购不得，琼即以原本应之，并取卓吾先生《年谱》，合为全书，缺者补之，讹者正之，校对载余，始登剞劂。是役也，琳琅钟簴，仍复故观，云汉日星，载瞻遗范，不特天翁继述之孝思得以展尽，即小子琼私淑先型，益切羹墙之愿。从此正心诚意之学，良知良能之念，施于一家，扩之四海，则大地皆红炉，而人心无歧路，谓为王氏之球图也，可谓为天下万世之振铎也。可敢备述渊源而并及之，谨序。时康熙乙丑岁蜀果晋城后学马士琼敬书。

王阳明先生书疏证序 胡泉

昔朱子改订《大学》，补《格物传》，以“格物”为下手功夫。王阳明先生复《古本大学》，议朱子《补传》为多事，以“致良知”为下手功夫。于是理家咸谓阳明之学出自象山。其所谓“致良知”，犹之象山主“尊德性”而不尽然。观其讲学书中谓“象山学问思辨，致知格物之说，未免沿袭之累”，且申言知行原是一个之义。其词云：“知行原是两个字说一个功夫。这一个功夫须著此两个字，方说得完全无弊病。若头脑处见得分明原是一个头脑，则虽把知行分作两个说，毕竟将来做那一个功夫则始或未便融会，终所谓百虑而一致矣。若头脑见得不分明，原看做两个了，则虽把知行合作一个说，亦恐终未有凑泊处。况又分作两截去做，则是从头至尾更没讨下落处也。”反覆详明，见象山之学有讲明，有践履，既以致知格物为讲明之事，即非知行原是一个义，与良知之旨有差。要之以阳明之学拟诸象山，尚属影响。以阳明之学准诸朱子，确有依凭。盖阳明讲学，删不尽《格物传》义在外，而朱子注经，包得尽良知宗旨在内。惟朱子精微之语，自阳明体察之以成其良知之学；惟朱子广博之语，自阳明会通之以归于致良知之效。然则《朱子全书》具在，他人读之而失其宗旨，不善读朱子之书者也。阳明读之而得其宗旨，善读朱子之书者也。抑又思之，设非朱子剖析知行，剖析尊德性道问学，剖析致中致和，剖析博文约礼，编为章句，勒为遗书，而订良知之诀者，竟曰知行合一，竟曰道问学即是尊德行，竟曰致和即是致中功夫，竟曰博文即是约礼功夫，为之解释，著于后世，使后之读者无先后之可寻，无体用之可辨，其遗误岂浅鲜哉？是阳明之学亦必附于朱子之学而并传，综而计之，拟而议之，则直以为阳明良知之学非出自象山而出自朱子云尔。

泉也不敏，于朱子、阳明之学从事有年，虽茫乎其未有得，而中心窃向往之。间尝即阳明之《古本大学》以参考朱子之《改本大学》,爰辑《古本大学汇参》一卷，又取阳明讲学之书，以证明朱子讲学之书，爰辑《王阳明书疏证》四卷，又录阳明所撰杂文依经立义者，仿前人《程子经说》之例，辑《王阳明经学拾余》一卷，又采阳明弟子所记语录《传习录》中说经各条，仿前人《朱子五经语类》之例，辑《王阳明经说弟子记》四卷。管窥之见，未敢自谓有当也。宝应乔石林侍读尝记陆平湖论阳明之言曰："其人则是，其学则非。"泉拟改其言曰："其学则是，其词则非。"故凡阳明书中所谓"本来面目"，"正法眼藏"，"无所住而生其心"等语，旁涉佛书，借以发明者概不引证附和，俾后之愿学阳明之学者知所择焉。咸丰癸丑五月甲寅高邮胡泉自序。

王阳明集要三种序 严复

丙午长夏，方君芑南、魏君蕃实重刊《阳明集要三种》成，诿复为之序。自念如复不肖，何足以序阳明之书？故虽勉应之，未有以报也。冬日邂逅江上，魏君又以为言，且曰："非得序，无以出书。"既辞不获，则曰："嗟乎！阳明之书，不待序也！"

夫阳明之学，主致良知。而以知行合一、必有事焉为其功夫之节目。其言既详尽矣，又因缘际会以功业显。终明之世，驯至于昭代，常为学者宗师。近世异学争鸣，一知半解之士，方怀鄙薄程、朱氏之意；甚或谓吾国之积弱，以洛、闽学术为之因。独阳明之学，简径捷易，高明往往喜之。又谓日本维新数巨公，皆以王学为向导，则于是相与偃尔加崇拜焉。然则阳明之学，世固考之详而信之笃矣，何假不肖更序其书也哉！

虽然，吾于是书，因亦有心知其意，而不随众人为议论者，可为天下正告也。盖吾国所谓学，自晚周、秦、汉以来，大经不离言词文字而已。求其仰观俯察，近取诸身，远取诸物，如西人所谓学于自然者，不多遘也。夫言词文学者，古人之言词文字也，乃专以是为学，故极其弊，为支离，为逐末，既拘于墟而束于教矣。而课其所得，或求诸吾心而不必安，或放诸四海而不必准。如是者，转不若屏除耳目之用，收视返听，归而求诸方寸之中，辄恍然而有遇。此达摩所以有廓然无圣之言，朱子晚年所以恨盲废之不早，而阳明居夷之后，亦专以先立乎其大者教人也。

惟善为学者不然。学于言词文字，以收前人之所以得者矣，乃学于自然。自然何？内之身心，外之事变，精察微验，而所得或超于向者言词文字外也。则思想日精，而人群相为生养之乐利，乃由吾之新知而益备焉。此天演之所以进化，而世所以无退转之文明也。知者，人心之所同具也；理者，必物对待而后形焉者也。是故吾心之所觉，必证诸物之见象而后得其符。火之必然，理欤？顾使王子生于燧人氏之前，将炰燔烹饪之宜，未必求诸其一心而遂得也。王子尝谓：“吾心即理，而天下无心外之物矣。”又喻之曰：“若事父，非于父而得孝之理也；如事君，非于君而得忠之理也。”是言也，盖用孟子万物皆备之说而过，不自知其言之有蔽也。今夫水湍石碍，而砰訇作焉，求其声于水与石者，皆无当也；观于二者之冲击，而声之所以然，得矣。故伦理者，以对待而后形者也。使六合旷然，无一物以接于吾心。当此之时，心且不可见，安得所谓理者哉？是则不佞所窃，愿为阳明诤友者矣。虽然，王子悲天悯人之意，所见于答聂某之第一书者，真不佞所低徊流连，翕然无间言者也。世安得如斯人者出，以当今日之世变乎！

魏君待吾言亟，则拉杂率臆，书以邮之。

王文成公全书题辞 章炳麟

至人无常教，故孔子为大方之家。心斋克己，诲颜氏也，则能使坐忘不改其乐。次如冉、闵，视颜氏稍逡巡矣。及夫由、赐、商、偃，才虽不逮，亦以其所闻自厉，内可以修身，外则足以经国。故所教不同，而各以其才有所至，如河海之水然，随所挹饮，皆以满其腹也。宋世道学诸子，刻意欲上希孔、颜弗能至。及明姚江王文成出，以豪杰抗志为学。初在京师，尝与湛原明游，以得江门陈文恭之绪言。文恭犹以心理为二，欲其泯合，而文成言心即理，由是徽国格物之论瓦解无余，举世震而愕之。

余观其学，欲人勇改过而促为善，犹自孔门大儒出也。昔者子路人告之以有过则喜，闻斯行之，终身无宿诺，其奋厉兼人如此。文成以内过非人所证，故付之于良知，以发于事业者或为时位阻，故言“行之明觉精察处即知，知之真切笃实处即行”，于是有知行合一之说。此乃以子路之术转进者，要其恶文过，戒转念，则二家如合符。是故行己则无忮求，用世则使民有勇，可以行三军。盖自子路奋乎百世之上，体兼儒侠，为曾参所畏。自颜、闵、二冉以外，未有过子路者。晚世顾以喭蔑之，至文成然后能兴其界，邈若山河，金镜坠而复悬。

余论文成之徒，以罗达夫、王子植、万思默、邹汝海为其师。达夫言：“当极静时，觉此心中虚无物，旁通无穷，如长空云气，流行无所止极；如大海鱼龙，变化无有间隔，无内外可指，无动静可分，所谓无在无不在，吾之一身乃其发窍，固非形质所能限也。”子埴言：“澄然无念，是谓一念，非无念也，乃念之至微；至微者，此所谓生生之真机，所谓动之微，吉之先见者也。”二公所见，则释氏所谓“藏识恒转如暴流”者。宋、明诸儒，独二公洞然烛察焉，然不知“藏识”当舍，而反以为当知我在，以为生生非幻妄。思默言《易》之坤者意也：“乾贵无首，而坤恶坚冰，资生之后，不能顺乾为用，而以坤之意凝之，是为坚冰，是为有首，所谓先迷失道者也。”此更知“藏识”非我，由意根执之以为我。然又言“夭寿不贰，修身以俟，命自我立，自为主宰”，是固未能断意根者。所谓儒、释疆界邈若山河者，亦唯此三家为较然，顾适以见儒之不如释尔。孔子绝四，无意、无必、无固、无我，教颜渊克己，称“生生之谓易”，而又言“易无体”，易尝以我为当在，生为真体耶？自宋儒已旁皇于是，文成之徒三高材，欲从之末由，以是言优入圣域，岂容易哉？岂容易哉？唯汝海谓：“天理不容思想，颜渊称‘如有所立，卓尔’，言‘如有’，非真有一物在前，本无方体，何可以方体求得？今不读书人止有欲障，而读书更增理障，一心念天理，便受缠缚。尔只静坐放下念头，如青天然，无点云作障，方有会悟。”又言：“仁者人也，识仁者识吾本有之仁，不假想像而自见，毋求其有相，唯求其无相。”此与孔子无知，文王望道而未之见，老子“上德不德，是以有德；下德不失德，是以无德”，及释氏所谓“智无所得，为住唯识”者，义皆相应。然汝海本由自悟，不尽依文成师法，今谓文成优入圣域，则亦过矣。

降及清世，诋文成之学者，谓之昌狂妄行，不悟文成远于孔、颜，其去子路无几也。小人有勇而无义，为盗。自文成三传至何心隐，以劫质略财自臬，藉令子路生于后代，为之师长，焉知其末流之不为盗也？凤之力不与雕鹗殊，以不击杀谓之德，不幸而失德，则变与雕鹗等，要之不肯为鸡鹜，审矣。且夫儒行十五家者，皆倜傥有志之士也。孔子之道至大，其对哀公，则独取十五儒为主。汉世奇村卓行若卢子幹、王彦方、管幼安者，未尝谈道，而岸然与十五儒方，盖子路之风犹有存者。宋以降，儒者或不屑是，道学虽修，降臣贱士亦相属，此与为盗者奚若？不有文成起而振之，儒者之不与倡优为伍亦幸矣。当今之士，所谓捐廉耻负然诺以求苟得者也。辨儒释之同异，与夫优入圣域以否，于今为不亟，亟者乃使人远于禽兽，必求孔、颜以为之师，固不得。或欲拯以佛法，则又多义解，少行证，与清谈无异。且佛法不与儒附，以为百姓居士于野则安，以从政处都市涉患难则志节堕。彼王维之不自振，而杨亿、赵抃之能确然，弃儒法与循儒法异也。徒佛也，易足以起废哉？径行而易入，使人勇改过促为善者，则远莫如子路，近莫如文成之言，非以其术为上方孔、颜，下拟程伯淳、杨敬仲，又非谓儒术之局于是也。起贱儒为志士，屏唇舌之论以归躬行，斯于今日为当务矣。

虽然，宋儒程、杨诸师，其言行或超过文成，末流卒无以昌狂败者，则宋儒视礼教重，而明儒视礼教轻，是文成之阙也。文成诸弟子，以江西为得其宗，泰州末流亦极昌狂，以犯有司之禁令耳。然大礼议起，文成未殁也，门下唯邹谦之以抵论下诏狱谪官，而下材如席书、方献夫、霍韬、黄绾争以其术为佞，其是非勿论，要之谗谄面谀，导其君以专，快意刑诛，肆为契薄。且制礼之化，流为斋醮，糜财于营造，决策于鬼神，而国威愈挫。明之亡，世宗兆之，而议礼诸臣导之，则比于昌狂者愈下，学术虽美，不能无为佞臣资，此亦文成之蔽也。文成《传习录》称仲尼之门无道桓、文事者，世儒只讲伯学，求知阴谋，与圣人作经意相反。今勿论文成行事视伯者何若，其遣冀元亨为间谍，以知宸濠反状，安在其不尚阴谋也？及平田州，土酋欲诣车门降，窃议曰："王公素多诈，恐绐我。"正使子路要之，将无盟而自至，何窃议之有？以知子路可以责人阴谋，文成犹不任是也。夫善学者，当取其至醇，弃其小漓，必若黄太冲之持门户，与东人之不稽史事者，唯欲为一先生卫，惧后人之苛责于文成者，甚乎畴昔之苛责于宋贤矣。中华民国十三年孟秋，余杭章炳麟。

阳明先生传及阳明先生弟子录序 梁启超

阳明先生，百世之师，去今未远，而谱传存世者，殊不足以餍吾侪望。集中所附《年谱》，诸本虽有异同，率皆以李卓吾所编次为蓝本。卓吾之杂驳诞诡，天下共见。故《谱》中神话盈幅，尊先生而适以诬之。

若乃事为之荦荦大者，则泰半以为粗迹而不厝意也。梨洲《明儒学案》，千古绝作。其书固以发明王学为职志，然详于言论，略于行事，盖体例然也。其王门著籍弟子，搜采虽勤，湮没者亦且不少。余姚邵念鲁廷采，尝作《阳明王子传》、《王门弟子传》，号称博洽，未得见，不识视梨洲何如？且不知其书今尚存焉否也？

居恒服膺孟子知人论世之义，以谓欲治一家之学，必先审知其人身世之所经历，盖百家皆然，况于阳明先生者，以知行合一为教，其表见于事为者，正其学术精诣所醇化也。综其出处进退之节，观其临大事所以因应者之条理本末，然后其人格之全部，乃跃如与吾侪相接，此必非徒记载语录之所能尽也。

铁山斯传，网罗至博，而别裁至严。其最难能者，于赣、闽治盗及宸濠、思、田诸役。情节至繁赜纷乱者，一一鉤稽爬梳，而行以极廉锐术飞荡之文，使读者如与先生相对，释然见大儒之精义入神以致用者如是也。其弟子传，则掇拾丛残于佚集方志。用力之艰，什伯梨洲，而发潜之效过之。盖二书成，而姚江坠绪复续于今日矣。

抑吾尤有望于铁山者。吾生平最喜王白田《朱子年谱》，以谓欲治朱学，此其梯航。彼盖于言论及行事两致重焉。铁山斯传，正史中传体也，不得不务谨严，于先生之问学与年俱进者，虽见其概而未之尽也。更依白田例重定一《年谱》，以论学语之精要者入焉。弟子著籍、岁月有可考者，皆从而次之，得彼与斯传并行，则诵法姚江者，执卷以求，如历阶而升也。铁山倘有意乎？民国十二年三月新会梁启超。

阳明文录跋 程文德

阳明先生文录，旧尝梓行，然多为缪，间编帙有错置者。欧阳子崇一厘正之，大学生兴与吴子堂盖慕先生而私淑焉者，欣然请复梓焉。既事，同志者以告某："其识末简。"某作而叹曰：夫世之读斯录者，以文焉而已乎？先生之不可传者，文弗与也。弗以文焉而已乎？先生之文也，以载道也，夫可载者存乎言，而不可传者存乎意，故曰“言不尽意”也。玩其辞、通其意焉，斯可矣。嗟乎！圣学久湮，良知不泯，支离蔽撤，易简功成，是先生之意也，而世以为疑于禅。明德亲民，无外无内，皇皇乎与人为善，忘毁誉齐得丧者，是先生之意也。而或以为诡于俗世未平治时，予之辜惟此学之故。将以上沃圣明，而登之熙皞皞焉，是先生之意也，而天弗假之以年。嗟乎！嗟乎！斯道之不明不行也，岂细故哉？先生往矣，道无存亡，吾党其共勖焉。若日曹鼎而足，望洋而惧，矫俗以相矜，剽端而殖誉，殆非先生意矣。虽然，先生之意，先生不能尽之，而吾能言之耶？故曰：读斯录者，通其意焉而已矣。

阳明别录选序 魏禧

门人庠复请序《阳明别录》，禧告之曰：“吾所以序《四此堂》尽矣，然犹可为子言者。文成公之成功也，虚已以集众人之议，谋之也豫以密，而发之曲以断，此人之所知也。其曲调人情之至，若惟恐有伤夫一人之私者，此则人之所难知也。夫文成位尊权重。其才智足以笼罩天下，天下事宜断然为之，无所瞻顾，迺其于君相，于僚友，下至属吏部民，莫不委曲周至，务有以先得其心，若退然不敢自行夫一事者。吾生平主断，朋友姻党之间，往往忠而获罪，而乃发愤无聊，慨然于世不我知。及读公《别录》，然后自悔其学之不足也。”庠曰：“可得闻乎？”曰：“吾试与子举其一二：崇义新立，公请授县丞，舒富知县，既历序其行谊与功，然犹曰或于例碍，则量授府州佐贰，令署新县事，数年之后，别行改选。公辞巡抚兼任，举能自代，意实主伍文定矣，复以梁材、汪鋐并进，盖公既不敢主断，而专举一人，朝廷或疑有所私属，又此一人，苟不合当轴意，则一请不遂，势将用其私人，今得其再其次者而用之，犹不失贤者也。桶冈之役，贼已荡灭，湖广兵尚在郴州，公欲止其来，则犒赐其统兵官曰：桶冈天险，一鼓而破，固将士用命，亦湖广兵威有以摄服其心，故巢破之日不敢四出。夫用兵之道，实有不战而功多者，不显其功，则摧锋夺级而外，谁复宣力。且兵非贼境，则无所掠，吾拒之而不赏，后有调发，孰肯用命哉？今二省夹剿，吾独成功，即湖广之督抚岂能无忌？尤不可不平其心也。”呜呼！此皆公所为曲调人情者，其所以成功不易知者也。若夫告论公移虽寻常事，必有深思切论为他人所不能言，则别录与四此堂稿皆有之。禧故当谓二书当全读为有益，选而去存之，非予志也。乙卯七月朔，魏禧敬序。

予作《别录序》之三月，彭躬庵示以丁明登所辑《古今长者录》，内载文成公初第时上安边八策，世称为迂谟，晚自省曰：“语中多抗厉气，此气未除而欲任天下事，其何能济？”筮仕刑曹，言于大司寇，禁狱吏取饭囚之余豢豕，或以为美谈，晚自悔曰：“当时善则归己，不识置堂官同僚于何地？此不学之过。”或问宁藩事，曰：“当时只合如此，觉来尚有挥霍，微动于气者，使今日处之更别。”躬庵曰：“公语诚然，观《处两广事宜疏》，便自不同矣。”予论公三事与此意合，而序已成，不复可引证，附记于此。自记。

平寇录序 湛若水

都宪阳明王公莅赣，越明年丁丑，命部辖成造于庭曰：“惟兹横水、桶冈并寇，称窃名号，毒痛三省。惟予守仁，恭承天威，夹攻之命，实责在予，予敢弗虔（处）。惟兹横水、桶冈，实惟羽翼，势在腹背。先剪横水，乃可即戎。”遂会诸抚按备守，咸谓曰：“然。”乃命都指挥许清，赣州知府邢珣，宁都知县王天与曰：“尔其各以兵千余，分道入会于横水。”命守备指挥郏文、汀州知府唐淳、南安知府李敩、赣州指挥余思、南康县丞舒富曰：“尔其各以兵千余分道入会于左溪。”命吉安知府伍文定、程乡知县张戬曰：“尔其各以兵千余分道入，遏奔冲。十月十二日，予其亲率推官危寿、指挥谢超，兵如诸道之数，直捣横水，为诸军先。”乃缘崖而上，举炮火，如迅雷猋至。贼愕溃，遂夺其险，入破横水诸巢二十有三。王公曰：“尔其少息。以养厥锐。”因得余贼遁穴，又以湖广夹攻之期，且逼督捕益严益力。守备副使杨君、分守参议黄君，且饷且击，各益急攻，连破旱坑诸巢二十有三，横水、左溪平。王公誓于众曰：“惟尔多士，尔毋骄。惟兹桶冈天险，蓄积可守，徂兹夹攻，坐困而罢。尔填之哉。”乃谕之降，乘其狐疑，殉、文定、淳、戬兵冒雨登锁匙龙，贼遁，据绝壁以拒。珣兵渡水前击，戬兵冲其右，文定兵自戬右绕出贼旁，诸兵乘之，贼奔十八磊。淳兵迎击败之。翌日，诸兵复合击，大败之。遂破桶冈、十八磊诸巢十有五。王公曰：“尔其各以部兵，亟合湖兵悉追。尔毋有逸贼，国则有常刑。”于是诸兵益奋速，破新地诸巢一十有一，犹出其余力，急趋鸡湖诸路之险，截鱼王之奔，以应湖兵之冲突，贼乃尽平。斩俘魁从谢志山、蓝天凤等凡五千。初，王公始至，令于众曰：“军毋哗，勿或不用予命，尔其毋窃人盗人。其有窃人盗人，哗不用命，其执以来，其实于杀。”于是得窃者，杖杀之，军之不用命而哗者斩之，父通于贼者斩之，军乃肃。人曰：“可以用矣。”公曰：“未也。”乃亲教习，衣食其饥寒，士皆乐死。公曰：“可以用矣。”至是遂以成功。或曰：“阳明子于兵也，其学而然与？”甘泉子曰：“非然也。古之学者本乎一，今之学者出乎二。文武之道，一而已矣。故有苗之师，本乎精一，升陑之师，本乎一德。夫阳明子之兵，亦若是矣。否则为贪功、为黩武、为杀降、为用智，岂仁义之兵哉。”既凯还，王君天与曰：“不可不传也。”遂来请序，甘泉子曰：“虽然，不可不传也。而阳明子勿欲也。阳明子，精一之学也。虽然，予将俾天下之诮夫腐儒者，知圣学之无二，而文武一道也，乌能勿言？”

贺大中丞阳明王公讨逆成功序 费宏

古之君子，能为国家弭非常之变，立非常之功。勒之鼎彝，著之竹帛，垂之百世而不朽者，岂特其才智大过于人而不可及哉？惟其天资高明，器局宏远。而学术之正又超出乎流俗，以故向往图回，卓有定见，虽当事变劻勷、众志惶惑之际，忠义奋发，弗以成败利钝芥蒂于其中。而天之所佑，人之所助，固于是乎在。宜其所立之奇伟卓绝，非常人所能及，兹所谓杰出之材，而世不可多得也。

大中丞阳明王公，学究太原，体兼众器，早以忠直负天下之望。方逆瑾之擅权也，疏陈时弊，言极剀切，甘受摈斥，处远恶而不辞。赖天子圣明，旋复召用。惟其所在，必竭诚图报，而委任亦日益以隆。宏尝谓其操存正大，可拟诸葛亮、范仲淹；言议剀达，可拟贾谊、陆贽。盖古之君子，可当大事而不负其所学者。至于公阃授钺，运筹制胜，则又赵充国、裴度之流，而吾侪咸自叹以为弗及也。顷缘闽卒弗靖，特命公往正厥罪。公自南赣而东，六月既望至丰城，闻逆藩之变作矣。时江右抚巡、方岳诸官，或戕或执，列郡无所禀承。贼众号数十万，舟楫蔽江，声言欲犯留都。且分兵北上，而万里告急又不可遽达于九重。公慨然叹曰："事有急于君父之难者乎？贼顺流东下，我苟不为牵制之图，沿江诸郡万有一失焉，旬月之间必且动摇京辅。如此则胜负之算未有所归，此诚天下安危之大机，义不可舍之而去也。"遂徇太守伍君文定之请，暂驻吉安，以镇抚其军民。且礼至乡宦王公与时、刘公时让、邹公谦之、王君宜学、张君汝立、李君子庸辈，与之筹画机宜，待衅而动。会侍御谢君士吉、伍君汝珎，以使归自两广，皆锐意勤王，乃相与移檄远近，号召义勇，期必成讨贼之绩。旬浃赣守邢君殉、袁守徐君琏、临江守戴君德孺、瑞州通守胡君尧元，率僚属各以其兵至矣。又旬浃，则抚州守陈君槐、信州守周君朝佐、饶州守林君城、建昌守曾君玙，率僚属又各以其兵至矣。时贼已破南康，陷九江，方围安庆，其东侵之焰甚炽。公议先取其巢，然后引兵追蹑，使之退无所据，而进不得前。庶几其气自沮，而殄灭为易。七月望日，集旁郡先至之兵会于樟树。越五日辛亥，进克省城，贼遂解安庆之围，率兵归援。公曰："吾固料贼且归，归则成擒必矣。”众方汹惧，公设方略，督伍守等严兵待之。又分遣抚、建、饶、信之兵往复南康、九江，以成犄角之势。乙卯，败之于樵舍。丙辰，与战，复大败之。丁巳，用火攻之策，遂擒首恶。逆党若干，前后俘斩无算，其纪诸功载者，实一万一千有奇。首恶累击入城，军民聚观，感泣叹声动地，皆曰：“天赐公活吾一方万姓命，微公，吾其如何？”其君子则曰：“惟天纯佑我国家，实生公以拨其变，兹惟宗社之庆。独一方云乎哉？”盖此贼之恶，百倍淮南。其睥睨神器已非一日，中外之人皆劫于积威，恐其阴中，而莫之敢发。其称兵而起也，吾党之庸懦，类佐吾朱，骄如者犹以为十事九成。四方智勇，即有功名之念，欲与一决，而窃计利害，迟回观望者，又十人而九也。公出于危途，首倡义旅，知道义之当狥，而不知功利之可图；知乱贼之当诛，而不知身家之可虑。师以顺动，豪杰响应，甫旬月而大难遂平，不啻如摧枯振落。非忠诚一念，上下孚格，其成功能如是之神速耶？传曰：“为人臣而不通春秋之义君，遭变事而不知权。”则以今日之所处观之，语分地则无专责，语奉使则有成命。而忘身赴义，不恤其他，虽其资禀器局向与人殊，然非学有定力，达于权变者，亦未必能如此其勇也。

宏昔忝词林，尝从公之尊翁、太宰龙山先生后，因辱公知最深。自愧局量未弘，动与时忤，逆贼再请护卫，尝却其赂遗而力沮之。或以为贱兄弟之归，及归而屡受群凶之侮，皆出于其阴中也。勤王之举，未及荷戈前驱，有遗恨焉。故公之英声茂实，震耀铿轰，虽无俟于区区之赞颂，然不世之仇，赖公一旦除之，则其欣幸宜百倍于他人，乌能已于言耶？故具论公之树立，可方驾古之君子者，以为天下贺，而亦因以致吾私焉。

贺总制军务新建伯南京兵部尚书兼都察院左都御史阳明王公平寇序 蒋冕

皇上嗣大历服之初，吾二广搢绅士之仕于朝者，旅谈旅议，以二广寇乱相仍，近数年尤甚，非得奇特环伟不群之才、忠诚体国而不苟目前之安者拯之，莫克有济。若新建伯南京兵部尚书阳明，□□□人也，联名具疏，恳乞起公于家。疏将上，念于内阁□部，诸执政大臣佥谓：公纯孝人也。两三年前公之太母夫人没，公尚连章求归卒丧事。今公之父太宰实菴先生年垂八袠，方以疾卧家，公跬步未肯离膝下也，顾肯远去数千里以莅尔二广乎？莫若待公终养后起之未晚。疏遂不果上。未数月，先生捐馆舍，公既免丧，吾二广寇乱相仍，尤有甚于前日。中外臣工疏请起公者，踵相接于廷。皇上俯从佥议，命公兼都察院左都御史，总制两广、江西、湖广等处军务，暂兼巡抚，以平田州、思恩寇乱。敕旨再三，丁宁郑重，公辞不获命，兼程西迈，节钺驻苍梧，未数日，即躬至古邕以临思田边境。散冗兵数千人，各还本土；省冗费冗食，无虑万计。又创立敷文书院，日与诸生讲明义理，以示闲暇，将无事于用武。书院名敷文，盖取《虞廷》“诞敷文德，舞干而苗格”之意，人皆知公意向所在。无机何，两府之民相率求归，公乃亲诣其地，抚绥辑定，为之改建官属，易置公署。民之归耕趋市者滋众，而两府以次渐平。又以獞贼之在两江者，恃其险阻，不时出没，公肆劫掠，莫如之何，乃檄汪参议必东、吴佥事天廷、湖广汪佥事溱、张参将□□水顺□□□□六□人往莅断藤峡之仙台、花相、古陶、龙尾诸巢峒。未几。斩首数百级。寻檄林布政富、翁副使素、张副总兵祐，帅思、田二府兵八千人往莅八寨。未几，斩首级百级，而两江以次渐平。寇之在两府者因其可抚而抚之；寇之在两江者，因其可击而击之；或张或弛，不泥故常，而惟主于弭祸乱以安生灵也。若公者，所谓奇特环伟不群之才非邪？不然，何足以办此？布政既陟，都宪抚治于郧阳滨行，谓公抚定削平之功，在吾广右者，不可无纪述，以为圣天子简任得人贺也。迺偕两江藩宪及副总兵、参将、知府诸君，以书备述其事，遣学正石尚实持来征予序。

昔公以都宪巡抚南、赣、汀、漳，尝躬冒矢石，破桶冈诸嵒险剧贼于大帽山，其功甚伟。后值宁庶人之变，遂倡义募兵擒庶人于鄱阳湖，以成奠安宗社之大功。此伯爵所由以锡子孙继承，山河带砺，初不可以世论，而先声所加，则实由于桶冈诸嵒险之破也。公既有功宗社，其名籍籍在天下，虽儿童女妇亦孰不知，有不待予置喙于其间，而芜陋之辞，亦不足为公重也。特以公所抚定削平之地，于予所居，相去仅千里，而近藉公庇荫多矣，况重以诸君之托，故不辞而序其事。因举公平生孝义勋烈之大，士大夫素所饫闻者以复之，且念于公曰：吾二广要害之地，寇之滋蔓于西者，莫若府江及洛容、荔浦诸处；寇之滋蔓于于东者，莫若罗滂、绿水及后山、新宁诸处。今既剿削断藤、八寨，以遏府江上游，而府江实贼所径路，洛容、荔浦又贼所巢穴，其东寇之所径路与其所巢穴，如罗滂、绿水、后山、新宁诸要害地，兵威未加，文德皆犹未洽，公能无意乎？以公竑谟伟略，出奇无穷，傥稍稍迟之以岁月，出其绪余，如昔年处大帽山故事，则吾二广之地，寇盗悉殄而民生其永宁也，可指日竢矣。所谓忠诚体国而不苟目前之安，亦固公平生之素心也，尚何待乎予言之赘哉？公果不鄙予，因予之所已言，而推予之所未及言，触类而长之，以为吾二广生灵立命，则勋烈之在吾二广者，当与前日在江西者等矣。予昔待罪内阁，尝随诸老以公江西勋烈大书之，藏于金匮。今虽老病，顾不能以公勋烈之在吾二广者偕搢绅士歌颂于道路哉？公其念之，勿谓予耄荒烦聒而莫之省也。

阳明先生集要序 林钎

性命者，务华之所逃，胆壮于摽玄，而气怯于担荷，将但使劳士鼓行，偾辕败辙，则又数数也。正心诚意之谈，未即便与宋祚，然濂、洛、关、闽，后世宗之勿替，岂非根本之地不宜少主人翁哉。夫孟子所谓尽心，知性，知天，立命，实与《中庸》之“至诚尽人物性”，“参赞化育”之语互相发明，则又何疑？王文成先生之直指良知，不可以印合圣真，开引来学乎？是镜是灯，即光即照，拭之燃之，完其固有，得一万毕，信非虚也。而先生以是出之经济，其所条画区处，种种合宜，节节奏效，人视以为震世奇勋。若以灵光一点，澹然周应，左右逢源，则固寻常穿衣喫饭事耳。更何需播弄其精魂，雕琢其章句，以吾心之日星江河，役之于涓流爝焰也者。余幸得先生全编焚香山寺中，敬阅返照，恍见先生之所以示人，即人人所自有而知，何以非良，良知何以不致？孟子不言失其本心耶？《中庸》不言不诚无物耶？诚之至，心之尽，人世应为之事业，不可从穿衣吃饭做耶？因书数言，以质之四明施公祖。盖四明公莅闽漳八年，其冰心石书，福庇于兹土者，意学问渊源有所从出宛肖，而是编即四明公转别时取以示余者，乃今知之矣。性无歧分，身有前后，且得不重美姚江哉。闽九皋居士后学林钎盥书于退思精舍。

阳明先生文集跋 俞嶙

开辟以来，有物孳乳，字之曰道。道之自传者曰大极，四圣人奉为易祖以志不祧。道之以人传者曰心性、曰仁义、曰礼乐、曰文章，建杓不一，总为定世符焉。人之以道传者曰见知、曰闻知，其正统闰位，如帝王师相之叶，应有主有辅，顾知从何来，又从何往。司兵刑者可进，司礼教者可疑，非廓目緿心，光射蝨轮，勇贯石羽，谁与卜千秋之定案哉？自玄虬发祥，而帝命敬敷，天锡桓栊，发乡虞廷下，而兴日跻恭默，金声玉振，相应教铎，总萃一门，天纵大成，如太极之不可祧，非二氏所得剿。窃困源，固亶厚，已追尼山，高弟三千七十，而后世明君察相，乃能跻子与氏于端木、颛孙之上，配之为四。若奠方，若定时，仰鑚不拔，嗣是而五之六之，岂遂无人从祀两庑足矣。左持圣灯，右操王鈇，严统以杜竄，其在斯欤。吾姚阳明先生出，而高弟若龙溪先生独昌言曰："颜渊死而圣人之道亡。"是果亡欤？否欤？端木氏以天不可階赞先圣，岂曾孟有阶？颜虽瞠乎后于绝尘，而实无阶欤。阳明先生直提孩始，禀承子与，昌明良知，是镜是灯，即光即照。扫尽阶梯，得一万、毕乃世，卒未闻以位置子与氏者位置吾阳明子，烟海悠悠，将谁与正之？且功在社稷，震主惊人，智侔阴符，出天入地，而皆出自触之不动之中，不难其唾手以奏肤功，而难其弱龄之时，出居庸以商备御，聚果核以列阵图，功成之后，忠、泰无所用其□罗，续纶无所施其附会，灵光一点，固不待龙场石椰时，豁然而终身用之不穷，虽欲指为伪为异，而无声无臭，天良具足，四海晏如，彼凫短鹤长，何足以云。先儒有言，后人当志颜子之志，学伊尹之学。尹于绝无师承时，而卓然有任，曰子天民之先觉，提先觉后人自知觉，但一觉之惟从觉来，故却幣受幣，放桀放储，如龙蛇五化，不可方物。然则志颜学伊，惟阳明先生足兼之。世人不知体用合一之学，而曰世尚虚玄，考亭救之以实，世矜帖括，先生救之以虚，夫良知而恶得云救哉？良知而云救，则曰太极、曰心性，皆不足以生两仪，而悬日月矣。余谓考亭学曾，其格物自省也，其定论一贯也。世无孔子，而止以程先生学颜其致知卓尔也，其易地禹、稷也，宛然一伊而进于孟。然则道以知传，知以道印胎于良，孩于觉，壮于见孳子闻，虽子与氏一则曰无有，再则曰无有，正闰之绪，概可观已。今天下南面称师，自名理学者，如适沧漭而不望斗杓与。波上下东西，易而曾不知返，能无生心害政之忧。余姪仲高与余蠡测圣谛嚅哜义蕴者，盖自其童试以至今，筮仕百粤垂二十余稔，无不时出所得，抵掌快心，每能以身著理，以理著才，其于先生直见为性无歧。分身有先复，故甫莅政而即有兹集之刻，问序于余。余何能知阳明先生，而纵心活泼泼之地，仰面斯昭昭之天，稍有称说，思不敢启榛途而投锦阱，因以告千百世之知阳明先生者，庶几于雍容樽俎之间，庚桑檀社之会，更思所以位置之，或于余姪是编有厚望焉。姚江后学俞长民谨跋。

王文成公文集序 潘之彪

自古贤人君子，秉川疑岳峙之资，以其文章事业，卓然树重立于当时者，代不数人，顾其人既往，而其精神历久而长存者，惟恃此简编，以附不朽，而莫为之后，虽美弗章，则甚矣作者难，述者亦不易也。吾于王天钧年兄之重修《阳明先生集》，不能无感焉。夫余姚名胜甲两浙，于山有秘图、四明之巍徒巃嵸，于水有舜江之潏荡，故其人物多淳泓卓荦，如严子陵、嵇叔夜、虞仲翔诸君子，后先相望，或以节气，或以博赡，显名当代，求其以文章而归之理学，事功而出之性天者，惟阳明先生一人而已。先生天资绝伦，弱冠谒娄一齐，知圣学宗旨。其立朝也，以刑部主政，历官都御史，累建奇勋，如平茶寮，征岑猛党，夷其八寨，后录平宸濠功，袭封伯爵，载在青史，斑斑可考已。先生少喜任侠，工词章，中年体验圣学，卓然以斯道为己任。其教人也，以致良知为主。平生著述甚富，如《传习录》及《文录》，皆盛行于世。万历十二年与陈白沙先生同从祀孔庙，岂非一代伟人哉。顾久而弥光者，人也；远而易湮者，言也。先生文集流传将二百年，非有贤后人以似续其间，焉知其不流于漫灭？天钧为先生五代孙，任胜县，恺悌有声，于退食之暇，亟亟蒐先生《文集》，考订而重梓之。夫滕以冲疲之地，簿书鞅掌，方补苴罅漏之不暇，而天钧独留心斯事，先德之弗坠，表章之力也。方今圣天子购求遗书，博徵海内先贤名迹。斯编成，上之中秘，颁之天下，天下学士大夫读先生书，想见先生之为人，藏之名山，传诸其人，此物此志也夫。云阳后学潘之彪撰。

阳明文集纪略 王贻乐

先文成阳明公《全集》，旧有《传习录》、《文录》、《别录》、《外集》、《续编》、《附录》、《世德纪》，共三十八卷，嗣值兵燹之余，原板散轶，仅存李卓吾先生手评《道学钞》，及大司马峨云先伯续刻论学诸篇而已。

迨历年既久，藏板又失其半。嗟嗟。先人之事功理学文章著述岂可使之日沦湮没乎。乐志切缵承，亟欲购辑其全，其如闻见未广，蒐罗未获，何及？庚申岁，乐来牧滕阳，得晤旧尹书湖马君，历叙世谊，追念先徽，每以是集未全为憾，书湖遂出所藏一集以示。乐乘政余，即互为参考，正讹补阙，分别类序，合成一部，共计一十六卷，付之剞劂，载余告竣。虽论诸《全书》尚多阙略，而较诸所存，稍称褒益，倘后之人更能采辑而补全之，是又乐之所深望也。五世孙贻乐敬识。

王文成公文钞序 朱彝尊

由孔子而前为之君师者，圣人继起，由孔子而后逾千载，无有焉，岂千载之人无一可入圣人之域者哉？则儒者之遇也。夫伯夷之隘，柳下惠之不恭，孟氏以为君子不由，至论圣人，则以百之师归之。盖生民以来未有盛于孔子，其余为清、为任、为和，道之至者，统谓之圣。后世儒者之论，务求其全。世无孔子，千载无一圣人焉，宜也。荀卿、扬雄，吾无论矣。唐之韩愈，明圣人之学于举世不讲之时，儒者犹訾之不已，以为守道不笃，致有大颠往来之书。自昔言虚无清净者，宗老氏，言神仙者，首苌弘。而孔子或问以礼，或问以乐，彼潮州之书果足为韩子玷与？呜呼！大道之不明，释、老之言充塞乎天下。幸而有讲圣贤之学者，其门人弟子同异之辨，复纷呶不置，举同室之人，日事争斗，我道无全人，无惑乎异学之日盛矣。文成王先生揭良知之学，投荒裔，御大敝，平大难，文章卓然成一家之言，传所称三不朽者，盖兼有之。世儒讲学率寓之空言，先生则见诸行事者也。议者或肆诋諆，谓近于禅学。夫弃去人伦事物之常而谓之学者，禅也，使禅之学能发于事业，又何病乎禅也邪？因辑其文之尤者若干篇，以示同好。

阳明先生全录引 王春复

阳明先生承绝学之后，慨然发明良知之旨，以风示学者，四方从游之士所至以百数。其时武宗之末，开府赣州，狡兔跳梁，经营荡涤，师旅之兴，无日休息，然百姓按堵无患，士之相继行其发明者，于兹为独盛。今上方三十年，春复受命来守是邦，南野欧阳公受以全书，曰："赣无先生文集，缺非细故也。"且有意于愚之一言，而命胡生直、俞生献可来校，愚亦谋所以为梓木之费，董生聪者承而独任焉。未几，愚以尤去。又及而服除，再补董生之梓，然后告成，南野公又奄然没矣。嗟乎！先生之后，主盟斯文者公也，而尚加意于春复之不肖，既心许之矣。为之引曰：天下之言学者，知与理而已矣。知本乎心，理散于物，二者判然而内外不相干涉，学者之大患也。昔者孟子著"皆备"之训，程氏明"一体"之义，其言要约而易从，然学者尚不能反观而内省，学之难明也久矣。夫颜子叹高坚，子贡饮江河，使无夫子善诱之教，其亦终于高坚、江河焉已也。然则，学者之于高坚江河焉，无足怪也。先生良知之言，开示祥明，独立标准，所谓"皆备"与"一体"之意了然于其中，而无待于勉强附会，使天下学者皆在知而不在物，在内而不在外，在本而不在末，在致一而不在万殊，以入无纪。盖尝论之：乾道正性命，而物则之义著焉；蒸民立尔极，而秉彝之道昭焉。秉之为言，孰也。言心为天地万物之主，皆能孰之而不乱，此物则之大者也。故顺天地万物之理则心安，不顺天地万物之理则心有不安，安与不安之际，其名曰"知"，出之可以酬酢万变，与乾道同其变化而不穷，知其小乎哉？人之患在乎心役于物而非役乎物者也，故常谓物为大而心为小，故常有不安之心。夫以其常役于物，而致其常有不安之心，不能反其不安之故，而求诸物以自济，此知之所以常困，而用之所以有穷。愚则曰：心以主宰为则，能自为主而已矣。能自为主者不役于物者也，不役于物故能理万物，如君者不役于民故能理万民，此理之自然，无足多者。孟子所以先立乎其大，程氏所以独戒用智而自私也。不明乎此，愈劳愈远，故曰学者之于高坚江河焉，无足怪也。先生立言立功，皆得于凝定致一之余，况乎赣之人思其业而家祀之，书又可以无传也。信乎？然董生欲梓是书，初不量其有余力，可谓好者。呜呼！好如董生者少矣。嘉靖三十五年正月朔，赣州府知府，晋江后学王春复书。

阳明先生全录序 谈恺

予筮仕即知有阳明先生，同年戚南玄数过予，述先生之言所谓致良知者，予闻而疑之；复言其徒相与立会讲学，促予同事。予谓先生之学具在圣经，今之学者不患不能言，患不能行尔。予不敏，请以先生之言见之于行，因谢不往。既而得先生文录读之，有曰："为名与为利虽清浊不同，然其利心则一。"又曰："心体本自弘毅，不弘者蔽之也，不毅者累之也，故烛理明则私欲自不能蔽累，私欲不能蔽累则自无不弘毅矣。"至哉斯言。真可师法。于是私淑之心油然而生。时在民曹有为先生之言者，议论高明，多自文录中来，夷考其行，则先生之所不齿者，予固而益疑。先生有言："世之讲学有二，有讲之以口耳者，有讲之以身心者。"噫！此所谓讲之以口耳者非耶？予仕至虔台，瞻先生遗像肃然起敬，检诸故牍，得乡约诸法，下有司行之，岁余四境宁谧，翕然向风，真先生之遗教也。既迁两广，亦先生旧游之地，素称弗靖，予师先生之意，以文告晓之，以恩德怀之，不得已而加之以兵。功甫成，得致仕归养。过虔州，董生聪梓先生全集成，请予为序，予虽未及先生之门，知先生久矣，能无言乎？夫人之当大任者，蕴之为道德，笔之为文章，措之为事业，人皆能言之，而全者寡矣，先生真践实履，循道据德，其发于文章，如《安边务疏》，如《与安宣慰书》，如江西、两广诸疏，经济之略于是乎见，岂特文词艺焉而已哉？其举业之学，如《山东甲子试录》，宇宙间可多得耶？其在虔州，有闽广之捷，有横水、桶冈之捷，有浰头之捷，其大者檎宸濠、定江西；其在两广，平田州，平思恩，征断藤峡，征八寨，经行之地，家祀而人祝之，先生事业旷世所希见者。世之为先生之言者，徒以口耳相高，道德何如，文章何如，事业何如，甚有假此以务名利者。昔子夏之学流为庄周，程氏之学流为异端，吾惧其言之不止，为先生之罪人者众也。先大父中丞公与文僖公为同年，董生聪文僖公之曾孙也，于予有通家之谊，觐其梓先生全集，是知所向方者。其曰《正录》、曰《外录》、曰《别录》，钱子德洪所订正，盖专以讲学知先生者。以予鄙见，当如先生之言，但以年月为先后可也，海内同志或有知予言者。嘉靖丁巳六月庚子，锡山谈恺书于白沙舟中。

阳明先生集略序 陈九川

圣人之学，尽性而已矣。性也，孝道心也。其本体寂然而无倚也，谓之中；粹然而不二也，谓之一：炯然而不昧也，谓之知。故虞廷之执中，孔门之致知，一也。本体无纤毫之翳，则知几其神，知之至也，是谓允孰厥中，是谓一以贯之。夫子自谓无不知而作，又非多学而识之，则致知之教，跃如也。颜氏有不善未尝不知，知之未尝复行。复其性也，此致知之传也。曾、思慎独知微之显其源，一也，而时固有倚闻见以为知者，孟子始发良知之训，指其发见于孩提者，为天下之达道，而曰大人者，不失其赤子之心者也。孔门之统，其不在兹乎？及其没，而斯学不传。道术遂为天下裂。千有余年，濂溪、明道始明无欲大公之学，庶几致中之绪矣。象山、慈湖寻继其微而未粹，其后日以支离横溃，以义外之裔，篡一贯之宗，遂涂天下之耳目而人丧其心矣。间有稍觉其非者，而力莫之能挽也。垂四百年，而先师阳明先生出，始慨然有兴起之志。披群言，历二氏，炼于艰险，而后反之洞然，直悟致知之宗，乃表章之而不作。天下之毒于积习，盖已沦肌肤而浃骨髓。方群怪而力攻之，而先生开物善世之诚，谆谆不容已者，固忘其身之危而莫之救也。于是浸以党蒸，鼓动有志之士，稍稍云集而河饮，若鼓镛钟于百仞之阁，而群悟方警也，若脱其桁杨接槢，而得周还揖让于其庭也。其于诐邪之习，盖未尝深辟而自不能为祟。圣门良知之学，久而灿然复著于天下，而人始知有其心若长风卷阴曀而共睹天日也。昔人推尊孟子，以为功不在禹下，若先生汛扫廓清之功，岂直不下于孟子哉？非夫精神气魄迥盖千古，其孰能至于此。其文章勋业，皆从此出，辟之风雨霜露庶物露生，无非教也。全集近已行矣，学者从其所爱慕感触，皆可因而入焉。故先生虽往矣，闻而兴者未艾也，固益可念良知之玄同施诸后世而无朝夕，而先生之神，流行于天地之间者，岂非直与风霆同其鼓舞，有不可得而测者哉？邑侯应君象川，以意摘其要略，请梓之以传。谓川也尝亲炙于先生者，过而使序之。顾惟不类，未之有得也，曷足以发哉？惟及门以来，窃见先生之学，虽已夙悟天端，其精诣默成，盖有日新而岁盛者。读其书者，以其年考之，亦可以见其进德之迹矣。至于本体之莹徹圆融渊微精睿，所以通神明之德，官天地之化，立生民之极，而会群圣之楷者，则浩浩乎莫得而窥其际也。世之君子，未尝灼见先生之道，乃欲以私智悬断其所至，不亦远乎？夫良知之无圣凡夫。入于孩提信之矣，而卒与圣悬隔者，岂有他哉？卑者昏于嗜欲，高者蔽于见闻，而莫之致焉耳。先师夫既已开之矣，犹有疑良知不足以尽天下之变，而必外求以裨之者，是不信其目而自障之，伥伥然索险夷于杖也，是意见之重为蔽也，则集中指点，虽灿若日星，其能入乎？苟无先横意见，易气以观之，固宜不待更端而跃然开悟矣，则若兹摘刻者，不既多矣乎？应侯名云鸑，象山人。

南赣乡约后语 邹守益

此中丞阳明王公参酌蓝田乡约以协和南赣山谷之民也。呜呼！蓝田通都大邑、名卿世族也，公以世族大邑之法望于村童野叟，其仁矣乎。民之秉彝，好是懿德，不以村童野叟异于通都大邑、名卿世族也。凡吾民之受告谕者，仰体我公协和之仁，以厥身果于为善也，如饥之求食、渴之求饮；其不果于为不善也，如食之不可以鸟喙，而饮之不可以酖酒也；则于秉彝之德，尚其不爽，而三代之风可庶几乎。父兄子弟，曾有饥而弗食、渴而弗饮者乎？曾有充饥以野葛者乎？止渴以酖酒者乎？身之死则知重之，心之死则不知重，其亦弗思焉耳矣。易曰：“善不积不足以成名，恶不积不足以灭身。”小人以小善为无益而弗为也，以小恶为无伤而弗去也，故恶积而不可掩，罪大而不可解。呜呼！吾民盍相与敬思之。

跋阳明先生与双江公书 罗洪先

阳明先生与双江公书，在嘉靖丙戌。又二年，先生遂有南康之变。是时公犹未执弟子礼，而先生尽以近日所独得者，切切语之，惟恐不尽吐露，斯其付托责望之重可知矣。夫万物一体之义，自孔门仁字发之，至宋明道始为敷绎，其后西铭一篇，程门极其称羡。自是止以文义视之，微先生，则孔门一脉几于绝矣。故尝以为先生一体之说，虽谓之发千古之秘亦可也。公珍重是书，既勒诸石，乃以原稿付谢生经，以其责望，岂无意乎？

刻阳明先生与晋溪司马书序 宋仪望

予尝聆人论阳明王先生提师镇虔时，深为大司马晋溪王公所知，诸所题奏，辄为议覆，以是卒能剿平诸峒，四省赖以宁息。其后宸濠反，江西传儆两京，一时大臣多惶惧失色。司马王公独曰：“王伯安据上游，濠何能为？”未几逆濠果就擒，如司马公言。世尝以此高两王公。顾今所刻阳明文集，其与晋溪司马书不少概见，何也？绵衣戴君伯常雅慕二先生之为人，乃购于司马公仲子，得所与书，凡十五篇，亟缮其本，仍以王公在虔题奏诸疏，间为论说，以究二公之用心，并刻以传，翌日出以示予，且以叙见属予。因叹：当正德末年，阉寺擅权，纲纪倒置，一时文武大臣，多偷安取容，濠、庶人虐焰耩搧，谋动肘腋。方其率师渡江，中外汹惧，朝廷仓卒下诏亲征。其所任信，皆比昵寺人。外有逆藩之举，内有肘腋之虞，谋国诸臣，忧疑莫定。于其时，藉我王公慷慨誓师，以数郡之兵，克复豫章，而逆濠卒以就擒，卒之江彬诸人，亦竟畏惧遥顾，不敢肆其无厌之心。后之议者，徒知先生擒逆濠之为功，至于保固乘舆，计安社稷，屹然措天下于泰山之安，其功或未能尽知也。今读公与晋溪书，率言虔镇事，其所措注设施，晋溪盖知公之心非特为虔镇计也。嗟乎！二公之谋国若此，岂非所谓不出俎豆而折冲千里者欤。予故乐为之述，俾后之知二公者，庶几得其用心一二焉。

刻阳明先生与晋溪书后跋 王祯

右书一十五首，乃我师敬所先生旧所手录。阳明先生在南赣时，上司马晋溪公而与之商确一方戎务，以共底厥绩者也。夫晋溪、阳明二公，均具王佐之才，古社稷之臣。当朝人物之选也。其德业闻望，炳人心目，奚止此书之所建白与所许可已哉？而我师所录惟是，诚以贤才难得，而为天下用才者尤难，功不易成，而重社稷之功，能终始成就者，尤不易也。阳明先生以千古豪杰之才，从事于南赣军戎之务者数载。向非晋溪公握本兵于内，重厥功而专委任，则未必不为疑忌者中阻，安能得竟其志以底于有成哉？是故阳明之功，大司马王公之功也。阳明先生之功，人皆知之。而晋溪公用贤不及宰辅休休之量，实人所未知者。我师秉烛湘舟，阅书读之，不能不有感于衷，而怀仰于二公相知相遇之殷也。是以惧其泯没，而命祯刻之，且以传之同好，兼之有闻晋溪公而典之望，以属后之人，吾师诚心二公之心,于此书有深契焉。而又以信天下之人之心无弗同也。然则兹刻也，岂直以彰二公之美盛而已邪？其意自有在也。祯不敏，幸夙承于吾师之教，敢厕数语而志之末简。嘉靖甲子夏，门人南昌王祯顿首书。

刻阳明先生手柬小序 王宗沐

余舟行次湘江，于箧中检尝手录阳明先生与晋溪公柬一帙，秉烛读之，因废书而叹。嗟乎！古人建立功名，信不易哉。阳明先生以千古天挺之才，早膺阃寄，然犹藉晋溪公乃得就。观其往来札中所云，是先生恃有知己处中，言听计从，以故得安其身而毕其志。先生往见之疏中，览者亦以为叙奏之常格固当，而岂知其中诚然委曲如是也。事不能背时而独立，功不得违势而独彰。故鸿毛遇风而巨鱼纵壑者，顺也；登高传呼而建瓴下水者，据也。嗟乎！古之豪杰，率以不遇知己，不知而不用，或用之而未尽，或尽之而终谗。当其中轴见疑，孤远势隔，则书生竖子一言，而白黑立变，罪不可逭，其何功之图哉。是可叹也。余尝从缙绅后，见道晋溪公者，不及其实，过晋中，颇揽镜其平生行事奏疏，固已倾心焉。今观其虚心专己，用一人以安国家，可谓社稷之臣，即阳明先生亦称其有王佐之才。余惧其泯没，因寄友人王宗敬于婺州，使刻以传同好。后世其无有闻晋溪公而兴者耶？则是稿似微而不可忽也。王公名琼，晋之太原人。阳明先生名守仁，越之余姚人云。时嘉靖癸亥三月，临海王宗沐书于湘江舟中。

重刻阳明王先生手柬后语 陈文烛

国朝文儒以功业显者，輙称新建王公云。方公抚南赣时，所上司马王公书，凡十五章。嗟乎！士为知己者用，又为知己者死。即新建公多才，赖司马公居中，知而用之，乃得尽其力以成厥功。不然，祷金滕而草宪令，昔之圣贤尚避居而难忧，况远臣乎？每观后世处功名之际，遭谗被癈，有伤心流涕者。此太史公传管夷吾，不多其功而多鲍叔能知人也，其旨微矣。往季癸亥，中丞王公得前书读之，慨然有志于新建公之为人，梓于婺州。顷抚淮，命烛校而新之。主上以大计寄公，又公卿师师如也。则所称知己以建无穷之业，奚啻一司马公已邪？语曰：千金之裘，非一狐之腋也。三代之际，非一士之知也。窃于今日交有望焉。新建公名守仁，余姚人。司马公名琼，太原人。中丞公名宗沐，临海人。明隆庆壬申王正既望，汉阴后学陈文烛顿首拜撰。

跋王阳明先生家书 朱彝尊

王子逸仲，出阳明先生平浰贼后家书见示，定乱之顷．不矜不伐，意在气休，足以见先生之学力未尝与人争功能也。故世儒言性理，以先生学术未纯，动加诋毁。然微先生，则宁藩之变，危及社稷，靖难前事，可为寒心，乃吴入伍袁萃倡邪说，诬先生潜通叛藩，曲学阿世之士，从而传会之，其亦不仁甚矣。嗟嗟悲夫。今之从政者患得患失，克如先生功成不居，第思乞休，几人哉？览先生家书，可兴感也。

阳明传信录小引 刘宗周

暇日读《阳明先生集》，摘其要语，得三卷。首《语录》，录先生与门弟子论学诸书，存学则也；次《文录》，录先生赠遗杂著，存教法也；又次《传习录》，录诸门弟子所口授于先生之为言学、言教者，存宗旨也。

先生之学，始出词章，继逃佛、老，终乃求之《六经》，而一变至道。世未有善学如先生者也，是谓学则。先生教人吃紧在去人欲而存天理，进之以知行合一之说，其要归于致良知，虽累千百言，不出此三言为转注，凡以使学者截去之，绕寻向上去而已，世未有善教如先生者也，是谓教法。而先生之言良知也，近本之孔、孟之说，远遡之精一之传，盖自程、朱一线中绝，而后补偏救弊，契圣归宗，未有若先生之深切著明者也，是谓宗旨。则后之学先生者，从可知已。不学其所悟而学其所悔，舍天理而求良知，阴以叛孔、孟之道而不顾，又其弊也。说知说行，先后两截，言悟言参，转增学虑，吾不知于先生之道为何如。间尝求其故而不得，意者先生因病立方，时时权实互用，后人不得其解，未免转增离歧乎？

宗周因于手抄之余，有可以发明先生之蕴者，僭存一二管窥，以质所疑，既得藉手以就正于有道，庶几有善学先生者出，而先生之道传之久而无弊也，因题之曰“传信”云。时崇祯岁在己卯秋七月望后二日，后学刘宗周书于朱氏山房之解吟轩。

刻阳明先生文粹序 宋仪望

阳明先生文粹若干卷，始刻于河东书院。盖余企诸人士相与讲先生之学，故集而编之云。或曰:“先生之文灿如日星，流若江河，子既檄刻其集布之矣，兹编之选则何居焉？”予曰:“道有体要，学有先后。先生之学以致良知为要，而其所谓文章功业云云，是特其绪余耳，非学者所汲汲也。故余推本先生之学，取其序《大学古本》、《或问》等篇，他如门人所刻《传习录》、答诸君子论学等书，要皆直吐胸中所见，砭人膏肓，启人蔽锢，尽发千古圣贤不传之秘，窃以为士而有志于学圣人者，则舍此何适矣。”“若是，则《传习录》乃门弟子所撰记，故集不载，今子亦类而编之，何也？”曰:“先生之学，著为文辞，吐为述答，实则一而已，而又焉往而非先生之文也。”曰:“先生录中所云致良知一语，则以为超然独悟，岂吾夫子之学，固犹有歉于此耶？”曰:“善乎而之问之也。昔者闻之，上古之时，人舍淳朴，上下涵浸于斯道而不自知，是以宓羲氏始书八卦，而未有文字。自尧舜有‘精一’、‘执中’之训，而万世心学之传无有余蕴矣。乃成汤、文、武、周公数圣人者，其于斯道又各自有所至。书传所载可考而知也。及至周末，圣人之学大坏，学者各以所见为学，纷纷藉藉，流于异端而不自知者不可胜纪，于是吾夫子始与群弟子相与讲明正学。今考其指归，大抵一以求仁为至。夫仁者以天地万物为一体，欲立立人，欲达达人，心之本体固如此耳，外是即功业如伍伯，要不免于失其本心。然当时传夫子之学者，惟颜、曾氏与子思、孟子数人而已。是故曰‘忠恕’，曰‘慎独’，曰‘集义养气’，是数子之学又各自有所得，要之莫非所以求仁也，是又数子之所以善学孔子也。呜呼！观乎此则可以论先生之学矣。先生之学求仁而已矣，求仁之要致良知而已矣。何者？心一而已，自其全体而言谓之仁，自其全体之明觉而言谓之知，是故舍致知则无学矣。孟子云：‘智譬则巧，圣譬则力。’致良知以学圣，巧之至也。呜呼！此非达天德者其孰能知之。若是，则子于先生之学奚若？”曰：“吾吉有三君子，皆先生门人，而予从而受学焉，学而未能，是则先生之罪人也。”

阳明先生要书序 叶绍颙

夫揖让而却莱夷，此洙泗经济之为兆也。自汉、唐、宋而降，学术事功歧而为两，故李、郭有再造之勋，而不传其闻道，周、程绍既绝之学，而疑托于空谈。若夫开拓万古之心胸、推倒一世之豪杰，发千里未发之秘，以显真儒之作用，至阳明先生亦宇宙一开辟也。余自束发时，即沉潜先生之书，考正较异，匪朝伊夕。一日，京邸与陈几亭訏衡时事，感慨于斯人之不作，几亭出其枕中鸿宝，则丹铅先生之集，大约同者什九，异者什一，不觉狂呼剧欢，遂参互而合并之。命曰《阳明要书》。几亭渊学邃识，潜心经世，吾党畏友，所谓登先生之堂而入先生之室者，余自幸或不至门外汉。未几，余有省方粤东之命，遄辔豫章，吊览于樟树沅子间，想见先生集义誓师，一战歼逆，至于功成陧陧杌，龃龉忠、泰辈，几身不能保，为之慷慨流涕。再循历于章贡、岭西，访先生歌吟习礼之堂，征剿防守之略，目识心维，庶几与先生身亲遇之。夫诵其诗、读其书，不如论其世也，古人岂欺我哉？先生之集，南昌、赣州皆有刻，繁乱寡要，余因出所携，命梓之以公同志。因是以慨世之生圣贤也不易，而其知圣贤也实难。以先生勤王定乱之功，其显明较著者，当时诬蔑索衅，若门人冀元亨辈，至备受考掠，捐命狱底，何况良知实开千古极则之宗，寻测声响之儒，其惊惑也尤甚。夫犬有嗥雪者，以其非恒所见也，夫非恒所见而攻之，其于先生之学也不亦宜乎。崇祯乙亥上元日，后学吴江叶绍颙书于广城公署。

阳明先生要书后序 叶方蔼

古来道学之宗、功名之士、文苑之家各居其胜，欲从道学显功名，从功名著文苑，触处拈提，辄标上乘，非心光独湛、悟门特辟者，能几其万一乎？遡往哲于有明，若阳明王文成公，洵哉其兼擅矣。公以甲第起家，其歼逆定变，不动声色，而智略通神，功高蹈险，终酬上爵，且以良知启后学之阶梯，发儒先之秘奥，内圣外王之学，三百年来谁同屈指？吾世父度绳先生，才擅雕龙，艺林山斗，尝下帷武塘，一时英彦俱入金兰谱中，而几亭陈先生尤称切磋，同阐阳明之教，佩服沉酣，析理毫末。自释褐后，揽辔皇华，巡方东粤，秘之枕中。维时刘香蠢动，播乱兴戈，世父皂纛甫临，肤功遂奏，宁不于兹得力哉？爰梓其集，流传遐域，使九疑五岭之外，性学揭于中天，而熏习于寮寀士大夫者，靡不知有阳明矣。因追忆先文莊亦尝建牙两广，重镇岩关，懋昭丕绩，与世父先后符揆，流辉史册，此天也，非人也。世父历官司驭、司宰以及廷尉，清廉恭俭，有若次孙、子尼；周密知变，有若子雍、伯山；务宽无冤，有若仲孙、本德；随职称职，追配古人，益信鼓舞感化于阳明者，即称登堂入室，岂虚语耶？知几早退，乞休林泉，三径惟二仲高踪，训习惟膝前珠玉，出其慧锋智刃，探般若根源，翻玄要窠臼，能令经纶学术、法苑禅机镕成一片，具此无量鸿裁，非小子所能窥测其涯涘也。蔼谬以驽质滥厕木天，金匮石渠之藏不能搜读，而圣朝方崇正学，于先儒诸书参求恐后，乃从兄素旃远道以要书见贻，熏沐开卷，云雾顿披，庄诵教过，不啻冰鉴当前、钳锤在侧，便觉痛痒相关，鍼鍼透合。仰阳明之真实践履，即知世父之亲切循持。小子不敏，请随后尘，聊缀数言，质之海内云。顺治辛丑壮月，后学鹿城叶方蔼拜撰。

阳明先生集抄序 李腾芳

予观先生之始学也，当有志于辞章矣，与何景明、徐昌国辈相先驰骤。

尝有志于事功矣，因石英、王勇之乱间出居庸关逐蕃人骑射，又每于宾宴布果核列障势为戏。尝有志于养生矣，在洪都入铁柱宫与道士趺坐，又游九华山参蔡蓬头及筑室阳明洞中行道引术。尝有志于节义矣，抗疏救戴诜等忤逆瑾，几杖杀之。夫是数者，在他人有其一已足以名于天下、列于后世，况兼之乎？不知此正道之障，而先生结习之累也。天启先生，居龙场万山中，忧患内煎，瘴毒外攻，从者尽死，先生亦自分必死，叹曰："吾他念已空，独生死未忘耳。"镵石椁以自誓而俟命焉。当是时，平生之所覃思竭能，以为贤于人而足以垂于世，若文章、事功、节义者，都如画水印空，无一有用。而日前先生迫切烧眉剐心，不足为喻，以是逼拶之极，不觉中夜画然开悟，洞见此心，如暗室得烛，一切藏物皆可探数，又如贫者得珠，此珠原在衣里。乃唱格致之说，唱知行合一之说，最后指出良知二字，益简益明。其言有曰："此理沉埋数百年，只为宋儒从知解上入，认识神为性体，故闻见日侈，翳道益深，辟之有人冒别姓坟墓为祖墓者，何以为辨，只得开圹，将子孙滴血，真伪无可逃矣。我此良知二字，实千古圣贤相传一点滴骨血也。"又尝语人曰："此学更无有他，只是这些子。"又曰："连这些子亦无放处，今经变后，始有良知之说。"又曰："这些子看得徹，随他千言万语，是非真假，到此便明。合得的便是，合不得的便非，如佛家说心印相似，真是试金石、指南针。"观此，则先生之悟可知矣。而俗儒不识，鬨然只以为禅。夫先生所谓良知者，谓自心光明本体。此心之光明，是知；此知之湛寂，是心。心体湛寂，非知非不知，知不足以言之也，故谓之良知。若有知，则有不知矣。非善非不善，善不足以言之也，故谓之至善。若有善，则有不善矣。非静非动，静不足以言之也，故谓静亦定动亦定。若有静，则有动矣。无体无用，体即是用，用即是体。无终无始，终既不灭，始亦不生。无凡无圣，吾儒圣贤诸佛菩萨皆同此心，皆同此知，凡夫盗贼禽兽亦同此心，亦同此知。其有凡有圣，有知有不知，有善有不善，以至于起灭动静者，皆意也，非心也。

三代以下，儒者多错认意以为心，自意以上一层思量忖度所不及，则以为空虚寂灭，不复研究，一语及之，则斥以为外道。故先生曰：“辟之厅堂，三间共为一室，儒者兄佛氏则割左边一间与之，见老氏则割右边一间与之，而己则自处中间。”究竟所谓中间者，亦非真正圣人之中间也。呜呼！岂不可悲也哉。然先生在当时，未常讳言二氏。有曰：“二氏与吾儒毫厘之差。”又曰：“二氏自私自利，推其意，盖亦有所不得已耳。”以今观先生与人讲格物一条，其说甚祥，抑亦多就中下人说，盖恐人锢于旧见，说愈高则愈不解。故王汝中云：“心无善无恶，意亦无善无恶，知亦无善无恶，物亦无善无恶。”先生以为此但可接上根人，我之宗旨，毕竟是无善无恶心之体，有善有恶意之用，知善知恶是良知，为善去恶是格物。杨慈湖曰：诚正格物，孔子无此语，颜曾孟子亦无此语。孟子曰：“仁，人心也，未尝于心之外起，故作意也。”孟子曰：“而勿正心，岂于心之外又欲诚意，诚意之外又欲致知，致知之外又欲格物哉？”先生曰：“慈湖不为无见，但只在无声无臭上见也。”先生之意盖如此，所以只言心外无理，将物理归到心上。比时学者尚信不及，以至于今日，亦不过腾口说耳。夫千古圣学，只是一心，先生良知之说，只是说此一心。但先生能与人说，不能剖此心以与人。而人各有心，即先生剖其心以与之，于人何与？故人必自见其心，然后可以见先生之心与吾无二；见先生之心与吾无二，而后知先生之说质诸圣人而不惑。不然，则一部四书，如大学之心之身，中庸之性之中，论语之仁，孟子之义，何者不可拈出以为讲说之题目？而先生良知之语，亦只讲家门面招牌而已矣。就使一一依先生，说得吻合，发得精彩，又何益哉？若果能自见其心，自证自信，自说自行，则亦直无借于先生之残膏剩馥矣。予抄先生之书，既以分为内外二篇，而其实先生之学，则一以贯之。故自南赣以后，日在兵间料敌制变，彷佛古之名将。然于人，则兵为诡道，而于先生，则良知自然之用也。故郡邑簿书之吏皆可假以逮麾先驱；而脱鍪陷阵，即与僮厮隶之肩肩者焉。韩信所谓驱市人□战，惟先生有之。先生常言用兵胜负，不必卜之，临阵只在此心动与不动耳。有人自谓能制心不动者，先生笑曰：“此心当对敌时且要制动，又谁与发谋出虑？”其与宁王战于湖上，前军失利，先生正讲学时，出见谍者，退而就坐，神色自若，徐论诸军以火攻之具。申告三四，听者皆如不闻。彼其人皆有大名于时者，而皆忙失乃尔，因是盖有以见先生之不同于孟子，而神明化裁，百虑一致。直接夫孔子一贯之传。且可以验此心之妙，只一真，无内外二三，只一常，无造次颠沛。虽寂然不动，然感而遂通，虽感而遂通，然寂然不动耳。若曰：人之材智实有不同，有此心不能不动，亦可以临事当难者，则孟子所谓北宫黝、孟施舍之不如耳，岂可以语于圣贤？若又曰：虽能不动心，亦未必可以临事当难，则柳子所谓捧土揭木，坐之堂上，蒙以绂冕，翼以徒隶，岂有补于万民之劳苦者哉？包仪甫大夫捐俸锓先生书，命题其端。予实蔑然无知，弟以此本抄自予，故不得辞。

阳明先生要书序 陈龙正

余沉潜紬绎于文成之书者累年，恍乎登其堂而聆其謦款也。惜其书乱而少次，繁而反晦，剖类多而滋混，欲使人人读而取益焉，乃纂为《要书》。既成，为之言曰：孟子而后，圣贤负大经济者少矣，惟濂溪、明道有致太平之才。诸葛孔明而后，豪杰之识大本原者少矣，惟阳明先生终身在事功中，终身以修德讲学为事。奏成功者，学助之也；居成功者，学为之也。观圣贤者观其用，曾谓用如先生，而尚非豁然闻道者耶？致良知之宗，其言本于不虑，其旨本于诲由，非直以不虑为良，以不虑而有别为良，至矣。莫可訾矣。贻訾者独在无善无恶，然先生实有所见而云，盖曰善本无善也，犹元公曰太极本无极也，欲人不倚善也，岂顾令不为善哉？承无极者，以体贴天理，以主敬，故百世而弥光；承无善者，以玩光景，轻行谊，资文过，则不再传而裂尔。因其徒之失真，使后人致憾于提宗之未慎，先生之灵其恫已夫。夫先生大悟者也，存诚者也，后人疑其教而因疑其学，疑其学而终慕其猷略与文章，至于慕其猷略文章而先生微矣。天下无不悟而能诚，无不诚而能神，观先生之身也，口也，手也，耳目也，兵革钱穀也，潜鱼棲鸟也，画堂貂冠也，炎风毒雾也，无不神也，皆心所为也，则驱策指引之间，先生亦恶乎往而不彰？儒者致用，无逾先生。然先生正君心者，念念苍生者，体仁也者，致天下之太平也者，非任智也者，非定方隅之祸乱也者，则犹是精才而粗用，大才而小用，全才而偏用，畴谓讲学封侯，遂惊为儒生不世之遭矣乎。故天下艳先生之才与功，而识者更致惜其遇；天下传先生之悟，而善学者以为不如法其身也。先生口谈无善，身则无须臾不为善，夫惟孳孳为善，庶可以谈无善矣。呜呼！三代而下，圣贤而奇才，豪杰而好学，微斯人吾谁与归？假以数年，未之或知也。彼且云，尧舜以上善无尽。崇祯壬申五月丁巳，后学嘉善陈龙正序。

阳明先生要书序例 陈龙正

一曰论世。先生口薄程朱，其行已也，则大节肃如，高风洒如也。其于《大学》，几凿其序矣，然实负《大学》同体之仁。盖其过，往往不在行事而在立言，不在制心而在设教，今心则乌乎可见，而行亦已往矣。教言独炳，故守正者往往触目而见瑕，若追遡其心之所存，与实按其行事，则固命世之真儒，不可议也。以是而尊先生，斯为能尊，以尊之之心，偶抉其寸瑕，则亦出于大公已矣，视浮慕犹胜焉，而况曰排诋者乎？今有人于此，于人伦笃也，于用世则克有济也。于知人则不爽也，独宗阳明之教，遂可谓非正学乎？今有人于此，多欲以薄五伦，无实心以荷世事，无虚衷以鉴君子小人，独排阳明而崇程朱之说，遂可谓正士乎？则是听其言，不必观其行矣。故愚于阳明，无论其世以读其书，毋敢苟同，毋敢妄议。尊阳明者，我其罪人与？排阳明者，我其党人与？惟心是安，惟后世是辅，不他顾矣。

二曰统类。钱氏定《传习录》外，则有《文录》，有《外集》，有《别录》，有《续编》，名目纷纠，义例杂出。据云：纯于讲学明道者为《正录》，悔前之遗为《外集》。及观其正，皆书也，其外，皆诗与传誌也。岂书皆悟后之秘，而诗、传、志皆未透之说哉？且所悔悟者，惟为论学前后有醇驳。若诗与书，总属酬应之文，与人事相发，虽大悟之后，岂得过事而遗事？专以心性为说，随事而指之，触境而点之，不离人情物变，道在其中，此则悟后之不同耳。必以酬应为外，岂先生学无内外之意耶？又论学之书，虽在初年，列入《正录》；诗与传志，虽在晚年，亦入《外集》；是不论悟与未悟，醇与不醇，始终以体类分正外也，尤自失其初旨矣。至曰《别录》以究其施，似以抚世经纶，又居酬应词章之下，果何说焉？今悉彙互而採之，统之以类，就类则编以年，无年者阙之，庶几脉络分明，首尾融贯，读者不为多歧所眩，不为翻阅所困，而先生之全体大用，可以入目而秩如，徐思而自得焉尔。

三曰除繁。词寡而理达，语约而味长，此学人之笔也，《论语》而后，不多见矣。句节而气弥鬯，字减而意益明，左马以来，惟弇州近之。凡书疏一经翦裁，辄成古雅，此文人之笔也。余读阳明书序传记等文。大抵以明悉为主，不假锻炼。而奏疏文移等作，更为时体所拘，或一篇而前后重复，或一事而再四述陈，想在当日，不得不然。其徒之编集，则未可谓能继师志矣。愚尝谓凡书一概混传，与不传无异，何则？众厌而罕观，则世不被是书之泽，而作者之神没也。先生尝曰："圣人删述，惟欲减除，后人惟欲添上。"又尝欲删并所作，汇成一书，悉焚其余。且曰："得诸贤有笔力者，商议任之。"又因黄勉之刻王信伯遗言，谓之曰："凡刻古人文字，要在发明此学，其间有执著处，去之为佳。"先生雅志盖如此，余虽不敢删汇其篇次，遇一二烦复者，各以鄙意，与之节文，要使集无复篇，篇无复语，苟非切要，不复爱惜文辞，庶几体先生之心于既逝。若夫传习二录，亦去复，亦去缓，顾不芟其所非，正欲瑕瑜并留，见哲人入道之有渐，息足之无期尔。

四曰表微。起圣人者，子夏、子贡之寿，而独颜氏子为非助。先生解之曰："得他人一难，圣人倍发精神，故问诘者真能助圣人者也。"今观先生之门，助者少，悦者多，惟或者有静中穷搜色利名根一问，而先生严诛至再，盖此乃克己之要，实践之微，而其人阴挠坏之，欲不严诛，不可得也，岂顾拒其助哉？倘于时有穷奥探真，即言中以得言外，即意中以发意外，则先生之悦乐，必有油然其生者矣。期躬行，不期口说，期心得，不期面从，志果出于大同，见何嫌于小异。余去先生百有余岁，直见其微于数世之上，乃敢效起助于数世之下，或同或异，总以阐之，不敢强同于先生也，则知先生必不以异斥我矣。和而不同，事亦然，学亦然，同堂亦然，异世亦然。

小序

一 传习录

自徐曰仁有《传习录》，而陆澄、薛侃继之，今之上卷是也。其后陈九川辈，又各有记；钱绪山又为之补遗，总名《传习续录》，今之下卷是也。中卷则答顾东桥等七书，其末附以《训蒙条教》。愚谓上下二卷，皆其弟子自记请政与所闻答问之词，大都切于明道。故宜冠之集首。若书劄虽以论学，然论学者，非止此七书也，何义而独入《传习》乎？今以七书移入二卷书劄中，《训蒙大意》移入五卷文移中，各从其类，而于《传习录》原本所栽，有漫无关系者，有彼此并记。意同事同而词微别者，间删一二条，其论学答间纯否概存，仍为上下二卷。

二 书

自顾东桥至聶文蔚，共七书，原系南元善所次《传习录》中卷，今移入书类。然使一概以年为序，则全没南氏之遗，故取七书冠之篇端，其后则随年鳞次。至于答东桥书第七条，乃钱氏所称拔本塞源之论，尤诸书之统宗匿源处，实千年以来未开之眼，宜潜心熟玩焉。

三 诗

事必从年，言必分体，分体则年不得而拘也。孔子删《诗》,《风》与《小雅》,则因时之先后为次序,此就分体之中,为之从年者也。然《豳风》犹居变之末焉,《大雅》则《笃公刘》置于《文王》诸篇之后,《颂》则周鲁居商之前，此就分体之中，别起志义，不必从年者也。先生于书序等文，自标年月，其门人尊守之过，亦以时序编次其诗词，而不复分体。设在古先，何异《风》淆于《雅》,《雅》杂于《颂》乎哉?今为别正之，而于各体之中，自序年月。其格韵，则不汉不魏，不晋不五朝，不唐不宋，自成阳明之诗尔。若夫悟境之微，襟期之旷，经纶之巨，时于诗焉露之，当其得意，为性理吟，为风花雪月吟，为梁父吟，一往辄似焉，学也。金山二咏，十龄有奇，凌跨千秋，生而神灵，殆谓是与。

四 奏疏

谏难行，为不逊于君志；言难听，为不便于寮友：古今之同患也。先生言事于三朝，多所嘉纳，而格心之功未奏，何哉?格君有微机，不赖谏章，赖觍颜，赖造膝。弘治间，先生官仅郎署，未得日见君。嘉靖初，奉召旋阻，负重于外，皆无亲炙论道之便，献书无益，智者不为，故先生往往寓道于事，寓谏于言，未尝有显谏之迹也。使先生得面天子，长源之婉切，敬与之忠恳，必能兼之。一正君而国定，岂独边隅之镇靖而已耶?近古称名奏议者，宣公而外，有马周，有欧阳修。然不过才士文人耳。以濂洛之道，而才足以施之，文足以阐之，兼长擅绝，颉颃宣公，则于奏疏具其大端矣。

五 文移

事益于百姓，宜行矣；言益于百姓，宜宣矣；文益于百姓，宜传矣。官养民，民事官，相为一体，苟有物焉益于官最切者，岂非益于民最切者与?先生事业绚烂，冠乎近儒，欲识先生之学难，欲考先生之语言设施易；全读先生之书难，且按先生之历任文移易。通徹上下之志，文移有之；厝置常变之方，文移有之；则谓良知之学，具在文移，亦何不可之有？或云：是卷且便于独行，使筮仕者读而悦之，或从而仿其一二，则亦阳明一二分之政事也。未也，随事而师之，见阳明政事之全者，不知其几也。未也，风以动之，天下皆阳明之政事可也。未也，日习善言，日举善事，心从而日进于纯。何流之非源焉？何倒之非顺焉？从政者，皆阳明先生之学之人也，其毋日文移尔也，而末之，而少之。

六 策序

典鲁试事时，先生未四十也，语道语经济，皆非其至者，存以见其升高行远之自。诸序开阖奇正，无所不备，要归于道，非复文人之文。

七 记说题跋杂著

筮仕也，所记大抵经济之事也；居夷也，所记皆超俗忘困之高致也。其记明伦、记尊经、记学，则纯乎道矣。夫道一而已矣，是故言虽变化，靡不同条而共贯。读杂著终篇，见良知之鼓舞一世，遍乎声聩，呜呼盛哉。

八 墓表祭文

呜呼！谀墓之讥，久矣其难免矣。志道之君子，惟坚辞而不为，然致其求而复坚拒焉，抑又难矣。何以不致其求，必也先免文人之号，则先生其庶乎？先生墓文甚少，余仅存其有益生人一篇，表死者而旨在生人，以为从是非之心入道，而必从恻隐之心成德，真悟者盖如此。至于祷明神，吊寒鬼，视世俗畁奠之恒辞，迥然别观，又其智足以通重泉，仁足以泣空山者与。夙究心于死生之说，晚而识夫鬼神之情状。

阳明先生集要序 施邦曜

自古称不朽之业有三，曰：立德、立功、立言。然果如是之画为三等，如玄黄黑白之殊类乎？非也。盖人未尝生而有功，生而有言，惟此德命于天，率于性，明此者谓之精，诚此者谓之一。惟明故诚，惟精故一，是谓圣贤之学。学至于诚，则有以立天下之本；一，则有以尽天下之变。德也者，功从此讬根，言从此受响者也。惟学之入德未至，即身奏一匡之绩，只成杂霸之勋名；即文起八代之衰，终属词章之小乘。故上下古今，伊、周之后无功，《六经》之外无言。非无功与言也，德之未至，即功与言不足称也。先生从学绝道丧之日，独悟良知之妙蕴，上接“精一”之心传，就不睹不闻之中，裕经纶参赞之用，举世所谓殊猷伟烈，微言奥论，不必分役其心而已。实有其理，将见富有日新，自然应时而发。战乱定变，人所视为非常之原者，先生唾手立办，使世食其功，而绝不见抢攘之迹，斯名世之大业也。创义竖词，人所称独擅制作之林者，先生未尝遇而问焉，不外日用之雅言，而备悉夫继往开来之绪，斯羽翼之真传也。德立而功与言一以贯之，此先生之独成其不朽哉。世于先生之学，未能窥其蕴奥，故慕先生之功，若赫然可喜；诵先生之言，若淡然无奇。譬适沧茫者，不望斗杓为准，与波上下，东西南北，揣摩向往，无一或是，而先生之为先生自若。人惟学先生之学，试升其堂焉，入其室焉，而后知先生之不可及也。后知不可及者，之其则不远也。性命之中，人人具有一先生焉。人人具有一先生，而竟无一人能为先生，先生于是乎独成其不朽矣。余以蚵蛂之质，仰羡蟾蜍之宫，每读先生之书，不啻饥以当食，渴以当饮，出王与俱。然行役不常，苦其帙之繁而难携也，因纂其切要者，分为三帙。首理学，次经济，又次文章。便储之行笈，时佩服不离，亦以见先生不朽之业有所独重云。同邑后学施邦曜顿首撰。

阳明先生图谱序 王宗沐

昔者孔子之没也，游、夏门人以有若貌似孔子，欲以所事孔子事之，而曾子独以为不可，曰：“江汉以濯之，秋阳以暴之，皜皜乎不可尚已。”盖深言之也。本体之在人，流贯圆莹，昭明灵变，所谓建于天地而彻于古今者，一刻未尝息，一毫不可污，其斯以为皜皜也。孔子之所以为孔子，全是而已。如徒以其貌也，则涂之人有肖者焉。至语其心则不极于皜皜者，不可以语精，而况于形乎？心无似者也。曾子之称孔子也，不道其绥来动和之所为用，而指其光辉洁白之所以妙。盖自颜子而后惟曾子得其深，此曾子、游、夏之辩也。虽然，余尝思之矣，曾子盖亦有未尽者。三千笃信，沦浃肌髓，一旦泰山颓坏，众志孑然，如孺子之丧慈母，无所依归，其学不皆曾子。苟一有所存焉，亦足以收其将散之心，而值其未废之教。故余尝谓："项氏梁籍之强，用兵如神，业已破秦，乃从民间求收竖怀王立之，彼安所资哉？楚人思故主，从其心而立之。怀王不足以兴楚，而足以系楚，系则由以兴，游、夏之意，何以异此？"

阳明王先生，天挺间出，少志圣贤，出入二氏，晚悟正脉，的然以良知为入门，盖有见于皜皜者。故自髫年，以比白首，凡所作用，以其学取力焉。忠挠权嬖，志竖拂抑，崎岖甲兵，以及临民处变，染翰吐词，靡不精解融彻，而功业理学，盖宇宙百世师矣。当时及门之士，相与依据尊信，不啻三千之徒。今没才三十年，学亦稍稍失指趣。高弟安成东廓邹公辈，相与给图勒石，取先生平生经历之所及与功用之大，谱而载焉。嗟夫，皜皜之体，人人同具，先生悟而用之，则凡后之求先生者，于心足矣。而公犹为是非独思其师，亦以著教也，所谓系而待其兴焉者也。据其渐则觉其进，考其终则见其成，而其中之备尝辛苦艰难，仅得悟于百死一生之际者，学之道，良在于兹而独载其事耶。

余少慕先生，十四岁游会稽，而先生已没。两官先生旧游之地，凡事先生者，皆问而得概焉，然不若披图而通之为尤详也。以余之尤有待于是，则后世可知，而邹公之意远矣。公遣金生应祥来请余序，为道曾子之未尽者，以明公旨焉。嘉靖丁巳冬十有一月。长至赐进士出身，中顺大夫江西按察司副使，奉敕再提督学政，临海后学王宗沐书。

跋古本大学问 邹守益

圣学之明，其在《大学》乎。圣学之不明，其在《大学》乎。古者自小子至于成人，初无二教，故曰“蒙以养正，圣功也”；自天子至于庶人，初无二学，故曰“一是皆以修身为本”。后世歧小学、大学为二，而谓帝王经纶之业与韦布章句异。呜呼！圣人之教天下也，将望其为经纶乎？将望其为章句乎？古今学术之同异，执是可以稽矣。古者洒扫应封，造次颠沛，参前倚衡，无往非格物之功，故求诸吾身而自足；后世钻研于书策，摹拟于事为，考索于鸟兽草木，以一物不知为耻，故求诸万物而愈不足。求诸吾身而足者，执规矩以出方圆也；求诸万物而愈不足者，揣方圆以测规矩也。絜矩以平天下，天下之大道也，而其目曰：所恶于上，无以使下；所恶于下，无以事上。千变万化，只在自家好恶上理会。呜呼！修己以敬，可以安百姓；戒慎恐惧，可以位育；扩充四端，可以保四海；夫非守约施博之要乎。圣学之篇，要在一者无欲，无欲则静虚动直；定性之教，以大公顺应天地圣人之常，其于《大学》之功，同邪异邪？阳明先师恐《大学》之失其传也，既述古本以息群疑，复为问答以阐古本之蕴，读者虚心以求之，沂濂洛以达孔孟，其为同为异，必有能辨之者。

初刻大学古本后跋 王时槐

大学古本刻成，有疑者曰：“《大学》自平治逆推之至于致知，皆由末而反本也。学至于致知尽矣，而又云‘在格物’，阳明先生谓格其事之不正以归于正，则是复求之于外矣，不亦支离琐屑而失其归一之旨乎？”时槐曰：“此正见孔门大中至正之学所以异于二氏也。假令推本极于致知而不言格物，则其弊将有遗物而沦空者矣。夫物者何？即意、心、身、家、国、天下是也。格者何？即诚、正、修、齐、治、平是也。故曰：‘物有本末，格物者格此本末之物，皆正其不正，以归于正也。’诚正以修身格其物之本也。自修身达之齐、治、平，格其物之末也。故曰：‘修身为本，本乱末治者否，知本是谓知至言，致知在格物者如此。’下文祥释诚、正、修、齐、治、平，正祥言格物之事也。夫舍诚、正、修、齐、治、平，则知无可致之实矣。舍致知，则诚、正、修、齐、治、平无从出之原矣。物无内外者也，格之之功无内外者也，知周万物亦无内外者也。举要言之，犹曰古之欲平、治、齐、修、正、诚者，先致其知，而致知即在于诚、正、修、齐、治、平云耳。此体用一原，显微无间之圣学，复何疑焉。”曰：“然则阳明先生独重致知者何？”曰：‘《大学》言致知在格物，不言先格其物，则八条目之统于知也，甚明矣。夫知者吾性之真明，命物而不命于物者也。故以知格物则可，以物先知则不可；谓知不遗物则可，谓外知以格物则不可。物有本末，知者贯本末而一之者也。易称‘乾知大始’，‘乾以易知’。盖天之明命首出。庶物而能发育万物者。此孔门法天之学之本旨。宜阳明先生独重而专揭之也。彼二氏遗物而沦空，同不能达知之用；俗学昧本而逐末，又不能全知之体。惟致吾良知而实践于事物，是之谓圣学。”曰：“近世儒者，深避宋儒在物为理之说，而曰‘理在心不在物’，是果阳明先生之本旨欤？”曰：“为此说者，既未悟阳明先生之旨，且不达宋儒之说矣。夫宋儒之所谓物者。非但指山川、草木、鸟兽而言，即吾人之意念、思备皆物也。物无内外，理无内外，则谓理在物可也。阳明先生之所谓心者，亦非专指方寸之情识而言，盖《虞廷》所谓道心，《大学》所谓天之明命此心弥宇宙，贯古今，通天地万物为一者也。心无内外，理无内外，则谓理在心亦可也。要之心体而物用，可言体用，不可言内外，而谓理在此，不在彼，过矣。惟阳明先生病宋学末流之弊，稍辨正之，而后学不悟，遂执内为心，外为物，理在内不在外，于是有弃伦物，苟言动毁名检，而自以为知道者。其或不然，则以内心应外物，终未免歧而二之，而圣门体用致一之学益晦。阳明先生发明格致，虑远说详，学者能深悟此理，始可以会大学心法于言语之外矣。”疑者退，因僭附其说于卷末，求正于四方有道者。

刻大学古本跋 王时槐

《大学》一书，本出于《戴记》，汉郑玄注，唐孔颖达疏，传之千百年，未有疑其缺误者也。至宋程明道先生，取诸《戴记》中而表章之，稍疑错误，乃移“淇澳”至“没世不忘”于“絜矩之道”之下。伊川先生因之，犹以为未尽也，复以“此谓知本”为衍文，移“听讼”一条于“未之有也”之下，而结以“此谓知之至也”一语，继之以《康诰》“克明德”至“止于信”，以加于《诚意章》之上。朱子又以为未定也，乃分经文十传更置之，且疑其缺文，复补缀之，则今儒生所诵习之章句是也。格物之说，郑玄训“格”为“来”，“物”为“事”。明道先生云：“物来则知起，物各付物，不役其知，则意诚不动。”伊川先生以“格”为“穷至”，“物”为“物理”。司马温公云：“扞御外物，而知至道。”孔周翰云：“扞去外诱，而本然之善自明。”江德功以“格”为“执法度以齐物”。宋深之以“格”为“及己及人”。李孝述以“格”为“擦磨此心而出其明”。朱子独宗伊川之说，则今章句之所注者是也。阳明先生云：“古本未尝缺误也，当依其旧，格之训正，物之训事，本非隐语也，不必他释。然世之学者蔽于诵习之久，信今文而疑古文，信以物为理，而疑以物为事，无亦为先入之言，坚主于中者之遇也。夫文义固不暇论，且身、家、国、天下之本，有不在于吾心者乎？谓之曰心，有何形状，非以其虚灵之知乎？此知之良，根诸秉彝，万古不能易，即千经万典皆从此知流出，家国天下皆从此知运用。纵使先儒以大学之文先后更置不一，乃吾心之良知决不因文字之更置而有改异。凡为学者，安得舍吾心之良知以为学乎？世儒执议论之异而不自信，此心之必不容异者，则尤惑之甚者矣。”阳明先生《大学古本》有自序，有傍注，近世刻者，附以先生《大学问》，及邹文庄公后语跋二篇。庐陵钱侯欲重刻，以惠诸生，属时槐校阅，乃复摘先生集中数条，及邹文庄、罗文恭二公集中语，有足发明者，并刻入之。读者诚毋泥于先入，惟切己反求虚心，以绎其旨，当自信其秉彝之良，而契孔、曾心法于千载之上矣。

跋客座私祝 张元忭

此阳明先生出山绝笔也。先生奉命赴两广，功成而身殒，车不复返矣。濒行书此，以诫子弟，告士友，唯谆谆于德业之相劝，过失之相规，则其平时所以修于身，教于家者，为何如也。且当西征劻勷之秋，而从容挥翰，遒劲庄严，所谓造次必于是者，先生之所养，亦从可窥矣。嗟乎！后之谈良知云者，其说愈玄。而其义愈晦。至于善之当迁，过之当改，辄以为浅近而忽之。行背其言，志役于气，才临小利害，便觉仓皇。视先生此刻，试自省焉，有不惕然警赧然愧者乎。忭佩服先生之训，如临左右常张之客座间，凡见者亡不瞻对徘徊，起高山之仰永。春季金部启东甫，请重刻之，以惠同好。忭敬书数语于后，以见先生之学，急于伦理，切于身心，非徒虚知虚见云尔。

祭文　传记

祭文

湛若水

维嘉靖八年，岁在己丑，三月某日朔，越某日甲子，友人南京吏部右侍郎湛若水，谨以牲醴束帛之奠，寓告于故新建伯兵部尚书、左都御史阳明王先生之灵曰：

于乎！哀乎！戚乎！而遽至于是乎！而止于是乎！前有南来，报兄病痿，及传二诗，题敝止予，曰“小恙未足为异”。开岁以来，凶问叠至。予心警怛，疑信未已。黄中绍兴，讣来的矣。于乎！戚乎！哀乎！而止于是乎！而遽至于是乎！

嗟惟往昔，岁在丙寅。与兄邂逅，会意交神。同驱大道，期以终身。浑然一体，程称“识仁”。我则是崇，兄亦谓然。既以言去，龙场之滨。我赠《九章》，致我殷勤。聚首长安，辛壬之春。兄复吏曹，于我卜邻。自公退食，坐膳相以。存养心神，剖析疑义。我云圣学，"体认天理"。"天理"问何，曰廓然尔。兄时心领，不曰非是。言圣枝叶，老聃、释氏。予曰同枝，必一根柢。同根得枝，伊尹、夷、惠；佛于我孔，根株咸二。

奉使安南，我行兄止。兄迁太仆，我南兄北。一晤滁阳，斯理究极。兄言迦、聃，道德高博，焉与圣异，子言莫错。我谓高广，在圣范围；佛无我有，《中庸》精微；同体异根，大小公私；斁叙彝伦，一夏一夷。夜分就寝，晨兴兄嘻。夜谈子是，吾亦一疑。分呼南北，我还京圻。遭母大故，扶柩南归。迓吊金陵，我戚兄悲。及逾岭南，兄抚赣师，我病墓庐。方子来同，谓兄有言：学竟是空；求同讲异，责在今公。予曰岂敢，不尽愚衷！莫空匪实，天理流行。兄不谓然，校勘仙佛。天理二字，岂由此出？予谓学者，莫先择术，孰生孰杀，须辨食物。我居西樵，格致辨析。兄不我答，遂尔成默。

壬午暮春，予吊兄戚。云致良知，奚必故籍？如我之言，可行厮役。乙丙南雍，遗我书尺，谓我训规，实为圣则。兄抚两广，我书三役；兄则杳然，不还一墨。及得病状，我疑乃释。遥闻风旨，开讲穗石；但致良知，可造圣域；体认天理，乃谓义袭；勿忘勿助，言非学的。离合异同，抚怀今昔。切嗟长已，幽明永隔。于乎！凌高厉空之勇，彊立力胜之雄，武定文戢之才，与大化者同寂矣！使吾伥伥而无侣，欲语而默默，俯仰大道，畴与共适，安得不动？予数千里嗟恻而望，方恸哭以哀以戚哉！既返其真，万有皆息，卧而不忘，岂谢人力？兄其有知，可以默识。尚飨。

黄绾

于乎斯道，原于民彝，本诸物则，无人不全，无物不得，互古长存，无时或息。惟人有情，情有公私，故心有邪正，而道有通塞。斯道既塞，此政教所已多讹，生人所已不蒙至治之泽也。

惟我先生，负绝人之识，挺豪杰之资，哀斯道之溺，忧斯道之疵；指良知以阐人心之要，揭亲民以启大道之方；笃躬允蹈，信知行之合一；人十己千，并诚明而两至；续往圣不传之宗，救末代已迷之失；孝弟可通神明，忠诚每贯日月；试之武备，既足以戡乱；用之文字，必将以匡时。幸文明之协运，式浚哲之遭逢，何勤劳仅死于瘴岭，勋贳力徒存于社稷？慨风云之难际，悼膏泽之未施。言之伤心，竟莫之究。悠悠苍天，卒知无哉！尚赖斯道之明，如日中天，勉之惟在于人，责之敢辞后死！冀竭吾才，庶几先生千古而如在也。呜呼哀哉！尚享。

邹守益

某自己卯受学虔台，受再造之德，四十有二年矣。自辛卯卧病浙水，展拜兰亭，三十年矣。自辛丑南雍归田，骏奔于天真，又二十年矣。光阴迅速，旧学无成。上之不能修德凝道，以身发良知之教，协于帝则；次之不能述功勒伐，以阐诛乱讨贼之迹，彰于国典。而学术异同，意见犹淆；勋烈掩黯，抔土尚荒。此皆后死之责，其何以逭？兹幸当道表章祠宇，辑定地方，某与同志始得瞻依明德，以温旧学。敬采蘋藻，祗荐松楸，惟公于昭之灵，尚无鄙弃，俾克有成，无贻师门羞。谨告。

谢迁

呜呼。阳明而止于斯乎？天生异才非偶然也。固将以为桢于国，胡为啬其年而不使之究厥乎？夫名高毁来自古已然，阳明不理于多口亦甚矣，岂平素之所自立毋乃大，奇矣乎。然戡定乱逆之勋，表表在人耳目者，九重固深知之矣，又安得泯遗于鼎彝乎？吾之所以悼阳明者，为国惜才故尔，岂直区区交亲之私乎？呜呼阳明。九原茫茫，其亦知予之悲乎。

董沄

昔日歌耶水，今晨哭浙江。死生知不异，忧乐竟无常。远道惊归梓，衰迟临驿航。尚思求指示，哪意服心丧。犬马季何久，龙蛇数郤富。哲人成萎逝，斯道堕微茫。夷服初疆理，皇风始振扬。大星悲子夜，铜柱折南荒。览胜心犹在，从游兴未央。云门摩石刻，禹庙访梅梁。梦月朱华麓，松泉道上莊。东山同酽集，南镇几徜徉。惜我攀云树，多时候石泷。鉴湖看戴笠，曲水命浮觞。除夕口口伴，中秋玉尘傍。欣然威风在，震矣臣钟口。口口时瞻狱，吁嗟每望洋。仁希三阅月，馆授五经霜。未去迷疑病，空传博约方。诲人真不倦，言志哂余狂。实愧山林质，虚叨弟子行。教言深口口，口泪下残阳。

王畿

呜呼。道之在天下也，如脉理之在人身，脉调而身泰，脉病而身屯，兹关系诚匪鲜矣，胡察脉而真见者之难其人？三五之代，政穆风淳，上有轩农之主，下皆仓扁之臣，宜其颐摄参于玄化，蒸蒸乎翊斯世而咸春。太和既降，札厉相循，异端众岐，蛙噪簧鼓，使愚者懵懵其莫之知者，又沉醉没溺于怪陷之妄，斯道之不绝也岌乎。若千钧之系于一纶。于是，孔氏则诛乱贼矣，孟氏则讵杨墨矣，韩退之氏则辟佛老矣，二程、晦翁尤峻闲崇伟，而悉力以芟刈乎荆榛。彼数筝贤之于道，孰不谓其療良心于既死，续正脉于将湮，而讵知先觉不作，滛邪渐煽，大中至矿之矩，日以圯塞而渊沦。卓哉。先生英颖绝伦，解脱株局，顿悟本真，指良知以立教，揭日月丁苍旻。嗟嗟。良知准不具之？孟氏已先陈之，胡先生再发其旨而举世嚣嚣，咸訾以为异闻？盖以功利之害深入于吾人，沦肌浃髓，良知蔽昏。譬之病脉前，容色体肽、起居饮食，虽无变常度，而岐黄仓扁独远望而忧呻，彼不惟讳之不吐也，反忌良医之忧之过，至于诋詈而相嗔。嗟嗟。先牛蒿目而视，洞照厥因，吃紧反复，宁拂众议而不忍斯世之粃尘。故畿尝以为，孔氏诛乱贼，孟氏讵杨墨，韩与程朱相继辟佛老，而先生之教，则毅然以遏绝功利，砭剂乎斯民。今读其书、味其言，大旨昭昭可睹。而议者乃以先生为异端玄寂，既不觉其所见之大壤，至徒以文章事业观先生者，又何异乎井鲋而望此海之津？呜呼。先生往矣。功利之障日盛月新，安得解良知之旨者，揭之以医斯世之沉痼，庶几三五复作，直与之寿域而同臻？畿幼虽向学，长而无闻，间有论说，祇取笑于效颦。惟倾仰止以斯文，肃庀院宇，敬妥灵神，闻风而起，实赖我多士之彬彬。

欧阳德

呜呼。夫子何为而来？何遽而不作也？良知（阙文）反身自成，闻者皆获，如彼中宵，照之皎月。彼迷其蒙，指之归辙，天下后世，卓矣先觉。谓天以夫子为木铎也，非耶？然而风教未尽被，愤悱未尽发，群疑未尽亡，纷纷者未尽协于一。道大莫容，哲人早萎，天耶？其不可度也耶？呜呼哀哉。呜呼哀哉。某早岁及门，晦惑忽荒。夫子诱掖开导，前却抑扬，或巽而启，或直而匡。譬之父母，病子倡狂，治不余力，而药不留良。若夫四海一体，万物一腔，盖学贵深造，道本自得，而困穷拂欝，追琢其章。其大者，蛮荒播迁，十死一生，而奸凶谗妒，利害劻勷，莫非磨砻锻炼，笃实辉光。故其建功业，作俊又化奸顽，洽黎氓者，真诚恻怛，不显而彰。而阴惨阳舒，风散雷动，渐被沦浃，心醉而难忘。顾真疾未瘳，夺之桂姜；巨川弗济，臬厥舟航。呜呼。天乎。胡不以倥倥者代夫子身，旁烛无疆？胡智周万物，道利天下，曾不得试其百一千一万一，忍不尽伤也哉。先皇南征，献俘军门。群奸蔽之，咫尺不瞻。嘉靖更化，遵养丘园。每慨然曰：

天子圣哲，谁与同理？可为流涕，知无益耳。又曰粉身莫报，圣恩高厚，瞻望阙廷，夙夜自疚。呜呼。夫子无已之志，人或未之究也。起定南蛮，薏苡在车。病伏奄奄，虑不及家。惟曰圣学绝响，赖天之灵，不能自效。深负圣明，乃草遗表，潸潸涕上。其遗文付二三子，曾未浃日，而属纩俟矣。呜呼哀哉。呜呼哀哉。志士闻之，当为抚膺，而况亲炙厥风，窃窥其心者哉。遗训炳炳，子欲无说，哀此瘴人，其何能默？我二三子曷敢自逸？庶几夙夜，率履无越。呜呼。夫子有灵，其启其翼，其觉我后，以俟百世而不惑。

陈九川

呜呼。夫子如斯而已耶。夫子道觉万世之迷，统传千军之秘，文洗六经之诬，武定四海之沸，业广周程而势益难，德贯思孟而功则异，精神气魄，盖孔子之后一人而已。其始志斯道也，错综诸儒，出入二氏，未获所安，而反求诸己，精之于患难，而妙悟默契，始沛然若决江河，而确然建诸天地。于是解学术之积毒，救人心于将死，发良知之秘诀，出方圆于规矩。海内之士，始骇而讐，中疑以俟，卒乃靡然向风，心服而师事，虽高明辨博，或私门第未能会归于有极要，皆闻风而兴起者也。而况先生恻怛岂弟，其视斯人之陷蔽若焦溺之子弟急于救援，虽至于匍匐颠踬，亦惟致其一体之良知，而又何暇恤夫俗议也。而况及门之士谆谆循循，又乌有不用其至者哉？顾夫子之道，高广密邃，固宫墙之限亢，亦江河之饮赐，灸之虽盎兮其若春，探之则渊乎其无际也。应万变而无为，出百虑于一致，定犹豫如蓍龟，知险阻以简易；旁行而不流，中立而不倚。将略兵机，莫非仁义，行权剪凶，神功盖世，而嫉于群奸，奚啻虎尾？夫子方劳谦不居，赤舄凡凡，卒使谗邪冰消，渊衷天启，以施于今，德泽四被，非夫子之至诚，其孰能与于此？乃征西粤，格此狼子，全万民之命，而建万世之利，非大德好生，神武不杀，其孰能与于此？乃卒劳于军旅，毒于瘴疠，不得归死于二三子之手，而野死驿邸。呜呼痛哉。天何降此背戾也。岂所以章夫子中国一家、万物一体之学耶？岂以舜崩苍梧、禹终会稽之迹示之耶？

万献夫

呜呼。惟先生英姿颖质，高出一世，精诣自得，独契千古。其先辈之所谓不由师传，所谓天挺人豪者耶。是以卓然而有立。然而蚤岁博学六籍皆通，尝历仙释，而后沛然一归于正，自谓得于龙场之谪。某二十年前幸忝同官，得于先生之启发者为多。今犹跃然而在目。先生之心，洞洞然应物无滞；先生之诚，恳恳然与人惟一。异已者或忌嫉，而达识者每屈服。呜呼。先生江西之功在社稷，田宁之功在吾广，可谓鞠躬尽瘁，死而后已者，而犹不免于訾议。人心谓何，而亦岂足为先生之损益？先生以道德为富贵，以仁义为窟宅；节气文章皆其绪余，而何有乎事功之烜赫。呜呼。先生之学，刊落陈言，直造本原，其读书悟道，多由中出，不逐逐于章句之末。如以《中庸》“戒慎恐惧”为修道事，“中和”白“慎独”来，以《孟子》“尽心、知性、知天”为圣人，而“存心养性”以至之，皆轶后儒而直追乎先觉。惟“格物”“博文”之说似为贤智者之过。某尝屡有辩论，先生亦不以为非，而其意惟急于今之学者救病之药。先生之志，终始在道，讲学一念，至死不懈。呜呼。先生之苦心，谁则知之而谁信之？使天假之以年，其当底于纯粹安成之地，而士论终翕然而弗惑。虽然，自古贤人君子皆不免于当时而论定于身后，先生之灵吾亦知其泰然于冥漠。呜呼。先生已矣，吾道落落，临风挥泪，寄此衷恪。

钟芳

嗟乎。道之不易明也，濯旧致新则本源莹焉，由中制外则节文详焉，故学有定本，教有成法，自孔氏以来莫之能易也。先生资禀超绝，名重一时，才猷事业，敻出流匹。又悯俗学支离，驰骛乎外，欲使学者，求言自近，实践精思，力排多闻，专务守约。遂于程朱之说，每多龃龉，群言沸兴，挺然弗顾，可谓果于自信，瞠视千古者矣。昔子贡方人而夫子警之，欲其反求诸已也。先生之教，警策学者反已之功为多，要自宋儒理学大明之后，此等议论在天下决不可无，校之辞章绮靡之习，奚啻径庭。空谷足音，良足自慰。说者徒以其贰于程朱少之，而不知“存诚涵养”正惟孔氏家法，要其指归固不出程朱范围内也。某岭海末学，忝在交游，宦辙所经，每亲绪论，退而取其大旨，略其异同，循其所可循，而不辨其所不必辨，盖其过激处于圣教未尝损，而鞭辟近里处于学者则有益也。呜呼。先生已矣，是是非非，久将自定。九原有觉，鉴此哀悃。

季本

先生之学，将以继往开来；先生之志，将以尊主善俗。乾乾自强，益大所畜。有本之学，无施不足。勋业文章，既昭众目。辅佐太平，人望所属。然而道未大遇于时，天也，夺之太速，斯文无依，苍生憗福。岂惟一时知己者之所悲哀，诚亦万世有志者之所痛哭。呜呼。道之行废，在先生固已豫识其机缄，而忧世乐天，虽君子或未尽知其衷曲。夫良知之训，惟在谨独，由此推之，可致位育。若得闻不失其本真，则论说何有于烦渎？开明人心，辨别理欲。统承孔、孟之宗，治踵唐、虞之躅。吾知先生之在九泉，如是而后可以瞑目也。某立门墙，沾教惟沃，义则师生，恩同骨肉。兹者官职所羁，趋时匍匐奔走未申，中心思服。寄哀于觞，鉴此诚朴。

罗钦顺

惟公才周万务，学本一心，气盖古今，量包湖海。绍斯文之坠绪，跻斯世于平康，岂惟众所同期，诚亦公之自任。遭逢昌运，服在大僚，属时望之方隆，胡仙游之遽尔，固有光于建立，曾未究夫经纶。伟矣。希文天章遼邈；劳哉。诸葛渭曲凄凉。愚也弟兄，夙钦风义，交游以世，气味攸同。宦邸论文，不在盈尊之酒；归途讲学，犹存隔岁之书。约信顿乖，尽伤何已。素帏伊迩，薄奠斯陈。有炯精灵，鉴此诚意。呜呼哀哉。

周汝登

万历已亥九月丁未朔十一日丁巳，后学周汝登等敢昭告于阳明夫子之灵：越有夫子，即鲁有仲尼，徐、王、钱先生及门于前，如回如伋，请事足发，以启后人。登等居幸同里，世未百年，私淑有资，愿学良切，敬联同志，凡数十人，月会夫子之堂，用体夫子之教。呜呼。夫子之教，首揭良知。良知非口耳，敢蹈支离；良知无始终，永无作辍。共期心领，务以身明，夫子在上，其默相之。尚飨。

陈效古

维嘉靖叁拾肆年岁在乙卯，叁月丙申朔，越贰拾日乙卯，巡按贵州监察御史陈效古，谨以牲帛庶馐之仪，致奠于明兵部尚书阳明王夫子老先生之祠曰：

天地有正气，斯文有统宗，惟秉此气以维持三纲，续此统以开发群蒙，斯固不囿于类，而慨然以斯世斯道为己任者也。于唯夫子挺生越服，海毓山钟，筮仕清朝，言听谏行。嗟余生晚，未卉躬逢，剽闻先达，殊切式矜，故夫标炳显著，孰非经术之要？苟数其事，亦浅乎其论公。宸濠酿乱，南国汹汹，夫子一来，论议从容，元恶褫魄，振落发蒙。呜呼。是气也，在地为河洛，在天为日星，在夫子为不朽之忠。造化夫子，同体而异形，驱邪翊正，孰非明道之实？惟即其大，乃所以知公，未学争尚，各筑墙宫，夫子惧焉。极力排攻，良知之致，启聩提声。呜呼。是道也，惟尧舜为能发，惟孔孟为能明，惟夫子为能独得其宗。夫子圣贤，时异而心同。噫。正气苟存矣，其没也宁，道统苟续矣，虽死犹生。顾彼无益于世教，无补于败成者，又恶得为重轻？效古叨承上命，观风贵境。升夫子堂，凛乎如瞻夫子之德容；入夫子室，依然如袭夫子之德馨。精神意气，实相感通，式陈薄奠，聊慰生平，伏惟英灵鉴之。尚飨。

魏良弼

呜呼先生，英肤天挺，高视千古，精一正传，心领神悟，亲民之谊，格致之训，扩先儒之未发，指后人之迷路，真所谓俟后圣而不惑，考前王而不谬者也。然而，世之人徒见先生文与道俱，音协风雅，驾出汉唐，争趋而慕，不知先生矢口皆格言，而自为律为度，非若有所袭于外而假以为助者也。人徒见先生三征不庭，仓卒注措，声色不大，功业焰富，非学者所能企及而究其故，不知先生日与二三子相讲习者，莫非此理之著，其所谓不战而屈人之兵，不杀以神其武者，寔先生经世宰物之素有，非若所谓权谋术数。呜呼先生，道高毁积，功成谗妬，在孔孟计所不免，而于先生复何怨何恶。呜呼先生，某兄弟良政、良器，少不知师，学不知务，幸赖先牛发蒙聋瞽切切焉，明善为诚身之功夫，格物乃致知之实下手处，呜呼先生，父母全而生之，欲报罔极，苟得全而归之，先生与生我者，又复何如何如？呜呼。先生往矣，二弟俱逝，某也孱弱，焉所依附。呜呼先生，道有废兴，命也奈何，山颓木坏，哲人者磨，斯道不彰，负罪寔多，临风披奠，血泪滂沱，呜呼痛哉。

王宗沐

惟道学之敷阐，实立人之大纪。方极隆如三代，并紬绎于斯旨。自微言之既绝，乃杂兴于群氏。老者虚而佛者空，权家数而俗学支。纷苗莠之同畝，咸角立而倡辞。当斯时而扣扃，靡一钥而奚持。譬穉童之适市，襍百戏而具宜。方眩观以漫顾，何妍媸之与知。惟时天佑斯文，人依先觉，指迷途以启径，救肓瞽而剔瘼。非挺尘之信灵，孰遐睹而如廓。伊宋鼎之既易，明绍统以继天，惟文明之遘会，学几绝而复传。然植以大而或蠹，檽以久而间牙。谅至精之尚在，哀门径之或迂。功利为途以襍沓，章句闘靡而兢先。惟持循之靡要，迄探讨以穷年。卒心身之奚补，亦沉痼而未痊。先生学究鲁余，秀钟越服。少徵特起，长益拔俗。自遭擯于龙场，益艰贞而精熟。揭良知以为柄，秉慎独以为轴。原切当于当人，胡有闻而弗兴。如痛痒之独觉，岂外益以强绳。顾习俗之方旧，忽疑起而转惊。尚力任而独引，羌受嗤以靡更。忆鹅湖之立辨，分朱陆而肇争。陆岂禅兮朱岂俗，顾方相攻而加之名。夫言求有当于吾心，又何必问所从来而为晦明。且功有渐而源本径，惟在辨其志而察之。精虽疑似，偶同于外，道同不得，故避其说以讳其情。矧儒昙之断断乎，其不相涉，云胡啜其醨而猎其英?盖先生之神悟，曾不掛乎一缕。既兰径以直捷，亦空洞而无滓。故或介胄而树勋，辄勤券而震主。以缀藻而敷文，抑滔滔而千里。出余绪于素缣，锥处囊而雷在耳。世番持此而见推，譬之指波以为水施，未竟于枢轴。痛梁木之遽萎，念兹土之遐燠。郁人文于未昌，顷文旌之既届，南吾道而破荒。惟后生之忝窃，亦藉赖以播扬。监肖像之如见，俨俎豆于窄堂。闵予生之不偶，曾不得望先生于门墙，幸闻风而私淑，亦未能继踵而躅芳。抱此衷之耿耿，跽陈词而荐觞。惟明神之未厌，尚分照于末光。

林希元

维公英资盖世，雄智出群，涉猎三教，迄自成家，文武通才，功成乃武。若公者，可谓一世非常之士矣。公之功业，同当世不敢望而及焉者。然西藩既挫之锋，思田已穷之弩，皆不足尽公之妙用，必遇汉七国，宋元昊，公之功始可见耳。孳孳谋国，老目飞鸢，万里捐躯，天寒归鹤，公之劳诚可录而忠诚可哀也。曰予小子，承事此方，军国民谋，叨从末议，念幽明之永隔，悲再晤之无期。瓣香杯酒，聊荐心知。公神如在，尚其鉴之。

传记

新建伯文成王先生世家 耿定向

先生有言曰:“豪杰而不圣贤者有之，未有圣贤而不豪杰者。”盖尝上下古今，三代以还，不具论孔孟后负豪杰才者，类溺于质矣。优入举域者诚尠。迺潜心学圣，以名理著称者，原本才质足拟古豪杰士，同不数数然也。惟我昭代文成王先生，亶乎豪杰之才，而圣贤学者，孟子以后鲜与匹矣。顾其受才英迈，骀宕不羁，少乏狥齐之誉，而人伦所遭又多不幸，且逢世艰危，任肩重钜，其应用施措，有难以绳矩律者。以此世之姱修荘士，或泥其迹，不欲深究其学，而一二及门承传者，识及质淆，见超至靡，只窃其绪言而张皇之，行多不掩，因缘饰以异说，致使先生学竟湮郁不彰。忧世卫道者，至谓先生借寇兵，赍盗粮，岂不悲哉？愚本据先生生平所历，著世家，中特述其经尝险阻，为明怆惩悟人之因，而尤详其晚年省悔克治之切，以著其修證之实。世豪杰士，勿徒眤耳，而直反之躬，不自咎往，而亟图更其新。先生我师哉？维时见知闻知者，多在豫章举所知，述邹罗二先生传外，述泰州心斋传者，陆子静有言:“可使不识一字凡夫，立地作圣。”玩心斋先生良知旨，信立地作圣诀也。

先生姓王氏，讳守仁，字伯安，其先晋右军义之裔也。右军传二十三世，迪功郎寿，始自山阴徙余姚。传五世，曰纲字性常者，具文武才，国初为刘伯温荐，仕至广东参议，遇苗乱死之。参议生彦达，达伤父死难，不仕，号秘湖渔隐。渔隐生与准，是为先生高祖，精礼、易，永乐中辟举，避步墜石崖，伤足得免，冈号遁石翁。翁生杰，以明经贡太学，号槐里子。生天叙，号竹轩，以子贵赠礼部右侍郎，后加赠如先生爵，累世载德，见诸名公所著传。赠公生华，是先生父，号海日，亦号龙山，成化辛丑赐进士及第第一人，仕至南京吏部尚书。母郑夫人娠十四月而诞先生，成化壬辰九月丁亥也。

先生生五岁始言，即能诵赠公所恒读书，赠公讶之，封曰："儿往耳而默记之也。"尚书公及第，先生方十龄，赠公携于京师，过金山，饮客命赋诗。先生赋曰："金山一点大如拳，打破淮扬水底天。醉倚妙高台上月，玉箫吹彻洞龙眠。"客惊异，复命赋蔽月山房诗。曰："山近月远觉月小，便道此山大于月。若人有眼大如天，还见山小月更阔。"卓志超识，其夙植耶。比至京就塾，尝闻塾师以科第为第一等事，先生中不然曰："科第上有圣贤事当为者。"赠公闻而奇之。丙午，年十五，游居庸，慨然有经略四方志。是时畿辅、秦、楚患盗，拟上书阙下，尚书公斥之，乃止。弘治改元戊申，年十七，外舅诸公宦豫章，往就甥馆，合卺毕，闲步铁柱宫，见道士静坐，与语，悦之，遂相对终夕。归越过广信，谒娄一斋谅。谅故游聘君康斋门者，为语"圣人为必可至"，深契焉。先生故好谑，自是常端坐省言，同业者未信。先生曰："吾昔放逸，今知遇，当改也。"壬子，年二十一，举乡试入京，为考亭格物学，觉烦苦无得，乃贬为词章。明年下第，时相李文正戏呼为来科状元，且曰："试以吾言作赋。"先生援笔立就，惊羡为"天才天才"云。念疆圉多警，乃留意兵法。寻有疾，复谈养生术。己未，年二十八，成进士，观政工部，与海内名士乔宇、汪俊、李梦阳、何景明、顾璘、徐祯卿、边贡辈学古文词。已差督造王威宁墳，事竣，谢弊不受，受其佩剑，以符所梦也。应诏上边务八事。逾年，授刑部主事，创制《囹圄巡警规》，至今遵之。嗣差视谳江北，便游九华，闻岩洞有异人，历崄访之。异人初不语，徐曰："周茂叔、程伯淳若家好秀才，可归求之。"先生会心焉。壬戌秋，请告归越，年三十二，究心二氏之学，筑洞阳明麓，日夕勤修习，静中内照，形躯如水晶宫，忘己忘物，忘天忘地，混与太虚同体。有欲言而不得者，常思遗弃世累而不能置。念于祖母岑及尚书公，久之，悟此念生自孩提，人之种性，灭绝种性，非正学也。甲子，聘主山东试，识拔多名士，程录尽出其手，士林传诵焉。明年门人始进，与甘泉湛公定交。尝谓“初志此学，几仆而兴，晚得友甘泉，而后吾志益坚，毅然不可遏”云。正德改元丙寅，奄瑾窃柄，恶南台省戴铣、薄彦徽等攻己，逮系诏狱。先生抗疏救之，瑾矫诏收先生，杖谪贵州龙场驿驿丞。既行，瑾使人尾侦之，将甘心焉。先生至钱塘，托迹投江，附估舫遁，倏遇飓风，飘争闽境。夜奔山径，叩寺求宿，不纳，则之别刹。刹故虎穴，穴僧恒趣旅客于中，而利其遗物于虎口。及先生至，虎绕刹咆哮，不及入。旦，僧知先生无恙，异之，乃要至寺，则前铁柱宫所晤道士在焉。因与商远遁意。道士曰：“公有亲在，且名满朝野，倘不逞之徒假姓名倡乱，家族危矣。”为筮之，遇《明夷》，遂決策归，由武夷出广信，省尚书公于留都。丁卯夏，徐曰仁、蔡宗衮、朱节受学。是秋三子子举乡试叫，别先生。为序，明师友之义，具《文录》。冬，赴龙场。龙故在万山丛棘中，蛇虺魍魉，瘴疠蛊毒之交错。夷人鴃舌，语言不通。无居舍，始教之范土架木为小芟，己就石穴而处。从行三仆，以历险冒瘴，皆病，先生躬析薪汲水，作糜以饲，百方慰解之。目同旅行者，父子主仆骈首死焉。为文瘗之，而自为石椁以待。盖先生于时，囚衡动忍，不惟得失荣辱胥已解脱，即死生一念亦为拚置。端居澄默以思，倏若神启，大解从前伎俩见趣，无一可倚，惟此灵昭不昧者，相为终始。不离伦物应感，而是是非非，天则自见。证之《六经》、四子，无不吻合，益信圣人之道，坦若大路，如此著《五经臆说》。与学者尝发格致旨。久之，夷人亦渐亲近，共伐木，为构龙冈书院、何陋轩、玩易窝居之。安宣尉来遗餽，却之。因申朝廷威信令甲，析其减驿之议。又讽之出兵，平阿买、阿扎之叛。盖不特忘在夷狄患难中，且有以行乎夷狄患难者。与贵阳学使席公书，往复质辨朱陆同异。席大省，著《明宽录》，而葺书院居先生，率诸生师事之。庚午，量移庐陵令，时当论知行合一。初于门人徐曰仁发之，谓称：“人知孝知弟，必其能孝能弟，即知痛知痒，非本诸身，亦恶乎知？盖欲人反身默议。所以生生者，惟此知，故即知而行在其中，非闻见知解之知也。世儒局于习闻，执以考索为知，以摹拟为行，从来矣。”闻之多骇疑者。过常德、辰州，见冀元亨、蒋信、刘观时，成能卓静坐，后稍有悟，复示书曰：“于此着力，方有进步，顾须刊落声华，切己用功，重惩世亟标榜者。”在庐陵仅七月，政务开导人心，不事刑威，稽旧制，选里正三老，坐申明亭，讼者至，使劝解化诲，后几无讼。冬入觐。台州黄宗贤绾来问学，自言“于学有志，未实用功”。先生曰：“人患无志，不患无功。”后契良知旨，始纳贽称门人。卒为先生托孤，以女取其胤子。是年，先生升南刑部主事，寻改吏部验封司，会试为同考试官，识邹文莊于糊名卷中，一时人服其精鉴。同寮方叔贤献夫位在先生上，闻先生论学有契，遂肃贽受学。引疾归西樵，以卒其志。先生寻转文选员外郎，升考功司郎中。门人稍益进，谓王司成云凤曰：“仁，人心也，体本弘毅，识仁，则弘毅自不容已”云。已升南京太仆少卿，便归省。舟中与徐曰仁论《大学》宗旨。曰：“格物是诚意功夫。”曰仁因省“明善是诚身功夫，穷理是尽性功夫，道学问是尊德性功夫，博文是约礼功夫，惟精是惟一功夫”，知行合一旨大洞然。曰仁盖得于反身实体也。逾年至滁。孟源问：“静坐中思虑纷杂，奈何？”曰：“思虑亦强禁绝不得，就其萌动处省克，到天理精明后，有物各付物意，自然精无杂思矣，所谓知止乃有定也。”

甲戌，升南京鸿胪卿，年三十五。薛尚谦侃、陆原静澄、郭善甫庆辈受业，先生在惩末俗卑污，来学者多就高明一路引掖。时见有流入空虚，为放言高论者，甚悔之。自是教学肯存理去欲，为省克实功。谓黄宗贤曰：“学须立诚，从心体入微处用功。不然，则平日所谓学者，适以长傲，遂非。彼自谓高明光大，而不知堕于狼戾险嫉矣。”谓陆澄曰：“义理无定在，无穷尽，未可少有得即自足。尧舜之上善无尽。今学者于道，若管窥天，少有所见，遂傲然居之不疑。与人言论，不待其终，而先怀轻忽非笑心，訑訑之声音颜色，有道者侧观之，方为之悚息汗颜，而彼且悍然不顾，略无省悔，可哀已。澄问：“论道者往往不同，何如？”

曰:“道无方体，即天也。人尝言天，实未知天。若解道即天，何莫非道？彼局于一隅之见，以为道止如此。若解向里寻求，见得自己心体，即无处不是此道。亘古亘今，无终无始，更何同异？盖心即道，道即天，知心则知道知天矣。欲见此道，须从心上体忍始得。”澄问:“象山云‘在人情事变上作功夫’,如何？”曰:“除了人情事变，即无事矣。喜怒哀乐，非人情乎？自视听言动，以至富贵贫贱，患难死生，皆事变也。事变惟在人情里，其要在致中和。”谓汪司成俊曰:“心统性情，寂感体用一原也。顾用显而易见，体微而难知。彼谓自朝至暮，未有寂然不动时，是惟见其用，未得其体也。善学者，因用识体耳。”又曰:“体用一源，有未发之中，即有发而中节之和。今人发不中节，可知其未发之中未全也。”或问“已发未发”。曰:“譬之钟声，未扣不可胃无，既扣不可谓有。未扣时，原足惊天动地；既扣时，亦止是寂天寞地。”澄问:“出入无时，莫知其乡。”曰:“心之本体原是如此，盖论本体，原无出入。若谓思虑运用是出，其主宰常昭昭，在此何出之有？既无所出，何人之有？出入只是动静，动静无端，何乡之有？”又曰:“心不可以动静分，体用动静，时也。即体而言用在体，即用而言体在用。谓静可见体，动可见用，则得精神言动，大率以收敛为主，发散是不得已，天地人物皆然。圣人到，位天地，育万物，从喜怒哀乐未发之中养来。后儒不明格物之说，见圣人无不知，无不能，乃于初学入门时，欲讲求得尽，岂有此理。”谓薛尚谦曰:“学专涵养者，日见其不足；骛识见者，日见其有余。日不足者，日有余；日有余者，日不足矣。”又曰:“不致良知而溺闻见，是不务力，出而惟籴以给朝夕者，愚矣哉。”乙亥，临川陈惟浚九川见先生于龙江，述问答四条，后再见于虔州，述先生十五条，具《传习录》中。

丙子，年四十五，升佥都御史，巡抚南、赣、汀、漳等处。南赣当四省之交。漳南象湖、长富诸巢交于闽，贼魁詹师富等据之；其西横水、左溪、桶冈诸巢交于楚，贼魁谢志珊、蓝廷凤等据之；其东南三浰、九连诸巢交于粤，贼魁池中容等据之。不时四出劫掠，为患累年，三省抚臣往相观望，急则议请夹剿。每逾时，兵始集，集则贼已窜匿，徒縻饷费，为居民苦。而时宸濠等业已潜蓄不轨，阴与贼通，为之曲护，以此积至数十万众。前抚臣畏难引疾被论去。先生丁丑春莅任，始至，置二匣行台前，曰："求通民情，原闻己过，念漳患孔棘，甫旬日即出师。"初以粤兵违节制失利，众议济师俟秋举，先生不可，躬率诸道进兵，趣上杭，出其不意，直捣象湖，乘胜破长富及水竹等四十余巢，漳南以平。其年九月，疏上本兵，复请改授提督兼巡抚，得便宜行事，意盖微也。十月，成军而出，一鼓而破横水、左溪，再鼓而灭桶冈。三浰贼尤为悍黠，拟官僭号，为恶称矣。时闻各巢破，惧而佯款，阴增机阴穽毒，以虞王师。先生故休士归农，明年正月，计擒其渠魁，遂振旅复举，击其懈，又一鼓而破三浰，再鼓而下九连，其分合先后，算无遗策矣。捷奏，升副都御史，荫子锦衣卫，世袭千户。

先生莅赣，甫逾年，凡三捷皆役，不再籍，兵无挫刃，数十年负固不逞之凶，一旦殄荡，功何伟也。且念其初至，兵乏矣，第选民兵，立兵符，明赏罚以練之，而不征调狼达。士兵食匮矣，第疏通盐法，处商税以足之，而未始加赋编民。申保甲，谕告格于其始；立社学，举乡约，以和厥中；已开县治，置巡司，移邮驿，以图厥终。经略周而垂裕到今矣。先生在事，燕居则挽强习劳，出兵则跃马先驱。即倥偬中，时时朋来问学，挥尘谈道。其任事何勤，而神情又何暇裕耶。志珊就擒，先生讯之曰："汝何策得众若此？"珊曰："平生见世魁杰夫，多方招结，不轻放过也。"先生退谓九川曰："吾侪求友，当如此矣。"其年刻《古本大学》、《朱子晚年定论》、《报太和少宰罗整菴钦顺书》，论格致甚辨。后《报顾华玉磷书》，尤辨。而拔本塞源论，发千古万物同体旨，订砭习相沿锢弊，可俟百世者。二书具《传习录》中。薛侃等刻《传习录》。修濂溪书院，以待四方来学。欧阳崇一德受学。崇一年最少，已举乡试，先生深器之。己卯，邹谦之守益来学，详具《本传》。

其年六月，奉勒勘处福建叛军，至丰城，闻宸濠反，急走小舸返吉安。飞章上变，与知府伍文定等定谋，徵兵各郡，并传檄鄰省，扶义勤王。先生于时以兵难卒集，且虞两都之无备也，乃为先声张疑，以逗遛贼兵，而又多方行间，以离其党。宸濠果迁延至七月初，发南昌，攻陷南康、九江，进围安庆。我师既集，金请急救安庆。先生策曰："南昌既已从逆，南康、九江又失守，我师深入与贼交持，如南昌绝我粮道，南康、九江之兵从中夹击，安庆必不能援，是腹背受敌，非策也。不如先举南昌，法所谓'攻所必救'是已。"乃誓师樟树，授伍文定等方略，如期俱至汎地。先生亲鼓之，三军兢奋登城，城遂拔，擒诸从逆居守者。先生入城，籍封府库，抚集居民，时贼攻安庆方急，闻南昌破，大恐。李士实等谋弃南昌，径趋南京或从蕲黄直犯北阙。濠入前间，不听，悉众还。佥渭贼众，盛欲坚壁待援。先生度贼，进不得逞，还无所归，气已消沮，出奇击惰，便遂迎战于樵舍，三战，大破之，执濠并其宫嫔、遗孽、伪相李士实等，捷奏不宜。诸奸佞江彬等导上南巡，下制亲征，遣先锋谕先生纵濠鄱湖，俟驾至，临战执之，为悦，谋叵测矣。先生亟从越道献俘行在，而彬等率兵至南昌，飞语四出。先生道遇近侍张永，谂为珰中之有良者，为语江西隐祸可虞，即以俘属献，止上亲征，而卧病杭城寺中，取进止。久之，勒兼巡抚，还江西。明年，上在留都，诸奸佞百方谗构，屡伪旨召先生，意图之。先生知，不赴。因谮先生有将心，试召之，必逆命。先生因永知其谋，时闻召，即乘小舫，取渔艇数十为卫，星夜破浪趣行在，至上新河，诸奸佞阻之，不得见。退次芜湖，已待命九华山。逾月，上使校觇之，谂先生晏坐草菴中，上始释曰："王守仁学道人也，前言者诬矣。"乃复命还江西。先生过开先寺，刻石纪事，曰："于赫皇威。神武不杀，如霆之震，靡击而折。神器有归，孰敢窥窃。天鉴于宸濠，式昭皇灵，嘉靖我邦国。"

其年复，复如赣。至则阅兵，简武如常。门人危疑其间，请释兵还省，先生处之泰然，第曰："二三子，何不讲学。"盖是时逆濠未死，诸奸佞素通濠得金钱者，多在上左右，已谂逆志，第以先生在赣，不敢动也。世第知先生擒濠之功之伟，不知先生惟时沉几曲算，内戢凶悻，外防贼党，抚定疮痍，激励将士，盖凛凛乎如持劲敌，如履春冰矣。濠伏诛，咨部院，雪冀元亨宽状。元亨楚人，濠以讲学为名，礼招之。元亨因以学规濠，濠不怿而返。先生卫之归后，构先生者波及之，故先生为雪云。其年秋，还南昌。泰州王银服冠古服，执木简书诗为贽，以宾礼见。先生降阶迎，延上座，问："何冠？"曰："有虞氏冠。""何服？"曰："老莱子服。"曰："学老莱乎？"曰："然。"曰："将止学其服，抑学其上堂诈跌掩面啼哭也。"银色动，坐渐侧，与反覆论格致旨。有省，乃反服执弟子礼。先生为易名艮，汝止。

辛巳，先生年五十，遗谦之书曰："近从百死千难中信得致良知三字，真圣门正法眼藏，无不俱足。譬之操舟得舵，平澜浅濑，无不如意，虽遇颠风逆浪，亦可免于没溺。但恐学者易之，将作光景玩弄，不切实用功，负此知耳。"伦彦式以训来学，问："学无静根，感物易动，处事多悔，奈何？"先生谓："学无间于动静。其静也常觉，而未尝无，故常应；其动也常定，而未尝有，故常寂。动静皆有事焉，是为集义。集义自无祇悔云。"嗣谓聂文尉曰："集义惟是致良知，实致良知，自勿忘，自无意必固我，自勿助，所谓必有事而勿忘勿助，以此有事非虚也。"尝谓王纯甫曰："心外无善，心外无义，吾心之处，事事物物纯乎理，而无人为之杂，谓之善，非在事物，有定所之可求也。处物为义，是吾心得其宜义，非可袭而取也。格者格此，致者致此。若曰事事物物求至善，是离而二矣。"先生五疏乞省葬，其年始得允，归越。钱洪甫德洪率其同里孙应奎等七十余人受学。时辅臣恶本兵士琼甚，而先生奏捷疏，每归功本兵，盖谓："平贼擒濠，以改提督得便宜，琼本谋也。"辅臣亦忌先生，以此滋不悦，捷奏，久不赏。嘉靖改元，始诏录先生功，封新建伯兼南京兵部尚书，参赞机务，三代赠封，如其爵。遣使迎宴，劳使至门，而海日公卒，先生宅忧，忌者又以锡晏劳费为辞，嗾言官论沮，服阙，竟不召。谗谤益起，虽封爵锡号，竟未与铁券岁米，一时勤王有功诸臣，中伤废斥几尽。先生不自安，累疏辞封，乞录诸勤王者功，竟格不行。

先生忧居在里，四方来学者踵至，署其门曰：“孔孟之训昭如日月，诸支离似是而非者，异说也。有志圣学者，归求诸孔、孟之训可矣。”逾年，四方来学者弥众。郡守南元善大吉为先生辛未所录士也，守绍时闻良知旨，尝于先生前自省临政多过，谓先生何无言。先生曰：吾已言之。吾尝言良知，良知固自知也。”自省加密。先生曰：“往镜未明，可得藏垢；今镜明矣，一尘难住，此入圣机也，勉之。”元善创稽山书院，以待来学。是年序礼记纂言，谓“礼原于天命之性，老庄外礼言性，故谓礼为道德之衰、仁义之失。世儒外性求礼，纷纭于器数仪文之末，而忘秩序之原云”。进贤舒国裳、国芬来学，先生与论律吕，谓：“求元声不在葭灰黍粒中，在此心能致中和。”先生于礼乐，盖深达本原如此。国裳疑敬畏累洒落。曰：“洒落生于天理常存，天理常存由戒惧之无间，敬畏固所以为洒落也。”答周道通问学，章凡七，皆发明良知旨。答陆原静问学，章凡十六，读者喜。澄善问，因见先生答问之教云。先生谓：“原静止在知解上转，不得已与之分疏耳。若信得良知，在良知上用功，千经万典，无不吻合，异端曲学，一勘尽破矣。”徐昌国谈长生术，尝谓：“居有不可超无，滞器非以融道。”先生曰：“去有超无，无将奚超？外器融道，道器为偶矣。子固未超未融乎。夫消息盈虚皆命也，纤巨内外皆性也，隐显寂感皆心也，存心尽性，顺命而已。”问：“冲举有诸？”曰：“尽鸢性者，可冲于天；尽鱼性者，可泳于渊；尽人之性者，可知化育也。”昌国怃然。曰：“命愚矣。”萧惠问死生。先生曰：“知昼夜，即知死生。”问昼夜。曰：“知昼则知夜。”曰：“昼有不知乎？”曰：“畴知昼哉？懵懵而生，蠢蠢而食，不著不察，终生梦昼也。惟息有养，瞬有存，惺惺不昧，通昼夜之道，而知更何生死。”谓陆澄曰：“仙家说虚，圣人岂能于虚上加得一毫实；佛家说无，圣人岂能于无上加得一毫有。

但二氏不免义有虚无见在也。惟此良知之虚，便是天之太虚；良知之无，便是太虚之无形。圣人惟顺此良知发用，天地万物皆我良知发用流行中，更无物作障碍也。”语张元冲曰：“圣人尽性至命，何物不具？即吾尽性至命，能完养此身谓之仙，能不染世累谓之佛，二氏之用皆我之用，世儒不见圣学之全，故成二见分别耳。”先生于二氏，盖已洞悉其机要而范围之，顾其学自有宗也。尝曰：“世儒支离外索，求明物理，而不知吾心即物理。佛老空虚遗伦物，求明心而不知物理即吾心。析心与理，二之蔽也久矣。宋至周、程，始追寻孔、颜之宗。宗，其无极太极，大公顺应之论，庶几精一之旨。象山之纯粹，和平虽若未逮，而直截简易，真有以接孟子之传，要其学之必求诸心，则一也。”尝别湛文简曰：“某溺于邪僻者二十年，后赖天启，沿周、程之说求之，始稍有觉。”谓储文懿曰：“世有周、程，吾得就弟子列，诚大幸。此不可得，诚得高弟而私淑焉，亦幸也。”其尊信如此。世窥二氏一斑者，辄掊击周、程，即孔、孟亦辩髦之，何其不怍哉？南元善疑博约先后训，先生著说解之，具《文录》中。

甲申，海宁董萝石云，年六十八，以诗闻江湖。间来见先生，与语有省，强纳贽受学。先生以师友之间礼遇之，为著《从吾道人记》，具《文录》中。士人有疑为学妨举业者。先生曰：“实志圣贤学者，犹治家，力产作业，致富厚宾，至出所有享之，乃自享尤无尽也。今世业举者，如治家不务居积，而惟日假贷以延宾，宾退而终为窭人矣。是求在外者也。”是岁从先生游者，遇比多中式，而钱梗、魏良政发解江、浙两省焉。士绅官司理者，憾为职业所萦，无暇为学，先生曰：“凡学官先事，离事为学，非吾格致旨也。即以听讼言，如因其应对无状而作恶，因其言语圆融而生喜，因其请托而加憎，因其籍援而曲徇，或以冗剧而怠，或以浸谮而淆，皆私蔽也。惟良知自知之细，日省克不少偏枉，方是致知格物也。”一日王汝止出游归，先生问何见。对曰：“见市人皆圣人。”先生曰：“市人但见子是圣人也。”他日董萝石出游归，先生问如前。董对如汝止。先生曰："此常事,何异也。"汝止时圭角未融，萝石初机乍解，见同答异，一裁之，一实之也。钱洪甫尝谓：人品易知高者，如泰山在前，孰不知仰？"先生曰："泰山不如平地也。"黄冈郭善甫挈其徒吴良吉走越受学，途中相与辨论未合，既至，郭属吴质之先生。先生方寓楼饘，不答所问，第目摄良吉者再，指所饘盂，语曰："此盂中下乃能盛此饘，此案下乃能载此盂，此楼下乃能载此案，地下乃能载此楼，惟下乃大也。"良吉退就舍。善甫问："先生何语？"良吉涕泗横下，呜咽不能对。已，良占归而安贫乐道，至老不负师门云。谓黄宗贤曰："凡人躁浮忿欲，皆缘良知蔽塞，而后有大勇不能制而克也。《中庸》曰：'知耻近乎勇。'耻已良知蔽塞耳。今人以语言不能屈服人为耻，以意气不能凌轧人为耻，以愤怒嗜欲不得直意任情为耻。耻非可耻，而不知耻所当耻，舛矣。"宗贤时贰秩宗，常与朝议，有戆直风，故进之如此。一日寓寺中，有郡守见过，张燕行酒，住侍诸友弗肃酒，酒罢，先生喟曰："诸友不用功，麻木可惧也。"友不达，请过。先生曰："可问王汝止。"友就汝止问。汝止曰："适太守行酒时，诸君良知安在？"众皆惕然。尝游阳明洞，随行者途中偶歌，先生回顾，歌者觉而止。至洞坐定，徐曰："吾辈举止少有骇人处，便非曲成万物之心矣。"一友侍，眉间有忧思，先生顾谓他友曰："良知同彻天彻地，近彻一身。一身不爽，不须许大事。第头上一发下乘，浑身即为不快，此中那容得一物耶？"友因自省。一日，市人閧而诟，甲曰："尔无天理。"乙曰："尔无天理。"甲曰："尔欺心。"先生闻之，呼弟了曰："听之，夫夫谆谆，讲学也。"弟子曰："诟也焉云学？"曰："汝不闻乎，曰天理，曰欺心，非讲学而何？"曰："既为学，又焉诟？"曰："夫夫也，唯知责诸人，不知反诸己。故也致良知者，惟反之自心，不欺此理耳。"先生察迩言，谨细节一语，点缀人鍜炼人，类如此。

丙戌，大吉南元善被黜，书来问学，惟以得闻学为幸，无一语及升沉得丧间。先生壮之，还书相勖，毕志此学，具《文录》中。欧阳崇一守六安，奏记问学，凡四条，答之，一言“良知非断思虑，良知发用之思，自是明白简易，无憧憧纷扰之患”。三言“致知非绝事，应实致良知，则行止生死，惟求自慊而不为困”。四言“致知非谓逆忆，致良知则知险知阻，自然明觉而人不能罔”。先生居里，谤议日炽，一日谓门弟子曰：“吾道非世俗所知。”时在侍者或谓先生功盛位崇，娼嫉者谤；或谓学驳宋儒，混同者谤；或谓有教无类，末保其往，或以身谤。先生曰：“莫有之，顾吾自知尤切也。盖吾往名根，未能尽脱，尚有乡愿掩护，意在念一任吾良知，真是真非，罔所覆藏，进于狂矣。”唐虞佐龙劝先生撤讲择交，先生报书，喻为金淘沙，不能舍沙求金云。聂文蔚豹奏记谓：“斯学直信于一人，虽不尽信于天下，道固自在，盖明己之能笃信也。”先生报书谓：“孔氏欲以其学通之人人者，实其一体之心不容自已，非祈人之信己知己也。”文蔚初见先生，未纳拜，后按闽闻讣，始为位哭称门生云。

先是岑猛叛两广，集兵讨猛，死。田州其党卢苏、王受相结复叛，提督姚镆发四省兵讨之，二年不克，岭南大困。言官石金、大臣席书等荐先生代镆。夏，命兼都察院左都御史，征思、田。濒行，王汝止以所契格物旨陈说志远矣。先生曰：“俟子他日自明之，引而不发，有以也。”先生又尝语薛尚谦曰：“有善无恶者理之静，有善有恶者气之殊。不作好作恶，惟循乎理，不动于气，此圣人之所以能裁成辅相也。佛氏则倚于无善无恶之见，一切不理，不可以治天下矣。”语黄宗贤曰：“圣人心如明镜，纤翳自无，不须磨刮。常人心如驳蚀镜，须痛加磨刮，方渐识本体。顾少有所见而任其习气昏蔽，不免流入禅释去也。”其年秋，先生发越，中道吉安，语诸士友曰：“尧、舜生知安行，犹兢兢业业用困勉功夫。吾侪以困勉资，而欲坐享性安成功，大误也。”又曰：“良知之妙，真是周流太虚，变动不居，顾借以文过饰非，为害大矣。”先生若预知承学之弊，而叮咛若此，抑先生非徒以言语告戒也，盖身之矣。初第，上《安边八策》，世绝称为讦谟者。晚自省曰：“语中多抗励气，此气未除，而欲任天下事，其何能济？”筮仕刑曹，首禁狱吏取饭囚之余豢豕，世亦传为美谈。晚亦自省曰：“善归己矣，于人何？此不学之过也。”寓京，以书尽规门弟，至相牴有违言，自省曰：“不能积诚反躬，而徒腾口说，吾罪也。”在留都，人传谤书，心动，自讼曰：“终是名根消煞未尽，愧矣。”平赣贼后，语门弟曰：“吾每登堂行事，心体未能如朋友相对时，则不安。”或问宁藩事，曰：“富时只合如此，觉来尚有挥霍微动于气所在，使今日处之，更别也。”其反己之深切，而用功之密，类如此。比入粤，沿途咨询，悉猛反叛之因由，往当事者处之未当。念二酋既已授首，其遗孽亿万生灵，可格而抚者。惟是断藤峡及八寨诸贼，盘据反侧，久痡岭表，岭表为患苦耳。既至梧，乃开示恩信，苏受等遂自缚来归，降七万一千人。先生薄示惩，遣归农。逾年春，遂班师，改田州为田宁府，立土官，散土目，设流镇制，为交趾蔽。刻石云：“爰告思、田，毋忘帝德。爰勒山石，昭此赫赫。文武神圣，率土之滨。凡有血气，莫不尊亲。”田州府勒石云：“田石平，田州宁；田水萦，田山迎；府治新，千万世，巩皇明。嘉靖岁，戊子春，新建伯王守仁，勒此石。勒此石，告后人。”遣苏受时，先生谕之曰：“朝廷育尔，宜有以报。”众皆顿首，愿効死。盖欲借其力，翦除断藤峡及八寨也。乃姑令归农，以候征发，约期日。至七月，先是召讨思、田。永顺、保靖土兵，还道出八寨，密与领兵官约束，乘其不备袭之，而檄苏受等兵相犄角，或遏其前，或截其后，或张左右翼夹击，诛斩剧贼以万计，悉定其地。《亲行相度夷险疏》，诸经略甚悉。霍文敏，广人也，言于上谓：“思州之乱，往兵连四省，糜费百万，止得五十日小宁。而守仁此举，不杀一卒，不费斗粟，遂使顽叛稽颡来服，雅舜格有苗不过也。至于八寨、断藤之举，尤有八善云。”捷奏，勒使赍奖至，而先生病矣，恳疏乞归，遂班师至南安，薨，时年五十七，嘉靖戊子十一月丁卯也。夙忌先生者，从中谮于上，抑其赏请，削夺官爵，赖肃皇明圣，怜先生功，以封爵本先朝信命，不允，但停卹典，子不得嗣封。

隆庆改元，上谕言官请赠新建侯，谥文成，制曰："竭忠尽瘁，固人臣职分之常；崇德报功，实国家激劝之典。矧通侯班爵，崇亚上公，而节惠易名，荣逾华、衮。事必待乎论定，恩岂容以久虚。尔故原任新建伯、南京兵部尚书兼都察院左都御史王守仁，维狱降灵，自天佑命。爰从弱冠，屹为宇宙人豪；甫拜省郎，独奋乾坤正论。身濒危而志愈壮，道处困而造弥深。绍尧、孔之心传，微言式阐；倡周、程之道术，来学攸宗。蕴畜既宏，猷为丕著；遗艰投大，随试皆宜；戡乱解纷，无施勿效。闽、粤之箐巢尽扫，而擒纵如神；东南之黎庶举安，而文武足宪。爰及逆藩称乱，尤资仗钺渊谋。旋凯奏功，速于吴、楚之二三月；出奇决胜，迈彼淮、蔡之中宵。是嘉社稷之伟勋，申盟带砺之异数。暨复抚夷两广，旋至格苗七旬。谤起功高，赏移罚重。爰遵遗诏，兼采公评。续相国之生对，时庸旌伐；追曲江之殊卹，庶以酬劳。兹特赠为新建侯，谥文成，锡之诰命。于戏。锺鼎勒铭，嗣美东征之烈；券纶昭锡，世登南国之功。永为一代之宗臣，实耀千年之史册。冥灵不昧，宠命其承。"明年，子正亿嗣封伯，某年卒。亿子承勋嗣。越万历十二年，今上俞廷臣议，从祀孔广朝。

楚黄天台耿生曰：先生少禀殊质，受才卓荦，于学无所不窥，尝泛览于词章，驰骋于孙吴，英迈不羁，虽其志有在，亦才所纵也。筮仕立朝，则以风节著；炳文，则以文章显；展采错事，则以政治称。平赣贼，讨藩逆，戡粤乱，树鸿猷，建茂勋，昭然烈矣。先生佥不以自多，而惟以明此绝学为己任。先生之学，故以致良知为宗也。罗文恭谓其学凡三变，其教亦三变，繄岂于此旨外别为转换加增哉？盖知之量，原无止极。先生之志宏且远，故于此学，惟一日精，惟精日一，其精进亦自无已，而教亦因之也。缅怀先生习静阳明洞中时，若已有见矣。俾世浅薄者，觑斯光景，其不玩弄狂恣者几希，乃先生顾不自慊也，而精进焉。逮龙场，处困之极，豁然大悟，所谓有无、内外、动静、寂感，已能一之，不为二见矣，而犹不自已，所为求友资切者，何殷殷也。于时教人，尝提知行合一指，而学者局于习闻，难入间，教之默坐澄心，体认此理，而高明者，或乐简便而忘积累。先生虑之，故自涤留垢，时以存理去欲，省克立诚为教，盖即所体认者，而实体之非二见也。比当宸濠、张、许之难，军旅危疑中，自分呼吸俄顷，社稷安危，百万生灵，生死攸系，非直一身之休戚已者，于时第恃此知照察运用，倚著散，缓一毫不得，乃益信此知神感神应，圆机妙用，本来具足如是。以是自信，亦以此公之人人，自是为教，耑提致良知三字，盖默不假坐，而成心不待澄而定矣。尝迹先生生平，无论其辨析疑义，极深入微，发所未发，即谐俗谑谈，皆精义妙道也；无论其立言敷训，佥为世则，即发教公移，其睿智仁让，贯彻于孺孩奸宄矣；无论其宣猷策敌，机智若神，即陶铸英贤，所以裁成诱掖者，其盼睐指顾，一洪冶钳锤也。唯先生浑身彻体，亶一囊良知，朗炳焜爚，照耀千古哉。彼侈彼向上一机者，吾不知之矣。聆其谈，若空花海蜃；视其履，若燕适粤驰；厝之用，若涂饭尘羹；輓近以此学为诟病，无惑也。噫，人之所以寓形而生者，实惟此知；人之所以异于禽兽者，惟致此知。先生揭此旨示人，岂直为学青增嫩标声哉。实起死而还之生，挈人伦而俾勿沦于异类也。吾侪诚不甘枉死，而求无忝所生；不安于异类，而思所以为人，余何过惩乎。世之诟病者，而不反躬一默识乎哉。

新建伯文成王先生守仁 耿定向

今制刑部有提牢厅，置狱吏若干员，典守狱囚，月更一主政总其事。凡囚自大辟以下系狱中者，日给粮饭之。往狱吏相沿，取囚，饭余豢豕，豕肥则屠之分食。先是堂卿或未之知，故亦无禁也。先生筮仕刑曹，适轮提牢，睹诸吏豢豕，恻然恚曰：“夫囚以罪系者，犹然饭之，此朝廷好生浩荡恩也。若曹乃取以豢豕，是率兽食人食矣。如朝廷德意，何欲督遇之？”群吏跪伏请宽，且诿曰：“相沿例之，亦堂卿所知。”先生曰：“岂有是哉？汝曹援堂卿以自文耳。”即日白堂卿，堂卿是其议。先生遂令屠豕，割以分给诸囚。狱吏到今不复豢豕云。

先生晚年在告家居，同里有官刑部主政管姓者，习其事。一日侍先生，喟然咨欺曰：“先生平生经世事功，亡论掀揭之大，即筮仕刑部地屠豕一事，至今脍炙人口云。”先生闻已颦蹙曰：“此余少年不学，作此欺天罔人事也，兹闻之尚有余惭，予乃以为美谈，谀我耶。”管不达曰：“上宣朝廷之德惠，下轸囹圄之罪人，本至德事也。先生顾深悔之，以为罪过，何也？”先生复蹙然曰：“比时凭一时意见揭揭然，为此置堂卿于何地耶？只此便不仁矣。”嗣余贰刑曹时，举以语同志。友符卿孟秋氏问曰：“然则豕当终不屠耶？”余曰：“藉令先生知学后处此，必微婉默运，令发自堂卿，不使善归己，过归人矣。”先生家居时，里人有求鬻其产者，先生辞卻已。一日先生偕董从吾、王汝止诸门弟游山，偶经其处，睹其风景佳胜，衷默悔前之未收也。忽惕然内讼曰：“是何心哉？有贪心，便无恕心矣。”且悔且讼，两念交战膺中，行里许始化。徐告从行诸弟曰：“克己之难如此云。”

仆同陋，平生笃信文成良知之学者，类此粗浅事耳。窃谓：由前创悔屠豕一事推之，实自致其知，则进之立朝，必不忍为钓奇买名事矣。由后省讼鬻产一事推之，实自致其知，则退之居乡，必不忍为侵人自殖事矣。只此修持，虽不能为出世佛、住世仙，庶亦不为世蠹也，自分如而已。

附论：尝闻先生教指，有曰“无善无恶者心之体，有善有恶者意之勤，知善知恶是良知，为善去恶是格物”云。由是以观，先生初与诸弟偕游也，载歌载咏，熙然陶然，维时心体，何善何恶也。见景而意动，曰“贪”曰“恕”，善恶分矣。省而克，克而化，先生之致知格物如此。此即颜子之有不有善，未尝不知，知之未尝复行也。彼意动不知省，竟成其贪者，此下流冥顽，无论已。即贤而砥修者，或亦知讼而改，顾意未动之前，既化之后，此间光景不知能体取否？于此错过，终无归根处，止在名义上检察耳，非不远之复也。乃今有勦传先生宗旨者，曰“心无善恶，意亦无善恶，知亦无善恶，物亦无善恶”云云，是上乘法，至谓见景即动，既动即为者为见性，而以讼悔为轮回，以迁改为拙钝。此则淫诚之极，伤风败教尤甚，有世道之责者，谓何？

余里中郭孝廉庆，字善甫者，敦樸笃行人也，从先生游最久，既归，则以其闻诸先生者，接引里中后生。里有茂才吴良吉，字仲修，性资视孝廉颇高明，因发志鬻产为资，附孝廉舟，偕往越中谒先生。行将抵越，孝廉一夕大愤悱，中夜呼吴生，语曰：“吾夜来自省，胞中尚有俗念如许。如此夹杂心，安能领受先生教耶？”拊心痛自刻责不已。徐质吴生曰：“子时自省如何？”吴对曰：“此来一志，惟求教益，更何俗念？”孝廉呵曰：“汝胞中犹蝥贼窝巢，多少藏匿在，未能细自省察，便漫谓无耳。”吴生曰：“但此志一真，便杂念自消，何须防检至此？”孝廉曰：“不然，必搜涤诸杂念尽净廓清后，此忠乃有树也。”昕夕争论如是。既至越，谒先生，已各就馆。先生故深居简出，出应四方来学者，就质有常期。一日值先生出应来学期，孝廉趣吴以前论辩语往质正。先生时燕居楼上餐饘，聆吴生语已，不答，第目摄而指示之曰：“子视此盂中下便能载此饘，此楼下便能载此盂，地下又便能载此楼。人贵能下，下乃大语。”已更目摄吴生者，阿竟无他语。吴生退就舍。孝廉问曰：“允生时何言？”吴生咽哽不能应，第潸然涕数行下也。孝廉后仕为邑令，以循廉著。吴生年八十，力学不倦，屡空，终身晏如也。皆无愧师门云。

愚按：先生之鈩锤人也，不在言论辩析，而在神情衡宇间，即于吴生，可类知已。虽然，迹郭、吴二君之舟中，省愤若此，即来初已得师矣。岂若世之漫然系籍者哉？有一属官，因久听讲先生之学，曰：“此学甚好，只是簿书讼狱繁难，不得为学。”先生闻之曰：“我何尝教尔离了簿书讼狱，悬空去讲学？尔既有官司之事，便从官司的事上为学，才是真格物。如问一词讼，不可因其应对无状，起个怒心：不可因他言语圆转，生个喜心；不可恶其嘱托，加意治之；不可因其请求，屈意从之；不可因自己事务繁冗，随意苟且断之；不可因旁人谮毁罗织，任人意思处之。这许多意思皆私，只尔自己须精细省察克治，惟恐此心有一毫偏倚，枉人是非，这便是格物致知。簿书讼狱之间，无非实学；若离了事物为学，却是着空。凡人言语正到快意时，便截然能忍默得；意气正到发扬时，便翕然能收敛得；忿怒嗜欲正到沸腾时，便廓然能消化得。此非天下之大勇者不能也。然见得良知亲切时，其功夫又自不难。缘此数病，良知之所本无，只因良知昏昧蔽塞而后有。若良知一提醒时，即如白日一出，而魍魉自消矣。”“变化气质，居常无所见。惟当利害，经变故，遭屈辱，平时忿怒者，到此能不忿怒；忧惶失措者，到此能不忧惶失措，始是能有得力处，亦便是用力处。”

先生养痾阳明微时，与一布衣许璋者相朝夕，取其资益云。璋，上虞人，淳质苦行，潜心性命之学，其于世味泊如也。尝蹑屩走岭南，访白沙陈先生，其友王司舆以诗送之，曰“去岁逢黄石，今年访白沙”云。璋故精于天文、地理、兵法、奇门九遁之学。先生后擒逆濠，多得其力。成功归，赠以金帛，不受。先生每乘笴舆访之山中，菜羹多饭，信宿不厌。没后，先生题其墓曰“处士许璋之墓”，属知县杨绍芳立石焉。往谓先生学无师承。据璋曾经事白沙，而先生与之深交，谅亦私淑之者。夫先生天授之资，犹然取于人者如此，吾侪顾独学而不藉师友，望其有成也难哉。

嘉靖初，绍兴有三尚书，韩公邦问、王公鉴之及先生也。韩公与先生父海日翁同辈，先生事之甚谨。一日冬至节，皆赴公所称贺，先生自谓勋臣，貂蝉朝服，乘马而趋。俄从人报韩尚书在后，先生亟下马，执笏立道左。韩公至，不下舆，第拱手曰：“伯安行矣，予先往。”遂行。先生俟其过，乃上马。当是时，韩公偃然以前辈自居，先生歙然不以伯爵自重，古道两足徵云。

新建伯文成王公守仁传王世贞

王守仁字伯安，绍兴之余姚人。父华，举进士第一，侍日讲修国史会典，累官南京吏部尚书，有良者称。母曰郑夫人，当娠，而王母岑媪梦神人衮冕乘五色云下，抱一儿授之，惊寤，闻啼声，则已生守仁。岑媪以语上父天叙，名之曰云。五岁尚不能言。一日出，从群儿戏，有僧见而抚之曰："是非凡兒，奈何名泄之耶？"王父悟，因为更今名，即能言，而读书复即过目诵。十一岁尝从父华北上，过金山，试之时，得二绝句，皆奕奕神令，华以是奇之，然为儿戏犹故。一日之市所，与鬻雀者争，游客熟视之，出箧钱市雀而送守仁归塾。曰"少年贵当极人爵，立非常功名，且偏阅它弟子"，语其寿夭贫贱，后皆验。而守仁自是稍受经术。工属文，一日谓其师曰："读书欲何焉？"师曰："取甲第耳。"守仁曰："读书乃仅取甲第耶，如圣贤何？"父华闻而叹曰："异哉。乃欲令我愧见之。"然已负其材气。十五访客于居庸山海关，时阑，出塞与诸属国夷角射，因纵观山川形胜，慨然有勒碑燕然志。逾冠，举乡试，其经术艺文益大进，而益好为兵。凡三举而为会试第二人，遂登甲榜。使治前威宁伯王越葬。守仁少则梦威宁伯贻之宝剑，既葬，而其子出威宁伯所佩剑为谢，则宛然若觌矣，益沾沾自喜。还，而朝议方急西北边，守仁为夹得八事上之，其言皆警剀，报闻，寻授刑部云南司主事，当直狱。岁行尽，而故尚书侍郎家畜猪，饲以囚食，甚腯。守仁悉杀以享狱卒及囚，莫能诘也。出决江北，囚事竣，游九华诸山，有所遇，遂好神仙之术，明年引疾请告。前是，守仁与诸所善太原乔宇、广信汪俊、泰州储巏、河南李梦阳、何景明、山东边贡相切劘，为古文辞，名籍籍，已而厌之曰："滑我精，耗我神，我且为之役耶。"因筑室于刚明洞中，颇习导引，习之久而有若先知者，众哗且以为仙，而守仁遂游南屏、虎跑诸刹，与诸禅衲偕，往往有所发明。久之，乃北上道山东，而巡按御史陆偁聘之主试，程式文皆出其手，遂为诸省冠，而所得亦多显名士。补兵部武选司主事。

明年，中贵人齐瑾等导上为狎游，南省台臣戴铣等争之力，瑾矫旨捕置诏狱，守仁上疏谓:“君仁则臣直，铣等以言为责，如其善，自宜嘉纳，即不善，亦宜包容，以开忠谠之路。乃今赫然下令，缇骑旁午，拘挛载道，即陛下非有意怒绝之，而下民无知，妄生猜惧，自今而后，虽有上关宗社危疑不制之事，孰从而闻之？幸寝前言，俾各供职如故，适足以广大公无我之仁，明改过不吝之勇。”瑾衔其言切，下之诏狱，廷杖四十，死而复苏，谪贵州龙场驿丞。守仁至钱塘，欲缓行，而瑾使人尾之急。守仁惧不免，乃讬投江，而轻舟自海至闽，入武夷山中，归又逾年，始之驿。诸苗夷相率伐木为室以居守仁。守仁乃益讲学，所治经，往往取心得，不必与前训诂比矣。提学副使席书与守仁谈而伏，创书院，命诸生师事之。又明年，瑾伏诛，擢知庐陵县。至则选里正、三老，委之词讼，而总其凡。囹圄空虚。他若立保甲，清驿供，杜巫赛，定水次，兑绝缜守横敛，至今守之为甲令云。

入觐，迁南京刑部主事，觐事成，留为吏部验封司主事。已同考会试，始讲知行合一之学，与增城湛原明友，而朝贤有师事之者矣。遂超为文选员外郎。明年，进考功司郎中。是时杨一清为吏部，器守仁而骤用之。其年进南京太仆寺少卿，分署滁州，从游者日众。始教人静坐，以存天理、去人欲为实功。缙绅之士，非笃信其说，则怪之以为迂僻不堪用。而是时王琼为兵部尚书用事，独奇守仁才，以为不世出。会南赣汀漳等处俱有山寇凭除阻为乱，郡邑苦之，乃擢守仁都察院右佥都御史，巡抚其地。守仁至，则先行十家甲法，务使奸无所容，又以高皇帝训敕其父老子弟。贼闻而易之，弗焉虑也。而守仁左右及麾下将校至郡邑舆儓之类又多为之耳目。守仁微得老隶最黠者，致密室而协之曰:“尔自知当死不？肯为极言贼情实，吾贳汝。”隶迫，则尽吐贼情实。守仁笑而贳之。乃故为不可测，意在此则示以彼，或更在彼则示以此。每令形家者择吉日出师，则复止之。或将发，复不果。以多方误贼，而阴勒诸兵备道募选郡邑材官力士，以三之一赴军门，使与旧兵参，而身教之击射，明赏罚以励之。时初战破贼于长富村，追之至象湖山。会闽广兵至且合，贼迫，溃围而出，指挥覃桓、县承纪镛战死。诸将惧,请俟狼兵至而后大举。守仁怒责之曰:“战小挫何损?且兵岂不足耶，而需狼兵？”乃亲率所选士进屯上杭，佯谕诸道，姑以牛酒犒师，使小息，俟秋而再举。谍贼懈，即分兵为三路，约以同夕衔枚进。中军夺象湖之隘，方大战，而奇兵乘间发，遂大破之。闽广兵亦尽破其巢四十三所，斩获大酋詹师富等七千有奇，贼属牛马辎重无算。捷上，因请专崇义县治，尽得贼之要害地而耕之，报可。加岁俸一秩，赐银币。而前是守卜谓巡抚权轻，不足以控厌诸道，因上奏云:“古者赏不逾时，罚不后事。过时而赏，与无赏同;后事而罚，与不罚同。况过时而不赏，后事而不罚，其何以整齐众心，鼓舞士气?诚得以大军诛赏之法，责而行之于平时，假臣等令旗令牌，便宜行事，如是而兵不精，贼小平，臣无所逃死。”王琼读而叹曰:“不与此人权，将准与也？”覆奉改提督军务，兵马粮饷，悉听便宜区划，用兵进止，不必奏闻。文武官逗遛不用命者,听以军法从事。于是守仁益得展材用。立兵符，申约事，且为文抚诸贼，词旨悱恻恳至，而贼酋黄金巢、卢珂、郑忠高等，相率皈命矣。已遂运兵破横水贼，擒其大酋谢志珊等五十六卤,斩从贼二千一百余级,俘贼属二千三百余人。刚使使谕桶贼，方狐疑未决，乘其懈袭击，复破之。擒大酋蓝大凤等三十四卤，斩从贼千一百级，俘贼属数如横水时。浰头贼尚强，而其酋池大鬓等尤黠桀，故与降贼卢珂等譬雠。守仁使使以牛酒谕降之。乃报曰:“大鬓等欲归死，而卢珂等将乘隙而掩我家室，今者不解甲，以自保耳。”守仁乃阳移文责珂、志高等，而珂、志高等急上变，谓大鬓等实挟祚以老我王师，且列其寇乱状。守仁复阳怒，杖责卢珂等，下之狱，而谕之情。复以新历给大鬓等，且谕使来见。大鬓乃语其腹心曰:“欲得伸，必先屈。赣州伎俩，我亦欲先勘之。”遂以其虓勇九十二人里甲来见。守仁为慰谕宴犒之，馆于祥符宫，使更新衣，习礼供张，储峙甚设。大鬓等喜过望。至正元之次日，守仁张乐大宴，伏士以待，引大鬓等鱼贯入，即僇之庭，无一脱者。遂出卢坷等于狱，使之归，发兵为乡导。夜半，守仁出师与之会，遂破浰头、石门，覆其巢三十余，擒大贼五十八卤，斩从贼二千余，余奔九连山。守仁以九连深险不易攻，乃使精卒七百，衣贼衣，佯若奔溃者。贼从崖上招呼，与相应，久而贼觉之，则师已度险，贼狼狈失据，大军蹙之，皆就缚。守仁既已尽得贼地，相险要，增设和平县，治如初。捷上，进右副部御史，予世官锦衣卫百户，再进副千户。守仁念非王琼精心任之，毋与成功名者，每疏捷，辄归本琼不容口。而内阁首臣与琼交恶，因而訾及守仁矣。守仁虽旦夕军旅，而不废与诸儒生讲学。最后乃为致良知之说，直指本心自然，最简易痛切。其始颇推鹅湖，渭其能绍孟子。所重周、程，而所诋在朱氏。自致良知之说行大下，高明之士乐于顿，而恶检束者喜其便，直推以上接孔子；而拘方者不能无呢訾矣。

时宁王宸濠谋不轨，素浮慕守仁，而畏其拥强兵上游，使腹心刘养正往探之。养正故善守仁，好讲学弔诡，而守仁亦使其门人冀元亨应宸濠聘，欲窥其为人，语两不合而罢。时福建军人进贵杀官吏以叛，闻诏遣守仁往勘处，寻事已平，于是守仁取道南昌，图归省。抵丰城而宸濠反，杀都御史孙燧、按察副使许逵，劫府库署，置将相刘养正、李士实等。守仁闻变，即返，而宸濠已遣兵千人逆之。守仁入于渔舟得免。是夕抵临江，又三日抵吉安。吉安知府伍文定邀守仁举兵讨宸濠，守仁然之。乃与文定计，上疏告变，而移檄列郡，暴宸濠罪，俾各率吏士勤王。时巡按御史谢源、伍希儒自岭外复命，道吉安，守仁留之纪功。守仁兵未集而宸濠之兵速出。曰:“南京空城耳，而实无备，宸濠至则下矣。南京下，事未可知也。”乃为檄檄诸郡邑，使备饷，云准兵部咨题请都督许泰、却未以边兵四万由陆取风阳道。都督刘晖、桂勇以京边兵四万由水取淮扬道。督臣王守仁以兵二万自南赣发，杨旦以兵八万自广西发，秦金以兵六万自湖广发，皆会趣南昌，所经由阙供者，以军兴法从事。又为蜡书贻李士实、刘养正，云得密示，具为国至意，第徒臾，使早出，足一离省，大事济矣。而故系宸濠之谍，示将斩，而令黠校监者，伪若与宸濠款泄而纵之。宸濠微得书檄，傍徨未决，而与士实、养正谋，则皆劝之疾趣南京即大位，宸濠益内疑。十余日而探知中外兵不至，乃悟守仁绐之。留少兵守城，而劫其众六万人，号十万，袭九江、南康，皆下之。进围安庆，不下。守仁兵已集，又谍知宸濠离南昌，乃大喜。整众至樟树镇，使精卒四百袭破其伏兵之在新旧厂者，蹑之至暮，士蚁附而上，遂破，擒其宜春王拱樤、中涓万锐等千余人，宫人多焚死。守仁犹在后军，质明而始知之。建大将旗鼓入城，申约束，拊循其协从吏士，然已不能无所伤杀矣。守仁留二日，即发兵蹑宸濠。宸濠时为安庆所抗，气稍沮，而骤闻南昌失守，解围自救。守仁使伍文定等以四郡精卒三千分道逆击之。都指挥余恩以游兵四百往来为疑兵，而陈槐等复以兵二千分为十余军，张疑设伏，与文定等密相应，与其前锋遇于黄家渡。文定等佯北以致之，贼争利兢进而乱。邢珣以所部衡击，断其中坚，文定、恩等乘之，伏群起，贼遂大败，退保八字脑。宸濠惧，尽南康、九江之城守者以自益。守仁乃分兵袭取之。明日，复大战。我兵小衄，守仁急命取先却者头，益争奋，贼大败，擒斩二千余，溺水死者以万计。宸濠益大惧，乃联舟为方阵，尽出其金银以赏士，而诘责败者，将斩之，未决，而我兵四面至，炮火碎其副舟，遂奔溃，妃嫔皆与宸濠泣别沉水死。遂擒宸濠与其世子眷属、李士实、刘养正等数十人，斩首三千级，溺水死者二万余，浮尸衣甲器物亘十余里。寻分道搜捕其余党殆尽。捷闻，寝不下。前是，守仁上宸濠伪檄，末谓："陛下在位一十四年，屡经变难，民情驿骚，尚尔巡幸不已，以致宗室黠者谋动干戈，冀窃大宝。且今天下之覬覦，何特一宁王？天下之奸雄，岂直在宗室？兴言及此，悚骨寒心。昔汉武帝有输台之悔，而晚节奠安；唐德宗下奉天之诏，而士民感泣。皇上宜痛自克责，易辙改弦。罢绌奸谀，以回大下豪杰之心；绝迹巡游，以杜天下奸雄之望。则太平尚有可图，臣民不胜幸甚。”左右多弗悦，以守仁方起义师，不能难也。而上则自称威武大将军镇国公，总督军务，率京边骁卒数万南下。使太监张忠、交边伯许泰、都督刘晖为提督，以数千人由江而上抵南昌。守仁乃俘宸濠，取内道以献。忠、泰等使人要之于广信，守仁弗听。抵钱塘而遇太监张永，永时称提督，赞书机密军务，在忠、泰辈上，而故与杨一清善，除刘瑾，天下称之。守仁夜见永，颂其贤，永悦。守仁乃极言江两遭祸乱，民困已极，不堪六师之扰。永深然之，乃曰：“吾出为群小在君侧，欲左右调护举躬耳，非为功来也。第事不可直致耳。先生功吾自知之。”守仁乃悉以宸濠等付永，而身至京口，欲谒驾，不果。会有巡抚江西命，乃还南昌。而忠、泰等前已驻师南昌，卫守仁不待，故纵其卒傲守仁，欲以为争端。守仁厚加恩礼抚慰，卒皆悦，乃不能有所加于守仁。而归复谮之上，谓守仁且反，独张永保持之。于是守仁请赈卹其士民，且以大水自劾。语极恳切，皆报闻。

世宗初召守仁入受封，而中有沮者，请国甫大丧，不宜举宴赏，中道止之。特拜南京兵部尚书参赞机务。遂归省父华于越。寻谕封奉天翊卫推诚宣力守正文臣，特进光禄大夫柱国新建伯。父华亦得封如之，时人以为荣。华寻卒，守仁忧居，而从游者益众，相与推隆之。又以功高文臣，预五等爵，忌者蜂起。有目为伪学者，有以下南昌纵士卤掠，及得宁邸之金宝子女者，至有谓初通宸濠谋，筴其不胜而背之者，言绝丑不可闻。而所封独守仁与吉安守文定，至大官当上赏，其它皆名示迁而阴抑绌之。守仁不胜愤，乃上疏再辞爵，且极论白诸有功者。温旨慰谕，不听。会守仁之所善席书与门人方献夫、黄绾皆以议礼得幸上，力称守仁贤，而复为言之。张聪、霍韬等，皆有所推轂。然江西辅臣故衔守仁不能特荐，犹持前论。而其乡人之忌者，至诬之史。以故推兵部若三边若团营，皆弗果用。而最后田州土守岑猛骄不用命，纵兵躏其鄰郡，右都御史姚谟讨而诛之，其二子跳、别将卢苏、王受各拥众以叛。兵骤进，不利，时谋易帅，乃召守仁起家，以故官兼都察院左都御史，总督二广及江西、湖广四镇军务讨之。守仁且至，而徵兵已大集，卢苏等亦素慴守仁威名，窘甚。守仁意不欲多杀，既抵南宁，即上疏请一切抚绥，而以便宜悉散其众，而仅留楚兵数十自卫。使使招谕，卢苏、王受皆大悦，率众扫境叩南宁为叫营，而各挟其心膂数百人入见。守仁为谕谕，杖之一百，然听其人为伍伯，取完事而已。因改田州为田宁，赦岑猛之后与卢苏、王受皆弗诛。因苏、受兵以攻断藤峡。断藤峡者，即大藤峡，其中诸徭上连八寨，下通仙台、花相诸峒，逋络数十余巢，盤桓三百里，数出流劫郡邑。自韩雍大征之后，无能平者。守仁使卢、苏等为乡导，挟永顺、保靖二宣慰土兵分道深入，大破之，斩敌者三千余级，卤其男女牛马资械以万计。守仁方欲移府治，建卫所，增兵设官，次第上疏，而病矣。始报平卢、苏等，诏赐金币，遣行人奉玺书奖谕。而及是平断藤捷上，则上以手诏问内阁臣杨一清等，谓守仁自誇大，且及其生平学术。一清等不知何所对。

守仁之起，由张聪、桂萼荐。萼故不能善守仁，以聪强之，而后萼长吏部，聪入内阁，积不相下。萼暴贵，喜功名，风守仁以取安南。守仁辞不应。杨一清者，雅知守仁，而会黄绾尝上疏称守仁贤，谓当入辅，而又有他疏阴指一清，辞甚厉，一清亦不能无遗憾也。守仁既病益甚，上疏乞骸骨，因北归。度大庾而革，卒于南安舟中，年五十八。桂萼觇上意不悦守仁，因奏参其擅离职，并处置田州事宜失当。下公卿议，仅不夺其爵而已。停世袭，且尽停其他卹典。守仁有一子曰正亿，久之，上怒解，使得袭锦衣卫副千户。隆庆初，用谏官言，赠守仁、新建侯，谥文成，赐葬与祭，及赠告词，推明为元勋圣学。正亿得嗣爵。正亿卒，子承勋嗣。守仁天资颖敏绝世，少而好古文辞，爽朗多奇，晚取词达，不能工也。既以气节名世，又建不世勋。迨有志圣学，一切尽扫去之，而识者不谓尽然。又其慕好之者，亦挟以两相重。其御乌合，笼豪俊，待宵人，蹈险出危，俶傥权谲，种种变幻。孔子有云：“作《易》

者，其有忧患乎？”抑中古以后，不能不尔。守仁之语门人云：“无善无恶者心之体，有善有恶者心之用，知善知恶者良知，为善去恶者格物。”以此为一切宗旨云。

弇州外史曰：“见长者言与守仁辨，不能不心折也，即不心折，亦不能有胜。退而读其书，则平平耳。今天下之好称守仁，十七八也，间有疑之者，以其学故。若乃起义旅，擒叛王，不使九重之尊，轻与匹夫角，而大事定其功，孰能难之？”

阳明先生画像记 徐阶

阳明先生像一幅，水墨写。嘉靖己亥，予督学江西，就士人家摹得先生燕居像二，朝衣冠像一。明年庚子夏，以燕居之一赠同年淡泉郑子，此幅是也。

先生在正德间，以都御史巡抚南、赣，督兵败宸濠，平定大乱，拜南京兵部尚书，封新建伯。其后以论学为世所忌，竟夺爵。予往来吉、赣间，问其父老，云：“濠之未叛也，先生奉命按事福州，乞归省其亲，乘单舸下南昌，至丰城闻变，将走还幕府为讨贼计，而吉安太守松月伍公议适合，郡又有积谷可养士，因留吉安，征诸郡者与濠战湖中，败擒之。”其事皆有日月可按覆。而忌者谓先生始赴濠之约，后持两端遁归，为伍所强，会濠攻安庆不克，乘其沮丧，幸成功。夫人情苟有约，其败征未见，必不遁。凡攻讨之事，胜则侯，不胜则族，苟持两端，虽强之必不留。武皇帝之在御也，政由嬖幸，濠悉与结纳，至或许为内应。方其蹶起，天下皆不敢意其遽亡。先生引兵而西，留其家吉安之公署，聚薪环之，戒守者曰：“兵败即纵火，毋为贼辱。”呜呼！此其功岂可谓幸成，而其心事岂不皦然如日月哉！忌者不与其功足矣，又举其心事诬之，甚矣小人之不乐成人善也。

自古君子为小人所诬者多矣，要其终必自暴白。乃予所深慨者，今世士大夫高者谈玄理，其次为柔愿，下者直以贪黩奔竞，谋自利其身。

有一人焉，出死力为国家平定大乱，而以忌厚诬之，其势不尽驱士类入于三者之途不止。凡为治，不患无事，患无赏罚。议论者，赏罚所从出也。今天下渐以多事，庶几得人焉驰驱其间，而平时所谓议论者如此，虽在上智，不以赏罚为劝惩，彼其激励中才之具不已疏乎？此予所深慨也。

濠之乱，孙、许二公死于前，先生平定之于后，其迹不同，同有功于名教。江西会城，孙、许皆庙食而先生无祠，予督学之二年，始祀先生于射圃。未几被召，因摹像以归，将示同志者，而首以赠郑子。予尝见人言此像于先生极似，以今观之，貌殊不武，然独以武功显于此，见儒者之作用矣。郑子诚有慕乎，当于其学求之。

重修阳明先生祠记 邹元标

庚寅秋，予赴铨曹，舟过池阳，望群峰昂霄耸壑，郁郁青青，问之则九华峰。予乃蹑跻而登，僧来亨指山隈为阳明先生祠，导予游。予至祠前，荆棘莽翳，堂户倾圮，不可为礼。予赋诗寄慨，属秦令君新之。令君唯唯，会以迁去，留金俟后来者。而继秦者为蔡君，君履其地，慨然曰：“毋论先生勋贤弥宇宙，即吾里先哲流风，讵可令澌灭草莽间为！”遂捐俸大加修葺，堂额门庑仍旧，而祭有田，田有志，备矣。复遣僧来亨者问记邹子，以邹子故窃闻先生绪余。

予执笔茫然者累日。忆余幼从乡先生游，言必曰先生，心窃疑之，而实嗜文清所为《读书录》也者，故日必有录，然于先生学未尝置念也。及戍贵竹，留心格物之学，语人人殊，独于先生“致良知”、“事事物物之间，格其不正以归于正”之语有人，因叹曰：“往儒博物理于外，先生约物理于内。夫博约不同趋，内外不相谋已久，约而反求诸身者，端本之学也。”然盘桓日久，知与事相持，正与不正相敌。因读先生“戒慎恐惧”语曰：“戒慎恐惧是功夫，不睹不闻是本体。”又曰：“不睹不闻是功夫，戒慎恐惧是本体。”曰：“合得本体是功夫，做得功夫是本体。”恍然曰：“功夫即本体，本体即功夫，离本体而言功夫者，是妄凿垣墙而殖蓬蒿。”然心虽自信，而于所谓本体者，若犹有端倪可即，于心未有当也。年华浸盛，至道无闻，每一念及，潸然泪落，遂时时反观自讼，一旦有契于先生所谓“无善无恶心之体”者，遂跃如曰：“先生盖已上达天德，非腐儒所能窥测。”然元标从事先生之学盖三变矣。

盖尝论先生之倡道当时，如清风披拂。诸君之齐心服刑，如群鼠饮河，各得其性之所近而已。有谓“知必锻炼而后良”者，则“不虑而知”之说非乎？有谓“必揭良能始足该括”者，则“孩提知爱知敬”之说非乎？夫知爱知敬者，知也；能爱能敬者，即良能也。有谓“必归寂而之感”者，不知良知之体无寂感、无内外，而分内外寂感者，是二见也。有窥生机盎然，日以畅愉为得力者，不知“战战兢兢，小心翼翼”，未必非生机也。夫此于先生之学者皆具一体，然于世亦各有补。予独怪夫“万物一体”、“圆融无碍”之说倡，而学浸以伪也。夫良知，理一也，而分则殊；体圆也，而用则方。先儒之一体也，合天下以成其身；后儒之一体也，借天下以济其私。先儒之圆，神也，本之方以知；后儒之圆，神也，流于诡与随。藉口“交道接礼”之说，无论宋薛齐七十、五十、百镒皆可受矣；藉口“委曲行道”之说，辙环列国，栖栖依依，为是不脱冕而行非矣；藉口“猎较犹可”之说，和光同尘，为是先簿正祭器非矣；藉口“中庸”之说，乡愿德贼，味道模棱，皆所不计矣；藉口泛爱众之说，孔子不必瞰亡于阳货，孟子不必示默于王驩矣。神出鬼没，朝更夕易，夫岂先生之教端使之然哉？

说者曰：“良知醒而荡，非良知荡也。赝儒荡也。荡非良知也。”或曰：“圣贤立教，各因其时，当时注疏训诂，牿我性灵。学者昧反身之学，孳孳矻矻，老而无成。先生一破俗学，如洪钟之醒群寐，其群而趋之也，如百川之赴壑。今流弊若兹，司世道者，宜易其涂辙，以新学者心志。”予曰：“此非予所能测也。孔、孟不尝言仁义哉？流弊至于‘为我’、‘兼爱’，则仁义亦可废耶？圣贤言语，无非欲人识其本心耳。本心既明，即良知亦虚谭也，而何必复为更端。”

曰："然则先生之教卒不明耶！"予曰："先生所谓良知者，通天地，互古今，彻昼夜，一死生，贤愚同共，非推测影响之知也。先生以全体为知，而世儒以推测影响为知，其去先生之教益远矣。良知本庸，勿厌常而喜新；良知本淡，勿吊诡以博名；良知本实，勿慕虚而谭高。子臣弟友慥慥皓皓，即圣人复起，能易先生教哉！《大学》曰'先致其知'，宋儒曰'进学在致知'，是知非自先生倡之，圣贤已先诏之矣。先生之祠所至增修，而先生之旨不明，则谁之忧乎？子等与有责矣。"

祠始议于予师大中丞鉴塘朱公、同年操江元冲张公，二公皆当时名臣。赞成于下，则予同年兵宪玉峰侯君、都谏文台吴君、太守沧南何君。蔡君下车未几，首先兹典，可谓知所重矣。是为记。

重修阳明先生祠碑记 陶望龄

物必有职，得职而后物举。农职耕，工职器，胥职簿领，商职贸迁。耕、器、簿领、贸迁者，所以为农、工、胥、商者也。性者，人之所以为人，故人之职在乎知性。农不知耕，工不知器，胥不知簿领，商不知贸迁，是谓失职，失职则无以为农工胥商。魁然命为人，而不知性何状，此亦失人职矣。群职坠一则一事旷，人职失则人旷，古先贤哲，皆毕世以研之，群居以辨之，黾黾亟亟，若甚饥祁寒之不可解，几以修人职而忧其旷耳。吾无远引，维我阳明先生，天授超颖，平生所建立，尺节寸膏，分丐数辈，皆足凭睨而介立，荣名而润身，而先生视若秋云绚空，不足有也。自登朝莅官，至穷愁窜逐之乡，锋驰刃接之地，岩□□□之时，靡不俦侣，正衣冠，征诘讲明于此学。虽处群姗，涉至险，而不变不疑，盖明此之谓人，悖则禽，迷则鬼矣。人旷而入于鬼与禽，此至痛也，至哀也，先生忧之，故拳拳思与天下共举其人职，无使旷佚，而标指二字，以立判乎人禽鬼之关，所谓良知者是也。

夫自私用智，生民之通蔽也。自私者，存乎形累；用智者，纷乎心害；此未达于良知之妙也。混同万有，昭察天地，灵然而独运之谓知；离闻泯睹，超绝思虑，寂然而万应之谓良；明乎知而形累捐矣，明乎良而心害遣矣，良知者所以为人而远禽与鬼之路也。诚举人职，则先生之学不可一日而不明，其功亦不容一日而泯。道衰教湮，良知为铃说，末谷侮圣，耳敎心訾，反指为浮浪之谈，迂缓不切之务，词章声利，汩汩滔滔，终身于氛雾醉眠之境，而犹自居为实修庸履。嘻！其亦惑矣！

先生祠堂肇建于嘉靖十六年，时御史周公汝员实成之，有司以岁时庀俎豆，门人自汝中先生以降，尝率其乡人讲会于中。岁既久，像设榱桷，丹青弗严，阶城陵夷，垣圮庭秽。御史皖鲁岳方公以鹾使者省方会稽，祇谒祠下，爰檄山阴令余君以赎金若干两，鸠工饬新之。再阅旬，夷者圭，败者坚，黯者焕，登先生堂，为之改观易虑，若懦起什植而暗破也。方公尊人谈道江、淮之间，蔚为儒宗，人称本庵先生。公绍明庭闻，超然自得于良知之传，独契微奥，嘉与越人士修举绝学，作新之旨，寓诸庙貌。工甫竣，会巡抚都御史赣紫亭甘公视师海上，道越，乃用牲于祠，大鸠其郡缙绅文学之士，登坛讲道，为言良知在日用，非阔迂虚远之谓，闻者洒然。盖祠之兴七十余祀，而二公始以宪节之重式临之，褒崇阐绎，相责于一时，甚盛事也。山阴令过予，请镂文牲石，以纪其盛。

予维古者仕而归，则教于其里，没以配社，谓之瞽宗，是学校之始也。孔子、孟氏之道足以师天下万世，故秩祀遍于郡国，然邹鲁之乡，彬彬如也，学士大夫咸宗之。先生于越所称乡先生，其祠盖古者瞽宗之义，而越于天下，所谓邹鲁也。地近势亲，守其道为甚易，其士之贤不肖，学之明晦，足以系四方。观视其责，甚重且艰。夫不图其所艰，而屑越于所易，诞嫚无信，浮谈不重，以负其上之人，所以章教厉俗之意，此《易》所谓“匪人溺其职，而弗举”者也。意者，予亦未免欤。嘻！可惧也哉！可惧也哉！

王文成公碑 黄道周

予观于礼乐，盖积百年未备也。夫亦待人迟久，乃起其经制功德，相为近远也。我太祖定天下，既百五十年，吾漳郡邑，始有定制。而平和一县，为文成建置之始，去文成数十年，始为特祠丽学宫。又且百年，而黎献思之，参政施公、大令王公始议于东郊别崇庙貌。所议别庙者，以祖功德，且正复祠礼也。呜呼！夫岂其经始隐括不遽迨此乎！亦各待人，智不必身出，力不必自己。方文成初破贼，从上杭分道衔枚趋象湖时，我漳西鄙，实为发轫之阿；既再用师，破横水，划九连山，东至河头，从民情设兹治，则公声名已烂然照于穷壑。故公之殊猷伟绩，盛于虔、吉，收于南昌，迎刃破竹，则皆于是始也。公既治虔中，不数至岭左，然以漳西不治，则岭左右皆不得治，故其精魄所注，在岭左不下虔中。今自平和设县以来，百二十年，弦诵文物，著于郡治，在崇义、和平，邈不敢望者，岂独其山川雄骏苞郁使然？亦以为名贤巨掌高跖之所专导，灵宰实护之。呜呼！士君子谆谆讲道德理义命，无大显贵，人为之屏扆前后，则峨冠侧岸者翻卷姗笑之；及际风云、逢特达，大者跨素臣享所未有，小者顺民情别地利，为苍赤数万，食报无穷，虽大君子名贤亦皆不能自知也。文成之初涉江，从武夷出龙场，樵苏自给，蛇豕与居，召仆自誓，此时即得山城斗大，南面鸣琴，其中岂下于中都之宰？然文成廓然不以此贰念，独于文字散落之余，豁然神悟，以为声华刊落，灵晃自出。今其学被于天下，高者翩鹅湖，卑者溷鹿苑，天下争辨又四五十年，要于文成原本所以得此未之或知也。

吾漳自紫阳莅治以来，垂五百年，人为诗书，家成邹鲁，然已久浸淫佛、老之径。平和独以偏处敦朴，无皮邪相靡，其士夫笃于经论，尊师取友，坊肆贸书，不过举业传注而已，是岂《庚桑》所谓“建德之国”，抑若昌黎所云“民醇易于道古”者乎？忆余舞象时尝游邑中，时时出黉西过瞻旧祠，疑其庭径湫侧，意世有达人溯源番岷，必有起而更事者，距今五十余年，而当道伟识，果为更卜奕起。呜呼！人学与治，亦何常各致所应致、治所应治者，皆治矣。即使山川效灵，以其雄骏苞郁者畅其清淑，令誉髦来彦溯文成之业，以上正鹅湖，下鉏鹿苑，使天下之小慧闻说者无以自托。是则文成之发轫，藉为收实也，于紫阳祖祢又何间焉？

于时主县治者，为天台王公，讳立准，莅任甫数月，举百废，以保甲治诸盗有声。而四明施公莅吾漳八九年矣，漳郡之于四明，犹虔、吉之于姚江也。王公即选胜东郊，负郭临流，为堂宇甚壮。施公从姚江得文成像，遂貌之并为祠，费具备，属余纪事。余以文成祀枉两庑，可奏诸雅，其别庙者，宜自为风，因为迎送神之曲，其辞曰：

折瑶枝兮捣琼糜，思君兮中阻饥；扬灵鼍兮播灵旗，矫欲来兮何期？大江横兮大岭绝，射朝曦兮马当发。招余弓兮云中，遗予佩兮木末；虽无德兮心所知，昔曾来兮安足辞！露所生兮雨膏之，菊有芳兮兰与吹。追鄹车兮抗峄马，上天兮下土；不同时兮安得游？登君堂兮不得语，耿徘徊兮中夜。

令诸生歌之，得毋以为楚声乎！

和平县重修王文成公祠碑记 邵廷采

明儒从祀孔子者有四，而新建伯文成王公实集孔、孟以后诸儒之成。公之以兵底定南士也，曰抚赣，曰擒濠，曰征思、田，曰讨断藤。而抚赣之功则平浰头为最。其赣时新设之县有三，曰漳之平和，韶之崇义，惠之和平。而和平处四邑之中，当三省之会，其规模措置为尤大。文庙之祀公以道，而和邑之祀公以功以恩，道与功与恩同，宜百世祀矣。

自池仲容据和峒、三浰，僭王号，假官属，江、广、闽为不宁者二十余年。公一旦设方略，羁仲容于帐下，而督兵四面齐进，兽角而草薙之。乃疆乃亩，乃城乃濠，乃集流亡，乃立室家，乃兴学校，矜其劳费，舍征弛禁，使狼奔豕突之俗，一变为敦诗讲艺之乡。后之守者感公斯意，爱吾民如赤子，保护斯土如护元气。更百数十年，风俗日以益登，虽由循吏之勤、民性之易与为善，要皆公之遗教有以及之也。

叔祖恕庵先生为和平宰，初至，即构新文成祠堂而使属采曰：“此和人所欲。君三世守阳明书，知其政迹，其为我勒兹碑。”采惟祀典，法施于民，以劳定国，有其举之，俱莫敢废。公始设和平，仿古者殊并授廛、移郊兴学诸法，为万世虑，非秦、汉以下苟简小利苴补之谋。昔箕子封朝鲜，能以文明开绝徼；近世沐氏嗣守滇南，六诏荒陋，浸淫齐于中夏。和平之事，比之昔贤又何多让？而经生者流不求论公持身经世本末，猥沿桂萼诐说，訾其学术不已，至并议其事功。夫公之事功，如日月之丽天，容光皆照。和平经岁久远，野老童竖罔不讴吟思慕文成，岁时奔走祠下，喟然瞻拜，非得旭气之先者欤？夫庶民之心淳古，经生之见雕薄。庶民兴，斯邪慝息。处士横议，致有坑儒焚书之祸。吾乌知今日之所流？而以和人士之庙公碑公，正举世之为经生者，虽未获造公斯祠，窃喜为之记述先人所闻，敢自谓知公之学耶？

先生姓邵，名大成，号恕庵，余姚人。尝粤属旱，听民盐米贸迁，须全活。已饬公祠，别为堂，祀前令有功泽者。和人慕今令君，并请建贤侯书院于祠之右，意以风劝后来，广公之道于天下。吾知兹地教化蒸蒸日进，将有起而发阳明之学者于是焉。在先生特修斯祠以待其人，非徒为闾阎申春秋祷祀报赛之义已也。

高则之曰：是论祀典，不是论学术，是和平庙碑，不是他处庙碑。

黄主一曰：南宋以后，学术苦支离。文成倡明易简，然后人人知有作圣之路，盖振古重开日月手也。彼訾议之者如蚍蜉撼大树，岂足与辩乎！允兄深深原本，反覆证议，而词旨无失和平。使人竞心冰释，粹然儒者之文。

文成王阳明先生守仁传 黄宗羲

王守仁字伯安，学者称为阳明先生，余姚人也。父华，成化辛丑进士第一人，仕至南京吏部尚书。先生娠十四月而生，祖母岑夫人梦神人送儿自云中至，因命名为云。五岁，不能言，有异僧过之曰："可惜道破。"始改今名。豪迈不羁。十五岁，纵观塞外，经月始返。十八岁，过广信，谒娄一斋，慨然以圣人可学而至。

登弘治己未进士第，授刑部主事，改兵部。逆瑾矫旨逮南京科道官，先生抗疏救之，下诏狱，廷杖四十，谪贵州龙场驿丞。瑾遣人迹而加害，先生托投水脱去，得至龙场。瑾诛，知庐陵县，历吏部主事、员外郎、郎中，升南京太仆寺少卿、鸿胪寺卿。时虔、闽不靖，兵部尚书王琼特举先生以左佥都御史巡抚南、赣。未几，遂平漳南、横水、桶冈、大帽、浰头诸寇。

己卯六月，奉敕勘处福建叛军。至丰城而闻宸濠反，遂返吉安，起兵讨之。宸濠方围安庆，先生破南昌，濠返兵自救，遇之于樵舍，三战，俘濠。武宗率师亲征，群小张忠、许泰欲纵濠鄱湖，待武宗接战而后奏凯。先生不听，乘夜过玉山，集浙江三司，以濠付太监张永。张永者，为武宗亲信，群小之所惮也。命兼江西巡抚。又明年，升南京兵部尚书，封新建伯。嘉靖壬午，丁冢宰忧。丁亥，原官兼左都御史，起征思、田。思、田平，以归师袭八寨、断藤峡，破之。先生幻梦谒马伏波庙，题诗于壁。至是，道出祠下，恍如梦中。时先生已病，疏请告。至南安，门人周积侍疾，问遗言，先生曰："此心光明，亦复何言？"顷之而逝，七年戊子十一月二十九日也，年五十七。

先生之学，始泛滥于词章，继而遍读考亭之书，循序格物，顾物理吾心终判为二，无所得入。于是出入于佛、老者久之。及至居夷处困，动心忍性，因念圣人处此更有何道？忽悟格物致知之旨，圣人之道，吾性自足，不假外求。其学凡三变而始得其门。自此以后，尽去枝叶，一意本原，以默坐澄心为学的。有未发之中，始能有发而中节之和，此知之后更无已发。此知自能收敛，不须更主于收敛；此知自能发散，不须更期于发散。收敛者，感之体，静而动也；发散者，寂之用，动而静也。

知之真切笃实处即是行，行之明觉精察处即是知，无有二也。居越以后，所操益熟，所空益化，时时知是非，时时无是无非，开口即得本心，更无假借凑泊，如赤日当空而万象毕照。是学成之后又有此三变也。先生悯宋儒之后，学者以知识为知，谓“人心之所有者不过明觉，而理为天地万物之所公共，故必穷尽天地万物之理，然后吾心之明觉与之浑合而无间”，说是无内外，其实全靠外来闻见以填补其灵明者也。先生以圣人之学，心学也。心即理也，故于致知格物之训，不得不言“致吾心良知之天理于事事物物，则事事物物皆得其理”。夫以知识为知，则轻浮而不实，故必以力行为功夫。良知感应神速，无有等待，本心之明即知，不欺本心之明即行也，不得不言“知行合一”。此其立言之大旨不出于是。而或者以释氏本心之说颇近于心学，不知儒释界限只一理字。释氏于天地万物之理，一切置之度外，更不复讲，而止守此明觉；世儒则不恃此明觉，而求理于天地万物之间。所为绝异，然其归理于天地万物，归明觉于吾心，则一也。向外寻理，终是无源之水，无根之木，总使合得，本体上已费转手，故沿门乞火与合眼见暗，相去不远。先生点出心之所以为心，不在明觉而在天理，金镜已坠而复收，遂使儒释疆界渺若山河，此有目者所共睹也。试以孔、孟之言证之。致吾良知于事物，事物皆得其理，非所谓人能弘道乎？若在事物，则是道能弘人矣。告子之外义，岂灭义而不顾乎？亦于事物之间求其义而合之，正如世儒之所谓穷理也，孟子胡以不许之，而四端必归之心哉！嗟乎，糠粃眯目，四方易位，而后先生可疑也。

隆庆初，赠新建侯，谥文成。万历中，诏从祀孔庙，称“先儒王子”。

王守仁传 查继佐

王守仁，字伯安，别号阳明，浙江余姚人，晋王览之裔。六世祖纲，洪武中参议广东，死苗难。父华，及第第一人，历官讲读，侍孝宗经筵，以不附刘瑾致仕，仕至南京吏部尚书。守仁母郑夫人，娠守仁十四月，梦神人乘五色云手授之。祖天叙因呼之曰云。五岁不能言，有异僧过天叙曰："是儿勿以名泄之。"天叙为改名守仁，辄读书敏记。八岁，妄意神仙，嬉戏皆绝人。十五，从宦京师，出游居庸，慨然负壮图。十七，遇蜀道士于江西铁树宫，与语大悦。及见娄谅，谈朱氏格物之旨，复大悦。故善跳狎，则稍就规准。赴乡试，见巨人夜立文场东西，大呼三人好作事，已忽不见。三人者，一榜中胡端敏世宁、孙忠烈燧及守仁，后人意之也。守仁因自负，好谈兵，亦不废养生言。弘治十二年成进士，授刑部主事。病归，辟阳明洞为书舍，更讲神仙之事。已又悔之，改武选，遂与湛若水专求孔孟之学。

正德初，逆瑾乱政，论救言官戴铣、薄彦徽，因大发瑾罪。瑾怒，矫旨杖守仁于门，谪龙场驿丞，复使人前道扼之。守仁佯置衣履江岸，题诗其处，若投江死者，得以免。附海舟舟山，为飓风漂闽，有道士收之，故铁树宫与语大悦者也。遂赴龙场，在南彝万山中。无所得书，日坐石穴中，默记旧牍，辄为训释。期有七月，《五经》之旨略备。龙场人相与伐木为轩，居之。

瑾诛，擢庐陵知县，历文选，累升佥都御史，巡抚南、赣、汀、漳等处。甫至，首平闽、广剧盗詹师富、温火烧等。因言："盗贼日滋，由于滥抚，所调狼兵无制，徒残害，不足使。臣得拣练部勒之，请便宜以行。"诏许之。改巡抚为总督军务。时宸濠蓄逆，颇与贼通。守仁上书密言状，且请罢绌奸谀，以回天下豪杰之心；绝踪巡游，以杜天下奸雄之望。是年，茶寮贼大起，江、广、湖、郴骚然。上命三省会讨。守仁首诛贼间吴让，督兵自南康入，破横水、左溪巢，贼奔桶冈，大战西山界。凡破巢八十四，俘斩六千余人，归流亡，度地居之。凿山开道，夷其险阻。请立崇义县于横水以属赣。已而浰头贼池仲容尤悍黠，擅拟官号，以峯瑶既殄，益增机险阱毒，虞王师。守仁厚抚其党黄金巢等，先从破横水。又纳仲容弟仲安之款，而收仲容之仇卢珂等为心腹，故休士归农，若不复用兵者。已而阳鞭挞卢珂以来仲容，而纵珂往合官兵，尽灭三浰，大小三十余战，灭巢二十有八，俘斩三千余人，复立和平县，以属惠治之。虔吉人感功德，生祠之。升副都御史，荫一子锦衣百户，进千户。

十四年，宸濠果反。守仁与吉安知府伍文定起兵，掩南昌不备，迎战鄱阳湖，贼平。事在《宸濠传》。上自称威武大将军南巡，使人邀所俘于广信，守仁弗与。会太监张永方赞诛刘瑾，为海内所许，抵钱塘。守仁取内道入浙，夜见永，便以宸濠付之，而身至京口谒驾。诸奄不得志，恶守仁上前，称守仁宸濠党。永为护持力，得不问，赏亦不行。事在《张永传》。会江西大水，上疏自劾，语极剀切，报闻。

世宗初立，召守仁入受封。而中有沮者，谓国甫大丧，不当宴赏，中道止之。拜南京兵部尚书，参赞机务，归省。寻论封奉天翊卫推诚宣力守正文臣，特进光禄大夫、柱国、新建伯。父华亦得封如之。父病中膺封，卒。

初，宸濠之叛也，结誉士大夫，无所不倾下。守仁亦与无崖异，尝使其门人冀元亨往观之。宸濠自谓善守仁，密谋于陆完，意守仁得为其巡抚，用是其形迹不能无疑于士大夫。守仁忧居讲学，受弟子，而忌者蜂起，颇目为伪学。至云初通宸濠谋，策其不胜而背之，言绝丑，不可闻。以是虽封爵赐号，竟不与铁券及岁禄，一时勤王有功诸臣，中伤废斥殆尽，唯伍文定得升副都御史，荫一子千户。守仁不胜愤，乃上疏再辞爵，且极论白诸有功者。温旨慰谕，终格不行。守仁所善席书与门人方献夫、黄绾，皆以议礼得幸上，交章守仁贤，宜大用，亦尼不果。

嘉靖五年，岑猛叛，诏两广聚兵讨猛。猛死田州。其党卢苏、王受相结再叛，岭南大困。桂文襄萼素不善守仁，为张璁所强，交口荐代姚镆总督两广。守仁至，开示恩信，卢苏、王受等自缚来归，则悉遣其众归农七万一千余人，勒石志功德。时八寨瑶贼反侧岭表，与断藤峡、牛肠、六寺、仙台、花相诸瑶相煽结。守仁以便宜，密令故降苏、受等轻兵出。而永乐、保靖土兵之自岭南还者，亦过八寨，与苏、受等相犄角，径捣其巢，诛斩万计，八寨尽平。捷闻，朝廷以其夸擅，敕奖而已。献夫、韬言其功不可泯，上许条画善后以闻。是时守仁已病矣，舆疾劳所事，而桂萼方长吏部，暴喜功名，风守仁取安南，希崇封。守仁辞不应，以是益怨守仁，谗守仁，赏不进。守仁病剧，乞骸骨，卧舟待命。甫度大庾岭，卒，为七年之十一月。时白气亘天，数日乃已。萼等因盛言守仁初擒宸濠，攻战纪律不臧，奏捷多伪；又言擅离本职，处置田州事宜失当；学术不端，破坏士习；乞削夺官爵。诏免夺爵，停恤典，子不得嗣封。

守仁学以致良知为本，所论著有《古本大学》、《则言》及《传习录》诸书。其才气故横绝，得兵部尚书王琼为倾任，故能早膺阃阀，屡立大功，顾未一面守仁也。琼得其所貌像，焚香悬对，契若面语，尝左手持弱孙，右手接守仁奏报，至关棨处，顾儿叹曰："生子当如是哉！"

守仁年五十有八，疾革，南安推官入问疾，微哂曰："此心光明，亦复何言。"榇行，士民拥哭者载道。至越，越中市儿巷妇无不嗟叹。隆庆初，赠新建侯，谥文成，赐葬。予祭诰词，推为明元勋圣学。子正亿，得嗣世伯爵。万历初，从祀孔子庙廷。

明儒王子阳明先生传 邵廷采

先生名守仁，字伯安，绍兴余姚人。讲学于阳明洞，自号阳明子。父华，成化十七年进士第一，历官南京吏部尚书。先生少有才名，弘治十三年进士，授刑部主事。十七年，改武选主事。湛若水为庶常，一见定交，相期倡明圣学，门人始进。

正德元年，刘瑾掌司礼监，放逐大臣刘健、谢迁、韩文等。南给事中戴铣、御史薄彦徽合六科十三道，公疏请黜奸回，留硕辅，以安社稷。缇骑逮问，先生抗疏：

铣等职司谏，如其善，自宜嘉纳；即未善，亦宜包容，开忠谠之路。

乃今赫然下命，远事拘囚。臣恐自兹以往，虽有上关宗社危疑之事，陛下孰从而闻之？况天时寒沍，万一遣去官校督束过严，铣等在道或遂失所，填沟壑，有杀谏臣名，关系国体不浅矣！伏愿追收前诏，俾各供职如故，以弘大公无我之仁，明改过不吝之勇。

疏入，杖五十，谪贵州龙场驿丞。至钱塘，瑾使人尾之急，惧不免，乃托投江而浮冠履水上。附海舟至闽，入武彝山。已而虑及其父华，卒赴驿。龙场在万山中，蛇虺蛊虫所居。从者皆病，亲析薪取水作糜饲之。凿石椁待尽，诸苗伐木为室，以居先生。明年，提学御史席书聘主贵阳书院，率诸生问学，始论“知行合一”。水西安氏慕先生，致馈，且咨及减驿事。复书谕以朝廷成制，言：

驿可减也，亦可增也。驿可改也，宣慰司亦可革也。使君之先，自汉、唐迄今，历传千百年久者，以能世守天子礼法，竭忠尽力，不敢分寸有所违，是故天子亦不得逾礼法，无故而加诸忠良之臣。不然，使君之土地人民富且盛矣，朝廷悉取而郡县之，其谁以为不可？

所云奏功升职事，意亦如此。夫铲除寇盗以抚绥平良，亦守土常职。今缕举要赏，则朝廷平日之恩宠禄位顾将欲以何为？使君为参政，已非设官之旧；又干进不已，是无抵极也，众必不堪。夫宣慰守土之官，故得以世有其土地人民；若参政，则流官矣。东西南北唯天子使，朝廷下方尺之檄，委使君一职，或闽或蜀，其敢弗行乎？则方命之，诛不旋踵而至，捧檄从事千百年之土地非复使君有矣。由此言之，虽今日之参政，使君将恐辞去之不速，其又可再乎！

又书：

阿贾、阿札等畔宋氏，为地方患，传者谓使君使之。此虽或出于妒妇之口，然阿贾等自言使君尝锡之以毡刀，遗之以弓弩。虽无其心，不幸乃有其迹矣。始三堂、两司得是说，即欲闻之于朝。既而以使君平日忠实之故，且信且疑，姑令使君讨贼。苟遂出军剿扑，则传闻皆妄。其或坐观逗留，徐议可否，所以待使君者甚厚。既而文移三至，使君始出。众论纷纷，疑者将信。喧腾之际，适会左右来献阿麻之首，偏师出解洪边之围，群公乃复徐徐。

今又三月余矣，使君称疾归卧，诸军以次潜回。其间分屯寨堡者，不闻擒斩以宣国威，唯增剽掠以重民怨，众情愈益不平。而使君之民罔所知识，方扬言于人，谓："宋氏之难，当使宋氏自平。安氏何与，而反为之役？我安氏达地千里，拥众四十八万，深坑绝坉，飞鸟不能赴，猿猱不能攀。纵遂高坐，不为宋氏出一卒，人亦卒如我何！"斯言稍稍传播，不知三堂、两司已尝闻之否？使君诚久卧不出，安氏之祸，必自斯言始矣！

使君与宋氏同守土，而使君为之长。地方变乱，皆守土者之罪，使君能独委之宋氏乎？夫连地千里，孰与中土之一大郡？拥众四十八万，孰与中土之一都司？深坑绝坉，安氏有之；然如安氏者，环四面而居以百数也。今播州有杨爱，恺黎有杨友，酉阳、保靖有彭世麒等。斯言苟闻于朝，朝廷下片纸于杨爱诸人，使各自为战，共分安氏之所有，盖朝令而夕无安氏矣。深坑绝坉，何所用其险？使君可无寒心乎？

且安氏之职，四十八支更迭而为；今使君独传者三世，而群支莫敢争，以朝廷之命也。有可乘之衅，孰不欲起而代之？然则扬此言于外以速安氏之祸者，殆渔人之计。萧墙之忧，未可测也。使君宜速出军，平定反侧，破众谗之口，息多端之议，弭方兴与之变，绝难测之祸，补既往之愆，要将来之福。某非为人作说客者，使君幸熟思之！

安氏得书悚息，卒定阿贾之难。居龙场三年，动忍增益，中夜得致知格物之旨，默证《五经》，无不合，著《五经臆说》。

四年，瑾诛，升庐陵知县。其冬入觐，升南京刑部主事。即月调验封，升署员外郎。又调文选，始论晦庵、象山之学。七年，升考功郎。其冬，升南京太仆少卿，分署滁州。从游学者日众，始教人静坐，间天理人欲之分。九年，升南京鸿胪卿。是年，始揭“致良知”之教。

十一年七月，升佥都御史，巡抚南、赣、汀、漳。王思舆语季本曰：“阳明此行，必立事功。”本曰：“何以知之。”曰：“吾触之不动矣。”初，陈金、俞谏等讨华林、桃源群盗，多所招抚，贼未大创；又民间父兄被杀者不得报仇，汹汹不安，数年间转复啸聚。于是贼首谢志山、蓝天凤据南安、横水、桶冈诸寨，池大鬓据漳州、浰头诸寨，福建、江西、湖广、广东之界数千里皆乱。兵部尚书王琼知先生才，特荐用之。先生认为，兵不素练而徒恃机谋，不能力战，一时偶幸成功，非万全策。且客兵一万，不如乡勇一千。前者多调狼达土军，糜饷不赀，民苦兵甚苦寇，以故盗贼旋灭旋起。乃令四省兵备官于各属弩手、打手、机快中，选骁果有胆力者县千人，优其廪饩，最者拔为将领。原额官军，汰老弱三之一，专守城隘。而以新募精兵随方出奇，由是战无不胜。首攻信丰、龙南流贼，连败之。兵既足用，上疏请申明赏罚以历士气，愿假便宜，临阵诛赏，不限以时，唯成功是责。

王琼请上即与先生兵符，改提督军务。先讨横水、左溪之贼，获谢志山。乘胜进攻桶冈，其帅钟景纳款，而横水、左溪奔入者持不可。先生遣使至锁匙笼促降，而别遣邢珣、伍文定等冒雨人。贼方聚议未决，兵已夺险。猝震愕，急奔入内隘，阻水为阵。珣麾兵渡水，张戬冲其右，文定又自戬右缘崖绕出贼旁。贼败，奔十八磊。唐淳先至，严阵迎出，贼又败。会日暮，扼险相持。明日合战，邢珣先破桶冈大巢，俘斩甚众。湖广兵亦至，余贼遁入山谷。遣诸将分道捕之，于是横水、左溪、桶冈之贼略尽，蓝天凤等皆就擒。凡出师两月，平贼巢八十四。设安远县，控制三省。晋右副都御史。

十三年正月，进讨浰头。先是，征横水、桶冈时，虑浰头乘虚出扰，使人招降羁縻之，池大鬓不从。及横水破，大鬓惧，遣弟池仲安以二百人叩军门降，阴觇虚实。先生令从别哨，远其归路；召近浰头被贼者，各授方略遣归。及桶冈破,大鬓益惧。先生遣使至浰头,赐牛酒。贼严备,诡曰:“龙川新民卢珂恐见袭,故备。非官兵虞也。”卢珂者,抗贼不被胁,贼仇之。先生佯信其言,檄龙川廉珂擅兵状,且令大鬓除道,候还兵讨之。大鬓谢:“无劳官兵,当自防御。”比兵还,珂来告变。先生佯怒珂,收缚,将斩之。曰:“大鬓方遣弟领兵报效,安得有此!”

十二月,至赣州,大享将士,下令:“横水、桶冈既平,浰头归顺。民久劳苦,宜休兵为乐。”遂散军,使归农。而遣仲安归报以卢珂被系,令其兄勿撤备,防珂党掩袭。大鬓意大安,乃购其所亲款贼:“官意良厚,何可不一往谢?”大鬓谓其下:“欲伸先屈。赣州伎俩,须自走观之。”至,则见军门无用兵形,珂等在狱,意益安。先生夜解珂,使归发兵;官属以次设牛酒宴犒,缓大鬓归。度兵已大集,乃廷犒伏甲,引大鬓等入,悉擒之。而促诸路兵同抵贼巢,亲兵由龙南、冷水径直捣下浰,诸路兵皆入三浰。贼久弛备,官兵骤集,惊悸,悉其精锐千余,倚险设伏。官军为三冲,犄角进,指挥余恩首击贼,战良久,贼败。王受等追之,伏发被扼。会推官危寿兵至,鼓噪前冲之。千户孟俊率兵绕其后,贼大溃,遂克三浰大巢。余贼尚八百人,屯九连山,山四面险绝,设礌石、滚木,官兵莫敢前。先生令军人衣贼衣,暮若败奔者上山。贼见,果相招呼。得度险,遂扼其路。贼觉,急御,则大众已阑入。退走溃出,四路皆遇伏,擒斩略尽。余徒二百人恸哭请降,纳之。相视险隘,设和平县,南、赣自此无盗。兵力精炼,用之以义,文武官吏并能敌忾,功成寇除而无跋扈,几复古者井田养兵遗制焉。

师还,至赣,立社学,举乡约,修濂溪书院,刻《大学古本》、《朱子晚年定论》。所至会讲明伦,武夫介士执兵环立,蹑蹻担镫之夫千里远至。长揖上坐,一言开痞,终身诚服。风教四被,讫于江表岭峤。

十四年六月,宁王宸濠反,起兵吉安,讨之。先生久知宸濠且反,虑南、赣未平,得与群盗通,益不可制。及盗平,而先生已为提督,镇上游,濠乃起事。王琼言于朝曰:“王伯安在,何患!不出两月,捷疏至矣！”时福州三卫军人进贵作乱，琼谓主事应典：“进贵事，不足烦守仁。可假此便宜与敕书，待他变。”乃命先生出勘福建乱军。

甫至丰城，反状闻。几为濠追所及，匿渔舟潜走。临江知府戴德孺迎入城调度。先生以临江要冲，逼省会，不可驻兵。乃反吉安，与知府伍文定定谋。召邢珣等遣谍四出投檄，言京师、湖广、广东西、南京、淮安、浙江各发兵，共数十万，以疑宸濠，使不敢出南昌。贼果疑，迟回半月。始出攻南康、九江、安庆，则官兵大集矣。又密书与贼心腹李士实、刘养正，若有约内应者。宸濠搜得书，内相猜。士实劝去安庆，趋南京；否，径出蕲、黄，趋京师。皆不从。

七月癸卯，先生自吉安起师，会于樟树镇。知府戴德孺自临江，徐琏自袁州，邢珣自赣州，通判胡尧元。童琦自瑞州，及新淦知县李美、太和知县李楫、宁都知县王天与、万安知县王冕，各以其兵至。己酉，至丰城，议所向。或欲勿攻南昌，以大兵逼之江中，与安庆夹攻之。先生曰：“不然。我越南昌而趋江上，安庆之众仅能自保，岂能援我中流？而南昌兵议其后，绝我粮道，南康、九江合势乘之，是腹背受敌也，不如先攻南昌。宁王久困坚城，精锐皆出，守御必单。我兵新集，气锐可克。宁王闻之，解围还救，暨来，已失南昌。彼则夺气，首尾牵制，此成擒矣。”乃分兵十三哨，哨三千人，各攻一门，以四哨为游兵策应。宁王别伏兵坟厂，为城中声援。遣知县刘守绪夜袭，破之。二十日昧爽，至南昌，令曰：“一鼓，附城；再鼓，登；三鼓不登，诛。”遂援梯登。城中倒戈，门有不闭者。师入，擒居守宜春王拱樤及万锐等千余人，宫中皆纵火焚死。散遣胁从，府库被宸濠取充军资及兵士掠取不尽者籍封之，城中始定。

宸濠先遣兵二万还援江西，自以大军继之。众请坚守待四方援，先生曰：“不然。宁王兵力虽强，所至徒恃焚掠，劫众以威，未尝逢大敌，诱惑其下以事成封爵富贵。今遇一城不能克而南昌失据，众心已离。我乘锐邀之，将不战自溃。”遂进，遇于黄家渡。贼乘风鼓噪，气骄甚。

伍文定、余恩佯却致之。贼争进，前后不相及。邢珣从后急击，横贯其阵，贼败走。文定、恩还乘之，徐琏、戴德孺合兵夹攻，贼大溃。追奔十余里，擒斩二千余级，溺水死者万计。贼退保八字脑。是日，建昌知府曾玙、抚州知府陈槐亦率兵至。遣槐攻九江，玙攻南康。宸濠尽发两郡兵，厚赏将士。丙辰合战，官兵败死者数百人。伍文定急斩先却者以徇，身立铳炮间，火燎其须不移足，士殊死斗。兵复振，炮及宸濠舟，贼遂大败。退保樵舍，联舟为方阵。文定等为火攻，邢珣击其左，徐琏、戴德孺击其右，余恩等四伏，火举兵合。

丁巳，遂破贼。执宸濠及其世子、郡王、仪宾、伪丞相、元帅等官，斩首三千余级，溺水死者约三万。弃衣甲财物与浮尸积聚，横亘如洲，余贼数百艘四逸溃逃。遣兵追击，破之樵舍，又破之吴城，擒斩略尽。曾玙、陈槐亦收服九江、南康，余党悉平。宸濠槛车入南昌，军民聚观，欢声动天地。仰见先生，呼曰:“吾欲尽削护卫，降为庶人，可乎？”先生曰:“有国法在。”遂俯首不言。以娄妃尝谏濠，求葬其尸。凡交通中外大小臣僚手籍，悉焚之。

前是，先生上宸濠伪檄，末谓:

陛下在位一十四载，屡经变难，民情骚骚，尚尔巡幸不已，以致宗室黠者谋动于戈，冀窃大实。且今天下之觊觎，何特一宁王！天下之奸雄，岂直在宗室？兴言及此，悚骨寒心。昔汉武帝有轮台之悔，而晚节奠安；唐德宗下奉天之诏，而士民感泣。陛下宜痛自克责，易辙改弦，罢绌奸谀以回天下豪杰之心，绝迹巡游以杜天下奸雄之望，则太平尚有可图，臣民不胜幸甚！

左右多弗悦。以方起义师，不能难也。而上则自称威武大将军镇国公，总督军务，帅京边骁卒数万，假亲征南游。至良乡，捷书至。大学士梁储、蒋冕等请回銮，不听。

九月，上至南京。先生虑沿途奸党潜伏，欲自献俘阙下。是月，发南昌。太监张忠、安边伯许泰以数千人浮江而上，抵江西。先生乃俘宸濠，取道浙河以进。忠、泰使人要之广信，弗听。时太监张永已至钱塘。先生夜见永，颂其诛刘瑾功，永悦。因极言江西遭乱，民困已极，不堪六师之扰。永深然之，曰："吾出，为群小在侧，欲左右默辅圣躬，非为掩功来也。第事不可直致耳。"先生乃以濠付永，身至京口，欲竭驾。江彬等诬先生"初附濠，度势败乃擒之为功。"张永语家人曰："王都御史忠臣为国，今欲以此害之，异时朝廷有事，何以复使人？"乃见上，具道状，彬等毁遂不入。张忠又诬先生将反，试召之，必不来。先生闻召即奔命，至龙江，忠等又阻之。乃纶巾野服，入九华山，日坐草庵。上使人觇之，曰："王守仁，学道人也。宁有反乎！"会有巡抚江西命，乃还南昌。

忠、泰奉内降讨宸濠余党，根搜罗织。京边军万余驻省城五阅月，糜费繁浩，公私骚然。北军旦暮呼先生名谩骂，或冲道启衅，先生略不为动。先令市人移家乡落，以老稚应门。给示内外，述北军离家苦楚，居民当致客礼。每出，遇北军丧，必停车问故，厚与之榇，嗟叹乃去。久之，北军咸曰："王都堂待我有礼，我安得犯之！"会冬至，新经濠乱，民间哭亡酹酒，北人无不思家泣下。忠、泰自挟所长校射教场，江西官军射多不中，乃强先生。先生故不得已，应之。三发三中，北军同声踊跃，呼应远近。忠、泰不乐而罢，曰："我军皆附彼矣！"遂班师。

当是时，宸濠未死，诸奸佞先通濠得金钱者多在上左右，颇有异谋。畏先生、不敢发。先生沉机曲算，内戢凶幸，外防贼徒，抚定疮痍，激励将士，日夜对勍劫敌，宸濠竟得伏诛。内阁大臣素恶王琼，忌先生以提督专制讨贼，归功琼。久之不赏。居南昌，求录陆象山子孙，集门人于白鹿洞。

世宗即位，封奉天诩卫推诚宣力守正文臣、特进光禄大夫、柱国、新建伯。诏至，直父华生日，奉觞为寿。

嘉靖元年二月，丁外艰居越，弟子益进。黄绾荐先生才可入相，而他疏刺讥杨一清，故与辅臣龃龉。而其乡人之忌者至诬之史，诋其讲学收召朋徒共为名高。形奏牍，上亦不能无疑也。服阕，不召，不与铁券岁禄。勤王诸臣，唯伍文定得副都御史，余并闲废。先生上疏辞爵，论白诸有功者，竟格不行。廷推本兵、三边、围营，皆不用。

二年，南宫策士问“心学”，阴辟先生，门人徐珊不对而出。三年八月，宴门人天泉桥。四年，会龙泉山中天阁。十月，立阳明书院于越城。

六年，起总督两广、江西、湖广军务，征思、田。至南浦，民欢迎夹道。讲《大学》于明伦堂，诸生拥蔽，多不得闻。唐尧臣代献茶者，上堂旁听，惊曰：“三代后安得有此气象耶！”师至田州，开示恩信，卢苏、王受等自缚来归，束甲受杖。上疏言：“思、田久苦兵革，况外捍交阯，纵克之而置流官，饷穷兵弱，必生他变。岑氏世有功，因其俗可，请降田州府为田州，以岑猛子邦相为判官，苏、受为巡检。别立思恩府，设流官统之。”上皆从焉。

师旋，以苏、受为先锋，合永顺、保靖兵讨断藤峡诸盗，进剿八寨，瑶贼悉平之。方欲移府治、建卫所、增兵设官而病作，疏乞骸骨。十二月，度大庾，疾剧，谓布政使王大用曰：“尔知孔明所以托姜维乎？”大用拥兵护卫，且敦匠事。舟次南安，门人推官周积来见，问何遗言。曰：“此心光明，亦复何言！”卒，年五十八。官属、师生、士民远近遮道，自赣送榇至会城，哭声震地，属路不绝。

桂萼等因言先生攻南昌日纪律不肃，奏捷夸扬，而学术僻狂，足坏士习，宜削官爵。上怜先生功，不许。田州之出，萼与张璁荐之。萼本不善先生，以璁强之。萼长吏部，暴贵喜功名。讽先生取安南，先生不应，以故构隙。再论先生离职及处田州失当，下公卿议。停恤典、世袭，诏禁伪学。隆庆初，始赠新建侯，谥“文成”，踢葬祭。子正亿得嗣伯。万历中，从祀孔子庙庭。正亿卒，子承勋嗣。承勋卒，子先通嗣。

自宋世理学昌明，程、朱大儒择精语详，有国者至以《五经》、《四书》

制科取士，可谓盛矣。然人人崇用朱传，而不知反验之身心，口之所能言、笔之所能书顾茫然也。先生思振其衰弊，以为人皆可尧、舜，独持此不学不虑之良知。而作圣之功，不废学虑。孩提之不学不虑，与圣人之不思不勉本体同，而求端用力在于致。《大学》“致知在格物”，《中庸》“致中和”、“致曲”，推而极之，毕天下之能事，至于天地位、万物育，而非有加良知也。孔子曰：“我欲仁，斯仁至。”不得谓良知之远且难也；曾子曰：“仁以为己任，任重道远。”不得谓致良知之近且易也。

良知即明德，是为德性；致之有事，必由问学。尊德性而道问学，致良知焉尽之矣。故谓象山为尊德性，而堕于禅学之空虚，非尊德性也；谓晦庵为道问学，而失于俗学之支离，非道问学也。非存心无以致知，后人自分，而晦庵、象山自合耳。顾晦庵之学，已敉然如日月之丽天。先生欲表章象山，以救词章帖括之习，使人知立本、求自得，故其言曰：“朱、陆二贤者天姿颇异，途径微分，而同底于圣道则一。其在夫子之门，视如由、赐之殊科焉可矣。而遂摈放废斥，若碔砆之于美玉，奚为也？”

至于“四无”之说，流失在龙溪。而天泉夜论，其师不以为不然，故滋后人口实，然其中正有可详求者。阳明之所为“四无”，固异于龙溪之所为“四无”。龙溪之所谓“四无”，以无为无者也，荡而失归，恍惚者托之矣。故其后为海门、为石梁，而密云悟之禅入焉。阳明之所谓“四无”，以无为有、以有为无者也。前乎此者，濂溪之“无极而太极”；后乎此者，蕺山之“无善而至善”。“上天之载，无声无臭”，“形而上者谓之道”，是不可名者也。故知善知恶是良知，为善去恶是格物。统中人以上、中人以下，循循焉俱由此二言入。教人有序，虽卓立喟叹之颜子不能出其范围，固当以绪山之所守为正矣。致良知实功唯为善去恶，故曰：“致知在格物。”其小异于朱子者，正心诚意之事并摄入格致中，举存心、致知不分为二，是固《中庸》“尊德性”、“道问学”之本旨也。

善乎，郑端简之言曰：“王公才高学邃，兼资文武，近世名卿，鲜能及之。特以讲学故，众口交訾。盖公功名昭揭，不可盖覆。唯学术邪正，未易铨测。以是指斥，则谗说易行，媢心称快尔。”今人咸谓公异端陆子静之流。嗟乎，子静岂异端乎！以异端视子静，则游、夏纯于颜、曾，而思、孟劣于雄、况矣！公所论叙《古本大学》、《则言》、《传习录》诸书具在，学者虚心平气，反复融玩，久当见之。宁庶人反时，又能不顾九族，身任其事，不逾旬朔，卒平大难。宣德乐安之变有如公者，景陵无羁靮之劳矣。

万历十二年十月，大学士申时行等疏曰：

前御史詹事建白先臣王守仁、陈献章从祀学宫，下九卿、科道官议。诸臣不能深唯德意，杂举多端，或且诋訾守仁。奉旨：“王守仁学术原与宋儒朱熹互相发明，何尝因此废彼。”大哉王言！亦既明示之矣。而议者纷纷，迄无定论，又命廷议归一具奏。

仰唯王上重道崇儒，德旨屡下，深切著明。今覆议乃请独祀布衣胡居仁，臣等窃以为未尽也。彼诋訾守仁、献章者，谓之“伪学”、“伯术”，原未知守仁，不足深辨。

其谓各立门户者，必离经叛圣，如老、佛、庄、列之徒而后可。若守仁，言“致知”出于《大学》，言“良知”本于《孟子》。献章言“主静”，沿于宋儒周敦颐、程颢。皆阐述经训，羽翼圣真，岂其自创一门户耶？事理浩繁，茫无下手，必于其中提示切要以启关钥，在宋儒已然。故其为教，曰“仁”曰“敬”，亦各有主。独守仁、献章为有门户哉！

其谓禅家宗旨者，必外伦理、遗世务而后可。今孝友如献章，出处如献章，而谓之禅，可乎？

气节如守仁，文章如守仁，功业如守仁，而谓之禅，可乎？

其谓无功圣门者，岂必著述而后为功耶？盖孔子尝删述《六经》矣，然又曰“予欲无言”，曰“吾无行而不与二三子”。门人颜渊最称好学矣，然于道有以身发明者，比于以言发明，功尤大也。

其谓崇王则废朱者，不知道固相成，并行不悖。盖在朱时，朱与陆辩，盛气相攻，两家弟子有如仇敌；今并祀学宫。朱氏之学，昔既不以陆废，今独以王废乎？

大抵近世儒臣，褒衣博带以为容，而究其日用，往往病于拘曲而无所建树；博览洽闻以为学，而究其实得，往往狃于见闻而无所体验。习俗之沉錮，久矣！今诚祀守仁、献章，一以明真儒之有用，而不安于拘曲；一以明实学之自得，而不专于见闻。斯于圣化，岂不大有裨乎！若居仁之纯心笃行，众议所归，亦宜并祀。我国家二百余年，理学名臣，后先辈出，不减宋朝。至于从祀，乃止薛瑄一人，殊为阙典。昔人有云："众言淆乱，折诸圣。"伏唯圣明裁断，益此三贤，列于薛瑄之次，以昭熙代文运之隆。

制曰："可。"

康熙某年，汤斌答陆陇其书曰：

手教：孔、孟之道，至朱子而大明。学者但患其不行，不患其不明；但当求入其堂奥，不当又自辟门户。再读《学术辨》云："天下有立教之弊，有末学之辨。"又云"泾阳、景逸未能尽脱姚江之藩篱，"圣人复起，不能易也。独谓弟不欲学者诋毁先儒，是诚有之，然有说焉。

弟少无师承，长而荒废，茫然无所知。窃尝泛滥诸家，妄有论说。其后学稍进，心稍细，甚悔之。反复审择，知程、朱为吾儒正宗，欲求孔、孟之道而不由程、朱，犹航断港绝潢，而望至于海也。

若夫姚江之学，嘉、隆以来，几遍天下矣。近有一二巨公昌言排之不遗余力，姚江之学遂衰，可谓有功圣道。然海内学术，浇漓日甚，其故何欤？盖天下相尚以伪久矣。今天下深明理学者固众，随声附和者实多。更有沉溺利欲之场、毁弃坊隅、节行亏丧者，亦皆著书镂板，肆口讥弹，曰“吾以趋时局”也。亦有心未究程、朱之理，目不见姚江之书，连篇累牍无一字发明学术，但抉摘其居乡居家隐微之私，以自居卫道闭邪之功。夫讦以为直，圣贤恶之，唯学术所关。不容不辨。如孟子所谓“不得已”者可也。今舍其学术而毁其功业，更舍其功业而讦其隐私，岂非以学术精微未尝深讨，功业昭著未易诋诬，而发隐微无据之私，可以自快其笔舌？此其用心亦未光明矣。在当年，桂文襄之流不过同时忌其功名，今何为也？责人者，贵服人之心。自古讲学，未有如今日之专以谩骂为能者也。

或曰：“孟子尝辟杨、墨矣，杨、墨何至‘无父无君’？孟子必究其流弊而极言之。此圣贤卫道之苦心也，何怪今之君子欤？”

窃以为不然。孟子得孔子之心传者，以其知言、养气、性善、尽心之学，为能发明圣人之蕴也。盖有所以为孟子者，而后能辟杨、墨，息邪说，闲先圣之道；若学术不足继孔子，而徒日告于人曰：“杨、墨无父无君也”，“率兽食人也”恐无以服杨、默之心而熄其方张之焰矣。孟子曰：“今之与杨、墨辩者，如追放豚，既入其苙，又从而招之。”则知当日之与杨、墨辩者亦不乏人矣，今无片言只字之存，则其不足为轻重可知也。然则杨、墨之道不传于今者，独赖有孟子耳。今不务为孟子之知言、养气、崇仁义、贱功利，而但与“如追放豚”之流相颉颃焉，其亦不自重也已。

台谕云：阳明尝比朱子于洪水猛兽，是诋毁先儒莫阳明若也。今亦黜夫诋毁先儒者耳，庸何伤！

窃谓阳明之诋朱子也，阳明之大罪过也，于朱子何损？今人功业文章未能望阳明之万一，而止效法其罪过，如两口角骂，何益之有？恐朱子亦不乐有此报复矣。故弟之不敢诋斥阳明者，非笃信阳明之学也，非博长厚之誉也，以为欲明程、朱之道者，当心程、朱之心，学程、朱之学，穷理必极其精，居敬必极其至，喜怒哀乐必求中节，视听言动必求合礼，子臣弟友必求尽分。久之，人心咸孚，声应自众。即笃信阳明者，亦晓然知圣学之有真也而翻然从之。若曰能谩骂者即程、朱之徒，则毁弃坊隅、节行亏丧者皆将俎豆洙、泗之堂矣，非弟之所敢信也。

弟年已衰暮而学不加进，唯愿自体勘求，不愧先贤。或天稍假以年，果有所见，然后徐出数言就正海内君子未晚。此时正未敢漫然附和也。

斌号潜庵，唯州人，孙征君钟元门人。

论曰：道固一贯，其流则万析焉。既精，支离是患。

儒者之学，固以经世务为验也。昔孔子作《春秋》，空文当行事；孟子游事梁、齐，阔其言弗用；汉董、贾，宋周、程、张、邵、朱诸贤，未得大展所为；阳明遭际运会，值昏乱之朝，而能以勋名完立，卓然为一代安国家、定社稷元臣。即其初谪龙场，亦有一纸书剪安之烈，使天下见儒者经纶无施不可，盖皆其学之厚积有以发之。忌者顾从而指为伪，甚矣。石齐黄公称先生气象类孟子、明道，而出处建功之迹近于伊尹，知人知言哉！

为请复新建伯封爵疏 徐渭

为请复功臣封爵，以崇厚道作人心事。

臣本非薄，赖陛下圣仁，令臣提督浙江学校，臣愚不敏，以为学校首务在敦实行，敦实行在先士风。于是作为条约，首令提调官以四孟月采士民之行，而臣岁一按临，以观其风。凡忠臣义士，孝子顺孙，烈女节妇，臣悉咨访，以备旌举。时臣至绍兴府，则见乡大夫士及故老庶民争来言：“故新建伯兵部尚书兼都察院左都御史王守仁，始以倡义擒逆濠，受封前爵，迨后奉命平思、田，讨八寨、断藤诸贼，其抚剿处置，功烈尤著。既以勤事病困，乃就巡历属地，冀得便道待乞休之报，遂死南安。当时廷臣过从吏议，谓守仁倒施恩威，擅离职役。身死未寒，而削夺旋及，使功臣之骸，藁葬原野，子孙微贱，下同编民，非所以广圣意劝忠良也。”臣既得闻斯言，复检按诸呈递，前御史臣裴绅所行绍兴府山阴、余姚等县学生员秦倪等呈词，及先后诸臣大学士方献夫、詹事霍韬、御史闻人诠等论列之稿，守仁生时历年章疏文移处置施行之实，参之臣畴昔所闻缙绅道路传诵之言，则知守仁平定逆藩之大功，与陛下之所以嘉守仁之懋赏，举的然后定议矣。至其往处思、田，不血一刃，不费斗粟，遂定两府之地，活四省之生灵，呼吸之间，降椎结者以七万。至其往征八寨、断藤诸巢，则以数千散归之卒，不两月而荡平二千里根连之窟，破百年以来不拔之坚，为两广除腹心之蠹。卒以蒙犯瘴疠，客死南安，实亦在其所制境上。夫功烈之高如彼，死事之情如此，而当时廷臣抑使不扬，后来诸臣复请之奏屡上，陛下亦竟留不下何也?

臣虽至愚，亦窃有以知其故矣。盖其故或在于言事者之尚未悉其情也。夫思、田二酋向化，而当抚剿，断藤峡诸贼稔恶而当剿，惟守仁则亲见其事而熟筹之，其他在廷之臣未必知也。兼总四省，则江西本其属地，毕事而巡历，病困而乞休，驻便道以待报，私不害公，此亦人情之常。至于终不获命以死，尤可痛悼，此在守仁宜自谅其无他，其他在廷之臣未必知也。故守仁求随宜剿抚之实，以副明旨，而廷臣据专意二酋之名，谓宜必剿；守仁以巡历地方，幸冀其返还之便，而廷臣因谓其一意返还，徒假借于巡历之公。则守仁之所谓抚剿尽是矣，而廷臣之所谓倒置似未尽非也；守仁之所谓待命尽忠矣，而廷臣之所谓擅离似亦未尽伪也。以未尽非、未尽伪之言，而陈于陛下之前，陛下安得不信之乎? 故臣愚不敏，妄意陛下果终夺守仁之爵于始者，此也。夫陛下既已信廷臣矣，后之进言者又徒彼此求胜，既不白廷臣未尽非、尽伪之意，以缓其责，遂亦不能指守仁尽忠尽孝之故，以互形其短长而破其两可之疑，则陛下亦安所取信而遂改易其前议乎?

故臣愚不敏，又妄意陛下不欲复守仁之爵于终者，此也。如其不然，以陛下圣明，往年尝复刘基之后矣，复王骥之后矣，此又复郭子兴之后矣，岂其独忘情于守仁哉? 录其功而封之，人告其罪而夺之，审其无罪而复收之，惟是之求而循环不已，此陛下之所为至公也。不能深明其故，以启陛下之聪明，此臣之所以有憾于言事者之未悉其情也。不然，陛下何惮一改议之烦，争千古之粟，使功臣之绩，骨未朽而名实尽泯哉？臣有以知陛下决不为也。且守仁经略两广，功烈无比，天下所共闻知，谓宜有加爵之赏，姑无论也。遂使其倒恩威，离职役，诚如群臣言，犹不足以掩其擒逆濠、卫社稷之功，况乎以所谓廷臣未必知之说，而遂欲尽弃其平生，譬如以铢称镒，其低卬亦甚枉矣。臣闻式鼓气之蛙，则士卒尚勇，买死马之首，则骏骨旋至。方今海上告警，士气不振，思效知能之徒，每以前事为鉴。守仁实生其乡，闻乡人每一聚谈，知与不知，皆为扼腕太息。夫泯没劳苦，使闾巷得以藉口，甚非所以作豪杰使奋起也。

说者又以为守仁聚生徒盈海内，名为道德而实伪学，为可遗弃。臣窃意不然，学术之与事功无有殊二，此自学士自修之说也。若朝廷赏罚当功罪，非以学术也，椎埋屠贩，恣睢不逞，亡人伦、鲜行谊之徒犹得裂土而封，世世勿失，此岂以学真伪哉？守仁之于学，其真与伪，臣姑勿论，纵其伪也，尽其死力于艰难，索其罪谴于讲说，朝以劳而封之。暮以其学而夺之，无乃大相缪乎？且人各有心，难可洞视，徒以猜量之虚，而遂亡其舍生倡义、定一大难之实，使不得托于椎埋屠贩之流，其亦去人情远矣。

臣职专学校，首教化，遂以采民风，得知守仁之事，至熟且悉。又且兵革之役，方兴未已，而掩抑戎勋，非所以观视远迩。臣闻之古语曰："宠女不避席，宠臣不敝轩。"盖悲恩爱之难终也。周公曰："故旧无大故，则不弃也。"盖恐恩礼之易夺也。臣诚愚昧，谓宜念守仁之劳苦，察先臣之过举以深味夫古语周公之意，复守仁旧所封新建伯爵，俾子孙世世承袭，以彰国家报施之厚，作臣下之心，诸所宜葬祭赠谥之礼，悉从故事。

新建伯从祀疏 邹德涵

工部办事进士臣邹德涵谨奏：为崇祀大儒以章正学以正人心事。臣比者伏睹言官建白，要将先臣新建伯王守仁从祀孔朝，蒙皇上特下廷臣集议。臣末学新进，安敢出位妄言。窃闻野老食芹而甘，曝背而适，且欲自献于君，念臣祖原任南京国子监祭酒臣守益受学守仁。臣三世守其学，窃闻绪余，而不一摅其愚，上裨圣聪，以事主则不忠，以承家则不孝，臣罪滋大。臣是以冒昧披沥出位一言。臣观皇上践祚之初，首谕群工曰：理道之要，在正人心。夫不曰正纪纲、正法度，独曰正人心，大哉。王言盖已握尧舜正天下之要，而大乎可几睹矣。臣愚以为：欲正人心，非可家喻，宜有以风之。欲有以风之，则莫若表章大儒，以示之的。我明号称大儒可承孔子之统者，盖莫有过于守仁。孔子有云：众人之命儒也。妄常以儒相诟病，则自春秋以来，儒品不白矣。臣请陈儒品。夫儒品有三，有大儒，有曲儒，有世儒。明明德于天下，长育人材，辅翼皇化，为国家当大任，树大勋，措天下于泰山而众庶不见其迹，其遗言流布，犹足以醒寤后觉，使天下回心而向道，是谓大儒。左规矩，右准绳，言信而行，果畏先圣贤之法，不敢踰尺寸，然而可以镇俗，不可以作人，是谓曲儒。鑽研名义，考较异同，仿先圣学之遗言，撰述篇章，傲然持以继往开来，然而反之身心无当，是谓世儒。夫世儒易知也，曲儒尤易知也，惟大儒为难知。故非大儒，不足以知之。孔子万世所谓大儒也，晨门荷蒉微生晏婴之徒，尽春秋之贤智，乃相与诮而沮之，大儒果不易知也。孟轲氏崛起战国，独推尊焉，侪之尧、舜、禹、汤、文、武之列，信惟大儒能知大儒矣。臣尝粗睹守仁之迹，盖亦可疑，其直契本心似禅，其辩驳先儒之言似讪，其汲汲觉世真若天下之饥溺似激，其惜爱同类似党，其倦倦接引漫无揀择似愚，其在军旅中聚徒讲学似迂。夫此数者，信可疑矣。然原其心，则欲明明德于天下，冀以正天下之人心也。盖其心在天下，视天下之人心未正，若疾痛在身，不愈不已，故不得不以兴起斯文为任。欲兴起斯文，而不自人心之本明者觉之，则或从事于见闻形迹之间以为是，而人心终不可正也，故不得不挈良知以示之趋。况当其时，又不获掌握钧轴，日以其意默转朝宇，故又不得不哓哓然费于辞说，是岂守仁之得已哉？其欲正人心以承往圣者，则固可谅耳。方今正学彰明，大儒辈出，君臣合德，下载一时。臣愚以为知守仁者，宜莫逾于今日。然而，议论纷然，徐徐未决，岂亦谓从祀重典非众允不可？臣窃谓之不然。夫事有千百人是之而不为多，一人是之而不为少者，特究其是何如耳。当弘正间，欲祀薛瑄，议者少其著述，至以瑄饬励不愧屋漏者，反品之汉儒之下。赖先争帝灼知其贤，排群议而祀之，而瑄之品始定。天下以此颂先皇帝之明。今日守仁之祀，非赖皇上英明独断，恐亦如弘正间之议瑄无定时矣。若必欲求天下无一诋訾之人而后议祀，则众心之同悦者，莫甚于乡愿；春秋之最诋訾者，莫甚于孔子，祀当首乡愿而次孔子矣。臣恐天下人心，日以不正，是以汲汲请祀，非阿其人，为天下计耳。夫祀一守仁，可以转移天下，皇上又何所爱而不为也。臣狂野不知忌讳，干冒天严，不胜战傈悚惧方罕。

其他

新建伯从祀议 邹德涵

皇上身作君师，隆重儒臣，特允言官建白，欲以先臣王守仁从祀孔庙。岂翳繁彰显潜德，实欲鼓舞来学。臣承乏造士，敢以自默。夫守仁之为人，先穆宗皇帝品之当矣。曰绍尧、孔之心传，曰倡周、程之道术。守仁之当祀，两言而决。今者议论纷纭，致疑祀典，岂谓先皇帝之报守仁者既厚，可且缓其祀与？然观先皇帝所品守仁首，岂徒以其勋伐已战？勋伐不足以尽守仁，则铭鼎锡券不足以尽先皇帝褒德之心。然先皇帝未即登祀，留待今日耳。臣谓皇上欲继先志，祀守仁最急。今之议守仁者，谓异于朱熹氏，臣不知其异也。夫熹与守仁之志，其欲继往圣则同，其欲开来学则同，其欲立心立命则同，此人人信之也。熹与守仁之学，其忠君则同，真孝亲则同，其仁民爱物则同，此人人信之也。熹之格物可以致知，守仁之格物亦可以致知；熹之言新民可以明明德，守仁之言亲民亦可明明德。譬吴越人赴阙下者，或经河洛，或经齐鲁，车辙马迹，隔越千里，然皆可以赴阙下。今不谅其言之皆可以入圣，漫是熹而非守仁，是经河洛者笑齐鲁也，岂不异哉？且自古圣贤立言，何可尽同？孔子言仁，孟子兼言义；孔子言志，孟子兼言气；达者不以此异孔孟。周敦颐言太极，程颢言天理，程颐又专言敬，此其口相授受者，犹矛盾若是，达者亦不以此异周程。以守仁之言与熹异，遂以此短守仁，此臣愚所未解也。且今世所以高守仁者，徒谓其勋伐足称云耳。审如所云，则古今斩将搴旗、谋王断国者，何可胜数？诚不必进之从祀之烈。然臣观守仁之勋伐，皆自其道德所成，区区立功之臣，未可同日语也。守仁之硕树昭昭耳目者，臣不暇论，试举一二轶事，为皇上陈之。臣闻守仁总督南赣时，武宗皇帝南巡，奸贼在君侧交计谤之，祸且不测。属吏请勿处用兵之地，以坚奸人之疑，守仁谢不听，处之泰然，竟能出危去险，坐收成功。庶几哉赤舄几几之度，非涵养深厚何以致此？又闻守仁督抚江西时，勤勤教民为善，如父母之于子弟，虽军旅仓皇，歌诗习礼，不辍于时，弦诵成俗，盗亦格心，迄今颂之，尚有泫然涕者，此岂卢音笑貌所能为哉？又闻守仁勘事福建时，行次丰城，适宸濠反，亟还吉安，檄兵征讨。方出师时，置妻子官舍中，环以薪蒯，令守者曰：万一事不测，即举火，勿为宸濠所污。此其身与妻子一不系念，古所称致身者非与？又闻守仁承命征思田。先是，议征议剿，负固愈急。守仁一闻召，即于辞疏中极陈思田激变之由，情非得已，请上广好生德意。思田人闻之，无不欲得守仁来抚者，故守仁一至其境，不遗半矢，即缚首受罪。夫守仁伏山陬中，即能为国家筹万全策，上成当宁舞干之绩，下全数百万生灵之命，固非朴遬儒者所能办也。凡此数事，皆古先哲人所难，本之蕴蓄不凡，故猷为丕懋，此臣益信守仁之当祀为无疑也。臣伏考周礼大司乐有曰：凡有德者有道者使教焉，没则以为乐祖，祭于瞽宗。守仁之道德，足为师表，又合于乐祖瞽宗之义。臣谓宜进守仁从祀，庶足以兴起斯文，培植风教，且可慰先皇帝褒德之心。谨具议以闻伏候敕旨。

九华山阳明书院记 邹守益

青阳九华山之胜，与匡庐、武匡兢爽，至李太白始发其奇，嗣是诗人、隐士、仙、释之流，相与经营其间，而未有以圣贤之学倡而振之者。弘治壬戌，阳明王先生以恤刑至池，爱其胜而游焉。至正德庚辰，以献俘江上，复携邑之诸生江学曾、施宗道、柯乔以游，尽蒐山川之秘，凡越月而去。尝宴坐东严，作诗曰："淳气日凋薄各，邹鲁亡真承。各勉希圣志，毋为尘所萦。"慨然欲建书屋于化成寺之西，以资诸生藏修，而未果也。嘉靖戊子，金台祝君增令兹邑，诹俗稽典，始克成其志。中建正堂，大书曰"勉志"，东西有廊室，而亭其后，曰"仰止"；合而门之，曰"阳明书院"。池守韩君楷、二守张君邦教，视而嘉之，更议置田以膳学者。而九华之名，将与白鹿、云谷焕然昭方策矣。诸生乐其绩之成也，不远南都，以来徵言。守益窃闻绪言之教矣。先生之教，以希圣为志，而希圣之功，以致良知为则。良知也者，非自外至也。天命之性，灵昭不昧，自涂之人至于圣人同也，特在不为尘所萦而已矣。二三子亦知尘之害乎？目之本体，至精至明，妍媸皂白，卑高大小，无能遁形者也，一尘萦之，则泰山秋毫，莫之别矣。良知之精明也，奚啻于目？而物欲之杂然前陈，投间而抵隙，皆尘也。故戒慎恐惧之功，如临深渊，如履薄冰，所以保其精明，不使纤尘之或萦之也。纤尘不萦，则无所好乐忿懥，而精明之凝，定廓然大公矣。亲爱贱恶无所辟，而精明之运用，物来顺应矣。大公之谓中，顺应之谓和；中以立天下之大本，而天德纯矣；和以行天下之达道，而王道备矣。此邹鲁之真承也。古先圣王兢兢业业，克勤克俭，不迩不殖，亦临亦保，率是道也。故尧、舜、禹、汤以是道君天下，而孔、颜、曾、孟以是道为天下师。后之学者，见圣贤之君师天下，其成功文章，巍巍若登天然，而遂以为不可階。譬诸入明堂清朝之中，见其重门层阁，千方万员，前瞻后盼，眩然以骇矣，而不知所以创造图回，规矩之外，无他术也。二三子其将求之规矩乎？将求之方圆乎？良知之教，操规矩以出方圆也。而摹方效圆者，复閧然以禅疑之。呜呼。爱敬亲长，吾良知也；亲亲长长以达天下，将非致吾之良知乎？恻隐羞恶，吾良知也；扩而允之，以保四海，将非致吾之良知乎？孰为礼，孰为非礼，吾良知也；非礼勿视听言动，而天下归仁，将非致吾之良知乎？是邹鲁之真承也，而何禅之疑？禅之学，外人伦，弃事物，遗肝胆耳目，而要之不可以治天下国家，其可以同年而语乎？书院之建，群多士而育之，固将使之脱末学之支离，辟异端之空寂，而进之以圣贤之归也。二二子之朝夕于斯也，其务各致其良知，勿使萦于尘而已矣。处则以是求其志，达则以是行其义，毁誉不能摇，利害不能屈，殀寿不能二，使尚论道术者，按名责实，炳炳有征焉，则良有司鼓舞之典，其于圣代作人之助，规模宏集远矣。岂繄山水严壑之遇而已乎？

阳明先生书院记 邹守益

阳明先生官滁阳，学者自远而至。时孟友源伯生，偕弟津伯通，预切磋焉。逾四十年，而伯通令黄州之黄冈，以所闻师友者，与两庠来学及诸缙绅宣畅之。良知之同，远迩翕然，每月三会，每会率数百人，默坐澄心，共明学脉。或质疑问业，期以改过迁善为实际。少间，则考钟击鼓，歌咏情性。少长咸秩，怡怡充适而归。两庠来学议建书院，以永藏修，而中丞方近沙任，旧学于予也，谋于诸缙绅曰：“阳明公归自贵阳，诸生郭庆、吴良吉辈及门受学，请尸祝公为矜式。”孟尹以闻于当道，抚按监司咸韪之。而督学刘初泉亟允以垂永久。乃市安国寺左隙地及僧房二重，廓而新之，于听讼中酌助其役。曰讲堂，曰祠堂，曰书屋，曰大门；缭以周垣。而先师图像之刻，祀典之备，门役之守，以次而具。孟君入觐于京，属予皃善以征言，且曰：“愿阐师门同然之蕴，以波于江汉。”某拜手复曰：夫同然之蕴，子孟子发之矣。二三子亦知其有时而异乎？口之悦刍豢也，而恶寒发热，则异矣；心之悦理义也，而遗亲后君，则异矣。故同者，本体也；异者，病症也。良师胜友，冠弁一堂，法语必说，异言必从，是上帝降衷，灵明弗昧，无知愚，一也。能绎能改，则如灵明杲日，为美为大，以达诸圣神；弗绎弗改，则灵明如闪电，为暴为弃，以淆诸禽鸟。嘻，其几微矣。昔者孔圣之南游于楚也，歌衰凤则避之矣，封书社则沮之矣，问津则耰而弗告矣。彼皆一时高流名卿，而意见一滞，灵明遂壅障。今黄之耆旧俊髦，超于齐民，欣聆正学，如茹橡采蕨，获饫膏粱，意见可谓融脱矣；其亦有鼓舞于意气、黠检于格套、担当于闻见者乎？悦子之道，中心诚服矣而诿诸力，则终于自画；克伐不行，笃于践履矣，而观所由，犹不得谓之仁。见礼闻乐，智足以知圣矣，而博学而识，终与一以贯之殊科。在圣门犹患之，而况吾侪乎？ 圣学之得其宗者，曰弘以任重，毅以道远，战战兢兢，临渊履冰，以研皜皜一脉。平日见称为鲁，而超然文学威仪之上，二三子其亦念之乎？以江汉，地相迩也；以秋阳，时相遇也。自濯自暴，而不为三蠹所障，即其同以辨异，则纤慝除；反其异，趋其同，则明命莹矣。由是而智及之，曰入门；由是而仁守之，曰升堂；由是而勇终之，曰入室；将质鬼神，俟后圣，举幽明古今，更无二矩，是谓致良知之蕴。顾与二三子交儆之。

虔州报功祠配享记 邹守益

报功祠者，报先师阳明王公功也；配享者，举三湖邢侯珣以配公而与享之也。先师之功在宗社，教在士类，泽在黎庶，尝生祠于濂溪祠，后政者谓弗虔也，徒于郡邑学宫之右。皆偕同门俞尹大本，祇谒遗像，议隆报祀。会晴江喻中丞莅虔台，慨然图缵公之绪，修厥废坠，以秩祀典。复念赞襄成功，邢侯预有劳，而祀弗及，以询于士民，士民协其议，而林郡守功懋赞其决，方宪副任核其实，遂列祀名宦，而设像以配于公之侧。伻来征言山房，曰："维公之学，与邢侯之政，皆司成氏所素濡染也。其昭明觋，以信于后。"益也有慨于中，逾三十年矣。往岁受学于虔，时方剿横水、破桶冈、平浰头，郊野乐业，商贾四集，而成人小子，横经讲学，歌诗习礼，雍雍文物之盛。暇日以通家谒三湖于郡斋，历询亲冒矢石，规画章程，众誉归重焉。逆濠之变，益复在军门，樟树誓师，两山捣伏，豫章复城，黄石俘馘，公扶疾冒暑，鞠躬尽瘁，以靖巨憝。而邢侯与松月伍侯，赤然为称首，吉兵将北，侯麾义勇陷阵以往，岁斩贼帅，以褫逆魄，其绩尤伟焉。功高谤兴，群憎反构，权奸势阉，朶颐封拜，将陷公于不测，而嗾以焚掠大多，为同事诸君罪。圣明御极，爵赏始及公，而侯竟参藩，陟左辖，致其事。公辞爵力争之，至有"虚受升职，实畀退闲，阻忠义而快谗嫉，反不若观望引避可以安享富贵，无众口之诽。诚不忍叨天功，掠众美，独受殊赏，以靦颜面"，听者为之汗背，而竟无所济。未几，而公之爵亦弗世矣及矣。益尝告执政曰："死忠死孝，自是臣子降衷，岂以赏不赏为加损？而国家砺世磨钝，亦使乘风云，附竹帛，赏延于世，以为鼓舞之具。试评江西功次，何啻安化？而赏罚黯暗，豪杰疑沮，異时南征北伐，奚以为军旅法程？此事自关国体，非一家恩泽计。"执政善其言而未改，岂待时而发耶？肆兹中丞，阐幽振郁，顺物情以劝有功，而监司至于郡守、县令，敦古举义，应若桴响。充是操也，秉钧轴，斡化机，别淑慝，树风声，罔俾黯暗疑沮以蔽懿德，将式克休前政，钦成烈以闻于无穷，其兆足权舆矣。益不敏，尚执笔以竢。

天真书院改建仰止祠记 邹守益

嘉靖丙辰，钱子德洪聚青原、连山之间，议修阳明先师年谱，且曰：“仰止之祠，规摹耸旧观矣。宜早至，一记之。”益未果趋也，乃具颠末以告。天真书院，本天真、天龙、净明三方地。岁庚寅，同门王子臣、薛子侃、王子畿暨德洪，改建书院，以祀先师新建伯。中为祠堂，后焉文明阁、藏书室、望海亭，左为嘉会堂、游艺所、传经楼，右为明德堂、日新馆，傍为翼室。置田，以供春秋祭祀。甲寅，今总制司马梅林胡公宗宪按浙，今中丞阮公鹗视学，谋于同门黄子弘纲，改祠于天真上院，距书院半里许，以薛子侃、欧阳子德、王子臣祔。左为叙勋堂，右为斋室，后崖为云泉楼，前为祠门：门之左通慈云岭，磴道横空若虹。立石牌于岭上，曰“仰止”；下接书院，百步一亭，曰“见畴”，曰“泻云”，曰“环海”；右拓基为净香庵，以居守僧；外为大门；合而题之曰“阳明先生祠”。门外泮璧池，跨池而桥，曰“登云桥”。外印龟田，亭其上，曰“大极”云。岁丁巳春，总制胡公平海夷而归，思敷文教，以戢武事，命同门杭贰守唐尧臣重刻先师文录、传习录于书院，以嘉惠诸生。增修祠宇，加丹垩，搜泉石之胜，辟“凝霞”、“玄明”二洞，梯上真，穴蟾窟，径三峡，采十真，以临四睡；湘烟越峤，纵足万状，穹岛怒涛，坐收樽俎之间。四方游者，愕然以为造物千年所秘也。文明有象，先师尝咏之，而一旦尽发于郡公，鬼神其听之矣。

益拜手而复之曰：真之动以天也，微矣。果畴而仰之？又畴而止之？先师之训曰：“有而未尝有，是真有也；无而未尝无，是真无也；见而未尝见，是真见也。”而反复慨歎于颜氏知几之传。故其诗，曰“无声无臭”而“乾坤万有基”焉，是无而未尝无也；又曰“不离日用”而“直造先天未画”焉，是有而未尝有也。无而未尝无，故视听言动一于天，欲罢而不能；有而未尝有，故天则穆然无方体，欲从而末由。兹颜氏之所以为真见也。吾侪之说，服师门众矣，饬励事为而未达行著习察之蕴，则倚于象；研精性命而不屑人伦庶物之实，则倚于凌虚。

是自迩而远，自卑以高，犹未免于歧也。而入门升堂，奚所仰而止乎？独知一脉，天德所由立而王道所由四达也。慎之为义，从心从真，不可以人力加损。稍涉加损，便入人为而伪矣。古之人受命如舜，无忧如文，继志述事如武王、周公，格帝享庙，运天下于掌，举由孝弟以达神明，无二涂辙。故曰：无微之显，诚不可掩，指真之动以天也。先师历艰履险，磨瑕去垢，从直谏远谪，九死一生，沛然有悟于下圣相传之诀，折支离于众淆，融阙漏于二氏，独揭良知以醒群梦，故惠流于穷，威詟于剧，功昭于宗社，而教思垂于善类。虽罹谗迩娼，欲掩而弥章，身殁三十年矣，干戈倥偬中，表扬日力。此岂声音笑貌可袭取哉？维梅林子尝受学于金台，取师门学术勋烈相与研之，暨令余姚，谙谏淬砺，荐拜简命，神谋鬼谋，出入下古，旁观骇汗，而竟以成功，若于先师有默解者。继自今，督我同游，暨于来学，骏奔咏歌，务合斋明盛服之实，将三千三百，盎然仁体，罔俾支离阙漏杂之。其望也若跂，其至也若休，以古所称忠信笃敬，参前倚衡，蛮貊无异于州里；省刑薄敛，亲上死长，持挺可挞于秦楚。于以发先师未展之秘。圣代中和位育之休，达为赤舄，隐为陋巷，俾熙熙光天化日中，是为仰止之真。

龙冈书院祭田记 邹守益

龙场驿距贵阳州西七十里，水西安宣慰地，在古夷蔡之外。正德间，先师阳明王公以直言忤逆瑾，谪丞于驿，尝作何陋轩、君子亭、玩易窝及宾阳常，咸自记于石。瑾怒未解，濒于死屡矣。动心忍性，磨瑕去垢，沛然有悟于洙、泗、濂、洛之脉，融释众淆，折衷二氏，揭良知以醒群醒。嗣是历卿寺，开督阃，翦剧寇，靖逆藩，炳然膺封爵矣。复焉娼者所出，而有志于学者翕然宗之。嘉靖某甲子，宪副焦君维章，即其地，甓一池如泮，而奉主以祠。壬子，侍御麟阳赵君锦，增堂饰像，缭以周垣，守以驿卒，焕然新矣。中丞须野张君某率藩臬拜跽奠爵帛，颁胙群寮，而祀仪未有常典。丙辰，侍御白厓王君绍元，受学南野宗伯，思崇遗教，以风士民，乃谋于中丞玉华高君翀，曰：“祭而无田，弗可以永也。 敛于夷则或扰，派于官则或惰，莫若以罚锾之羡，置田，以簿正之，庶明德以飨乎。”藩臬之长杨君守约、陈君尧，咸尚德乐善，协力而成之。计岁入可供二祀，而积余以备修理。复惧其久而湮也，遣伻千里，以纪于石，俾嗣政者稽而勿废。且曰：“顾宣畅师门之蕴，俾任学遐荒者，因有兴起焉。”某也不类，尝侍教于先觉矣。谨述所传以就正。

往者尝疑大学、中庸一派授受，而判知行，析动静，几若分门以立。及接温听厉，反覆诘难，始信好恶之真，戒惧之严，不外慎独一脉。独也者，独知也。独知之良，无声无臭，而乾坤万有基焉。知微之显，其神矣乎。于穆不已，而四时行，万物育，故大始之知，独归乾；自强不息，而三德乂，五典敦，故通乎画夜之知，独归诸乾乾。七十子之在圣门，中心悦而诚服也。莫我知之歎，举而诿诸天，盖慨夫能行能习而弗著察也。治任失声，何等爱慕，非江汉秋阳侃侃数语，几不免疑有若于夫子。故莫不饮食而鲜知味，岂独愚不肖当之？吾侪之悦服师门，众矣。检点事为而未达不睹不闻之蕴，是忽恂栗也；研精性命而不屑人伦庶物之实，是略威仪也；知二者之偏矣，而以自然为极则，以戒惧为加一物，是废切磋琢磨也。于皜皜肫肫之教，得无犹有所倚而有可尚乎？在易之乾，以龙取象，刚健中正，纯粹以精，始为聪明睿智达天德之智。卧龙之冈，弦诵言游，奏咸英以破乘间，遗韻未泯焉。凡百君子，骏奔咏歌于斯也，诚诸身，徵诸民，对越诸神明，将为潜、为见、为跃，以覲天子之耿光。进退得丧而不失其正，于龙冈其永有休闻。百世之下，尚有斐勿谖，又何忧于祠？何患于祠田？祠田在龙场之东公雞壩，去祠二里许。计租米一百四十四秤，民人路大贵所售也。经理之劳，则贵前二卫指挥刘镗、胡恩、杨凤鸣，千户胡杰。法得附书。其田段界至，具勒诸碑阴。

九华山阳明书院记 欧阳德

九华山东去池阳且百里，殿青阳南境，峦嶂廻复，奇秀盘郁，称江南名胜。先师阳明王公每蹑履兹山，幽探遐览，动弥旬月，欲结精舍化城寺西，偏与诸生讲业其中。前御史柯君乔始从乡赋，告诸县令祝君，即其处成讲堂三间，堂后辟剷榛莽，夷阜为原，构亭曰“仰止”。公薨，巡按御史虞君守愚督学，御史闻人君诠奉木主于亭，痹隘弗称，处恭弗展，乃檄同知池州府任君柱改作为祠，其间架视讲堂，而闳丽有加，庑序门垣，罔不完美；唐陈阶陛，罔不廉饬；赡祭有田，奠献有仪，以为公所卜地神或眷。兹且使受学于公若感而兴者藏焉修焉，庶几严奉遗矩，罔有失坠，甚盛厚也。公倡道南服，本良知为教，所谓是非之心不由外铄者，盖自善继而性成，诚立而神发。知也者，神之所焉，性命之灵，德性之则也。虽淫邪无忌之尤者，其掩恶饰善，若或见其肺肝而无所容。神明内融，潜伏孔昭。若此，精一执中，造端于兹矣。而五性感动，牿之反复，迷真丧本，沦胥以溺，匪知弗良，弗能致其知者也。在昔孔门传心之要，必慎其独。迨夫孟子示乍见之怵惕，嘑蹴之惭忿，孩提之爱敬，平旦之好恶，达之足以保四海，亡之不远于禽兽。周子称“静虚动直，明通公溥”，程子论“明觉自然，大公顺应”，其揆一也。公之教，原人心天命之真，足以质往圣俟来学，然予犹惧其暗郁弗章，而无以消天下之疑沮者。夫良农之子，卤莽灭裂，田卒污莱，而父受其訾。大贾有宝，贫慵椟而沽诸市，则日号而不售。凡吾党道扬师训，罔有深造自得之实，则有异于是者乎？故讲学以崇德，或谓立异；尊师以广道，或谓树私。孔、孟、周、程相传之学，因拒而弗信，无怪也。放某以为修公堂宇，贵修其道；依公宫墙，贵依其教。阐之以言，贵先之以身，慎自欺自慊之几，默而成之，遁世不见知而不悔，然后德孚于人，而师训益尊，瞻堂起敬，闻风知慕，学者益笃，兴者益众，岂曰小补之哉。嗟夫。由前之说，诚可惧；由后之说，吾党其可为也。讲堂成于嘉靖戊子秋，改亭为祠，成于甲午夏，先后相协者池州守侯君缄、陆君冈、通守徐君子宜、闻人君、柯君、任君，皆公门人。明年乙未冬十月，门人南京尚宝司卿、泰和欧阳某记祭田祭器，识诸碑阴。

龙场阳明祠记 罗洪先

阳明王先生揭良知之学倡于天下，天下之人师其说而鼓舞不怠者，所在祠之，无问曾至其地与否。龙场，故谪宦处，当时所居，皆手自筑树，其棲迟咏歌之迹，至今宛然，能无思乎？葺何陋轩、君子亭之腐挠，复亭其北，龛主以奉之者，始于宪副雪山某公。某撤亭北壁，夷坎剔秽，中堂三楹，旁翼两序，前为门，题曰“龙冈书院”。周垣缭之，守以传人者，侍御麟阳赵公绵。赵为先生乡人，有气节而又嗜学，故其勤若此。祠成，致侍御之命索余记者，为宪使仰斋胡公尧。时增餙未备，亲视其役，复自为文以祀，且遣使速记者，今巡撰都御史须野张公鹗翼与憲使龙山张公尧年、参政枫潭万公虞恺、学宪高泉谢公东山也。

余尝考龙场之事，于先生之学有大辨焉。夫所谓良知云者，本之孩童固有而不假于学虑，虽匹夫匹妇之愚，固与圣人无异也。乃先生自叙，则谓困于龙场三年而后得之，固有甚不易者，则又何哉？今夫发育之功，天地之所固有也。然天地不常有其功。一气之敛闭而成冬，风露之撼薄，霜霰之严凝，陨获摧败，生意萧然，其可谓寂寞而枯槁矣。郁极而轧，雷霆奋焉，百蛰启，群卉茁，氤氲动荡于宇宙之间者，则向之风霰为之也。是故藏不深则化不速，蓄不固则致不远，屈伸剥复之际，天地且不能违，而况人乎？先生以豪杰之才，迈往之志，振迅雄伟，脱屣于故常，于是一变而为文章，再变而为气节。当其倡言于逆瑾蛊政之时，挞之朝而不悔，其忧思恳欵，意气激烈，议论铿訇，真足以凌驾一时而讬名后世，岂不快哉。及其摈斥流离于万里绝域，荒烟深箐，狸鼯豺虎之区，形影孑立，朝夕惴惴，既无一可骋者，而且疾病之与居，瘴疠之与亲。情迫于中，忘之有不能；势限于外，去之有不可。辗转烦瞀，以成动忍之益。盖吾之一身已非吾有，而又何有于吾身之外？至于是而后如大梦之醒，强者柔，浮者实，凡平日所挟以自快者，不惟不可以常恃，而实足以增吾之机械，盗吾之聪明，其块然而生，块然而死，与吾独存而未始加损者，则固有之良知也。然则先生之学，出之而愈长，晦之而愈光，鼓舞天下之人，至于今日不怠者，非雷霆之震？前日之龙场，其风霰也哉。嗟乎。今之言良知者，莫不曰“固有固有”，问其致知之功，亦莫不曰“任其固有”焉耳。亦尝于枯槁寂寞而求之矣乎？所谓盗聪明、增机械者，亦尝有辨于中否乎？夫良知虚寂无体，其速发而善应，不啻雷霆之鼓其机，而人之忧愉恐喜、咈顺拘肆之态，磊礌出没于胸中，口不知其凡几，又不啻一龙场也。然未有知之而动忍者，彼其根株蔓引之潜滋，而勉强格禁于既发，此虽困顿扼抑之极，将亦何益于进退？生于忧患，死于安乐，岂亦有待其人乎？盖忧悔吝，而后可以言补过；齐夭寿，而后可以言修身。大受而不惧者，内无所系者也；苦难而不入者，近有所安者也。龙场固传舍也，先生遇之，一以为风霰，一以为雷霆。非先生其人，荒烟深箐，狸鼯豺虎故区而已矣，谁为过之？谁为祠之？世之势位，加于龙场何限？考其所至，犹传舍然，而人之遇之者，亦如逆旅之过目。吾又未尝不有感于贤愚相远，而歎先生厚自贻也。先生去龙场四十有三年，而后有祠。又三年，而余始为记。须野公持节来镇，夷獠底定，群公当藩维之寄，庶政修和，顾乃出榛莽，履幽巉，徘徊其地，信宿不能舍去。复走一介索鄙言于数千里外，果何所慕也哉？后之观风者试思之。

题阳明先生祠 钱士完

先生由铨曹来佐囧，论学最著。荆溪吴安节视囧修谒，新其祠宇，谓先生门墙士多遗议者，今其余风日波，夫亦有以致之乎？余未能对，深加考订。当时与滁士谭，见其躁动，且教其静坐，谓将补小学收放心一段功夫。比入江右，又恐喜静厌动，流入枯槁，单提致良知。其说曰：“良知本体昭明洞彻，莫非天则，不论有事无事，精察克治，俱归一路，方是格致实功。”盖先生既惧滞口耳者之粗而言良，又恐躭枯寂者之幻而言致，要使精察克治，悉合天则。汝中序先生之录，亦曰：“有触发之义，有栽培之义，二者合而致良知教旨始全揭矣。”此其用意未始不精密也。读《传习录》，一友问：“欲于静坐时将好名、好色、好货等根逐一搜寻，扫除廓请，恐是剜肉做疮否？”先生正色曰：“这是我医人的方子，真是去得人病根，更有大本事人。过了十数年，还用得着你，如不用，且放起，不要坏了我的方子。”其严毅如此。读与舒国用书曰：“才谓敬畏之增，不能不为洒落之累。又谓敬畏为有心，如何可以无心而出于自然？凡此皆欲速助长之病也。动容周旋而中礼，从心所欲而不逾，所谓真洒落，是洒落生于天理之常存，天理常存生于戒慎恐惧之无闻，孰谓为洒落之累？尧舜之兢业，文王之小心，皆出于心体之自然。出乎心体，非有所为而为之，自然之谓也。”其透切如此。与黄宗贤：“凡人言语正到快意时，便截然能忍默得；意气正到发扬时，便翕然能收敛得；愤怒嗜欲正到腾沸时便廓然能消化得。”非天下之大勇者，不能其近里如此，成言具在，脉路最真，然孔孟之教，引而不发，以待深思自得。先生“致良知”三字，一句道破，学者往往以口语承之。彼玩弄天机，享用见成良知者，渐流入于虚圆而鲜真诣，甚则检押大逾，以身为谤，犹然藉口良知，视先生前数条训言何如也？可猛省矣。余因葺先生祠宇，特拈出之，以复吴先生九原可作，或亦首肯否？祠由先生弟子闻人诠允诸生请，建于丰乐、紫微间，余椒戚贤为之记，今始再葺云。

王文成公祠碑 吴桂芳

阳明先生王文成公，以正德己卯来平我南昌逆濠之变。南昌之民赖先生义师得脱水火，即衽席，思所以俎豆先生以报祀功德于无斁者，亿万人一心也。顾先生道大望尊，功成疏爵，身没之后，忌者稍起，郡民盖贸贸焉。嘉靖己亥，前少师华亭存斋徐公视学江右，始狥士民之请，即射圃旧址，肖先生像祠之。丙辰，前司徒晋江可泉蔡公来抚我邦，议捐赎金葺之。乙丑，徐公复捐赐金再葺之。自是南昌父老始得岁时伏腊拜瞻祠下，欷戏低回，久之而后去。二公复即祠之左右，建号舍若干楹，集郡诸生俊者，读书讲学其中，祠彬彬称盛矣。隆庆改元，穆宗皇帝修举先庙佚政，时华亭徐公方柄国，天子允诸廷臣之议，诏复先生新建伯，世其爵，遣官谕祭造年，赐谥文成。盖先生应得彝典，兹焉始备。时南昌之民相与举手加额，称明圣云。今葬春，侍御巡察云门任公澄清之暇，睹先生庙宇恢宏，而祠额未称，爰谋于抚台风竹徐公，檄太守云皋周公竖坊其前，扁以今諡。更檄太守议所未备者，属邦人记之。太守议曰：先生之祠，记之者既再矣，顾皆陈述先生学术大端，而未及先生戡定之伟绩。夫江汉告成，吉甫作诵；淮蔡既乂，昌黎述碑。先生平逆濠之难，社稷之功也，祀之宜也，其功在南昌，则南昌之专祀之，又宜也。祠先生以崇德，抑以报功记先生之祠者，可独废哉。请以属司马氏。司马氏曰：余齠龀时，闻郡长老言正德己卯六月之变甚祥，盖是时豫章之民每饭不忘王公也。大烈哉。仁人哉。其功其德无競已。顾讵今垂六十年，未有记其事者，岂非郡中之阙典欤？风竹、云门二公之政举其大，太守周公之议协于中，其贤夫。其贤夫。余以所闻于郡父老者著于篇，俾郡子弟暨祠中诸生于俎豆先生时声歌之。其辞曰：

昔在中叶，武皇震业。内螯外讧，根盤株结。衅宄攸乘，以芽以蘖。蠢兹宁濠，王我大邦。德否志修，睥睨匪常。招逋纳叛，逆谋用张。帝念亲藩，削其护卫。爰遣近臣，往诘其罪。逆濠闻之，反形斯炽。戕我抚使，及于宪臣。天地以黯，日星为昏。贼旗纷指，虐焰如焚。遂破南康，以迄九江。舳舻绵绎，其锋莫当。远近大耸，望风迎降。桓桓王公，开府于赣。有诏赴闽，抚处军叛。既次剑江，仓卒闻变。扁舟宵遡，驻跸吉安。虎符遄发，四徵材官。洒涕临戎，不共戴天。义师之兴，有严有翼。亦有吉守，同心戮力。暨于列郡，奉期成集。公有劲卒，日维新民。感公神武，赴义如奔。曾不逾旬，亦集辕门。兵既萃止，我武维扬。元戎万艘，以先启行。公曰咨汝，文武将吏。贼帆既远，予追曷企。维是南昌，贼巢在焉。我往克之，贼必内牵。归而擒之，易若燎原。将吏曰都，兹维胜算。先人夺人，贼将焉窜。旌帜蔽江，士志兢劝。豫章之野，其墉言言。贼之宗盟，城守甚坚。公亲誓师，一鼓应弦。公亟下令，叛者独夫。若军若氓，皆我发肤。有妄杀耆，立抵厥辜。城下之日，市不改肆。老稚胥庆，壶浆箪食。于时逆濠，盛兵在皖。攻其外郛，画夜靡缓。我捷既闻，贼丧厥魄。迺解皖围，星言返国。归次黄溪，我师逆之。贼锋甚锐，我气小摧。公再誓师，戮彼北者。凡厥效尤，必杀无赦。时维盛秋，西风方飚。公曰时哉，火攻为上。乃集轻舟，乃苇乃膏。揭帆顺流，直捣贼艘。濠急挥金，躬擐督战。火燎其舟，贼是溃乱。大兵乘之，遂执渠魁。或俘或馘，余孽尽夷。凯声雷动，欢徽九衢。父老有言，我为贼穴，匪公来疾，贼且反檝。虎而负嵎，厥未易驱。将协吾众，以抗王师。哀此无罪，匪屠则诛。公之德矣，何日忘之。父老再言，濠逆始传，武皇赫怒，亲征而南。匪公擒濠，万乘来狩。我室我家，孰保相守。公之德矣，如山如阜。父老又言，公既平逆，巨珰贪天，拒公奏绩。矫诏提兵，来入公壁。公也御之，不吐不茹。经权竝运，彼珰诚翰。莫敢我噬，亦莫敢我渔。公心独若，公民晏如，公之德矣，曷其斁诸。维公德懋，维公功巍。肃皇锡爵，恭皇世之。金章铁券，与国咸熙。爵以酬功，祠以寄思。成我思者，华亭少师。葺之廓之，少师司徒。且葺且坊，两台之烈。伐石记功，守议之协。司马作碑，以告来哲。

阳明先生祠堂记 焦竑

孔孟之学，至近世而大明，如日之中天，非无目者未尝不知而仰之，则阳明先生力也。先生自谓“其学凡数变，盖从万死一生中得之”，是岂可以易易言哉。今先生之说盛行于世，而尸祝之者几遍宇内。独金陵师首善之地，先生为太仆、鸿胪卿于此者且六年，都人士沐浴膏泽，沾丐芬香者不少矣，而顾无专祠以祀之，非缺事欤？顷岁绍兴周海门公以符卿摄兆，士大夫抠衣问学者无虚日，其所推明阐绎，率先生意也。爰念居游无所，而瞻响靡从，非所以兴学。乃择高敞燕闲之处，畚壤测臬而大葺之，经体面势，言言譮譮，不大变徙而祠适成。当是时，京兆黄公继至，尤嘉公意，而相其所营。于是斵削，丹雘之饰，焕然完富，而士以得学其中为乐，相约而诣余请记。

《易》曰：“形而上者谓之道，形而下者谓之器。”余观先生之始也，其为虑深。尝示人以器，而略于道，俾守其矩矱而不为深微之所眩。然使终于此而已，学者将苦其无所从入，而道隐矣。乃遴二一俊人，时以其上者开之，如所谓“无善无恶”者是已。至今昧者未隐于心，而大以为先生病。孔子不云乎：“我则异于是，无可无不可。”“可不可”者，即善与恶之云也。究且举“意、必、固、我”而绝之，则空洞之中，纤微不立，而何善之可言乎？ 无美者，天下之真美也；无善者，天下之至善也。是非都捐，泯绝无寄，而变化兆焉。此道之系窾系而名曰“大本”者也。不此之求，而呶呶然枝业之辨，譬于执糟粕而弃醇醪，恶足以与于道哉？夫为学而致道，犹掘井而及泉。泉之弗及，郎九仞何为也。先生起于学绝道废之余，处困居夷，矢志必得，以彼磨礲锻鍊，如木生嵌严奇蹇之隈，欲透复缩，而非干霄摩云则弗止，宜乎明既晦而续不传，其所成之伟如此也。学者有志于先生之为人，不可不求诸学。有志于先生之学，不可不求诸道。苟其以语上为讳，而安于日用不知之民，甚非先生之意，而亦非符卿所望于诸君子者矣。余故备论共事，令学者究先生之微言，而不为咻者，辍庶斯道之明，日伸月引，而载符卿之美于后世，其亦将亡穷也哉。

王文成公祠记 葛寅亮

昔阳明先生之谪龙场也，由间道浮海入闽，因游武夷，有“险夷原不滞胸中，何异浮云过太空”之句。故兹山有先生故迹焉。夫武夷为神仙之居，遗蜕犹在，儒者以为怪诞不道，而讵知通天地人曰儒，造化鬼神，应无不了彻，而岂得隅见自封，骇所不经见以为怪。若先生入室禅宗，开壇儒学，世出世法，几于一之，而《浮海》一咏，聊以露同得丧齐死生之概焉耳。予每读先生书，徘徊向往，愿为执鞭而无从兹。武夷诸生以予天游之生祠改祀纯阳也，后另建祠于接笋峰下，予仍为撤去，改建文成祠。嗟乎。丹山碧水，多为俗士驾所点，惟先生险夷一视，有若仙蹤之蝉蜕焉者，以先生居此，诸十三仙侣必翩翩携手入林，而不为北山之移矣。

重建王文成公祠记 王梓

自古寇乱之作，天必生一奇伟特达之士，平定而安辑之。上以利社稷，下以福苍黎。事虽出于一时，功实敷于奕世。固未尝蕲人之感而感之者，千百载如一日，亿万人有同心，此天理民彝之不容已也。崇安武夷山之一曲，旧有王文成公祠。嘉靖戊午，本郡董司马白之、刘使君创建。游山仰止者咸谓：公初斥权阉，谪龙场，间道过此。后人表其经历，或又曰：公尝次壁间韻，有“肩舆飞度万峰云，回首沧波月下闻”之作，故因诗祀之，而不知皆非也。此崇德报功之举耳。公提督南、赣、汀、漳，尝剿漳寇，破长富村等巢三十余所、水竹大重坑等巢一十三所。选丁壮，立兵符，通商贾，足军需，不调狼达，不加赋敛，居民安堵，而数十年逋寇悉平，又奏设县治，移巡司，以为久长计。至于今，地称易治，此功德在汀、漳者，今两郡皆有特祠是矣。后又奉敕勘处福建叛军，虽中道平宸濠还，然为闽上游经画者甚悉，其与王晋溪司马书云：闽中之变，皆由积渐所致。始于延平，继于邵武，又发于建宁及沿海诸卫所。论者以为，寇盗要领，公诚得之，后人奉其指授，卒以成功。然则八闽之中，被泽者五。其于本郡，功德何似而可勿祠以祀之乎。旧祠圮废六十余年矣，梓承乏兹土，怒焉心伤，每过其地，辄思重构。戊子夏，公六世裔草堂名复礼者，以制抚两台聘请至闽，白之督学观察，欲复是祠。而巡宪泽州陈公，又以阐扬先哲为己任，捐俸首倡。梓因得敬承趋事，数年积愿，一旦获伸，宁非快欤。顾旧基在观西溪口，蔓绝荒凉，不堪经久，今更择望仙桥右建之。山空鸟怨，忽而翚飞；迹晦烟消，倏然云构。是会也，窃有五善焉：崇德报功，勿忘遗爱，一也；地以人传，名山增重，二也；刘公创于前，梓幸踵其后，天运一周而复，三也：梓复以余力，选公文集刊之，四也；武夷为文公讲学地，历五百余年闃昊其无人，祠成而草掌不忍弃去，结茅隐此，以继行躅，五也。工既竣，谨祥次其事而记之。

化城寺奠阳明先师祠 邹守益

昔授学师门，纵言及于山水，曰："平生之游，九华为胜。"每歌诗章，览国籍，慨然欲一造焉。光阴迅速，晚景侵寻，始决策泛鄱湖，蹑齐云，谒紫阳书院，聚讲于斗山、水西之间，以趋祠下。天柱凌霄，双华耸秀，千峰璀璨，如群仙披羽裳、骖霞辩轮以朝太清，恍然非人间境，然后知向者浅之为游也。积雪峻增，同云弥漫，冲泥途，历峻阪，如泛瀛海中，咫尺莫辨。瞻正祠宇，杲日当窄，宿雾尽扫，万象罗列，是夫子于昭之灵，斡旋化枢，示诸生以良知皜皜真体，而俾之去昏复明之机也。忆书院初成，执笔以纪成绩，脱俗学之支离，辟异端之空寂，亦自以为勉志希圣，不萦于尘，可以抚愧师门矣，而切已内省，不免摹拟于见闻，倚靠于思索，包漫于世情，与不睹不闻真体，判然弗能凝也。方与同志猛自怨艾，取善四方，不遑宁处，期以洗刷旧习，深造天真，而道之云远，欲从末由，中夜耿耿，无以报罔极之德。肆兹刚游，不期而集，骇奔门墙，胥出矢言，各立真志，各修实行，从日用常行之际，以直造先天未面之前。不忍以卑迩自安，不敢以虚玄自骛，务以自别于禽鸟，而全归于天地。惟夫子之神，洋洋格思。胥诱其衷，俾克有成，无为兹山羞。谨告。